eye.

守望者

——

到灯塔去

致命的海滩

澳大利亚流犯流放史
1787—1868

Robert Hughes

The Fatal Shore

〔澳〕罗伯特·休斯 著
〔澳〕欧阳昱 译

A History of The Transportation
of Convicts to Australia, 1787–1868

南京大学出版社

江苏省版权局著作权合同登记　图字：10 - 2010 - 124 号

图书在版编目（CIP）数据

致命的海滩：澳大利亚流犯流放史：1787—1868 /
（澳）罗伯特·休斯著；（澳）欧阳昱译. —南京：南
京大学出版社，2024.9

书名原文：The Fatal Shore：A History of The
Transportation of Convicts to Australia, 1787 - 1868

ISBN 978 - 7 - 305 - 27390 - 2

Ⅰ.①致…Ⅱ.①罗…②欧…Ⅲ.①刑罚—法制史
—研究—澳大利亚Ⅳ.①D951.14

中国国家版本馆 CIP 数据核字（2023）第 218663 号

国审字（2024）第 01919 号

出版发行　南京大学出版社
社　　址　南京市汉口路 22 号　　　　邮　编 210093
ZHIMING DE HAITAN：AODALIYA LIUFAN LIUFANG SHI(1787—1868)
书　　名　致命的海滩：澳大利亚流犯流放史(1787—1868)
著　　者　（澳）罗伯特·休斯
译　　者　（澳）欧阳昱
责任编辑　顾舜若
照　　排　南京紫藤制版印务中心
印　　刷　南京爱德印刷有限公司
开　　本　718 mm×1000 mm　　1/16　印张 56.5　字数 810 千
版　　次　2024 年 9 月第 1 版　2024 年 9 月第 1 次印刷
ISBN 978 - 7 - 305 - 27390 - 2
定　　价　168.00 元

网　　址：http://www.njupco.com
官方微博：http://weibo.com/njupco
官方微信：njupress
销售咨询：(025)83594756

* 版权所有，侵权必究
* 凡购买南大版图书，如有印装质量问题，请与所购
　图书销售部门联系调换

我一直在研究，如何把

我住的这座监狱，与世界相比：

因为世界众生芸芸，

此处除我而外，别无他人，

我无法比拟——不过，我还是要把它打造。

——莎士比亚《理查二世》（第五幕第五场）

我们登陆致命的海滩的那一天，

种植园主站在我们周围，共有二十几名，

把我们像马一样排成一行，随手卖掉，

用铁链拴起拖犁，在范迪门斯地。

——流犯谣曲（约 1825—1830）

目　录

引　言

　　本书的想法产生于 1974 年，当时，我正制作一部关于澳大利亚艺术的系列电视纪录片。在亚瑟港的外景地，置身于那座伟大的教养院及其附属建筑物中，我才意识到，就像几乎所有其他的澳大利亚人一样，我对自己国家过去的流犯情况几乎一无所知。

　　我成长的过程中，对澳大利亚的殖民时期只有很皮毛的认识。中小学忽视流犯史，大学则很少教流犯史——说实在的，流犯居然会有值得一提的历史这种想法，对二十世纪五六十年代的澳大利亚人来说，是很陌生的。甚至到 70 年代中期，见于铅字的也只有一本关于这个制度（这个制度在当年的澳大利亚殖民时期被松散地称作流放制、囚犯配给制和再惩罚制）的一般史书，即 A. G. L. 肖那本具有开创之功的研究作品《流犯及殖民地》。有一种未予言表的偏见深深植根于澳大利亚生活中，这种偏见似乎希望，"真正的"澳大利亚史应以澳大利亚受人尊崇的地位为起始——淘金和羊毛引来的滚滚财源、澳大利亚大陆的开拓、澳大利亚中产阶级的产生等。在澳大利亚疆域明亮的透视画的背后，潜藏着大约十六万流犯，"哐当哐当"地拖着脚镣，在半明半暗中走动。然而，关于这些男女的感情和体验，却很少有人写到。他们成了统计数据，被人一笔勾销，最后还让人感到难为情。

　　这种崇高化倾向有着漫长的历史。想忘掉我们犯罪起源的欲望，在有这个起源的时候，就已经开始产生了。在澳大利亚殖民时期的早期，骂流犯是"流犯"，肯定是会让殖民地的人发毛的。当时得到赞许的委婉语是"政府人"。流放制度给后来一代代澳大利亚人留下的，不是我们现在引以为傲的那种不屈不挠、怀疑一切，但让人越来越难以为之辩护的独立精神，而是一种对在社会和政治上受人尊重的地位的强烈关注。到 19 世纪 40 年代，关于"流犯污点"——渗透了我们民族结构的道德污渍——的观念就已经主宰了有关澳大利亚国民个性的所有辩论，而且在废除流放制度的运动中，成了主要的修辞形象。该运动的领袖不是以独立的澳大利亚的名义，而是作为英国人，觉得自己的体面地位因流放制度的幸存而遭到非难，才要求废除流放制度的。尽管他们都是迁移他乡的英国人，但他们依然是英国人，比女王还要保皇①。澳大利亚的社会身份早在 19 世纪 20 年代就已初露端倪，出现在"通货少男和少女"中间，他们之中的大多数人都是前流犯在当地出生的子女。如果以废除流放制度为名义，这幅图画到 19 世纪 40 年代，就要进行大幅度删改了。以后的几十年中，澳大利亚的官方声音依然继续把宝押在他们的英国特性上，要的就是受人尊崇的地位。即便流放制度想以流犯自己后代的名义而终结，这也是不可能的。但是，废除流放制之战所代表的是自由移民及其世系，正是澳大利亚的这一社会层面，才最热诚地宣扬血统败坏和"流犯邪恶"的神话。流放制度废除之后，你会（暗暗）责怪你的祖先不该是流犯。你没法为他们感到骄傲，也没法责怪英格兰从前那样对待他们。要治疗这种极度痛苦的双重心理，就得患上健忘症——全民都好像订立了攻守同盟，对此讳莫如深。然而，一旦背上黑锅，就无法把它甩脱：19 世纪后期是生物决定论繁荣的时代，也是纯种观念和纯粹世系观念繁荣的时代，每当真正的英国人提到流犯遗产时，土生土长的澳大利亚人几乎人人都没有信心，人人都感到胆怯。

这样一来，地方上的帝国主义者就认为，稀释这块胎记斑渍的溶剂就是换血——英格兰的战争需要多少血，就捐给他们多少；因为这些人

---

① 原文为法语：plus royalistes que la reine。（若无特别说明，本书脚注均为译注。）

相信，澳大利亚只有作为大不列颠的陪臣，才能幸存下来。在布尔战争和第一次世界大战的宣传遮盖之下，能听见"不爱国"的声音（通常是工人阶级的声音，而且是普通爱尔兰人的声音）在指出，我们从前被当作犯人从不列颠运出来，现在又被当成炮灰运了回去。这样，一旦和平回到人间，幸存者们就能作为澳大利亚人，回到他们的真正使命上来——为英格兰生产廉价羊毛和小麦。但是，老是念念不忘那口黑锅，是不可能加强那种国家尊严感的，而我们的祖祖辈辈都相信，正是这种尊严感，让孩子们克服了心理障碍。健忘症似乎是一种爱国主义疾病，人们对澳大利亚历史写作和教学的态度浸透了这种病症，至少在曼宁·克拉克《澳大利亚史》的第一卷于 1962 年面市之前一直是这样。澳大利亚人在 1918 年之后，如此感情深厚地拥抱了具有神话意义的加利波利事件，这相当于我们的温泉关之战，其原因之一就是，在我们的早期历史中，几乎没有什么是我们能够指着说，这是让我们感到骄傲自豪的东西的。所谓"历史"，是指伟人、壮举、对人类有用的发现、富有价值的牺牲等，但这一切我们的历史都很欠缺。这使我们对我们作为生活在澳大利亚的澳大利亚人之价值更为焦虑——这就是"文化苟苾疾"①的病根所在，这一痼疾一直继续缠绕着我们，直到第二次世界大战过了很久依然如此。有一种看法认为，无论英格兰是否应该对创建流放制而感到羞愧，澳大利亚人都绝对有理由感到骄傲，因他们从这个制度中幸存了下来，而且尽管有这个制度存在，他们还是创立了他们自己的价值观。但很少有人听到这个看法。

直到 20 世纪 60 年代，澳大利亚历史学家都屈服于这种压力，造成学校课本对流放制度讳莫如深，这就好像美国历史学家在某种程度上集体避讳，相信只有这样才能淡化美国内战，才能不去揭开旧的疮疤。

流犯的经历被拒斥，不能作为历史发声，因此成为新闻记者和长篇

---

① 英文是 cultural cringe，是一种文化自卑心理。音译之。

小说家的领地。一般公众对那些"黑暗"年代的好奇心从未丧失，因为在那些岁月里，他们的许多根须盘根错节，生动而又蹩脚的大基诺剧院应运而生，满足了他们的需要。这一大基诺剧院擅长表演朗姆酒、鸡奸和鞭笞，但绝对不擅长表现有关大多数流犯实际生活和工作的平淡乏味的事实。一部国家级的长篇小说也是如此，这就是马库斯·克拉克的那部题为《无期徒刑》的巨著，它笔力雄健，激情澎湃，但结构别扭，迂回曲折。所有的通俗流放文学都胶着在流放制的种种恐怖之处，胶着在惯犯发配的边远罪犯流放地——亚瑟港、麦夸里海港、莫尔顿湾，特别是诺福克岛上，其所表现的流犯生活仿佛无比悲惨的炼狱，唯一的解脱不过是一片纯粹的地狱。

这种民间文学描写了流放制度，从而使之得以在人们的记忆中存活下来，但它很片面，特别是在对亚瑟港的表现上，因为有时候夸大到了骇人听闻的地步。它对流犯的一般体验并不在乎。流放到澳大利亚的男男女女中，只有很少一部分人在"二度"流放地度过一段时间。一般说来，这都是专为那些在殖民地第二次犯罪的囚犯所保留的。大多数人根据囚犯配给制，转到某个自由拓居者的名下，或为政府劳动而服刑几年，他们从来不戴脚镣手铐，拿着假释证，时候一到，就会作为自由公民，被吸收进殖民社会。他们之中的大多数人（根据留存下来的信件可作如是观）都想留在澳大利亚，而且都很排斥重返英格兰的想法。

囚犯配给制发挥了作用，尽管该制度有着种种不完善和不公平之处，尽管糟糕的主人有虐待行为，而且对跖点的生活一般来说十分严酷，但这种制度能让成千上万的人重新开始做人，否则，他们就会精神崩溃或被证明有罪，长时间地待在英国监狱。尽管在我们祖父辈的年月里，有些持有偏见的人侮辱澳大利亚人，骂他们是犯罪分子的子女，但很明显，很少有澳大利亚人指出这样一个显而易见、正好相反的事实，即无论人们根据我们国家的奇怪起源得出何种其他结论，澳大利亚的后殖民史都把那种"老子英雄儿好汉，老子犯罪儿混蛋"的基因理论炸得粉碎。在这儿有一个社会，这个社会的人几十年来并非出于任何别的原因，只因"具有犯罪倾向"而被精心挑选出来，结果，他们的下一代却形成了世界上最遵纪守法的社会之一。当新保守主义的社会空想家们试图为犯罪具有遗传倾向这一观点的朽尸还魂之时，上述这个现象可能还是值得深思的。

从 20 世纪 60 年代起，澳大利亚历史学家受到曼宁·克拉克的《澳大利亚史》一书和 L. L. 罗伯森的《澳大利亚流犯拓居者》（1965）一书的启发——尽管这个启发过程开始时很缓慢——开始把流放制度从民间传说中抽取出来，放在探询之光下加以照射。他们把重点放在大多数流犯身上：不是诺福克岛上那些人，而是囚犯配给制下的那些人。只有从他们，而不是那些遭到双倍责罚的屡犯不改者身上，才能了解殖民社会的实际运作情况，也就是那种经常带有异国风情的生活方式，流犯就是以那种方式争取权利，并在与自由民有关的方面，发挥其作为一个阶级的功能。殖民时期的澳大利亚能十分独特地把自由民和身陷为奴的人融为一体，其对待工作和关于奴役的定义的态度也是独一无二的。它也比人们根据民间文学勾画而想象出来的遭受鞭笞和三叉刑具，只有痛苦呻吟的白人奴隶和残酷无情的主人所构成的双重关系的那种社会更正常。有一本书极佳地表现了这一现象，在最近关于流放制度的研究中，当之无愧地成为一部里程碑式的著作，这就是 J. B. 赫斯特的《流犯社会及其敌人》（1983）。

尽管赫斯特和其他"正常化"的历史学家没有忽视以诺福克岛为缩影的流放制度的幽深之处，但他们可能因怀着值得嘉许的愿望，想避免追求轰动效应，而低估了那些地方的道德意义和人性意义。相对而言，很少有流犯被抛入那些令人极为不舒服的地方，这么说是不错的。俄国的全部人口中，只有很小一部分人在古拉格群岛受苦受难，菲德尔·卡斯特罗手下的行刑人在松树岛对持不同政见者所犯下的种种暴行，也只有少数古巴人尝过，这么说也是不错的。然而，正如看完一本诸如阿曼多·瓦拉达雷斯《强烈希望》（*Against All Hope*）这样的书之后，不可能对卡斯特罗政权的真正性质再抱任何幻想，回想一下诺福克岛和麦夸里海港那样的地方，也很难不重新调整人们对英国殖民主义的一些看法。那些地方羁留了少数流犯，但它们绝对是流放制度不可分割的一个部分：它们提供了一个恐怖的尺度，新南威尔士本土（当局当时就是这么希望的）就是以这种尺度来衡量行为的好坏。

有关流放制度的大多数叙述中所缺乏的一个元素，就是流犯本人的声音。这个制度留下的官方文件堆山叠海。我们从行政管理人员、遴选委员会的证人、教区牧师、狱卒和流犯的主人那儿，能听到很多东西，从流犯本人那儿，却所知甚少。因此，我尽可能试图由下及上地察看这个制度，通过流犯的证据——信件、证言、请愿书、回忆录等——来了解他们自身的体验。迄今为止，这些材料的大部分尚未发表，还有更多材料在等待研究。结果发现，有一个常见的假定相当错误，即认为流犯沉默不响，"木板"一块，其实流犯不仅会发声，而且声音相当之多。本书主要关于他们自己讲述的苦难与幸存，他们的向往与抵抗，他们对流放的恐惧，他们如何与这片一度不可想象的土地握手言和，以及他们及其子女如何把这片土地"称为己有"①。

本书延搁甚久，在写作过程中，我得到了朋友的道义支持和鼓励。这些朋友中，特别要感谢的是乔安娜·克拉德，她帮助编制了第一份澳大利亚资料的清单；布伦登·吉尔，他早在 1975 年就对这本书的想法产生了热情，他的热情也让我的热情得以维持下来；杰里·李伯、芭芭拉·罗斯和卢西奥·曼尼斯科等，他们都因要看材料而受累；以及罗伯特·马瑟韦尔，他对本书头几章的回应使我得以写完其他各章。

凡试图根据第一手资料撰写澳大利亚历史的人，肯定都会欠人情。我也一样，所欠人情债的主要对象是悉尼米切尔图书馆和迪克逊图书

---

① 原句中用的是 claim as their own，但以今日后殖民主义观点来看，这样说很成问题，因 claim 有主张、索要、声称等意。白人把本来属于澳洲土著的土地变成自己的，本来就属于鸠占鹊巢，据为己有，但本书作者在写到此处时，似乎并没有认识到这一简单事实，如译成"据为己有"，似太过，故译"称为己有"。

馆、新南威尔士档案馆、堪培拉澳大利亚国立图书馆、霍巴特的塔斯马尼亚奥尔波特图书馆和塔斯马尼亚档案馆（塔斯马尼亚州档案馆）等馆的馆长与工作人员，特别是国立图书馆的凯瑟琳·桑塔玛丽亚（澳大利亚研究部的一把手）和约翰·汤普逊（他负责澳大利亚手稿），以及奥尔波特图书馆的杰弗里·斯蒂维尔，有他这位舵手指引，我才得以穿越文件资料的迷宫。

我对下列人士的感激之情也必须记录下来，他们是墨尔本拉·特罗布图书馆、纽约公共图书馆、都柏林国家文件馆和爱尔兰国家图书馆、巴黎的法国国家图书馆、伦敦的英国图书馆、伦敦图书馆等馆的馆长与工作人员。没有他们的借阅服务，本书的早期研究连头都开不了。还有伦敦的公共记录馆、陆军博物馆奥基尔维信托、教友会、贝德福县记录馆、德比中心图书馆、斯塔福郡卡顿堂的产权办公室、兰开夏郡记录馆、斯塔福的威廉·索尔特图书馆等。1981 年到塔斯马尼亚实地考察时，霍巴特的特尔福德汽车经销商提供了一辆汽车。斯特拉罕的迪克·爱德华兹提供了一条小船，使我能够乘船周游麦夸里海港。

克诺夫出版社的编辑查尔斯·埃利奥特，有柯林斯·哈维尔出版社的克里斯托弗·马可霍斯和斯图亚特·普罗菲特作为后盾，通过本书几本不同的稿子，才把这本不听话的书稿打磨成形。柯林斯的吉莲·吉宾斯和克诺夫的莎伦·齐默曼在材料搜集方面给予了帮助。校订编辑斯蒂芬·弗兰克尔发现了很多前后不符的情况——我还以为这不可能——而且一发现就揪住不放。谨向他们所有人表示衷心感谢，特别要感谢霍巴特的塔斯马尼亚大学的迈克尔·罗教授，感谢他慷慨而又细致地阅读了本书倒数第一稿，即最后一稿的前一稿，感谢他指出书中种种遗漏舛错之罪过。尽管我对囚犯史某些方面的阐释与他不尽相同，但本书如有任何事实上的错误留存，责任在我。

最后，而且也最重要，我要感谢爱妻维多利亚·休斯。她的坚持信念，她的清醒稳健，让我能多年研究、写作且持之以恒，而且，她一刻也未让我失望。这本书也是她的书。

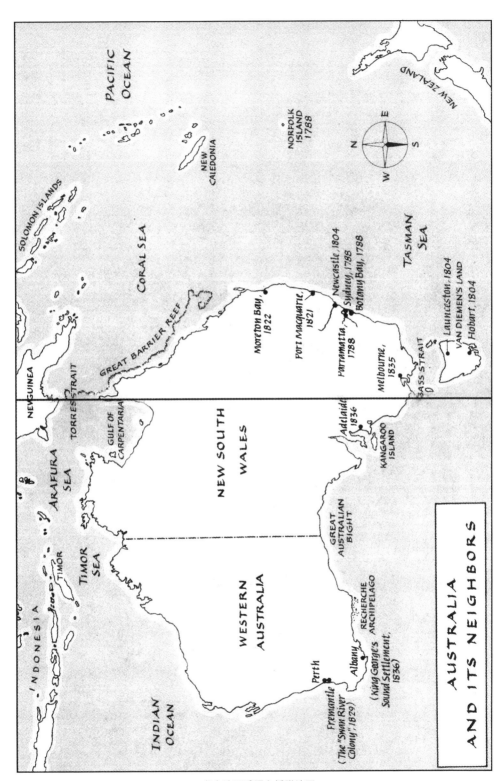

AUSTRALIA AND ITS NEIGHBORS

PACIFIC OCEAN

NEW ZEALAND

NORFOLK ISLAND 1788

N
W E
S

SOLOMON ISLANDS

NEW CALEDONIA

CORAL SEA

TASMAN SEA

GREAT BARRIER REEF

Moreton Bay, 1822

Port Macquarie, 1821

Newcastle, 1804
Sydney, 1788
Botany Bay, 1788

Parramatta, 1788

Melbourne, 1835

Launceston, 1804
VAN DIEMEN'S LAND
Hobart, 1804

BASS STRAIT

NEW GUINEA

TORRES STRAIT

GULF OF CARPENTARIA

NEW SOUTH WALES

Adelaide, 1836

KANGAROO ISLAND

GREAT AUSTRALIAN BIGHT

ARAFURA SEA

TIMOR

TIMOR SEA

INDONESIA

WESTERN AUSTRALIA

INDIAN OCEAN

Perth

Fremantle ("The "Swan River Colony," 1829)

Albany

RECHERCHE ARCHIPELAGO

(King George's Sound Settlement, 1836)

书中地图系原文插附地图。

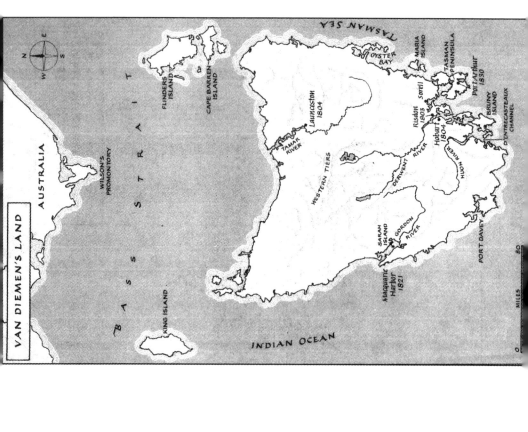

VAN DIEMEN'S LAND

AUSTRALIA

WILSON'S PROMONTORY

TASMAN SEA

B A S S   S T R A I T

KING ISLAND

INDIAN OCEAN

FLINDERS ISLAND

CAPE BARREN ISLAND

TAMAR RIVER

Launceston 1804

WESTERN TIERS

SARAH ISLAND

GORDON RIVER

Macquarie Harbor 1821

PORT DAVEY

OYSTER BAY

MARIA ISLAND

TASMAN PENINSULA

Risdon 1803

DERWENT RIVER

Hobart 1804

HUON RIVER

PORT ARTHUR 1830

BRUNY ISLAND

D'ENTRECASTEAUX CHANNEL

MILES
0   80

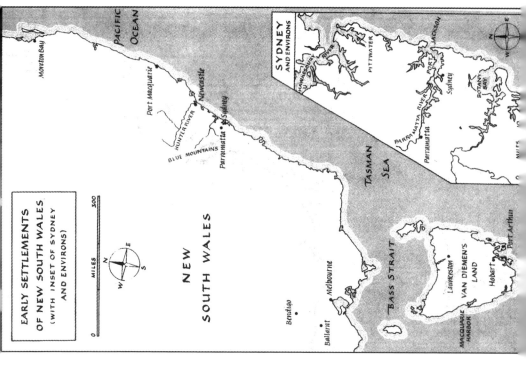

EARLY SETTLEMENTS OF NEW SOUTH WALES
(WITH INSET OF SYDNEY AND ENVIRONS)

PACIFIC OCEAN

Moreton Bay

Port Macquarie

HUNTER RIVER

Newcastle

BLUE MOUNTAINS

Parramatta   Sydney

NEW SOUTH WALES

Bendigo

Ballarat

Melbourne

TASMAN SEA

BASS STRAIT

MACQUARIE HARBOR

Launceston

VAN DIEMEN'S LAND

Hobart

Port Arthur

MILES
0   300

SYDNEY AND ENVIRONS

HAWKESBURY RIVER

PITTWATER

PORT JACKSON

PARRAMATTA RIVER

Parramatta

Sydney

BOTANY BAY

MILES

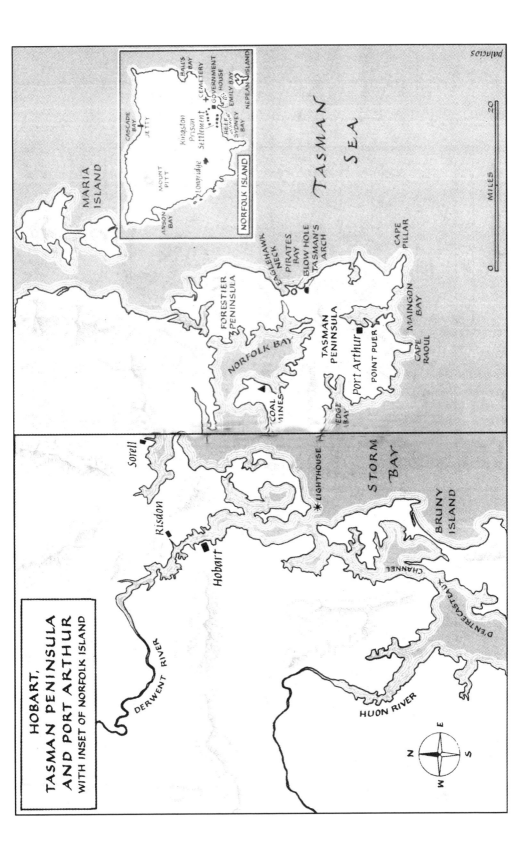

HOBART,
TASMAN PENINSULA
AND PORT ARTHUR
WITH INSET OF NORFOLK ISLAND

DERWENT RIVER

Sorell

Risdon

Hobart

HUON RIVER

N
E
W
S

D'ENTRECASTEAUX CHANNEL

BRUNY ISLAND

STORM BAY

LIGHTHOUSE

COAL MINES

NORFOLK BAY

EDGE BAY

Port Arthur

POINT PUER

TASMAN PENINSULA

MAINGON BAY

CAPE RAOUL

CAPE PILLAR

FORESTIER PENINSULA

EAGLEHAWK NECK

PIRATES BAY

BLOW HOLE

TASMAN'S ARCH

MARIA ISLAND

TASMAN SEA

0   20
MILES

NORFOLK ISLAND

CASCADE BAY

JETTY

MOUNT PITT

ANSON BAY

Longridge

Kingston

Prison

Settlement

CEMETERY

BALL'S BAY

GOVERNMENT HOUSE

REEF

EMILY BAY

SYDNEY BAY

NEPEAN ISLAND

palacios

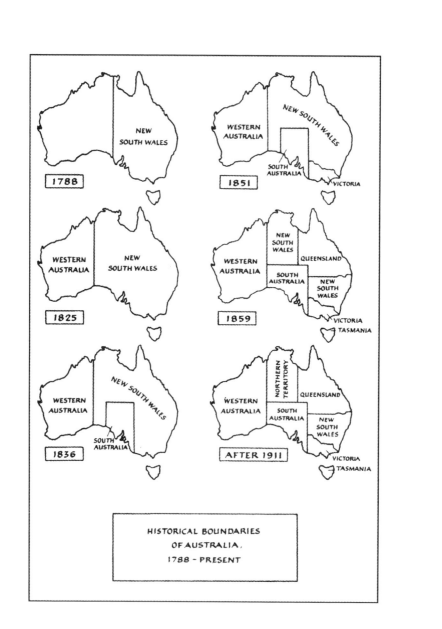

HISTORICAL BOUNDARIES
OF AUSTRALIA,
1788 - PRESENT

第一章　海港和流放者

i

1787 年，国王乔治三世统治的第二十八个年头，英国政府派遣了第一支舰队，前来殖民澳大利亚。

以前从未有一座殖民地建立在离母国如此遥远的地方，建立之时也没有对其所占国土达到如此无知的地步。在此之前，从未有人对该地进行过军事侦察。1770 年，詹姆斯·库克船长曾在这座绝对神秘莫测的大陆无人探索的东海岸登陆，在一个名叫植物湾的地方稍事停留，然后又向北驶去。自从那时以来，再也无船来此：整整十七年，没有片言只语，没有任何观察，每一年都与之前的几千年一模一样，锁定在无边无涯的历史之中，只有炎热的蓝天、丛林、砂石，只有太平洋上光滑的滚滚波涛发出缓慢而有节奏的轰响。

这一年，这道海岸就要目睹一场从未尝试过，以后也不会重复的崭新的殖民实验。一座未经探索的大陆即将成为一座巨牢。这座牢狱周围的空间，因于其中的空气和大海，以及整个透明的南太平洋迷宫，都即将成为一道厚达一万四千英里的牢墙。

18 世纪后期出现了大量社会向善计划，都是因那个时代萌生的革命感一挥而就的。但在这儿，这一过程被倒转：没有出现乌托邦，而是出现了反乌托邦。没有在社会契约中以道德的优雅自由来去的卢梭的自然人，只有受到胁迫、遭到流放、拔根去须、戴着脚镣手铐的人。太平洋的其他地区，特别是塔希提，似乎可以证实卢梭的正确，但在殖民的最初岁月里，澳大利亚知识阶层的赞助人是霍布斯和萨德。

当局在最乐观的时刻，曾希望能在最后把一个阶级给吞没——"罪犯阶级"，乔治时代后期和维多利亚时代早期英格兰的主要社会学观念之一，就认为有这样一种阶级存在。澳大利亚的拓居是为了保卫英格兰的财产，不是为了让其不受英吉利海峡对岸食蛙人的侵略，而是为了防止来自内部的掠夺者。英国立法者希望不仅能够摆脱这个"罪犯阶级"，而且如有可能，就干脆把它忘掉。澳大利亚就像肉眼看不见的一条阴沟，其内容污秽不堪，难于启齿。边沁 1812 年把这座"窃贼殖民地"臭骂了一顿，他认为：

> （流放）的确是一种实验……但在这种情况下，实验的对象特别方便，这是一伙 animae viles①。某种粪便排泄物，可抛射之，也随之予以抛射——而且应该似乎有意尽可能地抛射——直到肉眼看不见为止。[1]

对大多数英国人来说，这个地方似乎不单是社会变种，而是另一个星球——一个流放的世界，一言以蔽之，就是它那个俗名所说的"植物湾"。这地方是白人一手开创出来的，对他们来说既遥远不堪，又十分反常。它陌生而又亲密，颇似潜意识和意识之间的关系。截至那时，尚无"澳大利亚"历史或文化这种东西。在它的头四十年中，这座窃贼殖民地所发生的一切都是英国的。在流犯流放的整个期间，英国王室用船载运的男性、女性和儿童超过了十六万（由于记录的误差，永远都无法知道准确数目了），成了澳大利亚的奴隶。[2]这是前现代史中，因欧洲某

---

① 疑为拉丁语：下贱的畜生。

国政府命令而被迫流放的最大一群公民。更早的监狱管理学是无法与之相比拟的。在澳大利亚,英格兰为我们所处的这个世纪更广大也更为恐怖的表现压抑的壁画,即古拉格群岛,绘制了草图。其他任何一个国家都不是这样诞生的,其阵痛可说始于 1788 年 1 月 26 日的下午,这时,一艘舰队在亚瑟·菲利普船长旗舰"天狼星号"的率领下,载着 1030人,其中包括 548 名男性流犯和 188 名女性流犯,驶入杰克逊港,也就是现在所称的悉尼海港。

ii

这一时刻可以比作一只胶囊的打开。欧洲历史在船只此时进入的这座海港上空,没有留下任何痕迹。直到英国舰队鼓胀的风帆和腾跃的船头来到南头之时,这儿是没有日期的。土著和他们周围的动物自盘古开天地以来,就拥有了这片风景,没有任何人亲眼见过土著和这片风景。此时,遥远距离的那层保护玻璃在瞬间破裂,再也无法恢复原样了。

要想对这个地方进行想象,就必须从海港形似节肢动物口器的北头开始。澳大利亚就在这儿停了下来,成片砂石像饼干一样断裂开来,碎屑大若村舍,乱糟糟地躺在下面二百五十英尺的地方,就在太平洋波涛汹涌的深蓝色边缘。奶油棕色的砂石组成了一道嶙峋的石墙,在风的不断吹拂下,向北延伸,一直到上釉一般光亮的地平线。东面是太平洋长达七千英里弧形的起始处,这道弧形直指南美洲。白色的泡沫仿佛煮沸一般,形成排浪,不断啮咬着悬崖,把面纱般的海水抛到一百多英尺高的空中。只有在古老的岩石表面、大海和天空的交汇处——块体、能量和光明——人才能体会到,为什么土著把北头称作"博力",意即"忍耐之地"。

砂石是海岸的脊梁和根基。在悬崖顶端,土壤贫瘠,灌木稀疏,有一丛丛山龙眼,长着锯齿般的叶子,其干枯的种实宛若一张张在叽叽喳喳聊大天的嘴巴。在这片清俊的灰绿色中，偶尔会有一朵红花或蓝花，潦草地涂抹上一笔，看上去令人心惊。但是，再往西去，狭长的砂石岩壁就一头扎进海港，把它分割成几十座小岛。1788年，这些隐蔽的小海湾林木葱郁，最大的树木是尤加利树：红桉树、桃金娘、"草书桉"①，以及一打别的种类的桉树。直到18世纪晚期，欧洲人从没见过尤加利树。这种树的样子一定极其古怪，树皮要掉不掉，一串串地挂在树上，树干平滑，长着起皱的瘤节（很像人的胳肢窝、手肘或两腿分叉处），枝干仿佛打着雄辩的手势，终年不落的树叶形成一重雾霭。这不是常绿乔木，而是常灰乔木：这是澳大利亚丛林颜色柔和、给人造成空间错觉的背景色彩，乍看之下显得十分单调，但一旦眼睛适应了这个地方的水土，就能看出其粼粼微波般的细微差别。

溪谷里，溪水纵横，流成一汪汪水潭，在砂石的石唇上留下仿佛生锈的水藻的须髯。巨朱蕉在这儿生长，潮湿的阴影支持着一大批蕨类植物和青苔。浪花飞溅般的金黄色含羞草属植物，在阳光下沿着山脊闪烁发光。还有挺拔而立的黑男孩树，披着羽毛似的棕叶，茎秆像干爽的矛一样从中刺射出来。

地面多为沙地，很瘦瘠，但让菲利普的二把手约翰·亨特船长感到欣慰的是：

> （这座海港的部分前滩）土地尚可……可以垦殖，而不用等待清理林木。树与树之间隔着很宽的距离，不存在林下灌木丛。简言之，这片树林……形似鹿园，好像这就是原来的目的。[3]

把海港风景与英国公园互做比较，是第一舰队写日记的人比较常用的一个描述手段，即使这么做很让人吃惊。这么做的部分原因，是他们

---

① 所谓"草书桉"，英文是 scribbly gum，因其树皮上常常呈现出仿佛草书的痕迹而得名，但迄今为止，译者手头的所有英汉词典都无此词，故创译之。

有个习惯，喜欢在处理不熟悉的澳大利亚风貌时，诉诸熟悉的欧洲模型。例如，殖民地的水彩画家至少花了二十年时间，才把桉树画得像那么回事，而不像英国的橡树或榆树。[4]毫无疑问，部分也是由于一个简单事实，即在海上漂流数月之后，任何土地看上去都像伊甸园，但它也有事实的基础，因为这片风景经常被土著猎人焚烧，他们的点火棍把大树互相分离，促进了草木的生长。

正因如此，随着亚瑟·鲍斯·史迈斯的"彭琳女士号"平滑地驶入海港，驶过那块岩石露出水面、后来叫作"母猪和小猪"的危险暗礁，驶过沃克鲁斯和西芹湾倾斜、狂风呼啸的桃色砂石壁架，航向那片光明充溢的宽阔水口（如今，悉尼海港大桥早已飞架其上），他于1788年1月26日这天所记的日记里，有一种混合着宽慰和审美愉悦的调子：

> 我在英格兰任何贵族庭园中所见过的优美至极的土地、草坪和岩洞，有着雄奇伟岸的参天大树之与众不同的种植园，都无法与我们眼前看到的大自然相媲美。树上有各种各样的小鸟在歌唱，不计其数的长尾小鹦鹉、"洛热克特"①、白鹦鹉、金刚鹦鹉等，都在飞来飞去，这使周围的一切显得十分迷人。巨大的石头从山顶一直到水边，非常恐怖地高踞其上，形成一座极为宽阔的水边码头。所有这些穷尽笔墨也难以尽言。[5]

关于金刚鹦鹉，他说错了，因为这种鸟在澳大利亚从来都不存在，但当时海港沿岸鸟类的稠密程度和分布范围还是很让人惊奇的。海港丛林中繁衍着几十种鹦鹉，有玫瑰葵花鹦鹉、裸眼凤头鹦鹉、粉红色的酋长凤头鹦鹉、黑色的丧葬鹦鹉②，从彩虹色的吸蜜小鹦鹉和玫瑰鹦鹉，一直到小巧玲珑、专吃种子的虎皮鹦鹉，这些鹦鹉一旦受到惊吓，就会

---

① 英文是 lorrequet，手头所有词典，包括网上都无此词，暂时存疑。
② 英文是 funeral cockatoo，手头所有词典包括网上均无此词的中文翻译，故创译之。

群起而飞，形成一片片绿色的浓云迷雾，在地面投下粼粼波浪般的长长阴影。葵花凤头鹦鹉，拉丁学名为大巴旦鹦鹉，是最为壮观的一种——身体硕大，叫声嘶哑，羽毛颜色粉白（楔形尾巴下粉末般地撒了一层黄色），鸟喙呈石板色，眼睛像黑曜石，黄色的羽毛从头上向后面舌头般大大咧咧地卷过去。它们一激动，就会把鸟冠竖起来，形成镀金轮辐般的光轮，宛若阿兹特克人的头饰。这些声音嘈杂的花花公子一群集起来，就是成百上千，在一株死桉树上栖落后，就用看上去很像是厚厚一丛盛开的白花的东西，把自己银色的鸟腿覆盖起来，直到受到惊吓的一刻，这时，花朵摇身一变，成了飞鸟，"嘎嘎"叫着飞回天空。

玫瑰葵花鹦鹉是一种体形较小的白鹦鹉，脊背呈灰色，鸟冠呈白色，下颌及前胸是最细腻的一种鲜艳的粉红色，就像波旁玫瑰的花蕊。一群玫瑰葵花鹦鹉如果掠过蛋白色的地平线，身上的颜色似乎就会发生变化——粉红色影影绰绰地变成了灰色，转眼又变回粉红色——鸟群改变方向时，会小声发出尖利刺耳的声音，很像门枢生锈时发出的咯吱咯吱声。

海港一带繁荣昌盛的禽鸟生活因地面上的静谧和隐秘而取得了一种平衡。有关澳大利亚动物的一切都不是显而易见的，其中许多都是经过伪装的化石，都是那种在丛林中能爬能滑、能摇摇摆摆、蹦蹦跳跳的返祖动物。有关对跖点一切都呈倒反现象的传奇，通过这些动物变得有血有肉，同时又无伤大雅。自从澳大利亚大陆在大约四千万年前脱离南极洲，这些动物遥远的始祖就一直是在与世隔绝的状态下进化的。[6]

1770 年 6 月，"奋进号"在大堡礁迷宫般的珊瑚礁中搁浅之时，约瑟夫·班克斯爵士就在悉尼海港以北很远的地方，射杀并搜集了其中一种名叫沙袋鼠的袋鼠科动物。沙袋鼠剥皮之后，就被送往英格兰，由伦敦的动物标本剥制工把它制作成标本，然后交给伟大的动物画家乔治·斯塔布斯，让他画一幅沙袋鼠的肖像。库克船长在日记中写道，"土著叫它'康古鲁'（Kangooroo）"，它行走"只靠后腿，每齐足跳一次，就可跳出或跃出七八英尺……其皮肤布满一种短短的软毛，呈暗黑的鼠色或灰色。我觉得它的头和耳朵有点像兔子，除此之外，它跟我所见过的任何欧洲动物都没有相似之处"。[7]菲利普抵达悉尼海港时，他对"印第安人"的语言只有一件事是确信无疑的，那就是他们把这种动物叫作"kangaroo"（袋鼠）。但是，由于他们的语言与库克在北方所遭遇的部落语言毫不相似，悉尼的土著只好假定，"kangaroo"是白人侵略者描述普通熟悉的动物所用的词，而他们自己一向都把那种动物叫作"帕塔嘎郎"（patagarang）。

海港一带生活着五六种"帕塔嘎郎"，它们在蕨叶谷地蕨类植物形成的一道道沟壑般的棚架下，啃食着铁丝般的野草，露头时沉默不响，就像幼鹿的幽灵。全身银色披挂的东部灰袋鼠又名"macropus giganteus"（东部灰大袋鼠），它们喜欢成群结队地行动，每群都是几十只。殖民时期一位记日记的人这样写道："它们发出的声音很微弱，像羊叫，好像在抱怨什么，但很难描述。"其他的种类体形渐次变小，从胆小的岩袋鼠，到娇小的长鼻袋鼠。

袋鼠并不是这片风景中的唯一怪物。考拉熊不是在桉树的枝叶上攀缘，就是在舒适的树杈上安闲地四仰八叉，大吃大嚼着手中的一串串树叶。这不是澳航电视广告上放映的那种天真迷人、可搂可抱的泰迪熊，而是动作迟缓、性情急躁、颇有市政议员之风的家伙，耳朵毛茸茸的，鼻子像靴跟，每天要吃两磅新鲜桉树叶，一旦被活捉，就会拼命抓挠，在侵犯者手上浇透散发着尤加利树清香的尿液。老实讲，它们根本就不是熊（正如身上有月亮斑块的"土猫"不是猫，背上有纹路的塔斯马尼亚狼①不是狗一样），而是在夜间活动的有袋动物，跟任何其他活着或已成化石的动物都没有明显的关系。太阳一落山，它们栖息的树上就满是其他夜间活动的动物，它们乱抓乱扒，弄出"噼里啪啦""吱吱喳喳"的响声——那是尾巴像刷子的胖乎乎的负鼠、环尾负鼠和蜜袋鼯，其前腿和后腿之间有宽宽的、毛茸茸的翼面，能像降落伞一样，晃晃悠悠地

---

① 又名塔斯马尼亚虎、袋狼。

从一棵树俯冲向另一棵树。这些动物就像真正的阿卡狄亚人，靠着在丛林花朵中吸蜜而过活。

然而，哺乳动物中最古老也最奇怪的，要数鸭嘴兽和针鼹鼠了。这两种动物都极为原始，陷在爬行动物和哺乳动物之间进化的中间点上。它们属单孔目：一个单孔不分青红皂白，为它们提供服务，既交配，又排泄，还下蛋。针鼹鼠又名刺食蚁兽，看起来有点像欧洲刺猬，但它们之间的相似之处还没有身上的刚毛深：它优雅的棕黄色脊柱实际上是一种皮毛，尽管是最正式的那种。它能像鸟一样下蛋，但把蛋放在肚子下面一个囊袋里，无论到哪里都随身带着。它很近视，但嗅觉十分灵敏，能透过几码远的空气或几英寸被太阳晒硬的土壤，闻到蚂蚁的甲酸气味。它长着尖喙，而没有下巴——那是一根中空的管子，一条像鞭子一样黏糊糊的粉红舌头几乎有它身体那么长，能射入蚂蚁的巢穴中。针鼹鼠受到威胁时，就会缩成一团，鬃毛倒竖，要不就把头往下一扎，用力量惊人的爪子往下刨起来，片刻就把自己埋住了。

另一方面，鸭嘴兽则属于两栖动物：它是史前时期鸭嘴兽科或鸟喙哺乳动物硕果仅存的动物。它有嘴巴，脚上带蹼，像鸭子一样，尾巴像水獭，皮毛精致发亮，油光水滑。它就像一头小海豹，皮下有层很丰厚的脂肪，它太原始了，不会调节自身的体温。在小溪岸边泥地掘出的隧道里，雌鸭嘴兽会生下一窝看上去很古老、有皮质感的蛋，孵卵期间会给幼兽哺乳——它不用乳头，而通过肚子上撑大的毛孔来哺乳，它抓挠着这个毛孔，直到奶水从中渗出为止。鸭嘴兽一生大部分时间都用来在河床上搜寻蚯蚓和昆虫，它每天吃掉的食物量要超过自身的重量，新陈代谢率简直直逼鼓风炉。你要是把这样一个手忙脚乱的小东西拿起来（要避开后腿，因为上面有根毒刺，就像澳大利亚的许多很"可爱"的东西一样），就会发现它好像是一颗"怦怦"跳动的心脏。

王八熊①——行动笨拙，重达八十磅的有袋类动物，很像矮胖的、

① 英文是 wombat，即袋熊，因发音颇与汉语的"王八"近似，试译作"王八熊"。

钝头钝脑的熊，会在土壤下挖掘迂回蜿蜒的地下墓穴。袋狸从洞中向外偷觑。整片风景洋溢着生命，但一切都在悄悄进行。在这儿的澳大利亚丛林中，你需要一看再看，才能瞥见伪装下的灰色考拉熊，衬着桉树灰色多肉的树瘤。各种动物的叫声与其体形都不成正比。正如树木随机、摇曳的透明效果抽干了空间的透视，因此也很难猜出叫声来自何方。蝉在十英尺之外的树枝上"吱吱"叫着，声音却好像是从四面八方发出来的。很难偷偷走到海港岸边这些生物面前。丛林在暑热中被炙烤成黄褐色和青铜色，地面覆盖着干桉树叶形成的一层噼啪作响的皮、野草和掉落的尤加利树皮等，这一切都像绷紧的鼓皮，仿佛一只锐敏的共鸣器，每有人走近，就会通知所有的动物。

在动物组成的这个国会中，几乎没有什么受到威吓的感觉。唯一的大型肉食动物就是"丁狗"，这是土著移民很久以前从海外进口到澳大利亚来的"土狗"。就连身为丛林之龙、专食动物腐肉的"监视"蜥蜴（又称"果阿纳"巨蜥），一旦有人接近，也只会冲到树上，紧紧守在那儿，喉咙一鼓一鼓的，一声不响地发出警报，直到进犯者走掉为止。普天下唯一的肉食动物就是人类。

iii

一种静态文化，仿佛因自古以来的原始主义而凝固，在亘古不变的风景中保持永恒不变。这，直到最近，而且直到现在，对许多人来说，就是关于澳大利亚土著的一种普遍看法，其产生有这样几种来源：关于高贵野人的神话传说，关于土著技术的误读，传统的种族主义，以及对澳大利亚史前时期的无知。事实上，这是相当错误的，但在白种城市居住者的体验中，能把这个看法驳倒的事实并不多。即便能把好像膏药一样粘在一起的砖头、钢筋和沥青从陆岬上除去，拆掉海港大桥和悉尼歌剧院，让海滩上站满挥舞着长矛、像黑棍子一样的人影，关于 1788 年 1

月 26 日这天，悉尼海港如何开始在白种囚犯的眼前把自身展开，还是谁也无法猜测的。其间发生的变化太彻底了，根本不可能猜出来。然而，努力以最初的眼光审视这片风景及风景中的人物，还是值得一做，因为它与直到 1960 年前后人们所理解的学校教学内容里的早期殖民史中一些主要神话有关。这就是早期拓居者散播的、从 19 世纪继承的那种思想，即认为第一舰队驶入的是一座"空旷的"大陆，到处是斑斑点点的原始动物和原始气味并不比动物少的人，因此，"最适于生存者"不可避免地大获全胜。于是，对澳大利亚土著的摧毁被合理化，成为自然法则。一位拓居者于 1849 年说："任何东西都无法阻挡土著种族的消亡，此为上苍所允许，以保有这片土地，直至更优秀的种族取而代之。"[8]

但是，第一批白种澳大利亚拓居者明显不适合在这片新土地上生存，尽管土著好像觉得大自然富饶丰足，这些拓居者却生活在饥饿的边缘。他们根本不知道吃什么，也不知道怎么弄吃的。第一舰队的大多数流犯此前从未离开过他们的出生地，连十英里之外的地方都没去过，在戴上脚镣手铐、被人推上流犯船之前，他们连大海都没见过。因此，他们在澳大利亚感到失落的程度，不亚于土著在伦敦的"白嘴鸦群居地"（贫民窟）会感到失落的程度。他们碰到的部落人极为适应那片风景，因此，这些部落人的营养标准可能要超过 1788 年大多数欧洲人的标准。对白人来说，无论是流犯还是官员，悉尼海港都是天涯海角，但对土著来说，这儿就是世界中心。这片风景及其难以捉摸的资源，在白人那儿连名字都还没有，它们横亘在两种文化之间，让每一个集团的人都看到，自己与另一个集团的人毫无相似之处。

白人入侵之时，人类在澳大利亚已经居住了至少三万年。他们在更新世就已迁来这座大陆。这次移民发生的时间，大致也是亚洲第一波移民越过俄国和阿拉斯加之间现已沉陷的大陆桥，进入北美无人居住的辽阔土地的时间。

第一批澳大利亚人也来自亚洲。他们发现澳大利亚时，这座大陆可能要比现在大四分之一。在更新世，太平洋的高度要比今天低四百到六百英尺。从南澳可以一直步行到塔斯马尼亚，当时它还不是一座岛屿。萨胡尔大陆架，也就是大洋底部那道浅浅的棱脊，其水域现在把澳大利亚与新几内亚隔开，当时却是干燥的陆地。澳大利亚、新几内亚，可能还有新赫布里底群岛的局部，则形成了一个地块。通过数代人反复试验而积累起来的经验，人们才得以（途经西里伯斯岛和婆罗洲）越过踏脚石般散布在大海上的岛屿，从东南亚进入澳大利亚。这种航程应该大多靠"眼球导航"来进行，前去的海岸可能是移民在出发点时就已经看见的。当时应该有超过五十英里的几次海上航程，但这种航程不可能太多，也没有直接的路线。用历史学家杰弗里·布莱尼的话来说："澳大利亚不过碰巧是一系列航程和移民的终点站。"[9]但是，第一位男性从弱不禁风的独木舟在更新世的澳大利亚西北海岸登岸的那一刻，就应该被正确地看成人类历史的一个枢纽：这是人类第一次通过海路进行殖民。

除了知道更新世的这些殖民主义者源自北方之外，没人知道他们是谁，也不知道他们是从哪儿冒出来的。[10]他们是谁都无所谓，反正他们在这座大陆上逐渐向南、向东、向西扩展，边扩展边杀死巨大的袋鼠，随身带着他们进口的半野半驯的狗，这些狗的后代就是丁狗。这些人首次扎营的地方后来都被帝汶海和卡奔塔利亚湾的海水淹没，因为海水在公元前13000年和公元前16000年间上升极快，以至海岸以每年三英里的速度向内地推进。[11]已知最古老的北方营地是于两万两千年前，在达尔文以东一百五十英里的奥恩佩利扎下的。

但是，早在这之前，南征就已开始。到了公元前30000年，澳大利亚东南部现已干涸贫瘠的蒙哥湖盆地边，就已有部落确立了良好的地位，他们吃的是螯虾和鸸鹋蛋。他们也许是世界上首次实行火葬的人。蒙哥湖边一座坟墓中作为祭品而置放的赭土块粒表明，他们已经认识到，人死后可能还有意识存在。[12]但是，到了公元前20000年，土著已经抵达悉尼海港。其他人则在这座大陆极南缘的纳勒博平原下面，从库纳尔达石洞的石灰岩壁中撬取燧石砾。在那儿的黑暗中，他们在岩壁上刻画出粗糙的图案，这很可能是南半球制作的第一批艺术品——与后来土著岩画所达到的成就相比，这不过是涂鸦而已，但又是确凿无疑的证据，表明了某种原初的艺术意图。两千年后，这座大陆几乎所有可以住人的地方，都留下了土著的贝壳堆、燧石片、骨指和木炭。殖民达到了目的，这片广袤的地域蒙上了一重人类文化的薄膜。

但这重薄膜极为薄弱。第一舰队抵达时，整个澳大利亚可能只有三十万土著——大陆的人口平均分布是每十平方英里一人。不过，地方人口密度则各不相同。大澳大利亚湾和南回归线之间，在那块方圆三十万平方英里干燥的石灰石平原和生长着滨藜的沙漠上，漫游的人可能不足两万，据说在这个地方，就连乌鸦都会倒着飞行，为的是不让风把灰沙吹进眼睛。在海岸上，食物更加丰足，雨量也更大，土地可以养活更多的人。菲利普在悉尼海港过了几个月后，觉得他探索过的坎伯兰平原地区可以维持一千五百个黑人的生活。根据这个粗略的估算，每平方英里的人口密度约为三人。

澳大利亚人是按部落自行分配的。他们没有私有财产观念，但他们领土观很强，狩猎习俗和图腾崇拜把他们与祖先的地区维系起来。白人入侵之时，有几百个部落存在——也许多达九百个部落，尽管更可能的数字是大约五百个。部落没有国王，也没有能力非凡的领袖，甚至都没有一个正式的议会。维系它们的是共同的宗教、语言和错综复杂的家庭关系网。它们没有文字，却有一个复杂的口语和神话歌谣的结构，部落长老会将其奥秘逐渐传给青年男子。地理特点会使部落语言发生裂变。例如，在悉尼地区，艾奥纳部落（他们从皮特沃特到植物湾，浪游了将近七百平方英里）的先祖领地被悉尼海港一切两半。这一来，海港北边和南边的"游牧部落"，又称部落小集团，即卡莫拉嘎尔部落和卡迪嘎尔部落，就说着两种截然不同的语言。对他们来说，海港形成了一条跟英吉利海峡一样宽阔的语言鸿沟。[13] 1791 年，随着白人拓居地向前推进，越过温莎和霍克斯伯里河，菲利普总督惊奇地发现：

（在河的两岸）人们使用的几个词语我们听不懂。很快就发现，他们使用的语言与我们迄今为止熟悉的土著所使用的语言不同。月亮在他们那儿不叫"彦-热-塔"，而叫"孔-多-银"，阴茎在他们那儿叫"布-达"，而我们这边的土著叫"嘎嗲"。[14]

这是达鲁克人，他们漫游的地带从艾奥纳领土以北的海岸，到南方蓝山的卡通巴-布莱克希思地区，约有两千三百平方英里。达鲁克人、艾奥纳人和塔拉沃尔人（他们的领土始于植物湾的南岸）是澳大利亚的白种拓居者最初不得不打交道的三个部落。

沃特金·坦奇（1758—1833）是"夏洛蒂号"流犯船上的一名青年海军陆战队军官，部落之间互相了解的那种容易程度给他留下了深刻印象。据他猜测，达鲁克语言可能只是艾奥纳人的一种方言，"尽管两个部落的人说话时，都更愿意使用他们自己的（语言）"[15]。事实上，不同的土著语言起源于各部落之间紧密的社会结构、部落特定的限定领土，以及他们在与其他部落边界相关的方面，多少属于固定的行动模式。由于这些因素，每个部落都想保持自己语言的完整性，但与此同时，漫游的生活又迫使他们向其他部落学习。某些内地的部落会沿着长达一千英里的贸易路线，习惯地交换货物（如燧石斧、喇叭螺、贝壳饰品、身体涂绘用的赭石块，以及其他地方商品），与他们相比，艾奥纳人则是不喜远游的。他们连五十英里之外说的话都听不懂。他们的主食是鱼，他们没有理由离开海岸。他们拥有他们的领土（海港北岸沿岸的卡莫拉嘎尔部落和瓦卢墨德嘎尔部落，布拉德利海角的布罗格嘎尔部落，今日环形码头和植物园一带的卡迪嘎尔部落），因为几百年来他们就拥有这片领土。

他们食物的主要来源是大海。这个部落的女人把捶平的树皮纤维搓成渔线，把蝾螺做成渔钩。由于这种渔钩很脆弱，渔线不结实，土著钓鱼时就喜欢成双成对——女的动作尽可能轻巧，把钓到的鱼提起来，男的站立不动，做好准备，一旦鱼进入范围，就用叉去叉鱼。渔叉的终端有三四根用沙袋鼠骨头或鸟骨制作的尖刺，打磨得十分锋利，用桉树树脂固定到位。

艾奥纳人划着独木舟捕鱼。他们找来一株合适的尤加利树，从上面割下一块长长的椭圆形树皮，把两端捆起来，一端是船头，一端是船尾，然后就制成了独木舟。一百年前，古旧的、遍体疤痕的"独木舟树"在海港一带十分常见，但今天已经荡然无存。船的舷缘用植物纤维缝住一根柔韧的棍子，用以加固。短棍作为横挡，横跨船舷，从一边到另一边，楔进船身。凡有裂缝和裂纹的地方，都用黏土或桉树树脂密封起来。在船底，土著放上一块潮湿的黏土，在上面生火，这样，他们就可以在大海上烤鱼吃了。与美洲印第安人的白桦独木舟相比，土著的独木舟很不稳定，极为粗糙。在"天狼星号"上的中尉威廉·布拉德利看来，"这是我所见所闻的最糟糕的独木舟"。这种独木舟既无桨又托架，也无船帆（艾奥纳人不懂编织）。因为船身很低，一入水就随波起伏，水漏得像个筛子。不过，艾奥纳人掌船的技能很高超。布拉德利写道："我曾看见他们荡桨穿过一个很高的浪头，船没翻，进水量也不比风平浪静时多。"这种舟楫虽然脆弱，但很适合艾奥纳人的游牧生活方式，因为容易承载，也同样容易更换。一个部落人只要一天，就能做成一条独木舟。[16]

艾奥纳人吃大量贝类海鲜，其中主要是牡蛎，均由女性采集。沿海港的海滩一线，在几十座石灰岩洞边，都有一堆堆白色的贝壳。悉尼歌剧院如今矗立的本奈朗角①，起初曾被殖民主义者称作烧石灰人角，因为这地方好像披着一件软体动物壳沉积而成的斗篷，那是成千上万年人们无遮无拦、大吃大嚼之后堆积起来的。② 这些贝壳重新采集起来（这

---

① 英文是 Bennelong，网上翻译为"便利朗"，但作为起源于人名的地名显然不合适。

② 本奈朗是艾奥纳部落人，他是第一个学会说英语、喝朗姆酒、穿衣服并吃侵略者的奇怪食物的黑人。他的好奇心得到了报偿。他成了菲利普总督的朋友，还被赏了一座小砖棚，约有十二平方英尺，其中他所住的那一端就是现在的本奈朗角。殖民时期的一位日记记录者写道："爱情和战争是他最喜欢的消遣。"1792 年，他与菲利普同去英格兰，受到盛大招待，因为他是一个充满异国情调的高贵的野人，是伦敦人看到的第一个澳大利亚土著。但一两年后，他就失去了几乎所有的令人好奇的价值，直到 1795 年，他才同新任命的总督约翰·亨特一起回到悉尼。到这时，他既不适应他从前的部落世界，也不适应白人形似牢狱的小宇宙。自菲利普离开之后，白人对黑人的容忍就开始土崩瓦解了。本奈朗越来越爱喝朗姆酒，经常烂醉如泥，特别好斗。他于 1813 年去世，约四十岁。——原注

一次是由白种女性流犯来采集），在窑中燃烧之后，就为悉尼的第一批灰浆提供了石灰。

艾奥纳人的食物并不完全依赖大海。他们也在陆地上猎食，但很少使用飞去来器。飞去来器飞行时不能有障碍，因此这种武器只适合开阔的草原和沙漠，而不适合艾奥纳人居住的硬叶植物的森林。这种武器为悉尼黑人提供食物的功能也许微不足道，他们主要的狩猎武器是长矛、石斧和火棍。[17]

艾奥纳人的狩猎长矛——不像他们的渔具——只有一端是尖的，顶端用了各种材料，一般是火焰烧硬的木头，但也有骨头和燧石，有时候还有鲨鱼的牙齿。约翰·怀特是"夏洛蒂号"流犯船上的外科大夫，他注意到，技术娴熟的猎手兼勇士投掷长矛时极为精确，非常有力，"远至三四十码而精确无误"，不过，扔至一倍的距离也曾记录在案。投掷长矛使用的是一种投掷器，又叫"伍默拉"，是一根木棍，一端有只夹子，正好安放长矛的端部，给猎人的手臂起加长的作用，很像投石器上的皮带。一小组猎人用这种设备，就能把随便什么动物打倒，从袋狸到鹋鹋，应有尽有。他们用石头把飞鸟赶出树林，或通过灵巧的手段和瑜伽般的自我控制精神设陷阱把鸟活捉："土著在骄阳下也可躺下睡着，手里拿着一块鱼。鸟一看见鱼饵，就会把鱼抓住，这时，土著就把鸟抓在手里了。"[18]

无论根据什么标准衡量，土著的技术都很薄弱，但他们的动手能力很强。他们没有发明弓箭，但在偷猎、寻踪和模仿方面技艺高超。有能力的猎人需要看懂每一片树叶是否发生位移，灰土中是否有擦痕。他必须能一步还没走完就凝身不动，单腿站立，眼皮都不眨地一站就是半个小时，等着"果阿纳"巨蜥鼓起足够的勇气，敢于从它藏身的木头里钻出来。他必须知道如何拎着黑蛇的尾巴，把黑蛇提起来，甩鞭一样把它的脑袋甩掉。他必须能像猫一样爬树，爬到桉树上，突袭野蜂，取其蜜，或用一把石斧，把躲在洞里、只在夜间出没的糊里糊涂的负鼠砍死。总的来说，领土内动物生活的每一细节（迁移模式、喂食习惯、垒窝藏身，乃至交配等），猎人都需要知道。只有这样，一个小型的游牧集团才能生存下来。

植物王国的情况也是如此，这是女人的天地。艾奥纳人跟澳大利亚已知的其他部落一样，在男性猎人和女性采集者之间，强制推行着一种性别分工制度。18世纪90年代的殖民主义者关于艾奥纳人的植物采集工作语焉不详，这也许是因为，男性的工作，哪怕是低等野人的工作，也似乎比女性的工作有意思得多。因此，现在无法对艾奥纳人饮食中植物食品的重要性做出评判。不过，可以根据现有证据推断，艾奥纳人没有农业概念。他们不播种，也不收获。他们似乎没有给这座大陆的表面带来任何变化。他们被视作文化处于静态的原始人，轻巧地在一片生态处于静态的风景中漫游，这似乎就排除了他们之前拥有土地的权利。这对18世纪和19世纪的某些人来说，等于取消了他们作为人类的权利。

然而，这种简陋的土著技术的确给风景和动物群带来了变化，因为这种技术含有火的因素。无论部落走到哪儿，他们都带着点火棍，把方圆许多英里的丛林土地一烧而光。他们点火烧着空心树木，趁着负鼠和蜥蜴争相从洞里逃出之时以棒击之。他们焚烧大片丛林，把惊慌失措的有袋动物驱赶出来，然后手执长矛严阵以待。

丛林生活的传统梦魇是丛林大火和土地干旱。高风挟着丛林大火，穿过夏季干旱的森林，那是一幅恐怖的景象：盘绕旋转的火墙悬崖般地陡立，以每小时三十英里的速度移动，把一株株大树顶端点燃，仿佛燃亮一连串镁光照明弹。丛林大火是财产的天敌。但是，澳大利亚黑人没有财产，因此他们毫不犹豫，把领土上几平方英里的地方烧光，只不过为了抓住一打"果阿纳"巨蜥和脊尾袋鼠，其代价是毁灭了该地区所有行动迟缓的动物。

对艾奥纳人来说，火就是他们的掩体。这是他们生活必然逻辑的一个组成部分，因为要想生存下来，绳结般组成该部落的一个个小型家庭团体就得边走边觅食，轻而易举并行动迅速地在广阔的区域内漫游。这样一来，建造稳固、永久的居所这种想法就不可想象。对他们来说，炉边生活远比室内生活意义更大。有了点火棍，炉子就可随身携带。他们从来都不用发明一种能够随身携带的房屋（如帐篷）。他们比贝都因人或大草原的印第安人都要落后得多。凡能找到的东西，他们拿来就用：海港滩头的石灰岩洞，都是用树皮支撑起来形成的简陋的"棚屋"。"天狼星号"的第二号船长约翰·亨特说：

> 他们对建筑物的无知因大自然的慈祥而得到了充分的补偿，岩石十分柔和，围绕着海岸线……时时刻刻在崩塌……这种持续不断的衰变留下了尺寸很大的洞穴：我看见的一些洞穴可住四十人到六十人，在必要的情况下，我觉得我们（在其中一个）住一晚上也很不错。[19]

他这是让车拖马，本末倒置了：艾奥纳人住在洞穴里并不是因为他们不会盖房，而是因为他们有了洞穴，就不想盖房了。另一位殖民时期的观察者倒是明白了，为什么土著没有欧洲人能够识别的建筑式样：

> ……与所有人相比，建造树皮棚子的人很少。一般来说，他们更喜欢在岩石堆里找到的现成住所，因为这与他们流动的生活方式完美地保持一致。他们从来不在同一个地方逗留很久，他们与部落一起旅行，因此哪怕盖一座树皮棚子，所花时间也要超过他们愿意在一地逗留的时间。[20]

岩洞和树皮棚屋都是通风透气的地方，在海港，一到夜里就会很冷。因此，艾奥纳人挨着不断冒烟的篝火，紧紧相拥，睡在一起，被烫伤也是常有的事。洞口周围散布的负鼠皮、鱼刺和沙袋鼠内脏等会带来成群的苍蝇与昆虫，这些游牧人为了部落的"卫生"，只能一走了之，把垃圾和人粪丢在身后（这个古老的习惯对他们边缘化的后裔具有毁灭性的后果，他们在一两代人后，脱离了部落，在白人社区的边缘，落入他们贫民窟小棚子的陷阱中）。他们无论走到哪儿，都被蚊虫骚扰，只好用鱼油来驱蚊："他们把鱼的五脏六腑顶在头上，在太阳底下曝晒，这种景象并非不常见，一直晒到鱼油流得满脸满身都是。他们认为这种润滑油非常重要，所以哪怕孩子才两岁，也要教他们使用。"[21] 由于艾奥纳人从不洗澡，他们一生都在身上涂抹一种混合材料，其中有腐臭的鱼油、动物油脂、赭土、沙滩沙子、灰土和汗水。他们臭气冲天，但他们的耐力和肌肉发育状态极佳，而且，由于他们的饮食中不含糖分（除了极少用野蜜招待一下之外），很少含有淀粉，他们的牙齿非常之好——而不像白种入侵者那样。

没有财产，没有金钱，没有任何其他肉眼可见的交换媒介。没有盈余，也没有储藏盈余的手段。因此，也没有最基本的关于资本的观念。没有境外贸易。没有农事。没有家养的动物，除了半野半驯的营地丁狗。没有房屋。没有衣物、陶器和金属。没有劳逸之分，只有一刻不停地刨食，寻找糊口的食物。艾奥纳人在乔治时代白人文化的大多数常规测验中肯定会不及格。他们甚至好像都没有在美洲或塔希提岛上其他部落社会中观察到的那种社会分工。土著的国王、贵族、牧师和奴隶都到哪儿去了？这些人一概不存在。尽管长者——作为日积月累的部落神话和口头传说的传承人——受到特别的尊重，但一旦年幼者成年，接受了全套成年礼，他们对这些年幼者就不再具有特别权力。对土著来说，世袭等级制度的思想是不可想象的，因为他们的生活状态接近原始共产主义。如果土著缺乏牢固的等级本能，他们的社会又有何值得尊敬之处呢？简言之，这些"野人"有何"高贵"之处呢？可以把塔希提岛人看作古典黄金时代最后一批幸存者。他们有精致的独木舟和繁复的饰物，还有严格的地位等级之分和大量免费提供的椰子，很明显，他们物质过剩，那是天堂般的财产的祖先，同时，他们还有着支撑财产的强大的阶级本能。

澳大利亚不是这种奥维德情调的宣泄之地。塔希提岛人所过的生活可能像人类堕落前的人，像大字不识一个的雅典人。与他们相比，艾奥纳人就像斯巴达人。他们是"坚硬"原始主义的典范。菲利普给悉尼海港某处所起的名字暗示了这一点。他向悉尼勋爵报告说："他们的信心和男子汉气概的行为，使得我把这个地方叫作曼利湾（Manly Cove）①。"[22] 艾奥纳部落的男孩，就像玩耍中的斯巴达人，无休无止地练习使用他们的长矛和"伍默拉"。他们绝对相信手中武器的力量。外科大夫约翰·怀特的《日记》中有一段动人的文字，描述了他示范手枪时，其中一名男孩的反应：

> 这时，他用动作和手势，好像在问，这把手枪是否会在他身上打一个洞，当他明白会打一个洞时，并没有显出丝毫害怕的迹象。恰恰相反，他试图……说明他自己的武器如何优越，想给我们留下深刻印象。他把武器指向自己的胸脯，脚步踉踉跄跄，装出要倒下的样子，好像希望我们看懂，武器的力量和效果无可抗拒，能致人死命。[23]

沿着部落领土之间的前线，与别的宗族或境外部落发生小冲突，这是游牧生活中不可避免的一个组成部分。在这方面，艾奥纳人也许不比澳大利亚东南部的其他任何部落更好战，尽管他们的遭遇战常常是象征性的。他们并没有"特种"部队。他们看不出斗士和平民之间的区别，也分不出猎手和勇士之间的差别。而且，认为他们暴力成性（行为"野蛮"，长相"野蛮"，经济也很"落后"）的这种看法，也似乎因为他们宗族内部的苛刻关系，特别是他们对待妇女的态度而得到了印证。

在漫画家那种老掉牙但很招人喜欢，主题是"石器时代婚姻"的保留漫画中，嘟嘟囔囔的尼安德塔人（Neanderthal）棒打身穿皮毛的少女，把她拖进洞穴。这类漫画从最开始，画的都是古典的半人半兽的森林之神和中世纪传说中住在森林里的野人，但肯定因第一批有关土著求

---

① 英文 Manly，就是男子气概的意思，译成"曼利"，其意尽失，鉴于已经约定俗成，故沿用之。

爱的描述而进一步扩充了内容。在 1802 年出版的化名巴林顿之人所著的《新南威尔士史》中，这种形象在一幅画中第一次以完美无缺的形式出现：肌肉强健的野人，手里拿着棒子，把不省人事的受害者仰面朝天拖进灌木丛中。作者愀然作色，但又引人想入非非地评论道：

> 他们对妇女的行为使他们大大劣于野蛮的造物，他们获得女性伴侣时，采取的第一个步骤——虽然看起来很浪漫——就是瞄准敌对一方部落中的某位女性……这个魔鬼于是就用棍棒把她击昏，打她的头、脊背和颈项，实际上打她身体的各个部位，然后揪住她的一只膀子——她各处的伤口都血流成河——以一个野人的暴力和决心，把她拖过树林，从石头上、岩石上、小山上和木头上拖过去，直到他抵达自己的部落。[24]

显而易见，艾奥纳人真正的婚姻安排远没有如此骇人听闻。土著携带武器，施行强奸，作为部落战争的副产品，这并非没有传闻，但任何部落如想完全依赖边境袭击来供应妇女，是不可能持续很久的。除此之外，这么干又有何意义呢？艾奥纳男子有足够的艾奥纳女子。然而，他们的部落生活有一个不可更改的事实，即妇女根本没有权利，没有任何选择。女孩一出生，通常就给送人了。她是她家族中的绝对财产，直到结婚为止，这时，她就同样无可奈何地成了她丈夫的唯一所有。基于浪漫爱情的婚姻观念对艾奥纳人来说，就跟对大多数欧洲人来说一样，在文化上是荒谬无稽的。不过，订婚不像欧洲习俗那样为的是增加财产，而是为了通过互惠，加强现存的亲属纽带，并不会太大地改变妇女的地位。无论在之前还是之后，她都只是一件刨树根、采贝壳的动产，她的社会资产是她瘦长结实的臂膀、抓握有力的脚趾，以及阴道。

作为好客的标志，妻子可以被借给到访者，因为艾奥纳部落人要让他们感到荣耀。勇士出发，对另一个土著集团进行复仇袭击之前，都会互相换妻，作为兄弟关系的一种表示。如果一个部落集团就要遭到攻击，并知道敌人在哪儿，这个集团就会往敌人的方向派出一队妇女，于是攻击者就会表示，他们可以通过与之交媾，和平解决争端。但如果这队妇女回来时都没被他人碰一下，这就等于发出信号，表明没有选择，只能打仗了。一夜换妻活动，通常使两个部落间的停火达到高潮。在这种时候，大多数亲属关系法都会被搁置起来，除了最神圣的乱伦禁忌之外。最后举行盛大仪式，又称"可乐饱你"①。这种仪式长达数小时，又是吟唱，又是心醉神迷地舞蹈，目的是强化部落身份，用一种公社集体的板块，融合所有个体的自我。在这种仪式上，兴奋欲狂的性交也起了一定作用。不过，由于早期殖民主义者很少看到这种事情，描述也很粗略，而且从未搞懂，所以性交作用究竟有多大，规定有多严格，这些都无法说清。[25]如果某位女性哪怕表示出一点点不愿意，不肯让人为此目的而使用，如果她显得很懒惰，或让主子有任何理由感到不满意，她就会遭毒打，甚至被人用长矛刺杀。

生殖在拓居的农业社会中，通常能够保护女性，但在这儿不是有力的盾牌。产子过剩，就会妨碍艾奥纳人的游牧生活。行进过程中，每位女子都得怀抱婴儿，同时还要携带食物和用具。她怀里只能抱一个孩子。这个孩子总是要到很晚才断奶。孩子喂的是母乳，一直要喂到三四岁为止，因为澳大利亚没有奶牛或山羊可以替代母乳。没有母乳，粗糙的成人饮食方式会把孩子饿死，因为刚刚长牙的婴儿，是不可能消化小块小块皮一样坚硬、几乎没怎么烤好的沙袋鼠肉的。

为了摆脱多余的孩子，艾奥纳人就跟澳大利亚的其他部落一样，通常让妇女服用草药而引产，如果不成功，就重重地捶击她的肚子。如果这些措施还不成功，不需要的孩子一生出来就会被杀死。残废的孩子一般都会窒息而死或被掐死。如果母亲因生孩子而死，或因抱着孩子喂奶而死，父亲就会用一块大石头把婴儿脑袋砸碎，然后连同母亲一起

---

① 英文为 corroborree，是当年欧洲人根据土著 caribberie 一词生造的，现根据该词音译。本书译者在 2004 年翻译出版的澳洲长篇小说《卡普里柯尼亚》中，采用的就是这个音译。

烧掉。

在生命的一端，采取这种方法把无助之人除掉的现象，也会在生命的另一端发生。艾奥纳人尊敬他们的长者，因为长者是部落智慧和宗教知识的宝库。但是，一旦老人和弱者牙齿掉光，关节卡住，这个部落就不会再让他们活下去，因为部落需要行动，这对游牧生存至关重要。

这种行为规范很残酷，但土著借此得以生存了几千年，既没有发展他们的技术，也没有耗尽他们的资源。截至1788年1月，这个规范依然有效，不过，要想从白人侵略中幸存下来，它连一点机会都没有。然而对白人来说，最令人不解的问题是：这些人看样子并不迷信私有财产，可为什么表现出那么明显的领土感呢？究竟是什么把他们与土地维系在一起？殖民时期的日记记录者有语言障碍，因为这种语言费解难懂，他们尽其所能，试图发现黑人宗教发展的迹象，但能够报告的内容甚少。亨特船长写道："我们无法发现，他们是否有任何类似崇拜的物体。无论太阳、月亮还是星星，其所占据的注意力，都没有超过他们对在这个巨大国家生活的任何其他动物（原文如此）的注意力。"[26] 当然，他们宗教信仰的外在表现很少：没有寺庙，也没有圣坛或牧师，没有在公共场合设立受人尊崇的形象，也没有献祭或公共祈祷（除了"可乐饱你"之外）的证据。在所有这些方面，他们都与塔希提人和毛利人不同，后者都是已经拓居的农业人口。艾奥纳人则并非如此：他们走到哪儿，就把他们的神圣观、神话时光观和祖先起源观随身带到哪儿。这些观念都体现在风景之中。每一座山峦，每一道沟壑，每一种动物和树木，在一个未经书写的总体系统中都有其位置。把这领土夺走，他们就遭到剥夺，所剥夺的不是"财产"（那是一种抽象概念，可以用另一块领土来得到满足），而是他们具象化的历史，他们神话的内核，他们的"梦幻"。不可能仅凭一种意志行为，就把部落化领土所代表的日积月累的象征和精神用途的组织结构搜集起来，赋予另一片土地。因此，剥夺土著的领土，就等于判处他们精神死亡——毁灭他们的过去、未来和超越现世的机会。他们之中当时没人能够想象这一点，因为他们从未遭到入侵。因此，他们当时一定是站在那里，感到好奇和担忧——但并不真正感到恐惧——从岬角上向外观望。这时，奇大无比的独木舟，鼓起仿佛污迹斑斑的云彩一样的船帆，正向海港进发，来到悉尼湾，铁锚溅起水花，英格兰母国的放逐者像被呕吐一样，吐在了这片先祖的领土之上，从此便建立了他们自己的牢狱。

第二章　一粒橡树子，产下一匹马

i

大多数受过教育的人，至今对乔治时代的英格兰，心里都会涌起阵阵乡愁。

我们通过手工艺品，仍与乔治时代的往昔维系在一起，一有机会，我们还是很想使用这些工艺品。联排别墅、广场、别墅、花园、绘画、银器和靠墙的桌子等，在在都似乎表现出 18 世纪的"精髓"，超越了"一般的"政治。由于这些东西代表着一种极为连贯的形象，表现了优雅、常识和明晰，我们就喜欢假定，英国社会当时也是这样。但是，由造型而推及社会的这种论证方式，就像由特殊过渡到一般的三段论，通常都是会出问题的。一位典型地倡导这种方法的英国人写道："我们从建筑和家具，以及其他所有事物中，都可以得知……18 世纪，几乎人人都向往延续华美舒适的时尚，并以令人愉快的方式加以扩展。"[1]

"几乎人人"——直到最近，这就是那幅墨守成规的画面。它是对暴力、污垢和杜松子酒的顺便提及。它是冲着断头台的方向示意点头。一两个江洋大盗、个别醉醺醺的法官，以及为了渲染地方特色而添加的某个婊子。其他一切则还是轻便马车和扇形窗。现代的肮脏是很肮脏，但乔治时代的肮脏则属于"霍加斯风格"，本身就是一种艺术形式。

然而，大多数英国男女并没有生活在这种屋顶之下，他们并没有坐在这样的椅子上，也并没有拿着这样的刀叉吃饭。他们并没有看过约翰逊或蒲柏的书，因为他们之中的大多数人都不识字。文物中很少有关于英国穷人这个巨大而又缺乏组织的社会板块的（他们在塞缪尔·约翰逊的笔下是"群氓"，在埃德蒙·伯克那儿是"猪猡大众"），而正是这些人的不满情绪，造就了 19 世纪的英国工人阶级。现代造访者想象中的乔治时代的伦敦不是他们的城市。这样的伦敦只有两个，其分野的象征是一道裂痕，随着富人在 1700—1750 年间从考文特花园往西搬迁，随着投机商人把他们高尚的广场和新月形街道扩大，这个裂痕就出现了——伦敦新西区和该市腐烂的旧东区之间，出现了一道绝对的鸿沟。

伦敦西区的发展很有理性。该区的街道和广场都经过规划，房产都有长期契约抵押和强制实行的建筑标准。伦敦东区却并非如此。那儿人口拥挤，窝棚简陋，只有腐败衰微的经济公寓，以及不受地方规定约束、偷工减料建造而成的崭新的陋室。乔治时代寓所的坚固性一到中产阶级的下层边缘就停了下来。穷人的"白嘴鸦群居地"形成了一个迷魂阵，斑斑点点地缀着生动活泼的名字：转动磨坊大街（Turnmill Street，即特恩米尔大街）、母牛十字架街（Cow Cross，即考克斯街）、小鸡巷（Chick Lane，即奇克小巷）、黑孩子弄堂（Black Boy Alley，即布莱克博伊弄堂）、藏红花山（Saffron Hill，即沙夫隆山）、唾液（the Spittle，即德斯皮特尔）。伦敦老城的西边，18 世纪中叶最糟糕的贫民窟坐落在考文特花园、圣吉尔斯、霍尔伯恩和威斯敏斯特旧区的周围。东面，贫民窟则横穿布莱克弗莱尔斯，直到伦敦塔的另一边，到了下河段和莱姆豪斯里奇的岸边：瓦平，夏德维尔，莱姆豪斯，拉德克里夫高速公路，泰晤士河北岸斯特普尼和怀特恰普尔的犹太贫民窟，南沃克的砖石峡谷，该区在南岸有七座监狱。这地方三面有屋的短街和弄堂都狭窄阴暗，杂乱无章，充塞着动物屠宰之后的下水。由于人们不得不在他们工作场所附近生活，经济公寓便脸贴脸地紧挨着屠宰场和鞣皮厂。伦敦当时被评为世界最大的城市，但其气味也是最难闻的。下水道的水直接流入明沟，最大的一条明沟叫舰队沟，直到 1765 年才被覆盖起来。老鼠的大军从经济公寓的地窖中爬出，在光天化日之下翻箱倒柜，大肆搜寻。

活人住得如此拥挤，几乎无处掩埋死人。在圣马丁教堂、圣詹姆斯公园和原野圣吉尔斯教堂一带，有露天大坑，充塞着穷人腐烂的尸体，他们的朋友没法以更好的方式掩埋他们。这些地方叫作"穷人洞"，截至 18 世纪 90 年代，一直是伦敦常见的景象。

在"白嘴鸦群居地"就能看出阶级差别来。这地方的地窖出租给最凄惨的租户（捡破烂的、搜集骨头的，或人数不断增长的爱尔兰临时工，后者在饥荒、农村破败凋敝、大城市诱惑等因素的驱使下，越过圣乔治海峡），每周租金从九便士到一先令不等。① 一个地窖中可能住三十个人。1800 年以前，一个工匠在伦敦可以指望找到一间"廉价的"有家具的房间，一周租金两先令六便士，而大多数伦敦工人都住在这种地方，根本没有租户的权利。

提到 18 世纪的"工人阶级"，把它说成好像是一个同质的整体，有阶级意识，同心同德，联合一致，这样做既落伍，又过于抽象，等于是把 20 世纪的想法投射到 18 世纪。

同行业的工人之间富有忠诚感，但在上述这类工人之间并非如此。各种各样的行业和工作正好说明了另一个伦敦的复杂性。这个伦敦的职业范围很大，很热衷于工人和贵族所占有社会地位的严密分野。他们的等级尊卑很分明，也都受这种等级的制约。在收入和生活舒适的高端——但仅次于独立的店主——是奢侈行业的熟练工匠，他们经常会被雇佣，如室内装潢商和细木工、手表打磨工、马车油漆工或透镜研磨工。低端的职业现在不仅早已失落，而且几乎没人记录，如所谓的"寻芳者"，也就是搜集狗粪的老妇，她们把狗粪卖给鞣皮厂，一桶几个便

---

① 从前，一便士相当于二百四十分之一英镑，现在则是一百分之一英镑；一先令相当于二十分之一英镑，或十二便士。——原注

士（狗粪用作干燥剂，以处理精工装帧的书皮）。在这两端之间，有成百上千的职业，有季节性的，也有正规的。其中没有一个职业享有任何保护，因为只要成立工会或"联合体"，就会立刻遭到镇压。工资没有保证，血汗劳工司空见惯。

职业病泛滥成灾。锯木匠年纪轻轻就双目失明，其结膜被阵雨般的锯末所摧毁，因此才有"置顶者"——坐在锯木坑木头顶端的人——和在下面拉锯的伴侣之间的这种地位差。金属铸工铸造巴斯克维尔优雅字体的印刷嵌条时，会因铅中毒而瘫痪致死。玻璃吹制工则会因硅肺病而肺衰竭。理发师易患肺病，因为他们吸入了用来漂白假发的矿物粉。裁缝的命运直到电灯发明之时都没有改变，有一位裁缝把这命运向亨利·梅休如此描述道：

> 让眼睛感到难受的倒不是黑色的衣裳——黑色是所有色彩中工作起来最稳定的颜色。白色和所有的亮色看久了，眼睛就会流水。但在所有色彩中，猩红色，也就是用于军团条纹领带的那种色彩，是最让人睁不开眼睛的。它好像烧炙着眼球，把眼球刺痛得厉害……一切似乎都在颤抖，不断改变着色调。专做军服的裁缝比其他任何裁缝都更瞎。[2]

儿童过了六岁生日就要做工。工业革命没有发明童工，却把对少年的剥削扩大化并系统化了。乔治三世统治期间，拿孤儿和穷人子女做交易的现象比比皆是，把他们从伦敦和伯明翰教区少年救济院招集起来，成千上万地装船，运到德比郡、诺丁汉郡和兰开夏郡等新工业中心。伦敦有个儿童奴隶名叫罗伯特·布林科，四岁的时候，即1796年被送进圣潘克拉斯救济院，然后与其他八十名被抛弃的儿童一起，被送到诺丁汉外的兰贝特棉纺厂。四十多年后，他向一个有关童工的议会委员会出示了证据：

问：你有孩子吗？

答：三个。

问：你把他们送到工厂去了吗？

答：没有。我宁可让他们流放……我在德比郡的利顿棉纺厂时，曾有人用两把手钳夹住我耳朵，每只手钳约重一磅。我耳朵后面直到现在还留有疤痕。而且，我们之中有三四个人不穿衬衣，也不穿长袜，同时双手悬在机器上面的横梁上。我们还经常站在一只桶里，不穿衬衣，让人用皮带或棍子抽打。桶放在那儿，为的是防止我们怕挨皮带抽打而逃跑……然后，他们还经常把一个重二十八磅的秤砣，一个到两个，按照我们的身个，挂在我们背后，连衬衣也不让穿。[3]

医生倾向于站在他们的阶级盟友，即工厂老板一边，一遍又一遍地记录下他们深思熟虑的意见：皮棉、煤灰和磷对人的肺部没有伤害；在室温达到华氏85度的情况下，在机器旁边工作十五小时，不会引起疲劳；十岁儿童通宵上班不会有受伤的风险。很自然，雇主对改革的想法十分抵触。他们其中有些人很有教养，如查尔斯·达尔文的外公乔舒亚·威基伍德，他继承了父亲在斯塔福郡一家很大的陶器制造厂，雇员有387人（其中13人年龄低于十岁，103人年龄在十岁到十八岁之间），做的工作包括把物品在部分由氧化铅构成的釉料中点蘸。他承认，这种氧化铅含剧毒，使他们"很容易患病"，尽管患病程度没有超过管道工或油漆工。威基伍德1816年告诉皮尔委员会："根据我所知道的一般制造厂目前的状况，而且，肯定也根据我对自己工厂的了解，我强烈地认为你们最好不要管我们的事。"[4]

在向皇家工厂劳工调查委员会提交的所有证据中，最令人心寒的莫过于约瑟夫·巴德的证据。他是莱斯特一家棉纺厂的童工工头，曾于1833年向工厂调查委员会提供证据。他的证据有一种未卜先知的意味——因工厂而产生的人类作为机器人的反乌托邦愿景，在玛丽·雪莱

的《弗兰肯斯坦》［*Frankenstein*，又名《现代普罗米修斯》（1818）］
到弗里茨·朗的《大都会》（*Metropolis*）（1926）中都得到了反映，但
在这儿变得让人怜悯、具体入微了：

> 我经常打他们……打过之后，我就跟他们说，我很对不起，但
> 我迫不得已，非打不可。老板要求我干活，童工不干活，我就没法
> 干我的活。然后，我就常常跟他们开玩笑，为了让他们能够精神
> 抖擞。
>
> 我亲眼看见他们睡觉来着，他们用手干活，直到睡着为止，这
> 时粗纺机停了下来，工作也做完了。我停下来，看着他们，足足看
> 了两分钟，他们手里还在做着动作，但已陷入沉睡之中，这时已经
> 无事可干了，他们其实啥也没做。[5]

这种干巴巴、冷冰冰的语气证实了威廉·布莱克的慷慨陈词：表面
"优美"，下面却是无休无止、无可言说的苦难，而"文化"始于精疲力
竭的童工磨起老茧的双手，他们睡着了还像机器人一样在纺织，"陷入
沉睡之中……他们其实啥也没做"。人类历史上，机器第一次对机器的
奴仆发号施令，下达有机生存的指令。人的肉体成了相对低劣的机器。
如果把人们能否容忍这样的工作，作为判断是否受人尊敬的标准，那么
犯罪率的增长就不足为怪了。某种意义上，纺织厂的童工已经被打了预
防针，并不害怕受惩罚。一位观察者对皮尔委员会说："他们成了十足
的囚徒，跟在监狱里一样。"[6]

纺织厂的工作虽然辛苦，但至少很有规律，能让人持续地被雇佣下
去。伦敦并非所有的工人都有这种前景。国内的工业，如编织业，皆因
工业竞争而处于疲软状态。要么工作很长时间，要么隔三岔五地失业，
反正总归对己不利，这种状况确实让人揪心。正如弗朗西斯·普雷斯所
发现的那样，这种状况造成了被解雇者熟悉的那种麻痹怠惰的状态：

有一种让人恶心的反感情绪，时时会袭上工人心头，在他获得通常的职业之后，让他在相对较长或较短的时间内，完全不知所措，逼得他沉入"懒惰"状态，我不知道如何来描述这种情绪。我也产生过这种感觉。他们迫使我就范，我也逃避过工作。我认识的所有工人都是这种情况，其比例随着人的绝望处境而增大，这种情绪发作起来，就会持续更长时间。[7]

人们常用杜松子酒来寻找慰藉。1720年之后，这种带有碾碎的杜松子味道的白色谷酒，成了英格兰的国家麻醉剂、18世纪的海洛因（但比那还要糟，因为使用范围广得多）。白兰地、波特酒、波尔多红葡萄酒和马德拉酒等，是富人喝的四种酒，都收取了进口税，因此穷人喝不起。但杜松子酒属英格兰自产，造价几乎等于零，"一便士喝醉，两便士喝死"，这句话说的就是这个意思。乡绅热于推广消费这种酒，因为英格兰的玉米几乎永远过剩，过剩的玉米就在杜松子酒的蒸馏过程中被用掉。结果，对这种酒的制造或销售根本不加任何限制，直到1751年的《杜松子酒法案》出台。到了这个时候，据说伦敦每一百二十个公民就有一家杜松子酒铺。1743年，英格兰的穷苦劳动人民每年可消耗八百万加仑的杜松子酒，呈现出十分寒碜的外表。一位法国到访者在1777年称他们："懒惰，污迹斑斑，生性野蛮。"[8]喝杜松子酒喝得大醉、新生但又堕落的"暴民"与喝淡色啤酒喝得很开心的诚实的农民，形成了一种鲜明对照，此时这在所有的道德家眼中已司空见惯。这些人还包括威廉·霍加斯，他的版画《杜松子酒巷》（Gin Lane）和《啤酒大街》（Beer Street）使该酒具有了令人难以忘怀的形体。

"暴民"是都市无产阶级的别名，他们成了人们恐惧和鄙视的对象，但人们对他们知之甚少。他们被视为一股毒液、一种黏糊糊的物质，法律和习俗只要出现裂缝，这种东西就会钻出来。他们很快就会暴动，只要有人煽风点火，他们很容易就会被点燃，犯下罪行。这种道德的偏见影响了人们所做的大多数努力，使之不能很好地查明英国犯罪和贫穷现象的真正原因。

例如，帕特里克·科尔洪在其《论都市警察》（*Treatise on the Police of the Metropolis*）（1797）一书中，对乔治三世时代伦敦的犯罪人数，第一次做出了调查的努力。据他称，该市共有十一万五千人靠犯罪生活——约占伦敦人口的八分之一，这就构成了"犯罪阶级"本身。但这都是些什么人？他们做了什么？科尔洪把明显属于犯罪分子的小偷、行凶抢劫者，与不属犯罪分子或至少犯罪倾向不很明显的拾荒者、纵狗斗熊者和吉卜赛人拴在一起。据他估计，伦敦有五万"婊子"——约占总人口的百分之六——但爱德华·P. 汤普逊指出："仔细观察之下，（科尔洪所说的）妓女其实只是'淫荡的女人和不道德的女人'，其中包括'底层阶级中未婚同居的很大一批人'（而在这个时期，女人离婚是绝对不可能的）。"[9] 科尔洪若还在世，把同样的行妓标准应用在当今的伦敦，他会找到多少"婊子"呢？

地位优越者认为这些人都是妓女。这没有指南意义，因为在社会问题方面，乔治时代的英国人远远倾向于以偏概全，而不是真实反映，再说，18 世纪的梅休此时还没出生呢。斯皮塔佛德的编织工、打零工的爱尔兰人，以及挖阴沟的苏格兰人，当时说话可能互相都听不懂，更不要说有共同抱负了，但根据上述情况看，他们都属于"暴民阶级"。"暴民"是乔治时代社会的身份标志——遭禁思想和受排斥行为的藏污纳垢之地，勇猛求生的意志所在。法国大革命之后，雅各宾主义横扫英格兰，人们对其普遍心怀恐惧，这似乎就使暴民成为一种更大的威胁。这时，犯罪问题和革命问题搅合起来，以致日渐增长的犯罪率——或者不如说认为犯罪率在日渐增长的那种看法——成了一个重大问题。因此，乔治时代的立法者对他们认为来自一整个阶级的威胁群起而攻之。犯罪分子成了人们害怕的"无套裤汉"的表亲。乔治时代对"暴民"的恐惧，导致维多利亚时期的人相信存在一种"犯罪阶级"。针对这两种人，获准使用的武器就是某种形式的法律恐怖主义。

ii

相信存在一股犯罪的滔天大浪，这是乔治时代英格兰的一个重大的社会事实。它使各项法律具有了形体，其部分结果是对澳大利亚的殖民。

把犯罪分子送往遥远的对跖点，就好像把他们从传说中一个令人讨厌的国度，送往另一个令人讨厌的国度。当年的伦敦贫民窟地区颇似犯罪的外国。1755年，亨利·菲尔丁沉思道：

> 如果这些地区本来就是为了掩藏，其设计几乎不可能比这更好了。根据这一观点，（伦敦）看上去就像一座可靠的树林或森林，一个贼在里面躲起来，就跟野兽在非洲或阿拉伯的沙漠地带躲起来一样万无一失。[10]

乡间的犯罪率也在增加。"我们的人民变得残酷无情，没有人味，完全不像从前那样。"[11]菲尔丁认为，喝杜松子酒、赌博和爱"奢侈"，造成男男女女摈弃了他们的传统身份地位，就连"最低贱的人"也是如此。孤苦无助者沿街乞讨，而"更有手段、胆子更大"者则去偷去抢。无辜者生活在一种被围困的状态中。

四分之一世纪后，情况并未好转。1775年，乔纳斯·汉威义愤填膺地疾呼：

> 我跟朋友一起吃晚饭。我要是回家，哪怕是乘坐我的敞篷双轮马车，也会遇到危险，有人会用手枪指着我的胸口。我在距首都十到二十英里的地方，建造了一座别墅。我不得不请一支武装力量护送我去那儿，以免在路上遭到火球袭击。[12]

　　两个世纪后，人们就能明白犯罪率如此增长的更广泛的原因了。在工业化、市镇发展和生育率飞涨等压力下，英国社会当时正经历迅猛异常的变化。从1700年到1740年，英格兰和威尔士的人口几乎保持恒定不变，约为六百万人，跟着就开始迅速增长起来（增长如此之快，以致在1750年和1770年之间，伦敦人口翻了一番），1851年，人口达到一千八百万。这意味着，英国人的中位年龄不断降低，劳动市场的年轻人达到饱和。能够有效缓解大规模失业现象的机制并不存在。英格兰以前从来没有这么大规模的问题需要处理。济贫法是为另一个不同的英格兰制定出来的。教区救济和少年救济院等，都是前工业社会的原始手段。现在，它们已经不堪重负。但犯罪过去是，现在是，将来仍然是年轻人的行业，而英国的青年人像无根浮萍，又全部都市化，一意孤行地走上了犯罪之途。

　　他们找到了容易下手的对象，特别是在乔治时代的英格兰，因为在20世纪被认为理所当然的抓获犯罪分子的工具，当时并不存在。官方的犯罪记录和犯罪分子的档案都很原始，而且要到1885年才开始有指纹取样。画家为了让老百姓消费，而把著名的犯罪者画进素描中，如迪克·特平或杰克·谢帕德。但是，要想从这种半虔诚的模拟画中认出一个重罪犯，那就像通过查找拜占庭时期的偶像，在一群人中认出圣保罗一样，是根本不可能的。对通缉者的身份认定，需要根据警察公报的口述内容来进行。18世纪70年代早期之后，警察公报发行至各市市长和地方法官："本杰明·伯德，男，高个子，瘦削，面色苍白，黑发束起，厚唇，右手食指指甲十分笨拙，来自考文垂，罪名是伪造证件，作案数次，最后一次在利物浦……"尽管描述过于粗略，但还是能够逮住一些人，主要在村庄里，因为在这些地方，陌生人一出现就会引起人们注意。一些执法官员记性很好。亨利·菲尔丁双目失明的同父异母弟弟约翰是鲍街的法官，诨名叫"瞎子鹰钩嘴"，据说他仅凭人说话的声音，就能辨认出三千多个不同的罪犯。但总的来说，18世纪80年代，犯罪分子比以后任何时候都更容易安然脱险。

有一个主要的原因：英格兰没有行之有效、中央集权的警察力量，这个警察力量一直要到 1829 年 6 月《皮尔警察法案》出台才形成。大街上的法律与秩序都交由教区和牢房去管，导致出现遭到所有街头顽童嘲笑的那些弱不禁风的家伙，俗称"查理"，也就是教区巡夜人。18 世纪后期，伦敦有两千多名巡夜人，菲尔丁粗鲁地称之为"穷愁潦倒、朽木不可雕的老货"。他们都是靠施舍度日、仰教区鼻息的人，因为无力再做其他工作。每位"查理"从教区领取一件大衣、三件披风，就像赶马车的车夫；一盏灯，用以在小巷中跌跌撞撞穿行时照路；一只木制拨浪鼓，用来求助；还有一根手杖，用于防身。他一边行走，一边用手杖顶端敲打鹅卵石路，提前警告小偷有人来了，这样就可避免法律和犯罪相遇这种窘境。要贿赂他也并不难，只要六便士或一夸脱杜松子酒就成。因此，"查理"的威慑力微乎其微。

实际上，地方法官更喜欢一种捕捉嫌疑犯的古老方式：逐步提高金额，悬赏鼓励人们告密。这种悬赏制是 18 世纪侦查犯罪的主要方式。它迫使私人企业针对他者即犯罪分子采取行动。

赃物够多，足以养活一整群告密者、警察密探和抓小偷者。嫌疑犯可以贿赂告密者，请求不要提供不利信息。这样一来，伦敦的大街小巷就没有一个小行业不捎带卖杜松子酒，他们之中很少有人愿意支付——也付不起——售酒酒牌。他们宁可支付警察密探十英镑左右的钱，为的是不坏他们的事。告密者如果拿了法院的钱，就可以从英国犯罪法这棵枝如蛛网的参天大树的每一根小树枝上榨取汁液。使用出租马车方面，伦敦共有十九宗互不相干的案子，给告密者的酬报是五十先令，这是最低的，然后逐级增加金额，直到谋杀罪和严重盗窃罪。反正每宗罪案都有酬劳。

通过告密可以发达，但不可能致富。更大的利益一般都会到胆子更大、更精明干练的专业人士手中，也就是抓小偷者。从理论上讲，抓小偷者不是一般的告密者。他能对犯罪分子进行跟踪追击，自己冒着生命危险，勇敢地把他们捉拿归案。他是 18 世纪"私人眼"①的祖先。这种侦探没有正式地位，因此当然也得不到警察的保护。抓小偷者深入伦敦的"阿尔萨夏"（犯罪分子藏匿之地）之后，证据法或嫌疑犯权利的细枝末节就管不到他们了。他们在鼓励犯罪方面是有既得利益的，因为这样才能让赏金滚滚而来。他们既扮鹬，又演蚌，然后从中渔利，从而发明了一种新的英国犯罪方式，给乔治时代品行良好的公民上演了一场崭新的、极具威胁性的壮观景象：有组织的犯罪。抓小偷者的原型就是乔纳森·怀尔德（1683—1725）。[13]

人们对有组织犯罪的看法并未就此消失，随着时间的推移，财产拥有者越来越感到害怕。如果犯罪分子单枪匹马，那就可以单枪匹马地对付。户主一般都装备有喇叭形前膛枪和双枪型的马上短枪，他们有门锁、铁栅栏、门铃、捕人陷阱和忠诚的仆人等来进行防御，因此可以把罪犯赶走。但如果是一伙歹徒和小偷，如果是齐心合力、共同犯事的"犯罪阶级"，那就完全是另外一回事了。这是一个在很大程度上带有幻想性的观念，因根深蒂固的领土本能而被夸大。犯罪团伙在乔治时代的英格兰的确存在，但法律定义为犯罪的活动中，只有很小一部分是他们需要负责的。当时犯罪仍然是一种村舍工业，是个人铤而走险行为的杂乱无章的集合体。语言的失效（以道德观念泛泛而谈，凌驾于社会调查之上）强化了统治阶级的看法，即危险来自下层。

iii

然而，最能从警察力量那儿得益的人，却竭尽全力反对之。尽管整个 18 世纪，英格兰的不安情绪一直郁积，始终动荡不安（泰伯恩的暴民、1749 年的彭勒兹暴动、18 世纪 60 年代的威尔凯特暴动，以及 1780

---

① 即私人侦探。

年的戈登暴动），但议会没有提出任何一致的动议，设立警察力量，直到 19 世纪过了四分之一之后。乔治时代，当局宁可依赖抓小偷者来对付个人，同时依靠《取缔闹事法》和民兵来对付群体。这让外国人迷惑不解，特别是法国人。一位法国到访者 1784 年写道："从太阳落山到黎明，伦敦周围一带方圆二十英里，成了遍地盗贼的遗产。"但政府不肯改善警察状况，因为受到人民和国王之间的"利益冲突"的妨碍。[14] 1814 年，德·勒维公爵问他们为何没有 maréchaussée①（几乎把法国外省盗贼悉数铲除，具有随意追击和逮捕权力的乡村警察）时，他被坚定地告知，"这样一种制度与自由是不相符合的"。

症结就在这儿。英国人拒绝建立正规的警察力量，因为他们已经看到了英吉利海峡对岸的情况，在那儿，任何法国人的家庭都不是城堡。一位回到家中的游客写道："我宁可每隔三四年，就看到有人在拉德克利夫公路上被人割断喉管，也不愿意老让人来家造访，被人监视，受到富歇发明的其他一切方法的制约。"[15]

当然，这种坦率的自由主义态度也很有限，一旦涉及阶级问题，这种限度就会出现。反对警察力量的人之所以反对，是因为他们担忧财产权益问题，而不是嫌疑犯的权利。制约逮捕和搜查的现代先例，如"米兰达决定"②，可能会让他们觉得，这一定是疯狂之举，只会对犯罪分子有利。对英国法律制度的"手软"，人们感到苦恼。18 世纪 60 年代，米德尔塞克斯郡的一位地方法官约翰·霍金斯勋爵抱怨说："对犯事者表现出的态度差一点就成了尊敬。"[16] 尽管乔治时代的司法制度在我们看来可能十分严苛，从当时的欧洲看却很宽宏大量。嫌疑犯享有的基本权利在法国、意大利和德国都得不到认可：他供认之前，不能对他用刑；未经保释或审判，不得对他无限期拘留。他是清白无辜的，直到被证明有

---

① 法语：法国宪兵骑警队。
② 所谓"米兰达决定"，是指美国最高法院 1966 年在"米兰达 vs 亚利桑那"案中做出的一项决定，即嫌疑犯在被警察讯问之前，有权保持沉默。参见 http://dictionary.reference.com/browse/Miranda＋decision。

罪为止。英国普通法的自由主义精神，与他们自己基于罗马法和教会法的制度相比，令欧洲造访者感到吃惊。他们注意到，这尽管可能降低清白无辜者被判罪的可能性，但也可能让有罪的人比较容易逃脱。

英国人也知道这一点。他们因社会秩序遭到扰乱，感到非报仇雪耻而不能，才制定了严酷的法律。英国法庭的审讯相对公正，但必须在此背景上添加一笔，即乔治时代的法律有着最惊人的一面——关于死刑的成文法之范围。如果侦查破案和捉拿归案实施不力，法庭审讯又十分手软、无比公正，那采取何种惩罚手段，才能防止人们作奸犯科呢？只有采取极端措施：不经教会认可，就把犯人绞死。在乔治一世、二世、三世治下，法律判定死罪的人类行为类别似乎无穷无尽，从杀婴罪到"假扮埃及人"（及扮作吉卜赛人）罪，应有尽有，无所不包。在查理二世于1660年登基和乔治四世1819年统治中期之间，187条新的死刑成文法成为法律——这是前三百年中所存在法律的五倍。几乎所有法律的制定都是为了保护财产，而不是保护人的生命。直到1803年，谋杀未遂罪都仅仅被归类为"轻罪"。这种霰弹般的法律不偏不倚，把死亡四处扩散。干吗一定要绞死伪造文件者呢？因为18世纪银行和业务等纸张（支票、钞票、证券、股票等，这些都跟具体过手成袋黄金截然不同）交易的增长，使得各种各样的财产特别容易遭人伪造。"抢劫女继承人者"干吗要被判死刑呢？因为女继承人就像充满蜂王浆的蜂王，完全是财产的化身，劫持她的人上断头台不是因为强奸，而是因为抢劫了一个家庭积累的商品和权利。

有些死刑成文法涵盖范围很广，其中最为臭名远扬者是《沃尔瑟姆黑色法案》（9 Geo. I，c. 22）。该法案的制定表面上是为了镇压1722—1723年在汉普郡沃尔瑟姆蔡斯发生的几次小型农民起义，因为当地的农民工人把脸涂黑，在夜间出没，偷猎野物和鱼类，焚烧草垛，同时把威胁信件投放在地主的大门上面。该法案在下院通过，竟然没有一人发出反对之声。它规定，以各种形式组合，可判绞刑的罪名，共有两百多种。烧房子、烧茅棚、烧掉一堆玉米垛，哪怕是烧掉一堆无关紧要的干稻草，都会招致绞刑。偷猎兔子、砸垮鱼池的"池头或池墩"，甚至是砍伐一株用来装饰的灌木，也会招致绞刑。把脸用烟垢涂黑，现身大马路上，也会招致绞刑。正如列昂·拉德兹诺维奇勋爵所说："该法案本身构成了一个极为严酷、十分完整的刑法，对许多不同的罪行不分青红皂白，一律处以死刑，而不考虑犯案者的个性，也不考虑每一犯罪行为的特殊情况。"[17]

这种立法属于 18 世纪英格兰总趋势的一个组成部分：法制（与任何成文法都截然不同）发展成为一种高级意识形态、一种宗教形式。从那时以来，一直有人认为，正是这种宗教形式取代了英国圣公会日渐式微的道德力量。[18]

法律就像教会，有其自己的一套用词和仪式，有其自己的牧师——头戴假发，身穿红袍，披着白貂毛饰边的斗篷。在巡回审判中，法官滔滔不绝，大谈善恶观念，谴责堕落行径，训起人来，离题万里，还号召人们幡然悔悟，这种俗世的做法，与神职人员口若悬河地讲道说经如出一辙。正是那种口若悬河的讲道说经，令 17 世纪的人感到震撼陶醉，他们蜂拥而至，来听约翰·邓恩或乔治·科凯恩这样伟大的布道者说教。直到 19 世纪过了很久，判处绞刑的裁决仍继续使法院和公众两方的情绪走向极端，而今天很难找到与之对应的情境了。1831 年，彼得·威泽斯和詹姆斯·拉什这两位农业抗议者在索尔兹伯里立法议会上被判死刑时，《多塞特县纪事报》的一位记者叙述如下：

> 法庭挤满了人……人人都热泪盈眶。如此严厉，完全没有必要，因此可以看见人们流下了怜悯的泪水，同情的泪水，悔恨的泪水。泪水夺眶而出的人不仅有观众，还有那些长期以来早就习惯听到一人有权，就对世上另一个同胞做出可怕的最后判决的人。（法官）经常不得不把脸放在伸长的手里休息，即便如此，还是能够看见大颗泪滴一颗接一颗，很快地滚落下来……每一个（囚徒）都处于一种十分恐怖的激动状态——有些人大声啜泣，还有一些人脸色

苍白……（他们被判处死刑后）他们的母亲、姐妹，以及子女都十分痛苦地相拥在一起——囚犯……崩溃了，他们像孩子一样哭起来……大自然开始发挥各种力量，让人心痛欲碎。[19]

为什么法官和被告一起哭泣？因为二者都——当然在痛苦程度上并不相等——受制于法律。因法律法规经久不变而演绎出此类悲剧，就是权力无边、随意左右英国人想象的法律之核心问题。法官只能听任成文法支配，这一行动使他免于被判司法谋杀罪，正因如此，他才哭泣。他的泪水不会令他在被告席的人面前感到卑微下贱，那是完全不可想象的，但他的泪水会让他面对法律观念本身时感到自己的猥琐。当通过皇家豁免权干预——就像通常发生的那样——化死刑为流放，放逐到世界的另一端，被告及其亲戚就会高度赞扬皇恩浩荡，开恩放行，于是对法律至高无上的操作方式则不再过问。法律是一个脱离现实、超越阶级利益的实体：《圣经》古抄本中的一个神祇。该神祇赋予法官以神力，正如神父被赋予神圣的力量一样。但是，他没法改变法律，一如神职人员没法改写《圣经》一样。法律面前，人人平等，谁也逃不出法律覆盖的范围。虽然法律可能要求对一个十岁的苦孩子处以死刑，但贵族被处以绞刑也并非不可能，而且也确曾发生。著名的例子是费勒斯勋爵，他疑心很重，在一阵幻想狂的发作下，于1760年把他的一个管家打得脑浆飞溅。这位贵族被定罪并被判绞刑之后，乘坐一辆六匹马拉的四轮马车，前往泰伯恩。他身穿一件白色的婚礼服，豪华奢侈地缀着金银镶饰。当他站在绞刑架的活动踏板上时，成千上万的人向他欢呼。正如主持法律公正的那些人喜欢强调的那样，这，才真正公平合理。

iv

英国刑法中，没有什么比公开执行绞刑更让人恶心了。我们倾向于把这看成死亡的农神节：一个男子或女子被马车拉着，穿过不停喊叫的暴民，他们从纽盖特到泰伯恩夹道观看。然后这个男子或女子被一个公仆杀掉，与此同时，绞刑架周围被人扒掉的钱包要超过受害者一生所扒过的钱包。[20]

然而，官方对绞刑的看法恰恰相反。乔治时代的立法者认为，在公共场所行刑，能让观者得到改良。1772年，一位作者叙述说，家长带着孩子去看绞刑，随后把他们鞭打一顿，"为的是让他们记住他们看到的这个榜样"[21]。绞刑架是一个仪式的神坛，其目的是让社会充满道德的敬畏感。这种赎罪的剧场既庄严，又致命，因此值得最广泛的观众来观看。

在众望所归的绞刑上，如果牺牲品很有名气——如杰克·谢帕德或费勒斯勋爵这样的人——就可能有两万五千人来看。据说，1776年，在（因伪造证件罪）处决双胞胎兄弟佩劳时，到会者有三万人，而在1767年，八万人——约有十分之一是伦敦人——蜂拥而至，赶往摩尔菲尔兹去看一次绞刑。[22]在这个背景下，乔治时代的统计数据都是极不可靠的。不过，显而易见，绞刑是英格兰最受欢迎的群众围观活动。断头台的迷人魅力，其作为俗世形象的抓人能力，是任何东西都不可比拟的。

正因如此，仪式才十分重要。在泰伯恩集市上（泰伯恩断头台行刑日的俗称之一），仪式开始时，是由圣葬堂纽盖特监狱教区教会司事，对着死囚石屋的占有者诵念一段祷文：

> 你这个囚徒匍匐其中，你罪行滔天，现对你多方宽恕，明天上午准你一死。你竖起耳朵，听明白了，明天上午，圣葬堂的大钟将要为你敲响，为你有节奏地敲响丧钟，就像从前为那些即将死去的人敲响一样，为的是让所有虔诚的人听到钟声之后，知道你要走了，你要死了，于是他们就会尽情地向上帝祈祷……[23]

随着早晨的到来，人们念起了威胁恫吓的祷文，沙哑的钟声敲响了，人群的行列沿着伦敦最繁忙的大街向西移动，从纽盖特一直到泰伯恩，就是当今的大理石拱门所在地。每一个被判死刑的人都面对朝阳，坐在二轮轻便马车里，绳套绑缚在胸前。在绞刑架的底端，死刑犯必须断断续续地一段段地背诵《诗篇》的第五十一篇，即《绞刑篇》：

> 看啊，我生于罪孽，
>> 育于母胎，我即有罪。
> 看啊，你渴望内心的真理，
>> 请教导我隐秘之心的智慧。
> 请用牛膝草清洁我，我就会洁净。
>> 请把我清洗，我就会比雪还白。
> 请让我内心充满欢乐和喜悦，
>> 让你碾碎的骨欢欣雀跃。
> 求你掩面不视，我的罪孽……①

有时，他还会附上一段常规的忏悔词，名叫"凄凉小调"。接着，有人给他穿上一件白罩布，这是一件没有尊严感、形似幽灵的衣物，很像一件粗糙的睡衣。跟着，他爬上梯子，活动踏板一踩，就传来哽呛的声音。

但是，下层百姓对这种专门为他们上演的壮观景象，又是如何看的呢？现有大量证据表明，对于泰伯恩的盛大场面，当年的"暴民阶级"并不能以平常心对待。绞刑有两种语言。官方语言是高拔而抽象的：绞死的犯人"受到了最大惩罚"，"被处以极刑"，再不就是"被推入永恒"。但还有大批绞刑行话存在。除了性欲、金钱和犯罪这些惯常惹人犯罪的因素之外，英国穷人的地平线上，没有任何东西比绞刑更能让人创造出俚语和切口了。这些俚语和切口中，没有一个字反映出官方的庄

---

① 直接根据网上文字修改而成（http://www.nathan.co.za/biblezhogb.asp?chapter=529）。

严肃穆。它们明白晓畅，尖酸刻薄，具体入微，无视权威，把法律和立法人的价值观摈弃尽净。

死刑犯"死的时候，耳朵里塞着棉花"，因为"棉花"（Cotton）是纽盖特祈祷司事的名字。绞刑执行人是杰克·科奇，他是残根汉、废料商、拉屎蛋、开关人、抽筋人、地方行政长官的雇佣工、嘎嘎叫的人、去头汉、拉绳子的和绞脖子的。由于泰伯恩处于帕丁顿的教区范围内，所以，行刑日又称帕丁顿集市。绞刑架上罩住脖子的那块布叫帕丁顿眼镜，人死的时候，跳的是帕丁顿欢跃的"弗里斯克舞"。

有些绞刑执行人还把自己的名字也馈赠给这种仪式。18世纪70年代，犯人如被绞死，就说是"给邓普斯掉了"①。1785年前后，绞刑架一度成为格雷戈里树，因为伦敦有个绞刑执行人名叫格雷戈里·布兰顿，但绞刑架的其他叫法就不可胜数了。由于绞刑架由三根柱子组成，中间隔以横档儿，所以称之为三条腿的牝马，登上绞架，就相当于"沿着梯子爬上三棵树"。绞刑架因为是用橡木做的，所以是匹木牝马，死在绞刑架上，就等于是"骑着一粒橡子产下的马"。绞刑架又叫晨落、三位一体的骗子、残根骗子、绞人骗子，用简明扼要、田园诗般的滑稽模仿形式来说，就是"一株致人死命的永不长青之树，但每年都会开花结果"。绞索又叫马的睡帽、泰伯恩的披肩、大麻窗扉、止痛项链。在还没有发明铰链活门，让牺牲品掉下去之前，犯人无论男女，都会让绞刑执行人把梯子一抽，"关掉"或"扭掉"。往梯子上走，那是"爬梯上床"，"纵身跃入黑暗之中"。这种死法的一些叫法是赤裸裸的：死就是伸展腰肢，就是挤一挤，就是轧一轧，就是呛一呛，就是戛然而止。还有的人则用流行病比喻："死于大麻扁桃体周脓肿或死于大麻热病。"所谓"处于致命的悬置状态"，是在预测发生在音乐厅里那种让人互相用肘捅对方眼的幽默。另一个很高深的关于绞刑的伦敦说法玩的也是这种幽默："早饭去吃超险戟（朝鲜蓟）和续随子酱。"最让人不寒而栗的

___
① 因某行刑人叫邓普斯。

莫过于这样一些用语，让人们想起当众死亡的寂寞和凄凉："凌虚而蹈""洗一个土澡""在风中抖一块布""随叶落而去"。由于颈部被勒时会发出声音并做鬼脸，这些人就被说成"叫喊乌蛤""吹不了口哨就撒尿""冲着同伴吐舌头"。[24]

这不是幡然悔悟的小偷语言。这种语言的粗野和爱用切口，表现出一种大无畏的态度，它提醒人们注意，绞刑在法官眼中是一种意思，而对穷人和"暴民"来说，却是另一种意思。塞缪尔·约翰逊对取缔公共绞刑运动所表现出的"创新的愤怒"不以为然。他主编的《漫游者》（Rambler）期刊嘟嘟哝哝道："处决犯人意在吸引观众。如果吸引不了观众，那就没有达到目的。古老的方式能让各方感到满意。公众的好奇心因十里长街、万人空巷而得到满足，罪犯则因此而感到好像有人在支持他们。"[25]

死刑犯在接受绞刑之时，能从观众那儿得到慰藉和支持，这种想法极深地侵犯了我们关于死亡的分寸感，似乎荒诞不经到了不可言说的地步。话又说回来，他们的确感到好像得到了慰藉和支持。很多描述都提到青年男子乘坐泰伯恩的双轮马车，身穿象征天真纯洁的白色西服，打扮得像个新郎，帽子上丝带飘飞，戴着白手套，拿着一束花，趾高气扬地向观众致意，而观众朝他们身上投去的不是死老鼠和菜叶子，而是水果和鲜花，仿佛是纪念他们离去的祭品。这种场面十分常见，斯威夫特就觉得理所当然：

> 汤姆·克林奇也很聪明，暴民在大喊大叫，
> 他却堂皇地坐着车子，穿过霍尔伯恩，为他的事业去死。
> 他在乔治那儿停下，买了一瓶"沙克"酒，
> 答应回来再付钱。
> 他的背心、长袜和马裤，清一色是白的，
> 帽子上结了一根樱桃色的丝带。
> 少女跑向门边，又跑向阳台，

一边叫着：哎呀呀，这小伙子可真不错！

与此同时，他瞥见窗边的淑女，

仿佛包厢里的美人儿，就朝每边鞠了一个躬。[26]

早在1701年，一位专写小册子的人就抱怨说，死刑犯坐车去泰伯恩，穿的衣服鲜亮得就像"大获全胜的人一样"，好像这趟羞辱之旅是恺撒凯旋。[27]人们谈起某位男子乘车的举止和在泰伯恩表现出的模样，就像谈起职业拳击赛中某位拳击手发挥的状态一样。英国作奸犯科者视死如归的态度，在欧洲都很有名，因欧洲的犯罪分子动辄苦苦哀求，痛哭流涕，再不就在面对刽子手时，像牛一样无动于衷。一位欣赏有加的意大利人觉得，英国人面对断头台时，"好像要结婚似的，平静之极，一点也无所谓"[28]。观众就要看这个，谁镇定自若，他们就支持谁。所谓"泰伯恩的鲜花"，一定是指那种堪为楷模的花花公子，他衣着整洁，兴高采烈，对一切都满不在乎。

围观绞刑的人众一般都无法无天。霍加斯的那幅版画《在泰伯恩处以极刑的懒惰的学徒》（*The Idle Prentice Executed at Tyburn*），就把这种感觉有力地表现出来：好像偷窥的观者推推挤挤，密不透风，一个孩子被人踩着了，卖水果的小贩在互相争吵，专写小册子的人在叫卖刚刚印刷的《临终遗言和忏悔》——满满当当的是一大堆醉鬼、妓女、瘸子、福音传道士，用镐开矿的矿工和建筑工人，他们都来自附近伦敦西区新的方块街区，纷纷为那辆致命的双轮马车让道。绞刑架旁，早已搭起了一座大看台，它属于一个做投机抽头的人，也就是寡妇普洛克托。费勒斯接受绞刑那天，她卖座位一天就赚了五百英镑。

人们去泰伯恩也是为了哀悼，为了取回朋友或亲戚的遗体，把遗体本应有的尊严还给它。他们在断头台下等着取回遗体，以便妥善掩埋。为了夺回遗体，他们毫不迟疑地跟地方行政的官员争抢。法律并不承认亲戚有权收回受绞人的遗体，而是把遗体交给皇家医学院进行解剖，这就让死者受到进一步的羞辱。因此，在泰伯恩和英国其他死刑执行地，不断有打架斗殴和骚乱不安记录在案，因为"暴民"与外科大夫取尸者互相争抢犯人遗体。正如彼得·莱因鲍所说：

> 烧砖的站出来，与外科大夫作对，要保护两个重罪犯的尸体，因为他们在本行业好几年名声都很好；从上游里丁来的驳船船员，要在绞刑地捍卫他们之中的一员；出租马车夫啸聚起来，要保卫同行尸体，"不让人用暴力胁持"；肖迪奇的小村民和集市上的人包围了他们村的邻居托马斯·品克斯的死囚载运车，"宣称没有别的意图，只想照顾好遗体，用基督教方式掩埋"。当这一切发生时，"有证据……表明，穷人互助互爱之情多么深厚，他们面对个人灾难之时，又是多么团结一致"。[29]

正如约翰逊博士所观察到的那样，这种团结一致的精神，就是对死刑犯的支持。公开行刑本来意在恐吓大众，反而让"暴民"得以上演他们对权威的蔑视。关心科学的旁观者可能会说：这种执拗劲也太像骡子了，何必剥夺医学界的进步权利，不让他们获得穷人尸体呢?! 这对解剖学来说，简直不啻专门捣毁机器的勒德派的做法！然而，重要的是，英格兰的劳苦大众给这种仪式赋予了意义，与官方的用意颇相龃龉。

当时当众处以绞刑，是否真的把老百姓吓得不敢犯罪，现在隔着这么远的距离是无法说清的。除非把从来没犯过的罪都算进来，否则根本无法说清。也许，泰伯恩的人众中，的确有人亲眼看见绞刑之后，而更害怕绞刑了。尽管成文法凶猛异常，令人恐惧（或者从另一个角度看，也正因为如此），18 世纪 80 年代，伦敦和米德尔塞克斯法院判处的死罪，是 18 世纪 50 年代的两倍。然而，这并不能证明，判处死刑未能起到遏制犯罪的作用。人口已经增长，贫困现象更加严重。如果不是因为有人怕断头台，可能犯罪率还要高。

但是，有一个事实是确定无疑的。随着 18 世纪的推移，判处死刑之后，实际绞死者比以前少了。下表中，以十年为期，是伦敦和米德尔塞克斯（犯罪率最高之地）的数据[30]：

年份	判处死刑者人数	被绞死者人数	百分比
1749—1758	527	365	69.3
1759—1768	372	206	55.4
1769—1778	787	357	45.4
1779—1788	1152	531	46.1
1789—1798	770	191	24.8
1799—1808	804	126	15.7

为什么英国人制定了致命的法律，但又不肯充分执行呢？答案之一是，人们对判处死刑感到很不舒服：法官和陪审团双方本着宽容大度的精神，有意要让绞刑成文法难以成事。例如，法官可能会把某个认罪态度较好、情况合适的重罪犯的死刑加以减刑，与此同时，陪审团（有时连公诉人都）故意把盗窃物品的价值说低，好让犯人上不了断头台。这样一来，每年判罪的几百宗盗窃案中，陪审团都把物品价值定在三十九先令，这并不是因为这就是物品的实际价值，而是因为法律规定，凡在人家房里或大马路上偷东西超过四十先令，就会被判处绞刑。然而，如果不是有人积极主动，有意鼓励从轻发落，也就不会有那么多犯人受到从宽处理了。[31]

乔治三世对运用皇家豁免权（也就是借助国王权力，否决法院裁决，任意豁免某项判决）进行干预一事，态度十分严肃。皇家豁免权向他的臣民显示，这位君主是爱民如子的。老百姓可以通过内政大臣，以信件方式寻求豁免，同时附上凡是能从教士与其他有身份的人那儿得到的推荐信和个人请愿书，而且也经常会得到豁免。所谓法律，就是大棒，而豁免则是胡萝卜。维护绞刑法，但又不轻易运用之，这里面颇有讲究。如果仅仅是废除，效果就会不一样。要想通过豁免，又让人感激不尽，就必须让人看到，统治者的豁免不是滥用的，这样，每次死缓都是特殊个案，须以感激之情和臣服之心对待之，永远也不能当成一种权利。[32]

而且，由于皇家豁免和司法减刑，英格兰的十字路口不致尸横遍野——否则，那种场面会导致普遍的聚众闹事。但是，法院如何处理流犯问题呢？吊颈绳用得越少，就需要越多的监狱。然而，18世纪的英格兰最缺的就是监狱。

V

英格兰当时已有的监狱都破旧不堪，自中世纪以来少有变化，其在伦敦的原型就是纽盖特，它的生涯起始于12世纪，当时是一座城市看守屋，加固后用来关押犯人。改建四次，服务了将近八百年后，这座监狱终于在1903年被拆掉。纽盖特的墙壁达到了意大利画家皮拉内西画中的那种厚度，要想穿过这座迷宫是根本不可能的，里面是黑暗的囚室、地道般的走廊和像挖土工手腕一样粗壮的铁栏杆。谁若能从这种可恶的地方——特别是从死囚石屋——逃脱，谁就能立刻在伦敦的底层世界成名。纽盖特的诨名是"一点都不"这个否定句中的"一点"，发音为"灰特"（whit）或"威特"（wit）。所有时髦小子祝酒时，都要祝它毁灭。罪犯经常的祝酒词就是："愿一把火把威特烧掉，'用鞭子抽人的家伙'（Flogging Cull）该诅咒，'断头台'（Nubbing Chit）遭天谴！"纽盖特关押债务人的地方又叫"丹吉尔"，因为英国囚犯在巴巴里海岸的阿拉伯海盗那儿曾遭受罪孽。那里面的因犯因不过几令先的小事，被外部世界一抛弃就是十年，他们的诨名是"丹吉尔人"。

只要进了纽盖特，人就会一直腐烂下去，眼睛瞪着铁栅栏外（换言之，就像那句老话说的，"用你的眉毛，擦净国王的铁杆"）。在这地方是不用干活的。维多利亚时代关于监狱的中心思想由边沁提出，并通过他的圆形监狱设计反映出来，首次在费城进行试验。该思想认为，监狱应该是一个与世隔绝之地，管教惩戒之地，逐级惩罚之地，并通过准确地注射希望剂量而达到刚柔相济——这个思想当时很新颖，在乔治三世时代尚未尝试过。它既没有影响法官对判刑的看法，也没有影响监狱的管理方式。如果搞一个项目，在国家内部建立一个俘虏社会，住的都是流犯，靠公共费用供他们吃喝居住，然后以强迫劳动来回报一个被冒犯的世界（简言之，也就是1820年之后所发展的教养院思想），这会让乔治时代英格兰的统治者觉得荒诞不经。简单地说，监狱就是关人的地方，任何人在里面关一段时间，都不可能因此"变好"。监狱就像洞穴，一旦在里面做了囚徒，就会有一段时间被人忘掉。监狱不是为了改良，而是为了让人恐惧，让人受到极度惩罚①。监狱还有一个目的，就是牟利。

英格兰约占半数的监狱都是私人拥有、私人管理。切斯特菲尔德监狱属于波特兰公爵，他又把监狱转租给一个管理人，每年收费十八几尼。伊里主教拥有一座监狱，德拉姆主教拥有杜厄姆县监狱，哈里法克斯监狱则属于里兹公爵。监狱看守不是国家雇员，而是小生意人——心肠歹毒的房主——他们通过敲诈勒索，从囚徒那儿牟取利润。犯人一走进伊里主教拘留所，就被用铁链拴在地板上，颈子套上一个带尖刺的领子，直到他把钱吐出来，这才"免受铁器之苦"。凡是监狱看守，想往犯人身上戴多少脚镣手铐，就可以戴多少，然后拿掉一件就收一次费用。尽管"铁链生意"经常受到谴责，被斥为国耻，但直到18世纪90年代才被废除。

吃饭要付钱，喝水要付钱（监狱的酒吧卖杜松子酒，这是监狱看守的主要收入来源），睡觉、用水，甚至呼吸空气都要钱。境况不错的囚徒能够住得稍微舒服一点（但是，无论他花多少钱，都不可能让他不得斑疹伤寒，18世纪监狱中的流行病）。对较穷的人来说，监狱制度就像泰山压顶。纽盖特的入门费是三先令，每周"租金"是两先令六便士。

---

① 原文用的是英文 sublimation（升华）一词。

与他人合睡一领草席，每周收费一先令六便士。这些费用听起来很小，但债务人或小偷关进监狱的理由，常常也不过就是这个款额，而且，要在狱中赚到这笔钱，不是希望渺茫，就是根本没有希望。18世纪70年代，监狱改革的先驱约翰·霍华德写道：

> 囚徒没有任何种类的工具或材料，他们把时光都消磨在无所事事、骂骂咧咧、道德败坏上……有些监狱的管理人曾向地方法官表示，监狱的囚徒百事匮乏，并要求给他们提供必要的食物，却被一句很不体谅人的话给喧得不敢吱声："让他们干活吧，不干活就饿死他们！"当这些绅士知道，前者是不可能的，那么，根据这句话，他们就不可避免地要让那些可怜的人遭受后者的命运吗？[33]

霍华德为他那部里程碑式的报告——《英格兰和威尔士监狱的现状》（1777）——搜集材料而跑遍各地。他为这个藏而不露的世界绘制了一幅详细的图画，有身份的人和有文化的人对这个世界一无所知：其中拥挤不堪，暗无天日，口粮不足；法院冷漠无情，残酷有加；看守贪污腐化，偏袒富人，敲诈勒索，收取同宿费和舒适费；号子的地板上满是污水，完全没有医疗护理，到处是致命的传染病，就连空气都难以呼吸。霍华德发现：

> 首度出行几次之后，我的衣服臭不可闻，坐在轻便马车中，窗子如果不放下来，人就受不了，因此不得不骑马旅行。我的备忘录的书页经常弄得脏兮兮的，无法使用，要在火前铺开，烤一两小时才行。就连我的解毒剂，就是那一小瓶醋，在几座监狱使用之后，也让人不舒服到难以忍受的地步。[34]

监狱不可能改造罪犯，只不过是犯罪的孵化器，这种看法在18世纪80年代普通得不可能再普通了。所有人，包括地方法官在内，都认为这是理所当然的。从来无人做出努力，按年龄、性别和罪行的严重程度，来划分囚犯或隔离囚犯。女性和男性共一个囚室，初犯和罪行累累的惯犯关在一起，无关紧要的民事债务人跟行凶抢劫犯关在一起，伪造证件的办公人员与谋杀犯关在一起，十岁的小男孩与同性恋强奸犯关在一起。当局认为，所有囚犯都因一个普通事实联系起来，那就是他们都恶贯满盈、另类异己。他们都同样地犯了罪，这就足矣，在那个黑暗的洞窟中，不需要做细致的分类。

一般关于监狱的比喻是，这是一家修道院，又像神学院，是一个封闭阶层的人，他们研究的是邪恶，而不是神圣——一个让人神往的形象，但绝对颠倒过来了。对 1751 年的亨利·菲尔丁来说，所谓监狱，"不过是……懒惰无聊的神学院，污秽不堪、疾病丛生的下水道"[35]。霍华德随声附和，也认为监狱是"懒惰无聊、作恶多端的场所和神学院（把监狱叫作神学院是很恰如其分的）"[36]。这种说法直到 19 世纪 20 年代，到了澳大利亚还在继续使用。在那儿，托马斯·布里斯班抱怨说："新南威尔士流犯营让我想起了西班牙的修道院。那里面的人口不事生产，只是消费而已。"[37]

然而，约翰逊博士最简洁有力地提供了一种视觉，认为乔治时代的监狱其实是反修道院的：

> 监狱的苦难还没有监狱邪恶的一半多……在监狱里，没有让人害怕的公众注目，法制力量亦成强弩之末，人在这儿无所畏惧，做什么都不会感到脸红。淫荡下流者点燃欲火的对象，依然是淫荡下流者，胆大妄为者心狠手毒的结果，是让胆大妄为者同样心狠手毒。人人感情脆弱，不得不硬起心肠。个个把自己使用过的手段，也用来对付他人，通过模仿他人，而赢得同室牢友的同情。这样，有些人堕入了苦难，另一些人虽然幸免于难，却又继续去惩善扬恶。[38]

此类文字说明，现代和乔治时代关于刑法的思想相去何等遥远。实际上，高警戒度监狱至今仍是关押犯人的动物园。开明人士则认为，监狱虽然很惨，但作为权宜之计，还是很有必要，虽然严酷，但有可能进行改良，如果妥善管理，就能把犯罪分子隔离在社交循环活动之外，同时又不使他们变坏。两百年前，没人持有这种观点。显而易见，那时，监狱成为机构之前，就已经是罪犯集中营了：监狱作为机构的定义，是以犯罪性这个事实，而不是以希望改良为滥觞的，其根本性质就是通过群体残酷无情的道德压力，来降低狱中人的人格。监狱把重犯像腌菜一样在邪恶中浸泡，让他变得心肠冷酷，在他身上撒满原罪坚硬的盐粒。因此才有人对英国监狱产生那种厌恶态度，他们永远也不想亲眼看见里面是什么样子。英国监狱是臻于极端的犯罪阶级共和国，属于犯罪的对跖点，而不属于权威的光明世界，它们只是在名义上代表这个世界。随着时间的推移，这种思路为向澳大利亚流放罪犯提供了基本的逻辑，因为流放能使极端成为其本身字面上的那个意思：把罪恶运往另一个世界。

霍华德《监狱的现状》一书立刻对思想界和法律的制定产生了影响，但行之有效的改革来得很慢。英国当局喋喋不休，大谈需要建立新式监狱，也立法准备紧急建造，但实际上根本不付诸实行。霍华德的报告出版之后不出两年，1779 年的一项法案就要求在伦敦建造两家大型监狱，按霍华德倡导的思路设计，规定狱中可以工作，男女不能同住一室，监禁应在单人囚室，而不能都住在公共狱室内。1786 年，因伟大的鼓吹废除死刑的自由主义者威廉·威尔伯福斯施加压力，欲促英国总理威廉·皮特进行监狱改革，后者写信给他说，"万事缠身，悬而未决，因此对监狱问题很久以来没有做出决定。但我还是认为"，他接着含糊其词地补充道，"此事会在建造季节结束之前，有个眉目"。事后情况依旧，仍然没有眉目。但在 1788 年的夏季，皮特再次向威尔伯福斯保证说，"不会忘记"监狱问题。[39] 结果还是忘掉了监狱问题，因为到了这个时候，政府认为，要解决犯罪问题和监狱办事明显不讲效率的问题，只有一个办法，那就是把犯人"载运"到"海外"。

"载运"——用英语大白话说就是强迫流放——有着种种不可否认的好处。它保存了皇家豁免权，可保住重罪犯人的性命。与此同时，它可以把犯人从本国完全逐出，即使不是永久性地逐出，也能像被施绞刑的人一样逐出。"载运"一次性地搞掉了监狱和囚犯，为大不列颠提供了一支劳动大军，这支大军中所有的人都丧失了权利，可以发配至一个不断发展的帝国之遥远的殖民地，去干拓居的自由民不愿干的活儿。生而自由的英国人一想到一队队流犯组成的劳工在国内的公共设施干活儿，一向就不喜欢。1752 年的一项议案拟引入用铁链拴在一起劳动的囚犯队，作为对囚犯的惩罚，但遭到上议院否决，部分是因为安全问题过大，主要则是因为，人们觉得，让用铁链拴在一起的囚犯队在公共场合劳动，这有碍观瞻，降低人格。旁观者如何把这种惩罚与赤裸裸的奴隶制度分开呢？在新大陆，这种问题则不会存在。

"载运"制的精华，就在 1597 年的一条法律条文（39 Eliz. c. 4）中："惩治流氓、流浪汉和冥顽不灵的乞丐的法案。"要而言之，该法案宣称："顽固不化的游手好闲者将……从本王国驱逐出去……并根据枢密院要求，发配至海外指定的地方。""被放逐的流氓"如果未经许可返回英格兰，就会被绞死。

正是通过这个法案，17 世纪被判处死刑的流犯才被发配，越过大西洋，到弗吉尼亚公司的种植园做苦工。弗吉尼亚的副总督托马斯·戴尔勋爵于 1611 年随身带去了三百名"无法无天的人"，结果这些人"亵渎神灵，动辄反叛……疾病缠身，疯疯癫癫，其中六十个人都不能雇佣"[40]。话又说回来，在新大陆，劳工质量不高，总比没有劳工强。要想奴役印第安人，那是不可能的，而弗吉尼亚公司的英国绅士对体力活又极为厌恶。很快，戴尔又要求再送两千流犯来。"凡是在一般监狱中判处死刑者，都应该到殖民地待三年，西班牙人就是这样让人到东印度群岛去住的。"[41] 从 1618 年起，英格兰就向新大陆处于胚胎状态的拓居地源源不断地注入了一批批重罪犯，他们来到清教徒的麻省和南方受潮水影响的拓居地。这些人中，大多数都是普通囚犯，有些是苏格兰人，以及克伦威尔在邓巴之战（1650）和伍斯特之战（1651）活捉的俘虏。还有一些人——其中大多数都在 17 世纪 50 年代被用船运到牙买加和巴巴多斯的甘蔗种植园——是爱尔兰人，他们太不明智，抵抗了护国公的侵略。

1717 年后，流放"载运"的步伐加快，一项新的法案（4 Geo. Ⅰ，c. Ⅱ）通过后，流放全面正式化了。该法案规定，犯罪轻者可送至美国七年，不用鞭笞和打火印，而判处死刑者（即接受皇家豁免者），可去十四年。英国的监狱管理者生意兴隆，把这些很不走运的殖民主义者卖给船运合同商，后者又把他们（用准确的法律语言来说，也就是把他们在七年或十四年中的劳动权利）转手卖给加勒比海和美国的种植园主。在接下去的六十年里，约有四万人忍受了这种几乎不加掩饰的奴役制度之苦，其中来自大不列颠的有三万男女，来自爱尔兰的则有一万。重罪犯被稳定驱逐——每年不足七百人——使英格兰人满为患的监狱不致发生危机。

但是，1755 年后，这场危机无法再推迟下去了。美国各殖民地纷纷起义。这场革命有一个结果，就是英国人无法再把流犯发配过去了。美国连空气中都洋溢着崇高的决心，决不接受来自英格兰的罪犯，因为，一个新兴的共和国决不能任由英国王室的下水肆意污染。这当然是胡扯，因为当时的美国经济严重地依赖奴隶制。实际的意义在于，黑奴贸易使白人流犯苦工与经济建设无缘。在美国革命的前夜，每年有四万七千名非洲奴隶抵达美国——超过了此前半个世纪中，英国监狱发配到大西洋彼岸的总人数。除了劳动力之外，白人契约流犯的工作无足轻重，共和国并不需要他们。

美国这个口子一堵，英国监狱就泛滥成灾了。开始，英国王室并未采取任何行动。反正美国人迟早都要投降，到那时，流犯船只就又可以在大西洋上来回跑了。1783 年 7 月，大不列颠在凡尔赛被迫承认美国仅仅一个月后，乔治三世就写信给诺斯勋爵说："毫无疑问，美国人别指望从我这儿得到任何优惠，也永远不可能得到任何优惠。但是，凡是不值得留在本岛的人，我肯定会同意让他们得到。"[42]

因此，英国人并未扩大他们的监狱。1776 年，他们找到了一个折中的办法。到这时，强迫流犯在公共设施做苦工，这种想法似已不再带有奴隶制的污迹，把它上面的灰尘擦净后，诺斯勋爵便制定了《16 Geo. Ⅲ，c. 43》，即《废船法案》（*Hulks Act*）。它是为了暂时堵塞漏洞，以便持续到镇压美国叛乱之后。

英格兰泰晤士河和南方的海港，星星点点地到处都是废船船体——破旧的部队运输船和军舰，其桅杆和帆缆早就没有了，船在锚泊处腐烂，但仍然浮在水面，从理论上来说是可以住人的。判刑流放的犯人现在可以关在那儿，直到政府做出把他们发配至何处的决定，这可以缓解陆地监狱的问题。《废船法案》很圆滑，没有提及美国殖民主义者的反叛。该法案出尔反尔、无可奈何地指出，流放剥夺了英格兰，令其失去了一批人，这些人的"劳动本来对社会是十分有用的"。现在，要让这些人"专干重活，……清洁泰晤士河"。这样，重罪犯"才能改过自新"。

但是，正如把犯人塞进废船里的做法不可能清洁泰晤士河，这样做也不可能让他们改过自新。到 1790 年，犯人数量每年增长一千人。不仅安全问题激化，而且伤寒已成时疫，普遍受感染的前景让监狱外部的自由公民惶恐不安。当局的法律造就了这样一批犯人，人们只要能够摆脱他们，几乎愿意无所不用其极。显而易见，必须重新开始流放——但流放到何处呢？他们选择了地球上最难以想象的地方，那地方白人仅造访过一次。那就是澳大利亚，他们崭新、巨大、孤独的私有财产，地球边缘一座毫无用处的大陆，其东海岸在 1770 年曾由库克船长绘制过地图。流犯到了那儿，就再也回不去了。纽盖特和泰伯恩这两个地名是财产复仇的主要象征，现在又加入了第三个名字：植物湾。

第三章 地理无意识

i

　　若想理解流放至这样一个地方意味着什么，就必须考虑一下，18 世纪末期世界之大，已经远远超过了今天。

　　18 世纪 80 年代，世界的大部分地区几乎不为欧洲人所知。除了澳大利亚和南极之外，所有大陆的轮廓都已描画出来。外形上，它具有今日的形状，但海岸之后横亘着大片空白。所谓北美，是东部一道有人居住的边缘地带，与几百万平方公里的荒野衔接。南美洲、亚洲和非洲的内地几乎无人探索。欧洲人没有造访过高高的喜马拉雅山、尼罗河水和南北两极，而太平洋盆地在 1780 年对人们而言——除了受教育程度最高的英国人之外——是所有地区中最不可想象的地方。

　　鉴于流犯所来自的社会阶层，他们对较为遥远的地理事实，是知之甚少。也许十分之七的英国人都住在乡间。英格兰的城市人口要到 1851 年之后，才会超过农村人口。这些人被拴在了土地和对土地的需求上，根本不会远走，他们世界的半径约在十英里之内。因为他们不识字，新闻的到来也没有规律，英国报纸在任何情况下，发行量都不超过七千份。[1]

　　对大多数人来讲，詹姆斯·库克船长死后，太平洋就跟他出生之前一样，依然默默无闻、无法想象，也跟他出生之前一样畸形怪异：简直就是一座海洋地狱。不过，关于太平洋，有着谣言和传奇的积淀，一种渗透了大众文化的神话。这是关于坐落在对跖点的南方大陆的思想。第一次提出这个思想的两人，是后古典时期的地理学家庞波尼乌斯·梅拉和托勒密。早在公元50年，梅拉就提出，根据对称性要求，应该有一个这样的大陆。北方诸大陆必须有赤道以下的一个同等的地块来加以平衡。在这个地块，也就是terra australis incognita① 上，庞波尼乌斯放上了尼罗河的源头。这个关于南方大陆的思想，在文艺复兴地理学之父托勒密的名望支持下，经过中世纪学者的学说——地球是平的——幸存下来，而马可·波罗似乎证明了这座大陆的存在。这位威尼斯漫游者描述说，他从契丹国回家的路上，曾向南航行，到了"占巴"（即现代的越南），然后向西南航行了一千二百英里，来到一个名叫洛卡克（Locac）的地方。

洛卡克是马来半岛，但由于文本的模棱两可，人们把这个地方定位在东印度群岛和南极之间、赤道以下很远的某个地方了，结果把它变成了南方大陆。这一来，该地名讹化成卢恰奇（Luchach）、洛卡齐（Lo-cach）和比奇（Beach），出现在16世纪很有影响的地图学家绘制的地图上，如墨卡托和奥特利乌斯。墨卡托想：如果没有奇大无比的洛卡克地块，地球一旦从轴心坍塌，有什么东西能够阻挡它呢？

到了16世纪末，洛卡克仿佛成了一个寓言之囊。对一些人来说，它就像一个黄金之国，充满了各种财富（有珠宝，有檀香木，还有香料），那儿生活着天使一样的生灵：把一座人间乐园的神话说得有鼻子有眼。对另一些人来说，这是残缺不全、畸形变态的国土。自从亚历山大大帝的印度远征（公元前327—前325）以来，关于怪人怪胎（狗头人身，双冠蜥，脸长在胸上，只有一只巨足，用来在午睡时遮挡赤道太阳的人）的传说和印度的奇迹等就层出不穷。这些怪物充塞在中世纪的

---

① 拉丁语，未知的南方大陆，其中的 australis（澳大利斯）即南方。

图书里和罗马式建筑风格的门楣上。教堂的布道、关于《圣经》的词汇表、骑士故事和史诗中，以及莎士比亚笔下，在在都有人在为之招魂。

从某种意义上讲，这种观点是有道理的，因为它假定，越往南走，生活一定越荒唐。什么样的妖魔鬼怪，什么样的反常悖理现象，不会出现在南方大陆啊？对水手来说，又要经受何种考验呢？海上龙卷风，飓风，正午出现的滚滚黑云，张口就能把一艘船吞进肚里的鲸鱼，能够游水、长着獠牙的岛屿——这个想象出来的国家也许就在阴间，它的风景就是地狱本身。在它捉摸不透的异类空间里，可能包容了各种各样的幻象，它，就是地理无意识。因此，英国人终于把太平洋纳入欧洲意识的版图，对之进行探索、进行地图绘制之后，就立刻再一次把澳大利亚妖魔化，用铁链把罪犯拴起来，放逐到澳大利亚天真无邪、干燥一片的海岸上，这么做就是对之前一切的一种深刻而又具有讽刺意味的共鸣。这个地方就要成为罪孽深重的大陆了。

ii

把大海命名为 el mar Pacifico① 并且第一个横跨其浩瀚无边的水面的人，是葡萄牙船长费尔南多·麦哲伦。现在的历史称他为斐迪南·麦哲伦。他在葡萄牙和关岛之间的整个航程中，只在如今以他命名的海峡附近，瞥见两座无人居住的小岛。卡莫艾斯盛赞他道："他在国王那儿受到冷遇，一气之下，走了一条以前别人从来都不敢想象的道。"[2] 麦哲伦以其史诗般的航程，打开通往香料群岛的西行之途后，于 1521 年在菲律宾的麦克坦遇害。

16 世纪末，随着他进入太平洋的西班牙探险家，寻找的是上帝的辉煌和遍地黄金的南方人陆。阿尔瓦罗·德·门达纳于 1567 年驶出秘鲁，

---

① 葡萄牙语，太平洋。

在太平洋贸易风的吹拂下，越过了南纬 18 度和赤道之间的低纬度，把船驶过太平洋五分之四的地方，来到一组群岛——它以寓言中拥有俄斐金矿的所罗门国王命名——这组群岛目前依然叫所罗门群岛。也许，这是这座南方大陆的外部标志，但也许不是。门达纳又饥又渴，身患败血病，几欲疯狂，不得不跟他的征服者们一起撤退。1595 年，也就是二十八年后，他又尝试了一次，但是，所罗门群岛消失不见了，直到两个世纪后，才有人找到它们，位置在东经 160 度左右。当年，航行工具精度极差，预估的位置之间相差 60 度左右，在东经 145 度和西经 140 度之间。

在年轻的葡萄牙人佩德罗·费尔南德斯·德·奎罗斯导航下，门达纳费劲地向西航行，他没有找到任何大陆，而只是四散的岛屿。他的航道太靠北，不可能遭遇澳大利亚。离开秘鲁七个月后，门达纳死在了圣克鲁兹岛上。这场伟大的远征后来以菲利普三世的名义，夺取了南方大陆，当时却在一场暴力和疟疾的噩梦中烟消云散。但德·奎罗斯把意志消沉的幸存者向西带到马尼拉，然后越过太平洋，最后回到阿卡普尔科，回到了安全之地。

人们也许会想，这么一来，谁都不会再去太平洋寻找大陆了。德·奎罗斯却并未因此停下来。在西边的某个地方，在世界最大洋的瞎眼蓝色眼球上，肯定躺着这座南方大陆，如果能发现它，西班牙帝国主义和战斗教会的使命在地球上将登峰造极。德·奎罗斯从阿卡普尔科挣扎着回到西班牙，接着又去罗马，给教皇一封封地写信，对之狂轰滥炸，大谈"南方大陆"，以及该地几百万异教徒，说他们早就该加以拯救了。他花了两年时间，才从菲利普那儿募集了买三条船和雇佣三百人的钱。1605 年 12 月，德·奎罗斯起航，寻找那座大陆去了。

这次他走了一条新路，比麦哲伦和门达纳走得还要靠南，大大低于南回归线。他穿过土阿莫土群岛，经过萨摩亚的北面，在海上航行五个月之后，看见了南面和东南面的土地——高高的山脉，山峰云遮雾障，向地平线退去。1606 年 5 月 3 日，德·奎罗斯的船队在一座海湾锚泊，他们已经抵达了东经 167 度、南纬 15 度的新赫布里底群岛。德·奎罗斯认定，不需要更进一步的证据了，这一定就是那座南方大陆。于是，他很快地屈服于宗教的躁狂症，把该地命名为 Austrialia de Espiritu Santo①，创建了一个贵族勋章，把用塔夫绸制作的十字架发给船队的几乎所有人佩戴，把注入海湾的那条小溪洗礼后命名为约旦河，并心醉神迷地以预言家的方式宣布，将在珊瑚礁中建立新耶路撒冷——在他乐观主义的发热的头脑中，新耶路撒冷已经成了斑岩和玛瑙的矿藏。

这一切都是一种幻象，但德·奎罗斯相信这个幻象的真实性，便返航折回墨西哥。与此同时，他第二条船的船长路易·瓦埃兹·德·托雷斯继续前行，越过太平洋，航向马尼拉，正好经过约克角半岛和新几内亚之间的澳大利亚北部，穿过的那座海峡现在就是以他的姓氏命名的，但他只是把新几内亚的海岸拥抱了一下，并没有看见这座大陆。

德·奎罗斯奋斗了八年，想再募集一支船队，却于 1614 年去世，探寻之旅终于未果。现有某种引人入胜的证据，它是间谍从绝密的葡萄牙海图上照抄，以迪耶普海图的形式，于 1536 年献给后来的亨利二世的（其中一张海图上，南方大陆东部轮廓与澳大利亚极为相似）。这一证据表明，早在 1550 年之前，就有一支葡萄牙舰队从香料群岛南航，发现了澳大利亚东北海岸和东海岸，并绘制了海图。如果真的进行了这次航行，那一定是非法的。根据《托尔德西里亚斯条约》（1494），葡萄牙和西班牙同意，沿着西经 51 度和东经 129 度的巨大直径，把地球一分为二。这样一来，西经 129 度以东、横贯澳大利亚的一切，都成了西班牙统治范围的一部分——其中包括澳大利亚东海岸。葡萄牙无权在那儿探险，也很可能有意对这次航行的结果秘而不宣。然而，迪耶普海图的原件，以及对该海图内容加以补充详述的任何日志和文件，都在 1755 年的里斯本大地震中毁于一旦。1600 年之前，欧洲与澳大利亚接触的任

① "Austrialia" 既指其国王的哈布斯堡王朝血统［Austria（奥地利）］，同时又指南方大陆（tierra austral），是一语双关。——原注

何其他遗迹，唯有葡萄牙的两门铜炮，可以追溯到 1475 年至 1525 年左右，它们是在澳大利亚西北部的布鲁姆海湾找到的——这是另一次航行的证据，但这次是在《托尔德西里亚斯条约》分界线葡萄牙的那一边。[3]

16 世纪，也有亚洲人登陆，但结果都没有造成殖民。这些登陆的亚洲人是来自西里伯斯岛的孟加锡贸易商，他们乘坐"普劳"飞帆，来到现在的安恒地，就在这座大陆的北海岸。[4]他们航行一千二百英里，目的是寻找一种海蛞蝓，即海参，法语叫 bêche-de-mer。这些家伙经烟熏晒干后，看上去颇像萎缩的阴茎，它们是印度尼西亚对中国人出口量最大的产品，因为中国人把它们尊为一种春药。这样，截至 19 世纪，澳大利亚对外部世界的唯一贡献，就是成百万的海蛞蝓。

1605 年，班塔姆的荷兰东印度公司派遣了"杜伊夫根号"小汽艇，在威勒姆·詹茨的率领下，前往新几内亚，看是否能够找到黄金和香料。这条小船进入托雷斯海峡，沿新几内亚海岸走了两百多英里之后，转向南行，发现一个海角，被船长命名为"折回"（Keerweer）。这地方荒野一片，一些船员被"凶猛、黑色、残酷的野人"杀死。詹茨发现了澳大利亚北部的一个海角。

1616 年，阿姆斯特丹的船长德克·哈托格又在这块字谜的边上加了一块。他乘坐他的"恩德拉赫特号"船，抵达澳大利亚西海岸，把他的一只铅锡锑合金的雕刻盘钉了起来，作为他已到访的证据。1618 年，又有一艘船外航至爪哇，即"兹沃夫号"，该船瞥见了北方更多的海岸。

翌年，外航的船长弗雷德里克·德·豪特曼掌舵，比大多数人走得更远，到了比好望角更南的地方，结果在现代珀斯以南澳大利亚的西海岸登陆。随着时间的推移，更多荷兰水手提供了零星点滴的信息：简·卡斯滕斯于 1623 年，弗朗西斯·佩尔萨特于 1629 年。显而易见，这片南方土地似乎很值得探索。人们都期望，这片土地不只有沙土、礁石和性情暴躁的野人。为此目的，荷兰东印度公司总督安东尼·范·迪门于 1642 年组织了一支大型远征队，意欲把"地球剩余的未知部分"绘制在地图上。该远征队的指挥艾贝尔·塔斯曼从巴达维亚出发，前去毛里求斯，南行至南纬54度，然后东航，直到发现南方大陆为止。

他完全错过了南方大陆。塔斯曼的两艘船，"赫穆斯科克号"和"兹哈恩号"，直接经过澳大利亚，对这片大陆连瞟都没瞟一眼，他的航线太偏南了。这片乡野他唯一触及的地方，是西南部的一座岛屿，他猜测这可能就是大陆，因此以他老板的姓氏命名：范迪门斯地。两个世纪后，这个名字污迹斑斑，讲述着罪行累累、残酷无情的故事，让体面的拓居者再也无法忍受，因此根据该岛发现者的姓氏重新命名为塔斯马尼亚。

这地方看起来贫穷而荒凉。没有土著出现，尽管处处可见树上的刻痕和生火做饭的痕迹。几乎没有什么可值一提。塔斯曼向东航行，越过了现今的塔斯曼海，发现了新西兰的西海岸。他继续向太平洋挺进，还发现了汤加和斐济，然后于1643年6月回到巴达维亚。就范·迪门及其商业同事来说，这次航行完全以失败告终。塔斯曼没发现任何可以做生意的人，也没发现任何可资利用的商品。于是，他们命令塔斯曼第二次出航，看澳大利亚的北海岸是否有任何值钱的东西。塔斯曼于1644年起航，但在北海岸发现的唯一的人是黑人："光着身子，在海滩上游来荡去的可怜虫，连饭都没得吃……悲惨贫穷，而且在很多方面性情都很糟糕。"毫无生意可做。荷兰东印度公司对澳大利亚的兴趣随之锐减。

17世纪，最后一位尝试澳大利亚西北海岸的探险家是1688年的英国海盗威廉·丹皮尔。他什么也没发现，除了新荷兰那些没有财产的人之外。他关于他们的描述是种族主义的一个小经典：

> 这个国家的人是世界上最可怜的。莫诺莫塔帕王国的"霍屯督人"尽管令人生厌，但在财富上跟这些人相比，简直就是绅士了……如果不计他们长得像人的形体，他们与野兽相差无几。他们个子很高，体型笔直瘦削，四肢小而长。头很大，前额圆圆的，眉毛很大。眼睑总是半睁半闭，为的是不让苍蝇钻进去……因此，他们并看不远……

> 他们脸很长，看上去很不舒服，面部没有一点优雅的特征。
>
> 他们没有房子，而是躺在露天，没有任何遮盖。大地是他们的床，苍天是他们的顶盖……大地并不为他们提供任何食物。我们也没有看到任何植物、任何豆子和任何种类的谷物供他们食用。也没看见他们抓任何鸟类或动物，因为没有抓获的工具。
>
> 我没有看见他们崇拜任何东西。[5]

低贱的野人，大自然的孤儿，原来就是这个样子。丹皮尔对西北海岸的造访没有任何发现，但他的书在英格兰很流行，书中关于南方大陆——当时依然是一个与新荷兰分开的地理假设——的观点，有人呼应，引起了共鸣。西班牙人和荷兰人在太平洋早已失败。18世纪，那儿不是法国，就是英国的领海。

因此，寻找进路的方向再度转换，船舶再度从东面开始探索太平洋，不是绕过合恩角，就是穿过麦哲伦海峡：罗赫芬于1721年；拜伦于1764年；瓦利斯和卡特里特于1766年；布干维尔于1766年和1769年。他们在贸易风下航行得过于靠北，找不到澳大利亚海岸。只有布干维尔走得够南，如果不是因为昆士兰那座珊瑚壁垒，即大堡礁使他中途折回，他就会发现昆士兰，结果又像大家一样往北去了。这些人都很有决心，但有些问题不是仅有勇气就能解决的。其中的第一个问题就是败血症。

这个病的病因是缺乏维生素C，它是每一个海员的祸根。得了这个病，人就体弱不堪，肌肤水肿，关节像得了痛风病一样痛，牙齿松动，牙龈肿大发黑，吃不下东西。在一次长途航行中，败血症可以让一船的大多数船员送命。要治疗也很简单，吃水果（特别是柠檬或橘子）和绿色蔬菜就行了。船长并不知道这样做。有些人注意到，得了败血症的人一到港口，吃了绿色食物，身体就恢复了健康，但仅有水果和蔬菜，在海上还是维持不了多久。在太平洋中央，麦哲伦手下的船员不得不吃一种混合食物，里面有饼干屑和老鼠屎。跟着，他们把老鼠也给吃了。最后，他们需要动物蛋白质到了不顾一切的程度，连船上缆绳的包皮都拿来吮吸和咀嚼。他们得的败血症极为严重，为了咀嚼配给口粮，不得不把肿起来的牙龈组织削掉。从 16 世纪的德·奎罗斯，到 18 世纪的布干维尔，太平洋探险者中，任何人都没有像麦哲伦和他的船员那样，得那么重的败血症。

败血症让每一个雄心勃勃、想出海远航的人都不寒而栗。因为他们不了解病因，也就无法控制病症。1768—1771 年间，詹姆斯·库克在一次长途航行中，通过经常分发抗坏血酸，首次打败了败血症。到了这时，人们已经知道这个病是饮食问题导致的。詹姆斯·林德大夫于 1753 年找到了正确的治疗方法：每天都要喝一定量的柑橘汁。但是，库克（他总是担忧船员的健康）和海军部食品管理委员会都没看过林德的论文。库克没用柑橘汁，而是试用了其他的抗坏血酸材料：德国泡菜、麦芽糖和半吨"便携汤料"（把肉汤煮沸，一直到煮成一块黏糊糊的饼为止），也就是肉羹汤块的始祖。这些东西合在一起，倒是发挥了作用。在"奋进号"三年的航程中，库克手下没有一个人死于败血症——这个丰功伟绩在航海史上是无前例的。有了麦芽糖汁和腌菜，欧洲人就得以抵达澳大利亚，正如有了微型芯片电路，美国人才能踏上月球。

太平洋探险的另一个障碍是如何找到经度。除非你知道你每天所在的位置，否则探险毫无意义，但要做到这一点，就需要两个坐标。第一个是纬度，据此可测知本人与赤道的距离。第二个是经度，即固定本初子午线（对英国航海家来说，即格林尼治本初子午线）和人所在位置子午线之间的距离。（子午线是指地球表面曲线上，北极与南极之间最短的一条线。）船的纬度很容易测定，自古以来都是如此。但没有经度，就无法准确地确定人的位置。海员不得不根据海流、风向和船速进行猜测并将就。在早期的太平洋航程中，差之毫厘、错之两千多海里的事司空见惯，因为无法检查经度方面积累的错误。在计算菲律宾的经度时，麦哲伦的引航员错了约有 53 度——超过了世界周长的七分之一。

英国人越想到帝国，就越意识到，需要找到一种确定经度的方法。

随着英格兰对远东的荷兰商业优势提出挑战，这就变得更为迫切了。1714 年，英国政府悬赏两万英镑——那简直是一笔财富——奖励能够想出某种方法，让航海者在大海上确定经度——在六周开放水域航行中，误差在三十英里之内——的人。

在库克生活的时代，有两种找到经度的方法，都依靠这样一个事实，即随着地球的转动，地方时间从一地到一地都在变更——这样，伦敦正午，就是纽约清晨七点。地球每日一转，由于一天二十四小时，经度绕赤道360 度，一小时时差就代表着经度变换 15 度。因此，如果知道何时和在什么角度能在格林尼治看见给定的天文现象，并在太平洋的同一角度的一个地方也能观察到，把小时数目乘以 15，就能得出经度。这个常数是太阳或月亮和某一固定星辰之间的角度，如北极星，也就是所谓"月球距离"。英国皇家天文学家内维尔·马斯克林是第一个发表与格林尼治标准时间相关的未来月球距离全套列表的人，这就是著名的航海天文历，于1766 年首次颁发。有了"阳性先生表格"的武装，以及一些基本的三角法和精密器械，任何船长现在都能找到经度。这是第一种方法。第二种方法是在船上载用格林尼治标准时间，将其与地方时间相比，并像从前那样乘以 15 的时差。这要快得多，但需要一个精密计时器，这种表比任何其他表都更精确，也更持久。只要慢下来或快起来，丢失一分钟或增加一分钟，就意味着在赤道上的经度误差为二十英里。这种表必须经受盐渍、腐蚀和船在大海上无休无止的撞击。这种精密计时器最后于 1764 年由伟大的约翰·哈里森制作出来。

库克在太平洋的第一次航行中，并没有使用精密计时器，他更愿意依靠对月球距离的计算。但是，"奋进号"装备精良，有其他器械，因为其航行的主要目的是测量，而不是发现。该船上的乘客从塔希提看到了金星凌日、越过太阳表面的现象。这个天文现象的重要性在于，如果观察记录准确，就可确定地球到太阳的距离。地球、金星和太阳上一次连成一线是在 1761 年。金星在日面上剪影的观看和计时者有一百二十人，散布在俄国到南非的世界各地。但即便如此，读数还是十分模糊，英国人想加以提高改进。在 1769 年 6 月 3 日这个预测的日期，在天朗气清的情况下，白天可从塔希提看到金星凌日的现象。

库克完成这项任务后，就能继续进行他的探险工作了。海军部要他找到南方大陆，否则就把这座大陆排除掉。他必须达到这个目的，向塔希提以南航行，到以前所有太平洋航海家走过的路线以南，抵达南纬 40 度，接着向西横扫，在南纬 35 度和 40 度之间航行，直到找到南方大陆，或抵达"塔斯曼已经发现，现称新西兰的国土东面"[6]。几百年来在探险家心头萦绕不去的一个神话，就要以这样或那样的方式加以廓清了。

iii

1768 年 8 月 25 日，"奋进号"（一艘改装的惠特比运煤船，小而结实，长一百零六英尺）从普利茅斯起航。船上除了船员、海军陆战队士兵和军官之外，还有几个平民百姓。从格林尼治的观点看，其中最重要的是天文学家查尔斯·格林。其他的人则组成了一支私人科学队伍：一个才华横溢、性格反复无常、名叫约瑟夫·班克斯的业余爱好者，以及他雇来作为随行的仆人和专家。班克斯二十五岁，他受过良好教育（在伊顿公学和牛津大学），人脉关系活络，家道殷实（在乡下有一大笔钱），实实在在是个万金油：对周围世界的一切都抱有一种兼收并蓄、教养良好的兴趣。他酷爱植物学，他心目中的英雄（尽管他们并未谋面）是伟大的瑞典植物学家卡尔·林奈。班克斯一听说塔希提远征，就意识到他的机会来了，他就要一举成名天下知，成为第一个打进南太平洋的植物学家，完全拥有一个新大陆的所有植物了。据说，当年一个朋友问他何时踏上这次伟大的征程时，他说："随便什么蠢货都可以去意大利，而我要做的是周游世界。"他要追随库克而去。海军部和英国皇家学会的朋友安排了此行。班克斯登上"奋进号"，随行者中有两名画家（其中一个叫悉尼·帕金森，是一个年轻的天才画家，专画植物画）、几个仆人、一名秘书、两条猎犬。另外还有一个博物学家，在所有旅伴中，这是最和蔼可亲、满腔热情，也最学识渊博的人，他本人也是林奈最喜欢的一个学生：丹尼尔·索兰德博士。

"奋进号"几乎花了八个月的时间才途经里约热内卢和火地岛抵达塔希提，于1769年4月中旬在马塔瓦伊湾锚泊。库克、班克斯及其船员在这个几乎无人触及的伊甸园里做了什么，我们并不关心，正如我们也不关心库克对新西兰海岸的探险一样，因为英国王室从来都不把塔希提和新西兰看作其监禁拓居地。[7]

金星凌日倒是按时进行了观测，尽管做得并不彻底。班克斯的箱子和瓶子里的标本快要装满了，他的两个画家的画册里也快画满了素描。8月初，他们离开塔希提，随身带走了一个出身高贵的塔希提人，名叫图派亚。班克斯打算把他带回伦敦，作为一个具有异国情调的终极宠物，一个活生生的高贵野人。此时，他们开始了对南方大陆的寻找。

一连几个月，他们向西航行，穿过太平洋青山一般倾倒砸来的巨浪，却被班克斯所称的"我们的宿敌海市蜃楼"误导——地平线上的云堤。接着，1769年10月6日的下午，他们眼前出现了陆地。"所有的人似乎都同意，"班克斯看见西边那条低矮的实线时写道，"这肯定是我们寻找的那座大陆。"[8]

但其实不是，他们穿越南太平洋的路线几乎淘汰了那座大陆。他们抵达了新西兰北岛东海岸的贫穷湾。接下去的四个月中，库克驾驶着"奋进号"，绕着北岛和南岛转圈子，把每座礁岩、每座悬崖和每座海湾的凹处都绘制在图上，并谨慎地观察到勇敢好斗的毛利人的生活习惯：塔希提人喜欢做爱，这些脸上纹有僵硬粉红色指纹的男人却喜欢打仗。班克斯匆匆写下来："我估计，这是因为他们完全靠鱼、狗和敌人生活。"

1770年3月底，库克准备返程回家。南方大陆经证明是"想象的产物"，不过，划入海图的新西兰海岸线超过了两千四百英里。他已经完成了海军部简明扼要的要求，可以安排航线，回英格兰了。

他可以向东绕过合恩角，或向西经过好望角。西行的路线不大可能带来新的发现，但 3 月是太平洋的夏末，库克不想让他的船（航行两年，此时已经风雨飘摇，千疮百孔）走东线，去经受合恩角冬天的风暴。库克手上有塔斯曼的海图，因此，他决定试走另一条线路。在西边某个地方，一定横亘着新荷兰的东海岸。他们要走塔斯曼的故道，但是反向而行，也就是从新西兰驶向范迪门斯地。然后，他们要看看，范迪门斯地是新荷兰的一个部分，还是一个单独的岛屿。如果是单独的岛屿，他们就会找到新荷兰的海岸，然后沿岸北行。

3 月 31 日，他们离开了新西兰。这时南风陡起，把"奋进号"刮到南纬 38 度，过于靠北，无法去范迪门斯地。但在 4 月 19 日，一条新的海岸线不宣而起，不请自来。它平坦而多沙，与新西兰壮丽的景色很不相像，干巴巴地躺在灰色的地平线上，他们第一次看见的陆地是维多利亚州的埃弗拉角。

他们沿岸北行，找不到海港，但他们时不时地会看见灌木丛生的陆岬上在冒烟。因此，他们知道，那儿肯定有人住。对班克斯来说，继塔希提和新西兰之后，这个地方的风景看上去很贫瘠。"在我想象中，它很像一头瘦母牛的脊背，全身覆盖着长毛，但是，在它骨瘦如柴的股骨本不应该戳得那么远，却戳出来的地方，因有人摩擦和敲打，而使之完全光裸一片，不再享有原来的覆盖物了。"9 4 月 22 日，他们在一片海滩上看到了一些澳大利亚人。他们看上去很黑，但很难确定他们真正的肤色。正好一周之后，他们进行了第一次接触。库克往南去时，看见了一个很宽敞的海湾，便驶了进去，派遣了一艘中型艇，前去探查水的深浅。

他们看见树皮独木舟，黑人正坐在舟中钓鱼。中型艇从这些弱不禁风的科拉科尔小圆舟边漂过。该艇是澳大利亚东海岸上出现过的最大的人工制品，这个物体如此之大，如此之复杂，如此之陌生，土著根本看不懂。塔希提人曾划着他们好像鸟翅膀一样、带着舷外托座的小船，蜂拥而至迎接中型艇。毛利人则跳着哈卡舞，用阵雨般的石头迎接该艇，澳大利亚人却不加注意。他们既不害怕，也不感兴趣，而是继续钓鱼。

只是当他们锚泊之后，当库克、班克斯、索兰德和图派亚——当时都指望他能充当口译——乘坐一艘长艇，接近海湾南岸时，土著才有反应。看见有人乘坐小船，这是他们能够理解的，这意味着侵略。大多数土著都逃进林中，但有两名裸着身子的勇士坚守阵地，手里挥舞着长矛，嘴里大声喊着，说的是一种很快、带喉音的语言，图派亚连一个音节都听不懂。库克和班克斯把一些用来以物换物的商品（钉子和珠子，相当于南太平洋的名片）搬上了岸。黑人采取行动，进行攻击。库克对着两人中间用滑膛枪开了一枪。一位勇士往回跑，抓了一捆长矛，另一位勇士就朝船上扔起石块来。库克又开了一枪，用一颗小弹丸把其中一人打伤了，但那人还是没有撤退。他只不过捡起一只用树皮做的盾牌。

登陆的时候到了。一位名叫艾萨克·史密斯的年轻见习船员当时就在船头。多年之后，多次擢升之后，舰队司令史密斯——库克妻子的表亲——十分骄傲地告诉人们，历史上最伟大的航海家当时如何犹豫片刻，然后离开长艇，摸了摸他的肩膀说："艾萨克，你先登陆吧。"小伙子就跳进玻璃瓶子般的绿水中——水在面粉一样的白沙上带点刺痛感——然后涉水上岸了。库克和其他人紧随其后。自更新世以来，把澳大利亚东海岸的距离和空间保护起来的那道封条，就此破开一道口子。最后一座大陆的殖民从此开始。黑人纷纷投掷他们用石头作为尖顶的矛。

库克开了第三枪。部落人傲慢无理、不紧不慢地退入丛林之中。白人在成年土著逃走的海滩附近，找到了几座树皮棚子，但是在一座小棚子里，"有四五个小孩子，我们给他们留下了几串珠链等东西"。自己逃之夭夭，却把婴儿留给生人，任凭生人处理，这些人算是怎么回事呀？无论做什么，都不能赢得他们的信任。船锚泊一周后，5月6日，库克抱怨说："我们对他们的习俗知之甚少，一直都无法跟他们发生任何联系，我们在他们棚子里留下的东西，他们连碰都没碰一下。"他们似乎毫无好奇心，对物质财富完全没有感觉。"他们好像只求一点，那就是让我们都走掉。"图派亚对澳大利亚这些难以捉摸的男女印象特别差，看法却有先见之明。有人听见他说："他们都是 Taata Eno，坏人、穷人。"波利尼西亚语中，taata eno 是指最低种姓的塔希提人，即 titi，这些人都是用来做人牺的。

库克不这么看。他在日记里一段著名的文字中，写下了与丹皮尔对土著的意见相左的话。他说：

> 他们对某些人来说，也许是地球上最可怜的人。但是，实际上，他们要比我们欧洲人幸福得多。他们不仅不了解欧洲急需的奢侈品和必需品，而且很高兴并不知道如何使用之。他们生活在安宁之中，不受环境不公的影响。[10]

新南威尔士海岸的这几天虽然接触很少，却决定了土著的厄运。英国王室绝不可能试图在新西兰设立一个监禁殖民地，因为毛利人是一个很狡猾、有决心，而且凶猛无比的民族，这些澳大利亚人却不会惹麻烦。他们武器装备很差，文化落后，人又胆小，大多数人一看见白人的脸就会开跑，而且也没有商品或财产需要防御。除此以外，他们人数如此之少。英国当局很快就从约瑟夫·班克斯那儿了解到了这一切。没有他的证据，澳大利亚也就不会有流犯殖民地了。

1770 年太平洋的夏天，"奋进号"上的人在那座遥远而隐蔽的海湾探险之时，对这一切哪里想得那么多。班克斯和索兰德特别忙。低矮平坦的海滨上，满是欧洲科学界从不知道的植物和动物。这些动物很难把握（他们找到一块袋鼠粪便，却没有看见袋鼠），但"无明显特征"（未加分类）的植物生命种类如此之多，让人惊讶不已。到后来，这两位年轻的植物学家要从这次航行中带回去的标本多达三万种，代表着三千多种物种，其中一千六百多种对科学界来说是全新的品种。这座海港满满当当都是鱼，浅滩上抓到了巨大的短尾属魟鱼。班克斯的植物画家悉尼·帕金森评论说，这种鱼的内脏尝起来"不无炖甲鱼之味"。库克决定把这个海湾命名为魟鱼海港，但后来又改变了主意。这地方对他年轻同伴的科学界来说，代表着一场巨大的胜利，他想到"奋进号"尾舱积累的那些标本和素描，就决定用"植物湾"这个名称。植物湾的北头和南头在海图上分别为班克斯海角和索兰德海岬。

他们继续沿海岸一直向北航行。在植物湾以北十五英里的地方，他们经过了一座海港，但没有进入。库克以海军部长之姓，把该港命名为杰克逊港。他们沿着澳大利亚巨大无边的侧翼而行，经过了 28 度纬度，从植物湾到约克角的顶端，路途有两千多英里。在迷宫般的大堡礁（库克神不知鬼不觉地驶入了大堡礁，像鱼游进了漏斗形的陷阱）中，船触礁了。一条又长又尖的珊瑚把船的覆材戳穿，然后折断，极为侥幸地把洞堵住，直到人们用小锚把船稳住，冲上暗滩，然后修复。这次与虚无的交锋，让他们在奋进湾耽搁了七个星期，使班克斯又有了更多考察植物的时间。终于，他们看到了神秘的袋鼠，并射杀了两只。袋鼠肉尝起来像粗硬的鹿肉。一名海员跟班克斯说他偷看到一只恐怖的妖怪，让班克斯觉得很好玩："约有一加仑的桶那么大，也很像桶，黑得像魔鬼，头上长着两只角，走得很慢，但我不敢去摸它。"其实那是一只狐蝠。又有更多的土著出现，他们就像因外族入侵而受惊扰的人，表现得反复无常、狐疑不定。他们似乎跟植物湾的那些人一样胆小怕事。看起来，尽管海岸线这么长，文化和大自然的变化却很小。

1770 年 8 月 21 日，"奋进号"绕过约克角。从那儿往西，横亘着的一片大海是已经被发现过的，曾有荷兰船只从上经过。库克、班克斯和索兰德在一块突出的岩石处登陆（那块岩石现称"占领岛"），然后在上面扯起了一面"联合杰克旗"，即英国国旗。然后，他们以乔治三世的名义正式宣称，他们所站地方以南的所有海岸线（一直到南纬 38 度，靠近他们最先抵岸之地）为"新南威尔士"。他们以排枪射击，放了三轮子弹，船上同时也回放了三轮。这种礼炮形式只能用轻武器进行，因为"奋进号"上的大炮在该船陷在大堡礁时，为了减轻重量，被装上小轮子滚下了船。澳大利亚就以这种谦卑的方式，在滑膛枪声响彻一座平坦而温暖的海峡之时，加入了大英帝国。

iv

1771 年 7 月，"奋进号"及全船船员安抵英格兰，媒体哗然地迎接了他们。显而易见，只有一个地方令公众心醉神迷、浮想联翩，那就是塔希提，黄金时代的懒散小岛，太平洋上的维纳斯女神。如按兴趣排序，新西兰位居第二，澳大利亚则屈居第三。科学家对这座新大陆的动植物自然会有专业好奇心，但袋鼠，哪怕是乔治·斯塔布斯描绘的袋鼠，作为幻想的产物，也不可能与塔希提的公主相比拟。那座空茫一片的大陆边缘又平又热，到处像撒种一样撒着致人死命的暗礁险滩，它有着某种如果不完全是沉闷无聊，至少也是让人无法把握的特点。趣味高雅者对此事的看法，在本杰明·韦斯特 1773 年为班克斯所作的一幅肖像中，象征性地体现出来。韦斯特是美国一位声名鹊起的小神童，他以此画向一个更新的世界——太平洋地区——中一位更年轻的大师表示敬意。在这幅画中，班克斯身上裹了一件酋长的精致斗篷，用手指着织物上的一个细节，身边环绕着沿海岸航行所得的战利品——塔希提的仪式装束、一把雕刻短桨、一根毛利人的"米尔棍"（玉制战斗棍）。但是，唯一可能代表新南威尔士的东西，而且即便如此，表现得也很含糊，是一张打开的对开纸，帕金森在上面画了一朵百合花。关于澳大利亚有一个让人失望的真相，那就是，一旦关于南方大陆的传说被证明为误传，而关于新荷兰的种种事实都为人所知，就没什么理由非去那儿不可了。

1772 年，库克乘坐"决心号"，开始了第二次航行。这次史诗性的航行跨越了南极海，走得比任何人都更往南——到了南纬 71 度的地方——终于摧毁了那个传说中最后的余痕。这座大陆所处的纬度不可能住人。"这座南方大陆最大的部分（假定有这座大陆的话），一定是在极地圈内，但那儿大海处处是冰，地面不可通行。"库克关于南极的直觉是不错的。

就这样过去了十八年，才有另一艘船停靠植物湾，在其中的头八年里，对乔治三世政府来说，澳大利亚这个话题已被遗忘，1783 年之后才再度被提起，这时，小皮特当了首相。由于美国各殖民地的反抗，又由于英格兰的囚船和监狱危机，有人提出要把澳大利亚作为英国罪犯殖民地的想法。然而，在当今学习澳大利亚历史的人中，一般（但肯定不是普遍）都认为，植物湾的"宏伟规划"真正具有战略意义，那是皮特酝酿而成，因为他不想让法国有权控制印度和远东贸易路线，这个路线对 18 世纪后期英国的利益至关重要。把这个胚胎期的殖民地看作英格兰的"战略外围地"，而不仅仅是机会主义地选来用作抛弃罪犯的垃圾堆，这种具有远见的看法随着澳大利亚两百周年大庆的接近，在澳大利亚人眼中已经变得很受欢迎，因为它让我们的起源具有了尊严。这个观点的主要发言人艾伦·弗洛斯特写道："澳大利亚创始时像拾荒人开的店，也许并不像我们长期以为的那样糟糕。"[11] 下面，我们就来看看究竟是怎么回事吧。

1779 年，也就是詹姆斯·库克船长在卡拉卡科阿海湾被夏威夷人杀害的那一年，下院成立了一个委员会，以决定美国不接受流犯之后，如果流犯被判流放，应将他们送往何处。送他们去的这个地方必须非常遥远，但又不能只是沙漠一片。至关重要的是，这座殖民地本身必须能够自给自足。新荷兰怎么样？该委员会邀请约瑟夫·班克斯发表见解，他现在已成名人，很快就要封为骑士了。当时英格兰没人比他更了解澳大利亚。这位伟人此时三十四岁，谈起了植物湾和一丝不挂、胆小如鼠的野人。那儿气候不错，土壤适于耕作。据他描述，那儿鱼肥水美，草丰林秀。他认为，建立一个重犯殖民地，不出一年，就能自给自足了。也许，他真的相信这堆大杂烩，其内容尽管乐观，但全系歪曲。不过，委员会虽然印象很深，但并未做出决定。委员会还听取了其他证人的意见，他们建议流放到直布罗陀或非洲西海岸。

当时对这种项目持怀疑态度，也是有理由的。美国流放制原来依靠的就是自由拓居民，因为他们会花钱购买契约劳工。流犯通过中介卖掉，他们一踏上美国国土，就不再花英格兰一分钱了，也就不再成为国家的负担。

然而在澳大利亚，这些条件并不适用。把成千上万的男女打包发配到一个地方，而那个地方又并不指望产生盈余，运他们的船又不会带回任何货物。没有自由拓居者去购买重犯的契约劳工，那他们生活费用的每一款项就绝对是要政府负责的。退一步说，即便刑法制度弥漫着危机感，广泛有一种愿望，想通过把英格兰的"犯罪阶级"驱赶到"海外"某个地方，来解决这个问题，但把流犯殖民地建立在一个像澳大利亚那样既遥远，人们又不了解的地方，这种想法肯定是很怪异的。至少从表面上看，对澳大利亚进行战略性殖民的这个论点，似乎能使这种做法显得更为合理。

小威廉·皮特于1783年成为英国首相时，英格兰因与法国交战已经到了半破产的地步。皮特相信，绝对不能让法国人把印度和远东贸易通道纳入他们的势力范围。东方对英国在经济上的重要性正与日俱增。贸易量虽未接近英国的大西洋贸易[12]，但方向是清楚的：未来，英国经济命运的大部分将在"东印度群岛"，这片广大的地区从好望角穿过印度和马来亚，到中国沿海，一直进入太平洋。

不列颠利益的主要工具一直是蔓延扩展、腐化堕落的东印度公司。该公司与管理任何英国工商企业的政府有着最紧密的关系。十年来，政府以《诺斯勋爵调整法令》（1773）作为开始，极力遏制并改革"约翰公司"。《皮特印度法》（1784）通过之后，对东印度公司的控制实现了部分国有化，印度问题被排到了所有政治争论的最前列，它已不是东印度公司人的责任，而是英国王室及其各部部长的责任了。贸易带来了领土，领土引起了战争，战争创造了帝国。接踵而来的是巨大的安全问题和贸易问题。不仅要治理印度，而且整个东方——其中不排除西太平洋地区——都得对英国船舶敞开通道，特别是印度到中国广东这段性命攸关的贸易通道沿线。东方贸易代表着英国最大的希望，因为这能帮助其经济从 18 世纪 80 年代早期的挫折中恢复过来：英国丢掉了北美，英法战争耗费巨大，以及英国与一度友好的欧洲国家——值得注意的是荷兰——疏远。

荷兰是东方战略力量的关键。荷兰贸易帝国的堡垒和海港从开普敦一直延伸到西南太平洋地区。荷兰对香料群岛的垄断是东印度公司不得不面对的最古老也最难对付的障碍。然而，1780 年，英格兰一对荷兰宣战，就暴露了荷兰贸易帝国的军事弱点。英国开始对荷兰在东方的基地进行了一系列非决定性的军舰打击。1781 年 3 月，一支英国海军中队对好望角这个"非洲的直布罗陀"发起攻击，因为东印度公司的船队绕非洲这个顶角航行时，会遭到私掠船的骚扰，但该次攻击未果。这次行动事与愿违，结果糟糕，导致法国人在海军将领德·叙弗朗的带领下，加强了好望角荷兰人的要塞，并一直坚守阵地，直到战争结束。另一支英国舰队攻陷了两个不太重要的荷兰港市，这两个地方对通往孟加拉湾的海上通道都有一定的战略影响：印度东南海岸的尼加巴丹（即现代的尼加巴蒂纳姆）和锡兰的亭可马里。这之后不久，德·叙弗朗重新夺回了亭可马里。

战事结束之后，皮特从这场遥远而又没有决定性意义的海战中得到了一个教训，即尽管荷兰再也不是一个重要的海霸，但一旦荷兰货栈与法国船只结合，就会给印度的英国人带来危险。远东的海军力量出现真空，而英国人必须赶在法国人之前把这个真空填补起来。在战后的谈判中，皮特极力想就东印度群岛的海上贸易与荷兰达成友好协议，同时把法国的要塞从好望角挤出去。他希望（用皮特在海牙的部长詹姆斯·哈里斯勋爵的话来说）："不仅要把荷兰东印度公司的利益与法国利益分开，而且要把他们的利益与大英帝国的利益联合起来。"[13]英格兰的远东贸易结构极为脆弱，在与荷兰打交道时，只能调和而不能有别的做法。如果荷兰人遭到挑衅，就会与法国联手，把英格兰从东印度群岛赶出去。

尽管法国人无疑想得到印度，但他们缺乏军事力量来夺取印度。1783 年的和平之后，他们采取了一系列外交行动，以削弱英国在那儿的势力。1785 年，他们与开罗的老爷签订了一项条约，取得了在埃及的贸易权利。这被视为精心策划的一招，有点儿像对印度的可能性侵略。他们还成立了一家特许贸易公司，即法国卡隆东印度公司，以与英国的东印度公司相抗衡。此前的和平解决方案曾要求印度海的英国舰队和法国舰队之间取得某种平衡——达到谅解的数字是各方五艘战舰，每艘不得超过 64 门炮。英国人有些担忧（这种担忧更多地来自间谍和外交人士，而不是海军），因为法国东印度公司好像在把退役的 64 门炮巡洋舰用作商船，该舰法文为 flûtes，即军需品运输舰。尽管下层的炮甲板已经拆除，但从理论上来讲，还可以很快重新武装起来。另一方面，法国人认为，英国从好望角到广东的东印度商船队阵势庞大，吨位剧增，可以轻而易举地加以改装，投入战争。他们这么想也不错。尽管皮特政府所得到的情报报告经过高度渲染，但并无迹象表明，政府视法国 flûtes 为严重的威胁。

在保持印度贸易通道畅通方面，政府关心的主要领域是法荷关系。法国的战后外交集中在荷兰政府中的多数党派系，即爱国党上。1785 年底，法国与荷兰签订了一项攻守同盟条约。1786 年初，爱国党人控制了荷兰东印度公司，并在法荷同盟的鼓励下采取行动，在好望角和亭可马里增加了几千兵力。法国人还对爱国党人施加压力，要他们把有关印度和好望角的所有军事决定，都从荷兰东印度公司病恹恹的手中夺过来。詹姆斯·哈里斯勋爵 1786 年 3 月阴郁地向皮特报告说，法国曾告诉荷兰爱国党人"在并不遥远的时期，将在亚洲与英格兰决裂"，"（英国）必须不失时机，在世界的那个地区，增加海军和陆军力量"。[14]

根据弗洛斯特和布莱尼这些澳大利亚历史学家的战略外围地论，正是这种"决裂"的威胁，导致产生了后来的植物湾，理由是需要松树和亚麻。

18 世纪的战略中，松树和亚麻对海军的重要性，相当于今天的石油和铀矿。桅杆和圆木用的都是松木，亚麻则是轮船帆布的原材料。这两样东西都不能从远东大量获得，尽管有大量索具用的是椰子壳纤维。战线上的一级舰需要大量圆木木料。74 门炮的一级舰的主桅杆基座粗三英尺，从内龙骨到桅冠，拔地而起一百零八英尺——就是一整棵树，笔直，完美，坚固。这样一艘船需要二十二根桅杆，还有帆桁。任何其他树的木料都不行，只有针叶树才能制作良好的桅杆。因为这种树木自然挺拔，松树脂能减少木纹纤维的摩擦。第二个特征使得这种巨大的树棍变得相对柔顺，能够吸收严酷天气下的航行产生的很大压力。

不列颠群岛和印度都没有这种圆木木料。一切都得来自俄国波罗的海海岸的里加。船帆用的亚麻也来自俄国。英格兰每年要花五十万英镑进口这种材料。供应线从里加到朴次茅斯，穿过俄国和斯堪的纳维亚诸国领海，全长一千七百英里。只要英格兰、法国及其北方邻国之间结盟关系发生变化，这段供应线就极易招致破坏。这些战略性的材料即便抵达英格兰，也仍需走一万英里，才能用于英国在远东的海军中队。这就是为什么英国在 1784 年 9 月感到焦虑，因为这时，法国从瑞典获得了在波罗的海入口处哥德堡岛建立一座海军仓库的权利。法国船只从那儿可以骚扰英国的木材运输。

1782 年，法英在印度海的海军对峙僵局原因之一，就是圆木木料的急剧短缺，这一切都得从欧洲运来。海军将领爱德华·休斯勋爵 1781 年报告说："在印度任何地方，都没有适合制作一艘 68 门炮战舰斜帆桁的圆木，也没有适合做战列线战斗舰锚杆的任何尺寸的木料。"[15]

皮特的顾问面对即将发生远东战争的前景（目前的论点就是这么看的），想起了诺福克岛，那是詹姆斯·库克在十年前，也就是 1774 年的第二次航行中，在植物湾以东一千英里的太平洋上发现的一块岩石。他驶向那儿的航道时经过了几座岛屿，岛上都生长着松树，其中有些树的树干尺寸有他"决心号"上前桅杆那么大。他当时想，更大的岛上可能还生长着更大的树，这可是航海者的福音了。他在航海日志中写道："据我所知，南太平洋上没有一座岛屿，有树可供船只制作桅杆和帆桁，如果船只急需树木的话……这个发现可能既实用，也很有价值。"经证明，他的猜测是正确的。诺福克岛的松树可长到直径三英尺，高度一百八十英尺。更好的是，该岛亚麻丛生，密布悬崖和海岸线。这种亚麻即新西兰亚麻，似乎是制造帆布的理想材料。[16]

人们采集了一些亚麻标本，回到英格兰后，用这种亚麻做了大缆、帆布和麻线的试件。经证明，新西兰亚麻极为坚韧耐用。那是不是肯定能把这和松树看成印度洋舰船的战略资产呢？而且——把这种可能性再延伸一下——能否把新南威尔士的海岸作为避风港，一个战略外围地，在要塞的保护下，用这种木料、帆篷布和缆索，对战舰进行整修改装呢？

对当时的某些人，以及后来的历史学家来说，这从纸面上看起来不错，但目前尚无确凿证据表明，这对威廉·皮特和他的诸位部长来说也是如此。第一个提议这么做的人是詹姆斯·马里奥·马特拉（约1745—1806），一个生于美国的小职员。他曾在伦敦担任过小的行政职务，又在特内里费岛和君士坦丁堡做过外交工作。马特拉在英格兰并没有任何正式职位。他是英帝国上演的那场剧中的一个小配角：一个请求参与一次商业计划的投机分子，希望从中捞取一份工作。必须以这种眼光来看他提出的建议——记录在案的第一次建议——即认为松树和亚麻可能成为殖民澳大利亚的战略理由。该建议之所以有人读到，是因为他至少亲眼见过植物湾，因为他在"奋进号"库克手下当过海军候补生。他给诺斯勋爵写了一封信，介绍了他的想法，而诺斯勋爵于1783年一度代替悉尼勋爵托马斯·汤生德，成为内政大臣兼殖民地大臣。他的备忘录得到了班克斯的赞许，马特拉自始至终都以阿谀奉承的语言提起班克斯的名字。[17]

该文并未提及流犯问题。为了"弥补我们在美国丢掉各殖民地的损失"，亲英分子马特拉提议，要在新南威尔士建立一座自由拓居地，一个"对欧洲冒险家来说极具诱惑力"的国家。拓居者可分两种：一种是英国农民，另一种是财产被剥夺、一无所有、逃离美国、寻求避难的亲英分子。马特拉倡导进行预防性移民，想在英国穷人还没有走向犯罪之时，就提前把他们出口掉。他很现实地说："任何国家都不会有很多人，因为不安分守己，抱有浪漫主义的观点，而想去世界任何一个异乡定居。"因此，他提出理由说，殖民澳大利亚的人应该是新穷人，这种人一点也不缺，截至 1783 年，美国人反抗造成的经济困境，已经在英格兰引起了严重的农业萧条现象。

马特拉狂热地谈起了该殖民地可能生产的产品，说如能借助中国奴隶劳动力，就能生产茶叶、丝绸、香料、烟草和咖啡，可以与中国、日本、朝鲜和阿留申进行贸易。最好的是，那儿还有亚麻和松树，"极为重要"的材料，"对我们这个海上强国非常有用"。

（通过这两样东西，新荷兰白纸一片的海岸就会）对欧洲政策产生威慑的影响力。如果英国殖民地能在该国大部分地域建立起来，那么我们与荷兰或西班牙交战时，很可以从我们这个新的拓居地对这两个国家进行强有力的骚扰。我们可以进行一次安全同时又迅速有效的航行，对爪哇和其他荷兰拓居地实行海军进犯，我们还能以同样快捷的方式，入侵西属美洲海岸……一旦打起仗来，新南威尔士就可用来抵挡这两个强国。我们如在世界版图中，以政治的眼光看待这个问题，它就是一个极其重要的目标了。[18]

诺斯勋爵对马特拉的计划不予理会。为什么呢？只消瞥一眼地图就能明白：这些战略性的许诺纯属夸大之词。从悉尼对智利发起攻击，要跨越整个太平洋，怎么可能"快捷"起来呢？对爪哇进行一次"安全同时又迅速有效的航行"，路程有四千多英里，海面绘图不详，礁石遍布不说，托雷斯海峡还有一个咽喉口。

悉尼勋爵于 1783 年底取代了诺斯勋爵。他要面对的是人们因罪犯监禁问题而七嘴八舌、叫声越来越响的局面——囚犯船和监狱越来越拥挤，让人感到羞耻。他作为内政大臣和殖民地大臣，不得不拿出一个处置英国流犯的计划来。马特拉听说悉尼正到处找地方发配流犯，就很快地把流犯写进了他的计划，重新提交给悉尼：

> 他们一到地方，就给他们几英亩土地……让他们拥有绝对财产权，他们耕地方面有何需要，也可给予协助。可以在此强调，他们不可能飞离该国，没有偷盗的诱惑，他们必须干活，否则就得饿死。[19]

与此同时，英国政府草拟了一项议案，授准重启流放制度，把犯人发配至美国以外的其他地方，凡是英国王室认为适合的"海外一地或数地，某个部分或数个部分"都行。这个《流放法案》（24 Geo. Ⅲ，c. 56）于 1784 年定为法律，唯一缺乏的是接受重犯之地。悉尼勋爵把马特拉关于澳大利亚作为窃贼殖民地的想法一起交给海军部长豪尔勋爵，豪尔勋爵却粗率无礼地斥之为不切实际。[20]但海军中另有一人喜欢该提议，这就是乔治·扬勋爵（1732—1810），他从前曾在印度海域服役过，后来当了海军部部长。他对皮特建议说，植物湾可以成为英国舰队一个很好的基地，"如有必要派遣任何军舰进入南太平洋的话"。他说，基地应通过流犯劳工建立起来。他还说，太平洋的亚麻可以取代俄国亚麻。他就像马特拉一样，幻想在新南威尔士种植凡是能够想象出来的各种经济作物，"在一个领地上，联合已知世界上的几乎所有产品"。尽管他的计划与马特拉的计划相差无几，但扬提议每年仅发配一百四十名流犯。[21]

另有一个提议是，在澳大利亚以流犯劳工建立一个战略性供应基地，该提议来自约翰·科尔（1732—1801）。他此前曾在东印度公司服务，当过上校，其专业是军事工程。他指出，英国东印度群岛贸易"已趋没落，即使尚未……陷入朝不保夕的境地"。他并建议在新南威尔士或新西兰建立一座英国基地，把诺福克岛及其高质亚麻作为利用流犯劳工生产的海军供应来源。[22]

现无任何证据表明，皮特对这个提议的关注是否到了多瞧一眼的程度，尽管他手下的司法部部长佩珀·阿登很喜欢这个想法。1785 年 7 月，这个战略论点遭到了一个人的嘲讽，其观点在官场比扬、科尔和马特拉等人的观点更具分量。此人就是东印度公司水文学家亚历山大·达尔林普尔，他反对殖民诺福克岛的计划，认为这违反了公司的垄断章程。达尔林普尔在一份致公司董事会的报告中指出，耐用的桅杆木料可从婆罗洲和苏门答腊获得（毕竟几百年来，中国和东南亚的造船工人都没用里加的松树就造船了），而且，"世界上最好的缆绳"是用东方椰子壳的粗硬纤维和一种名叫"嘎玛蒂"的棕榈纤维制作而成的。达尔林普尔认为，有很充分的理由，可在英格兰种植太平洋亚麻，但毫无理由要把"体积这么庞大的物件"从诺福克岛引入——"实在……荒谬之极，无法让人慎重考虑"。马特拉、扬和科尔这些力主上马者企图修改战略窃贼殖民地的观点，以投合英国政府的心意。达尔林普尔对此做法冷嘲热讽、不屑一顾：

> 在那个地区建立一个拓居地的项目，已经以海神变化无常的多种形式出现，可时而作为去中国途中的歇脚站，时而作为对马尼拉的西班牙人及其阿卡普尔科贸易的牵制；有时可作为犯人流放地，有时又可用作美国难民的避难所；一会儿可作为提供海军帆桁用大麻纤维和缆索的百货商场，一会儿又可作为在美国西北海岸开展皮货贸易之地。反正就是按着各位部长的性情，顺着他们的心思说，为的是留下一个良好的印象。[23]

尽管出现了一堆推行该提议的计划——这些计划对今天的历史学家要比对当时的皮特政府来说更具吸引力——但真正的问题仍有增无减。1784 年至 1785 年的整个冬天，监狱和囚犯船人口陡然膨胀，寻找一个罪犯流放地的任务已明显成为当务之急。地方监狱人满为患，即便纽盖特的全部重建工作由小乔治·当斯在 1785 年完成，人口仍然过众，不得不从中拿出三百犯人，放到朴次茅斯兰斯顿港的一条废船上。1785 年

4 月 20 日，随着皮特政府加大压力，委员会召开会议，决定一劳永逸地把发配犯人的地方定下来。该委员会主席是博尚勋爵。

第一项提议是西非冈比亚河上游四百英里的勒梅因岛，是由一家英国蓄奴企业的非洲公司总裁提出来的。他敦促说，"臭名昭著的重犯"可塞进运奴船发配到那儿。把这些囚犯摞在那儿，周围到处都是土著，在冈比亚河的下游驻扎一艘护卫舰，防止他们逃往海岸。这样，他们就完全是"自生自灭"，没有要塞，但允许他们推选自己的监察官。其中很多人都可能在这座非洲坟墓中湮灭，但活下来的人就能成为种植园主。

值得称赞的是，博尚委员会一眼就看穿了这个疯狂的方案，委员会的一名成员埃德蒙·伯克在下院对之提出了反对，因此放弃了勒梅因。委员会剩下了两个替代方案：非洲西南海岸奥兰治河口的达斯·沃尔塔斯海湾和植物湾。委员会就发配犯人到植物湾的费用，以及犯人抵达之后如何养活他们、管教他们等问题，对证人进行了严密的询问。然而，尽管马特拉、科尔和扬力主在新南威尔士建立犯人拓居地，大家却都投了达斯·沃尔塔斯海湾一票，这有好几个理由。达斯·沃尔塔斯海湾的位置更具战略意义。它不像植物湾，而是正好坐落在从欧洲到远东的主要航道上，是一个很好的海军给养补充站。如果在那儿建造一座英国要塞，就可抵消开普敦的法国要塞作用。据说，该海湾背后土地肥沃，可辟为美国亲英分子的新家园，这些人流离失所，让人有点不好意思地想起了英格兰在新大陆的惨败。除此之外，有谣传说，该地山里有铜矿，而这个时候，适逢英国海军开始把所有舰只底部加铜，以便延长其在遥远海域的服役寿命。[24]政府抱着很大的希望，于 1785 年 9 月，派遣了一艘单桅帆船，去测量达斯·沃尔塔斯海湾，但该船带回的消息说，该地干燥贫瘠，不适合拓居。

剩下的只有植物湾这个次要选择了。也许，关于可从植物湾弄到亚麻和松树，通过犯人劳工取得原材料的假定，使之与其他建议的地方，如开普敦以东卡非海岸的格罗玛里维尔海湾、马达加斯加或特里斯坦-

达库尼亚群岛等相比，具有了某种优势。但是，采用植物湾的"战略性"主张好像没有给皮特留下印象。他的通信中提到这些主张的地方极少，而且含糊其词。他关心的问题是如何搞掉犯人，因为截至1786年春，独立议员给他施加了强大的压力，要他实施流放的判决，把犯人从他们所在的普利茅斯和朴次茅斯两选区的囚犯船上搞掉。他写信给其中一个来自德文郡的人约翰·罗尔，息事宁人地说："尽管我目前尚不能向你陈述，将把多少犯人送往何地，但我可以向你保证，目前正采取措施，获取足以载运一千多人以上的船舶……用以移除至少这个数字的必要步骤，大约一个月内就可完成。"[25]

实际上人们花了一个多月的时间，但并未派船去勘测植物湾，因为，正如悉尼勋爵和他较有能力的次长埃文·内皮恩所强调的那样，现在为时已晚，英国的囚船和监狱即将崩溃。（在1786年3月的一次囚船暴动中，八名囚徒被杀，三十六名受伤。[26]）政府不可能有一年半的时间，派船前去新南威尔士，再等船回来。无论如何，博尚委员会相信班克斯说的话，即该地作为犯人拓居地有其优点。内皮恩和悉尼似乎也相信马特拉的主张（这个主张得到扬的支持），即新南威尔士距远东的几个战略中心并不遥远："行船距好望角一个月，距马德拉斯五周，距广州也是五周，距摩鹿加群岛也很近，距巴达维亚不到一个月。"这些数据之低，简直荒唐无比。第一舰队当年从好望角到植物湾，花了两个月，而且有盛行西风在船后推着它往前走。如果逆风而行走回程，全程更可能要三个月。而且，任何船只没有五个星期，别想从新南威尔士开到广州或马德拉斯。

尽管从纸面上看，马特拉、扬、科尔和班克斯等关于在新南威尔士建立犯人殖民地的"战略"主张，当时对那些地理知识天真幼稚的人来说可能富有吸引力，但它自始至终都是皮特政府并不钟情的一个怪物。亚麻工业从一开始就不强大，而且很快就被废弃。没有一艘船（除了殖民地建造的一艘小船"水牛号"之外）的整套船帆使用过诺福克岛亚麻纺织的船帆，也没有一艘航行的船使用过诺福克岛松木制作的圆木。尽管早期殖民地总督亚瑟·菲利普和菲利普·吉德利·金的确在诺福克岛上种植过新西兰亚麻，但国内政府的行动比指令还要雄辩：既不给殖民地派送整理亚麻的专业人员，也不送相应的工具。（戴维·麦凯也许是对的，因为他看到，金对亚麻生产的热心，"与其说是战略决策，不如说是他个人和殖民地的需要"[27]；他想让人们记住，他是这个处于婴儿状态的州的总督，该州有自己的出口经济，而并不仅仅是人类垃圾堆的管理者，而新南威尔士当时实际上就是人类的一个垃圾堆。）

至于殖民地直接发挥的战略作用，那就不值一提了。杰克逊港距英格兰的战略要地有数千英里，而且，无论如何，到了 18 世纪 90 年代中期，法国在远东舰只的威胁已经逐渐没落、微不足道了。派遣保卫犯人的驻军人数太少，兵力很弱，无法抵御决心进犯者。倒不是说这有何关系，因为进犯者对这儿并不感兴趣。在军事优势方面，英国在澳大利亚的在场至多不过在法国和太平洋的彼岸引起了一点点忧虑的涟漪。1790年，墨西哥总督认为："我们在南太平洋和圣布拉斯都没有足够的力量与英国人在植物湾的力量相抗衡。"他要是去看看悉尼那座人饿得半死，几乎连一条船都没有的殖民地，肯定会感到放心的。尽管拿破仑想到过侵略新南威尔士，但他没有试过，而这个地方在拿破仑战争中并没有发挥任何作用。[28]

因此，直到 1787 年派遣第一舰队为止，一直听到有人谈论殖民地的战略优势，尽管如此，这座新殖民地对英格兰的实际利益只有两个：它只是夺取占有土地的一个标志，表明在新大陆站住了脚；其次，用埃文·内皮恩的话来说，这个地方能吸收"可怕的盗匪"。无论还有什么希望，新南威尔士都太遥远，处在 18 世纪后期政治地理的边缘，发挥不了多大作用。

1786 年夏，皮特政府内阁已经耗尽了所有的替代方案，乃决定在植物湾建立监禁殖民地。悉尼勋爵对财政部专员的通告（埃文·内皮恩起草），透出一种十万火急的调子：从人群拥挤的囚船和监狱脱逃，"令人担忧，可能造成最大的危险"，与此同时，"传染性疾病"威胁着囚徒。

因此，"应立刻采取措施"，把能够流放的犯人送出英格兰。如果算整数的话，第一船应装运六百人（后来装了七百五十人），由三个连的海军陆战队士兵把守。据内皮恩估算，在澳大利亚设立拓居地的设备费用为29300英镑。政府第一年要花的管理费用为18699英镑，第二年为15449英镑，第三年不到7000英镑。这之后，如果一切按原定计划执行，粮食就可自给自足了。[29]

以犯人来对植物湾进行殖民的提议，在一份未经签字的文件中正式拟定（几乎可以肯定地说，拟定人是内皮恩，而不是悉尼），该文件标题是《有效处置犯人的计划要点》，并于1786年8月向内阁呈递，其重点一清二楚：拟议中的殖民地可用作"一种补救办法，解决本国，特别是这座大都会中，最近因重犯人数惊人地大批增长，而可能产生的种种弊病"。该地原材料还有一个好处，虽然比较次要，但文件末尾做了交代："可能合适的是，需要考虑获取……桅杆和船舶所用木料，以便用来制造我们在印度的舰船，因为两国之间的距离没有大英帝国和美国之间的距离遥远。"该文作者对太平洋亚麻的美誉几乎是对马特拉所言逐字逐句的重复。[30]

内阁批准了这项提议。于是，政府遴选了一人，来领导这次远征并治理新的殖民地。半退役海军名单上有他：这是一个财产不丰，但有独立收入的人，他在汉普郡新福里斯特的林德赫斯特生活，是个绅士农夫①。此人是亚瑟·菲利普船长。

Ⅴ

1786年10月12日，乔治三世向菲利普委以重托，任命他为"我们称作新南威尔士的那片领土的总督"时，他的四十八岁生日刚刚过了一

---

① 所谓绅士农夫（gentleman farmer），是指不靠农业为生，务农只是为了享受者。

天。根据现存的几张肖像看，他身材瘦小，鼻子很长，下唇有点耷拉下来，颅骨像只光滑的梨子，18 世纪的眼睛清澈透明，看起来很忧郁。他的这张脸与库克的方脸极不相像。你可以想象他假发下的那张脸，也许那顶假发属于巴伐利亚某个小宫廷的小型乐队指挥。菲利普有一半德国人血统。他父亲雅各布·菲利普是来自法兰克福的一个语言教师，移民伦敦后，娶了某位名叫伊丽莎白·布里奇的女子。

菲利普十六岁时先是出海当水手，正好赶上英法七年战争。三年后，他被提升为海军上尉，但 1763 年和平重新恢复时，他二十五岁，就只拿一半薪水早早退休了。他结了婚，但婚姻并不幸福，并于 1769 年正式与妻子分居。他们没有子女。此时，林德赫斯特的乡村生活对他已经失去吸引力。到了 1770 年，他又回到现役军人名单上。1774 年，他请假参加了葡萄牙海军，当时葡国海军正与西班牙交战。菲利普作为一艘葡萄牙战舰的舰长，把四百名葡萄牙犯人运过大西洋，运到巴西，其中无一人丢失——估计就是这一壮举，让悉尼勋爵坚信，他适合治理那座罪犯殖民地。

到了 1778 年，他又重返英国海军，1779 年时，他受命指挥"蛇怪号"喷火战舰。年过四十，却没有执掌更好的职位，这无法让人产生成就感，但三年后，他就青云直上，成了航运公司正式轮船即 64 门炮的"欧洲号"的船长。然而，到了 1784 年，他又回到了他的农场，还是拿他一半的薪水。

鉴于他这段不光彩的记录，菲利普当时本来可能得到的最佳名声，就是他人很可靠，性格率直，但相当缺乏想象力，也许还喜欢独处，在船上是一把好手，下了船也不喜抛头露面。谁也不会弄错，把他当成一个具有领袖魅力的领导。他看样子没有政治才干。但是，英国王室在遥远的监禁拓居地，最不想要的就是搞政治的。殖民地想存活下来，就必须由一个极为讲求实效的人做领导，通过行政管理系统，而不是争取大多数人的意见来运作。澳大利亚地处偏远，可能会导致某些派往那儿守卫犯人的英国军官兽性大发，变得残酷而疯狂。但是，菲利普掌权之后，就很讲公平，头脑也很冷静。他好像也相信，他的一些犯人至少是可以改造好的，只要把他们隔离开来就行。他写道：

> 我不希望让犯人给帝国奠定基础……我认为，应该把他们与驻军，以及其他可能来自欧洲的拓居者隔离开来，不许他们互相交往，即便他们流放的七年期限或十四年期限到期也不行。本国的法律当然会引进（新）南威尔士，我希望国王陛下的军事力量一占领这个国家，就实施其中的一条法律：在一片自由的国土上，不许蓄奴，因此，也不许有任何奴隶。[31]

虽然菲利普的这些话几乎无法与杰弗逊或拉法耶特的响亮清晰的演讲相提并论，但是，他的话是 18 世纪剩下的岁月里，人们在澳大利亚说的，或者关于澳大利亚的，近乎描述了一种社会理想的唯一的话。然而，菲利普所讲的话，其实就是要搞隔离。他对犯人并无"民主"之情，他后来做出看似平等的种种姿态，如削减免费的定量口粮，在危急关头跟大家保持不偏不倚的关系，也没有表现出对犯人有特别的同情。就算他根据法律严格的条款不这么看，但他根据犯人自身堕落的本性，也基本上视犯人为奴隶。他虽然宣称，"在一片自由的国土上，不许蓄奴，因此，也不许有任何奴隶"，但他并不是暗示，他治下的这座新殖民地从一开始就是自由的，他只是指向一个遥远的未来，希望那时会变得自由，到那时，犯人制度就会消萎，新南威尔士住的人就会是自由移民、英国自耕农和种植园主。

1786 年 8 月 31 日，悉尼勋爵告诉海军部说，这次航程即将进行，并令海军部委派舰队。舰只共有十一艘，其中只有两艘是海军军舰——旗舰"天狼星号"和方帆双桅式海岸炮舰"供应号"。其他的都是改装的商船。海军委员会选择了三艘军需船——"博罗代尔号"（272 吨）、"费什伯恩号"（378 吨）和"金树丛号"（331 吨）——以及六艘流犯船："亚历山大号"（452 吨）、"夏洛特号"（345 吨）、"友谊号"（278

吨）、"彭琳女士号"（338 吨）、"威尔士王子号"（333 吨）和"斯卡伯勒号"（418 吨）。这些船大多数很新，"斯卡伯勒号"是最老的，于1781 年第一次下水。租船合同的条款是，除了海军舰只以外，所有这些船每月每注册吨位要花费政府十先令。假定出航八个月，回程再加八个月，政府在租船费方面，就得支付合同商至少两万零九百英镑，这就是第一舰队最大的单项费用。

但所有这些船都是小船，而且，按现代航海标准来看，都嫌太拥挤了。最大的流犯船"亚历山大号"长一百一十四英尺，横梁三十一英尺。总的来说，这个舰队所载人员几达一千五百人——军官、海员和海军陆战队员、妇女、儿童，以及犯人。这就意味着挤得满满当当——平均每人所占船上吨位不足三吨。[32]（现代客轮定量为每人吨位几近 250吨。）菲利普在一封信中很恼火，抱怨说他的乘客，无论是犯人，还是海军陆战队士兵，"不把储藏物品吨位算在内，每人所占吨位都不足一吨半"[33]。

随着冬天的深入，菲利普只能尽其所能，提请当局注意船上空间不够的问题。1787 年 1 月 11 日，他写信给内皮恩说：

> 我发现，（"亚历山大号"上）有一百八十四个人……其中有几人生活不能自理，该船和其他任何流犯船上，都没有任何外科手术器械……人这么紧地挤在一起，很难防止最致命的疾病发生。在另一艘船上，准备放两百一十个流犯，却没有足够的空间……让四十个人同时活动。[34]

当时没有，以后也没有专门设计用来承载流犯的轮船。如果有那样的船，那就过于专业化，对船主来说花费过大了。在悉尼把船舱隔离板、睡架和铁隔栅一股脑儿扔掉，然后在回国途中北行，去中国运一船茶叶，这在后来成了通行做法。第一舰队流犯船的中间甲板平面图现已丢失，但船舱的后部对海军陆战队士兵和船员来说，的确非常拥挤，就更别提流犯了：四个流放犯人卧躺的空间为七英尺长、六英尺宽，是现代国王级大床的尺寸，这是当时的正常标准。头上空间很少。"斯卡伯勒号"是第二大流犯船，四英尺长，头上空间仅五英寸高，就连一个小个子女人也得弯腰弓背，而一个大高个子男人就得整个儿折叠成两半了。"天狼星号"的少尉菲利普·吉德利·金在他的日记中描述安全情况时说：

> 安全方面有这样一些内容，坚硬厚重的船舱隔离板，钉满了钉子，在主桅杆后船尾甲板之间，从一端延伸到另一端，甲板之间有开火的孔眼，以防不测。门闩都用横杠加固，从甲板到甲板，也都用栓子和锁具把橡木桩钉死。而且用厚板条做了挡墙，约有三英尺高，主桅杆后船尾上甲板装备有尖利的铁叉，防止海军陆战队和轮船公司与流犯发生联系。不同的舱口都有哨兵放哨，每艘流犯船的后甲板上，永远都有荷枪实弹的卫兵把守，以防流犯有任何越轨行为。[35]

因犯住的地方没有舷窗，也没有舷灯，这类东西都属新生事物，也许还构成安全风险问题。下甲板黑暗得像坟墓，为了防火而不许点灯和蜡烛。犯人呼吸的唯一新鲜空气，来自一个帆布通风筒，安在那里是为了把风送进舱口。遇到风暴，舱口都用板条钉了起来，下面就没有新鲜空气了。风平浪静时，因犯可以到甲板上锻炼身体。

1787年1月6日，来自伍尔维奇因船的第一批流犯装船。男囚上了"斯卡伯勒号"，女囚上了"彭琳女士号"，但是等了两个月，才让所有流犯上船，十一艘船集合起来，停泊在朴次茅斯港外的马德班克，之后又停泊了两个月。1787年的晚冬和春天在一连串重大失策和延误耽搁中流过。白厅的官僚天真地以为，为时六周、横跨太平洋的运奴后勤工作，也同样适用于前往澳大利亚、为时八个月的航程——菲利普一再强调说，这是不行的。他致内皮恩和悉尼的信都是出自一个讲求实际的水手的满腹牢骚。所幸内皮恩能够理解他的怨言。悉尼不喜跟人接触，要不就是反应太迟钝，反正他不能理解菲利普的牢骚。

最开始，该舰队提供的食品不足，因其合同商邓肯·坎贝尔奸诈狡猾。他多拿少给，本应给犯人一磅面粉，却只给他们半磅大米——"大家感觉会很不好"——而且供应的面包量不足，仅够每个囚犯每天六盎司（两片面包）的可怜定量。[36] 更糟的是，尽管已有库克的前"船"之鉴，还是没有抗败血症的药。菲利普知道，没有这种药，航行无异于谋杀。这个时候，他的信变得直言不讳了：

> 合同……订立的时候，我都没有看见海军委员会讨论此事……我曾反复指出，在这样小的船上挤这么多人，在给海军陆战队官兵配置食品方面，根据签订的合同又不允许发给面粉，会有什么样的后果……这对许多人来说一定是致命的。更要命的是，船上不提供抗败血症的药。事实上，我的勋爵，把卫队和流犯送去的地方是地球的另一端，却好像是送他们去美国——航程只要六周。
>
> ……我已做好准备，对付各种困难，但我只有一个担忧——我担心，我的勋爵，以后会有人说，负责这次远征的军官早就应该知道，他的卫队和流犯中，半数的人极有可能丧生，因为他们在如此漫长的航途中，生活空间如此拥挤，食品如此匮乏。而公众……可能怪我愚昧无知，怪我粗心大意，可实际上从来没人找我商讨，这种做法也从来都不是我的本意。[37]

菲利普注重细节，是个真正的专业人士，他知道，能否生存下来，取决于存货清单中哪怕最微不足道的物什，而所有这些物什他都得反复检查。为什么只提供六把镰刀和五打剃须刀？难道内皮恩没长眼，看不到他们需要五百六十磅大型铅弹，而不是两百磅吗？流犯监督的薪水怎么发？如果在离开朴次茅斯几千英里的地方，流犯的衣服穿破了，到哪里去找成捆布匹，如何预防这种不可避免的日子的到来呢？菲利普苦苦哀求，想为流犯争取新鲜肉食，为病人争取葡萄酒、熏蒸消毒剂和额外的医药，但他的上司行动迟缓，到了让人发疯的地步。

离岸登船的工作一直拖着，挨过了 2 月下旬，又挨过了 3 月。流犯在一刻不停地下着的雨中瑟瑟发抖，脚镣铐在一起，在士兵的看守下，乘坐重型车辆，辘辘地来到普利茅斯和朴次茅斯码头。面色苍白、衣衫褴褛、满身都是虱子的囚犯，因为监狱饮食糟糕，人瘦得就像涉水的水鸟，像羊群一样被赶上船，接下去的七个月时间都是在下面船舱里度过。根据命令，他们要等舰队走到看不见陆地的时候，才能到甲板上锻炼身体。妇女的境况让菲利普看了大受刺激，终于怒不可遏，大发雷霆：

> 地方法官把妇女发配到"彭琳女士号"船，令其所处的那种境况，相当于在她们身上盖上了臭名昭著的印章——她们几乎一丝不挂，污秽不堪。只有给她们穿上衣服，才能防止她们香消玉殒，却没有及时去做，未能防止热病的爆发。现在那条船上就有热病，还有多人患花柳病，哪怕我从此采取各种措施，这种病也会蔓延下去。[38]

第一舰队的这些流犯究竟是些什么样的人呢？澳大利亚人一度珍视这样一种信念，即第一舰队上至少有某些人是政治流放犯——烧干草垛的人、工会会员，以及诸如此类的人。事实上，尽管他们都是野蛮刑法的牺牲品，但都不是政治犯。从另一方面讲，他们之中也很少有人是危险的犯罪分子。1787 年运走的人中，无人犯有谋杀罪或强奸罪，尽管有一百多人犯有偷盗罪（如拦路抢劫等），在此类罪行中，暴力起了一定的作用。与传说正好相反的是，第一舰队并无女性因卖淫而遭流放，因为卖淫不属流放罪。很多人都被当成娼子，毫无疑问，有些人也的确是娼子，不过，仅有两人——玛丽·艾伦和安·梅瑟——被法官描述为"倒霉女子"或"城里不幸的穷女子"。

总的来说，共有736名流犯登上了第一舰队的船。当然，其中330人——127名女性、203名男性——的姓名或职业我们都知道，有时两者都知道。[39]他们来自英格兰各地，但大多数都是伦敦人。他们的主要罪行如下：

罪行	犯罪人数
小偷小摸	431
"私密偷盗"，包括破门而入	93
拦路抢劫	71
偷抢牛羊	44
暴力抢劫（行凶抢劫）	31
严重盗窃	9
买卖赃物（窝藏赃物）①	8
诈骗，冒充他人	7
伪造证件、货币等	4
其他	35
已知被控罪总人数	733

所有这些罪行都跟财产有关，其中有些人是因境况凄惨，出于窘迫而犯罪。第一舰队上，年龄第二大的女性伊丽莎白·贝克福德已经七十岁了。她所犯的罪行不过是偷了十二磅格洛斯特奶酪，因此被判七年流放。在斯塔福巡回审判中，一个名叫托马斯·哈维尔的体力劳动者，因"犯有偷盗重罪，偷了一只活母鸡，价值两便士，又偷了一只死母鸡，价值两便士"，被判流放七年。伊丽莎白·波利二十二岁，失业者，冲进诺福克的一家厨房，盗走价值几先令的熏肉、面粉和葡萄干，连同"二十四盎司重的黄油，价值十二便士"，结果被判绞刑，但缓期执行，

---

① 即fencing，根据上海译文出版社的《英汉大词典》，释义是"买卖赃物罪"，但休斯在其后注明是"窝藏赃物"。

被罚往澳大利亚，再也不能吃黄油了。饥饿驱使一个名叫托马斯·查迪克的西印度群岛人走进一家菜园子，在那儿，他把十二株黄瓜苗"违法拔起，损坏并捣毁"。他也去了澳大利亚，到那儿沉思冥想，主司财产的神用黄瓜来计算他这个黑人的判刑年限，究竟有多精确。

一些人偷的都是微不足道的东西。威廉·里克森是一个十九岁的体力劳动者，他盗走了一只木箱，里面只装了一块亚麻布和五本书。詹姆斯·格雷斯十一岁，偷了十码长的丝带和一双丝织长筒袜。威廉·弗朗西斯从一个名叫罗伯特·梅尔维尔的伦敦绅士那儿偷了一本书，标题是《多巴哥岛屿繁荣昌盛状况之综述》。十五岁的约翰·威斯汉默从格洛斯特一家药剂师的柜台上抢了一包鼻烟。所有这些人都被判流放七年。

当然，这些都属轻罪。还有学徒抢了师傅存货的。约翰·尼科尔斯是理发师的助手，他因盗窃的物品价值十四英镑九先令六便士而被判七年流放，这些物品够他自己开理发店的了：五十七把剃刀、六十二把象牙梳子、六把人发，还有肥皂、系假发的丝带、润唇膏、剪刀、发网和扑粉。一个熟练表匠行凶抢劫，抢了另一个表匠的一打银表盒。另一个人则偷了一大堆零部件，共有一百八十五件手表机芯、发条盒、均力圆锥轮、心轴、摆轮轴心和双头螺栓。

所有这些罪行发生之时，都早已不是新闻了，它们在 18 世纪汹涌澎湃的犯罪大潮中，只不过是区区水滴。唯一的例外是托马斯·吉尔令，他 1786 年在牛津轰动一时，因他破门而入，冲进莫德林学院，偷了教会的某块金属牌子。由于这种亵渎圣物的行为，他被判死刑，得到死缓，转而被终身流放。

法官对使用暴力和威胁的小偷小摸者特别严厉。1782 年，托马斯·约瑟夫斯在伦敦一条大街上跟一位已婚女性搭讪，"令她感到害怕"，还抢去了她的一条手帕，价值两先令。这项罪判的是死刑。他坐了五年牢后，登上了"斯卡伯勒号"，去新南威尔士为英国王室服七年徒刑。第一舰队所有偷牛盗马者都是先判死刑，后来才减刑的。

博尚委员会曾经敦促，要求新殖民地有"年轻的犯人"，而新殖民地也就有了年轻犯人。流犯的平均年龄约为二十八岁。男女的年龄分布大致相同：

年龄	男性人数	女性人数
十五岁以下	3	2
十六至二十五岁	68	58
二十六至三十五岁	51	50
三十六至四十五岁	11	6
四十六至五十五岁	4	3
五十六岁以上	3	3
已知年龄的流犯总数	140	122

年龄最大的女犯人是多萝西·汉德兰，破布烂衫经营人，她1787年时八十二岁。她因伪证罪而被判七年流放。1789年，她因绝望至极，一时糊涂，而把自己在悉尼湾的一棵桉树上吊死，从而成为澳大利亚有案可查的第一宗自杀案。年龄最大的男犯人来自什罗浦郡，名叫约瑟夫·欧文，他年龄在六十至六十六岁之间。最小的男孩是约翰·哈德逊，一个九岁的扫烟囱工。他偷了几件衣服和一把手枪。法官说："要是有可能，真想把这个孩子从毁灭的境地中抢救出来，因为他肯定还会走回头路，过他从前过的生活。"所以，小约翰·哈德逊被发配到澳大利亚七年。最小的女孩是伊丽莎白·黑瓦德，是个木屐工，年仅十三岁。她偷了一件亚麻长衫和一顶丝织女帽，价值七先令。

　　第一舰队的流犯若按职业划分，可编一本乡镇手工业的文集——但这并不能保证他们适合做开拓者。190名男性和125名女性的就业细节（或不全的细节）已历经岁月，保留下来。男性中，24名（占12%）为无业者。最大的职业组别是体力劳动者，大多数是农村的——84名男性，占总数的44%。从这儿算起，职业组别的人数陡然减少：

职业	人数
海员	8
木匠，造船木工和家具木工	6
鞋匠	5
织布工	5
船工	4
象牙雕刻工	3
制砖匠	2
砌砖匠，泥瓦匠	2
其他职业	47

"其他职业"中，有三名家仆、两名皮马裤制作工、两名裁缝、两名屠夫、一个珠宝匠、一个面包师，以及一个丝绸染匠。还有一个渔人，来自康沃尔郡，名叫威廉·布莱恩。女性中，14 人（占 11％）属于"无业"，虽然不是大多数人，也有几个是妓女。半数以上的女性是家仆，其他的则是做妇女头饰的、做披风的、卖牡蛎的、做手套的、钉鞋底的——这少有的一点手艺活反映出，18 世纪英格兰的妇女能够期望找到的是什么样的工作，所有这些活计都相当低贱。

因此，乘坐这艘挪亚方舟的人形形色色，都是一些犯了小罪的人。从船上代表的所有职业看，这船人的人选极差，荒诞至极，根本不适合承担对新南威尔士进行殖民的任务。当局除了年轻之外，并没有使用任何遴选标准，而且就在这一选择的态度上也反复无常，没有规律，根本未按职业挑选。殖民地的人在这片未知的土地上，需要种植自己的庄稼，却只有一个专业园丁，而他初出茅庐，年仅二十岁。殖民地的人需要成吨的鱼，却只有一个渔人。只有两个制砖匠、两个砌砖匠和一个泥瓦匠，却要盖所有那些房子。船上没有一个锯木工，只有六个木匠。没有亚麻整理工，也没有亚麻布织工。这证明政府对一个具有"战略意义"的殖民地的前景是无所谓的。选择流犯的过程中，这种缺乏先见之明的糊涂做法，就是该计划的一大特点。这样的事不止一桩，都是亚瑟·菲利普没有办法控制的。

有一个阶层的坏蛋没有出现在第一舰队上，那就是成功者。几年后，一支题为《植物湾：一首新歌》（1790）的辛辣民谣就指出了这一点：

咱们饮酒吧，祝上头的人身体健康，
他们终于决定，从本土逐往异乡，
小偷、强盗和恶棍，把他们全部驱赶，
去重新做人，到植物湾。

一些人说，他们会做面包，有能力，有手艺，
可他们靠他人吃饭穿衣，
然后把挣的钱全部花光，通宵达旦地享玩——
好了，我要把所有这些家伙，统统送到植物湾。

他们都是纨绔子弟和花花公子，
手头没钱，又大摆阔气，
到处借钱举债，从来不打算还钱——
就要把这些家伙，一船送到植物湾。

还有晚上蜂拥街头的那些站街女，
对每个男人都不隐瞒自己干的啥事：
这些人都是虫豸，绝对不能拖延，
要把这些腐化青年的家伙送到植物湾。

还有垄断公司，残酷欺压穷人，
他们中饱私囊，仓库有增无减，

屠夫和农场主也都这样发财致富，

但是，我要把所有这些混蛋，一起送到植物湾。

你们这些妓院的王八，手段十分毒辣，

不仅糟蹋了处女，还伤害了她们的爹妈。

还让好心的丈夫，老婆被人拐走——

快把这些淫荡的种马，送到植物湾头。

卖淫的、拉皮条的、没爸爸的，一大堆人都要钱花，

几个人辛苦流汗，为的就是养活他和她！

不能找这种人做事，不能给其地位，更不能给他们钱，

对所有这些祸害，趁早都送去植物湾。

囚船和监狱，早就装了成千上万，

外面等着进去的，还有成万上千，

他们靠欺瞒诈骗、卑鄙无耻度日，

所以都得统统送到植物湾去。

我写的东西，要是你们看了生气，

在我这儿找到一顶能戴的帽子，

那我只有一句话要说：

欢迎戴这顶帽子，但得到植物湾去。[40]

　　1787年3月，离开航日还有两个月，停泊在朴次茅斯市外马德班克的船上，爆发了斑疹伤寒症。细菌是在"亚历山大号"拥挤不堪的甲板上繁殖起来的。截至4月15日，已有十四名囚犯病死，其余的人仓促下船。应征入伍的士兵以烟熏的方式对该船进行了消毒处理，用杂酚油（这是海军用来对付一切的消毒剂和杀虫剂）把船擦洗了一番，又用生

石灰把犯人住地涂抹了一遍。即便如此，"亚历山大号"起航之前，又有五名男子死去。"彭琳女士号"上，一名女犯人死于"监狱热"，所幸该病没有扩展到整个中队。

这场热病的爆发，引得岸上卷起了一阵谣言的狂潮。宣布远征队前往植物湾的那一刻，就激起了公众的好奇心。写小册子的人对这件事又是冷嘲热讽，又是极力辩护。东印度公司的官员亚历山大·达尔林普尔一直毫不留情，批评在南太平洋建立罪犯殖民地一事，他大声质问："打算采取何种惩罚呢？"

> 不让重犯为了他人而做苦役，那是从前美国的情况。可是，怎么能让重犯自己当家做主，生活在气候宜人的地方，眼前可以看到实现舒适享受或野心勃勃的所有目的呢！这会诱使人们去当流犯，他们的日子可能会过得舒服，如果这么推测，那可能有点过分。但是，对这些本来就有偷窃抢劫倾向的人来说，这么做总不会妨碍他们知道，除非他们做的事被察觉并因此而判罪，否则，在他们身上所要发生的事就是，用公众的钱送他们去一个美好的国家，那儿有宜人的气候，让他们自己在那儿当家做主![41]

民谣用同样的口气，但更滑稽地描绘道，这个幸运的重犯即将前去能逃脱死亡和税收的南方阿卡狄亚：

> 他们要去一座大岛，掌管特别事务，
> 那儿比英国暖和得多，面积也大十倍。
> 不用付关税，不用付船费，
> 到植物湾去居住，可免除苛捐杂税。[42]

一个剧团委托制作了一出歌剧，标题是《植物湾》，4 月在伦敦的皇家马戏团开场演出，而在舰队开航前一夜停演。

斑疹伤寒症的爆发也被报界渲染，但产生了一个好的结果：终于，合同商邓肯·坎贝尔迫不得已，按照菲利普的要求，为流犯和海军陆战队士兵发放了新鲜牛肉和蔬菜。海军陆战队士兵也抱怨说，到了新南威尔士后，就不给他们发酒喝了，"可是，没有酒喝……不可能指望我们在困境中生存下去"[43]——三天后，内皮恩向他们保证，三年内都会发朗姆酒和葡萄酒喝。然而，妇女的衣服依然没有送来，海军陆战队的小型武器供应也没到。菲利普抱怨道："我们没有毛瑟枪弹丸，没有毛瑟枪弹匣用纸，也没有任何军械士用的工具"——而在跨越太平洋的全程，都要保守这一要命的秘密，因为担心犯人哗变。[44]

5月12日的晚上，菲利普还是命令他的旗舰"天狼星号"起锚。信号旗不停挥舞，但没有反应。几艘流犯船上的商船船员都斩钉截铁地拒绝到上面去。于是，金少尉就去查看了一下。结果发现，这些船员（他们不接受军事指挥，因为他们都是包租的商船船员）反对船主，正在罢工，因船主拖欠他们七个月的薪水未发。船主个个都是铁公鸡，希望能逼迫船员在长途航程中，以飞涨的价格，赊账购买船上商店里的"必需品"。船员自然而然都很想在朴次茅斯用现金给自己购买更便宜也更好的东西。他们的投诉后来以某种方式得到了解决。于是，5月13日星期天凌晨三点，黎明前光线形成的第一块冰冷的脆骨还没有在海上铺展开来的时候，第一舰队就起锚开航，在风起云涌中，向特内里费驶去。

vi

在这次航程的第一段路程中，沃特金·坦奇如释重负，他写道，犯人表现得"低声下气，唯命是从，而且都按时作息"。他们事先都被告知，"直截了当地被告知，凡是企图……强行逃跑者，都会通过就地正法加以惩处"。不过，他们是不大可能逃跑的，因为大家都被铁链拴了起来，震惊之余，还晕船得厉害。停在马德班克的长长的几周时间里，一些有文化的囚犯已经写信给家里和岸上的朋友。坦奇有义务充当他们的审查员，尽管这种义务"令人厌倦"。他注意到："他们的语言中经常会表现出一种忧虑，担忧重返家园可能不切实际，害怕会在旅途中生病，还对遥远和野蛮国家的前景忧心忡忡。"他对他们的怨诉不屑一顾，认为"毫无疑问，都是耍弄伎俩，以唤起人们的同情"[45]。

这些信没有任何矫揉造作的地方，因为哪怕他们想，这些流犯也不可能知道目的地是个啥样。摆在他们前面的，是时间和空间形成的一个恐怖骇人的空洞。他们所走的，是这么大一群人从来都没走过的最长的旅程。就算事先告诉他们这次要去的是月球，他们的失落感、连根拔起的漂泊感和恐惧感也不会更强烈——至少人从英格兰能看见月亮，却看不见植物湾。

当然，感到自己的生活被一刀两断的并不仅仅是流犯。随着舰队驶离朴次茅斯，海军陆战队一名年轻的结婚不久的二副，在他日记的开头写道：

> 早上五点。"天狼星号"发出信号，命令所有舰队启程。仁慈的上帝啊，但愿我们沿英吉利海峡而行，在路上能停靠普利茅斯或托贝，这样，我就能看见温柔可爱、满腔深情的艾丽霞和我们甜美的儿子了，然后，我就要离开他们，长期不在他们身边了。全能的上帝啊，听听我的祈祷，答应我的要求吧……我今天之所以这么高兴，是因为我"喜望"① 舰队能够停靠普利茅斯。啊，我的心都快停止跳动了，因为你可能会感到失望，但我相信上帝，你不会失望的。

但普利茅斯落在了船后，拉尔夫·克拉克5月14日的日记中留下了他痛苦的潦草笔迹："我的上帝啊，我所有的'喜望'都没了，看不

---

① 原文是 hoppes，正确的应为 hope，下同。

到我亲爱的妻子和儿子了。"[46]

前往特内里费的航程，几乎没出任何事就过去了。天朗气清，一旦走到看不见陆地的地方，流犯就被允许到甲板上锻炼身体。6月3日，舰队就在特内里费高高的圆锥形峰巅之下的圣克鲁兹港锚泊。

军官和海员有一个星期的时间，可在陆地上活动腰腿。与此同时，船舶要补充淡水、南瓜、洋葱、质量不高但又价格昂贵的肉类和加那利葡萄酒。菲利普和他的二十名主要军官，受到出生西西里的加那利群岛总督的慷慨款待。一天夜里，一个名叫约翰·鲍尔的犯人顺着锚缆往下爬，从"亚历山大号"船上逃跑了。他悄悄地游到船后，爬上一条小游艇，割断系船索，便随波逐流，漂过海湾，来到一艘荷兰的东印度公司船旁，但该船船员不肯让他上船。于是，鲍尔把船划到一座小岛上，就在舰队的背风处，在那儿把船划上滩，休息了一个晚上（他计划划行三十英里，到大加那利岛），但第二天早上被巡逻队活捉了。如此冒险的只有鲍尔一人。6月10日，舰队起航，驶往里约热内卢。

起先，菲利普的航向看上去极为间接：去澳大利亚干吗要两次横跨大西洋？事实上，他从朴次茅斯到好望角，途经加那利群岛和里约热内卢，这个路线能最好地利用盛行风和盛行流。有加那利洋流和东北贸易风往南至西南向推动，船可以经过佛得角群岛，一直向南航行，进入大西洋海峡的赤道无风带。一旦穿过了那个无风带和不定风带，船就可以进入巴西洋流，很好地依托斜向的东南贸易风抵达里约热内卢，进一步南下，进入约在南纬30度的西风带。这时，船就可以直接走下风，来到开普敦。[47]

6月18日，舰队仿佛举起了佛得角群岛，看得见它们了。逆风阻船，使之无法在圣地亚哥的普拉亚港锚泊。于是他们继续航行。此时，天气变得潮热，让人难以忍受。随着舰队进入赤道，成群结队的害虫从每条船的木制部分钻出来，从船底的污水里面钻出来——老鼠啊、臭虫啊、虱子啊、蟑螂啊、跳蚤啊，等等。无论军官还是犯人，都深受其苦。大家尽其所能，"经常点燃火药，在甲板之间生火，并大量使用那种很赞的消毒剂，即焦油"[48]，予以还击。

各船的船底污水都极肮脏。哪怕到过海上，因船头在风中起伏而肠胃翻滚欲呕的人，也几乎想象不出，18世纪船底污水之臭，能让人痛苦到什么地步：海水像发酵泼溅的肉汤，同粪尿、呕吐物、腐烂的食物、死老鼠与伟大的帆航时代成千上万的别种玫瑰油搅和在一起。在"亚历山大号"上，又有一批犯人因船底的排泄物而病倒：

> 排泄物出于种种原因而堆积如山，以至船舱的舱板和军官背后的扣子几乎都被有害的气体熏黑了。舱口打开时，气味太臭了，几乎没法站在舱口上面。[49]

当赤道的暴雨鞭打着舰队，因犯（他们没有换洗衣服，没有干衣服穿）就没法在甲板上锻炼身体了。他们把舱口用板条钉起来，待在下面。他们所住的底舱臭气蒸腾，条件极其糟糕。"夏洛特号"船上的外科大夫约翰·怀特记录道："现在天气简直热过了头，女囚犯不胜酷热，经常晕倒，一旦晕倒，一般来说最后就会痉挛抽筋。"夜里，她们之中有些人会像白鼬一样发情。"尽管大气热量产生的效果让人委顿无力"，怀特以某种惊讶如此记录道：

> 她们体内的情欲却发挥了强大的支配作用，或许是由于她们内心腐化堕落，所以，到了夜里，舱口……一打开，她们和海员及海军陆战队队员之间，就会立刻发生一场男欢女爱的乱交……女人就想和男人在一起，无法控制欲望，结果，无论羞耻心（说实话，她们早就丧失了羞耻心），还是对惩罚的恐惧，都不能阻止她们穿过舱壁，前往分配给海员的住处。[50]

听起来，这好像是一座疯人院，很可能本来就是疯人院。四艘女囚流犯船——"夏洛特号""彭琳女士号""威尔士王子号"和"友谊号"——上的海军陆战队士兵，只要从每日定量的朗姆酒中拿出一小杯，就能买下一个女人。从这时起，一些女囚的醉酒现象就成了菲利普船长的另一个问题了。

女人不服管的时候，就给她们戴上镣铐，有时还抽她们鞭子。"友谊号"上一名囚犯叫伊丽莎白·达吉恩（因在伦敦偷了九镑十九先令六便士而被判刑七年），她特别爱惹是生非。从特内里费到里约热内卢这段航程中，她因打架斗殴而被锁上铁链。释放后，她又被发现在海员生活区"逡巡"，结果又锁上了铁链。但几天后，她尖嘴利舌，把守卫军官詹姆斯·梅瑞迪斯船长骂了一顿。他让人把她绑在门的隔栅上，用鞭子抽了一顿。这让拉尔夫·克拉克少尉感到很痛快："这位下士没有玩弄她，但是把她教训到家了，我很高兴亲眼看到了这个场面……她早就一直在自讨苦吃，也终于吃够了苦头。"[51]

舰队一抵达无风区，菲利普就开始给淡水定量，每天限用三品脱。但是，到了7月中旬，船只遇上了东南贸易风，把船帆吹得噼啪作响，鼓起了肚子。于是他们向里约热内卢驶去，"彭琳女士号"颠簸摇摆，慢腾腾地走着，灵便小巧的"供应号"则把慢船集中起来，直到8月5日，这时，整支舰队稳稳当当地停泊在里约热内卢港。

舰队在那儿待了一个月。有很多事要做：补充淡水，打扫船舱，购买存货，修修补补。自从离开英格兰，死了十六个人（其中十人死于同一条船，即恶臭有毒的"亚历山大号"），名单上共有八十一人生病。按18世纪的标准，情况本来可能还会更糟。菲利普本人忙着购买存货。他在里约热内卢无法弄到小型武器供应——葡萄牙人军械士用的工具与英国枪支对不上号——但他还是从地方军火库弄到了一万枚毛瑟枪弹丸。女囚的衣装早已褴褛不堪，为了替换，菲利普尽管很吝啬，但还是买了一百袋木薯淀粉（在食物匮乏的情况下，这可以替换面粉），布袋"因为是俄国（粗麻布）做的，以后可以用来做犯人的衣服，他们之中很多人几乎现已衣不蔽体"[52]。他买了种子，进了地方牛肉的货贮存起来，牛肉质量很棒，还进了当地的"火水"，一种名叫"阿瓜点滴"的烈酒。

沃特金·坦奇多次宿醉之后，愁眉苦脸地记录道："新南威尔士的英国士兵可以证明，（巴西人）还没有掌握把酒酿得美味可口的艺术。"

当地的总督曾唯利是图，为葡萄牙提供过服务，早就认识菲利普，因此慷慨大度地款待了他和他手下的人，给他们处处大开绿灯，想去哪儿就去哪儿，也没人跟陪。他们心满意足，信步徜徉，欣赏着金刚鹦鹉和巨嘴鸟，狼吞虎咽地吞食酸橙、柠檬和橙子，饱看里约热内卢的"欲望"女孩——她们头发极长，一旦把辫子松开，在地上赤脚走动时，足有两英寸长①的头发在地上拖曳着。他们嫉妒他们的葡萄牙警察，但他们英国人的灵魂感到好像受了里约热内卢热带天主教的侮辱。

当然，这一切流犯都没有看到，他们关在甲板下面。但是，在漫长的太平洋之旅中，他们之中有些人又玩起了从前的老把戏。约翰·怀特发现，一个名叫托马斯·巴勒特的犯人，"非常聪明地"组织起了一个伪造团伙，用带扣和白锡调羹制造二毛五分钱的硬币：

> 无论是模压，花边的轧压，还是造型……都制作得无法仿效，如果他们所用的金属稍微好一点，我相信，就不会有人察觉这场骗局……他们怎么会办到这一点的，我感到极为惊奇，完全无法理解，因为从来都不许他们靠近火边。而且，时时刻刻都有一名哨兵在他们的舱口上面放哨……这就使得任何人都不可能把火或熔铸的金属送到他们住的地方。除此之外，几乎每隔十分钟，就有一名军官下去，进入他们中间。因此，他们手段之高明，能够完成过程如此复杂的事情，令我对他们的灵巧、狡猾、谨慎和熟练评价很高。[53]

巴勒特受罚很轻，詹姆斯·贝克却挨了两百鞭子，这是一位海军陆战队员，他曾蒙混过关，上岸后想用掉一个假币。一般来说，海军陆战队所挨的鞭笞，要比流犯的厉害得多。这种赏罚不均的现象，后来成为海军

---

① 英文原文为"two inches"，这是不对的，因为"两英寸"约四厘米，不可能在地上拖曳。

陆战队和流犯之间经常摩擦的一个重要原因。

舰队9月3日离开里约热内卢南下，在西风的吹送下，经过漫长的旅途前去开普敦，但不久就产生了其他方面的紧张现象。在轮船促狭的空间，烦恼的情绪有增无已，人的所有痛处都很容易擦伤。一些军官动辄饮酒，在食堂互相谩骂，诅咒自己不该宿醉。他们在甲板上口角，看军舰鸟和大西洋马鲛，曳绳钓鱼，欣赏动作优雅、饥不择食的长鳍鲔鱼向一群群飞鱼猛扑过去，惊得鱼群炸窝一般，就像四散的链弹，以及看着深蓝色的巨浪翻滚——做所有这些事时，人都能得到一种解脱。幸运的是，舰队的跨洋之旅十分迅速。10月中旬，他们到了非洲顶端的开普敦，这是欧洲人深入南半球的极点。

舰队在开普敦度过了一个月的时间，主要任务是储存植物、种子和牲畜，以便在新南威尔士的殖民地用。菲利普做这件工作时，很起劲地讨价还价，跟那些无动于衷的荷兰小气鬼对着干。他还每天给犯人吃新鲜牛羊肉和软面包，蔬菜能吃多少就让他们吃多少，尽量让他们增强体力，以便渡过这次航程中最困难的最后一段路。[54] 他手下的军官憎恨开普敦——恨荷兰人，恨卡菲尔人，恨炎热和灰尘。然而，这却是最后一片文明之地，能够识别出欧洲价值观的最后一座陈列室，第一舰队的男男女女以后将有很多年都不会再看到这个地方了。终于，水手站在了起锚机边，锚索滴着水，冉冉上升，穿过锚链孔，这时，这个想法一定沉甸甸地压在他们心头。这是欧洲的终结。他们的面前伸展着令人敬畏、寂寞浩渺的印度洋和南大洋，而在大洋的另一边有着什么，则是他们无法想象的。

现代旅行者从六英里高空的扶手椅里，往下眺望着地球水面的皱纹，是无法想象当年第一舰队如何穿越宏伟壮丽但让人望而却步的大海的。这里的浪头是世界上所有大洋中最长的，从船的甲板上看，这种浪头让人不胜惊讶之至：那是一座座深蓝色孔雀石玻璃形成的小山，不断倒塌下来，中空透明，仿佛编着一缕缕不透明的白水辫子，泛着泡沫的浪顶与船上的桅杆顶端齐平。他们航行的节奏残酷无情，让人的心灵起初因恐惧而感到麻痹，接着又因循环往复、千篇一律而陷入麻木。

此时，流犯船在费力地前行，爬上滚滚浪头，又踉踉跄跄地跌进浪谷。一艘艘船沉甸甸地装载着新补充的货物，其中有五百只家养动物，关在临时搭起来的围栏里，牛在哞哞地嚷，鸡在咯咯地叫，羊在咩咩地唤。犯人生活区比任何时候都拥挤，因为得给未来殖民地的家养动物（和一捆捆饲料）留出位置——两头非洲公牛、三头母牛、三匹马、四十四头羊、三十二头猪，以及各种各样的家禽，凡是军官能够弄到手、塞到船上、自己留用的动物都被弄上了船。所有女囚都从"友谊号"上搬下来，重新分配到其他三艘流犯船上，她们原来的地方现在为羊群所占据。拉尔夫·克拉克认为，羊是"更讨人喜欢的船上伙伴"。"彭琳女士号"女囚船上的外科大夫亚瑟·鲍斯·史迈斯也有同感。他说："我觉得，从前在政府领导下去外国服役的海军陆战队或士兵中，生活条件很少像流犯现在这样好。"但他也说：

> 但愿我能实话实说，补充一句，流犯的表现值得享受这样的极度恩宠——但我相信，我斗胆说，与现在这条船上的情况相比，任何时候在任何地方，都没有这样可怜的、被人遗弃的人聚在一起……他们之中大多数人完全放任自流，麻木不仁，没有任何羞耻心，甚至连普通的体面都不讲，所以，经常不得不对他们进行体罚……每过一天，都有证据表明，他们心肠越来越冷酷歹毒——既然他们目前情况这样，我也认为不可能采纳任何计划，诱使他们表现得通情达理，甚至都不可能诱使他们表现得像个人样……他们虚伪得无以复加，唯一可以与之相比拟的，是他们的卑鄙下贱、忘恩负义。[55]

随着舰队进一步向地图下方滑行，来到南纬 40 度以下，也就是澳大利亚南海岸之下，驶向范迪门斯地时，风虽很大，但风势有利，天气"黑暗、潮湿、阴郁"。塘鹅和燕鸥绕船而飞。鲸鱼出现在视线中。漂泊信天翁经常会从大风吹起的海浪溅沫中冒出来，白色的身体映衬着白色的浪花，双翅一展开，足有十四英尺长，一声不响地绕着急降下去的桅杆兜着圈子，然后就消失在暴风雨中。海浪在甲板上砸出一片绿色，把成吨能让人冻僵的水灌进升降口中，把海军陆战队员和瑟瑟发抖、衣服只穿一半的犯人从床铺上冲将下来。他们于1788年1月10日绕范迪门斯地北行时，碰到了一场猛烈的雷阵雨，把"金树丛号"的顶帆一劈两半，把"威尔士王子号"主桅的桅横杆冲走了。"彭琳女士号"上的女囚"惊恐万状，大多数人都跪下来祈祷，可阵雨平息之后不到一小时，从这些遭人委弃的妓女——其实她们就是妓女——口中就冒出让人反感、亵渎神灵、诅咒他人的话来"[56]。

"夏洛特号"上的外科大夫约翰·怀特有了一个新的体会，发现他们已经来到离有欧洲人做伴之地无比遥远的地方了。一群群"大海鸟"绕着轮船飞行，海军陆战队员开枪打鸟玩儿，但这些鸟根本不怕，"既不怕枪声，也不怕子弹……（因为）从来都没有火器骚扰过它们"。[57]

1月19日晚，"天狼星号"和其他几艘流犯船都看见了澳大利亚大陆的海岸。次日上午十点，所有船只都在植物湾锚泊了。怀特以值得嘉许的克制力写道："看到如此漫长的旅途之后，所有船只安全抵达目的港，没有发生任何事故，分开的路程也都在一小时之内，大家身体都很好，正像期望和希望的那样，真是让人感到欣悦，人人一定都感到欢欣鼓舞。"[58]

这是英国历史上一次伟大的航海旅程。亚瑟·菲利普船长这个名不见经传的中年人，带领他们跨越了一万五千多英里的海面，而无一船丢失。整个旅途花了两百五十二天。死亡总人数为四十八人——四十人是流犯，五人是流犯子女，一人是海军陆战队员之妻，一人是海军陆战队员之子，还有一人是海军陆战队员。鉴于航行条件严酷，当年医学知识原始，船舱拥挤，抗败血症药物缺乏，规划不善，设备不好，这个死亡率是极低的——比百分之三稍多一点。大海饶了他们一命。现在，他们要在这片未知的土地上生存下去了。

第四章　饥饿的年代

i

　　菲利普和手下的军官很快就意识到，植物湾可能无法拓殖。

　　之前告诉他们的一切，即便有库克的日志做证，也全都是错误的。他们之前期望看到一片草地，黑土深厚，树与树之间隔着一定距离，不用开垦就能种植庄稼；建房石料采源充足，锚地能够比较隐蔽。[1]

　　1788年1月18日，星期五，菲利普船长的船绕过索兰德海岬，改变航向，进入植物湾时，他从甲板上所看见的，是一片石南丛生的平坦荒地，生长着纸皮树的灌木和灰绿色的尤加利树，毫无特征地向远方伸展，上面照耀着澳大利亚夏天特有的那种让一切都受着煎熬的白光。这片风景单调乏味，其干燥和静得嗡嗡作响的程度，与库克的描述不相吻合。海湾是敞开的，并不隐蔽，太平洋的波涛滚滚而来，使水面不停地、剧烈地涨落。水很浅，锚地的抓力不好。

　　"供应号"船在海湾的北面锚泊，这样，泊在远处海面上的其他船就能直截了当地看见它。菲利普和其他军官，包括菲利普·吉德利·金少尉，下午时分把小船放下水，出去寻找淡水了。他们试探性地与土著接触，送他们念珠和镜子。金想道，这些"浑身发抖"的野人，"看见我们穿衣服的样子，显得相当吃惊。我想，这些可怜虫赤身露体，一丝不挂，不难想象在他们眼中，我们的样子有多么滑稽"。[2]

接下去的两天中，舰队的其他所有船只均抵达植物湾。岩石累累的海岬和白色沙滩上，土著开始集结，人数更众。随着"天狼星号"驶过索兰德海岬，约翰·亨特眼睁睁地看着他们对船挥舞长矛并大声喊叫："瓦拉，瓦拉！"这是澳大利亚黑人对白人说的第一句记录在案的话，意思是："滚蛋！"

但入侵者并没有走。他们从船上下来，身穿猩红色的土尼衫[①]，脚步沉重地走来走去，到处寻找淡水，身上缠绕着灌木和树枝。双方交换了正式的威胁。一个部落人用喉音发出"瓦拉，瓦拉！"的叫喊之后，就"把他的长矛向我们投来，但差得很远，只是为了显示他们能这么干"。长矛飞出四十码远，矛杆颤动着插进地面。另一个黑人把矛直接向他们投去。一个海军陆战队员以一发空包弹做了回应，"这时，他们都极为仓促地跑掉了"。

但不久，土著就从菲利普那儿接受礼物了。他们蜂拥而至，把小船团团围住，用指头去抓白人的衣服，一有人把帽子举起来，就又惊又喜地喊叫起来。

（气氛总的来说很欢乐，以至于所有的黑人）都跑到刚才扔长矛的那人面前，把长矛一致对准他，同时看着我们，对他的举动表示出十分不满的态度，明白表示他们只是在等待着，我们一旦下令，就可把他杀死。然而，我们做出手势，让他们停止行动，并送了那个有过失者一些珠子等物。[3]

很快，这些英国人的珠子和丝带都发完了，但随着更多的部落人在沙滩上聚集，整个下午，双方都在犹豫不决地接触。金让两个土著尝了一口葡萄酒，他们一尝就吐了出来。双方又交换了事物的名称。但是，

---

① 即 tunic，词典意思是"长达膝盖的短袖束腰外衣"，但网上有音译，故取用之。

对土著来说，最神秘莫测的东西，就是白人的性器官。他们用手指指戳戳着海军陆战队员的马裤。终于，金命令手下的一个人满足了他们的好奇心。这位海军陆战队员很不好意思，笨拙地摸索着找他的尿口。于是，第一个白人的鸡巴在澳大利亚的海滩上亮了出来。金写道，"他们很欣赏地大叫起来"：

> 然后指着海滩……我们看见一大群女人和女孩，肩上扛着婴儿，在海滩上出现了——全都 in puris naturalibus①，甚至都不用无花果叶遮盖一下。小船周围的土著打着手势，让我们到她们那儿去，并让我们明白，她们愿意为我们效劳。不过，我谢绝了。4

他倒是拿出一条手帕，系在其中一个女人的腰际，"在这个地方，夏娃用过无花果的树叶。这时，土著又大叫了一声"。

就这样，黑人和白人在植物湾的海滩上混得越来越熟了。没有暴力。流犯依然关在流犯船上。根据菲利普总督（在新南威尔士登陆之后，这位舰队指挥官就正式成为总督了）的命令，严禁任何军官和海员以任何方式骚扰土著。当然，他不可能下令要他们必须喜欢土著。外科大夫亚瑟·鲍斯·史迈斯对他们"可怜的棚屋"和鱼腥气详细描述后下结论道："整个儿是一群极为愚蠢、没有感觉的东西。"5反过来说，黑人也对白人好奇得不行。有一个人想把海滩上饭锅里的鱼抢出来时，把手指头都烫了，因为他完全不知道陶器（更不用说铁器了），从未看见水在锅里煮的情况。外科大夫怀特把他的手枪演示给一群土著看，在一张树皮盾牌上射击，打穿了好几个洞。这使他们惊慌失措。为了让他们安静下来，怀特吹起了"马尔布鲁克小调，好像把他们都给迷住了，还都带着同样的快乐，同样乐意地模仿起他来"。在今后的岁月里，澳大利亚土著向白人显示了令人惊奇的模仿力，而这是他们第一次展露这种

---

① 拉丁语，全裸。

能力。[6]

　　这一切都不错，但这并非第一舰队此行之目的，殖民者来这儿是要开拓殖民地的。拉尔夫·克拉克少尉在植物湾待了五天后，这样写道："如果我们非得在此定居不可的话，那只要一年，就不会有一个活人了。"与此同时，菲利普已经与亨特和几位海军陆战队员离开，前去探索北面几英里地的杰克逊港了。库克 1770 年从该港驶过时，亲眼见过该港的开辟，给该港起过名字，但没有亲自到访。菲利普回来时，带来了一个消息：这个地方与植物湾相比，简直就是人间天堂。它是一座海港，却有许多枝枝蔓蔓的臂膀，船舶停靠在这儿，可以避风，还有很多淡水和肥沃的土壤。他下令舰队准备起航，重返大海。

　　但是，第二天早上，他们像遭了雷击一样，看见在远远的云遮雾障的地平线上，有两艘明显是欧洲风格的船，正试图顶着劲风靠岸停船。如果这是碰巧，那真让人难以置信。如果不是碰巧，那就颇具威胁了。莫非这是派来攻击舰队的荷兰战舰？到了黄昏时分，那两只怪船消失在雾霾中，但依然在委顿无力地顶着滩头的风。次晨，菲利普前去杰克逊港。无论入侵者是谁，他都必须赶在他们前面去新的海港。如果失去这座海港，那就意味着整个远征失败了。

　　这次行动很审慎，但他其实不必过虑。那两艘船分别是 La Boussole[①] 和 L'Astrolabe[②]，由法国探险家让-弗朗索瓦·德·拉·佩鲁斯率领，在太平洋发现之旅中，已经离开布雷斯特两年半了。拉·佩鲁斯看到英国舰队时，就跟菲利普看到他的舰船时一样，感到非常吃惊。但是，正如他在他的日志中所记："在离家如此遥远的地方，所有的欧洲人都是一家人。"拉·佩鲁斯于 1 月 26 日早上在植物湾落锚时，受到亨特热情的接待，亨特当时正不顾一切，匆匆召集舰队的其他船只去杰克逊港。他很有礼貌地告诉拉·佩鲁斯，凡是他需要的协助，他都愿意

① 法语，罗盘，即"罗盘号"。
② 法语，星盘，即"星盘号"。

提供——当然，除了食品、储藏品、船帆、弹药或他需要的其他任何东西之外。

中饭后，"天狼星号"带领舰队启程。当时吹来了一阵温和的东南风，使得船只很难出港，就像之前拉·佩鲁斯很难进港一样。离港上路的英国人此时让法国人大开眼界，看他们如何笨拙行事，"友谊号"撞上了"威尔士王子号"，把该船艄斜帆桁都撞掉了。"夏洛特号"几乎触礁，连爬带滚脱离险境之后，又跟"友谊号"撞了一个满怀。"彭琳女士号"刚好躲过，没让自己的中部撞上。蓝色太平洋的空中顿时晦暗下来，响彻了海员的污言秽语。不过，到下午三点时，流犯船都驶出了植物湾，正向北边开航。四小时后，灰色中略带粉红色的晚霞烟熏火燎一般，在漫长而平坦的内陆地平线上，光线柔和地蒸腾而起。这时，他们已经绕过南头，准备驶向杰克逊港，该港不久以后就被称作悉尼港。

ii

"我们……十分满意地发现了世界上最好的港口，能容纳一个轮船公司的千帆万船，绝对安全可靠。"[7]菲利普对悉尼勋爵说的这番喜气洋洋的话，表明他已经看到了流犯殖民地的未来。到那时，这座海港就会成为英格兰的一个战略前哨阵地，到处都是象征着太平洋已经被征服的点点白帆。已经选择好的锚泊地有一条清水小溪，流进一座隐蔽的海湾，在深水情况下，船只可以浮起，接近海滩。为了纪念派遣他们来此的人，菲利普称该地为悉尼湾。

这个地方的岩滩上密密麻麻地生长着粉红色的尤加利树。看到这些树是如何顽强地在岩缝中生长，从极为贫瘠的土壤中吸取养分，菲利普不觉暗暗称奇。一帮帮干活的人从蕨类植物中穿过，步子踉跄，边走边骂，地面仿佛在他们脚下起伏不停。戴维·柯林斯注意到："每个人一下船，就直接走进林中，考虑到这个情况，也就不会对这种混乱局面感到大惊小怪了。"[8]接下去几天中，出现了某种军事秩序。沃特金·坦奇报告说："人人脸上都出现了一种正经干事的样子。"

> 在一个漠不关心、有闲暇旁观的人眼中，这个场面一定很有画面感，让人感到好玩。一个地方，一队人正在砍树；另一个地方，一队人正在搭铁匠炉；第三个地方，一队人拖着石头或物品。这里，一个军官正在搭帐篷，一队士兵在他一边迈着正步；而另一边，烧饭的火燃得正旺。[9]

海军陆战队员得留心犯人逃跑。不到几天，就有几个因犯逃掉了，他们挣扎着穿过丛林，一直跑到植物湾，拉·佩鲁斯的两条船还锚泊在那儿。他们乞求这位法国司令让他们上船，让他"很烦，也很不好意思"[10]，但他连哄带吓，不接受他们，反而把他们都送回悉尼湾，在那儿挨了一顿鞭笞。事实上，没让他们上船是他们的福气。1788年3月10日，拉·佩鲁斯在植物湾逗留六周之后，便起航驶入太平洋，从此杳无音信。法国人花了三十年，才终于确定，他的两艘船在新赫布里底群岛的瓦尼科罗岛失事，船上人员全部遇难。

法国船的在场，对菲利普不啻是一个警告，他觉得必须立刻把诺福克岛变成殖民地。要是岛上的松树和亚麻落到法国人手里，那就惨了。而且，拉·佩鲁斯告诉菲利普说，他已经去过那儿，只不过被海浪挡住，没法登陆。[11]因此，菲利普派遣"供应号"，在菲利普·吉德利·金少尉的率领下前去诺福克岛。船上共有二十二个人，载有六个月的口粮，因此他们被告知，必须立刻开始播种，沤制亚麻。诺福克岛应该比悉尼湾的沙土肥沃，而流犯正在这片沙土上刨食。

他们没有犁铧，也无役用动物，垦殖工作全凭锄头砸、锄尖啄。他们在溪水东面半英里的一块地上，撒下了第一粒玉米。现在，悉尼植物园就坐落在那个地方。他们砍下来的一些树巨大无比，都是红桉树，树干周长超过了二十五英尺，其根系必须从石质的地下挖出来、掘出来——这种苦活让人筋疲力尽，因为他们在海上漂流数月之后，肌肉都软化了。有些军官不得不在海岸上睡觉。克拉克少尉很想家，他在日记中写道："亲爱的妻子，我从来没有睡得比昨晚更糟糕，因为地面又冷又硬，蜘蛛、蚂蚁和凡是你想象得出来的害虫，都在我身上爬来爬去。"[12]

过了两个星期，才搭起了足够的帐篷和棚屋，可供女囚住了。2月6日，她们开始下船，一整天，大艇就在运输船和港湾之间来来去去，船上载的都是女人。凡是有像样衣服的人，都把漂亮衣服穿起来了。鲍伊斯·史迈斯很开心，因为她们都从他船上下去了。他写道："其中有少数几个可说是穿得很好。"截至当晚六点，最后一批女囚下船了。这天风很大，太平洋上空，雷暴云堆山叠海，形成重重铁青色的峭岩。夜幕降临之时，天气"发作"了。一顶顶帐篷被吹到九霄云外，不到几分钟的时间，整座营地就成了一片风抽雨击的沼泽。女人们挣扎着走来走去，身上弄得湿乎乎的，就像沾满泥水、在泵下冲洗的鸡，男囚跟在后面追，一心想强奸她们。一次电闪雷鸣，把营地正中央的一棵树劈成两半，当场打死了树下的几头羊和一头猪。与此同时，"彭琳女士号"上的大多数水手向该船的主人威廉·塞维船长提出申请，要求多发一点朗姆酒，"乘着女人下船之际，好好庆祝一番"。酒杯拿出来后，朗姆酒灌了下去，没过多久，喝得醉醺醺的水手就加入了男囚，追逐起女人来。有鉴于此，鲍伊斯写道："要想公正地描述晚上的荒淫无耻、乱哄哄的场面，已经超出了我的能力。"这是澳大利亚举行的第一次丛林晚会，"一些人在骂人，另一些人在争吵，还有一些人在唱歌——谁都不把这场暴风雨放在眼里，尽管风暴如此猛烈，响雷震撼轮船，超过了我能想象的程度"。一对对男女喝了巴西的烈酒，压不住肚子里蒸腾的酒劲，就在岩缝里交媾起来，衣服上黏糊糊的，尽是红黏土。可以公正地说，殖民时期澳大利亚的性交史，就是由此而滥觞的。[13]

澳大利亚的政治史则在翌日开始。上午，太阳从树顶升起，被雨水湿透的大地热气直冒，这时，海军陆战队乐队把所有殖民者召集上岸，听取总督宣读委任令。菲利普站在一张折叠桌旁，与比他低一级的高级殖民官（副总督罗伯特·罗斯、军法官戴维·柯林斯、牧师理查德·约翰逊和外科大夫约翰·怀特等）在一起。桌上的两只皮夹子内，装有乔治三世的印玺和殖民地委任状。一阵隆隆的击鼓声和针头一样尖细的横笛声之后，犯人像牲口一样，绕着绅士和官员，围成一圈。士兵又在他们周围再围成一圈。犯人按照命令，都要蹲下来。士兵荷枪实弹，端着毛瑟枪，继续站立。这个简单的舞美编排设计，等于是对重大权力交接做了一个总结。

柯林斯宣读了皇家的指令，授予菲利普总督主持宣誓仪式、任命官员、召开刑事法庭和民事法庭，以及解放囚犯等权力——也就是司空见惯的帝国官样文章。他有权招募军队，实施军法，并且，"只要你认为有必要，就可以修建要塞、炮手站台、城堡、城市、自治城市、城镇和防御工事，想修建多少，就修建多少"。柯林斯诵读这一条款时，想必加深了还未从宿醉中醒过来的囚犯的低落情绪。[14]

此时，菲利普开始长篇大论地训斥起犯人来。他决不允许重复头天夜里那场放荡无度的狂欢。凡有试图进入女因帐篷者，均格杀勿论。做贼做盗，偷牛偷鸡者，无一例外要受绞刑。种畜对殖民地来说无比宝贵。看过重犯工作的情况之后，"他才相信，只有严惩不贷，才能使他们在将来表现良好，否则，无论做什么对他们都不起作用"。他们不干活，就不能给吃的。到目前为止，只有三分之一的男因在干活。只有严明纪律，才能解决这个问题，而且马上就必须严明他们的纪律了。他们的任务除了清理空地、用锄掘地之外，就是盖房子：首先为军官盖，然后为海军陆战队员盖，最后才能为他们自己盖。《天佑吾王!》。海军陆战队用排枪发射了三轮子弹，然后把流犯押下去了。菲利普和他的官员坐下来，就着冷羊肉吃午饭，在一片吱吱的蝉叫声中亲切地聊着天。哎呀呀，结果发现，尽管羊是头天夜里才杀的，但肉里已经生了蛆。克拉克少尉心情郁闷地写道："在这个国家，我发现，没有什么可以二十四小时保鲜。"

现在，艰苦的工作开始了。很快就一目了然，这些殖民者干活的工具少得可怜。不仅缺乏有手艺的人，而且工具也很短缺，因此，菲利普抱怨说："这是我所见过的最糟的情况。"[15]唯一好的建筑材料来自悉尼湾那条溪水一带大量生长的菜棕榈。这种树很直，容易做工，自然变细的程度也很小。不到一年，他们就砍光了所有的菜棕榈。后来用这种树盖的棚屋，看上去好像是儿童画的那种盒子一样，长十二英尺，宽九英尺，有斜脊屋顶，门口一边一扇窗子，看上去很像眼睛，颇似把别墅画得像脸一样的绘画原型。其建造方式也很简单。墙壁先做一个框架，直接在地上打木桩，每根木桩六英寸宽。木桩之间加上垂直墙筋，每根间隔三英尺。在开了粗槽口的墙筋之间，木匠水平插入一段段树苗，把梢头削细，好插入槽口。到了这个阶段，墙壁看上去就像粗糙的洗衣板。然后用泥巴把两边糊上（粗粗地封口）。当时在英格兰和爱尔兰的所有农民社区，都是用这种方法盖房的。这个方法叫"编结涂抹法"（wattle-and-daub）。因为在悉尼，水平墙板都是从金合欢的幼树上砍下来的。澳大利亚夏天的这种黄金之树，从那时以来，就一直被称作"wattle"，即金合欢花。[16]

屋顶通常都用拉什卡特湾①潮汐沼泽采来的芦苇苫盖。屋顶是臭虫和蜘蛛的藏污纳垢之地，而且总是漏水，不久就用屋顶板替代了。但是，冬雨来临时，泥巴就从墙上被冲刷掉了。这个殖民地需要砖头，于是人们很快找到了某种合适的黏土。一个名叫詹姆斯·布拉德沃斯的犯人曾在英格兰当过砌砖匠，他就负责砖头的制造。犯人在自然形成的砂石凹坑里，用一根木头做捣棍，把水和着黏土捣碎。然后，他们一队队地赤着足，"吧唧吧唧"地踩着黏土，直到把黏土踩成均匀一致的泥料。接着做砖型，搭砖架，把砖晒干，用火来烤。砖头萎缩，形状不一，没办法码成平整的一行。至于灰浆，石灰的唯一来源，就是烧过的牡蛎

① 英文是 Rushcutters' Bay，其实是割芦苇者湾，但现在就是这么叫的，因译音而漏意，难以两全。

壳，由女犯人煞费苦心地搜集拢来，但也只够用来建造一座永久的政府屋（即总督府）。这是一座两层楼的砖石建筑物，琉璃瓦屋顶，接合墙壁用的是隔石块和真玻璃做的玻璃窗——澳大利亚第一件真正的乔治时代风格的建筑样品。托马斯·瓦特林写道："其构成是普通的顶层角柱式，前面有一面山墙，很简单，而且没有任何其他的装饰。"其他所有建筑物都不用灰浆，而是使用羊毛和泥巴的混合材料。雨水很快就把它冲洗掉了。因此，悉尼湾流犯建筑物的最早遗迹，今天已经荡然无存。[17]

建筑物建造得粗疏简陋，估计还有一个心理原因。建筑学意味着永恒。它向人宣示，屋子一建好，人就要长待下去。菲利普梦想把这儿建成一座自由移民拓居者的殖民地，但其他所有的官员都不愿分享这种梦想。对犯人来说，侈谈什么国家未来，甚至什么国家，那简直是在开玩笑。如果你唯一的梦想，就是逃离这座乔治时代的贫穷小镇，那干吗为了将来而盖房子呢？副总督罗斯写道："原来打算在这个国家待下去的人，现在都巴不得离开。"[18]这是悉尼下一个十年中的生活母题，直到"朗姆酒军团"的贵族绅士（这些人贪得无厌，残酷无情，任人唯亲，却下定决心，要在新南威尔士好好享受生活）发现有何利可图，得利之后又如何利用奴隶劳动力，来巩固其所得之利。

由于第一舰队的官员并不想长待下去，他们的日记强调的都是异国情调，都是独一无二的东西：什么动物啊，植物啊，土著啊，等等。他们很少去写流犯本身，流犯发配到那儿，就是为了让人们把他们忘掉。他们干的活，他们违法乱纪的事，以及他们所受的种种惩罚，都及时地写入日记之中；但这些记录对作为人的流犯所记颇少。当名叫托马斯·巴勒特，一个"性格极其歹毒"的十七岁小伙子，在悉尼被绞死的第一名男子，站在梯子脚下，嘴里结结巴巴，身子不停抖动，宣布说"他过的是一种非常罪恶的生活"时，他究竟是什么意思呢？一个男孩子在悉尼湾偷了一点黄油、干豆和咸猪肉，在他从出生到做出那一致命行为之间的一小段生命中，他又能压缩进多少"罪恶"呢?[19]

第一舰队官员对澳大利亚黑人有兴趣得多,不就澳大利亚的"印第安人"写一两章,关于对跖点这座新盗贼殖民地的描述也就不会完整。这些黑人的举止很有斯巴达人的风格,对那些所受教育建立在新古典主义基础之上的人来说,一般都颇具吸引力。他们不如塔希提人迷人,似乎也不大像自由主义的欧洲思想家虚构出来的所谓崇高的野人。他们是"软硬"相对的原始主义的典范。当然,这些殖民者并不希望消灭或奴役他们,再说,最开始时,他们好像也没有构成威胁。

不过,他们还是被摧毁了。来自船上的霍乱和流感开始发挥作用。到了1789年,黑人的尸体就司空见惯了,在盐草中缩成一团,在砂石形如子宫般的奶油色洼陷处,开始风化腐烂。这种流行病本来不应该发生,因为距离有砒霜和感染病毒的交易毯的年代还很遥远。关于黑人,菲利普总督的指示相当清楚:他必须"赢得他们的好感,要求我们所有的臣民,都与他们和谐友好地相处",谁伤害了他们,谁就要受到惩罚。常识也要求如此:殖民地本来就问题重重,干吗进行部落战争,增加更多的问题呢?[20]

就算第一舰队的官员最初是隔着一层纱布,带着阿卡狄亚的滞定形象和卢梭的幻象来看土著,这种愉悦的幻觉也没有持续多久。阿卡狄亚的正式居民都是宁芙女神,杰克逊港的那些人却不像塔希提笑脸迎人的少女。土著少女在"天狼星号"外科大夫乔治·沃甘心里唤起了轻度的渴望。他写道:

> 我可以向你保证:她们之中有些人的腰肢和体形匀称柔软,圆润丰满……会让人产生温柔多情的感觉,哪怕该人是哲学家,胸中冷酷无情,也会产生这种感觉。

> 会让巫师在虔诚的路途中停下脚步,
> 就连哲学也阻挡不住她们的魅力。[21]

尽管她们是美的，但她们能够免遭强奸之苦，这是由于肮脏而得到的保证。即便以乔治时代的卫生标准看，她们的肮脏也令人作呕。沃甘抱怨道：

> 因为这种臭烘烘的鱼油，她们似乎把全身涂满这种鱼油，还跟烟垢混合在一起，因为经常俯身在火上，她们的皮肤积满烟灰。除了这些甜丝丝的气味之外，她们鼻孔还经常露出排泄物，积落在噘起的上嘴唇上，一堆堆浓郁的干泡泡，不断有新的鼻屎掉落下来。要我说，就算这些一丝不挂的少女能把人的胃口刺激起来，让人有心来一场游侠艳情，亲昵地与之性交，一看所有这些个人的优雅和修饰，最后也会打消念头。[22]

"天狼星号"大副丹尼尔·骚斯威尔中尉在"这座非同寻常的海港"的海岸和岛屿上，也以同样的方式，梦见了帕拉第奥风格的别墅："迷人的宅邸，超好的建筑物，富丽堂皇的大厦所留下的宏伟遗迹……十分希望，这些貌似真实的事物不像现实中那样虚幻。"[23]

这都是很常见的怨言。这片土地并不是表面上看起来的那个样子。它看上去肥沃可爱，实际上却干燥贫瘠，不愿接纳他们，令他们难以理解。"这儿有一处浪漫的岩石嶙峋的峭壁，上面潺潺地流着一条小溪，形成一道瀑布。那儿，一片柔嫩青绿，洒下阴影的草坪吸引了你的眼睛。这种富有魅力的面貌，就是形成杰克逊港的这片乡野所呈现的……假如这种面貌不是那么虚幻，殖民地就有福了。"[24]有关悉尼港迷幻骗人的风景，最生动的怨诉来自一个苏格兰的犯人，即邓弗里斯的年轻人托马斯·瓦特林，他因伪造苏格兰银行的几尼钞票而遭流放，于1792年乘坐"皇家海军号"抵达，时年三十岁。他是风景画家，作为在澳大利亚生活的第一位欧洲艺术家，他很快就发现，根据他所接受工匠画训练的那种惯例，要想画出悉尼湾的景色，是很困难的。当然，在艺术家或博物学家眼中，澳大利亚自我呈现为"一个诱惑之国"，"美不胜收"，而且有着"'迤逦仙'① 般的风景"。[25] 但是，阿卡狄亚是由休闲和富足作为保障的，而在这个处于婴儿状态的殖民地，这两样东西都缺。很快，瓦特林就发现，这个地方无法让人轻松下来。地是沙地，不是沼泽遍地，就是岩石累累，只有少数地方的表层土肥沃。每一码土地都无法穿透，全是纠结缠绕的丛林。没有任何大的溪流，没有湖泊，甚至连水塘都没有。雨一下下来，就从瘦瘠的土壤中流到泥炭沼中去了。离开海港就是丛林，千篇一律，让人愁苦。身上长了水疱的可怜巴巴的瓦特林写道："就是风景画家，想在这儿找到那种对应恰当、景色离奇（指的是萨尔瓦多·罗萨风格，带有浪漫对称的美）的美也是枉然。"靠近看，这片乡野与这一监禁政体的严酷恰相适应。瓦特林哀叹道：

> 新南威尔士的现状真是枯燥乏味，悲惨可怜。这个地方要想自我维持下去，可能需要很长时间。那个国家虽然因慈善和慷慨而闻名，但我怀疑，是不会继续支持这个地方的。既然我已目睹了人们在英国囚船上，对那些可怜的不幸的人胡作非为，滥用酷刑，没有半点公正，那还有什么结果不能合理推断出来呢？法国的巴士底狱，西班牙的宗教裁判所，就是把所有恐怖集中在一起，也不如英国多。[26]

这位年轻的苏格兰人特别记恨的是，他的待遇甚至比土著这种"野蛮的新荷兰人"还要差：

> 这些野人中，许多人无所事事，就可以得到所谓自由人的那一份供给。他们身上有时穿的衣服，是他们一有机会就抢走的，他们倒更情愿接受一丝不挂的大自然那种原初状态。人们对他们的态度却极为温和。你可能会以为，这足以被人称道。可怜的不幸的人们

---

① 所谓"迤逦仙"，是指希腊语的 Elysium，即极乐世界、至福之境。

至少还是加入了各种教派的基督教徒，但有谁对他们显示了一点点人性吗？没有。人们经常拒绝发给他们普通的生活必需品！——阳光炙热、闷热，都快把他们晒死了。再不就是经常对他们进行野蛮的二次惩罚，其实根本就不值得——根据我们头脑僵化的独裁者的算计，这就是哲学！但是，这是我所见所闻之中，谬误最多的一种哲学。[27]

毫无疑问，其他大多数犯人也有同感，尽管他们没法将之形诸笔墨。整整八个月，航行一万五千英里，除了颠簸不平的海面、暗黑的囚室和时而看到的外国海湾的一道弧线之外，他们什么都看不见。现在，他们跌跌撞撞地走上海岸，来到一片什么都是倒反的土地：盛夏在1月；树木脱皮，却不落叶；矮胖的棕色鸟哈哈大笑；瘦骨嶙峋、浑身发臭的黑人，身上画得像哑剧中的骷髅，却嘲笑他们不自由。黑人是监狱的延伸，形成了监狱的外围防御。只要你敢逃到丛林，他们就会用矛戳死你。他们站在官员的一边，正如官员也站在他们那边一样。

在流犯眼中，部落人只有一个用处：他们会制作工具和武器，然后就丢在空地，也不照管，因此这些东西会被人偷走，卖给自由的海员，然后被当成纪念品带回英格兰。这些鱼叉和棍棒的丢失，"一定伴随着原主的很多不便……（因为）这些东西是他们借以得到或获取日常生活资料的唯一方式"[28]。

流犯和部落人之间的关系从开始就不好，很快就更糟了。1788年5月，一个在淡水溪（当时叫坦克溪，因为白人一直在溪边的软岩上刨坑储水①）东面政府农场工作的流犯，在丛林里被人用矛刺死了。一周后，人们发现，被派出去割茅草的两个流犯被人用矛刺死，尸体血肉模糊。"其中一个的脑袋被打成一团肉泥"，一位海员写道，这大概是为了"报

---

① 英文是 Tank Creek，但这个"坦克"在英文中还有"储水罐"的意思，所以也可以翻译成"储水罐溪"。

复他们的一条独木舟被偷一事"。[29] 杀人犯已经回到部落，跟其他的人混在了一起，再去追击他们已经没用了。1788 年 11 月，一名女囚从杰克逊港写道："尽管我们送去各种礼物，但这些野人还将继续尽可能地伤害我们，这就使士兵执勤十分困难，让军官们大为不满。我也不知道我们中间究竟有多少人被杀死。"[30]

梦想报复比实际行动更容易，因为菲利普禁止惩罚性的出行。军官和海军陆战队员因为有毛瑟枪，从理论上来讲要比艾奥纳人的武器装备好——但是，这个部落的人投掷四支矛的时间，才够他们重装一杆燧发枪。流犯没有武装，因此，他们报仇的努力全都徒劳无益。1789 年 3 月，十六个流犯带着棍棒出发，把"印第安人"打了一顿，因为他们伤了他们的一个朋友，但中了艾奥纳人的埋伏，结果一死七伤。菲利普不仅拒绝下令对黑人进行报复性打击，反而把八个未受伤的幸存者鞭笞了一顿，每人一百五十鞭，戴脚镣一年。

这种行为令人痛恨。在英国政府眼中，澳大利亚土著在 1788 年的地位，要高于以后的一百五十年，因为他们（在理论上）具有完全的法律地位，所以在法律上——即便不在事实上——他们要优于流犯。流犯极为憎恶这一点。他们被流放的状态所激怒，这些地位低得不能再低的人不顾一切地要相信，有一个比他们更低劣的阶级。土著正好满足了这个需要。澳大利亚的种族主义就是从流犯那儿开始的，尽管不久就不限于流犯那儿了。这是澳大利亚第一个从下层阶级一直往上渗透的特征。

流犯仇视黑人，军人则对两者都很讨厌——也出于大致相同的理由。菲利普因海军陆战队军官的乘务员用一加仑朗姆酒与一个流犯交换一只宠物负鼠而即时地惩罚他，抽了他五十鞭时，亚瑟·鲍伊斯·史迈斯对总督怨声载道：

> 这个政府（如果能称之为政府的话）完全处于无政府状态，一片混乱。整个拓居地的军官中都弥漫着一种明显的不满情绪。海军陆战队员和水手犯一点小事，就会受最严厉的惩罚，但流犯哪怕干

下最黑心的事，也会得到宽恕（至少惩罚会很轻）。我估计他们就是偷盗，也不会被重判，尽管总督本人……曾向他们保证，如果偷盗，就会被判处死刑。行事如此前后不一致，而且如此不彻底，其可能的后果，是会随着时间的推移（我斗胆地说，不要很久）而显示出来的。[31]

对海军陆战队员来说，菲利普讲究一碗水端平，但其实是有偏见的。在早期拓居的饥馑岁月里，流犯凡是偷窃食物，就会被判处绞刑——但在 1789 年 3 月，六名海军陆战队的二等兵也因此被绞死。海军陆战队员嘟哝道：为什么打流犯的九尾鞭，要比用在现役军人身上可怕的"军猫鞭"轻呢？为什么海军陆战队员和士兵的定量口粮跟流犯的一样？令人恼火的针尖大的事，比如取消对海军陆战队员妻子发放朗姆酒，就会燃成燎原之火。他们最恨的就是负有当流犯监工的义务。他们入伍时本来就不是来当狱卒的。他们认为（这样认为也不无道理），政府未派平民维护工作队伍的秩序，这再一次证明政府无能，而且对此漠然置之。

所以，他们憎恨这个地方，憎恨流犯把他们带到这个地方，同时还厌恶土著。罗伯特·罗斯曾是海军陆战队少校，菲利普把他提升为副总督。他写道：

我可以毫不迟疑地宣布：在整个世界，没有比这更糟糕的国家了。我们左近的一切都是不毛之地，都让人难以亲近，说老实话，在这个地方，大自然颠倒错置，就算不是如此，也几乎筋疲力尽……如果部长得到的有关描述真实而公正，他肯定不会再考虑派人到这儿来了。[32]

按一个手下人的看法，罗斯是"我所认识的人中，绝对最令人讨厌的指挥官"。罗斯是一个性情暴躁、爱发牢骚的严格的军纪官。他既仇恨菲利普，也讨厌这座殖民地。为了丑化菲利普，他可以不择手段。但是大多数殖民者，无论是海军陆战队，还是流犯，对新南威尔士的未来，都抱有同他一样悲观失望的态度。

iii

饥饿令人厌恶，但能把一切扯平。澳大利亚对饥饿的首次民主体验没有放过任何一个人。大多数殖民者饿得呆头呆脑，一些人都饿疯了，饥饿使人们士气低落，还一刻不停地大耍小霸王作风。

第一舰队带的食品足够船上的人在澳大利亚维持两年。水手、海军陆战队员和军官的每周定量如下：

牛肉	四磅	硬饼干	七磅
猪肉	两磅	奶酪	十二盎司
干豌豆	两品脱	黄油	六盎司
燕麦片	三品脱	醋	半品脱

男囚得到的食品要少三分之一，女囚则是男囚定量的三分之二，或者略低于海军标准的一半。从纸上看，这个限额并不坏。实际上，肉都是骨头和软骨，而且这个定量意味着，大家都要得败血症。

在南非的桌湾，也就是他们前来澳大利亚的最后一个停靠港，一些军官为自己采买了活物。这些活物加在菲利普带来的政府畜群上之后，殖民地的所有家养动物包括：两头公牛、五头母牛、二十九头羊、十九头山羊、七十四头公猪和母猪、十八只吐绶鸡、三十五只鸭、三十五只鹅、两百零九只鸡，还有五只兔子。所有这些动物都被人毕恭毕敬地照料。正如菲利普对流犯所说，一头种畜生命的价值等同于一个人的生命。1788 年 8 月，当为了在威尔士王子生日这天杀了供军官晚餐吃而养肥的一头羊从羊圈消失不见时，菲利普说，告发贼的人就可完全得到自由，但没人肯讲。果尔贡是殖民地的一流非洲甘牛，这头牛及其五头母牛都在灌木丛中迷了路，然后消失不见了。羊会死于肠道炎，而丁狗和流犯则不断偷猎母鸡。

所有的人不分级别，饮食千篇一律，吃的是咸肉和在铁铲上烤出来的味如嚼蜡的玉米饼。由此看来，食物并不能象征自由人和受束缚者之间适度的社会分野。"彭琳女士号"海军陆战队队长詹姆斯·坎贝尔写道：

> 我们的限额很少，我不知道为什么，也不知道是不是上级有意如此，军官（每天）仅比流犯多半品脱里约热内户的那种很差劲的烈酒，味道难喝，气味也难闻，谁要是能喝，那一定是因为他就爱喝那种东西——但事实就是如此。[33]

菲利普知道，殖民地要想继续存在，就必须排除地位带来的舒适。如果食物过剩，军官就会开始梦想过贵族生活——但暂时还没有这样。他们已在饥饿的边缘生活了五年。第一次种的庄稼没有成功，第二次种植虽有收获——仅有四十蒲式耳——但都得留下来做种。1788 年，犯人没有役用的动物。犁铧要到 1803 年才在澳大利亚启用。

囚犯中只有三分之一的人能干活，即吃公粮的 966 人中的 320 人。50 多个犯人因年老体衰和不治之症，根本不能工作，还有很多其他人（都在贫民窟中长大，根本不会干农活），"如果任其自生自灭，肯定就会饿死"[34]。人人都能养活自己的理想，一到新南威尔士就成了笑柄。

一些军官有自己的菜园子，由犯人料理。为了安全，在海港三百码开外的一座岛上，他们开垦了一座用于公共储藏的厨房菜园。那儿比较安全，不受囚犯和海军陆战队的影响——因为他们为吃青绿食品而不顾一切：萝卜还没长成，就把苗拔出来，把叶子狼吞虎咽地吃掉。但花园岛——该岛就是这么叫的——的产量还是很低，只够医院帐篷里的病人吃。军官们保卫自己的私有园地十分起劲，但很不成功。例如，1790 年

2月，克拉克少尉去看他自己的洋葱苗圃，他当时能利用海港里的另一座小岛（至今仍叫克拉克岛）。他发现："自我上次来后，有条船在这儿登过陆，把绝大多数东西都拿走了……要想在这儿种植任何菜园子的东西，都是不可能的。东西还没长好，就被人偷走了。"[35]

殖民者发现，他们能吃的植物很少，而且野味也很少。他们采集野菠菜和一种味道像甘草根的匍匐植物，即甜菠萝，他们称其为"甜茶"。一些军官随身带来了他们自己的鸟枪，但殖民地弹药储藏有限，如此耗费似不明智。

因此，唯一可靠的新鲜蛋白质来源就是鱼了。还有人对此抱有偏见。定量是，发十磅鱼，就可充抵两磅半咸牛肉。金说："如果这儿有更多犯人，他们就不会愿意在抓到大量鱼后，让人停发他们的咸肉定量。"[36] 在悉尼，"老英格兰的烤牛肉"（哪怕是咸牛肉，而且已经烂掉了一半）当时都比鱼更受人珍视。

到了1788年10月，菲利普还是不知道，换班接防的船只是否已经上路，而这时储存的食品如果严格定量，只能维持一年了。鉴于英格兰和悉尼两地间奇异的时滞现象，他必须做出决定。他把每周的面粉定量削减一磅，又派遣最大的船只"天狼星号"去开普敦购买更多供应品。

该船船长约翰·亨特赌了一把，冒险走了一条更长但也更快的路线，乘着西风，绕合恩角航行。速度极为重要，因为他的水手都因败血症和饥饿而病恹恹的。"天狼星号"三个月就抵达了开普敦，而要迎着盛行风走西线，很可能要五个月时间。1789年5月，亨特把船装货，重新整修，开回了悉尼湾，船上满载小麦、大麦和面粉。在开普敦没有听说换班接防的船只的消息，但五十六吨新面粉可在殖民地维持四个月的生存，种子也可在悉尼周围的耕地和玫瑰山内地的新农场种下。

到了此时，农业的大部分希望都放在了玫瑰山总督的农场上，黑人则叫它帕拉玛塔。这地方土壤深厚肥沃，田野向南，一直延伸到一条可以通航的河里。截至1789年底，这个农场已经生产出澳大利亚农业上的第一个奇迹，一个重二十六磅的包菜，但要让整个拓居地都吃上青绿食品，还有很远的路要走。事实上，在接下来的这一年中，进一步拓展的想法都萎缩了下去，原因让人觉得好笑：1789 年没有船来。1790 年缓缓地过去了，这个小小的拓居地无情地堕入了麻木绝望的慢性饥饿状态。拉尔夫·克拉克在日记中潦草地写道："天主佑我。如果船还不来，那就不知道还会有什么来了。"沃特金·坦奇这样描述悉尼湾上笼罩的气氛：

> 饥荒……正大踏步接近，忧郁沮丧的情绪布满了每一张脸。大家沉浸在最令人绝望的念头中，并做出了最不切实际的臆测。
>
> 不过，我们还是翘首以待。如果惊雷在远处震响，或林中回响的鸟枪声音比一般的枪声更响亮，就到处都可以听到"船上放枪了"的叫声，接下来是一片急切骚动的情绪。[37]

骚斯威尔中尉写道，他的眼睛在傍晚的时候会产生一种错觉："好像有某种幻象中的小云彩……有那么一小会儿，欺骗了急不可待的想象，让人刹那间以为，那是一艘船在改变航向或位置，正朝港口驶来。"[38]

生活用品越来越少，菲利普只好决定再赌一把。他派遣 281 人（超过了殖民地三分之一的流犯，由半个营的海军陆战队把守）乘坐"天狼星号"，前去诺福克岛，然后继续前行去广州，装载急需的生活用品。菲利普的理由是，流犯及其看守到了诺福克岛，机会就比较好，因为那儿地肥鱼美。海军陆战队并不喜欢这个做法（因为这能带来额外的好处，让菲利普搞掉那个不服管束、令人讨厌的家伙，也就是罗斯少校），但他们别无选择。于是，1790 年 3 月，"天狼星号"连同"供应号"这条补给船一起扬帆启程。现在，悉尼的殖民者与外部世界没有任何通信方式。戴维·柯林斯写道："这个地方的这个小社会已经四分五裂，人人都好像在寂寞和沉默中苦想摆在眼前的枯燥乏味的前景。"[39]

4 月 1 日，菲利普"不分青红皂白"，把定量削减为每周四磅面粉、两磅半咸猪肉和一磅半大米。这仅够维持生命，不够用来干活，因此，他很讲人道，把流犯的工作减少到每天六小时，这样，每人就能在下午种植自己的菜地。

4月5日，"供应号"出现在南头，孤零零的一条船。船上放下汽艇，朝悉尼湾的海滩驶来。坦奇看见，该船船长"做了一个非同寻常的手势，一目了然，表明出了大事。我忍不住转身朝向总督……说，'先生，你要做好准备，是坏消息'"[40]。

消息是毁灭性的。"天狼星号"在诺福克岛触礁，整条船都报废了，但船上所有船员和军人，包括流犯等全都获救。悉尼和诺福克岛上的两个拓居点现在都与世隔绝，而且——除了一条一百七十吨的方帆双桅船之外——也互相隔绝。两个拓居点都在迅速崩溃，因为诺福克岛的情况跟悉尼一样糟糕。

iv

两年前，菲利普·吉德利·金和他二十二名殖民者组成的支队，从"供应号"颠簸不止的甲板上瞥见了一座岛，这座岛后来成了英语世界最糟糕的地方，当时他们所见到的景象并不吸引人。

诺福克岛景色殊美，但同时也是个天然的监狱。它没有海港，沿岸都是悬崖峭壁，像腰带一样系了一圈暗礁，长长的太平洋排浪砸在上面，发出单调沉闷的刺耳轰响。金不得不在下风处等待五天，才带领一支侦察队上岸。他们于1788年3月4日在安森湾登陆。高高的松树一直长到峭岩表面。据金猜测，最高的树有一百六十英尺。[41]松树的树干藤蔓缠绕。该船的外科大夫在这个迷宫样的地方迷路了，在林中过了一夜。黑暗中，野菌在菜棕榈形成的哥特式穹隆下闪着磷光。他听见啃食的声响，以为他周围全是兔子，其实全是老鼠。

金发现了一条通道，能够穿过礁岩，抵达悉尼湾（也就是今日的金斯顿），便于 3 月 6 日登陆，卸下了流犯和生活用品。他们用一根树苗把英国国旗升起。"我占领了这座小岛，'为国王陛下干杯'；'为女王干杯'；'为威尔士王子干杯'；'为菲利普总督干杯'；'为殖民地的成功干杯'。"英国人一起发出的粗粝的说话声被太平洋的空气一吸而尽，被一排松墙背后的无穷无尽的碧空吞没。两天后，"供应号"扬帆前去一千英里开外的澳大利亚海岸。

第一批庄稼因海风和海盐而消殒。老鼠吃掉了蔬菜。夜盗蛾、黑毛虫和毛色鲜亮、大喊大叫且专吃种子的诺福克岛鹦鹉接踵而至。"天狼星号"的失事，意味着又得养活一批人。1790 年 3 月，诺福克岛上有425 人（200 名流犯），但到了 1791 年 11 月，又有人从悉尼抵达时，人数达到了 959 人（748 名流犯）。因此，到了 1806 年，第一座拓居地弃置不用时，该地人口基本持平，维持在一千人左右，一名看守看管七名囚犯。

尽管土壤深厚肥沃，他们到了 1790 年 3 月，也只锄出了大约五十英亩土地。礁石四周红鲷鱼蜂拥，但殖民者的两条小船——一条快艇和一条救生橡皮筏——并不总是能够突出迎面扑来的浪头的重围。拯救了大家生命的是羊肉鸟，这些鸟在该岛最高的山皮特山上大批群聚。山侧满是窟窿，都是它们鸟巢的隧道。羊肉鸟 3 月初来到诺福克岛，一直待到 8 月底——这差不多就是南太平洋冬天的长度。1790 年 8 月，拉尔夫·克拉克写道："这种鸟很好吃，肉很肥，也很结实。我觉得（尽管我不是美食家），鸟肉跟我吃过的别的肉一样好。"这种"天赐之鸟"（军官就是这么叫的，流犯则更简洁，直呼"皮泰特鸟"）肉味很油，带鱼味，介于企鹅肉和鸡肉之间。这些鸟从未见过人类，鸟群之繁盛让克拉克觉得颇有《圣经》的意味：

> 它们一般会在山的周围盘旋一个小时左右，然后就飞下来，密集得好像下了一阵冰雹，这样描述可能会使摩西在荒野的古老故事（《出埃及记》xvi. 13）稍微有点可信了。这儿人人都尊重阵雨般飘

落之鸟羽，他们能够生存，要感谢皮特山的鸟。[42]

　　鸟一落地，就因长长伸展的翅膀而受拖累，就像信天翁一样。克拉克作为管公共仓库的军需官，记了一笔每日的流水账：在 1790 年 4 月至 7 月的接连三个月中，总共屠杀了十七万多只羊肉鸟，几乎平均每天每人四只鸟。一些流犯为了弄到鸟蛋，不择手段，甚至到了残酷野蛮的地步：

　　　　他们把鸟抓到后，没有蛋的就放走，有蛋的就把蛋割下来，再把可怜的鸟放走，这是我听说过的最残酷的一件事。但愿能把他们之中一些人在做这种残酷事情的时候当场抓起来，以示警诫。[43]

很自然，如此杀戮令"天赐之鸟"无法幸存。到了 1796 年，鸟群开始稀少，八年后就几乎绝迹了。到了 1830 年，诺福克岛上就再也没听说过有羊肉鸟了。

　　与此同时，清理空地、建造房屋的艰苦工作仍在继续。饥饿的人们缓慢地干活，因此，清理的空地也少了。这意味着作物减少，人们更加饥饿，很少有精力与时间来对付该岛本应生产的松树和亚麻等作物了。

　　然而，诺福克岛的松树就像其他具有对跖点性质的东西一样，也带有欺骗性。后来发现，这种松树没有别的用处，只能用来搭棚子、当烧柴，木料韧性不够，无法用作圆木，其木纹很短，缺乏树脂，不像挪威松树，更像山毛榉，说断就断，跟红萝卜一样。

　　剩下的只有亚麻植物。1788 年终，菲利普曾很乐观地向悉尼勋爵报告说："新西兰亚麻可以给拓居者提供绳子和帆布，以及相当大的一部分衣料，这时他们就可以穿得像样了。"[44] 但是，海军部派遣第一舰队时并没有派亚麻工。菲利普乐观积极，很有远见，想象拓居者和流犯都能穿上家常亚麻，同时派遣满载着帆布的大商船前往英格兰，但这个幻想很快就烟消云散。他请求伦敦派一个亚麻编织工，但花了两年时间，这个专家（是个犯人督导，名叫安德鲁·休姆）才抵达诺福克岛。1791年，休姆好容易才为海军部制作了两平方码的诺福克岛粗亚麻——也许是人类编织的最昂贵的纺织品。

与此同时，金产生了一个想法。他还记得，班克斯曾经跟他讲过新西兰毛利人编制的亚麻织物。简单说来，他需要一个毛利人。大约一年后，一条船倒的确从新西兰的群岛湾绑架了两个部落人，他们拼命挣扎，心怀愤懑。一个是年轻的首领巫度，另一个人是神父的儿子图克。两人都是二十四岁，两人都根本不知道怎样备制亚麻，因为这种粗活一般都是女人做的。因此，巫度和图克郁郁寡欢，傲慢不逊地在拓居地走来走去，从陆岬处眺望大海，在那儿，"几乎每天黄昏，一日结束之际，（他们）都要哀悼自己与家人分离的境况，不是哭号，就是唱一首歌，表现他们的悲伤之情，歌声有时候还十分动人"。他们在诺福克岛上被流放半年之后，金就把他们送回了新西兰。[45]

与此同时，他们反复试验，不断摸索，继续生产亚麻。高峰期，流犯工人（主要是女的）每月能生产一百码粗帆布。不过，以这样一种速度，生产出一级舰所需的帆布，需要两年时间。这个项目逐渐越做越没劲，后来就没下文了。到了1800年，原来因马特拉关于亚麻植物的高谈阔论和库克对松树的极大热情而产生的希望，最后全都化为泡影。这个地方不可能为英格兰生产任何东西，不可能自给自足。该地的殖民者就像澳大利亚大陆上的殖民者一样，也堕入一种大伤元气的怠惰状态。

V

菲利普总督一听说"天狼星号"失事的消息，就把悉尼的存货清点了一下，发现只剩几个月的储备了，于是，他又削减定量。可怜巴巴的少量食物——只有本应有的三分之一——每天一点点地发给以七人为一组的各组成员，这样，流犯就无法立刻把每周的定量一次性吃光。有些女的为了每周几把面粉或一块软骨而不惜卖身。工作队里的大多数男子已经跟土著一样赤身露体，因为他们已经把衣服拿去换吃的了。要想让流犯互相帮助是不可能的。悉尼湾好像蒸馏一般，只把英国贫民窟狗咬狗的悲惨保存下来。1790年5月，一个上年纪的因犯在排队领食物时倒地死去，柯林斯对他解剖之后发现，他的胃部几乎空空如也。他不是把他的做饭用具弄丢了，就是卖掉了，他的因友不帮助他，却要求砍掉他的定量，否则就不分享他们的炊事用具，他就这样饿死了。

菲利普很不情愿加大力度惩罚偷盗食物的行为，惩罚本来就很严峻，但无法阻止饥饿的局面。1790年，一个男的因偷了二十盎司土豆，而挨了三百鞭的抽打，戴镣铐半年。还有一个因拿走了三磅宝贵的块茎，而挨了一千鞭的抽打。遭受了这样的虐待之后，犯人就丧失了能力，好像被活剥了皮一样。凡是帮助活捉偷窃食物者的人，就能得到重赏（用食物重赏，这是唯一有效的货币，因为在这座监狱里，还没有货币流通）。例如，1790年5月，流犯托马斯·亚斯里抓住了一个在菜园偷菜的人，从而得到了六十磅面粉的报酬。据沃特金·坦奇说，这种诱惑比"秘鲁或波托西的矿藏还要诱人"[46]。

饥饿、恐惧、精疲力竭和那种渗透一切的放任自流感——即便流犯中还残剩些许士气，也早已被这些感觉摧毁了。在幸存的少有几封信中，有一封出自一位无名女性之手，其中提道，"在造物的这种寂寞的荒野中，我们哀伤的情境……是任何陌生人都难以想象的"。她还透露道："简言之，人人都只关注自己的不幸，毫不怜悯他人。"难怪，到了1790年，拓居地的牧师理查德·约翰逊哀叹，犯人对天神的话无动于衷。"在犯人和其他人中取得的成效甚少，要使他们都能聪明睿智就好了——可是，什么都不能让他们吃惊，也不能诱惑他们。"[47]

卫兵和犯人一样麻木不仁。他们脾气变得越来越暴躁，对很简单的事情也拿不定主意。他们幻觉丛生。骚斯威尔中尉体会到饥饿带来的迟钝状态："我承认，我没有能力……我被各种各样的臆测弄得糊里糊涂，却无法得出任何结论。"[48]互相交谈、交朋结友和对事物的普遍好奇心，这些都一晃而过，就再也没有了，因为无以为继。对新环境刨根问底加以探究的那种精神，在拓居的第一年，曾让几名军官把日记写得满满当当，但他们现在也萎靡不振。1789 年至 1790 年间关于植物、动物和"印第安人"的观察大约只有 1788 年的一半。单调乏味的气氛笼罩了一切。各个阶级的人现在都互不信任，达到了一触即发的程度。一位匿名的男犯人哀叹他们"鲁滨孙漂流记一样的冒险经历"时写道：

> 我们害怕士兵，而他们看到谁比他们生活得好，就不满意，我们比他们生活得糟，他们也不满意……（我们）对到来后的种种情况大失所望，因此，这些闷闷不乐、高人一等的后备军人就更让人害怕了。一些最无知的人根本不知道，他们就要被部队和轮船留在后面，完全自生自灭了！[49]

地位标志正在消失。所有的军服都已穿破或褴褛不堪。大多数海军陆战队员光着脚丫子，已经完全不做军事操练、日常仪式和彻底打扫清洗兵营等工作了。沃特金·坦奇写道："别出心裁，想方设法，用他物替代，交替使用，缝缝补补，为的是苟延残喘，维持残剩的一点面子，不可能想象还有比这种权宜之计更荒唐的事。"[50]

海军陆战队员对菲利普积怨甚深，痛恨他命令向犯人和卫士发放等量的定量食品。总督把他私人积蓄的面粉——有三百多磅——交给公共仓库时，柯林斯写道，这一姿态"在这个普遍痛苦失望的季节，给他带来了永恒的荣誉"——实际上也的确如此。[51]但海军陆战队并不同意。如果服装和口粮不能象征地位，行动总该是可以象征的吧。海军陆战队对那些精疲力竭的"爬行动物"雨点般的污言秽语和拳打脚踢，肯定是用来加强他们高人一等的身份的，而不仅仅是为了促使后者工作。因伪造罪而被流放的犯人艺术家托马斯·瓦特林总结道：

> 压迫他人、心胸狭小的专制行为，这样的例子比比皆是，触目

惊心，极为频繁，以至像我这样的人都放弃了慷慨大度、礼貌文雅的一切希望。除非我们能够以极令人讨厌的卑躬屈膝的态度，谄媚哄骗我们那些恶毒愚蠢的长官，否则别指望得到任何东西。经常的情况是，即便这么做……也得到了应得的报偿——无人理会，遭人唾弃。[52]

殖民地社会资源匮乏，要想从这种匮乏的资源中，构造一种强权感，位居高位的"顶狗"① 就得随心所欲、反复无常——否则，"底狗"② 的卑躬屈膝就可能会被看成合同规定的条款。瓦特林既不想通过针锋相对夺回尊严，也不想低三下四求得保护。有教养的犯人仍旧抱住一个念头不放，觉得他们不是"一般"的犯人，而上述那种情况对他们来说就是很令人崩溃的。对他们来说，奴颜婢膝（他们当年可怜巴巴地贪污伪造，为的是能够摆脱奴颜婢膝的境地）的确很"令人讨厌"。

菲利普面对希望全无的囚犯和随时都可能哗变的海军陆战队员，以他不屈不挠的精神，以身作则的榜样，固执己见、一定要一碗水端平的态度，终于带领这座悲惨的拓居地，度过了危机四伏的这几个月。他写道："我们不会饿死，尽管殖民地有八分之七的人就活该死掉。只要第一艘船抵达，就会解决目前的匮乏状态。"[53]

1790 年 6 月 3 日，一个风雨如晦的日子，终于有人瞥见了盼望已久的船帆。沃特金·坦奇穿过他小屋的门廊，一看见"女人怀里搂着孩子跑来跑去，一副心神不宁的样子，互相祝贺，带着热情洋溢、极为娇纵的样子，吻着她们的婴儿"，就意识到船来了。这艘船是"茱丽安娜女士号"，该船离开普利茅斯已经十一个月，带来了殖民者在近三年中收到的第一个消息：

---

① 英文是 top dog，相当于汉语的"一把手"。
② 英文是 underdog，意即"受压迫的人"。

　　"信来了！信来了！"人们大叫着。信一拿出来，就被颤抖的手激动地拆开。消息就像正午太阳的光芒，照射在一个盲人身上那样，在我们身上泼溅开来。我们收到消息后，不胜惊喜之至：内容有公共新闻，也有私家消息，有泛泛而谈，也有特别介绍。过了好几天，我们才能条理化地把这些消息梳理清楚或整理成形。[54]

　　他们第一次得知，乔治三世紫质症发作，瓦伦·黑斯廷斯受到审判，乔治·华盛顿参加就职典礼，成为美利坚合众国第一任总统。最令他们惊讶的是——而且，鉴于他们当时所处的社会地位，也最有凶兆的是——法国大革命，坦奇称之为"最神奇也最出人意料的事件"。

　　他们也了解到给养没有到来的原因。原来，"护卫者号"装载了够用两年的食品和备用品，撞上了一座冰山，船上所有的备用品丢失净尽。它一瘸一拐地驶入开普敦之后，就被扔在那儿了。要不是这样，这艘船应该在3月初就抵达悉尼，从而避免"天狼星号"的覆没。"茱丽安娜女士号"倒是带来了一些面粉，但也带来了更多饭桶，也就是222名女犯人。

　　至少她们身体都还健康。不过，第二舰队上的其他囚犯就不是这样了。有一千多人上了船，其中四分之一的人死在海上，但一半的人从其他三艘剩下来的船，即"海王星号""惊鳍号"和"斯卡伯勒号"（第二次航向澳大利亚）上下来，在悉尼湾登陆时，已经病入膏肓。一些人死掉是因为船主行为野蛮，另一些丧生则是因为病得厉害，不能坐船。[①]英格兰当局就想利用第二舰队摆脱囚船和监狱里的老弱病残者，一劳永逸地让他们进入湮灭状态。菲利普怒火中烧，写信给伦敦的上司说：

　　　　把这些生病无助的人送来，倒是清空了监狱，也许能解除他们所来自的教区的负担，但……显而易见的是，照此办理，这座拓居

---

① 关于第二舰队的航行，参见第五章。——原注

134

地将始终是祖国母亲的一个负担，而不能成为一个自给自足的殖民地。[55]

不过，他的信还没到伦敦，第三舰队就已经上路了，船上载了 1864 名流犯，其中十分之一的人都死了，幸存下来的于 1791 年登陆时，用菲利普的话来说，"骨瘦如柴，憔悴无比"，完全不适合工作——又来了一些孤苦无助的寄生虫，只会拖殖民地的后腿。

就这样，尽管船来了，却没有带来太大变化。戴维·柯林斯给父亲写信，把他的困境总结了一番：

> 我发现，我正当年，却把生命虚耗在世界最遥远的地方，没有荣誉，无……利可获，与家人分离……与我所有的关系分离，与世隔绝，经常害怕挨饿……所有这些考虑诱使我……拥抱出现的第一个机会，逃离一个不比专为社会抛弃者准备的流放地更好的国家。[56]

事实上，很快就有人来接海军陆战队的班了。第二舰队来了两个连，隶属专为澳大利亚量体裁衣而建立的一个新的军事单位，即新南威尔士军团。该军团的军官知道，他们不得不做行政性的工作，如陪审团的义务工作，这种工作是罗斯少校及其手下人所讨厌的。而且，进入该军团的人不仅要看守犯人，还要与法国人作战——哪怕后者的可能性很小。作为士兵，这些植物湾漫游人（后来他们被人起了这个诨名）哪怕根据当时英国陆军的低标准来看，也不是好货，其中大多数人是垃圾，他们到新南威尔士服役，是因为这是替代乞讨或犯罪的最佳手段。军官之中比他们好的人也不多。[57]

新南威尔士军团对早期新南威尔士生活的影响，与其作为军事力量的质量完全不成正比。1791 年和 1808 年间，该军团事实上——如果还不完全在法律上——已经形成了殖民地唯一最强大的内部影响力，产生了第一批统治宗派，甚至在 1808 年推翻了总督。

第二舰队和第三舰队的抵达证明了一件事：无论殖民地前景多么糟糕，至少英格兰还没有抛弃它。从现在起，在所有海角都能持续地看到点点帆影。有些是犯人船，另一些是供应船。还有一些是那片遥远海洋上的第一批贸易先驱：捕猎海豹的船、捕鲸船和商船，人们都被猛涨的高价吸引到这座尚处婴儿期的殖民地来，因为殖民者为了普通物品，也愿意支付这种价格。柯林斯注意到，"每种舒适或方便的小物件"，价格都要达到百分之三千到百分之四千。[58]

因此到了 1791 年末，已有迹象表明，悉尼可以自我维持了——但正如菲利普在给英格兰的报告中所强调的那样，光靠犯人劳动是不行的。囚犯没有物质刺激，不想干活。他们有气无力，想反抗也没办法："无论对他们好心好意还是严加管教，都不起作用。不过我可以说，犯人总体来说表现很好，有很多人不怕惩罚，倒更怕劳动。"菲利普坚持说，唯一的希望就是，建立这个殖民地，"需要的是习惯了劳动的农场主和移民，他们能够凭自己的辛勤劳动收获果实"。[59]

但是，并没有一批身体健壮的自耕农愿意到新南威尔士来。事实上，1800 年之前，只有二十名自由拓居者愿意移民澳洲。因此，菲利普决心看看，是否能把"盈满释痞者"①（即刑满释放后，愿意继续留在澳大利亚，开始新生活的犯人）改造成为自耕农。如果能，他会赠送他们土地，允许他们使用工具。如果他们的农场兴旺发达起来，他们就可以"不再依赖公家"，从而独立于政府的口粮定量，最终能把余粮卖给殖民政府的仓库。这样的人能树立一个好榜样，证明流放制度是可以进行改革的。

第一个成功地成为独立农场主的犯人是理查德·菲利摩尔。他到 1791 年 1 月时，在诺福克岛上种的谷物足以维持他本人和两个工人的生活。但澳大利亚农业之父，也就是通过辛苦劳作在澳洲大陆更加顽固的土地上讨生活的第一人，则是詹姆斯·鲁斯。菲利普在帕拉玛塔送了他

---

① 此字的英文是 Emancipists，带有贬义，故音译之。

一英亩清空的土地和一片原生丛林。鲁斯来澳之前曾在康沃尔当过农民。他没有动物粪便，就在他那小小的一英亩地上，把木材烧毁，然后掘土，把灰掺进去，灰里富含钾肥。他没有马拉犁铧，也没有犁铧，就用锄头把土彻底翻锄了一遍（"不像政府农场那样，只是把地皮划一下，而是像像样样地翻整一遍"，他骄傲地告诉沃特金·坦奇说），然后把草皮翻起来，让草和杂草在土壤中沤成堆肥。即将播种前，他又把地翻了一遍。到了夏末（1791 年 2 月），他的小麦和玉米长了起来，他欢天喜地地告诉菲利普说，他有粮食吃，可以养活自己了。到了 1791 年 12 月，他的妻子和孩子也"不再依赖公家"了。

菲利普奖励他，立下契约，在帕拉玛塔给了他三十英亩地——这是澳大利亚的第一块赠地。该地被命名为实验农场。到了 1819 年，鲁斯名下就有了两百英亩地，尽管他后来不是因为喝朗姆酒，就是因为运气不好，失去了他所有的土地，最终只好给别人打工，为另一个农场主当监工而了此残生。他墓碑上刻下的诗行充满了一种可以理解的《圣经》风格的自豪感，通过家常拼音法闪耀着光辉：

> 妈妈温和地教我读书写字，
> 在我身上耗费心力。
> 我到达殖民地后，
> 播下了第一颗种子，今后，
> 我希望和我在天之父，
> 永世永生，永在一起。①

到了 1792 年末，殖民地所有的经济希望全部放在了帕拉玛塔。谁也不再在悉尼瘦瘠的土壤上挣扎劳动了，而坦克溪已经成了"一片沼

---

① 所谓"家常拼音法"，是指该诗文的用字拼法不规范，如把 read（读书）拼成 Reread，把 pains（操心）拼成 paines，把 Colony（殖民地）拼成 Coelney，把 first（第一）拼成 Forst，等等。该诗共有八个英文错误。如果有不可译现象，这就是不可译。

泽"，遭到拓居者的严重破坏，船舶再也不能从中汲水了。但在帕拉玛塔，一座座农场正缓慢扩展，尚属脆弱的拼接连缀的田野一直延伸到古老灰绿、一片混沌的丛林里。到了1792年10月，菲利普在帕拉玛塔一带和附近的通嘎比区，把赠地赐给了六十六人，其中五十三人属刑满释放的犯人。他们中间像鲁斯的人并不多。有手艺、肯吃苦的"盈满释疣者"可以攒足路费，回英格兰，再不就是通过当海员和木匠来挣路费。菲利普很遗憾地写道："就这样，最好的人都走了。"[60]首次登陆的四年后，大多数因犯无法养活自己，被人像牛一样驱使着干活。随第三舰队到达的一个老犯人名叫亨利·黑尔，他生动地描绘了通嘎比地区的劳动景象：

> 在那儿的整整九个月中，我一天只吃五盎司面粉，称量后，几乎不到四盎司……那时候，我们都要背上牛轭，一起拖木材，每组二十五个人。树棍子长六英尺，六人肩并肩地扛。我们把树棍子放在身后，用双手拽。有一个人……也跟着拽，结果很快就完蛋了。他星期四开始干活，星期六就死了。当时他正拽着重物下宪法山……男人从前都是把树扛肩上的。他们从前都是怎么死的呦![61]

在通嘎比，"生活中一切必要的便利他们都闻所未闻，凡是他们害怕的，都令他们吃尽了苦头……每天死七到八人是家常便饭，而且经常是在干活的时候死去"。难怪，犯人像蚂蚁一样喜欢小偷小摸。尽管1791年有一次漫长的旱季，庄稼却丰收了，生产出的小麦几达五千蒲式耳，其中有不下于一千五百蒲式耳——也就是那年庄稼收成的百分之三十——在田野到粮仓的路上消失不见了。[62]

然而，1792年底，一千英亩公田和五百一十六英亩的私地都在垦殖之中，四千多英亩的土地已经划出，准备用于将来造田。菲利普想，这个工作应该由"盈满释疣者"和新南威尔士军团来做。他们都可以使用犯人劳动力来帮助他们。囚犯配给制就这样产生了，澳大利亚早期的经济就建立在这种改头换面的奴隶制度上。

到了这时，据殖民部细致入微的簿记，新南威尔士殖民地（即四个红色板块，分别代表悉尼湾、诺福克岛、帕拉玛塔和通嘎比）花费了乔治三世政府总共 67194 英镑 15 先令 4 便士 3 法寻。若按现代货币算，约值 335 万英镑。[63]

那么，英国王室得到的回报是什么呢？从战略角度看，没有什么回报。本来希望通过诺福克岛，为英格兰的东印度公司舰队提供圆木和帆布，但这个希望化为泡影。而英国不仅对澳大利亚海岸提出了主权要求，而且已经占领之，无论这种要求或占领有多么站不住脚，这一事实都意味着，法国人若想再在南太平洋强行提出领土主张，就会更加困难。鉴于英法之间权力平衡的广泛性质（根据这种性质，法国主宰欧洲大陆，英格兰掌控全球，统领海浪），用 18 世纪地缘政治尚属原始的语汇来说，这座殖民地至少还需要行使一个假设的战略职能。

至于流犯，据威廉·皮特的托利党政府称，他们对结果并非感到不满意。一些批评的人很想知道，为什么不像法国或德国那样，利用重犯在英格兰修筑市政工程。他们的论点认为，尽管这些家伙已名誉扫地，但犯人劳动力尚有一定价值，不该浪费在澳大利亚。皮特以高傲矜持的态度，对这些反对意见不屑一顾，他说——而且说得相当不真实——殖民地的主要费用已成旧事，殖民地现在已经可以自给自足，或者不久以后就可以自给自足，而且，流放制度是搞掉重犯最便宜的方式。[64]

所以，殖民地还得搞下去，不过，搞下去可以，但不能再要亚瑟·菲利普总督了。1792 年 12 月 10 日，菲利普在他两个土著朋友，即本奈朗和耶墨拉瓦尼的陪同下，登上"大西洋号"补给船，第一次顺着海湾航行了一次。他渴望回到英格兰。二十二年后，他死在巴斯，这时他已经退休，百无聊赖，这个海军上将靠养老金生活，依然与他所创建的殖民地的事务保持着联系（尽管只是很散漫地保持着联系）。

vi

随着18世纪最后十年的逝去，英国政府依然从海事角度看待澳大利亚及其流犯殖民地。澳大利亚的几个拓居地都是港口和岛屿。澳大利亚面朝大海，而不是面对陆地。它是贸易、整修和防御的基地（尽管只是一个很弱的基地），但不是向内部扩展的基地。新南威尔士的头四任总督都是海军军官：菲利普船长、亨特船长、金少尉和（"邦蒂号"的）威廉·布莱船长。[65]以伦敦的观点看，流犯殖民地就是一座陆地囚船，其尺寸之大，就是一整座大陆。

但是，1792年后，澳大利亚可以自给自足了，而这都是住在陆地上的人——新南威尔士军团军官和他们的朋友——的成果。菲利普于1792年12月离开，亨特于1795年9月回来，这段几乎长达三年的时间里，殖民地实际上由新南威尔士军团的主要军官弗朗西斯·格娄斯和威廉·帕特森管理。他们建立了私人经营管理和奴隶劳工的模式，开创了澳大利亚第一批精英的财富。

弗朗西斯·格娄斯（1758? —1814）曾在美国独立战争中与美国民兵打过仗，受了重伤，作为伤残人员回到英格兰后，通过帮助募捐，招募新南威尔士军团士兵，而重新领取全额离职金。作为该军团司令和新南威尔士副总督，格娄斯在菲利普的船一走之后就接管了权力。他迅即着手把大部分文职事务抓到军人手中。他以军团官员取代了地方行政长官，并把一位盛气凌人的年轻苏格兰陆军中尉约翰·麦克阿瑟任命为团级掌薪官和市政建筑巡视员——这两样职位使他握有杠杆力，能够控制流犯劳工的供求关系。

格娄斯并没有忘记他的地位和职务。他取消了菲利普人人定量均等的政策，规定部队可享受比流犯更多的口粮。他还宣布，新南威尔士军团的任何成员只要开口，就可以免费得到二十四英亩的土地。但是，他对澳大利亚未来农业耕作最关键的决定，就是向军团军官提供一百英亩赠地——同时奉送十个犯人，要他们干活不收钱不说，还要靠政府的钱养活。据格娄斯向伦敦报告说，这些军官"是唯一可以依赖的一类拓居者……他们的努力真正让人惊奇……我要尽我所能，鼓励他们再接再厉"[66]。

在格娄斯的领导下，军官在经济上占了平民的上风。他们可以用军团薪水作为抵押，借钱集资。他们作为军阀，对抵达悉尼港的大部分消费品都进行垄断，其中主要的一宗是朗姆酒，这是新南威尔士早期的社交麻醉剂和真正的流通货币。殖民时期的悉尼从上到下，都是一个大醉醺醺的社会。男男女女全都喝酒，不顾一切地喝，酒瘾十足地喝，一心一意地喝，边喝还边吵架。他们喝的每一滴酒都是进口酒。

1793年初，一艘美国贸易船"希望号"抵港，货物里还装载了七千五百加仑朗姆酒。该船所载货物和补给品都是当时急需的。"希望号"脾气倔强的船长不仅开出了过度膨胀的价格，而且坚持说，除非殖民地首先买走所有的朗姆酒，否则，一根钉子、一袋面粉、一码布匹也不许离船。这简直是用拇指挖他们眼睛，新南威尔士军团的军官不肯受这种活罪，就决定算了。他们组成一个团伙，互不竞争，买下了"希望号"的货物。约翰·麦克阿瑟作为团级掌薪官，以军团在英格兰的资金作为抵押，开出了必要的欠条。

这个临时做出的交易获利巨丰，朗姆酒军团（军团不久就被人起了这个诨名）很快就渗透了殖民地的经济生活。其后多年中，来到悉尼的大部分货物，都要经过军团之手及其青睐的仆从之手，其中就有几个是前流犯。大部分货物都投资在土地上。"盈满释痘者"流犯和自由拓居者在农业耕作方面享有平等权利。1794年初，悉尼西北面，沿着霍克斯伯里河富饶平原一带，发放了二十二块赠地。不到几个月，那儿就有了70个拓居者，一年后，人数达到了400，其中包括54个前流犯及其家属。但是到了1800年，54人中仅有8人在那儿还有农场——霍克斯伯里河的河滩有着悉尼周围最好的耕种土地。总的来说，1795年，新南威尔士赠地上的 274 名拓居者（其中大多数人，即 251 人，是前流犯）中，只有 89 人在 1800 年还在耕种自己的土地。[67]

这有自然方面的原因：洪水、林火、干旱——澳大利亚农业耕作中的三大永恒恶性图腾。也有文化方面的原因：很多"盈满释痞者"农场主都是新手，不像詹姆斯·鲁斯那样富有经验。不过，军官的金钱和使用借贷的便利，以及朗姆酒本身，对早期这种统一联合的倾向（1800 年[68]后整个扭转过来，对"盈满释痞者"有利了）当然是有帮助的。身为军官，就能挑选最好的赠地，能利用手艺最好的流犯，也就是"机修工"和从前的农工，在赠地上干活。他可以付钱为他们买工具、种子和存货，所支付金额仅为"盈满释痞者"农场主支付给他的一个零头，因为朗姆酒军团对进口物品取得了垄断。如果前流犯农场主开始酗酒，浪费生命，某位朗姆酒军团的军官就会出现，买下他的全部产权。

约翰·麦克阿瑟最早曾在 1793 年写道：

> 自从菲利普总督离开之后，我们这儿经历的变化实在太大，太非同寻常了，如果历数下来，可能会让人怀疑其真实性。从前的贫穷现象令人沮丧失望，经常受到饥荒威胁，但这座殖民地居然在如此之短的时间内，被提升到目前这样一个地步，这几乎让人难以置信。至于我自己，我有一座农场，面积几乎达到两百五十英亩……今年的产品我卖了四百英镑，我的谷仓现在还剩下一千八百多蒲式耳的玉米。[69]

到了 1799 年，新南威尔士军团的军官已经拥有澳大利亚 32％的牛、40％的山羊、59％的马和 77％的绵羊。麦克阿瑟及其同伙喜欢抓权不放，傲慢不逊。他们害怕失去他们的种种特权，因此一旦大权在握，就不肯放权了。格娄斯和帕特森之后的几任官方总督——亨特、金和布莱——想控制他们时，都遇到极大困难。事实上，在 1808 年 1 月 26 日，也就是庆祝白人拓居二十周年的这一天，他们竟然反抗布莱总督，发动了一场政变（coup d'etat），把他废黜，并把新南威尔士当作军事政府管理了两年，可是，居然没有一个军官因这场惊人的哗变而被判绞刑，也无人受到重罚。

他们的军事政府让人产生了两个假设。第一个假设是，他们之中没人（在布莱把他关起来的牢房里组织这场反叛的麦克阿瑟尤其不会）相信，海军总督会站在他们这一边。第二个假设是，流犯在那儿可以利用，但不可以改造。这两个假设导致人们对流犯，也就是新南威尔士的流氓无产阶级的态度迅速强硬化。任何人想批评甚至检查新南威尔士军团对流犯的处理问题，都遭到军团的极力抵制。这种态度具有象征意义，在诺福克岛也有反映。

vii

"大西洋号"载着菲利普于 1792 年离去时，中途在诺福克岛上停了一下，为该岛陷入绝望的殖民者提供给养。上岸的船员和海军陆战队员很吃惊地发现，在国王的亲手治理下，这个地方对岛上囚犯来说，已经变得多么糟糕。他们去悉尼时还在谈论这事，一个名叫约翰·伊斯蒂的海军陆战队员在日记中写道：

> 人们曾认为那座岛是世界上最繁荣的岛，结果却发现，这个地方可怜啪啪（可怜巴巴）各种各样的残酷现象都是政府在使用压迫用鞭子抽人把人打死把这些可怜的不幸的家伙用绞刑吊死也比受这种暴君统治的好①总督（金）表现得像一个疯子而不像受托管理属于大不列颠……一个小岛的人。[70]

---

① 原文没有标点符号，而且文中颇多拼写错误。

1790 年 3 月"天狼星号"失事后，金回英格兰短期疗养了一段时间，但他与表妹安娜·库姆新婚之后，于 1791 年 11 月又回到诺福克岛。这时，他已经被提升为该岛副总督，接下去在该岛当了五年的头儿。

诺福克岛的囚犯此时由植物湾漫游人看守。该军团普通士兵并不努力与流犯之间拉开距离。他们和"犯人关系十分亲密，与他们同住、同吃、同喝酒、同赌博，老是勾引女的，要她们离开自己的老公"[71]。于是就产生了摩擦。已经"盈满释痞"的犯人抱怨说，士兵老勾引他们的老婆。其中一个犯人德林是该岛的舵手，他把那个经常让他戴绿帽子的士兵揍了一顿。金把这个愤愤不平的丈夫罚了二十先令，希望这样"可以说服该士兵相信，谁要是侮辱他，就会受到惩罚"，但根本不起作用。士兵都认为，应该把德林用鞭子抽一顿。1793 年圣诞节，有人看见四个士兵拿着火把，朝德林的农场走去，他们一心想把他的玉米付之一炬。当一位平民农场主试图拦住他们，一个人用火把没头没脑地照他脸上戳过去，"结果导致他受到严重的烧伤和烫伤"。

就连金也无法忍受这一点。他让人把那个士兵逮捕。当晚，另外两个士兵手持大头短棒就去找德林，结果把他打得半死不活，鲜血淋漓，遍体鳞伤。于是，打他的人受到了军事审判，其中一个是二等兵唐尼，他被判罚一百鞭，并被要求与德林握手言和，送他一件礼物，即一加仑朗姆酒。令金感到惊讶的是，德林和其他几位"盈满释痞者"见状，竟然求他原谅几个士兵，因为他们害怕军团的人会施以报复。后来按他们的愿望办了，但有一个条件——就像金严格要求的那样——"盈满释痞者"和士兵都必须坐下来，一起喝那一加仑朗姆酒。

人们可能以为，怨恨到此就该了结了，事实并非如此。这些红衣军人（其实只是名义上的红衣军——金后来报告说，一到晚上，就无法根据一个人穿的衣服分清他究竟是士兵、拓居者，还是犯人）百无聊赖，心怀怨恨，特别好斗，老爱跟踪别人，动辄找人打架，说些难听的话骂金（他们鄙视他这个海军军官，这个军团的外来人），而且总是策划哗变。1794 年 1 月，金从一个犯人告密者那儿得知，士兵们都已经发誓，"再也不能因为做了对不起犯人的事，就让他们惩罚自己的同志了"；他们要起而反抗，杀死德林，并把所有囚犯都杀死。[72]

金意识到，要想镇压此次事件，会是"一件很棘手的事"。总不能仅凭疑心，就把整整一个支队都给缴械了吧，毕竟他们对之效忠的总督在澳大利亚本土，不过两个星期扬帆航行的距离，再说他本人还是他们的司令官呢。不过，金还是缴了十个闹事嫌疑者的械并把他们逮捕了。他匆忙地组织了一个民兵队伍，里面有四十四名自由拓居者，全是前海员和前海军陆战队员（当然，不可能信任任何"盈满释痞者"，把枪交给他们）。极为侥幸的是，一艘殖民地的纵帆船——他们九个月来看见的第一艘船——两天后抵达诺福克岛，带着来自悉尼的急件。参加哗变的闹事者被一船递解到澳大利亚本土，准备接受审判。

抵达悉尼湾之后，格娄斯把金有关该次事件的一份长长的报告读了一遍，气得差点中风。在 1793 年至 1794 年夏天无情的酷热下，他旧伤复发，痛得厉害，那差不多是二十年前美国民兵用毛瑟枪枪弹在他身上留下的枪伤。现在，他却得知，他的海军下级居然在诺福克岛把民兵武装起来了。这简直是叛乱。格娄斯拿起笔，写信给金说："即便士兵挑衅他人，也不能作为流犯殴打士兵的理由。"民事法官或地方法官都不能审判士兵，甚至都不能利用平民警员把他们拘押起来。最重要的是，这些治安官"必须明白，他们不能以任何借口制止或抓捕士兵，不过，还是应该检查，看士兵是否犯有违法乱纪行为"[73]。

这封非同寻常的信，对新南威尔士军团来说，等于是一纸可以为所欲为而无不豁免的宪章。对格娄斯来说，"流犯"这个词既指服刑的重犯，又指"盈满释痞者"。由于自由移民的人数少得可以忽略不计，"流犯"一词在格娄斯的眼中几乎包括殖民地所有的平民百姓。这一来，民事制度就再也不敢碰军人了，士兵却可以为所欲为，唯一的制约就是送交军事法庭，但军事法庭也是他们自己长官主持的。所幸金站稳立场，坚决反对他的这位没有节制的总督。他把他自己的解释寄给伦敦的国务大臣之后，这些解释被接受了。因此，格娄斯不得不收回成命，向他道歉。

但是，金本人于1800年接替年老体衰的亨特船长成为总督后，从朗姆酒军团安排来了一头老虎，让他统领诺福克岛，此人就是约瑟夫·福沃少校（1765—1846）。在他的治下，军队对流犯的鄙视几乎达到了丧心病狂的地步。[74]

目前已无记录表明，约瑟夫·福沃的父母是何许人也，但据说其父是贝德福德郡安普特希尔公园上奥索里伯爵雇用的一名厨子。其母姓名现无记录。显而易见，有人不嫌麻烦（还花了钱），让他接受教育并引导他参军。他在新南威尔士军团得到迅速擢升——1791年还是上尉，1796年就是少校了，这对一个在不很重要的前哨基地执行常规小任务的年轻人来说，是一种罕见的飞黄腾达。这表明，肯定有某个强权人物，而且是个男的，在暗中相助。

从福沃的信中，不大看得出他的兴趣和爱好，只看得出他醉心于军事正确性。但他的心态好像跟后来的许多营地司令官一样。诺福克岛解放了他，让他得以施展他的虐待狂，在澳大利亚本土更具公共性的领域，这种虐待狂曾受到制约。现在他的虐待狂泛滥成灾，远离法院和法官，上面薄薄地覆盖了一层所谓"必不可少的严苛"的东西。

他于1800年下半年抵达那儿时，发现金离开后的四年里，士气低落得一塌糊涂。尽管亚麻制造业幸存下来，但生产的产品没法出口。熟练劳动力十分短缺，大部分建筑物都摇摇欲坠。磨刀石用得过旧，锯刀都已生锈，木匠师傅早已因懒惰和无礼而被停工停职。拓居地私生子云集，约有两百多人，超过了该岛总人口的五分之一，这些人都没有文化，野性十足。学校校长因欠债而被关进监狱，那个孤独的传教士似乎"非常不适合当牧师"。很显然，该地百废待兴。[75]

福沃采取了什么方法，他自己并没有细讲。这些方法倒是在他的监狱看守长的叙述中留存下来。该人名叫罗伯特·琼斯，是一个流放来的拦路抢劫的强盗（别名罗伯特·巴基，另一个别名是乔治·亚伯拉罕）。

1795年前后，在金的撺掇下，他从亨特总督那儿得到了有条件赦免，但他选择留在诺福克岛。[76]

琼斯说："福沃少校是那种心狠手毒、决断力强的人，他相信鞭子，不相信《圣经》。"福沃决心要在身后留下坚固的石制建筑物：一座监狱、一座兵营、几幢职员的房子。每日对流犯的工作要求是，人人砸的碎石必须装满五车。如果鹤嘴锄和铁锤断了——尽管这些东西本身质量就很差——谁弄断的就要狠狠地抽谁一顿鞭子。工作时间很长，食物也很糟糕（"猪肉……已经发软，用手一戳就能戳破，而且永远都是腐烂的"）。天还没亮，囚犯就要出门，无论晴天雨天，都得把他们的一床床草褥放在号子外面。

> （天一下雨，做苦工从外面回来的流犯就）被赶进号子，浑身上下淋得湿透，根本没办法把衣服烤干，这就是总督的命令。他们之中要是有人敢口出一句怨言，就立刻送到三叉刑具处，命令抽他二十五鞭。若再敢说一句怨言，就再抽五十鞭。[77]

诺福克岛上执拗倔强的流犯只有一种命运，那就是旷日持久地遭受骇人听闻的折磨：

> 鞭子手来自克莱尔郡，该人身强力壮，喜欢尽可能地进行肉体惩罚，从中获得极大乐趣，特爱用这种表达方式说话："再把半磅肉，伙计，从这个讨饭的肋骨上抽下来。"他的脸和他穿的衣服看上去颇像一把剁肉刀，上面溅满了挨鞭子抽的人身上的肉星子。福沃少校很喜欢看这种展演，常会心满意足地微笑，对鞭子手示以鼓励。他有时会命令把受害者带到他面前，说出这样一番话来："喂，你这个混蛋流氓，觉得怎么样？"然后就命令他把衣服穿上，马上回去干活。[78]

一个名叫约瑟夫·曼斯伯里的囚犯经常挨鞭抽——三年中大约挨了两千鞭。

> （结果，他的脊梁看上去好像）没什么肉了。他的所（原文如此）骨①全都暴露在外，看上去很像磨光擦净的象牙角。后来再在他身上找一个地方鞭打他，还遇到了一定困难。托尼（·钱德勒，一个工头）跟我建议说，下次最好（抽）他的脚板心。[79]

判罚挨抽两百鞭，就是所谓的"感觉一下"，但一旦挨抽，人就会永志不忘。流犯接受的全部医疗，就是往背上泼一桶海水，这叫"咸背"手术。琼斯写道："许多人直到死才摆脱这种虐待。要想详细描述他们从司令官、司令官的仆人和工头那儿受到的折磨，那是根本不可能的……他们最喜欢的一种惩罚，是每个月把脚镣收紧一些，这样就能嵌进肉里。"除此之外，还有一个黑色的关禁闭的号子及地下的一个水坑，他们把囚犯一丝不挂单独锁在那儿，让他因害怕淹死而不敢睡觉，每次关四十八小时。

流犯的俚语称该地为"老地狱"，要想逃出那儿，只有两种方法。一个是死，另一个——就像几十年后的麦夸里海港和莫尔顿湾那儿所做的那样——就是干脆犯一种罪，让人觉得有理由把犯人送到悉尼去参加审判。琼斯写道："有许多谋杀案，大部分作案理由都是为了能去悉尼，因为那是他们能够重新看到天堂（流犯俚语，指澳大利亚本土）的唯一方式。"有些人因为受不了最初的鞭笞就断气了，其中有一个好像是琼斯的朋友，他名叫托马斯·卡朋特：

> 他挨了两百五十鞭，因此而送命。据他们说，他死于心力衰

---

① 囚犯经常会犯英文拼写错误，例如此处的"锁骨"英文是 collar bones，但该囚犯所写的是 collarer bones。

竭。上帝饶恕他们吧，也饶恕他吧，因为他在岛上很受欢迎。但是，他觉得他生了病，又觉得他离末日不远了，就打了管他的军官，满以为这样就可以又去见他的朋友（在悉尼）。他这么做了，可这成了他最后一次。这些可怜的鬼家伙竟然为了这种目的而想求取公正，考虑到这一点，他们的命运反而因为选择了这种方式而变得更加糟糕。[80]

　　福沃在诺福克岛上的主要障碍就是该岛的副军法官，一个毕业于伊顿公学、很笨，但做人还像话的律师，名叫托马斯·希宾斯（1762—1816）。他通过一位老同学，即摩顿伯爵的赞助，搞到了这个职位。希宾斯既无野心，也无才干（如果他两样都有，就几乎不会考虑接受这个职务），但他对流犯的确有着一定的同情心。由于他的任务是向那儿的人解释民法和刑法（并决定什么案子可在悉尼审，因为诺福克岛上没有刑事法庭），他经常与福沃发生冲突，后者视其为一个喜欢重犯的醉鬼。

　　就希宾斯来说，他好像并不隐瞒他对司令官及其采取方法的厌恶——福沃本人谨慎地称这些方法为"即便从法律角度来讲不那么舒服，但还是强有力的"。这种方法与爱尔兰政治犯有关，他们最初因参加1798年的反抗而被流放到悉尼，但因推测他们同谋了1800年在帕拉玛塔一次后来并未发生的起义，每人接受了骇人听闻、最高可达一千次的鞭笞之后，就被终身流放到诺福克岛。

　　爱尔兰人几乎一抵达，就露出了哗变的苗头。已在诺福克岛上的大多数流犯也都是爱尔兰人。悉尼来的这些叛乱分子带着他们关于1798年的故事，想必在他们中间发挥了催化作用。1800年12月14日早上，一个名叫亨利·格拉迪的爱尔兰流犯（其罪名是强奸，而不是暴动）出现在福沃住的地方，"似乎非常激动"。他脱口而出，当晚会爆发一场起义，已经制作了一百杆长矛。福沃派一名士兵去找长矛，就在格拉迪说的那个地方找到了长棍子，已经用火烤硬，尽管顶尖没有包铁，但无疑是某种武器。据格拉迪称，罪魁祸首是两个"搞政治的"。一个是约翰·沃洛翰，二十四岁，来自芒斯特；一个是彼得·麦克林，四十岁，来自阿尔斯特。沃洛翰负责制作长矛，麦克林召集了叛军，并把杀死英国军官和卫兵的誓言告诉了他们。

福沃把两人严加防范，逮捕起来，并叫来副军法官托马斯·希宾斯。希宾斯的意见是，不可能由军官组成陪审团，把这些人判处死刑。再说，因为诺福克岛上没有法令典章，他不知道如何向他们控罪。福沃对他这种"卖弄学识"的做法大为光火，便召集手下军官开会，讨论"如果这种胆大包天、凶恶阴险的狡计不一露头就加以遏制，将可能造成何种致命的恶果"。不能再迟疑不决了。这些军官害怕哗变，就像他们害怕福沃一样，一致同意不经审判，当即绞死沃洛翰和麦克林。当晚，他们就着火把的亮光，把两人捆了起来。格拉迪这个告密者得到宽恕并获得自由。福沃写信给金说："奖励总是慷慨大方地赐予这种人的。"[81]

在几个月后的一次马马虎虎的调查会上，福沃被免予处分。事实上，他对两个爱尔兰人处以绞刑的做法，不仅从金那儿，也从殖民地国务大臣霍巴特勋爵那儿得到了赞赏。1802年，他被提升为中校。他在给波特兰勋爵的一张便条里，就该案总结了自己的观点：

> 此地的性质与世界其他任何地方天差地别，发配到这儿的囚犯人品极差，总的来说，只有那些自从被流放到杰克逊港之后，又犯了某种新罪的人，简言之，其中大多数人对人性来说都是一种耻辱……考虑到这种情况，考虑到我从军法官那儿得到的支持多么小，而这座岛上的情况如此之差，大人（我相信）你会看到，不同的惩戒方式即便从法律角度来讲不那么舒服，也还是强有力的，有时是非常需要、必不可少的。[82]

希宾斯的反对意见根本不被重视。如果爱尔兰的爱尔兰人需要军事法才能遵纪守法，那干吗要用民事法来保护他们在澳大利亚的垃圾呢？

军法机构是不能以繁文缛节来阻挠的。它最害怕的是爱尔兰囚犯和法国海军力量联合起来，形成联盟，对抗这个脆弱而遥远的英国殖民地。例如，福沃的监狱看守罗伯特·琼斯，从他司令官的某次官方演讲中引用了一段文字："乔治国王陛下特许所有边远地区的臣民享有完全的保护……"接着，他潦草地写道："真让人好笑，居然把这种话传给戴着脚镣手铐的流犯，在把我们都当成最大敌人的时候，竟然侈谈什么保护——我接到的所有命令都是，万一有外国进攻我们，就要把我看管的囚犯杀光。去他妈的保护！"[83]

他回顾了 1804 年的一个时刻。那时，一支中国贸易商船队在法国"雅典号"战舰的护卫下，出现在诺福克近海。要塞误以为他们是侵略舰队，便准备作战。红衣军出动，到处搜寻破朗姆酒瓶，把该岛两门六磅反击炮塞满了"这些碎玻璃片，（据司令官发誓说）这些东西会把法国人切成碎块"。福沃当时并不在场。他早在两个月前就坐船去英格兰了，把该岛交给约翰·派珀上尉统领，但他同时还给他管平民的职员下达了有关爱尔兰人的长期命令，这些职员的头头是琼斯。因此，琼斯和警察局局长爱德华·金伯利看见那些船只时，就把六十五个爱尔兰流犯赶进拓居地监狱，用铁杠顶住门，把窗户全部关上，以免他们给法国人发信号，然后用诺福克岛上的松木在围墙周围堆叠起来，形成一座匆忙搭起的脚手架，把整个建筑物变成了一个能把人活活烧死的柴堆。琼斯写道："我只要一发信号，士兵就会点火烧掉监狱。"如果这些"搞政治的"人中有任何人没被烧死而逃掉，就用枪射杀。派珀上尉当时正在几英里开外的地方监管大炮，对大规模烧死爱尔兰人的准备工作一无所知。幸运的是，那几艘船继续前行，因犯这才得以逃脱福沃为他们准备的焚烧炉。

有关福沃虐待狂的记录，或有关他及其他手下人折磨诺福克岛上女性行为的记录，都没有进入官方报告中，不过，很难相信金总督对副总督所做的事一无所知。福沃对所有的信件都要检查。琼斯注意到："任何人都不许写关于此地和此地所做工作的任何事。他们只能写我们的良好品行和朋友的状况。"诺福克等于成了一个封闭的小宇宙。澳大利亚本土的流犯中，关于诺福克岛的名声，只能是口口相传。官方本来就不存在的东西，你就没法拿来进行官方的威胁。在一个流犯和自由的界限总是——通过"盈满释痞"或重新判罪——不断被僭越的社会，关于流犯亚文化的故事很快就在下层阶级中传播开来，但统治者对此不闻不问。

他们也没有必要闻问。民法内容十分粗略。英格兰没有给殖民地设置一个正常的司法框架，直到1810年之后才肯这么做。一般的态度是，坐牢不需要经过完整的民事法庭程序。早期英格兰指定的军法官没有一个受过正规训练。第一个军法官是戴维·柯林斯，他本是海军陆战队军官，之前并无执法经验。第二位掌权的是理查德·多尔（1749—1800），此人是个无能鼠辈，老犯错误，脾气极坏，喜欢接受小恩小惠。他的继任者是理查德·艾特金斯，这人更糟：他父亲是男爵，他属老五，是个醉鬼，把老头子的遗产挥霍一空之后，又把军衔卖掉了，为了躲避要债的人，就悄悄离开了英格兰。艾特金斯1791年到达殖民地后，就不遗余力，频频提起他认识的名人，拍当官的马屁（特别是拍亨特总督的马屁），最后被提拔为军法官。他的专业行为已经到了让下一任总督布莱厌恶的程度，后者称他是"社会的笑柄：居然会在大醉醺醺的时候，宣布判处某人死刑。他的决断力很弱，他的意见轻浮不定，他的法律知识微不足道并受他私人好恶的左右"。看他是否对军界利益保持独立超然的态度，也许要看这个事实，即这个可怜巴巴的醉汉的老婆（流犯约翰·格兰特曾在他们家住过一段时间，他写道，"家里完全由她说了算"）居然把六个私生子中的两个养大，那都是新南威尔士军团的乔治·约翰斯顿少校跟几个女人生下的。[84]

这种人是不敢跟军人集团作对的。因此，军团实际上不受民法制约，而军法是由军队自己的官员操纵，保护自己集团利益的。这就是为什么福沃敢于在诺福克岛肆无忌惮地鞭笞杀戮，他的兄弟官员却没人敢对他说个"不"字。从亚瑟·菲利普1792年离开，到拉合兰·麦夸里总督1810年抵达这段时间，新南威尔士流犯的"权利"问题几乎不值一提。

到了这时，英国在澳大利亚的殖民地已经扩展并得到巩固，不再是一个饱受饥饿和败血症煎熬的紧守在大陆边缘的蕞尔前哨阵地。悉尼是一座构筑了城堡的城市，这座城市后面的乡野坎伯兰平原，是一片清除了林木的产量很高的连绵不绝的田野，能够自给自足，流犯奴隶劳工在上面耕作，分别达到了不同程度的有效率。人们曾希望诺福克岛所具有的那种经济重要性后来虽未产生，却与新南威尔士是一座海军前哨阵地的想法结合起来，而且开始发生变化。19 世纪头十年早期，人们最后又做了几番努力，企图利用松树和亚麻，这两点曾是海上殖民地的存在理由。[85]

因此，在 1802 年，政府尝试进行一场实验，用皇家海军的舰只把流犯分期分批运往澳大利亚。海军部不想浪费回程空间（因为这些海军军舰不像那些把大多数流犯运走的合同商船，没法在返程时满载东方贸易货物），就随船送去三类船用主框木材图纸，在新南威尔士把这些木料初步切割成型，然后运回英格兰。这个订单部分由金来完成，但这个做法时有延宕。1805 年，金也有一艘小海船，即"水牛号"，船上的一套船帆用的是来自诺福克岛的亚麻，由帕拉玛塔女工工厂的女流犯编织而成。这是利用这种布帆航行的唯一一艘船。直到 1810 年，还有人断断续续地做出努力，给皇家海军提供澳大利亚木料[86]，但对殖民地的主要经济生活来说，这都不过是一条脚注而已，因为经济生活正决定性地转向农业——转向土地及其土地拥有者，而不是大海和海上航行的船长。这样，就等于让峰峦暗黑、矗立着现在从战略角度来讲已经毫无用处的松树的诺福克岛陷入了没落状态。到了 1810 年 3 月，该岛人口已经降至一百一十七人。拉合兰·麦夸里担任新南威尔士总督所采取的第一个行动，就是把继福沃之后任司令官的温和军官派珀上尉召回，并下令放弃该岛。殖民地大臣利物浦勋爵早已告诉他："现已充分证明，原拓居地计划是失策的。"[87]

1813 年，拆卸工作开始，推倒并烧掉了棚屋框架（同时很节约地把钉子留了下来），全部拆除石制房屋，除了几头跑掉的猪之外，所有的牲畜都给宰掉，并剥皮切块装进盐渍的木桶里。岛上能够引起过往船只注意的任何东西都不留下，不能让这个地方作为另一个拓居地的基地。他们甚至留下了十几只狗，让狗到处乱跑，养下一群猎食的野狗，这样，想要来岛上看的人就不敢登陆了。1814 年 2 月，拓居地最后一批残剩物品装上了"袋鼠号"双桅横帆船。船一开航，岛就空了，跟库克抵达之前一样空空荡荡，而且一空就是十年。新的苦难深渊就在遥远南方的范迪门斯地。

viii

若按更高的帝国标准衡量，英国人对范迪门斯地的侵略是一本糊涂账，而且肮脏不堪。它没有打过任何有准备之仗，没有开展任何仁慈的占领行动，没有英雄，没有获利，也没有进行文化掳掠。它只不过在黑暗的对跖点又挖了一个坑，那是世界上的一个洞，大小近似爱尔兰。随着时间的推移，这个洞吞下去了六万五千多男女流犯——占澳大利亚总流放人口的五分之二。白人侵略者准备这个洞穴的过程当中，有多少塔斯马尼亚土著死去，目前并不确知，因为当时并没有人知道最开始有多少土著。也许并不多：目前最好的猜测是三到四万人，他们以三十到八十人为一小队，进行渔猎和采集工作——这个人口的密度相当于新南威尔士沿海的土著。[88]

不过，土著死光倒是确有其事——他们像袋鼠一样被射杀，像狗一样被毒死，健康受到欧洲人的疾病和酒瘾的破坏，被不信教的人追赶，同时又被传教士纠缠不休，还从祖先的领土上被"带进来"，在营地上奄奄一息、苟延残喘。白人拓居之后不到七十五年，就几乎把在塔斯马尼亚占据①了三万多年的大多数土著斩尽杀绝。这是英国殖民史上唯一

---

① 此处翻译的"占据"一词，原文就是如此，即 occupied，应该属于作者文化不敏感所造成，故译者没有为原作者文过饰非，照译之。

的、真正的种族大屠杀。要按波尔布特的标准，且不提阿道夫·希特勒，这只是一次小屠杀，但塔斯马尼亚的土著并不这么看。

在流犯和黑人之间，在这座青绿、可爱、阴郁的岛上，土壤里融进了不少鲜血——事实上，它融进了如此之多的鲜血，以致该岛有些地方好像出现了象征性的污斑，在这些地方，平凡的大自然因历史的沥滤而似乎受到永久的腐化，人们持有一种怀疑态度，觉得好像不可能从大地中提取任何东西。除此而外，在塔斯马尼亚，一开始是很难察觉这个移植文化所含暴力的。该文化的遗迹现在是如此谦逊：如一座认真细致的石桥，架在罗斯的河上，当年由一个流犯石匠监制而成，他曾为波·纳什干过活；又如霍巴特某座政府建筑物，胖墩墩的，带有极权主义意味的陶立克式廊柱等。然而，当第一批白人侵略者抵达德文河边时，关于他们是否能够长待下去的想法却颇值得怀疑。

占领范迪门斯地，是为了抢在法国人之先，因为他们已经把鼻子伸到澳大利亚东南部绘图尚不详尽的水域嗅来嗅去，很让新南威尔士的"油布"金总督吃惊。[89]巴斯海峡是1797年至1798年间被发现的，它把范迪门斯地与澳大利亚大陆分开。这儿天气糟糕，岛屿丛生，野生动物群集，支持了澳大利亚未来的海豹贸易，但对船舶来说很危险——西边是国王岛，弗诺群岛在东面，其间横亘着一重险象丛生、尖利突起的岩石和礁石。但是，从英格兰到悉尼，如果穿越巴斯海峡，避免走范迪门斯地下面漫长的南线，就可以少用几周时间。

这条海航通道的重要战略意义一目了然，因此，金强烈地感到，得建立一座拓居地，来获得这条通道。1802年1月，约翰·默里上尉在"纳尔逊女士号"上眺望南方海岸时，在该海峡头地附近的大陆上发现了一座很好的海湾。随着时间的推移，该海湾被命名为菲利普港湾，也就是现代墨尔本的海港。

翌年4月，另一个沿海岸探索的人马修·弗林德斯正沿海东向而行，突然撞见两艘法国船只锚泊在当今阿德莱德所在地的附近，他遂将该地命名为遭遇湾。^① 这两艘船是"地理学家号"和"博物学家号"，在尼古拉斯·鲍丁船长的率领下，为法国海军完成一项绘制地图的使命。尽管正值拿破仑战争期间，鲍丁的远征队却好像并没有直接的军事目的。他像弗林德斯一样，也在试图探查，看澳大利亚的西部是否与其东部，即英国占领的侧翼新南威尔士一样，也是一整块。他已经花了一个月的时间绘制范迪门斯地南部海岸的地图，并已在他的 Terre Napoléon^②粗绘图上赐予了数个法国名字，他当时就是以这个名字称呼澳大利亚大陆南方海岸的。1802 年 6 月，鲍丁和他那批精疲力竭、病恹恹的船员驶入了悉尼海港，在那儿休整重装，逗留了几个月，还给金总督看了他的测绘图。

金觉得这里面有猫腻。法国船只居然现身这片海域，这已经够糟糕了，但把法国人的名字标在英国人的海岸上（尽管这地方尚未被人占领，也尚未被人提出领土主张）就更糟了。一想到要与"波尼"^③ 分享这座大陆，无论分享的地盘有多大，都让人无法忍受。鲍丁启程再度南行时，金就知道，他肯定要开始提出领土主张，扬起三色旗了。

在此之前，金已经敦促伦敦尽快占领菲利普港。此时，他派遣一艘纵帆船尾随鲍丁。（该船在巴斯海峡的国王岛赶上了鲍丁，在那儿，鲍丁把在悉尼偷跑到他船上躲起来的几个流犯交了回去。）既然鲍丁一直在当特尔卡斯托海峡一带窥探，与此同时，来自太平洋另一边的大胆无畏的美国捕鲸船已经深入那儿黑鲸鱼的生育地和德文河口的风暴湾——因此有抢走本来被英国垄断的渔业之虞——金决定在德文河建立一座拓居地。

1803 年 8 月，一支四十九人的小队从杰克逊港扬帆起航，他们由自由拓居者和朗姆酒军团的人组成，其中有二十一名男流犯和三名女流

---

① 英文是 Encounter Bay。尽管商务印书馆的《外国地名译名手册》注为"因康特湾"，但因没有反映出原文之意，故意译之。
② 法文，意即拿破仑地。
③ 拿破仑名字的英文是 Napoleon Bonaparte，也就是说他姓 Bonaparte（波拿巴），因此，英国人给他起的诨名是 Boney，即波尼。

犯。队长是来自德文郡的二十三岁的约翰·鲍温上尉（1780—1827），他乘坐"格拉顿号"流犯船甫抵殖民地，就被金提升为司令官，因为金相信，这样能让外国海船船长不敢小觑。鲍温从金那儿得到了详细指令之后，就驶入德文河口，在东岸一个地方安营扎寨，把该地命名为里司登，还安放了两门能发射十二磅炸弹的舰炮。该地鲜水汩汩，景色绝美，可看到惠灵顿山的一抹雪眉，但其他则无甚可取，因其土壤贫瘠，从四千英尺的山上，常有罡风鞭击。天气干燥时，溪水也会干涸——这在澳大利亚殖民期间屡见不鲜。

与此同时，金关于在菲利普港湾设点拓殖、保护巴斯海峡不受法国人探求的恳求已经抵达伦敦。英格兰的回应是，派遣一艘船去殖民该港湾。这就是英国海军舰艇"加尔各答号"，一艘皇家海军的军舰，在海军陆战队的看守下，载有三百零八名流犯，还带着他们的少数妻子和儿女（她们获准与丈夫一起出行，作为契约仆人）。率领该次远征的是戴维·柯林斯，一位海军陆战队军官，他曾在杰克逊港菲利普治下的拓居地当过第一任军法官，后来回到英格兰，写了第一本，也是最好的一本有关殖民地的书，即两卷本的《关于1798—1802年间新南威尔士英国殖民地的叙述》。他因该书而得名，成了澳大利亚事务专家，而且，由于他在悉尼服务过八年，政府要他重返澳洲，在菲利普港担任新殖民地的副总督。柯林斯因债务缠身（这个情况又因他当海军陆战队军官时，在薪水方面出了官僚主义的问题而恶化），就接受了这个职位。他任职的消息在伦敦一传开，杰里米·边沁就来找他了，后者刚刚出版了《圆形监狱 vs 新南威尔士》一书。该书是猛烈抨击流放政策的长篇檄文，旨在规劝佩尔汉姆勋爵另行建造监狱。边沁提出的模式即他的圆形监狱，配有他的环形平面图和水塔，可对关在笼子里的囚犯持续进行极权主义的监视，这已成为他一心专注的目标。边沁甚至写信给柯林斯，敦促他在新南威尔士也建造一座圆形监狱，于是，这两个人还在一起吃了两次饭。边沁向他哥哥报告说，"我送了他一本关于圆形监狱的书"，末了还补充一句说，柯林斯找他要"一份圆形监狱平面图的（素描）草图……我说，我希望，我也许——有了那本书，加上一点常识，他不用草图也能行。（但是）恐怕他缺乏常识"。尽管边沁很不公平，瞧不起柯林斯的智力，但他还是不断争取他："你真的打算建造一座监狱，而且根据中心监视原则来建造这座监狱吗？"柯林斯即将起航之前，彬彬有礼地对他采取了置之不理的态度："最近我很忙……所以没时间等你给我指点，让我跟踪圆形监狱系统。你真好，为我专门准备了这个系统。请放心，如有可能，我会把监狱做成环形。"当然，菲利普港一带的海边是不会矗立圆形监狱的。"加尔各答号"于1803年4月在"海洋号"运输船的护卫下扬帆远航。[90]

这支舰队10月份抵达菲利普港，结果发现港湾情况凄惨、令人失望，似乎跟十五年前第一舰队抵达植物湾时，船上的人看到的情况一样糟糕（或几乎一样糟糕）：不毛之地，沙砾一片，很少有水，燥热的北风不断吹拂，叮人的苍蝇成群结队，由于潮流逆向而行，海路通行十分不便。在海上待了半年后，所有的人都渴望重返干燥的陆地，但他们很快就兴致衰减。在"帆布镇"，也就是他们在沙丘上安营扎寨的地方，柯林斯帐篷阴影下的温度是华氏102度，而在太阳下面，温度达到了华氏132度。测绘员乔治·普里多·哈里斯在那儿住了三个月后，写信给他兄弟说，这儿好像是个"很野蛮的国家"：什么也没有，有的只是沙，也没水，野兽极少，有一次他太想吃肉了，竟然吃掉了一只天鹅的尸体，而本来那尸体是只适合扔到粪堆上去的。唯一的补偿是龙虾，这地方龙虾太多了，流犯一个晚上就可抓五百只。一个囚犯，即伪币制造犯詹姆斯·格娄夫给他在遥远英格兰的朋友写信说："肯定没有一个地方比这儿更荒凉了。我觉得这地方不可能有任何好的结果。"[91]

其他人也都持有这种看法。在沙丘上扎营了两周之后，海军陆战队队员骂骂咧咧，怨气冲天，已呈哗变之势。为了杀鸡吓猴，柯林斯让人把两个无法无天的二等兵狂抽了一顿，其中一个挨了七百鞭。几个流犯曾试图逃跑。一个名叫李的前军官因伪造文件而被流放，此人似乎"很书呆子气，动不动就引经据典，引用希腊作者和拉丁作者的话"，他写了几句恶毒讽刺柯林斯的话，在各帐篷之间广为流传。被发现之后，他就跑到丛林里去，以后就再也没人看见过他了。当时他还随身携带着副总督的一杆猎枪。经常会有三五成群的人在沙丘里消失，到中国去了（人们以为他们是到中国去了）。①[92]

当悉尼的金总督发来急电，授权柯林斯抛弃菲利普港，把拓居点迁至德文河，与鲍温的小队会合时，大家都松了一口气。但是，金同时还指示柯林斯看一看范迪门斯地北海岸塔玛河口的达尔林普尔港（也就是今日朗塞斯顿所在地），看是否能在那儿建立一个前哨阵地，以保护巴斯海峡的渔业不受美国捕鲸船和猎海豹船的骚扰。据柯林斯报告说，该地不宜或者说暂时不宜此举，因为进入河口很难，而且该地黑人似乎很凶。[93]

再说，他本人队伍的力量也很薄弱。很多人已经病倒，他没法安排足够的哨兵。若再病倒一个军官，他要进行军事法庭审判，都找不到一个治安法官了。所以，比较审慎的办法是与德文河畔的鲍温联手。柯林斯认为，把拓居点设在德文河要比塔玛河好："因其位于范迪门斯地的最南端，所以要比海峡中已发现的所有海港都有利……作为来自欧洲、美国或印度船只的隐蔽港，无论是否进行捕鲸或其他作业，都是一个极为可取之地。"[94]

菲利普港就这样被抛弃了。拓居者抵达德文河时，柯林斯解除了鲍温的司令职务，把拓居点从里司登搬到河口的西岸。根据1805年绘制的一份草图，可以看到处于胚胎期的霍巴特镇，该镇以殖民地大臣命名，因他曾是柯林斯远征队的赞助人。图上，该镇只是一片四散蔓延的帐篷和棚子，总督府——比别墅大不了多少——在巴特里角，总测绘师、外科大夫和牧师等的棚子依次排列在总督府旁。码头岛上堆放着木桶。桅杆上的一面舰旗在公共仓库前面飘扬。而主宰整个场面的是山顶覆盖着积雪的惠灵顿山那堵仿佛陷入忧思的山墙。1805年，这地方看上

---

① 关于"去中国旅行者"这一特殊现象，参见第七章。——原注

去一定不堪一击。但在一直向南、通往水边的绿色峡谷的皱褶中，在让年轻的鲍温（半闭着眼睛）想起贵族公园的小灌木林中和草坪上，至少有某种东西能让人想起英格兰——大多数殖民者永远都不可能再见到的英格兰。思乡之情就这样在塔斯马尼亚的风景四周萦绕不去。

然而，最开始，德文河畔的生活对所有的殖民者来说都很艰苦，无论他们是自由人，还是处于奴役之中。早期悉尼特有的那种与世隔绝、麻木懒散和半饥饿状态在范迪门斯地重又出现。柯林斯的副司令爱德华·洛德中尉回忆说：

> 没有船来看我们，于是要求整个拓居地的人忍受非同寻常的艰苦条件。总督本人、各军官和整个拓居地的人在一年半的时间里，没有享用过面包、蔬菜、茶、糖、葡萄酒、烈酒或啤酒，也没有享用过任何代用品，除了该地提供的朝不保夕的野味之外。[95]

关于饥饿的记忆难以让人忘却。三十年后，一位霍巴特的女性叙述了她童年时在第一座拓居地所了解的情况：下船后，身上盖着一条湿毯子睡觉，然后又在树洞里睡觉；受到尚未遭受迫害的好奇的土著的"好心款待"，因为白人家长有时会把婴儿交给他们照管；靠"植物湾青菜"（也就是从岩石上刮下来、煮过的海带）过活；甚至狼吞虎咽地吞吃风暴湾美国捕鲸船用铁锹从鲸油提炼炉中铲出扔到船外，最后被海水冲上海滩的"残剩"（已经成了残焦油）的鲸鱼油。这种小片小片的鲸鱼油同样也被用来喂养殖民地很宝贵的猪，结果连猪肉的味道都受到污染。[96]

到了1805年冬天，流犯的食品定量降到了每周两磅十盎司咸猪肉和四磅面包，在平时，这种定量连两天都维持不了。到了1806年，殖民地都快饿死了。柯林斯曾希望，补给品可能会从悉尼过来，但是到了1806年3月，霍克斯伯里河的农场被洪水冲毁，而悉尼的食品供应只能靠那儿的几家农场维持。洪水淹没了三万六千英亩的土地，把所有挺立的庄稼，以及农场的工具、活畜和储备种子一股脑儿都冲走了，剩下的还不够悉尼和帕拉玛塔用。因此，霍巴特一无所获。两年后，霍巴特的情况有所好转——但起色不大。爱尔兰一家学校的校长威廉·莫姆是早期流放到范迪门斯地的一个搞政治的，他给一位准备在1808年搬到霍巴特镇的朋友写信说：

> 无论你带什么样的储备品来，都要尽可能随身多带点面粉和小麦，以及足够的玉米，带大约十二头很好的母羊、四五头怀了小猪的母猪（如果可能的话），因为这儿没有公猪——能带多少家禽就带多少家禽……带上锄头和其他所有的工具，因为这儿奇缺……总体来说，房屋用的都是板条和灰浆，贵得不像话……总督虽有打算，但无力实现，因为他既没有手艺人，也没有干粗活的，商店里啥都没有……这儿的家禽极为重要，价值超过了金钱。[97]

如果有伙伴情谊，可能会使这种艰难困苦的局面好受一点，但这种情谊几乎不存在。在乔治时代的这个前沿地带，万物匮乏，产生了一种心如铁石、东西抓在手里就不肯放的人，他们互相抢夺，就像豺狼一样围着一具尸体咆哮，只要有可能，就欺瞒哄骗政府。管理政府仓储的职员与卖农副产品给他们的农场主沆瀣一气，霍巴特给养部门新任命的职员总管因此在1816年宣称，给养部门的记录中没有一份文件或账目可查。[98]

拓居者狐狸般贪婪，政府发的口粮又吃不饱，因此，德文河殖民地（与1804年在塔玛河达尔林普尔港设立的一个较小的殖民地合在一起，该地在帕特森中校的领导下，为的是让英国人能在巴斯海峡落脚）差点就完蛋了，要不是袋鼠这种无害的有袋动物救了他们的话。

范迪门斯地的丛林中有大量袋鼠——比悉尼一带多得多。凡是身体健壮、会用枪的人都会去猎取袋鼠，因为维持生命的不是面包，而是袋鼠肉。柯林斯极力想把这个市场严格控制起来，责成捕猎者把袋鼠肉卖给给养部门的仓库。对于流犯和其他"吃公粮"的人来说，袋鼠肉可免费发放，平常的定量为每周八磅。对那些"自食其力"的拓居者来说，每磅袋鼠肉价格在六先令和一镑六先令之间浮动。半年期间，拓居者吃掉了一万五千磅腰腿和尾部经过处理的袋鼠肉，可能相当于杀掉了一千头袋鼠。[99]

对捕猎的依赖现象迅速产生了社会结果，而且都是很坏的结果。这种现象让枪杆子而不是犁铧，成了范迪门斯地的生存图腾。它滋生了一种机会主义的、全社会都目光短浅的精神状态。小拓居者有一种忽视长期农作的倾向，而是把精力集中于宰杀任何能够弄到手的动物。不久，霍巴特附近的袋鼠就被赶尽杀绝，人与狗不得不进一步深入丛林中，与土著争夺野味。白人与黑人之间打伏击战和谋杀的模式就这样开始了，其结果是，几十年后，塔斯马尼亚土著几乎到了灭绝的境地。流犯因饥饿而拿起了枪——而这种情况在新南威尔士从来没有被允许发生过，这很快就造成了一个由荷枪实弹且桀骜不驯的丛林人所组成的边缘阶层，其中大多数人都视土著为虫豸。他们与"伙伴"一起，带着袋鼠狗（一种半家半野的杂种猎狗，下巴像捕人陷阱一样洞开），每次出行就是好几天，然后把任何能够逼到走投无路并加以猎杀的东西带回来。范迪门斯地的这些山地人本来对政府还残存着的一点臣服，也很快都消磨殆尽，他们成了第一批丛林土匪（参见第七章）。他们把枪留着，把主人的狗偷走，就守在丛林中不出来了。早期从悉尼和帕拉玛塔逃走的人之所以死掉，是因为他们没有武装，但这些猎袋鼠人可不这样。霍巴特和达尔林普尔港规模很小，外围农场还很少时，可以在某种程度上控制住这些人，就算只是因为他们不得不先把袋鼠肉直接卖给政府，才能得到更多火药。随着拓居地向外扩展，农场主和配给仆人就开始直接从非法歹徒手中购买袋鼠皮肉了。由于拓居者很少有人在乎欺骗邻居，反正只要没人看见，他们就敢于欺骗，所以他们敢于"收受"袋鼠猎捕者从其他牧羊场偷来的羊肉，为了讨猎人的好而送他们弹药、茶叶和朗姆酒。随着殖民地牛羊存栏数的增长，袋鼠肉的需求量也有所下降，但大家都需要袋鼠皮，用来做皮鞋、皮帽、皮袋子、皮夹克和皮裤。猎人除了猎杀袋鼠之外，还采取行动偷羊。他们可以肆无忌惮地偷羊，除非拓居者当场抓住他们并用枪把他们打死。红衣军抓不住他们，因为不了解丛林的情况。

所以，从理论上讲，范迪门斯地草创之日，就表现出一种僵硬的模式，反映出乔治时代的平民和权力结构，这实际上经不住细查。它是一种表面现象。军人和平民之间，以及奴役者和自由民之间所存在的官方障碍，在很多方面都因饥饿、短缺、近距离的摩擦、好人的凶猛，以及罪犯偶尔表现出来的得体而被打破。"他们称这个地方是天涯海角——从邪恶的角度来讲的确如此，因为在这儿，罪恶毫无遏制地葳蕤滋生。"[100]寂寞无聊也是一个打破障碍的因素，因它把人与人之间的关系都扯平了。任何形式的技能都很罕见，科学技术十分贫弱，哪怕最基本的"教养"也几乎不存在。副总督柯林斯想找人聊天，让大脑放松一下，暂时摆脱他这个职位带来的种种痛苦时，却只能去找伪造证件者詹姆斯·格娄夫和他家里的人，"在他家屋檐下，度过了许多毫无疑问充满智力的时光"[101]。作为回报，格娄夫为柯林斯设计了一幢房子。1810年，副总督为了让这座朝不保夕的小小殖民地存活下来而呕心沥血，死于心脏病，年仅五十四岁，此时就是格娄夫"眼里始终噙着泪水"，把黄色的胡恩松木板割开并刨光，为他做了一副双棺，帮助把他的遗体放进棺材里，在银质纪念铭牌上刻字，并把盖子上的螺丝拧紧。格娄夫因朋友和恩主的去世而感到心碎，这位朋友和恩主在遥远的世界另一端，让他重新受人尊重，五周后，格娄夫本人也去世了。"这是我所见过的最明智、最有独创性的人，他始终如一的良好品行得到了总督与整个拓居地每位军官的尊重和重视"——这就是测量员哈里斯对这位流犯的评价。[102]他埋葬的地点就在柯林斯附近。这两个人的友谊也许富有象征意义，从最仁慈也最不常见的层面讲，说明囚犯和主人之间有一种互相依存的关系。无论在何地建立新的拓居地，也无论开辟何种何样的新天地，澳大利亚的英国拓居地靠的都是流犯。正如玛丽·吉尔莫后来于1918年谈到打造澳大利亚的囚犯时所写的那样：

> 我就是流犯，
>
> 　　被罚下地狱。
>
> 为了在荒原，
>
> 　　掘井开地：
>
> 我劈开顽石，
>
> 　　我伐倒大树——
>
> 我用双手，
>
> 　　把国家建立。[103]

现在，我们必须更仔细地看看这些满心不情愿的开拓者了。

第五章 远 航

i

"因此，根据本庭裁决并命令，将你流放到海上，漂洋过海，前去国王陛下按照枢密院意见而指定的任何地方，度过你的余生。"要不就是七年或十四年——反正判刑的震撼力度十分可怖。根据法律，七年流放的意义就是流放七年，但谁敢肯定七年结束之后还会回到英格兰呢？对许多人来说，判决流放——无论宣布的期限有多久——听起来一定像是单程去了世界的边缘。

一个人在受审时，可以带着尊严忍受这一切，但绝望接踵而至。从幸存的少数信件中，能看出极度痛苦来。例如，下面这封信出自兰开夏郡一个名叫托马斯·霍尔顿的纺织工人之手，他作为早期工会主义者，在争取权利之时，曾于1812年因对兰开夏郡博尔顿名叫艾萨克·克隆普顿的人"非法宣誓"而被判刑。霍尔顿有可能是个专搞破坏的勒德分子。霍尔顿原本有过幸福的婚姻生活，他从兰开斯特城堡的一间号子里写信说：

> 亲爱的妻子，我不得不很伤心地告诉你，我今天接受了审判，被判重刑，流放海外七年……如果是坐牢，就是待再久，我也会尽

165

量忍受，可这是被人送到祖国以外的地方，也许再也回不来了，这让我难受至极，无法理解，我的生命也将随之结束……与我的爱妻和孩子分别，与我的父母和朋友分手，永远也不可能重逢，我对世上的任何人没做一点错事，却在青春年少之时就像花朵一样被割断——哎呀，我的命真苦！愿上帝宽恕我吧……一直爱你到死的丈夫。[1]

1831 年 4 月，彼得·威泽斯这个来自威尔特郡的"斯温暴动"抗议者，从位于斯皮特黑德的囚船"普罗透斯海神号"上，写信给他妻子玛丽·安说：

> 爱妻，请相信我，一想到我要把你们留在身后，我的心都快碎了。啊，亲爱的，我怎么办呢？我太爱你了，一想到就要离开你，我就心烦意乱。请相信我，亲爱的，我的心如刀绞，亲爱的妻子，有一条船就要开进朴次茅斯港，把我们都送到新南威尔士去。①

摆在威泽斯眼前的距离是他无法想象的——他以前到过的最远的地方是伦敦。他试图解释，试图把这一切说得好像没事一样，答应无论分离多久，他都会矢志不渝：

> 去那个国家大约要走四个月，但我们到那儿之前，还要停靠几个国家，以便补充淡水，我估计你不到九个月就能收到我的消息了……放心吧，我不会去找别的女人，绝对不会让任何女人钻进我的脑海，因为只有你，我亲爱的，才能消解我的欲望。我不是因为要离开古老的英格兰，而是因为要离开我亲爱的妻子和孩子而感到

---

① 该段英文信中至少有七个英文语法错误和文字错误，还不算标点符号方面的问题，但未译出。以后的信也都有这种问题，均未译出。

忧伤。愿上帝宽恕我吧！[2]

1831 年 12 月，伍尔维奇囚船上，流犯理查德·迪林汉姆在等待流放期间，给与他婚外恋生了一个儿子的女子写信时，口气就不那么悲伤，称她为"我永远都喜爱的贝茨·菲恩"。他的信以甜蜜的打油诗的韵脚形式写成，这种诗一般在市场都可花钱买到，刻在纪念品上：

最亲爱的贝茨，你是人世的第一人，尽管我们将去遥远的地方，但一想到你，我的心就会感到平静，希望上帝是你的引导之星——

第一个字母是 B，一个明亮的字母，
人人都害怕的字。
第二个字母是 F，它指所有苗条的女人，
那是我最亲爱、最亲爱之人的姓氏。再见了！[1][3]

流犯在拘留所的铁床上辗转反侧，常会纠缠不休地回想自己的生活和生活中所犯的种种错误。

约翰·瓦德 1841 年因盗窃罪被判十年流放，他这样写道：

其实偷的是一件可怜巴巴的东西，我所有的情感和热望顿时冲上心头。在那一刻，我胸中后悔不尽，不顾一切地更深地钻入我堕落的内心，我就是因为那种堕落而成为牺牲品的……在我熊熊燃烧的想象中，那儿的许多敌人就要与黑暗中站成一排的人争斗了。

瓦德带着痛苦的讽刺，想起了他从前寄给甜心情人的多情的诗句：

———————————

① 其姓名是 Betsey Faine，所以用了 B 和 F 两个首字母表示。

如果当时我敢开诚布公，跟那个女孩子结婚，我真诚地相信，我应该是最幸福的人了！——可是！——我现在能够回忆起几年前有一次我写给柔丝的那些话了——

我要去遥远的海外，
没人疼爱，
哪怕是死，
我也要永远爱下去！

可我当时连做梦都没有想到要把这些话兑现，更没有想到会作为一个可怜的流犯被发配。[4]

许多囚犯都希望妻子能跟他们一起到澳大利亚流放，尽管很少有人能够做到，因为很难前去那儿，船票远远超出了工人妻子收入所能支付的程度。托马斯·霍尔顿离家到囚船上去时，写信给妻子茉莉说："希望你能尽量陪我，别让我在你不在的情况下离开，只要有你陪着，我就不在乎去哪儿，也不在乎受任何罪，只要有你陪伴[5]，让我那颗几乎破碎的心感到欢欣就行。"后来，他又从囚船上写信道："跟你分手之后，我悲痛倍增，我们不在一起，我还能享受什么样的舒适呢……我很想知道，你是否能够募集一点路费，跟我一起走。"结果她没去。尽管彼得·威泽斯让人揪心地发出请求，但玛丽·安也没去：

我们听说，我们在那个国家会得到自由，但是，即使我得到了自由，我也敢肯定不会开心，除非我能高兴地与你和孩子一起以终天年。我觉得没有一个男人像我那样爱一个女人。

我亲爱的，希望你能够去找那些绅士，请他们出路费，在我要你来时到我这儿来。要是听说你来了，我会多么开心啊！……你以为我让你来是不让你过舒服日子吗？你以为我想让你碰到麻烦吗？

你以为我想让孩子受罪吗？不是这样的，亲爱的，但是如果我找到一个舒服的地方，难道你不想跟着你亲爱的丈夫来吗？你丈夫多爱你呀！[6]

没有回音。两年后，威泽斯从范迪门斯地给他的几个兄弟写信说："我已经给我妻子写过两封信，可她都没回信，这让我非常不开心，我觉得她已经差不多快忘掉我了。我觉得她可能已经跟别的男人结婚了。如果她真的这样了，请给我回个话。"但她还是不回话。十一年过去了，玛丽·安才悲痛欲绝地给范迪门斯地的丈夫写信，求他言归于好。她接到消息说，彼得已经再婚（对下层阶级的人来说，离婚是不可能的；反正记录无法查阅，人们就根据这一点再婚，结果就会犯重婚罪），与一个"稳重、贞洁的女人"结婚了：

> 我本人没有任何财产，但我妻子在接下去的两年中就会有财产了。到那时，我们就会同意帮助你和孩子，如果上帝还让我们活着的话。
>
> 我知道，你听说我结婚后感到很难受，但跟你讲假话也不好。
>
> 我娶老婆之前，给你写过很多信。因为没有收到你的信，再说我还年轻，就觉得找一个伴侣还是合适的，这样我在奴役期间就会感到安逸。我刚到时，就想要你到这个国家来，如果你当时来了，你不用花费什么，就能让我摆脱奴役的地位，因为妻子可以帮助丈夫得到豁免。所以，我们不能再考虑在一起生活了。[7]

可怜巴巴而又后悔不迭的玛丽不断努力，想挽回败局。关于她的最后的消息，是一封来自白厅殖民大臣办公室的简慢的通函，日期为1847年8月，告诉她说，他"1846年9月30日还活着"，"但有关他的情况，不可能提供进一步的详情"。殖民时期这种小小的悲喜剧，想必还会衍生出很多变奏曲来。

枢密院的档案中，有成百上千封信，都是出自要求和丈夫一起去澳大利亚流放的妻子之手。一般来说，当局都不会允许，除非流犯拿到假释证，而且证明他在澳大利亚能够养家活口。① 允许妻子偕同丈夫乘坐流犯船，这是极为罕见的。这些信中，有些是由当地副牧师一手写就，工整秀丽，有些则由女性请愿者本人劳神费力，潦草而成，从中可以看到一种强烈的悲怆之情。黛博拉·泰勒来自肯特郡的罗彻斯特，她的丈夫詹姆斯因偷了一头羊而被判终身流放，她因此附上了一份对她来说极为宝贵的文件，即丈夫要她去澳大利亚，到他身边去的那封信，给枢密院的皮尔看。她"非常谦卑、非常热切地"恳求皮尔：

> 让我带着还活着的两个孩子离开，一个是男孩，十岁，一个是女孩，六岁，自从我提出申请以来，已经埋葬了两个。你可以从所附信中看到，我丈夫非常渴望看到我们出来……我谦卑地希望，如果申请不成功，请将我可怜丈夫的原信奉还。愿上帝赐福于我。[8]

她好像收回了那封信（至少该信不在档案中），但她的申请没有通过。皮尔的秘书在她的请愿书后备忘了一笔说："照常回复。"他在其他很多人的请愿书上也是这么写的。

这些女性中，有些人是英勇决断的，她们渴望她们的男人，不愿意接受被人抛弃的共同命运。简·伊斯特伍德三十岁，是一位遭流放的曼彻斯特制靴匠之妻，她 1830 年 4 月告诉皮尔说，她丈夫"从悉尼岛给我写了几封信，要求我向政府申请，允许我到他那儿去……我主意已定，哪怕冒着生命危险，也要去见我丈夫"。她恳求内务大臣"让我能欢天喜地地与贤夫重逢"：

> 别让我和孩子丢脸，匍匐在教区的脚下乞求救济……因为工作

---

① 假释证制度将在第九章讨论。——原注

机会极少，薪酬也太低，我根本无力为自己和孩子谋生，我唯一的
生活来源，就是做女衣和束腹的针线活。[9]

一封信要跨越广袤的对跖点时间阻隔才能到她那儿，她不能再等下
去了，她要自费，把自己拥有的一切拿出来。"至少要九个月，才能等
到他那边有信来，我不知道怎么挨过这段时间。我宁可把家具都卖掉，
卖他六千到八千英镑，然后心甘情愿地把这笔钱交给政府，以减少他们
送我去悉尼的费用，只要他们肯好心让我坐第一艘船去就行。"她知道，
如果把她的手艺与他的手艺结合起来，一到那儿就不需要靠政府供养
了。"我对成衣业极为熟悉，还在雨伞业工作多年，我还会做鞋子和靴
子的绲边，能成为他的得力助手……可以毫不怀疑地说，我们不会成为
殖民地的累赘，恰恰相反，我们只会给殖民地添砖加瓦。"[10]这一次，政
府倾听了她的意见，让她去了澳大利亚。

地方教会心慈手软，一般都会支持她们的请愿。例如，1819 年，布
拉泽顿的副牧师查尔斯·伊舍伍德代表伊丽莎白·罗兹，从十位同事那
儿征集了签名，要求"允许"她和她的两个幼子"偕行，陪同她不幸的
丈夫去他的流放之地"。有时候，整个社区的一部分人或所有团体都会
出来干预。斯特灵的地方法官罗伯特·当尼写信给皮尔办公室说："一
个名叫米切尔的人最近被判二十一年流放，但斯特灵地方上的老百姓非
常希望允许他把妻子和三个孩子带上一起走。请问政府是否允许他们上
船？"本堂教友也会写信，保证在地方上募捐，以便妻子能与丈夫团聚。
他们主动拿出衣服、食物和床褥，以便为她换取路费。[11]

丈夫和情郎也都是有父母的。在那个时代，几代人的家庭关系构成
了一个社会的基石，因此，一个人被流放，其父母的痛苦——以及被流
放者代父母感受到的羞愧——是难以忍受的。流犯写给父母的信字里行
间充满允诺，保证要改过自新。一个名叫理查德·布斯曼的纺织工人写
信给他在兰开夏郡的父亲说："我有很多闲暇，回想过去的错误行为。
我可以向你真诚地保证，如果上帝乐意让我重获自由，我将毕生不断改

过，我相信，我会让你暮年生活过得幸福，在安宁和舒适中闭上眼睛。"[12]理查德·泰勒在等待转上囚船期间，在约克城堡处于"不幸的境地"，他告诉父亲说："要是当年听了你的忠告就好了……我听着囚友说事，直到我心凉如冰。"因为父亲没来信，泰勒害怕自己遭到父亲唾弃和遗忘，便激动地写信给他"亲爱的叔叔伯伯"：

> 你们一定要让他知道，我目前情况很好，请他尽量不要老是想着我，因为我基本上是清白无辜的，希望上帝宽恕我，我会再度和你们见面。如果见不到你们，那我就肯定到更好的地方去了。对我来说，我打定主意，一定要过虔诚的生活。[13]

他祈祷能在未来得到保护，试图稳住父母亲的情绪。他于1840年5月从约克郡写信（这一次他的拼写情况有了好转，因为有一个抄写员帮助）说："只要心诚，哪怕是在枯燥乏味的监狱祈祷，也像在金碧辉煌的宫殿里祈祷一样，终会被上帝接受。在这种倒霉的处境下，一个可怜而又不幸的人能得到这样的保证，那是多么有福哇。"他答应会再度重逢：

> 我在遥远的国土生活十年后，再回到家乡，心里会有多么高兴呀！如果上帝饶恕我的父亲，能让他活到我回家的那个时候，那我会多么开心啊！这样我们就能亲眼见到对方，聚谈天堂的事——可不是吗，亲爱的父亲，要是他能让我俩享受这种幸福，那就好像提前尝到了天堂的味道。[14]

信中之语颇为诚挚，但几乎无法掩盖深藏其后的恐惧，害怕流放会永远把一个家庭拆散。理查德·布斯曼央求父亲"不要忘了问候一下我的妹夫"和其他亲戚，"并请告诉他们，我想在离开之前看他们一眼，因为这可能是最后一次了"。他1841年6月前去囚船时，抱怨说亲人都已将他抛弃："我觉得很奇怪的是，你们没有理会我的要求，如果能在离开这儿之前见到我的几个朋友，我一定会很高兴的，但现在已经太迟了。"每当有某人敢写信放言，说将来一定要回来（"亲爱的父亲，希望你别烦恼伤心，弄得自己很不舒服……希望很快就能又见到你了"），就有多得多的人会表现出绝望。托马斯·霍尔顿 1812 年 6 月写道："一想到我本来清白无辜，却被赶出我的国家，我就情绪低落。亲爱的母亲，我想，我在这个世界上再也见不到你了。"[15]

流放会造成某种社会性的死亡和家庭性的死亡，这是民歌的一个常见主题，有时还会向上渗透，进入文学。例如，乔治·克拉布在《自治市》一诗中就提到这一点，他描绘了一幅表现 vanitas[①] 的静物画场面：

> 在摆动搁架上，东西放得很不协调，
> 食物碎屑，扑克牌，纸牌游戏板，
> 还有烟斗和烟袋，而在下面的抓钩上，
> 挂着人走后留下的提琴和琴弓；
> 让人一看见就想起，当年他怎样边拉琴边跳舞，
> 然后就被不合时宜地抛向流犯海湾。[16]

有些流犯紧抱住一个愿望不放，希求在最后一分钟得到赦免，但通常都是枉然。通过皇家豁免权干预，一般只针对判处绞刑者，特别是政治犯（更特殊的则是只针对继 1822 年卡塞尔利去世之后的犯罪者，其所犯罪行似乎代表了海浪一般的民意）。例如，1831 年，在改革呼声达到高潮之际，彼得·威泽斯和他参加抗议活动的同伴詹姆斯·拉什就在行刑的前夜，因大规模的请愿活动而从绞刑架上被抢救下来，该次请愿书通过内政部向国王递交。然而，一旦流放机器开始运作，就没法从中脱身了。不过，英国人的生活中，交织着一种互相提携、互惠互利的关

---

① 拉丁语，指空无。

系，从河边挖土工到公爵，整个社会金字塔的各个层面，都布满了施恩施惠和感恩戴德的经纬之线，因此，囚犯及其家庭在判决之后只要有减刑机会，就会抓住不放。1798 年，一位名叫 C. M. 瓦勒的绅士给他在悉尼的一个熟人，即爱尔兰世袭君主及殖民地助理外科大夫达西·温沃斯写了一封信，为"一名因区区五毛钱硬币，就被判罚流放的很不幸的年轻人"说情：

> 相比较而言，他的境况更值得同情，因为他不仅品行普遍很好，而且他全力赡养年衰体弱的父母。此刻，他母亲就站在我面前哭泣不止，悲叹她就要失去她的儿子……先生，她唯一求告您的，就是请您尽所能帮助他，让他的境况变得舒适一些。[17]

托马斯·霍尔顿在 1812 年起航的前夜，仍在央求他妻子"去找弗莱彻先生和沃特金先生，告诉他们说，我到现在都要抗议，因为我是清白无辜的"。人都到大海上了，尽管"写信非常麻烦，极为困难"，他还在希望"你要继续给政府写请愿书，叫他们别发配我，再不就让他们给我减刑"。1841 年，理查德·布斯曼写信说："如果我的朋友肯稍微麻烦一下……就会给我很大帮助……如果说我需要什么的话，我现在最需要的就是帮助。"[18]流犯及其家人不得不求贵人（土地所有者呀，地方治安法官呀，商人呀，牧师呀）相助，尽可能多地给他们提供品德证明信，能拿到多少就要多少。一名女性通过一位受过教育的抄写员之手，于 1819 年从索尔兹伯里给内政大臣办公室写了一封信：

> 我不揣冒昧，特此知照，塞拉斯·哈里斯，朴次茅斯"月桂号"船上一名流犯，是我的丈夫。他在身后留下的六个孩子，无不哀叹他的离去。六个孩子目前境况殊为困难。一位绅士向我允诺，他愿把我的案子，以及我无助家庭的情况，一并向西德茅斯勋爵呈递，为我求情，进行干预，好让他获得释放。您若觉得所附品德证

明对您不无帮助，我定会感激不尽。[19]

当犯罪的受害者意识到，恐怖的命运可能在澳大利亚等待着流犯，而流犯在英格兰也会众叛亲离，就会为囚犯请愿求情，这种做法也并不罕见。英国有许多男女会因罪与罚之间不成比例感到惊扰不安，不愿让自己良心沾上污点，不愿为区区一点财物就把一个完整的家庭摧毁，何况偷盗之事发生之日，正是社会广泛匮乏之时。威廉·提德曼是圣奥尔本斯的一个农场主，有几袋小麦被一个名叫托马斯·退特的农工偷走了，该人"被判流放七年，目前在伍利奇（伍尔维奇）"。于是，他代表他妻子和四个幼子，请西德茅斯勋爵为退特减刑："因为我本人愿意慷慨地原谅他。"赖科特太太是"某位颇有地产的绅士之妻"，她于1819年5月写信给敏彻汉普顿的地方法官乔治·保罗爵士，央求他为托马斯·巴克开恩，该人是个流动卖兔皮的，因为从一个仆人手中买了其从她家中偷来的几样银器而被判流放。她请求撤刑："考虑到（巴克的）年龄，因为他已经五十七岁了，并考虑到他和妻子再也不可能见面这个事实。这种可怜的境况会使她的情况极为糟糕。"法官把信转给西德茅斯勋爵时指出："该人已在囚船服刑，不能罚他去那座大监狱了，因为那儿本来只应发配三分之一的人去，而现在去的人却翻了一番。"但他又补充道："有时候，舆论之潮流让法律显得一点都不可怕！"这话倒很能揭示出当时的情况。于是，巴克去了"致命的海滩"，把妻子留在身后，只能自己照顾自己了。[20]

偶尔也有夫妻一起被治罪、一起被判流放的。也有人由于害怕会被流放到世界不同的地方而提出请愿。1830年在爱丁堡的卡尔顿监狱，海伦·吉尔德恳求别把她与结婚六年的丈夫分开："求您开恩，把我和他发配国外时，尽可能酌情安排在互相靠近的地方。虽然我们运气不佳，受到上帝和人类法律的制裁……但您的恩准会让我感到衷心的喜悦，就是我现在得到释放，也不会那么喜悦的。"[21]

因此，希望通过权势影响而得到豁免，成了一个永恒不变的主题。

另一个主题则是对失去联系的恐惧。处于被流放边缘的人就要从社会地图上滑脱，进入对跖点的虚空之中，邮件稍有延误，就会以为这是遭到亲人摈弃的某种迹象，就像托马斯·霍尔顿写信给母亲说的那样：

> 我的生命中，没有什么比收不到你的只言片语更让我忐忑不安了……自从被审判之后，我只收到一封信，还是老婆寄来的，你肯定没忘掉我吧？请告诉我是否有减刑的可能……我期望见到你，如果见不到，我将与你永别，那我的心都要碎了。我走之后，就再也别想见到你了。[22]

但是，无论是否有信，还是有人来探监，转到囚船或流犯船上的这一天总是不可避免地要来到的。霍尔顿从兰开斯特城堡坐马车，途经伦敦，在兰斯顿海港上了"波特兰号"囚船。在该处，他每天要在码头工作，一个班次就是十小时，同时等待五个月后最后离开。据他报告说，该次旅途"十分潮湿，很不舒服，我整整八天八夜没脱衣服，所以，我的爱妻，只能由你来判断我现在所处的境地了"。在旅途的这一阶段，大多数遭流放者都无人照管，并受到残酷无情的虐待。国会议员亨利·本奈特于1819年，就前去囚船路上的囚犯情况，写了一本义愤填膺的小册子，致以内政大臣。他这样写道："他们之中有数名儿童，全都戴着沉重的镣铐，衣衫褴褛，身体有病……坐在马车顶端运过去的妇女也用铁链拴在一起。"他们成百上千地从伦敦下来，"乘坐一辆敞开的大篷车，暴露在严酷的天气之下，让那些无所事事的人随意瞪视，遭到心肠冷酷者的谩骂和嘲笑，因此……让凡是觉得惩罚不应该如此严厉的人都感到羞愧和愤怒"。约翰·瓦德1841年乘坐一辆马车，一条铁链把他的腿与其他六名囚犯拴在一起，从北安普顿监狱去朴次茅斯的囚船，路上只要"黑玛丽亚"[①] 在马车店停车换马，就请几个囚犯喝杜松子酒和淡啤酒，

---

① 俚语，指囚车。

"这好像能缓解夜里的疲劳，放松一下紧张不安的心情"。尽管他鲜衣华服，但他的囚友"几乎衣不蔽体……所有的人合在一起，只拿得出十八便士"。[23]

ⅱ

位于朴次茅斯、德特福德或伍尔维奇的囚船十分著名，颇值得一看。它们在起伏不停的灰色水面上排成一排锚泊，从船头到船尾，形成一个被海水阻断的治罪中心。随着大艇载着囚犯接近，这些报废军舰球茎般的橡木船体从海水中壁立而起，七拼八凑，满是赘疣，什么舱面室呀，平台呀，披屋呀，等等，都从原来的船身上向四面八方戳出来，一副贫民窟经济公寓的模样，桅杆柱子之间拉着绳子晾着床褥，炮眼都用铁栅栏封了起来。船在水中颠簸，波涛拍打着船体，暗黑羊毛般的海草随着流水，从腐烂的吃水线处涌过来。有些囚船是战争中捕获的法国军舰，但大多数都是曾为英格兰承载过百门大炮、现已过时的一级战舰。现在，一度耀武扬威的战舰只剩下残破的船头雕像和锈蚀斑斑的铁链，每个链环都有半个人大，这些铁链把船锚碇在最后的锚地。囚船看上去就像皮拉内西笔下画的浮动废墟，里面拥挤不堪，湿乎乎的，暗无天日，而且臭不可闻。

接待工作一成不变。新犯人在后甲板上集合，被命令把钱交给船长保管。这时，囚船上的老犯人就像蝗虫一样扑到新人身上：

> 一队男犯下来时……这一天对在服刑中衰老下去的人来说，就好像是一个大喜日子……（新犯人）周围的人围着他要"这"要"那"，同时要几十样东西，同时还"搞"（偷），当时就是这么叫的，偷各种各样的小物件，什么梳子呀，小刀呀，裤子背带呀，针头线脑呀，等等，凡是船长允许你带的东西他们都偷，而你能够有

幸带上船的也就那么点东西。[24]

曼斯菲尔德·西尔维索普是一个身无分文的年轻演员，他曾于 19 世纪 30 年代扮演过伊阿古，《哈姆莱特》一剧中的鬼魂埃德加，还演过尤金·阿拉姆①及《盖·曼纳林》②中的伯纳德，后因偷了一个苏格兰军官的箱子而被判流放。他戴着脚镣，乘坐一艘公共汽船沿河而下，身上还穿着他缀有流苏的衬衣，头上蓄着一绺绺卷发。在"侍酒俊童号"囚船上，他发现：

> 很快，我就变成一个看起来很不一样的野兽了。我的长发经过那个野蛮理发师的一番修剪之后，我泡了一个冷水澡，然后穿上囚船上的制服。军需官把我们的衣服拿走时，我观察到，他拿刀在每件物品上都扎了一个洞，这样，东西就算是皇家的财产了。不过，当他看到我的东西（这是质量最好的）时，就没有照此办理。因为新衬衣穿上后刮擦得厉害，我就问他可否穿我带上船的衣服，他却骂我傲慢无礼，威胁说要把我鞭打一顿，还跟我说，要把我所有的衣服都烧掉。第二周，当我看到我自己的帽子和缎子围巾居然成了这位好人的装饰，而我的外套和裤子成了船长儿子——一个个头跟我差不多大的年轻人的东西时，我一点都不感到奇怪。[25]

通常，船长都会跟旧衣商人做一笔交易："一个老犹太人找了我们几次，目的是买下所有犯人的平常衣服。无论衣服多新，反正是想卖就给半克朗，不卖就扔掉拉倒。"作为交换，囚犯拿到的衬衣"就像包东西的粗布"，什么帆布裤呀，灰夹克呀，不是太大就是夹脚的鞋子。"要想改变这种状况，你必须拿出两块白面包，也就是一个星期的限量，交

---

① 即 Eugene Aram，托马斯·胡德民歌中的一个谋杀犯。
② 英国小说家瓦尔特·司各特的一部长篇小说。

给一个同船水手，换取他的鞋子，这样才穿得合脚。"[26]

　　囚船上贪污腐化盛行。乔治·李因伪造了一张钞票，被判十四年流放，于 1803 年 1 月在兰斯顿海港囚船囚禁期间，撰文谴责"坏警察和不明智的政府不该在这种地方横行霸道，实际上并没有把监狱变成改过自新的神学院……而是变成了藏污纳垢之地，把人性降低到凶猛的野兽之下"。他所在囚船的四百四十个囚犯中，约有半数属于"所谓的'约翰尼·生粗'①，即都是乡巴佬，这些人的性格构成中，傻瓜成分多于流氓"，船长以降，所有的军官对他们无不残酷无情地巧取豪夺，坑蒙拐骗。他认为，只有牧师和外科大夫才为人诚实。"由于合同商、代理商、食品供应商和船长等，对船上所有的人提出的种种过分要求，曾有一次四百人中有九人倒毙在海滩上，呈现出一幅惨不忍睹、污秽而又饥饿的景象。"[27]

　　重犯的脚踝上，铆了一根重达十四磅的铁链——这是阻止他们游水逃走的一个行之有效的方式。有的不为什么特别原因，就被加上了更重的镣铐。本奈特 1817 年亲眼看见"一个很小的男孩，只有十三岁"，戴着双副脚镣，在"利维坦号"囚船上爬来爬去，与此同时，成年男子戴的却是单副脚镣。也可能这孩子付不起钱，无法贿赂监狱长，让他"解脱铁链之苦"，于是就拿他开刀，以儆效尤了。（几个月后，解除脚镣重负，以便轻装上路时，该囚犯的右腿就会一边走，一边控制不住地颤抖不停。）把重犯铐上脚镣后，就可以让他到码头干活了。他黎明即起，被人带离囚船，黄昏才归，被人划船送到囚船上。流犯们在朴次茅斯、德特福德或伍尔维奇为海军干活，用铁链串成一串的流犯当时成了供游客观赏的一大景点。自英国疯人院不再让游客进入嘲笑里面的疯子之后，英国公众的一些冲动的欲望就无法得到满足，于是正好通过瞠目结舌地观望他们来解决这个问题。串成一串的犯人队伍形成了一种道德奇观，不仅对成人很好使，对淘气的孩子也很有用。众目睽睽，这加重了

────────────

①　英文是 Johnny Raws，所谓 raw，指生或粗，有"大老粗"之意。

犯人的羞耻心，尤其是其中很多人早已做出自我判处社会死刑的选择，了断了与家庭和朋友的一切关系，这种情况就更为严重。詹姆斯·格娄夫即将起航去范迪门斯地时，于 1803 年写信给一个朋友说："我在朴次茅斯有意拖延时间，不给你写信，这样就可以避免你老是关注我……世界的张望令我萎缩成一团。"曼斯菲尔德·西尔维索普很高兴自己这帮人是干煤活的，这样他就黑不溜秋，不可辨认。他虽在劳作，却不复存在，连他母亲可能都不知道。[28] 约翰·莫特洛克是年轻的剑桥大学毕业生兼军官，很快就要开航去诺福克岛了。他在人群中一眼瞥见剑桥大学的一个同学，该人是银行家的儿子：

> 我内心紧缩了一下，但不必惊慌，因为他的目光毫无觉察，掠过了那群污迹斑斑、面如死灰的可怜虫，其中一个几周前当他在拜索恩障碍赛马中获得冠军时，还为他欢呼过。[29]

正如本奈特所指出，那种认为犯人在公共场合罚做苦工，不会降低犯人人格的看法是荒诞无稽的："当众判罚苦工，任围观者盯视和批评，让人自轻自贱，丧失自尊，把这作为工具……是不能产生教化作用的。"据他称，不到几个月，囚犯的表情就发生了变化："满面怒容，看得出心情很坏，怒火中烧……在那不勒斯和西班牙的 Presidii①，在法国的大型划艇，以及英格兰的囚船上，到处都可看到这种令人恐惧的样子。"[30]

食物还算可以，如果每个囚犯能吃到全部定量的话，但情况并非总是这样。一周有三天能吃上肉，这三天发给流犯新鲜生肉"一公磅"（十四盎司），但随着这磅肉顺次发到流犯手里，伙食管理员首先要从上面割掉一块，跟着是厨师、巡视员、划船送饭上岸的船员，最后是码头工头。等到了手里，流犯能够拿到四盎司就够幸运了，这点肉"啪"地盖在"一磅所谓的面包上"。

---

① 意大利语，指要塞。

"新贩子"钻进囚室后，就躺在黑暗和臭气之中。约翰·莫特洛克在朴次茅斯的"利维坦号"囚船——那是纳尔逊的特拉法加舰队的一艘90门炮的战舰——上时，船上塞满了六百个流犯，他们因饥饿和管教，变得"像兔子一样驯服"。他想起了《耶利米哀歌》（4）中的一首诗："锦衣玉食者，此时拥粪而睡。"他们还得忍受潮湿的难耐，当时有种习惯，有意让囚犯生活更难受，经常不用沙石打磨，而用海水冲洗上甲板。而且，"老手"总是拿"新贩子"开涮，永无止境地恶作剧，一上来就教训他们一顿，要他们打活结系吊床，这样，人一翻身进去，就会跟帆布裹成一团，轰然一声掉到甲板上。[31]

所谓管教，就是预先让流犯尝尝以后在"湾边"——当时的澳大利亚的称谓——可能还要尝到的味道。囚船生活中，表现欲望和压抑的最大象征就是烟草，这超过了性欲和食物，而且（在某些情况下）甚至超过了自由本身。凡是窝藏烟草者，都会受到严厉惩罚，但尼古丁瘾君子哪怕赴汤蹈火，也要弄到他的"奎得"①。西尔维索普注意到，因嚼烟上瘾而遭人鞭笞的这种恶性循环，已经把囚犯整垮了："他们全都无所谓……每况愈下，直到放弃所有的道德约束。"据他描述，他在"侍酒俊童号"上的一个囚友名叫约翰·武利，本来是个性喜安静、心肠很好的人，却遭到这种厄运。武利嗜好尼古丁到了这种地步：

> 他挨鞭笞，罚住黑洞了十几次，但都没用。"我没办法，先生。"他老是对船长说。"那我就把你背上的肉都割掉。"船长说。实际上，水手长经常尽其所能折磨他。他往后退两步，举起双手，一跃而起，向前冲来，然后跳起来，把全身的重量压在这个可怜受害者的身上，每打击一次，发出的声音就跟铺路机铺路时的声音很相似。终于，这个可怜的家伙（我也经常听他说起）厌倦了他的生活。他发现，他在其他方面的所作所为无可指责，却无法救他于这

---

① 英文是 quid，指可以放在口中咀嚼的烟草。

一点小小违规行动所造成的后果……结果，他从最好的囚犯，变成了码头上最糟糕的家伙。我离开时，他又被关进黑洞，因为他把军需官戈斯林先生手指头前面一节咬断了，后者当时把指头伸进他嘴里，想看他是否嚼过烟草。[32]

每个囚犯的生活都受到迷宫般的规矩限制，至于为什么要这样，就要看囚船军需官随心所欲的解释了。"有时候，我的脚镣太脏——有时候又太亮。——有一次，怪我头上帽子没有戴正。——还有一次，嫌我颈巾没按上面规定的系。"这就让人有无穷的机会向囚犯及其家人收受款额不一的贿赂。西尔维索普花了三个金币买通关节，从铲煤装船的活转做轻活，一做就是三个月。海军办事员经常把"海湾草稿"——拟发配至澳大利亚者名单——上的人名偷偷地换来换去，只要有人贿赂就这么干，金额在一到六英镑之间。尽管囚犯身上不能带钱，囚船（就像所有监狱一样）上也支持着迷宫一般复杂的地下经济，囚犯里不仅有银行家、放债人，甚至还有院外游说者。"你只要能把钱带上船，那你想买什么就能买到什么……为了与人与己方便，为了物物交换，便挖空心思，想出各种各样的阴谋诡计，一一细述不免枯燥乏味。"莫特洛克发现，就连医生也参与其事。囚船上的犯人死了，尸体有时会以五英镑或六英镑的价格，被卖给解剖医生的中介，这些中介老在码头周围徘徊，却不把尸体埋在朴次茅斯河口泥泞岸边的墓地——其诨名是老鼠城堡。囚犯连死都是成群结队，因为海军医生给生病的囚犯放血，多放掉一品脱，也不觉得有何罪过。这时，有人会把棺材划到老鼠城堡，到了那儿，牧师对着一只装满石头和沙子的匣子，举行一个简短的葬礼仪式。如此一来，很少有囚犯盼望到囚船医院去度过一段时间。[33]

不过，几乎所有的人都活下来了，最后这一天也终于到来：他们被弃而遭流放，排成一列，登上"湾"船。开航之前，总有人提出一连串要求，要钱呀，衣服呀，烟草呀，梳子呀，纪念品呀，等等。有时，流犯的家人会送一件小东西去，但更多的时候什么也不送，因为如果家里有多的钱，谁又会去当贼呢？有些人从前当过"工匠"或技术娴熟的手艺人，他们都随身带上了工具，以备有朝一日获得"盈满释痊"，能够在自己谋生时用。亲戚前来道别时，就会出现哀婉动人的场面。约翰·瓦德还记得，他母亲"在当时那种让人难受的情况下，几乎支持不住，所以我们互相没讲几句话，她悲伤得话都呛在喉咙里，说不出来了，我则因羞愧而一言不发"[34]。约翰·尼科尔五十年前曾是女犯流犯船"茱丽安娜女士号"上的伙食管理员，他描述了一个年轻流犯萨拉·多塞特的父母的反应。该女性曾被伦敦一个花花公子"毁了"，然后就像成千上万的少女一样，被迫卖淫，最后"被当成行为不端的女孩抓起来"了：

> 她父亲跨着踉跄的步履，走上船舷，但我们迫不得已，只能把母亲留在船上。我带着他们下到我的舱里，然后去找萨拉·多塞特。我把她叫来后，她父亲声音哽咽地说："孩子呀，你可给毁了！"说着就转过背，用双手捂住自己的脸。母亲啜泣着，张开双手搂住了她。可怜的萨拉晕了过去，倒在他们脚边。终于，她又苏醒过来，用让人心碎的语调，乞求他们原谅。[35]

有些女性遭受了可怕的心理摧残，一时半会儿也难以恢复：

> 有个女的坐在囚车顶上，从卡莱尔运来……她在狱中生了一个孩子，正在给孩子喂奶——突然孩子从她胸口被人夺走，就送交郊区济贫院，可能后来死在那儿了：她就是在这样一种肉体痛苦、精神涣散的状态下被带到纽盖特的……然后被送往植物湾……我亲眼看见她上船，她一提到孩子，就痛苦地流下泪水。[36]

流放到澳大利亚的162000男女随着流犯船起锚开航，踏上漫长的旅途，前往那个难以想象的目的地时，几乎无人没有体会到西蒙·泰勒给父亲写的那首结巴不清的诗中所表达的感情：

英格兰遥远的海岸从视线中消失，

所有的海岸从前纯粹而明亮，此时却似乎一片黑暗。

但我现在成了流犯，注定

要到外国天气下受苦受难。

再见了，长长的再见，我自家的人和我的本土，

上帝啊，但愿我能在那挣扎的岸边获得自由。①37

iii

现在，我们来谈谈流放制度的机制。不列颠是如何把被它放逐的人运到澳大利亚的呢？这个方法也像流放制度下的其他一切，是随着岁月的流逝摸索出来的。这个变化直接影响了囚犯的身体健康、他们的精神状态，以及他们幸存的机会。

第一舰队起航的 1787 年和最后一艘流犯船"霍高蒙特号"把爱尔兰芬尼亚运动成员卸到西澳的 1868 年之间，英国王室从英格兰和爱尔兰总共发送了 825 艘犯人船，平均每船约装 200 个流犯。这种大规模遣送开始时是软弱无力的：截至 1800 年底，仅有 42 艘船去了澳大利亚。接下去的十五年中，依然保持虚弱无力、很不规则的状态，因为英格兰与法国交战，压力很大，无力扩展太平洋殖民地。从 1801 年到 1813 年，每年锚泊在悉尼的流犯运输船都不超过五艘，而且直到 1814 年后，才有一年多达 1000 多名流犯抵达的情况发生。

1815 年之后，掀起了流犯来澳的大潮，顶峰期为 1831 年至 1835 年间。这期间，不少于 133 艘船把 26731 名流犯送到了澳大利亚。人数最多的一年是 1833 年：来了 36 条船，6779 个囚犯及 4000 多人到了新南威尔士，其他的人都去了范迪门斯地。流放制度虽然开始不大确定，而

---

① 该诗的确有多处文句不通，文字有误，如把 foreign 写成 forein，struggling 写成 strugling 等。

且丧生颇多，采取这种做法之后，却平稳运作起来，不仅行之有效，获利颇丰（对承包船主来说），而且相当安全，至少根据 19 世纪海洋旅行的标准来看是这样。不过，谁都不能说旅途是愉快惬意的。

第一舰队完全由海军军官装备并提供物质，从头到尾都是政府行为，尽管各船都要通过船舶捎客包租，每吨位收费十先令。正如我们所看到的那样，结果造成了很大的混乱，含有潜在的灾难风险，但还是比签订私人合同可能发生的情况要好。不过，长远地看，海军并不想持续地负责清理人类垃圾的这个事务。一旦制定了操作大纲，1788 年之后，每艘驶离英格兰或爱尔兰的流犯船，都通过私人合同来装配和提供配给，据说这样比较便宜，肯定也比较容易，因为这给政府救了急，不用再操心几十份合同的制定和监管工作。再说，经证明确有声望的公司，何不让它们公平合理地赚取利润并帮助英格兰摆脱盗贼和糟粕呢？这种安排只不适合一种人，那就是流犯本人，因为这种合同制度能够保证的就是他们生活痛苦不堪，而且经常性命难保。[38]

截至 18 世纪末，解决环绕半个世界运送囚犯特殊问题的经验已经提升，不列颠关于如何派兵经过漫长航程还能在登陆之时立刻进入作战状态的知识增长，私人合同商面临着政府强加的一份清单，上面对他们提出了种种要求。从救生艇的数量到口粮定量，样样都提出了条件，同时还要求船长、外科大夫和所有军官对流犯分工合作，各负其责。

这些规则的制定，是为了减少（但从来都不是消除）船上的苦难和死亡。人一出海，就会受苦，就会送命，无论他们是不是流犯。在拿破仑战争期间，英国海军有一个简单的假定，即除了战斗伤亡者之外，在海上死于疾病或事故的人，应为海员的三十分之一。而六分之一的人永远都在害病。即使在 19 世纪中叶去美国的自由移民中——虽然航程远比澳大利亚近——丧生者也占三十分之一。[39]

所以，根据当时的标准，一旦把他们递解到澳大利亚的制度平稳运作起来，流犯的情况就不那么糟糕。这个情况发生在 1815 年之后，若以五年为期，男性犯人的平均死亡率为八十五分之一（到流放制度结束时期的 1868 年，则为一百八十分之一）。流放制度达到顶峰时，船上平均因病死亡率稍微高于百分之一。[40]

但在 1815 年之前，死亡率要高得多，在 18 世纪 90 年代，流放制度尚未在海上立足，死亡率居高不下。到了 1790 年 1 月，第二舰队驶离朴次茅斯时，合同制度的毛病就凸显出来。除了"茱丽安娜女士号"之外，该舰队还有三艘流犯船："惊鳍号""海王星号"和"斯卡伯勒号"。这几艘船的合同商是卡姆登、卡尔弗特和金合伙公司，其随船中介为托马斯·夏普科特，收费为每个人头十七英镑七先令六便士，无论其抵岸时是生是死，保证运送流犯，为他们提供衣食。

在整个监禁流放史上，第二舰队的航程最为糟糕。"惊鳍号"上的 254 个流犯中，36 人死在海上。"海王星号"上的 499 人中，158 人丧生。"斯卡伯勒号"曾在第一舰队中走完全程而无一丧生，但这次的 253 人中有 73 人死亡。在驶离朴次茅斯的 1006 个囚犯中，共有 267 人葬身大海，另至少有 150 人在登陆后去世。

卡姆登、卡尔弗特和金合伙公司曾经做过奴隶合同商，他们给舰队装备的奴隶镣铐是专为臭名昭著的"中途航路"的非洲奴隶所设计的——不是那种铁链和"罗勒叶"（脚踝镣铐），因为这种东西虽然残酷，还能让人腿有一定的活动范围，而是那种脚踝间的短而坚固的铁栓，约有九英寸长，让人无法移动。正如搭乘"惊鳍号"的新南威尔士军团第二船长威廉·希尔义愤填膺地报告的那样："他们动都没法动一下，否则就有把双腿折断的风险。"[41]"惊鳍号"是条旧船，在波涛汹涌的大海中，海水简直能把船体穿透。囚犯饿得要死，寒冷刺骨，躺在透湿的床褥上，没法锻炼身体，全身结了一层由盐、粪便和呕吐物结成的壳子，因败血症而溃烂，到处长疮。一个名叫托马斯·米尔伯恩的流犯后来写信给父母，描述了该次航程，这封信还在英格兰印成大张印刷品：

（我们被）成双捉对地用铁链拴在一起，在整个漫长的旅途中，囚禁在底层舱里……几乎不给我们足量活命的给养，也几乎不给水喝。就我自己来说，定量的三四倍我都能吃掉。你们也非常清楚，我本来饭量并不大……跟我们拴在一条链上的任何同志如果死了，只要还能忍得住呼吸尸体的臭气，我们就都不作声，为的是能吃他的定量。很多时候，我甚至很高兴地把糊在腿子上的泥敷剂都拿来吃掉，路走到一半的时候，跟我拴在一起的汉弗雷·戴维斯死了，我在他的尸体旁边躺了一个星期，也吃掉了他的口粮。[42]

希尔认为，即使是奴隶贸易的恐怖与此相比，也要显得"仁慈宽大"。他猛烈抨击"海王星号"船长唐纳德·特雷尔和"斯卡伯勒号"的尼古拉斯·安斯蒂斯二人的"恶棍行径，压迫欺负他人，以及丢脸的侵吞盗用公款行为"。特雷尔是一个丧心病狂、专以虐待他人为乐的家伙，安斯蒂斯也好不了多少。但正如希尔愤怒地写的那样，这两人的利益与合同商的利益是相一致的：

他们从不幸的可怜虫那儿克扣得越多，他们能拿到外国市场上处理的物品也就越多，可怜虫在旅途中死得越早，他们把死者定量据为己有的时间就越久。我估计他们很少有人敢向雇主诚实交代死者的死期。[43]

事实上，当第二舰队抵达悉尼，把死者、奄奄一息者和身体有病者的"货物"吐出来时，安斯蒂斯和特雷尔做的第一件事，就是在海滩上开一个市场，把剩余的食品和衣物卖给第一舰队饿得半死的开路先锋们。

殖民地的英国圣公会牧师理查德·约翰逊把病人清点了一番："海王星号"上的 269 人都失去了自理能力——这意味着，上岸的 499 个囚犯中，只有 72 人登陆时身体健康状况较好。"斯卡伯勒号"和"惊鳍号"的数字不那么恐怖。约翰逊大着胆子，"上了'惊鳍号'，呼吸着甲板间的臭气，但不敢下去面对'海王星号'舱下的情况"。流犯发出

"呜呜"的呻吟声，几乎连手势都做不了，也不能翻身，满身都是虱子（据约翰逊估计，每人身上大约有一万只虱子在爬动），然后就被人扔下船去：

> 就好像他们在扔木桶、箱子或诸如此类的东西。有些人来到露天时就晕过去了，有些人当即死在甲板上，还有些人船没抵岸就死在船上。到岸后，许多人都走不动路，站不起来，也不能动弹，只好由别人领着走。有些人手脚并用在地上爬，还有些人被人背在背上走。

登陆的幸存者中，所有互相友爱的精神都因对他们凶猛的压抑而被扑灭。约翰逊恐怖地发现：

> 如有任何一个人快要死了，还有人给他什么面包或百合饼（面包和水煮在一起的东西）的话……他旁边那个人就会从他手里把面包什么的抢走，嘴里还骂骂咧咧的，说人都快要死了，东西对他没什么用。该人一断气，其他人就会看着他，把他身上剥光。弱者互相都不会解救对方于危难，因此肯定只会碰壁。夜里，在这个时候（6月，澳大利亚的冬天），天气极冷，他们身子底下什么都没有，只有野草，四个人才有一床毯子，四人中力量最大的就会把毯子据为己有，让其他的人都光着身子。[44]

这个情况1790年在悉尼湾发生的时候，议事委员会的勋爵们正忙着把新南威尔士的大玺提案交给国王。大玺的正面写着："流犯在植物湾登陆，卸掉镣铐，受到司管勤劳的女神欢迎，该女神坐在一堆货物上，带着她的种种象征，如绕线杆、蜂箱、鹤嘴锄和铁锹，手指着耕地的牛，一幢幢立起的住宅，以及远处山上的一座教堂，还有一座保卫教堂的要塞。"同时还有维吉尔的一句名言："伊特鲁利亚就这样强大起来。"[45]

　　第二舰队的消息通过菲利普的公文电报和希尔的信件抵达英格兰时，官方出现了一阵慌乱。无论政府还是公众，都没有预料到会死这么多人、受这么多苦，但人们的记忆并不持久，再说，受害者又都是流犯。对合同商的那个可鄙的中介托马斯·夏普科特，人们无能为力，他从开普敦起航之后不久就死掉了——这是第二舰队唯一能让人尝到公正的一次死亡。尽管答应进行一次严格调查，但调查从来都没进行。伦敦市政厅做了大量取证工作，但特雷尔船长老奸巨猾，早已畏罪潜逃。市政厅直到 1792 年才找到他，于是立刻对他和他那条船上的大副进行审判，告他们谋杀了一个流犯，但两人都无罪开释，人们不再对之提起公诉。三年后，特雷尔居然在开普敦谋到了一个高级职位。安斯蒂斯逍遥法外，而那家面目可憎的卡姆登、卡尔弗特和金合伙公司也从来没有获罪。事实上，该公司已经与政府签订合同，准备组织第三舰队，为新南威尔士提供食品给养。第三舰队于 1791 年起航。这支舰队的船舶很旧，不仅拥挤不堪，而且几乎无法航行。船上的医疗设施不够齐全，囚犯受到的虐待令人恶心。"女王号"上的二副本来有义务把定量供应食品发给船上 150 多名男女囚犯，但他短斤少两，只发 60 磅牛肉，而不是一次性地发放定量的 132 磅。[46]情况之糟，以至于第三舰队上的 576 个流犯抵达悉尼时，都需要接受治疗。在抵岸的所有 1869 名男性和 172 名女性中，路上死去的只有 173 名男性和 9 名女性——总死亡率约低于百分之九，约为第二舰队的三分之一。这之后，政府就再也不与卡姆登、卡尔弗特和金合伙公司签合同了。

　　政府紧张担忧，害怕公布流放制度的弊病，因此也没有进行公众调查，但还是做了一定的改善。政府对"卑鄙下流的野蛮船主"实行了限制，"为了要他们保持诚信"，采取延迟付款制度——按上船的流犯人头算，余款（约为百分之二十五）待流犯上岸后，身体健康状况尚可时再付。船长和外科大夫抵达悉尼时，须有总督颁发证明，给他们的表现打分。如果该证明赞扬他们"刻苦勤勉，富有人性"，他们回到英格兰后，流放委员会就会给他们发奖金。[47]

有些船长拿不到这种奖励。1798年，"希尔斯伯勒号"流犯船的合同商如果能让每个流犯活着上岸，就能拿到四英镑十先令六便士的奖金，除此之外，犯人上船按人头算，还能从每人那儿拿到十八英镑。但该船船主威廉·亨斯顿把囚犯饿得半死，用重链拴住他们，使他们无法在甲板上走动，晚上又在甲板下面给他们戴上双镣。该船离开兰斯顿海港之后不久，斑疹伤寒就在全船肆虐，造成三分之一的人丧命。但后来居然没有对亨斯顿采取法律行动。[48]

合同商常在船上装满货物，以很高的标价，拿到悉尼去卖。地方长官也曾试图阻止他们这么做，但一般都归于失败。不过，他们在每条船上都安排一个海军外科大夫，对他们而不是对合同商负责，其工作就是监督流犯的健康状况，纠正船上官员的虐待行为，并留心观察合同商派遣的外科大夫是否有马马虎虎或不称职的行为。尽管一般的医疗官无法告诉船主，在他自己船上应该如何做，但有他们在场，还是起到了一定效果。根据这种安排出行的第一艘流犯船是"皇家海军上将号"，起航时间是1792年5月。1793年，又有三艘船满载英国和爱尔兰的囚犯继之。这些船上都有监督员。结果，670名囚犯中，仅有14人死去。[49]

这个故事的道德寓意一目了然，但到1795年时，拿破仑战争已经开始，英格兰派不出海军外科大夫（也拿不出多少船只）供植物湾用。接下去的二十年中，只有一艘私人合同商承包的流犯船带着海军外科大夫上船出航。1792年和1800年之间，不列颠有十八艘流犯船前往澳大利亚。头六艘船（从1792年到1794年）都有监督中介，男性死亡率为五十五分之一，女性为四十五分之一。接下去的六艘船中，只有两艘有海军中介或外科大夫，男性死亡率为十九分之一，女性为六十八分之一。最后六艘船没有采取任何海军监督措施，结果六分之一男性丧生，三十四分之一女性殒命。[50]

丧生者大多都是爱尔兰流犯。很多人遭流放，都是因为政治罪，他们的待遇尤其糟糕，因为船长害怕他们哗变。例如，"不列塔尼亚号"

上载着 144 名爱尔兰男犯和 44 名女犯，1796 年下半年从科克出航时，船长托马斯·邓诺特兽性大发。他无中生有地把威廉·特林波尔当作闹事头领，让人把他鞭笞了一顿，直到该人叫饶，开了一张单子，列出 31 个流犯的名字，说他们曾誓言要举行哗变。他接着就让人把全船搜索了一遍，看有否武器。卫兵找到了家制铁锯、五六把拼凑而成的刀子，以及几段铁箍和一把剪刀。这就够了。一个名叫詹姆斯·布兰农的流犯，在连续两天之中，挨鞭打的次数达到了骇人听闻的八百次。第二次鞭打他时，九尾鞭上又编结了新鲜马尾。邓诺特冲他大吼："你他妈的好好看着，我要把你的身体抽裂。"他的身体也的确被打穿了，不过，他还是花了几天才死去。邓诺特在嫌疑犯身上总共抽了七千九百鞭，打死了六人。外科大夫是个半疯半癫、很不称职的人，名叫奥古斯塔斯·拜耶，他拒绝包扎犯人伤口，因为害怕邓诺特船长，他也不肯监督鞭笞，只是瑟缩在他自己的舱室，听着鞭子的哨响和爱尔兰人的尖叫。一个可怜的女流犯名叫詹妮·布莱克，她曾试图自杀，就为这，邓诺特剃掉了她的头发，用一根藤条不断抽打她的面部和颈部，然后给她加了双副镣铐。[51]政府后对邓诺特船长和拜耶的行为进行了调查，但未对二人采取法律行动。经调查发现，邓诺特行为"近乎过严"，而拜耶属于"渎职"。不过，这两人再也没有上过流犯船了。

尽管这种噩梦似的旅程只属例外，但爱尔兰流犯还是过了若干年才得到像样的待遇。杰罗姆·菲茨帕特里克爵士经常鼓动对囚船和流犯船进行改革，终于在"大力神号"及其姊妹船"顶天巨神号"于 1801 年待命从科克起航之时，得以让人把囚犯戴的奴隶腿拴拿掉，代之以较轻的脚镣手铐，"无论从政治角度看，还是从人性角度看，都比以前的要好"。但是，他对爱尔兰和英格兰囚船上等待流放的流犯所受的待遇感到震惊。"囚犯送到囚船上……有的病体不支，有的双目失明，有的身患残疾，还有的到了高龄，他们就是做任何苦工，也不可能从中得益……不能把他们送到新南威尔士去，这不公平，没有人性，也不能让殖民地获利。"[52]他在 1801 年给佩尔汉姆勋爵写信时，这样描述道：

他们的床褥糟糕肮脏，有些人身上穿的衣服还没有一半多，食物中缺乏营养，因为肉汤上的油都被撇去了，衣服破损，挡不住极冷的天气。苦刑完全不讲分工……阴囊外伤，痛苦难堪，朝向膝盖悬垂下来——虽然没有捆绑在一起，但总的来说在车上都像架着牛轭一样。患哮喘病的、腿部水肿的或腿部溃烂的，等等，都被雇来干活。年轻的、眼睛痛的人，都被派去烧石灰——总的来说，无论从他们的工作是否有利可图这个角度看，还是从人性和理智的运用的角度看，我几乎都看不出实行这种制度的合理性来。[53]

"大力神号"1801年下半年从科克起航后，流犯造反了。结果当场用枪打死了14人，还有30人死于疾病和体力衰竭，死亡率达到了四分之一。"顶天巨神号"上的情况更加糟糕。该次航程中一共死了65人，主要是要他们腾出空间以存放2166加仑朗姆酒。该船船主布鲁克斯船长准备把酒拿到悉尼去卖。金总督为人正派，不许他把酒卸下，但布鲁克斯也从未受到惩罚。后来他又当了几艘流犯船的船长，出航数次，死的时候是个"受人尊重"的老水手，还是悉尼的一个太平绅士。

要对这些人进行审查，是很不容易的事。英国皇家如要对英格兰某位残酷无情或贪污腐化的船长提起公诉，需要把流犯作为证人运返。替代的手段则是在澳大利亚进行审判，这就需要让新南威尔士的法院具有刑事司法权，能对到访的英国轮船船长进行审判。无论是哪种情况，审判都要花掉公家很多钱，所以谁都不想这么做。只有一次，他们把流犯送回英格兰，让其为了告发船长而出庭做证。这是1817年，所根据的是拉合兰·麦夸里这位比较开明并支持"盈满释痞"总督的命令，因他想控告"恰普曼号"的船长和官员，告他们在得到可能发生哗变的谣传时，用连发枪弹射杀了三个手无寸铁的流犯并打伤其中22人。尽管麦夸里并不指望这些人会被定罪（后来也并未定罪，两人都被无罪开释），但他希望，这个案件可能会"为将来航途中的流犯本人提供保护，使之不受到目前为止所遭受的那种残酷和暴力"。结果，他反而从政府那儿得到一通严厉的训斥。[54]

菲茨帕特里克在给佩尔汉姆的秘书的一封信中，总结了流犯的窘境。他写道：

> 我再三恳请你，要让（佩尔汉姆）了解这个想法，即在目前这个贪赃枉法、自私自利、心怀叵测的时代，你不能指望那些人会给你公正的报告……和他们有直接关系的人不是与监狱，就是与合同部门有利害关系。……（不能指望）医生对病人有疏忽的现象或处理不当的现象时，他会亲口讲出来。不能指望看守会坦诚他们的种种酷行……不能指望提供衣食者在这方面只说坏的，不讲好的。也不能指望总经理们会大致按照自己的权限范围，犯罪人该当何罪，就判他何罪。[55]

不过，1815 年后，地狱船就已经不多了。流犯船的境况得到了改善，因为监督方式进一步发生了改变。海军医生从拿破仑战争中学到了更多的医学知识，尽管根据现代标准来看，军事医学依然极为原始。为前往澳大利亚的流犯做了大量工作的人名叫威廉·勒德芬（1774？—1833），他本人就是一个被流放的流犯，同时他也是悉尼医术最为高明也最受人欢迎的外科大夫。勒德芬是麦夸里总督的家庭医生。作为他的家庭医生，这位"澳大利亚医学之父"是一个得天独厚、十分理想的人物，能够改革这个制度。麦夸里命令他对 1814 年抵达的糟糕得具有灾难性的三艘船，即"萨里号""三蜜蜂号"和"休维特将军号"的情况进行调查。勒德芬的报告成了一个转折点，不仅给麦夸里，而且也给英格兰当局留下了深刻印象。他强调需要通风设施，需要擦洗甲板，需要洗头、用石灰和"焦油"消毒、进行熏蒸并锻炼身体。他还坚持认为，每条船都要有海军外科大夫，不仅当军医官，而且做政府中介，"作为军官，全权行使其判断力，而不受流犯船船主的控制"[56]。

该计划一经采纳，即显露出效益。1815 年后，用船运至澳大利亚的流犯人数涨了三倍——1816年到1820年间，共有78条船，载运了13221人，与之相比，之前的五年间，仅有23条船，载运了3847人。从1811年到1815年，航程中的总死亡率为三十一分之一。勒德芬的计划实行后，死亡率降至一百二十二分之一，此后很少超过百分之一，而且从未超过八十五分之一。[57]

除此之外，这时的旅行速度更快，船上空间也更宽敞，尽管这一切也都是相对的。当年航程中的枯燥乏味和社会摩擦，是现代旅行者无法真正想象出的。流犯船有时会在前去南非或印度的海军护航队的护航下，沿着地图下行。但很快，每条船就会分道扬镳，进入无边无际的蓝色海洋之中，像一个感染了社会疾病的小斑点，飘扬着红白相间的"鞭子"（即长三角旗），昭示自己的流犯船身份。船行路线取决于食品的供应和供水。第一舰队走了两百五十二天才到植物湾，沿途各港口几乎花去了十周时间。该舰队不得不装载可供几年使用的口粮给养和生活用品，因此，旅途中就不得不始终补充食物。但是，到了1810年，轮船就不再需要装载流犯未来生存所需要的一切了。到了1820年，大多数船长行至里约热内卢之后，就直接驶往澳大利亚的南海岸，不是把船上的流犯卸在霍巴特，就是北向驶往悉尼。有时候，这些船也会一刻不停地行驶。到了19世纪30年代，大多数流犯船走完全部航程不要一百一十天，但只有四艘船走完全程不到一百天："伊丽扎1号"在1820年，"吉尔德福号"在1822年，"诺福克号"在1829年，以及"爱玛·尤金尼亚号"，该船是最快的，曾于1838年仅花九十五天就走完了全程。

没有一艘船是按流犯船量身定做的。所有船只（除了少数海军舰只以外）都是商船改造的，装配了必要的卧铺和安全装置。[58]囚犯的卧铺一般分成两排，每排都是双层（上面一张床，下面一张床），靠着船体，中间是一条走道。彼得·坎宁安作为流犯船上的监督外科大夫，五度乘船来澳（他护理的747名流犯中，仅有三名丧生）。他注意到，"空间宽敞"，木制卧铺舱有六平方英尺，可容纳四名流犯。头部空间很少达到六英尺，唯一的空气来自舱口，但舱口总是用很粗的钢条关住，并锁上了沉重的挂锁。因此，通风效果永远很差，尽管海军外科大夫敦促船长在舱口安装风帆，但这些原始的导气罩在最需要空气之时不起作用——此时船正在赤道无风带，一动不动地躺在令人窒息的酷热中。爱尔兰"政治犯"约翰·博伊尔·奥赖利于1868年与其他搞芬尼亚运动的人乘坐"霍高蒙特号"，也就是所有流犯船中的最后一艘，被流放到了西澳。他描述了底层舱的苦难生活：

> 空气让人透不过气来……舱口用铁栅挡死，密不透风。舱口上的阳光热得像要烧着一样。沥青从缝中滴落下来，落在皮肤上能把皮肤灼伤。嘴里说出来的，心里想到的，只有一个字——人人心里只有一个渴望的念头——水……每个流犯每天只有两品脱水——一夸脱腐烂发臭、像血一样热的液体。那些渴得要死的人吞下限量的这点水，真是惨不忍睹。[59]

天气一变坏，所有的人都遭罪，但最受罪的就是流犯。乔治·普里多·哈里斯曾于1803年，随同戴维·柯林斯殖民菲利普港湾的远征队航行，在离开里约热内卢之后写道：

> 路上始终遭遇狂风暴雨、惊涛骇浪，连日来，无法在桌边坐下，不得不紧紧抱住地板上的箱子等物，所有的陶器都几乎砸成碎片，除此之外，大量海水钻进舱里，人们不得不在黑暗中生活，因为船舱的窗户都用舷窗外盖堵死了。——我一生都没有这样忧郁过。——无论肉体还是精神，都没有一点让人舒服的地方。——吃的东西太不像话——饮水发臭——我们的家畜都被寒冷和潮湿给毁掉了，人人愁容满面。[60]

安保工作令人生畏。阿尔弗雷德·特滕斯船长是德国船长，他曾在太平洋上航行多年。1861年，他在流放制度的最后阶段，驾驶"诺伍德

号"，载运了三百名流犯，前往弗里曼特尔。该船的"上下甲板之间"，
"都用厚重的木板隔开，形成一道防弹墙"：

> 主要舱口和前舱口装上了三英寸的铁栏杆，剩下的只有一扇小
> 门，每次仅能通过一人，而且要很费劲地通过……主桅后面的甲板
> 上，横过船面竖起了一道挡板，上面也有一道窄门。船舷后部的后
> 面，日日夜夜都有十名士兵荷枪实弹，站岗放哨。四门大炮装满了
> 葡萄弹，对准前方，这儿还堆放着各种各样的武器。这呈现出一种
> 完整的战争图画，使人感到震慑，无论对囚犯，还是对看守，都能
> 产生一种镇静作用。[61]

　　囚犯的食物很粗糙，但分量还足，只是缺乏青菜而已。主食还是盐
渍牛肉，乘船者都称之为"咸马肉"——毫无疑问，其中有些就是马
肉。50团的军官约翰·戈尔曼于1851年乘坐"棉登号"流犯船去澳大
利亚，把一个水手关于该次航程的话写了下来：

> 咸马肉！咸马肉！谁把你带到这儿来了？
> 多年来，我一直在扛草堆，
> 从利默里克到巴里哈克，
> 我累倒在地，折断腰骨。
> 把我切块，喂水手吃，
> 可现在，连他们都瞧不起我——
> 他们把我翻身，把我眼睛搞坏。[62]

　　彼得·坎宁安认为，伙食定量"又好又多"，约为标准海军限量的三分
之二。流犯梅利希大约也在同一时间（19世纪20年代早期）坐船去澳
大利亚：

　　（他发现）吃的东西无可挑剔。星期日吃的是李子布丁，里面
有牛羊脂，每人约一磅，同时还有一磅牛肉。星期一吃猪肉（一磅
肉，里面有豌豆）。星期二吃牛肉和米饭。星期三跟星期日一样。
星期四跟星期一一样。星期五吃牛肉、米饭和布丁。星期六只吃
猪肉。[63]

　　为防败血症，流犯喝酸橙汁，吃糖和醋。作为奖赏，每天晚上还得
到半品脱葡萄酒，以保持情绪高昂。这被认为是一种极大的奢侈。在有
些船，如"木桥号"上（当该船于 1840 年起航时，船上载着流犯日记
记录者查尔斯·柯赞斯），分发葡萄酒就像一种仪式：

　　　　为了锻炼身体，也为了防止生病，每人从后甲板的一扇门进
　　　入，对着酒桶跳舞，把自己的限量喝完之后，又跳着舞走开，转过
　　　身去，来到对面的门道……他们的舞步随表演者而有所不同，形成
　　　一种几乎让人感到好笑的"芭蕾舞"。[64]

　　船一来到蓝色水波上，这些开路先锋的脚镣就被取掉，尽管他们的
床上通常都有铁链和"罗勒叶"，以便在紧急情况下把桀骜不驯、不服
管教者铐起来。外科大夫兼督察尽可能经常把大家招呼到甲板上来，呼
吸新鲜空气，锻炼身体。他们用沙石打磨甲板，用擦帚擦，用刷子刷，
用手洗涤，在纪律允许的情况下，尽可能多做下贱活，将重负从船员肩
头卸掉。他们不能随身带刀（除了汤匙以外，所有铁制餐具吃饭时发下
来，饭后就都收走），但他们能弄到针，也能从"咸马肉"上弄到骨头。
于是，他们就一个星期接一个星期，在贝壳上雕雕刻刻，"用骨头制作
海豹、牙签、烟草塞棒，以及其他饰品。同样，有些心灵手巧、经验丰
富的人，也会利用普通的扣子等制作戒指、胸针等物，他们做这些东西
十分内行"[65]。

　　他们还会钓鱼，把鱼钩缀上一条条碎帆布，上面抹上脂肪，这时，

鲣鱼就会过来抢食，一扯起来，就像长着银鳍的甜瓜，浑身战抖，尾巴翘着，扯进甲板排水孔里，立刻就被迫不及待地吃掉了。对于鲨鱼，也是照此办理，这些不祥的"海洋律师"总是很有耐心地跟在船尾后面。这种鱼"被认为肉味鲜美，在如此漫长、如此令人厌倦的旅途中，就是这种鱼使境况发生了小小的变化，它被人贪婪地抓住，又开心地消费掉了"。海员还时不时地用带饵鱼钩和测深锤索活捉信天翁，把尖声叫唤着的它们拽上船，然后杀掉剥皮，把肚子塞满东西做成标本，这是可以拿到市场上去卖的。[66]

流犯自娱自乐的努力，也被几个外科大夫和自由乘客注意到了。他们手舞足蹈，而且（如果戴着镣铐的话），还能用铁链跳出一种铿铿锵锵的节奏来。圣诞节这一天，一条船上的木匠说："流犯中普遍洋溢着一种欢天喜地的气氛，他们（很熟练地）以大量的声乐，如三重唱、二重唱、合唱等，庆祝一年一度的圣诞节到来，可能是喝了双份葡萄酒的缘故。"[67]

他们喜欢赌博，从烟草到衣服，什么都赌，如果手上没牌，就把《圣经》和祈祷书拆散，做成扑克牌，一个教士曾于1819年在一艘流犯船上发现这个情况，感到很伤心。有时候，他们还会上演业余戏剧，或在甲板上举行模拟审判——这都是具有净化作用的讽刺性模仿剧，扮演"法官"的人身披一条拼接被，将一把梳理过的擦帚顶在头上，权充法官帽，脸上化了妆，涂了红铅、粉笔和炉灰。他面对匍匐在地的"囚犯"，发出一连串的谴责之声。

旅途中的盛大仪式，永远都是所谓的"越线"，即跨越赤道，这是一次兴高采烈的成年礼，"海王星"会来到船上，引领那些一生从未跨越赤道线的人。这个海神样子凶巴巴的，拿着铁制三齿鱼叉，戴着用擦帚做的法官帽，以及麻絮做成的胡子，里面缠绕着贝壳和干海星，胡子缝在剥下来的海豚皮上，海豚皮在垂直照射下来的阳光下臭气冲天。他朝这些新手猛扑过来，两侧站着嘻嘻笑着的水手"美人鱼"，拎着一桶桶肥皂和油腻腻的东西，他用剪刀剪去这些启蒙者的胡子，再用洗碗刷在他们脸上搓起泡沫，"剃净"之后，就把脑袋猛按入一桶海水中。难怪，自从那时以来，这个传统颇遭大众旅游业的贬损。威廉·科克中尉1826年从"王权号"流犯船上向父亲报告说：

> "海王星"上船待了两个晚上，给士兵和其他人刮胡子。他是个郁郁不乐的老家伙，从头到脚，把他的新生儿一个个全身涂满焦油，每天晚上剃完胡子之后，就和他的警官一起走进我的舱室，问我是否满意他对待我手下人宽大为怀的态度。但他这位大人是个醉鬼，跟他的警官喝掉了我三加仑的威士忌，还让我跟他一起喝烈酒，结果我头痛欲裂。[68]

到了19世纪20年代，大多数船上，人们都很遵守纪律，几乎是自动地遵守纪律。船长对他们的"人货"都很警惕留心，只要听到任何哗变的风声，就会进行即决惩处——尽管不总是像早期的"布列塔尼亚号"那种地狱船，给以毫无节制的鞭笞。一般抽四十八鞭就够了。流犯被绑在格栅上，仿佛举行仪式般被痛打，囚犯和全体船员都被召集拢来观看。若犯轻罪，就戴上镣铐，再不就在狭小的箱子里关几小时。

不过，几乎没人不梦想哗变。科克中尉提及，他在"王权号"上守卫的爱尔兰囚犯"密谋策划，想把船夺到手中，开往南美，同时把我和我的手下人都杀掉，只留下医生、船长和水手……幸运的是，他们没有尝试这么做，否则，大多数人就会被枪毙。如果有任何一个士兵被杀，其他士兵肯定会大怒特怒，杀死船上每一个流犯"[69]。

如果有人起义，船长就得迅速而又审慎地采取行动，就像在"诺伍德号"船上面对叛军的特滕斯船长那样：

> 我几乎还没跟最近的几个士兵把正在发生的情况讲完，就手拿两把左轮手枪，冲进大吃一惊的那伙人中。尽管闹事的头头用一把尖利的器具在我膀子上戳了一个伤口，十分疼痛，但我还是没有放

（他）。我双手扼住罪犯的喉咙，使他几乎透不过气来⋯⋯我只有在万不得已的时候才能枪毙他，这样才能避免他人不必要的痛苦。[70]

不过，如此企图哗变的人还是很少。在"诺伍德号"上煽动哗变的，是一伙"从前当过船长和舵手，想在船底凿洞，把船弄沉的人"，但一般的流犯不会开船。他们通常持消极态度，只是嘴里说些威胁的话，而不是奋起反抗，因为枪炮的力量绝对是他们无法力敌的。在整个流放制度期间（1788—1868），八百多次远航中仅有一次哗变成功——那是1797年在"海岸女士号"女流犯船上。反叛者不是女流犯，而是女流犯的卫兵——新南威尔士军团的一个支队。他们以"法国共和国的名义"起义，未经过度流血就把船控制在手里，然后把船开到蒙得维的亚①，最后被法国作为政治避难者而接受，而在此之前，他们已经处理了茫然不解的女囚犯——把她们交给西班牙殖民地的贵妇做仆人。

如果船长善待囚徒（就像特滕斯那样，制定的制度"明显宽松"，与下人进行个别长谈，让他能够解除精神负担），人们就肯定会对他感激不尽，甚至会对他产生感情。旅途终了之时，"流放者们给我准备了一件让我惊喜的东西，直到今天我回忆起来，还怀着深深的感情⋯⋯憎恨和怨毒似乎消失殆尽"。囚犯排成一行，上岸之前，整齐地排好队，逐一与特滕斯握手，"大家脸上都很严肃"，交给他一封感谢信，三百人中有两百七十人在上面签了名：

尊敬的先生！

我们感到深深的遗憾，无法向您更好地证明我们的谢意和敬意，只能请求您接受我们诚挚的谢意，感谢您的友爱、慷慨和善待，在去西澳的漫长旅途中，您一直都是这样对待我们的。除此之外，我们衷

---

① 即乌拉圭首都。

心祝愿上天让您享受尘世的一切快乐，祝您将来所做的一切都马到功成。虽然我们远离家乡，来到一片不适于居住的国土，命运未卜，但我们祝愿全能上帝之手保佑您并让您回到幸福的家中。[71]

然而，通常代表大家的是外科大夫兼督察，他不仅治病救人，而且相当于流犯的主持公道者。大多数船长不像特滕斯。他们虽然并非生性暴虐，但性格粗鲁，没有文化，都是在海洋这所艰苦的学校里，从前甲板上摸爬滚打出来的，因此，他们几乎不关心流犯生活是否舒适。在一条没有外科大夫兼督察的船上，托马斯·霍尔顿（来自博尔顿的政治流放犯）1812 年抱怨说："我们已经三周没有换一条干净短裤，找船长要短裤时，他说不可能很脏。而且，我双腿还戴着镣铐……亲爱的父母大人，如果你们不能为我做点什么，我敢肯定，你们再见到我的时候，我人就不在了。"[72] 基本上，这就是外科大夫兼督察所要提防的。如果他能做好预防工作，时刻表现出一定程度的"坚决态度，辅之以同情"，流犯就会信任他。

外科大夫的日志必须备份，旅途结束后上交一份，其内容越枯燥乏味，因犯的旅途情况就越好。外科大夫兼督察约翰·史密斯乘坐的"克莱德号"，1838 年从爱尔兰载运了两百一十五名男犯至悉尼，他的日志比较典型，记录了各种情况。如清扫和擦洗；在厕所喷洒漂白粉；监督洗衣；用针扎脓包；毯子脏兮兮后整晚上泡在尿池子里，希望能把讨厌的虫子杀死；粗布裤子会把一些流犯的"阴囊和大腿擦伤"；囚犯争争吵吵，被人关进小箱子里；一个小伙子耳语了哗变的话，就被人把手铐起来，在甲板上过了一夜；士兵跟自己的女人像爱尔兰基尔肯尼的猫那样好斗；等等。"聚在一起的人，没有比他们更无组织、无纪律，更爱吵架，更吵吵闹闹的了。然而，因犯无一例外，行为安安静静，有条有理。"外科大夫史密斯的工作就是给人忠告，清洗伤口，在水泡上贴膏药，给人放血，人死了还得他埋（但很少有人死）。"克莱德号"被绞船索曳着进入悉尼湾，殖民大臣办公室的官员习以为常地问了集合在一起的囚犯一个老问题——"对外科大夫有意见吗"，"全体一致叫道：没有，没有，上帝赐福于他"[73]，他终于有了一丝满足感。

也有个别流犯把一腔感激之情全部倾泻出来，希望外科大夫史密斯到悉尼后，能够在当局面前为他美言一番，如下面这封信中所述。写作该信的人是伯纳德·默里，一个受过一定教育的中年人。他在信中坚称他是无辜的：

> 金钱令司法的天平发生了倾斜，于是，不幸的默里遭到抛弃——是的，先生，从社会上被抛弃，从家里被赶了出来——被朋友和国家抛弃——但是，先生，我发现你是一位性格温和、富有人情味的君子——你所做的一切减轻了我的不幸感，我根本不值得你这么做——你根本不认识我，我是个陌生人，但你对一个受了伤害、在人生中几乎要走下坡路的人很富有人性——先生，我永远也忘不了你上上个星期天给我们讲的那番话，你讲得头头是道，给人留下了深刻印象，上帝啊，我会严格地按你的话去做的。先生，尽管我是流犯，我希望我会带着没受犯罪污染的白发走进坟墓——先生，如果你愿意考虑为我在这儿说句好话——请放心，仁慈的先生，我一定会极为注意，经常保持清醒节制，意志坚定，诚实不欺。[74]

好的外科大夫兼督察，代表着制度最好的一面。也许他不是医术最高明的医生，但他为人正派，这就使他在流放制度的地狱中显得格外与众不同。而流犯一上岸，就别再指望享受如此公平的待遇了。他们在悉尼湾或霍巴特码头旁边集合，经过数月海上之旅，脚下夯实的黏土似乎都在颠簸起伏。他们现在进入的这个社会，其社会习俗更趋向惩罚，其内部运作也更任性妄为：就像玩过了一盘赌局，得胜者继续前行，去建立澳大利亚，但失败者的命运并不会比奴隶更好。

第六章　流犯是谁？

i

澳大利亚人一到伦敦，就有遭人冷嘲热讽、被笑祖先曾是流犯之虞，这已经是四分之一世纪以前的事了。一代人以前，这种殖民时期的遗风濒临绝境。不过，1960 年之前，特别是第二次世界大战之前，这就是英国人对待澳大利亚人态度的部分表现。这种态度一出现，就会让中上层阶级的澳大利亚人感到难堪，在社会上没有面子。谁都不想有个当流犯的祖先，但很少有人敢百分百地肯定，自家那棵家庭树上，从前没有一只重犯的乌鸦栖枝。五十年前，祖先中有流犯，那是一个污点，是人们讳莫如深的。

澳大利亚工人对其过去的流犯历史并不这么看。在殖民地出生的孩子（用殖民时期的一个词来说，就叫"流通货币"①，其中很多人的祖先都是流犯），他们自由自在地长大，追求社会信任感，可能一心只想得到人们尊重。但是记忆不死，成了社会神话，特别是在爱尔兰人中间，因为他们忘不了流犯祖先在致命的海滩上遭受了何种虐待。我们即将看

---

① 英文是 the Currency，原意是货币。尽管有词典解释是"澳大利亚土生白人"，但这里还是采用直译，这样可保持原有形象。

致命的海滩：澳大利亚流犯流放史（1787—1868）

到，流放制度一不小心，就造就了澳大利亚的第一批民间英雄，也就是丛林土匪，其中大多数都是在逃囚犯。澳大利亚殖民时期的早期，阶级的基本划分——卫兵 vs 囚犯——一直存在，成了那儿后来争论的一种暗喻，是在工会会议和警戒线上能让人联想到的东西，提供了一种关于历史压迫的图案。好好乡绅、慈善地主和父母官样的贵族，这三种有产者形象的崛起，改变了英格兰 19 世纪早期劳资关系的简单图画——实际上这三种形象也的确存在——但并非神话般的澳大利亚风景的特征。恰恰相反，澳大利亚的形象是凶狠的监工、狡猾的"特殊囚犯"、固执的军官、手执鞭子的野兽，以及被他们踩在脚下的苦难深重的流犯。

在试图遗忘又想编织神话的双重压力下，产生了一种很受欢迎的澳大利亚流犯身份的滞定型。根据该滞定型，流犯清白无辜，都是不公正法律的受害者，他们犯的小罪，放在今日连罚款都不会，却被判与家人生离，惨遭流放，被扔到世界的天涯海角。他们不是偷猎野兔，就是盗窃面包，只是为了养活他们饿得要死的子女——他们也是不得已而为之，因为他们的统治者残酷无情，把英格兰治理得一塌糊涂，农业经济濒于崩溃，导致他们作为诚实不欺的自耕农再也无法生存下去。他们夹在自己也弄不明白的经济力量和由他人制定的法律之间，被压得透不过气来，他们就是托马斯·格雷在《写于教堂墓地的挽歌》（1750）一诗和奥利弗·戈尔斯密在《荒村》（1770）一诗中描述的那种人。

这种滞定型坚持认为，流放制度的"人灰"是从英国人讲究正统体面的根子上生发而来，而自耕农则产生于农村。威廉·布莱克给这一点赋予了讽喻的形式。他对荒凉一片的工业景象的看法，结合了他听说的太平洋窃贼殖民地的叙述。"在遥远的南方，有一块恐怖的礁岩"，在那儿，"我的子女，惨遭流放，远离我的怀抱，在我眼前来回晃动"，而且：

> 玉米成了野蓟，苹果充满毒汁，
>
> 爱唱歌的小鸟，成了爱杀人的老鸦……[1]

澳大利亚人关于流犯阶级身份的思想中，最常见的一个标签来自格雷《写于教堂墓地的挽歌》。诗中，诗人对为人正派、默默无闻的乡村死者沉思之时，描画了一个自耕农的形象，他抗拒圈地地主的权力："某位乡村中的小人物，挺起大无畏的胸膛/去抵挡掌管土地的小暴君。"因此，J. L. 哈蒙德和 B. 哈蒙德 1913 年在他们很有影响的研究著作《乡村劳动者（1760—1832）》中写道："那一代人中的乡村小人物都睡在植物湾的岸边。"从这儿再往前跨一步，就能看到这个神话的完整形式。澳大利亚史学家阿诺德·伍德六十多年前，就曾以一个反诘句陈述了这个神话："罪大恶极的犯罪分子留在英格兰，而他们的受害者清白无辜，充满男子汉的气概，建立了澳大利亚民主制度，难道这个事实还不够清楚明白吗？"[2]

然而，这不是事实，只是能让人感到慰藉的一种刻意虚构。流犯作为一个阶级是清白无辜的（如果不是具有男子汉气概）这种说法，于 20 世纪 50 年代第一次遭到曼宁·克拉克的批评，最后于 1965 年被 L. L. 罗伯森以数据分析彻底摧垮。[3]伦敦公共档案馆所藏内政部档案列举了十五万流放犯人的姓名、年龄、审判地点和所犯罪行，罗伯森的工作基于随机抽样，对其中二十分之一的姓名进行了抽样调查，从而显示这些流犯中二分之一到三分之二的人远远不是初犯，而都是有前科的。五分之四的人是贼，只有极少数可以归于政治犯一档。大多数人都住在城市，没有乡下人，没有农民。几乎所有的人都没有财产，都是体力劳动者，而不是小农。四分之三的人属单身，平均年龄约为二十六岁。从最早的流放契约中可能得到的有关流犯（如某位偷了奶酪的老妇，一个小孩子，一个对谁都无害的假发制作工人的学徒，或一个生性敏感的苏格兰画家，如托马斯·瓦特林等）的看法，与后来大多数来到澳大利亚的流犯的事实真相相距甚远。

正如我们所看到的那样，18 世纪的死刑法法制严苛，范围很大，可判绞刑之罪涵盖面广泛。法院宽大处理起来，常常随心所欲，可以减刑，也的确减刑，把绞刑罪改判为流放澳大利亚。因此，早期的许多流犯，直到拿破仑战争结束之时，都是因小罪，甚至经常是让人觉得荒唐无稽的轻罪，而登上了所谓的"湾船"。但在 1815 年之后，总的趋向（当然，这也有成千上万的例外）则是只流放罪行不那么轻的犯人。到了 1818 年，战后的法律改革在英格兰初露端倪。议会委员会敦促说，有些类（但并非所有种类）的盗窃行为应该判罚流放，而不应判处死刑，而且，伪造罪也不再是死罪了。罗伯特·皮尔爵士对 19 世纪 20 年代的刑事法努力进行改革并加以巩固，的确对正在受审的人逐渐产生了影响。这样一来，"可流放"的罪行数量就多了起来。

没有第三种选择，因为英格兰没有罪犯教养制度，没办法把重犯留在国内，直到 1835 年和 1839 年的《监狱法》出台之后，才迫不得已把重犯留下。结果，法律每放开一次，都使流向澳大利亚的流犯流量增加。只有比较极端的托利党人才认为，1820 年至 1840 年是刑事法"不顾一切"的自由化年代，但某种人性的感觉倒也慢慢地在向前推行。到了 1837 年，绞刑主要限于杀人案，与此同时，一宗宗罪行——伪证罪、盗牛罪、侵入他人住宅罪——都降低级别，成了"可流放"之罪，其地位不可思议，再无以前那么可怕了。英国当局慢慢地承认，以前历届政府犯了种种错误，做出了异想天开的行为，不该热衷于动辄处人以死刑。但是，流放制度的真正兴起，并非始于法律本身，而是始于新的执法者，即"皮尔人"，也就是罗伯特·皮尔爵士 1827 年设立的英国警察。警察力量并不意味着犯罪总量上升，但意味着成功逮捕犯罪分子和定罪数量的增长。同样，放弃流放制度并不是因为犯罪数量下降，而是有三个因素：19 世纪 30 年代，英国改革家在道义上和政治上越来越反对这个制度；英国罪犯教养制度的发展；在五十年的拓居之后，英国已经视澳大利亚为自己的国土，而反对持续不断地向那里倾倒新的犯罪垃圾。

如果制作一张曲线图,反映 1788 年至 1816 年流放澳大利亚的情况,这条曲线就会相当持平(尽管一直往上走),跟着就会陡升,在 19 世纪 30 年代中期达到顶峰,随之再度持平。1850 年后,凡是法院定罪的罪犯,英国监狱和罪犯教养制度几乎都可以容纳。新南威尔士的流放于 1840 年结束。范迪门斯地的流放于 1853 年结束。到了 1868 年,英格兰的最后一艘流犯船把爱尔兰囚犯在澳大利亚大陆的另一端西澳卸下时,流放制度已半是不快的记忆,半是没有愈合的伤口了。

因此,流放制度大约可分为四个阶段。第一阶段——也就是"原始"阶段——从 1787 年到 1810 年。正如我们已经看到的那样,它之源起是一种努力,目的是清空英国的囚船和监狱,在太平洋确立英国的战略在场,所涉及的流犯人数较少。如以整数计算,来自英格兰和爱尔兰的男犯约为 9300 人,女犯约为 2500 人(不超过后来流放人数的 7%)。出国的流犯约为每年 1000 人,但当拿破仑战争于 1793 年开始之时,这个数字下降了一半,因为需要流犯在码头干活。有些人被强征入伍,参加海军,甚至被生拉活扯,拽入英国陆军,穿上军装,成了乌合之众。英格兰拿不出船来把他们"送往海外"的澳大利亚。

第二阶段为 1811 年和 1830 年之间的二十年。1811 年前后,流放率又开始增高。积重难返的监狱和囚船已经清空,但政府认为,既然已经建立了犯罪垃圾处理制度,那就应该继续执行。第二阶段的陡然爬升在 1815 年之后发生,这时,战争已经结束,英格兰遭遇了一连串内部危机,人口增长失调。1801 年和 1841 年之间,人口几乎翻倍,从 1001 万人增长到 1810 万人,而且,该时期的最快增长率在 1811 年至 1820 年间。工资下降和价格爬升像钳子一样夹住工人。手工业机械化导致失业率失控。圈地运动的无情扩展,把人民从乡间赶进了贫民窟,从而掀起了犯罪大潮,使战后的英国统治者极为苦恼,也让议会做好准备,愿意接受皮尔的新颖想法,即成立一支警察力量。警察一旦存在,重犯的供应量也就随之增长,从而产生了巨大压力,迫使流犯走上流犯船——同时,在旅途的另一端,也就是澳大利亚,也产生了相应的虹吸力,那儿因 1815 年后牧区畜牧业的发展，如饥似渴地需要流犯劳动力。从 1811 年到 1820 年，约有 15400 男犯和 2000 女犯驶离英格兰和爱尔兰。从 1821 年到 1830 年，相应的整数是 28700 男犯和 4100 女犯。因此，在这第二阶段，约有 50200 人——约占被流放者总人数的 31％——去了澳大利亚。到了 1830 年，这个制度已经成熟，达到了全面有效的程度。

第三阶段从 1831 年到 1840 年，在此阶段，这个制度达到了顶峰，随之开始衰落。在这个时期，43500 男犯和 7700 女犯驶往澳大利亚——总计 51200 人，超过了前二十年倾泻在致命的海滩上的犯人总数。最活跃的一年是 1833 年。这一年，男女共计 6779 人被运到了悉尼和范迪门斯地。截至此时，大多数有头有脸的英国人都接受了流放制，认为是解决犯罪问题的最佳手段。罪犯管教思想当时在英格兰还只是边沁的一个假设，尽管在大西洋对岸，喜新厌旧的美国人早已开始试行这个思想了。不过，英国的《监狱法》就在那个十年里，发出遥遥的信号，表示流放制度即将结束。到了 19 世纪 30 年代后期，一股强大的舆论潮流，在反奴隶制情绪的推波助澜下，开始反对植物湾。英国开明人士了解了更多有关流放制的情况之后，感到十分震惊，特别是 1838 年轰动一时、很有倾向性的莫尔斯沃斯报告发表之后，就更是如此了。与此同时，土生土长的澳大利亚人开始憎恨背上背着的流犯这口黑锅——以及来自分配制的流犯劳动力的竞争。1840 年，所有导向新南威尔士的流放活动全部停止。

这就为流放的第四阶段，也就是最后一个阶段做好了准备。1840 年后，作为开拓者的流犯用处越来越小，就连他们作为奴隶劳动力的价值也在降低。英格兰不断把他们发配到范迪门斯地。到了 1847 年，新南威尔士的人口中，只有 3.2％的人是服刑流犯，与之相比，范迪门斯地则占 34.4％。[4] 从 1841 年到 1850 年，约有 26000 名流犯涌入范迪门斯地，这个数字很快就壅塞了流放制度，导致其行政功能崩溃。对范迪门斯地的流放直到 1853 年才被废除。1850 年，西澳处于胚胎期的殖民地带着机会主义的天真烂漫和迫不及待，宣布说他们也需要一些流犯——

因为在开矿之前的岁月中，那儿没有什么东西，能够把自由劳动力吸引到离悉尼三千英里只有沙漠和丛林的地方。作为回应，流放制度吐出了最后一滴唾液：9700 个重犯，在八年内，从大不列颠运了过去，最后是一批爱尔兰芬尼亚运动分子。到了 1868 年，流放制度已经结束，只剩下流放造成的社会结果和心理结果，这些结果相当之大：一个年轻的国家作为英格兰的画板，任其在上描绘 20 世纪广袤无边的古拉格草图，不可能不留下几块标记和几道伤痕。

ii

英国犯罪问题是没有"流行样式的"。贫穷就会生盗，这个现象千篇一律，不难预料。年复一年，永远都是同样的比例：流放人口中约有五分之四犯的是"侵犯财产罪"。L. L. 罗伯森的调查发现，男犯中，34％的人流放的罪名是未特别明言的盗窃罪，15％是翻墙入室罪或侵入住宅罪，13％是盗窃家养动物或农场动物（这与偷猎野物截然不同，后者所占人数不足 3‰）罪，而 6％是"偷窃衣物罪"——这让人想起，在廉价批量生产衣服之前的岁月中，英国穷人的穿衣问题有多糟糕。只有稍微超过 3％的男犯流放是因为"冒犯他人的罪行"，这些罪行从打人、强奸、绑架和几宗从数据角度讲可以忽略不计的鸡奸定罪案，到误杀罪和谋杀罪。占 4％的少数人因"公众性质的罪行"而被判刑，这包括各种各样的行为，据认为，这些行为会有损王国的权利或威望——主要是"伪造"钱币（占 2％）；跟着是 1.5％的定罪者，其罪行是叛国罪、密谋策划罪、暴动罪、参加工会罪或参加爱尔兰秘密结社罪，如白衣会和丝带人。还有少数人发配到澳大利亚是因为犯了重婚罪、走私罪和伪证罪。[5]

十分之七的人在英格兰都受过审判，主要是在巡回审判法庭和伦敦的季审法庭，以及六个主要郡县受审：兰开夏郡、约克郡、沃里克郡、萨里郡、格洛斯特郡和肯特郡。这些地区是五分之二的流放犯人的家乡。约有五分之一的流犯在爱尔兰接受审判，其中大部分在都柏林受审。[6]

男性比女性多，为六比一。在整个流放期间，只发配了 24960 名女性，其中一半去了新南威尔士，另一半去了范迪门斯地。约 60％的英国男犯都有前科。现已知道，35％的人在被"五花大绑"送"去植物湾"之前，所犯罪行多达四次。女犯情况一样：稍微超过五分之一之前从未判罪，但二次犯罪者或更糟者可能约占 60％。[7]

澳大利亚民众认为，"典型的"流犯是无辜的，他们只犯过一次罪，就受到野蛮的惩罚，而上述数字却说明情况正好相反。当然，这些数字并没有讲出全部的故事。毫无疑问，英国的刑事法既野蛮压抑，又缺乏效力。但是，法典再坏，也不一定就能开脱受害者的罪行——尽管法律反映了立法者的利益和意识形态。

流放制度的流放人数在 19 世纪 30 年代暴涨，这是因为管理机制得到了改善——也就是说，抓到并处理了更多罪犯。这并不表明犯罪率有毁灭性的上升——尽管老是有人在一刻不停地谈论"犯罪大潮"——而是说这个机制效率比以前高得多，满足有身份地位的不列颠人的社会欲望的速度要比以前快得多。它还满足了人们对崇高化和一般化的深度欲望。很少有人愿意为绞刑负直接责任。可以理解的是，他们更喜欢抽象概念——"司法程序""社会债务""加以惩罚，以儆效尤"——而不喜欢具体事实，亲眼看到一个魂不附体的陌生人被绞得透不过气来，在绞绳下撒了一裤子尿。同样，通过鞭笞，可以改造犯罪分子，这种想法也是一个抽象概念。只有九尾鞭抽到皮肤上，鞭子的现实才会凸显。无论挨抽者，还是挥鞭者，都不会觉得改造行为正在发生。其实是在上演一场粗野的仪式，魔幻的一幕，相当于驱魔。凡是惩罚，目的都是把客体降低到抽象化的地步，这样才能用新的内容加以充实，赋予美好社会行为的价值观。但从社会地位受人尊敬的人的角度看，监狱的主要用途，其实就是把罪犯隔离开来，使之处于中立地位。澳大利亚完美无缺地符合这个要求。由于它不是一座建筑物,而是一座大陆,它就可以接收整整一个阶级,有着多余的空间。英国当局认为,他们看到的情况就是,这是一个阶级,而不仅仅是个别犯罪分子的集合体。

从 19 世纪 30 年代起,一种新的阶级语言开始在英格兰流行。陈旧的乔治时代关于社会差异的词汇,爱讲"秩序""程度"和"等级",暗示社会可通过"垂直依赖关系"而获得稳定,社会各阶层则可通过共同利益的纽带和互相提携而连接起来。对照之下,新的语言是一种分裂的语言,而不仅仅是阶级划分泾渭分明的语言。"阶级"所暗示的,是清晰的界限和可能发生的对抗。旧秩序的等级制度以前可能显得"顺乎自然"、合乎常规(至少对上面的人来说是这样),但一个阶级和另一个阶级之间的关系则呈对抗性,带有合同性质,基于互相冲突的利益之间的调和,而非共同承认的一种义务制度。"阶级"概念的本身,意味着社会及世界正在发生改变。

我们现在都习惯把阶级语言看作工人阶级语言——也许就像格特鲁德·希梅尔法布所暗示的那样:"因为社会历史一般都是由劳工历史学家和社会主义者所撰写。"[8]但是,19 世纪 30 年代的阶级语言大多都是由中产阶级发明和使用的,他们试图描述围绕这个语言的复杂社会因素,因此并不像只有两个阶级的社会模式——无产阶级 vs 资产阶级——即恩格斯后来发明的那种社会。他们所提的不是单数的工人阶级,而是复数的工人阶级:这种思想在当今的马克思主义者鼻孔里,散发出过于细化和阶级觉悟有误的气味,在 19 世纪 30 年代,却似乎承认了工人阶级中存在各种不同的利益。就连宪章派和其他激进分子通常也提到单数的"中产阶级"和复数的"工人阶级"或"工人"。[9]与此同时,英国中产阶级获得了"阶级觉悟"的地位——也就是一种关于他们自己的身份、欲望和希望的意识——早在工人之前就获得了。19 世纪 30 年代,拥有"阶级"定义权的人是他们,而不是未来的左派,而他们一向就认为这个阶级是复数形式。

当局觉得,犯罪来自其中一个工人阶级。犯罪分子不需要命名自己为一个阶级——他们不必为了显示有阶级觉悟而这么做——遵纪守法的公民就觉得有权称他们为"犯罪阶级"。"值得褒奖"（生活节俭、工作勤奋、淡泊禁欲）者和"罪有应得"（好吃懒做、没有远见）的穷人之间有一条关键的界线，而只有"罪有应得"的那些人才肯定会犯罪。亨利·梅休宣称说："我急切地希望，公众不要再把诚实不欺、独立自主的工人与本国流浪汉和乞丐混为一谈。他们应该明白，一个阶级受人尊重、富有价值，另一个阶级则退化没落、穷凶极恶。"[10]

英国人19世纪30年代所理解的犯罪阶级概念意味着，有一个截然不同的社会集团"制造"了犯罪，就像制帽工制造了帽子，矿工产出了煤炭。这个阶级三分之一是暴民，三分之一是部落，还有三分之一是行会，在地下运行，低于英格兰其他低级社会结构，并掺杂其间。犯罪阶级有自己的一套行话，自己的等级尊卑，自己日积月累的一套技术智慧。它保留并扩大了犯罪技艺，从师傅传授给徒弟。这个概念来自18世纪后期的一种看法，认为英格兰的犯罪率增长如此之快，当局必须对付有组织而非仅属数字累积的犯罪行为。乔纳森·怀尔德令人瞩目的事业轨迹，让人产生了犯罪好像也有"将军"——犯罪智囊——带领的幻觉，好像他们率领着暴徒的"大军"。这种幻象经久不衰，一直持续了整个19世纪，最后以黑手党出现之前的超级犯罪分子形象达到了登峰造极的地步，也就是亚瑟·柯南·道尔笔下的莫里亚蒂。

人们曾试图猜测这一阶级的人数究竟有多少。帕特里克·科尔洪1797年估计，伦敦有五万妓女和一万盗贼，另外还有更多风月场的专业人士（如"泥云雀"①"大棒男"②、找碴儿打架的人，以及成打其他各种货色），把他们加在一起，犯罪分子的总数是115000人，超过该市总人口的12％。[11]当然，他只是在猜测，他的这个数字就算在当年都遭人嘲笑。早期维多利亚时期的人搜集的犯罪数据"更严酷"、更庞大，但

---

① 即mudlark，街头流浪儿的直译。
② 即Bludgeon Men，游手好闲者的直译。

依然很有误导性——因为仅凭犯罪数据，是不大能知道多少 19 世纪犯罪问题和罪犯情况的。[1]

19 世纪早期的数据，现在又由于当时阐释者的偏见而被进一步弄得混淆不清。[12]1800 年前后，人们有充分的理由认为，"暴民"是危险可怕的。暴民这种燃料点燃的那场同样的革命之火，曾把英吉利海峡对岸的君王摧垮。英国有产者为激进的雅各宾主义而困扰。在他们眼中，压制一抬头，这个主义就要加以合理化，改革做出一切努力，都会遭到它的阻止，他们本来对待下层阶级的泰然自若的态度，现在也被这个主义深刻地扰乱了。激进的雅各宾主义还在关于"暴民"性质和构成情况的所有猜测上，添加了一种无所不在却无意识的色彩。他们害怕政治威胁，就不断地夸大犯罪性质。因此，很容易把犯罪的特点归咎于处于社会边缘的人、被社会抛弃的人与捡拾破布烂衣和骨头者——简言之，也就是那些被视为英国的无套裤汉的人。在无产者幸存下来的那片广大地带，在那儿，为了每日生存不得不想尽各种方法，狡诈者、违禁者和违法者不分界线，集于一体，他们只有一个名称：犯罪阶级。

他们想在苦苦挣扎、地位低下的人头上戴一顶犯罪帽子的倾向，经福音派循道主义而得到了强化。如果低等阶级的人不勤俭节约、低声下气、工作勤奋、心怀虔诚，如果他们死不悔改，却爱喝朗姆酒，爱到集市闲逛，像野鹿一样发情交配，爱开淫荡玩笑，唱粗野歌曲，爱享受底层生活得过且过的各种其他乐趣，如果他们抱住这些不放，他们就等于站在了魔鬼而不是上帝的一边。

对犯罪问题的恐惧本身，夸大了"盗贼形成了独一无二这个总体"

---

① 考虑一下现代的对等现象，就不难看出，其中本来就有困难：曼哈顿目前究竟有多少经营可卡因买卖的人？尽管公众极为关心毒品问题，尽管人们对可卡因的生产、分配和消费，可卡因对生理和心理的影响，其社会形象，其作为地位象征和性欲刺激的力量等进行了广泛的宣传，尽管卖可卡因者相对来说在社会上不那么隐蔽，而且可卡因的标志是"受人尊崇"的药物，但其实并没有人知道准确的数字。纽约每年的可卡因成交了多少钱，目前也并不知道，尽管从警察到政府，都有数字惊人的猜测。就算定罪数目跟犯罪交易数目有关，其关系也极肤浅。然而，我们这儿的犯罪，许多美国人认为根本不算犯罪，所涉及的产品他们经常使用，经营产品的人也是他们经常碰面的。只要想象一百五十年前的情况——那时的文化迥然不同——就知道，要想猜测流放年代英国"犯罪阶级"人数有多少，是根本不可能的。——原注

的固态性质，"这些盗贼的生活和事务，就是针对合法当局打一场意志坚决的战争"，"根据他们在大街上走路的样子，几乎就可看出（这些盗贼）与他人迥然不同"。[13]难道所有的犯罪都像这些哨兵以为的那样专业吗？也许只有少数盗贼拉帮结伙。许多偷窃行为都属自生自发，铤而走险，本来只想解决一下饥饿和匮乏问题，却把事情办糟了。暴力犯罪并不总是有预谋。在偷一只兔子和一件衣服仅仅是"偶尔为之"的犯罪分子，与手段及策略都被一个犯罪阶级所激活的"硬核"惯犯之间，有着一片广阔的灰色地带。惯犯只能被视为永远堕落，属于"犯罪种族的成员"，如悉尼·史密斯在《爱丁堡评论》中明白无误地表述的那样。而偶犯者却并非如此。尽管"硬核"惯犯不可能一蹴而就，获得受人尊敬的地位，但有地位有身份者却可能一不小心，就落入犯罪境地。这是因为，19世纪早期的英国官方道德观比我们现在要绝对得多。今日的正统观点是寻找环境的原因，不是从先天上——犯罪分子的选择权之外——而是从后天上寻找犯罪的根源。一百五十年前的假定是，男男女女的犯罪生活是他们自己选择的。通向这种生活的道路——其形象也因官方和教会形象的巨大力量而加强——被看作一连串不可逆转的步骤，一步步下行，走向一条通向地狱的坦途。这与基本的保守信条相符，即人并非"先天"就智慧或性善，必须以法律来约束，必须以惩罚来震慑。

然而，这种观点本身就是社会环境严格强加的一个部分，也许当年就迫使很多人放弃了斗争——破罐子破摔，社会说他们是啥他们就是啥，最后接受了唯一不会拒绝他们的社会环境：犯罪环境。一个家道殷实的乡下杂货店老板的儿子，如果越墙偷摘了邻居的苹果，可能会被罚一小笔款，挨父亲一顿饱抽，这样惩戒一番之后，接下去就会过起有头有脸的生活来；换了住在伦敦贫民窟的爱尔兰打零工者的儿子，如果翻窗入室时被人抓住，其生活在教养院就很可能不会发生如此变化。所有的人，特别是年轻人，都有一种"社会说他们是什么，他们就是什么"的倾向。

人一相信有"犯罪阶级"存在，这种信念就会以其他方式使犯罪阶级存在——这主要是因为，由于人们相信这一点，改过自新便变得极为困难。即使悬崖勒马，回到社会，也很难找到一份像样的工作。1830年的档案记录要比1770年的好，雇主雇人之前，可以在上面查找。

许多观察家都意识到，犯罪现象并不是在社会真空里出现的。从1800年起，一大批文献（起初还带有福音传道的口气，后来就逐渐升华，终于产生了狄更斯百科全书似的强大愿景，把城市看作终极的社会和道德压缩机）都力求叙述犯罪原因：贫穷落后，缺乏工作，流离失所，住房条件恶劣，吸毒上瘾，希望渺茫。但1815年和1840年之间，对犯罪、酗酒、监狱和流放等问题的官方调查，倾向于证实对犯罪问题所持的看法，即与其原因相比，其阶级性质更为重要。按1854年的一位作家的观点看，犯罪阶级"构成了一个新的社会阶层，完全疏离了其他所有的社会阶层"。[14]

但这个阶层能构成多大威胁？这个阶层与其他阶层疏离，表面上看起来又很有凝聚力，那有头有脸的人还有希望吗？伦敦的"犯罪阶级"和巴黎的classes dangereuses[①]之间的区别在于，英国人没有法国人那么危险。伦敦的戈登暴动之类的事件是例外而非常态。英格兰没有在感情大爆发的推波助澜下发起暴动和反叛的传统，而法国人则习惯了"凶狠暴民"的这类暴烈事件，法国部长阿道夫·狄尔斯1850年就是这么称他们为"凶狠暴民"的，他们"把每一个共和国都推倒毁灭"。[15]尽管一些极端主义的托利党人使用了具有煽动性的激烈言辞，但英国犯罪分子和英国激进分子之间，从来都没有任何结盟，无论是自然结盟，还是其他方面的结盟——事实上，后者小心翼翼地要把前者从他们的行列中排除出去，并总是强调他们自己作为工人阶级受人尊崇的地位。

就算英国的犯罪问题不像法国的犯罪问题，似乎对国家并不造成同样的威胁，但它威胁到了英国的公民——主要是干苦活的穷人。"犯罪

---

① 法文，危险阶级。

阶级"危害了中产阶级的财产，最令当局担忧的是，它在道德上污染了工人及其易受影响的工人子弟。他们曾试图趁坏蛋把下层阶级的好人污染之前，就把这些坏蛋赶走。《新济贫法》曾试图把独立的干苦活的穷人与靠领救济过活的贫民分开。"破烂学校"则试图把最低贱、最堕落的贫民子女与"有头有脸"的人分开。[16]流放制度试图从工人阶级本来很正派的胸膛上，一劳永逸地摆脱污染源，把这个污染源用船装运到"海外"，发配到一个不太容易回返的地方，而且就让它待在那儿，为殖民地的发展提供奴隶劳工，经历皮鞭和铁链可能带来的变化，从而取得受人尊崇的地位。关键不是到了那儿后会发生什么情况，而是这东西不能留在这儿。

因此，流放制度的最终目的，与其说是惩罚个别犯罪行为，不如说是为了从不列颠社会结构中，把一个敌人阶级连根拔起，这也是其特殊的现代性之所在：它已预见阶级毁灭的更广大、更有效的手段，这一手段一个世纪后在俄国臻于完美。然而，它最终归于失败。流放制并没有阻止英格兰的犯罪现象，甚至都没能让犯罪的脚步慢下来。"犯罪阶级"没有被流放制消灭，也不可能被消灭，因为流放制处理的不是犯罪原因。我们把导致当局产生这个阶级概念的种种泛泛之谈放在一边，先来考虑一下来自"犯罪阶级"内部的一种声音吧。这是一个妻子留下的文字，她丈夫很早就前去致命的海滩了。这段文字以朴实无华的语言，描述了堕入铤而走险的犯罪境况的经过。成千上万的流犯当年在对"活该受穷者"毫不怜悯的英格兰，想必都有过这种经历。

艾萨克·纳尔逊是一个小职员，他于 1789 年在斯塔福巡回审判中被判七年流放。此时，他正戴着脚镣手铐，在朴次茅斯，准备乘坐第二舰队的船去流放。他的罪名是从伯明翰的前雇主马修·博尔顿那儿，偷了"若干数量的镀金属制品"（镀银）。他曾"忠心耿耿地"为该雇主工作了三年。不在博尔顿那儿工作后，他来到伦敦，为几个雇主（他们都作为人品证人，在信件上签了名）工作过。纳尔逊之妻——信上只有她教名的一个首字母 S——恳求当局并向当局保证，她目前正在请愿，说

她丈夫在皮卡迪利一家眼镜商那儿丢了最后一个工作:

> 从那时起,就十分不幸,有十二个多月找不到任何工作,在这
> 段时间里,我们的生活降到了不可能更穷困的地步。我本人一直生
> 病,在漫长而严酷的冬天,连最常见的生活必需品都缺乏,我丈夫
> 是我唯一能够寻求支持的人,被剥夺了赖以生存的手段,就在这样
> 一种可怜的情况下,又增添了一重不幸,我生下了一个男婴,但由
> 于缺乏合适的营养,几天之后就死了。我本人体力极为虚弱,连一
> 点忙都帮不上。
>
> 最仁慈的先生,请想象一下我丈夫的感觉吧,他温柔地爱着
> 他的妻子,曾经一直有钱过舒适的生活,眼看妻子处于这种状况,
> 也无法使她摆脱困境,只有谦卑地希望,不要对他关上慈悲的
> 大门。

艾萨克·纳尔逊回到伯明翰,在博尔顿那儿找了一份工作,工作
了六周,每周十便士六先令。这笔钱被用来偿还他的车马费和一个雇
主的预付金。他在伦敦的妻子依然一贫如洗,十分崩溃。于是,他
"一时精神错乱",偷了银器,后来物归原主。纳尔逊太太接着祈求内
政大臣说:

> 请您宽大为怀,谅解这个可怜的人,与法官沟通,给予他大
> 赦……也可予以减刑,让他留在英格兰服刑,再不就让本请愿者陪
> 丈夫一起流放,这样就能在他受苦受难之时,给他少许安慰,因为
> 他体质很弱,长期监禁,再加上其他病痛,使他染上了肺结核,几
> 乎把他送进坟墓。[17]

乔治三世的"无限慈悲和善心"并未延伸很远,于是,艾萨克·纳
尔逊就乘坐可怕的第二舰队的船只,扬帆远航,去了澳大利亚。

这类人的生活证实了 E. P. 汤普逊那句刻薄的话：要想针对财产犯下最坏的罪行，就是取缔财产。我们今天已无从知道，将来也不可能知道，还有多少艾萨克·纳尔逊现身在"犯罪阶级"中。与此同时，就算在罪行的天平上级别稍有上升，有些人被流放的罪行虽为法律所谴责，社会却愿意宽恕。老百姓的一些准则与法律角度很不一样。例如，年轻人把江洋大盗当成英雄，康沃尔和德文郡的人不仅专门破坏船舶，而且称他们传统上有权对船只进行劫掠。[18]在萨塞克斯沿岸专门从事走私活动的社区，人们想方设法逃避对朗姆酒和茶叶的征税，哪怕被威胁流放和判绞刑也在所不惜。偷猎也是一种几乎谁都不认为有错的罪行，因为偷猎法是英国所有法律中最腐败的一种。简而言之，他们禁止任何人猎杀野生动物，哪怕在该人自己拥有的土地上也不行，除非他能拿出每年从永久业权获得一百英镑的收入证明。由于体力劳动者 19 世纪 30 年代每年的收入在十英镑到二十英镑之间，偷猎法就始终是阶级冲突的一个剧场。

澳大利亚的民间流放传说依然坚持认为，流犯中有很多偷猎者，但其实并非如此。因偷猎而被流放的人微乎其微，与被发配的奸污羊或小男孩的人数量差不多。那些被发配到澳大利亚的偷猎者一般的罪行都是拒捕或殴打猎场看守人，而不仅仅是因为口袋里装了一只野鸡。乡村社区里很难找到证人。不过，当局在乡下人中追查，想查找这种道德意义无关紧要的罪行（而且很快就确认他们属于"风流放荡、无所事事"的一类，而不是"有工作的"农人）这个事实本身表明，无论在城市还是乡村，在无伤大雅的违规行为和真正的犯罪现象（如遭到所有村民一致谴责的偷牛偷羊行为）之间，有着一大片尚未被识别的灰色地带。

iii

毫无疑问，许多英国人不是完全地，就是部分地靠着犯罪度日。在审判中，后来又在船上，囚犯都得说出自己的手艺或行当。被流放者中的两大类别分别是"农场工人"（占百分之二十）和"体力劳动者"（占百分之十九）。囚犯本人并不总是使用这种语言描述。谈到靠什么过日子时，他们时常直言不讳。彼得·坎宁安回忆，他1819年作为"恢复号"流犯船流犯的外科大夫兼督察，第一次前去澳大利亚时，命令一个海员把船上囚犯的行当拟制一份清单。

> （该海员）走到我面前，样子十分狐疑，搔了搔脑袋说：我问他们干过什么行当时，从四分之三的人中只得到一个回答："贼，做过贼。"先生，我把他们都作为体力劳动者写下来好吗?[19]

尽管我们现在提到"犯罪阶级"时，没有维多利亚时代早期的人那么有信心，但在不列颠群岛，尤其是在伦敦，当时的确有一个犯罪亚文化存在，通过共同的利益、黑话、专业化和效忠等表现出来。在记者眼中，其主要特征包含了广泛的"行当"，范围大得让人难以置信，好像工业革命在产生范围不断扩大的产品和制造产品的专家的同时，也产生了一支同样能去偷窃这些产品的专家大军。地下世界的顶级记者亨利·梅休用黑话，列举了至少一百种伦敦犯罪分子的亚种，下面是其清单中的一小部分：

> 2."偷摸人"，即通过偷盗来劫掠者。
> （a.）偷窃商品、粮食、金钱、衣物、旧金属等：
> i."偷拉者"，即从马车上偷取商品或行李者。
> ii."瞌睡者"，即在铁路旅馆夜宿，拿走住客行李者。
> iii."星星抛光者"，即把商店窗玻璃卸掉者。
> iv."收银柜扒手"，即趁店主不备，把收银柜中内容倒空者。
> v."苏格兰猎人"，即从奶酪商店铺窗中偷走火腿者。
> vi."噪音骗局人"，即从瓷器店外偷走瓷器和玻璃者。

vii."住地偷入者"，即走下住地台阶，入室偷走东西者。

viii."死亡潜伏者"，即在黄昏时分，或在礼拜日下午，从路上抢走衣物和雨伞者。

ix."集雪者"，即从篱笆上偷走干净衣物者。

x."剥皮人"，即诱使儿童和水手同行，然后剥光其衣物者。

xi."蓝色猎人"，即从房顶偷走铅者。

xii."大猫小猫猎人"，即从住地栏杆顶端盗窃银蜡夸脱杯和品脱杯者。[20]

如此种种，不一而足。黑话就像所有其他的技术行话，能把说黑话者跟他人区别开来。英国犯罪俚语是"直"耳朵根本听不懂的，其所描绘的行为，无论在高尚社会还是"低尚"社会，都是不存在的，但"家里人"——所有那些生活"在十字架上"的人——都听得懂。1800年前后，一个跑动的闲逛者，"弄到一大块磨刀石，在人行道上滚动。路人听到辘辘的滚动声，就赶快让路，害怕石头撞到身上或碾到他们的脚趾。就在这个关键时刻，这帮人中就有人硬挤（rum-hustle）了你一下，也就是扒了你的口袋"[21]。逗乐者或让人摸不着头脑者会把街上的脏土朝受害者眼中一把把撒去，然后跑掉，与此同时，其同谋就会掏他的腰包。所谓盗马贼，就是 prigger of prancers，又叫 pradnapper。造伪币者则是 bit - smasher、bit - cull 或 benefeaker。削刮硬币，把刮下来的金灰留起来，这叫"汗"，或者说在"做减法"。从面包师的面包篮子里偷面包，这叫戳了一下柳条筐，想找海豚。好像没有什么是不能偷的：黑香料局指偷了袋装的扫烟囱的灰垢。指皮肤的 buff 这个词，后来又产生了 buffer 这个词——指用尖利铁丝穿透狗的心脏，杀死狗之后，把狗的皮毛卖给手套制作商的人。甚至还有一个 curls（卷毛）的交易市场，curls指人牙，因有些牙医要用人牙替换活人掉了的臼齿。

这些都是低贱行当。如果说谁拥有了两个"砰啪"和一匹"奔腾"，那就是说他是个手拿双枪骑马拦路抢劫的强盗，有着真正的地位，跟拦路抢劫马车夫的大盗特平一样无所畏惧。所谓伪造证件，在乔治时代叫给国王画画，在维多利亚时代则叫给老妇开张假票。在商店里，行窃者做的事叫 fam lay，他有时会从珠宝商的柜台上把戒指抓在掌心，"在小汤匙里装一点淡啤酒，放在火上，这样，掌心就涂黑了，凡是轻的东西就会粘在上面"[22]。如果在商店行窃的是女的，做法就叫从杂货商人那儿偷窃一卷卷丝带（cant the dobbin）。

在种种色色的贼——"圣彼得之子，根根手指都是鱼钩"——中，最精于此道者叫"飞儿死"和"疤子哥陋"，也就是扒手。狄更斯在《雾都孤儿》中描写的费根专为小男贼开办的偷儿学校并非幻想。大学校（这种学校中，十岁的刚入学者叫"爱利富"，直接的意思就是小金丝雀，也就是小告密者，又叫学院嗡嗡打盹者）是伦敦记者最爱谈论的话题。这种学校教的是猎手帕（从兜里掏手帕）、石头扎猛子（拿钱夹子）、跟鹧科鸟讲话（偷手表，连同洋葱一起偷，所谓"洋葱"，就是封盖），以及劈板斧（用剃刀割破女人的口袋）等技艺。做这种事没天分的学生，会被骂作紫色的单峰骆驼。谁要是技术老道、动作协调好，谁就是好人君子（boman prig，bo 来自法语的 beau，即"好"的意思），有一双专业的手（rum daddles）。他出门的时候要带一个同谋（bulker），其任务就是趁着轮班休息，剧场的中场休息就是这么叫的，在皮卡迪利的人群中，在沃克斯豪尔花园徜徉的花花公子中，在特鲁里街剧院摩肩接踵的人流中"挤码子"，做田野工作。一个名叫乔治·巴林顿的技术高超且很爱虚荣的爱尔兰扒手，就是在这种情况下，在考文特花园一场歌剧开演的头一夜，因掏俄国王子奥洛夫的腰包而被当场抓住。他被流放，最后成了帕拉玛塔的一个"堕落的纨绔子弟"，拥有一百一十英亩土地，由地位较低的流犯给他开垦。巴林顿名声极大，居然出了一些由他挂名的书，有一本还是新南威尔士的早期"历史"，但其中没有一本是他写的。[23]

当然，不可能仅凭学习黑话就进入犯罪领域。要想打造出名声，就得干活。狄更斯笔下人物查理·贝茨看见他最理想的人物机灵鬼因偷了一个鼻烟盒而要面临流放时所说的一番话，其实并不是没有可能的：
"哎呀，他干吗不去抢一个富有的老头子，把他所有值钱的东西都抢光，
然后打扮成绅士模样走出去？干吗像个贱贼，一点荣誉也没有，一点光
彩也没有呢！……他这样出现在《纽盖特监狱日历》上像啥样子？也可
能根本就不会出现在那儿。"费根哑着乌鸦嗓说："瞧，他们对这个行业
多有自豪感呀！"[24]

没有阶级的社会从来都不存在，今后也不可能存在。每个社会集团
都有"顶狗"和"底狗"。无论正人君子如何怒目瞪视，充满敌意，都
不妨碍"十字架上"的男男女女构建他们的啄食顺序，即尊卑顺序，
其细致入微、丝丝入扣的程度，几乎可登凡尔赛宫的大雅之堂。从最
高的"时髦暴民"成员，到最低贱的贼，所有的人都有等级。犯罪领
域是一个精英体制，带有强烈的部落特征。犯罪金字塔相当于正大光
明的金字塔埋在下面的倒影。凡在二者——乞丐和施舍对象——会合
之处生活者，都会遭到二者的唾弃。因此，梅休注意到，一个穷孩子
"被迫偷盗的部分原因"，可能是"他要证明自己有种"。一个人的犯罪
记录，往往就是此人等级的索引。在贼的厨房举行的一个派对上，梅
休发现：

> 当有人问及，谁进监狱有多少次时，作为回答而通报的次数，
> 往往会赢得巨大的掌声。随着挨整的次数增加，掌声也越来越响。
> 当有人宣布说，某人年仅十九岁，已经二十九次进监狱，掌声……
> 持续数分钟之久，男孩子们全体起立，一睹这位杰出人士的尊容。
> 有些人还把坐牢的次数……用粉笔写在了帽子上。[25]

做这种事得从早年开始，但经验不足就会被抓。年纪轻轻的小贼很
想证明自己能行，十分轻率鲁莽，轻而易举就成了警察的活靶子，而这
还是在尚未掌握指纹技术的时候。1815年后，很少有初犯窃贼被判流
放，但惯犯所犯盗窃案数量之大，说明接踵而至的是进一步被定罪，并

被发配至植物湾。

插图画家描画的"罪犯类型"像一个面具，低贱、狡猾、发育不良，但很机灵。事实上，英国犯罪分子的相貌和他们来自的工人阶级相貌之间是没有区别的。针对所谓"罪犯类型"的行话和颅相学这个伪科学的喋喋不休，必须以彼得·加斯克尔 1833 年关于棉纺厂工人的描述来平衡一下：

> 要想在更小的罗盘上，聚集……比这更丑陋的一批男女，这是不可能的。他们肤色苍白——面容特别扁平，因缺乏适量脂肪，面颊无法保持丰满。他们身材矮小——平均身高为五英尺六英寸。他们腰肢细瘦，动作糟糕难看。普遍都是罗圈腿。[26]

流犯身高并没有总被记录下来，但一般趋矮。1850 年霍巴特发表的一张巨幅招贴画上，列举了 465 名流犯在逃犯（二十多年累积的数字），就把百分之八十多的人身高算成五英尺八英寸，最大的一组人约占百分之十五，仅有五英尺三英寸高。与大多数爱尔兰或英格兰后裔的现代澳大利亚人相比，这些人都形同侏儒，原因就在饮食上。

他们还与无产阶级工人共享一些其他特征，主要就是厌恶权威。英格兰的"犯罪阶级"是不搞政治的。所有观察家都同意这一点。他们在当年激进分子的骚乱中从来都不发挥任何作用。他们中间的部落效忠精神可能强大到盲从的程度。他们团结起来，一致对抗"剥皮人"①"钩鼻子"② 和站在"闲扯浴缸"里的粉衣牧师。所谓"闲扯浴缸"，就是老百姓关于监狱讲道台的说法。"你们越重视你们的拿摩温，你们就必须越发小心我的拿摩温……只有对拿摩温尊重，我们才能团结一致，也必须团结一致，否则就会变成一盘散沙。"费根的这番话，总结了盗贼的忠

---

① 即 peeler，警察。
② 即 beak，法官。

诚精神，这种抱成一团的做法，颇似西西里黑手党的"奥默塔"，即拒绝做证的做法。

对处在所属小集团之外的人和事一律采取不屑一顾的抵制态度，是澳大利亚伙伴情谊的根基之一。但没有一个流犯认为，其他所有流犯都是他的兄弟。他们经常互相蹂躏，互相压迫，对较弱的囚犯表现得极为尖酸刻薄、残酷无情。他们也经常不这么做。"流犯团结"的规则也不是一成不变的。从权力机构的角度来看，伦敦的这些"偷儿"，与诺森布里亚的偷牛贼有着某种相同之处——二者都做了违法的事。但这两个不了解对方背景、几乎没有共同语言的人，是根本没有任何东西把他们维系在一起的。哪怕流放者来自同乡，犯的是同样的罪行，他们也并不总是互相忠诚。年轻的抗议者托马斯·霍尔顿1812年和其他勒德分子一起被流放，他在写给父母的信中说："我希望，凡是有人写信回博尔顿说，他们对我有多好，你们千万别相信他们的话。我生病后，没有从博尔顿来的人那儿得到半点好处，实际情况恰恰相反。"[27]

大多数流犯都不信教（显而易见，除了爱尔兰人之外），因为致力于卫理公会的"宗教热情"和福音传道布道会的那些已经改过自新的男女，是最不可能招致流放的人。流犯船上的牧师和探访囚船的牛津运动拥护者都有一种感觉，仿佛他们是在充满敌意的白种异教徒中传道。他们哀叹流犯心肠冷酷，对《圣经》无动于衷，对祈祷的态度尖酸刻薄，连想象上帝、天堂和地狱的能力都没有。他们"遭人遗弃"，"恣意妄为"，"不可救药"。他们既不尊重上帝，也不尊重人，但一旦为了权宜，就毫无廉耻地向二者屈服。

伙伴情谊，瞧不起行善者和敬神者，喜欢粗野的幽默，机会主义，幸存者特有的对内心自省的鄙视，对权威那种私底下愤懑，却又掺杂着表面上的无可奈何的态度——这就是流犯装在微薄行李中，随身带到澳大利亚的价值观。如果是男的，带来的就是酒菜馆和贼窝的男权主义；如果是女的，带来的就是一种坚韧的消极被动态度，不抱任何期望地看待生活。他们给在澳大利亚出生的后代，也就是殖民地的"流通货币"

（与"斯特林"① 泾渭分明，后者是英国出生的自由拓居者）留下的遗产，澳大利亚诗人詹姆斯·麦考利在 20 世纪 50 年代所写的一首诗中总结如下：

> 外缘美丽，内心无力。
>
> 女性目光坚定，和蔼可亲，胸中一无所有，
>
> 男性独立自主，但你不能说他们是自由自在的。

iv

只有少数流犯因犯政治罪而被发配。然而，流放制是英国国家压制机器中的一个重要特征。英国政府小心翼翼，操纵着是否把政治犯发配到植物湾的权力。英国人为了自己的利益，不想让激进分子为事业殉难——因拥有一本托马斯·潘恩的书，就把一个持不同政见的牧师判处绞刑，这在宪法上存在着明显的问题。但是，流放制就能把持不同政见者搞掉，同时又不让他在绞刑架上成为英雄。他从地图上悄悄地溜掉，来到遥远的地狱边缘，在那儿，他的声音还没传到脚下就没了。在那个地方，他的思想没有着落，如果他是知识分子的话。那儿没有机器供他捣毁，也没有干草堆供他焚烧，如果他是体力劳动者的话。他想煽动叛乱，尽可以去对窃贼和白鹦鹉布道，或者去对八面来风诉说。反正没人理会。

第一批政治鼓动家在流放制的早期就被流放到澳大利亚。他们在爱丁堡被定罪，被称作"苏格兰烈士。"

18 世纪 90 年代早期，"搞改革"的英国知识分子不很认真地玩了一把雅各宾主义。为了让有这种思想的教区牧师、律师和小册子作者与有

---

① 英文是 Sterling，指英国货币，有合乎最高标准之意。

同样想法的工人取得联系，形成了所谓"通信协会"的讨论小组，其官员自称是"雅各宾人"，事实上却是搞改革的立宪主义者。他们想重新唤醒不列颠的体力劳动者和工匠的古老权利感。潘恩的《人权论》在伦敦卖了上百万册，其中大多数都是卖给这一拨读者的。托利党人认为雅各宾主义就是断头台和九月大屠杀，因此很恐怖地看待通信协会，计划把它打垮。

他们很想上演一场粉碎性的审判，对英格兰的几个英国雅各宾分子进行审判，但他们拿不准陪审团是否会给他们定罪。因此，他们在苏格兰对通信协会下手，在那儿很容易地拼凑了一个陪审团。受审的是一个年轻的碧眼苏格兰律师，名叫托马斯·缪尔（1765—1799），格拉斯哥一个雅各宾讨论小组的副组长。缪尔是一个很热心的立宪主义者，他的罪名是宣扬每年举行议会选举，扩大苏格兰人的选举权。他于 1793 年在爱丁堡因煽动叛乱罪而受审，所有的陪审团成员都是从一个苏格兰托利党人组织名单中精心挑选出来的，该组织名叫"生命及幸运人"，相当于爱尔兰的忠诚奥兰治协会。[28]

对缪尔的主要指控是，他向他人出借激进的小册子，其中就有一本潘恩的《人权论》。缪尔承认了指控内容，但据他称，他从事先被买通的陪审团那儿，是不可能得到公平审判的。法官——苏格兰最高民事法庭副庭长布拉克斯菲尔德勋爵罗伯特·麦昆——把这一点撇到一边，因为事先已经有人要他这么做。他是个粗鲁狡诈的老醉鬼，他在这次审判期间所说的话长期以来臭名远扬。（一个雅各宾党人指出，基督本人也是一个改革者时，布拉克斯菲尔德咯咯笑着，从鼻子里哼了一声说："他把这事搞糟了——所以被绞死了嘛。"）在这种人手上，缪尔难以逃脱，无论他有多好的辩才。

布拉克斯菲尔德对陪审团的指示不可能更清楚了：英国宪法不可能改善，这是不言自明的。缪尔一直在跟"愚昧无知的乡民"说，必须改变英国宪法，以便让他们获得自由——"如果不是因为他，他们永远也不会想到，他们的自由有任何危险"。再说，"乌合之众"有何权利当代表？他们什么权利都没有，因为他们没有财产。法官宣布：

> 本国政府应该像一个公司，由地产利益构成，只有它有权被代
> 表。至于乌合之众，他们除了个人财物之外一无所有，国家何以立
> 足于他们之上？他们可以把财物背在背上，眨眼就离开这个国家，
> 但地产利益是无法移走的。[29]

陪审团很快就一致判托马斯·缪尔有罪，判罚十四年流放。

几个月后，又有一个"激进的"教士在珀斯接受审判，因他传播一个"煽动叛乱"的小册子，质疑不列颠与法国交战的动机，并帮助一个来自邓迪的织布工就议会改革话题，发表了一篇"告人民书"。他就是托马斯·费希·帕默（1747—1802）。他不是苏格兰人，而是英格兰人，是唯一神教派的牧师，还是剑桥大学皇后学院的研究员，前十年一直在邓迪当一个卑微的神父传教。他被判七年流放。

这些判刑令英格兰忧心忡忡，还不仅仅是在雅各宾党人中。一个温和的立宪主义派别在劳德戴尔勋爵的领导下，就这些判刑向内政大臣亨利·丹达斯提出投诉。[30]他们要求议会推翻关于缪尔和帕默的裁决。丹达斯根本不听。他要加紧行动，看是否能把不住在苏格兰的激进分子逮捕起来，就地审判。结果，1793年10月，他的机会来了，这时，英国改革家全国大会在爱丁堡召开。

来自伦敦的两个代表是中产阶级的持不同政见者约瑟夫·杰拉德（1760—1796）和莫里斯·玛噶罗特（1745—1815）。爱丁堡司法行政长官的副手花了不少力气，才把他们讲话的其他集会的阵脚打乱。大会苏格兰秘书长威廉·斯克文（卒于1796）在家中被捕，他的文件全被没收。杰拉德和玛噶罗特在深夜被人从床上拖起来，后来取保释放。布拉克斯菲尔德的法庭以煽动叛乱罪审判斯克文，并判他十四年流放。杰拉德暂时获得自由，回到了伦敦——"国家的神圣权利因其遭到亵渎"——他"作为英国人"公开向丹达斯提出挑战，要他承认，是他唆

使他人晚上逮捕人的。[31]但没人理睬他。他的朋友都敦促他弃保潜逃，去共和党的美国，但杰拉德不肯抛弃他的同志，因为他们的审判正在爱丁堡举行。玛噶罗特被判十四年流放。一个月后，轮到了杰拉德。布拉克斯菲尔德勋爵也判了他十四年流放。法官和囚犯都知道，这等于是判处死刑，因为杰拉德当时身患肺结核。

帕默、缪尔、斯克文和玛噶罗特均于 1794 年 2 月，连同流犯船"惊鳍号"上其他八十三名不那么有名的流犯一起，被一船运到了澳大利亚。一年后，杰拉德随之而去。途中，莫里斯·玛噶罗特似乎精神崩溃，当着船长谴责他的同志，说他们参与了哗变的策划。这些怒不可遏的"烈士"在"布里格"[①]上度过了最后五个月，吃的定量都短斤少两。无怪乎缪尔抵达之后写信给一个伦敦的朋友时宣布说："我自己、帕默和斯克文相处极为融洽，已经把莫里斯·玛噶罗特从我们的交际圈子中驱逐出去了。"[32]

事实上，尽管他们怨诉颇多，但悉尼待他们并不薄。他们没有干强制性的工作，没有戴脚镣手铐，也从没尝过九尾鞭的滋味。帕默和缪尔获得了赠地，甚至还通过做朗姆酒生意而获利。政府只想让他们中立，但还是需要对他们进行监视。代理总督弗朗西斯·格娄斯答应帕默可以"一切随意"，只要他"在所有的时候都避免当众讲解政治内容，这种政治在你身上造成了种种痛苦，是你这种有感情、有能力的人必须在这段时间忍受的"。[33]尽管斯克文被赐地一百英亩，有人给杰拉德在悉尼海港买了一幢房子，但这几位"烈士"能感觉出朗姆酒军团的敌意——"他们让我们富不起来"，帕默说。尽管他也许不过是自己在发牢骚，怨怪朗姆酒生意太难做而已。讨论政治是不可能的——"因为普遍无知，没有获得知识的手段，也没有求知欲，所以他们现在都是贵族了"[34]。

流放制没有摧毁苏格兰烈士的政治信念，却让他们的热情冷却下来。这一点可从《电报：一封安慰信》这首长诗中看出来，它是托马

---

① 英文是 brig，即方帆双桅船，很烦琐，故音译。

斯·缪尔写给改革家同行苏格兰的亨利·厄斯凯因的。该诗开门见山,提到了令人意气消沉的流放地风景:"闷闷不乐的流犯,拖着铿锵作响的镣铐在走/原野上处处都是荒凉落寞的景象。"这时,缪尔沉思道,他依然是一个雅各宾党人:

> 地狱最佳、最崇高的特权,
>
>> 对我们这样的人来说,就是崇高的反叛。
>
> 提高反抗的标准,去尝试
> 收获可爱民主的幸福果实。
> 暴动的神圣权利可能会
>
>> 把老撒旦逐出王位。
>>
>> 同样诚实的手段也许
>
> 挽法兰西于地狱,避地狱于法兰西。

但疑虑接踵而至。革命难道没有破坏他们都赞成并支持的宪法原则吗?(缪尔是个温和派,他甚至到巴黎去找真正的雅各宾党人,恳求他们饶路易十六一命。)他对暴民的危险沉思默想了一番之后,想出了一个新的革命的隐喻来。就这样,澳大利亚的丛林之火在英国诗歌中第一次露面,成为愚昧点燃政治热情的象征。他曾亲眼看见土著猎人点火烧灌木的情景:

> 在遥远的海滩,几个一丝不挂的野人,
> 快步走到视线以内,
> 亨利,这让我想起了你和我那几位
> 朋友:那些亲爱的友人心手相连,
> 在国土上到处传播自由的火焰。
> 他们不辞劳苦,渴望用圣火
> 把怠惰的胸膛一个个激活。——

为了清空森林黑暗的迷宫，

饿得半死的印第安人点火匆匆，

举起火把，跑过河岸，

高举过头，火焰招展，

他穿林过阵，步步飞奔，

火焰冲天，席卷了森林。

一旦完成这疯狂之举，

他又责怪自己，悔恨不已。

火红的潮水漫过原野，

无法阻挡，人力难遮。

突然，他在岩石上惊恐地发现，

妻子和儿女早已葬身火焰。

停下吧，亨利，你要停下！你要谨慎地叩问

你燃起了火焰，你是否能把它变冷：

想一想我这个简单的野人故事，

烧掉了一个省份，就为了一餐薄食。[35]

  悉尼的知识土壤过于粗糙，不是他们能够加以改造的。他们曾尝试用问答法，向一些囚犯提问，但没有什么反应。接着，托马斯·缪尔以惊人的胆魄，想方设法逃跑了。1796 年初，他好不容易与一艘美国皮货贸易船"水獭号"的船长接上了头，该船当时在悉尼海港补充给养。船一走，缪尔就在夜里偷了一条小划船，把船划到头地。美国佬在离岸几英里外的地方接应了他。几个月后，"水獭号"抵达阿拉斯加海域时，缪尔得知海上曾有人看见一艘英国皇家海军的船。他害怕被抓，就转到一艘西班牙巡洋舰上，该船带他南行，到了西属加利福尼亚的蒙特雷。

他从蒙特雷穿过墨西哥城和韦拉克鲁斯，一路来到加勒比海。这一年的年末，他抵达了古巴，希望搭船北行去费城。但英格兰和西班牙这时已经开始交战，因此，西班牙殖民地的军事首脑把缪尔关进了哈瓦那的监狱，一关就是几个月。他最后被船运到的地方不是美国，而是西班牙，他乘坐的那条护卫舰航向加的斯。该船在航程将尽之时，遭到一支英国海军舰队的袭击，弹片把缪尔的脸炸得血肉模糊，毁掉了他的左眼。他受伤十分严重，甚至英国军官得知他在船上时，都无法辨认出来。于是，很不高兴的缪尔被人送上岸，住进了加的斯一家监狱医院。但是，几个月后，他抵达的消息传到了法国人耳中，作为英国的共和党人，他在巴黎有朋友。塔列朗通过谈判让他获得释放，并于1797年12月送他回到巴黎，作为法兰西第一任共和国督政府的客人。他羁留在法国，虽是名人，但名望与日俱减，偶尔有人找他商量如何策划侵略英格兰。他把他在全球流放和漫游的经历写成了一本书，尽管稿件有人如饥似渴地阅读和讨论，却始终未见天日，现在已经散佚。缪尔1799年1月26日卒于尚蒂伊，境况贫寒，令人扼腕——正好是与他所有的共和理想形成对立面的那座流犯拓居地在悉尼湾建立的十一年之后。他的坟墓目前下落不明。

另外两个苏格兰烈士在他逃跑之后也没活多久，尽管他们并不知道缪尔出了什么事。约瑟夫·杰拉德这个温和的身患肺结核的学者卒于1796年3月。威廉·斯克文三天后也随他而去。两人都葬在悉尼，斯克文的墓志铭写着："策动叛乱者，但道德品质很好。"

托马斯·帕默在澳大利亚服完了刑，而且在服刑期间干起了造船业。他和密友约翰·波士顿（也"公开承认是一个雅各宾党人"，他自愿与妻子一道，经过漫长的旅程来到悉尼，为的是陪伴帕默）几乎没有什么做生意的经验，但他们有一个独一无二的优势：殖民地唯一的一部百科全书。他们利用这部百科全书，自己学着做啤酒，然后又学会了做肥皂。接着，他们又查了"船舶"的词条，经过反复试验之后，想方设法制作了一条尽管不太正规但还能行的小船，把贸易物品运到诺福克岛上去，后面跟着一艘三十吨的"斯鲁普"①，名叫"玛莎号"。最后，帕默把"埃尔普鲁米尔号"船，一条破旧的西班牙战舰买下来，重新装配一番，想通过东印度群岛驶回英格兰。在菲律宾东部马里亚纳群岛一个遥远的西班牙前哨阵地，也就是关岛附近，该船的船底破了肚子。船上的幸存者，包括帕默，都被西班牙人在牢里拘禁起来。帕默于1802年6月在该地死于霍乱。西班牙牧师听说他持有激进的政治观点，就拒绝以基督教的方式掩埋他的遗体。殖民地早期呼吸了澳大利亚空气的最文明、最具开明思想的这位绅士，就这样在海滩上跟海盗埋在了一起，直到一位美国船长（他本人也有改革思想）不嫌麻烦，于1804年找到帕默的遗骨，带回来埋在了波士顿一家教堂的墓地。

留在澳大利亚没走的唯一一个苏格兰雅各宾党人，就是性情古怪的莫里斯·玛噶罗特，他总算过上了一种被阴影笼罩的生活，其中内容少有记录。他成了一个双料特务，在殖民地的各个小集团之间游走。他好像曾就新南威尔士军团官员的财政操作情况和政治不满情绪，向亨特总督做过报告。现有某种证据表明，他曾把他以前雅各宾党朋友的谈话内容，告诉了亨特的前任格娄斯和亨特的继任者金。金认为，他曾于1801年和1804年伙同爱尔兰流犯，策划进行过反叛，但他也害怕，玛噶罗特会向伦敦的殖民部报告他的情况。1810年，玛噶罗特在澳大利亚流放十七年后，挣扎着回到英格兰，五年后在伦敦去世，穷困潦倒，政治上也遭遇破产，从前结交的激进分子朋友都不喜欢他，也不信任他。

流放制有效地处理了苏格兰的雅各宾党人，而且在接下去的半个世纪中，继续有效地处理了英国几乎每一次抗议运动、工业动乱和农业起义的代表，但它首先要对付的是爱尔兰人。

---

① 英文是 sloop，意即单桅纵帆船，太烦琐，故音译。

V

世纪之交，澳大利亚对爱尔兰异见分子来说，就是官方的西伯利亚。他们的在场给这个制度造成了沉重的心理负担和很不安定的感觉。生性反叛的爱尔兰人诨名叫"联合爱尔兰人"和"护卫者"。他们在18世纪90年代断断续续地被发配，但在1800年和1805年间，他们开始郑重其事地涌入了，政治犯人数暴涨，因参加1798年的叛乱而被流放，当时，爱尔兰曾试图与法国联手，针对英格兰起义，但未获得成功。

其中有些人之前就已被审判并被判流放。另一些人〔其中最杰出的是约瑟夫·霍尔特"将军"（1756—1826），即1798年在威克洛县举行联合爱尔兰起义的首领〕则因康瓦利斯勋爵许诺大赦而投降，又不愿在监狱里烂下去而同意流放。还有一些人未经任何形式的审判，就被一股脑儿塞进流犯船。1797年，都柏林的次长接到来自英格兰的通知说："对起义者从轻发落，只会导致复仇，而不会令其惧怕……你应将所有在狱囚犯全部流放并给将军赋予全权。"[36]

爱尔兰人抵达澳大利亚后，被当作一个特殊的阶级对待。作为"感染"了雅各宾思想的人，作为意识形态和身体都很危险的叛徒，他们都受到压迫，人们对他们特别警惕，惩罚也尤其残酷。他们形成了澳大利亚的第一个白人少数族群。从一开始，澳大利亚的爱尔兰人就自视为受到双重殖民的人。

对爱尔兰的殖民——绝对是英国人踩在盖尔人头上的崛起——自12世纪以来就一直在进行。当时，英国的第一任教皇阿德里安四世怂恿他的同辈盎格鲁-诺曼国王亨利二世入侵爱尔兰，并"向一个粗野而愚昧的民族宣扬基督教的真理"。英国骑士登陆之后，杀出一条血路，冲破盖尔人的抵抗，这时的爱尔兰早已有七百年的基督教历史。几乎花了整整一个世纪，爱尔兰的宗族才被迫接受盎格鲁-诺曼封建制度，但是到了 13 世纪末，这个过程便已完成。都柏林傀儡议会效忠于英国王室，一直持续了七百年，直到 1801 年英格兰的《联合法案》将其解散为止。

在这整整七百年中，任何爱尔兰的天主教徒都别指望从法律那儿得到公正。随着法律的收紧，爱尔兰人的权利也逐渐减少。到了 18 世纪末，这些"刑法"进入了绝大多数天主教徒生活的每一条缝隙。根据这些法律，天主教徒沦为农奴。正如埃德蒙·伯克于 1792 年所说：

> （这把爱尔兰分裂）成两个泾渭分明的部分，没有共同的利益，没有同情，也没有联系。一个……拥有所有的公民权、所有的财产、所有的教育，另一个则由为他们工作的汲水者和修草坪者组成。通过征服采取如此暴力的手段……把他们削为暴民，难道我们还有什么奇怪的吗？

根据《教皇制度法》，任何天主教徒都不得进入议会议政，不能当律师或进入陪审团，没有选举权，不能教书，也不能成为现役军官。他们因财产法而失去资格，财产法改写之后，打破了天主教徒的财产，巩固了新教徒的财产。新教徒的财产可以完整无缺地传给长子，但天主教徒的财产必须在所有子女中平分。就这样，天主教拥有地产的家庭发生蜕变，不出一两代人，就成了收益分成的佃农。

这些法律打破了各阶级之间的障碍，就像常言说的那样，把天主教农民阶层砸"入了黏土"，但也堵住了天主教土地拥有者、知识分子和企业家的嘴，使之陷入瘫痪状态。就这样，这些法律与较为温和的法律相比，反倒使爱尔兰的天主教徒更强有力地团结起来，取消了爱尔兰等级中的阶级斗争问题。这就是爱尔兰工人阶级热忱地支持托恩和奥康奈尔这样的中产阶级领导人的原因。这种广泛的不满情绪意味着，流放到澳大利亚的爱尔兰政治犯来自广泛的社会层面，从农民到律师，无所不有。1800 年 3 月，亨特总督抱怨说，爱尔兰的流犯中有过多的人是在"温文尔雅的"环境下长大的。新南威尔士的数任总督对这些"特别人物",也就是受过教育的爱尔兰流犯,采取极为小心谨慎的态度,因为他们可能用自己的思想"污染"普通犯人队伍。

联合爱尔兰人协会,就是中产阶级表达对英国殖民统治不满的方式。该协会于 1791 年建立,是都柏林天主教与来自贝尔法斯特、道恩和安特里姆长老派商人之间结成的联盟。该联盟的阿尔斯特新教会员超越了其与大多数天主教徒的党派之争,看出英国法律——特别是禁止爱尔兰向美国出口亚麻的让人寸步难行的贸易禁运法——也压迫了他们。他们认为,自由的爱尔兰共和国对凡是利用爱尔兰资源和爱尔兰劳动力赚钱的人都有利,但他们需要的是能够克服爱尔兰的宗教分歧而结盟,对潘恩及其《人权论》采取坚定的立场。

联合爱尔兰运动在穷人中间发展得相当之快。尽管谁都不能说 18 世纪 90 年代的爱尔兰农民阶级受过政治教育,但让农民阶级生气的事十分之多。农民阶级对圈地运动和什一税、拿着驱逐令的法警、用恶狗和橡木棍欺负人的地主等,都愤愤不平,心怀怨恨。英国人靠牧师来制服农民,但牧师阶层的人之所以这么做,倒不是因为他们热爱英国人,而是因为他们作为基督教徒厌恶暴力,且害怕军人对教区居民动武。

起义的种子已经播下。联合爱尔兰人协会成立之前[①],农民阶级就已发起抗议运动并受到囚禁、流放和绞刑的惩罚。白衣会会员,又称平均主义者,于 1761 年出现在蒂珀雷里,这是农民组成的帮派,他们把旧公地周围的新圈地围栏全都拆毁了。1772 年,长老会的钢铁之心组织曾试图反对在阿尔斯特各县强索地租。1775 年成立的正义团,目的是抗议在凯里圈地,其成员都是天主教徒。

这类乡下异见分子不可能团结一致。在阿尔斯特,约半数人口为天主教徒,约半数为新教徒,因此,天主教护卫者和新教的黎明行动队激战,让他们的地主觉得好玩。沃尔夫·托恩和联合爱尔兰人协会的其他

---

① 此句英文原文有误,是 Before the birth of the Society of United Irishmen was formed,意即"在协会的诞生成立之前",显系语病。与作者对证后改正之。

27 名新教徒奠基人的功绩，就是以同一个改革目标，把所有派别结成一体，成为一个"真诚联合体"，一个爱尔兰民族国家。英国人动作很快，马上就对这些国家主义颠覆分子施行打击。把有名的政治犯从爱尔兰运到澳大利亚的第一艘流犯船是"康瓦利斯侯爵号"，该船 1795 年 8 月载着 168 名男犯和 73 名女犯驶离科夫。男犯中，"有几个……名字就叫护卫者，所有的人品行都极为糟糕"[37]。船一上路，爱尔兰人就策划哗变，告密者把计划告诉船长时，他立刻令人把 40 个男犯鞭笞了一顿。两个协助哗变者的爱尔兰士兵，即新南威尔士军团的埃利斯中士和二等兵加夫尼都遭到鞭笞，并被人用手铐、拇指夹和坚硬的奴隶腿栓铐在一起。埃利斯九天后死了。接着，船长把加夫尼的镣铐从尸体上解开，又把他跟另一个护卫者铐在一起，他们就这样拴在一起，度过了余下的五个月行程。

护卫者抵达澳大利亚后，仍继续制造麻烦。亨特总督 1796 年称他们是一伙"骚动不安、一钱不值的东西"，保证要"严密"监视他们。为此，他不得不盖起新的木房监狱："因为，人们认为有必要把所谓爱尔兰护卫者这样可怕至极的家伙发配到这个国家来，我承认……要是把这种人发配到非洲海岸，或者适合他们去的地方就好了。"[38]

除了流放过程中一般所受的折磨之外，他们也有很好的理由骚动不安。大多数爱尔兰流犯都已经到了殖民地，他们都是乘坐流犯船，在 1791 年和 1793 年间从科克出来的，都根据一般刑事罪名而在服七年之刑。但他们的档案并未随身带来，因此，谁都不知道他们要在澳大利亚服多久的刑，也不知道他们何时可以拿到假释证——一般服刑七年之中，只要四年表现好，就可以拿到这个证。在一个个案中，一整条船（"安妮号"，1801 年）的政治犯名单，居然花了十八年才到位。亨特抱怨道："把流犯从爱尔兰发配的方式极为粗疏，极不规律。因此，这些人一定会感到特别艰难。"难怪，"康瓦利斯侯爵号"上的激进护卫者，能够在已经到了新南威尔士的"非政治"爱尔兰流犯中，找到很愿意听他们讲话的人。[39]

人们理所当然地认为,所有的爱尔兰人都很"野蛮"且"无法无天",而悉尼当局本来对付比较服管的英国囚犯都困难重重,所以很不待见爱尔兰流犯。"康瓦利斯侯爵号"抵达时,军法官戴维·柯林斯冷眼旁观,看着那些"护卫者,他们铤而走险,随时准备策反,带来危险和破坏"。爱尔兰女性也跟男的一样坏。她们也暗中策划"把玻璃碴跟面粉拌在一起,让海员用来做布丁吃。真是太不像话了!"柯林斯本人有一半爱尔兰血统,却看不起爱尔兰囚犯:"他们根本不配叫作人。"[40]

随着"不列塔尼亚号"于1797年5月的到来,恼火的爱尔兰和英国当局之间在悉尼的紧张关系越来越糟。这艘地狱船是流放史上最糟糕的一艘,它载着134个男犯和43个女犯,大多是护卫者和其他农村的反叛者。不到几个月,他们就说服其他爱尔兰人逃往内地,其中60名被抓并被鞭笞,两名被判绞刑。其他的人又试了一次,于是又被鞭笞,因为考虑到他们的"执拗和无知……我认为,没有别的办法,只能进行严厉的体罚"[41]。

到了1798年中期,新南威尔士共有653名爱尔兰流犯,其中265名是政治犯。[42]他们自流放之后,没有一个人知道爱尔兰发生了什么情况。1796年这一年,护卫者们开始秘密与联合爱尔兰人融为一体,沃尔夫·托恩已经去法国,想说服其革命政府派侵略舰队前去爱尔兰。他相信,一旦舰队抵达,爱尔兰中产阶级和农民阶级就能同时起义。但是,法国人1796年在班特里湾的登陆惨遭失败,接着,英国托利党人展开了暴风雨般的报复行动,挑起了奥兰治与绿党、新教与天主教之争。

时机成熟,可以在联合爱尔兰的旗帜下,建立天主教和新教联盟了。1797年,阿尔斯特实行了戒严法。新教联合爱尔兰人威廉·奥尔后来于1800年,在没有受审的情况下被判流放,乘坐"友谊号"前去澳大利亚。他当时欢迎实行戒严法,认为是一个好的迹象。他宣称:

我们和天主教之间的所有嫉妒理由都不存在了:(英国人)不许我们改革,也不许他们解放。他们用刑法压迫他们,又用军法压迫我们……没有什么比这更确定了，那就是各个教派的爱尔兰人必须联合起来，要不就一起倒下。[43]

殖民地已经到了一触即发的时刻。1798 年 5 月下旬，联合爱尔兰人奋起反抗，结果证明，他们的军事组织能力是英国人连做梦都想不到的。战斗在基尔代尔打响，战火从一个县烧到另一个县。到了 7 月，整个爱尔兰都实行了戒严法。反叛分子的第一次胜利——在三块岩石和塔博尼尔林、韦克斯福德和奥拉尔——很快就通过"叛国歌"转化成了英雄传说，在整个下个世纪的澳大利亚很多小棚屋和朗姆酒店中被人传唱。但最后矛还是抵挡不住毛瑟枪，1798 年反抗的势头很快就失落了。爱尔兰总督康瓦利斯勋爵写信给英格兰的一个同事，要他评判一下，当戒严法由爱尔兰人来实行时，其恐怖程度是否糟糕得多，"感情激烈，一心复仇"，罪行累累，"谋杀的人不计其数……根本不经处理，也不进行检查"：

> 自耕农阶层是美国亲英分子的风格，只是人数比他们更多，也更强大，比他们凶猛一千倍。这些人拯救了这个国家，现在却大肆抢劫杀戮。这些低能的暴行……叛乱者还在犯，其结果是让我们这边的人斗志昂扬，嗜血成性……你也许以为，我会尽一切所能阻止我桌边的谈话，但他们一谈话，就会谈到绞刑、射杀和烧毁等。如果处死了一个牧师，所有的人就会表现出极大的快乐。爱尔兰和我本人可怜的情况，就谈到这儿吧。[44]

接下去的数批流犯船满载爱尔兰护卫者，就是这样把记忆中的故事带到澳大利亚的。继 1798 年起义，被判流放的人离去之后，留下的是一个开膛破肚的国家，遭到了火焰、刺刀和便携轮式绞刑架的严重破坏，一些县城看上去就像"死鹅兀立的尸体"。所以，当局现在可以稍微宽大为怀了。如果判每个联合爱尔兰人叛国罪，那他们所有的人都可判绞刑——但陪审团成员过后还是得回到村里的家中，生活在那些认识被告的人中间。陪审团一般都避免判定死罪，因此，奥马的一位地方法官报告说："凡是犯有叛国罪的联合爱尔兰人，定罪都较轻，这样就能判流放罪，因此，没人对陪审团成员提意见。"[45]

根据记录在案的指控，这种做法使人很难区别"政治"叛乱者和"社会"叛乱者——如果这种区别在革命时代有多少意义的话。许多去了澳大利亚的囚犯所犯罪行都与破坏财物或打人有关，但在人们眼中跟约瑟夫·霍尔特一样，都是政治犯。霍尔特这个农场主就是在新教民兵1798年5月烧掉他家房子后，带领威克洛的叛军揭竿而起的。

当九艘轮船出现在太平洋，载着1798年起义的男犯和女犯时，这些船满载着流放制度从未经历过的最极端的尖酸刻薄的情绪。据保守的估计，船上的1067人中，775人是政治流放犯。[46]他们带来了一个新问题。悉尼作为关押被动的英国重犯的监狱，在1800年相当稳固安全。但怎样对付爱尔兰人呢？1798年，亨特几乎苦苦哀求，要求少发配反叛者来："本殖民地尚属初创，不能让它装满最糟糕的人。"[47]最害怕的是又爆发一场起义。副总督的妻子伊丽莎白·帕特森写信给叔叔说："'米那瓦号'载着第一船起义者，大约一个月前到达。他们已经开始密谋策划了——恐怕他们都是捣乱分子——我可以说，我不像以前那样喜欢这个地方了。"[48]

该船所载不仅是爱尔兰的普通百姓，也有一些小领导人，都是《放逐及逃亡法》中提到名字的人：约瑟夫·霍尔特及一个来自科克名叫布莱恩·奥康纳的医生；两名搞动乱的教师，威廉·莫姆和法勒尔·卡夫；来自基尔代尔的一名律师詹姆斯·哈罗德及一个新教教士亨利·富尔顿。像这些有文化、有思想的人，在英国人眼中肯定会调皮捣蛋，甚至成为真正的危险人物。很快，金总督就大骂毛姆，因他写了抨击他的"管子文"（诽谤性的讽刺诗文）。"他的原则和行为跟其他人一样，几乎没有改变，而且时间和地点对这种堕落的人的影响也很小……（我们）对这种煽动分子只能持鄙视的态度。"[49]然而，亨特总督开始时却很怜悯他们。他告诉波特兰，他们的手很软和，大家都是"在有教养的环境下长大的"：

> 一想到他们把一个医生、一个从前受人尊敬的县司法长官、一个罗马天主教的牧师，以及一个新教教士及其家人送来挥舞挖地的锄头，驱赶装木料的马车，我们很难不产生普遍的人类同情之心。[50]

然而，这种克制的情绪在一听到爱尔兰人密谋策划的谣传之后，就烟消云散。1800 年 9 月，谣言四起，于是，亨特设立调查法庭，对谣言进行调查。据告密者说，爱尔兰人在秘密的铁匠铺制造了铁制矛，藏在通嘎比和帕拉玛塔一带，以备"佃农汉"（爱尔兰农民都是佃农，因称之）揭竿而起。他们还做了记号，有暗号，还有口令。"看见一条船了。""什么船？""货船。"讯问了一周之后，法庭一无所获，只有谣言而已，当然没有矛。不过，法庭发现，曾经举行过"图谋起事的会议"，"旨在唆使一种不满情绪，然后迅速酿成严重暴乱"。法庭建议，五个"头领"每人都要抽打五百鞭。那位天主教牧师哈罗德神父必须在一旁观看他们受刑，因为这是"一种特殊的不光彩和耻辱的标志"。跟着，就要把他们连同霍尔特"将军"和其他一打嫌犯一起，送到诺福克岛，"在那儿，他们恶毒的坏榜样是不可能产生影响的"。[51]

亨特本来也可能不会执行上述建议，但流犯运气不佳，因为他的职务于 9 月 28 日到期，他的继任者菲利普·吉德利·金同意了法庭的建议。与此同时，塞缪尔·马斯登牧师（1764—1838）已在帕拉玛塔的爱尔兰人中展开自己的调查了。

马斯登是个贪婪成性的福音传教士，肩膀阔厚，脸像一头脾气暴躁的牛。他于 1793 年乘船来新南威尔士，当时他是威廉·威尔伯福斯的被保护人，后者推荐他当殖民地牧师的助手。一到地方，这个被保护人很少表现出他的赞助人慈悲为怀的本能，却把大量精力花在如何置地，繁殖健壮的萨福克羊种，宣讲地狱之火的布道上，并（作为帕拉玛塔的地方法官）大发淫威，惩罚流犯——因此有人给他起了一个诨名，叫"鞭子牧师"。马斯登很快就成了新南威尔士的圣公会主教士，而他对爱尔兰天主教流犯恨得无以复加。这种仇恨进入了他的布道，弥漫在他饭桌边的谈话内容中，而且，他在给伦敦教会上司的一份装腔作势的备忘录中，把他的这种仇恨详细地记录下来。若论其冥顽不灵，这篇东西可与威廉·丹皮尔关于澳大利亚黑人的思想相媲"丑"：

> 天主教流犯人数很多……这些人总的来说都是爱尔兰国阶级地位最低的人。他们是最狂暴、最无知、最野蛮的种族，居然还能享受文明之光。这些人从婴儿时期就熟悉了……各种各样的恐怖罪行。他们的心灵不讲任何宗教和道德原则，因此才能冷血地干出穷凶极恶的行为。由于这些人从不考虑后果，而……总是一心想搞叛乱、搞破坏，他们是社会中的危险成员。绝对不能信任这些人……他们极度迷信，极为阴险狡猾，哪怕政府再小心、再活跃，也无法发现他们的真正动机……（如果天主教）受到容忍，他们就会从各个地方聚拢来，不是因为他们想庆祝弥撒，而是想列举他们被放逐的痛苦和不公，列举他们的艰苦，并用复仇的计划互相点燃心中之火。[52]

马斯登决计找出矛，他坚信有人密谋策反，又从赫斯特·斯特劳德含糊其词的观察中得到确认。该人是乘坐"甘蔗号"的一个不识字的因犯："根据她之所见，爱尔兰人在通嘎比营地成小队聚集，走路也在一起，说话很认真，用的都是爱尔兰语，宣誓做证者真实地相信，他们一心一意，图谋不轨。"[53]当然，盖尔语是他们的母语，很多人除了盖尔语，别的话都不会讲。但马斯登非常确信他们把什么东西隐藏起来，因此他一定要"狠狠惩罚"其中几个人，直到他们开口说话为止。于是他就把约瑟夫·霍尔特（他本是个自愿流放者，不能随便用刑）请到通嘎比，来观看勋爵在澳大利亚的代表，也就是"鞭子牧师"亲自干活的场面。

致命的海滩：澳大利亚流犯流放史（1787—1868）

从他关于马斯登在澳大利亚冷漠无情的碧空下审讯犯人的那段描述，可以看到其中一些爱尔兰人决心抵制这个暴君的英雄气概，以及为此而付出的代价，他们的脊梁在外面慢慢地露出，暴露在绿头苍蝇的翅下。第一个受审的是莫里斯·菲茨杰拉德，一个来自科克的中年农场主，被判乘坐"米纳瓦号"永久流放，此时被罚三百鞭：

> 他们在鞭笞他们的地方，把他们的膀子架起来，围抱住一株大树，胸口紧贴在树干上，这样就没法退缩……有两人是鞭子手，理查德·赖斯和来自悉尼的绞刑手约翰·约翰逊。赖斯是个左撇子，约翰逊则用惯了右手。他们一人站一边，我曾在谷仓看到过抽鞭子的人，其抽鞭子的动作也不比这两个杀手更娴熟。

> 他们一动手，我就把脸别向另一边，一名警员走过来，要我转脸继续看。我把右手放进兜里，一把扯出我的削笔刀。我发誓，我（真想）杀他一刀，从肚脐眼一直划到他下巴上。他们都围在我身旁，要不是（我）让他们都走开，肯定会对我下手……这些人就像一群猎狗，围着一只死兔子，都在"汪汪"地吠叫着。

> 我站在鞭子手的下风处……离他们有两杆远。九尾鞭一抽起来，连血带皮就会飞溅到我脸上。菲茨杰拉德挨了三百鞭。梅森医生——我永远也不会忘记这人——他常常会走过去，给他摸脉，脸上带着微笑说："这人还没倒，就会让你先倒——继续打下去吧。"……（菲茨杰拉德）挨打的这顿工夫，他连一句话都没说——只说了一句话，也就是："别打我的脖子，要打，就公平地打。"

> 给他松绑之后，两个警员上前，架住他的膀子，让他上车。我就站在旁边。他对他们说："放开我。"他打他们两个，用拐子拐他们的肚子，把他们打倒在地，然后上车。我听见梅森医生说，这个人有足够的力量，还可忍受两百鞭。

> 接下去把帕迪·高尔文——一个约二十岁的小伙子——绑了起

来，命令抽他三百鞭。他背上挨了一百鞭，打得两个肩胛之间的脊梁骨都露出来了。接着，医生又命令在他屁股上抽一百鞭。挨过鞭子后，他的臀部都打成了肉酱，于是，医生又命令在他的小腿肚子上抽。他在这儿又挨了一百鞭，但哼都没哼一声。他们要他说出矛藏在哪儿了。他说他不知道，知道了也不会讲。他说："你们干脆现在就把我绞死好了，反正你们从我这儿是什么也得不到的。"他们把他装在车里，运到医院去了。[54]

马斯登还很灰心，向金总督报告说："我敢肯定，（高尔文）死也不会泄密。"[①] 金又命令组织第二次法庭调查，（再一次）得出结论认为，尽管没有证据，但情况可疑。因此，可疑的"几个重犯"必须再次接受鞭笞并终身流放诺福克岛，"采取极为严厉的惩戒措施，迫使其就范，老老实实，遵守秩序"。就这样，爱尔兰嫌犯被一船装走，运到福沃少校那儿，听任他"温柔"摆布了。[55]

这一切都没法消解自由殖民者的恐惧，他们始终处在——恰如伊丽莎白·帕特森 1800 年 10 月写给一个朋友的信中所说——"一种很不舒服的焦虑状态……担心最近转来的联合爱尔兰人……我们的军事力量与殖民地现在的爱尔兰人数相比极为悬殊，而且，就这么点人还四分五裂，闹不团结。可能会有很大的麻烦降临，却没有援军到来……其他的船也载着这种人正朝这儿驶来"[56]。

在悉尼湾，船只一艘艘驶来。金写道，1801 年，"安妮号"载来了"137 个魔鬼一样的亡命之徒……同时还有一个天主教徒，其人信奉的是臭名昭著、专搞叛乱和造反的原则。这使联合爱尔兰人……的总数达到了 600 人，随时等待机会，实施魔鬼的计划"。[57]人们忧心忡忡，无法安心种地了。这个处于婴儿期的殖民地充斥着"暴烈的共和党人"，受到

---

① 挨打的两人都活了下来。高尔文 1810 年从富有同情心的麦夸里总督那儿获赦，菲茨杰拉德则于 1812 年获赦。——原注

不少于三个爱尔兰牧师的危害，其中最近来的一个是彼得·奥尼尔神父，他曾在都柏林监狱受刑，人们想从他那儿得到口供，后来未经审判就遭流放，脊梁上挨了 275 鞭。（奥尼尔神父后来获释，于 1802 年底回到都柏林，他在悉尼和诺福克岛的经历让他颇受震撼。）金觉得，让牧师进入殖民地，这是违反安全规定的。爱尔兰人却认为这又一次侵犯了他们享受做弥撒和行圣礼的权利。他们几次三番地向金请愿，要让迪克逊神父为他们做弥撒，迪克逊是 1800 年初坐"友谊号"流放的。金认为，迪克逊的行为堪称"楷模"，也许不会给他的会众灌输反叛思想。总督对此事进行了权衡。"一个狡猾的牧师可能会引导（爱尔兰人）采取各种行动，有好也可能有坏。"但现在，新南威尔士超过 25％的流犯都是爱尔兰人，他们的宗教冲动总得有个地方发泄才行。让塞缪尔·马斯登感到恶心的是，金允许迪克逊神父每月做一次弥撒，但要"按照限制规定"——意思就是说，要有警察监督。澳大利亚的第一次弥撒和第一宗天主教婚礼，于 1803 年 5 月 15 日礼拜天正式在悉尼举行。[58]

与此同时，爱尔兰人自己也深信不疑，流犯船的船长都曾接到命令，要在出海途中，通过疏于照顾，把他们饿死和杀死。他们这样想也是有理由的。"大力神号"1802 年从科克抵达时，船上死亡率是 37％。"顶天巨神二号"上，181 名爱尔兰流犯死了 65 名。金发现，"这个情况让人震惊"，但试图说服爱尔兰人相信这种情况并非有意为之则纯属枉然。[59]

令人吃惊的，不是爱尔兰人最终起而反抗，而是他们花了那么久才起而反抗。起义直到 1804 年才爆发，而且也没持续多久，因为计划很不周全。一位起义领袖威廉·约翰斯顿死前对塞缪尔·马斯登承认说，1804 年 2 月一整个月，爱尔兰人都在谈论要起义，但始终没有定下一个日子。他们的想法是拿下卡斯尔山拓居点，因为这儿防守较为薄弱，而且比较偏远，然后把能够弄到的武器弄到手，再与帕拉玛塔的爱尔兰流犯联手，同时向悉尼进军。他们已经想好了一个暗号（"圣彼得"）。但由于各拓居点之间沟通不便，他们协调不好。更糟糕的是，还出现了一个告密者:一个名叫基奥的爱尔兰人。此人当时在霍克斯伯里一家农舍用草盖房顶,这时来了一个流犯同胞告诉他,计划要在 3 月 4 日或 5 日举行起义。基奥把这个消息带到了帕拉玛塔军营。不久,悉尼和帕拉玛塔的所有卫兵都开始清点他们的弹药数量了。

3 月 4 日星期日,一位名叫哈索尔的新教牧师在卡斯尔山对那些"亡命之徒"讲道,但两百名流犯中,只有很小一部分来听。"根据这个情况,我觉得可能会发生什么惊人的事。"哈索尔牧师的猜测不错,因为当晚七点,卡斯尔山的爱尔兰人举事了。他们烧掉了一间房子,宣布他们已经造反,然后从一个村舍跑到另一个村舍,把凡是能找到的武器都抓在手里——大多都是镰刀和斧头,但也有几杆毛瑟枪。一个流犯石匠菲利普·坎宁安单腿一跳,跳到一个树桩子上,对他的伙伴发表了一番激烈的长篇演说——"他大声说:时候到了,伙计们!要是不自由,还不如死了好!"——说着大家就向帕拉玛塔进军,一路唱着他们的反叛歌曲。他们在路上冲进达金的村舍里,把卡斯尔山这个让人憎恨的政府雇用的鞭子手揍了一顿。他们还找到一满桶朗姆酒,然后筑好工事,分成小队,通宵达旦地掳掠农场,规劝其他配给的爱尔兰流犯参加他们的队伍。他们在朗姆酒和更让人迷醉的自由状态的激励下,亲眼看着燃烧棚子的房梁崩塌,黑色映衬着金珠砂色,堕入火焰的中心,与此同时,一道道火星盘旋着直冲薰衣草色的黑暗之中。爱尔兰人来了一个无伴奏合唱,齐声唱起了 1798 年的反叛歌《短发少年》:

时候还早,这是早春,
鸟儿哨响,歌声甜沁。
飞一棵树就变一个调,
它们唱的歌是老爱尔兰自由了。

时候还早,夜晚还早,
义勇骑兵,吓我一跳。

> 义勇骑兵，让我垮台，
>
> 我被康沃尔勋爵，抓了起来。

随着喧闹声在黑夜中聚集，反叛的消息从四周的农场传到帕拉玛塔，一声叫喊从一间间房子传了过去："平头党来了！"马斯登牧师带着他老婆和伊丽莎白·麦克阿瑟连滚带爬地上了一条小船，顺流而下，沿着帕拉玛塔河向悉尼漂去。击鼓声响起，猎枪装满了弹丸，小小的要塞紧张不安地站岗守卫。燃烧棚子和小屋的火光老远都能看到。但是，与此同时，一位骑马人带着卡斯尔山起义的消息，已经抵达了悉尼。举事仅五小时后，金总督便于半夜得知了这个消息。他立刻从各军营抽调一支分队，由新南威尔士军团的四名军官和五十名二等兵组成。[60]

人们很容易把朗姆酒军团联想成一帮饭桶组成的乌合之众，但他们那天晚上表现不俗。在乔治·约翰斯顿少校的率领下，他们于半夜一点三十分出发，从悉尼急行军，黎明时分抵达帕拉玛塔，随身携带全套装备和毛瑟枪。他们抵达时，该镇毫发未损。痛饮了几口水，吃了几块饼干之后，约翰斯顿少校把支队分成两小部分，一部分去卡斯尔山，自己亲率另一部分，以双倍速度沿路向通嘎比进发。但爱尔兰人也不在那儿，因为他们已经推进到霍克斯伯里河的两岸。因此，约翰斯顿和手下人不得不再追十英里路。

"平头党"就像老话说的那样，屹立在一座小圆丘上，这座丘陵后来起名叫醋山，是根据六年前在韦克斯福德打的一场著名的起义战斗地点命名的。一整夜，他们走来走去，不停地喝酒，第一阵兴奋感早已消散。他们糊里糊涂，还很腼腆，根本就不知道该干什么好。就在这时，身穿红色制服、汗水湿透的"龙虾背"成扇形从山底爬上来，约翰斯顿少校（在副手和步行的天主教牧师迪克逊神父的陪同下，因迪克逊想尽可能通过谈判，不经流血而达成停火）骑马上前，与之会合。爱尔兰人的领袖菲利普·坎宁安和威廉·约翰斯顿站了出来。约翰斯顿少校说，他要谈判。坎宁安要他到叛军行列中来，"但遭到我的拒绝。我跟他们说，我已进入射程范围，他们可以杀死我。如果他们的头领不敢上前跟我讲话，那就是他们没种"[61]。

一听这话，坎宁安和约翰斯顿天真地以为，少校是本着停火精神而来，便走到他的马前。坎宁安坚决表示，他的人是不会投降的，并说"他如果不自由，那还不如死掉的好"。约翰斯顿少校和他的骑警迅速拔枪，对准了叛军领袖的脑袋，逼着他们走进政府军士兵的队伍。这时，约翰斯顿少校下令开火。

当时的一幅插图相当生动地还原了那个场面。坎宁安一手拿帽，一手举剑，大叫："少校，不自由，不如死！"与此同时，约翰斯顿用他的马上专用手枪指点着反唇相讥："你这混蛋，我来让你自由吧！"骑警冲着反叛者约翰斯顿吼道："平头党，快趴下！"约翰斯顿答道："我们全完了。"远处，迪克逊神父规劝叛军："你们这些鬼迷心窍的同胞，快放下武器吧。"前景上，有一个红衣军士兵正用刀在削一个人的头皮，并大叫道："你这反叛的狗！"同时，那位爱尔兰人（用很滑稽的语调）很不体面地说："雅（耶）稣啊！"在中景上，一排红衣军林立，在放排枪，山上溃不成军的爱尔兰人血流如涌，跟跟跄跄地倒下地来。

就这样，不到三十个植物湾漫游人不要几分钟，就把两百六十六个造反者打得东奔西跑。爱尔兰人没有受过训练，领导又不力，十个人中平均只有一条毛瑟枪，很快就土崩瓦解。约翰斯顿少校明显沾沾自喜，向金报告说："支队的官兵不是把逃跑者歼灭，就是把他们活捉起来，表现出的热情和活力，是我从未见过的。"[62]

坎宁安在混战中受了重伤，他们把他在帕拉玛塔政府仓库的楼梯处绑起来——没有必要进行审判了。接下去几天里，根据戒严法，红衣军把丛林和各农场搜了个遍，把所有的平头党都抓了起来。3月8日，金组织了一个军事法庭，对领头闹事者进行了审判：约翰·布兰农、约翰·伯克、乔治·哈林顿、查尔斯·希尔、蒂莫西·霍甘、塞缪尔·休姆斯、威廉·约翰斯顿、布莱恩·麦克马克、约翰·尼尔和约翰·普雷斯。法庭里没有英雄壮举，审判十分简短。十人中有七人辩称，他们是

"迫不得已"才参加这次起义。只有威廉·约翰斯顿一人承认了所有指控，愿意接受法庭的宽恕。其中大多数人都被判戴着镣铐接受绞刑，因为这是声名狼藉的一种特殊标志。未被绞死的只有伯克和麦克马克。绞刑分别在帕拉玛塔（希尔、休姆斯和普雷斯）、卡斯尔山（约翰斯顿、尼尔和哈林顿）和悉尼（布兰农和霍甘）执行。伟大的榜样就这样出现在绞刑中。三个拓居地所有的人都有机会看一看，这些鬼迷心窍的爱尔兰人"不自由，不如死"的口号究竟是怎么回事。接下去的几个月中，尸体在粗糙的铁框架上早已腐烂，却还在上面晃荡。第一个在澳大利亚写诗的流放者约翰·格兰特写道："在新威尔士成堆的人被屠杀/我身边的死人，都会讲悲哀的故事。"他把他在帕拉玛塔一带的旅行做了一番解释：

> 小道……陡然升高，从那儿——哎呀呀！有多少次了！——我往下瞟了一眼面前那座小山谷，我得从中穿过——能够看见并闻到那个名叫约翰斯顿的人（他因去年3月参加起义，而被戴着脚镣手铐绞死，挂在那株高高的树上）——我经常驻足凝视，事实上，眼里已经充满泪水！……那人性格极佳，所以让人不止一点震惊。——这种情况有好几个场面都展示了，直到来自印度的肯特太太跟她丈夫乘坐"水牛号"来了，这时……在她不断的恳求之下，才从金总督那儿得到命令，允许她把所有为了神圣的自由事业而被绞死的烈士掩埋起来。[63]

其他联合爱尔兰人都挨了鞭笞，几乎被打死，然后发配到悉尼北面的亨特河口，在最近发现的一个地缝里挖煤，饮食定量不过刚刚超过饥饿线。至于那些"罪行较轻"的爱尔兰人，金把他们用铁链拴成一帮帮的，互相隔着很远的距离，在小殖民地的边缘干活，残酷无情地驱赶他们，"除了吃饭和安息日之外，中间没有任何休息时间"[64]。

澳大利亚本土举行的第一次集体流犯起义就这样结束了，雅各宾党人的反叛之火前景随之熄灭。流放制从中学到了一些富有价值的教训——如这样一个简单的策略，即永远也不能让政治鼓动分子在一个地方滞留太久，也不能让同样的一伙人待在一起。一年后，金说："尽管本殖民地有一些暴力闹事分子，但偶尔把他们从一个拓居点调到另一个拓居点，目前就没有理由担忧了。"平头党人照旧嘟嘟囔囔，怨言不断，照旧用玉蜀黍酿造炮厅威士忌，但他们再也不起而反抗了。[65]

英国人不断把爱尔兰政治犯发配到新南威尔士。从 1815 年到 1840 年，爱尔兰的乡村地区多多少少始终处于持续不断的内战状态。至少有一千二百名土地什一税抗议者（也许人数比这还要多，因为 1816 年后，船上的合同不再这样描述所有的政治犯了）被船运到了新南威尔士。他们自称是卡拉瓦人和卡德人，是白衣会会员、正义团、钢铁之心和丝带人。依照英国人的观点看，最危险的莫过于白衣会会员，他们假装是一个工会协会性质的组织，目的是保护爱尔兰农民，但实际上都是些"阴夫蛇"[①] 和专搞暗杀的刺客，也就是当今的临时爱尔兰共和军的鼻祖。他们干的都是脏活，压碎膝骨、挖掉眼珠、烧毁房屋，这都是过分拘谨的正规共和军人不愿干的事。据信，19 世纪 30 年代早期，爱尔兰有三分之二的英国告密者遭到白衣会会员的杀戮、残害或阻碍。

但是，1804 年卡斯尔山举事之后，无论是他们，还是其他流放的爱尔兰叛乱分子，对流放制度都不会造成太大威胁了，原因很简单，他们随着殖民地的扩大而分散各地。托居者从帕拉玛塔向西推进，越过蓝山，进入那边肥沃的巴瑟斯特平原。他们向南来到贝里马和鲍勒尔，最后抵达高高的莫纳罗山下广阔的牧羊平原。他们从纽卡斯尔向内地推进，殖民了亨特河谷。在所有这些新的乡间地产上工作的都是流犯仆人，即通过配给制配给的男男女女。政治犯在社会上无法引起共鸣，他们三人一堆，四个一伙，散布在广袤的丛林地带，过着内地与世隔绝的

---

① 即 enforcer 的音译，因该词的词典意思实在太长，为"流氓集团内为维护黑纪律而设的执法人"。

生活：地理环境和法律都让他们中性化了。

然而，英国人压迫和爱尔兰人抵抗的故事在澳大利亚并没有烟消云散。恰恰相反：这个故事非常执着地幸存下来，成为工人阶级文化的首要形象之一，在流放制本身早就被人们淡忘之后，依然广为流传。爱尔兰人抱成一团。他们喜欢拉帮结伙，记忆又好，很久以前的事都忘不了："恨得深，不容忍。"他们总是觉得，他们不是因为犯罪而受惩罚，而是因为是爱尔兰人才受惩罚的。在澳大利亚，就像在爱尔兰，每一次压迫行为，都等于在记忆的共同基础上添加了一笔。事实进入传说之后可能发生动摇，但基本内容不会改变。到了 19 世纪 80 年代，澳大利亚的大多数新教徒几乎已经把流犯"让人憎恨的那口黑锅"崇高化了，但爱尔兰人依然没有忘掉流放制。很自然，他们也抱着一种自欺欺人的崇高幻象，觉得大多数爱尔兰流犯都是因为政治罪而被发配到致命的海滩来的，好像直接从爱尔兰流放来的三万名男性和九千名女性中，没有一个贼，没有一个抢劫犯，也没有一个强奸犯一样。当然，人数与神话相左。也许，被流放的爱尔兰人中，能够称为反社会者或反政治者的人不超过百分之二十（可能只有那些把针对财产所犯的罪行都想象成政治行动的人，才会这样称他们，如果这种人还存在的话）。骨干分子——1793 年和 1840 年间因犯政治罪而流放的人（打人或破坏财产等和暴力有关的行动与此不同，一般都被当作普通的重罪处理）——不足一千五百人。[66]不过，澳大利亚政治中遗留的宗派主义，社会被英国新教徒"有钱人"和爱尔兰天主教徒"没钱人"一分为二的感觉，就是从他们那儿开的头，在接下去的一百五十年中，影响了澳大利亚人生活的权力模式。

vi

英国政治犯那儿并没有发生这种情况，但在 1800 年和 1850 年间，根据最保守的估计，大约有一千八百人因政治"罪行"从英格兰流放到澳大利亚。他们中间有英国政府知道的几乎所有抗议运动的代表。因此，大多数工人运动的样本（就算涌入量并不大），澳大利亚都收到了。砸织袜机的勒德分子于 1812 年至 1813 年间被发配，东盎格利亚的粮食暴动分子则于 1816 年被流放。诺丁汉附近遭背叛的彭特里奇起义的十四名成员于 1817 年被流放，而卡托街阴谋中的五名头脑发昏的狂热分子（他们忽发奇想，指望趁西德茅斯勋爵的内阁成员坐下来吃晚饭时，把他们全部刺杀，从而举行全英工人总起义）则在 1820 年到来。苏格兰的激进布工人 1820 年来了，约克郡的激进织布工人 1821 年来了，布里斯托尔的暴动分子 1831 年来了，威尔士的暴动分子 1835 年来了，烧干草垛的斯文派和专砸机器的人在 19 世纪 30 年代初来了，托尔普德尔蒙难者 1834 年来了，1839 年至 1848 年间，一百多名人民宪章分子来了——所有的人都到澳大利亚来了。其他国家的"政治犯"也来了。从1828 年到 1838 年，开普敦的最高法院每年都要把三四十个属于它所谓"容易激动骚乱的阶级"的人流放过来——南非黑人①，尽管他们似乎没有任何政治思想，但据信他们违反了开普敦殖民地白种优越法。在那儿，流放制也是一种威慑，以便控制霍屯督人和布须曼人，不许他们乱说乱动。[67]

　　1837 年和 1838 年，加拿大发生了两次针对托利党立法、反对英国圣公会及其对法律和土地似乎具有牢不可破权力的起义：一次起义由"下加拿大"（魁北克）战斗分子领导举行，另一次在"上加拿大"（安大略），由说英语的加拿大人举行，并得到加美边境南部的一些美国人撑腰。这两次由手艺人和农场主进行的暴动遭到英军镇压。结果，一百

① 这还不是来到澳大利亚的第一批黑人流犯。18 世纪 90 年代，一小批黑人第一次出现在悉尼，他们通常都是仆人或奴隶，从西印度群岛被带到伦敦。第一舰队有一个诨名叫"黑恺撒"的流犯，他成了澳大利亚的第一个丛林土匪，于 1789 年带着一杆偷来的枪，"私奔"入灌木丛中，单枪匹马地袭击棚屋和菜园子。戴维·柯林斯骂他"不过是头野兽"。当他被抓获时，他"对死亡完全无所谓，在囚禁期间放出话来说，如果把他绞死，他会玩刽子手一把，在他自己被干掉之前，让人放声大笑"。——原注

五十三名加拿大"爱国者"被流放到澳大利亚。[68]

当然，流放的英国人与因抗议而判罪的人相比，只是很小一部分，但政府，特别是在 1830 年以前，并不想把每个英国抗议者都流放。政府想显示其拥有压制的武器，同时又尽可能保住自己"怀柔"的名声不受玷污。要做到这些，只要在法庭上不敦促采取极刑即可。

英格兰普通老百姓没有任何时候比 1810 年至 1845 年间更骚动不安了。在战后的不列颠，无望、贫穷和愤懑像疾病一样流行，并通过越来越高涨的危机感表现出来，绘出了一条英格兰经济隐忧的曲线。1830 年和 1845 年间，这一紧张状态达到登峰造极的地步，英格兰工作人口中，超过百分之十的人都被划入靠救济过活的穷人类别，被《济贫法》扔给教区，靠其微薄的施舍过活。劳动人民认为，政府不管他们了，他们这样看是有道理的。制造厂商纷纷抱怨说，官方的经济政策扼杀了经济增长。埃里克·霍布斯鲍姆指出："在拿破仑战争后的几十年中，收支平衡的数字让我们看到了一个格外惊人的现象，即世界唯一的工业经济国家和唯一严肃的制造商品出口国，已经不能在商品贸易中保持出口盈余了。"[69] 由于这一点，人们连自己唯一能够做的工作都丢了。因为机器而失业的丝织工人之所以愤愤不平，不仅仅是因为自己贫穷，还因为感到，整个手工传统都被低劣的产品推入了湮灭的地步。这种绝望的情绪又因城市生活的失范而强化。机器要求把劳动力以新的方式集中在新的地方，从而创造了这样一种社会：在这种社会中，人们不知道他们是谁，也不知道他们来自何处。

这种不满情绪如此之深，无论皮特政府，还是西德茅斯政府，都发明了一种鬼神论来加以解释："我们的"老百姓率性而行的话，永远也不会有这样的感觉，所以，肯定有外国因素，如法国因素，在起作用。这一来，所有抗议活动都带上了叛国色彩。从 18 世纪 90 年代到 19 世纪 20 年代，政府发现，本来为了渗透工人阶级异见运动而设立的间谍和特务机构，却反过来越来越妨碍它本身，政府被虚假信息所吞没，又被起义的幽灵扰乱视线。这反而使政府觉得可以轻易忽视或误解改革呼声的清楚含义，同时也有助于说明，政治抗议者的温和行动与报复性地强加在他们身上、造成社会死亡的流放制度之间，为何经常表现得十分不成比例。这也许还暗示，为什么那么多英国政治流放犯与爱尔兰政治犯不同，他们一旦决定留下来，成为"盈满释瘀者"，享受有技术的自由劳动力在澳大利亚能够拿到的高工资之后，似乎就放弃了他们的"激进"特征。因为他们从前抗议的是匮乏问题，而不是外国人的占领。一到澳大利亚，匮乏问题就得到了缓解。

英格兰的政治流放鼎盛期是 19 世纪 30 年代。19 世纪 20 年代当然很不平静。尽管玉米价格较低，让人憎恶的卡塞尔利勋爵已经下台，由较为温和的乔治·坎宁接任，工人——特别是工业领域的工人——情况似乎好转，但这并不适用于乡间。对于威廉·科贝特（他带着潘恩的骨头盒子，刚从美国流放回来，骑马踏上了漫长的征途，穿过一个个郡县搜集材料，后来写成了《骑马乡行记》）来说，英格兰的乡下人从前身体健壮，如今却成了"农奴"和"奴隶"。他言辞激烈地抨击威尔伯福斯这样的废奴主义者。据他称，这些废奴主义者更关心殖民地的非洲奴隶，而不关心国内英国工人的命运。大多数农民工人都生活在贫困线下，每天收入一先令，或不足一先令。有些人一周才赚三先令。但当时的托利党政客以催眠术的意识形态来看待这个问题，也就是马尔萨斯的意识形态，因为马尔萨斯的教诲是：花钱济贫无济于事，只能鼓励穷人繁殖，使问题变得更糟。要么让穷人幸存下来，要么让他们饿死，这样他们就能找到"自然"的水平。既然根据定义，失业者不可能产生财富，那他们幸存与否，就不是政府的问题了。

19 世纪 20 年代末，经济萧条，主食价格上涨，情况愈加恶化，这就是 1830 年后那场政治动乱的背景，导致最大的一批抗议者落户澳大利亚，其中大多数都在南部各郡被审判并被定罪，那儿的农场工资极低。他们犯了共谋罪，参加了历史上所称的"最后一次劳工起义"。他们啸聚在其周围的挂名首脑是一个虚构出来的领袖，根据习俗起名叫斯文船长：对有产者来说，他就像一个妖怪，以他名义写的威胁信会在夜深人静的时候贴在门柱上，并从前门下边塞进去。这些信有个名字，叫"斯文信"，他们扬言要生事，就是所谓的"斯文暴乱"。

斯文船长代表了几方面的问题。他对圈地政策导致丧失公地表示不满。他抗议小麦价格太高。《谷物法》的制定，是为了帮助英国农场主，把廉价的欧洲小麦赶出市场，但在匮乏的时代，就很自然地对穷人不利。到了1830年，许多农场工人都被剥夺了白面包。有人试图用土豆作为他们的食物，但遭到愤怒的拒斥。英国工人相信，他们有面包和奶酪，要比吃粥的苏格兰人和刨树根的爱尔兰平头党高几级。对英国工人来说，一块小麦面包就是天赋人权，即便地主和贵族对这种传统置之不理，也并不说明这种传统不存在。[70]抗议者的武器就是火焰：在干草垛下点一根火柴。

斯文暴乱背后的另一个问题是机械化问题。蒸汽驱动的农场机械对乡村非熟练劳动力的影响是具有毁灭性的。一台打谷机租出去，从一个农场拖到另一个农场，可让一百个男工失业，无季节性工作可做。今天的经济学家认为这是科技发展的自然结果，1830年的农场工人却认为这是残酷地不让他们有工作的天赋人权。一个是从历史的角度，另一个是从直接需要的角度，两者都对。因此，斯文暴乱分子跟之前的勒德分子一样，也找机器出气，他们砸毁碾压机，把锅炉弄破，将撬棒插进齿轮中。

斯文派的大多数威胁都是因农村人的不满而激发的。例如，1831年1月20日，一个来自什罗浦郡惠特彻奇，名叫托马斯·库克，年仅十八岁的律师行职员，写信给当地一个名叫威廉·彻顿的细木工和拍卖员：

> 我们都是有决断的人，坚定、坚决，不走歪道。现在，我们毫不迟疑，打定主意，绝对不想要你的财产久存，也不想要你久在人世——反正你的财产是通过无赖手段弄到的。
>
> 无赖彻顿，你做生意就是无赖起家，但这种现象不能再继续下去了。

你听好，时候到了，你不顾后果的恶行是要你用血来偿还的。我们要埋伏袭击你本人，我们要让你全家彻底完蛋。我们要让你知道，你这是活该……

又及：我们送你这张宝贵的条子，让你为可怕、可怜的下场做好准备。

签字者：伦敦。斯文派代理人。决心纠正压迫者错误的人。[71]

为何如此威胁一个外省的细木工呢？因为，尽管彻顿不是土地拥有者，但他帮助灭火了。1830 年至 1831 年间，惠特彻奇一带的纵火事件不少于十六起——烧干草垛，烧谷仓，该地好像成了滋养农村政治反对意见的温床。彻顿属于"德高望重者"，曾要求给予更多警察保护并对纵火者更加严刑惩处。因此，托马斯·库克 1831 年 3 月在什鲁斯伯里巡回法庭上被定罪，判处流放澳大利亚十四年。到了一定时候，他就会在澳大利亚写下他关于流放制非常宝贵的描述，即《流放者的怨诉》一书。

与三十年前的爱尔兰相比，1830 年至 1831 年的暴动比较斯文，反正其对象不是人，而是财产，但暴动很快席卷了南方各郡，这些地区的农村工资大约只有全国平均水平的三分之一。在肯特郡和萨里郡，在什罗浦郡和林肯郡，在伯克郡、威尔特郡、汉普郡、埃塞克斯郡、牛津郡、多塞特郡和诺福克郡，人们纷纷游行示威，焚烧干草垛，捣毁机器。格雷勋爵领导的新辉格党政府对这些"犹豫不决，并不嗜血成性，让人感到奇怪的暴民"[72]施行了狠狠的打击。政府高额悬赏五百英镑，企图把纵火犯和机器破坏犯捉拿归案并将他们定罪，同时还针对他们出动军队和地方组织的武装力量。有些郡县自己组织了自耕农骑兵，骑马践踏抗议者。墨尔本勋爵指示所有的地方法官，一定要"坚决抵制所有无理要求"。

辉格政府为了恐吓抗议者，此时便开始进行大规模迫害。近 2000 名叛乱者在三十四个郡县被审判，其中 252 名被判处死刑，但通过通常的皇家特赦方式，只有 19 名实际被绞死，其余的减刑，不是坐牢，就是遭流放。在这次大围捕中，共有 481 名斯文追随分子被船运到澳大利亚，刑期分别为七年和十四年。[73]

这之中的大多数人比平常流放的重犯年龄大——流放到范迪门斯地的人平均年龄是二十九岁，相比而言，流犯的平均年龄低于二十六岁。这些人中，半数以上的人都是已婚男性，其中很多都怀揣前雇主的推荐信，不少人都是手艺人或"工匠"，这是澳大利亚最求之不得的那种配给制配给的仆人。这让地方法官百思不得其解：装配工、木匠、铁匠干吗害怕打谷机呢？但这些有手艺、工作安稳的人能识字看书，知道科贝特和潘恩是他们的同盟，而且，他们也总是在手艺不好、文化程度较低的邻居中，第一个谈起权利、第一个诉说不满的村民。汉普郡的一个激进分子名叫威廉·温克沃斯，他是鞋匠，星期六晚上，他总是对一班"乡巴佬"大声朗读科贝特的作品，像他这样的个案必须乘以成百个人的个案，才能抓住其中的社会意义。[74]现在，随着流犯船把他们载走，他们的生活被砸得粉碎，希望荡然无存，家庭四分五裂。

这些人中，好像没有一个人到了澳大利亚还继续公开从事任何政治活动。事实上，从 1830 年至 1831 年间流放抗议者——范迪门斯地的理查德·迪林汉姆和彼得·威泽斯——硕果尚存的信件中，可看出在生活相对富庶的情况下，有一种无可奈何之感。在那座青绿肥沃的岛上，19 世纪 30 年代是繁荣昌盛的年代，对技术劳动力的需求量很高。迪林汉姆虽因暴动而被流放，但他似乎没有多少政治见解，与有组织的抗议活动也没有关系。他发现，范迪门斯地简直是一个货真价实的安乐乡。1836 年，他被配给给戴维·兰姆种菜园子。兰姆是个性格温和、为人正派的拓居者，早期曾在乔治·亚瑟爵士的治下当过殖民地的建筑师。他通过离霍巴特不到一英里远的一个代写书信者，告诉他父母说，他"已经定居下来，生活非常舒适"：

至于我的生活，谢天谢地，比预期的要好。在这方面，我什么都不缺乏。至于茶叶和糖,多得几乎可以在里面游泳了。我每周定量为两磅糖和四分之一磅茶叶,还有大量烟叶和质量很好的白面包,有时有牛肉,有时有羊肉,有时还有猪肉。这些东西我天天都有。一年四季都有大量布丁吃。而且,我每年有两套布衣和三双鞋。[75]

彼得·威泽斯来自威尔特郡,又给这幅图画锦上添花。他1833年告诉他的兄弟说:

> 我有一个很好的地方:我受到的唯一约束,就是每个礼拜日上教堂之前,都要报出自己的姓名。因此,你千万别以为我是奴隶。我并不是奴隶,情况恰恰相反。我的主人和主妇都很好,吃喝的东西都很多,跟这个国家的任何绅士一样好,所以,我在这个国家受到的唯一惩罚,就是老想着我不该离开我的朋友、我的妻子和我最亲爱的孩子,但我活着的愿望就是能够重返英格兰。[76]

我们将会看到,流犯配给制相当于玩彩票。威泽斯和迪林汉姆抽签抽到了好主人,而新南威尔士的托马斯·库克却抽到一个坏家伙,结果吃尽了苦头。迪林汉姆说:"除了自由,我什么都不要,尽管我的处境如此,但跟其他囚犯的并不一样。"显而易见,流放制并没有努力把英国政治犯当作一个群体来迫害,就像早先对爱尔兰人所做的那样。个别主人可能会让前暴乱分子日子难过,因为他们害怕自己的农场会发生动乱,但这个情况并不普遍。一般来说,英国抗议者都是手艺人,有家有小,都很执拗,相信自己的价值,服完刑之后,就作为"盈满释痞者"继续在澳大利亚生活。他们与一般犯罪人口相比,再犯人数显著要少。他们为了信仰,在长时间内付出了惨重代价。正如彼得·威泽斯所写:"十六年,这可是很长一段时间啊。"他们都不是意识形态专家,也不是职业鼓动专家,而是体力劳动者和手艺人,相信他们作为英国人,享有古老的权利，并精心守护着这一权利。最主要的还是他们都需要工作，但"政治"这口黑锅很难摆脱：澳大利亚的占地农和拓居者比英国乡绅阶层还要保守，而且像猿猴一样模仿英国乡绅的一举一动和种种习惯。詹姆斯·布莱恩是一个托尔普德尔蒙难者，他从新南威尔士亨特河的新主人那儿听到的第一句话就是："你是多尔切斯特的一个破坏机器的人，但终于把你抓起来了！"

因此，大多数英国抗议者都安安静静地在澳大利亚生活下来，所做的工作都是英格兰从前不让他们做的。他们对这个新国家的未来没有明显影响。在英格兰，从长远观点来看，没有什么能够阻止工会运动的发展。但从短期观点看，流放作为镇压的战术手段，倒的确产生了作用。它瓦解了受害者的斗志。在国内，在乡村，它让工人看到了一个个惊心动魄的榜样，他们几乎没有办法知道，流放者的情况究竟怎么样了，因为来自致命的海滩的信十分稀少。在澳大利亚，它没把抗议者变成烈士，却使他们成了政治太监。流放的男人的妻子在家守着活寡，教导孩子别走犯上作乱的邪路，有些还是丈夫明确要她们这么做的。1835 年，一位参加了斯文活动、因政治暴乱而被流放到范迪门斯地（他在该地伪造地契，结果再次流放到诺福克岛）的前军士长，把一封信交给贵格会传教士詹姆斯·巴克豪斯和乔治·华盛顿·沃克，托他们带给家中的妻子。他告诫妻子说："我和你长期以来心中都没有上帝。"但在奴役状态下，他终于明白，他的受苦受难还是有意义的，那就是"让我意识到我自己的堕落和邪恶"。

> 你一定要让孩子把前面那几段《圣经》引文看一看并背诵下来。千万别让他们看任何政治方面的作品。不要让他们的思想跟搞政治的人和他们做的事情纠缠在一起。我不用告诉你，你也知道，这一切都是我现在受苦受难的祸根。[77]

这也许比较公平地代表了那些以前抗议却遭流放者的一般感情。本来已经露头的激进主义到了对跖点就一蹶不振，除非——像在爱尔兰人那儿一样——有紧密的团结精神和国民古已有之的不满情绪来撩拨它，添加它的养料。在流犯的澳大利亚，只有受压迫的人才肯搞政治，生活的其他方面亦复如此。

第七章　拔腿就跑者和丛林漫游人

i

　　流放制度的大多数囚犯都对自己的命运"默"认不讳。他们一直等待时机成熟，心里很清楚，反叛的代价，就是在更糟糕的情况（三叉刑具，用铁链连成一伙干活，诺福克岛）下囚禁更长的时间。但在任何监狱社会，总会迸发出逃跑的天才火星。条件越不利，逃跑给人带来的希望也越大。

　　在澳大利亚，逃跑容易，活下来却很难。阻止活下来的因素很多，但成百上千的流犯都想碰运气。有的勇于面对围住了澳大利亚的那堵墙：大海。他们不是做揩油乘客跑掉，就是劫持船舶，或者自己做筏子，再不就是偷窃长艇。另一些人则选择陆路，这比大海还要人迹罕至，未经图测。起先，这些逃跑者的绰号叫"匪徒"（唤起那种藏身暗黑洞穴的粗犷、浪漫的形象）。更口语化一点，就叫"拔腿就跑者"。随着时间推移，躲躲闪闪的逃跑者逐渐成了澳大利亚大众文化中的主要形象，即丛林漫游人[①]——鞭子手、陷阱和地方法官的敌人，穷人的暴力朋友，镣铐社会的自由象征。

[①]　英文是 bushranger，说好听是丛林漫游人，实际上指丛林土匪。

起先，从 18 世纪 90 年代到 19 世纪头十年，大多数逃跑者都奔向内地。他们短暂地兴奋了一阵之后，不是死掉，就是精神崩溃，最后漫游漂泊，重回拓居地。戴维·柯林斯说："又脏又瘦，就连乌鸦都会谢绝吃他们的尸体。"曾有报告说，有人走一天的路程到植物湾，看到五十具骷髅，都被丁狗和鸟吃得只剩白骨。

始终坚持不懈逃跑的人都是爱尔兰人。他们因为什么都不知道，反而构建了一个神话的天堂，以减轻对跖点这座炼狱的痛苦。他们不断从拓居地溜走，正如其中一人对沃特金·坦奇所说的那样：

> （他们以为）在北面很远的地方，有一条大河，把这个国家与中国的背部分开。如果渡过这条河（这是切实可行的），就会碰到皮肤如古铜色的人，受到好心的款待。[1]

幻想逃到中国，这是流放时代早期的一个执念。黄皮肤的少女和茶叶，鸦片和丝绸，样子怪怪的蓝色小桥和柳树，就像盘子上面画的那样。只要去了那儿，就可以摆脱锄头，摆脱镣铐，摆脱把人烤焦的阳光，摆脱饥饿得让人说不出话来的痛苦。因此，不少"幻觉丛生的"爱尔兰人不是死于疲劳、饥渴，就是死在黑人长矛下。在帕拉玛塔和皮特沃特两地之间的丛林里，能够找到被乌鸦拣尽的遗骨，旁边还有一块政府发的工作服的破布和一块铁锈斑斑的"罗勒叶"。

这些人后来都被贬称为"中国旅行者"，他们第一批的人数很多，于 1791 年 11 月从玫瑰山出发——共有二十名男性和一名女性，都是从"女皇号"上下来的流犯。他们分头行动，一连几天在丛林里错误地游来荡去，饿得晕头转向时，就轻而易举地被人活捉（尽管其中有三人极为肯定，他们几乎已经到了中国，于是很快又出逃，结果都死掉了）。随着时间的推移，这个中国神话又与另一个幻想结合起来，正如柯林斯所报告的那样。他对抱有这种幻想的平头党是不赞许的："他们除了天生作恶的特质之外，还产生了一个念头，觉得已在本国发现了一个白人殖民地，就在拓居地的西南面，距拓居地三四百英里。"这是另一个香格里拉，那儿不需要干活，它让人们的希望又维持了一段时间。[2]

1798 年，爱尔兰人还在往中国跑，一次多达六十人。由于没有指南针（即使有，也几乎无人知道如何使用），他们出去的时候，带着一个富有魔力的仿制品，在纸或树皮上画一个圆圈，标上方位点，但没有指针。

1803 年，据金报告，十五个"鬼迷心窍的"爱尔兰人从卡斯尔山奔向中国。他们出去了四天，"除了谋杀之外，无所不为"（一个人用毛瑟枪把一名警官的脸炸掉了一半，但那人居然还活下来了）。法院把他们全部判处死刑，但金只绞死了两人。接着，他规定，对"拔腿开跑"的惩罚是抽五百鞭，并在剩余的刑期戴双副镣铐。他表示，希望"向在逃流犯保证，他们放下公共劳动不干，跑到山里，跑去中国，等等，这种荒诞不稽的计划，只会导致他们立刻被发现并受到惩罚"[3]。

随着拓居地慢慢向外扩展，在原始丛林中辟出一条条道来，就连再盲目的生性乐观者也能看到，一具具不断出现的流犯骷髅总不会没有什么意义。想步行去北京的意志力也渐渐销蚀，因为越来越清楚的是，要从这座大陆监狱逃跑，合乎逻辑的路线不是陆地，而是大海。

海路曾在 1790 年早期提供了一条史诗性的逃路，这条逃路在伦敦臭名昭著，名声远扬。消息传到植物湾，鼓起了那些想逃跑的人的信心，多年之后依然如此。领头的是一个女人——玛丽·布莱恩（生于 1765 年，英国媒体后来称她为"来自植物湾的女孩"），她带着她的两个孩子、她丈夫威廉·布莱恩，还有其他七个流犯，好不容易才坐一条偷来的船从悉尼一直航行到帝汶，不到十周，走了三千二百五十英里的距离。这作为航海的一项创举，可与威廉·布莱 1789 年带着"邦蒂号"上的"保皇派"，乘坐一艘长艇，从塔希提到帝汶的六周航程相媲美。自詹姆斯·库克于二十一年前乘坐"奋进号"之后，还没有一个人沿着澳大利亚东海岸一路航行，穿过变化莫测的大堡礁，还能活着回来讲故事的。[4]

玛丽·布莱恩的娘家姓是布罗德，她是水手的女儿，来自康沃尔的小港市福伊，因偷了一件斗篷而被判七年流放，乘坐"夏洛特号"船，随第一舰队而来。第一舰队还未抵达开普敦，玛丽·布莱恩就生了一个孩子，是女孩，根据船名取名叫夏洛特。舰队甫抵杰克逊港，玛丽·布罗德就与一个男流犯结婚，于 1790 年 4 月生了第二个孩子，叫伊曼纽尔。他也是康沃尔人，也是乘坐"夏洛特号"船出来的。他三十一岁，是个渔人，名叫威廉·布莱恩。就像许多在那条荒凉、锯齿形的海岸边，也有一条船的康沃尔人一样，布莱恩专做走私生意，同时还当海员。1784 年，他被税务官抓住但拒捕，因而被定罪。第一舰队起航时，他在囚船中已经度过了三年，还需要服整整七年的刑。

渔人正是饿得半死的殖民地所求之不得的。菲利普总督让布莱恩管船，负责每天在海港拖曳渔网。但是，黑市机会太好了，一个康沃尔的走私者是无法抵挡其诱惑的。他没把鱼全部送到政府仓库去，却偷偷拿出去卖，结果被抓，挨了一百鞭子。就算布莱恩以前有贼心没贼胆，这次他也下定决心要逃跑了。最糟也不过是很快地淹死在海里，总比在陆地上一点点地饿死好。他能弄到船，但没有枪、工具、航海仪器、海图和食品。

1790 年 10 月，一艘东印度的商贸船，"瓦克萨姆赫伊德号"，满载来自雅加达的货物，笨重地驶入杰克逊港。该船的荷兰船长德特默·史密特并不觉得要对英国流放制度履行什么义务。他倾听威廉·布莱恩并被他说服，愿意让他拿去指南针、象限仪、毛瑟枪、食品，甚至悉尼和帝汶之间的海图。布莱恩把这批宝贵的东西藏在棚屋地板下，用一卷卷树皮盖起来，便开始组织一批船员。他小心翼翼地择时而行。1791 年 3 月，"供应号"被派往诺福克岛。月底，"瓦克萨姆赫伊德号"卖掉最后一批货物，结束维修之后，也扬帆而去。此时，杰克逊港无一剩船——有船逃跑也无船可追。3 月 28 日夜里，月黑风高，布莱恩夫妇、两个孩子，还有其他七名流犯一起，爬上总督本人的六桨划艇。他们神经紧张，一声不响，桨叶每亲吻一下黑色的水面，他们就要屏住一次呼吸，把船划进海港，经过平奇古特小岛，向东直奔太平洋的大门。南头的瞭望哨没有看见划艇从夜色中溜过。他们拨转船头朝北，向新几内亚驶去。

第二天早上，他们的逃跑引起一片愕然。官员们几乎不敢相信：尽管逃跑的人中，大多数都与拓居地的女性流犯有"瓜葛"，却没有一个女性关于这个长期布置的计划透露过只言片语。戴维·柯林斯说："她们对一起生活过的那些人太忠心耿耿了，决不走漏风声。"其中有一个人是兼职细木匠，名叫詹姆斯·柯克斯，他因盗窃十二码花边和一双长筒袜，而被判终身流放，乘坐第一舰队的船只而来。他在工作台上给情人萨拉·扬留了一张条。这是一封写得很平实、很动情的信，"恳请她别再继续作恶，他告诉她说，拓居地邪气上升。他没有带走的财物都留给了她，并说他逃走是因为他的情况很严重，被终身流放，减刑无望，离开本国也无望"[5]。

并非所有的卫兵对这次逃跑事件都不同情。海军陆战队二等兵约翰·伊斯蒂在日记中写道：

> 他们逃之夭夭，但这完全是孤注一掷，乘坐的是没有顶篷的船，要走一千六七百里格[①]路，特别是还有一个女人和两个孩子，孩子最大的还不到三岁——但是，只要一想到能够逃离这个地方，获得自由，就足以让任何流犯不惜尝试各种逃跑的方法，因为他们在这个国家时时刻刻都跟奴隶一样。[6]

起先，船行尚稳。他们登岸时，找到可食用的棕榈，把其心挖出，还找到"大量的鱼，真让人心旷神怡"，而且，土著不是很友好，就是很害怕他们。但雨水接踵而至，潮水上涨。连续五周，他们肌肤湿透，生火做饭都点不着火。在麦夸里港和布里斯班之间，那片惊涛拍岸的漫长海滩上，他们被逆风吹回大海，"没法进港，也没法驶进小河。差不

---

① 里格，长度单位，一里格相当于三英里。

多有三周时间，我们情况危急，又缺水，又缺粮"。他们在"纬度 27 度的白湾"稍事休息了一番，那也许是莫尔顿湾，但一出湾，就又被风吹到海里去了：

> 面对劲风和海流，无可奈何，船估计时刻都会沉底，接下来就看不见陆地了，海浪高过山头……以为过了这一刻，就没有下一刻了。海水每隔一会儿就重重地砸来，不得不用双手往外舀水，那天晚上雨下得很大……第二天，我们找不到陆地——我们处于何种险境，只能交由你来想象了。女人和两个婴儿情况很糟，一切都湿透了，根本没法生火，除了生米之外，什么都没得吃。[7]

经过几天这样的磨难之后，他们被风刮到岸上，人差不多都奄奄一息，来到大堡礁一座沙漠岛屿上。他们在环岛的珊瑚礁上，找到了海龟，其中一只提供了"今晚一顿丰盛的晚餐"。他们屠杀了一打海龟，把海龟肉做成肉干。以这种方式补充食品之后，他们又沿岸航行，继续朝北缓缓爬行，凡能靠岸的地方，就停下来汲取淡水，用肥皂和海龟油填塞船底（因大海一刻不停地打击，船缝松脱）的缝隙，并不断与抱有敌意的黑人作战。一路上食品匮乏，但他们转过约克角半岛时仍然活着，这是澳大利亚的最北端，这时，他们发现来到了阿拉弗拉海，离安恒地五百英里海路（沿途都有健壮的食人生番，划着用垫子做帆的独木舟追击），浩浩荡荡，一马平"洋"，再过五百英里，就是帝汶了。他们6 月 5 日抵达帝汶的古邦，然后向当地荷兰总督自称是澳大利亚海岸失事轮船的生还者。他们换上一身新衣，肚子吃得饱饱的，就安居下来，等着搭船回英格兰。但两个月后，根据马丁的叙述，布莱恩不知为什么，也不解释，就把真话告诉了荷兰总督。也许他喝醉了酒：

> 威廉·布莱恩跟老婆说了什么话，就去投案自首，告了他老婆和孩子，以及我们大家，结果我们立刻被当成俘虏关进城堡，遭到

了严密的审查。

　　总督现在把他们拘押起来。9 月中旬，又有一些轮船失事的英国人从海里冒出来，在古邦出现：其中就有爱德华·爱德华兹船长，他一直在"潘多拉号"护卫舰上追击"邦蒂号"的哗变者。他在塔希提抓住了其中几人，但在新几内亚以南触礁失事。他和一百二十名生还者乘坐舰载艇、长艇和两艘水雷艇，逃离失事地点，一路穿过阿拉弗拉海来到帝汶。这时，爱德华兹把布莱恩夫妇及其同志抓了当俘虏，缚以镣铐，押上荷兰东印度公司的"伦邦号"，运到巴达维亚。在那个恶臭熏天的港市，就在 1791 年圣诞节前，威廉·布莱恩和他的小儿子伊曼纽尔都死于热病。

　　生还者被一船运到了开普敦，其中三名在海上死去。在开普敦，玛丽·布莱恩、她女儿和剩下的四名流犯——詹姆斯·马丁、威廉·艾伦、詹姆斯·布朗和纳撒尼尔·卢卡斯——都被押上"果尔贡号"，这是一艘战舰，当时正载着海军陆战支队（刚由新成立的新南威尔士军团所取代）从澳大利亚回伦敦。马丁写道："所有的海军陆战队军官都和我们熟识，他们都很高兴，我们没有死在海上。"他并没有夸大其词，这从皇家海军陆战队沃特金·坦奇船长说的一番话中可以看出。他在第一舰队出海航程中，早就认识布莱恩夫妇和马丁（"一向行为规矩，表现突出"），而现在，当他看到他们出现在"果尔贡号"上，对他们的敬重之情油然而生。他写道："我承认，每每看到这些人，我就无法不感到怜悯和惊奇。他们虽然经受了所有的磨难，克服了种种困难，但英勇争取自由的努力终致流产……我想到这一点就无法不感到钦佩。境遇如此奇特，竟让我们大家又走到一起来了，这真是让人无法预见，百思不得其解。"[8]

　　玛丽·布莱恩的磨难尚未结束。5 月 5 日，她三岁的女儿夏洛特死了，被葬于大海。她抵达伦敦后，作为逃跑重犯，被关进纽盖特，唯一的前景就是乘坐另一艘流犯船，再度戴上脚镣手铐，重返植物湾。但玛丽·布莱恩很快就又交上了朋友。人们传言说，"来自植物湾的女孩"是个不屈不挠的奇人，她克服了女性先天的弱点，进行了这次史诗性的航程，见过了食人生番、珊瑚礁、热病肆虐的小岛和海浪似山的大海，从海图的边缘，回到了英格兰和文明的怀抱。一个公正的政府总不会把这样一个丧子失亲的女英雄和她的同伴又都送回那座窃贼殖民地吧？至少詹姆斯·博斯威尔是这么想的。这位好心的作家写信敦促内政大臣丹达斯和次长埃文·内皮恩，请求赦免她。1793 年 5 月，玛丽·布莱恩得到无条件赦免。博斯威尔替她解决了一笔十英镑的年金，于是她就回到了康沃尔。1793 年 11 月，她的四个同伴也获赦免，其中一位出人意料地迅速参军，加入了新南威尔士军团，重新扬帆远航，去了植物湾。⁹

　　博斯威尔对玛丽·布莱恩太感兴趣了。他的几个朋友习惯了他这种色眯眯地一头扎进低等阶级的做法，便开玩笑说，植物湾又给他带来了一个新情妇。其中一位朋友叫威廉·帕森斯，写了一首诗，题为《康沃尔的玛丽·布罗德写给伦敦的博斯威尔大人的一封史诗的信》。诗中，玛丽在康沃尔的新流放地一蹶不振，渴望见到奥金莱克的阿波罗：

> 难道我穿越咆哮的大海，
> 奋力划桨，不远万里，就是为这而来？
> 唉，我还不如待在原地，心甘情愿，
> 在悲惨的植物湾，忍受饥饿和哀怨，
> 我还不如在大西洋的潮水中淹没，
> 还不如死后回家，只是空中一粒粉末！

　　恰恰相反，她做梦也想与博斯威尔团聚，在最终的极乐狂喜中，也就是在泰伯恩的绞刑架上达到 liebestod①——对她来说是一种新的刺激，甚至对他来说也是如此：

---

① 德语，爱之死。

> 此生伟大，此死同样光荣，
>
> 拥抱与被拥，我们命运与共。
>
> 幸福的一对，极度的幸福，
>
> 爱情维系如一，死亡如一维系！
>
> 让观众以柔情观看，
>
> 最后的痛苦，真情高不可攀！
>
> 让我们的体重，压垮颤抖的绞刑架，
>
> 迎来完美的结合，在空中出神入化。[10]

　　尽管朋友以优雅的文笔表现了好色的情思，但现在并无证据表明，博斯威尔对玛丽·布莱恩（她回到康沃尔之后，就从报纸和历史中消隐而去）的兴趣除了同情心外，还有别的因素。她留给他的唯一信物（除了几张年金收据之外），是一包已经干枯了的澳大利亚"甜茶"叶，她不顾艰难险阻，始终留着这东西，作为珍品送给了他。这包东西现在耶鲁大学档案馆，距植物湾十分遥远。

ii

　　布莱恩夫妇从悉尼逃走之后，那儿不得不加强安保措施。1791年4月，柯林斯描述了新的布置：在悉尼湾的每座码头，每夜都有哨兵值班。没有卫兵军官直接发话，任何船只不得离港。所有人员，无论流犯，还是自由民，如果没有文字记录的名单，都不得在太阳落山之后使用渔船。悉尼港就是这个小小的警察国家的大门，非把它锁起来不可。最开始，往来船只很少，做到这一点并不难。随着交通流量加大，漏洞也大了起来。布莱恩夫妇的逃亡，让有心逃跑者产生了新的信心。亨特嘟囔道："英格兰（对他们）表现出的宽容和同情，现在恐怕起了一定作用，鼓励人们做出同样的努力。如果能把那些人送回来，在本国审判偷船罪……就不可能再有人敢做那种计划了。"[11]

从楠塔基特和萨格港出来的美国捕鲸船船长，根本不在乎英国监禁政策，他们的船上需要新手，就让流犯揩油上船。有些英国流犯船在回程途中，摇身一变，成了贸易船，也会让流犯搭船——流犯船"希尔斯伯勒号"1799 年准备离开悉尼时，从船上清除的逃犯不少于三十人。就连法国船长尼古拉斯·鲍丁 1802 年至 1803 年间绘制澳大利亚南海岸的海图时，也在船上发现八名揩油流犯乘客。他在巴斯海峡的国王岛把他们撂下，对他们的幸存不抱多大希望。[12]

流犯和海员之间有着天然的同情，因为有些暴虐的船长对水手的态度比对囚犯好不了多少。船员有时会把囚犯藏在连军官都不知道的船缝里。一艘船离开悉尼或霍巴特之前，警员就会遍布轮船，又是敲木桶，又是用刺刀戳包裹。岸边观看的人可以看见，船舷和通风口白烟滚滚，这是一个标志，说明点燃了硫黄弹，要把藏起来的人从躲藏处熏出来，就像把兔子从养兔场往外熏一样。1814 年，人们对"斯宾塞伯爵号"贸易船进行搜查之后，找到了二十八个逃犯，有的藏在面粉桶和奶酪桶里，一个人在帆缆库里，身上裹着一条备用的船首三角帆。当有人发现发自悉尼的"哈利耶特号"商船把十六个逃跑的流犯带到了开普敦——尽管该船 1817 年 12 月开航之前曾经过"仔细搜查"——拉合兰·麦夸里总督就对巴瑟斯特勋爵抱怨道：

> 水手跟流犯联手，纵容他们在船上藏匿，很少有船离开本港而不以这种方式装载几名男女囚犯。如果这样，就不大可能找到逃犯……在殖民地服刑时间最短的流犯，往往就是最想逃跑的人。[13]

1826 年，一份致范迪门斯地副总督乔治·亚瑟的备忘录概述了霍巴特存在的一些安全问题。从事巴斯海峡海豹生意的人主要是逃犯，他们为澳洲本土的商人打工，其中大多数商人本就是"盈满释痼者"。亚瑟在信中悲叹：

> 囚犯很容易就坐捕海豹的船只和小船逃离殖民地……他们很快就在海峡找到工作，分享掳掠的物品，最后跑到新西兰，或者其他遥远的国家。[14]

亚瑟采取了严密的港口措施，以钳制霍巴特，让人感到连一只老鼠都无法通过。德文河的所有船只都得有军官二十四小时值班，否则就要面临自动罚款或严厉罚款。凡是离港船只，都要进行"搜查和烟熏"——用硫黄把躲藏的逃犯熏出来。每船只要查出一个流犯，每个军官和船员都要扣掉一个月的工资，必须由船长在开船之前付清。告密者可以豁免，不受此限。如果船上发现一个流犯，告密者就可得到船员罚金的一半，另一半归搜查队。因为以这种方式告密——并最终得到船上同伴的工资——的人，在船离开当特尔卡斯托海峡之后，可能会面临一段极短又极不愉快的生活，亚瑟又规定，告密者"如果提出要求，可以调离该船"，除非实际上是他本人把逃犯请上船的。[15]

霍巴特到了 1820 年，已成为捕鲸和捕海豹的主要港口，悉尼则是岛屿贸易在整个南太平洋的主要港口，贸易物品是檀香木、贝壳、海参和新西兰圆木。这两个地方不得不既充当监狱，又充当停靠港——互相矛盾，很不协调。大多数因犯借船逃跑，不过是以一种形式的囚禁，换来了另一种形式。这种安排对轮船主人来说很不错，因为一旦流犯上了船，就不可能回到陆地——反正不会回到新南威尔士或范迪门斯地——否则就有被判绞刑之虞。他等于被"上海"① 了，夹在前甲板和剥皮刀的狭小空间里，没有任何浪漫情调可言。不过，这还是比拴在一起的"铁链帮"好。到了 19 世纪 30 年代，从新西兰的岛屿湾（货真价实的逃犯集聚地）到澳大利亚西海岸的洛切切群岛，南方的诸海湾和避难地到处都是面貌可憎的由流犯组成的小社区和家长制小集团。

在其他贸易船舶上，流犯则走得更远。檀香木贸易使太平洋中部地

---

① 英文是 shanghai，作为动词时意为"拐骗、诱拐、劫掠到船上服苦役"等。

区遍布逃跑的流犯。1812 年和 1816 年间，有较短的一个时期，美国船只因英美战争而被堵在太平洋地区之外。这就使得悉尼的商人如威廉·坎贝尔和西米翁·洛德几乎垄断了檀香木的采割，这种散发出甜香的贵重木料在中国人那儿有极大的市场。檀香木生长在太平洋中部的岛屿上，特别是在马克萨斯群岛和土阿莫土群岛。1811 年和 1821 年间，发自悉尼的殖民地贸易船只，如坎贝尔名字起得很有外交手腕的"麦夸里总督号"，都会把马克萨斯群岛收获的檀香木总产量的四分之一带回来。在这些岛上，这种檀香木与其说是被采集，不如说是被劫掠。如果船长用来交换檀香木的贸易物品用完了，就会从一岛把东西偷来，卖给另一岛。"夏洛特女王号"的船长约翰·马丁 1815 年就是这么干的，他从塔瓦塔把独木舟偷来，拿到努库希瓦去卖。

没有法律能够约束这些船长，而且，也只有他们的暴力（抽鞭子；用板条抵牢舱口，不许出来；使用鸭脚手枪，其多头枪管发射起来，子弹呈扇形铺开，冲着升降扶梯打下去，不把哗变者打个稀巴烂才怪）才能遏制手下的船员。他们为所有想逃跑的流犯在船上留个地方，但旅途全是单程：出悉尼三千英里，就会把这些逃犯扔到岸上，由他们自谋生路，在岸边乞食为生。有时候，某一船长发现流犯上船，会真的大吃一惊。太平洋贸易船"奋进号"的船长托马斯·哈蒙德不知道船上有五个逃跑流犯，直到去新西兰的路上，这些人眨巴着眼睛，从"二层甲板"的洞里冒出头来。他想要他们在那儿上岸，但岛屿湾的地方法官拒绝让他们登陆，除非哈蒙德给他们留下六个月的给养。于是，他继续前行，把这几个流犯像垃圾一样倾倒在马克萨斯群岛希瓦瓦岛的海滩上。[16]

如今已不知道，究竟有多少逃跑流犯最后在檀香木群岛成了海岸乞食儿。他们之中一定有成百上千的人散布在太平洋的遥远地区。"他们在新社会是陌生人，在旧社会则是让人丢脸的人"，为破坏岛屿文化，贡献了他们自己的暴力，以及经流放制度孵化和硬化的机会主义。到了 1850 年，太平洋没有一个地方提到植物湾的名字时，不散发出一股感染的酸腐臭气——那是英格兰的气息，在双重流放中腐朽发烂。

流犯想偷船，而不是躲藏在别人的船上，难度则要大得多，但这并不妨碍一些人冒险一试。大多数想通过偷船或偷造船而从澳大利亚逃走的努力最后都归于失败。布莱恩夫妇的逃跑之所以成为传奇，是因为它独一无二。最典型的一例是 1790 年 9 月，五个被判终身流放者从第二舰队的一次逃跑。他们从玫瑰山偷了一条"盘特"①，撑着篙子，顺着帕拉玛塔河而下，来到悉尼海港，然后从南头的瞭望站偷了一条"很小很弱"的"斯基夫"②，带着一周的食物、三只铁罐、一捆床褥，没带指南针，就向塔希提进发。很自然，他们连一丝踪迹都没有留下。有一个人在 1800 年前后曾孤注一掷，想摆脱福沃少校对诺福克岛万恶不赦的统治，偷了一扇门，在门上钻了两个伸腿的洞，然后踩着水，游到金斯顿礁岩，希望能漂流一千英里，来到澳大利亚大陆。流犯悄悄地用青绿的尤加利树建造"斯基夫"，但这种船一碰水就开底，随即沉没。他们冒着被人用九尾鞭打得皮开肉绽的危险，把宝贵的铁钉藏在嘴里、腋下和屁眼里。他们偷来细绳和针，用袋鼠皮缝制科拉科尔小圆舟。《流放者的怨诉》一书作者托马斯·库克花了好几周时间，躲在诺福克岛的丛林中，在月下与四个同谋交替进行，制作了一条小船：

> 为了制订逃跑计划，我成小时夜不成眠，一声不响地沉思冥想。只要一想到我饱受痛苦的父母，一想到再也不能和他们在这个世界见面，就打消了乘坐危险的小船（没有海图，也没有指南针，在深深的大海上，长时间危险航行）的念头……我运气不佳，失去自由，来到这样一个无比折磨、无比罪恶的地方，而现在，自由是福，自由甜蜜，在我面前呈现出全部的光辉。我亲爱的人现在都在我梦中出现，看到我后欢乐至极。哎呀呀！我的算计多有先见之明！我想出了一个造船的方法，而先前却不知道。[17]

① 英文是 punt，指方头平底船，太烦琐，故音译。
② 英文是 skiff，指单人小艇，音译之。

优雅的乔治时代的另一面，如威廉·霍加斯所见。上图：吊儿郎当的学徒难逃绞死的厄运，在死囚押送车里悔罪，暴民汹涌而上，围住了泰伯恩的树（1749 年）。下图：无产阶级因喝酒有瘾而被毁；画名为《杜松子酒小巷》（1750—1751）。（贝特曼档案）

左页上图：乔治时代讽刺画家眼中，流犯于18世纪90年代离开的景象，两个衣着花哨的小伙子跟弃妇告别，一名军官面色铁青地指着正在锚地等待的"植物湾船"。佚名，画名是《告别黑眼睛苏珊和普利茅斯的波尔》。（堪培拉澳大利亚国立图书馆）

左页下图：托马斯·罗兰森，《流犯登船去植物湾》。背景中是流放的替代品——一座绞刑架，上面吊着戴镣铐的重犯。（堪培拉澳大利亚国立图书馆）

右页上图：作为惩罚，在海事工程上服公共劳役——囚船囚犯1777年在伍尔维奇的泰晤士河上干活。左边是人体肌肉驱动的挖泥船在清理河底，在前景中，流犯在劳动，建造一座防波堤，他们的囚船锚泊在中流。（堪培拉澳大利亚国立图书馆）

右页中图：亚瑟·菲利普船长，澳大利亚国父，第一舰队的总司令，新南威尔士总督，手里拿着新殖民地拟建要塞的草图。肖像绘制者为弗朗西斯·惠特利，1787年。（悉尼米切尔图书馆及迪克逊藏品）

右页下图：处于婴儿期的殖民地理想化的寓言——《在安宁的影响下，希望鼓励艺术和劳动》。用悉尼湾黏土所制作的奖章，制作者为乔舒亚·威基伍德。（悉尼米切尔图书馆及迪克逊藏品）

第一舰队旗舰"天狼星号"与供应船"供应号"在悉尼港锚泊——让殖民者感到绝望的是，该船在一千英里开外的诺福克岛触礁。水彩画，画家乔治·瑞珀（1768？—1797），他是"天狼星号"上的海军少尉之候补军官。(伦敦英国自然历史博物馆)

一座城市的胚胎状态，在欧洲人抵达之后，其兵营和房屋均由流犯劳工在四分之一世纪中建造。约翰·埃尔，《1812年从本奈朗角西边看去……悉尼镇东北风景》。（悉尼米切尔图书馆及迪克逊藏品）

冲突开始在海港海岸的黑人和白人之间展开，艾奥纳部洛人准备用矛刺杀流犯。（伦敦英国自然历史博物馆）

崇高的野人：在库克远征队和植物湾土著第一次接触的那一刻，两名勇士反对他们登陆。约瑟夫·班克斯的科学队伍中，植物画家以古色古香的雕像形式，纪念了两名土著。T. 钱伯斯根据悉尼·帕金森所作，《新荷兰的两名土著向前战斗》（1773）。（悉尼米切尔图书馆及迪克逊藏品）

欧洲人眼中关于土著的进一步发展。

上图：作为家居野人的"野蛮的新荷兰人"，粗野的家庭风俗，由苏格兰流犯艺术家所绘。托马斯·瓦特林，《杰克逊港北岸的一组人》（约 1794年）。（伦敦英国自然历史博物馆）

下图：白人又占领二十五年后，滑稽的野人。R. 布朗，《长杰克》（1819）。（悉尼米切尔图书馆及迪克逊藏品）

左页上图：流犯艺术家眼中诺福克岛上的山峦。请注意山上的很多树桩。诺福克岛上的原始松林到了第一次拓居的末期，就已经在消失了。约翰·埃尔，《诺福克岛昆士巴拉的风景》（约 1812 年）。（悉尼米切尔图书馆及迪克逊藏品）

左页下图：诺福克岛金斯顿的监狱中心，到了 19 世纪 70 年代就已衰落，所取视角是电报山一侧。可以看到，五角监狱的遗址在该区的安全墙内。（堪培拉澳大利亚国立图书馆）

右页上图：福沃少校的囚犯对 19 世纪头十年诺福克岛上的管教记忆犹新。《鞭笞查尔斯·马厄》，水彩画，原载罗伯特·琼斯的《回忆录》。"鞭笞查尔斯·马厄之后，几乎导致一场哗变发生。他的脊梁上已经没有多少皮肉。可怜的家伙，他挨了两百五十鞭，打到两百鞭时，金伯利拒绝计数，也就是说，惩罚已经够了。"（悉尼米切尔图书馆及迪克逊藏品）

右页下图：范迪门斯地德文河边霍巴特镇的初期，惠灵顿山耸立其后。铅笔素描，可能由测量员乔治·普里多·哈里斯所绘，1804年。（堪培拉澳大利亚国立图书馆。勒克斯·南·基韦尔藏品。）

"囚船排成纵列，锚泊在起伏的灰色水面上，船头冲着船尾，是被大海隔开的罪犯集聚地。"囚船——用作监狱的退役军舰——是流放制度早期流犯管理不可或缺的一个部分。

上图：路易·加尔内里，《朴次茅斯海港的囚船》（约 1820 年）。

右页下图：G. 库克（依照 S. 普劳特），《德特福德的流犯囚船》（1826）。（堪培拉澳大利亚国立图书馆。勒克斯·南·基韦尔藏品。）

反抗和逃跑。

上图：爱尔兰人1804年在帕拉玛塔附近的卡斯尔山起义，由一位佚名的艺术家记录。起义领袖大叫："少校，不自由，不如死！"率领"植物湾漫游人"的约翰斯顿少校回答说："你这混蛋，我来让你自由吧！"（堪培拉澳大利亚国立图书馆）

下图："鞭子牧师"，即塞缪尔·马斯登，福音派牧师、传教士、饲羊人，鞭打爱尔兰流犯决不手软。（悉尼米切尔图书馆及迪克逊藏品）

The convicts Popjoy and Morgan building the coracle which they used to obtain rescue for the castaways. Lieut. Carew (lamenting) with wife and children. From the wood cut by the artist convict Wm. B. Gould, printed in The Hobart Town Courier, 26, Sept., 1829.

上图:"塞浦路斯号""布里格"上的幸存者。木刻,由流犯艺术家威廉·古尔德所绘,1829 年印刷。从中可看到,卡鲁上尉在麦夸里海港充满敌意的海滩上哀怨不已,与此同时,两个忠心耿耿的流犯波普乔伊和摩根在卡鲁太太的帮助下,制作了一条科拉科尔小圆舟求生。(悉尼米切尔图书馆及迪克逊藏品)

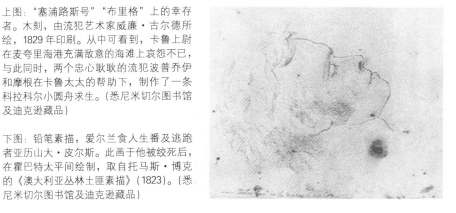

下图:铅笔素描,爱尔兰食人生番及逃跑者亚历山大·皮尔斯。此画于他被绞死后,在霍巴特太平间绘制,取自托马斯·博克的《澳大利亚丛林土匪素描》(1823)。(悉尼米切尔图书馆及迪克逊藏品)

左页上图：詹姆斯·泰勒，《杰克逊港和悉尼镇的入口》，1821年。请注意，流犯队伍在左边开采砂石，新南威尔士军团的军官很休闲地在前景中，还有一头温驯的袋鼠。(悉尼米切尔图书馆及迪克逊藏品)

左页左下图：伟大的扰乱分子和爱国主义者头领约翰·麦克阿瑟，新南威尔士军团的军官，他创建了一个田园王朝，还是"排外分子"领袖。

左页右下图：拉合兰·麦夸里总督 (1762—1824)，这位老兵从1810年到1821年，一直统治着新南威尔士，努力让"盈满释痞者"进入殖民地的权力结构中。(悉尼米切尔图书馆及迪克逊藏品)

右页下图：乔治时代的建筑风格来到了悉尼——麦夸里大街的医院，由麦夸里总督及其妻根据样本书设计，并通过朗姆酒资助。(悉尼米切尔图书馆及迪克逊藏品)

上图：水彩画，由奥古斯塔斯·厄尔所绘，约 1819 年。画面上，工头让两个未来的新囚犯看帕拉玛塔的新女工工厂，其设计者为麦夸里的流犯建筑师弗朗西斯·格林威。（堪培拉澳大利亚国立图书馆）

下图：第一舰队的拉尔夫·克拉克上尉和他妻子贝茨·艾丽霞·克拉克——"绝对是天使，而不是一般的女人"——的"亲爱的肖像"。她与他看守的那些"可诅咒的流犯贱女"形成理想化的鲜明对照。（悉尼米切尔图书馆及迪克逊藏品）

但那条"斯基夫"快做好时被人发现，接着就被毁掉了。这类工程是不可能保密的，尤其在狭小的诺福克岛。

虽然并不经常，但有时候一组流犯会设法劫掠一艘尺寸齐全的大船。1797 年，悉尼造的一艘"坎伯兰号""斯迈克"① 被一支由爱尔兰流犯组成的船员队伍劫掠到手，他们当时正在常规运货途中，要把货从悉尼送到霍克斯伯里河。据亨特总督说，该船是"殖民地最大、最好的船"。这条船往北去后，从此就再没人见到过了，尽管亨特派了一条划艇，满载荷枪实弹的士兵，风风火火地追赶了六十英里。[18]

1808 年 5 月一个礼拜天的深夜，就在太平洋贸易商——船主威廉·坎贝尔的窗子底下，"哈林顿号""布里格"正安安静静地锚泊在悉尼海港的农场湾，这时，"一队亡命之徒"——约有五十个流犯——乘着小船，一声不响地来到船边，越过栏杆，蜂拥而上。船上大副醒来一看，闹事首领罗伯特·斯图亚特的手枪枪筒正对着他。其他流犯偷上前去，扳住船员的手臂。他们把锚链割断，用划艇把船拖过海港，拖到头地。黎明时分，他们已经出海，走得很远了。斯图亚特把军官和船员轰下船，赶进小船里。这些人花了八小时，才把船划回悉尼。此时，"哈林顿号"已经越过了地平线。原本以为再也不会见到他们了——因为该船刚刚补足给养，可一直航行到斐济——但三个月后，船在中国南海触礁，被前去马尼拉的英国"凤凰号"护卫舰截获。罗伯特·斯图亚特和其他闹事头领被一船送回悉尼绞死了。[19]

尽管自由民广泛相信，抢劫船只的流犯一般都会对不幸的船员和乘客施以狂热的报复行为，但逃犯一般还是表现出怜悯之情，比较克制。1826 年，"惠灵顿号""布里格"被六十六名流犯劫持，被要求驶往诺福克岛。他们并没杀人，把船弄到手后，还很热心地对待一些吃了苦头的卫兵，治疗他们的皮肉伤、割破的口子和擦伤。流犯把航线定为新西兰后，组成了一个"七人委员会"，维持船上秩序，凡是试图野蛮对待前

---

① 英文是 smack，指单桅小帆船，太烦琐，故音译。

卫兵、给逃跑事件抹黑的哗变者，都要进行特别惩罚，重新戴上镣铐，到新西兰后就扔在岸上，"而不让其跟我们继续前行，抵达最终目的地"。有一个流犯实际上被判有罪，"他试图反叛哗变"，敦促牢友报复，结果判罚日日夜夜戴着镣铐站甲板，走完去新西兰剩余的路程。"惠灵顿号"的新船主留下了日志，记录了这些让人肃然起敬的过程，其中有些内容看起来很舒服，几乎有点家常气氛：

> 今天是圣诞节，我们发现，目前政府的唯一缺陷就是，没有给我们供应李子。于是发布了一条命令，船上如有人拥有李子，必须全部交出来供大家享用。李子找来了，杀了四头鹅，还有三头羊，这一天过得很舒服，很适度地享用了一点杜松子酒和白兰地。[20]

"惠灵顿号"及其船上逃跑者的情况，在新西兰一位捕鲸人的笔下也有反映，其日志在他们受审时讲了他们的好话。他们宽宏大量的举动被披露——并经该船卫兵和船员证实——后，公众对他们的同情心高涨。被判绞刑的二十三人中，只有五人实际上遭到行刑。

1828 年劫持"塞浦路斯号""布里格"的囚犯运气稍差，尽管他们的逃跑跟布莱恩夫妇一样，在流犯传说中也很有名。到了 19 世纪 30 年代早期，他们成了一首《背叛之歌》——被禁的流犯谣曲——中的主题。"塞浦路斯号"上的人因"蕞尔小罪"而在范迪门斯地重新定罪，从霍巴特押解到麦夸里海港的充军站，"那个专制暴政之地"：

> 我们沿霍巴特镇大街聚集，一起登上"塞浦路斯号"船，
> 把顶帆高高升起，伙计们，拉起我们的锚链。
> 风向西北偏北，我们立刻起航，
> 一直开到锚地，那儿叫洛切切湾。

该歌的内容在各个要点上与事实并不相符。三十一个乘坐"塞浦路

斯号"去麦夸里海港的流犯中，大多数都不是犯的小罪，而是犯了杀头大罪，只是后来得到减刑而已。他们之中最勇猛无畏的是以前当过水手的威廉·斯瓦罗。斯瓦罗是个道地的魔术师。1810 年，他在杰克逊港截获了一条"斯古纳"①，之后被押解到范迪门斯地，作为二次惩罚。押解他去那儿的那条船是"德佛龙号"，被一场风暴打击得不能动弹，斯瓦罗"说自己的生命意义不大"，就自愿爬上桅杆，砍掉纠缠成一堆、在风中噼啪作响的破圆木和帆缆。"德佛龙号"船上的水手似乎感激不尽，感谢他英勇地拯救了这条船，所以，斯瓦罗一在霍巴特登陆，他们就把他偷偷地送回船上。他就这样逃走了，一路往西，越过大海，逃到里约热内卢，但在那儿又被英国当局抓获。他又一次逃脱，揩油搭乘了一艘去伦敦的船。但他终于在伦敦被人认出，被捕，然后一船递解，送回范迪门斯地。正是这个男子汉，与他的囚友一起，"禁锢在阴惨凄凉的洞中"，趁着"塞浦路斯号"正在范迪门斯地南端附近锚泊之时，决定采取最后一次行动：

> 去夺取那条"布里格"，否则，一个人都别想活。
> 一旦同意了这个计划，大家很快就上床休息，
> 第二天一大早，伙计，我们就身手一试。
>
> 大胆的杰克·姆尔迪门一步上前，三个同志尾随其后——
> 很快就解除了哨兵的武装，把他打得鲜血淋漓：
> "自由啊，自由！我们就要自由——
> "缴械投降吧，伙计，否则就让大海做你的坟墓！"

经过一阵冲锋、打斗、射击之后，流犯制服了卫兵，把船弄到了手。他们把大副卡鲁中尉跟他老婆、士兵和十三名没有参加哗变的流犯

---

① 英文是 schooner，指纵帆船，音译之。

一起押在船舷边。"塞浦路斯号"满载着送往麦夸里港的物品，足够四百人用六个月，但流犯还是给了四十五名幸存者定量，尽管比较吝啬——一头活羊、一些咸牛肉、一袋饼干和三十磅面粉，没给武器，也没给船：

> 我们先让士兵上岸，接着让船长和船员离开，
>
> 我们三呼自由，很快就跟他们"拜拜"。
>
> 我们选举威廉·斯瓦罗做了司令官——
>
> 我们三呼自由，勇敢地起航起碇。
>
> 吹响金色的号角，伙计们，吹起欢乐的音调！
>
> "塞浦路斯号"驶向大海，伙计们，乘风破浪的样子多好！

经过很长一段时间的痛苦折磨，顶风冒雨，挨饥受饿，赖以为生的是每天吃一把生贻贝和小半块饼干，卡鲁上尉这些被世界抛弃的人最终还是回到了霍巴特。要不是一个名叫波普乔伊的流犯，他们可能还回不来，因为他用金合欢花的树枝，做了一条长达十二英尺的科拉科尔小圆舟。外面包上吊床用帆布（由卡鲁太太缝合起来，因她有一根针），然后用肥皂和树脂做了防水处理。波普乔伊和卡鲁划着这条弱不禁风、形如贝壳的小船，走了二十英里，才到鹬鸪岛，在那儿有一条路过的船把他们搭救了。①

与此同时，"塞浦路斯号"和盗船人已经走得很远。斯瓦罗把航向对准塔希提，然后北行，转向日本。他们于1829年的某个时候在日本登陆。流犯中有七个在那儿跳船逃跑。几个月后，斯瓦罗和三个伙伴划着一条"斯基夫"，出现在中国的贸易港黄埔港外。他们已经抛弃了"塞浦路斯号"。斯瓦罗向广州的官员自称是"爱德华号"的瓦尔德龙船

---

① "塞浦路斯号"生还者的获救和波普乔伊制作科拉科尔小圆舟的情况，已由马库斯·克拉克改编，写入其长篇小说《无期徒刑》。——原注

长，该船在海上被日本人放火烧掉后沉没。就这样，斯瓦罗和他的几个伙伴得以蒙混过关，免费回到了英格兰。不幸的是，他们刚走，"塞浦路斯号"的其他生还者也都纷纷出现在广州，于是，斯瓦罗的故事开始露馅了。最后，斯瓦罗和他的伙伴在英格兰被捕，并由波普乔伊验证了身份。波普乔伊在殖民地的运气好得让人惊奇，因在洛切切湾帮助搭救了几个被遗弃者，而得到赦免并获得自由，已经回到伦敦。但是，波普乔伊坚称，是一起逃跑的人强迫斯瓦罗开船的，法庭居然也相信了他的话。因此，尽管斯瓦罗的同伴都被判处绞刑，斯瓦罗却幸免于难。他第三次被迫登上流犯船，重新踏上去澳大利亚那条漫长而又哀伤的征途。这是他的最后一次。他一抵达霍巴特，就被运到麦夸里海港——这一次，他再也逃不走了。1834 年，麦夸里海港关闭，威廉·斯瓦罗转到亚瑟港监禁殖民地，最后在那儿死于肺结核。很不幸，他从未把他的种种冒险经历写成回忆录。[21]

　　但后来倒是有个逃犯把自己的经历写下来了。此人就是詹姆斯·波特，一个二十六岁的伦敦人，他帮助他的流犯同伴——其中还有以前当过水手的人——把"弗雷德里克号""布里格"劫持。这是 1833 年麦夸里海港的拓居地就要弃置不用时，他们在船台为政府修造的一条船。这很让人难为情，尤其是因为该船以副总督亚瑟的七个儿子之一命名。他们把卫兵和船员扔到岸上（所有的人都幸存下来），以引人注目的技巧和勇气，跨越太平洋，来到了智利的海岸，在那儿弃船之后，坐上了一条长艇。他们抵达瓦尔迪维亚后，就去找该地的智利总督，但总督认定他们都是海盗，而不是轮船遇难生还的清白无辜的水手，扬言要把他们统统枪毙掉。波特以一番动人的言辞解救了众人（多年后，他本人把这番话记录下来）：

　　　　住口！我们都是水手，轮船已经遇险，我们陷于危难，只是一
　　　心期望，抵岸之后，能受到基督教徒一样的款待，而不是被当作狗
　　　一样对待！1818 年，英国水兵为你们的独立而战，为了你们反西班

牙鬼子的事业而流血，难道当时你会这样对待我们？如果我们真是海盗，你以为我们会如此软弱，瑟瑟缩缩，任你蛮横霸道不成？当然不会！我还希望你明白，如果你枪毙我们，英格兰也会知道，肯定会为我们报仇的……如果你们威胁不说，还敢来真的，那我们就要让你们的爱国者看看，我们是怎么死的。[22]

总督被他这番虚张声势的慷慨陈词给镇住了，就让人不要骚扰他们，并令圣地亚哥的长官给他们颁发居留证。波特和同伴这时在智利的窈窕淑女和带刀汉子中间，过起了传奇式的流浪汉生活。但总督很快就被撤换更替，其继任者——很怀疑波特和船友事实上都是逃跑的流犯——向一艘路过的英国皇家海军的"布隆德号"护卫舰发出了警报。于是他们又被抓了起来，先送回英格兰，然后乘坐第二条流犯船，回到范迪门斯地。在这次令人厌倦的南行途中，波特以前的两个船友查尔斯·里昂和威廉·切希尔无中生有，谴责他想哗变，因为他们想在船长面前邀宠，以避免因海盗罪而被判绞刑，结果却在霍巴特被人认出，这似乎也是在劫难逃。他叙述道：

> 我知道自己清白无辜，站在那儿，几乎呆若木鸡。我被士兵和海员抓了起来，拴在格栅上用鞭子抽打（直打得全身上下凡是挨鞭抽的地方，都血流如注），一个粗笨的黑人把我按在栏杆上鞭打，抽遍了我的全身，打得我最后头垂在胸上不能动弹。我也没法说清抽了多少鞭，因为我不想让他们觉得我好像害怕而得意忘形，就听任自己自然而然、筋疲力尽地垮掉好了。

接着，他和他的伙伴威廉·夏尔斯被人用铁链拴在甲板下面，身上流着鲜血，皮肤受了感染，双手铐在背后，在大气汤汤的老鼠洞里，在接下去的三周内，饮水和食物的定量只有平时的四分之一，直到他们"看上去就像解剖用人体（即骷髅），而不像活人"。波特写道："我只求一死。"但他一恢复，膀子能够活动了，就在一页偷来的纸上写了一首滥情的诗：

地面没有一线希望，
流放者心中极度荒凉。
悲哀无限，镣铐纠缠，
没有朋友释怀相伴。

一出生就好像要哀叹一世，
命运悲惨，非我本意。
人世已遗忘，朋友亦走远，
我心痛矣，仿佛撕作两半。

鸟类丰满，羽翼灿烂，
喉音响亮，嘈杂不满。
从水花到水花，自由地飞翔，
可怜的弃儿，我只能观望。

告别了，姐妹，告别了，年迈的婶婶，
我生命的沙漏不久就将消沉。
静静地，为我抛洒泪滴，
为你们不幸流放，久别而不重逢的儿子。

别再跳动了，我痛苦的心房，
幸福早就远走他乡。
快点，快点，遁入寒冷之地，
在地下与死神融合在一起。

致命的海滩：澳大利亚流犯流放史（1787—1868）

但波特一时半会儿还死不了。他走完了整个旅程，于1837年3月在霍巴特登陆，马上就被人认出是"弗雷德里克号"船上的一个海盗。审判之后，他被定为海盗罪，尽管他的辩护词别出心裁：政府并没有正式启用该船——"只有帆布、缆索、船板和木钉"——因此该船没有合法地位，劫持该船只能算作偷盗行为，而不是海盗行径。他很幸运，"嗜血成性的亚瑟"早在五个月前就已离开范迪门斯地。"如果殖民地现在不是由很有人情味的约翰·富兰克林来治理，我肯定活不了，也就写不了这篇小小的记叙文了。"所以，波特和夏尔斯没被绞死。他们最后去了诺福克岛，在那儿，波特得以在一片好心的亚历山大·马柯诺奇眼皮底下，写出他的回忆录。

这是最后一批从麦夸里海港逃跑的人，但他们绝对不是第一批。从副总督索热尔在范迪门斯地与世隔绝的西海岸，建立第一座令人恐惧的监狱拓居地的1821年起，流犯就一直在试图逃跑，大多是徒步逃跑。1822年和1823年，有十分之一的人消失不见。1824年，这个比例几乎上涨到七分之一。这些人都去了内地，他们试图抵达东面已经有人拓居并有人进行农耕的地区，其中大多数人都死掉了。在麦夸里海港拓居的头六年里，逃跑者人数可拟就一份长长的清单，只有八人附有简短留言，如"据报告，已经抵达本岛垦殖地区：尚需确认"。其余则都是官方灰暗的冗文赘词，不时为阴郁的幽默火星所打断。蒂莫西·克劳利、理查德·莫里斯、约翰·牛顿，1824年6月2日："抢了士兵一条船、给养、武器等。估计在越过内地时消隐。后来发现该船泊在一株树桩旁边，上面用粉笔写了两个字'代售'。"但通常的安魂曲则是："估计在林中消隐。"[23]

只有一个人从麦夸里海港逃跑了两次。他名叫亚历山大·皮尔斯（1790—1824），一个来自莫纳亨郡的爱尔兰人，小个头，麻子脸，蓝眼睛。他1819年在阿尔马巡回审判中，因偷了六双鞋子而被判七年流放。[24]他1820年抵达范迪门斯地。作为配给仆人，他总是逃跑、盗窃、酗酒，不断给主人惹麻烦。很快，他就学会了丛林技能，一跟其他逃犯

296

跑出去，就可以"连待"三个月。就是鞭打他，他也不怕。结果，1822年，他因伪造了一张两英镑的汇票且逃跑而不提供服务，被押解到麦夸里海港。1822 年 9 月 20 日，皮尔斯在麦夸里海港的凯利盆地抢了一条无篷小船，他与一支流犯队一直在那儿的锯木坑干活。其他七个流犯跟他一起挤进了这条船中。在此之前，其中两个流犯曾偷了一条泊在德文河口的"斯古纳"，想从范迪门斯地逃走：被判终身流放的爱尔兰人马修·特拉佛斯和来自米德尔塞克斯的水手罗伯特·格林希尔。因为那次逃跑未遂事件，他们二人被押解到麦夸里海港。其他的人分别是前士兵威廉·达尔顿（伪证罪，流放到直布罗陀十四年）；拦路抢劫犯托马斯·伯登汉姆；化名比尔·科纳留斯，被判流放七年，又因试图逃跑而被重判到麦夸里海港的威廉·肯纳尔利；年轻的苏格兰面包师，被判七年流放，又因伪造十五英镑汇票，而被判到麦夸里海港的约翰·梅瑟；以及一个叫"小布朗"，教名未知，由于姓名过于普遍，而不能公布身份的人。

八个人在逃跑的肾上腺素驱策下，把船划过海港，划到岸边，用一把偷来的斧头把船底劈开，然后徒步出发了。起先，他们走得很快，穿过了岸边树林潮湿的迷宫，把斧头和微薄的口粮在身后拖着。他们在索热尔山上过了一夜，不敢生火，第二天早上便往东走，向德文河进发，准备在那儿偷一条"斯古纳"，顺流而下，经过霍巴特，进入风暴湾，然后"就往家转"，走一万四千英里去英格兰了。路线的第一部分是越过达尔文高原，靠着戈登河的北边走。[25]

尽管他们并不知道前面有什么情况，但他们面前横亘着澳大利亚最难行的一部分地区。哪怕在今天，丛林行者都不敢贸然进入麦夸里海港和内地平原之间的山峦之中：这地方重峦叠嶂，巨树参天，岩缝间树的高度可达一百英尺，手抓腐烂的树枝攀爬，踉跄地穿越纠缠不清的蕨类植物和藤蔓，人是无法走直线的。这几个流犯从黎明到黄昏，始终在滴水成珠、暗若晨昏的光线中挣扎而行，最前面由一个人击打灌木"开路"。夜里，他们像筋疲力尽的穴居人，又怕风，又怕影子，在岩缝间生起一堆火，围火而坐，尽可能睡一觉。不到一个星期，天变了，刮起大风，下起冻雨，他们储藏的一点点火种也浇个透湿。跟着，最后一点口粮也吃光了。大家饥饿寒冷，体力不支，又挣扎了两天，穿过"一片极为难走的地区……因缺乏食品而处于极差的状态"。

此时，逃犯已经七零八落，溃不成军。"小布朗……是最不能走路的。他总是掉在最后，老在叫唤，于是我们就说，他要再不跟上来，我们就把他丢在后面不管了。"[26] 没人有力气拾柴烧火。因为精疲力竭而歇斯底里，他们开始有气无力地争吵不休，互相推诿，不肯做事，结果，每个流犯为自己拢够一堆小树枝，点起了八小堆火。肯纳尔利有口无心地说了一句玩笑话。他对皮尔斯和格林希尔说："我太虚弱了，真想吃人。"

他们一整夜都在想这句话。"第二天，"皮尔斯继续讲述道：

> 我们有四个人可以大宴一餐。鲍勃·格林希尔是第一个提起这个话题的人。他还说，他以前也看人们这么做过，并说吃起来有点儿像猪肉。

约翰·梅瑟提出抗议。这无异于谋杀，他说，而且也没用，因为人肉可能咽不下去。格林希尔把他的话头压了下去：

> "我可以向你保证，"格林希尔说，"我本人第一个来做这事，吃第一口肉，但你们大家都得搭个帮手，这样，就是犯罪，人人也都有份。"于是，我们商量了先对谁下手。格林希尔说："达尔顿，因为他自愿当了鞭子手。我们先把他宰了再说吧。"

这种讲述平铺直叙，其所勾勒的画面颇似伊丽莎白时代的复仇悲剧：秘密开会讨论；举行仪式，以克服伟大的禁忌；采用文学的措辞；带有复仇的动机，有意选择鞭子手作为牺牲品。的确，这可能言过其实，因为达尔顿在麦夸里海港从来都没当过鞭子手。这篇叙事中的其他"文学性"点染也许来自最后把皮尔斯口述的故事笔录下来的抄写员。但无论如何，达尔顿还是被杀死了。凌晨三点左右，他睡得极香。

（格林希尔的斧头）对着他的脑门劈下来。这之后，他就再也没说一句话了……马修·特拉佛斯提着刀子走过来，割断了他的喉管，把他身上的血放光。然后，我们把他拖到远处，把他的衣服都割下来，掏出他的内脏，把他脑袋割掉。接着，马修·特拉佛斯和格林希尔把他的心脏和肝脏放在火上炙烤，还没有烤热就吃掉了。他们问其他人想不想吃，但他们那天晚上都不想吃。

但是，第二天早上，饥饿战胜了一切。他们已经整整四天没吃东西了。于是，他们把达尔顿的肉割成块，大致分成七份，这支队伍便又继续前行了。

小布朗越走越慢。他一瘸一拐地走着时，一定在想，他这个身体最弱的人肯定会成为下一个被吃掉的。肯纳尔利也害怕送命。因此，这两个人落在后面，一声不响地消失在工程师岭迷宫一般的森林中，希望回到麦夸里海港。其他几个人意识到，一旦他们的故事泄漏出去，"所有的人都会被判绞刑"，就想去抓他们，但最终未果。10 月 12 日，小布朗和肯纳尔利被人发现，在麦夸里海港的海滩上，奄奄一息地暴露在光天化日之下，口袋里还有数块人肉。小布朗 10 月 15 日在监狱医院死去，肯纳尔利则于四天后丧生。

现在，只剩下五个流犯。他们已经抵达富兰克林河，因为下雨，河水暴涨。他们花了两天时间试图渡河。皮尔斯、格林希尔和梅瑟首先过河，然后用一根长木杆把另外两人拽过河去。梅瑟患了痢疾，已经陷入瘫痪，其他的人"则几乎动弹不得，我们又冷又湿"。但是，他们还是挣扎着往前走，越过了欺骗岭，过后又越过了测量人岭。10 月 15 日，他们看见山下有一座开阔的山谷，可能是洛登平原。在这儿，在溪边的长草丛中，想吃新鲜食物的念头又冒了出来。这回轮到伯登汉姆送命了。他睡着后，格林希尔劈开了他的脑袋。十年后，第一个抵达洛登平原的官方探险家在这座谷地找到了人的骨头。[27]

剩下的只有四个人了。他们继续前行。大约 10 月 22 日，他们看样子抵达了西部山脉的前线。他们的面前横卧着"非常美好的乡野"，到处都是"袋鼠和鸸鹋，以及各种各样的野味"；但他们没有打猎的武器，眼看着大群羞涩的灰色有袋动物毫毛未损地蹦蹦跳跳，来来去去，那种饥饿焦心的状况，一定让人难以忍受。皮尔斯宣称："我们接着就对自己说，无论发生什么事情，要死也得死在一起。"

但格林希尔不打算跟别人一起死，梅瑟因此很害怕。他和皮尔斯走到一边。梅瑟说："皮尔斯，我们自己继续朝前走吧。一看格林希尔你就知道，他是个什么东西。如果有一天禁食，他会提前把他父亲都杀掉的。"但是，在那片开敞的长满扣子草的沼泽——那也许就是金·威廉平原——他们没法摆脱格林希尔。因为他掌握了他们留下的唯一一把斧头，没人能够杀他。大家都饿得不行，都在蹒跚而行，谁都没法比别人走得更快，就这样捆绑在一起，继续前行。大约在 10 月的最后一周（从这个时候起，皮尔斯叙述的时序越来越模糊不清了），他们在一条小溪边停了下来，生起一小堆火，准备煮最后一块伯登汉姆的肉吃，可"就是吃下这块肉，人体的各项功能也几乎不起作用了"[28]。

梅瑟吃不下他那份肉。他采摘了一些蕨类植物的根须，煮好之后，便狼吞虎咽吃了下去。

> （但）他发现，（难怪）东西在肚子里没法消化，不可能指望凡人的肚子消化这样一堆东西，结果，他把东西都吐了出来，肚子这才感到好受一点。他正从胸腔往外呕时，格林希尔又很自然地拿出他爱杀人见血的老习惯，一把抓住斧头，偷偷来到他身后，照他头上就是一击。

这一击并没打死梅瑟。他一跳而起，跟格林希尔搏斗起来，想把斧头从他手中夺过来。皮尔斯和特拉佛斯花了一段时间，才让两个人平静下来。但梅瑟厄运难逃。当晚，四个人围火扎营，"情绪极为忧郁消沉"。格林希尔和特拉佛斯是心腹朋友，打定主意接下去把梅瑟吃掉。皮尔斯也没告诉梅瑟，而是悄悄地站在他们一边。他离开火走开一点，往回看了一眼："我看见特拉佛斯和格林希尔拽住他的领口。"于是，这支队伍又开始干活了。皮尔斯没有做出任何努力，去搭救可怜的约翰·梅瑟。他此时已经做好准备，在离英格兰十分遥远的地方，像一个基督徒一样死去。

> 他们告诉梅瑟，可以给他半小时为自己祈祷，也得到了他的同意。他然后把祷告书交给我，就把头放下来。于是，格林希尔举起斧头把他杀了。我们就在这个地方待了两天。

三人继续东行，但特拉佛斯已经站不起来了。他的脚被蛇咬了一口，没法走路。他惊恐万状，生怕两个同伴会把他吃掉，就求他们丢下他——让他自己死掉——然后带着梅瑟剩下的肉，继续往前走。他的肉也许够他们维持到某个拓居点。格林希尔拒绝抛弃他。他和皮尔斯守在精神错乱的特拉佛斯身边，一直照料了五天。特拉佛斯"发着热病，一会儿清醒过来，一会儿又昏死过去……这段时间，这个可怜的人完全不睡觉，即便睡，也睡得很少"[29]。

他们半拖半扛，带着特拉佛斯又走了几天，但还是没用：

> （格林希尔和皮尔斯）开始在说，不能再把特拉佛斯留在身边了，因为他们力气已经耗尽，除非把他留下，否则就别想走到任何拓居点了……可要是把他留下，那是很愚蠢的，因为他的肉跟其他人的肉一样，也能维持生命。

特拉佛斯清醒过来，穿过疼痛的迷雾，听见他们在讲话。

> 他极度痛苦，非常动情地要求他们别再耽搁，哪怕从道义上讲，他也不可能再努力走下去了，因此试图带上他走是没有用的……特拉佛斯的忠告强化了他两个同伴的用心。[30]

他们用斧头砍死了特拉佛斯。受害者"只是痛苦地舒展了一下身子，就偃旗息鼓了"。

现在，只剩下两个人了。如果不是袋鼠，皮尔斯和格林希尔走过的这个地段倒颇似英格兰：田野起伏，青草遍地，随处可见小灌木林，一片温和而硕果累累的风景，四周全是丘陵，在初夏的光线下呈现出一片金黄色。

> 格林希尔烦了起来。他说，他绝对不想带着自己的生命到任何一座港口去。我始终强打精神，心想，我们已经走了这么远的路，不久肯定就会到达这个国家有人居住的地方。

但是，毫无疑问，他们之中的某一人或迟或早会把另一人吃掉。格林希尔手里拿着斧头，两个人走路时隔着一段固定的距离。皮尔斯停住步子，格林希尔也会停下不走。一个蹲下来，另一个也照做。睡觉是不可能的了。"我整整两个夜晚守望格林希尔，因为我在想，他比平常更多地在看我。"可以想象他们当时的情形：在南方夜晚形成的巨大无比的洞穴中，在陌生星星的飘移和冰冷的尖刺下，用尤加利树的树叶，燃着一堆小小的火焰。火光外缘的那边，丛林里响起了秘密的噪音——窸窸窣窣的草动、夜鸟的扇翅和鸣叫声——一切都因恐惧而变得更加清晰、更加响亮。两个男人隔着火焰，目不转睛地看着对方。一天夜里，皮尔斯深信不疑，格林希尔"对我起了坏心"。他等待着，将近黎明时分，他的对手睡着了。"我跑上前去，从他头下抓过斧头，用斧头砸了他一下，把他杀死。然后带上他膀子和大腿的一部分肉，一连走了好几天。"

皮尔斯现在完全独自一人了。他简明扼要地写道："我跟着拿了一条皮带，准备上吊自杀，转念一想，又没有这么做。"他接着往前走了一段路，一下子交上了自麦夸里海港以来的第一次好运：这儿有一个弃置不用的土著营地。黑人看见他来后，都逃之夭夭，他们做饭的火还燃着，周围散放着一块块野味。

皮尔斯安下心来，七周来几乎第一次尝到了非人肉，就大吃大嚼起来。有了气力之后，他又继续走了几天，来到一个地方，从山顶可以瞥见大地的标志，表示他已经来到德文河谷的农耕乡野了。这是桌面山，新月湖南边的一座小山。脚下是奥斯河，德文河的一条很大的支流。

两天后，皮尔斯碰到一群羊。他好容易抓到一头羊羔，便把它给肢解了。他正在吞食生羊肉时，一个流犯牧羊人突然从丛林中出现，"说如果我不马上停下来，他就要开枪打我"。

这个牧羊人名叫麦奎尔。他很快就意识到，他认识用枪瞄准他的这个血淋淋的小妖怪。皮尔斯被发配到麦夸里海港之前，曾在附近一家牧羊场工作过。麦奎尔"拿着剩下的羊羔，把我带进他的棚子，跟我把肉煮熟了。我在那儿住了三天，他对我照顾很周到"。他不愿意把一个爱尔兰同胞交给当局。接下去的几个星期，皮尔斯在麦奎尔和其他爱尔兰流犯牧羊人的棚屋里躲躲藏藏。接着，他跟两个爱尔兰丛林土匪交了朋友，也就是戴维斯和彻顿，他们替他武装起来。他们一起在丛林潜行了两个月。但已经有人以十英镑悬赏，要拿他这两个新同伴的首级，而流犯哪怕再团结——其感情纽带从来都不可靠——也不可能永远抵挡这种诱惑。1823 年 1 月 11 日，在杰里柯镇附近，48 团的士兵根据告密者的话，把他们三人逮捕起来，戴上脚镣手铐，递解到霍巴特。

彻顿和戴维斯经审判后被绞死。只要当了丛林土匪，就会被判绞刑。皮尔斯在狱期间，把逃跑的故事——吃人的内容及其他的一切——对也是代理地方法官的罗伯特·诺普伍德牧师和盘托出。故事内容被录下来并盖上章，里面说的话没人相信。当局——以克里特悖论的方式①——断定，既然所有流犯都撒谎，这人只可能是在替他"伙伴"打埋伏，而他的伙伴现在肯定都还活着，逍遥法外。这个故事太稀奇古怪、荒诞不经了，定是重犯灵魂龌龊，杜撰出来的。从麦夸里海港到德文河，那段梦魇般的长途跋涉并无一个活人见证，没有犯罪事实。因此，当局没有判处皮尔斯死刑，而是把他送回麦夸里海港。他于1823年2月再度抵达那儿。

当然，他在流犯中成了名人，一个活生生的证据，表明人是可以从麦夸里海港出走的，但怎么办到这一点，只有他保守着秘密。有个新抵达的流犯是名叫托马斯·柯克斯的年轻体力劳动者，不断哀求说下一次一定要跟他一起走。最后，皮尔斯受不了柯克斯不停的耳语恳求，只好让步，但他不想再试东线，而是决定往北走，去达尔林普尔港——再次穿越完全没人探险过的地区，这个地区也许没有西部山脉危险。1823年11月16日，这两人逃跑了。[31]

他们没走很远。11月21日，萨拉岛瞭望哨看见遥远的海滩上升起了一羽青烟。正往地狱门驶去的"滑铁卢号"流犯船也看到了火光。该船放下一条小船，海岸警卫也派遣了一条大艇。天还没黑，筋疲力尽的皮尔斯就回到了拓居点，告诉司令官说，他两天前就已经把柯克斯杀了，从那时起，一直在吃他的肉。为了证明他的话，他拿出一块重约一磅的人肉。第二天早上，他领着一支搜索队，来到一条小溪的岸边，柯克斯的遗体躺在那里，据一份官方报告，"呈令人恐怖、支离破碎的状态"：

> 直接从中切开，头已割断，私处扯掉，小腿上、大腿后面和耻骨区，以及手臂肉厚部分的肉都被割除，因为据这个惨无人道的可

① 据传，希腊的克里特岛有一位诗人说，该岛的所有人都是骗子。诗人本人也是克里特岛人。如果相信他的话，那就说明克里特岛的人不都是骗子。这就是所谓的"克里特悖论"，英文是 the Cretan Paradox。

怜虫宣称，这地方的肉味最美。[32]

皮尔斯可能一怒之下把柯克斯杀死了。他自己的叙述看上去也很真实，尽管似乎大可不必如此细述：

> 我们没吃没喝，走了几天，只吃树冠和灌木，最后来到国王河边。我问柯克斯会不会游泳，他回答说不会。我就说，要是我知道他不会游泳，我就不会让他做伴了……关于如何安排过河的事，引起了一番口角，我就用斧头砍死了柯克斯……游过河后，我打算沿海岸绕行，（去）达尔林普尔港，但我的心脏不行了，就决定打道回府。[33]

当局能做的只有一件事，那就是把皮尔斯装船，用"滑铁卢号"直接运到霍巴特，审判之后就绞死了。他死之后，一位当地画家托马斯·博克把他的样子画了下来。法庭下令，为了给他打上声名狼藉的终极烙印，应在皮尔斯死后把他"肢解"——然后送到人体解剖外科医生那儿。霍巴特殖民医院主任大夫克罗克特先生照此办理，把这个食人生番的脑袋做成了一件纪念品。他把头皮剥掉，刮去上面的肉，取出眼睛和脑浆，然后把头颅煮得干干净净。三十年后，这件遗物送给了美国颅相学家塞缪尔·莫顿医生，他当时正忙着整编他搜集的颅骨和萎缩的人头，已经有一千多个标本了，名字就叫"美国骷髅群"。这批骷髅后来被装进一只玻璃匣子，保存在费城的自然科学学会里，至今还可以观赏，烧焦发黑的骨头上，贴着一张发黄的标签，以一个已经绝种的流行科学的学名，记录了上面那个小洞穴的情况。

ⅲ

在早期的新南威尔士，一直到 1825 年，流犯一逃跑，就成了一个妖怪，一个让人讨厌的人，一件让权威本来天衣无缝的形象感到难为情的东西——不过也仅此而已。然而，在范迪门斯地，逃跑流犯却成了一种社会力量。

第五章中，我们看到，塔斯马尼亚的丛林土匪开始只是猎取袋鼠的流犯，拉帮结伙，待在丛林中不出来。直到19世纪20年代中期，政府想活捉他们也没什么机会，因为士兵很少，而且士兵中也没有一个有技能的丛林人。就算把这些"龙虾兵"组成队伍，也别想追上那些土匪。范迪门斯地秀美可爱的荒野上，沟壑纵横，崖壁挺立，要想追上他们，就无异于用手指头在地毯上撮取水银。

除此之外，一些拓居者也有既得利益，愿意为他们提供保护。随着人口的食品供应更加稳定，对袋鼠的依赖逐渐下降（不过，还是需要袋鼠皮，因为这是皮革的主要来源），土匪就开始偷起羊来。他们把羊肉卖给自由农场主，换取食糖、面粉、茶叶和弹药，然后又消失在荒野之中。他们从大农场主那儿偷窃东西，转手卖给"不法"的小农场主。这样一来，他们就开始有了一个澳大利亚丛林土匪罗宾汉的名声（但十之八九不够格）。有时，配给流犯会给藏起来的丛林土匪送饭吃。到了1815年，范迪门斯地的土匪间谍已经形成了一个行之有效的网络——一个丛林土匪在他山中僻静处夸口说，霍巴特的报纸出报后，五小时之内就会到他手上。大家怀着对流放制度的共同仇恨，才形成这种令人恼火的联盟。

要给丛林土匪定罪，比活捉他们还让人头痛。偷羊罪可判处死刑。任何流犯，只要被指控再犯，而且所犯之罪可能招致杀头，就得去悉尼受审，但如果没有证人，就无法立案。再说，悉尼在北边，距离太远，拓居者为了出庭做证，出示对偷羊者不利的证据，得自己掏钱，一去那儿就要几个月，把农场丢下不管。很少有人花得起这个钱和时间。爱德华·洛德（1781—1859）是威尔士海军陆战队军官，他1803年在霍巴特盖了第一幢私人房屋。在这座早期拓居地，他是除柯林斯之外权力最大的人——比任何人权力都大，他是该地最大的牲畜拥有者，是一个傲慢不逊、见地就抓的捣乱分子。柯林斯 1810 年一死，他就把所有的政府文件付之一炬，为的是把他做生意的痕迹全部抹掉——但就连他也没办法利用法律手段打击土匪。这些土匪每年要偷他五百头牲畜。[34]

监禁制度产生了这些住在山洞里的森林之神，他们抗拒任何浪漫化，几乎不值得用 banditti（土匪）这个词来给他们尊严。正如约翰·韦斯特带着某种严厉的口气所说：

> 意大利抢劫犯的冒险带上了浪漫色彩；西班牙土匪经常是士兵，同时还是游击队员。但塔斯马尼亚四处漫游的贼不仅粗野无比，而且残忍凶暴——其下贱遭人憎恨，其残酷令人恐怖。[35]

他们"鼠"瘦毛长，胡子浓密，身上穿着七拼八凑的衣服，脚上蹬着用袋鼠皮做的鞋，一根绳子捆在腰间算作腰带，别着一把手枪，拿着一杆偷来的毛瑟枪，散发出臭猫的臭气。出去袭击时，他们用木炭涂黑脸。大多数人杀人就跟杀袋鼠一样无所谓。有些人还把这当玩笑开。范迪门斯地最早的"匪帮"中，有一帮只有三个人：两个爱尔兰人，斯坎伦和布朗，以及一个名叫理查德·勒蒙的英国人。他从霍巴特"出了远门"，在牡蛎湾一带的丛林中游荡。勒蒙不喜欢布朗和斯坎兰在一起讲盖尔语，因为他一个字都听不懂。一天早上，布朗出去猎袋鼠去了，勒蒙就偷偷朝营火边的斯坎兰走过去，拿着手枪，对准他的后脑扣动了扳机。然后，他用绳子捆住尸体的脚，倒挂在一株桉树上，好像他挂的是一只准备剥皮的"蹦魔"（大雄袋鼠）。他的伙伴回来时，他就简短地说："好了，布朗，现在就剩我们两个了，今后我们互相就更容易理解了。"他们两人在丛林里又漫游了两年，谋杀了四个白人和不计其数的黑人，最后，几个要拿悬赏的流犯把他们俘虏了。他们把勒蒙射杀，然后用枪比着，逼着布朗用刀把他伙伴的头砍下来，装在袋子里带回霍巴特。他们得到的奖赏是受邀参观总督府（应该是把袋子放在外面吧），得到赦免，获得自由。[36]

到了 1814 年，逍遥法外的丛林土匪实在太多，霍巴特当局对他们又无能为力，因此，拉合兰·麦夸里决定宣布大赦，以挽救副总督托马斯·戴维的面子，即凡于 1814 年 12 月 1 日之前投案自首的丛林土匪，都可获得大赦。但起草的文字模棱两可，居然说在该日之前犯任何罪，除了谋杀之外，都可得到豁免，从而让丛林土匪得到半年的宽限。于是，抢劫、掠夺和严重伤害等罪行立刻泛滥成灾。大赦时间一到，却极少有丛林土匪缴械投降，殖民者一下子慌了神。他们认为，流犯们（当时已有一千九百人）肯定会准备起义，加入丛林土匪，把范迪门斯地变成一个无政府主义之地。于是，狼狈不堪的戴维做出了回应，就像从前当士兵时那样：他在霍巴特扬起红旗，宣布实行军事管制。接着，他又强制实行宵禁，取消了所有的假释证，禁止买卖袋鼠皮，并下令看见袋鼠狗格杀勿论，希望以此作为消灭丛林土匪的辅助手段。通过军事管制，不用提交悉尼的刑事法庭，就可任意杀头，因此，戴维把凡是能够抓到手的土匪五花大绑，绞死之后用铁链一拴，扔在霍巴特码头外的一座小岛上，结果那些尸体连盘旋而下啄食腐尸的鸟都嫌臭。[37]

尽管这些简易诉讼程序（让麦夸里大为光火，当他了解到情况后）使范迪门斯地的土匪活动进展稍稍受挫，但有些丛林土匪是戴维的军队也捉拿不到的。最引人注目的是一个二十七岁的海员，来自约克郡，名叫迈克尔·豪尔。他曾当过两次逃兵（一次是逃离商船，另一次是逃离陆军），最后出事，被告犯有拦路抢劫罪，被判流放七年。他 1812 年抵达范迪门斯地，几乎一到就逃掉了。到了 1814 年，他跟一个名叫怀特海的流犯同伙结成了一个四处漫游的匪帮，共有二十八名丛林土匪，恐怖袭击德文河沿岸新诺福克地区的拓居者。他们最喜欢攻击的对象，是那些虐待流犯、名声不好的土地拥有者。其中有一个特别招人恨，是个"爱抽鞭子的地方法官"，名叫阿多拉里尤斯·威廉·汉弗雷，在皮特沃特住，离霍巴特约三十英里地，有成百头撒克逊美利奴羊被丛林土匪偷走。他人不在时，豪尔就下手了。土匪把汉弗雷的谷物一烧而光，把仆人一个个吓得心惊胆战。发现两对脚镣后，土匪大发雷霆，怒气冲天，把房子砸了个稀巴烂。[38]

　　豪尔凶猛地横扫了范迪门斯地的大片土地。他的同志怀特海在朗塞斯顿被俘获。豪尔成了唯一的领袖，招募了一批新人，把那些倒在戴维脚下求饶、想获得大赦的人都替换掉了，然后在从北部的朗塞斯顿，到离南部霍巴特不远的农庄这大约五百多英里的地区内，继续抢夺劫掠。他把农场抢劫之后，跟"奴隶"海阔天空地聊天时，总是强调他就像大盗迪克·特平，只是为了劫富济贫。"奴隶"中的很多人都相信他的话，就这样，他在配给流犯和小农场主中建立了一个告密网络，部队一有行动，他马上就能得知。

　　豪尔天生就是当领导的，精力充沛，有组织天才。匪帮采取了准海军的纪律，每个成员都得手按祈祷书，宣誓服从命令。他有偏执狂患者那种阴郁的领袖魅力。他在一本袋鼠封皮的日记本里，用血把他的噩梦记载下来，还列举了他童年在约克郡认识的鲜花，因为豪尔酷爱植物学，他计划建造一座传授知识的花园，用来装饰他在山中的藏匿之地。他相信，命运单挑他，是要他作为流犯的工具，向可恶的流放制度复仇。他胆大包天，自称是"森林副总督"，与霍巴特的副总督针锋相对。他确信自己安全无比，竟于1816年写了一封傲慢不逊的信给戴维，想要这位副总督跟他和他的匪帮谈判，给以大赦，如果他们愿意"进来"的话。豪尔以为戴维迟疑不决，却不知告密者早已把他出卖。

　　　我们觉得现在给你写这封信十分合适——因为我们很久以来一直蒙在鼓里——我们认为，这是为了让我们默不作声，直到你们以某种方式让人把我们出卖。但是，我们再也不能忍受下去了。我们已经打定主意，要你做出完整而满意的（答复?），无论是否对我们有利，我们决心已定，决不受你蒙蔽，因为我们认为，这个国家对我们造成了巨大的伤害。

　　豪尔嘲弄戴维说，他不该害怕他的队伍会发展壮大，成为一支游击队："我毫不怀疑，你很高兴，已有新手加入我们——我们也很高兴。"上帝站在丛林土匪这一边，"谁保护我们不受你们公开策划的伤害，谁也就能保护我们不受他们秘密的伤害"。因此，让戴维在十天内回话："无论答复是否对我们有利……都要在上面盖上国王的印章——并签上你的名字。"而且，不许让红衣军偷偷从后面包围上来，因为"我们跟你们心里想的一样，也很想大开杀戒。你们把所有的队伍派出来，我们都可以歼灭之……你别指望用谷糠来抓老鸟"。这是豪尔寄给戴维及其继任者威廉·索热尔的几封信之一，是用血写下文字，并由其他十个丛林土匪签字的唯一一封信。[39]

戴维不肯合作。他回答豪尔说："只有总督才有豁免死刑罪的权力，但这个权力不适用于每天都犯滔天大罪的人。"于是，警察和强盗之间的战争继续打了下去，一般来说，强盗取得了胜利，直到戴维政府结束，下一任副总督威廉·索热尔上校于1817年到来为止。

这一年，迈克尔·豪尔的运气开始急转直下。他找了一个忠心耿耿的土著"妻子"，即黑玛丽。（这类关系通常始于诱拐和强奸，当然对所有的丛林土匪来说都很宝贵，因为他们能从友好的黑人那儿，学到大量生存的诀窍。）一天，这对男女中了士兵埋伏。豪尔跑了起来，黑玛丽因为怀有三个月身孕，没法跟上他。在互相开火时，豪尔的一颗子弹击中了她。士兵急于突出豪尔作为魔鬼的形象，事后坚称，他冷血残酷地射杀她，是为了堵住她的口，不让她讲话。豪尔坚持说，这是一次事故，而实际情况可能确实就是这样。但是，黑玛丽感觉被抛弃了。她被情人打伤，痛苦地倒在地上，很想报复——她枪伤恢复，生下孩子后，就主动提出带路找他，以便达到报仇目的。即使她有高超的追踪技能，引导着士兵，士兵还是追不上他。豪尔感到，法律正向他包围过来，就试图与索热尔谈判。该镇新来的副总督提出，如果豪尔交出队伍中的所有同伙，他就可向"森林副总督"提供有条件赦免，除谋杀罪之外，豁免其他所有罪行，并强烈推荐对谋杀指控本身也给予宽恕。豪尔开始出庭做证，举出了数量惊人的"受人尊重"的拓居者，说他们窝藏了牲畜和货物，其中一个是霍巴特的圣人居民，即罗伯特·诺普伍德牧师，这很可能让那些遵纪守法者难堪。索热尔开始调查诺普伍德与丛林土匪的关系。他可能本来就有嫌疑，因为一天夜里，所有誊抄的证据神秘地消失不见了。

虽然索热尔许诺了赦免，但实际并没兑现。豪尔因事情耽搁而紧张不安，就于1817年9月重新逃回丛林。然而，他不在的时候，队伍已经四分五裂，成了一个个抢劫的小组。没有了队伍，他只好更深地进入山区，来到了上香农区，靠近贫瘠山脉和老鼠城堡的峰顶，这两个名字起得恰如其分。一位编年史作者写道："这是沉闷而又寂寞的云雾之地，岩石耸立，隐士鹰成群的家乡。"他时不时地埋伏袭击农场主（这些人地处遥远，没人保护，因为大湖区是范迪门斯地拓居的极限），向他们勒索食物和弹药，并很恐怖地威胁他们。1818年9月，他差点被人抓住，这人以前是流犯，现在为了赏金而抓人，名叫约翰·麦吉尔。他在悉尼"进口"过来的一个土著寻踪人姆斯基图的帮助下找到了豪尔。一个月后，两个白人（一个叫沃拉尔，一个叫普格）在香农山他的棚屋里把他堵住了。沃拉尔和豪尔间隔十五码，面对面地站着，平端着手枪。沃拉尔后来做证说："他吃惊地瞪着我，而……我也有点吃惊地看着他，因为他全身都披着袋鼠皮，蓄着黑胡须……我们两人看上去是很奇怪的一对。片刻之后，他大叫道：'黑胡子对灰胡子，一百万镑钱！'说着就开火了。"但子弹没打中。沃拉尔一枪把他撂倒在地，普格用枪托把他砸得脑浆迸流。他们把这个丛林土匪的头割下来，带回霍巴特镇。在那儿，索热尔让人用尖桩挑起他的头，插在一个基座上示众。

如果豪尔为时不长的暴力生涯能够证明一点，那就是在殖民地边疆强制维持社会秩序，只能带来令人难堪的动荡局面。如果没有配给仆人、前流犯和企图从中得利的自由拓居民等人的同情，以及他们时而给予的积极配合，豪尔和他的队伍不可能逍遥法外三年多。澳大利亚人的一种典型正在塑造之中——作为民间英雄的丛林土匪。尽管豪尔已经不在，但他后继有人，他们无视法律，让政府极为焦虑。这些亡命之徒威胁说——正如麦夸里的副军法官约翰·怀尔德勋爵 1821 年对全岛进行巡回审判之后所警告的那样——要摧垮"那种强行限制和高压统治的感觉，因为它可能会被用来迫使这边较多的王室囚犯肃然起敬、服从管教"[40]。

这一年，范迪门斯地的总人口中，百分之五十三的人都是服刑流犯，"一种要反叛的精神"沉重地压在法官心头。成打的丛林土匪在霍巴特周围出没，十五到二十人不是从主人那儿逃走，就是从朗塞斯顿的"政府惩罚帮"那儿逃走，还有七八人从霍巴特监狱越狱。怀尔德以他让人崩溃的句法说，偷盗、偷牛、偷羊，以及普遍的掠夺成性，全都有增无已，"令人根本不可能希望，通过重新延长对他们的宽恕，影响原则的改善，即便有希望也几乎是幻想"。这句话再从英文翻译成英文，就是这个意思："要尽可能多地把人绞死。"[41]

他们的确这么做了。麦夸里与怀尔德一起视察范迪门斯地时，和索热尔开会，要他们保证有足够的绳子，用来针对那些正被拘押候审的"堕落的可怜虫……残酷野蛮的劫掠者"。巡回法庭在朗塞斯顿召集，十三个丛林土匪中，九人被判绞刑。在霍巴特，二十六个等待命运发落的人中，十人被绞死。麦夸里写信给伦敦："现在已经有了这些可怕的惩戒例子，可以特此报告说，我有理由相信，丛林土匪制度已经完全被剿灭，很可能以后多年内也不会再出现这种现象了。"[42]

他错了。1821 年后，丛林土匪的活动势头未减，一往无前，而且仍然得到流犯的暗中支持。在范迪门斯地，接着成名的"迪克·特平"是马修·布拉迪（1799—1826）。这个曼彻斯特来的男孩因偷了一篮子火腿、黄油和米，1820 年在萨尔福德巡回法庭被判到致命的海滩流放七年。他气疯了，就一遍遍地试图逃跑，于是对他的惩罚逐级加码，先是配给，接着罚做苦工，最后落到监禁谷底：麦夸里海港。他在流放的头四年中，总共挨了三百五十鞭。[43]

1824 年 6 月，布拉迪和其他十三个流犯乘坐一条捕鲸船，从麦夸里海港逃走。月底之前，他们抵达了德文河，上岸后把一个拓居者的枪支和给养抢走，就开始在丛林中漫游起来。他们很快就发现，他们一举成名天下知了。范迪门斯地新来的副总督乔治·亚瑟上校在一棵棵桉树上贴告示，"以最诚恳的方式"，号召所有拓居者参加大搜捕，捉拿布拉迪匪帮，并下令王室仆人把听到的信息都反映上来，但这都无济于事，因为流犯宁可加入布拉迪一帮，也不愿坏他的事。流犯仆人把布拉迪及其手下人藏在谷仓里，送饭给他们吃，还把主人放枪的地方指给他们看。接着，亚瑟考虑到人的卑劣动机，答应给予赏金：先是一颗人头悬赏十英镑，但布拉迪匪帮人数与日俱增（据谣传，已经有一百人了），然后提高到二十五英镑。如果流犯因举报使其中一名匪徒被活捉，就可拿到假释证；如果亲自活捉一名丛林土匪，就可获得有条件赦免。但唯一的结果，就是一周后在十字架沼泽的皇家橡树店门口张贴的告示：

> 马修·布拉迪十分担忧，一个叫乔治·亚瑟勋爵的人居然逍遥法外。凡是亲手把此人交给我者，可获赠二十加仑朗姆酒。

毫无疑问，这个小伙子引人注目。他也表现得很有骑士风度。布拉迪绝对不会伤害一个女子，也不允许队伍中的任何人这么做。他的伙伴麦卡伯威胁说要强奸一个拓居者的老婆时，布拉迪照他手上打了一枪，毫不留情地抽了他一顿鞭子，然后把他赶出了队伍。十天后，亚瑟的警察抓住了麦卡伯，把他绞死了。一个名叫马克·杰弗里斯的精神病患者是政府指定的刽子手兼鞭子手，他也逃跑了，此人诨名叫"魔鬼"。在逃期间，他抓住一个拓居者的老婆，听到她新生婴儿的哭叫后感到很烦，就倒提起孩子的腿，把头对着桉树砸去，砸得粉碎。后来他被抓，送到朗塞斯顿受审。布拉迪听说这事后，恨不得马上带领队伍，向朗塞斯顿拘押所正面发起袭击，解放所有囚犯，然后把杰弗里斯拖出来，用鞭子打死。人们据理力争，才说服他没这么做。

布拉迪知道，其他流犯在暗中保护他，所以他格外小心，在他打劫过的农庄，有意不去伤害配给仆人。但怕他们万一以后"把乐谱"给了警察，他会强迫他们喝下主人的威士忌，一直喝到稀里糊涂，连他的人说了什么、他们去哪儿都不记得。至少有一个运气不好、从不喝酒的人因此而丧命。其他人则会因殖民地劣酒的质量而害一场大病。

布拉迪的队伍一旦被人逼急了，就会像塔斯马尼亚恶魔①一样战斗，不仅技术娴熟，而且很酷，在多次警察伏击中，一路射击，夺路而走。如果他们觉得谁压迫了他们，他们就会对之施行报复，一点也不会感到内疚——特别是对那些"爱抽鞭子的地方法官"——但如果抓住的俘虏从前对他们比较公平，那他们也会同样公平地对待他们。就这样，他们在煤河洗劫一幢地方法官的房子时，俘虏了约翰·巴恩斯，殖民地的一个外科大夫：

> 拦住我的这些人中……有一个几天前曾被地方法官下令进行惩罚，其实事情很小，只是主人投诉而已。这个人身体也不好……鞭笞还没有结束，我就把他抱下来，要求地方法官宽恕他，不要再打了。他想起这个情况时，心里还怀有一点感激，否则很可能会更严厉地惩处我。[44]

他们拿走了他的手表，但把他的柳叶刀盒还给他，"跟我说，也许以后会对他们有用的"。

但副总督亚瑟是个不知疲倦、办事有条不紊的人，最后硬是把布拉迪给拖垮了。他重新组织警力，又从 40 团抽调了更多士兵，由他率领，一对一地与布拉迪匪帮的人展开小型战斗。他的赏金让人难以抗拒——凡是抓住布拉迪的，可得三百几尼或者三百英亩土地，并免役税。如果是流犯，就可获得无条件赦免，免费回到英格兰。他把普通流犯派出去，戴着脚镣，渗透到布拉迪的队伍中，跟他们讲如何从"铁链帮"逃出来的故事。布拉迪被人出卖，侧翼又受到牵制，在朗塞斯顿城外帕特

---

① 塔斯马尼亚已经绝种的一种野兽，又名袋獾，英文是 Tasmanian devil。

森平原附近的一次小冲突中，腿上挨了一枪。他逃走了，但几天后被抓，跛着脚，筋疲力尽，抓他的人是一个拓居者，名叫约翰·巴特曼（也就是墨尔本未来的奠基人）。

他们把马修·布拉迪关进朗塞斯顿监狱，几天后给他戴上脚镣手铐，把他押解到霍巴特——令他恶心的是，陪着他的竟然是他在世界上最鄙视的那个人，即杀死婴儿的马克·杰弗里斯。布拉迪受审和被绞死之前，被尊为民间英雄。成打的请愿书送到总督府，特地为他求情。女人为这个"迷人的小伙子"、这个"可怜的殖民地男孩"一掬同情之泪。他的囚室每天都挤满了来看望他的人，他们带着一篮篮鲜花、粉丝的来信、水果和新鲜蛋糕。假如他的命运由投票解决，他就会获得自由，但法官把他看成一个严肃、可怖的坏榜样，决心拿他开刀，以儆效尤。1826 年 5 月 4 日，布拉迪领了最后的圣餐，攀上了绞刑架，下面是一片殖民地人脸的海洋，不是悲痛欲绝，就是为悬在绞刑架活动踏板上的他而欢呼，只有他的敌人一声不响。政府无法把他的名字从老百姓的记忆中抹去：西部山脉高达四千英尺的顶峰，今日仍叫布拉迪瞭望口，它直接俯瞰着下面的亚瑟湖。在莱伊尔高速公路旁边，经过通嘎蒂纳发电站，那边就有一个布拉迪湖。纪念迈克·豪尔的地理细节则不那么崇高，只有劳伦尼附近的一座涧谷和桌面山东面的一片沼泽是以他的名字命名的。

马修·布拉迪也完全不是塔斯马尼亚的最后一个丛林土匪，甚至都不是在民间戴上光环的最后一人（最后这人是马丁·卡什，一个爱尔兰流浪汉，他在 19 世纪 40 年代初期，不下四次从亚瑟港逃跑，后在格伦诺基附近当了农场主，活到高龄）。但他是最后一个富有政治意义的匪徒，是范迪门斯地流犯反文化的最后一个具有威胁性的"阿凡达"，这个文化在乔治·亚瑟耐心细致、有条有理的专制统治下，很快就萎靡不振了。布拉迪死后，没有一个四处漫游的丛林土匪能够阻挡，甚至威胁塔斯马尼亚拓居的扩展。他们之中也没人威胁说要搞一个法国式的"扎克雷起义"，也就是自爱尔兰人 1804 年在通嘎比揭竿而起以来，澳大利亚拓居者和历届总督噩梦中经常浮现的那种流犯暴动。范迪门斯地是座小岛，很快就遍地人迹。到了 19 世纪 30 年代中期，主宰这座小岛的财产拥有模式和集中放牧方式，使得丛林土匪无处藏身。他们无法再从原始荒野向繁荣兴旺的农场或小镇发起袭击，哪怕仅隔一天步行的距离，或者一天骑马的行程。他们没有遮蔽之所，就像狐狸来到了光秃秃的田野上。不过，在北面七百英里的澳大利亚大陆，新南威尔士向海岸以内延展的宽阔平野上，匪徒仍在继续抢劫，时时威胁法制，不仅在提醒流犯，而且唤醒了流犯主人的恐惧，告诉他们，制作脚镣手铐，目的就是把它们砸碎。

iv

1825 年后，澳大利亚丛林土匪的民间神话才在澳大利亚大陆以故事和民歌的形式最后定型。尽管在范迪门斯地受到副总督亚瑟的压制（很有意义的是，似乎没有丛林土匪谣曲起源于塔斯马尼亚），但这种形式在新南威尔士像烦人的野草一样，遍地滋生。丛林土匪活动成为那儿的社会问题的时间要比范迪门斯地晚，因为悉尼和帕拉玛塔的早期生存，从来都不用依靠流犯猎取袋鼠。直到这座殖民地挣脱了狭窄的沿海平原，越过山脉，扩展到巴瑟斯特（这让不法分子有了很大空间，能够躲藏在蓝山的峡谷和洞穴中），丛林土匪活动才猖獗起来。拉尔夫·达令总督对流犯的严厉管教制裁，反而保证了丛林土匪总有源源不断的供应，其中大多数人都来自让人害怕的"铁链帮"，他们都在穿越蓝山的"大西路"和 1825 年测量、1831 年竣工的"大北路"上干过活。"大北路"全长一百七十英里，沿途地面崎岖，土地贫瘠，跨越一座座峡谷，把悉尼与麦特兰和亨特河谷一带急速发展的农业地区连接起来。沿路的地名很说明问题："饥饿河滩""邓尼斯的狗窝""无草谷""魔鬼的脊梁"等。随着达令政府的"铁链帮"一路穿过山上的砂石，痛苦地一英尺一英尺地打通道路，宁可冒任何危险逃进丛林，也不愿再花一天"生活在奴役之中，戴着流犯的铁链"的，倒是大有人在。

十年来，新南威尔士在帕拉玛塔和巴瑟斯特西面、亨特河北面的道路和已有半数拓居的地区，无不受到入林为匪的流犯骚扰，他们不是单枪匹马，就是小股出动。他们没有任何浪漫可言。有一些是可怜巴巴、与人无害的人，他们从"铁链帮"或主人那儿逃走，如巴瑟斯特一个名叫查尔斯·朱比的逃犯，因管教过于严酷，"备受骚扰，被人吆三喝四"，到后来"都厌倦了生活"。许多都不过是歹徒：行凶抢劫，偷鸡摸狗，偶尔还强奸妇女。他们的牺牲品是小农场主，而不是"富人"，他们犯下的如果不是小罪，那就会很残酷。有些人疑心很重，到了偏执狂的程度，尽管这样也不是没有理由。丹尼尔·"疯狗"·摩根（约1830—1865）是流犯时期之后，在维多利亚和新南威尔士肆虐横行的一波丛林土匪中的一个。他极为害怕他人投毒，被他抢劫的拓居者给他食物他也不吃，他只吃煮鸡蛋。

大陆上的丛林土匪被抓之后，表现也不像罗宾汉。他们在被告席或绞刑架上的发言也很原始落后。1834 年，辩护律师、殖民地主要报纸《澳大利亚人报》前主编罗伯特·瓦德尔医生正骑马沿河而行，巡视他在悉尼附近的彼得沙姆两千五百英亩地产的边界，来到一座棚屋外时，突然发现三名逃跑流犯。他们的头领是从"铁链帮"逃出来的，名叫约翰·詹金斯，用一把偷来的步枪瞄准后，一枪把他打死了。根据第三名囚犯，一个名叫伊曼纽尔·布雷斯的惊恐万状的小青年的证据，人们对詹金斯和他的成年同案犯进行了审判，该同案犯是一个逃跑的配给仆人，名叫托马斯·塔特斯代尔。裁决有罪后，法官问了一个仪式性的问题：正式判决死刑之前，二位是否有话要说？詹金斯有话要说：

> 他态度立刻变得很凶、很不得体，（他）说，他的这次审判不
> 公平，因为他们把一个混蛋老女人塞给他做律师。他根本不怕死，
> 也根本不怕法庭上的任何人。他还说，他想用枪打死法院的所有混

蛋……（他）凶猛地攻击塔特斯代尔，照他脸上狠狠打了两下，把他打倒在被告席上……法官愕然不响……来了一打法警，才把他制服，戴上手铐。[45]

　　直到 1839 年，游客才有信心谈起"丛林土匪"，说这是"匪帮的一个亚类别，幸运的是，这个亚类别不可能存在，只在骑警到不了的地方才有"[46]。骑警的唯一任务就是追踪并捕捉丛林土匪，他们于 1825 年成立，开始只是布里斯班总督率领的一支小型龙骑兵（所以俗称"龙公"），人员均从悉尼的步兵团抽调而来——两名军官、十三名士兵，主要在帕拉玛塔一带执勤。达令加强了警力。这样，到了 1839 年，这支队伍人数猛涨，有九名军官、一名军士长、一百五十六名军士和士兵，另外还有一百三十六匹马——虽然撒出去的网不够大，无法覆盖这么大的区域，但经常还是很有效的。"马警"，又叫"陷阱"①（骑警），就像乔治·亚瑟勋爵在范迪门斯地的警察一样，遭人讨厌的程度比丛林土匪好不了多少。他们对付小"盈满释痞"拓居者时，动辄使用暴力，因为他们照例怀疑这些人带着对罪犯的同情心，会把丛林土匪窝藏起来。自由工人憎恨他们，因为达令政府曾于 1830 年制定紧急《丛林土匪法案》（11 Geo. Ⅳ，c. 10），强制推行所谓的"通行制度"，即在本殖民地，凡无法按要求出示假释证和通行证者，都会被关进监狱，直到他能够证明他不是逃犯为止。尽管《丛林土匪法案》不受欢迎，伯克总督还是在 1832 年将其刷新，而且在 1834 年再度刷新。虽然伯克作为统治者要比达令开明，但他还是说服自己相信，用该法案惹恼英国的法律精神还是值得的。他于 1832 年告诉伦敦："我相信……这个法案能够提供保护，如果不让殖民地的人民享受法律的保护，就会引起强烈不满。"[47]

　　而且，由于达令总督步乔治·亚瑟勋爵之后尘，也通过政府提供悬

---

① 俚语，即 traps，指警察。

赏，以获得有关丛林土匪的情报，殖民地陷入了一片揭发告密和暗中监视的大泥沼。就这样，下层阶级开始感到上当受骗，成了丛林土匪法的牺牲品，反而掀起了同情的大潮，更加同情丛林土匪了。

尽管"自由物体"（流犯和前流犯当时就这么称呼澳大利亚的移民拓居者）可能讨厌丛林土匪，但大家都吃过政府的鞭子，互相之间的兄弟情谊并不容易铲除净尽。亚历山大·哈里斯 19 世纪 20 年代在伊拉瓦拉地区海岸山坡上干活，砍伐雪松树期间，就曾注意到，在荒无人烟的海滩上，丛林土匪经常随便地加入伐木工人的欢庆会，围着朗姆酒桶喝酒，他把这种狂欢喧闹的场面比作"一座海盗小岛"。谁都不想去帮达令手下的龙骑兵（他们几乎不敢深入沿海的森林）声讨他们，部分是因为害怕报复，主要则是"因为自己大多也都当过囚犯，所以，对伐木工来说，尽可能帮助他们是一件关乎荣誉的大事"[48]。

到了 19 世纪 20 年代，这种同情心已经结晶，成了民间谣曲——很不幸的是，没有一首留存下来。正如外科大夫彼得·坎宁安在《新南威尔士两年》（1827）中猜测的那样，流犯若能成为谣曲中的英雄，就在某种程度上获得了永生：

> 我真的相信，爱虚荣，喜欢被人谈论，导致许多傻乎乎的家伙参加到那种生活中去——同情他们的兄弟，创作歌曲，歌颂他们的业绩……他们之中很多人都夸下海口说，就算他们离开我们，到别的流犯拓居地去，无论今生还是来世，殖民地很久都不会忘记他们的名字。亨特河土匪头子赖利（无论他命运如何）吹嘘说，人们过了很久都会提起他，敌人提起他害怕，朋友提起他钦佩！

坎宁安出版该书的那年，澳大利亚流犯谣曲中的那个英雄原型就已经开始孤注一掷的殖民时期生涯。他的谣曲是现存第一首描写丛林土匪的，风格优秀，开篇即见：

来呀，勇敢的丛林土匪，在原野上驰骋奔腾，

不愿在奴役中生活，不愿让镣铐缠身。

大家都听我说，我的话不要错过——

大胆的杰克·多诺霍的故事，我要和你们说说！

"大胆的杰克"是爱尔兰人，矮个子，脸上长满雀斑，头发金黄，眼睛碧蓝，名叫约翰·多诺霍（1806—1830）。他于 1823 年在都柏林被判终身流放。1825 年到达后，多诺霍以通常的方式被配给（给帕拉玛塔的一个名叫约翰·佩甘的拓居者）。他表现不好，就到"马路帮"干了一段时间，然后又回去做配给服务，这回是给帕拉玛塔一个外科大夫梅杰·韦斯特干。这首谣曲尽量不事夸张，很有分寸感，接着把故事讲了下去：

他在澳洲海岸"铁链帮"干活，一年都还不到，

就像从前一样，拦路当了强盗。

同时还有杰基·安德伍德、韦伯和沃姆斯利，

他们都是大胆的杰克·多诺霍的好伙计。

大胆的杰克·多诺霍被抓，因为罪行昭彰，

接着被判绞刑，那棵树高到天上——

去悉尼监狱的路上，他趁乱逃之夭夭，

杰克·多诺霍人不见了，到处都找不到。

所谓"罪行昭彰"是指 1827 年 12 月犯下的罪：多诺霍跟两个爱尔兰同伙一起"出去"，一个叫吉尔洛伊，一个叫史密斯。他们在温莎路上拦截了农场和市场之间来回跑的运货马车——算得上拦路抢劫，而且不用骑马，因为袭击的目标行动迟缓。三人很快就被抓住。1828 年 3 月，他们被判绞刑。吉尔洛伊和史密斯到时候就被绞死，但多诺霍在法

庭去死囚室的路上逃之夭夭，奔向了自由。不久，他又组织了一支小队伍，有爱尔兰和英格兰逃犯。他们从拓居者那儿偷马。在接下去的十八个月中，他们在悉尼和帕拉玛塔附近，从巴瑟斯特往南到亚斯和伊拉瓦拉，北边几乎到了亨特河，横扫蓝山那边大片地区，使得遵纪守法的人大为不安，偶尔还感到惊慌失措。几乎每周都有抢劫发生，在本来很难弄到任何物品的丛林里，多诺霍却能很快地把赃物处理掉。他死后，警察通过搜查（在一个名叫沃姆斯利的为了活命而告密的匪帮成员带领下）发现，从他那儿接受赃物的不少于三十个小拓居者。

> 多诺霍一逃走，就直接奔往丛林，
>
> 无论白天黑夜，人都不敢从那儿穿行——
>
> 他们天天发布新闻，传出新的消息，
>
> 全是关于大胆的丛林土匪，杰克·多诺霍是他的名字！

这首民谣歌颂的内容，就是后来澳大利亚当局经常抱怨的东西——媒体耸人听闻、大捞一把的做法，把罪犯当成英雄，有意跟政府作对。拉尔夫·达令当总督时，这还有点意义，因为悉尼的报纸只要有机会，就把他当傻瓜奚落一番。正如殖民地媒体尖锐地指出，在范迪门斯地，亚瑟副总督亲自操持这块地盘，对丛林土匪穷追不舍，志在将其剿灭。但在新南威尔士，达令总督陪着他"效率不高，但不缺少费用的骑警和警察机构，还有一座武装士兵把守的强大要塞"，安坐在总督府里，"丛林土匪却像派头十足的绅士，不断为非作歹，几乎不受妨碍"。多诺霍和他的伙伴甚至穿戴讲究，放荡不羁，"外表十分整洁"，他们的首领头戴"一顶黑帽子，身穿一件超精致的绸布大氅样式的蓝布外套，里面是皱褶衬衣（质量很好），下面是一双系带的皮靴"。《澳大利亚人报》尖酸刻薄地暗示说，他的靴子不仅是海绿色，而且也不太糟糕，因为那种颜色是油漆上去的：

多诺霍是个臭名远扬的丛林土匪，在本国某些地区，一提他的名字就让人害怕，不过，我们认为，把所有暴行都算在他身上，其实是不应该的。据说，不过两天之前，有一队很了解他的人看见他在悉尼……喝一瓶生姜啤酒。[49]

捉拿多诺霍的赏金从二十英镑上升到一百英镑。达令随之派出更多警察和志愿者到现场，为的就是粉碎这个神话（因为这个神话已经传播开来，超越了"愚昧无知和污迹斑斑的那一部分人口"），即这个勇猛的小都柏林人的生命有魔法保护。他们在悉尼城外坎贝尔敦附近的布林格里追上了他。

一天下午，他跟同伴骑马外出，
岂料死亡的痛苦接踵而至。
骑警大模大样，惊人地突然露头，
以双倍速度进攻，活捉了杰克·多诺霍。

"咳，多诺霍，咳，多诺霍，放下你的卡宾枪，
"你斗不过我们，还是快快投降！"
"向群狗投降，这种事我永远不做——
"今天我要全力以赴！"大胆的杰克·多诺霍说。

"我多诺霍是一条好汉，决不会放下武器，
"向警察投降，当英国人的奴隶——
"与其给政府干活，"大胆的杰克·多诺霍嚷嚷，
"还不如当丁狗，当袋鼠，在丛林荒野游荡！"

兵分几路，军士和警长，
前后左右开枪，

> 警长和军士也对他开火，
>
> 一枪穿透了大胆的杰克·多诺霍的心窝。
>
> 他早已打了九发子弹，打死了九个混蛋，
>
> 这才挨了致命的一枪，这才中弹倒地——
>
> 他合上悲伤的眼睛，他向全世界告别，
>
> 叫道："所有流犯，快为我的灵魂祈祷！"

　　这首民谣就像其他民谣一样，也有添枝加叶的倾向。多诺霍并没有发射九发子弹，打死九个"陷阱"（甚至都没有像这首民谣的其他版本说的，六枪打死六个警察）。开仗的那一刻，他唯一被记录下来的话，是一连串的叫骂，让那些该死的混蛋上前，一枪把他们的花花肠子打得遍地直流，或者诸如此类的话。他挨枪的地方不是心脏，而是脑袋，射击者是一个名叫马格斯顿的士兵——凡此种种，不一而足。民谣虽然不是历史，但在某种程度上，能让人体会到关于历史事件公认看法的晦暗一面，哪怕是历史上的小事件，如 1830 年 9 月一个炎热的下午，一队骑警在桉树丛中，把喜欢炫耀、骂不绝口的小米克杀死一事。多诺霍死后，意义已经大于原来苍白生命的总和。在社会天平的一端，有达令手下的一个测量总监，叫托马斯·米切尔（后来叫托马斯爵士，杰出的澳大利亚探险家和翻译家，他把路易·德·卡莫艾斯的史诗《鲁西亚德》从葡萄牙文翻译成英文），他到访悉尼太平间，查看了多诺霍的尸体，并画了一幅肖像，在画像的下方，他引用了拜伦的两行诗句：

> 无所谓了，我已经冲着死亡的脸，
>
> 以我眉眼相对，不仅是现在，而且也在从前。

　　在社会天平的另一端，有悉尼的一个小店主，他在大胆的杰克死后一两周内，就按他脑袋的形状——太阳穴上还有弹洞——塑造了一排陶

罐，很快被人抢购，当作崇拜的偶像，就好像用陶器塑成的民谣。如果多诺霍是个虐待狂、强奸犯或者像范迪门斯地的马克·杰弗里斯那样也是杀害婴儿的人，就不可能出现多诺霍民谣中所汇集的那种汹涌澎湃的民间感情。不过，澳大利亚人最佩服狂放不羁的性格。大多数澳大利亚人都不喜欢达令总督，一看见他的权威遭到这个难以捉摸的丛林土匪的戏弄，就感到大为开心。他们——至少"盈满释痞者"和大多数流犯——都觉得，多诺霍对他们并没有威胁。他是幻想出来的人物，像一只受了刺激的公鸡一样勇敢，他是他们在自己曾经遭受压迫、一声不响的生活中的一种心理投射：渴望在处于中立状态、映衬着灰色丛林的背景下，报仇雪恨，自由自在地生活。有关他自由生活的种种传说，使澳大利亚人能够摆脱他们自己对循规蹈矩生活的不满足感，从那时以来，这一向就是死亡的丛林土匪遭受人崇拜的根本原因。而且，他是爱尔兰人，民谣单挑这一点，歌颂爱尔兰流犯对英国卫兵的仇恨。"我多诺霍是一条好汉，决不会放下武器，/向警察投降，当英国人的奴隶。"

三十年前，澳大利亚历史学家罗素·瓦德发现，《大胆的杰克·多诺霍》和早期民谣如《范迪门斯地》之间是有差别的，反映了态度上的很大变化。早期民谣以英国价值观接受了这个制度，而后期民谣则以爱尔兰的价值观反对这个制度，而爱尔兰价值观当时成了澳大利亚的价值观。[50]

《范迪门斯地》是一首有规劝意义的谣曲，指向英国国内的读者——其中一个版本劝道："你要是知道我的痛苦，就永远也不会再偷猎。"英国民谣有一个常规，就是劝人悔过（没有这个内容，就几乎别想在英格兰印刷发行）。它强调，流犯是苦难命运的牺牲品，这个命运是他们自己无法改变的。《对所有青年男子的忠告》是一首劝善惩恶的打油诗，写得较长，离题万里。据说作者是詹姆斯·克维尔或热维尔，他服完十四年的刑后，于1823年回国。但作者更可能是伦敦某个蹩脚诗人。该诗开篇就说，"青年人要小心，否则悔之晚矣"，然后写道：

也跟我一样，命运不幸而残酷。
一看就知道，多少人死于饥饿、痛苦和悲伤，
像狗一样埋掉，就是因为去偷去抢。
愿所有年轻人听我朋友一语，
赶快亡羊补牢，把劣行修补。

你在此不费吹灰之力，就能改邪归正，
等你到了那儿，就只有听天由命。

　　这种诗文并不质疑阶级秩序或英国法律的合理性，多诺霍民谣却直截了当地这么做了。因此，在流放年代的澳大利亚当局眼中，文献记录对普通民谣和"叛国歌曲"之间的界限划分不很明显，（传统上则坚持认为）"叛国歌曲"从法律角度讲是不能唱的，但好像也并没有任何法律明文禁止。在其他提到多诺霍名字的民谣中，可以明白无误地听到反叛之声，以大无畏的态度，痛斥鞭子手和暴君，正如《吉姆·琼斯》这首诗最后四段所显示的那样：

日日夜夜，铁链叮当，就像苦工囚徒，
我们不停劳作，死了也要填满耻辱的坟墓。

不要多久，我也要砸碎锁链，飞奔进丛林，
加入勇敢的丛林土匪——与杰克·多诺霍同行——

趁着夜深人静，城里万籁俱寂，
我一股脑儿杀死所有暴君，把鞭子手全部枪毙。

我要让法律大吃一惊：记住我说的话——
他们把吉姆·琼斯发配到植物湾，现在该后悔了吧！

　　因此，多诺霍是流犯时期新南威尔士唯一获得高大形象的丛林土匪，他成了丛林土匪活动本身的一种普遍理想化形象，流放制度消失很久之后，他依然幸存。他不断露头，带着同样的首字母"JD"，但名字不一样：杰克·道林、杰克·杜甘，在最著名的丛林土匪民谣中，则成了杰克·杜兰。那首民谣是《野性未驯的殖民地男孩》：依然是爱尔兰人，依然"跟制度对着干"，不过，流犯时期结束不久，这个制度就从大写的"System"，变成了小写的"system"。从前，澳大利亚人家客厅里有多少钢琴，《野性未驯的殖民地男孩》这首民谣就有多少歌唱的方式。本书作者所听到过的最有穿透力的那首没有被记录下来。唱歌的是一个悉尼老妓女，肥头大耳，满脸皱纹。1958 年的一天深夜，她在乌鲁姆鲁码头一家酒馆多喝了几杯波尔图葡萄酒后，来了劲头——她不是男人在酒馆前厅那种嬉笑欢闹的唱法，而是像母亲痛悼失去的亲子，唱变了调子：

　　　　我唱的是一个野性十足的殖民地男孩子，他叫吉姆·杜兰，

　　　　他父母贫穷，但很诚实，他出生在卡斯尔梅恩。

　　　　他是爸爸唯一的希望，妈妈的骄傲和欢乐，

　　　　爸爸妈妈可爱殖民地的这个野孩子了。

　　　　他离家出走那年，还不到十六岁，

　　　　在晴空万里的澳大利亚，他当了丛林土匪。

　　　　他抢劫富有的牧羊场主，毁灭了他们的牲畜，

　　　　野性十足的殖民地男孩子，他成了澳大利亚的恐怖。

　　　　在 1862 年，他开始了野性的生涯，

　　　　他的心不知危险，有敌人他也不怕。

　　　　他拦截了比奇沃思皇家邮车，他抢了法官马可波，

　　　　法官把金子交给野性十足的殖民地男孩，浑身抖抖索索。

他跟法官道声"早上好"，让他好好听着，

凡是穷人和正派的人，他都不会去抢劫。

但夺走了妈妈的骄傲和欢乐的法官，

比野性十足的殖民地男孩还要下三烂。

一天早上，吉姆骑马，沿着大山走去，

一路听着笑翠鸟，充满欢声笑语。

他瞅见三个骑警，克里、戴维斯和菲茨罗伊，

全都冲上前来，要抓野性十足的殖民地男孩子。

"快投降吧，吉姆·杜兰，现在你是一比三——

"快以女王的名义投降，你这个大胆的抢犯。"

吉姆从腰间拔出手枪，挥舞着那把小玩具，

"我战斗到底，决不投降"，这个野性十足的殖民地男孩子
叫着。

他对克里开了一枪，把他撂倒在地，

转身对付戴维斯时，却挨了致命的一击。

他躺在地上，下巴骨粉碎，又对菲茨罗伊开了一枪，

他们活捉了野性十足的殖民地男孩子，事情就是这样。

　　多诺霍民谣的各种变体和更早时期为英国人创作的劝善惩恶的谣曲，还有一个重大的区别，即有关澳大利亚大自然和空间方面的含义。直到大约 1830 年时，流放民歌和"宽纸"① 中表现的丛林，都是荒凉一片，充满敌意，动物虽然不让人恶心，但都很怪异（除了袋鼠以外，因

————————

① 单面（或双面）大幅印刷纸张。

为人们没法讨厌它）。致命的海滩是一片沙漠，到处是蛇和食人生番，怪异得让人无法忍受，完全就是一个颠倒的世界。"床栏杆包围着火焰，能睡就睡一会儿，/为的是赶走虎狼，范迪门斯地到处都是。"《范迪门斯地》这首民谣里就这样怨诉道，倒是镜像一样真切地反映了殖民地的惩戒目的：大自然的使命就是惩罚犯人，如牢笼一样把空间和丛林困于其间。

因此，逃犯把丛林变成新家，以自由的标记为丛林重新命名。凡在已被殖民并受制于英格兰法律和监禁形象的空间中无法读懂的东西，其都可以镌刻在茫茫的丛林中。"多诺霍一逃走，就直接奔往丛林。"丛林是说"不"者的城堡，是反叛者的城堡。这就是为什么《野性未驯的殖民地男孩》的齐唱词，在澳大利亚爱尔兰人听来，特别辛辣有味：

> 来吧，伙伴们，到高高的山上去游历——
> 大家一起去掳掠，大家一起去死。
> 在山谷中游荡，在平原上驰骋，
> 决不做奴隶，决不让人用镣铐锁住。

丛林土匪是澳大利亚文学的低矮灌木丛中，被等同于丛林动物的第一个形象："'与其给政府干活，'大胆的杰克·多诺霍嚷嚷，/'还不如当丁狗，当袋鼠，在丛林荒野游荡！'"把丛林土匪与国家风景连成一片的这种做法，一直持续到铁路建设结束了丛林土匪活动本身，摧毁了凯利帮，持续到人们于 1880 年在葛林罗旺镇活捉凯利帮头领奈德·凯利。一进入丛林，流犯就离开了英格兰，进入了澳大利亚。在此后的一百五十年中，大众情感（当然是隔着一段安全的距离）一直赞扬他，认为他把澳大利亚风景升值了。

第八章 捡垃圾的女人、脂粉气的男人、阴森可怖的兄弟

i

1788 年至 1852 年间，流放到对跖点的人中，约有两万四千名女性，占七分之一。至今仍有许多澳大利亚人认为，他们的开国之母都是婊子。毫无疑问，根据妓女这个词的本义来说，有一些就是妓女——也就是说，她们是靠随便出卖或定期出卖性服务、不附带任何感情而幸存下来的。通常引用的一个数据是五分之一的女性从事这个职业，尽管这个数据有些仅凭印象。[1]当一位女性在法庭审判中自称是妓女——常言说"在城里逛的"——人们就可以断定，她讲的是真话。"妓女"这个词要是从当局嘴里讲出来，那就不是对某种工作性质的描述，而是普通的骂人话了。

不过，有一点相当明确，即实际上并没有一位女性是因为卖淫而被判流放的，因为卖淫罪从来都够不上被判流放。超过百分之八十的女性流犯，都是因一般来说并不严重的偷盗罪而被"送"出来的。她们之中的暴力犯罪率很低，这在预料之中——约为百分之一。[2]刑期超过七年的极少。鉴于英国法律之严苛，所有这些从一开始就表明，其道德放荡的程度并不很高。

然而，几乎所有关于殖民社会的评论，向各种关于流放制度的特别

委员会提交的证据段落，以及小册子、日记或家信，总是不失时机地描绘澳大利亚女性流犯的无耻堕落、屡教不改和一钱不值。军官相信这一点，医生、法官、教区牧师、历任总督，当然也有他们的受人尊重的妻子等，也都相信这一点。男性流犯通过劳作和悔罪，最终也许会得到拯救，但女性几乎无可救药。这就好像女性流犯越过了普通的阶级界限，离色情不远，成了虚构之物：行为粗野、声音沙哑的夏娃，呲着嘴喝朗姆酒，在黑暗的野外抚养私生子，从社会地位比她们高的人那儿招来的只有鄙视而不是怜悯，从男人那儿得到的只有强奸而不是帮助。

澳大利亚历史学家从前囫囵吞枣地把这个滞定型一股脑儿吞了下去。A. G. L. 肖写道："即便同时代的那些人夸大其词，所显示的那幅（关于女性流犯的）图画也是独一无二、没有任何吸引力的！"[3]一些后期女权主义历史学家，在安妮·萨默斯和米冉姆·迪克逊的领导下，试图铲除这种偏见的同时，又保存了这种画面，认为许多妇女，甚至大多数妇女都当了妓女，她们的命运是暴君的男权结构强塞给她们的。关于此案的一段最有影响力的话是安妮·萨默斯说的：

> 地方当局和英国当局都认为有必要提供妓女，让男性流犯和男性自由民少安毋"躁"。发明"妓女"滞定型，是将其作为一种处心积虑的性歧视的社会控制手段……这个滞定型又被定性为女性之错，她们因此而遭到诅咒。[4]

简言之，这是左也不是、右也不行的那种典型现象。以妓女滞定型为基础的当代意见出现了质量问题，这个滞定型居然为塞缪尔·马斯登牧师和女权主义历史学家所接受（尽管后者动机完全不一样），这才是问题所在。

英国政府把女囚"送"到澳大利亚，并不是为了让男的少安毋"躁"，也没有任何政治含义。要让男的毋"躁"，抽鞭子就行了。但是，有女的在场，就有社会控制的用处在，因为她们被视为胡萝卜，而不是大棒。有了夏娃这个婊子，就可以保证亚当这个流氓不会变成同性恋：威廉·皮特要打造的是一座窃贼殖民地，而不是性倒错者殖民地。当然，政府并未明言，把女性流犯"送"往澳大利亚，是作为繁殖的牲畜提供性交便利。其实，悉尼勋爵 1786 年在制订拓居地的原始计划时，就谈到为此目的而奴役来自下列地方的妇女：

> 如友谊群岛、新喀里多尼亚等地，这些地方都比较邻近，可以很容易地获取，要多少就可以弄多少。众所周知，如果女性比例不够，要想保证拓居地不出现非正常状况和混乱状态，是根本不可能的。[5]

当然，亚瑟·菲利普不接受这个想法，因为塔希提的女人一旦被绑架，就只会"在苦难中憔悴下去"。他要求"送"更多的女流犯来，不是来干苦活，而是因为他想让重犯互相结婚，从而产生一个土生土长的自由民阶层——希望产生一个相当于农业经济基础的基因阶层，由"盈满释痦者"出身的小农场主来经营。他对结婚的流犯，都赠以土地或时间（即每周拨出额外一天，供其种植自己的作物，以便销售或进行物物交换）。有些匆忙结成合法夫妻其实已犯重婚罪，因为其中一些人事实上已经结婚，只是丈夫或妻子还在英格兰罢了。从是否"像话"的角度讲，这个政策好像是个闹剧，结婚热不过是为了从统治者那儿争夺惠赐而已。[6]

苏格兰伪造证件者托马斯·瓦特林本来就是流犯，他嗤之以鼻、不屑一顾地说："把婊子和流氓结合在一起，你不可能期望有什么好结果。"在殖民时代早期的悉尼，"蓄妓制"和"纳妾制"大行其道，婚姻却并非如此。在这一点上，受人尊重的流犯、受人尊重的官员和受人尊重的牧师都持一致意见，因为他们评人断事的标准如出一辙。瓦特林抱怨说："男人几乎没有一个没有情妇。"他对英国工人阶级的性交习惯极为无知，却补充说："高层阶级的人首先表现出这种特征。说句公道话，底层阶级的人就会忠实地照猫画虎。"官员因为是官员，所以能对女性进行首选。一个女流犯很快就得知，她要想在新南威尔士生存，最好的机会就是把自己奉献给某个有主宰地位的男性，求得他的"保护"。瓦特林语气含讥带刺，愤愤不平，劝告"水性杨花的"女子，如有可能，就要有意让人流放：

> 她们尽管放心好了，一路上，人情味浓厚的官员和水手都会殷勤款待她们。走完全程之后，一到岸肯定就会给留下来……无论她们人或样子多么可鄙，她们都可以肯定，以后要比以前当妓女时穿着更好，生活更容易。[7]

瓦特林的偏见是死要面子的偏见。他相信，他是以一个"受人尊重的"身份在写作（伪造证件者一向如此），他对女流犯的看法准确地反映了他因堕落而不再属于的中产阶级的态度。伦敦有身份的人——且不说苏格兰边境北部、处于寒冷纬度的约翰·诺克斯①那种人——根本不认为嫖妓和同居之间有何差别。正如我们所看到的那样，帕特里克·科尔洪企图猜测伦敦"犯罪阶级"有多少"妓女"时，曾把未婚同居男女中的女性都算进来了。不久，凡是滥交者，无论是否收钱，都被称为"妓女"。最后，中产阶级加给底层阶级的不赞许的道德重负，把两者之间的界限瓦解，以至亨利·梅休这位不屈不挠的记者宣称，"妓女……不仅参与滥交活动，就算她把恩惠施于一人，也仍然是妓女"，哪怕她的动机纯粹是"肉欲"，而非牟利。简言之，澳大利亚的自由民把英国中产阶级的道德词汇拿来，大谈流犯中的"妓女"问题，其实他们指的是婚外情。由于监禁制度和开拓生活都不赞同结婚（官方政策一向鼓励结婚，但这种鼓励政策经常受挫，因为小拓居者普遍穷困，"盈满释疴者"工人的生活具有变化无常、在丛林浪游的性质），有身份的人就在

---

① 苏格兰长老教会的创立者。

所有地方都看到了"妓女"问题，哪怕在婚外持续多年、产下一窝窝孩子的牢不可破的结合，也被他们视为"妓女"问题。[8]正如历史学家迈克尔·斯特马所指出的那样，认为流犯与地位比他们高的人一样，对性行为持有同样看法，这种思想是十分可疑的：

> 工人阶级的道德观念（在英格兰）与上层阶级和中产阶级的道德观念明显不同……在英国工人阶级中，同居现象十分普遍。工人阶级男性，特别是男性流犯，从某种意义上讲，不大可能认为女性流犯在性欲上是不道德的……把女性流犯看作妓女的滞定型……是不了解工人阶级生活习惯而致。[9]

这种思维造成了一个臭名远扬的结果，就是塞缪尔·马斯登牧师于1806年制定的所谓"女性注册表"，这是灵机一动，带有创造性，但属执迷不悟的一种做法，要求把殖民地所有女性，除少数几个寡妇之外，都划分为"已婚"或"小妾"两种人。根据马斯登的计算，前者共有395人，后者则有1035人。他只承认一种婚姻，那就是由英格兰教堂教士举行过仪式的婚姻——最理想的是由他本人举行过仪式。按这个原则推理，凡是按照自己的宗教形式结婚的天主教和犹太教女性，都被自动列为"小妾"。所有按普通法结婚的妻子也是这么处理，因为她们与丈夫结成的关系，无论多么持久，都不会得到英国圣公会的仪式的承认。一个名叫玛丽·马歇尔的女子与"丈夫"罗伯特·西达维共同生活了十八年，却仍被列为"小妾"。萨拉·贝拉米与殖民地的建筑大师詹姆斯·布拉德沃斯（又名詹姆斯·布拉兹沃斯）一起生活了十六年——这位砌砖匠随第一舰队被流放，悉尼的第一批建筑物就是在他监督下建成的——并为他生下了七个孩子。不可能有比这种关系更令人敬重、更忠贞不渝、更持久不衰的了，但他们的关系1804年因布拉德沃斯死于肺结核而终结。为了报答他为婴儿期的殖民地所做出的服务，金总督以军礼为他举行了葬礼。可是，萨拉·贝拉米在马斯登的名单上依然屈居

"小妾"地位，同时列在名单上的还有一个十二岁的小女孩和一个六十四岁的寡妇。然而，这个名单抵达伦敦时，卡塞尔利勋爵和威廉·威尔伯福斯看了这份伪善到荒唐无稽的程度的文件后，居然好像还很相信其内容，结果它成了关于殖民地道德的一份权威文本。正如历史学家波霞·罗宾逊所评论的那样：

> 很少女性正式结婚，这并不一定就暗示，其余女性的行为就使新南威尔士成了"恶名昭彰的渊薮"。它直白地表明，道德标准和女性熟悉的婚姻定义与塞缪尔·马斯登强加于社会的标准和定义并不统一。他的同时代人接受了他关于植物湾女性性质的结论，而现代历史学家居然仍在延续这种观点。[10]

持有偏见的并非马斯登一人。人一旦被命名，就会被以相应的态度对待。人们尽可以怀疑，英国政府当年可能并未有意以特殊形式歧视、贬低澳大利亚女性，但目前毫无疑问的是，妓女滞定型在当年那个僵化的小殖民社会中，早已为上层阶级所接受，并发挥了巨大的威力。事实上，流放制度被取消之后的一个世纪里，这个滞定型虽然逐渐衰弱，却依然留存，成为澳大利亚性政治图案中的一个组成部分。这个滞定型背后的态度，在第一舰队"友谊号"海军陆战队军官拉尔夫·克拉克的私人日记中清晰可见。

克拉克上尉1787年驶往澳大利亚时，把老婆贝茨·艾丽霞·特勒凡，一个来自有产家庭的漂亮的德文郡姑娘，和他们还不到两岁，名叫拉尔夫·斯图亚特·克拉克，胖乎乎的头生子，都留在了家里。随着第一舰队向南驶去，克拉克备受悔恨和思家之情的煎熬。地位的擢升，值得这样抛妻离子吗？他在日记里处处提到贝茨·艾丽霞，饱蘸墨汁，一抒哀伤之情，不知何日才能合家重逢：

> 亲爱的好女人，我不知道你的价值……艾丽霞，我的朋友，我

的爱妻，还有我美丽动人的小儿子，甜甜的孩子啊，为了能够亲吻一下你母亲和你，父亲什么都肯做，啊，我想我已经听见他在叫了：爸爸，爸爸！此时，我拿着帽子正要出去。多么可爱甜蜜的声音，在我可怜的耳朵中，听起来就像音乐。我唯一的幸福就是亲吻贝茨亲爱的相片和她寄来的我的小儿子的头发。我不想为了船长的一纸委任状，而与他们分离。[11]

克拉克用"亲爱的相片"，即上面有只带铰链的玻璃盖子的袖珍照片，发明了一个小小的仪式。从星期一到星期六，他每天早上都要亲吻这块玻璃。星期天，他拿起那块小小的椭圆形玻璃，亲吻"从盒子里拿出来的我亲爱的艾丽霞的照片"，她的形象象征性地裸露出来，与肉体靠得更近了一些。这个动作既象征脱衣，又是一种祈祷，仿佛那是女圣徒的肖像。神圣和性欲通过婚姻的缔结而缠绕在一起。有时，他做的关于艾丽霞的梦有性交的内容（"昨夜，看见我亲爱的最爱的艾丽霞在床上，就把她拉到我身边"），但他的梦通常都反映了他离开她的内疚和失去她的恐惧。他不太理解他的梦，但这些梦似乎都有不祥之兆，他很不开心：

> 因为我梦见我的艾丽霞从她身上拿下一只死虱子给我，哎呀，这个梦很不吉祥，因为我经常听她说，梦见虱子是肯定要生病的征兆。[12]

在克拉克的感情宇宙中，艾丽霞是固定的幸福之星。她的名字能唤起他留在身后的一切：安稳，忠诚，正当的性爱之欢，社交的持续，温柔的母爱。他表述这种感情时所采用的常规形式，反衬出感情强烈的程度。他从来都没有想到要去发表他的日记，他不是作家，只是一个可怜巴巴、充满乡愁的年轻海军陆战队员，试图用当年上流社会文化派生出来的感性语言，把他最深处的情感流动记录下来：

今天看完了《道格拉斯的悲剧》的剩余部分，啊，这是一部甜美的剧本……当兰道夫女士在小诺瓦尔身上，看到她已失去、名誉受到玷污的丈夫道格拉斯的相貌和形体时，她胸中会产生何种感情呢？这位慈爱的母亲，她哪里知道，这是她早已丢失的儿子……但我还是认为，她再怎么爱，也不如我的贝茨，我贞洁的艾丽霞爱得那样深。[13]

若说拉尔夫·克拉克把妻子理想化了，这不啻是在淡化他的感情：她简直就垄断了他心中所有女性的形象。如果另一个女子表现不好，她的暴力或淫邪就等于是对艾丽霞的侮辱，等于在他潜意识中向他暗示，艾丽霞也可能会因堕落而失去秀逸的风姿。因此，克拉克带着报复心，把艾丽霞和由他监管的女流犯做了一个对照。他因她们的罪孽而受到惩罚，因此失去了挚爱他的妻子。船还在英吉利海峡时，他就写道："我从来都没想到，英格兰有这么多遭人遗弃的荡妇，她们比男流犯坏一万倍。恐怕她们的麻烦要大得多。"7月，发现"友谊号"的水手中有四人在二层甲板上跟四个女流犯发生关系，船长立刻让人把水手用鞭子抽了一顿。但克拉克补充道："如果我是司令官，那我就要把那四个婊子也鞭打一顿。"[14]那个"婊子"很典型，嘴巴极臭：

伊丽莎白·巴伯是一个女流犯，她很恐怖地咒骂医生，说他想跟她日……然后用凡是想得出来的字眼骂他……她开始用更糟糕的方式侮辱梅瑞迪斯船长，说她不是婊子，就跟他妻子不是婊子一样……我一生从来没有听见一个人的嘴里能冒出这样的骂人话来……她要梅瑞迪斯过来亲她的私处，因为他除了是个烂流氓外，什么都不是，我们大家也都是烂流氓。我向上帝祈愿，但愿她能从这条船上滚下去。我宁可多要一百个男的，也不愿要一个女的。[15]

这些"该诅咒的女流犯婊子"和"肯定是天使而不是女人"、远在天边的贝茨之间，有一条绝对不可逾越的鸿沟。他仇恨这些下贱的底层人物，因为她们让他不能跟妻子团聚，由此而产生了暴力的幻想和梦境。他写到在船上做洗衣工作的女性时说："如果她们把我给她们洗的任何东西弄丢，我就要把她们剁成肉块。"后来，他做了一个梦："我去植物湾之前，到特勒嘎多克（与家人）告别，却遭到很大一群暴民殴打，于是不得不用我的剑凶猛地与之对抗。"三年后，他在"天狼星号"失事后，忍受着诺福克岛的严酷条件，亲笔写了一则很无人性、不屑一顾的墓志铭，"纪念"一个名叫安·法默的女流犯，这是第一个在那儿自然死亡的人："他们把她'送'出英格兰时，她比半死不活的情况要好。人人都说，她是一个极为邪恶的女人，因为她，二十多个男女都过早地结束了生命，但现在她已经走了，她去的那个地方会对她论功行赏的。"很快，他又巴不得别的女流犯都赶快死掉。"愿全能的上帝对我们发发善心，从她们中间带走几个人，目前如果没有她们，我们情况会好得多。"[16]

克拉克终于离开了，于1792年6月和贝茨·艾丽霞团聚。这之后，再次见到他理想中的人儿之前，他没再写日记了。1792年12月，他回到军队服役，参加英法战争。1794年初，贝茨·艾丽霞死于分娩，孩子是个死婴。几个月后，克拉克的爱子拉尔夫，这个九岁的海军学校学生，在与一艘法国船作战时，在加勒比海的一艘船上因患黄热病而丧生。克拉克当时也在船上，并于同天战死。不过，这还不是克拉克这条线索的终结，因为在他死去的时候，他还有个三岁的女儿，可他几乎都忘记了。这是他跟一个名叫玛丽·布兰汉姆的女流犯生的，于1791年7月在诺福克岛出生。克拉克坚持给她起了一个艾丽霞的教名。他的日记中没有提到孩子的母亲。

ii

第一舰队的女性都是随便挑选而来，从满脸皱纹的丑老太婆，到年纪幼小的孩子，什么样的都有。接下来的女流犯船"茱丽安娜女士号"就比较有系统一些，船上装的都是"适婚"的年轻妇女，"因为殖民地当时极为缺乏妇女"。其中有些人是心狠手毒的职业罪犯，如巴恩斯利女士。这是一个商店窃贼，她曾夸口说，她家的人都是骗子和强盗，已经有一百年了。她的兄弟也是一个强盗，在舰队开航之前，经常到船上来看她，"穿着讲究，气度不凡，跟绅士一样"。在天平的另一端，是一个温驯的小家伙，很奇怪的是，她颇像当时的总理威廉·皮特，船上的人都认为她是皮特的私生女。

一些人流着泪水，大发雷霆，一些人企图逃跑，还有一些人在开航之前，花去几个星期的时间，躲在角落不出来，脸色苍白，感到震惊和羞愧，眼睛哭得红通通的。船还没离开泰晤士河，一个苏格兰的少女就因心碎而死去。大多数女性都因"毁灭"（贫穷的恶性循环，未婚先孕，不是靠偷盗，就是靠卖淫而生存，这一切都构成了成千上万闹剧和民歌的情节，因为这是少女身上发生的最普通的事情之一）而破罐子破摔，因此，"茱丽安娜女士号"船上的苏格兰伙食管理员约翰·尼科尔觉得，她们上船后实际上都很开心。他回忆说：

> 我问她们理由时，她们回答说："我们现在这个情况，与我们开始养成罪恶的习惯时相比，要好得多……发配放逐，就是赐福于我们。我们已经被放逐了很久，却还在我们自己的国土上，这不是最可怕的一种情况吗？我们不敢去找亲戚，因为我们让他们丢人现眼。别的人看见我们来，就把门照我们脸关上，好像我们是瘟疫，遭人痛恨，无人理睬。"[17]

这种情绪尽管经过了文学修饰，还是能提醒人记住，女流犯士气本来就不高，在去澳大利亚的一路上，想必情绪早就土崩瓦解了。无论是伦敦还是植物湾，都是世界的两极，对许多人来说同样陌生，同样没有希望。据尼科尔称，她们都是"对人无害、十分不幸的人"，都是"最卑鄙无耻的诱惑的牺牲品……一批惹祸的货物，但并不危险，也不害人，要我说的话，就是闹声大，危险小"。

第二舰队一到海上，"茱丽安娜女士号"上的海员就开始跟他们的"货物"成双成对起来，从而开始了后来历次航程中，几乎千篇一律的模式。毫无疑问，有些水手觉得自己就像土耳其的巴夏老爷，凌驾于海上后宫的嫔妃之上。然而，尼科尔的措辞意义重大："男人个个为所欲为，从流犯中选取妻子。"尽管后来的中产阶级道德观觉得这种男女苟合令人厌恶，但在当时的乡村、港口和伦敦本地，工人们都觉得这种事理所当然。当然，尼科尔并不认为他的"妻子"萨拉·惠特拉姆是个婊子——她因偷了一件大氅而被判流放澳大利亚七年。他回忆她时，带着敬意和柔情说：

> 这姑娘性格沉稳端庄，是个好心真心的人。我向她求爱了一个
> 多星期，要是船上有牧师，我早就跟她结婚了……我把她脚镣上的
> 铆钉在铁砧上敲打下来的那一刻，就迷上了她，而且打定主意，时
> 候一到，我就要把她带回英格兰，正式娶她为妻。[18]

但是，他无法让她获释，只好独自回到英格兰，把萨拉·惠特拉姆和他们在船上生下来的儿子留在了悉尼。

然而，人们可能怀疑，并非所有的水手对女流犯都像尼科尔说他对萨拉那样尊重。奥克兰勋爵是 1812 年流放特别委员会主席，曾于 1812 年夏天，视察了泰晤士河上停泊的一艘装载了女流犯的"布里格"（在该委员会工作结束很久之后），向该船船长问询"如何防止水手和妇女之间发生不合适的性关系"。船长告诉他：

> 在整个航程中，每个水手都可以找一个女人同住。——如果向
> 委员会交代这种做法……定会遭到最强烈的斥责，因为这可能导致
> 某些不幸的女人养成卖淫和扰乱秩序的坏习惯，并确认另一些女人

也会这么做。[19]

显而易见，这类"不幸者"被"送"往澳大利亚，并不是为了帮英格兰挤掉某种社会的脓水。即便她们所有人都当过妓女，把她们放逐也不会对英国的犯罪问题产生任何影响，但她们的放逐对处于婴儿期的殖民地影响很大，因为殖民地受到性饥荒的困扰。这项政策在被判流放的妇女年龄——"适婚年龄"，正如 1812 年流放特别委员会被告知的那样——上有所反映：

> 问：对妇女年龄有何限制？——我们尽可能把她们的年龄限制在二十四岁左右，但不超过四十五岁……她们出去时都很年轻，特别是从伦敦来的。[20]

"不列颠号"女流犯船上一名官员 1798 年写道："在一个恶棍遍地的国家，一个孤独的女人是很可怜的。"[21]当一艘载着女性的轮船在悉尼港锚泊，该船的上甲板就成了一座奴隶交易市场。这时，淫荡的殖民者蜂拥而至，冲上舷墙，嘻嘻哈哈，色眯眯的，手里拿着朗姆酒，跟船长套近乎。与此同时，女流犯（早已为了这个隆重时刻梳洗打扮起来，穿上了她们仅存的英国华服）都集中起来，站到他们面前，尽可能"炫耀一番，以便达到最佳效果"。军官挑选头一批，然后是士官，接下来是普通士兵，最后是前流犯拓居者，好像只要有足够的"面子"，能获得总督许可，留有一个女仆就行。（在麦夸里执政之前，能得到这样的许可，是很大的优惠，菲利普之后的历任总督，如格娄斯、帕特森、亨特、金和布莱等都很吝啬，不肯贸然惠赐，一定要作为非同寻常的奖励。）据一个前流犯讲，并非所有配给给军官的妇女都成了情妇（毕竟有些男人已经结婚，而且把老婆带来了）。事实上，"有些女的被军官当作妓女，而不是仆人"。[22]殖民地的大多数女性流犯都有男人同居，有人断断续续地试图遏制这种现象，但实际上并不适用于军官。于是，布莱禁止妇女被人"在未婚情况下带走，不吃公粮，除非作为军官的仆人"。布莱本人非常鲁钝地宣称，"嫖妓卖淫问题无法杜绝"（但他此处明显是指同居现象），"因此，没有必要制定任何相关规定……拓居者要的是女仆，就申请挑选他们所要的人，这样就能同居。这类现象是不可能杜绝的"。[23]

有些目击者觉得这种景象在道德上很野蛮，"使得整个殖民地比一座巨大的妓院好不了多少"[24]。但历任总督都反应缓慢，未能阻止此类事情发生，因为女的——其劳动力没有多大用处——这么做，就可以"不吃公粮"，不用政府花钱供养她们。伦敦下达了几项严格禁令之后，这个现象在麦夸里的治理下逐渐减少。[25]

女囚犯特别承受不起的，是一种无可奈何感。一位观察者思考定期举行的船上奴隶交易的情况时，认为"这个风俗给该殖民地的英国政府丢尽脸面"。他还注意到，并非所有女人在抵达时都是"伤风败俗的"，但她们都受着"嫉妒、烦恼和匮乏"的驱使。"并非所有的人都达到同样过分邪恶的地步，偶尔有些人让人比较有好感，如果不是这样，她们第一次到达的时候，人数就会大大增加，不分青红皂白地被抛入此种困境和诱惑中。"[26]

由于男女关系不受法律约束，拓居者只要厌倦了某个女流犯，就可以把她赶出家门。这就造成了麻烦很多的流动人口，由婊子和没有固定对象、"行为不端"的妇女组成，集中在悉尼港周围。该地西部一带，也就是"岩石区"，很快就有了一个当之无愧的恶名，成了殖民地最吵闹、最危险的贼窝。早在 1793 年，这些女人对碰到的男性都会冒犯。其中包括一个西班牙海军上尉，他乘坐"阿特勒维达号"探险船，停靠在悉尼：她们"一刻不停地诱惑挑逗"他的船员，偷偷往他们酒里放蒙汗药，明目张胆地抢劫他们，实在太"坏，太贪，堕落无比"，记忆中臭名远扬的特内里费码头的女人跟她们相比就逊色多了。[27] 1802 年，来自韦克斯福德，因参加 1798 年流产的起义而作为政治犯被判流放，名叫迈克尔·黑伊斯的爱尔兰人写信给他的姐妹玛丽，请求她别来与他团聚时，警告她说：

> 要小心那种惨状，无人保护的女性来到世界这个遥远的地方
> 时，一般都会伴随这种惨状……即便你有我在身边，你的生活也会
> 很孤独，（除非）你跟妓女掺和在一起。在这个国家，有一千一百
> 个女人，但这个数字中，贞洁的连二十个都不到。其他人都是通过
> 卖淫为生……这种生活方式得到了历任总督的认可，从第一次登陆
> 直到现在，一直都是如此。[28]

黑伊斯还提到了惩罚，说这些惩罚与清教徒社会对犯奸淫罪的女人
的惩罚相似，会施加到女流犯身上，只是她们体质较弱，同时总督比较
宽恕，即使鞭笞，也不会打得像男的那样重：

> 她们习惯了放荡不羁的生活，就是惩罚再严厉，也无法约束她
> 们。我曾亲眼看见一些人在三叉刑具上挨鞭笞。还有更多的人则被
> 人用绳子捆在腰际，由一个刽子手牵着绳子，走街过市，脖子上贴
> 了一张标签，说明犯了何种罪。目前采纳得最多的一种惩罚方式，
> 就是把女的削发，浑身在水里浸泡一遍，然后罚她们去跟男犯一起
> 做苦工。[29]

有钱或有财产证据的女人，通常一抵岸就会拿到假释证——至少一
直到 19 世纪 20 年代早期和麦夸里离开之前都是这样。与丈夫在悉尼团
聚的已婚妇女也享受同等待遇。丈夫如果是流犯，一般也会拿到假释
证，"能让他得到更大的便利和支持"。女流犯如果有流犯船船长或外科
大夫的特别推荐，也可在码头拿到假释证——这是一种安排，能让船上
的官员在性爱问题上握有很大的杠杆力，尽管大多数人都约束自己，不
去滥用这种权力。[30]

其他所有人——怀有身孕或在船上生了孩子的女人、被"市场"刷

下来没人要的人、穷人、长得丑的人、疯子、老货、枯萎消瘦的人——
都被送到帕拉玛塔的女工工厂去了。她们乘坐一条驳船，沿着起着皱
纹、仿佛手臂一样的银色的悉尼海港，溯帕拉玛塔河而上：这是一段庄
严的行程，穿过荒凉而又精致的风景，两岸古老的尤加利树排列成行；
虎皮鹦鹉突然像一团绿色的云彩，盘旋在水面上；白鹦鹉拍打着翅膀，
从一株树飞到另一株树，尖声鸣叫，仿佛群集的亡魂。如果顺风，这趟
行程要一整天的时间，但有时还要走一整个晚上。然后，她们不得不在
沿河摇摇欲坠的小客栈铺床睡觉，那不过是用草铺席的小棚屋。客栈老
板——不是快活的酒馆老板，而是冷眼旁观的前流犯，他们在朗姆酒这
个行业里找到了自己的一个小小角落——让她们喝酒，直喝得烂醉如
泥，跟着就把她们的一点随身物品抢劫一空。驳船的警员袖手旁观，根
本不保护她们。[31]

　　第二天，她们睡眼惺忪，艰难地迈步走进帕拉玛塔时，迎接她们的
是一个肮脏得让人恶心的场面。女工工厂是监狱上方的一座阁楼，长六
十英尺，宽二十英尺。这座阁楼臭烘烘的，地板无论如何都洗不干净，
因为地板洼陷严重，积水直接穿透裂缝，滴在下面囚室的囚犯头上。屋
顶漏水，厕所发臭，厨房只有一座壁炉。在这儿，女工纺纱织线，把羊
毛织成纱线，然后用纱线织成粗糙的"帕拉玛塔布"，流犯冬天穿的衣
服就是用这种布制作的。没有从流犯船上把被褥随身带来的人，就得睡
在一堆堆肮脏的生羊毛上，里面尽是壁虱和碎布头。政府不给帕拉玛塔
的女工发放床褥或毛毯。[32]

　　该厂地盘不大，只能容纳三分之一的女囚，其他人则只能住在当地
的拓居者那儿，无论什么条件都行。"住宿和烤火"费通常约为一周四
先令，因此，大多数女人只有靠"卖屁股"，才出得起这笔钱。她们的
主要客户是男流犯，这些人也没有钱，不是靠偷钱，就是把当天的"政
府活"干完之后，再利用闲暇赚钱。大多数人更愿意去偷钱。所以，一
个很恼火的殖民者指出，帕拉玛塔每年被盗窃的钱款超过了一千五百六
十英镑，都是为了付给"婊子"。据麦夸里报告，几乎每个晚上，都可

以看到男女流犯在大街上"自由自在"地游荡，最多时可达三百人。[33] 塞缪尔·马斯登牧师抱怨说：

> 农场主谷仓里的每一蒲式耳小麦或玉米，羊圈里的每头羊，猪圈里的每头猪——菜园子里的土豆、萝卜或青菜——每天晚上都有可能被人偷走……目的是满足这些遭人唾弃的女人的需求。男人每天夜里任何时候都可以接近这些女人。[34]

与此同时，女工工厂的总监除了给手下因犯发口粮，并向政府保证女工中间一切平安无事之外，就对女工百事不管了。其中有位负责人是一个名叫杜利的很油滑的"盈满释疬者"，他在麦夸里下达了一份暴怒的备忘录之后，在 1811 年承认，他确实曾让女工睡在工厂外面，但是，他现在已经取消了"这一特许"，将来会让她们都在工厂四壁之内睡觉。实际上，工厂根本没有"四壁"，只有把屋顶撑起来的架子，所以，男女流犯想来就来，想走就走。[35]

1819 年，麦夸里命令前流犯建筑师弗朗西斯·格林威设计一座新女工工厂，一幢漂亮的乔治时代风格的三层楼建筑，有大钟，有圆屋顶，还有安全墙。但是，工厂内部的社会条件仍然很不完善。托马斯·里德是"莫里号"女流犯船上的外科大夫，他于 1821 年初视察了他从前负责照管的人，发现很难描绘她们的"苦难状况"。她们把他包围起来，泣不成声。他这才得知，她们头天晚上一到达，就被"无所事事的家伙"团团围住，"这些人都是流犯……给她们拿来一瓶瓶酒……目的是按照风俗习惯，召开一次宴会。他们保证能在没人打断的情况下享受一番，作为大干快上的前奏。鉴于礼仪之故，此处恕不提及"。[36]

在新建的工厂里，女工分成"一般""有功"和"有罪"三个等级。"有罪"等级属屡教不改者。他们不能佩戴任何徽章，作为耻辱的标记，一律剃短平头。"有功"等级是六个月来持续表现好的人。"一般"等级人数最多，很像一个养老院，主要都是一些不幸的少女，她们因在提供配给服务时怀孕，而被送回工厂。没人强迫她们说出孩子父亲的名字，有人问到时，她们就说那人是塞缪尔·马斯登牧师。

女工工厂是殖民地的婚介市场。拓居者一般都到帕拉玛塔找"工厂女孩"（相当于澳大利亚的邮购新娘）。这只需要马斯登开一张书面许可就行了，也就是一纸书面通知，交给女监工，同时还要能镇定自若，顶得住女工的嘲笑和谩骂。"需要一张土耳其人的脸，才能跑这份众所周知的苦差事。"设想一下这种奇怪的场面吧：女工身穿粗布法兰绒衣裙，排成一行，一些人愁眉不展，另一些人则充满希望，把自己收拾得齐齐整整。"赛利伯"，也就是单身汉，通常是来自内地的某个年龄较大、话都有点说不清楚的"死藤皮"①，脚步迟疑，沿着排队的人身边走过。女监工则滔滔不绝地报出女工的性格和记录。有人目睹了 19 世纪 20 年代这种殖民地男女结合仪式之后回忆说：

> 新娘笨笨地说了声"yes"之后，就飞跑到她的同伴面前，匆匆地和她们一一告别，然后就被新郎领走了。"只要三个月，你就会被赶回来！"一个同伴叫道。"真是便宜了你，老'死藤皮'！"另一个同伴叫道。这一对的离去，引起一阵喧嚣和混乱……流犯的衣服都还给了她，她又穿戴得像一个自由的女性，赶紧跟只花了一个小时向她求婚的人到教堂去了。政府发给她一张假释证，算是送给她一份嫁妆。接着，她一步跨上丈夫的四轮马车，就到他农场去了。[37]

即便如此结合，也不能保证婚姻持久。一个流犯认为，"工厂姐"其实只想回到悉尼，"穿戴得漂漂亮亮，到房子豪华的人家去，夜里去舞厅跳舞，这样才开心"：

---

① 英文是 stringybark，即纤维内皮桉，指乡巴佬。此处音意合译。

> 我认识……非常棒的年轻女子，都是你想见到的那种，却嫁给了老家伙，衣衫要多褴褛有多褴褛，也许住在二三十英里开外的乡下，周围五六英里之内没有一幢房子，直接就在丛林里，那儿除了树之外什么都没有。但有一个政策规定，这人是个自由民，他们结婚之后，她也会获得自由。她逗留一两天后，就会找个借口——女人想找借口从来都不成问题——说要去悉尼一下。她总会从他（老傻瓜蛋！）身上搞到她想要的钱，但她一去就不复返了。[38]

对帕拉玛塔工厂，以及其同样让人不爽的南方表妹——霍巴特的女工工厂（该厂建于1827年，人满为患，臭得就像贩奴船的底层舱）的"犯罪"阶级的惩罚并不像对男流犯那样重。到了19世纪20年代，就再看不到新南威尔士的女流犯在桥梁工地上拖着装土的大篮子的现象了。总的来说，不用给"桀骜不驯"的女工戴有尖刺的铁领，也不用和着鼓点的节拍抽她们鞭子。不过，1823年，帕拉玛塔女工工厂还是摆了一架惩罚人的踏车。1837年，霍巴特也设了一架踏车。凡受过踏车惩罚的女工，"生殖器官都感到极为疼痛"[39]。此外，还有羞辱惩罚，其中最招人痛恨的形式就是给女工削发。这么做往往会使人造反，正如霍巴特工厂的总监1827年所发现的那样。当时，他告诉配给流犯安·布鲁因说，她不在主人房里，而在外面过了一夜，要受削发惩罚：

> 她暴烈地尖叫起来，发誓说谁也不许剃掉她的头发……她跟着就走进我的起居室，在房里边叫边骂，暴跳如雷，好像失去了理智。她手里拿着一把剪刀，说着就剪起她的头发来……她走到我起居室的窗前，攥紧拳头，接连不断地打碎了三块玻璃……她又拿桶砸碎了更多玻璃，还把窗框底部的气窗也给砸了。[40]

很自然，这被视为泼妇发疯的行为，而不是一个肉体权利遭到侵犯的女性的抗议。两家工厂都发生过几起暴乱和差点酿成大祸的突发事件。其中有一次是在 1827 年，当时不得不派兵弹压，因为这些"亚马逊部落土匪"站在一起"宣称说，一人落难，大家受苦"。1829 年，霍巴特工厂的女工把"小包小包的火"扔进厂房的排气通风口，企图把整个地方一把火烧掉。[41]

iii

就这样，到处都在谈论"婊子"和"妓女"，为的是服务于中产阶级意识形态的道德观。无论男女流犯，都不觉得不结婚就生活在一起有失体面，甚至都不觉得有什么错。然而，澳大利亚的女流犯作为女性——作为劣等性别的成员——多多少少都受到压迫。英国社会的性别歧视现象也被带到了澳大利亚，又因监禁条件而扩大化。女性流犯要想不被性别歧视的种种假设所压垮，就需要有特别的人格力量。语言本身确认了她的贬值掉价，这从乔治时代用在妇女身上的俚语和黑话中就可见一斑——那是粗鲁唐突、尖厉刺耳的切口，对语言进行挪用，对女性不屑一顾。

女人是蝙蝠、缝缝、"瘢特"①"凯丝弗罗"②、牲口、"魔特"③"哺力客"④，要不就叫方便。如果她和男的常在一起，她就是那男人的天生货或特品。结婚后，她就成了"奥特母魔特"⑤。如果她金发碧眼，她就是个漂白魔特。如果是个非常年轻的妓女，差不多还是个孩子，她就是个肯青魔特。如果长得漂亮，她就是个兰姆布劳温⑥，一头母羊，一块好羊肉。如果得了淋病，她就是个怪魔特。这种语言是低端用语。高端

---

① 即 bunter，一般英汉词典都不收此词，意思是捡破烂的。
② 即 case fro，一般英汉词典都不收此词，连英文词典都查不到，尚不知其意，暂存疑。
③ 即 mort，一般英汉词典都不收此词，指女性。
④ 即 burick，一般英汉词典都不收此词，指妓女。
⑤ 即 autem mott，一般英汉词典都不收此词，连英文词典都查不到，尚不知其意，暂存疑。
⑥ 即 rum blowen，19 世纪的英国俚语，一般词典不收，指靓女。

语言则是统治阶级——动不动就挥舞鞭子的善良基督徒——的浮华虚夸的道德用语。女人夹在这一高一低两者之间，需要积蓄特别的韧性和自尊，才能顶住这种滞定型的压力。当时人们普遍相信，女人水性杨花，一钱不值，这种看法一定深深地渗透到这些女人的灵魂中去了。女人被贬斥到左右不是人的地步。有一句话说得非常尖锐，说话者是苏格兰人彼得·默多克（他在范迪门斯地共有六千多英亩土地，并帮助在玛利亚岛设立了一个监禁站）。他1838年对伦敦的特别委员会说："她们一般来说糟糕透顶，拓居者根本无心善待她们。"[42]

殖民地对妇女的摧残为时甚久，到了19世纪30年代末，就几乎成了一种社会性的条件反射。罗伯特·琼斯是19世纪头十年早期福沃少校在诺福克岛的主要监狱官，他首次对此做了全面描述，认为那儿女囚的命运"一定比男囚还要糟糕……有几个在少校手中受到虐待后，到现在都还没有恢复过来"。琼斯的回忆录中，有些段落表明，妇女的奴役状况已经到了何种不堪入目的地步。"警察局长金伯利认为，诺福克岛的流犯不比异教徒好，根本不适于在地球上生活，因为他们只会给人丢脸。据他判断，女人生来就是为了让男人方便的。可他还是个很聪明智慧的爱尔兰人呢。"[43]诺福克岛上有个从前当过传教士，后来经营贸易，名叫詹姆斯·米切尔的自由拓居者，从他写的一封残破的信中也看得出对琼斯看法的回应。"普通人肯定不会要求这么野蛮地对待她们。"他于1815年前后写道：

> 让上天给她们一个更好的休憩之地，能让疲倦的脚步和痛苦的心得到休息，但在这个地方是不可能了。在福沃少校任总督期间，男女流犯都是奴隶。可怜的女流犯接受的待遇让人感到汗颜。金总督对此要负主要责任。[44]

说得温和点，诺福克岛上的男女求欢仪式已经够粗鲁了。我们看到，"聪明智慧的"金伯利拿着一把斧头，追逐一个名叫玛丽·金德斯的已婚女流犯，一边大声喊叫着说："要是她不过来跟他一起住，他就要到少校那儿告她，把她关进号子里去。"福沃少校的女人名叫安·舍温，是他从手下一名军官那里挑选出来的。他无中生有，罗织罪名，把该军官关进监狱。据当时诺福克监狱的囚犯——爱尔兰起义领袖约瑟夫·霍尔特称："结果，这个可怜的家伙看到自己处于险境，觉得最好还是丢妻保命，总比丢妻丢命要好。"[45]（福沃与该女人的结合至少维持了下去：福沃于 1815 年在英格兰与安·舍温结婚。）

在这种道德环境下，尽管男流犯有些许权利（无论这些权利有多么稀少），但女流犯除了吃喝的权利之外，没有其他任何权利。她们不得不自我保护，抵抗卫兵和男囚的侵犯。琼斯后来迟到地感到了内疚，大发脾气，潦草地写道："白种奴隶应该到英格兰去，干吗把她们'送'到这儿来？"与此同时，他陷入沉思，想起了三个因堕胎"罪"而被"送"到诺福克岛的女性的命运：

> 这种罪过更需要同情，而不是惩罚。如果英格兰就靠这种方法来给它的地狱洞穴增添人口，我愿上帝禁止英格兰这么做！不知道我们那些思想高尚的人是怎么看待我们原生拓居地及其白种奴隶的。在各种情况下，女性都被当成奴隶，当成贸易交换的畜生。流犯要是有机会拥有一头这样的"畜生"，无须他人鼓励就会这么干。[46]

就这样，女性成了囚犯中的囚犯。一个刚搭船从悉尼来的年轻漂亮的少女，价格"常常高达十英镑"。该岛的敲钟人，又称差役，名叫波特，他居然获得了买卖女囚的权利。同一个女人在诺福克岛服刑期间，可以转卖几次，波特"在大多数情况下转卖一次，就能拿到一到两加仑朗姆酒，直到她们情况糟到用处很小或再也没用为止"。买卖的场地在一间老仓库里，女囚不得不在这儿把衣服脱光，"在房间里跑来跑去"，与此同时，波特对她们"各自的价值"进行现场评论。

不过，在福沃的治下，诺福克岛定期举行的社交欢庆活动是星期四晚上的舞会，在军营举行。在那儿，琼斯写道：

> 所有的女性都会参加美人鱼舞蹈。人人一丝不挂，背上画着号码，欣赏者看见最喜欢的女人表演某种稀奇古怪的动作时……就会击掌。这时还有一到两加仑的朗姆酒助兴。表演开始之前和结束之后，这种娱乐活动在士兵嘴里一谈起来就是好几天。[47]

这种舞蹈一般都在伦敦的妓院举行，用黑话来说，这种舞蹈叫"巴滥浪亢"①。在这种场面，女的喝得醉醺醺的，肉体左摇右晃，身上标着号码，颇似一块块牛肉，从中可以看到早期澳大利亚性政治的化身。女性只能尽可能地加以适应。性剥削的制度在她们中间激发了竞争，她们为了能跟卫兵待在一起，竟然像野猫一样打架。玛丽·金德斯是警察局长的女人，她是"军营舞厅所有舞蹈的领头，在士兵中很招人喜欢"。当另一个女流犯布丽吉特·钱德勒向她挑战，看谁更讨人喜欢时，金德斯把她膀子打断了。尽管詹姆斯·米切尔在道德上不赞成诺福克岛上的滥交现象，但他还是放弃了他的传教士工作，也找了一个情妇，结果惹得琼斯大为嫉妒：

> 一个美丽的少妇，名叫丽扎·麦坎，跟他一样狡猾，喝起朗姆酒来，比大多数心肠冷酷的士兵都厉害，一有机会，就跟其他女的过不去，而这些女的从来都不敢到她店里去。她最骄傲的是穿丝绸衣服，戴一顶插着羽毛的无边女帽。[48]

澳大利亚大陆或范迪门斯地的女性很少遭到鞭笞，但这种惩罚在诺福克岛上是家常便饭，实际上成了福沃少校的特别款待。据米切尔指

---

① 即 ballum rancum，已经废弃的英国俚语，一般词典都不收，指妓女跳裸体舞。

称："那儿大家都记得的是，他最喜欢趁女囚在三戟刑具上接受惩罚时，看她们痛苦的样子……通常，他会豁免一部分的刑罚，条件是她们脱光衣服，暴露肉体，算作部分性的惩罚。而那些可怜的人能够免受皮肉之苦，真是求之不得。"[49]福沃一手握着手枪，另一手拿着一把短剑，把男流犯召集起来，围成一个半圆圈，逼着一丝不挂的女囚从他们面前走过去，然后将其绑在三戟刑具上，让"剥皮人"或"挠背人"（诺福克岛的黑话，指鞭子手）开始干活打人。一般的刑罚是二十五鞭，即所谓的"植物湾一打"，但最高可达二百五十鞭。最后一个在福沃的命令下于1804年挨鞭笞的诺福克岛女人就接受了这样的惩罚，但鞭子手已经受不了了。他说他很恶心，结果不得不让金伯利拿起九尾鞭来抽打。正如琼斯所描述："这时，（他）大叫道，他不用鞭子抽女人。听他这么回答，少校气急败坏。于是他就要一个名叫米克·凯利的士兵接过九尾鞭，继续用刑。他立刻就打了起来，但他那种打法竟然没在那女的背上留下一丝痕迹。少校气疯了，就命令把那女的关两个星期黑牢。"[50]

就是这个人，却让麦夸里的副军法官埃利斯·本特觉得"很细心、很体贴"。福沃的"娱乐活动"可能暗示出，早期澳大利亚英国政体的真正本质，有不少都暗藏在冠冕堂皇的行政语言之下。证人一死，罪行也跟着灭迹了。因此，毫无疑问，早期殖民地大多数针对女性的罪行也都这样销声匿迹了。然而，现在不乏证据证明，在整个监禁制度存在期间，女性一直被当成一个加倍殖民化的阶级。差不多四十年后，女性的命运激起了弗朗索瓦-毛里斯·勒佩耶的憎恶和鄙视，他是五十八名加拿大爱国者①之一，因参加政治起义，反对"下加拿大"（魁北克）的英国殖民当局而被判流放。这些加拿大流放者于1840年抵达时，被囚禁在隆巴顿的森林里的一家劳改农场，位于悉尼和帕拉玛塔之间。他们所有的人，包括勒佩耶（他当时写了一本秘密日记）在内，都对当地自由民、"盈满释痞者"、卫兵和警察对待妇女的态度感到恶心。勒佩耶骂新

————————

① "爱国者"，原文为法语。

南威尔士的警察是"胡闹""醉鬼和垃圾"。[51]夜里，牢房周围的棚屋回响着挨鞭抽的女人的尖声叫唤。隆巴顿的森林看守人名叫罗斯，他把老婆绑在一根柱子上，用政府的九尾鞭抽了她五十鞭。另有一个拓居者是个葡萄牙人，他用刀戳他老婆，并把她吊在一棵桉树上，却未受到半点惩罚。不足为奇的是，勒佩耶在澳大利亚流放期间碰到的大多数女性都是爱酗酒的荡妇，由于受到虐待、挨丈夫的打和狂饮朗姆酒而精神崩溃：

> 下午，一个醉醺醺的女人刚从帕拉玛塔的工厂出来，就侮辱住在大门前面那座小棚子里的那个女人。她骂够了，说够了粗话和亵渎神灵的话之后……就把背对着我们，把她的衣服撩起来，冲着我们亮出了屁股，说她那儿有个"黑洞"，手拍着肚皮，像个贱货，她其实就是个贱货。没有比这一族的人更邪恶的了。就是动物也比她们像样。本来还想再多写一点，但继续写下去的话，就会玷污我的小日记本。在这个国家能看到这么多醉醺醺的女人，真是让人难以置信。路上到处都是女醉鬼。[52]

看起来，一些囚犯——特别是勒佩耶这样的人，都相信他们是有尊严的，但不幸成为暴政的受害者，因此要比"真正的"犯罪分子高人一等——也像自由民目击者一样，瞧不起女性流犯，这些自由民目击者曾于1838年向莫尔斯沃斯委员会众口一词地声讨这些女人的恶行。乌拉索恩主教认为，女囚"比男囚更难改邪归正"。他还宣称："一个女人坏的时候，她各方面都坏。"彼得·默多克做证说："我相信，一千个女人里面，也没有一个女的有道德力量，能够抵抗（滥交的）诱惑力。"

宗教组织和社会工作者都宣称，女工工厂内外的女流犯对任何同情或注意的姿态，都会迫不及待地做出反应，但他们的这种断言很少不带偏见。罗马天主教高级教士威廉·乌拉索恩（1806—1889）曾于1834年被任命为新南威尔士的宗座代牧，他从不放过任何机会，大谈天主教传教士的工作在流犯中如何成功（因此这种工作如何有必要）。1838年，他把一支很大的天主教教士队伍带到了澳大利亚，其中包括在殖民地见到的第一批修女——五名爱尔兰慈善姐妹会的姐妹。据乌拉索恩描述，这些忠心耿耿的女性每周五个晚上，都要去探访帕拉玛塔女工工厂的囚犯。据他说，该厂约有三分之一的女工是天主教徒，大多数人巴不得有人友好地倾听她们的心声。"有时候很难不让这些可怜的人向修女完全吐露真言。她们只想解脱心中的负担。据她们说，她们宁可跟修女讲话，也不要跟牧师讲话。所有这些女工对慈善姐妹会的姐妹，都表现出一种崇敬之情，这十分引人注目。她们发挥的影响……遍及全国。"[53]如果今天有人读到这儿觉得难以忍受，那只是因为乌拉索恩对女流犯的描绘太多愁善感，好像她们都在苦苦哀求，想通过忏悔而得到悔罪似的，这与有关女工的其他大部分证据是不相符合的。现在并无太多理由可以假设，她们与男囚相比，没有他们厉害，或者比他们更凄惨——当然，这并不是说，她们就是当局把她们塑造成的那种堕落样子。显而易见，能在澳大利亚增加天主教教士的人数，对乌拉索恩来说是很有利的，必须从这个角度来看他对流放制度道德恶行的证词才行。

然而，有些人对有人好心倾听她们说话，倒的确感激不尽。监狱改革家卡罗琳·安利于1834年参观该厂，见到两个"很年轻，而且极为漂亮的"女性，她们喝醉了酒，不顾一切地大发脾气，袭击了她们的暴君主人——39团的查尔斯·瓦尔德隆上尉——并把他打死了。这一次，民意进行了干预（其他所有配给流犯中，没有一个愿意出庭做证，出示对她们不利的证据），结果，她们的死刑减刑为三年徒刑。不过，在工厂内部，她们被视为不可救药的女妖魔。卡罗琳·安利是第一个要听她们"一面之词"的监狱探访者。其中一个女工自定罪以来，流下了第一滴泪水，告诉安利说："如果一直都被好心对待，我就不会像那样了。"[54]

工厂里的生活——无论在新南威尔士，还是在范迪门斯地——对那些过着这种生活的人来说，都像植物人一样痛苦乏味。女流犯由于无所事事，大脑都处于荒废状态，尽管大多数人更愿意处在这种悠闲息惰的状态，不时在手摇纺织机边不讲效率地工作一阵，让某个虐待成性的主人"像狗一样对待，逼着像马一样干活"。基于更实际的理由，逐渐壮大的自由民和殖民地出生的人都反对女工工厂。在缺少女性的殖民地，把妇女集中在修道院一样与世隔绝的环境下，这会降低生育率。她们的主要代言人是《澳大利亚人》报。该报 1825 年发表社论，详细地谈及这一点，为传统的"殖民地婚姻"——未婚同居——辩护，认为这能在很大程度上促成丛林的文明建设，仿佛一针止血剂，能够防范"放荡和犯罪现象"：

> 时至今日，有多少对男女没有形成任何其他关系就住在一起了？又有多少人……在这种"类似婚姻"的状态下，过着足以为人楷模的生活，成为诚实的女性？要不是因为形成这种义务关系，她们也许早就沿街流浪了。有多少人通过辛勤劳动，共同把凄风苦雨的小屋弄成了舒舒适适的家，在本来荒凉一片的地方，建立起了多少家庭？如果让这种情况持续下去，就算其模式让人讨厌，许多被社会遗弃的流浪汉也许就会重获新生，也许就会成为像样的拓居者……但是，在我们生活的这个时代里，时髦的做法是假装正经，过分虔诚，自称享有超常的神圣天赋。[55]

这儿有一种粗犷的声音在发言。但执法官员不相信这种声音，因为他们受其自身道德滞定型的约束，认为男流犯就是罪恶，女流犯就是卖淫。阶级观念的障碍（即根据英国中产阶级和殖民地中产阶级迫切需要得到的东西，来判断属于工人阶级的流犯行为是否合适）过于强大，不可能做到这一点。从贵格会传教士到像乌拉索恩这样的天主教徒的教会证人，需要为他们自己在澳大利亚的福音传道计划募捐和寻求支持时，就会很快地拿出流犯性堕落的魔鬼形象来。正如莫尔斯沃斯委员会的多页证据表明，这对废奴主义者来说，也是一件无比有用的武器。为了证明流放制度的罪恶，他们不得不强调这个制度有着导致人腐化堕落的能力。这就是为什么 19 世纪 30 年代英国的十年改革格外强调不能谈论一个话题：流犯同性恋问题。

iv

人们会很自然地假定，在一个遥远的殖民地，男女比例在城里是
4∶1，在丛林则是 20∶1，同性恋现象一定会欣欣向荣。而实际情况就
是如此，特别是在"铁链帮"及内地的罪犯拓居地。但官方没有留下太
多证据。

这还不仅仅因为鸡奸是死罪。依照法律，鸡奸该死；依照社会习
俗，特别是英国工人和爱尔兰工人习俗，鸡奸不是一般地让人厌恶——
这是一个"名字都让人说不出口的罪"。后来，奥斯卡·王尔德把这话
说得软了一点，说成是"名字都不敢说出口的爱"。根据第一任总督亚
瑟·菲利普那个时代和他职业的标准，他并不是一个心地狠毒的人。说
实话，他作风正派，有人情味。第一舰队开航前，他写道："对不讲原
则的人，哪怕以死相胁，也无法阻止他做坏事。"但在他的行事准则中
有两个例外：谋杀和鸡奸。"两种罪中，凡是犯了其中一种罪的人，我
就要把他关起来，一有机会，就交给新西兰的土著，让他们把他吃掉。
对这种罪行的恐惧比对死亡的恐惧还要大。"因此，犯有鸡奸罪的人会
从社会上被一抹而去，哪怕葬礼留给他人的小小社会地位，他们也不许
享受。这种严酷的思想并没有实行，甚至都没有再度提到——因为没有
多余的船只来把这些"卖鸡靠"[①]"茉莉人"[②] 和"吹长笛的"送过塔斯
曼海，丰富毛利人的饮食——当时，乔治时代的黑话就是这么诋毁同性
恋的。[56]

一直都有人说，鸡奸对监狱来说，就像金钱对中产阶级社会来说同

---

① 英文是 madge cull，一般词典不收此词，指同性恋，故音译。
② 英文是 molly（复数形式为 mollies），一般词典不收此词，指柔弱男子，故音意兼译。

样重要。这个现象在囚船世界和罪犯拓居地，就如在现代监狱中同样普遍。流犯乔治·李 1803 年从兰斯顿海港的"波特兰号"囚船报告说："恐怖至极的鸡奸罪到处都在厚颜无耻地肆虐，不止一次有人威胁我和外科大夫，如果再努力禁止此事，就把我们杀掉……上级在任何方面都未加以反对。"据边沁称，囚犯一进入伍尔维奇囚船，就理所当然地遭到强奸："这种入会仪式代替了勒索金，并以同样严格的方式进行勒索……身为朴次茅斯市长的约翰·卡特爵士……说得很到位：这种事情非发生不可。"[57]

直到 1796 年，澳大利亚才有人被指控犯有同性恋罪。这位同性恋的开路先锋是弗朗西斯·威尔金森，他被控鸡奸了六十岁的拓居者约瑟夫·皮尔斯（但后来无罪开释）。殖民地的头四十年里，随处都会提及同性恋行为，地方法官的庭簿通常会列出这种罪行，非教会当局和教会机构也会以一种泛泛的方式提到它。[58]特别委员会 1798 年或 1812 年关于流犯劳改农场和流放问题的报告中，根本没有任何内容涉及同性恋问题，但在 1830 年后，文件中充满了关于同性恋问题的指涉——因为，在这个十年中，自从边沁提出抗议以来就一直沉睡的取消流放运动开始风生水起。废奴主义者如约翰·罗素勋爵和威廉·莫尔斯沃斯想要证明，把流犯流放到澳大利亚，没有起到让他们改邪归正的作用，而是让大多数受害者都道德败坏。赞成流放制度的人（特别是澳大利亚拥有地产者，一旦取缔流放制度，这些人就会失去配给的劳动力）不希望别人讨论流犯的同性恋问题，但反对者偏偏就要讨论这个问题。说不出口的东西就是要说出口，这样才能看到澳大利亚的全貌。但威廉·乌拉索恩原来绘制的澳大利亚只是一幅简图，被他视为一个充满堕落灵魂的政体，这些"另类"因为都是白人而不是黑人便显得更加糟糕。乌拉索恩感情充沛地宣称：

上帝的眼睛往下看着的这些人，是大洪水以来从来都没有过的。这些人匆匆忙忙，没有感情地结婚。人人都只凭感觉生活。虽是一个社会，却毫无社会之感。这个社会男人恶劣，女人无耻，儿童粗野无礼。一丝不挂的野人在无穷无尽的森林漫游，除了吃人之外，对罪大恶极的事情一无所知，直到英格兰通过囚犯教其学会种种恐怖之事。从地球上清除这种瘟疫，是关乎全人类的事情。[59]

乌拉索恩谈到鸡奸问题时，雄辩的言辞变得崇高而又浑浊了。他对莫尔斯沃斯委员会谈到"我都难于启齿的罪恶，说出口来会让你们恐惧得血都凝固，毛发倒竖，脸色发白"。但他也像所有那些废奴主义者一样，更多是谈印象，而不是谈数字。我们至今都不知道（也许永远都不会知道），同性恋现象当年在惩治罪犯的澳大利亚覆盖范围有多广。

有一个例子可以说明了解这个情况有多难，问题出在 1832 年再惩罚特别委员会的证据记录上。新南威尔上的前法官约翰·斯蒂芬描述了他参加澳大利亚第一次审判的情况，当时有四五名诺福克岛的囚犯被判死刑。"他们感谢法官判处他们死刑。他们说，他们的生活状况恐怖悲惨，从早到晚无数次目睹已知人性所能犯下的最恐怖的罪行，所以，他们宁死不'活'。"斯蒂芬证明，在另一次审判中，一位证人说，诺福克岛上"每天发生的（鸡奸）多达五六十起"，已经到了性欲泛滥成灾的地步，"以至男犯极为痛苦，许多人宁可死去，也不想再在那个罪犯拓居地活下去了"。诺福克岛当时的流犯总数约为六百人，这一点说明，囚犯的阴茎能量颇为厉害，也许是海边空气所致。然而，就在同一份报告中，也有皇家植物学家艾伦·坎宁安的证词，他在同年，也就是 1830 年，在诺福克岛度过了四个月。流犯是否处在"最可怕的堕落"状态？坎宁安说："这我倒没听说。"他认为，诺福克岛并不是大海环绕的索多玛那样的罪恶渊薮。他认为这种看法是"偏激的"媒体捏造出来的，特别是殖民地那份"最损人的"《箴言报》，该报一向对金总督颇有微词。他认为，鸡奸罪"在十年的过程当中也许只发生过一两次，我并不认为这种事情很普遍"[60]。

十年一次，还是一天六十次？斯蒂芬猜测的次数也许过于夸张，坎宁安的数字却明显荒诞无稽，但两人的数字事实上是同一种条件反射的产物。这种行为难以启齿，因此也无法调查。比较容易的是矢口否认这种事情存在，或者相信任何相关的恐怖故事。不过，就目前所知的诺福克岛的情况看，斯蒂芬的猜测比较到位，特别是到了 19 世纪 40 年代，在恰尔兹少校的治理下，该岛混乱一片，散漫和野蛮达到了极限，这种情况就更是如此了。

显而易见，大多数情侣没有被人捉奸。因此，关于罪犯时期鸡奸的统计数据现在并无多大用处，其依据的是法院的刑事起诉书。在监禁地澳大利亚，同性恋行为都在秘密中进行，囚犯很少宣誓控告其他囚犯有此行为，很少有"鸡奸犯"被提审，更不用说被定罪了。1829 年到 1935 年间，在新南威尔士和范迪门斯地，仅有二十四名男性因"违背自然罪"而被审判，其中十二名被定罪并被判刑：四人被判处死刑，但只有一人（于 1834 年）实际上被绞死；五人加入"铁链帮"，戴着脚镣手铐判罚苦刑；三人被重新流放到诺福克岛或莫尔顿湾。[61]

为什么被定罪的人如此之少？厄内斯特·奥古斯塔斯·斯雷德从 1833 年到 1834 年间，曾任悉尼海德公园流犯营地总监（他因性丑闻而被迫辞职，但该事涉及的是一名女子），他做证说："在（低）层次的流犯中，鸡奸和其他犯罪一样普遍。"这是监狱文化难以根除的一个组成部分，但三十人中，只有一例能够找到证据。小青年被调戏后会投诉，但一到法庭又支支吾吾，不肯讲真话。其他证据也都显得语焉不详，因为很少能当场抓住"撩衬衣者"。斯雷德 1838 年告诉莫尔斯沃斯委员会说："如果你能证明——男的被发现跑到隐蔽之处，脱了裤子，他们却说到那儿只是为了方便一下，经过检查你发现并非如此，那会发生什么情况呢？"但是，陪审团不会根据这个理由来定罪。在外面丛林里，这种让人害怕的行为变得更加隐晦，因为无人监视配给流犯。乌拉索恩主教相信：鸡奸行为在牧羊人中不太普遍，因为他们一般都是独自一人居住；但在牧马人中就要频繁得多，因为这是"一伙行为放纵得多的人"，他们犯下了"大量这种罪行"，甚至还教原来天真无知的土著这么做。

如果《来自雪河的人》中那位流犯的祖先不满足于杰基——杰基粗鲁的拥抱，他总是有羊可以拥抱的。[①] 一位证人告诉委员会说："作为一名陪审员，我有机会出席许多审判，亲耳听到有关违反自然罪的情况，特别是兽奸……我认为，这种情况比英国人居住的任何国家都要普遍。"一位委员会的成员插话说："也就是说，在流犯中间吗?""是的。"证人说。这排除了殖民地名流在他们自己的美利奴羊身上大行兽道的那种想法。[62]

提交莫尔斯沃斯委员会的证据表明，当年的统计数据并未对一个风流的社会进行量化。同性恋现象是悉尼海德公园流犯营的常态，在那儿，新来者从船上一泻而下，老家伙跟小伙子混在一起。正如在有监狱以来的所有囚禁制度下，小伙子都成了"庞客"[②]（被动的同性恋），这样才能得到有主宰力的男子保护。他们都要起女孩子的名字，如基蒂、南希或贝特。据乌拉索恩说，他们来澳大利亚之前，很少有同性恋经验——他的证词还不仅仅是猜测，因为他身为牧师，听到的监狱忏悔有成千上万次。他在做证时，不得不与良心做斗争，泛泛而谈，以免违反忏悔室严守秘密的誓约。正如一位莫名其妙的青年向他惊呼的那样："这种事情在爱尔兰闻所未闻。"[63]

关于澳大利亚罪犯同性恋的唯一描述，是由一个流犯所记述的。他就是来自什罗浦郡斯文派的一个代写书信者，名叫托马斯·库克，文字收在他关于 19 世纪 30 年代流放制度的回忆录《流放者的怨诉》中。他被派到蓝山，在"公路帮"干苦活，在金银花滩穿过丛林和砂石修建大西路时，就开始接触到这个现象。他写道："我的苦难从此开了头。"不过，他并不想把那些"令人作呕的细节"强塞给读者：

关于那种恐怖的倾向，我还蒙在鼓里，但是，我的那些陷入灾

_____

[①]　此处暗指兽奸。
[②]　英文即 punk，但不是当今西方颓废的"朋客"，故音意兼译。

难的工友语言粗野下流，一对对地出去幽会，我因此很快就明白了，他们大多数人都在干吗。这些可怜虫堕落之深，好像完全失去了人类的情感，他们吸收的感情也使全世界的人都讨厌他们。[64]

为了取暖，男人两到三人同睡一床，这种风俗"令我十分厌恶"。不久，库克就因苦工和缺少睡眠而精神崩溃，一名军医官把他转到悉尼附近维多利亚山的一支"公路帮"工作。但一到晚上，那儿的人就一刻不停地乱摸乱搞，唯一的不同是，在那儿，工友"显示他们这种野蛮关系时不那么公开罢了"。库克很天真，曾试图责备一个对他有意的工友。他愤怒地写道：

> 这事似乎非同寻常，但也并不因此而不真实，也就是，你想诉诸他们更高尚的情感，肯定会招来侮辱和嘲讽。他们会起劲地侮辱嘲讽道德不那么败坏的囚友。如果囚友仍然公开谴责他们的恶习，他们就会打他、踢他或者骂他。[65]

没人去找当权者处理这个问题，因为在高山上的"公路帮"，所有工头都是流犯，据库克说，他们大多数都是同性恋。"谁要是有种敢说一句话，鄙视这些可耻的家伙，嫌他们居然会有这种恐怖的野心，他就完蛋了！他肯定会被当作羊羔，被人宰掉！"他们如果觉得被人出卖，就会立刻把该人送到瓦拉瓦朗山的法院，"把他在三戟刑具架上折磨一顿"。

库克很固执，始终保持他的美德完好无损，在维多利亚山的"公路帮"工作了几个月，终于忍不住对一个纠缠不休的同性恋大发脾气，"毫不客气地"把那人痛打了一顿。因此，他被判在二号围场的公路上戴脚镣手铐工作一年，这个地方的监工是所有人中最糟糕的——库克写道，他们"无一例外，全是恶棍，极为霸道，极为堕落，只有在这个山区才能碰到这样的人"。他抽象的道德谩骂的语言在绷紧的情绪下嘎吱作响：

> 很明显，他们与分类的唯一关系，就是跟所有自然生命的关
> 系，表现出他们自己让人憎恶的地方——换言之，他们中最讨厌的
> 人，却能轻而易举地通过讨好奉承来招人喜欢，他们满口粗言秽
> 语，公开寻欢作乐，由此而表露出他们恐怖的倾向，而且不顾是否
> 被监工听到。[66]

在围场，流犯有时靠行贿的方式，用钱或烟草来逃脱鞭笞的惩罚。唯一的另一个方式，就是"出柜"，这样才能平息工头的怒气。据库克说，有一个小圈子的性欲暴政之所以能够维持下去，是因为"铁链帮"的工头都是从金银花滩和维多利亚山等地"非镣铐帮"的工人中挑选而来，都经过该帮工头推举，所以，一路货色挑选的也是一丘之貉。工头对其最爱会给奖励，令其在"铁链帮"享有一定权利，对抵制同性恋的"直人"，都"迫使其挨饿，加以鞭笞，并给难以承受的苦工"。库克宣称，他在"公路帮"工作期间，只认识两个不是同性恋的监工。[67]

库克就像他那个时代的大多数英国人，认为同性恋本身令人讨厌，但他反对同性恋在犯罪世界的作用还有一个更为深刻的原因，那就是同性恋滥用权力，造成不公，经常采取强奸的方式，随意控制他人的意志。我们必须意识到，如果 19 世纪 30 年代的这个监狱社会与今日监狱有任何相似的地方，那就是，库克目睹的许多性交插曲并非做爱，而是虐待狂似的羞辱他人的行为，在这种行为中，性交不过是更深程度的暴力手段——强者把弱者制服，变成"庞客""茉莉人"或"像火鸡一样咯咯叫唤的女皇"。库克的生活经历没有让他为这种"交易"做好思想准备，所以，他一路向下，经历了这个制度的各个圈子——从"公路帮"发配到麦夸里港，又从麦夸里港发配到诺福克岛——他大为吃惊，极为愤怒。他使用的语言几乎无法涵盖他描述的主题，他用这种语言描述说，监狱的性接触一般都会转变成权力关系。

库克认为，正是这个制度滋生了鸡奸罪——结果鸡奸罪在澳大利亚繁荣兴旺，跟其他任何地方都不一样。他相信，英国监狱和囚船几乎没有同性恋问题，但是在对跖点，这个情况反过来，无论在性欲上，还是在地理位置上，同性恋都主宰了这个地方。他还相信，残酷是"这种做法"的种子，"因为在旧的监禁拓居地，暴君对他们进行了暴殄天物的折磨"。如果"天物"——对库克来说，天物指"自然法则"或公正的概念——被暴君败坏，那么，其他领域，包括性领域，也会扭曲变形。多年后，库克在亚历山大·马柯诺奇管理的诺福克岛相对安稳宁静的情况下反思这个问题时推测道，流放制度意在鼓励鸡奸，不断以强奸或羞辱为要挟，将其作为惩罚不知情流犯的一种自动手段。这一点他倒是说错了，但可以理解他为何作如是观。直到马柯诺奇1840年接手管理诺福克岛时，流放制度下的任何司令官对囚犯的改邪归正都不关心。他们纯粹充当了镇压的帮凶和火坑的看守。如果跳进火坑的人找到了互相辱没的方式，何必费心拦阻他们呢？因此，库克在1840年早期写作时，情绪达到高潮，大声疾呼，痛斥19世纪30年代的"旧制度"：

> 他们前途无望，得不到女人的爱——没有天堂的希望，也不害怕地狱，他们的理智已经黑暗，现在更罩上一重浓云。他们的道德观念本来就很淡薄，现在更守不住阵脚了。他们沉溺在各种肮脏污秽、违背自然的倾向之中，看上去还很欣赏。只有推理能力很强、从小就养成道德习惯或心灵充满感情的人，才会防止自己堕入这种下贱至极、永远也无法回到人类行列的丑事之中……最好实行严酷的法律，而不是重新启用旧制度。[68]

从库克斥责的字里行间，可以瞥见一个同性恋社会在囚犯中的种种影响。显而易见，大家都十分团结：

> 有几个人因这种滔天大罪而被惩罚，看起来难以置信，但实际

上是真的，即人们都带着同情心看待这些可怜虫，很瞧不起那些提起案由的人，过后也很少有人愿意与他们打交道。[69]

　　库克还暗示，诺福克岛上的监狱情人之间，感情都很强烈。这个事实得到诺福克岛副助理委员托马斯·阿诺德的证实，尽管他在对莫尔斯沃斯委员会做证时表示很不赞许："实际上，看起来难以置信的是，这些道德败坏的可怜虫看见与之发生让人厌恶的性关系的小伙子或年轻人在跟别人讲话时，居然还会表现出嫉妒之情。"八年后，诺福克岛流犯部门地方法官罗伯特·普林格尔·斯图亚特在一份官方报告中描述说，流犯之间互称"夫妻"，该岛可能有一百五十对这样的夫妻，其中还不算随便结成的关系，而且，他们不忍分离。"感情的自然进程已经倒错，因此，双方互相表现出渴望和急切之情，就跟男女成员一样。"乌拉索恩主教于 1835 年到 1836 年间访问诺福克岛时，曾从二手渠道（即一个新教教士那儿，该人从一个被判死刑的囚犯那里听说了这个故事）得知，"该岛三分之二的人都参与了"同性恋活动。他认为，莫尔顿湾和其他监禁站的比例也是一样。[70]

　　当然，诺福克岛上的强迫性交现象并未减少，也许马柯诺奇短暂执政期间的 1839 年和 1843 年除外。19 世纪 40 年代中期后，情况更为糟糕，主要是因为没有努力把死不悔改的犯罪分子与新来到的人分开。从 1841 年到 1845 年在诺福克岛担任牧师的托马斯·内勒报告说：

　　　　青年一到就被人抢走，成了伤天害理的老恶棍的受害者，英国农场劳工，禁不住诱惑而堕落的机械工，被人怀疑犯了错误或犯了伪证罪，但其实清白无辜的受害者，所有这些人都被不分青红皂白地跟那些无赖关在一起。他们中间还混杂着中国人、新荷兰的土著、西印度群岛的黑人、希腊人、卡非人和马来人、逃兵、白痴、疯子、偷猪贼和扒手。光天化日之下，弱者受到欺负，遭到强者劫掠。夜里，寝室成了闻所未闻的邪恶犯罪之地。我无法找到足够清醒的词语，来表达这种极度的罪恶……我眼睁睁地看着这个腐化堕落的过程展开。我亲眼看见小男孩被人夺走，旋即堕落。我亲眼看见为人正派、受人尊重的人，不，他们就是绅士……却被扔进最卑鄙无耻的流氓当中，任他们用暴行加以折磨。[71]

罗伯特·普林格尔·斯图亚特的报告中，语言同样激烈。他在1846年对范迪门斯地的上级说，在恰尔兹少校马虎松懈、左摇右摆的治理下，诺福克岛成了一个鸡奸堡垒：

> 还能有什么别的指望呢？这儿有八百个男子从晚上六点一直被囚禁到次日太阳升起……没有照明，也无军官到访。结果犯下的是性质极为惊人、极为令人厌恶的恶行。人们过度沉浸在那种丧尽天良的罪恶之中。年轻人没有机会逃脱虐待，甚至有人动用武力进行侵犯。几乎别想抵抗，因为那种情况下根本得不到保护，可悲地缺乏保护。如果有人揭露此事，或口出怨言，就会被毫不留情、坚决彻底地以恐怖主义对待。[72]

从斯图亚特的观点看，流犯同性恋现象好像是流犯罪恶的典型形式。其他改革者和官员也都同意这一点，他们怯生生地盯着英格兰制造的那个火坑，其底部就是诺福克岛。危险似乎在于，这一"传染病"可能会无遮无拦，如流行病一样从该岛一直传到澳大利亚大陆，结果就像斯图亚特所说："在未来的岁月里，一种颜色更深的道德污点可能会无法抹去地烙印在人们身上，跟英国人的名字连在一起。"[73]有这种恐惧的不可能只是斯图亚特一人。他的报告中与流犯同性恋现象有关的那一部分在发表时被查禁。多年来，有关诺福克岛及其他劳改站这类事情的消息和谣传不可能不泄漏到殖民地，也不可能不影响这堕落至极、难以说出口的无名邪恶的气氛。而在殖民地受人尊重的市民的耳中，全是这种邪恶围绕着流犯的概念。这不可避免地促使人们对澳大利亚的所有同性恋采取更压制的态度。他们的性取向遭到了双倍的诅咒：首先，根据法律，这是一种罪行；其次，这种罪行的主要犯罪者本来都已经是流犯。

各阶级的澳大利亚人在抛弃诺福克岛和流放制度很久之后，仍然极为顽固地看待同性恋，对于这种顽固态度而言，不可能有比这更好的滋生地了。反过来，这又好像是一种清洗行为——因为同性恋是"流犯污点"中一个沉默不响且暗无天日的潜意识元素。从 1840 年起，如何把它抹掉，就成了澳大利亚民族主义者的一块心病。

V

监禁地的澳大利亚还有第三个"少数群体"，但这个群体从总数上讲，根本就不算少数。直到 1845 年前后，散布在整个澳大利亚大陆的土著可能都超过了沿海岸拓居地集聚的白人人数。土著群体一向很小，也很分散；白人群体（除了田园拓居地边缘的人之外）则一般较大，也较密集。在悉尼海港的岸边，第一舰队到达的那一刻，白人人数就超过了黑人。黑人以前不可能见到这么多人。一般人都会觉得，悉尼及其从南方的霍巴特和朗塞斯顿，到北方的莫尔顿湾的外延监禁拓居地，一定都很小，也很薄弱。实际情况也是这样。但对土著来说并非如此，他们觉得这些拓居地看起来很大、很怪、咄咄逼人，放射出的恶性重力场会摧毁他们的文化。

澳大利亚黑人的命运本质上与流放制度有关。一个以奴隶劳动为基础、以极端暴力相胁迫、社会分化一成不变的边疆社会，是不大可能有同情心地对待土著的，甚至也不大可能公平地对待他们，实际上从来就没有同情或公平地对待过他们。政策和实践之间存在着巨大的鸿沟。皇家给澳大利亚的历任总督——从 1788 年的亚瑟·菲利普，到 1822 年的托马斯·布里斯班——下达的指令重复着同样的主题：不得骚扰土著。"无端"杀害土著，或"在其进行各种作业的过程中，毫无必要地打断之"，都是必须受到惩罚的。种族关系的目的是"友好亲善"。[74] 直到布里斯班的继任者拉尔夫·达令于 1825 年任总督之后，官方政策才体现了让土著皈依基督教的想法。然而，尽管白人开始拓居时并没有种族迫害的政策，但白人的抵达成了所有黑肤人的万劫不复的灾难。

土著的法律地位——以及他们在白人抵达之前，按白人官员很有趣的说法是，已经占有了八万年的领土"主张"的法律地位——对白人来说似乎是完全无法解决的问题。在大英帝国历史经验中的别的地方，殖民地都是"种"下来的，那儿的"土著"和"印第安人"都明白财产观，也都捍卫财产观。无论在弗吉尼亚还是在非洲，在新西兰还是在东印度群岛，英国殖民者所到之处，无不遇到农耕文化的人——他们拥有房子、村庄和一畦畦耕植的土地。白人到达之前他们就已拥有的财产是有证明的，尽管可能遭到白人侵犯（而且也常常遭到白人侵犯），但不承认或无视则不可能。查尔斯二世就弗吉尼亚英国殖民地行事方式，发给外国种植园委员会的指令就承认，新拓居地可能与印第安人的土地"接壤"，因此必须尊重他们的领土，"不对他们公平相待……就不可能期望和平共处"[75]。

然而，土著是靠渔猎和采集为生的人，他们在大地浪游，不设边界，不建立固定的拓居地。他们没有农耕或饲养牲畜的概念。他们什么都不积蓄，只生活在当下，因此，在白人眼中，他们对财产极为无知，比聪明的动物好不了多少。正如一位到访的海军外科大夫所说，他们"高出动物唯一的地方，就是能够使用长矛，极为凶猛，能够用火煮食"。持有这种看法的还不仅仅是白人。当一位名叫蒂帕西的毛利人带着他儿子，在金总督的指示下，于 1800 年前后访问悉尼时，这两位壮士对土著的一丝不挂、技术单薄、生活不舒适，以及"微不足道的作战方式"等，都形成了"极为鄙视的看法"。[76]

麦夸里曾希望把土著从"漫游的赤裸状态"中带出来，让他们成为种田的人。1815 年，他试图让十六个土著男性到悉尼海港的一座小农场去，那儿设施齐全，有棚屋，还有一条小船。但这些土著把船弄丢了，对棚屋不予理会，跟着就漫游开去，进入了丛林。[77]

殖民者从那时起就断定，"土著劳动力"毫无用处。因此，大英帝国通常都会给予殖民化的土著工人的权利就不给予土著了。早期殖民地极为依赖白人流犯的奴隶劳工，因为努力训练游牧的黑人，哪怕只训练他们做最贱的活，也很划不来。流犯也许是垃圾，但他们有经济价值，而黑人则明显没有经济价值，连垃圾都不如。生活在白人都市文化边缘的黑人——艾奥纳人、伽莫瑞噶尔人、达鲁克人等的余部——的衰败无可阻挡，渗透一切。在抱有同情心的旁观者眼中，这仿佛一场瘟疫；而对有种族主义思想的人来说，这只是一个残酷的笑话。他们被最廉价的朗姆酒灌得稀里糊涂，身患各种最新的疾病，从肺结核到梅毒无所不有，还用流犯说的"地沟黑话"和"乌拉西话"[①] 乞讨，含混不清地说着话，成了可怜巴巴的嘲讽对象，就连他们的权威传统也遭到白人的拙劣模仿，这些白人坚持以新月形的铜板形式，把盛气凌人的身份证发给一些长老，用英文把"酋长"字样镌刻在上面。然而，正如俄国探险船船长别林斯高晋于1820年看到悉尼一些土著时所说的那样：

> 土著非常清楚地记得他们从前的独立状态。有些人表示出他们对某些地方的领土主张，坚称这些地方属于他们的先祖……尽管他们被给予各种补偿（!），他们心中仍然暗暗地燃烧着复仇的火焰。[78]

距离更远的部落情况稍好一些，但也好景不长。他们很快也要失去土地了。他们的地契在哪儿呢？只在他们集体的记忆和口头传说中，但白人对此并不注意。土著们衣衫褴褛，成群结队，似乎漂过了整片领土，从来不在一个地方待太久，从森林里浮现出来之后，又消失在森林之中。他们把拥有之物随身携带，杀掉带不走的婴儿。嵌入土著思想中

---

① 英文是 flash-talk，英汉词典没有，连英文词典都没有，但英文有 flash language 的说法，意思是盗贼使用的俚语、黑话。故根据中文的"乌拉西"字，结合 flash 的音译，创译之。

有关领土的复杂而又古老的观念——这些观念与土地作为神话祖先的"财产"有关，而跟此时此地的物质拥有权无关——是白人完全不熟悉的，哪怕没有语言障碍，也是晦涩难懂的。土著没有明显可见的政治框架，而且，他们作为一个民族，当然也未以共同利益联合起来：澳大利亚殖民时期的早期，土著部落讲的语言和方言可能有五百种。他们的生活几乎持续不断地处于部落战争状态，这种状态又由于游牧生活不可避免的那种随意接触而更加恶化。一位澳大利亚历史学家谨慎地说，在那些血腥的遭遇中，土著死亡率——各方很少超过五十人——约在一百五十人之一和二百七十人之一之间，"过去三个世纪里，欧洲任何国家都没有超过"这个死亡率。[79]如果这些奇怪的人之间如此不团结，侵略他们的人又能把何种权利赋予他们呢？实际上什么权利都没有赋予他们。政府很简单地宣称，澳大利亚的土地都归王室所有。新南威尔士法院于1836年做出一项决定，解决了土著由于先占而具有某些领土权利的思想，令所有白人皆大欢喜。该决定宣称，土著太少，组织太涣散，不能视为拥有自住土地的"自由和独立部落"。[80]连人道主义者这么一想，良心也会释然：土著毕竟都是游牧民，而对一个游牧民来说，一块土地跟另一块土地"一样好"。对游牧生活的这种荒谬的读解意味着，即使把土著从祖先的领土上赶走，迫使他们不仅与白人，也与其他部落发生新的冲突，人也不会受到良心谴责。

与此同时，土著又在类别上被划归为英国臣民。其实，早期的数任总督都想看到他们皈依基督教，从事农业耕作，这样就能把他们吸收到殖民地的低等阶级中去——如果不能在基因上做到，那就从社会角度来办到这一点——但这个想法遭到所有白人的厌恶和抵制，无论该人来自哪个阶级。因此，解决拓居者和土著之间冲突的第一批政策非常模棱两可。1802年，经过拓居者与霍克斯伯里河的达鲁克部落近七年时间不宣而战的战争——黑人开展游击战袭击，拓居者则进行惩罚性折磨和杀戮——金总督决定提醒殖民者，若杀戮土著，"即以最严厉的刑法加以惩罚"，但"拓居者不能容忍他人侵犯自己的财产，也不能容忍其生存遭受危险"。因此，两年前因在霍克斯伯里河杀死两名黑人而被判绞刑的五个殖民者均得到减刑。1805 年，金的军法官提出，既然土著根本不懂英国法律的基本概念，如证据、罪行或誓言等，就不能对他们提起公诉，也不能宣誓让他们作为证人，否则就是"对司法程序的嘲弄"。因此，最佳做法就是不必经过审判程序，"该怎样追捕和怎样惩罚，就怎样追捕和怎样惩罚"。除非拓居者是瞎子或圣人，否则，他不会不明白这一点。土著被强占财产的苦难便从此开始。[81]

接下去的三十年中，澳大利亚的羊毛工业及其对土地贪得无厌的胃口，使得这种苦难达到了顶峰，直到罪犯流放制度本身结束后很久仍在持续。1800 年到 1830 年间，拓居者无情地向外扩张：南边推向古尔本和莫纳罗高原，西边跨越蓝山，来到巴瑟斯特和玛吉一带伸展的金色草原，北边则抵达亨特河谷。与土著每次接触的模式都大致相同：拥有私人财产的白人文化与私人不拥有资源，更不拥有土地的"原始共产主义"的黑人文化发生冲突。有时候，黑人会继续前行。通常，他们会进行袭击，发起一场小型游击战，直到他们的勇士中有足够多的人在拓居者的武器下倒下，该部落再也无能为力。如果他们的抵抗力量足够强大，就会针对他们实行军法管制：1824 年，巴瑟斯特一带的牧场主说服布里斯班总督，派兵"安抚"该地区的黑人。布里斯班几年前还很开通，对土著表示担忧（他告诉一位卫斯廉教士说："如果不为这些可怜而有苦难的人做点什么，他们就会绝种，他们的这个种族就会因绝对匮乏而消亡！"[82]），给传教士留下了深刻印象；此时却派出军队和土著警察，结果死亡率也没有记录下来。

直到最近，历史学家对澳大利亚土著宗族反对欧洲人侵掠其土地时的勇猛精神依旧未给予足够的注意。"边疆的另一边"——套用亨利·雷诺兹给他对该题研究所加的标题——显示了从大规模正面攻击到游击战，到针对部落人而犯下的已知罪行进行复仇，进行精心策划，跟踪某个欧洲人，直到将其杀掉等英勇顽强且经常组织良好的抵抗模式。土著在战术上占有优势，白人总的来说承认这一点，尽管承认得不很爽快。

土著偷窃枪支，学会了如何使用枪支。他们对牛羊实施毁灭性的打击，骚扰矿工，杀死马匹，烧毁家宅，从而削弱了许多白人拓居地区的经济基础。[83]

这种抵抗并不总是马上发生的。土著——至少在殖民时期早期，在他们尚未普遍意识到欧洲人的贪婪掠夺之时——似乎对强占财产的概念一无所知。正如雷诺兹所指出："尽管传统社会中冲突无所不在，领土征服现象却几乎闻所未闻……如果黑人没有经常对开始侵略其国家的行为做出反应，那是因为他们并未意识到侵略已经发生。他们当然不相信，他们的国土突然不再属于他们，而他们也不再属于他们的国土了。欧洲人不过在场而已，无论这种在场多么富有威胁性，都不可能把土著习俗和意识中深深植根的确定性连根拔起。"[84]许多部落对白人的愚昧和弱点坚信不疑——至少开始是这样。他们抵抗的原因不是欧洲人的到来，而是欧洲人无情地掠夺了所有权利和土地使用权。

在某些地区，土著的抵抗持续了十年之久，但注定无法赢。欧洲人的科技对他们不利，而且畜牧业的引进破坏了他们的猎兽环境。牧场改变了环境，并开始消灭土著生活旧有的物质基础。牛羊一来，就把袋鼠和其他野物赶走了；栅栏一围起来，也就堵死了古老的路径和通道；森林被砍倒，熟悉的植物死亡殆尽。随着拓居地的极限扩张，无论何时何地，土著都被看作一种土生土长的瘟疫，就像丁狗或袋鼠。土著是"霾噩""墨迹""甬翁"①，或者是一片"黑云"（这个说法准确地表述了白人的看法，他们相信土著终究会烟消云散）。白人可以毫不迟疑地把土著杀掉——而且，就是杀掉也不大可能被人察觉、受到惩罚，因为外延拓居地地处边远，警力薄弱，本来就带着与生俱来的种族主义思想。"他们可能被同伙毁掉，而且，更糟糕的是，他们可能被欧洲人成批杀死，然而，法律的臂膀却无力进行惩治，除非拿到白人的杀人证据。"[85]一位观察者听见"一个拥有大量牛羊的财主"坚称，"射杀土著造成的

---

① 英文分别是 myall、murky 和 boong，都是恶毒攻击土著的词语，故音译。

伤害并不比射杀一只狗大"。

> （还有一人）叙述说，由于黑人冲散了他们的牛群，他做了一件好事，参加了一支队伍，去追击黑人，肯定射杀了一百多人……他坚称，这事并没有错，而且认为"黑人有灵魂"是很荒诞无稽的。[86]

这一漫长的边疆战争中死亡率究竟有多高，只能靠基于知情的猜测，而不是确凿的事实了。可能有两千到两千五百名欧洲拓居者被杀死，而被杀死的土著超过两万。[87]

新南威尔士具有象征意义的那场大屠杀于 1838 年在亨利·丹噶尔的地产上发生，那地方靠近盖蒂尔河，名叫霍噩溪。这次屠杀针对的是盗窃牲畜、"偷牛"或造成牲畜狂奔乱逃的一次报复行动。牧场主憎恶造成牲畜狂奔乱逃的做法，因为这会导致牲畜因慌乱而消瘦，从而降低可销售的体重。

牧场帮工并不知道谁是实际的罪魁祸首，但他们在离现场四十多英里的地方，发现了一个对人无害的土著营地，并对其发起了攻击。一打武装起来的牧场工人在一个白人的带领下——该白人曾在头三周与这个小部落相伴——包围了二十八个手无寸铁的男子、女子和儿童，用绳子把他们捆绑起来，驱赶到附近一座杀场，用毛瑟枪和弯刀把他们悉数屠杀。然后，他们把其中一些人剁成肉块，又把另一些人肢解，用柴堆烧起大火把尸体焚毁。碰巧这些杀人犯中有一个白人证人告密，告发了其他十一人。尽管陪审团在第一次审判中判定所有的人无罪开释，但据第二次审判裁决，七人有罪，被判绞刑，另外四人无罪开释。这个案子具有爆炸性的政治意义。如果乔治·吉普斯总督没有直接干预其事，此案可能不会打上法庭。由于没有与土著签订任何和约，吉普斯下结论说，他们"不拥有文明人明白易懂的任何法规"，但他坚称，"针对土著执法时，应极度宽容和忍耐"。此前，拓居者曾剿灭过成千上万的土著，但无人为此被判绞刑。总督动了感情之后，对边疆法规横加干涉，引起了一些畜牧业主的极度愤慨，他们在一位地方法官领导下，竟为谋杀犯募捐，以便支付辩护费用。尽管霍噩溪大屠杀让公众良心感到反感，但这种反感情绪也是一闪即逝，根本没法制止大多数人的行为，因为他们都相信澳大利亚版的天定命运论——"随着文明的推进，野蛮民族必须根除，这才是天数"。这个论点还认为，探险者和拓居者的安全"不能因尊重空话连篇的政治疯人……而牺牲，因为这些家伙并不知道自己写的和空谈的是什么东西"[88]。

对付"黑肤兄弟"的最佳手段，就是"有针对性地使用武器"。霍噩溪屠杀的十天后（还没有关于屠杀的新闻），悉尼另一家报纸的记者恼火吉普斯总督过于"软弱"，没有派出军力对亨特河谷的黑人进行惩罚，因而敦促说：

> 如果采取一个决定性的步骤，让土著看到他们自己如何软弱，并令其相信，跟欧洲人作对毫无用处，他们也许就会俯首称臣，停止暴行，从而少流很多血……除非立刻采取措施，否则，这些皮肤黝黑的"土壤之主"就会把大白脸从他们的领土上彻底赶出去。[89]

最渴望采取这种"最终解决方案"的就是流犯。霍噩溪屠杀案的十二个白人谋杀犯中，只有一个（即证人）出生在殖民地，其他人不是流犯，就是前流犯，而且，在这十一个人中，无人愿意告发同伴，据信这都不足为怪。到了这时，流犯对土著的憎恨已经成了一个根深蒂固的传统。

第四章中，我们已经看到，殖民地黑人和白人流犯之间，第一批冲突即始于流犯。他们偷窃土著的武器，当作纪念品卖掉。他们穿越土著的领土，试图逃跑。他们不仅仇恨黑人自由自在，而且仇恨官员根据上级指令给黑人优待。流犯偷了鸡会遭到鞭笞；部落人偷鸡却万事大吉。这种事让人怨恨不已，特别是，黑人很快就被视为这座具有无限空间的监狱在荒野中的延伸：逃入丛林，就必死无疑，不是饿死，就是被黑人的乱棍和长矛打死。因此，流犯们越来越相信，土著如果不是完全和遭人仇恨的监狱监管人沆瀣一气，至少也是站在他们那一边的。在 19 世纪 20 年代纽卡斯尔和莫尔顿湾的劳改站，这一点得到了证实，因为卫兵居然奖励土著活捉逃跑的因犯，把因犯打得鲜血淋漓后拖进监狱。到了 19 世纪 30 年代，系统化地使用黑人寻踪人（也就是在搜索犯人的警察要求下，使用高超技能，在丛林跟踪犯人的土著）一事证实了流犯大脑中土著的形象，即技术高超、阴险狡猾的敌人。就算不是敌人，土著也不能算人——瘦得像棍子一样可怜的游牧人，是大自然木钝的孤儿。典型的流犯如此描述道："这个国家的土著都是黑人，他们从出生起，浑身上下就是光溜溜的。他们靠吃树根、蜗牛和地上爬行的任何东西过活，无论妇女还是儿童，浑身上下也都是光溜溜的。"[90]凡是"底狗"，都需要下面还有一个比他地位更低的狗，这样才觉得有狗味。在流犯眼中，土著只够得上这种地位。当局对白人的残酷成为流犯这个流氓无产阶级心中的块垒，他们随之就把这种情绪——当然并不总是像霾噩溪或其他大屠杀的现场那样有效——宣泄到黑人身上。

对土著来说，他们好像也很瞧不起流犯，他们亲眼看见这些流犯干苦活，以他们的自尊心，是永远也不会接受那种工作条件的，其待遇就像被打败的敌人部落中的某个成员。某种意义上，这些流犯正是如此：他们被人驱赶、折磨、拳打脚踢、挨鞭子抽、遭人鄙视，有时还被杀掉。当有人把流犯的残羹剩饭送给一些部落人时，这些部落人说："不好——都像短平头样。"所谓"短平头"，是指代爱尔兰流犯的一个贬义词。1837 年，一位传教士吃惊地发现，土著接受了用毛毯煞费苦心缝制的冬衣和大氅的礼物之后，又把线全部拆掉，还原成毛毯，因为他们以为这是"爱尔兰人的大氅"——"我们土著一般觉得与爱尔兰人和爱尔兰有关的东西都比较下贱"[91]。

黑人这边没有文字记录，因此只能凭猜测得知，流放制度的结构在哪方面促成了他们对白人的看法。他们的行为表明，如果非要选择支持一方——无论支持多久或多么抱有侥幸心理——那还不如选择受人尊重的勇士，也就是那些有权给人发烟草、发毛毯的身穿红军衣的人。有人认为，遭人唾弃的黑人对受到压迫的流犯抱有"自然"的同情心，这种看法是根本站不住脚的。他们不可能跨越横亘在他们之间的那道鸿沟，形成这种同盟，也从来没有形成过这种同盟，除了几个逃跑的流犯——这几个流犯后来成功地"成为土著"，过起了部落生活。[92]

　　流犯即便刑满释放，获得大赦和自由，还是一刻不停地鄙视和害怕土著。由于靠近市镇，"已拓居"的土地总是已经被人拿掉，新获释的"盈满释痞者"因资金很少或没有资金——除了政府赠予的一块丛林的生地之外什么资助都没有——就更可能在白人占领区的边缘盖一座小板棚。这就使他和家人又与新的部落群体发生接触，而这些部落群体就会又开始黑人抵抗和"狡诈"的模式，白人便以报复和谋杀作为回应。就这样，边疆扩张时期的生活可以保证，流犯对土著的态度会代代相传，从做奴隶的父母，一直到自由的子女都是如此。19世纪40年代，当一个自由的农场主责备一个棚屋看守人——前流犯兼士兵——不该射杀一个手无寸铁的土著时，"他看我的那种样子，就好像我是个危险的疯子，居然为了几个黑人的生命而费心。显而易见，他觉得他绝对有权，想怎么处理就怎么处理这些黑人的生命，只要自己不陷入麻烦就行"。让传教士和城里人充满人情味地大谈黑人去吧——他们不必跟黑人打交道，也不必为了防备黑人而保卫自己的棚屋和牧场。他们并不知道黑人多么不中用，多么没有价值，又是多么危险。正如任何一个游客都可以证明的那样，直到今天，在澳大利亚的某些地区，这个态度仍然没有消失。

　　在流犯那儿，这种仇恨感还要强烈，因为恐惧感弥漫得更为广泛。移民来的自由拓居者都很可能拥有良好的武器。"盈满释痞者"刚刚得到总督的大赦，也能够弄到旧的毛瑟枪或马用手枪。他更可能只带一把弯刀或板斧就上路出行了。即使带了枪，遭遇带着长矛的土著，也是要吃亏的，特别是在密不透风的丛林里。他装子弹和发射的速度都不够快，再说，很少有流犯接受过军事训练，也没有体育经验，不可能成为神枪手。当点火棍在棚屋房顶敲响，板壁开始冒烟，山顶上也不会有殖民地骑兵队奔驰而来。骑兵队在十万八千里之外——事实上在美国。因此，边疆冲突的典型形式，就是按照霾噩溪暴行的路径，进行伏击和不分青红皂白的小型屠杀。白人偷袭黑人，从背后朝他们射击；黑人溜进棚屋，用乱棍把拓居者及其妻子的脑袋砸碎。"内地生活的正常情况是一片沉静，但人人都武装起来，警惕小心，神经紧张"，节奏很慢，但突然会在光天化日之下因恐怖而一惊一乍，很快，大地漠不关心、麻木不仁的表面又会安静下来。[93]

　　其他一些因素也导致跟这些人长期而又怨毒的关系更加恶化，因为这些人本来就被流放制度变得像野兽一样残忍。土著群体的力量和人数都被拓居者的枪弹打得七零八落，剩下的人只好放弃，过起了一种边缘生活，成为"牧场黑人"，靠人施舍和打零工过活，如跟踪查找走失不见的牛。多年来流血流汗一直当配给奴隶、做苦工的那些人，即便看到黑人情况恶化、地位降低也无所谓。黑人患了流行病，有时会"来到"一个拓居地，乞讨药物，于是人们就把羊用灌药给他们吃，因为这很适合他们的动物身份，结果这种粗糙的兽药就把他们都毒死了。他们通常能卖给欧洲人的一种东西就是他们的女人，这导致花柳病的爆发，使人虚弱委顿，并通过混血私生子的出生，进一步使他们残存的部落结构变得松散。传教士经常抱怨说，"下层阶级的白人"——前流犯及其后裔——故意瓦解他们的努力，使之无法教育处于边缘的土著，无法使其皈依。缝纫比赛和读经会想要抵挡朗姆酒和卖淫，是完全没有机会的。政客若想在一定程度上受到大多数白人拓居者欢迎并持续受到欢迎，就得嘲笑政府和传教士的救助，认为那都是一些软心肠的好管闲事者在搅和。例如，威廉·查尔斯·温沃斯曾是前流犯的护民官，现在却名闻遐迩，成了"抽鞭子上绞架的王爷"。据报道，他在1844年给澳大利亚立法会所做的一次演讲中说：

　　　　他认为，如果本殖民地的白人走出去，把土地据为己有，政府是管不着的。毫无疑问，拓居者和边境部落之间肯定会打仗，但战争可以不用政府救助而得到解决。文明人已经进来，野人就必须离开。他们必须继续发展进步，直到确立他们的霸主地位。因此，他认为，采取任何措施，貌似对黑人加以一定的保护，都是不明智也不仁慈的，再说他们所处的地位也不允许他们把那种程度的保护维持下去……政府试图让新南威尔士的土著种族生生不息，这是很不明智的政策……对，土著就是必须在武器面前，甚至在文明国家的疾病面前退缩而去！——他们必须退缩而去，等到获得那些文明国家的力量时再说。[94]

这一来，对于原初澳大利亚人[①]来说，流犯的到来不啻是一场灾难。如果新南威尔士是由自由移民来殖民，他们的痛苦也许会少一些，因为自由移民至少从概念上讲不那么野蛮，对镇压臣属阶级的投入也不那么明显。拓居者的机会主义心理越强，他们身为白种垃圾的感觉越强，就越需要得到解脱，越爱大谈文明和种族优越性，竟然认为他们的疾病也有助于命运在冥冥中为黑人制订的计划。这是一种浅薄而充满怨恨的慰藉感，这也是他们那个制度给予白种臣民的极少慰藉感之一，而这时，他们的无根状态也已到了尽头。

---

① 英文是 original Australians，指相对于后来白种人的澳大利亚土著。

第九章 "政府活"

i

悉尼岸边的任何人，对每艘抵岸的流犯船，都不会感到厌倦乏味。随着绞船索曳船进港，划艇组成的船队满载人群，在水中上下浮动，绕轮船而行。对这些人来说，轮船的到来意味着家乡有消息来了，甚至能够瞥见熟悉的面庞，这些人因舱口下的生活而变得面色苍白。但对于拓居者来说，这意味着涌进了一小股澳大利亚最贵重的商品：劳动力。每一个流犯都要面对相同的社会前景。男男女女都要为皇家服务，或为某个代表皇家的私人服务，年限是事先已经规定好了的，然后就会得到赦免或拿到假释证。只要二者居其一，流犯就可以自由出卖劳动力，选择工作之地。以英国批评流放制度的人——其中大多数人都没来过澳大利亚，而且对流放制度没有第一手知识——的普通观点看，这一现象的结果就是，王室把他们用作奴隶，直到认为他们合适之后，才让他们当农民。

奴隶制度是一成不变的喻体，被人用来抨击流放制度。流犯管理机构的一些关键人士也使用了这个喻体（如乔治·亚瑟，他从1824年到1836年任托利党的范迪门斯地副总督），但最经常使用这个喻体的人是废奴主义者，其过程持续很久，始作俑者是边沁和威廉·威尔伯福斯，一直持续到 19 世纪 30 年代后期的威廉·莫尔斯沃斯和罗素勋爵，前后延续了五十年，且这个比喻在英国开明人士圈子里一直不大遭到质疑（至少作为一种比喻没有遭到质疑）。但这个比喻对吗？流犯事实上都是奴隶吗？英国的废奴主义运动耗费了巨大的精力和财力，才从大英帝国根除了黑人奴隶制，到了 19 世纪 30 年代，又忙着遏制非洲人和阿拉伯人他们自己顽固不化的奴隶制度，那么，流犯的权利问题——或者没有权利的问题——能够正确地置于这个运动的道德大伞之下吗？英国的开明改革者觉得肯定能够做到，今天的人却不那么确信了。[1]

从理论上讲，奴隶制的社会契约很简单、很僵化，只有一方签字。这是绝对权力在行动，是意志力的猖獗泛滥。主人拥有奴隶：拥有他们的工作，他们的时间，他们整个人。奴隶可以买卖。奴隶就是财产。他们的权利既始于也终于他们作为动产的地位。他们无权谈判，无权规定工作的进度或长度，也无权成立集体组织或进行抗议。在纯理论的奴隶世界，物质刺激是闻所未闻的（但在现实世界中，正如奴隶社会所一向显示的那样，事情并非如此）。奴隶制度永恒不变，代代相传。父母是奴隶，生下的孩子也是奴隶。奴隶如获自由，那不是特赦——而是革命。

上述所有条件都不适用于不列颠流放到澳大利亚的流犯。每个流犯都有固定的惩罚期限，期限一到即获得自由。谁都不是动产，都不是主人的财产。所有的人在一定限度内，都有权在自由市场出卖其劳动力的某一部分。尽管他们的社交世界经常十分严酷，也十分严厉，但这个世界交织着公正和法律的观念，而不是财产所有权的简单概念。他们可以作为证人出庭，可在民法中提起诉讼，可以向总督提交请愿书——这些请愿书都会被加以全面考虑，并通常很快就会有所回复。他们的主人无权鞭笞他们。这类惩罚只有通过一名地方法官的判决才能施行，后来则需要两名法官。主人如果虐待，流犯就能将之告上法庭。经常的情况是，流犯服完刑之后，就会被赠予土地，并被配给在土地上干活。他们的孩子出生后都是自由人。他们没有投票权，但新南威尔士的其他人也没有投票权，直到 1840 年后才有。就算这是奴隶制，如批评这个制度的人所坚持认为的那样，它也不是能在巴巴多斯和亚特兰大辨认出来的那种，更不用说在古代雅典、罗马或卢克索了。

这个制度有其自己的名称：囚犯配给制。大多数流犯都是"配给"的——由政府当作劳动力借给私人拓居者。少数人，也许十分之一吧，由政府留用，以便为公共工程干活，挖掘地沟、隧道，建筑监狱、法院、仓库和防波堤，在丛林里修路。这样，"政府人"——这是这个社会最喜欢用的一个委婉语，而"流犯"这个词则很少有人使用——可以直接为王室服务，向英国社会偿债。人们认为，政府工作是比较糟糕的惩罚。但是，在欧洲人拓居的头五十年里，配给制就是殖民地生活的支柱，它塑造了殖民地，形成了殖民地社会制度的模式，而且，它是移民到那儿去的原因——就算不是最主要的原因——之一。

澳大利亚太遥远、太奇怪，名声太坏，不可能吸引很多工人阶级的自由移民，但政府希望引进"富裕的"拓居者，也就是有资金的人，他们如果能够获得免费赠地和免费劳动力，就会愿意把钱花在殖民地。当时殖民地面积广袤，尚未开拓，到处都是土地，政府也愿意把地送人。在 19 世纪 30 年代，距悉尼一百英里的上好牧场用地一英亩仅需两先令。

技术劳动力远比土地缺乏，因此价值也远大于土地。劳动力可以自己定价。新到的、充满希望的殖民者把自由仆人随身带到澳大利亚来时，仆人往往会弃主逃跑：

> 我自己的那个人，他在英格兰为我服务了八年……从没到我的新居来过。我们来了大约一个月后，有天早上他就消失不见了。还没到晚上，我就收到他的信说，他在亨特河附近接受了一块赠地，他还说"他希望我们分手时还是朋友"。他目前已经成了这个殖民地最炙手可热的一个人，长得肥头大耳，吃的都是大肥大油的山珍海味，喝的波特黑啤酒和波特葡萄酒堆山叠海，对总督也敢骂骂咧

咧，还对着他的各个神仙，如朱庇特、"金哥"和老哈利等发誓说，这座殖民地肯定很快就会独立。[2]

廉价土地和免费赠地意味着，凡是手上能够干活、肩上能扛东西的人，都能自己给自己当老板。这同时还意味着，唯一稳定的劳动力来源就是配给制度，无论该制度有何缺陷。因此，配给制度对殖民时期的澳大利亚，就跟黑人奴隶制对美国南北战争之前的南方一样重要，这两种制度同样都有实际的不利因素。

黑人奴隶劳动力很少像付酬工作的自由劳动力那样有效，其生产力不高的根源是奴隶制对奴隶心灵的影响，因为"奴役迫使黑人工作起来很不情愿，而且质量低劣，而糟糕的工作习惯又阻碍了……一般的生产力水平"[3]。大多数奴隶都被雇佣，但不在《飘》里描写的那种塔拉种植园，而在一到十人为一组的中型农场。

奴隶制适合生产线，在生产线上，每个工人重复不断地、一成不变地、刻板地做着同一种工作。奴隶制也适合生产线的农业祖宗，即有着大批劳动力的大庄园。但在小农场，工人必须有动手能力，才能干多种活计，正是在这个地方，奴隶劳动力的弊端——缺乏技能，没有主动精神——才深刻地暴露出来。静态是奴隶制度的固有性质。任何奴隶都不会发明一种新的农业工具或找到一种使用旧工具的更好方式。

这些弊端正是一个开拓型社会所不需要的。但由于配给制比奴隶制更加开放，也更加灵活，由于它为流犯个体的主动精神留下了一定余地（就算不是为其主人干活，也是利用"他自己的时间"），它在技术方面一般就比较容易创新。只有莫尔顿湾、麦夸里海港或诺福克岛等外围监禁拓居地，才仍然维持着从前监狱劳动力刻板而具惩戒性的无效现象：拉车用人而不用牲畜，耕地用锄头而不用犁铧。澳大利亚本土的经济更有活力，正如约翰·赫斯特所指出："殖民地有资格享有名望，即殖民地拥有一个强制劳动的经济，从而发展了其主要产业（羊毛），在这个产业中，只有强制劳动者——流犯牧羊人——在干活。"[4]

不过，流犯的劳动单位是无法简化的。他们把这称为"政府活"①。你干"政府活"，就能摆脱鞭子手的鞭子。别人都看见你在干活，如此而已。殖民时期的澳大利亚进步缓慢，因为资金短缺，地处偏远，人口稀少，也因为监狱从本质上来说就十分保守，但最糟糕的问题是促使其劳动力工作的物质刺激实在太少。

流犯劳动力质量低劣，导致自由移民工资上涨。"要想取得永久的财富资源，就丝毫也不能依赖流犯劳动力。"⁵但这是不正确的。正确的情况是，哪怕当上配给流犯的主人，也不可能享受奴隶主那种封建领主的信心，因为政府还可以把这些流犯收回去。任何农场主的流犯仆人都不是他的"财产"，不是他资本中的一个部分。

任何主人都不会视他们为道德上的中立者，像黑人奴隶那样。根据定义，流犯就是罪犯，必须严密监视、严加防范。主人离城越远，戒备也越森严，除非他本人从前也是流犯，对待配给流犯比较"手软"——殖民地的保守分子认为，这是放任自流，只会导致乱套。

虽然流犯劳动力的生产力低于自由民，但这个事实并不意味着这样的生产力就低，恰恰相反，其反倒带来了财运。流犯不像奴隶那样代表资本，但其工作的效果相当于资本的支出。1851年出版的一本移民手册的作者说："监禁制的运作，在其设立的国家，已经改变了该国面貌，就像肥料很可能早已改变了土质一样。"这个制度不可能产生不切实际的剩余价值，但能为组织良好的拓居者提供稳固殷实的地位——也的确做到了这一点。凡是于1830年参观了卡姆登公园的人，都不可能看不到这个制度的能力，因为那是麦克阿瑟家族引以为豪的所在地，有六万英亩土地，以及一幢由约翰·维吉设计建造、优美雅致、摄政时期风格的房子。下面是一段关于19世纪40年代范迪门斯地一座"典型的"八百英亩大型农场的描述：

---

① 英文是 the Government Stroke，实际上是"磨洋工"，即给政府干活虽无物质刺激，但能偷懒。

> 房子是石制结构，阔大而宽敞。农场的一座座建筑物占地面积
很大，均属石制结构，屋顶结实。农具都是最好的，按最佳秩序摆
放。牲畜方面……有三十匹拉车用马、五十头干活用的阉牛、一百
头猪、二十匹母马、一千头带角的牛，还有两万五千只羊毛上乘的
羊。这座只有一个农场主管理的农场，同时雇用了七十个劳力，几
乎都是流犯。如果没有把流犯转到这儿，并在到达时配给给有权雇
用他们做奴隶的拓居者，这种事情就不可能在这座小岛存在。[6]

这种田园诗般的画面在范迪门斯地这座肥沃的小岛上，要比新南威
尔士四处蔓延的边远地区更为常见。由于配给制更青睐标准化的作业，
也由于有权有势者更可能得到有技术的仆人（把低层次者留给低层次
者），配给制度对大农场主就比对"穿粗棉布的拓居者"这种自耕农更
有利。但在两种情况下，从政府角度看，这种制度都有几个不能不承认
的优点。

首先，这个制度费用低廉。它可以让流犯"不用吃公粮"。通过把
衣食费用转给普通公民，每年能为英国政府节约成千上万英镑。

其次，它诱使富有的自由拓居者考虑移民澳大利亚。世界上还有哪
个地方，"有责任心和资本的拓居者"能够保证免费得到劳动力的供应
呢？新南威尔士当局及其在英格兰的朋友都很善于强调这一有利条件。
第一位移民来的资本家兼农场主是约瑟夫·班克斯的一个朋友，名叫格
雷戈里·布拉克斯兰，他是一个来自肯特郡的殷实地主。他把英国的大
部分财产变卖，投资澳大利亚，于1805年抵达。当局意识到这儿（终
于）来了第一个无懈可击、德高望重的拓居者时，就大量地给他各种
优惠。根据卡塞尔利的指示，金总督送了他四千英亩土地，"永远赠
送……情况由他自己选择"，还送四十名流犯为他干活。配给给布拉克
斯兰的头十八个月中，所有流犯的衣食均由皇家供给，总费用为一千三
百英镑，价值超过了今天的五万英镑。[7]显而易见，皇家和殖民政府都急
于得到资金雄厚的拓居者。但是，在那个年代，愿意出来的人少之

又少。

　　配给制还有第三个优点：社会控制。它把流犯散播到新南威尔士和范迪门斯地各地，而不是以帮派形式集中起来，因为那样会有谋反的潜在危险。该制度还可以通过奖惩方式来控制拓居者。政府可以惩罚某个拓居者，不给他配给流犯，也可奖励某个拓居者，给他配给流犯，从而弱化自由拓居者的政治不满情绪，就像用鞭笞威胁并许诺最终给予自由的方法能把流犯管束到位。从 1824 年到 1836 年间，范迪门斯地在副总督亚瑟的统治下，特别起劲地挥舞着这个权力——在那儿，据富有的拓居者乔治·梅瑞迪斯说，主人是否能够得到流犯劳动力，不取决于"（他的）需要，而要看总督如何理解申请人的政治情绪和行为"。亚瑟任人唯亲，居然在1832 年把范迪门斯地占半数的技术工匠都配给给了十分之一的拓居者，其中大多数都是他本人小集团中的官员。[8]把总督惹恼是有代价的，那就是一周后仆人尽失，因为"法律允许拓居者所享受的不过是一种特惠，暂时把服务借给他，但随时都可取消"[9]。

　　从法律上讲，澳大利亚的流犯配给制与美国的早期形式不同。许多有头有脸的美国人都对重犯的涌入怨声载道，认为只会污染他们的社会。一位怒气冲冲的弗吉尼亚人于 1751 年写道："不列颠把监狱清空，全部倾倒在我们的拓居地，还有什么比这样做更无视我们的主权呢？只有他们把厕所里的东西倒在我们的饭桌上才能与这相比！"事实是，马里兰州或弗吉尼亚州的大多数农场主和商人，只要被给予得到流犯劳动力的机会，就会立刻抓到手里——而且付一大笔钱。美国殖民者能够拥有契约仆人。他既然已经支付了把仆人们运过大西洋的费用，他就指望获得保障，不会因"不可预见的皇家大赦"导致他们获得自由，而遭受任何经济损失。流犯就是资本，像奴隶一样，自 17 世纪早期以来，一直是自由贸易进行交换的对象。一位名叫约翰·波利的弗吉尼亚拓居者于 1619 年写道："我们的主要财富就是仆人。"因此，根据 17 世纪和 18 世纪的流放法案，如果业主减去流犯的刑期，王室有义务付钱给业主。这种放人走的情况一般不大可能，但可能性还是有的。[10]

无论如何，弗吉尼亚州和马里兰州都不是监禁殖民地，而是可使用重犯奴隶的自由殖民地。因为澳大利亚是作为监狱而拓居的，所以在这儿，流犯从英格兰来，自由拓居者不用出路费，从官方的观点看，这就使得拓居者不能宣称对流犯的劳动具有财产权。所有这些权利都属于政府。不过，几十年来，关于拓居者是否"有权"买卖流犯或配给流犯的争论一直都令殖民地大为光火。[11]

ii

菲利普总督执政期间，在殖民地的最初几年中，流犯只为政府干活，政府也垄断了所有的农作物，收成之后进入公仓，然后定量发给流犯。配给制度的第一阶段一直持续到 1800 年，是对这一工作的细化。政府把流犯劳动力交给自由拓居者，由政府出钱，供流犯的衣食，但他们种植的作物只能以固定价格卖给政府。政府的公仓成了唯一的市场。在 1790 年，新南威尔士像这样的"配给"流犯共有 38 名，都在私人农场干活。到了 1800 年，这个数字是 356 人。到了 1825 年 12 月，这个数字是 10800 人。

随着"饥荒岁月"的记忆逐渐消退，殖民地经济发展壮大，呈现多样化，政府公仓不再试图垄断农副产品了。政府不再控制市场，也就不想再付配给流犯的生活费用。因此，根据 1800 年 10 月下达的一般命令，金总督改变了制度，从而进入了配给制度的第二阶段，主人必须为仆人提供衣食住行。政府可从公仓预支食品和衣物，年终收回钱款。一个流犯一年的定量约为十三英镑十三先令。[12]

这不仅刺激了农业，而且让流犯断奶，不吃"公粮"，这样，政府在他们身上就不用花一分钱了。从 1800 年到 1806 年，金总督极力削减流犯管理的常规费用。他的一个策略就是再度修改配给规定。1804 年后，凡是让流犯断奶，不吃"公粮"的拓居者，都要签订一份契约，至少要把他留十二个月。[13] 主人必须完全按照政府雇用的工作、食品和衣物条件，维持该流犯的状况。如果拓居者无法供养该流犯，不得不解雇他，那么，该年度期限未到之日，他每天都要支付一先令。小自耕农中很少有人出得起这笔罚款，也很少有人愿意出。

反过来，流犯工作的时间与政府要求的一样：星期一到星期五，每天工作十小时，星期六工作六小时，每周工作五十六小时——从任何角度来讲，这个安排都不野蛮。但无论囚犯为政府干活还是为拓居者干活，每人都得完成工作中的"任务"。劳动不按时间，而看任务完成情况，这是因为有一个逻辑，认为流犯劳动力本来都不情愿干活。让人手每天都干活，这一向极为困难。早期拓居地除了军人之外，没有全日制的卫兵，而卫兵并不喜欢被人用作狱卒。因此，从很早起，菲利普就采纳了一个制度，规定以产品定量而不是时间长度，作为每日的标准，让流犯根据自己的速度来工作。不过刚开始，柯林斯抱怨说："他们更愿意无所事事，消耗时间，而不是好好利用时间。"[14] 定量工作的做法与英格兰的技术劳动力有关，它暗示地位要比一般体力活高。这样，几乎从这座初出茅庐的监禁流放殖民地诞生之日起，就制定了劳工谈判制度——不是人们在监狱里期望看到的那种，更不是"奴隶社会"的那种。1800 年，金总督规定了一些典型的任务率：一周内，一个男性流犯必须砍伐一英亩的森林木材，或劈开五百根五英尺长的尖板条，或给十八蒲式耳小麦脱粒，三者必居其一。

在"饥荒岁月"，流犯一般下午三点下班，然后自己种菜。这种特许成了通例，匮乏时代过去之后，私人工人和政府工依然沿用这个做法。很快，流犯在工作时间之外干活，也能得到报酬。如果主人不愿付钱，流犯就可把额外工时拿到别的地方出售。1808 年，劳工价格标准中有些项目如下：砍伐一英亩树为十先令，"垦殖新地"每英亩一英镑四先令，拖拉玉米并碾去外壳每蒲式耳为六便士，等等。如果某流犯每天都为主人干活，而不是政府规定的标准的十小时，他多做的时间就可赚每天一先令，每年约十八英镑。他偶尔还能得到朗姆酒的奖励。"工匠"

或手艺人——铁匠呀，鞋匠呀，裁缝呀——把自己的时间拿出来，就能赚更多的钱，有时每周能有四五英镑。[15]

流犯有权加班挣钱，这是 1804 年后实行了二十多年的配给制的部分精华。但如何将此转化成消费力呢？当然，比人们想象的要差。历任总督都把流犯劳动的加班价格固定下来，但殖民地并无钱币供应。英格兰没有把钱送到那儿，反正监狱也不需要现金流通。直到 1812 年，英国王室才给澳大利亚供应了一批银币，但正如流放特别委员会阴沉地预测的那样，由于不利的贸易平衡，才从殖民地吸出了一万英镑。就连麦夸里创造的"圣元"（一个残缺不全的查尔斯三世的西班牙钱币，钱币的中心又称"但普"，上面钻了一个洞，标价为一先令三便士）也无法在殖民地造币。[16]

结果，经济生活的头二十五年就像用斑斓碎布拼接的一床被子，物物交换、打欠条、满把的钱币——有英国几尼金币、葡萄牙金币、荷兰盾、印度莫赫金币、卢比、西班牙元和达卡金币，都是到访船只留在殖民地的。1800 年，总督甚至一度宣称，英国一个铜板便士值两便士。官方价格按英国货币计算，但标准价值与票面价值相等的票据只有两种：英国财政部的政府汇票和工薪出纳员发给新南威尔士军团军官的票据，后在英格兰合并成团部建制的财政票据。

这两种票据中，朗姆酒军团的票据更受人青睐，不过，如果处理款额达到三百英镑的债务，政府就可强制推行使用自己的纸币。朗姆酒军团的票据与现金铜币相比，其贴水高达百分之二十五，就更不用说个人欠条了。没人相信个人欠条，最后，布莱总督禁止把个人欠条当作流通货币使用。[17]

当然，这样的经济安排，让流犯深受其害。他们的付酬工作被人通过这种付酬方式无情地剥削利用。主要都是按照自由拓居者所定的货物价格，以物支付。有时不管他们需不需要，还强迫他们接受进口货物，如配套裙的白色棉布长筒袜，或从开普敦进口的"羊屁股"（小绵羊皮）。朗姆酒军团甚嚣尘上之时，糖七先令一磅，茶叶六先令一盎司，烈酒二十先令一瓶。据金所知，朗姆酒最高可达八英镑一加仑。[18]

即便流犯能够拿到现金工资，他也拿不到纯银币，而只能拿到殖民地贬值的"货币"。1814 年，麦夸里总督开始降低 19 世纪头十年以来居高不下的价格之后，流犯纺织工人托马斯·霍尔顿给在博尔顿的父母写信说：

> 亲爱的母亲，这个国家的物价很贵，男帽两镑两先令一顶，长袜十先令一双，鞋子十六先令一双，糖三先令一磅，黄油七先令一磅……尽管价格这么高，我们也很愿意以任何价格买（东西）。[19]

霍尔顿补充说，他作为配给流犯，每年挣二十英镑的"货币"，但仅值英国钱币的十二英镑。总的来说，到了 1820 年，配给流犯的加班费以物支付，价格比批发现金价高百分之四十至百分之七十，比零售价高百分之二十五至百分之三十五。他可向地方法官上诉（有些人也的确这么做了），告人不该如此巧取豪夺，但法官本人都是拓居者，"如指控效果能为他们和他人把劳动力价格砍下来，自然一定很有兴趣加以支持"。他们总是更喜欢用仓储货物支付流犯，而不愿用钱。[20]

最吃香的商品是朗姆酒，这个名字代表着各种各样的酒——亚力酒、"阿瓜点滴"烈酒、炮厅威士忌和私酿酒——但特指从孟加拉进口的酒。在这个小小的社会（1799 年不到五千人，1805 年约有七千人，1817 年刚过两万人），几乎所有的男性和大多数女性都有酒瘾。在澳大利亚，特别是在 1790 年到 1820 年间，朗姆酒成了社会上压倒一切的令人迷恋之物。人们喝得家破人亡，雄心全无，铸成了一道喝酒有瘾的铁链。许多殖民者越喝越渴，忘掉一切，打定主意要用酒把生活的痛苦内容一冲而尽。在朗姆酒垄断的鼎盛期，威廉·布莱回忆说：

> 人们如此渴望喝酒，（拓居者）为买酒而牺牲一切。由于垄断，价格高到把许多穷人毁掉的地步。[21]

布莱总督极为同情处于挣扎之中的小农的处境和利益，有时还支持他们，反对朗姆酒军团的军官。他认为，朗姆酒是一种致人虚弱的手段，帮助一伙精英维护其权力，同时却败坏了劳动力的质量。拓居者会为了一加仑烈酒，撂下农场不管，走四十英里地去悉尼，来回一趟要四天。"他们这么做，耗去的价值是酒的十倍，而且也丢掉了务农的时间。"

也许，应该谨慎地对待关于殖民地下层阶级酗酒问题的责难，因为这种责难来自殖民社会的上层阶级，就像马斯登及其他人对流犯性欲问题曾经发表的意见一样。如果大家真喝醉了，殖民地就不可能幸存下来。然而，几乎毫无疑问的是，朗姆酒攫住了新南威尔士这座正处于胚胎期的殖民地，而殖民地福音传道的牧师先是理查德·约翰逊，接着是塞缪尔·马斯登，他们都无力阻止这种现象。

由于大多数流犯希望拿到的付款是朗姆酒，而不是别的东西，这就让富有的地主享有很大的杠杆力，只要在桶上开个洞，想要多少超时打工就可以得到多少。约翰·"小杰克"·帕默是菲利普船长第一舰队从前的司务长，后来升任殖民地官方银行家兼承包商，他宣称："别的东西不行，但只要给点酒，你就可以让人把更多的地翻耕掉。我想，这就是劳动积极性这么高的缘故。"当新南威尔士军团的乔治·约翰斯顿少校从金总督那儿得到两千英亩赠地，正式奖励他 1804 年粉碎爱尔兰起义时，"他曾经以酒当钱，支付劳工清空我们的土地"，不过，要想得到总督许可，想要多少就能买多少桶用作物质刺激的酒，这并非易事。[22]

很自然，谨慎的主人都想在作为特惠发给工人的酒和第二天需要完成的工作量之间，找到某种平衡。在卡姆登公园，麦克阿瑟一家规定，凡是工作踏实的人，都以开普敦的葡萄酒予以奖励。作为殖民地的澳大利亚对啤酒或淡啤酒不感兴趣。让一个人发财还是破产，全要看朗姆酒了。尽管文职和军政官员控制了朗姆酒业，能够捷足先登，船一到岸就上船取酒，并立刻把价标提高百分之五百卖掉，但所有做小生意的人都想在里面"湿湿鞋"。与此同时，法官、律师、外科大夫、牧师和传教士也无不从事该业。

朗姆酒军团于 1810 年被召回英格兰后过了很久，新南威尔士和范迪门斯地两地羽翼正丰的经济——特别是这两地，因为影响到流犯——依然与某种朗姆酒的标准联系在一起。质量好坏几乎无关紧要。地道的牙买加朗姆酒抵岸时一加仑六先令，到了小拓居者的土地流犯那儿[①]，就要二到四英镑了。金和布莱于 1800 年至 1810 年间努力确定朗姆酒价格，导致质量成了第一个牺牲品，因为他们所定标准让发货人无利可图，有时把船派走还要亏本。从英格兰运酒过来成了"赔本生意"，但孟加拉有酒过来则价格减半，一加仑仅十先令。即便加以种种限制，廉价的孟加拉朗姆酒还是最有利可图，结果从上到下，给殖民地造成了无可估量的社会破坏。[23]

文职机构也有其定额的昏聩无能人员，从金总督的副军法官理查德·艾特金斯（1745—1802），到帕默斯顿和布莱治下的新南威尔士宪兵司令威廉·戈尔（1765—1845），该人（按后来一位总督的话说）"完全奋不顾身地喝酒，恐怕早已永远为社会所抛弃"[24]。这个让人讨厌的可怜家伙，当年就是因为射杀了 48 团一个非法侵入私人土地的士兵而被流放到纽卡斯尔的监禁拓居地，他八十岁时死掉，身无分文，丢尽脸面，他的尸体和他老婆的尸体一起压在他农场的一堆尖木板下，好几年都没人埋。如今，悉尼有个郊区就是以他命名的，叫戈尔山。

流犯更没法不喝朗姆酒，因为他们更需要忘记一切。一个名叫约翰·布罗克萨普的流犯写道："我们这片土地上最大的祸根就是毫无节制。"据他称，酗酒造成"三分之三（原文如此）的犯罪现象"。如果一个年轻的配给流犯能不喝酒地生活，那就值得庆幸，值得在家信中一提："我可以说，你儿子理查德很沉稳，尽管这儿的酒便宜之极。"这是 1832 年，朗姆酒跌价，一品脱二先令。"而且，即便他有条件和机会弄

---

① 此句原文为 reached the small settlers land convicts。译者发现有问题，即与本书作者交流确认，发现属于印刷错误，应该是 reached the small settlers and convicts，即"到了小拓居者和流犯那儿"。特此致谢。

到酒，他也不会喝过头。"一个流犯代笔者在范迪门斯地的流犯理查德·迪林汉姆的信上这么补充道。[25]

但是，大多数流犯都能找到一首叫《朗姆酒歌》的赞歌，估计是歌颂监禁时代的：

> 把你的名字刻在我背上，
> 把我的皮蒙在鼓面上。
> 用铁链把我拴在平奇古特岛上，
> 从今天起，直到天国来临！
> 我会吃掉你诺福克岛的饺子，
> 就像吃掉多汁的西班牙李子。
> 我还会伴随纽盖特的号笛跳舞，
> 只要你给我朗姆酒吃！①

一些当权者认为，唯一的解决办法就是禁酒。托马斯·布里斯班1824年就试图在纽卡斯尔和亨特河谷强制实行禁酒令。当时进入纽卡斯尔的船无论是否载酒，都必须置于关栈，因为哪怕看见一条可能装有朗姆酒的船，也会引起"混乱和狂热的骚动"[26]。

英国当局把霍加斯《杜松子酒巷》里的场面运到了澳大利亚，而殖民生活的艰苦条件也导致人们偏爱狂饮滥喝。其实，饮酒、薪水和工作等之间的关系早在英格兰就已根深蒂固。例如，本杰明·富兰克林就曾惊奇地看到，他在伦敦的印刷工友每天上班都要把一加仑烈酒的四分之三喝掉，这酒可以抵掉他们的薪水。而周六晚上，在酒馆桌边给工人和手艺人付钱的习惯（这样才能保证，除了滴酒不沾者之外，谁在回家之

---

① 这首公然反抗、充满黑话的小曲选自罗素·瓦德，《人类到来后的澳大利亚》（悉尼，1965），作于1830年前后。不过，这不是英国音乐厅歌曲，如1880年前后那首虚假的简单韵律诗《植物湾》。"平奇古特岛"又名"平奇古特"，是悉尼海港一块裸露的岩石，此时由邓尼森要塞把守，有时会把不服管束的流犯用铁链拴起来，处于半饥饿状态。"诺福克岛的饺子"指抽一百鞭子，而"纽盖特的号笛"则指被绞死者在空中扭动的样子。——原注

前，都要把工资喝出一个大窟窿来）直到 19 世纪 20 年代才在伦敦绝迹。当然，很少有流犯会觉得，如果主人用朗姆酒充当他们的一部分薪水，他们的权利会受到威胁，从没人抱怨这个。[27]

iii

拉合兰·麦夸里（1762—1824）是派到新南威尔士，将其作为军事独裁整体管理的最后一位英国殖民地总督，他也是把这个制度廓清的一位领袖。在勇气、道德活力、慈父般的不偏不倚，以及自以为是、爱面子、脾气犟等方面，麦夸里都是那一拨苏格兰行政官中一个早期的优秀榜样，这些人让英帝国的发动机房在整个 19 世纪都运转正常。他父亲是赫布里底群岛的一个佃农，因他母亲与苏格兰高地的地主洛霍贝的麦克林沾亲带故，他后来也成了新南威尔士的一地之主，从 1810 年 1 月到 1821 年 12 月——所有澳大利亚总督中时间最长者——统治着他的这块非同寻常的封地。

麦夸里本是职业军官，在英国军队里逐渐做大，在印度和中东服役的将近二十年间，表现越来越突出。四十岁那年，他已经是一个绝对的帝国老手：很有组织能力，憎恶说坏话的人，习惯了他人对他立刻表示服从，社交方面不太利索，但人很精明，知道那些倒在他权力下的人需要什么——用他自己的话来说，他是一个"笨手笨脚、乡里乡气的丛林人"，举止和姿态都像一根枪的通条，下巴骨瘦尖削，眼睛亮如烟晶石。

他并非真的笨手笨脚，而是很会打理自己的事业。1807 年，麦夸里转到一个新团，也就是 73 高地人团。这时他才得知，这个团要被派到新南威尔士，整顿不服从布莱总督管理的朗姆酒军团于 1808 年闹事之后留下的混乱局面。该团指挥是殖民地总督，因为针对布莱的哗变事件表明，出身海军的总督不必依靠陆军效忠。但是，73 团的团长不想去，于是，麦夸里开始为了得到这个位置而游说起来。1809 年，卡塞尔利勋爵确认他被任命为新南威尔士总督。他带着他妻子和全团的人，于 1809 年 5 月驶往悉尼，并于 1810 年的元旦宣誓就职。

麦夸里下令逮捕朗姆酒军团的领导——约翰·麦克阿瑟及该团喜欢闹事但天真无知的副团长乔治·约翰斯顿少校，他们曾逮捕布莱，并取而代之，管理殖民地——把他们送回英格兰接受审判。但他们已经驶往英格兰了，准备把案子呈递给政府。布莱本人在麦夸里抵达的两周后，也从范迪门斯地的流放处回到悉尼，满口粗言秽语，用他的"油布"①语言，破口大骂那些造反的家伙。麦夸里不理他。现在的总督是他，而不是布莱。布莱很快就乘船回英格兰了，他想看到的那种血流成河的场面却没有发生，原来，约翰斯顿没被绞死，只是被革除军职，麦克阿瑟"这个大捣乱分子"却于 1814 年回到新南威尔士，他的羽翼已被剪除（不过时间并不长），因为有命令不许他参与公共事务。

麦夸里取消了所有的文职和军职任命，并废除了 1808 年 1 月 26 日朗姆酒军团起义之日和他本人抵达那天之间签订的所有赦免、租约和赠地。他恢复了所有罢免官员的原职，搞掉了麦克阿瑟醉醺醺的走狗军法官理查德·艾特金斯，并以埃利斯·本特（1783—1815）取而代之。这是澳大利亚就任该职的第一位接受过正规训练的律师，他与麦夸里乘坐同一条船从英格兰而来。麦夸里现在位置坐得稳稳当当，所有缰绳握在手里，便开始逐渐把一座监狱改造成一个殖民地了。

这殊非易事。例如，他就无法通过意志行动取缔全社会的朗姆酒瘾。朗姆酒军团走了，酒瘾却留了下来。不过，随着农场扩展，自由拓居者渗透进来，"盈满释痞者"得到赠地，沿海除农耕之外的其他生意——主要是捕鲸业和海豹猎捕业——得到发展，新南威尔士的经济已呈多元化，而不再由原始的卡特尔主宰了。朗姆酒垄断业主的日子因此终结，但麦夸里利用一连串反饮酒法律法规，加速了他们的灭亡：酒馆星期天必须关门，同时强制流犯进行教堂列队游行；大批削减有照售酒

---

① 英文是 tarpauline，指水手。

屋的数量；对进口烈酒课以重税，以期用高价把酗酒现象赶尽杀绝。最后这一招没有奏效，因为本来就不可能奏效。尽管麦夸里语气轻快地报告说，道德问题已经得到改善，结果却造成更多的殖民者狂饮滥喝，直喝得他们欠一屁股债为止。

麦夸里对流犯的态度比他对胃口的开战更为重要。他摒弃了这样的看法：流犯劳动力是一个池塘，而军官和少数得人青睐的拓居者可以从中大捞一把，自肥其田。流犯在那儿本是受罚的，但可以通过工作加以改造。麦夸里看到，"盈满释痕者"人数大大超过移民拓居者，澳大利亚今后肯定会成为"盈满释痕者"的国家，其政治现实将由这些人及其后裔来塑造。如果不把公民权利还给"盈满释痕"的流犯，新南威尔士就会像美国南方一样，充斥着恢复贵族天堂的错误幻想。

通过"盈满释痕"，流犯能够回到受人尊重的社会中，这个社会也必须接纳他们。麦夸里的信中不时出现大写字母，这通常表示他的道德热忱。他告诉卡塞尔利说，"盈满释痕"是"最大的诱惑，可以用来促成居民改良其规矩……与正直和长期尝试的品行端正相结合，'盈满释痕'应该让人回到社会上他原来放弃的那个地位，并尽可能在条件许可的情况下，不再去回想从前的不端之举"。①²⁸ "盈满释痕者"如想明白正常公民的责任，就必须在他们还处在流犯奴役的幼虫阶段时，就让他们看到他们是有权利的。麦夸里对流犯潜力的尊重的确很高尚，却导致了他在政治上的毁灭，落到了"美利奴派"及其在英格兰的盟友手中，这些人都相信要对流犯进行无情的剥削。结果，他因那些肆意贬低他的人和不计其数的诽谤之词一蹶不振，至死耿耿于怀。

但那是后来的事。最开始，悉尼看到的是一个劲头十足的行政官，年纪四十七八，对他来说，殖民地万事无小事。任何时候，只要有流犯船把货吐在悉尼，麦夸里总督就会去那儿查访。一个流犯回忆迎接下船

---

① 这段话中，至少有十六个英文单词的首字母为大写，如 Inducement（诱惑）、Can（可以）、Good Conduct（品行端正）等，按正常语法是不许可的，但麦夸里为强调"道德热忱"而用，也并非不可以，只是这种表达无法翻译成汉语。

囚犯的仪式场面时说：

> 总督、总监和医生等都来了。总督跟大家说，他们来到了一个多么美好、多么富足的国家，并告诉他们，如果他们行为规矩，他就会善待他们；同时还告诉他们，如果他们不满意雇主，那就（立刻）去找地方法官，他会让人纠正弊端的。[29]

所有流犯都是由这种充满慈父关心的演讲仪式陪伴着进入澳大利亚的。麦夸里告诉新到者"他就会善待他们"，这明白无误地表明，在这儿，得到恩赐的渠道跟法律的锁链一样，都是行之有效的。无论主人是谁，工作的对象永远都是政府。

刚开始，麦夸里抱怨劳动力短缺，要求政府给予更多流犯。但在他治下的头五年，因为跟拿破仑打仗，政府无法匀出足够的船只送流犯过来。因此，他面临一种棘手的不平衡局面。只要有必要，他就尽可能多地把男女流犯配给给自由拓居者，反正他对农场主及农场主对劳动力的需求不持任何偏见；但他又觉得，最好能利用流犯劳动力来为政府服务，这样，当局就可以公平地判断对该劳动力给予的物质鼓励，并评估每人的改造情况，而不用依赖主人的二手报告。

而且，这对殖民地来说也很有利。原来，麦夸里对悉尼的残破面貌感到震惊：棚屋没有规划，四处蔓延，"破败不堪"，却坐落在闪闪发光、紫水晶般多叶状的海港边缘。军法官的住地"绝对像猪圈"，而悉尼和帕拉玛塔的流犯营地已经不仅仅是让人恶心了。没有一家像样的医院。教堂都是小茅屋——这尤其让麦夸里反感，因为他相信，只有信教才能改造他的那些罪孽深重者。悉尼镇的大街小巷夏天尘土飞扬，车辙纵横，一下雨就成阴沟，而且没有排污管道。城外的路（除了去帕拉玛塔的收费公路之外）几乎没法走车。

麦夸里以天真、热忱和创造性的精神，开始想把这大杂烩改造成为一座乔治时代风格的城市。他在建筑学方面所受的教育肯定不行，但他亲眼见过纳什、索恩和伍德的建筑作品，认为他们的建筑习语是大英帝国建筑学的正确术语。尽管他对建筑学的技术内容一无所知，但他早已耳濡目染了他那个时代的品位——举凡持有坚定精英价值观、富有智力的殖民地总督肯定都会如此。他妻子伊丽莎白·麦夸里随身带来了建筑物和市镇设计图的图册，这本图册后来成了麦夸里进行都市复兴计划的原材料。

他开始写下代码，确定房屋最小地板面积和悉尼大街的宽度。皇家租地上不许再建小棚屋了。这是澳大利亚这类规定中的第一批规定。他当时规划的悉尼中心格栅现在依然如旧。在霍克斯伯里沿河的五座拓居地，他命令把核心场地保留起来，用作法院、学校和教堂，而且所有房屋的平面图都必须在地区警员那儿存档。[30]

麦夸里从规章制度转向真正的建筑物时，面临着更多障碍。英国政府要他削减开支，这意味着不能"铺张浪费"，除了严格的军事或囚犯建筑，不得建造其他任何建筑——就连这些建筑也必须从简。英国政府拒绝给他派一名建筑师。但麦夸里掌握了应急权力，他觉得，他可以把"应急"一词定义得更宽泛一些，这样就可先斩后奏，让远方的人无话可说，想批评也没办法。于是，他连蒙带骗，绕过了英国政府不许大兴土木的禁令。他第一次努力的成果可能是与妻子一起设计出来的。这是一家新医院，外形壮观——三层楼，有宽敞的阳台（不是英国摄政时期的建筑风格，而是根据麦夸里在印度的观察）。这是殖民地有史以来最大的建筑物。他用朗姆酒来资助建造这座医院，这就像一百五十年后，新南威尔士政府用彩票来部分地资助耗资巨大的悉尼歌剧院一样。他允许建筑承包商拥有对四万五千加仑酒进行交易的垄断权，政府从中收取一加仑三先令的酒税，其所产生的 6750 英镑作为物质奖励付给承包商，但不入账。这种种安排最终没有奏效，痛斥他贪污行骗的谴责之声四起，但那座"朗姆酒医院"后来还是建成了，尽管不可避免地得了这样一个诨名，三大块中有两块幸存至今：由于承包商贪心不足，有些部分偷工减料，不过，这是澳大利亚第一座拿得出手的乔治时代风格的公共建筑物。

其他建筑物接踵而至。麦夸里因为找不到身为建筑师的自由拓居者，就找了一个从事该职业的流犯：弗朗西斯·霍华德·格林威（1777—1837）。格林威的上几辈人都是"西乡"①的建筑工和石匠，他本人则是训练有素的建筑师——纳什的学生——但做生意不行。他在布里斯托尔开业之后破产了，就伪造了一份合同，结果被判死刑，跟着，按照当时的通行做法，减刑为流放十四年。麦夸里发现格林威于1814年抵达后，便小心翼翼地表示了兴趣。鉴于格林威小有才具，但缺乏与客户打交道的应变能力，他在英格兰可能永远都拿不到重要的活，但在澳大利亚，他就是约翰·索恩，他就是波·纳什——他甚至可能是乔凡尼·洛伦佐·贝尼尼，因为他具有全部的竞争力。麦夸里让他从1816年开始，负责所有政府建筑的设计和建造。[31]

接下去的六年里，格林威为麦夸里建造了一系列建筑物，其质量优劣不一，但其中最佳者让这座羽翼尚未丰满的殖民地的建筑标准彻底变了样子。这主要是两座流犯营地，即帕拉玛塔的女工工厂（1819）和——他的人间杰作——悉尼的海德公园男犯兵营（1819）；另外还有几座教堂，最引人注目的是温莎的圣马修教堂（1817—1820）和悉尼的圣詹姆斯教堂（1820—1824）。有了女工工厂，至少能让不少女性不再在帕拉玛塔的大街上游荡，尽管工厂总是不够大。海德公园兵营——麦夸里也像建总医院一样建了这座营地，而没有事先征得伦敦的许可——他认为绝对成功。其设计旨在容纳在悉尼为政府工作的所有流犯，但营地的800多名流犯提出要求，说他们需要"自己的时间"，以便干活挣钱，支付政府以前没为他们提供的住宿费用，因此，把他们搬到那儿是件很棘手的事：海德公园兵营为了回报麦夸里把流犯时间大包大揽下来的做法，不得不提供从额外增加伙食定量到周末休假的各种诱惑。虽然采取了额外的监控措施，但情况有了好转，至少麦夸里是这么想的。

---

① 英文是 West Country，词典通常定义为"英格兰西南部诸郡"，十分烦琐，故直译。

1820 年，他跟巴瑟斯特说："流犯住进新营地后，现在夜盗和翻墙入室的作案率还不到以前的十分之一。"该营地共有 800 名重犯，远少于悉尼流犯总人口的三分之一。[32]

这类工程要求砖匠、石匠、瓦匠、铁匠、玻璃工和细木匠等提供技术劳动力。这些所谓的"工匠"一向都很缺乏，而且从来都不太好，他们是一批巨大的乌合之众，英格兰建筑业的杰作就是靠他们的手艺抬起来的。他们一到澳大利亚，政府就把他们挑选出来。船一锚泊，流犯总监就根据姓名和行业制作一份点名单，像从牛奶上撇去奶油一样，把政府要来从事市政工程的人精选出来。由于大多数重犯抵达之前就已得知，一个人有了手艺，配给给私人干活，就比给政府干苦工要容易，船上就总是会上演一场小小的谎言芭蕾舞，本来是修轮工和修桶工，却说自己是普通挖沟的或乡巴佬。从 1814 年到 1820 年，政府从抵达澳大利亚的 2418 名"工匠"中抽取了 1587 人（占 65％），又从无技术体力劳动者中抽取了 3000 人（占 32％）。对手艺人需求量达到高峰的一年是 1819 年，这时，麦夸里的大兴土木计划达到了高潮，抽取了 80％的手艺人。这个政策自然颇让自由拓居者恼火，因为他们自己也需要手艺人。[33]

除了技术劳动力之外，对无技术劳动力的需求也同样大。从 1814 年到 1820 年，政府从抵达澳大利亚的 7200 名流犯中，抽取了大约 4600 人，因为政府需要像工蚁一样干活的人。从科技角度讲，麦夸里的澳大利亚比克伦威尔的英格兰要落后。这时还没有蒸汽动力；役用动物还很少；悉尼附近溪水的可靠性也不大，无法驱动水磨运转。所以，无论是挖洞、锯木、运石，还是搬走每一吨瓦砾，都要靠人体这种效率最低的引擎，成帮结队、辛苦费力地来做。麦夸里还计划修路。

1813 年，殖民地开始拥挤起来。霍克斯伯里河一带及帕拉玛塔肥沃的河滩上，每一英寸土地都出租和赠送出去了。拓居者向西南推进，到了斯通夸里（也就是现代的皮克顿和鲍勒尔）和巴戈刷的贫瘠与干燥地带。不过，最大的障碍还在西边——从悉尼看去，在低低的地平线上可以看到的那一溜山脉。蓝山因其山色而得名，是澳大利亚大陆"无法穿越"且"抱有敌意"的一个挥之不去的证明，殖民者只好紧紧抱住这座大陆的边缘不放。没人越过这条山脉——二十五年中都没有过。就连土著都说，这条山脉无法穿越。有些流犯以为中国就在山那边，曾试图翻山越岭，但都在这条山脉奇大无比的砂石迷宫中饿死。在那儿，只有琴鸟歌唱，细瀑长悬，从遥远的悬崖上盘旋而下。

跟着，在 1813 年，三位家道殷实的拓居者——格雷戈里·布拉克斯兰、威廉·劳森和 W. C. 温沃斯一起出发，前去寻找一条道路，跨越这条分界线。他们带上流犯仆人，还有狗和马。经过三周筋疲力尽的挣扎，他们发现眼前是一片黄金的景象。就像美国的其他探险家一样，他们也把这个地方称作阿卡狄亚和迦南之乡。[①] 从现称布拉克斯兰山的峰顶，他们看见的是"水草肥美，足够整个殖民地牲畜吃三十年"的景象。再也不会缺乏牧草了，但得修建一条永久的道路通向那儿才行。1815 年，麦夸里沿着他们走过的路进行了一次视察之旅，凡比较宏伟的景色都赐以名字：摄政王的幽谷（The Prince Regent's Glen）、黑希思（Black Heath），以及皮特的圆形竞技场（Pitt's Amphitheatre）等。为了记录通向戈什这座门户的气象万千的美景，他甚至还随队带去了一名画家，即约翰·勒文。测量员也尾随其后。麦夸里决心修建"一条切实可行的好车道，同时尽可能切实可行地不耽误时间"，从帕拉玛塔一直通到蓝山的另一边。他选择了 60 个流犯，"这些人到殖民地已有一段时间，据认为表现也不错，因此可以享受……某种特惠"。他告诉他们，如果他们能够把路——全长一百二十六英里——在半年中修完，他们就会因"艰苦劳动"而得到有条件赦免。他们办到了这一点，因此都获得了自由。这意味着每天要切开一千两百码的路面，从鸸鹋岛到麦夸里河，沿路架十二座木桥——这一创举表明，囚犯如果得到的是物质刺激，而不是鞭笞，就会产生何种业绩！这条路只有一个重大问题：有些

① 英文是 land of Canaan，即希望之乡。

路段，特别是约克山下山坡道一段特别陡，装满材料的牛车下坡时，必须把大木头拴在车上用作刹车。上坡时就只能在岩石表面打上铁制环端螺栓，穿上铁链，套上另一辆牛车，分期分批地从山下把牛车往上拽。正如麦夸里向巴瑟斯特（为了讨他欢心，该路段的终点就很圆滑地以后者的名字命名）所指出，如果用自由合同工，或者用喜欢"磨洋工"、没有积极性的流犯，要完成西部路，就要花三年而不是六个月了。[34]

这也是澳大利亚第一个在诗歌中得到赞颂的公共工程。原来，麦夸里还指派了一位流犯桂冠诗人：迈克尔·马西·罗宾逊（1744—1826）。他是牛津大学毕业生，以前当过律师，曾因企图勒索伦敦的一个小五金商，威胁说要发表一首人身攻击的诗，而被判终身流放。他现在每年有一个任务，就是在悉尼的总督府背诵一首生日颂歌。在澳大利亚这位正式的缪斯首度唱出的微弱的歌声中，有一首赞美歌是献给西部路的，它穿过"那边的蓝山，像一道巨大的眉毛"：

> 看啊，人类辛勤劳作之手，
> 改变了大地狰狞的结构。
> 山岭孤独，绿衣百结，
> 流水鲜美，溪涧清澈。
> 社会的光明把黑暗的深谷照亮，
> 眼前呈现了无限的景象！[35]

人们几乎可以看见麦夸里头上结着金色的发辫，伴着在他安排下创作的这首抑扬格的诗歌韵律，不断地点头表示赞许。随着殖民地的扩展，他喜欢以自己的名字为新地方命名。这个习惯无伤大雅，但他离开殖民地后（而不是之前）颇为人所诟病。长老会牧师约翰·丹默尔·朗也是一个苏格兰人，于1823年，也就是麦夸里驶航的第二年到达悉尼。他写道：

两千年前，据说在希腊，

大地上每块石头都有名有姓，

人们说，新南威尔士也无不如此。

那儿的石头也有姓有名。

每一块都要标上"麦夸里"。

总督这个老苏格兰人特爱扬名，

大街、广场、渡口、小镇、湖泊和河流，都以他名之，

"拉合兰·麦夸里总督大人"永远留名！[36]

　　不过，麦夸里愿意投入公共工程，而不是私人配给制，这终于取得了丰硕成果，使这座殖民地的市政建设披挂整齐，好像穿了一身甲胄。伦敦和新南威尔士都不乏他的建设的批评者，他们喋喋不休，说王室花费太高，政府动用了太多流犯为其工作，原来，在麦夸里执政的 1810 年到 1821 年间，殖民地耗去了英格兰约三百万英镑，对一个从来不把货物运回英格兰，只起消极作用，像社会地牢的地方来说，这笔费用似乎也太高了一点。但在 1810 年，把一个犯人运来并用"公粮"把他养起来，一年就要花一百英镑。相较而言，麦夸里的市政建设政策全面启动之时——在 1816 年和 1821 年间——这个费用降低为每年不到三十英镑。[37]

　　当然，流放制度的总成本已经上升：1810 年至 1812 年为五十七万九千英镑，1816 年至 1818 年为七十一万七千英镑，1819 年至 1821 年为一百一十二万五千英镑。这很让英国政府担忧，巴瑟斯特因此比较倾向听取批评者的意见，相信流犯只应该为私人企业工作，或主要只为他们工作——特别是只为自由移民拓居者工作，因为后者人数已从 1810 年的大约 400 人，涨到了 1820 年的近 2000 人，其中有男有女，也有儿童。[38]

　　压力如此之大，使得巴瑟斯特竟然在 1819 年派了一名调查委员，即托马斯·比格，去调查麦夸里的行政管理问题。比格是一个很勤奋但

又特别势利的托利党律师，他把流犯都看得如垃圾一般，毫不迟疑地站在移民一边，反对小农场主和"盈满释痞者"，跟麦夸里不和，却跟麦克阿瑟一家拉上了关系，结果，他的最终报告像连祷文一样，连篇累牍讲的都是铺张浪费——对麦夸里来说不啻为一次政治灾难。

　　然而，麦夸里的各项政策要说有什么区别的话，那就是非常节省。总成本催涨的因素是犯人人数——拿破仑战争结束之后，1815 年涌入的流犯洪流。英格兰此时犯罪率更高，也有更多的船把罪犯运走。麦夸里就算曾经乞求得到更多流犯，也没想讨价还价要这么多人。新南威尔士和范迪门斯地的白人人口在 1812 年至 1817 年间几乎翻了一番，从12471 人上涨到 20379 人，其中大多数都是流犯。1818 年，自由拓居者极少——霍克斯伯里河沿岸的自由拓居者曾在 1817 年遭受一场洪灾般极为严重的打击——近八分之一的流犯都配给不出去。麦夸里怨声载道地说："与此同时，我别无他法，只能雇用大帮流犯，为政府从事市政建设。"[39]

　　到了 1821 年，也就是麦夸里任职的最后一年，为政府干活的流犯总数为 4001 人——比 1825 年他的继任者托马斯·布里斯班爵士执政时为政府干活的人（1853 人）多一倍还不止。[40]而他每年为每个流犯支出的财政费用，则从 1810 年的六十英镑降到了十五英镑。

　　尽管这位极端吝啬的苏格兰人不可能比这做得更好，但英国政府只算总数，不算平均值，也不喜欢麦夸里对流犯出了名的仁慈。比格出航之前，巴瑟斯特毫不含糊地告诉他说，必须把澳大利亚"整成一个真正可怕的对象"，这一点也必须压倒澳大利亚作为殖民地经济和社会发展的所有问题。[41]麦夸里的政策基于他的信仰，相信澳大利亚的社会发展的确很有意义，而且，除非刚柔相济，以宽大为怀，软化过于压制人的法律的铁血结构，否则这个社会就难以发展，因此，把澳大利亚看作一座恐怖剧场供远方的观众欣赏的做法不对他的道德口味。但最后，人们还是认为他过于铺张浪费，因为他自己的政府给他送来的流犯已经超过殖民地的吸收能力；同时认为他过于宽大为怀，因为他在新南威尔士的前任总督中，是唯一一个真正考虑囚犯利益的人。

iv

事实上，配给制度下的权利问题比表面上看来更微妙。根据法律，流犯已经不是奴隶，而是英国公民，他们被迫在澳大利亚工作，以便通过赎罪而走向自由。他们的有些权利是有保障的——享有衣食，享有住宿，享受主人保护，而不受即决惩罚。其他权利则可通过习俗累积起来，如出售在"自己的时间"里制作的东西或所做之事的权利。从王室角度看，根据民法，所有流犯从抵达澳大利亚到"盈满释痂"为止，等于在法律上死亡。他们不能提起诉讼，不能被诉讼，也不能出庭做证。在殖民地，所有这些限制规定都很简单地被忽视了——不这样也不行，否则，主要由前流犯和现行流犯构成的社会就无法行使功能，他们之中大多数人都有生意要做、有债要还、有冤要申。但是，享受流犯工作的权利属于政府，因为政府拥有流犯的劳动，直至其服刑期满或得到减刑。

这一来，配给仆人与主人就处于一种奇怪的关系之中。政府只有在保护自己的权力时，才肯居间调停。政府之所以严格监测主人对配给仆人的待遇，是因为每位主人在惩罚计划的执行过程中都是其代理人。配给制不仅仅是使用已经通过流放而赎罪的流犯劳动的一种方式。配给劳动是对他们的惩罚——因此，政府有权控制配给劳动的条件，一旦主人过于严酷或松懈，就会加以干涉。关于这一点，范迪门斯地已根据乔治·亚瑟爵士的规定做了最严格的强调，但这已经是澳大利亚各地的基本原则。

有种说法认为，拓居者一旦接受流犯仆人，就等于代表了政府。这种说法招人怨恨。例如，任何拓居者都不能自行惩罚流犯。如果非要这么做，也得先让地方法官来审判该重犯。就算拓居者本人是地方法官，也不能鞭笞自己的手下人。他们都有权上庭受审。同样，如果流犯觉得待遇不公，就可以向地方法官投诉。政府这样做意在保护其对囚犯劳动所拥有的权利。但是，无论主人还是仆人，都并非总是愿意明白这一点，即这些规定都是为了首先保护政府利益，其次才保护他们自己的利益。

尽管政府为了自己的工程，取用有技能的工人，而把劳动力的渣滓留给拓居者，但早期执政官如格娄斯、帕特森和亨特等人的通常做法，是让得宠的圈内人分享挑选出来的第一批人。莫里斯·玛噶罗特认为，"只有最大的流氓"才被配给给普通拓居者，因为"让拓居者占先，这对官员不利"。[42]

拥有土地者如果富有而且地位确立，需要什么样的流犯，一般也就能指望得到什么样的流犯。罗伯特·汤森（1763—1827）是约瑟夫·班克斯的一个学者朋友，在新南威尔士获得赠地之前，曾发表过植物学和矿物学方面的文章。他于1822年写信给政府，想要得到"第一批船上来的三名男性"，在他的模范地产上干活，即明托附近的瓦罗维尔。他特别要求"牧羊人、花园工和犁田工——但只能是英国人或苏格兰人，因为爱尔兰人已经多得不成比例。以前的三个爱尔兰人毫无用处——一个是当逃兵的小伙子，另一个是给都柏林一家杂货店跑差的小孩"[43]。

法律也可以绕过不理。新拓居者都想首先得到仆人，这样他们就能在土地上干活。开明的辉格党总督理查德·伯克（1831—1837）想要保证，流犯的配给率能与主人拥有的土地量成正比。不幸的是，法律不管他们的土地是终身保有还是租赁而来，是经过清理还是原始丛林，这就造成了一个漏洞，直到1835年后才给堵上。一个大农场主可以把土地当作幌子，租给他的受供养者，每出租一块地，就能得到配给仆人，最多可达八人。"与此同时，那些对雇佣方式一丝不苟者，则一个仆人都得不到。"上述那种大农场主还可以在申请书上做手脚，宣称若干英亩的土地"其实是已经耕种的土地，需要配给劳力"。[44]

解决这些弊端和其他弊端的良方在于，公家需要对配给制度进行更严格的控制。达令设立了一个委员会，规定所有要求得到仆人的申请书都必须递交该委员会。他嘱其成员优待记录良好的拓居者，对有残酷记录或过分宽容记录者的申请均须加以拒绝。不幸的是，配给仆人申请书的大部分文字工作都由流犯职员进行处理，这些人基本上是有贿赂必收。不过，达令和伯克接连两届政府都做了很多工作，让"配给制度"更为"客观"，但这也无法保证流犯劳动力的质量。

在整个制度实行期间，"布衣拓居者"很可能最后只能得到一名没有技能、心怀怨恨、像杜鹃一样喜欢寄生、在城里出生长大，以及连锄头与锹都分不清楚的流犯。只有五分之一的流犯是农业工人。一旦用上了无能者，也没法像自由工人那样解雇，也不能交回政府。理查德·伯克总督于1832年说，这种安排"总的来说令人很不满意"。

> 流犯一般来说能不做就不做……大部分时间都花在上医院或从医院回来的路上，再不就是去找地方官投诉，告其主人待遇不好，或者回应主人对他渎职、酗酒和不服管束的指控。而且，很多人根本不适合做任何体力劳动。[45]

到这时，一些拓居者对配给给他们的流犯那种倨傲的习惯，已在英格兰引起某种担忧。如果某位农场主被配给了一个无能的流犯，就会跟另一个拓居者交换，或者干脆扔在城里。把流犯生拉活扯到地方法院，既不方便，又浪费时间，因为法院离农场要走三天的路，这样一来，大家就不愿通过法律渠道投诉，还不如干脆把无能的配给流犯像倒垃圾一样扔在路边或丢在镇上，由他们自己沿街乞讨或自谋生路。当局没有选择，只能把这些弃儿关进监狱，发一点少得可怜的面包和水，直到把他们重新配给或者安排在政府"工作帮"工作。[46]

这令他们泄气，也使政府恼火，但至少在新南威尔士无法阻止这种事情发生。这个问题在比格的报告里被描述的十年之后，依然困扰着王室。到了1831年，新南威尔士各地散布着大约13400个配给仆人，跟踪查找他们，已经成了文职人员的一个噩梦。尽管主人当然不能通过法律手段把流犯卖给别的主人，伯克总督还是做出了妥协：现在可以把他们重新配给，而不用再走烦琐的程序——把人召回悉尼，在文件上签字盖章后，送回遥远的丛林——只需要一个正式的转让批准书就行，这种批准书"真的极少被拒绝……不仅提供了方便……而且也节省了费用"[47]。

凡发现主人擅自转让仆人，就给他们上黑名单，再也不给配给者了。但无论伯克还是他的前任，都无法扫清土地拥有者普遍存在的一种看法，即不管王室如何形容其所拥有的流犯劳动，事实是，流犯即奴隶，主人就该把他们当奴隶对待。没有仆人的农场主相信，他们有权获得仆人。达令总督1831年写道："凡是不能如愿以偿得到土地或流犯仆人的人，都觉得有权投诉，状告总督待人不公。"[48]

这种感觉也不是没有法律支持。新南威尔士高等法院第一任首席大法官弗朗西斯·福布斯爵士认为，主人确有权利享受配给仆人的劳动，他的这个观点是以17世纪美国的先例为基础的。拓居者愿意相信他的话，但王室拒绝了。王室指出，在美国，拓居者付了流犯的路费，因此就有权利——但澳大利亚的情况不是这样。

福布斯的立场与几年后威廉·查尔斯·温沃斯采纳的立场相比，就显得过于温和了。温沃斯因争取"盈满释瘃者"的权利，成了殖民地的一个强人（参见第十章）。1839年，温沃斯竟然提议全面禁止配给制，把流犯拍卖给出价最高者。更糟糕的是，他要求对配给流犯进行集体惩罚。如果某一乡间地产上有人犯罪，其他所有仆人都要受罚，除非大家告发该人，否则所有人的刑期自动延长。温沃斯认为，只有这样，拓居者才能解决配给仆人给他们造成的主要不便，即很难让他们互相"告发"。[49]

而流犯也相信他们有权。工作这个事实本身就说明他们有权。从太阳升起到下午，犯人是流犯，但加班时间是他自己的，可以拿去卖钱。他技术越好，跟主人讨价还价就越有优势。这样，一些主人逐渐迫不得已地做出让步，哪怕殖民地的阶级关系不平等也得如此。

这是些什么权利呢？有些权利乃约定俗成：衣食和医疗保健。政府对衣食强制推行严格标准，对医疗保健也绝非漠然置之。到了19世纪30年代，主人不得不每天支付一先令，最多可到三十天，以充抵配给者的住院费——这种津贴几乎不能算慷慨大方，却使拓居者颇有烦言。[50]

1830年之前，主人每年须为每个配给者支付十英镑薪水，这笔钱款可用来购买衣服和床褥。1831年，达令总督改变了这个做法。他规定，主人必须直接发床毯、草褥和衣服，而不发薪水。工人的饮食粗糙，缺乏变化。流犯约翰·布罗克萨普写道："他们做的饭要在英格兰，人连看都不要看。"1823年，范迪门斯地的一个拓居者吉尔伯特·罗伯特森被指控用死喜鹊喂他的工人。但是，在大多数农场，往往是主人吃什么，仆人也跟着吃什么。[51]

主人也会把茶叶、糖、牛奶，或一点本地长的、气味难闻的殖民地烟草，作为"小恩小惠"送给流犯，算是工作干得好的一点小奖品。久而久之，相沿成习，流犯就可能把主人的恩惠当成自己的权利或主动索要。19世纪20年代后，情况就更是如此了，因为这时麦夸里的两位继任者——布里斯班总督和达令总督——取消了工薪制和配给仆人对"自己的时间"的权利，代之以非正式的物质刺激奖励制度，按照法律是"恩惠"，但对乡间地产上有效地维持秩序不可或缺。给某个工人轻活干，还是用重活进行处罚，给能让人从中学到技能的活，还是让其做常规老套的体力活，这一切全由主人酌情处理。诸如茶叶、糖、肥皂及半品脱朗姆酒，或在庄园厨房吃晚饭等"奢侈享受"，都很受珍视，被看作地位的象征，并被视为一种付酬形式，取代了被布里斯班和达令所取消的薪水与加班。当然，有些工人觉得，他们有权享受茶叶、糖、肥皂和烟草，他们也吵着找主人要这些东西。当麦夸里港的一个流犯威廉·拉利西在1836年被告知，已停发他的糖和茶叶时，他一把揪住主人的脖子，大叫着说："你要是不把价值那份茶叶和糖的东西给我，算我他妈的膀子和骨头倒霉！"他大发雷霆的代价是被罚在"铁链帮"服十二个月的苦刑。[52]

　　并非所有流犯都敢如此公开反抗，但地方法官的案书表明，状告工人所谓行为"粗野无礼"的案子，多与主人就口粮定量和衣服的争议有关。有时候——不过这种情况更为罕见——流犯也会把主人告上法庭。1833 年，在悉尼北部的斯科恩区，主人或工头告配给流犯的共有二百一十项指控，流犯告主人的仅有六项——不过，这六项指控都得到了地方法官的支持，所涉案有食肉腐臭和居室不足等。一个名叫西蒙·路易斯的流犯被配给给一个从来都不在场的牧场主，调查发现，他在四年中从来没有从主人那儿领过一床毯子或床褥。[53]

　　流犯偶尔也会纠集起来，捍卫他们认为应得的权利，但更经常的情况则是"慢慢来"（把主人掂量一番之后），不是为了幸灾乐祸，有意给他制造不便，就是希望能被调走。例如，流犯乔治·泰勒发现他在范迪门斯地被签约给一个"心肠冷酷的家伙"后，"就开始只做我觉得合适的工作，这很快就让主人有了一个机会，把我告上了地方法院，随后重复了两三次，（但）我发现，我没法用这种方式从他那儿得到东西"。[54]

　　配给流犯面对地方法官时，要想证明他因主人事先挑衅，才对主人无礼或动粗，所以他并没错，这么做不是不可能，也不总是很难，但不少流犯仅凭字面意思理解他们的法律权利，把主人告上法庭，状告他们犯有虐待罪。通常的申诉内容不外乎停发口粮和施用暴力。例如，1829年，在新南威尔士配给给戴维·黑伊斯的流犯詹姆斯·戴维斯"宣誓说……我发誓，从上个星期五起，我就断了口粮，只有一块面包，五个人分吃两磅面包"。另外四名流犯为他撑腰，结果打赢了这场官司。同年，配给给悉尼屠夫威廉·梅里特的托马斯·阿金特被命令用热水清洗梅里特的轻便双轮马车，然后到帕拉玛塔接活畜的货。"阿金特说，他身体虚弱，饿得头昏眼花，从星期五起就没有领到任何吃的东西，于是就不想去……梅里特先生跳将起来，一手揪住他胸口，另一只手打了他两下，把他从棚子里拖了出去，然后操起一根尖桩，威胁说要打他个脑浆迸溅。"阿金特害怕至极，说他宁可让警察拘留起来，这时，梅里特骑上马，想用马把他撞倒。[55]

阿金特把梅里特告上法庭后，得到的结果是被重新配给给另一个更好的主人。政府对把流犯配给给野兽一样的主人不感兴趣，但有些主人好像不明白一个道理，即他们的仆人从一般意义上讲，也都是人。有一个案子就是如此，涉及的是范迪门斯地一个名叫拉莫斯太太的人，她的配给仆人是乔治·威利，曾于 1833 年因粗野无礼而被判罚二十五鞭，在地方监狱执行。威利挨鞭笞时，就他是否有权享受口粮问题，与拉莫斯太太的兄弟说了几句话。这时，汉密尔顿地方法官报告说：

> 拉莫斯太太的兄弟命令把他双手在身后用皮绳捆起来，并用一根很沉的拴牛链拴在他的腰际，再跟另一条链子连接起来，套在两头牛轭上。他本人骑着马，荷枪实弹跟在后面。那人就这样被带到我家，整整走了五英里。这时，我立刻命令把他放了。[56]

接着，法官下令剥夺拉莫斯太太的所有配给仆人。19 世纪 30 年代，在范迪门斯地这样丢掉自己拥有的流犯，风险相对更大，因为亚瑟非常严格，同时又很讲公平。在新南威尔士，一个心狠的拓居者可能会被剥夺其拥有的仆人，如果没有很好的社会关系，就更是如此了。

有关权利问题的最生动的意见不合现象均系假释证制度所造成。根据法律，若想解除流犯的契约，只有三种方式。第一种极为罕见，就是得到总督赦免，让该人恢复所有权利，包括回到英格兰的权利。第二种是有条件赦免，让流放者获得殖民地的公民权，但无权回到英格兰。第三种是假释证制度。凡是获得了假释证，就不必再为主人充当配给工人，也可免除政府强制性劳动的要求。剩余的刑期内，他可以为自己干活，想去哪儿就去哪儿，只要在殖民地范围内即可。正如老话所说，他命运"捏在自己手里"。对照之下，配给工只能说是"不吃公粮"而已。假释证有效期为一年，到期就要重续，而且随时都可能作废。这个制度很有效，能培养从众心理和互助精神，同时把流犯像狗一样拴在皮带上。

任何人都能告发获得假释证的人，这样一来，他们的生活就不太稳定。正如《悉尼公报》的一篇社论所指出：

> 假释证是能够想象出来的一种极为脆弱的自由。某种意义上来说这是自由，但从另一种意义上来说，它又不是自由……根据目前的制度，获得假释证，就能得到豁免，不用为主人服务了。与此同时，他又成了成百上千其他人的奴隶。从地方法官，到地区心眼最坏的警员，持有假释证者永远都是被人拘押的对象。[57]

金总督 1804 年宣布，如果无所事事，轻慢"长官、士兵或警员"，或在正常工作之外收费过高，都会失去假释证。尽管假释证很不牢靠，但殖民地的所有流犯都趋之若鹜，大多数人认为这是他们的天赋权利，是人人都想争取达到而且有权获得的一个目标。这个制度在殖民地生活的道德经济中，发挥了巨大的作用。主人对流犯仆人所能做的最坏的事，就是让他拿不到假释证。

一些不讲原则的拓居者有时也会试图这么做。从制度一端流犯船上下来的流犯，总比另一端出来的"假释证持有者"或"盈满释痞者"多。因此，从 1826 年 1 月到 1828 年 12 月，有 6032 名男性流犯抵达澳大利亚，但只有 4140 名男性因服刑期满或拿到假释证而加入自由人口。[58]

但这并没有降低对配给劳动力的需求，因为新获自由的人中，许多人自己成了农场主，也需要帮手。吉普斯总督 1838 年向战争和殖民地大臣报告说：

> 由于流犯劳动力现已变得极有价值，经常有人投诉说，主人有意不让仆人拿到假释证，因为他们不愿意失去他们的劳动力。他们甚至（在某些情况下）让人惩罚仆人，目的是留住他们，继续服务……配给的人每受到一次惩罚，就要推迟一年才能拿到假释证。但愿这类案子不多。[59]

这类案子可能更常见，只是吉普斯不"愿"看到而已，而且这类案子几乎持续存在了四十年后，政府才把目光正式对准了它们。据囚犯托马斯·库克描述，一个流犯命运不好，在 19 世纪 30 年代早期被配给给新南威尔士白岩石的一个"非常喜欢压制他人、心胸狭隘的人"。此人原来被判十四年流放：

> 他工作努力，服刑五年零九个月，而没有受到任何指控，但当他快要接近试用服务期（六年），有权拿到假释证时……他的主人为了自己的利益，欲享受奴隶的辛苦劳作，竟然告他粗野无礼，使用威胁的语言。

这就意味着，地方法官要判罚他五十鞭，推迟一年拿到假释证。等到这一年差不多就要结束时：

> 他的那个狠心的主人毫无同情或感激之情，居然又把他告上法庭，说他行为不恭，结果又判罚五十鞭。就这样，这个可怜的人陷于绝望，得不到须臾自由，除非他的主人死掉，或者他的刑期期满。这种艰苦劳作和残酷待遇几乎都把他整傻了。[60]

主人可能有意激怒配给工人，致使他粗野无礼或动用暴力，办法很简单，就是不断侮辱他。《悉尼公报》1826 年抱怨了这一"过于泛滥的习俗"：

> 当面侮辱一个不幸同胞的生活和性格，通过这种方式，那人要么消极忍受这种野蛮的侮辱……要么愤愤不平、言语不服、行为冲撞，结果就得……挨五十鞭子！一般来说……地方法官都感到有必要站在有权有势的一边。[61]

靠近悉尼的地方法院对流犯一般都比较公平和优待，部分原因是这些法院的地方法官更为公众所瞩目。斯通夸里法院的法官是一个来自纽约的拓居者，名叫亨利·安提尔，他娶了"盈满释痞者"的女儿定居下来后，成了皮克顿现代化地区拥有土地最多的人，他名声不错，很讲规矩。在新南威尔士，安提尔还不是唯一一为人公平的地方法官。

农场越趋内地，暴政的机会就越大，拓居者和地方法官之间勾结的可能性也越大。乔治·拉夫勒斯也是一个托尔普德尔蒙难者，根据自己的经验，他相信，除非配给到边远地区，否则"难以对这种制度形成一个公正的看法"：

> 一名地方法官会把即将受审者推到邻区另一个法官的法庭候审，主人经常会在私下去见地方法官，告知他会把谁谁谁告到他那儿，并希望能给何种处罚。这些犯人到达后……法官先问他们对指控如何回答，但他们试图回答时，又经常打断他们话头说，"你说的话我一句都不相信，我要判罚你挨若干鞭"[62]。

主人以不服管束或粗野无礼等罪名把仆人告上法庭，能打赢大多数官司，这话不假，但不能简单地假定，这是主人和地方法官之间互相勾结的结果。正如赫斯特所观察的那样，地方法官"都是品质优秀的人，他们很有财产，受过教育，与中等业主或小业主没有个人关系，也不负有任何义务。他们仔细核查每位流犯针对小农场主的投诉，也许还会责备主人，甚至把他的仆人带走，还有什么比这更能证明他们地位优越呢"[63]？地方法官一向注意的一个犯罪的方面，就是看主人是否进行了即决惩罚。在这一方面，流犯索赔一般都能成功——部分原因是有伤口和鞭痕等身体证据，这在法庭不言自明。但在已经拓居的地区，仆人就比内地更有机会接近地方法院，因为在内地，哪怕提起诉讼，也要走五十英里或更远的路——如要离开该地产几天，还需得到主人许可。

我们现已无从知道，当年有多少配给流犯因不公平待遇而没有拿到假释证。估计拓居者会把数字尽量说小，流犯则会把数字故意说大。有一点毫无疑问，即有一道鸿沟把拓居者对假释证的看法与流犯的看法分隔开来——一方称其为"特惠"（如政府所做的那样），另一方则永远声称这是其权利。例如，托马斯·库克提到服务时，说它足以让白岩石的流犯"有权"获得假释证。弗朗西斯·福布斯首席大法官则持极端反对意见，认为流犯为私人拓居者提供配给服务时，无权得到假释证。所幸福布斯并未说服政府，因此流犯未受其害。

囚犯相信自己有权获得假释证，这并不表明他们是想入非非。权利的出现，是有权者和相对无权者之间讨价还价的结果，而不仅仅是被"赐予"的。如果是被"赐予"，那就无权利可言。所谓权利，是具体化的要求权，通过使用和期望而得到认可。当流犯不仅谈到简单机械的衣食住行权，还谈到更广泛的权利时，他们实际上是在谈作为劳动力而继承的期望值，即主人应该表现得公平合理、谨慎小心，而法律也应该在某种程度上正式保护他们自身的利益。简言之，他们期望传统英国劳动力市场的道德和法律经济也适用于澳大利亚这座大陆监狱。这个经济也不排除英国的通常做法，即让自由工人如成人和学徒通过契约一般与主人结成关系，一旦逃脱这种关系，就要受到从罚款到被放逐的严厉惩罚。至少在这个方面，配给制度并不像有些人断言的那样，与英国劳资关系毫不相干。

有些人大失所望。查尔斯·柯赞斯是一个前流犯，他写道："从前在整个殖民地，针对配给仆人的暴君行为，曾达到几乎让人难以置信的程度。"但有的时候，不同的人看同一个流犯机构有天渊之别。废奴主义者 J. D. 朗当然不是配给制度之友，却赞扬达令总督的私人秘书亨利·杜马热斯克上校（1792—1838），夸他很会管理圣赫利埃斯，这是他在新南威尔士马斯威尔布鲁克附近的一座一万三千英亩的地产，说这是"殖民地管理得最好的一家地产，只有奖励，没有惩罚……工人都不喝酒，十分勤劳，而且心满意足"。对一个名叫詹姆斯·巴克豪斯的前来访问的贵格会教徒来说，圣赫利埃斯也好像是流犯管理的样板。未来的探险家爱德华·J. 埃尔是一个绝对正派而坦率的人，他也认为这"是亨特河上秩序极好、管理最佳的牧场"。然而，在 1850 年，朗的一个废奴主义同行约翰·古德温却抗议说，他的赞美只是指圣赫利埃斯"怀特曼先生当总监那段时间"（1830 年后），而之前那个总监，即斯科特先生，则是一个"魔鬼的化身"：

> 他有一个习惯，动辄给他们戴脚镣手铐，把他们扔进那个地产的地牢里。一下地牢，就要待三四天，没肉吃，也没有水喝……他都懒得劳神费力，把他们告上法庭，却为了一点小案由，就随心所欲地惩罚他们，要他们在他自己的阳台上，在他的眼皮底下，把木头扛在肩上，一扛就是两到十二小时。这些木头重五十到一百磅。他出门腰上总是别着一圈上了子弹的手枪，皮带上满是手铐……据我所知，杜马热斯克上校"这个不错的绅士"老爱在配给仆人背上鞭打，打得他们血流成河，甚至可以在里面游泳。[64]

詹姆斯·布赖恩是一个托尔普德尔蒙难者，他于 1834 年因参加工会活动而被流放到澳大利亚，后被配给给亨特河格林顿一位名叫罗伯特·斯科特的地方法官。尽管布赖恩赤裸的双脚破了口子，痛得没法踩铁锹，但斯科特仍逼着他挖埋桩的洞。最后，布赖恩"找来一块铁圈，套在脚上，借以踩锹"，但整整半年（也就是规定发衣服的期限），斯科特不给他发鞋穿，也不发给他衣服和床褥。布赖恩在一条齐胸深的小溪里洗羊皮，洗了十四天，得了重感冒，求老板给他发一条床毯，反而被教训了一顿：

> "不行，"他说，"除非到了该发的时候，否则什么都不能发给你。如果没把你送到这儿来，你在英格兰的主人会给你身上盖啥？据我所知，你当时打算大开杀戒，把你面前的一切放火烧掉毁掉。把你送到这儿来，就是为了狠狠整你的。对你绝对不能客气。六个

月期限不到，你敢找我要任何东西，我就用鞭子抽你，经常抽你，想怎么抽就怎么抽……你这个混蛋流犯！——你知不知道，连你头上的头发都不属于你自己！"[65]

E. J. 埃尔"看到人们的脊背遍体鳞伤，流着鲜血，觉得十分恶心——尽管这些人都是流犯"，但被控告的仆人在没有卫兵把守的情况下，长途跋涉来到用透裂板建造的内地法院时那种顺从的样子，还是给他留下了深刻印象。他写道，这种情景"独一无二"：

> 据说这都是人类中最不值钱、最不顾一切的流氓，但他们一声不吭，走五英里、十英里、二十英里甚至六十英里地，心里明明知道，即使到达旅途终点，从道义上来说，他们也肯定会被人重重地鞭打。然而，他们中途逃掉或拒不出庭的例子却相对较少。有些人宁可挨整，为的是能有几天时间无所事事，到处走走，与路上的人聊天。[66]

有些主人刚开始还比较开明，最后却变得严厉苛刻。有一个人就是这样，他诨名叫"肖尔黑文的地主"，是来自法夫的一个苏格兰拓居者，名叫亚历山大·贝里，他于1808年到悉尼，在1873年一百零二岁时去世，几乎度过了整个流放制度时期，家产有四万英亩土地。最开始，他反对鞭笞：

> 仅仅因为一个人是流氓就反对他，这是很愚蠢的，他们都是因为犯罪才到这儿来的。我只关心是否能够得到身体健壮的人——其他我都不管，哪怕他们在地狱出生长大都无所谓。我会采取不动声色、和平友好、通情达理的方式，让哪怕最不服管束的人都明白，表现好对他们自己有利……仅仅因为某人表现不好，就把他告上法庭，用鞭子抽一顿，这也太小孩子气了。[67]

414

当然这是很"孩子气",因为这表明他们要靠地位更高的当局——要靠法院难以驾驭的权力——而且会让主人在仆人面前丢脸。但两年后,贝里又要求采用铁镣手铐和九尾鞭了。他写信给他的贸易伙伴爱德华·沃尔斯通克拉夫特说:"这些浪子忘恩负义,不可教化,我们却竭尽全力,让他们一生都没有过得像现在这样舒服,简直是不要命了。开什么玩笑!"[68]

但是,流犯如若心满意足,工作效率就会超过饥寒交迫、图谋造反的流犯。为此目的,正如约翰·麦克阿瑟之子詹姆斯 1837 年在对流放特别委员会讲话时很明智地说的那样,最好"在人表现好时,如有可能,让他忘掉自己是个流犯"。关于澳大利亚农业耕作的第一批专论之一(1826 年)向拓居者提出忠告说:"人的肚皮要比人的脊梁容易受伤得多,也敏感得多。"也就是说,要胡萝卜,不要大棒;要讲求果断和审慎,离地方法官远一点;老是求助于高级权威的正式权力,也就会削弱你自己的权力。还要建立薪水和奖惩制度,给以奖励,就会显得"是很大的恩惠",不给奖励,就会"比鞭笞……更为有效"。一方面,不能跟流犯相处得过于亲密,也不能让他们觉得没他们这工作就做不了;另一方面,主人也决不能忘记,"他们都是人,无论地位多么低下,依然有着跟主人自己一样的感情和热情"。正确的立场是不偏不倚,亲如家长,对待工人就像英国乡绅一样,采取一种自然本真的态度。英国工人对他们雇主的表现,原本就寄予了这种期望。人虽在乡下,但还是君子,有了这种好的潜规则打底,就能保证手下工人享有一定的习俗权利。心慈,果断,保持一定距离——亚斯平原一个拥有十名配给仆人的拓居者 1835 年夸口说,如果能够做到这样,"就能像彭斯说的那样,'我让他们全心全意地干活',把他们掌握在我手中,祝福你吧,就像家养的狐狸一样驯服……我从无任何理由要抽他们鞭子"[69]。

大多数在丛林服务的"政府人"对他们的命运就算不满意,也都持现实的态度。他们知道,如果不服管教、粗野无礼或者引人注目地拖拖拉拉,刑期就会延长,拖很多年都拿不到假释证——而且根据经验得知，"通行证制度"影响有多深远，也多么有效，可以防止人们长期逃避工作。（凡流犯离开主人地产一段时间，或找由头离开，都得随身携带一张书面通行证，有人看时需要出示，上面有其姓名，注明其来自何处、现去何方，以及上路的准确天数或小时数。）爱德华·J. 埃尔 1834 年在堪培拉今日所在地附近莫隆格娄平原昆比恩附近接手一块地后说，因此他们"作为一个阶级（的表现）令人叹服"，成了"非常优秀、细心勤劳、让人信任的仆人"。虽然他们之中最糟糕的人会抢劫路过的探访者或新配给来的人，但就连这些人"也极少劫掠他们自己的主人"，到哪儿都值得信任：

> 我一直认识两个流犯，常自己到悉尼来，这段路有二百英里，他们赶着一辆牛车，上面装满羊毛，把羊毛在商人那儿卸掉之后，就带回一车东西……有衣服、面粉、茶叶、糖、烟草和其他货物——都是主人的奢侈品，甚至还有葡萄酒、啤酒和烈酒。尽管这趟旅程要五六个星期，诱惑力极大，因为有那么多财物，又那么容易得手，但劫掠的事情极少发生。[70]

建立了信任感，就奠定了改过自新的基础。约定俗成的英国式乡村关系移植到遥远的澳大利亚本土，对流犯关系重大，总能让他们感恩戴德。其他的一切都是陌生的——活蹦乱跳的牲畜、悬置倒挂的星辰、愤愤不平的黑人和令人痛苦的九尾鞭——但这一切又是有福的、熟悉的。除此之外，正如埃尔所指出的，19 世纪 30 年代在乡村地区如果被配给给一个正经八百的主人，仆人"所处的地位就要好过占英格兰半数的诚实劳工。难怪流犯们都表现不错——成为社会有用的成员，赢得了他人的尊重，也学会了尊重自己"。

这种感觉在以流犯为主题的流犯歌曲或民歌中也时有反映。《范迪门斯地》的几个版本中，有一首 19 世纪 20 年代后期流传的民谣，讲故事的人起初因看到的情景而害怕：

我的同胞在受苦，

我也不知道苦难有那么大。

有的用铁链拴着耙，

有的后面拖着犁。

脚上没穿鞋也没穿袜，

头上没戴帽子。

外裤是皮，里裤是亚麻。

脚上和头上空无一物。

成双成对，拖着犁铧，

做牛做马，极其相似。

工头手拿马六甲

手杖，面对他们阔步高视。

"政府人"的命运就是如此。但接着：

我们刻不容缓，

大步走进霍巴特镇，

一位农场主把我一拦，

要我当他的猎场看守人。

我替他把活干，

他爱我也很深。

我无比心欢，

真是一言难尽。

　　配给流犯及其亲戚常向主人表示感激之情。托马斯·霍尔顿是博尔顿的织工，因政治抗议而遭流放，他被配给给一个为人正派的主人后，写信回家说他运气很好，并于 1814 年收到父母来信说："我们相信，现在和你住在一起的那人一定是个君子，我们特此向他表示，他愿意纡尊降贵，让你为他服务，对此我们万分感激。"他妻子曾联合其他织工激进分子的妻子，向摄政王请愿未果，没能与在澳大利亚的夫君团聚——"愿你一生事业发达，如果经历磨难，我愿分担你的劳累，不如此心里就过不去，不过，是否命中注定能在新南威尔士重逢，我就说不清楚了——"她下面这番话更让他感激涕零：

> 我们都欣喜万分，（你找到了）一个朋友……（我）们都觉得有义务告诉你，他对你如此有信心，我们毫不怀疑，你会努力学习，让他觉得你值，将来愿意信任你，优待你。[71]

从权威的角度看，这是监禁地的理想关系。但是，这又要取决于一个稳定的市场，正如约翰·比格所指出：只有一刻不停地生产，才能让重犯又忙又累，无法干坏事，从而"刺激他们努力上进，而不需要施加压力"。如果不在主仆之间保持合适的阶级距离，一切就可能丧失殆尽。比格冷静地注意到，"盈满释痞者"成了拓居者之后，不喜欢看到仆人挨整：

> 之所以有这种感觉……可能是因为他们感到同情，因为他们原来也有过同样的遭遇，直到获得产业之后问题才得到纠正。[72]

许多曾是流犯的拓居者事实上也宽大为怀，不用鞭子。塞缪尔·特里素有"植物湾罗斯柴尔德"之称，据说，他从来没有鞭笞过一个仆人。伯克总督认为，配给仆人一般都愿意为新获自由的"盈满释痞者"工作："流犯……宁可衣食粗糙，也想多要自由，而不要跟定一个更富有的主人，哪怕这样能吃得更好，也穿得更好。"[73]殖民地的保守派执拗地反对这一点。他们的观点在比格的报告中得到了镜像似的反映。他们认为，最好把流犯配给给"富有的"乡村拓居者。如果把他们交给小

"盈满释痞者"，也就是新南威尔士贫穷的白人垃圾，就会"有害无益"[74]。

一旦找到心慈手软的主人，流犯对配给生活的喜欢程度，就会远远超过他们在英格兰所过的痛苦生活。他们写信回家时，常常强调生活的舒适，要家里人放心，求他们不要烦恼。帕拉玛塔的流犯威廉·文森特于1829年给萨塞克斯的家人写了一封很押韵的信说："接到这封信，请把我记心，一切烦心事，从你心中去。""有些人以为，他们让我吃了很多苦头。他们之中有些人肯定也会像我一样，高兴地去吃这种苦头，母亲，我想你也会这样吧，但我跟其他仆人一起，就生活在总督的桌边。"两年后，他成了工头，这是大家都很垂涎的"不用干活的工作"。他兴致勃勃地报告说："我到乡下后没有干过一天活，因此根本没有累坏过。"但文森特并不是配给仆人，他是经验丰富的农场主，所以一抵岸就被政府抓差了，"因为这个国家了解种田的人很少"。他甚至动员他的几个兄弟移民："如果我来到这个国家是自由人，给人看地一年就可挣九十英镑。"[75]

到处都有机会，这种感觉是一个共同的主题。农村抗议者彼得·威泽斯1833年写信说：

> 亲爱的兄弟，我到了一个很好的地方，唯一的约束就是每个礼拜天上教堂前，要点我（的名字）。你千万别以为我成了奴隶，我没有，情况正好相反。我的男女主人都很好，吃的喝的都很多，好得跟绅士一样……所以，我在这个国家的唯一惩罚，就是老想着不该离开我的朋友、我的妻子和我最亲爱最亲爱的孩子。你跟塞缪尔讲，千万别被流放了，因为我很清楚，他不会愿意把他母亲丢在一万六千英里的身后。[76]

这么温和地吓了一下孩子之后，就开始讲他的感言了："亲爱的兄弟，我觉得，你只要六年就可以发才（发财）。"威泽斯又补充说："如果你能来，我希望你和全家一起来。就算你死了，对你孩子也有好处，因为这个国家很富足，生活费用低廉，劳动报酬很高，这是我所见过的最书夫（舒服）的国家。"理查德·迪林汉姆是贝德福德郡福利特威克的掌犁人，他因盗窃罪于 1831 年被判终身流放，后来也是这样在范迪门斯地被配给给一个名叫戴维·兰姆的殖民地建筑师。几年后，他向父母亲保证说："我现在处境很舒适……至于我的生活，感谢上帝，我比以往任何时候都好……我比英格兰的很多劳动人民好得多。"[77]

必须了解什么样的人会说这种赞美话：文森特、威泽斯和迪林汉姆都是农场工人，他们都曾经历过 19 世纪 30 年代农业崩溃达到极点时缺吃少穿的可怕情况。那时，英格兰的农民自瓦特·泰勒以来，已经到了比任何时候都更接近全面起义和"要求平等"的地步。与那种苦难相比，澳大利亚的廉价食品和高薪肯定显得美妙无比。通过这些流犯说的话，澳大利亚是工人天堂的思想第一次在工人中间传了出来。于是，关于澳大利亚机会很多的传闻相当快地散播开来。到了 1830 年，枢密院档案中就有了很多这类请愿书。其中有一份来自流犯托马斯·琼斯，他在"约克号"囚船上日渐憔悴下去：

> 我已多次提出申请，离开这个国家……我已服刑四年多……我的朋友都离我而去，我人格尽失，不敢想象获得自由后情形会怎样，因为谁也不会雇用我。我已经没有资源了……请发发善心，让我乘坐第一艘去新南威尔士的船吧。我敢肯定，我会收复我丢失的人格的。[78]

八年前，比格曾在报告中警告说，缩短刑期——对大多数人来说"不过"七年——再加上假释证制度和需求量很大的劳动市场，会破坏监禁地的架构。七年刑期对流犯劳动力来说"太短"，会让他们提前想当拓居者，而不那么谨小慎微，那么服从上级，那么彬彬有礼。因此，到了 1820 年，流犯都不服管束了，至少比格是这么认为的。"流放新南威尔士给人的前景就是移民，而不是受罚。"[79]在19世纪30年代，常能听到这句批评流放制度的话。1833年，都柏林大主教理查德·威特利这个热情的废奴主义者写道：

> （澳大利亚的重犯）运到的那个地方气候宜人，物产丰富，拥有生活中的大部分奢侈品；他们的供养有保障……吃、穿、住（都是通过诚实的手段得来）都比以前好。（能得到）令他们上瘾的各种奢侈品……刑期还未满，就能获得许可，在肥沃的农场成为拓居者……看起来的确不像是很严重的惩罚。[80]

托马斯·波特·麦昆是英国的一名地方法官，他1823年得到布里斯班在澳大利亚的一万英亩赠地，自己却不在澳洲。他在这一点上也随声附和，说新南威尔士的配给流犯比贝德福德郡的农场工人过得好。这时，一个用笔名写作的澳大利亚拓居者表示极不赞同：

> 这个新国家的工作极为艰苦——树的木质如此之硬，伐木工人把英国造的砍树工具拿起来一挥舞，就会像玻璃一样断掉。然后要把这些树一把火烧掉，还要好好照看，中午的温度通常在八十到一百华氏度之间，一年总共有八个月是这样。还要把树根刨起来，那种难度是英国伐木工一见就害怕的。然后把硬木劈成木柱和栏杆，竖成栅栏……流犯的优越条件体现在哪儿？体现在比西非黑奴还要深重的奴隶制度上吗？[81]

澳大利亚的农场活计一向很艰苦，从一个人能承受的心理压力来说，可能最艰苦的莫过于牧羊人的工作。随着美利奴杂交羊成为澳大利亚繁荣的基础，越来越多的配给仆人被送到丛林里过寂寞的放羊生活。他们生活在边远地产的周边。19世纪30年代，就连巴瑟斯特附近或亨特河谷附近的地方都还是原始丛林，并不比三百英里外的"真正"内地更驯化。由于白人拓居向内推进，把土著从游猎地赶走，土著就会报复，而第一个被报复的白人对象，很可能就是牧羊人。黑人如果不能正面攻击牧羊场，就会一声不响、轻而易举地用长矛撂倒一个孤独的牧羊人，特别是这些配给工人都没有武装。即使土著对农场主没有特别的仇恨，他们反正喜欢羊肉，因此不惜杀而取之。所以，配给牧人经常害怕会丢命。

配给牧人放牧的羊少则两百头，多则三千头。工作听起来很简单：只需要每天把羊群赶出去找草吃就行，留心不让羊走失，晚上再把羊赶回家。但牧羊人几乎很少骑马，经常也不带牧羊犬。而且，1850 年之前，新南威尔士的牧场并不像今天这样常见。几百万英亩起伏不平的土地覆盖着黄杨树，这是一种没有商业价值、中等尺寸的尤加利树，其树根饥渴无比，能把土壤中的每一滴水吸干，妨碍了牧草生长。解决这个问题的手段就是环割树皮，后来，农场主以过度的热情采用了这个办法。这样就灭掉了黄杨树，而不用再花额外的人工伐树并把树根刨起来了。这片鬼魅缠绕的风景上，就冒出了丰盛的牧草，到处都立着仿佛打着手势、白得像骨爪一样的死树。但在流犯时代，并没有过多地环割树皮，因此，牧羊人得走更多地方，才能找到足够的牧草来喂羊。如果迷了路或丢了羊，就得在外面待很多天，一直待到重新把羊圈起来，挣扎着回到牧羊场。但他出门前，主人只给他一天的口粮，目的是防止他弃羊逃跑。

出于医疗卫生的需要，不能让畜群混在一起（因此也不能让牧人互相接触），所以牧羊人的生活就更为寂寞了。除了丁狗之外，畜牧者最怕的莫过于具有高度传染力的羊病，俗称疥癣病。埃尔从自己的痛苦经验中发现，疥癣病会毁坏羊毛，妨碍育种，而且根本无法治愈：

> 牧羊人只要有一次疏忽或不注意，就会在顷刻之间毁掉雇主的前景——还有什么比这种事的发生更自然的呢——牧羊人很想聊天，就把羊尽可能赶到离牧羊场边界近的地方，感染该病的羊群的

牧羊人也这么做。当两个牧羊人交谈的时候，两群羊就搅在一起，可怕的灾难就这样发生了。[82]

心怀不满的牧羊人为了报复主人，有意让畜群感染疾病，这种事情也并非没有发生。

澳洲油桉灌木丛往往一伸展就是几英里——19世纪80年代，维多利亚北部和新南威尔士的南部之间，就有一个地区的油桉覆盖了一万平方公里——在油桉灌木丛里，羊群肯定会走失。Eucalyptus dumosa[①]丛林树枝坚韧，树干太高，目力所及不远，骑在马背上也看不太远。在这种迷宫中，丁狗就在中距离的地方嚎叫——油桉又称"丁狗灌丛"，因为其中藏匿着牧羊人最害怕的野狗——配给牧人很可能会患上"卡难急"[②]，这是殖民地的俚语，指得了无伤大雅的疯病。牧场扩大后，需要用家宅周围的草来喂养放牧用乘马和干活用阉牛。牧人管理的牧场小则要走三五英里，大则要走十英里。每天夜里回不到家宅，他就不得不在丛林中睡觉。

约翰·斯坦菲尔德是一个托尔普德尔蒙难者，他把父亲托马斯·斯坦菲尔德1834年的情况描绘了一番。他当时五十岁，被配给给离悉尼一百五十英里地的麦特兰附近瑙兰的一个农场主。

（派到这个遥远的牧羊场三周之后，他就）惨不忍睹，从头到脚都生了烂疮，像孩子一样羸弱无助……他指了指他睡觉的地方，那东西叫"瞭望箱"。父亲从太阳出山到太阳落山，一直待在丛林里面，然后回到瞭望箱去睡觉，那箱子宽六英尺，长十八英尺，里面有张小床和一张毯子，他就躺在那儿仰望星空。风从一头吹进来，又从另一头吹出去，没有任何东西抵挡残酷无情的风暴——瞭

---

① 拉丁语，词典查无，疑指油桉树，存疑。
② 即英文的cranky一词，指出毛病了，故音译之。

望箱就是这么舒服！除此而外，他还要走四英里路去领口粮，因此不得不在夜里走这段路。[83]

托尔普德尔蒙难者（以及澳大利亚的其他一些"政治犯"）从主人那儿得到的待遇似乎特别糟糕。即使是在最好的时候，内地的生活对刚从英格兰来的人说，也具有一种奇异的催眠效果。19 世纪 30 年代到麦特兰地区造访的一个人注意到：

> （丛林的流犯生活区好像是动物园和爱尔兰小屋杂交的某种产物，养了）一大群吵吵闹闹的鹦鹉，打算拿出去卖。还有宠物袋鼠和负鼠，以及各种各样的袋鼠狗、灰狗和牧羊犬。火上挂着一个很大的吊锅，里面装满了袋鼠肉，近旁还挂着这种动物的两条后腿。一个角落里摆着一只盛着牛奶的大盘子，有几张皮部分地烤干了，与此同时，离地几英尺的地方，是那些人脏兮兮地放床或婴儿床的位置。

住地里面全是尘埃、白鹦鹉的屎、干燥的汗迹，以及绿头苍蝇，散发着牛皮的臭气。外面，风景可说是具有启示录的意味，巨大无边，人仿佛站在世界的边缘，向另一个世界眺望：

> 这地方静极了，寂静仿佛渗透了一切，超出了人的想象……可以想象，住在这样一个寂寞的地方，一定会使人的思想和习惯发生重大变化。如果能够摸清对流犯牧羊人产生了何种影响，那会是很有意思的一件事，他们一连几个星期都没有机会跟一个白人交谈，除了他们自己唯一的伴侣之外，因为一个棚屋里永远只有两个人。

这种情况的确对他们产生了影响，使两人更团结，有一种互相依赖的"伙伴"的感觉，这种感觉始终处于澳大利亚男性社交行为的中心。

丛林没有白种女人，这也意味着——正如某些当权者在 19 世纪 30 年代末很不情愿地承认的那样——"伙伴情谊"会通过同性恋得到表现。最重要的是，在某些观察者眼中，有一个这样的事实，即丛林生活改造了社会上一无是处的犯罪分子，教会他各种技能，给了他沉思默想的机会，另一个好处是能接触到"崇高的"风景。这儿，华兹华斯的诗意可以应用在监禁学上，也就是 19 世纪那种信仰，认为大自然是造物者亘古不变的指纹，可以作为道德的文本，令堕落者从善。流犯在这儿成了隐者，通过沙漠而荡涤灵魂：

> 这种生活虽然单调乏味，寂寞孤独，却有一种效果，给道德病人的思想指出了一个新方向，它比最深刻的唯心主义者发明的思想还要高级。处于囚室中的寂寞孤独和无所事事，会把人的心灵完全征服和颠覆，让人发疯和自杀，但也能使人意志坚定，处事谨慎，使罪犯在生涯中得到更多的获利机会，而把寂寞孤独和畜牧业结合起来，就能让人具有最公平的成功机会，逼着他断奶一样放弃旧的习惯。

未来的桂冠诗人罗伯特·骚塞 1794 年还在牛津大学上学时，就在他的《植物湾牧歌》中，针对澳大利亚荒野中的道德利益，描绘过一幅大致相同的图画：

> 欢迎你，荒凉的平野，
> 犁铧从未划破，人手从未刨掘，
> 那儿，听不见牛哞哞的叫声，
> 也听不到羊群咩咩的音乐，
> 只有袋鼠悲凉的调子
> 在远方渐渐沉郁。欢迎你，狂野的天气，
> 大自然的王国！无论是犯罪，

还是奢侈生活的舒适，都不为人知，

大自然仁慈地赐予富庶，

又不过于富足……

在荒野的海滩，救世主之手，

让我秘密的灵魂忏悔，洗净我的伤口，

好让虔信的罪人做好准备，进入天堂。

可以感到，远处袋鼠巴松管一样的声音，当年一定使他觉得，那趟旅程颇值一试。

范迪门斯地和新南威尔士也许约有五分之一的主人真的很有兴趣，愿意改造他们的配给仆人。另有五分之二的人则更愿"为了流犯自己的利益而鼓励他们"。后者可能把配给仆人当成农场的设备，但他们至少还愿向他们传授技能，不让他们跟坏人交友。在丛林里，没有酒店，没有婊子，也没有犯罪分子密谋策划。在那儿，流犯"过着健康有用的劳动生活，丰衣足食，而且有获得自由的希望"。埃尔写道："把流犯流放到一个健康的国家，然后把他们配给给拓居者……这是……让犯罪分子本人改过自新的真正办法。"[84]

主人和政府当局都相信，让配给流犯"直接"到肉店工作，或在悉尼穿上仆人的制服，这要比在丛林工作难得多。城市是罪恶的渊薮，而在丛林中，更多是例行公事，很少有人陪伴，主人也比在城里更能分担一些仆人的困难。在悉尼或霍巴特，资产阶级需要把自己的生活与重犯的生活隔离开来，这就夸大了阶级尊卑的仪式，宣扬一种感觉，即流犯是不可救药的。但在作为监禁地的澳大利亚，阶级问题是个大问题——个人地位的运动快得让人眼花缭乱，穿越了整个社会，在这个社会中，洪水一般的男男女女一刻不停地从奴役状态走向具有公民身份的负责状态，从痛苦的贫穷流向新发现的财富。到了19世纪30年代，澳大利亚已经成了一个和世界任何地方一样迷恋阶级的社会了。

第十章　新南威尔士州的正人君子

i

一个英格兰的访客若在 19 世纪 20 年代抵达悉尼，从他所乘轮船的甲板上，会看见一片光明的景象：越过闪闪发光的蓝色海港，在巨大无垠的清澈的南方天空下，有一座看似整洁的市镇，一幢幢毛石或粉刷的村舍，有多荫的阳台和互相之间界限分明的花园，并以尖桩栅栏或剪齐的天竺葵篱笆与依然环绕的丛林分开，厨房院里"满是美味可口的食物"。然而，正如海军外科大夫彼得·坎宁安在他记叙新南威尔士的回忆录中所注意到的那样，他一跨步上岸，熟悉的家园的感觉就立刻烟消云散——周围都是英国人脸，说话的腔调又不完全像英国口音，水果摊子上东西多得往外横流，关在笼子里的白鹦鹉和玫瑰鹦鹉尖声大叫，还有那些一声不响、关在笼子里的人：

> 政府的流犯工作帮……正往回走，已经结束了工作，成军队的单行行走，还有几个孤独的人散布在这儿那儿，身穿白色的帕拉玛塔羊毛罩衫和裤子，或者灰黄两色的夹克衫、帆布工装（不同的服装样式表明是早来者还是新到者），上面全都乱画着宽大的箭头，标着什么 P. B's、C. B's，并用黑、白、红三色标出各种数字。也

许只有"铁链帮"阴郁地跨步从旁走过，腿上的铁链哐当作响——这个故事的内容明白无误，不可能误解。[1]

不平等现象并不是到了"公共帮"这儿就停步不前了。在监禁地的澳大利亚，阶级问题渗透一切，到了病态的地步。这是距离使然。殖民地虽小（1807 年 7500 人，1812 年 10500 人，1820 年 24000 人，1828 年第一次人口普查时 36598 人），生活却与世隔绝，百无聊赖，为愚蠢的积怨和极度的阶级意识所困扰。眨眼之间，阶级障碍就能演化成对个人的侮辱。流放时期结束时，一个"拓居者"于 1839 年用笔名在《悉尼晨锋报》，以锐利的洞察力总结了新南威尔士的气氛：

> 人们到这儿来都是为了改善环境，他们之中很多人财力有限，脾气因生活艰辛、期望受挫而变得有点暴躁（大家的期望值都太高了），与家里的亲人、老朋友，以及友爱的同事都已割断了关系，大家都在前进的路上挣扎，谁要是反思一下，都不会感到吃惊，他们是在互相倾轧。并非所有的人都能像在自家那样了解自己的情况。（楷体后加。）[2]

人们常常谈到"殖民地的士绅"，好像早期的澳大利亚有绅士一样，其实那时没有这种绅士。边疆有对付绅士的办法，不是把他们杀死，就是把他们伤害致残，再不就是很简单地把他们撂在一边。在任何情况下，生活稳定、家有产业的大多数人，都没有理由去一个生猛的新国家。他们可以以后再去那儿投资，而不用现在就到那儿把自己累断腰。要想在边疆成功，就需要一种猛烈的、紧抓不放的干劲，以前生活中的失败或平庸，都能成为推动人前进的燃料。

早期新南威尔士的男性社会可以粗略地划分成三种人。一种人是投机分子，他们拼命想成为正人君子；一种人是流犯和被抛弃者，他们都想成为投机分子；还有一种人是失败者，他们肯定一事无成。因此，社会生活展现的是一张粗糙的、不安定的面孔，哪怕涂脂抹粉，装腔作势，也没法完全遮盖起来。野心勃勃，又要在社会上装门面，这种雅俗结合让不少到访者感到厌倦。查尔斯·达尔文于 1836 年搭乘"小猎兔犬号"抵达悉尼时，人们为了抵挡下层阶级往上爬的暂时性努力，那种往往无情无义、张牙舞爪、令人不快的天真无知的状态，就给他留下了深刻印象。

1800 年后，殖民地的精英想出了一种附庸风雅的办法，这种风雅如果尚未过时，在英格兰肯定已经很老式了。它兼具封建和乡村遗风，属于 18 世纪 20 年代而非 19 世纪 20 年代，是他们对从未有过的一种特权理想的拙劣模仿，而且有一种绝对无法放松的明显特征。英国的绅士阶层上有贵族，下有农民和服务阶层，它是根据与它们的关系来定义自身的，但其关于"好自耕农"的目标，在流犯的澳大利亚不怎么适用，因为澳大利亚的农民从定义上讲就很不好。

刚刚过了一两代人，"排外分子"就不知从什么地方冒了出来。他们决计不让也是不知从什么地方冒出来的别的人得到他们得到的东西。因此，他们顽固地抵制"盈满释痞者"及其在澳大利亚出生的子女联合提出的社会要求。这场战役极为拘泥于细节。拉合兰·麦夸里总督正确地相信，殖民地一些最有能力的人都是"盈满释痞者"，于是他在 1810 年邀请了其中四位到总督府参加晚宴，这快把"排外分子"气疯了。当他走得更远，还指定其中两名，即商人西米翁·洛德和土地拥有者安德鲁·汤普逊，为悉尼与霍克斯伯里河之间拟建的新收费公路托管人和委员时，第三名拟议托管人——殖民地的高级牧师和最大的土地拥有者之一，残忍无情的法利赛人塞缪尔·马斯登牧师——气得拒绝任职，意在保住他作为神职人员的尊严。反过来，这又让总督大发雷霆。于是，这两人之间的不和在麦夸里余下的执政期间，毒化了教会和国家之间的关系。

"排外分子"瞧不起"盈满释痞者"，就针对他们来定自己的阶级情感，也只有他们这种人才会如此势利眼。早在 19 世纪 40 年代，教士的妻子路易莎·安妮·梅瑞迪斯就写过一篇脍炙人口、尖酸刻薄的文章，描述她在澳大利亚度过的五年时间（1839—1844），忠实地模仿了他们的那种腔调：

> 这个社会的差异让我想起狄更斯描写的"码头人"……因此——政府官员不认识商人，有"仓库"的商人不认识其他开"店"的商人。我毫不怀疑，店主也有他们小小的暗码，布店老板和男子服饰用品店老板之间，肉店老板和糕点师之间，都一定要保持一段合适的距离……这种地方骄傲感十分荒唐，在这样一个社会中也很不得体。如果此种倾向不是那么具有恶意的话，那就只能让人一笑置之。[3]

殖民地的所有标准——是否有地位、有礼节、有品位和"有意思"等——都要根据英国来定。直到19世纪20年代过去很久，"澳大利亚的"这个形容词还是贬义词，顶多是个纡尊降贵的词，带着一种太平洋边缘破落户的样子。悉尼社会是一种向日葵似的社会，它面对的太阳——遥远、抽象，而且号令四方——是英国皇家，大家都通过其代理即总督来观望这个太阳。总督是独裁者，主宰着一个带有某种社会装饰的警察国家。他的力量无所不包，很适合管理整座大陆监狱的那个人的身份。自1788年以来，情况一直如此，亚瑟·鲍斯·史迈斯在悉尼港听见宣读菲利普船长的任命时，就发现这一职权"与英国王室之前赋予任何总督的权力相比，都更加没有限制"。拉尔夫·克拉克则注意到，"把如此之大的权力赋予个人，这是我闻所未闻的"[4]。所有的政治决定都要经他过手。谁有地、谁无地、在哪儿、值多少钱；该赦免谁、该释放谁、该派谁去监禁站；除了英国圣公会确立的仪式之外，该举行哪些宗教活动、在什么时辰举行；行政职位由谁担任；殖民地处于胚胎期的报界该说什么、不该说什么——成千上万大大小小的事情，哪怕是混乱不堪、日渐扩展的悉尼交通应该靠路的哪边行车这样一个令人烦心的问题（麦夸里选择了靠左，像在不列颠那样）。在大英帝国，任何地方的殖民地总督都没有监禁地的澳大利亚总督那么广泛的社会权力。

因此，殖民地的阶级分野就在总督本人身上找到了根基和保证。如果总督倾向于民粹主义，偏袒小农场主或前流犯，自由民就会释放出巨大的怨恨，而且全都冲着拉合兰·麦夸里一人而来。有一打左右的家族具有这种根深蒂固的心态，这并非言过其实，领头的就是麦克阿瑟家族及其盟友，如塞缪尔·马斯登。他们都是 1800 年到 1840 年间澳大利亚领先的自由家族。

约翰·麦克阿瑟（1767—1834）与妻子伊丽莎白·维尔（1767—1850）是殖民地士族的奠基人和原型。麦克阿瑟的父亲是普利茅斯的绸布商人兼妇女紧身胸衣制作商，他本人性情暴躁，特别想出人头地，往哪儿都能看到有人在密谋策划，有人在侮辱谩骂，像意大利西西里岛人一样过分敏感。他一生总有一半的时间浪费在人事纠纷上。"盈满释痞者"给他起了一个外号，叫"杰克·妇女紧身胸衣"——这个诨名气得他七窍生烟——他在行政管理上的敌人骂他是"捣乱分子"。他跟谁都大吵大闹，如法官、教士、海船船长、贸易商等，哪怕是从亨特到达令的几任总督，他也没有漏掉一个。当 1808 年还在监狱时，他就策划（如果他那种鲁莽仓促的姿态还能用这种字眼来形容的话）朗姆酒军团向布莱总督造反。[5]

他大发脾气的结果就是流放。1801 年到 1817 年间，他只在英格兰过了四年。与此同时，他老婆伊丽莎白这个很有办法、头脑冷静的女人，在卡姆登的内皮恩河边，养着他们的羊群，经营着逐渐扩大的地产。离开了土地，麦克阿瑟是个糟糕的生意人，他的热情与仇恨都摆在脸上。除了审视敌人的行为之外，他很少意识到私人利益和公家利益之间有什么界限。他死的时候已经疯掉了，但这一切并未玷污麦克阿瑟的美名，他依然是澳大利亚畜牧业保守主义的老前辈。[6]

麦克阿瑟是 1790 年带着老婆、儿子和一个侍女，乘坐第二舰队的船，作为新南威尔士军团少尉来的。陆军总督弗朗西斯·格娄斯很器重他，任命他为朗姆酒军团发薪员。麦克阿瑟"小"手起家，约有一千头杂交羊。他从格娄斯及其继任者帕特森那儿得到了想要的所有土地和流犯劳动力。但接下去的两任总督亨特和金都出身海军，他们并不觉得有何理由要跟麦克阿瑟做圈内交易，也不想给他特别优待。"杰克·妇女紧身胸衣"就觉得这是有意跟他作对。1801 年 9 月，他因收买自己的上校，欲使之脱离金总督而与自己结盟未果，跟上校先吵了一架，接着用手枪决斗，从而把他含沙射影、毒如蛇蝎的反总督府战役推向了高潮。他的子弹打伤了上校的肩膀，金因"这个捣乱分子"的行径气急败坏，把他逮捕送审，但没法在悉尼送交军事法庭，因为——金认为——他手下军官肯定会支持朗姆酒军团，跟海军作对，要求无罪开释。所以就把他送回英格兰进行审判。殖民地的生活似乎经常为一种奇怪的狗屎运所左右，麦克阿瑟回去后，反而成就了大业。

本来是对他开枪打人的惩罚，却成了一张免费船票，送他回了英格兰，随身还带着羊毛样本。金的策略走了火，因为英国军事法庭把麦克阿瑟无罪开释。麦克阿瑟离开之前，从兄弟军官福沃少校那儿买了一千二百五十多头杂交羊，这使其一举成为澳大利亚最大的绵羊拥有者。日益发展的英国纺织工业一流羊毛的主要来源，本来一直都是萨克森和西班牙的美利奴羊，但当时欧洲正处于海军禁运时期，英国羊毛工业出现了危机。看起来，再也没有美利奴羊的羊毛运抵英格兰了。虽然麦克阿瑟一缕缕的殖民地羊毛很粗糙，但这个时机再好不过。他发现，政府特别鼓励在澳大利亚生产高级羊毛。他经财政部许可，从乔治三世拥有的一小群标本羊中购买并出口了一些美利奴羊。他还说服卡姆登勋爵给他特别赠地，以饲养这些贵族动物——在内皮恩河、陶鲁斯山一带的两千英亩地，该地名叫考帕斯切牛牧地，据知是新南威尔士最好的牧场（他后来将其改名为卡姆登）。麦克阿瑟 1805 年坐着他自己的捕鲸船，扬扬得意地返航。他根据希腊神话中伊阿宋寻找金羊毛乘坐的那条船，把自己的船改名为"阿尔戈号"。[7]

两个世纪前，纯美利奴羊还是一种很棘手、很脆弱的动物，一种自负夸张、能够溜蹄的长假发似的东西，尚不适应澳大利亚的炎热和澳大利亚的牧草，其优点是羊毛面积很大，质量很高。但要在澳大利亚兴旺起来，必须把这种羊杂交。尽管麦克阿瑟并没有像他夸口的那样，把美利奴羊引进新南威尔士（在他之前，拥有纯美利奴羊和杂交美利奴羊的人是"小杰克"·帕默和塞缪尔·马斯登牧师），但他把这种羊与孟加拉和南非更健壮的"肥尾羊"杂交，使之成为澳大利亚的主要出口品，与此同时，他还保留了一群纯种美利奴羊，以便改良其品种。[8]

不久，"纯种美利奴羊"就成了殖民地的一句俚语，指畜牧业精英阶层中的任何一员，领头的就是麦克阿瑟家族。1808 年，他去英格兰九年，不得不把他的种畜畜牧场留给伊丽莎白和正在长大的几个儿子照看，这时，他已经是新南威尔士最大的绵羊拥有者了。他不在家期间，伊丽莎白置田买地，盖房配种，把他们的产业扩大到六万英亩，远远超出了原来赠地考帕斯切牛牧地的范围。

人们一般以为，与畜牧业相比，很少有其他的生活方式会要求人更温和，更有耐性，天生更具同情心，更会理财。然而，一个奇妙的事实是，澳大利亚养羊业的两个奠基人都是性情忧郁者，经常会有极度的焦虑发作——绝对是心满意足的乡绅的对立面。亚历山大·赖利（1788—1833）大多数时间是个和蔼可亲的爱尔兰人，但他发作起来几乎像麦克阿瑟一样糟糕。赖利的两个姐姐嫁给了朗姆酒军团的军官，他便尾随其后，从爱尔兰来到澳大利亚。刚开始，他什么生意都做，在利物浦附近的拉比，也就是他的牧羊场，顺便养点羊。他出人意料的成功改变了澳大利亚的畜牧业，那就是引进了萨克森美利奴羊。这种羊与麦克阿瑟的西班牙美利奴羊相比，羊毛分级更好，也更健壮。1825 年，他赶着一大群这种羊登陆，每一头羊都形成一座好似加了衬垫的羊圈，仿佛一个毛茸茸的帕夏。他利用花言巧语从政府那儿弄来了一万英亩赠地，都是上好的地，只是更加深入内地，到了亚斯附近，在拓居地的西边地界。他根据他家在爱尔兰住的地区，把这个牧羊场叫作卡万。澳大利亚育羊的基本血线都可一直回溯到卡姆登和卡万。

赖利和麦克阿瑟是很不同的两个人。麦克阿瑟有种植园主的头脑，老想染指政治。而赖利对公共事务则避之唯恐不及，只盼着流放制度赶快消亡，留下一个由自由人组成的社会，其精英就是放牧人。这两人的鲜明对照提醒大家，说什么早期畜牧业主不是个人而是阶级单元，这种泛泛而论的做法是很危险的。然而，澳大利亚殖民早期，大多数富有的自由人的价值观更接近麦克阿瑟，而不是赖利，尤其是他们之中很少有爱尔兰人。

拥有美利奴羊者及想拥有美利奴羊者——一般来说都属"排外分子"——的意识形态是怎样的呢？骨子里主要是托利党人的保守主义，又因确立的英国圣公会教义而得到加强。他们就像他们模仿的英国乡绅，无比憎恨法国的东西，很容易把"盈满释痞者"的桀骜不驯看作放纵无羁的雅各宾主义。

他们以为，他们独一无二，适合在殖民地执掌大权——就是嘛，其他人是不适合的。"盈满释痞者"及其子女都不行，因为一旦染上流犯"污点"，就无法根除，而且会遗传下去。畜牧业助长了一种僵化的基因世袭观。城市贸易商和企业家这个日益壮大的阶级不行，无论他们已经赚了多少钱，因为贸易与土地相比就显得十分猥琐，不过，如果有合适的嫁妆，那就好说得多。新来的拓居者也不行，1820年后，他们人数不断增长，因为他们在这片土地上扎根不深，所以也没有很多的财产。早期的"排外分子"不能把他们的出身理想化，就只能强烈地、僵化地自傲，以为自己是一座秩序井然的小岛，被一片由一心发迹者和罪犯组成的湖水包围起来。他们坚信，凡是对他们有利的东西，也会对国家有利。

贸易和地产交易导致新钱崛起，他们感到了威胁。他们慎重行事，让下一代与商人家族完婚，让这两个不同的行业杂交，就像他们从前为了渡过经济难关，让他们的羊杂交一样。他们还试图在政治上使"盈满释痞者"致残，但这不太现实。

他们的保守主义是否一点不比剥削人的、"非澳大利亚的"男爵放任自流的风格好？这就是"盈满释痞者"从 1815 年起创造的一幅图景——假乡绅置身于对跖点的风景，拥有土地，但又不属于土地，不过，这主要只是一个修辞手段。

19 世纪 30 年代，殖民地的保守分子——主要是 19 世纪 20 年代在亨特河谷一带拓居的土地拥有者——与开明的总督理查德·伯克（1831—1837）之间因争吵激化，而燃起了这种修辞之火。伯克接受英格兰辉格党的任命后，推行了一系列改革，很得"盈满释痞者"的好感，其中最主要的是一项新法，在 1833 年规定，可允许民事陪审团审刑事案，并允许前流犯充当陪审团成员。这很重要，因这扩大了"盈满释痞者"的权利。但保守分子对此十分仇视。他们问：如果法院让重犯审判罪犯，那不是天下大乱了吗？伯克还限制土地拥有者对配给仆人的权利，他命令：如果违反劳动法规，需要判罚鞭笞，得由两名地方法官决定，一名法官不行；而且只能打五十鞭，而不能打一百鞭。在已经拓居的地区，找两名地方法官审案不是难事，但在亨特河谷就既费时又费事了。在那儿，大拓居者的种植园心态起主导作用，他们十分愤怒，认为伯克不该如此"心慈手软"。"盈满释痞者"和殖民地的开明人士都站在伯克一边。在侮辱和论战的互相交火过程中，批评伯克的人被形容成心肠冷酷的死硬派，这些人要是在密西西比河岸的奴隶中，一定会觉得比在新南威尔士更自在。

有一个象征性的人物，这就是"少校"詹姆斯·穆迪（1779—1852），被革职的海军陆战队上尉和失败的奖章发行人。他现在有了钱，成了殖民地的地方法官，他称自己的家宅为"福布斯城堡"。据说，他对手下的配给仆人如此之坏，以至于他们迫不得已起而反抗。[①] 他把伯克总督描绘成一个思想浅薄、误入歧途的博爱主义者，实行一种（穆迪后来所称的）"反监禁、反社会和反政治的制度"，终将导致殖民地陷入"犯罪行为放肆无度、无法无天的无政府主义状态……还会导致暴力和血腥地脱离大英帝国"。[9]（攻击人时控制有度，这不是殖民地的习惯，而且当然也不是穆迪的习惯。）1836 年，伯克进行了反击，削去了穆迪的地方法官官衔（连同其他三十六人）。失去了地位，穆迪无法忍受，就把东西卖掉，回了英格兰，发誓一定要报复。结果他匆匆忙忙写了一本书，取了一个恰如其分的书名，叫《新南威尔士的重罪》（1837）。据穆迪解释说，"重罪"是他自己造的字，指殖民地的所有"犯罪人口"，其中包括"盈满释痞者"，而无论其财富程度或专业地位如何。据他说，这"与旧世界的秩序相适应——由各种称呼组成的一个部落，其明显特征就是相同的词语，如农民、佃农、自耕农、乡绅、骑手等"。他论证说，这种人"永远都恶名昭彰……从法律角度讲恶名昭彰，将来也不值得信任"。应该永远剥夺他们及其后裔的公民权。穆迪欲以长篇大论的攻击影响殖民地的社会关系，或在小集团之外被人认真对待，但这种机会极为渺茫，它反倒强化了"盈满释痞者"的主张，即穆迪这种人对新南威尔士来说，根本就是外国人，而对该地的社会现实来说也是外来人。

---

① 1833 年，六个流犯逃跑者在"福布斯城堡"寻衅滋事，其中大多数是配给给穆迪的。带头闹事的是一个很有手艺、较有特权的流犯木工，名叫约翰·普尔。他们把房子抢了，开枪射击穆迪的女婿，劫掠了该地区另一处房子之后，把第三家农场的主人鞭笞了一顿。他们很快就被抓了起来，此案轰动一时。保守派欢迎"福布斯城堡反叛"，认为这正好证明，伯克态度一开明，天下就会跟着大乱。"盈满释痞者"和伯克的移民朋友进行了辩护，认为流犯之所以叛乱，是因为鞭笞和饥饿。不过，对开明人士的辩护词不利的是，情况表明，"福布斯城堡"的伙食定量不错，体罚也较温和（那儿约占半数的六十个配给仆人从未被鞭笞）。人们之所以不满，是因为穆迪的女婿约翰·拉纳奇太无能。穆迪本人长期不在，就由他来管理地产。尽管有种种事实，但这个案子还是永久地玷污了穆迪的名声，人们都认为他是亨特河的西蒙·勒格里（即《汤姆叔叔的小屋》中那个残暴的奴隶主——译注），他对这一点很不满。参见 John Hirst, *Convict Society and Its Enemies*, pp. 182-184。还可以注意到，支持"盈满释痞者"的人在他们的配给仆人中，也可能得到待人残酷冷淡的恶名。罗伯特·瓦德尔本是温沃斯的报纸《澳大利亚人》（支持"盈满释痞者"）的第一任主编，却被他的一个仆人约翰·詹金斯一枪打死。詹金斯在绞刑架上宣称，他谋杀瓦德尔，因为后者是暴君。——原注

然而，尽管大多数"排外分子"既贪财又势利，但他们都与澳大利亚打成一片，同时又从英格兰搬来他们等级观念的样板。如果有人认为平等主义即爱国主义的一个真正标志，这不过是出于虔诚。"排外分子"岂止是有袋动物化的英国人！不妨以"盈满释痞者"一次派对上的大言不惭和祝酒声作为背景，来看看詹姆斯·麦克阿瑟 1829 年从伦敦写信给其年迈的父亲时做何感想：

> 我现在可以安安静静、心满意足地在羊栏之间和我们自己种的无花果树的树荫下坐下来……相信我们自己的努力，而不相信熟人和人事关系，因为他们自己在这个国家的麻烦多得不得了，根本想不到可怜的澳大利亚人的怨诉……我可不愿把自己的位置跟英格兰的很多人交换。[10]

有了地产，就等于进入了伊甸园。这几乎不算平民之语，但不能否认这句话中所体现的澳大利亚特性。

无论如何，谁都无权绝对拥有野心或贪心。1852 年，来找詹姆斯·麦克阿瑟一起游说建立一个殖民地权贵世袭制度——所谓"斑异蹼①贵族"——的不是别人，而正是"盈满释痞者"的吹鼓手威廉·查尔斯·温沃斯。幸运的是，英国王室并不认为有理由要创建这种东西。温沃斯曾被他们骂成是共和党人、雅各宾派和扯平主义者，曾于 1840 年试图做交易，和几个同行欺骗七个毛利酋长，让其把新西兰大约三分之一的土地卖给他们——这是历史上最大的一笔私人土地交易，养美利奴羊的人做的交易连这个边都没挨上。（不过，那笔交易被政府命令给粉碎了。）论到如何瓜分殖民地这块蛋糕，辉格党人的表现跟托利党人一模一样，"盈满释痞者"跟"排外分子"也如出一辙。

---

① 英文是 bunyip，是澳大利亚土著传说中的沼泽怪兽，音译之。

ii

赖利死于 1833 年，麦克阿瑟则死于一年之后。两人都未在有生之年亲眼看到羊毛工业主宰澳大利亚经济的盛况。这个情况直到 19 世纪 30 年代后期才发生，而一旦发生，就像常言说的那样，牧场主"宾至如归地坐在羊背上"，一坐就是一个世纪。羊毛成了一种如此之大宗的出口产品，成了澳大利亚如此不可分割的一个部分，因此很难把它想象成一个次生工业。但在新南威尔士的大部分流犯时期，它就是一个次生工业。在海军提供亚麻和松木的供应计划失败和把羊提到至尊地位的两个时期之间——在白人拓居之后的头半个世纪中——澳大利亚出口的大部分财富来自捕鲸业和猎捕海豹业，这两个行业均由"盈满释痞者"及其子弟主宰，即所谓的"通货小子"，土生土长的澳大利亚白人。

捕鲸业和猎捕海豹业统称为"渔业"，其在当年的盛况是今天难以想象的。南方海域面积广袤，无人惊扰，是黑鲸鱼、抹香鲸和海狗的圣地，每到季节，这些巨大的鲸目哺乳动物就从南极洲游翔而来，数目有几百万，在新西兰、范迪门斯地与澳大利亚东南一带静谧的海湾和河口交配产子。在 19 世纪头十年早期，霍巴特的河口十分危险，小船难行，到处都是有孕在身和正在产子的黑鲸鱼，几乎无法从中穿行。捕鲸人划着小平底渔船出行，一年可杀成千上万头鲸鱼。海湾捕鲸业耗费低廉，不需要大船，"盈满释痞者"能轻而易举地从事该工作。自 18 世纪 90 年代以来，这个行业就一直在澳大利亚和新西兰的沿海水域存在。第一批捕鲸人就是乘坐第三舰队到来的。

当然，澳大利亚水域的捕鲸业并不仅限于殖民者。1803 年，皮特政府把 180 度以东的整个太平洋对无证捕鲸人开放了。几十艘捕鲸船浑身散发臭气，被风暴打得千疮百孔，从美国楠塔基特和萨格港一出港就经年不返，专门为了杀鲸。殖民地的捕鲸人向美国船长学习，那都是《白鲸》一书亚哈船长发愤图强的先祖，在性格坚如燧石的贵格派船队老板的催逼下前行。到了 19 世纪 20 年代，出口的鲸鱼油和鲸鱼骨所赚的钱，已经能购买进入殖民地的大部分铁、服装、工具、咸货、茶叶、朗姆酒和远东的奢侈品。其他产品则用捕海豹的收入购买。[11]

塔斯曼海的每一座海滩，巴斯海峡的每一个荒凉的海角，南澳袋鼠岛西边的每一座岩石，都聚集着大量海豹和海狮。它们没有天敌，除了偶遇个别土著猎人之外，对人类一无所知。于是不到三十年，它们之中就有几千万被灭杀掉。

捕海豹者一年到头进行猎杀，用乱棍把猎物打死。由于海豹交配和产子的时候没有禁猎，怀孕的海豹被大批杀死，留下的幼兽在岩石上没有奶吃，就只好饿死。海豹在先祖的集聚地受到惊扰，这地方很快就成了腐尸败肉的沼泽——因为捕海豹者只取其皮，而将小山一样的尸骨扔在后面——海豹就不再在此繁殖，抛弃了常去之地。一位官员于 1826 年警告副总督亚瑟说："这一贸易很有价值，但整个面临迅速的灭顶之灾。"当然，向捕海豹者求告，这种想法不啻是开玩笑。他们之中的大多数人都是这个制度的垃圾，逃跑的流犯在痛苦的海滩上成了野人：

> 这些岛屿……经常为逃犯和恶贯满盈者提供栖身之所与安全的退缩之地。海峡一带几乎所有的岩石都有一到多个亡命之徒和人类的无法无天者居住。整个海峡都好像持续不断地成为暴力和劫掠的场所，犯下各种各样的罪行——偶尔还会把土著，主要是黑种女人从大陆偷来，实际上卖给首犯……这些可怜虫和压迫她们的人所生的孩子有十到十五个，最近在几座岛上曾被看到，而且现在还能看到。[12]

其实事情何止于此。土匪和逃犯形成了血腥、遁世的岛屿殖民地后，就把成百上千的黑种女人从部落拐走，这不仅是因为他们需要性

致命的海滩：澳大利亚流犯流放史（1787—1868）

交，也是因为沿海一带的土著都是很老练的海豹猎手。[13]

流犯可以搭乘捕海豹船，轻而易举地从范迪门斯地逃走。到了1820年，霍巴特已经成为南方海洋捕鲸业和捕海豹业的主要港口与市场，很难监测船舶和海岸之间船员的流动情况。任何流犯拿着一张伪造的假释证，都能虚张声势，在码头警卫的面前蒙混过关。成百上千的人就这样通过这个漏洞，进入了捕海豹业。这对"渔业"主人来说，是非常好的一种安排。流犯一上船，因恐受绞刑，就没法再回陆地。他等于被迫进入另一种被俘的境地，尽管表面上很自由。到了19世纪30年代，从新西兰的岛屿湾，到澳大利亚西海岸的洛切切群岛，南方各海湾和避难场所遍地都是捕海豹和捕鲸鱼这渐趋死亡的行业留下的犯罪垃圾。

在"渔业"赚到钱的第一个殖民者是自由的苏格兰商人罗伯特·坎贝尔——按布莱总督的观点看，"此人为人公正，富有人情味，是个君子"，他也不是麦克阿瑟的盟友。东印度公司为了维护其垄断地位，曾经做出安排，不许澳大利亚贸易商把鲸鱼或海豹产品直接销往伦敦。（其他实际上不在澳大利亚的"南方捕鲸人"可以得到豁免，不受该令制约。）坎贝尔决计打破这个不公平的贸易限制，因为它实际上否认新南威尔士除了监禁地功能之外，还有其他任何功能。1805年，他驾驶他的"巴罗女士号"，带着全家驶往英格兰。该船货舱装了从海象脂肪提炼出的二百六十吨油和一万三千七百张海豹皮。他走了几个月后，"洪都拉斯打包号"载着三万四千张海豹皮也开航了。东印度公司的反应是不难预料的，他们截获了坎贝尔的船和货物。接下来发生了一场争执，但坎贝尔轻而易举地获胜，终于可以绕过东印度公司，从澳大利亚自由出口货品到英格兰了。坎贝尔回到新南威尔士时，成了一个贸易英雄，被誉为"商业社会之父"。[14]

殖民地的自由贸易摧毁了朗姆酒垄断局面的再生机会。一些"盈满释痞者"可以埋头苦干，从捕鲸业和捕海豹业中获利，重新置购地产，结果就——至少在收支平衡表上——跟"排外分子"平起平坐，势均力敌了。

440

在 19 世纪头十年早期，澳大利亚海域的捕鲸业和捕海豹业主要由三人操持：亨利·卡博尔、西米翁·洛德和詹姆斯·安德伍德。三人从前都是流犯。卡博尔（1763—1846）因翻墙入室偷盗而被判死刑，后减刑为十四年流放，乘坐第一舰队船只而来。他先当工头，然后做朗姆酒生意，把酒卖给流犯——因为军官心高气傲，根本不愿意直接跟流犯打交道。

在 1800 年之前的某个时候，卡博尔碰到了詹姆斯·安德伍德（1776—1844），他也是一个流犯，他知道怎么造船，这可是一个无可估量的有用技能。殖民地的任何船只都供应不足，即便当时也是如此。卡博尔和安德伍德造了一条"斯鲁普"多帆单桅小船，取名"戴安娜号"，装备好后，就出海到巴斯海峡猎捕海豹。不久，就有六十个人为他们打工，每年剥皮的海豹有三万只。安德伍德的船坞在悉尼港的头地，他造船的最大吨位可达二百吨。

1805 年，他们又找了一个合伙人，即西米翁·洛德（1771—1840）。他因盗窃几百码印花棉布和平纹细布而于 1790 年被流放。他年少时犯罪，以后再未重犯。洛德是约克郡人，冷酷无情，悭吝得从石头里都榨得出油来，也是做朗姆酒生意出身。毫无疑问，军官们认为，启用这种形迹可疑的家伙经销酒，就可免除他们与下贱的流犯和"盈满释疤者"打交道之苦。事实上，他们却造就了一种连他们自己都害怕的社会畸形儿。洛德是个具有企业精神的天才，反应快得就像丁狗。1798 年，他已经有了自己的仓库；1799 年，他有了他的第一条船。他拉拢罗伯特·坎贝尔，通过他很有用的介绍，认识了伦敦海豹皮市场的重要人物。洛德从朗姆酒"做大"，搞起了铁和木材，接着又搞制造业。他的车间全是配给流犯雇员，他在这儿制造悉尼供应依然很不正常而且价格昂贵的消费品：蜡烛、肥皂、玻璃杯、长筒袜、布匹、鞍辔、靴子和皮帽。在 1806 年至 1809 年间，洛德、卡博尔和安德伍德在伦敦卖掉了十二万七千张海豹皮，又在中国和印度卖掉了更多。捕海豹业又很自然地引向了太平洋的檀香木和其他商品的贸易。

1803 年，西米翁·洛德为自己在悉尼盖了一幢豪宅，这是殖民地最大的私人宅邸，有三层楼和地下室，还有一座雅致的阳台，下面有细瘦的柱子支撑，伸出在街面。所用材料是砂石和进口灰浆。"洛德宫殿"之于商业，就像麦夸里的地产之于土地拥有。社会地位比他高的人从跟前走过时，都忍不住感到厌恶——他们无法忽视这座丰碑，它无可辩驳地证明了社会的可渗透性。1810 年，一个造访该地的海军外科大夫不屑一顾地说："洛德先生（从前是个盗马贼）盖了一幢自住房，价值两万英镑，但这些人仍然遭人唾弃，任何自由拓居者都不会愿意坐在他们桌边……这些人中的大多数都是搞贸易赚的钱。"[15]

"这些人"并不都是男性。玛丽·黑多克（1777—1855）因在兰开夏郡偷马，十三岁时年纪轻轻就被定罪和流放，她 1794 年与一个名叫托马斯·瑞比的年轻自由商人和船主结婚，从他那儿学会了船运和海豹捕猎生意。1811 年，她的丈夫去世，留下七个孩子，此后，她就凶猛地扩展起她的事业来。她拥有仓库和"布里格"贸易船、霍克斯伯里河沿岸的七家农场，以及日益扩大的悉尼市中心的无数建筑物。这个精明强干、性格极为坚韧的女性是一个例外，但正好证明了规则：在作为监禁地的澳大利亚这个男性主宰的商业界，没有任何其他的女性流犯成功，哪怕昙花一现的都没有。没有丈夫铺垫在前，瑞比夫人再有干劲、再精明，也不大可能取得成功。

前流犯商人中最身手不凡，也最被"排外分子"嫉恨的是塞缪尔·特里（1776—1838）。特里是曼彻斯特一个大字不识的体力劳动者，他因盗窃四百双长筒袜，而被判流放七年，他的同时代人称他为"植物湾的罗斯柴尔德"。1807 年获释后，他在悉尼开酒馆，出借高利贷。关于他如何剥削喝醉酒的"盈满释痞者"和持有假释证的人，有很多恶心的传闻，其中有些也许是真事（尽管没有一个得到证实）——说他故意赊账，让他们成日成周地喝下去，然后夺取他们的农场抵债。无论他坑蒙拐骗还是勤俭节约，或者两者兼而有之，反正到了 1820 年，他已经拥有一万九千英亩土地，约占八百多名"盈满释痞者"土地拥有者全部土地的百分之十。他按揭的地产比新南威尔士银行都多，而且他是该银行的主要持股人——约占殖民地注册按揭地产总价值的五分之一。他晚年转向慈善和政治，成了"盈满释痞者"的一个热心的支持者。他的流犯仆人回忆起他来都感到很亲切，说他从来不鞭笞他们，也从来不忘本，永远记得他所属的阶级关系。特里于 1838 年去世，人们为他举行了澳大利亚最盛大的葬礼，共济会的仪式场面盛大，旗帜飘扬，而且——颇让他的敌人恶心的是——送葬行列在 50 团军乐团的带领下，穿过悉尼熙熙攘攘又寂然无声的大街。伦敦《泰晤士报》的一封读者来信说："这对英格兰的犯罪分子来说，肯定是一个重要新闻，他们之中最为成功的一个人，居然会有军事荣誉为其葬礼增光添彩。"[16]

　　但是，这些特里、瑞比、洛德等，他们之所以值得记取，是因为他们都属特例。1821 年后，前流犯中鲜有赚大钱者，尽管他们的很多自由后裔后来都发了大财。大多数"盈满释痞者"都只是作为打零工者、"工匠"、屠夫、面包师或小农场主而幸存下来。这些人被称为"布衣拓居者"，因为他们身穿粗布大褂，紧紧抓住土地不放，直到干旱、欠债或酗酒等问题使他们松手放开土地为止。他们的商品菜园出产水果、蔬菜和鸡，而那些高高在上的美利奴羊主除了为自己的厨房着想，是决不会屈尊俯就饲养和种植这些东西的。他们害怕丛林的空间和抑郁，喜欢守着悉尼周围的土地，而其他那些更有冒险精神、拥有更好的奴隶劳动力的拓居者，则不断往内地拓展。他们经常酗酒，把小小的几英亩地产喝光，死的时候身无分文。然而，正如彼得·坎宁安所说，他们"很像美国的林区人"——这种人 1825 年尚未进入神话——他们是"开路先锋，其职能就是为一个更为健康的人口铺路"，即他们自己的子女，素有"通货"之谓。

　　如果殖民地的经济取决于前流犯，殖民地的专业和文化社区亦复如此。在麦夸里时代，澳大利亚没有一个律师来的时候是自由人。凡是受人尊重的律师，连想都不会想到那儿去开业。但殖民地生活痛苦，总是官司缠身，因此，打官司的事大多得由"堕落"的律师来主持，这些人在英格兰和爱尔兰早已被除名。

说轻一点，这些人的地位朝不保夕，但由于麦夸里的副军法官埃利斯·本特不想浪费法庭时间，听那些自己替自己当律师的人唠唠叨叨，很不专业地打官司，就很谨慎地允许三个前流犯律师接手民事案件。其中两位曾把业务做得很大。一个叫乔治·克罗斯里（1749—1823），他行为无可指责，作为律师开业二十四年后，因伪证罪而被流放。[17]金总督于1801年，也就是他到达的两年后，有条件地赦免了他。到了1803年，他在霍克斯伯里河已拥有四百多英亩土地，还为其他拓居者接案子做，尽管新债权人发出了一系列令状。布莱总督对海洋法比陆地法更了解，因此请他就如何应对朗姆酒军团的法律问题提供咨询。麦克阿瑟的党徒1808年对布莱造反之后，把他逮捕起来，因为他曾支持他们的"暴君"，然后把他发配到纽卡斯尔附近让人害怕的煤矿当奴隶劳工。麦夸里释放了他，又让他重操旧业，但是，到了1821年，他已被重重债务压垮，七十二岁时又因伪证罪而被定罪，两年后去世。他的同事爱德华·伊嘎（1787—1866）是都柏林的律师，因伪造证件罪而被判无期徒刑，他情况稍微好些：1813年得到有条件赦免后，他当了两年律师，但这时，新创建的民事司法高等法院法官杰弗里·本特把他和克罗斯里除名，于是他无权出庭辩护了。

结果证明，本特是个无所事事、傲慢不逊的不务正业之辈，他如此保守，竟令一些"排外分子"都感到难为情。他和麦夸里一见面就互相讨厌。他们两人之间的摩擦闹得新法院开不下去。本特认为，"盈满释痈者"是永久的奴隶，他直截了当地拒绝听审前流犯律师提交的案子。[18]很自然，这对伊嘎和克罗斯里这种人等于是场灾难。麦夸里虽然抗议，但无济于事。1815年5月，法院做出裁决，凡在英国被除名的律师，不得在澳大利亚为案件辩护。于是，麦夸里写信给殖民大臣巴瑟斯特勋爵，威胁说如果不召回杰弗里·本特和殖民地军法官，即本特生病的兄弟埃利斯，他就要辞职。巴瑟斯特意识到政府与法院的关系即将崩溃，便做出让步。埃利斯·本特只解决了一半的问题，几个月后就死掉了。

不久，杰弗里·本特离开了澳大利亚。不过，澳大利亚法院要过一段时间才肯把"盈满释疴者"律师做的诉讼案子当回事。在"排外分子"实行社会歧视的武器库中，这种法律上的无能为力状态，一直是一种最强大的武器。

前流犯医生情况比律师好。很难说伊嘎和克罗斯里这种经常受到骚扰、形迹可疑的讼棍能算澳大利亚法律的奠基人，但同为前流犯的威廉·勒德芬（1774—1883）肯定是澳大利亚医学之父。

勒德芬是个生气勃勃、极具利他主义精神的人。他是海军外科大夫出身，1797 年因支持英国海员在诺尔滩的舰队哗变而被审判，被控领导了该次起义，但他所起的唯一作用，就是劝水手"更加团结起来"。法院判他绞刑，但他因年纪尚轻、过于鲁莽而获得缓刑，坐了四年牢后，于 1801 年流放到新南威尔士。[19]

殖民地缺乏医生，因此为严重的饮食和卫生问题所困扰，事故发生率很高，又总是通过鞭笞来执法，在这样的地方，勒德芬要做的事情就很多。他先是在诺福克岛当助理外科大夫，于 1803 年从金总督那儿得到赦免，1808 年回到悉尼，成了殖民地的助理外科大夫，负责悉尼多斯岬那家肮脏而又混乱不堪的医院的工作。1816 年，他实际上成了麦夸里新修建的"朗姆酒医院"的负责人，这时，他的从业医院是殖民地最受欢迎的地方。

对勒德芬来说，针对前流犯的大多数社会偏见都可以搁置不管。显而易见，他是殖民地最好的外科大夫，而且，他的强项是产科。这意味着，家家户户无论"好坏"，都需要他的帮助。1814 年，他为麦夸里总督唯一的儿子拉合兰接生，他还是卡姆登麦克阿瑟家族的家庭医生。对勒德芬医术的尊敬，是麦夸里和麦克阿瑟全心全意同意的很少的事情之一。尽管勒德芬与总督府和卡姆登的关系都很好，但他还是不满足于当一个"社会"医生。他从来都没忘记，他跟其他流犯一样，也是戴着脚镣手铐来到澳大利亚的。他在流犯得的痢疾、折断的骨头、疼痛的眼睛、感染的鞭痕和私生子女等问题上，花去的时间跟给富人看病的时间一样多。流犯永远都能找他看病，他还在朗姆酒医院后面开了一家门诊诊所，为工作帮的工人看病。除此之外，他还为改善流犯船上的情况而斗争。澳大利亚的公共卫生始于勒德芬。因此，许多流犯和"盈满释痦者"都认为他是他们的救星。这就让这个后来从事政治活动、为人直率、心地善良、公正廉洁的人得到了真正的选民。

殖民时期早期的悉尼不是一个很有文化的城镇。甚至就连穷诗人迈克尔·马西·罗宾逊在对这个城市进行沉思时，都迫不得已使用婴儿期和初生太阳这种隐喻。悉尼社会高层阶级的文化生活处于一种幼虫状态，偶尔举办一次诗歌朗诵会或水彩画展览。来访者和居民大多感到，这个城市枯燥乏味、土里土气。巴伦·菲尔德①法官这个名字起得不错，他 1816 年来到澳大利亚，接替杰弗里·本特的工作。他抱怨说，这是一块"没有古迹的土地"。对菲尔德来说，这地方实在过于原始，除了袋鼠之类的几种怪物之外，没有明显可见的文化痕迹：

在这儿，大自然平淡乏味，

风景不如画，声音无乐感，在这儿

反映艺术的大自然尚未诞生——

我们什么都没有，只有企望，

这（我承认）也比完全自私要好。

但又过于自负——过于美国化。

这儿没有过去时，当前的一切都是无知。

他觉得，悉尼是一个"亵渎神灵、没有脊梁骨的城市"。眼前唯一能让人产生联想的是一条船：

那对我来说就像是诗，

---

① 英文是 Barron Field，很接近 barren field（贫瘠的土地），故有此说。

我衷心相信，不要多久，

它的翅膀就会载着我离开这片平淡无奇的土地。[20]

1825 年之前，到访澳大利亚的唯一的自由专业艺术家是约翰·勒文（1770—1819），一个博物学画家。他感到，英国人对澳大利亚的异国风物很感兴趣，所以专程去一趟会有所值，就于 1800 年来到澳大利亚，做两本精致（现在已经极为罕见）的插图书的工作，一本是有关鳞翅类昆虫的《前驱症状昆虫学》（1805），另一本是《新荷兰的鸟》（1808）。[21]拉合兰·麦夸里接受了这位比较谦虚、从无怨言的年轻人，把他作为准官方画家。1815 年，麦夸里越过蓝山，视察新建流犯公路的总督"之旅"时，让其为沿途风景绘制水彩画，还委托他在总督府的舞厅绘制"透明画"。麦夸里还交给勒文一个事情不多但报酬优渥的工作，年薪四十英镑，后来增加到八十英镑——命他为验尸官，这几近直接赞助处于婴儿期的艺术，是从前任何总督都没有做过的。

受过教育的流犯——外号叫"特殊人才"——很为他们知文识字且远离粗野的重犯群体而骄傲，对他们来说，勒文是一个让人感到慰安的泉源。有他在场，就表明他们并未完全割断与文化的联系。流犯约翰·格兰特写了一篇赞叹这位"稚嫩天才"的诗文，他说，"我看重、钦佩、景仰这个人"：

勒文：天才谷中一株罕见的美树！

画家！雕刻家！向大自然求爱的人！啊！

多么勇敢！[22]

除勒文之外，早期殖民地的所有艺术家都是货真价实的赝品制造者——或者不如说是贼、堕落的小文员，以及丢尽脸面的无名小学老师。澳大利亚不乏流犯画家，其中一个是约瑟夫·利塞特（1774？—?），他曾得到麦夸里飘忽不定的赞助。利塞特在英格兰不过是个"画匠"，不可救药的酒鬼，于 1811 年因伪造证件而被判十四年流放。他在悉尼的邮局工作。在那儿，他接触到邮局的小型印刷机。利塞特搞来一些铜板和刻刀，不久，殖民地就洪水一般涌来五先令的假纸币。于是他被送到纽卡斯尔的充军站。很幸运的是，主管是詹姆斯·瓦利斯上尉，他本人就是一个业余画家，没让利塞特暗无天日地挖煤，而是让他设计一座教堂，画一幅教堂圣坛的三联画，可惜这幅画早已失落。

瓦利斯还在 1819 年安排利塞特获得了有条件赦免。这时，麦夸里——像从前一样，渴望宣传澳大利亚的美丽，吸引自由移民拓居者的到来——就鼓励他漫游殖民地，描绘各地的风景。后来，他画的水彩画集成一卷，题为《澳大利亚风景》，从 1824 年起编成系列出版。这些彩色的版画被题献给殖民地大臣巴瑟斯特勋爵，其所画的澳大利亚形象颇似阿卡狄亚，几乎与英国科茨沃尔德丘陵地带或风景如画的公园难以区分开来。[23]这些风景向人们昭示，"爱国主义者兼酋长"拉合兰·麦夸里用他一双慈祥的手，如何改变了对跖点严酷的现实。《澳大利亚风景》一书的广告词恳请读者注意："看啊！宏伟阴暗的寂寞森林换来了熙熙攘攘的商场市声和热闹，与此同时，野兽的洞穴和更为野蛮的人的藏匿之地，早已为之一变，成为宁静的村庄。"让一个伪造证件者来做这样一项工作，倒的确十分相宜。

尽管流犯艺术家的名单相当之长——从悉尼港的托马斯·瓦特林（生于 1762 年），到霍巴特的威廉·布娄·古尔德（1801—1853）——但其中的男性（当然没有女性）的意义都仅限于本地，除了著名的"画家兼放毒者"托马斯·格里菲斯·韦恩赖特（1794—1847）。他是亨利·福塞利的追随者，在伦敦的文学圈子交游甚广，认识兰姆、哈兹利特、德昆西和青年狄更斯。有流言说他专门毒害女继承人，因此臭名远扬，但这其实是他死后的误传（部分原因属狄更斯杜撰：关于文学的友情就此打住吧）。事实上，他因伪造证件罪而遭流放。但是，大多数流犯画家都是无名画匠，在一个没有机会的社会尽其所能拼命挣扎，活着时烂醉如泥，死的时候灰心丧气。[24]

写作方面的情况也大致相同。作家除了官方公文、法律意见和家信之外，过的是一种空洞浅薄、飘忽不定的生活。当然，从来没听说过有什么专业作家。倒是有流犯民歌作者，而且也不缺写"筒子文"（反对权威的匿名讽刺诗文，这种奇怪的叫法来自作者的一种习惯，写完后卷成筒，塞在门下）的人，大多数是写得很笨拙的逆耳忠言，规劝那些名声很响的目标，给他们起一些很容易解码的名字——如"劫掠牧师"（Parson Rapine）指伪虔诚的塞缪尔·马斯登医生。[25]

澳大利亚的第一个出版商是前商店扒手，名叫乔治·豪尔（1769—1821）。他的私生子后来办起了范迪门斯地的第一份报纸。

澳大利亚上演的第一部剧本是乔治·法夸尔的王政复辟时期喜剧《招募军官》，1789年全由流犯出演。该剧开场白估计出自某个无名重犯吟游诗人之手，后来名闻遐迩，远远传到了植物湾以外的地方：

> 我们来自遥远的地方，跨过宽阔的海洋，
> 一路上无人喝彩，更无鼓声敲响。
> 我们都是爱国者，大家必须明白，
> 我们离开祖国，都是为了祖国之爱。
> 没有阴私的眼睛，辱没我们的热情，
> 我们远征的劲头，全是为了祖国的前程。
> 谁也不会怀疑，我们的迁移，
> 对不列颠民族大有裨益。

哎呀呀，后世的研究表明，这其实不是杰克逊港的一个流犯创作的，而是由伦敦一个名叫亨利·卡特的受雇于他人的记者在该剧上演很久以后所写。他还到处说，著名扒手乔治·巴林顿曾亲口念过这首诗。（不过，即使没有该诗不可磨灭的第三、四行，这段"巴林顿开场白"

也值得记取，因为它是傲慢不逊的"庞米"① 针对澳大利亚文化努力，所发出的一长串嘲弄中的第一首诗。)

不过，流犯行列中涌现出来的最重要的文化人物是建筑师弗朗西斯·霍华德·格林威。他是个很易动怒、傲慢不逊、专心细致且决不妥协的人，这几种素质保证了他既能成功，又难免失败。如果他不固执己见，不以自我为中心，他就不可能受尽流犯生活的种种羞辱之后还能保全自身，但他因对周围低级趣味、贪污腐化、办事无能和偷工减料等现象直言不讳地加以批评而树敌过多，当他的守护人麦夸里一回英格兰，他的事业就萎缩了。若说格林威只是无辜的受害者，那等于是歪曲记录，他为人贪婪、铺张浪费的恶名大多也是罪有应得。例如，他当麦夸里的建筑师，领了六年工资，却厚着脸皮又开了一张账单，索要一万一千英镑，自称是政府工作的委托费用（约占建筑费的百分之五），可这笔钱他早就领了。麦夸里一走，他就丢了官职，1828年后再也没有得到任何实际的工作。十年后，澳大利亚这位最优秀的乔治时代的建筑师身无分文地去世，坟墓连标志都没有。

格林威设计的三幢建筑物至今犹存，形式还是原定的那样：温莎的圣马修教堂，以及悉尼的海德公园兵营和圣詹姆斯教堂——两座建筑物清峻简约的人字形正面在麦夸里大街的南端遥遥相对。格林威有一种天才，能很好地利用相对贫乏的殖民地建筑资源。例如，缺乏有技能的雕刻师，因此他不得不把注意力集中放在比例和材料质地，而不是装饰上：样式简朴（但算得很细）的帕拉第奥式凸窗、朴素平实的半露柱（兵营用砖，圣詹姆斯教堂用黄褐色的砂石）稳稳地规定了墙壁的比例。他的陶立克柱式的细部处理直截了当而又充满男子气，很适合清亮坚硬的澳大利亚光线，以及以流犯砖石建筑技能建造的模仿物。正如在早期美国教堂中那样，格林威直接说着一种成语，强化了仪式的内容：没有任何天主教的意味，每一块砖头都反映出（就像 J. M. 福里兰说的那

---

① 英文是 Pommy，澳洲人对英国人的贬称。

样）"一个强烈的福音传道社会，这个社会认为所有的希望和值得骄傲与喜悦的原因，都在于处于上升地位的新教不可挑战的正确性".[26]教会和国家之间的政治龃龉，通过圣詹姆斯教堂人字形正面的旋涡花饰上唯一的铭文，毫不隐讳地显示出来：没有座右铭，也没有《圣经》中的文字，只有拉合兰·麦夸里的名字，面对着一百码开外兵营上同一个地方的同一个名字。

建筑学是一门卓越的社会艺术。无论是否愿意，公民天天都能看到他所在城市的建筑物。建筑物的言语悄无声息，却渗透一切。格林威的公共建筑物体现了监禁地澳大利亚的这一"令人反感的"事实——出身自由并不保证能垄断天才。尽管"排外分子"迷恋地位，尽管针对"盈满释痞者"竖起了身穿甲胄的阶级障碍，但自由人要把他们对都市优雅和仪式空间的欲望形成并凝固起来，还是得雇用流犯。自由人在伪造证件者建造的房子里崇拜上帝，而在路的对面，还有更多罪犯囚禁在另一座同样优雅的房子里——这是一种很辛辣的矛盾现象，让人无法细想。它集中概括了悉尼有头有脸的人所使用的那种特别不稳定的符号，而设计这种符号之目的，原本是把他们自己与另类区别开来。

殖民地的澳大利亚人欲享有地位的符号，于是养成了一些不大可能有的迷恋癖，从而完全驳斥了遥远社会绝对没有势利现象的那种看法。当然，情况正好相反：只有外省人才迷恋潇洒和"正确"，因为他们注定要反映出遥远的原型。这就是为何早期的澳大利亚士绅阶级特别讲究形式，也特别瞧不起"盈满释痞者"新富之后的种种作态。路易莎·安妮·梅瑞迪斯是对跖点会客厅天使一般的记录者，曾对崛起的流犯这个对象产生过极为华丽的想象飞跃：

> 尽管财富力量无边——这些"盈满释痞者"中，很多人都是殖民地的巨富——但还是无法完全克服人们对他们的偏见，尽管政策在有些情况下极大地改变了这种偏见。他们缺乏教育，这对很多人来说就是一个实际障碍，而这些人过于爱财，过于爱财让人具有一

种看得见摸得着的重要地位，也不管这种爱是否放错了位置，结果，他们的下一代很可能难以在父母的模式上加以改良。你也许经常会看见一个颇有财力者，其妻子和女儿身着华服丽饰，他干完日常工作之后，乘着他的香车宝马，车声辘辘地回到家中，尽管他满脸满手满身衣服又脏又邋遢，就跟任何工匠一样。也曾看见某个类似者之子，十根粗短的指头，居然戴上了十二个昂贵的戒指，颈上戴着项链，衬衫上别着别针，上面有耀眼的钻石，又去买更昂贵的珠宝，可脚上连短袜或长袜都不穿。他的马刺跟鞋子连着，却与裤子之间留出一段很成问题的距离！我估计马刺和鞋子是一种时髦，特别为这种花花公子所钟爱，所以在他们中间颇为流行。[27]

可是，怎样才能使自己与脚穿马刺和鞋的人区别开来呢？人们在这个问题上发挥了不少创造力。除了饮酒、在社交界往上爬及通奸之外，新南威尔士上层社会的人所玩的花样与今日是不一样的，而且一般也不具"澳大利亚"的特点。例如，地位优越的人不到海里游泳，甚至都不到海滩边上去。洗海水澡带有囚犯的污点，因为悉尼流犯洗澡时，通常都得用盐水洗。女人绝不把皮肤晒黑，因为那等于降低身份，一落千丈地从贵族堕入粗野之境。皮肤晒得黧黑，就好像做过流犯的苦工，带着让人鄙视的黑奴意味。"很少有淑女肯穿骑装，把她们的容颜暴露在外，因此，极少有人骑马出现。"[28]

这种不想看上去像流犯的愿望，甚至影响到人的饮食。让梅瑞迪斯太太大惑不解的是，她的主人拒绝在午餐和晚餐时上鲜鱼。尽管悉尼的海鲜种类繁多，质量超优，却给她送上来自英格兰的薰三文鱼或鳕鱼干，目的是把流犯的饮食整个儿倒过来。传统上讲，流犯吃的是咸肉——吃咸肉表明没有产业，因为有地产者才能享受新鲜牛肉或羊肉——和鲜鱼。因此，自由民的仪式性食物必须倒过来，吃鲜肉和咸鱼。

在早期的悉尼，生活可以过得很豪华，因为有钱，还有行政大权在握。最极端的一个例子是约翰·派珀船长（1773—1851），这是个很不节俭的苏格兰人，就像古罗马挥霍无度的卢库鲁斯那样，他跟朗姆酒军团一起出来，拿到了悉尼海军总官长的肥缺，这个职位使他有权对所有酒税和进口商品的海关关税收取一个百分比的钱，对他来说每年就是四千多英镑了。他用这笔款子盖了亨利埃塔别墅——别名是海军军亭——面积为一百九十英亩，地处海港边麦夸里送给他的一座海岬，如今名叫派珀点。乔治·托马斯·博伊斯是布里斯班总督在悉尼的助理粮秣总长。据他报告，"他住在一幢华美的房子里"：

> 但这幢房子孤零零的，因为殖民地绝无一物与之相似。他花费巨大，为了装饰这座童话宫殿，他绝不吝惜一分一厘……他把这事做得十分得体，凡是喜欢玩水之人，他即派四轮马车和游艇迎接，还以同样的方式送他们回家。他养了一个乐队，夜夜在宽敞的阳台上跳瓜德利尔舞。他家饭桌上摆着无比丰盛的食物，来自地球的四面八方。你必须知道，这地球的第五方，也就是犯罪方，本身并无任何贡献……跟派珀共进晚餐毫无光彩可言，因为谁来到这儿，都会得到他的邀请。[29]

受人尊敬的阶级爱养马，也爱赛马。澳大利亚人到 1820 年就已充分地养成了对马的迷恋。他们举行盛大的舞会，一些牧场主家庭不惜骑马走两百英里参加这种舞会——因为它是殖民地婚姻市场的主要展示。舞会上界限分明，"盈满释痞者"在舞厅的一端，"排外分子"则在舞厅另一端，有时甚至各用各的管弦乐队。英国绅士爱玩的游戏——众所周知——这里的有些绅士也爱玩，如骑马猎狐，但澳大利亚没有狐狸，于是就出现了自称"坎伯兰游猎"的这种活动。人人身穿粉红色外套，置身在仿佛潦草勾勒出的一片灰色丛林中，人喊马嘶，摇着铃铛，齐声吆喝着去追丁狗。奥斯卡·王尔德把游猎定义为"无可名状者追击难以下咽者"的活动，没有什么比这个定义更有力，更适用于大英帝国的这个地方了。

人们这样做的目的就是尽可能英国化，在提到英格兰时把它当作"老家"。可是，拓居者又跟不上英国时装的变化，他们的保守主义通过对跖点的巨大时间迟滞反映出来。轮船带来的都是过期的杂志和报纸、老掉牙的法院新闻、过时的女式服装，以及价格过高的奢侈用品。威尔士王子的债务早就偿清，没听说的人们聊起来却还兴致不减；再不就是大谈某郡女继承人很异常地怀了孕，却不知孩子早已呱呱坠地。谈话内容之贫乏，几乎可让一个智性的游客陷入绝望。路易莎·梅瑞迪斯哀叹说，殖民地的精英好像谁都没有看过任何书：

> 让人感到困扰的一个缺陷是，人们似乎麻木不仁，对任何事都漠不关心。除了聊大天外，对一切都不感兴趣，也不想了解——聊的都是某种新式袖子的剪裁样式，或有谁参加了最近一次派对。如有一个女的甫抵此地，就总是要问"你会弹琴吗？"或"你会画画吗？"这种问题。"你会跳舞吗？"这种问题人们会觉得多余，因为人人都会跳舞，但没有听见一个有关英国文学或艺术的问题，更没有关于政治事件的问题，无论其性质有多重要——人们用的字中，没有一个音节传达出任何思想。[30]

因此，英格兰的形象逐渐暗淡下来，成了一个怀旧的幽灵，一段并非完美无缺的记忆胶片。地平线上充满了地方新闻，在与世隔绝的小社会里，情况一向都是如此，而流犯作为低水位线则很有必要，可用来衡量比较社会的制高点。士绅阶级不仅仅需要他们干苦活，还要用他们来定义自己的身份。

iii

到处都能看见工作帮的流犯身影。在悉尼全城，在蓝山公路上，南行去鲍勒尔、古尔本和莫纳罗平原时，凡来此地一游者都能听到殖民地的钟琴声，那是在皮衣和粗羊毛的部分遮掩下，脚镣发出的叮当响声——铁链拴在一起的人在凿砂石，传出仿佛在空气中涉水一般拽着镣铐穿过的声响。自由拓居者一般都不把这种景象当回事，这些人都是一身臭汗，脚步曳地，属于不可能结识的另类，在他们眼中似有若无，在社会风景中，只是一个个空洞的身着黄色制服的人形。自由人就是看见了也要把眼睛半转过去：行了，看在上帝的分上，我得走了。

在描绘这种风景的大多数素描和绘画作品中，哪怕是流犯艺术家的作品中，流犯也并不出现。查尔斯·罗迪乌斯的素描题为《流犯修建通向巴瑟斯特的路》（1833），他们降格为很不明显的陪衬物，西部平原的峡谷缺口以他们为背景，很诱人地在眼前展开。还有一些少见得多的素描，如奥古斯塔斯·厄尔那幅较早的《约克山顶的风景：目光朝向巴瑟斯特平原》（约 1826—1827），在图中，"公路帮"移到近景，画中对他们的工作与对他们身后巨大无边的风景表现出同样大的兴趣：一个人戴着惩罚性的镣铐提水，三个重犯在凿砂石，军人卫兵做了一个很威严——但在厄尔的画中相当疲软——的手势。干苦活的流犯不像那不勒斯的渔人，也不像普罗旺斯的农人，从来都没有成为风景中生动如画的特征，尽管流犯典型地反映了这种风景的社会用途。流犯在画面上只能让人难为情，因为人所共知，他有犯罪作恶的倾向，是不可能理想化的。与其说他"被像野兽般地对待"（按现代的意义来说，就是因遭受虐待而扭曲变形），不如说他本来就是"野兽"，本来的犯罪天性就写在皮肤上。对旅行者来说，他只能算是一种抽象之物。路易莎·梅瑞迪斯提到她穿越蓝山之旅时写道："其中大多数人的脸看上去都像恶棍，他们身上的镣铐叮当作响，一想到他们不知犯了多大的罪，才受到如此丢脸的惩罚，我就极为害怕走过这帮可怜虫的身边，甚至害怕碰到他们。"[31]

流犯的另类特性又通过其所用语言进一步得到强化。他用黑话宣称，他来自另一个社会，即大脑中的阿尔赛夏这个犯罪的渊薮。在监禁地的澳大利亚，阶级语言障碍绝对难以动摇——与今日相反，因为现在的所有阶级都共享澳大利亚俚语的大白话。英国犯罪切口属于一整套亚语言，一说这种语言，立刻就打上了烙印，"盈满释痞者"要想出人头地，就不得不忘掉这种语言，否则就会原地踏步，难以升迁。如果有人用纯粹的殖民地词语，如 scrubbing brushes（丛林刷子，即满是谷壳的面包）、smiggins（监狱的大麦糊汤）、canary（金丝雀，即打一百鞭子）、sandstone（砂石，即身子骨很弱的人，一着鞭子人就垮了），就等于把自己划入另类，就像所有囚犯囚衣上一目了然盖上的宽箭头记号一样。澳大利亚俚语之无比丰富、骂人话之强大有力，以及奇特比喻之曲折多变，最终都可追溯到流犯时代，尽管澳大利亚语言的鲜花盛开属于19世纪后期。流犯中间，老囚犯使用流犯时代的切口：他俩"在一起结婚了"（用链条锁在一起），"矛刺过鲱鱼塘""我旅行去了""腌了""挨了十四便士"（被判十四年流放）。判了这种刑，就等于挨了沉重一击，狂风一般把受害者卷走，遭流放的重犯就自称"风箱手"。不过，当时也很需要用委婉语，因为阶级问题是一个敏感的问题。在"盈满释痞者"及其后裔耳朵里，"流犯"是个很刺耳的词。19世纪20年代，比较礼貌的说法是政府人或合法人，后来又为流放者甚至帝国打造者所置换。这种用法相当于一种社会约定，同意缓和流犯的难堪处境。毕竟，人总不能当面提及他人的奴役地位吧。直到1840年和流放终结的时候，来到新南威尔士的人中，移民（即便有）也很少会想到自称"澳大利亚人"——正如孟买的英国上校不会自称"印度人"一样。大家都是英国人，谁要是以为新南威尔士与一个"正常的"公民社区有根本不同，谁就等于贬低了自己在英国社会习俗中的身价。当然，这不正常，但为了使它显得正常，就得在法律和语言上把流犯当作属于这种社区一样对待，免得别人把自由移民殖民者看成靠监狱生长的寄生虫。对新南威尔士拓居者来说，该地不是监狱，而是一个自由社会，只是其中因犯所占比例较大。这种似是而非的诡辩论点产生了重要的社会后果。例如，从政策中可以看出这种后果的影响，因为政策不许总督在未经审判的情况下，把配给囚犯送往次生拓居地。囚犯必须接受审判，重新定罪之后，才可能失去作为公民社会一员的权利，前去诺福克岛。如果把新南威尔士也想象成像诺福克岛一样的监狱，那就不需要进行审判了——那就成了一个技术性的问题，就像把囚犯从一个号子转移到另一个号子一样。流犯若在新南威尔士被捕，因嫌疑而被拘禁，是可以申请人身保护权的。一位名叫约翰·斯蒂芬的高等法院法官在给予该权时说："囚犯的权利在法律眼中与自由民的权利同样神圣。"这不是虚妄之言。新南威尔士的法官（特别是高等法院的法官）本着同样的民事调解精神，极为谨慎地看待流犯和前流犯的权利——到了这种程度，以至一位法官在1838年裁定，司法部部长问证人"让你来是干什么的"这个问题是不合适的。法官说，这等于要证人当庭自辱。因此，不得问及他们的过去，也不得提及他们的流犯出身。[32]

　　一到法院外面，进入私人圈子，把流犯作为使女、保姆、管家，甚至家庭教师等，就成了不自由人和自由人之间的关系特别敏感的一个区域。"为了奢侈目的"而把流犯作为私人仆役配给出去，这种做法让后来数任总督感到良心不安。[33]但是，既然伦敦的男管家和马夫不大可能移民到原始的悉尼发挥技能，也就没有能让社会接受的其他替代办法了。这一来，人们对家庭服务的选择发生了改变。牧羊场主可能巴不得有人给他们干活，哪怕这是从前的盗马贼或草堆纵火犯。但在悉尼，一想到某个"谷仓门绅士"或某个未受教育的乡巴佬，穿着大头皮靴，紧张不安地在会客厅里走来走去，把瓷器撞得稀巴烂，女主人就会恐惧异常。因此，对城市流犯的需求量高了起来，一般首选的是举止优雅、有文化的伪造证件者，他们也许知道上吐司时该从哪边递过来。如果找不到伪造证件者，小偷也行，他们至少能够保护主人的财产：

　　　　很少有贼会被送到乡下，因为大多数绅士都住悉尼，宁可找个他认识而且在国内经常做贼的人，也不肯要那种"谷仓门绅士"。为什么这样呢？因为他知道，这些人靠得住，不会让别人在主人地产上搞鬼，他们自己也不会搞鬼。做贼的惹祸，这种事还从来没听说过。[34]

天主教高级教士威廉·乌拉索恩 1838 年说，仆人问题"在淑女的话题中……跟天气一样普通。只要大家碰面，就老是会谈到这个问题"。家家户户都有足够多的恐怖故事互相讲说，如酗酒、举止不当和笨手笨脚的现象——特别是酗酒现象。[35]

女主人不得不把家里的一切都锁起来——"坦塔罗斯"（装细颈瓶的安全框架）、酒窖、食品储藏室、梳妆台、桌子和针线包等。有时候，她不得不忍受仆人的辱骂，这在英格兰是闻所未闻的，因为雇来的女流犯"习惯不好"，喜欢满嘴粗言秽语辱骂女主人，骂人话下流至极，女主人面对丈夫都无法启齿，更无从在法庭向法官出示证据。这样，就没法惩办说脏话的人了。[36]

若让殖民者选择，他们的首选肯定是自由仆人。约翰·富兰克林爵士任范迪门斯地副总督时，曾于 1837 年提议，所有配给仆人——包括家庭帮工——都应在衣服外面佩戴一块引人注目的徽章或标记。乔治·吉普斯总督未敢在新南威尔士采取这种做法，害怕富有的殖民者会产生反弹，因为他们不想让男仆光辉的制服被这种不光彩的标记所辱没。[37]

范迪门斯地有几个拓居者好不容易才养了一支由自由民组成的家仆队伍，但他们人数很少，而且会不打招呼就走掉。再说，流犯仆人和自由仆人之间，也没有什么质量之别。不过，直到 19 世纪 30 年代中期，人们才努力想把受人尊重的女性作为保姆或家庭女教师请来，但大多完全归于失败，女性流犯尤其难以驾驭。（有头有脸的拓居者以为，是他们自己宽宏大量才造成她们如此难缠。）家长难以摆脱恐惧感的纠缠，害怕家中事务落到报复心强、道德败坏的女人手里。[38]流犯奶妈和保姆可能会毒害澳大利亚未来天真无邪的接班人，即澳大利亚儿童。在监禁地的殖民地长大，每日经历的怪事也够吓人的，马库斯·克拉克在《无期徒刑》一书中所描绘的家庭场面，想必出现过多次：

　　"你这人很无礼，先生，"多娜喊叫起来，她明亮的眼睛冒出火光，"你怎么敢笑我！我要是爸爸，早就让你到三戟刑具那儿受半个小时的刑了。哼，你这人太无礼了！"这个小美人脸气得绯红，跑出了房间。

　　维克斯面色凝重，但弗热尔不自然地站起来，轻松地哈哈大笑道：

　　"好啊！看在荣誉的分上，这很好呀！这个小泼妇！——还要我到三戟刑具上受半个小时的刑呢！哈，哈，哈！"

　　"她是个很奇怪的小孩，"维克斯说，"她这个年龄这样讲话是很怪的……她的教育都给疏忽了。而且，这个地方太阴郁，接触的又都是那种人——孩子在流犯拓居地出生，你还能指望什么呢？"

　　在这样一个暴力弥漫并形成制度化的社会里，儿童肯定会上行下效，模仿大人的奇怪习惯。他们玩的是鞭笞游戏和法官判案游戏，自由得就像他们的下一代玩丛林土匪游戏一样。1850年，一位殖民地的观察者写，"我看见儿童们玩游戏来着"：

　　　　玩的是植物湾简易法庭游戏。我注意到，对那些注定要"完蛋的"人，大家一致宣布残酷地重罚，但对其他人则又给予偏袒和优惠！似乎从来都不去细想是否公正——要的就是满足对至高无上权力的欲望。[39]

　　澳大利亚的儿童比英格兰的儿童上演了更为高压的戏剧。从一个层面讲，他们具有古怪的全知全能之力，能够对父母的流犯仆人发出威胁：在别的地方，一个怀恨在心的小家伙敢威胁抽保姆或马夫二十五鞭吗？从另一个层面讲，这种习惯后来一直延伸到成人社会，又因成人社会得到强化。正如苏格兰监禁改革家和诺福克岛未来主管亚历山大·马柯诺奇所说："在家庭关系中……完全不用道德，而惯于强迫他人服从，这使人与人在打交道的过程中，带上了一种强横苛刻、独断专行的特征。"儿童很小就学会了鄙视他人。乌拉索恩主教做证说："儿童完全掌控在配给仆人手中，因此当然很了解这些仆人的情况，很瞧不起他们，很小就在心目中养成了一种习惯，鄙视那些管束他们的人，对长者产生了一种……极为无礼的感觉和态度。"[40]

据说女流犯都爱报复，教小孩坏习惯，从骂人到性早熟，无所不包。约翰·罗素在1838年流放特别委员会上说："她们对成长的一代孩子……具有很大的破坏性，因为她们一般都很刻毒，有意引诱拓居者的女儿或败坏她们的天性。"该委员会的证人都急于把对跖点形容成索多玛与蛾摩拉这种淫乱之地，就编造各种各样的故事，说什么殖民者的女儿亲眼看见女流犯与她们森林之神一般的情人"苟合"，又说什么一户人家有三个女儿，因监禁地这种原初场面而完全乱了方寸，人人都怀了孕，"通过与人交媾，这都是……一个流犯女仆教唆的结果"[41]。

难怪"特殊人士"——受教育的流犯——作为仆人很受欢迎。因为这种人不大常见（在澳大利亚监禁史的任何阶段，抵达囚犯中不到半数的人，也许不超过三分之一的人能自己签名），他们对政府很有价值。到了19世纪20年代中期，政府需要一小队文员保持记录，跟踪流犯。新南威尔士和范迪门斯地的文秘人员几乎全部由伪造证件者组成，这些人对贿赂一向来者不拒。达令总督曾抱怨说："这些人穷凶极恶，什么坏事都干得出来，随意篡改注册文件，为所欲为，连惩罚或丢脸都不怕……他们根本抵挡不住贿赂的诱惑。"但是，自由民的文秘人员很少，而政府需求量大，这就意味着很少把"特殊人士"配给出去。[42]

不过，私人影响有时也很管用。例如，有几家富有的家庭拥有了自己的流犯家教，带着孩子学"门萨"，或在飘溢着尤加利树清香的下午，在一架略微翘曲的布罗德伍德钢琴上叮叮咚咚地敲着琴键。悉尼的第一家文法学校创始人是一个事业不成功的爱尔兰教士，名叫劳伦斯·哈洛伦（1765—1831），他因伪造十便士的邮戳而在四十六岁时被判流放。当然，他是一个比约翰·莫特洛克更好的教育家——后者是前英国陆军军官，曾在印度服役——于 19 世纪 50 年代成为霍巴特一家小文法学校的校长："为了感受一下我的尊严，也为了焕发我的精神，我立刻把几个男孩训斥了一顿（特别是家长从未被流放的那几个孩子），这样，我感到了轻松和慰藉。"[43]

大多数"特殊人士"由于地位曾受人尊敬，所以很难接受他们目前的命运。他们鄙视新南威尔士和范迪门斯地的所谓"正经"社会。他们之中有些人深信自己完全清白无辜，绝非犯罪分子：不过把文件改动了一下，怎么就可以比作翻墙入室或行凶抢劫呢？遭受流放的震惊之余，他们不觉陷入沉思，更觉冤枉，反而表现得比其他那些流犯垃圾优越。他们试图相信，他们犯罪后所处的阶级地位并未因流放制度而毁掉。

有一个这样的人后来成了诗人，他名叫约翰·格兰特（1776—?），其个性典型地说明"特殊人士"偶尔具有的那种不现实感。他天性反复无常，父亲是白金汉郡一位有地产的英国绅士。为了改善命运，他向一个有头衔的女继承人求爱，不料他的努力被家庭圈子中的一位律师挫败。他怒不可遏，在伦敦当街的光天化日之下，拿手枪对着该律师的屁股开了一枪。家里托人走关系，给乔治三世的女儿寄了一封请愿信，才救了他一命，结果他没被判绞刑，而是登船上路，一走了之。格兰特1804 年 5 月抵达悉尼，没几个月，他就要求金总督给他假释证。遭到拒绝后，他又写信道："金总督，采取正义的行动，你为何要犹豫不决呢？如果我一到殖民地，你就给我自由，你就是拯救了一个极受伤害的正人君子，让我远离拦路抢劫者和翻墙入室者。"金根本不予理睬。格兰特对母亲诉苦说，"你一定和我有同感"：

> 觉得把我跟那些拦路大盗放在一起也太残酷了点，我就是在法律的注视下，跟他们一起来的……但是，这边无论文职还是军职人员，都有一种倾向，喜欢打压来这儿的人。

体会一下最后这句话的意思，就不会觉得金总督认为格兰特已经疯了有什么奇怪。一旦得出这个看法，就会照这个看法采取行动。金把他发配到诺福克岛，让他到那儿找鸬鹚去讲他的清白无辜和他的绅士派头吧。在那个遥远的拓居地三年，与世隔绝，受尽虐待，格兰特终于被压垮了，1808 年他作为伤残人士被运回悉尼。麦夸里大发慈悲，赦免了他，于是，他于 1811 年回到英格兰。[44]

"特殊人士"的优越感不时会带上一丝讽刺的意味。约翰·莫特洛克的叔父是剑桥大学基督学院的教士，他因谋杀叔父未遂而遭流放，曾这么写道：

> 我们这个社会现已稍有改善。尽管我还没听说任何海军军官或陆军军官，也没听说大律师或医生，但我可以把两个新教教士流犯算进来，其中一个是神学博士，还有几个律师，包括一个当过市长的，以及许多宪章派人士。要是把主教也流放，那会有多么轰动啊！殖民地还很荣幸地有一个前议会议员光临此地，这是一位绅士，其待遇任何时候都不同于一般的犯事者。[45]

大多数"特殊人士"都盛气凌人，因此苦刑流犯都不喜欢——有的甚至厌恶——他们，不喜欢他们张扬、倨傲不恭的态度。凡是被怀疑持有自由思想的人士，官方就不会让他们有好日子过。看到这些自负傲慢的上流人物重新被发配到蓝山或麦夸里港，到"惩罚帮"修路，特别让人过瘾。以笔名"伍默拉"出版回忆录的一个流犯回忆说，"他们中有许多人太过张扬，瞧不起其他阶级的人，总是试图玩那种'虚张声势'的游戏"：

> 他们的手很软……他们总是密谋策划，浪费时间。我经常在干活的时候听见他们谈在伦敦的大酒店喝过什么好葡萄酒，例如，"伊斯林顿的天使""墙上有洞""大象城堡"等，但其中有些人一生连葡萄酒都没品尝过。一到夜里，他们就"吹"了起来，说骗了

英格兰诚实商人多少多少钱。现在情况不一样了——他们在"公路帮"赚不了一点钱。[46]

也许普通流犯对"特殊人士"怨恨不满，使得对脑力工作者的这种偏见更加根深蒂固，认为他们都是"游手好闲的家伙"或社会寄生虫，这种偏见很久以后都能在澳大利亚感觉出来。尽管如此，"特殊人士"（他们在流犯中从来都是小众）问题跟十分恼人的流犯团结问题有着直接关系。这里至少有一派流犯得不到大多数人的信任，也绝不效忠大多数——这只能表明，正如人们期望的那样，在所有流放站的重犯中，依然保留着英国社会现存的阶级分裂现象。

澳大利亚历史学家曾因以下问题而不惜笔墨、争执不休：一般流犯是否不仅互相同情，而且通过共同磨难，把这种同情升华到"阶级团结"的高度？他们作为被压迫阶级的成员，是否忠于对方？还是他们的忠诚感因自私自利而裂变碎化，根本不可能与集体打成一片？[47]

在经历饥荒和压迫的时刻，流犯互相之间会表现得残忍，也的确表现出残忍。无论是卖身为奴，还是已经获得自由，弱者总是会被逼到墙上。约翰·莫里森牧师在范迪门斯地听到一个前流犯说了一句意义重大的话，这句话 reductio ad horrorem①，就是皮尔斯的食人法："朋友除了被利用之外，还有何用？"他评论道："这可是很让人宽慰的教义，而有些人的友情比敌人还要可怕。"[48]

在人们看来，在"铁链帮"和外地监禁拓居地，如麦夸里港、诺福克岛和莫尔顿湾，流犯对彼此特别无情。官方怂恿流犯告密，从而瓦解他们之间的信任，这种策略在这些地方无疑起了作用。"值得信任的"流犯提到工头的职位，就跟卫兵一样野蛮——而且还要糟糕。绝对的惩罚绝对贬低人格，正如詹姆斯·莫里塞特中校治理下的诺福克岛或帕特

---

① 拉丁语，指降格到恐怖的境地。通过斯蒂芬·布罗克博士（Dr. Stephen Brock）得知词义，特此鸣谢。

里克·洛甘统治下的莫尔顿湾所表现出的那样。你把人当什么处理，人就会变成你所处理的那种东西。不过，流放到澳大利亚的人中，只有一小部分在这些充军站度过一段时间。大多数流犯生活的情况只会维持他们的共同压迫感，而且经常强化这种感觉。因此，从拓居的最早岁月开始，一整队流犯宁可一声不响地站在那儿，也不肯把他们中间的一个人交给当权者，无论应许的贿赂和奖金有多少。18 世纪 90 年代后期，有人把悉尼的唯一一座教堂烧毁了，约翰·亨特总督出了巨大的悬赏，即凡是供出罪魁祸首者，哪怕被判终身流放，都可赦免得到自由，免费回家，还可拿到五十英镑。几年后，他回忆说："一般都以为这个诱惑难以抵挡，但谁也不给举证。我一直都不知道是谁干的，这完全是有意为之。"[49]

这座教堂是英国圣公会教堂，纵火犯无疑是个爱尔兰人。爱尔兰流犯随着流犯船只，把"原始"集体主义精神也带来，大家意志坚决，抱成一团，这跟意识形态毫无关系（不过，一百年后，它会影响澳大利亚社会主义运动的进程），却跟亲属和宗族有很大关系。澳大利亚的英国当局厌恶他们，认为他们是部落人，他们的盟友关系根本不为新教个人主义的工作道德所动。塞缪尔·马斯登牧师极为顽固，大放厥词——这些人"道德败坏，到了无法想象的地步……诡计多端，背信弃义"，而且，他们之间的忠诚之感牢不可破：

> 无论他们彼此结成什么性质的关系，他们都认为无比神圣。一旦被发现犯了杀头之罪……他们宁可死，也不肯说出任何同案犯的情况，被带到致命的树①旁，就是断气的时候也不承认他们有罪……因此，他们之中很多人都是在极为艰苦和死不悔改的情况下生活并死去的。[50]

_____

① 指绞刑架。

　　爱尔兰人在监禁地的澳大利亚，属人数最多也最齐心的白人群体。他们的习俗肯定会在所有流犯及其后裔的道德观上打下一个深深的印记。这个群体的凝聚力顶住了来自外面的压力，许多不是爱尔兰人的流犯似乎也体验了爱尔兰人的宗族团结精神，将其作为一种方式，抵抗国家惩戒机构的压倒一切的力量。根据定义，犯罪就是反社会。犯罪分子是破落的个体。正如罗素·瓦德所指出："当犯罪分子成为长期流犯，他行使个人诡计的范围严重地受到限制，与此同时，迫使他向社会行为、集体主义行为（在其自身的群体中）看齐的力量相应得到增强。"[51] 在这个国家恶劣的环境和纠问制法律框架的背景下，澳大利亚伙伴情谊的基本特征就从这一粗糙的集体主义精神中浮现出来。

　　毫无疑问，因互相识别而结成纽带，常常会诞生某种非意识形态化的阶级忠诚感，从而把流犯缔结在一起。强大的友情因压迫而铸成，例子比比皆是，举一足矣。流犯梅利希在新南威尔士服完刑后，就"离开海湾"，当了一对"盈满释痞"夫妻的仆人，这对夫妇早已在新南威尔士挣了大钱，正准备回英格兰。他很快就发现，船上藏了六个流犯逃犯揩油客，其中有两个是他的朋友。"我当时不高兴，是因为我想对这些人做的事却没法做到。我得每天晚上出去为这些人偷给养。当然，我还随身带了工具，这样就能把装肉的日常食物用品桶打开。"他冒着很大风险，为他们偷了一个月的东西，然后被抓，六个星期都处于可怕的困苦情境，被铁链拴在暗无天日的底舱。船到开普敦时，"我的肌肤青的青，紫的紫，身上系裤腰带的地方都溃烂成一块块了……这么说吧，从此以后，我再也没有恢复过来"。然而，他在回忆录中，对他养活的那些流犯同胞，居然没有一丝怨恨。"他们都是我非常尊重的人，我的确想说，任何人只要选择冒险摆脱奴役的后果，就决不会想把朋友留在身后，继续被人奴役下去。"[52]

　　来澳访问的人注意到亚历山大·哈里斯称作"互相尊重，互相信任"的那种现象，"两个人在本来寂寞的丛林中一起干活，就会出现这种情况"——这是流犯牧羊人在遥远闭塞的牧羊场上的那种典型情况。

"在这种情况下，人们赴汤蹈火，也会生死相依。事实上，人们普遍感到，人就是要信任伙伴的一切。"[53]

在分享过同样被奴役的经历之后，流犯之间会很容易地产生这种识别感和信任感。哈里斯描述他在霍克斯伯里区浪游的情景时说，他碰到一个身为"盈满释痞者"的农场主兼酒馆老板，此人"就像凭着自己的努力，在囚犯中出人头地的大多数人一样"，"性格中有一种粗犷坚定的男性气质，让人感到很舒服"：

> 他有几个流犯仆人，管理这些人的方式，跟我在伊拉瓦拉干活时，由自由拓居者管理的那些人很不一样。自由拓居者的管理方式反复无常，喜欢恐吓恫吓，仆人一旦不在眼前，就不再信任他们。这里的拓居者本人从前就是囚犯，好像很想要仆人尊重他们的判断和公正，而主动服从他们。因此，无论仆人在眼前，还是在看不到的地方，他们都能给予信任。[54]

布莱总督在 1812 年伦敦的特别委员会上说："流犯互相之间都很团结，相处颇佳。"比格委员在 1822 年指出，身为"盈满释痞者"的拓居者一般都不惩罚配给仆人，因为"他们同情仆人的那种状况，从前他们自己也是这样"。十年后，这个情况并未改变。伯克总督在 1832 年报告说，大多数配给仆人希望为"盈满释痞者"干活，宁可"吃他们的粗茶淡饭，也不愿意给更富有的主人干活，后一种情况虽然吃穿更好，但自由也更少了"。这种话（类似的话还有很多）只能表明，在整个流放制度的过程中，流犯之间的忠诚感经常超出个人情谊的范围。[55]

iv

当然，某人曾经打趣说，澳大利亚命中注定会有锦绣前程（这个说法以后也会一代代地重复下去），因为澳大利亚的人都是英格兰最优秀的法官挑选出来的。

显而易见，这个国家的人民做得最好的一件事就是繁殖。新南威尔士 1807 年的一次粗略的人口普查表明，共有 7563 人，其中有 1430 名女性，大多是流犯或"盈满释痾者"，而且三分之一的女性已婚，但儿童相当多：807 个婚生子，1025 个非婚生子。殖民地四分之一的人是儿童，半数以上的儿童是私生子，其中大多是流犯子女。

1828 年，第一次官方人口普查表明，新南威尔士自由人的人数（20870）终于超过了服刑流犯的人数（15728）。几乎占半数的自由人是已经服完刑、得到赦免并留下来的前流犯。剩余的人中多半是在澳大利亚出生的儿童，其父母不是前流犯，就是"来时即已自由的"拓居者，如士兵、海军陆战队员、大大小小的军官、拓居者、各种各样的移民等。这是澳大利亚的第一代人，他们生而自由，却在警察国家长大。这些土生土长的孩子叫"通货少男"或"通货少女"，这是根据货币俚语而来的一个术语——所谓"通货"，是指在殖民地才有用的硬币或纸币，都是临时凑合的东西，暗指好看而不值钱，也许更糟，而不像英国移民那样，是纯粹的"斯特灵"，具有扎实的美德。"通货一代人"还自称"本地人"，这个词并不指土著，而只指当地出生的白人。

从英格兰那边看，这些人的身份极为简单：他们以一种赤裸裸的单维方式，被视为"流犯子女"，继承了道德败坏的基因，不可能产生多少好的结果。他们之中很多人的父母并不是流犯，即便父母是流犯，他们之中很多人也不是由滞定型的恶棍和婊子一手养大的，而且，犯罪也不是一个血统问题——但这一切都不太会动摇英国人的成见。老子反动儿混蛋，罪犯只能生罪犯，既然是"盗贼殖民地"，就注定要在世界的外缘永远旋转下去，在道德的黑暗中继续恶化下去。许多从没去过澳大利亚的专家中，有一人是《爱丁堡评论》的奠基人——教会才子悉尼·史密斯牧师，很不幸的是，皮特竟然还不时找他商讨殖民地的大事。他在 1819 年概括了这一思想：

只可能有一种意见。新南威尔士是一座罪恶的渊薮，在这个地
方，大多数男女流犯都比他们抵达时道德败坏得多，到了无限败坏
的程度……邪恶在这样（一个）殖民地不可能不更加横行。[56]

截至大约 1835 年，英格兰和英国访澳者谈到关于土生子的一切时，
几乎都喜欢断言，这些人形成了一个均质群体，即"流犯子女"。但是，
土生子自己并不这么看这个问题——这倒并不是因为他们想否认在殖民
地出生的这个事实，而是因为他们的社会远比英格兰的观点来得复杂，
因为那种观点是"功利性的"，把澳大利亚视为流犯垃圾堆，一个通过
犯罪来定义的社会。在这个真实的社会中，自由民的子女通过一个社会
经济网，与"盈满释痞者"的子女结成了难分难解的关系。穷人并不都
生于流犯之家，富人也不都是自由民。地位低下的工人和麦克阿瑟们来
到这里时都是自由人。流放者中不仅有粗鲁的贪恋财富的"米达斯"，
也有头脑清醒的手艺人，以及大字不识一个、穷愁潦倒的农奴。有些流
犯子女在成长过程中，要为生计而斗争，而另一些人不是有私人老师做
家教，就是到帕拉玛塔的女校去上学。由于土生子的父母中什么样的人
都有，既有当奴隶的，也有自由人，所以，到了 1825 年，他们遍布澳
大利亚殖民社会的各个阶层，而不能仅仅看作自成一体的一个"阶
级"。[57]

把这些人不仅想成而且写成"流犯子女"，就等于把他们暴露在屈
尊俯就的众目睽睽之下。"流犯"这个词所含的道德耻辱的重量，几乎
能把人压垮。"滔天"大罪把父母扔到了澳大利亚，可想而知，这会对
土生子造成何种后果。殖民地生活的观察者中，从一般来说比较富于同
情心的，如彼得·坎宁安，到带有偏见的托利党人，如约翰·比格——
就不用提詹姆斯·穆迪这种脾气暴躁的顽固分子了——很少有人承认这
个事实，即他们的父母有很多都因犯小罪而被流放。这些人不是惯犯，
更不是那种吐火女怪"犯罪阶级"中的骨干分子，而是没有多少机会的
普通罪人，只是初犯就被逮住。但对那些道貌岸然的观察者来说，只要

违背意愿地来到澳大利亚，就是罪有应得的明证。

针对流犯妇女的道德偏见——酗酒、滥交、反抗、缺乏做母亲的天才等滞定型——特别歪曲了"盈满释痞者"的家庭生活画面，暗示土生子都是喝朗姆酒长大的，任由命运抛弃。有些土生子也有同感，对他们的社会"低能儿"也持这种偏见。他们是一个占极少数的群体，即"排外分子"、高级官员和富有的自由拓居者等人的子女，他们都认为自己是殖民地的贵族。

套用 19 世纪 50 年代一位殖民地法官的话来说，"犯罪必定是往下传的，就像物理特性和个性气质一样"，这种思想就是"犯罪阶级"的轴心思想，当然也是"地位受人尊重的"澳大利亚人对作为他者的"盈满释痞者"实行社会歧视的关键原因。结果情况并非如此。尽管大家都对第一代土生子的出身怨恨不已，尽管普遍认为，他们都是犯罪现象永久不衰的罪魁祸首，但这一代人最终都是这个国家最遵纪守法、道德上最为保守的人。在他们之中，流放制度真正持久的遗产不是"犯罪特性"，而是对"犯罪特性"的厌恶：决意做人要尽可能正派，决计要把自己的地位升华，肃清流犯的"流毒"，哪怕代价——在此后的教育中付出了惨重的代价——是患上历史健忘症也在所不惜。[58]

新南威尔士的犯罪统计数据证实了这一点。1835 年，新南威尔士高级法院法官 W. W. 伯顿详细地谈到普遍存在的犯罪现象时宣称，这就好像"整个殖民地的人都在持续不断地奔向不同的法院"。可是，五年后，他在反思殖民地法院的经历——以及充满了莫尔斯沃斯委员会耳朵，关于澳大利亚如何邪恶的耸人听闻的被披露的情况——时抗议说，莫尔斯沃斯报告"不能代表新南威尔士的真实社会状况，正如英格兰某一管理不善的监狱的恐怖细节，不能代表该监狱所在国的真实社会状况一样"[59]。

"通货一代人"长大后并没有道德败坏，犯罪率是所有群体中最低的。他在 1833 年到 1838 年间审判了 827 人，有 450 人（占 54％）是服刑期的流犯，241 人（占 29％）是"盈满释痞者"，50 人（占 6％）是自由拓居者，只有 30 人（占 4%）是在澳大利亚出生的。而且，"通货一代人"中，无一人犯有谋杀罪和严重盗窃罪，他甚至从未听到审过一宗强奸案。"通货一代人"的 30 个被告中，13 人（几乎占半数）的罪名是盗马和偷牛——这就跟在英格兰偷猎一样，普通澳大利亚人根本不认为是犯罪。[60]

那么，英国腐朽的犯人祖先又是如何在澳大利亚产生出如此鲜绿的根苗呢？观察者如比格等都思考过这个问题，并想出了一个理论。孩子都有"天生的反感"，憎恶看到犯罪景象。他于 1822 年报告说，他们"既不继承父母的恶习，也不继承他们的感情"。他们"厌恶流犯的恶习和道德败坏，哪怕这种情形在他们自己父母身上反映出来"（楷体后加）。[61]坎宁安认为，"通货少女""渴望进入受人尊重的部门工作……（以便）逃脱行为经常很不检点的父母的教唆"。因此，父母和孩子之间，一定存在某种普遍的裂痕，跨越了整整几代人——年轻一代集体摈弃年老一代，把重犯从他们的生活中流放出去，就像最初把重犯从母亲英格兰那儿流放出去一样。他们因父母的行为而极度受伤，决心要做到尽可能不像他们，无论多难也要走正道。所以，父母的"邪恶和懒惰"可以用孩子的"诚实和勤奋"来抵消。

但是，目前几乎没有任何证据可以支持这种推想。澳大利亚不仅对美利奴羊业主及其朋友是一个充满机会的国家，如约翰·麦克阿瑟，他在英格兰是一个布商的伙计，但在对跖点却建立了一个王朝；澳大利亚还是一个边疆社会，任何层次的人只要努力干活，都会得到收获，这在某种程度上是英国穷人和爱尔兰穷人连做梦都想不到的好事。一个失业的铁匠因缺乏机会，而去小偷小摸，但只要他服刑期满，很快就可在悉尼成为一个事业兴旺的手艺人。成千上万的"盈满释疤者"怀着希望，凭着努力，靠着运气，在生活中重新开张，做得比他们在英国生活的任何时候都要好。最大的不同是非熟练工人，他们在英格兰的机会根本等于零。

只要看看这些人谈自己的情况，而不是他们的上司如比格和坎宁安所说关于他们的情况，就会得出不同的印象，其主要来源是"申请书"，也就是向总督发出的要求得到赠地的请愿书。这些当然得附上地方法官和牧师出示的品格推荐信。到了 1828 年第一次人口普查之时，三分之一的土生子拥有土地。从现存的"申请书"（一般都是自己代表自己写，或由父亲为儿子申请赠地）上看得出一种一以贯之的家庭关系模式：父母为儿子申请土地，儿子申请靠近父亲农场的赠地，这就在某种程度上驳斥了那种土生土长的孩子的"父母根本不管不顾的观点"。[62] "申请书"中提到父亲时，总是用"温和""受人尊重""诚实不欺"这类字眼，而提到儿子时，则用"值得帮助""老成持重""忠心耿耿"等词。毫无疑问，其中有一部分是标准用语，代写书信者用来正式代写请愿。但你总不会指望发现这样一份请愿书，要求总督把六十英亩土地赠给某个"酩酊大醉、放荡不羁、心肠冷酷的"前流犯或"好吃懒做、野蛮无情、不值一钱的"儿子吧？因此，可以感到，所用语言既反映了社会事实，也体现了书信的传统。

到了 1828 年，约有三分之一的成年"通货"男性拥有土地，但并非所有土生子都想获得土地。无土地者也并不都想务农，因为务农给染上了要和配给流犯肩并肩干活的污点。有人注意到，"通货一代人"不愿务农，"部分原因是放不下架子：由于迄今为止，流犯几乎是唯一的农业工人，他们自然而然把那种职业看成有失身份，这跟白人在奴隶殖民地对任何工作的态度一样，因为别人都不干活，只有奴隶才干活"。同理，"通货一代人"也不想在海上谋生。船上的艰苦条件、船长至高无上的权威，以及他们通过绳子末端来达到管教目的的做法，处处都像流犯的生活，很不适合他们的口味。[63]

机会最多的是熟练工和小生意。农场主想要成功，是需要耐心的，但若有木匠、细木工、泥瓦匠、车匠、制桶匠、鞋匠和铁匠——简言之就是交通、建筑和仓储赖以为基础的任何行业的工匠手艺——等的手艺，要想在殖民地的澳大利亚成功就易如反掌。当时对奢侈行业的需求量极小。殖民地有多少木匠都承受得了，却无法承受牙雕工、香水师和图书装订工。19 世纪 20 年代末，悉尼的一个好木匠每天能赚七先令六便士，但他在伦敦的同行好不容易才只能赚到这笔钱的三分之二。这就是如下现象的主要原因：尽管"政治犯"工人因在英格兰抗议行业和劳工条件而被流放到澳大利亚，从而变得老练起来，却没有任何激进的思想扎下根来，也从来没听说新南威尔士的"盈满释痞者"和"通货一代人"有过任何重大的工会骚动。在那儿，血汗自由劳工和被剥削童工的事也几乎闻所未闻。流血汗、被剥削，那都是流犯的事。在那儿，熟练工人的薪金和工作条件远比英格兰强，因此相对来说他们毫无怨言。

土生土长的澳大利亚人看上去也不像其父母和祖父母，因为后者都是从英国贫民窟和监狱里出来的，皮肤黝黑，而且发育不良。土生土长的澳大利亚人从小就吃得很好，尽管是粗茶淡饭，但他们的摇篮充满阳光，长大成人之后，他们就成了个子高高、筋肉健强的"玉米秆子"，正如驻地海军外科大夫彼得·坎宁安医生 19 世纪 20 年代所说："很像美国人，那种头发金黄、眼睛碧蓝的哥特式风格一般来说引人注目。"他们没有那种典型的苹果红面颊，一些语源学家认为，这种苹果红面颊是那个专指英国人、神秘而又持久的澳大利亚俚语"庞米"的起源。他们肤色蜡黄，牙齿很早就掉光了。他们一丝不苟，诚实而又清醒，"性格开朗，富有男子气，十分朴素……几乎未受父母突出的恶习熏染"[64]。

男人喜欢"抱成一团"，他们的价值观中最讲伙伴情谊和阶级团结精神。他们都爱在街头打群架。只要有一个人动手，大家都会跟着动手："如果有一个当兵的跟另一个人吵起来，所有的人就会来帮他。他们经常在圣诞节的时候出动，把红衫军打回军营。""通货妞"一般不善交际，长得漂亮，轻信他人，性早熟（在监禁地澳大利亚的婚姻市场上，贞操对"低等阶级"来说没有特别价值），却很精明，知道怎么通过结婚改善自己的命运。她们很早就结婚，"而且好像并不欣赏她们在这儿的'斯特灵'兄弟中十分流行的纳妾制度"。她们把大量时光消磨在海滩上，游起泳来就像小斑嘴鸟。简言之，她们很像她们第七代的子孙。

"通货一代人"的爱国热情也很高。乔治·托马斯·博伊斯这个生性敏感、性子急躁的殖民地日记专家，1831 年 10 月从范迪门斯地给远在英格兰的妻子玛丽写信道：

> 你不可能想象还有像这个殖民地正在成长的一代一样美丽的人了……他们成长起来的时候，根本不把英格兰放在眼里，一想到要去那儿就受不了。他们对自己的出生地极其热爱……这儿的那种自由程度在你们赤道的那一边是难以想象的。整个国家到处都是山峦和谷地、岩石峡谷、河流森林，一切都像是他们的领域。他们射击，骑马，钓鱼，在林中露营——猎取负鼠和袋鼠，捕捉并训练鹦鹉……简言之，他们就像空中的飞鸟和森林中的土著一样自由自在。他们在猪马牛羊和羊毛等方面都是行家里手……他们还不会说二加二得四时，就知道这一切了。[65]

后来，这成了访澳者的一个普遍主题：在一座作为监禁地的殖民地，尽管有种种限制，土生子还是自己养成了一种肉体自由感和与大地风景结成姻亲的感觉——就像 20 世纪 50 年代的澳大利亚人，虽然接受了各种各样的审查，信奉因袭主义和过度的警察权力，却感觉像地球上最自由的人，因为他们吃午饭时可以去冲浪。

外科大夫彼得·坎宁安很吃惊地发现，他们之中大多数人都觉得，澳大利亚那种"很难看的"桉树比橡树或榆树都好看。（这种感觉也能传染，因为过了一段时间，他就写道："习惯成自然，连我都带着一种欣赏的眼光来看它们了。"）"通货仔"到访英格兰后，几乎急不可待地要回澳大利亚，告诉朋友在那儿度过的时光有多么无聊，啤酒有多么清淡，马跑得多慢。大多数人根本就不想到英格兰去，因为那儿到处都是贼。

到了 19 世纪 20 年代，他们还带上了一种特别的口音，不仅缺乏标准英语的悦耳和谐，也没有"可可俚"利用声门发出的急速的"嗒嗒"

声：这种口音鼻音很重，音调偏高，爬到鼻子上面去了，完全不会听不出来，就像燃烧的尤加利树的气味一样明显。

他们也满腹牢骚，能与"盈满释痞者"这群人分享，他们中间很多人都是这群人的后代。主要的牢骚就是殖民地"排外分子"对劳动的一般态度。流放制度使"排外分子"对所有劳动"不屑一顾"，认为劳动"无法忍受"。从前主人常"跟（流犯）讲，他们没有任何权利，如果流犯要求纠正任何虐待问题，就责骂并嘲弄他们……这种习惯和感觉已经深深扎根在他们的天性之中。因此，他们也想以同样的方式对待自由民"。女性的表现也很相似："一些喝醉了酒的老'斯特灵'女人，偶尔会跟作为对手的'通货一代人'吵架。她们开的玩笑真让人感到好笑，是这么说的：'你这个不要脸的袋袋女①，你还敢把通货鸡冠子冲我竖起来！我是斯特灵，明白吗?!'"⁶⁶

这一点——出生自由的人经常与殖民地监禁式警察国家的性质发生摩擦——最令人恼火的地方，表现在对来去自由的限制和农场警员制。很多"通货仔"都喜欢漫游，时刻"追寻沙袋鼠的踪迹"。他们把铺盖一卷，就从新南威尔士的一端走到另一端，随处挑选工作。大多数人都不带身份证明，因为自由，也不需要带，而且不想带：流犯通行证或假释证叠来叠去都叠烂了，它就是奴役的形象，跟满是疮疤的脊梁一样明显可见。但由于害怕流犯逃跑，到了19世纪30年代，人们便打补丁一样制定了一些压得人抬不起头来的法律法规，最主要的是《丛林漫游法》。根据这个法律，任何人都可作为嫌疑逃犯被逮捕起来。而内地通信方式原始（且市镇记录不全），人们很难证明自己的身份。加之警力分散，警员不多，大多数逮捕就由"农场警员"来实行，即"值得信任"的仍在服刑期的流犯，他们知道，抓到一名逃犯，就能缩短刑期。

结果，形成了一种范围广泛的武断逮捕制度，清白无辜者没有人身保护令，就被铐上镣铐，锁进农场简陋的禁闭室，还用"木头压住脚

---

① 英文是 baggage，指坏女人或妓女。

趾"。亚历山大·哈里斯《拓居者和流犯》一书，是从自由工人角度写的唯一一本关于监禁地澳大利亚生活的具有实质性描述的书。该书讲述了一个"土生子"的故事。根据《丛林漫游法》，他在三个月中，不得不花去七个星期的时间，戴着手铐长途跋涉。他在亨特河的一个边远地区，被一个农场警员逮捕，不得不挨着马镫，走两百五十英里路去悉尼。廓清罪名之后，他向相反的方向出发，即西南方，前往马兰比吉，但又被逮捕，迫不得已重返悉尼，再次证明他姓甚名谁。这种令人恼火的现象实在太普遍，以致"通货一代人"即便被误捕也不愿提起诉讼——再说，他们都是工人，没钱打官司，只有嘟囔一声，自认倒霉，通常都采取那种典型的澳大利亚方式：把当局痛骂一顿，但还是照样遵守。哈里斯注意到："一大群人，既有移民，也有自由人，成天从一家警署到另一家警署，为的就是'查清身份'。然而，关于这个话题，却没人写过一字。"[67]

　　哪里有压迫，哪里就有反抗。到了麦夸里总督结束任期之时，"盈满释痞者"和"通货一代人"联合起来，一致反对"排外分子"。亲英派的"贵族"遭人鄙视，被认为是一个浅薄无聊、模仿他人的精英阶层，其标准对新南威尔士正在崛起的民间生活方式，几乎毫无可取之处。"通货一代人"感到，他们被剥夺了公民权，"盈满释痞者"也知道是这么回事。他们要寻找一个民众领袖，而且很快就找到了——此人即"伟大的本地人"，名叫威廉·查尔斯·温沃斯（1790—1872），他没精打采，铜色头发，说话粗声粗气，集爱尔兰人的愤怒、英国人善于操纵的手段和纯粹澳大利亚人的性急莽撞于一身。温沃斯的出身使他干净利落地从所有派系之中脱颖而出。他是一个"通货"私生子，父亲是自由民，母亲是流犯，拥有的地产足以使他有资格成为"美利奴羊主"。但他父亲达西·温沃斯只有一根头发丝那么多的自由，所以保守分子都认为他是"盈满释痞者"。

　　温沃斯一家原先来自约克郡，跟英国的一个大家族——菲茨威廉家族——沾亲带故。达西·温沃斯的父亲是北爱尔兰一个新教酒馆老板，于 1762 年左右生于爱尔兰的阿尔马城。他长大后，成了一个很有魅力的男子汉，性情爽快，喜欢交际，政治观点很开明。他在爱尔兰志愿军服役，当了管医务的少尉，之后去伦敦继续学习医学。菲茨威廉家族给他介绍了社会关系后，这位相貌英俊的小伙子就过起了入不敷出的生活。1787 年，他在老贝利被告犯有三项拦路抢劫罪。尽管三项罪名都无罪开释，但 1789 年他又上法庭，被告犯有另一项抢劫罪。第四次审判开始之时，温沃斯要他的辩护律师告诉法官，说他反正要去植物湾，他对自己是否清白无辜也拿不太准。事实上，他已经拿到了助理外科大夫的职位。于是，第四次他又无罪开释，但现在，他已经许下诺言，因此就得走人。他乘坐"海王星号"，也就是第二舰队的"地狱船"出发。该船五百名流犯的三分之一都在途中丧生，但温沃斯活了下来，同时活下来的还有一个二十一岁的女孩，名叫凯瑟琳·克劳利，因偷布而遭流放。航程结束时，她肚子已经沉甸甸的，怀上了达西·温沃斯的孩子。他们俩的儿子威廉·查尔斯可能是去诺福克岛途中在海上出生的。在诺福克岛，温沃斯成了医院助理。

达西·温沃斯后来在土地、朗姆酒和贸易等方面发了财。作为医生，他医术平平，但作为公共人物，他在小小的殖民地声望很高。1827 年他去世时，送葬行列达一英里之长。他圆通而又谨慎，一生总是想方设法，不跟人钩心斗角，不为鸡毛蒜皮的事吵架，对殖民地上流社会对他的冷遇置之不理。就连约翰·比格那么爱吹毛求疵的人，也没在笔下指责他爱在社会上往上爬。"温沃斯先生极少混迹于新南威尔士的上流社会，不过，一旦应邀参加，他的举止又总是十分得体，引人注目，而且据观察，他从不有意出风头，总是避之唯恐不及。"[68] 不过他在私下却不断红杏出墙。他在澳大利亚跟不同的情妇至少还生有（并扶养了）七个孩子，他的墓碑上有一段狡黠的《圣经》文字："我父亲的屋子里，还有很多宅邸。"

从一开始，"排外分子"就不喜欢他，认为他是花花公子、开明人士、想当流犯却未能如愿的人。他儿子威廉·查尔斯把他当偶像崇拜，听见那些人的悄悄话后十分憎恨。这孩子到英格兰上学，于 1810 年回到新南威尔士，这时他已经是个瘦骨嶙峋的小伙子，脸皮很薄，眼睛充血，刚好赶上了麦夸里和"排外分子"之间发生冲突，要决定"盈满释痞者"是否有权在法庭充当陪审团成员和地方法官。他写"筒子文"反对约翰·麦克阿瑟和麦夸里的副手——46 团中校乔治·摩尔，因为温沃斯认为该人是个反"盈满释痞者"的伪君子。他的两行诗称该人为"卑躬屈节的脏摩尔"，应该"把他屁股踢痛"并给他"一记老拳，打得他鼻子流血"。毫无疑问，温沃斯这个本来动作就不优雅、肩膀长得像头爱尔兰牛的人，既然敢于威胁，那就会说话算话的，但由于该诗没有署名，也未付印，所以摩尔也拿它没有办法。[69]

与此同时，威廉·查尔斯心里还有更伟大的事业要考虑——特别是跨越蓝山一事，他与布拉克斯兰和劳森于 1813 年完成了这一壮举。到这时，他已经成为殖民地的一个公共人物，也是殖民地最大的土地拥有者之一（麦夸里从来都不反对奖掖后进，于 1811 年在帕拉玛塔给他赠地一千七百五十英亩，又因其穿山越岭而再赠地一千英亩）。1816 年，他又去英格兰学法律。他把目标定得更高：他要学习英国宪法，以便为澳大利亚制定一部宪法。与此同时，他希望与约翰的女儿伊丽莎白·麦克阿瑟结婚，以便通过"通货一代人"向"美利奴羊人"授精，形成一个伟大的殖民王朝。在这一点上，他信心十足到鲁莽的地步，因为虽然年迈但脾气仍然暴烈的约翰·麦克阿瑟早就知道，年轻的温沃斯在离开新南威尔士之前，写过一篇骂他的匿名"筒子文"。

到了 1819 年，他的结婚计划流产，他对父亲的恼火更甚于以往。当英国议员亨利·本奈特公开暗示，达西·温沃斯是作为流犯被流放时，威廉·查尔斯通过威逼，迫使本奈特当众收回原话。就这样，这位"'盈满释痞者'未来的朋友"居然暴跳如雷，无法忍受人家暗示他是"盈满释痞者"之子。在余生中，他一直都对自己的姓氏保持高度敏感："我决不允许任何竞争者超过我，而且，我终将为自己打造一个名声，光耀所有与我结成关系者。"在内心深处，温沃斯和任何英国人或"排外分子"一样，都强烈地相信"流犯污点"的存在。他内心还有一种愿望，很想成为英国人。这就是他后来野心未遂，感到灰心的缘故，因为他按照乔治时代英格兰辉格党贵族的模式，创立了一个新的贵族阶层，结果遭到对手嘲讽，被斥为"斑异蹼贵族"。[70]

起初，与其说"盈满释痞者"是他的朋友，还不如说他们是他敌人的敌人，但温沃斯看得出来，"盈满释痞者"的权利问题可以迅速让他地位上升，进入公众视域，因为"通货一代人"的人数早已大大超过澳大利亚的"斯特灵"人数。于是，他写了一本小册子，主张澳大利亚不应继续做监狱，而应成为一座自由殖民地，有自己选举的政府，与美国竞争，吸引英国移民。他在标题页上写道，"新南威尔士人"——这是一位作家开天辟地第一次宣称自己具有澳大利亚身份。他在书中主张，政府应由提名产生的立法会和选举产生的小议会来管理。前流犯应该可以投票选举任何候选人，并可成为任何职务的候选人。但是，温沃斯自己思想保守，拒绝接受"一人一票"原则。他认为，立法会"在很多方面都与上议院相近"，而地产是"衡量任何国家能否合适管理有权选举或被选举的唯一标准"。他为麦夸里的"盈满释痞者"政策辩护，并严词抨击"排外分子"：

> 这些人有一个不可告人的目的，那就是把绝大多数人的耻辱变成遗传的缺陷，从父亲传到儿子，在他们的后代和不幸的流犯后代之间，竖起一道永久的隔离障碍。[71]

他这本书在悉尼再版了两次，但在英格兰并未产生预期的效果。悉尼·史密斯牧师在《爱丁堡评论》上吸着鼻子说："在植物湾建立议会，只能让人笑话。"至于陪审团："新南威尔士的哪座拓居地能找到四打人，适合做一打人的陪审团的工作呢？"[72]

但是，温沃斯已经开始在伦敦游说。他到那儿不久，英国的王座法院就取缔了新南威尔士过去所有总督的赦免，包括有条件赦免和绝对赦免。这对"盈满释痞者"是一次灾难（从一方面来讲，还取消了他们的所有地产拥有权）。1821 年，他们开会起草了一份致英国王室的请愿书，指出他们因此而遭受的"无限危险和偏见"，并要求恢复他们的权利。前流犯恳请提醒乔治四世："正是由于他们的辛勤劳动和努力，陛下的殖民地……才从一片森林覆盖的荒野，改造成繁荣兴旺的英国殖民地。"[73]麦夸里总督对该文表示强烈赞同，将该文转到了伦敦，上有 1368 人签名——占新南威尔士"盈满释痞者"人口的四分之一。

该文起草委员会的秘书是前流犯律师爱德华·伊嘎，他位于新南威尔士的那座不大的律师事务所被杰弗里·本特整得荡然无存。伊嘎把请愿书带到伦敦，他的路费由"盈满释痞者"威廉·勒德芬医生支付，他与他们同去伦敦。温沃斯帮助他们游说政府，以便让殖民地赦免、通过陪审团进行审判及有议会代表的政府等权利重新生效，但未成功——至少没有马上成功——不过，他们在伦敦的阵势倒是有助于埋下这样一种意识的种子，即让人们知道，"盈满释痞者"并不是遥远殖民地社会地位低下者的抽象概念，而是具有英国血统和奋斗目标的人。游说和信件很有作用，促成英国出台了针对澳大利亚的官方政策。结果超出了原来的意图，在那儿建立了一个独裁的监禁地政体。新南威尔士本来没有自由媒体和议会。英国官员也不认为，该地总督的报告会反映社会政治的全景。因此，对跖点的非官方信件很快就一路来到托利党人和辉格党人的上层圈子里。只有在澳大利亚建立一个自由的议会，通过提供关于大是大非争论的记录，才能降低私人通信这种夸大力量的影响。没有这种自由议会，游说者们就只能随机应变，什么手段有效就采取什么手段。

1823 年，温沃斯在伦敦学完法律，前去剑桥。这不过是为了镀金，他并没有为获得学位而去读学位，而是花时间写了一首英雄双行体长诗，投稿参赛，想获得校长金奖，那一年的规定主题——很凑巧——是"澳大拉西亚"。他的想法是，如能得到该奖，他就能成为公共文学家兼律师和政治野心家，也就是对跖点三十三岁的拜伦。哎呀，这个"土著"被明喻暗喻压得吱嘎作响的诗歌得了第二名。不过，第二名总比没

名次好，从悉尼的角度看就更是如此了。在温沃斯该诗的结尾部分，不
列颠堕落消沉，其古老的价值观念却在澳大利亚明亮地升起，那儿许多
年后还有人引用这段话：

> 啊，不列颠尼亚，假若你不再能驾驭
>
> 古老大海这位暴虐专制的皇女：
>
> 假若你的驯狮——早已耗尽元气——
>
> 不再能咆哮着抖擞士气；
>
> 假若黑暗灾难的时刻到临，
>
> 你在奢侈中低头，你对威权服膺；
>
> 当你不再是自由中最自由者，
>
> 却屈膝以对骄傲的胜者；
>
> 愿你全部的光辉在另一个领域
>
> 重新燃起，光明灿烂，超过此地；
>
> 愿你这新生的婴儿——拔地而翔，
>
> 让你充满欢心，让父母眼睛为之一亮。
>
> 澳大拉西亚浮出海面，旗帜招展，
>
> 新的不列颠尼亚，又一个世界展现。

该诗连同给拉合兰·麦夸里的献词和睥睨一切的签字"W. C. 温沃
斯著：《澳大拉西亚》"，都在英格兰消失得无影无踪。[74]

他1824年带着一台印刷机，坐船回到悉尼，并开始办报，即《澳
大利亚人报》。这是后来一批具有民族主义精神、支持"通货一代人"
和"盈满释痞者"的报纸中的第一家，其最终的继承者就是《公报》。
当时办报的目的是与垂死的《悉尼公报》竞争，该报的每一个字都要经
总督府审查。

早在两年前，拉合兰·麦夸里已经退休回到英格兰，他离开时曾被
称为"爱国酋长"。回去后，他执迷不悟，浪费时间，努力驳斥以比格

和马斯登为首的"排外分子"盟友的批评。他的继任者是惠灵顿的另一个苏格兰被保护人，即准将托马斯·布里斯班爵士（1773—1860）。布里斯班心里主要考虑一件事。在此之前，他曾受命执行比格的推荐方案，加强殖民地的安全和惩戒，让殖民地再度成为让人恐惧之地，而不再让穷人视之为有可能找到机会的地方。抨击麦夸里的人曾指责麦夸里过早发放了太多的假释证。布里斯班则要削减假释证的发放量并保证服完刑。他重新开放诺福克岛，使之成为恐怖的再惩罚地，即如他所说的"流犯贬黜之极点"。与此同时，他又意识到，殖民地已经发展到这样一个程度，总督办公室无法兼顾所有细节。令"排外分子"沮丧的是，他决定给媒体松绑，这一来，温沃斯就能够得寸进尺了。

这位土生子岂止得寸进尺，他立刻得尺进丈。不出几个月，《澳大利亚人报》就办得如此受人欢迎，以至大多数土生土长的澳大利亚人和所有的"盈满释痌者"都把他看作他们的护民官。澳大利亚从来没有任何人打造过如此坚实的政治基础，也从没人做得如此之快。温沃斯在演讲和社论中不断敲打陪审团审判问题，即"通货一代人"和"盈满释痌者"的政治代表问题，抨击"排外分子"的偏见和自负。1825 年 1 月 26 日，八十名"通货一代人"领袖在悉尼一家饭店聚会，参加温沃斯和勒德芬举办的宴会。迈克尔·马西·罗宾逊是流犯吟游诗人，曾是麦夸里的桂冠诗人（令他恼火的是，布里斯班没有继续给他这个头衔），当时已经七十九岁了，因多年喝朗姆酒而老态龙钟，但他还是振作精神，用铿锵有力的对句，为"盈满释痌者"作了祝酒词。诗中放弃了共和主义的情绪，称"盈满释痌者"是布立吞人，要求重新夺回他们的古老权利。慈悲和正义的形象以寓言的方式出现，并同意挫败"排外分子"的计划："你们的名字不受玷污，传到孩子/因美德而出众，因价值而被记取。"该诗末尾，大家举杯向澳大利亚祝酒：

> 向你，我们的心致以最纯朴的赞誉，
> 接下来的祝酒词便是："伙计，这就是我们生活的土地。"

布里斯班在某种程度上同情这种感情。他对正在服刑的流犯采取了更加强硬的路线，但他对"盈满释瘼者"的政策实际上是麦夸里政策的延伸。他还认为，"排外分子"的态度不仅傲慢自负，而且，从构成澳大利亚的人力来看，也不具可操作性。尽管他不喜欢爱尔兰天主教徒，认为他们"野蛮无知"，把"自我抵达以来，殖民地的所有谋杀或滔天大罪"都归咎于他们，但他还是觉得，拯救他们于野蛮状态的最佳方式，就是由政府出资三千英镑，在悉尼修建他们已经耽搁很久的主教管区教堂，这个提议让新教徒心惊胆战。[75]他还暗示，新教教士应靠生活费而不是做生意过活，这令马斯登狂怒不止。出于这些原因，以及他对天文学的业余爱好，"排外分子"给他起了一个诨名，骂他是"看星星的人"，写了一堆有关他的仇恨信件，对他们在伦敦官场的关系狂轰滥炸。1825 年底，他被召回英格兰，但他心照不宣地表示了他对麦克阿瑟家族和马斯登家族的意见，允许温沃斯及其朋友在悉尼召集一次公共聚会，其目的是拟出一份向他致意的告别演讲词。

这是澳大利亚第一次举行这类公共政治集会，温沃斯把它大大地利用了一番，将之变成一个论坛，向"殖民地的黄蛇"（即"排外分子"）挑战，看他们敢不敢从洞里钻出来。"排外分子"一直以"致命的敌意""迫害制度"和各种各样的私下的中伤诽谤，对从前的麦夸里和现在的布里斯班穷追不舍，把英格兰的公众和内阁变成了"上当受骗，听信他们习惯编造、肮脏龌龊的不实之词的人"。现在他们都到哪儿去了？没有"男子气"，不敢反对他和大多数人，却一声不响躲起来了。所有这些粗野的骂人话，以及更多别的话，都在《澳大利亚人报》中做了即时报道。

但是，"盈满释瘼者"和"通货一代人"想要的改革来得很慢。1823 年，英国的一项议会法案为范迪门斯地和新南威尔士创立了立法会，把两地的行政管理正式分开。这算是小有收获，因为这意味着，总督已不再完全是独裁者了，但立法会太小，人员均由总督本人指定，工作不过是咨询，殖民地只有总督能够引入新法。1828 年，另一项法案增加了立法会的人数，达到了十五人，但无一人是选举产生，全部都是上面指定。直到 1842 年，立法会才要求成员——三十六人中的二十四人——提交问题，供公众辩论。但是，每一个代表至少得拥有两千英镑的地产，这一来，即便并非所有成员都是"纯种美利奴羊主"，他们也得富有，才能被选举。作为一个民主机构，这种"占地农议会"大有改进余地。温沃斯粗言秽语，口才雄辩，具有难以抵挡的诱惑力，而且对操作程序也很内行，因此成了"占地农议会"的事实领袖。不过，新南威尔士的流放在 1840 年时已经取消。新南威尔士的流犯在布里斯班离开时，约占白人总人口的百分之四十五，现在则仅占百分之十二。流放制度的社会紧张状态也松弛下来（尽管在范迪门斯地并非如此），"盈满释痞者"的护民官的职责在政治上的用处也就不那么大了。"盈满释痞者"的权利问题在创立澳大利亚民主制之前，就如气泡一样烟消云散了。

与此同时，流犯个人的前景大为恶化。布里斯班已经开始把澳大利亚重新改造成为一个让不列颠下层阶级害怕的地方。这一过程并不是到他为止。在 1825 年至 1840 年间，新南威尔士和范迪门斯地这两座分离殖民地的监禁制更加细化、更加扩大，也更加有效和让人痛苦了。这项工作是由两个严峻的军纪官来开始的：1825 年到 1831 年间治理新南威尔士的陆军中将拉尔夫·达令爵士和 1824 年到 1836 年间管理范迪门斯地的中校乔治·亚瑟爵士。这两人之间——在性格上、理想上和方式上——有着巨大的差异，但他们在乔治时代的最后年月中，用他们压制的风格和改革的理念塑造了澳大利亚。

第十一章　在范迪门斯地拖犁

i

在流犯的口头传说中，范迪门斯地的严苛名声永远都是最坏的。甚至听到这个地名，就能让人不寒而栗，这种感觉后来成了澳大利亚文化一个不可分割的部分。早期的民谣提到该地时，都带着某种消极的恐惧，且缺乏新南威尔士流犯歌曲中公然反抗的意味。这儿是惩罚的样板之地：

> 来呀，你们这些偷猎健儿，无忧无虑地漫游，
> 带着枪和套索月夜出动，随身还带着狗。
> 逮着了兔子，逮着了鹧鸪，手里兜里都装满，
> 哪里会想到去范迪门斯地，一去而不复返。

> 可怜的汤姆·布朗来自诺丁汉，还有杰克·威廉斯和可怜的乔，
> 三人都是大胆的偷猎汉，这个国家谁不知道。
> 夜里，藏在沙里的主人把他们一网打尽，
> 十四年流放范迪门斯地，只好听天由命。

那天我们在致命的海滩一登陆，

几十个种植园主，就把我们团团围住，

把我们像马排列，转手就给卖掉，

绳子往犁上一捆，就在范迪门斯地拖犁。

我们住房的材料，全是土坷垃和泥巴，

铺床用的是烂稻草，还不敢说一句话。

住地周围是火焰的栅栏，趁我们睡觉的时候，

为的是把范迪门斯地的老虎和恶狼赶走。

睡着后我经常会，进入美好的梦境：

沿着闪亮的小溪，陪着靓女而行。

在英格兰要她作陪，完全由我支配，

可在范迪门斯地梦醒时，我的心已破碎。

来呀，你们这些偷猎健儿，好好听我歌唱，

我不会让你们久等，我有好话要讲，

把狗和套索放一边去，我必须直言相告：

千万别再偷猎，痛苦的生活难熬。

范迪门斯地逐渐落下了流犯地狱的恶名。起初，该地似乎对奴役者和自由民来说同样悲惨，澳大利亚的任何新拓居地都是如此：鄙陋，危险，为物品匮乏所困扰。其严苛的名声始于托马斯·戴维副总督（1758—1823），他从1813年到1816年管理范迪门斯地，但刚开始名声还不算太坏。

戴维是德文郡人，他在皇家海军陆战队当中校，二十五年前坐船到植物湾时，还是第一舰队一个热心快肠的年轻中尉。1792年底，他又回

到英格兰，但殖民地这只虫子咬定了戴维。1810年，当他得知他海军陆战队的老同志戴维·柯林斯在霍巴特的死讯后，就觉得对跖点可能是一条往上爬的路。戴维请哈罗比勋爵为他游说，以求谋得范迪门斯地副总督的职位，因为哈罗比是自由党托利党的内阁成员，跟他来自德文郡的同一个村庄。这个职位得到确认之后，他于1812年带着他赞助人的儿子约翰·博蒙特——也是他的秘书——一起抵达了悉尼（但没带行李，由另一艘船托运，结果被美国私掠船捕获了）。

从行政管理角度讲，范迪门斯地附属于新南威尔士，而不是一个自成一体的殖民地，因此一切都取决于戴维和拉合兰·麦夸里之间是否搞得好关系，可这两个人一见面就讨厌对方。戴维觉得麦夸里是个装腔作势的苏格兰人，麦夸里则认为这个新来的副总督是个酒囊饭袋，"他一举手一投足，都（表现出）极度的轻浮，像个低级趣味的小丑"。

他也的确就是如此。戴维1813年2月抵达霍巴特镇时的一个标志性行为，就是左摇右晃地走上轮船的跳板，猫头鹰一样地看了一眼他的新领域，顺手就把一瓶波特酒倒在他老婆的帽子上。他接着脱掉外套说，这地方热得像阎王殿，就只穿衬衣往山上的总督府走去。拓居者给他起了一个绰号，叫"疯子汤姆"。他后来养成了一个习惯，每逢皇家生日这天，就在总督府外钻开一桶朗姆酒，舀酒给过往行人喝。[1]

据说，戴维过去曾篡改过团部的薪酬单。麦夸里收到来自伦敦直言不讳的命令，不许戴维亲自过手公款。于是，他就劲头十足地着手打击副总督的作风问题了，甚至规定戴维在得到麦夸里批准之前，不得提取国库券，不得建房，也不得签署船运合同。但霍巴特和悉尼之间距离遥远，要隔好几个月才能得到指令。因此，令麦夸里大为恼火的是，戴维满腔热情，一心想要剿灭丛林土匪——这个问题到1814年时，似乎就要控制整个范迪门斯地的局面——居然不跟他商量，就宣布在全岛实行军法管制。戴维从他自己的角度看，也敢肯定这样几点。首先，麦夸里居心不良，有意用规章制度来掣肘他。其次，麦夸里并不了解范迪门斯地的问题（他在1814年错误地提出大赦所有丛林土匪，就说明了这一点，结果等于无意中给他们开了一张全权委托书，即在那年年底之前，除了谋杀之外，什么罪行都可以犯）。再次，他扼杀了该岛经济——不是从范迪门斯地，而是从印度购买小麦。最后，他把该岛当成悉尼的垃圾场，在新南威尔士太骚动、太懒惰、太野蛮而一无是处的流犯，成百上千地从悉尼一股脑儿倾倒在了岛上。

他的所有这些怨言也都是真话，但麦夸里一直不断给唐宁街写报告，谴责戴维，直到 1816 年解除"疯子汤姆"的副总督职务，让他到乡下当了农场主，结果他务农失败。由于他自己的错误，也由于麦夸里的错误，他在身后留下的这个亚殖民地的名声越来越糟，很难管理，暴力肆虐，丛林土匪如此猖獗，几乎到了流犯全面暴动的地步。然而，霍巴特行政管理混乱、缺乏记录，以及贪污盗窃泛滥成灾的问题，却是由戴维一手造成的。

这个烂摊子接下来由下一任副总督威廉·索热尔（1775—1848）收拾。他在一份悲观失望的备忘录里，总结了该岛现状，宣布说，该岛拥有"全宇宙道德最为败坏、最无原则的人，其人数比例也许超过了任何国家"，而该岛被拖下水的原因是：

> 土匪使之进入长期混乱无序的状态，这个状态持续多年，关系遍布全国。悉尼把最坏的流犯再度发配此地。大批流犯涌入机构如此有限的一个殖民地，而他们又散布在全岛各地。处罚严重犯罪行为很困难，而且……没有刑事司法法庭，低级警力也不够，其中（由于很难靠目前的薪水，获得受尊重之人的服务）不可避免地使用了过多流犯。[2]

索热尔远比戴维强，他不贪杯。他也当过兵，自 1790 年以来，就在 31 团服役。1807 年，他在好望角受命，当上了英军的代理副官长，从而为后来积累了一些行政管理经验。他有技能，很圆滑，也很有耐心，而且有钢铁般的骨气，因此似乎是一个理想的人选，可以管理范迪门斯地这样一个四分五裂、人们嗜血成性且长期拖延不执行命令的地方。他唯一的弱点——对此麦夸里虽很不情愿，却有意忽略不计——就是他喜欢乱搞男女关系。他早就把老婆和七个孩子抛弃，在好望角时泡上了一个肯特女士——那是一个军官兄弟的老婆，又给他生了几个孩子。后来引起公愤的是，他居然把她安插在总督府，让她成了副总督夫人。[3]

索热尔力挽狂澜，阻止了匪帮似欲把所有遵纪守法者都冲出该岛的大潮，打败了迈克尔·豪尔的匪帮，把其中大多数成员送上了绞刑架。他以军队和警察作为保护，至少让拓居者能够部分安全地在德文河上游和克莱德河一带耕作肥沃的农田。他把赠地制度化，然后把戴维留下的政府簿记这块藏污纳垢之地整顿了一番。他试图管理货币贬值、混乱下滑的局面，却没有成功。他建造了流犯营地，并为对流犯进行"永久参考和控制的制度"奠定了基础，后来，这成为他的继任者乔治·亚瑟的官僚杰作。在他的统治下，范迪门斯地的自由民人口（其中包括"盈满释疳者"）从1817年的2546上升到1824年的6525，总人口则从3114上升到12464。这表明流犯人口比例有很大增长。索热尔政权开始之际，范迪门斯地的白人人口中，流犯还不到18%，但到1822年就是58%了。为了让他们老实听话，不得不想出一套恐怖办法，于是，索热尔想出了一个行之有效的办法。1821年，他在麦夸里海港建立了一个小型监禁拓居地，作为一个"终极放逐和惩罚之地"，专门对付那些在殖民地第二次犯罪、看起来就要当丛林土匪的流犯。整整十年，这一直是整个英语世界最糟糕的地方。

ii

麦夸里海港位于南纬42度14分，东经145度10分，在塔斯马尼亚的西海岸。你接近它时，大海和陆地形成一道弧线，在一片炫目的白光中构成一座港口，光线穿过雾霭，照射着波动不息的大海。入眼尽是沙洲和浅滩。海滩一直延伸到北边的地平线，斑斑点点到处都是残骸，那是船和鲸鱼不偏不倚的坟场。从来无人在那儿住过，也不会有人愿意到那儿去住。与右舷相对，是一堆锐利的乱石。

为了进入这座海港，你必须掌好舵，在这片头地和另一块岩石，也就是入口岛之间穿行，它是沙滩南端的标志。两者之间距离不过五十码，满潮时，形似颈子的海峡看上去玻璃般发亮，好像肿了起来。这对海员来说是恶兆。麦夸里海港是世界上少有的大潮水水体之一（覆盖面积约为一百五十平方英里），入口很像瓶颈，面对西边。而且，它直接对着大西洋的咆哮西风带。盛行风是西北风，南冰洋的波涛涵盖了全世界的总周长，在其中蓄势待发，跟着就一头栽在这片毫无怜悯的海岸上。因此，当海潮与风搏斗，一分钟几百吨的海水沸腾着穿过入口，恐怖的大海就会升起。更糟的是，入口处有一道沙滩死死地横在那里。春潮时，只有十一英尺的水覆盖在上面。出于这个原因及其他原因，这个地方被称作"地狱之门"。一百六十年前，爱尔兰流犯和英国流犯的流犯船驶入时，这是他们看见的第一样东西。

索热尔毫不讳言麦夸里海港的目的。他任命该地第一任司令官——40团的约翰·卡斯伯森中尉——既当地方法官，又任太平绅士，这样就可听审并决定有关流犯的所有指控，并判处他们最长可达十四天的单独监禁和最多不超过一百鞭的鞭笞。他写道，该地是为了对付"最无法无天、无可救药的流犯"，而且，这个制度必须"严格统一"。他在常规命令中写道：

> 你可以考虑这一点，即你这个拓居地的宏大而最重要的用意就在于，要持续不断、积极不懈地利用所有的人来做极为艰苦的工作。必须让他们害怕发配到此地……你必须找到工作和苦活，哪怕是挖好洞后再把洞填上都行……接受审判的囚犯称，他们宁可死，也不想再被送回麦夸里海港。我很想让这种感觉持续下去。[4]

为了达到这种"宏大而最重要的用意"，麦夸里海港的流犯在霍巴特装船时，没有上下床铺，也没有吊床，他们只能尽可能在底舱的压舱石上爬动：

> 如果他们有毯子，那当然很不错，不过，我觉得……三十五个人中只有四条毯子。我记得，有一次……有个囚犯衣服裤子都没有。司令官就给了他一块帆布。在麦夸里海港时，我就经常亲眼看见三四十个人处于那种状况。他们在船上一待就是五六个星期。[5]

这几个星期都在海上度过，顶着盛行风，朝北驶向麦夸里海港。一旦经过地狱之门，在西北风里一陷就可能好多天才有船过来。贵格会传教士詹姆斯·巴克豪斯 1832 年到那儿去过一次，把数九寒冬经过地狱之门的情况描述了一番。他的船不得不停在沙滩外的一场风暴中，靠近礁石等待，与此同时，入口岛上有个信号装置，把信号通过接力信号传到了遥远的拓居地。终于，海港领航员坐着流犯划的一只六桨船而来。

> （他上船时）要求妇女和儿童到下面的船上去……同时还建议我也上船。我回答说，如果我们失事，我就再也看不见这个景象了，因为这景象极为宏伟……领航员走到船头，狂风和怒涛的吼声把一切都盖住了，什么都听不见，只有他对舵手的叫唤和舵手的回答，以及锁着链子的人按英寻计算水深的声音。

随着小船靠近沙滩，信天翁把船包围起来。这时，可以看见沙滩本身了，它在水中就像苍白模糊的鲸鱼背。

> 按英寻计算的水深逐渐变浅，那些人开始按英尺计算了，深度只有七英尺半。在中空的大海，只有七英尺了，直到他们喊出十一英尺为止。这时，一个巨大的冲击浪头把我们抛向前方，扔进深水

里。领航员的面色松弛下来。他看上去好像上了绞刑架又被判死缓，他走到船尾，跟每个人握手，祝贺他们安全抵达麦夸里海港。[6]

通过入口，再经过另一座名叫女帽岛的锈迹斑斑的岩石，就可以看到海港了。这座海港极长，以至它的另一头都迷失在一片灰色之中。海水呈烟棕色，冒着尿一样的泡沫，那是澳大利亚最后一条野河戈登河冲进里面的泥炭和树皮染成的，因为戈登河流进了海港东头。天空灰蒙蒙的，海岬也是灰蒙蒙的，一个朝另一个后面退去，仿佛扁平的剪纸。这是一片一刻不停互相交流的完全原生的风景，一道道苍白的光线从低矮的天幕上照射下来，在无法穿透的峡谷里有围巾一样的雾霭蒸腾而起，水仿佛不停地从筛子里筛下来，水汽则不断地往上冒。麦夸里海港是澳大利亚最潮湿的地方，年降雨量达八十英寸。

拓居地离海港入口有二十英里。驶往拓居地时，要经过很多具有讽刺性名字的地方：自由岬、自由湾和自由靶。随着他们的船缓缓驶向锚泊地——现在不用赶路了，因为监狱的时间取代了现实世界的时间——流犯一定开始意识到，他们最后被囚禁在巨大的空间里了。接踵而来的是沉闷得可怕的沿岸灌丛，密密麻麻到连猫都无法上岸的地步。铁质的岩石会把你的脚底撕破扯烂。前面峰峦迭起，最高峰是法国人帽峰，高度为四千七百英尺——很有讽刺意味的是，它是根据佛里吉亚人的帽具命名的，因为它在上一代法国人眼中，象征着自由、平等和兄弟情谊。峰顶一年大多数时间都云遮雾障，在半穹隆形平滑的玄武岩下，开始有树生长。

拓居地的经济目的，就是砍伐这些树。流犯到达之前，无人碰过这些树。最珍贵的一种是富兰克林氏泪柏（Decydium cupressinum），它们屹立在戈登河两岸，高度可达七十英尺，树围十五英尺，当奥古斯都·恺撒还是个孩子时，这些树有的就已经长成小树苗了。富兰克林氏泪柏是地球上最好的船用木料——富有弹性，木纹很密，容易作业，防腐力极强。直到今天，麦夸里海港海滩上还有 19 世纪 20 年代流犯放倒的带有斧痕但完好无损的富兰克林氏泪柏。仅一年中，就有 2869 棵富兰克林氏泪柏被伐倒、锯断、装船运到霍巴特。[7]还有一些价值很高的其他的树：轻木（Acacia melanocylon），这是一种很可爱的半硬木料，用起来很像胡桃木，木纹和图案颇似西班牙桃花心木，殖民地的造船工人很珍视这种木料；另外就是芹叶松（Podocarpus asplemfolius），是用作桅杆和帆桁的上好木料；还有爱神木（Betula antarctica），其木料近似山毛榉，造轮工喜欢用。

因犯生活区在海港中心的一座岛上，名叫萨拉岛（现叫拓居岛）。今天，树木已经收复失地，营地四壁没有烧透的粉红色砖头几乎褪尽颜色，重新呈现出原来的黏土色。这儿那儿，还看得出平面图中的某一号子或通道。雕花门楣的残片躺卧在杂乱纠结的荒草丛中，仿佛一个垮掉的孱弱文化的碎片。然而，在 19 世纪 20 年代，该岛几乎不见森林，而是遍布建筑物，用锯板木栅栏围了起来，并竖起一道高高的板条挡风墙，以抵挡强大的西北风。岛上有锯木坑、船坞、一座石制监狱、一个面包房和一家制革厂，以及一座整洁而冷漠的军营。在麦夸里海港所有的拓居地选址中，这是最为荒凉、最遭风吹雨打的地方。就连淡水和柴火都得从主岛运来，但这地方也最安全。

每天早上六点，流犯就像羊群一样被赶到船上，运到主岛去伐木。拓居地没有役用动物，因为如果将牛马从霍巴特运过来，很少有能够走完全程而幸存下来的。再说，也没有足够的草料喂养它们。因此，流犯不得不顺着一条灯芯绒一样的木头组成的滑道，把有些重达十二吨的沉重的大木拖下来，这种滑道在森林的地面开出，名叫"松木路"。在潮水与陆地接壤的水线边，这些木头——有时每次一百根——用铁链拴在木筏上，用捕鲸船拖着越过海港，拖到锯木坑去。木筏回到萨拉岛后，因犯最艰难的工作就开始了：用手杆把木头撬上岸，人站在齐腰深的冰冷的水中挣扎着干活，一干就是几个小时。

少数比较幸运的因犯被选中，在造船师傅霍伊先生的监视下，在萨拉岛的船台上造船。麦夸里海港在十一年的存在过程中，使用当地木料，造出了数量让人吃惊的一大批船。霍伊一个人就负责造了二百吨的三桅帆船"威廉四世号"、四艘一百三十吨的"布里格"、三艘五十吨快艇、五艘二十五吨"斯古纳"、二十二艘五至十吨游艇，以及四十六艘其他各种不同类型的船。

流犯的每日伙食定量是一磅肉、一点二五磅面包、四盎司燕麦片或去皮玉米碎粒及食盐。肉食是盐水浸泡过两三年的猪肉或牛肉。外科大夫巴恩斯注意到，这种肉经常不得不扔掉，"因为太糟，流犯无法食用"。而且，他本人在麦夸里海港的十八个月中，吃鲜肉的次数不超过六次。[8]

军官为了让饮食有点变化，就杀袋鼠吃。猎捕袋鼠"让驻地值班的人不感到那么沉闷无趣，如果不是这样，在很多情况下，人们就会感到不满，很可能下级不服从上级"。他们吃袋熊，把袋熊像乳猪一样炙烤（一个访问者写道，"非常美味可口"），还吃针鼹鼠，一种多刺的食蚁动物。把它肚子里塞上鼠尾草和洋葱之后，有点儿让人——如果闭上眼睛的话——想起烤鹅的味道。[9]麦夸里海港没鱼生长，都被戈登河冲下来的泥炭给毒死了。河里倒是有很大的鳝鱼，还有一种巨大无比的淡水小龙虾（Astacopsis gouldii，以流犯艺术家威廉·布娄·古尔德命名，因为他是第一个描绘并记叙该虾的人），以及很多泥蟹，爪子有十五英寸长。

当然，流犯从来都吃不到新鲜肉类，更不要说麦夸里海港的其他山珍海味，也吃不上绿蔬。索热尔敦促卡斯伯森尽可能多种蔬菜，"因为这是防治败血症的最可靠方式"，但雨水不断，拓居地又都是砾质土，土质贫瘠，因此种菜的大部分努力都归于失败，败血症肆虐。雨水在1822年中期稍有收敛，这时，从霍巴特运来了酸橙汁和土豆，但到了1823年1月，"疾病又很快地增长起来，简言之，大家多多少少得了病，没得病的人很少"。[10]

该岛好土不多，通过把表土和腐殖土用船载到萨拉岛，流犯总算能够种起蔬菜来，"其质量和大小不会给考文特花园的蔬菜摊子丢脸"，但这些小小的收成全部留给了军官和文职人员。顺着海港往下，离拓居地约四英里的菲利普岛有较好的土壤，人们在那儿种了土豆——每年收成约为四十吨，但也不发给流犯吃。[11]外科大夫巴恩斯补充说，他们想喝多少淡水，就可喝多少，他说此话也并没有冷嘲热讽的意思，但"因为这是一个与外界隔绝的情况，所以不能提供其他舒适或奢侈的材料"。[12]

这种惩罚还算轻的，在麦夸里海港是家常便饭。如果流犯不听使唤或粗野无礼，那就不许他吃肉，逼迫他在没有蛋白质的饮食条件下，跟大家干一样的活计。这是第二级惩罚。第三级惩罚就是戴上笨拙的脚镣，重十二磅到十八磅，最重可达四十五磅，用铆钉铆在他的脚踝，然后接上链条。戴了脚镣的人，要发皮护腿，以免"罗勒叶"——铁环——吃进他的肉里。但不要多久，潮湿的铁链和硬皮摩擦就会产生溃疡，把脚踝磨光，一直磨到骨头里去。

最糟糕的活是拴着链子在水下给滑道打桩。如果这还不能把一个男的拖垮，那就让他到离萨拉岛半英里的格鲁梅特岛去过一个通宵。有一个姓戴维斯的流犯（他的名字现已失落）在麦夸里海港过了几年。据他说：

> （这地方）是一块垂直的悬岩，矗立在海平面上，达五十英尺高，约四十码长，八码宽——悬崖间有一道简陋的阶梯，是通向实在可怜的营地的唯一通道。营地是用木板和屋顶板建造的（木料还相当绿），七十九个男的经常塞在里面，地方极为拥挤，几乎都无法侧身躺下——仰面朝天躺下是根本不可能的。[13]

以外科大夫巴恩斯的观点看，睡在这块岩石上"真是太惨烈了，却还被认为是一种小惩罚"。流犯想在格鲁梅特岛上岸，不把全身湿透是不可能的。他睡觉时要么赤身露体，要么就湿漉漉地和衣而睡，没有火烤，也没有毯子盖。

尽管饿得半死，冷到骨髓，冬天被强迫每天干十二小时，夏天每天干十六小时，在南冰洋的狂风暴雨下，睡在一块潮湿的岩石上，因患风湿症而遍身疼痛，又因痢疾而浑身发臭，受着咸水疖和败血症的折磨，但一些流犯还是不服。[14]因此，鞭笞天天发生。戴维斯把他在时卡斯伯森进行的惩罚都记录了下来。"我认为（他是）自尼禄以来，世界上最惨无人道的暴君……他的座右铭就是压迫和暴政。他对没有衣服穿、肚子挨着饿、境遇悲惨的人不讲公正，也不讲同情。他不承认有人性是一个美德。"渎职抽二十五鞭。傲慢无礼抽二十五鞭。"斯洛普斯"——政府发的粗棉布工作服——如果弄丢一件，就要抽五十鞭，戴三个月镣铐，哪怕偷衣服的是另一个因犯。工具在那个遥远的拓居地坏了就没换的，因此，任何人弄断了"锯子、斧头、铁锹、木桨及其他任何工具，无论是怎么弄断的，因为（卡斯伯森）不接受事故的说法，只说肯定是粗心造成"，都要抽五十鞭，戴三个月镣铐。凡是抢劫仓库、企图逃跑或殴打工头，就要挨一百鞭，戴六个月镣铐。戴维斯的手稿生动地描绘了这个每日发生的血淋淋的仪式：

> 九尾鞭的做法和用法是最可怕的，让人难以想象。上面有九根尾巴，或者不如说九条皮带，每根长四英尺，比霍巴特镇猫的尾巴粗两倍。因此，在这个拓居地，需要三对（正规的九尾鞭子）才能做成一根九尾鞭……每根尾巴上面都有七个反手结，做成鞭状，有的末端有金属丝，有的则涂了蜡。该用哪种，得由司令官决定。
>
> 惩罚犯人的地点在很低的一个地方，几乎与大海齐平。就在水面上，有一块跳板，一百码长。在跳板中段的旁边，立着一架三载刑具，把人绑在上面，侧面对着平台，司令官和医生就在平台上面走动，这样他们就能交替地看见那个人的脸和背部。
>
> 他们的习惯是每抽一鞭走一百码。因此，挨一百鞭子的人就要绑一小时或一小时一刻钟——抽完鞭子，除非到了吃饭的时候或晚上，否则就立刻被派去干活。他的脊梁红得像牛肝，很有可能，他的鞋子里面全都是血。而且不许他上医院，要到第二天早上才行。

这时，医生的助手帮他清洗伤口，用短麻屑往上面抹一点猪油，然后就去干活……经常的情况是，这个人第二天又因为渎职而再遭鞭笞。[15]

从 1822 年到 1826 年的五年间，麦夸里海港平均有 245 名囚犯。这些人中，十分之七因各种罪行挨鞭笞，主要是"不服管束""傲慢不逊"或"拒绝工作"。这期间，鞭子手总共抽了 33723 鞭——相当于每年 6744 鞭，每人四十多鞭。每抽一鞭，都在司令官的分类账本中记下明细。

流犯互不信任，因为这个制度很狡猾，利用流犯充当卫兵。麦夸里海港的所有警员都是流犯，由军事司令官强征入伍。鞭子手、警察总长和"铁链帮"的工头也都是如此。结果是"无法想象的最暴虐的制度"。如果一个流犯警员没有报告不服从上级的情况，关于他知情不报的话通常就会传到军事司令官那儿，于是他就会吃鞭子；如果他做了报告，不服从上级的流犯就会吃鞭子，那其他囚犯就会更加恨他。因此，军方对流犯警员所能做的最糟糕的事，就是剥夺他的职衔，毫无保护地把他扔回囚犯中间去。警员要想幸存下来，就得十分警惕、野蛮凶残、螺旋形地往上爬。能够尝到强权的滋味，对那些在任何其他方面都得不到自尊的人来说，不啻一帖灵丹妙药：

> 麦夸里海港有一个名叫安德森的人。这个人好像很喜欢看到他的流犯同胞挨整。我相信，根据那个人的报告，几乎每天都有四五个人挨鞭笞，有时甚至有十六七人……他对任何人有仇，就会到司令官那儿发誓说，那人偷懒。当然，那人……肯定会挨鞭笞。[16]

麦夸里海港的军官一般都是些能力不强、受到骚扰的人，以军方观点看，这些人的技能不值得更好的奖赏。只要能找到更好的职位，谁也不想要这种职位。因此，"从团部选人担任这个职位，是一件极为困难的事"[17]。于是，他们一般都按常规来管理拓居地，结果，在正式的统帅链条中，就会出现无穷无尽的滥用职权现象。流犯监工制越任性，也就越"有效"，因为这能瓦解流犯的集体斗志，削弱他们的力量。

狱卒还通过其他方式把流犯加以裂化，"尽可能分化他们"，这样就能挫败他们丧心病狂的逃跑阴谋：

> 只有让他们的精神和肉体不断地劳动，才能防止犯罪。我们总是发现，如果让流犯偷懒，他们就会制订某种新计划，不是试图逃跑，就是激动起来，对其他流犯造成人身伤害。与其按比例给他们工作，还不如把他们分配在各个"帮"里，这样，今天在这个"帮"工作过的人，明天就不能再在这个"帮"工作了。[18]

盯紧桀骜不驯者是有道理的，因为一个流犯可能唆使他的伙伴不听使唤，并试图号召大家罢工。据司令官詹姆斯·巴特勒向亚瑟汇报，1825年，在一个二十人组成的"伐木帮"里，一个名叫威廉·皮尔斯的爱尔兰人"站了出来，敦促大家别再干活了——并说司令官不会再鞭笞人了，只是把人关起来而已，这完全可以忍受，尽管他们受不了鞭笞——他还骂警员说，他们都是一伙混蛋恶棍"。于是巴特勒抽了他二十五鞭。[19]

因犯为了逃离麦夸里海港，常常不惜一切代价，哪怕逃离一小段时间也行。例如，两人事先商量好，一人用斧头或锄头砍伤另一个人，受害者就指天发誓，提出指控，其他流犯都站出来，充当证人。由于麦夸里海港没有法院，就得把他们都用船载回霍巴特进行审判。在法院，他们的证据变得模棱两可，矛盾百出。因为谎言云遮雾障，案子最后只得驳回。凡是根据杀头罪名而被拘禁的因犯，在等船回霍巴特期间，按法律不得鞭笞，也不能因小罪而受惩罚，只能等到能判绞刑的罪受审之后。因此，"他们骚动起来，侮慢无礼，把脚镣割断，把监狱的墙壁砸破，在这个流放站给人树立了一个极坏的榜样"[20]。

如果某人因杀头之罪而幸运地作为证人被送回霍巴特，他就很可能再也不回麦夸里海港了。流犯中间有严格的拒绝做证的规矩，这实际上意味着，此人如果回来，一定会因告了伙伴的密而被痛打一顿或者被人杀掉。1827 年，九名囚犯被控谋杀了一个特别遭人痛恨的名叫乔治·勒克斯的流犯警员。他们一起去了霍巴特，在那儿，检察长控告他们的案子因技术性问题而失败。五个为检控方做证的流犯立刻乞求副总督亚瑟把他们调到其他拓居地去。"我们目前的境况极为关键，很不安全，如果我们回麦夸里海港的话——那些人就算不结果我们，也会把我们打成重伤，因为派我们到这儿来是为告那些人犯了谋杀罪。"其中三人因有认识亚瑟的"朋友说情"，被调到其他监禁站，另外两人送回麦夸里海港后真的被人杀掉了。[21]

其他囚犯则很简单，要么杀掉工头，要么杀掉囚犯，这样就能到霍巴特被吊死。T. J. 勒姆普里耶尔曾在麦夸里海港的军需部门当过仓库保管员。据他描述，有一个名叫特勒纳姆的人就是这样把里面的名堂琢磨出来的。特勒纳姆在格鲁梅特岛戳死了一个因犯同胞，在狱中等待转送到霍巴特上绞刑架。牧师问他干吗这么做。特勒纳姆回答说，因为他"厌倦了生活"，巴不得赶快吊死。那他何不把自己淹死，却去谋杀一个同胞呢？

> "哦，"他回答说，"那情况就不一样了。如果自杀，我会立刻掉入无底深渊，但如果杀死别人，我就会被送到霍巴特镇，接受死刑审判。如果被判有罪，牧师就会来照应我，那我肯定就会上天堂了。"当被问及他是否与受害者有仇时，他回答说没有。如果有可能，他是否会杀死军官？当然会，如果给他同样的机会。他会不会杀死审讯他的牧师呢？"会，跟杀死其他人一样。"[22]

在麦夸里海港产生的道德虚空中，还能看到更加严酷的变异现象。一天，一队囚犯在人的带领下，成单行穿过森林，一个囚犯在没人挑衅的情况下，出其不意地举起斧头，劈碎了前面囚犯的头骨。他后来解释说，在该拓居地弄不到烟草，而他是抽了一生烟的，若无烟抽还不如死了好。因此，在无烟可抽的折磨下，他把那人杀死，为的是能让人把他吊死。他至少能趁死前在霍巴特搞到一撮"黑人头"烟丝抽抽。[23]

这类怪异事件实在太普遍了，以至司令官征得副总督许可，命令在麦夸里海港执行公开绞刑。绞刑架竖起来时，重犯都被召集拢来，三个死囚被押上前来。但是，这哪儿有什么法律的威严？这场面哪儿有什么道德的威力？

> 应该这么说，这次行刑产生了让人极为恶心的感觉……即将受刑者兴高采烈，居然满不在乎，马上就要行刑时，还在人群中把鞋子踢掉，为的是像他们说的那样，"勇敢地去死"。这更像……是朋友离别，准备到陆地上远行，而不像永久分手。他们那次所说的话都是"再见，鲍勃"，"再见，杰克"。人们也用这种语言对那些即将受刑者说话。[24]

麦夸里海港作为殖民地的一个基准——惩罚的制高点——后来还维持了一段时间，直到该地被关闭，酷烈程度被诺福克岛超过为止。索热尔本人于1824年离开范迪门斯地。他的名声因殖民地的流言蜚语，特别是朗姆酒军团一个名叫安东尼·芬恩·肯普的前军官的恶毒言论而大受打击。此人在范迪门斯地富有起来，当了牧场主和贸易商，他丧心病狂，特别好斗，有意与索热尔为敌。也许是因为肯普一封封地写信给英国当局，狂犬吠日般地历数副总督的"性生活散漫"问题，产生了效果。无论是什么原因，索热尔后来在大英帝国再也没有拿到行政职务。经过二十四年无所事事的生活之后，他于1848年去世。

索热尔尚未离开霍巴特，继任者就已选好。此人一直是澳大利亚早期历史中备受争议的一个人：乔治·亚瑟爵士（1784—1854），殖民地虔诚的强人原型。不列颠政府委他以重任，要他把流放制度作为绝对可怕之物，恐吓大不列颠的犯罪阶级。L. L. 罗伯森如此评价他道："殖民地最有权、最会弄权，也最无情无义的人。只有范迪门斯地那些神经兮兮、贪得无厌的拓居者才会如此痛恨他。"[25]

亚瑟是个彻头彻尾的军人。他曾在地中海一带，从卡拉布里亚到埃及，跟随 35 团与拿破仑作战。在 1815 年，他接任了英属洪都拉斯的警长兼司令官一职。这个奴隶国家曾在某些地方颇像他后来在范迪门斯地治理的那个社会。亚瑟在那儿的八年中，证明他绝对不是民粹主义者，而是一个改革者，肯定站在奴隶的一边，而不是脾气暴躁、傲慢不逊的奴隶主那一边。他在洪都拉斯的工作得到的反响很好，为他赢得了威廉·威尔伯福斯的钦佩。

他于 1822 年回到英格兰。洪都拉斯让他尝到了管理殖民地的甜头。这就是他的职业。还有什么别的地方能给他同样大权在握的空间，同样放手治理一个小小的遥远国家，并按照国王和上帝能够接受的方式来重新塑造其生活的自由呢？亚瑟身上没有丝毫虚伪的痕迹。他认为他有义务让人们——无论其地位高低——道德起来。他是一个福音传道者，只是选择了当兵作为传道的媒介。很快，他通过伦敦的朋友得知，范迪门斯地的副总督职位有了空缺。

亚瑟在殖民部起劲地游说之后，就被遴选为索热尔的继任者，他坚持要把范迪门斯地单独进行管理，并坚持掌握总督的实权，不过，他的头衔始终是副总督。他还没到地方，就很精明地意识到，索热尔和戴维未经悉尼允许，就不敢采取任何行动，已经给流犯管教问题造成了无穷无尽的伤害。于是他说服殖民部，允许他为其任职定一个框架，有权制定法律，有权赠地给拓居者，有权直接控制公款，有权延长赦免期，有权减刑，有权自行任命职员，还有权直接向唐宁街报告，而不用通过悉尼的总督。这一点他办到了。到了 1825 年，政府走得更远：把范迪门斯地从新南威尔士拨开分治，拥有自己的立法会——这实际上只是一个橡皮图章，为了满足亚瑟的愿望而已。他的惩罚和改革乌托邦就是建立一个独裁政体。

iii

亚瑟于1824年5月12日从"阿德里安号"上跨上岸来，这时他离四十岁生日还差几个月，他似乎难以接近，很冷淡，也很漠然。他骨架很高的身子有点佝偻，苍白的脸色并未因海上数月的旅行而改变。他嘴唇很薄，紧紧闭住，嘴角下撇。他在公众场合几乎从不微笑。与人谈话时，他就用分得很开、似在探询的淡灰绿色眼睛盯着人看，不像别人那样经常眨巴眼睛。他光彩四溢地给人一种印象：此人不像狼一样严厉，但有着坚韧不拔、时刻警惕的道德宁静。如果有一位澳大利亚总督能毫不费力地把正确与错误区别开来，那就是乔治·亚瑟。

这还不仅是因为他的军人背景。亚瑟的沉着平静也来自宗教。他不喜欢别人叫他卫理公会教徒。这有一种"热忱"的味道，因此也就很不理智，暗示与下层人士有着某种联系。自从在热带炎热的洪都拉斯获得信仰启示之后，他就知道，上帝才是最伟大的解放者。他所信的加尔文福音主义并非私事。亚瑟生于斯世，目的就是把他的价值观强加给他人，这才是领导的责任和义务。

他认为，人生来有罪不说，而且浸透了罪孽，只有匍匐在基督面前，以完全的信仰投降，参与耶稣受难的牺牲仪式，才能得救。所有的社会娱乐活动都挡了救世主工作的道，因此都徒劳无益，必须力避之。正如后来澳大利亚的白话所说，他是一个喜欢找上帝麻烦、长着蓝鼻子的龌龊货。他从洪都拉斯写信给他姐妹说："基督的先驱会允许他自己跳疯狂的瓜德利尔舞吗？"（浸礼会教徒在洪都拉斯团部舞会上羊皮衣飞旋，脚步灵活地越过打光擦净的柚木地板，确有一种魅力，但并不吸引亚瑟。）他就像很多原教旨主义者，对文化问题持一种挑三拣四的僵化态度。他读书的主要目的就是摈弃：哲学家大卫·休谟是个"可怜的异教徒"。亚历山大·蒲柏讽刺说教的净效果，就是让年轻人变得玩世不恭、自以为是。只要在总督府与亚瑟及其家人会面，就要祈祷、读经，要活跃气氛也只能喝茶，不过，他倒是允许自己与他的殖民大臣来点波特酒。殖民者面对这位严厉的军纪官和他好像上过浆那样古板的老婆，都意识到"疯子汤姆"·戴维及爱搞男女关系的索热尔的时代早已远去。很少有人能从陪伴亚瑟这件事中得到多少乐趣，但谁都不怀疑，这是从来都没有过的一个目光极为锐利、头脑非常警醒的人，他致力于解决在对跖点治理流犯殖民地的种种问题。

亚瑟打算把流犯惩罚制度中的所有漏洞都给堵上，把这座岛屿改造成为一座能够恒久不变、彻底进行监控的理想监狱——一个没有四壁的圆形监狱。而且，他将惩罚与刺激并用的新制度必将带上百折不挠的机器特征，即边沁"要把流氓研磨得诚实的磨坊"之思想的特征。亚瑟开始相信，他这个制度的机械化已臻完美，达到了全自动控制，即自我校正的程度。流犯的命运完全由流犯本人决定——由他自己是否温驯臣服来决定。流犯部的官员只需做一件事，即管好这台机器，不断往里添纸就行。只要机器还在运转，流犯的处理及处罚的严重程度等就可自动进行。至少理论上是这样，因为机器不带感情，不会报复。亚瑟要把感情的沉渣烂泥从他的机器中清除出去。人一软弱，就会导致残酷。这两者都不适合神人的性格。

在某一方面，亚瑟具有令人吃惊的现代性。他认为，犯罪是一种疾病。罪犯患上了一种"精神谵妄症"，这是因为他们通过一种"谬误的媒体"，一种幻象和扭曲形象的平纹棉麻织物来看现实。解决办法是通过机械的方式训练他们——他不止一次地把他的囚犯比作野性未驯之马——再完全从他们日常生活中排除选择的可能，以此作为辅助。判罚苦工，尤其重要的是，重复不断的无聊乏味，这是能让流犯心境进入消极状态的唯一方式，只有这样才能以改良教育穿透他们的心灵，驱走他们的"谵妄症"。

如他所说，为了加强这种"严格的启蒙方法"，亚瑟发明了一种极其完整的社会控制系统。范迪门斯地成了一个警察国家，他对此毫不讳言。

但是，在亚瑟的统治下，范迪门斯地也变成了大英帝国有史以来最接近极权主义的社会（尽管还很小，而且在某些方面效率也不高）。亚瑟想完全控制这座岛屿，包括完全控制拓居者和流犯。他的制度有着他给定前提的逻辑，即范迪门斯地首先是一座监狱，凡在那儿居住的自由人都必须忍受一个监禁社会的种种不便（警察、暗探、通行证、贸易限制规定、言论受到钳制的报界，以及对集会权利进行打击等让人恼火的手段），如果他们想享受种种福利——如免费赠地和廉价配给劳动力——的话。

亚瑟把范迪门斯地分成九个警区，每个警区都有一个地方警察治安法官，负责管理警察和野战警察的一支队伍。每个地方警察治安法官都向霍巴特的地方警察治安法官官长报告，官长接下来向亚瑟报告，但在地方警察治安法官自己的辖区，他可身兼多任，既是老板、法官、验尸官，又是负责记录善恶的天使。辖区内自由人和受奴役者的生死情况，以及行为表现和交易是否合适等情况，都由他详细记录下来。他向流犯发放通行证。拓居者关于配给仆人的申请，以及流犯关于"特惠待遇"、减刑和假释证的申请等，都得一一经过他。而且，亚瑟还从地区警察总长一直到下面野战警察的普通官兵，全面控制地方警察力量，这些人都是从正在服刑的流犯中招聘而来的。能够进入野战警察，被认为是一种很好的待遇。亚瑟非常清楚，这些政府变节分子对流犯的士气会产生什么效果："因犯人口中已经注入了一种不信任感和嫉妒感，这就让自由民居住者有了安全感。"[26]

亚瑟坚持认为：

（每个流犯）都应该经常严格地进行管理，就像对待各团士兵一样……他们行为的全部过程——派他们提供的服务、把他们解除的服务、他们接受的惩罚，以及他们良好表现的例证——这一切都必须从他们登陆的那天起就记录下来，直到……他们被解放或死掉为止。[27]

在 1826 年，他命令一个名叫爱德华·库克的被流放的法律文具用品商，按照作为登记官的点名官的指示，开始了一项庞大的工作，即把自柯林斯建立殖民地以来抵达范迪门斯地的 12305 名囚犯的名字登记下来，结果就是那本"黑书"——笨重的皮面大部头，高达三英尺，内含所有发配到范迪门斯地流犯的姓名、外部特征、刑期，以及流放和配给、监狱和外科大夫报告、惩罚和行为记录等细节。到了 1830 年，范迪门斯地已经掌握了自由民和非自由民的档案，其彻底程度当属世界任何社会之最——仿佛一座纸制的马斯塔巴竖穴墓，建立在扭曲变形、截头去尾的生命的痛苦之上，在亚瑟制度的各个级别沉浮不已。

亚瑟规定，每个流犯抵达后，都必须提审，这样，点名官就能掌握他们的全部细节。[①] 他经常到霍巴特教养所迎接抵达的囚犯，亲自跟他们谈话。贵格会教徒詹姆斯·巴克豪斯叙述了亚瑟迎接他们时的训话：

> 他提到他们目前的堕落状态，是因为他们犯罪之后自取其辱，他很公平地把这称为一种奴役状态……（他告诉他们说）他们的行为会被人密切观察，如果表现不好，就会受到严厉惩罚，到"铁链帮"工作，或者发配到监禁拓居地，在那儿接受极为严厉的管教，或者他们的生涯将在绞刑架上终结。而如果他们表现很好，到了一定时候，就会赐予他们假释证……如果他们一直表现很好，就有资格申请有条件赦免，在殖民地获得自由。表现继续好下去的话，就会为赦免打开通道，这样就能自由地回到（他们的）祖国。[28]

从那一刻起，囚犯的生活就被严格管制起来，自动成为一场蛇梯棋游戏。他们新来的统治者以《二次惩罚之观察》（1833）一书，总结了他的监禁哲学，在书中宣称：

---

① 以前并非总是如此。在戴维和索热尔治下，由于英格兰对保持记录并不热心，一船船囚犯进入德文河时，居然没有任何犯罪和服刑记录，因此，亚瑟在 1827 年抗议说："我们在监禁殖民地处于极大的困窘之中，无法证明从英格兰流放而来的犯罪分子是否真是流犯。"——原注

流犯的精神不能通过纯粹的严刑加以制服。鼓励上进是让其得到再生计划中的一个部分……在他的面前摆着两条完全对立的道路。一条路最终会让他得到假释证。另一条路……是一条捷径，让他去"政府帮"干活，或到监禁拓居地，在那儿忍受一切都匮乏的生活条件……因此，人人都给自己一个机会，在很大程度上痛改前非，成为对社会有用的人。[29]

亚瑟的制度在自由和绞刑架这两个极端之间，设定了七个惩罚级别，其严重程度循序渐进，依次为：持有假释证；配给给拓居者；在公共工程上干活；在拓居点靠近文明的地方修路；在"铁链帮"干活；放逐到与世隔绝的监禁拓居地；拖着铁链在监禁拓居地干活。

囚犯表现坏，就会掉下去。如果表现好，就会顺着梯级爬上去——当然要过一阵子。但他在服刑期间，永远都得绝对服从，才有机会拿到假释证。判了七年徒刑的人只有在四年中被证明表现好，才能申请假释证。判了十四年徒刑的人只有在六年后才能申请。判了无期徒刑的人只有在八年后才能申请。如果服务格外优秀——如抓到一个逃跑的流犯同胞或某个爱闹事的土著，或在亚瑟让人讨厌的野战警察中当过流犯警员——也可得到减刑。

能否渐次爬上梯子或像蛇一样下滑，要根据其表现报告来决定。这些报告从拓居者、地方警务司法官和其他证人那儿搜集而来，然后在其所在地区的警察局汇编，再转往亚瑟的殖民地大臣。所有的罪行和刑期，以及地方和劳动内容的每次更改，都要通过"坚定坚决，但又温和一致的监督"记录下来，其中还要仔细观察流犯对上级和工作的态度、其良心的现状，以及悔改的程度。这一来，流犯的生活就别想逃脱权威目光的凝视了。

亚瑟绝对相信他的制度。英格兰的直接命令让这个制度的运作受到影响，这使他感到难受。贵格会教徒乔治·华盛顿·沃克于1834年的一天拜访总督府，发现亚瑟对一项命令"极为恼火"，它系殖民地大臣史密斯·斯坦利下达，刚随"墨法特号"流犯船到来，命令他从四百名新抵达的囚犯中，选出三十名锁上铁链，工作七年，而不能从轻发落，把他们配给出去。斯坦利希望，通过这种武断的酷刑，能够把范迪门斯地的恐怖恶名传遍英格兰。这些不幸的人中，没有一个做过任何值得判如此重刑的事情。他们一路上都很驯服，也很安静。亚瑟不知道该对他们说什么。沃克写道："很自然，他们要问：为什么这样对待我们？我们干了什么错事吗？"

> （但是）副总督只好说："这是国内来的命令，我无权帮助。不过，作为你们的朋友，我还是奉劝你们老老实实，默然许之，如果抵制，只会使你们的情况更糟。我会写信回国，争取为你们减刑，除非你们在殖民地行为表现不好，活该受这种惩罚。"总督实际上就使用了这种语言，那是因为他很讲公平，不消说，也很有人性。[30]

亚瑟当然是一个严峻的军纪官，有时虔诚得让人窒息，但他在任何意义上都绝对不是虐待狂。后来，充满敌意的殖民地报界把这个污名强加在了他身上。他死了很久以后，这个污名通过马库斯·克拉克和普赖斯·瓦伦所写的大基诺剧院般的维多利亚时期的监禁故事，在文学中固定下来。他在范迪门斯地的真正目的是改造犯人，而不是对他们复仇，就像边沁三十多年前在法国国民议会提出的圆形监狱的目的一样。

所有的流犯进入这个游戏的级别都是二级，即流犯劳工。没有被配给给拓居者的人，就去为公共工程干活，这方面的需求始终不断，因为范迪门斯地永远需要更多监狱、更多军营、更多凸伸码头，以及更多桥梁道路，以便应付日渐增长的流犯人口和不断扩大的拓居地。1827年，亚瑟执政三年后，范迪门斯地的公共工程雇用的人数超过了2500人，都是做惩罚性的苦工（从第三级到第七级），占流犯人口的43%（与之相比，1820年是577人，占32%）。这说明，该地急需新修各种各样的政府建筑。[31]

　　但那年的大多数流犯和其他所有的人（1827 年为 2750 人，占
46％）都属二级，也就是正规级别，全属配给仆人。配给制是亚瑟制度
的核心，但同时也是——他非常清楚——最薄弱的部分。任何制度都能
顺利而又自动地把毫无差别的一大堆犯罪分子，变成一个由愿意悔改、
易于管教的佃农组成的永久低等阶级，让他们成为流放到范迪门斯地的
理想最终成品，这种想法是荒诞无稽的。欲知普遍的现实，就必须把政
府管理暂时放一放，转向成千上万臣民中的一个，他之所以值得注意，
是因为他不像绝大多数流犯同胞，而是写了一封极不寻常、非常直率的
密信，该信一直留存至今。[32]

　　乔治·泰勒于 1826 年因偷窃一本袖珍书而被终身流放到范迪门斯
地。1832 年，他试图把写给另一个在麦夸里海港服刑的流犯，即他"亲
爱的兄弟"约翰·汤普逊，描述他沉浮命运的信偷运出去。他第一次抵
达霍巴特时，就被派去政府菜园工作，"由一个心肠冷酷、很爱报复人
的暴君监督，我在那儿待了两个星期"。然后，他被配给给一个名叫坦
南特的自由拓居者。"我在这儿又很不幸，尽管我从囚犯营地的职员那
儿拿到一份良好的品格证明，说我工作努力，十分勤奋，但我一到主人
那儿，他就发现（即暴露）心狠手毒的特征。"七个月后，泰勒开始策
划逃跑。他想有意犯个小罪，让主人到地方警务司法官那儿告他。于
是，他就磨起洋工来，只做"我觉得合适做的那部分工作"。坦南特
"有两三次"把他告到地方法官那儿，但告他的罪名还不够严重到让他
重新回去做政府工作。于是，泰勒又"想出另外一招"，故意装病，要
求送他去看医生，他也有权这么做——医生发现，"我在弄虚作假，就
写个条这么说了，要我带回去给主人"。泰勒把条子打开看了一遍，
就把条子毁了。他在一个流犯同胞的棚子里住了三天，回来后就告诉他
的主人说，他一直在住院。当然，坦南特下次见到医生时，这个本来就
站不住脚的故事立刻露了馅。坦南特把他的配给仆人带去见地方警务司
法官，后者判泰勒到桥水这个地方的"铁链帮"去。那儿，三级到五级
的流犯正在出大力流大汗，修建亚瑟上校最喜欢的一项公共工程——在

德文河上修一道带桥的堤道，这是从霍巴特到朗塞斯顿主干道的一部分。那个地方为了对泰勒这种人进行劳动改造而提供了设施，其中的囚室就像野兽的洞窟，长七英尺，高不到三英尺，犯人到了晚上就钻进去，然后用很牢固的格子木架锁起来，使之无法站立也无法坐下。泰勒在桥水过了两个月，但挨整得好像还不够厉害。接着，他又"自动"下沉，到霍巴特的袋鼠岬码头，干起了"铁链帮"的苦工。他跟朋友写信说："你可以肯定，我的情况不值得羡慕，这只能让我比任何时候都更怀念我的自由。我主意已定，如有可能，一有机会就要通过各种方式争取自由。"

很不幸，他的信被当局截获。本来写这种信就很愚蠢。亚瑟上校进行正式调查之后，就把他放逐到第六级，即一座与世隔绝的监禁拓居地。他在那份惹祸的文件上注了一笔说："那现在就把他移除到亚瑟港吧。"这事到 1823 年底已经完成。后来，泰勒因行为表现良好而得以从亚瑟港脱身，上升到五级。这一次，他来到朗塞斯顿的一个"铁链帮"。但是，他心中依然燃烧着对自由的渴望。1836 年，他从亚瑟的记录中消失不见，只留下一个词"Run"，即他已经逃之夭夭。无论亚瑟的制度对他做了什么，都没能把泰勒制服。像泰勒这样的还大有人在。

不过，亚瑟非要把他的制度尽可能完善和统一起来。他的任务与约翰·比格对英国政府的建议相一致，即治理好一座惩罚的岛屿，令其成为英国犯罪分子害怕的地方。因此，他不得不保护范迪门斯地的配给制，防止它成为新南威尔士那种管理不善的摇奖样的东西。

但是，他治下这座岛屿的自由人也跟犯罪分子一样变化多端。范迪门斯地就像新南威尔士一样，拓居者也有好心人和狠心人、为人处世谨慎者和待人接物轻慢者、把配给仆人累得皮包骨头者和愿与他们在厨房同桌吃饭者，尤其是因性情与道德责任感而愿意坚守副总督流犯管理规定的人和另外一些不愿意这样做的人，还有处于这两个极端之间的人，这些人就像别的任何地方的人一样，不想遵守规定，觉得可以蒙混过关的时候，就会把规定灵活变通一下。所有这些人都必须在制度面前摆平，保持在同一水平上。

没有配给制，范迪门斯地就不可能有殖民地，经济就会灭亡，因为正如在新南威尔士一样，范迪门斯没有劳动力，只有流犯劳动力。因此，以亚瑟的观点看，自由拓居者在殖民地生活这个事实就意味着，他必须接受监禁管教的最高价值观。自由拓居者作为警察或政府职员，是亚瑟的惩罚机器中不可分割的一部分。所谓配给，是自由人与政府做的一笔交易，如果不按政府规定办，他就会失去流犯仆人。而这些规定远比拉合兰·麦夸里在新南威尔士更开明（对比格来说也更混乱）的制度严格得多，伴随的是一个更大的日渐增长的警察力量，并且更全面地拒绝给"盈满释痞者"和自由拓居者以政治上的发言权。乔治·亚瑟在任期间——时间与麦夸里统治新南威尔士一样久，总共十二年，从1824年到1836年——从来都没有忽视这样一个事实，即要想控制一个国家供应的劳动力，就要控制其政治生命。因此，亚瑟的"红名单"上，都是不能得到配给流犯的自由拓居者，这张名单无论从计划还是细节上来讲，都是一件强大的社会武器。

整个群体都被自动地放上这张名单。麦夸里对新南威尔士的"盈满释痞者"曾给予鼓励，但亚瑟根本不愿这么做。他的观点跟比格的观点完全一致。他认为，前流犯当不好主人——当然，也有证据支持这个观点。他们不是对手下人过于宽容，厌恶警察，从而堵塞了亚瑟的"客观"惩罚机器；就是因为心理上有执掌大权的需要，在成年累月遭受奴役和落泊的压榨之后，一个个都变成了虐待狂，导致手下仆人改过自新的前景流产。因此，范迪门斯地的流犯几乎无一例外，没人能够得到流犯劳动力。亚瑟即以这种方式，试图强制推行比格和"排外分子"的理想——建立一个出身自由的永久处于统治地位的阶级，而让流犯的后裔成为他们的农奴。范迪门斯地拒绝为"盈满释痞者"提供劳动力，这就只能加深那儿富有的（或至少"没有污点"的）"排外分子"和占大多数的流犯后裔群体之间的鸿沟。亚瑟抵达之时，整个范迪门斯地财富尚可的前流犯仅有三名，而他并不急于创造更多这样的人。戴维·洛德从前流犯父亲詹姆斯那儿继承了五万英镑地产，据说到了 1827 年就把这笔财产闹腾得"不知道多到何种地步"，他不仅是亚瑟的死敌，而且成了一个彻头彻尾的社会怪物。[33]

有些行业很难找到流犯仆人。亚瑟鄙视朗姆酒和销售朗姆酒者，因此几乎从来不把流犯配给客栈老板。亚瑟相信城市比乡村更罪恶——实际情况也的确如此，鉴于城市酒馆之多，窝藏的"风尘"女子浮动人口之多——因此更倾向把流犯配给给农场主，而不是城里的手艺人。

亚瑟要求主人为仆人祈祷并一丝不苟地遵守安息日。主人必须为手下人购买《圣经》，如果他们能看书的话。但实际上很少有主人这么做。几乎没有什么事情比主人不把宗教习惯灌输给流犯更让亚瑟恼火的了。除此之外，他想在离开的时候，给范迪门斯地披上一件棕色大氅一样，遍地修建英国圣公会教堂和卫理公会集会厅。他尽其所能，引进牧师、传教士和其他传教员。卫理公会教徒在判处死刑的罪犯的绞刑架脚下，工作做得特别好，而在亚瑟的治理下，上绞刑架的犯人从来不短缺。一位宣教者是卡佛索牧师，他帮助十四个人在不到三十小时内，一路大放悲声，同时又欢呼雀跃，通过吊颈索，走进了永恒的大门。[34]

无论在何处，只要有一个市镇与范迪门斯地的"拓居地区"联手，亚瑟就要修建一座小教堂，这通常是一只石头匣子，上面有尖拱窗和哥特式的斜尖屋顶，没有多少卷叶式凸雕和石头叶雕，在那儿，可以念着赞美诗的韵文赞美上帝。1824 年他到范迪门斯地时，只有四座教堂。他离开时，共有十八座教堂。教堂和地方警务司法官办公室互相服务，是他统治的象征性建筑物。官方的宗教是一种对监禁地的控制。礼拜天召集流犯上教堂必须强制执行，以做礼拜和听教士高谈阔论一番作为结束。但是，要保证主人时刻都让仆人把鼻子拱在道德磨盘上，这也殊非易事。有些主人会让流犯在安息日干活，即使他们有作恶倾向也容忍之，还把朗姆酒给他们作为刺激。如果亚瑟发现这个情况，他会把配给仆人撤掉，让他们在经济上彻底垮掉。

他不鼓励自由人和非自由人之间发生亲密关系。一位拓居者因让流犯圣诞节跟他的家人共进晚餐而被划入他的红名单。1831 年，乔治·梅瑞迪斯这位拓居者领袖没有理会警察规定的严格字面意义，而在新年之夜招待他的配给仆人喝酒。结果亚瑟命令他的殖民地秘书向他发出警告，任何重犯如再敢喝一口酒下肚，"就立刻撤走他的所有仆人"[35]。

如果拓居者跟女性流犯发生性关系，被亚瑟通过地区警务司法官发现，该人的所有仆人就得重新配给。即便自由人娶了一个前流犯女人——范迪门斯地的所有妇女都是流放而来，因此对于小拓居者来说没有多少选择——他也会马上丢掉他的所有配给仆人。有一种情况经常在新南威尔士发生，即把流犯配给给亲戚，但在范迪门斯地几乎不允许这种情况发生。有时候，亚瑟会允许女性移民到范迪门斯地，跟流犯丈夫团聚，条件是该男性已经拿到假释证，或其主人愿意让她做家务活，但他当然不会为她出路费。

上头尽管很不情愿，但还是为一个人例外放行，此人就是"艾基"·所罗门，著名的犹太扒手和买卖赃物者，根据传说（也许并不正确），查尔斯·狄更斯笔下人物费根就是以他为原型的。他老婆安的父亲是阿尔盖特的一个马车夫，名叫摩西·朱利安，她本人因接受赃物而被判流放。1828 年，她在霍巴特登陆，带着四个孩子，年纪在三岁和九岁之间。她被配给给一个警官当仆人。与此同时，大无畏的"艾基"于 1827 年因盗窃罪被审判和判刑，在去纽盖特的路上，从"黑玛丽娅"囚车上逃跑（当局很晚才发现，原来驾车的就是他的老丈人）。后来他逃到丹麦，然后继续逃往美国和里约热内卢，最后以假名抵达霍巴特，与老婆团聚。他买房置地，做起了生意，而且生意做得很兴隆。霍巴特人人都知道的底细（这个市镇很小，当然到处都是他从前的同事），但有一个特殊的技术细节救了他一命：亚瑟一向都按规矩办事，因为没有从伦敦的殖民部接到他的逮捕令，就不肯动他，直到收到逮捕令为止。就这样，在一些同行手艺人的支持下，艾萨克·所罗门交了一千英镑，逼得亚瑟很不情愿地同意将他老婆配给给他。1829 年 11 月，他们家庭的田园生活被人很粗鲁地打断，因为亚瑟终于收到了来自英格兰的逮捕证。即便如此，这位费根的原型人物还是做了最后一次挣扎，企图摆脱鱼钩。他厚颜无耻的程度可与那位小说人物媲美，竟然从号子里向亚瑟请愿，要求给他一份官方的工作：

致范迪门斯地副总督乔治·亚瑟上校大人等

先生：

　　请允许我陈述下列情况……不久前，我曾发现有人在德文河岸上伪造了一张纸币，我让人把他抓了起来。他被定罪，被送往麦夸里海港。另外还请允许我陈述一下，在我发现此人之前，还有很多伪币流通。我发现此人之后，就再也没有听说伪币流通之事了。因此，我愿为政府效力，尽我最大的力量，专门查明此类犯罪情形，以及政府指定我做的其他一切。

贵大人最卑微的仆人特此荣耀地署名：

艾萨克·所罗门[36]

但亚瑟不为所动。他在信的反面冷若冰霜地注了一笔："我假定，此人就是人所共知的那位'艾基'·所罗门——不必注意他的这份请愿书了。"因此，艾萨克·所罗门被送回英格兰，尽管霍巴特报界一片抗议，他们认为这违反了人身保护权。他在那儿接受审判，被判十四年流放。1831 年，他又回到霍巴特。1835 年，他拿到了假释证，重新与家庭团聚。很不幸的是，他们这时已经痛恨对方了。[①]
　　亚瑟的制度不可或缺的一点是，凡是配给了流犯劳动力的拓居者，都必须一丝不苟地按照他的规定办事。对殖民办公室来说，判断他们在

---

① 所罗门和他老婆总是一刻不停地吵架。1840 年，她得到赦免，他们就分手了。"艾基"于十年后去世。他从前伪造货币的天赋早已离他而去，他也没有——像另一个传说中所说的那样——为在范迪门斯地修建第一座犹太教堂而做出贡献。他的产业价值只有七十英镑。——原注

惩罚囚犯的问题上是否适合主持公道，也许是最为棘手的。取得配给仆人的代价，就是充分地参与亚瑟的流犯管理制度。这使所有的自由拓居者都成了狱卒——用约翰·韦斯特的话来说，成了"帮凶"，"用皇家的赏金雇用而来，为的是配合那座伟大的惩罚和改革机器"。[37] 要求拓居者闭嘴不言，不谈"权利"，待在农场的家里，叫他干啥就干啥。主人如果让手下人好吃懒做，使用流犯而不是自由民做工头，或者把仆人借给另一个拓居者用，就会失去他的配给劳动力。亚瑟尤其禁止把流犯当作私人财产转让，这种情况在新南威尔士时有发生。虐待仆人，就会失去仆人。配给仆人任何时候都有权向地方警务司法官投诉。但不得给予他们特惠。如有流犯像骡子一样执拗，不服管束，故态复萌，那就要刻不容缓地把他告上法庭，否则主人（或女主人）就会有麻烦。这些规定唯一留有余地的地方便是，哪些流犯可以提供配给。需求量大时，亚瑟就可随心所欲地把他们从违反规定的拓居者那儿夺走，但总得把流犯放到某个地方。因此，如果可配给的重犯人数过剩，更多的拓居者就会发现，他们挨了一顿训斥之后，一般还是能够把人留下来的。

　　亚瑟的全面监视计划之关键，当然还在于警察的质量。他宣称："如能通过警察或首席总监部门，对配给劳动力申请人的品格和所有情况掌握结论性的信息，那就极为可取。"[38] 为了做到这一点，亚瑟不得不保证，管理警察的人不能效忠于拓居者和流犯，而只能对他一人负责，里面的基层官兵也没有理由优待任何人。他很狡猾地办到了这两点：他指定陆军当地区法官，并让往上爬的流犯进入野战警察，作为对他们表现好的嘉奖，帮助他们向自由迈出了一步。这是官僚主义的一个绝招。流犯警员巴不得表现突出，只要稍微威胁说要降级，马上就不敢越雷池一步——他们都知道没有第二次机会，而且爱把拓居者支使得团团转，无疑能从中获得某种乐趣。从他们那儿，你可以指望人像家狗一样驯服，又像警犬一样凶猛。军队警务司法官也许对民法不太了解，他们经常不屑地打量拓居者，同时又嗤之以鼻地对待流犯，但他们决不为市民的批评所动，而且鄙视报界。他们都有受过训练的背景，能够处理繁重细致的报告文案工作，带着军人的热忱，执行亚瑟冗长而又不容更改的每一道详细的命令。他们像亚瑟一样，心照不宣地相信链条一样往下传达的命令。

并非人人都不满亚瑟的警察使用的方法。他的警察廓清了丛林土匪，消灭了布拉迪匪帮，保证道路通畅，能够安全地从事贸易。有了他们，成千上万的人比较容易睡个安稳觉了。不过，他们毒化了社会空气。范迪门斯地的人脾气一向很暴躁，人际关系的摩擦往往会扩大化，人们变得很没礼貌。霍巴特的社会——就跟澳大利亚社会一样——最擅长的就是发牢骚和搬弄是非。亚瑟的总审计师——像黄蜂一样脾气暴躁的乔治·博伊斯就发现，"一伙不讲原则、只顾往上爬的肮脏家伙"，早已占据了范迪门斯地的上层阶梯，在这些人中，"他们的日常弊病就是撒谎、诽谤、仇恨所有的人、心怀歹意，他们的恣意妄为简直让人难以想象"。这钵恶意怨恨的浊汤又因暗探和对谴责的恐惧而变得更为腥浓。到了 1830 年，范迪门斯地已迅速成为 "诽谤者和奴隶组成的社会"[39]。

除此之外，亚瑟绝对任人唯亲。他知道他在范迪门斯地有一个多么小的池塘，里面荟萃了行政管理的人才，而他需要能信任的人——用忠诚来代替想象力，这是可以接受的。他如果是独裁者（他其实就是独裁者，他成为独裁者，部分是距离使然——从伦敦得到指示要面临一年的耽搁，从悉尼得到指令也会耽搁，最长可达四个月），就更加能够自行其是，而这让新南威尔士的总督很不高兴。他如此专权之时，还极为鄙视 "开明" 和 "民主" 的原则。但他从不道歉，也从不解释。

亚瑟从不讳言他赞助保护的范围所及或他对军人的一味偏袒。从皇家派给他的一些文职人员的素质来看，这也不能完全怪他。达德利·费瑞迪（1789—1849）是破产煤矿大亨的儿子，由于一位英国勋爵的赞助，他于 1824 年谋得了范迪门斯地行政司法长官一职，结果成了一个冷酷无情的放高利贷者，以 35% 的利率放债。亚瑟很快把他搞掉了，同时也搞掉了他那个不按规定办事的司法部部长亚瑟·戈利布兰德。凡是好像办事不够通融或缺乏道德情操者，他一概撤职。罗拉·奥法勒尔到霍巴特时身无分文，却挖空心思，索贿受贿，积累了一大笔财富，超过一万五千英镑，于是，亚瑟就拿他开刀。亚瑟告诉伦敦说，此人是个酒色之徒，其道德观大约等同于一头白鼬，他跟"皇家公主号"上下来的一个妓女住在一起，曾因窝藏、勾引女流犯而被罚款。1831 年，英格兰给亚瑟派来一个法官，即亚历山大·"花花公子"·巴克斯特（1798—1836），此人愚昧无知，是个偏执狂兼虐待狂（他在新南威尔士任达令的司法部部长时，在他老婆给他生了一对双胞胎后，还用火钳打她），结果亚瑟不肯在殖民地任用他。他宣称说："我发现他激动起来时高度神经质，而且习惯性酗酒，如果让他在法庭判案，那绝对有违公德。"[40] 1826 年，亚瑟迎接了约翰·伯纳特（1781—1860），这是他的第一任殖民地秘书——一个说话像猫一样咪咪叫、老爱忘事的人，约翰到霍巴特后不久，就向亚瑟承认说："我的神经系统极为敏感，凡是令我大脑激动的事，就会立刻影响我的身体健康，导致我生病。"[41] 亚瑟克服了一定的困难，才用约翰·蒙塔古（1797—1853）取代了他，这人是 40 团的前任军官，很鲁钝，很有冲劲，是滑铁卢之战的老兵，而且，他——这一点可不是偶然——娶了亚瑟的侄女。

最后，亚瑟总能在人员任选方面达到他的目的，也总能想方设法，把他因清洗而树敌的大多数人整垮。博伊斯写道："殖民地政府名义上交由副总督和行政会管理。我说'名义上'，是因为行政会作为一个机构毫无权力。真正的政府就是亚瑟上校（和）他的两个侄儿。"这两个"侄儿"是蒙塔古和地方警察总法官马修·福斯特（1796—1846）。马修眼睛半瞎，是 85 团的一位前上尉，人很精明，娶了亚瑟的另一个侄女。

亚瑟的另一个红人是罗德里克·奥康纳（1784—1860），一个"炙手可热的爱尔兰人"，其父是一个富有的土地拥有者，于 1824 年开着自己的船，带着两个私生子来到霍巴特。奥康纳人很凶，说话直言不讳，讲求实际，傲慢不逊——是亚瑟能够利用的人，尽管他不信教，而且爱喝酒。亚瑟任命他负责测量和估价工作，任务是监管范迪门斯地的县和教区划分工作，评估皇家土地①，测量殖民地的脊梁，也就是南北主干道的路线，流犯后来就在霍巴特和朗塞斯顿之间修筑了这条道路。这个工作很对他的胃口，因为他可以从中给自己也捞几块地。1824年，亚瑟送了奥康纳一千英亩地。到了1828年，他就搞了四千英亩地，而且想要多少流犯劳动力，就能弄到多少——上校把仆人配给给他喜欢的人时，从来也不吝啬。1836年，亚瑟离开范迪门斯地时，奥康纳已经成了殖民地六个最富有的人之一。这个奴隶制度造就了他的财富，因此他坚决反对该制度发生任何变化。没人喜欢这个人，但大家又很惧怕他。（亚瑟的继任者之妻富兰克林女士就曾抱怨说："我不知道（他）跟亚瑟帮结成了何种性质的纽带，此人名声狼藉，作风极不正派，舌头非常恶毒。"）他死的时候，在塔斯马尼亚拥有六万五千英亩土地，还从政府那儿租借了一万英亩。[42]

与此同时，在亚瑟一手整顿下，范迪门斯地的经济如火如荼地发展起来。1824年他抵达时，范迪门斯地的白人人口约为一万两千，出口价值45317英镑。1836年他离开时，出口量达到540221英镑。共有四万自由人和非自由人。大多数拓居者都是有资产者，因为亚瑟不鼓励自由工人移民到范迪门斯地，甚至连手艺人也不鼓励。因为一旦建立自由劳动市场，就会降低他凭权力分配流犯劳动力的社会控制能力。富有的拓居者——也就是民歌中的"种植园主"——在范迪门斯地这个"鸡笼"称王称霸，而且很瞧不起一般的小业主和商人。到了1830年，范迪门斯地各行各业都兴旺起来，如羊毛、小麦、房地产和农业耕地，但同时出现了严重的高利贷问题。据谣传，亚瑟本人的行政会以非法的15％的利率，甚至50％的利率向外贷款。上校本人很节俭，也无比精明，项目还没开始，他早就知道了，他靠土地投资发了大财，日子过得颇像一个品着香茶、吟诵着赞美诗的"拿勃勃"②。他从不违反法律的字面意义，

---

① 实际上是公有土地，但英文用的是 the Crown land，把澳大利亚本属土著的土地称为"皇家土地"，尽管传统使然，但显然是不对的，照译。
② 英文是 nabob，指印度莫卧儿帝国的地方长官，音译之。

但那个时候的法律比现在松，有头有脸的人一遇利益冲突，就会把眼睛转向别处。这样，当亚瑟在桥水的霍巴特至朗塞斯顿路段修建德文河的堤道和桥时，就把周围一带的大部分土地划归己有。他为一座新的霍巴特码头选址时，被人指责把他在码头边的地产从八百英镑提到了一万两千英镑（尽管最后并未得出结论）。

经过几年天不怕地不怕的独裁统治和大搞裙带关系，人们不禁有很多问题要问，有很多账要算。有的是拓居者，他们被亚瑟警察的骚扰激怒，并因违反他的规定导致流犯仆人被撤走一事大为光火；有的是商人，他们被亚瑟的有产士绅阶层视为小守财奴；有的则是远在殖民地，但依然是英国人的人，他们认为应该拥有宪法权利，尽管"暴君"不给他们，他们喜欢拥有流犯劳动力，但不喜欢生活在监狱里。范迪门斯地不可能永远作为一座监狱简单地管理下去，但亚瑟决计这么做，除非王室修改命令。反对势力很弱，而且过分敏感。总督府对他们发声的努力——1831 年和 1832 年召开公共会议，1835 年又成立宪法协会——充耳不闻。但反对势力能通过一个渠道发出令人讨厌的，有时是歇斯底里的咒骂声，那就是报社。这就让亚瑟憎恨不已了。

范迪门斯地的报纸作风粗野，脾气暴躁，篇幅也很短——几版新闻和编者按、几封读者来信及公事等，附着在一大片广告上。这些报纸互相打仗，试图赢得读者，扩大发行量，其语言生硬，内容动辄骇人听闻。简言之，这些报纸跟大多数 19 世纪早期的美国报纸一样内容贫乏、报复心强，但它们是殖民地唯一的舆论——与政府印刷的命令截然不同——论坛。

这种新闻舆论把亚瑟逼上了愚蠢之途。1827 年，他提议实行《行政许可法案》，压制该岛所有印刷品的言论自由，也就是说，副总督可以随意取消任何编辑的发表权利。他冷冰冰地为自己圆场辩护，说什么范迪门斯地是一座监狱，反对者在监狱是不能有任何声音的。与对"安全和宁静"状态的绝对需要相比，自由拓居者对言论自由的一致要求绝对不能满足。当然，在这一切的背后，隐藏着亚瑟无法满足的虚荣心——

他不能忍受任何批评，特别不能忍受平民的批评，尤其不能忍受流犯的批评。

亚瑟看着范迪门斯地的记者时，他看见的不是为言论自由而斗争的第四等级，而是一大群半带犯罪性质的牛虻，被人派来有意对他进行骚扰。有一个人叫罗伯特·默里（1777—1850），他从前当过兵，做过记者，据说是英国子爵的私生子，于1815年因重婚罪遭流放，并于1825年成了《霍巴特镇公报》主编。他以"一个殖民者"的笔名，尖锐地抨击——也可说下流地诽谤（看你从哪方面看这个问题）——了亚瑟的各项政策。（他1832年后归顺亚瑟，成了亚瑟庇护下的一个谄媚的工具。）

还有一人是默里的同事安德鲁·本特，他于1810年因入室偷盗而被判流放，此时他正是《殖民时报》的主编。亚瑟认为他是个无法无天的骚乱分子。亨利·梅尔维尔是一个性格古怪的共济会员，特别迷恋超自然力量，他出版了以澳大利亚为背景的第一部澳大利亚长篇小说[《昆塔斯·塞文顿》（1830—1831），其作者是流放的伪造证件犯亨利·萨弗里]。而且，他写了一整本反对亚瑟行政管理的书，书名是《范迪门斯地岛1824年至1825年的历史》，这让亚瑟极为不悦。该书不得不偷运出殖民地，到英格兰才能够出版。最后还有威廉·古德温，他是《康沃尔纪事报》主编，从前是一个性格苛刻的流犯船船长，后来成了一个言语恶毒的雇佣文人。与其他那些编辑不一样，他对亚瑟和范迪门斯地当局其他台柱子的攻击，除了他本人投机取巧的动机之外，似乎并无任何根据。[43]

这些人中，有一些对亚瑟明显有私仇。一个是吉尔伯特·罗伯特森，是个黑白混血儿，其父是英属圭亚那苏格兰裔甜菜种植园主，做农场主两度失败：第一次是在苏格兰（因小麦价格暴跌而破产），第二次是栽在范迪门斯地的四百英亩赠地上。他1824年因欠债不还而坐监，后来替亚瑟打工，在一家政府农场当主管。1829年，他在木烧这个地方又匹马单枪干了起来，这是里奇蒙地区的一个牧业地产。这一次，罗伯特森好像决心背水一战了。亚瑟任命他为地区警察，于是，他的农场欣欣向荣起来。但在 1832 年，他犯了一个错误，对手下流犯过于放任不管了。为了庆祝 2 月收获，他送了他们一桶酒，邀请周边农场的八个配给仆人过来，结果，他趁二十五个流犯狂欢痛饮之时，去执行他的警察公务。所有流犯都喝得大醉酩酊，其中一个因打斗而受了致命伤。这一次，亚瑟宽大为怀到了令人吃惊的地步。他没有撤走罗伯特森的所有配给仆人，而只是把他放入红名单，不再给他配给仆人了，但对这个脾气暴躁的苏格兰人来说，这已经让他难以忍受。他为了报复亚瑟，立刻转向新闻业，很快就作为一家日报，即《真正的殖民者报》的主编浮出水面。罗伯特森通过他的单张报纸，在亚瑟执政的最后两年中，把诈骗、投机倒把、徇私不公和暴政专权等罪名一股脑儿推到了他头上。

在整个执政期间，亚瑟一刻不停地与报社作战。英国政府不许他实行《行政许可法案》。因此，亚瑟别无他法，只得告他那些批评者犯了诽谤罪，以诉讼为要挟，对他们狂轰滥炸，以至于那些批评者最后因骚扰不断和缺乏人手，再也没法继续发表对他的猛烈抨击了。亚瑟这么做时有条不紊、热情高涨，结果，默里、罗伯特森、梅尔维尔和本特等人都在铁窗后面蹲了一段时间。他们在报里报外都抗议对他们的虐待。亨利·梅尔维尔写了一封特别气愤的信给亚瑟，抗议霍巴特监狱对他的"折磨"：

> 我从死囚犯号子里写这封信，这个地方曾囚禁过臭名远扬的吃人犯皮尔斯，以及几十个杀人犯。在这个号子里，我（被英国流犯关起来后！）过了一夜，里面臭虫成群结队，让我无法入睡。
>
> 我要求得到合适的居所，这主要出于对我妻子的考虑。她坚决表示要与我守在一起，有多长时间就守多长时间。如果当局不惜一切打击报复政治犯，总头头总该对一个无罪的女人开开恩吧，她受的罪比（她）丈夫受监禁的罪还要多。[44]

很自然，人们视他们为殉道者。1830 年，安德鲁·本特在法庭上得到辩护时，被称为"印刷商中的好猎手，南半球的（本杰明）·富兰克林"。亚瑟可以把他们都关进监狱，但他就是再施展独裁权力，也无法把他们关一辈子。特别让他恼火的是他自己的司法部部长的态度。此人是约瑟夫·泰斯·戈利布兰德（1786—1837），罗伯特·默里的一个密友。戈利布兰德有好几次直截了当地拒绝代表皇家起诉诽谤罪。他甚至帮默里的报纸写社论。亚瑟受不了这个，就在英格兰大肆讨伐戈利布兰德的声名。由于戈利布兰德是早期澳大利亚担任公职的少数几个真正目光锐利、人品正直的律师之一，亚瑟没法告他力不胜任，不能一棍子把他打死，但亚瑟一手制造了浓云迷雾，告他在财政问题上涉嫌诈骗。1826 年，来自戈德里奇的一份急电把戈利布兰德撤职查办。接替他当司法部部长的是一个身体孱弱、害着厌食症的人，名叫托马斯·麦克里兰。亚瑟觉得这人管理起来容易得多。而戈利布兰德则立刻当了霍巴特的《塔斯马尼亚人报》的总编。[45]

就这样，亚瑟由于在道德上傲慢不逊，不能理解也不愿同情平民百姓的情绪，很快就发现自己面对着一批声音嘈杂、密集如云的反对他的报纸。这些报纸的部分策略，就是把受苦受难的流犯与判官一样的副总督两相对照。他们为了揭露"暴君"的丑恶面貌，就一味抨击亚瑟制度下的"致低点"，即二次监禁惩罚地：首先是麦夸里海港，其次就是亚瑟港。

iv

直到 1823 年，范迪门斯地适合亚瑟惩罚制度最严重级别的地方，就是麦夸里海港，这是专门为殖民地登陆后犯了重罪的人所保留的地方，其名字散发出一股恐惧和悲凉的味道。所有流犯都害怕这个地方，但是，亚瑟觉得这地方还有缺陷。随着流犯人口和再次犯罪的流犯人数的增长，这个问题就更加严重了。

尽管麦夸里海港盛产泪柏，但生活费用很高。它距霍巴特遥远，因此很难管理。船要行驶六周，才能抵达那里，而且一直都没找到陆上通道。地狱之门开口处的那片沙滩已经淤积起来，导致进入海港比任何时候都要危险。亚瑟的命令抵达该地所用的时间极长，而司令官的回复也经常延搁。食品匮乏，败血症成灾，萨拉岛上的营地最多只能容纳三百七十名囚犯，空间也太狭小了。而且，一家名叫范迪门斯地公司的新投机公司正试图开发西海岸，准备放牧牲畜。看起来，麦夸里海港的最佳特点，即它与世隔绝的状态，似乎逐渐式微了。

范迪门斯地东海岸三英里的地方，有一座玛丽娅岛，岛上还有一座监禁拓居地，那儿的情况要温和得多。亚瑟于 1825 年在那儿设点，是为了"接待""犯罪性质不太严重的（流犯），以便吸引地方法官判罚他们到麦夸里海港"。有幸被送到这个诗情画意之地的流犯，就在那儿织布修鞋，尽管鞭笞和单独监禁作为惩罚还是家常便饭，但他们的生活逃脱了苦难深重的麦夸里海港。[46]

然而，同时维持两座互相分离的二次惩罚站，而且一个惩罚严重，另一个惩罚不严重，这没有意义，耗费也太大。亚瑟的分级惩罚制度要求的是不在遥远地区提供轻型惩罚。亚瑟决定把两地关闭，在霍巴特附近塔斯曼半岛参差不齐的顶端，新开一座监禁拓居地。这地方就叫亚瑟港。这是他的丰碑，也许任何英国派来的总督，都没有留下一座比这更让人印象深刻的丰碑。

今天，很容易通过陆路到访亚瑟港。它离霍巴特六十英里。每个季节都有成千上万的游客乘坐大巴和小车，川流不息地沿着佛里斯蒂尔山下的亚瑟高速公路而行，路上能够瞥见黑人湾和诺福克湾明亮的平野，就像擦拭得锃亮的铅锡锑合金器皿，在一束束阳光的照耀下，形成一根根羽毛状，同时又包围在黑暗的头地所形成的框架中。奶油色和绿色的石棉板别墅露出地面，花园的守护神塑像和敞开的车房干净整洁，紧紧地守住这片忧郁的海岸不放。这座半岛上的小房子看起来弱不禁风，很不协调，这些郊区的谦卑嫁接物不属于这片浸透了崇高和苦难的风景。

然而人们很快就忘掉了这一点，目光向下，朝海盗湾马赛克拼图般的海滩看去，那片海滩在流动的岩浆冷却之后，碎裂成棋盘一般的六边形小方块。人们或者凝视着令人头晕目眩、深不可测的喷水洞，在那儿，在岩石形成的一道"苗条"的天然拱门下，两百英尺以下的海水雷鸣般地拍打着岩洞底部的一块块玄武岩，空气中永远弥漫着挥之不去的迷雾。

当然，在流犯时代，这儿没有道路。塔斯曼半岛正是因为不通车马，才得到流放制度的赏识，要想体会这一点，最好像囚犯那样走海路，坐船从霍巴特出发，沿德文河顺流而下，来到河口，进入风暴湾——那曾经是成千上万头黑鲸鱼的产子之地，现在却空空如也。从澳大利亚最古老的灯塔眨巴着眼睛放射出光柱的方向岬看去，侧面长而隆起的塔斯曼半岛就躺卧在东南部地平线上，其最南端是劳尔岬，船从旁绕过时，看上去就像梅茵宫湾伸向西边的一只臂膀，那是向亚瑟港打开通道的海门——向东伸去的臂膀则是支柱岬。这两座海岬都是高耸壁立的玄武岩，呈管状、芦笛状、棍棒状，像束棒一样捆在活生生的岩石上，其顶冠削尖，颇似城墙上的雉堞。海鸟盘旋着，发出尖细的叫声，飞过黑色的岩壁和更黑的阴影。浪头卷起又砸碎，高高地撩起白纱。云彩从塔斯曼海大踏步而来之时，暴雨鞭子一样抽打着棱镜形的石头，这一片悬崖看上去就像坚硬无比的地狱之门本身。地理环境仿佛与副总督亚瑟参与共谋，在皇家囚犯改变航向入港之时，就让他们在道德上大吃一惊。

不过，一旦进入亚瑟港被大地锁住的海湾，原来的印象就冰消雪化，至少从一个现代访客的眼中看是如此。他只看见绿色的草坪、一座哥特式教堂爬满青藤的遗址，以及巨大的监狱，其砖墙呈粉红色，色调淡软，破败现象严重，几乎就像一座母性的废墟。尽管当年的流犯似乎并不这么认为，但现代游客能可靠地感受到一种震颤，它来自温和而又颇具田园风光——et in Arcadia ego①——的现在与传说中的过去这两者

①　拉丁语，大意是"葬于此墓者曾在阿卡狄亚生活过"，参见：http://en.wikipedia.org/wiki/Et_in_Arcadia_ego。

之间的鲜明对比。澳大利亚的停车场很多，废墟却很少。澳大利亚人只要看到一座古老建筑物的废墟，就会产生一种冲动，不是把它完全推倒，就是请建筑师来把它复原——如果够大，就建成一座文化中心或餐馆。亚瑟港是仅因其自身受人欣赏而被保留下来的澳大利亚历史遗迹中唯一的重大例证（尽管当地企业家一直试图把它重新装修，建成"流犯公园"，但一直没有成功）。这是澳大利亚的佩斯敦神庙和达豪集中营之合璧。亚瑟港远远超过了麦夸里海港，甚至也超过了诺福克岛，它在澳大利亚老百姓的想象中占主导地位，成了流放制度的苦难象征，即"人间地狱"。

而且，这个地方从一开始就有着恐怖非常的名声。在那儿服刑，就等于背上一口永远也卸不掉的黑锅。亚瑟的继任者——副总督约翰·富兰克林爵士曾说："一个人在亚瑟港服刑，其名字就会带上一种极为低贱的意味。"[47]然而，记录清楚地表明，尽管亚瑟港对囚犯来说的确是一个苦难之地，但绝对没有麦夸里海港和诺福克岛那么糟糕。

它与其他二次惩罚站的主要差别在于，这个地方的惩戒管教极有规律，十分封闭。它从立意到管理，都是作为一座磨坊一样的炼狱，而不是一个酷刑室。亚瑟的常年指令强调说，"需要强迫流犯一刻不停地劳动，而且需要对他们极为警惕"[48]，但他在该拓居地对卫兵行为的规定也很严格。司令官享有绝对权威，通过霍巴特的殖民地大臣，直接对副总督负责。一旦犯事，他可以立刻不经审判，就地实行惩罚，而且也的确实行了惩罚，这样，流犯就能刻不容缓地"得到教训"。但是，先犯罪，再发现，最后受惩罚，这个顺序必须像机器一样有规律，容不得报复和同情。亚瑟制定的种种规定，使监狱管理人员钻不了任何空子，无法采取施虐狂的行为——正是这种行为，使得麦夸里海港和诺福克岛的流犯生活糟糕透顶。托马斯·勒姆普里耶尔（1796—1852）曾在亚瑟港（以及麦夸里海港和玛丽娅岛）当过给养军官，他认为，亚瑟的敌人称该地为"人间地狱"是夸大其词，但他也不避讳用"苦难之地"这样的词。他语气尖刻，很现实地说，"我们并不反对这个绰号"，因为：

> 监禁拓居地对那些因犯罪行为而把自己与同胞的社会分割开来的人来说，本来就是，也应该是一个苦难之地。如果成了一个舒服的地方，建立这种地方的目的——对犯罪分子进行惩罚和改造——就等于是一句空话。[49]

"和改造"——这是一个关键词。亚瑟港的存在，就是为了有目的地惩罚囚犯。后来，它成了一副老虎钳，从底部钳定了亚瑟社会制度的僵硬结构。

1827 年，殖民地的"负鼠号""布里格"从玛丽娅岛回霍巴特的路上，在那儿躲避风暴后，带回了一个消息，说那儿有座小岛，地方隐蔽，水下很深，周围都是一株株挺拔耸立的大树。亚瑟从那时起，就一直在考虑该如何使用这个地方。亚瑟派该船船长带一个测量员回去，以便对该地提出一份详细报告：其作为港口的优点和淡水供应，特别是森林——建房和制造家具而导致木料需求量与日俱增，同时伐木也是很理想的一种严厉惩罚。

根据报告，情况不错，于是，亚瑟决定在该海湾建立一座拓居地，该地"带着最深的敬意"，以他的名字命名。他并不打算把麦夸里海港的所有流犯都立刻转到那儿。有些并无恶意的人可以放在那儿，以观后效，让他们重新顺着他的制度之梯往上爬，但亚瑟港的基本人口一般都是再次犯了小罪的人，以及刚从英格兰来的其他人。

第一批人是三十四名新来的英国囚犯，在 63 团助理外科大夫约翰·罗素的率领下，由十五名士兵看守，于 1830 年 9 月在那儿登陆，接着又有更多的人抵达。到了 1831 年中期，该地流犯约有一百五十人。罗素大夫后来的名单上有"几个很有名气的人……混在一起的还有一个普通阶层的人，都是翻墙入室偷盗者、扒手和重犯"：

> 有著名的艾基·所罗门。有老水手柯林斯，他曾往国王身上扔石头——后来死在亚瑟港。有那些搞农村暴动的人、烧稻草堆的

人，这个情况大约发生在 1830 年或 1831 年。有苏格兰来的一个教士和爱尔兰来的一个律师。还有几个派来学手艺的男孩子。[50]

杂色纷呈，什么人都有——要生存下来，就会有很大困难，新监禁边远居民点情况总是这样。食品定量奇缺，败血症猖獗。医疗物品短缺至极，有一次，一个医生为囚犯的"狭窄尿路"开刀，用一片锋利的鲸鱼骨代替了柳叶刀。由于没有制服，流犯衣不蔽体。罗素回忆说："我很难惩罚那些人。事实上，我自己也在丛林里生活过。因此，凡是下来的人，我都把他们身上的镣铐摘掉。如果惩罚他们，就让他们再戴上镣铐。"起先，他没法进行单独监禁，因为没有号子。后来发现，"最有效的"惩罚是戴着镣铐做苦工，在单独监禁的情况下吃饭和休息。[51]

罗素向霍巴特求告，但无人理会，因为亚瑟想把范迪门斯地的黑人部落一网打尽，特别迷恋他军事战役的野战战略。罗素很快就发现，第一批流犯从麦夸里海港转移到亚瑟港时，对刚从英格兰来的囚犯有很坏的影响："他们完全是在对他们作威作福，很快就把他们变得一样心狠手毒，一样不顾后果，一样虚伪狡猾。"亚瑟的注意力被转移之后，殖民地政府无法兑现自己的诺言去嘉奖表现更好的囚犯，结果挫伤了大家的士气：

> 有时会通过司令官向表现好的人许诺，一旦表现好，很快就能得到减刑；表现极佳者，就会对拓居地很有用。但政府更久地把他们留在那儿不放……这些人发现表现好也没用，就狗急跳墙，无恶不作。[52]

一座拓居地在亚瑟港慢慢地建立起来。1832 年底，63 团中校洛甘视察了塔斯曼半岛，据他报告，只要有一条快速巡逻艇，沿海岸巡航，搜查逃犯，这个地方就能取代麦夸里海港。[53]两个月后，1833 年 2 月，有一个人随同特遣的燧发枪手团 21 团在霍巴特下船，后来，就是他令亚瑟港具有了真正的监禁格局。这人就是查尔斯·奥哈拉·布斯。他命中注定要满足亚瑟的愿望，在塔斯曼半岛上，"带着法律的威严，走到人类能够忍受的极点"。他后来在亚瑟港当司令官，一当就是十一年。1833年他接任时，塔斯曼半岛上有475名囚犯。到了1835年，有将近950人。截至1844年，也就是布斯当司令官的最后一年，亚瑟港所接收的流犯共有6002人。到了1853年，即范迪门斯地流放停止的那年，约有6000人在那里。在亚瑟港头半个世纪生命活跃的时期，在那儿服刑的约有12700人——约占流放到范迪门斯地73500名流犯的六分之一。（不过，有些囚犯不止一次送到那里。）因此，该地在监禁计划中意义十分重大，对惯犯或累犯的惩罚所起的作用，远比麦夸里海港大，甚至也远比诺福克岛大。[54]

查尔斯·奥哈拉·布斯是个很厉害、很警觉的人，他对铁律的嗜好，也混合了对一语双关、法式语言风格和杂耍剧场欢宴的偏爱。他强烈地感到，他的工作就是扮演角色。他在日记中称亚瑟港的流犯是他的"驯狮"，他这个驯兽人需要摆出某种戏剧性的姿势。一天晚上，他不得不靠一己之力，用目光压倒375名不服管束的囚犯，这时，他写道："我把毁灭一切的面具戴上，我把洪亮的嗓门提高，我让他们瑟瑟发抖。"[55]

他本来就很保守，对改造亚瑟港的流犯也不抱任何幻想。他到那儿去的目的，就是管教他们，让他们干活，不过，任何道德变化都是好事，只是可能性似乎不大。1839年，他把他的意见清楚地告诉了一位法国到访者，即拉普拉斯船长。拉普拉斯和布斯在拓居地夜晚巡查的地方踱步时间，他如何用如此小的手段（只有十几个卫兵，却能监督几百个犯人，而且监狱建筑的安全度也很低）获得了如此的安宁。"他回答说，采取的是严刑惩罚，公正不偏，像命运一样淡漠处之；采取的是猎人一样的警觉，要求囚犯绝对沉默。"布斯补充说，他保证不侮辱流犯，也不咒骂他们。他很少鞭笞他们，因为鞭子"经常令他们大为恼火，逼着他们走上犯罪的道路，而不是改过自新"。他更喜欢单独监禁。"都很害怕（这个东西）……能通过无聊征服他们。"他们单独监禁之后，"都比进去之前强"，但也只能管一小段时间。"玩笑一开，同伴一做出坏榜样，再加上一种致命的傲气，他们很快就忘掉了重新做人的保证，又变得跟从前一样危险了。"他生病时有时会情绪消沉，然后就变得疑虑重重。1838年，在普尔岬那些不服管教的少年犯中，非常费力地度过一天之后，他在日记中记道："非得惩罚的男孩子如此之多，都让人感到恶心。但愿我们有人来改善这个制度——要坚定不移，同时又要中庸适度，要有耐心，才能亲眼见到持之以恒的结果……发现自己的体质迅速崩溃，这种情形让人难受……但若能坚定不移，配以爱心和不屈不挠的持之以恒的精神，就会获得大德大善的成果。"这是布斯在亚瑟港日记中，对监狱政策中与手段不同的目标写下的唯一看法。他的日记通篇写的都是他酷爱的打猎活动，如一天打了十六对鹌鹑，另一天打了九头袋鼠，在潟湖上猎鸭，用袋鼠阴囊做了一只钱包，他还很俏皮地称之为"装鹅卵石的盒子"，"因为这是从一只'好斗的公袋鼠'身上弄下来的优秀标本"。但是，他对工作及其所含道德价值的沉思，几乎找不到丝毫痕迹。布斯不是一个喜欢沉思默想的人。[56]

在亚瑟港的下属中间，他出了名地讲求公正，甚至出了名地讲人性。勒姆普里耶尔写道："我们都知道，他厌恶使用（鞭子）。他迫不得已，非得严加管教，进行体罚时，总是感到很遗憾。"[57]但他只要一挥动鞭子，就欲罢不能，判罚鞭笞多达一百鞭。流犯都认为，亚瑟港的九尾鞭特别残酷——关于麦夸里海港的鞭笞情况，人们也是这么说的。约翰·弗洛斯特是宪章派人士（他在1839年大批逮捕宪章派领袖之后，领导蒙茅斯山一支装备不良的起义矿工，进攻英国人住的纽波特镇，因此被判绞刑，准备大卸八块，但后来减刑，改判终身流放），是亚瑟港的一个政治犯。据他称："在亚瑟港挨抽二十五鞭……让人产生的痛苦，要比在部队挨三百鞭还厉害。"19世纪40年代，在范迪门斯地，"政治犯"相对来说比较有特权，弗洛斯特就从来没有吃过鞭子，但他对这一可恨仪式的描述十分生动，说"鞭子手无所不用其极，就想打垮受苦受难者的精神，而这些受苦受难者也决不畏惧，决心顶住惩罚的压力"：

> 皮鞭用的是最坚硬的鞭绳，尺寸大得出奇。鞭绳在盐水里浸
> 泡，直到浸透为止，然后在太阳下晒干。经过这个过程之后，鞭子
> 就像铁丝，上面的八十一个绳结就像锯刀一样，能够锯进肉里。

据弗洛斯特称，查尔斯·奥哈拉·布斯"经常亲眼看着人们受罚，漠不关心，麻木不仁，就好像看着某种哲学实验一样"[58]。

他还经常召集流犯目睹鞭笞现场。贵格会传教士巴克豪斯和沃克都感到，这种做法"产生了一种触犯众怒的效果"，有把旁观者激怒到全体哗变的危险，"尽管有军警把守，在这种时候，在场囚犯有六七百人，而卫兵仅有四十人"。[59]

布斯让人建造了单独监禁的囚室和特别惩罚室，长七英尺，宽四英尺，漆黑一片，在里面，"甚至不让人用餐刀吃饭……他们把食物朝黑暗中的人扔过去，就像扔东西给狗吃一样，食物也很少，躺下来的地方什么都没有，只有一块旧布。如果身上打湿了，就得穿着湿衣服一直等到次日清晨"。塔斯曼半岛夜里很凉。犯罪性质较轻的人，有像狗窝一样的箱子，囚犯被铁链拴在那儿，捶着面前的一堆石头。如果镣铐还没有重到足以惩罚他的罪行，就要他"脚趾上拴木头"，把很重的一块木头拴在他脚踝的脚镣上，一边走，一边拖。[60]

细看一下亚瑟港犯人的刑罚记录，不啻是在看一个官僚主义的严酷而又乏味的缩微世界，其恐怖之处倒不是无所顾忌地实施酷刑（就像关于该地的哥特式传奇和民间恐怖故事所坚持认为的那样），恰恰相反，其恐怖之处在于，严格执行的惩罚，是按比例机械化地进行分配的，旨在把每个囚犯整垮，让其像牛一样地接受现实——这就是亚瑟道德改革的标准。看这种记录，就像回忆某个沉闷无聊的神祇，不停地扳着指头数数，看有多少麻雀掉下地来。下面是一个取样，记录了苏格兰盗马贼罗伯特·威廉森三年所受的惩罚。他生于 1812 年，于 1832 年在因弗内

斯被判十四年流放，1834 年乘坐"约翰·巴利号"抵达范迪门斯地。那年晚些时候，他极不明智地从亚瑟的前任司法部部长、现任高级法院法官、游艇业余爱好者阿尔杰农·西德尼·蒙塔古那儿偷了一件粗羊毛呢短大衣，结果被判去亚瑟港服刑七年：

1835 年

1 月 3 日　私藏一把锉刀："铁链帮"劳动六周。

2 月 21 日　工作失职："铁链帮"劳动六周。

3 月 28 日　越狱，而且在亚瑟港公共工程工作时旷工……一直旷工，直到今天有一队警员和军人在同情岬（原文如此）抓到他：七十五鞭。

3 月 28 日　同天——私藏各种政府工具，企图利用这些工具从监狱逃走……闯进拓居地车间：在煤矿囚室单独监禁十天。

9 月 4 日　不参加"铁链帮"劳动：单独监禁十天。

11 月 6 日　在"铁链帮"旷工几小时：十天，同上。

12 月 3 日　企图唆使囚犯逃跑：六个月脚镣手铐。

12 月 9 日　破坏脚镣：三十六鞭。

1836 年

8 月 13 日　不听从命令而钓鱼：三周脚镣手铐。

9 月 6 日　私藏大量蔬菜："铁链帮"劳动一个月。

9 月 20 日　消极怠工：单独监禁三天。

10 月 10 日　消极怠工：囚室囚禁十夜。

10 月 20 日　上班打架：单独监禁四十八小时。

12 月 28 日　旷工，不参加"铁链帮"劳动：1 号"铁链帮"劳动十四天。

12月29日　无故私自藏刀：单独监禁三天。

1837年

7月15日　无故私藏毛巾：2号"铁链帮"劳动十四天。

9月18日　对囚友使用极为淫秽的语言，并有恶意的行为：单独监禁十天。

10月4日　去医院时旷工：2号"铁链帮"劳动一个月。

11月28日　私藏小龙虾一只并企图带进监狱：2号"铁链帮"劳动一个月。[61]

　　查尔斯·奥哈拉·布斯是一名很活跃的司令官，他从塔斯曼半岛的丛林中徒步穿行或骑马穿行，就为了推动他最热衷的项目：一座煤矿、一个能与霍巴特取得联系的信号灯系统，以及澳大利亚不靠蒸汽而靠流犯驱动的第一条铁路。但他首先还得对付鹰颈地峡的安全系统。在这儿，亚瑟曾于1831年建立了一座永久的警卫站，因为囚犯在布斯抵达的两年前，已经开始大批逃跑。在拍岸浪击打的海盗湾和风平浪静的诺福克湾之间，这座蜂腰般窄细的地峡不到一百码宽，是亚瑟港的关键所在。它过去是，现在仍然是犯人离开塔斯曼半岛的唯一陆路。因此，如何越过这道关口，成了流犯发挥聪明才智、朝思暮想的焦点。他们不是走路就是爬行，或者是奔跑、涉水，甚至单腿跳着越过这个地方。一个囚犯从前当过演员，名叫威廉·亨特，"早年曾属于一队走江湖的庸医"，他把自己伪装成一只"蹦魔"，也就是大雄袋鼠，差点过海。他来到了弗里斯蒂尔半岛，结果撞上两个纠察卫兵，还真当他是袋鼠，一看见他就追了起来，跟着就把毛瑟枪端平了。这个神经紧张的有袋动物尖声叫唤起来："别开枪！我是比利·亨特！"他们大吃一惊。[62]

　　布斯很快就结束了这种行为。勒姆普里耶尔承认说，他的"措施很审慎"，这"使得……所有的努力都归于失败。看起来，好像没有一个人能够成功地过去"。鹰颈地峡斑斑点点，到处都是小圆丘，能借以掩护，从中爬过，拍岸浪又能盖住人的脚步声。1832 年，布斯还没到达，负责管理卫兵的掌旗官想出了一个很聪明的主意，在鹰颈地峡布下一根串接了九只警犬的绳子，再在上面加了一排油灯，灯光照在一条白色的碎贝壳带上。这种原始的探照灯使得逃犯在夜里穿过时，影子很容易被人看见，就算他已经从狗的身旁经过也没用。布斯把警卫增加到二十五人，盖了卫兵室和岗亭，又把狗的数目翻了一番。勒姆普里耶尔生硬地讽刺道："无论亚瑟港是不是一座'人间地狱'，反正它有冥府看门狗……这些狗形成了一道不可逾越的障碍。"[63] 当流犯开始试图涉水穿过这道障碍时，布斯就从岸边把更多的狗放到平台上去。有个传说是，卫兵习惯性地把牛羊的下水和污血倒在海滩上，以便吸引鲨鱼，因为在几英里外的弗里斯蒂尔半岛，有一座屠宰场。这个传说可能有一定的真实性，但也许他们告诉流犯只是为了吓唬他们。

为了预先警告有人逃跑或亚瑟港出现危机，同时也为了接收来自霍巴特的信息，布斯设立了一连串的信号站，这是澳大利亚的第一个远程通信系统，利用的是信号灯，而不是用电的"电报"：他在山顶和岛上竖起高高的杆子，每根杆子都有三组双臂杆，就像铁路信号一样。每根臂杆通过一个链接系统，可以设置成不同角度，每一角度则被赋予一个数字意义，通过电报密码本，可将数字组翻译成文字、片语和整段话。布斯成年累月地熬夜，研究他的信号本，最后，这个信号本中含有的成千上万个数字组提到了诸如姓名、天气、逃跑囚犯、供应物品、工具、武器、疾病、食品、地方、测量和距离等。截至 1844 年，该信号本列举的信号有一万一千三百个，可通过风暴湾周围海滨头地和岛屿上的二十二个中继站传到霍巴特。天气晴朗时，不要半小时，就可把一个信息从布斯的发射器传到霍巴特。这是一根高如桅杆的木杆，它主宰了亚瑟港的拓居地。塔斯曼半岛上的地方信号灯可通过闪烁信息，在一分钟内就将亚瑟港囚犯逃跑的消息传到鹰颈地峡。[64]

从鹰颈地峡走大约十五英里，就是诺福克湾的西边，在深深的砂岩里，有一层煤矿。作为一种额外的惩罚形式，让流犯挖煤，判罚苦工，让其生活暗无天日，陷入极度的狭窄空间，时时刻刻面临塌矿的危险。还有什么比这更能磨炼人呢？亚瑟这么推理一番之后，就要布斯派最不服管教的囚犯去那儿钻井。不久，司令官为一百七十个犯人建起了一座大型石制营地，这座营地杏色的废墟直到现在还风景如画地凝望着诺福克湾，它经受着风吹雨打的磨蚀，下面还有拥挤不堪、半已颓圮的封闭囚室。后面的矿井早已关闭。在其中干活十分可怕。每次只能容纳十一个矿工挖煤，每人每天得挖满满的三十车煤，约有两吨半重。较深的井道深入海平线达一百英尺，因此，渗水始终是个问题。亚瑟港的煤块点燃后，"燃烧时间难以置信地久"，但"刚烧着时，会碎成很多小片，会烧坏地毯、家具和女式衣服等"。不过，这种燃煤在霍巴特的售价仅为新南威尔士的三分之一，所以需求量很大。[65]

布斯闪闪发光的发明创新精神不是表现在煤矿上，而是反映在铁道上。这是真正的珍奇事物，是流放史上的一个小小的里程碑——从该词的两个意思上来说都是如此，既是里程碑，也是地标。[①] 它通过鹰颈地峡，把诺福克湾顶端的码头，与四英里半之外的亚瑟港主拓居地连接起来。通过这条铁路，可将人员和物资运到煤矿和鹰颈地峡，而不用绕塔斯曼半岛走很远的海路。它沿着一条急转弯道铺设，穿过茂密的桉树和蕨类植物森林，轨道是用硬木锯材做的，约六英尺长，三英尺宽，钉在粗枕木上，下面铺的是黏土。铁道越过木桥，穿过溪谷。车子没有引擎，动力来自流犯，前后都用横杆顶着，流犯一路小跑推着它。车厢是能坐四人的马车，靠铸铁矿车轮子滑行。这就是澳大利亚的第一条客运铁路。它让一些游人难堪，但从另一个角度讲，这总比走路要好，对女士来说就更是如此。布斯铁路的车子辘辘地下山而行时，车速可达每小时三十英里，这在人们步速很少超过小跑的马的时代，是很恐怖的速度。戈德弗里·蒙迪上校1851年造访亚瑟港时，描述了流犯把车推到

---

① 该词的英文是 landmark，除里程碑外，还有地标之意。

"一段长下坡路"顶端的情况：

> 这时，他们攒足劲头，辘辘地下了山，速度极快——至少对神经像女人一样的人来说，速度是极快的——他们一路小跑时，脚踝上的铁镣"叮叮当当"地响着……跑动的人在车的旁边跳着，与乘客靠得太近，很不舒服，我们大家无论是自由人，还是不自由的人，就这样颠簸摇摆着往下去了……因为下行速度太快，一个坐在后面的人多少想用一根横木锁住轮子，却因此遭到了呵斥。

威廉·邓尼森副总督 1847 年正式视察塔斯曼半岛时，曾在拉尔夫湾地峡一条类似的铁道上乘过车，他陷入沉思，写道："我必须说，看见自己坐在这里，让这些可怜的流犯推着，心里不是滋味。看见他们处于奴隶的状态，让人感到很痛苦。事实上，他们正站在齐膝深的水里等我。"[66]

铁道一定也会让孩子们驻足观看。原来，亚瑟港不仅是成年人的监狱，也是小男孩的学校。

Ⅴ

于十九世纪三四十年代到亚瑟港来的人，很少会坐船。越过负鼠湾，来到一个名叫普尔岬的地峡，从这个地方，可以看见整个殖民地的小男孩。他们衣衫褴褛，面色苍白，"在岩石中攀爬，在我们视线中躲藏起来或者消失不见，就像西印度群岛的陆蟹一样"[67]。

普尔岬的命名恰如其分，puer（普尔）在拉丁文中有"男孩"的意思。这是一座专关九到十八岁少年犯的监狱。他们被英国法律铁面无私的机制捕捉，流放到范迪门斯地。亚瑟称他们是"道德败坏的小重犯"。到 30 年代中期，随着流放重犯的总数稳步增长，他们来得越来越多，人数多得令人不安。1834 年 1 月至 9 月间，在霍巴特下船的 1434 名流犯中，240 名是少年犯。超过 2000 名这样的男孩子被流放到范迪门斯地，然后送到普尔岬的儿童教养院。[68]

对亚瑟及其三人配给董事会来说，如何处置他们是个问题。他们中的每一个，不是年龄太小，就是知识太少，不可能有手艺，也不可能对任何拓居者起任何作用。这些孩子颇像对人事茫然不解的野狗，大多数都偷过东西，喜欢张扬，心肠十分冷酷，不可能在配给制度中为他们安置一个地方，对政府来说也是个沉重的负担。亚瑟意识到，有些人孤苦无助，因为他们"被扔到这个世界来时，就一贫如洗。另外一些人则因为父母本身放荡不羁，把他们教坏而落到这步田地——还有一些人是伦敦周围老奸巨猾的盗贼的帮凶——但所有的人都是让人同情的对象"[69]

1833 年，霍巴特的囚犯营地共有 68 名这样的男孩，他们植物人般在那儿生长。亚瑟表现出了他的"同情"，把他们全部送到了塔斯曼半岛。他们于 1834 年 1 月抵达，所有的人都喝得醉醺醺的。原来，他们在船上拆垮了一只六打装板条箱的葡萄酒，与船上的成人流犯分着喝了。布斯司令官把他们痛斥一顿之后，就把他们关进一座面积很大、四面通风的临时营地，与主拓居地严格地区分开来，这样，成年囚犯就没有机会"传染"他们了。普尔岬与外界隔离得很好，海岸线上主要耸立着高达六十英尺的悬崖，周围的大海充满开水一样沸腾的巨澜和危险的潜流——"这地方无遮无蔽，一片凄凉，没有淡水，没有柴火，每一英寸土地都是……毫无价值的"。随着囚徒的到来，情况可能会好转，至少流放制度是这么假定的。[70]

亚瑟港的少年犯人口迅速上升。到了 1834 年底，布斯眼皮底下共有 161 名男孩，1836 年是 271 人。1837 年，在约翰·罗素勋爵的好心建议下，英格兰派遣了一艘流犯船，船名是"弗朗西斯·夏洛蒂号"，船上载着 139 名男孩和 10 名成人监工。到了 1842 年，这座凄风苦雨的地峡共有 716 名少年，以及一大片为他们遮风挡雨的营地、工作室和教室。

需要让他们上学，教他们手艺，传授他们基督教的真理，并对他们进行惩罚。1834年，亚瑟以狄更斯笔下瓦克福德·司圭尔的不祥的口吻写信给布斯说："不要忘记，这些男孩非常邪恶。一定要极为小心，迫使他们记住他们现处的这种丢脸境地。与此同时，要尽一切努力，根除他们的堕落习惯。"他不想把太多时间浪费在"教这些孩子读书写字"上。他们需要切实可用的技能，有了这种技能，才能成为有用的配给仆人，所以，每天都得"小"驴拉磨般地干活。早晨五点起床，叠吊床，排队集合，读经祈祷。七点早餐，检查卫生，集合点名。从八点到十二点，上课学习实践手艺，如细木工或制靴。中午净身，再检查一次卫生。十二点三十分吃正餐。下午一点三十分到五点，做更多的学徒工作，再洗濯，再检查。五点三十分吃晚饭。六点十五分在学校集合点名。然后在校上课一小时，接着是晚祷和读经。晚上七点三十分上床睡觉。后来，晚上的学校上课时间又延长了两小时。不过，学不学已经没有多大意义，因为到了这个时候，大多数孩子已经困乏不堪，学不进任何东西了。

这种管理体制有一个最成功的部分，即传授手艺，其内容相当广泛。到了1837年，内容已经包括做面包、制鞋、木工、缝纫、园艺、制钉及打铁等。能参加手艺班的人数有限，但大多数男孩都想进去。据布斯报告："一有空缺出现，就可选择性情较好者，安排学习某种手艺，一般（他们）都很渴望学习。"他们都很想从"苦工帮"出来，因为在那儿，凡是新抵普尔岬的人，都要介绍如何"使用铁锹、锄头和砍树根的斧头"。"苦工帮"的男孩子干的都是普尔岬那种老驴拉磨的苦活——清空林地、斩除树根、手拉肩扛——决不让他们闲着。也许并非偶然，从1834年到1843年的岁月里，死于普尔岬的38名男孩中，22名都是没有手艺的人。如果能当上锯工或细木工，那情况就要好得多，同时还意味着这地方就有了自由的熟练（或半熟练）劳动力了，也就是亚瑟港报告表中所记录的那种：

修造了手推车、4 座囚室、5 口棺材、390 把锤柄、6 只营地小凳、13 张课桌、4 扇花园大门，以及一套仓库和一台颈手枷。

制作了 216 把石匠的木槌、20 根帽子别针、50 个系索栓、2 根床柱、243 只龙骨蹾。

制作了 17 双惠灵顿长筒靴，每双 11 先令；24 双半筒靴，每双 5 先令；2 双女鞋，每双 3 先令；1788 双囚犯靴，每双 4 先令。

普尔岬的男孩子制作铁钉，缝制流犯的灰黄两色"金丝雀"羊毛制服，给栅栏刷漆，锻造斧头，用刮刀给大锤锤柄造型。他们之中的石匠煞费苦心，为亚瑟港圆形安全塔切割毛石块，把山形墙劈出角度来。木工班为那座新哥特式教堂精心打造讲坛和条凳式座位。在 1844 年，34 名砖瓦匠制作了 155000 块砖，其中有些砖头——上面有早已亡故的少年把砖头从沙砖模上推下来时留下的拇指痕迹——直到现在仍然遍布普尔岬的废墟。

毫无疑问，普尔岬的男孩子在手艺方面受到的教育，可以与他们本来在 19 世纪 30 年代的英格兰可能希望受到的教育相媲美，但他们的智识教育却是最基本的。1842 年，已在那儿待了两三年的孩子连读一个音节都有困难，他们的算术也好不了多少。小学生的唯一读本是《圣经》，由卫理公会传教站提供。虽有几本拼写课本和启蒙读本，但根本不够用。学生有 800 名，但"只有一块黑板，而且很少使用"，连一张世界地图都没有。宗教传授的状况也好不到哪儿去。首先，它掌握在卫理公会教士的手中。据他们 1836 年的报告说："十分注意孩子们的宗教传授问题，有些人已经受到福音书救人于难的影响。"巴克豪斯和沃克这两位到访的贵格会教徒极不同意，他们认为孩子们的道德观念"处于非常堕落的状态"。1837 年，卫理公会教士为一位热心的英国圣公会传教员所取代，此人名叫彼得·巴罗，他在塞拉利昂的海岸开办了一家黑人弃儿的孤儿院，刚刚从那儿过来。他以为，只要有一个教士，就能收复普尔岬男孩中的一半，甚至三分之二的人。但他失败了。五年后，有几个男孩子能够鹦鹉学舌，说一点英国圣公会传教的话，但没有一人能按正确的顺序背诵"十诫"，也没有一人能显示他理解了《圣经》所述的历史。就连他们唱圣歌的质量也下降到这种地步："凡是耳朵还没有长老茧的人，几乎都无法忍受那种尖声喊叫。"[71]

在这个地方造就一批小基督徒的可能性微乎其微。普尔岬就像任何青少年犯教养感化院或寄宿学校，其社会制度不是一种，而是两种：一种是司令官和教士强加的官方制度，另一种是男孩子们自己创造发明的制度。本杰明·霍恩 1842 年就该地进行报告时曾说："他们中间有一种舆论的暴政，该地每一个男孩几乎都冒着生命危险，像奴隶一样受制于这种舆论……整个兄弟会的格言就是，只要对自己和社区有必要，人人都必须尽可能多地（对工头和当局的其他人）讲假话。"[72]

凡是出卖囚友的男孩，就会受到迫害，被折磨个半死不活。普尔岬的男孩子没有任何理由喜欢他们的狱卒。尽管那儿的条件至少不比英国的孤儿院或贫民学校糟，不过也好不到哪儿去，因此，囚犯痛恨狱中的条件。男孩子们特别憎恨流犯工头，认为他们都是暴君。如果工头晚上在宿舍值班睡着了，孩子们就会把灯灭掉，把公用夜壶的屎尿倒在他头上。有一个工头特别不受欢迎，在一次夜晚的打斗中被打伤，结果住了三个月的医院。1843 年，一个名叫休·麦克金的工头被两个十四岁的小伙子谋杀，他们是亨利·斯帕克斯和乔治·坎贝尔。[73]

如果普尔岬的男孩能够找到一条中间道路，躲过当局的严格规定和同行的压力，想办法学到一门手艺，他学完后就比大多数配给仆人有更好的成功机会。如果学不到手艺，制度就会直截了当地把他磨垮。托马斯·威勒茨就是这种情况，这个发育不良的孩子十六岁，来自沃里克，他 1834 年因盗窃长筒袜和菜园里的蔬菜而被判流放。在普尔岬和亚瑟港的五年中，他挨了总数达三十五鞭的九尾鞭，屁股上挨了一百八十三下藤条的抽击，十九次被判单独监禁。

　　　　1809 号：托马斯·威勒茨
　　　　1833 年 3 月 12 日受审，1834 年 8 月抵达范迪门斯地

手艺：无　　　身高：四英尺十一英寸

肤色：黑　　　头：小

发色：棕　　　腮须：无

面部：小　　　额头：中高

眉毛：棕　　　眼睛：灰

鼻子：小　　　嘴巴：中宽

下巴：小　　　备注：有麻子，右臂有伤疤

1834 年 8 月到达范迪门斯地

流犯，七年流放

在沃里克受审，因盗窃长筒袜被流放

人品——**极坏**

1834 年

12 月 30 日　殴打囚友并企图抢走其面包：臀部着二十四鞭。

1835 年

9 月 9 日　转亚瑟港。

9 月 28 日　在囚室行为不轨，引起骚乱：臀部着十五鞭。

10 月 21 日　骂人等：七天单独监禁。

11 月 18 日　抽烟：五天，同上。

1836 年

2 月 22 日　私藏萝卜：五天，同上。

11 月 3 日　对工头行为轻慢：四天，同上。

11 月 7 日　在囚室聊天：三天，同上。

12 月 26 日　在助理副警员执行公务时，对其举止极为不妥：
三十六鞭。

1837 年

1 月 26 日　在课堂打架：三天单独监禁，只给水和面包。

2 月 18 日　礼拜天在校行为不端：五天，同上。

3 月 20 日　私藏一条粗斜纹布裤，对助理副警员举止极为不妥：臀部着三十六鞭。

同天　因上述行为判罚后，一离开办公室，就立刻大笑不止，行为极端轻蔑：七天单独监禁，只给水和面包。

5 月 29 日　很不适当地拥有一双靴子：四天单独监禁。

6 月 26 日　违反命令在棚子里抽烟：三周在 2 号"铁链帮"干活。

9 月 2 日　对校长行为失当，有暴力表现：臀部着三十六鞭。

1838 年

1 月 17 日　侮慢：三天单独监禁，只给水和面包。

3 月 16 日　极端侮慢：七天，同上。

4 月 19 日　对少男同胞行为不妥：十天，同上。

6 月 25 日　在教堂做礼拜时讲话：四十八小时单独监禁，只给水和面包。

7 月 7 日　打囚友：臀部着三十六鞭。

7 月 28 日　在囚室讲话，查房时不恭：三天单独监禁，只给水和面包。

8 月 3 日　把自己破相：四十八小时单独监禁。

8 月 16 日　去囚室时极为侮慢：四天，同上。

10 月 1 日　在亚瑟港擅离职守，不做公共工程工作，直到被抓回为止：七天，同上。

1839 年

3 月 5 日　逃跑：三十五鞭。

3月20日　逃跑：亚瑟港"铁链帮"两年苦工——行为表现需向副总督报告。

7月18日　有捣乱行为：二十四小时单独监禁。

10月9日　无端私藏丝织长筒袜：2号"铁链帮"工作一个月。

12月5日　玩忽职守，拒不工作：一个月，同上。[74]

亚瑟制度的缺陷，就在他这种人的皮肤上留下了众目睽睽的印记，但无论"屡教不改者""脾气倔强者""桀骜不驯者"的生活在亚瑟港多么凄惨，他们的痛苦与亚瑟统治下的塔斯马尼亚人相比，都是小巫见大巫了。

iv

亚瑟上校的最后一个问题，就是塔斯马尼亚的黑人问题，而他本人也是他们的最后一个问题。1824年，也就是他来到范迪门斯地的那一年，一场不宣而战的似乎永远也结束不了的恶意的游击战已在白人和黑人之间延续了二十年。1804年，白人首次登陆的几个月后，在里斯登小海湾打响了第一枪。多年后，前流犯爱德华·怀特向土著事务委员会描述了事情发生的原委。1804年5月3日，他正在溪边锄地，突然有一支三百多人的土著队伍从丛林中出来，有男人、女人和孩子，前面赶着一群袋鼠。黑人在袋鼠和海水之间，形成一个很大的新月形。他们没带长矛，但手里拿着棍棒。怀特看得出来，这不是一支战斗部队。他们只是打算把逼住的野物杀掉，然后举行"可乐饱你"舞会。他还记得，当时"他们所有的眼睛都看着我的那种样子……（他们）没有威胁我，我也不怕他们"。不过，他还是跑去告诉了士兵，这些士兵把毛瑟枪上满子弹，就朝部落人进逼过去。"土著没有攻击士兵，他们不可能骚扰士兵。"但士兵还是用大口径短炮，冲着他们直截了当地放了一炮，并用葡萄弹扫射他们。谁也没有计算，有多少手无寸铁的黑人被屠戮，但在该次大屠杀结束之时，殖民地外科大夫雅各布·芒特嗄热特心血来潮，产生了人类学的兴趣，把他们的尸骨装了一桶，并在里面撒上盐，然后送到了悉尼。[75]

白人登陆时，范迪门斯地可能有四千个土著。到了亚瑟时代，其人数锐减，尽管今天几乎不可能猜测究竟有多少。也许每死一个白人，就有十个黑人或二十个黑人被杀。起先，这场肮脏的小型战争在霍巴特和德文河两岸展开，饥饿岁月的拓居者与黑人争夺袋鼠。甚至有时候，白人会为了玩乐而杀戮黑人。1806 年，早期的丛林土匪约翰·布朗和理查德·勒蒙"经常用锐物刺杀他们，开枪把他们当活靶子打"。另一个逃跑流犯是詹姆斯·卡罗特或卡勒特，他在牡蛎湾附近拐走了一个土著的妻子，当土著跟在后面追他们两人时，他就把她丈夫杀死了，然后将其头颅砍下来，逼着她把头装在袋子里，戴在颈上，"像只玩物"[76]。有谣传说，猎袋鼠的人经常射杀黑人，用来喂狗。两个白人把一个土著男孩脸上的肉割下来，逼着他把肉嚼烂并吞进肚子里去。在霍巴特以北的奥特兰兹，流犯仓库管理员把土著妇女当作性奴，用拴牛的铁链拴在棚屋上。在巴斯海峡沿岸，流动抢劫的捕海豹者花钱从部落买女人，一般四五张海豹皮换一个女人，但如果土著不肯卖，他们就用枪把男人打死，然后把女人抢走。其中有个女人试图从捕海豹者那儿逃走，他们就把她五花大绑起来，割掉她的耳朵和她大腿上的肉，逼着她吃掉。流犯先驱詹姆斯·霍布斯轻描淡写地说，这一切及更多的情况"各部落都心知肚明"[77]。

到了 1815 年，范迪门斯地黑人和白人之间的暴力模式就已经充分确立。尽管历任副总督——柯林斯、戴维和索热尔都有过告示，警告拓居者不要挑起事端，也不要迫害黑人，强调土著受到英国法律的充分保护，但这种暴力模式仍在此背景下继续进行。历任总督所说的话没有分量，顶不住侵略的现实：白人占领了黑人的土地，而且正在尽其所能攫取土地。没有一个殖民者愿意承认这种两条腿的动物是有先占之权的人。

就这样，随着拓居点和牧场的扩展，这场任意的遭遇战残酷无情地演变成一场斩草除根之战。19 世纪 20 年代后期，养羊业和羊毛出口业开始繁荣起来。一些牲畜饲养者每两年就能产三次羊羔。1827 年，范迪门斯地共有 436256 头羊。到了 1830 年，就达到 682128 头羊，增长率超过了 55％。到了 1836 年，羊的头数又涨了三分之一，达到 911357 头——相当于殖民地每个白人拥有 20 头羊。下面的出口数字以英镑为单位，讲述了一个成长发展的故事[78]：

年份	出口总值	羊毛出口
1825	44498 英镑	12543 英镑
1827	59912 英镑	9089 英镑
1830	141745 英镑	57724 英镑
1832	152967 英镑	63145 英镑
1836	540221 英镑	220739 英镑

这种崭新的繁荣景象影响了范迪门斯地生活的面貌、自尊及其本身的质地。"贸易极其繁荣。"贵格会移民理查德·斯蒂克尼 1834 年写信给他妹妹萨拉说：

（那儿有）一排排商店，都是一流的伦敦风格，样式优雅的房屋变戏法一般拔地而起。猎捕抹香鲸的渔业在很大程度上进行得很成功。与此同时，羊毛越来越成为很大一宗出口产品。桃树不用园丁，就长得果实累累……我觉得，英格兰没有一个殖民地像这样，什么东西都像在家里一样。土著黑人不多……道路极佳，居民衣着光鲜，穿戴入时，马车无数，马匹精良。这里没有一点殖民地那种枯燥乏味的样子，却有着英国港市的喧闹和活跃。陌生人来到这儿，很容易产生幻觉，以为来到了英格兰。[79]

　　1829 年，"土著黑人不多"的情况并不如此明显，经济发展是不允许野人干扰的。但是，羊群让袋鼠和其他野物居无定所，毁灭了土著的食物基础。到了 19 世纪 20 年代后期，部落人对羊群报复，骚扰不断，让人不胜其烦：他们用长矛刺杀羊群，使之倒毙在地，经常不吃羊肉，以表示鄙视。他们劫掠并烧毁边远的棚屋。尽管正面攻击家宅比较罕见，但他们老让流犯牧羊人感到恐怖。这些侵掠零落分散，但到了 1829 年，似乎浮现出一种总的策略。1830 年，亚瑟组成一个委员会，调查黑人对白人拓居者抱有敌意的原因。该委员会主席布劳顿认为，有一种看法是，他们制订了"一种系统地袭击拓居者及其财物的计划"，这种看法"通过过去两年发生的事件，已经完全得到了证实……显而易见，他们对白人的优越性已经失去了感觉，而且对火器的效果也已失去了恐惧感"。[80]

　　土著学会了不进行大规模袭击，以免直接撞到拓居者的枪口上。他们转而骚扰拓居地的边缘地带、牧人棚屋和牧羊人的村舍。在 1830 年的头三个月，有近三十起这类事件发生，死了八个白人。部落人放火烧了草苫屋顶，把白人赶到光天化日之下。他们诱使牧人离开棚屋，进入丛林，这样就可轻而易举地把他们杀掉，然后把没人守卫的棚子抢劫一空，以火焚之。跟着，黑人就会消失在山里，很少有白人能在那儿抓住他们。一个名叫吉尔伯特·罗伯特森的拓居者抱怨说，没有"跟踪他们的有效方式……没法派几支队伍包围他们。他们遍布全岛。他们永远站岗放哨，能通过危险的地方，也能攀上最危险的悬崖峭壁"。他很看不起士兵，认为他们没有能力追击黑人劫掠者。他宣称，他们"相当无能……不会竭尽全力"。拓居者、警察和流犯做得比较好。有时，他们把部落群体当成袋鼠一样追猎，骑马射杀他们。但是，有一个跟踪土著的方式很有效，就是在夜间尾随他们，早上标定他们营地篝火冒烟的地方。据罗伯特森讲（尽管其他白人义愤填膺，拒不承认他的说法），坎贝尔镇有一支五六名警员组成的队伍，在两道悬崖之间的一座溪谷中，偷袭了一个土著的营地，杀死了其中的七十人。硝烟散尽之后，他们下山来到岩石间，把吓得魂不附体的妇女和儿童抓出来，打得脑浆迸溅。他认为，此举结束了整个部落。[81]

白人做这种事情时，肯定精力充沛；而土著从埋伏的地方投掷长矛，就只能证明他们过于狡猾。白人是"保卫自己的利益"，而黑人则"犯下了滔天大罪"，"干出最肆无忌惮、无缘无故的野蛮行径"。拓居者们面对黑人的抵抗，开始堕入惊慌失措的状态。边缘地区首当其冲，经受着土著的抵抗。亚瑟到该地骚动不安的拓居者中进行现场调查之后，发现他们有一种奇怪的消极现象。他们"麻木不仁……表现得相当明显，这惊人地说明，人们总是更愿抱怨罪恶，而不太愿意竭尽全力来克服之"。他认为，他们不应该仅仅抱怨，而应该拿起武器，学会使用武器——"这是唯一获得安全的方式，除非在每一个居所都安置一个卫兵，而那是不可能的"[82]。

亚瑟的土著事务委员会知道，谁是这种恐怖情况真正的罪魁祸首，于是宣称，对"愚昧无知、地位卑贱、没有思维能力"的黑人，必须"高度克制和忍让"，因为他们惨无人道地受到冤枉，罪魁祸首就是"那些歹徒，他们玷污了我们的名声和我们的国家"。但另一方面，委员会又不得不承认，"土著受到伤害之后，不是还治其人，而是把伤害转嫁给一个完全不同、完全无辜的阶层"。这也反映了亚瑟本人的幻觉，觉得谋杀和骚扰土著的罪魁祸首，就是逃跑的流犯、猎捕海豹者和殖民地的其他垃圾——从来都不是受人尊重的拓居者，因为他们"永远"都表现出"仁慈和人道"。[83]

殖民地的这些清白无辜者中，有些人就如何对付黑人发表了尖刻而又强烈的看法。商人约翰·舍温在博斯威尔附近克莱德河边的房子被一把大火夷为平地，他就大放厥词："不把他们活捉，就把他们消灭。"他说，别人（不是他）曾提议，要搭起"诱饵棚屋，里面放上面粉和糖，重重地投毒其中"。据他称，他并不知道白人曾对黑人犯下任何暴行，所有关于暴行的说法都是夸大其词。但如果他们不迅速采取行动，从悉尼请来土著寻踪人和寻血猎犬，把这些害人虫剿灭，就没法在丛林生活下去，因为"土著想把土地夺回自己手中"。他的拓居者同胞乔治·埃斯皮想让政府派一百五十名武装流犯追击土著，每活捉两三个黑人，就发一个假释证——"可他们宁可多杀，也不愿活捉"。罗德里克·奥康纳是一个脾气火爆的爱尔兰人，他在给亚瑟担任地方法官和土地委员长时，敛积了大批地产，他大声咆哮说，只有把流犯队伍武装起来，才能达到目的。他听说有一个名叫道格拉斯·伊贝茨的人，只用一把双筒猎枪，就把"东边那伙（土著）暴民"消灭了一半。"有些最糟糕的家伙，反倒是能够派出去追击他们的最佳对象。"一个名叫布罗德里布的老年农场主称，据他所知，针对黑人新犯下的暴行，是没有合理的理由的。他也知道，大多数拓居者对他们都很慈善。他还知道，他真的"无法形成一种看法，即土著对我们掌握了他们的国土是否很不高兴"——如此种种，不一而足。[84]

事实上，土著已经进入疯狂抵抗的最后阶段。1828 年，亚瑟向戈德里奇报告说："拓居者已敦促我……采取某种措施，摆脱这些麻烦的攻击者，摆脱他们狗群的骚扰。"[85]这使他觉得，他不得不采取"某种决定性的步骤"。他还认为，最可能的步骤就是把他们——范迪门斯地的所有土著——全部包围起来，驱赶到巴斯海峡的一座岛上，给他们暂时的口粮定量，教他们种植农作物，用武力逼使他们放弃狩猎采集的游牧生活，进入"稳定的……文明"之中。但他意识到，这是不会奏效的：

> 他们已经在抱怨说，白人占领了他们的国家，蚕食了他们的狩猎地，摧毁了他们的天然食品，即袋鼠。如果把他们放逐，从他们最喜出没之地逐出，他们无疑会极为恼火。由于他们不愿接受压迫者传授的知识，凡是企图让他们归化文明的努力……肯定都会失败。[86]

除此之外，亚瑟还知道谁该当何罪："所有的侵略行为均源于白人居民，而……作为回报，在把黑人当成政府认可的公开敌人之前，应当尽量克制容忍才是。"

因此，亚瑟没把黑人送到岛上，让他们惨死在那儿，而是提出了一种早期形式的"阿帕绥德"①，把他们赶出拓居地区。他的想法是，把他们包围起来，迁至范迪门斯地东北部海岸，即"最隐蔽，也最暖和的地区"，在那儿由政府管理衣食并提供保护，使之不被愤怒的白人农场主消灭。

他发布了一个公告，重复了人人都已知道的内容，即白人（尤其是流犯——牧羊人、饲养牲畜者和猎捕海豹者）首先侵犯了别人，但是，黑人的抵抗"现正进犯艺术、制度和方式"。因此，必须"通过颁布立法法案"，找到"一种限制（黑人和白人之间的）交际的方式"——把他们迁移到东北角拓居地范围之外的地方，同时在拓居地区范围沿线，驻扎一圈军事卫兵站，不许土著跨越该线：

> 我特此严令，所有土著必须立刻离开。除了下面将要讲到的情况之外，不得有任何理由，也不得凭任何借口，再度进入拓居地区或任何有人占有并垦殖的地区，否则将以武力驱赶之，其所必定伴随的后果将由他们自负。[87]

这篇东西冠冕堂皇，但通篇陈词滥调、强词夺理，对土著来说毫无意义，反正他们也看不懂，还是尽可能对折磨他们的白人进行还击，同时因"必定伴随的"后果而吃尽苦头。

就这样，亚瑟在本岛拓居中心，宣布对土著实行军法管制。军法管制不会扩大到指定的外围地区，因为他希望黑人会"流窜"到这些地方——塔斯曼半岛的东北角和西南角，从惠灵顿山的南部地区一直到大

---

① 英文是 apartheid，即种族隔离政策。

海边，其中包括布鲁尼岛及整个西部海岸。[88]亚瑟当时一定觉得，这个交易似乎很公平，因为"拓居地区"剩下的袋鼠很少，无法支持传统的土著生活方式，而被军法管制豁免且希望能把黑人驱赶过去的地区，则依然荒野一片，无拘无束，永远都不大可能被拓居，到处都是野物，占地约为范迪门斯地的一半。但土著并不认为这公平合理。

与此同时，白人继续用毛瑟枪和猎枪，以及大砍刀和斧头残杀黑人，先杀妇女和儿童。到了 1830 年，范迪门斯地剩下的土著可能只有两千人。[89]有些拓居者认为，亚瑟宣布军法管制，就是大开杀戒。1830 年 2 月，亚瑟的殖民地大臣试图让他们回心转意，做事要有分寸和节制：

> 本政府多次下达命令，可能传达出这样一种想法……即范迪门斯地现有一批野人，其破坏能力与报复情绪同样之大，但每个拓居者都必须清楚，他所面对的敌人人数难以想象，其种族却相当衰弱，没有体力，个人勇气也不突出。[90]

但是，亚瑟要承受很大压力，必须解决"黑人问题"，他当时想必已经考虑过，如能找到解决办法，就能解决殖民者极不欢迎他的问题，因为，除非人们相信他是救世主，否则他们不会热爱一个独裁者。打压土著是范迪门斯地所有拓居者都愿意配合亚瑟和军方解决的唯一重大问题。他向伦敦的默里报告说："全社会与政府团结一致，多么积极、多么热切地盼望着解决问题啊！"[91]

殖民地大臣乔治·默里在伦敦读到亚瑟的报告时，产生了某种预感："（范迪门斯地土著的）整个种族可能在不远的将来灭绝……采取任何行动，把灭绝土著种族当作其誓言的目标或秘密目标，都必将给不列颠政府的名声染上无法抹去的污点。"[92]

亚瑟决定，让所有的白人——拓居者和军人——采取一致行动，把土著部落从本岛拓居地区赶出去，因为他们在该地区成为欧洲人的重大威胁；然后把土著像塞进瓶子一样，塞到弗里斯蒂尔半岛和鹰颈地峡之间的塔斯曼半岛上去，一边由一个小要塞把守，永远把他们囚禁在那儿。这个行动名叫"黑色战线"。他也许并没有指望这次行动会成功，因为罗伯森很正确地称之为"一个精彩的公共关系演习，表明极不受欢迎的亚瑟看样子好像把殖民者的战事装在了他的心里"[93]。但如果他想保住殖民者的忠诚，他就没有什么选择。各拓居地已经害怕到歇斯底里的地步，生怕随着 1830 年春天的到来，会发生一场流血事件。大河部落和牡蛎湾部落"联合一致，过度参与最为怨毒的敌对行动，无法不对之采取最强硬的措施"[94]。亚瑟于 1830 年 8 月下旬召集行政会议时，终于迫于压力，同意对大河部落和牡蛎湾部落正式发起攻击。

这次进攻在 63 团道格拉斯少校的率领下，采取了大型驱赶野鸡活动的形式。据亚瑟向伦敦报告说，范迪门斯地的所有白人都加入了这次行动，"他们热情高涨，欣然允诺"[95]。猎人形成的主要战线从东海岸的圣帕特里克海角到西部山脉的匪比绝壁，横跨本岛三分之二的土地。另有两条侧翼给以辅助，一条在东边，另一条在西南边，以捕捉任何从主要战线两端逃脱的土著。约有二千二百人形成了这道"黑色战线"——来自 17 团、57 团和 63 团的五百五十名士兵，以及七百名流犯，其他都是自由拓居者。他们有一千条毛瑟枪、三万发子弹，以及三百副用来制服负隅顽抗的土著的手铐。他们于 1830 年 10 月 7 日出发：红衣军人热得发昏，背着沉重的背包和毛瑟枪，身穿羊毛军服；骑着马的龙骑兵步履沉重地前行，钢具叮当作响，皮带咯吱咯吱；身体结实的农场主扛着猎枪；瘦得像玉米秆的小伙子红着脸膛，目露凶光。他们尽可能地保持战线不变，沿着勘测部门官员为他们确定的小道，缓慢南行，朝塔斯曼半岛进发，一边高声喊叫，一边咒骂，抽打着丛林，往外驱赶黑鬼，举起毛瑟枪朝天开枪，同时吹响号角。据亚瑟报告，他们的行动"比预期的好得多"。夜里，丛林摇曳着卫兵的火光，三分之一的人都在站岗放哨，"以防狡猾的敌人逃跑"[①]。

---

① 此处英文原文只在"逃跑"后有引号，之前却没有引号，只能估计引号开始于"以防"之前，属于原著疏漏。

"黑色战线"花了七周时间才全部在半岛会合，就像收拢了一张渔网。查到了几个土著，发生了几次简短的交锋。活捉了两个牡蛎湾部落的人，另外用枪打死了两个，但亚瑟胸有成竹，黑人的主力正在"黑色战线"的前面逃跑，逃向塔斯曼半岛。1830 年 11 月 20 日，他从索热尔镇报告说："我们的兵力现正……向前推进，满心希望大获成功。"

渔网收拢之后，网中空无一人。"黑色战线"只抓到两个土著，一个成年男子，一个小男孩。其他所有的人都漏网逃走了。这次作业惨遭失败。亚瑟本来给伦敦的报告总是不厌其详、长篇大论，这一次却简短到闪烁其词的地步。然而，大河部落的人都被驱赶到西部山脉以外比较闭塞的地方，而牡蛎湾部落的人则被分裂，迫不得已离开了他们常住的领域。因此，根据白人的观点，这段插曲可以称作一次战略性的胜利，尽管没有得到亚瑟希望的全部结果。它还表明，拓居地区的土著比道格拉斯少校以为的要少。[96]这一下，拓居者士气奇迹般地大振。亚瑟感到，他可以把军事解决方案改作"绥靖"方案。这个新的策略采取了温和而又随和、不事声张但又锲而不舍的形式，也就是伦敦来的移民建房工乔治·奥古斯塔斯·罗宾逊（1788—1866）这个"调解人"所采取的形式。[97]

罗宾逊一到范迪门斯地，就对土著产生了兴趣。他具有一个慈善家的远见卓识：他想通过温文尔雅、善解人意的方式，把这些情绪激怒、心怀不满的人带入白人法律和宗教的羊圈里——但他首先要了解他们的生活方式和语言，而不是像以前那些传教士和中间人。1828 年，在黑人部落最后一次采取殊死报复行动之前的平静之中，亚瑟登出广告，希望找到一个能够调和的人。罗宾逊一站出来，就被接受了。1829 年，他想给布鲁尼岛上的黑人进行福音传道，但他真正的工作直到次年才开始。这时，他做了一次长达八个月的艰苦跋涉，进入西南部的荒山野地和西海岸，寻找尚存的土著群体。他带领一支队伍，由数名值得信任的流犯仆人组成，其中一个名叫伍拉迪，是来自布鲁尼岛的土著黑人酋长，另一个名叫尤马拉，是来自斯旺港地区的黑人，还有四个黑种部落人和三名女子。

　　三名女性中有一个女孩很聪明，喜欢滥交①，名叫特拉卡妮妮，年约十八岁，也是来自布鲁尼岛。[98]她个子奇矮，仅四英尺三英寸高，有很明显的卷曲胡须。所有白人证人都同意，在其他方面，她非常迷人——对于一个土著来说。还是孩子时，她就亲眼看见母亲在一次夜袭中，当场被白人用刀戳死。后来，一个名叫约翰·贝克的猎捕海豹者绑架了她的两个部落姐妹和她的亲生姐姐姆丽娜，并把她们削贬为奴，带到远在南澳海岸西边袋鼠岛上住的那群白人海盗那儿。她的养母被"塞浦路斯号""布里格"上的哗变流犯拐骗，可能是在他们寻找中国的途中死去，从此音信全无。1828年前后，她越过大陆，乘坐两个流犯伐木工划的一条小船，随同几个部落人来到布鲁尼岛，她跟其中一人"订婚"。船走到海峡一半的地方，白人抓住黑人，把他们推到海里，当他们抓住船舷想爬上船时，伐木工就把他们的手剁掉，让他们自沉海里。然后，他们把她带上岸后奸污了。人们认为，特拉卡妮妮绝对有理由仇恨白人。事实上，从此以后，她反倒爱找他们做伴，忙着给他们做小。她因患淋病而没有生育，只在营地周围游来荡去，卖身求得一撮茶叶和糖。这时，罗宾逊和向导伍拉迪说服她，要她一起踏上这次奇怪的长途"和解"之旅，去找范迪门斯地剩余的部落。

　　他们在1830年冬出发，设备很差，给养不足，因风吹日晒而饥寒交迫，身患败血症，大家吃尽了可怕的苦头，但他们一路跋涉，绕着西海岸，从戴维港走到麦夸里海港，再从那儿走到狰狞角，这是范迪门斯地西南的一个顶角，名字起得很到位。他们从那儿沿海岸东行，于10月上旬，即亚瑟"黑色战线"刚刚开始向南推进之后不久，抵达了朗塞斯顿。

　　罗宾逊以后还要进行五次这样的远征。到了1834年底，罗宾逊已

---

① 英文原文是promiscuous，相当于"滥交"，用现在的话来说，就是"乱搞男女关系"，但这么形容特拉卡妮妮很不公平，看了下文就知道，她是被白人强奸之后才开始"promiscuous"的。

与塔斯马尼亚残剩的所有土著部落和土著群体发生了接触。他始终使用同一种方法：以礼相待，送上礼物和食品，在伍拉迪和特拉卡妮妮的帮助下，赢得黑人的信任，无论他们是羞涩，还是抱有敌意；编撰他们的简单词汇，记录他们的仪式和宗教习俗，尽他所能加以确定；友好地告别；然后造访新的地方，答应给予庇护。如果他们愿意跟他一起“进来”，这位“调节者”就会告诉他们这个种族奄奄一息、惊恐不定的余部，他会给他们安排一座安全的港湾，不让白人迫害他们，而让他们有饭吃、有衣穿，还能安安静静地生活。慢慢地，黑人跟着他来了。当他把曾让人害怕的大河部落和牡蛎湾部落最后一批人——可怜巴巴的，只有十六个人——带来时，霍巴特的人迎接他，就像他征服了罗马一样。一个名叫本杰明·杜特罗的殖民地画家画了一张他与“他的”土著摆姿势的画，画中，一个女孩站在右边，一手拉着一个疑虑重重的土著，另一手指着罗宾逊，她就是特拉卡妮妮，她种族的头号叛徒。

就这样，到了1834年，范迪门斯地的最后一批土著早已随着他们福音传道的花衣魔笛手，走进了一座慈祥的集中营，就在巴斯海峡的弗林德斯岛上。在那儿，罗宾逊计划把他们欧化，让他们有衣穿，给他们起名字，送他们《圣经》，让他们接受基本教育，向他们演示如何买卖东西，这样他们就能养成对财产的尊敬，还允许他们选择他们自己的人做警察。不过，总的来说，他们都死掉了，就这么简单——死于麻痹绝望，死于连根拔起，死于新患疾病。1835年，剩下的土著只有一百五十人。他们一点点地委顿下去，他们的灵魂在水上漂走。罗宾逊于1839年离开弗林德斯岛，回到澳大利亚本土。他的几位继任者都把弗林德斯岛当作监狱，把日渐减少的土著当作囚犯。偶尔会把一个少女鞭笞一顿，但只是因为她犯了风化罪。1843年，活着的土著只有五十四人。三年后，在殖民地媒体关于将爆发新的黑人战争的让人毛骨悚然的预测中，幸存者被送到本土，在霍巴特附近的丹特尔卡斯托海峡的牡蛎小海湾的地产上安置下来。他们在那儿大口喝着朗姆酒，这是管他们的人很周到地为他们提供的。他们在脏兮兮的板木棚屋前，无动于衷地摆出动作，让人给他们拍照，然后在那儿等死。1855 年，根据对土著的人口普查，只剩下三个男人、两个男孩、十一个女人，其中一个就是特拉卡妮妮。

最后一名男子死于 1869 年。他的名字是威廉·兰恩。他被形容成特拉卡妮妮的"丈夫"，尽管他比她年轻二十三岁。伦敦皇家外科大夫学院和塔斯马尼亚皇家学会的代理人互相竞争，意识到把他的遗体作为科学标本，可能具有某种价值，便争相夺取他的遗骨。一位名叫威廉·克劳瑟的大夫代表皇家外科大夫学院，悄悄溜进停尸房，把兰恩尸体斩首，剥掉头皮，拿掉头颅，把一个白人尸体上的头颅，塞进了黑皮肤里。这个诡计很快就被拆穿，原来，医疗官把头拿起来时，"脸转了过来，头后面的骨头都戳在外面"。官员们一赌气，就决定不让皇家外科大夫学院得到整具骸骨，把手脚从兰恩的尸体上剁下来扔掉了，然后正式地把最后一个部落人残缺不全、丢尽脸面的尸体掩埋起来，第二天夜里，皇家学会又非正式地把它挖出来，对骸骨进行了解剖。其中一个人轻描淡写地说，这是个"脏活"。兰恩的骸骨跟着就消失不见，头颅被克劳瑟通过海运，送到皇家外科大学院，也消失不见了。这位让人无语的大夫好像把头颅用海豹皮包了起来，因此很快那捆东西就臭不可闻，只好扔到海里去了。

有人把兰恩遗体惨遭厄运的消息告诉特拉卡妮妮后，她泪水涟涟，愤怒无比，怎么安慰也不行。她一直怕死，也害怕恶鬼"蹂瘌"，因为它会替她背叛的死去的部落报仇，现在，她的旧恐惧又添上了新忧愁。她乞求教士向她保证，在她死后，要把她装在袋子里，脚上拴上石头，丢进丹特尔卡斯托海峡最深的地方——"因为我知道，我死的时候，塔斯马尼亚博物馆想要我的尸体"。到了 1873 年，她的最后一个黑人伴侣也死了，于是，特拉卡妮妮被送到霍巴特。她在那儿又支撑了一段时间，头上顶着白人发明的殖民地名人的可怜光环，成了"土著女王"。1876 年 5 月的一天晚上，有人听见她尖声大叫："夫人呀，蹂瘌来抓我了，蹂瘌来抓我了！"她中风倒地，不省人事地躺了五天。她神志不清，充满恐惧，在黑云退去的一刹那，她说出的最后一句话是："千万别让他们剁我，就把我埋在山后面吧。"

政府于 1876 年 5 月 11 日，给这位最后的塔斯马尼亚人安排了送葬队伍。大街两旁的人行道上人山人海，目送她几乎呈正方形的小小棺材装在车上经过。他们随着棺材来到墓地，亲眼看着把它放到坟墓里去。棺材里空空如也。政府害怕引起不合时宜的民众骚乱，早在头天夜里就把她葬在霍巴特监狱新教教堂下面的墓穴里了。所以，特拉卡妮妮没有躺在"山后面"，而是置身监狱。1878 年，他们又把她挖出来，把她骨头上的肉剔净，把骨头煮沸后，用钉子钉在一只苹果箱上，然后储藏了几年。人们正要把箱子扔掉时，有个从塔斯马尼亚博物馆和画廊来的人看到了字迹消退的标签，就把骨头串接起来，把特拉卡妮妮的骸骨装进玻璃匣子里，放在博物馆展出，结果伤害了公众的微妙感情，令人文主义者大为不悦，于是在 1947 年把它迁移到地下室。1976 年是她去世一百周年，当局——因为不知道还有什么别的办法，可以对付他们壁橱里这具本来没法处置的遗体——把它火化，然后将骨灰抛撒在丹特尔卡斯托海峡的水面上。1836 年的一天，乔治·亚瑟爵士这位自命清高、顽固不化的总督，在新码头流着眼泪，让人领着走上"埃尔芬斯通号"，伴随着几百名自由的范迪门斯地人的欢呼声，驶往英格兰，回去受封男爵，问心无愧地接受王室对他的感激之情。那一天到现在正好过去了一百四十年。

第十二章　新陈代谢

i

1815 年，拿破仑被击溃，英格兰才得以再度把精力转到打造帝国上来。这时，新南威尔士白人拓居的版图差不多就是一个小斑块，只有悉尼和帕拉玛塔，其余的地方都是空白，绵延不断，全是绿色丛林，鲜有人迹，只有几条小道蜿蜒曲折，宛如脆弱尘封的毛细血管，向内地农场延伸。

到了 1825 年，这个情况发生了改变。悉尼以北的海岸线上出现了小斑点——纽卡斯尔、麦夸里港、莫尔顿湾——这些小斑点沿一千多英里的海岸线分布，仅以轮船柔弱无力地连接起来。还有诺福克岛，该岛曾根据麦夸里的命令弃置不用，但后来又重新开始拓居。

这些小小的踏脚点都是整人的小村庄。它们不是拓居者希望建立的地方，而是因流犯人口增长且当局惩罚越来越严厉，才迫不得已出现的。正如那句老话所说，它们是"植物湾的植物湾"——流放国土上的放逐飞地。这时，涌入澳大利亚的流犯大潮已经真正开始。从 1820 年到 1831 年，在那儿服刑的流犯人数从来都不低于总人口的百分之四十。外围监禁站的出现是对危机的一种反应，尽管实际上不到十分之一的囚犯在其中服过刑。如果澳大利亚想吓唬一下英国罪犯，外围监禁站是可以把殖民地的罪犯吓到的。

到了 1825 年，英国当局已经知道——而且事实上也开始认可——他们过去对付犯罪问题的办法已经失败，现在并未奏效，在可见的将来也不大可能成功。英格兰的犯罪率并没有下降。因此，不得不得出这样一个结论，即流放手段并不起威慑作用。"改造"问题不那么重要，因为很少有人从澳大利亚回来。例如，1826 年，服刑期满的释放流犯只有大约百分之七的人愿回英格兰，这有力地说明，他们并不相信回去后会有什么机会。[1]

不过，刑事司法制度此时早已对流放上瘾，并无真正的替代手段。1821 年，政府在泰晤士河的米尔班克修建了一座实验罪犯教养所，旨在容纳八百犯人——男男女女都是轻刑犯，所犯罪行要是流放就得判七年。这座罪犯教养所花了五十万英镑，但完全失败，其中冰冷的囚室和故障百出的排水系统导致囚犯像苍蝇一样死去。这时，无论舆论还是政府意见，都没有做好准备进行全面监狱改革。与此同时，流放远比修建新监狱便宜。除此之外，罪犯教养所被视为美国人发明的一种观念。没有一个托利党人——也很少有辉格党人——愿意模仿那座桀骜不驯的前殖民地的思想。

1822 年，极度保守的卡塞尔利勋爵因忧郁症发作而自杀，罗伯特·皮尔勋爵担任了内政大臣。在皮尔的监督下，某些绞刑法取消了，但是，取代绞刑的惩罚不过是把更多的人流放。皮尔是个胆小如鼠的改革者。一想到如何处理犯罪分子的具体问题时，他的想象力就跟不上来。他写信给悉尼·史密斯牧师说："我承认，向植物湾流放效果不佳，但整个话题……都充满难点。除了目前已有的手段外，我几乎想不出任何二次惩罚手段。"因船人口爆满，有四五千重犯。他不能使用公共"铁链帮"，因为这会"大倒舆论胃口"，而罪犯教养所也没成功。剩下的只有澳大利亚可以用来对付汹涌澎湃的犯罪浪潮。"真正的情况是，流犯人口多到压倒一切的地步，无法进行像样和有效的惩罚。"[2]

一定还有一个让人恐惧之地。关于犯罪量和流放人口，几乎是无可置疑的。1815 年后，英格兰开始为最近的战败、劳资关系的崩溃和接连不断的歉收而全面付出代价。半资本化的工业正在摧毁市镇制造业的古老基础，即学徒制度。圈地运动和饥荒问题正把英格兰与爱尔兰的农业工人削为赤贫。犯罪率飙升，流放的流犯人数也随之陡增。从 1810 年到 1814 年，平均每年有 678 名重犯去澳大利亚。这不过是一股涓涓细流，轻而易举地就为配给制度所吸收，成了非熟练的劳动力。从 1815 年到 1819 年，每年的平均人数增长了两倍，达到 2090 人。从 1820 年到 1824 年，人数上涨到 2756 人。英国政府即使想，也无法削减流放人数。因此，英国政府想方设法，把这个制度变得更为严酷、更为恐怖——消除一位首席法官所说的"夏日远足"那种印象。英国政府的决策人没有一个去过澳大利亚，他们都是通过窄窄的一条信息带来看这个流放地。约翰·比格的报告内容翔实，在阶级偏见上决不妥协，成了绝对权威的文本。比格的信息也证实了政府的基本打算：澳大利亚最终是否成为一个自由的公民社会，远不如把它作为英格兰社会排水沟的权宜之计重要。托利党人要派这样一个总督，他更看重的——看重得多——是如何在当前惩治流犯，而不是在将来改造他们。

拉尔夫·达令勋爵（1775—1858）正是他们想要的人：他是参加过半岛战争的老兵，为人强硬，吹毛求疵，心眼十分狭隘。他于 1825 年抵达悉尼时，年届五十五岁。无论从道德还是智力上看，他都不如乔治·亚瑟光彩照人。他也在气候炎热的地方待过，在一个正在变化的奴隶国家当过英国总督。来澳大利亚任职之前的这段前奏，就是在毛里求斯当过四年的英国军事总督，那是战败法国的一个殖民地。作为该国实质上的独裁者，他采取高压手段，尽其所能反对法国种植园主，保护了甘蔗种植园七万黑人弱小的权利。他要求人们见他就立正敬礼，绝对服从，不容任何人对他的政策表示非难。所有这些坏习惯都被他带到了澳大利亚，他在这儿很快就搞得众叛亲离，除了"排外分子"之外。"排外分子"因他不加质疑地服从伦敦且极为厌恶任何散发出民主、改革或（在涉及流犯时）带有凡人宽容气味的东西而感到欢欣鼓舞。1828 年，新南威尔士的新陪席法官詹姆斯·道林爵士第一次见到达令时这样想："这人冷冰冰、硬邦邦的，特别令人作呕，根本没有当兵的人那种坦诚和自在，在他面前我整个人都僵住了。"[3]

就像范迪门斯地的亚瑟，新南威尔士的达令也决心一字不改地执行比格报告的建议。他要推翻麦夸里的自由主义。在布里斯班总督的治下，残剩的自由主义又苟延残喘了一段时间。而他不想根据表现好坏来对待囚犯，只想建立一种决不偏离正道的严格惩戒标准，"旨在防止国内的犯罪问题"。

这一标准的基础就是九尾鞭。鞭子的哨响和木然的炸裂声就像笑翠鸟的哈哈大笑一样，构成了澳大利亚生活的音响背景。19 世纪 20 年代，一个老手对新抵澳大利亚的亚历山大·哈里斯说："在这个国家吃鞭子是家常便饭，谁都不会觉得有啥了不起。我亲眼看见小孩子在树上练习鞭笞，就像英格兰的孩子玩赛马游戏一样。"[4]

鞭笞大多限制在二十五鞭、五十鞭、七十五鞭或一百鞭之内，在极为罕见的情况下，也可多达一百五十鞭。若按早期福沃和马斯登那种人派发的五百鞭惩罚标准看，现在这种打法听起来轻描淡写，但实际上并非如此。在任何情况下，地方法官都能把同一种罪行分成不同部分，决定各打多少鞭子。

每抽一鞭都记录下来，整理成册。1838 年，乔治·吉普斯总督把 1830 年至 1837 年，对新南威尔士流犯进行的体罚总结情况，交给了格伦内尔格[5]：

年份	鞭数	总鞭数	平均每次鞭笞鞭数	男性流犯人口
1830	2985	124333	41	18571
1831	3163	186017	58	21825
1832	3816	164001	43	24154
1833	5824	242865	41	23357
1834	6328	243292	38	25200
1835	7103	332810	46	27340
1836	6904	304327	44	29406
1837	5916	268013	45	32102

亚历山大·哈里斯的《拓居者和流犯，或在澳大利亚边远地区劳动十六年的回忆》（1847）一书对这些司空见惯的事件，提供了生动的回忆：

> 军官——特别是青年军官——升任地方法官之后，如果打定主意对某阶级的人持鄙视态度，就很恼火他们的厚颜无耻，因为九尾鞭是士兵天然的复仇工具，他们立刻就把鞭子举了起来……
>
> 我被传唤到巴瑟斯特法院……我不得不事先忍受三戟刑具，他们在那儿用鞭子打人，已经打了几个小时。我看见一个人从院子里走过，每走一步，鲜血就从他打得皮开肉绽的地方流出来，又从他鞋子里往外冒血。一条狗正从三戟刑具上舔着血，鞭子把血沫肉星抽得遍地四溅，蚂蚁正把大块大块的人肉搬走。
>
> 鞭子手转动着身子，抽打肌肉颤动的人的脊梁时，因猛力旋动身子，而在地面留下深深的脚印，白生生的筋肉被打得露在外面，凹凸不平，肿了起来。惩罚是打一百鞭，大约半分钟抽一鞭，惩罚完毕大约一小时。那天极热，在太阳下就站那么一下也受不了……我知道有几个可怜的人就是在如此无情的鞭笞之后，留下终身残疾。[6]

哪怕仅抽二十五鞭（诨名叫"试验鞭"或"植物湾一打"），也是一场严刑拷打，能把人的脊梁打得脱皮，留下一片纵横交错的网状疮疤。

鞭子造成的心理创伤比肉体伤害还要严重，留下了同样永不消失的痕迹。麦夸里海港的前外科大夫约翰·巴恩斯后来在莫尔斯沃斯委员会做证说："这种伤害在极大程度上产生了令他们丧失信心的效果。我从未看到流犯因鞭笞而得益。"九尾鞭灌输的不是对惩戒行为的尊重，而是让人惴怒地深信不疑：人在面对权威时是无能为力的，只能采取暴力将之一笔勾销，或通过一己的死亡把它抹去。除了同性恋奸污之外，鞭笞是落到囚犯头上最侮辱肉体的一种侵犯行为。在普通人的体验中，没有任何东西能与九尾鞭的仪式相提并论：让人把衣服脱光，绑在三戟刑具上，就像把一张猫头鹰皮钉在谷仓门上。忍受着连续打击的痛苦，听任军需军士缓慢地报着鞭数，这一切最后都淹没在无能为力和无可奈何之中。它让囚犯感到的是一钱不值、自怨自艾。巴恩斯谈到那些第一次吃鞭子的流犯时说，他们"被这种惩罚整得丢尽脸面，有时候告诉我，只有再因什么罪被处决，他们才会感到心满意足。他们认为这是一种非常没有男子气概的惩罚"（楷体后加）。[7]

遍体鳞伤的脊梁反倒成了一种地位的标志。决不出声也是如此。谁要是在三戟刑具上哭喊尖叫，就会被流犯骂作爬虫或砂石。（砂石是悉尼一带一种很常见的石头，很软和，一捏就碎。）对照之下，能一声不吭扛住疼痛的流犯，就会受人钦佩，被尊称为卵石或铁人。他敢于不屑一顾地展露形体（脱光衣服，接受惩罚），在多米诺（最后一鞭）之后，朝那个给他红衬衣的人脚底下吐一口唾沫。但是，砂石总是比卵石多。厄内斯特·奥古斯塔斯·斯雷德于 1833 年到 1834 年在悉尼海德公园营地担任总监，他认为，流犯只要挨了鞭子，就会崩溃，他根据过去的记录，给莫尔斯沃斯委员会提供了两方面的例证。"凤凰号"上的詹姆斯·克雷顿因"擅离职守……"而被罚五十鞭：

> 鞭子打到第五下，就已经皮开肉绽了，有一点血在往外渗。囚犯咬住嘴唇，忍住疼痛。这个人的皮肤厚到非比寻常的程度。从前的多次惩罚，使他从肉体到灵魂都坚强无比。他还很有名，人称"彪悍""勇敢"……如果他以前的所有惩罚……都能像最后一次这样生龙活虎地给予，他的精神就是再不屈不挠，也会被打垮。

相形之下，有一个来自卡姆登的可怜的詹姆斯·肯沃希，是个小偷：

> 第一鞭打下去，这个囚犯就大叫起来。打到第十八鞭时，就开始现血了。打到第二十五鞭时，血开始往下流。打完第三十二鞭

时，鲜血顺着他脊梁直往下淌……本来打到二十五鞭时，就已经把他整得够呛。他说他从来没有挨过鞭子……他长得很胖，皮肤很嫩。把这个囚犯放掉时，可从他肉体失常的状态上看出来，他有多么痛苦。他几乎已经站不起来了。[8]

这个制度在 19 世纪 30 年代，在致人肉肤之痛方面，特别讲究官僚精确性。1833 年，达令的继任者伯克总督就从地方法院接到多次投诉，说地方法官对一项犯罪施以惩罚的五十鞭根本不够，而且，政府发的九尾鞭也太过疲软。因此，新南威尔士的所有警务司法官都收到一份通报，要求就标准九尾鞭提出报告，函中同时附上样品，供消费者进行鉴定。[9]

收到的回复很说明问题，但又自相矛盾。[10]坎贝尔敦的警务司法官乔治·霍尔顿，对标准的九尾鞭无法做出"明确答复"，只是说该鞭质量不佳，打一百五十鞭后就不能用了。

> （九尾鞭应该更轻更硬，但）使用它则要承担可怕的责任，我不忍心承担这种责任，来根据法律，决定对任何一组人应该系统性地施加多大的折磨……我承认，我还没有养成这样一种能力，能看着别人受苦而无动于衷。

除此之外，他下面的鞭子手却好像很喜欢大力挥鞭，而"（不用）海德公园营地……经常使用的那种特别的挥鞭艺术，因此大大加重了疼痛之感"。

厄内斯特·斯雷德是海德公园营地的"德拉古"①，他认为，标准九尾鞭相当够用，只要"适当地挥舞"就行，但他提醒殖民地大臣，鞭子手不能过度劳累——一天抽鞭不能超过一百五十次——而且，由于他们的工作性质本身得不到赏识，应该给他们特别保护。

---

① 即 Draco，公元前 7 世纪雅典立法者，依据习惯法编制雅典第一部以严酷著称的成文法，故后世称苛法为"德拉古法"。据陆谷孙编《英汉大词典》。

一个署名"J. P."的人从巴瑟斯特写信说,九尾鞭的鞭头会打散,切入人的脊背不够深。古尔本警务司法官对这种工具不屑一顾。他说,只打二十鞭,手柄就会脱落,每根鞭子的线头就会松散,结果,"尽管能把人打青,但很少能够打出血,这样,犯事者就逃脱了那种极度的痛苦,而这正是他们挨鞭子时人们很希望看到的情况"。他还说,鞭绳应该更硬,鞭尾应该再长一英尺,"如果末端结成绳结,那就更好了"。

然而,在19世纪30年代,对达令及其几届继任者来说,鞭笞代表的不过是惩罚达到巅峰时的一段插曲,而鞭笞所发生的环境则是一成不变的苦难。每个男性流犯一到达,就要戴上脚镣手铐,然后到公共工程上服刑劳动,"劳动结束之后,我打算把他们配给给拓居者,如果表现不好,再让他们去'公路帮'干活"。到这时,只要尝到了"公路帮"的辛苦,他们"就都愿意配给给拓居者,这样才能摆脱那种痛苦不堪、低级下贱的情境。他们越害怕……就越愿意在主人面前表现好"[11]。

达令没法把他的意图付诸实践,因为对配给劳动力的需求量实在太大了,但他把更多流犯从"整个流犯人口的垃圾堆里拔出来",派到工作"帮",为政府干活。[12]道路一下子就把这堆犯人垃圾吸纳进去。到了1828年,达令私自庆幸,新南威尔士"公路帮"的二次惩罚犯人已达1260人,超过了所有监禁拓居地的犯人人数。[13]他骄傲地知照伦敦,这一切都很便宜:流犯工头每年能拿16英镑左右的"小账"。加上自由民身份的监管工资,1827年到1828年的道路工资总支出是1621英镑18先令9便士。任何使用配给劳动力的私人承包商都不可能收取如此低廉的费用。[14]

流犯回忆录作家托马斯·库克被派去修路,穿过忍冬花滩的原始丛林和砂石地带,沿着大西路,越过崇山峻岭,一直来到巴瑟斯特,这才尝到了"公路帮"的滋味:

> 我的床是一块树皮,身上盖着半条掉毛露线的毛毯,头下枕的是一块木头,霜冻如此之烈,四肢很难抬起来,只能每天晚上经常烤火。经历了彻夜难眠、冷得要死的种种恐怖之后,我爬起来,发

致命的海滩：澳大利亚流犯流放史（1787—1868）

现岩石嶙峋的山峦满布白雪，结了冰的劳动工具瞪着眼看我，直到星星从天空消失。想着我的苦命，我就不住落泪。我不过犯了一点小罪，却遭此厄运，过如此凄惨的生活，吃了这么多的苦。[15]

库克开始是在比较轻的"惩罚帮"，也就是"非脚镣帮"干活。新南威尔士的大部分道路修建工作都是这些"帮"做的（1828 年后，任何时候都有 1200 到 1500 名流犯在其中干活），但他们效率低得可怜。他们之中的大多数人不是被拓居者拒绝，被嫌不适合做配给工作，就是因在殖民地犯了小罪而在服短刑（刑期半年或不到半年）。达令的继任者理查德·伯克写道，"在急需而且抢着要劳动力的社会里，把他们送回政府手里，这一简单的事实"说明，这种人"一定名声很坏，好吃懒做，一无是处"。他们"值得信任的"流犯工头都腐化堕落。他们组织"帮"民，形成"精锐队伍"，一到晚上就出去偷东西吃。据库克报告，他的几个帮友在维多利亚山往山下推大石头，把两头肥牛吓得掉下悬崖，结果吃了好几天的牛排。囚犯还老从"非脚镣帮"逃跑。他们逃进丛林，靠着腐肉和抢劫生活一段时间（但一般时间都不长），然后再被抓回去。这些丛林土匪人数众多，使得旅行，特别是穿越蓝山的旅行十分危险，因为他们大多数人都像啼饥号寒的拦路劫犯，而不像澳大利亚民歌中的罗宾汉。[16]

显而易见，这方面还大有改进的余地。达令和伯克把希望都放在了"脚镣帮"上。该"帮"成员（截至 1834 年，据伯克报告，有 800 多人在该"帮"服刑，刑期从半年到三年不等）全部是二次定罪者，无论干活还是睡觉，都戴着镣铐。"他们没有时间娱乐……他们自己都觉得，他们命中注定缺吃少穿，永远不幸。"随着道路向前推进，"脚镣帮"民把他们的夜间监狱——下面装着轮子的棚屋——也随身拽着，每座棚屋可睡 18 到 24 个流犯。有时会提供外面围着永久栅栏的固定棚屋，"脚镣帮"民就得拖镣带铐，走去上班。在士兵刺刀的催促下，总管要他们加速奔向工地。[17]托马斯·库克判罚一年苦工，在大西路"脚镣帮"干活：

（他和他的同伴这样受了）十到十五天的苦，这时，犯人（发现自己虚弱至极，腿因脚镣摩擦而受伤极重，再也忍受不了了）决心进行抵抗……结果导致士兵用刺刀捅人，鞭子手用九尾鞭抽人，打得人血肉横飞。

至于即决惩罚：

审判方式完全是对司法的嘲弄。我就知道有这样的例子，官员不愿花一点时间，去调查指控的对错，那些混蛋告发人都不指天发誓，嘴里才冒出十个字，他就骑着高头大马，把隔一段距离站着的十四五个犯人（有时是整个"帮"的人）判罚各打五十鞭，有的各打一百鞭。这种严刑拷打的制度被非常严格地执行，有些判刑更久的人受不了……不是把命送到绞刑架上，就是为了改变环境，逃到丛林中去了。[18]

并非所有的惯犯都能到"铁链帮"干活。"镣铐帮"需要太多的卫兵。于是有人提出，到边远地区建立监禁拓居地，这样就能防止犯人逃跑。由于条件严酷，周围环境犯人很不熟悉，也很可怕，所以能营造出一种"有益于健康的恐怖感"。

约翰·比格早在其报告中比较详细地据理力争，说明需要这样的地方。该报告采取了"排外分子"支持乡村的观点，强调悉尼是犯罪的孵化器。[19]据比格称，在1820年，悉尼每有三个流犯，就会发生一起新的犯罪事件。相比较而言，温莎每八人一件新案，边远地区案发率则低得多。解决办法是，把重犯请出城，送到乡下去——把一犯再犯者发配到遥远的监禁站。在这种地方，他们没法腐化他人，他们挨整受罚的新闻也可成为令所有人害怕的"榜样"。比格想：只有这样，政府才能缓解"新抵达者的持续压力"和"流犯船的不断抵达让我感到的不安"。流犯已像泥沙一样在悉尼淤积起来，他们未加分类，很随便地跟自由民混在一起，说明仅仅空谈流放"恐怖"是不切实际的。比格认为，"流放效果与日俱减，有一个很重要的原因，那就是流放人数的增加"：

> 所有相关的弊病，监管和控制的困难，无论是因为雇佣范围之大、种类之多，还是因为地方法官和总监的责任之重，主要都是这个原因造成的。[20]

除此之外，悉尼周围已拓居的地区已经过于舒适，因此，比格觉得，指望用"未拓居状态的艰难困苦、缺吃少穿、生活条件严酷"等，来对付流犯"工作帮"，这样做是"毫无希望"的。不能让"劳动帮"干活的流犯有发挥积极主动精神的余地，只能让他们干统一的活计，如把早先清理队伍留在地上的巨大桉树树根拔除。沿着北部海岸，有相当多让人精疲力竭的工作要做，比格就敦促政府把流犯派到那儿。在骄阳似火的南回归线，防止犯人逃跑的强大综合手段，就是利用原始丛林和抱有敌意的土著。一旦廓清丛林，就可把流犯"帮"请走，让拓居者进来。[21]

巴瑟斯特勋爵和麦夸里的继任者，即布里斯班和达令，都接受了北向殖民从而以赤道进行惩罚的这项计划。布里斯班把该计划全面付诸实行，达令则使之变得完美。在这种地方，囚犯的命运在制度的形象中占有举足轻重的地位，因此颇值得详加考虑。

ii

澳大利亚本土第一座外围监禁站在纽卡斯尔，建站地就在悉尼以北约七十英里、亨特河水注入太平洋的地方。河口是一片白垩纪的沼泽，在悬崖底部的平坦岩石上，海水泛着蓝绿色，冲刷着石化的树桩，这些树的年轮还依稀可辨。不过，对早期拓居者来说更有意义的，是这座沼泽的另一个遗迹：一道三英尺厚的煤层，它靠近水面，穿过河口南颚的诺比海角。这层煤层第一次在 1795 年被人注意到，于是有了第一个名字：煤港。

1801 年，金总督派了 16 个桀骜不驯的流犯，在军人卫兵的把守下，到那儿挖煤，但很快就把他们都召回来了，因为很难给这个小边防哨所提供物品。但是，1804 年，爱尔兰人在卡斯尔山起义后，金派他们中的 35 人到悬崖煤层处做苦工。这个地方很快改名为纽卡斯尔①，但其流犯人口上升不很稳定。截至 1804 年底，有 128 人。到了 1817 年，有 553 人。1821 年，有 1169 人住在那儿，其中包括"一小撮"自由拓居者和"盈满释痞"的农场主。到这时，该拓居地的经济支柱已经不是煤矿，而是木材了。

亨特河谷生长着大片挺拔的雪松，这是殖民地时期澳大利亚的主要细木工木料。犯人拿着横切锯，就能把巨大的树身切割成三英寸厚、六英尺宽的桌面板，至于长度，想要多长都行——那种金红色、笨重、散发出幽香的板材今日早已无处可觅，但当年像普通松木一样遍地都是。政府垄断了雪松。承包商人把船开到纽卡斯尔，购买流犯锯制的木料，每平方英尺三先令。在麦夸里治下的悉尼，所有镶板门——型板、护墙板、柜子，甚至地板等——都是用它制作的。

纽卡斯尔的大多数因犯都在"雪松帮"干活。到了 1820 年，海滨一带的森林已砍伐净尽，找雪松的人不得不往上游走七十英里，才能找到大树。这些远征队要花一至多月的时间，当然得有军事卫兵把守，由他们监督砍伐工作。30 人组成一个"帮"，工作量大约为每月一百棵树。一旦伐倒大树并削去枝叶，就把树干捆绑起来，形成一只巨大的竹筏，在其"甲板"上，搭一座简陋的棚子，整个"帮"的帮民就顺流而下，风风光光地乘着木筏到纽卡斯尔去了。[22]

长期订单使得这座拓居地与世隔绝。如果私人轮船无照抵达，就会有人把船凿沉，把全船人员关进牢里；有照营业的船也要把船上的舵拆掉，把舵交给港务总监。这些措施不仅能防止犯人逃跑，还能阻止人们偷伐雪松。

纽卡斯尔的生活十分艰苦。数任司令官得到的命令，都是要有意保

① 英文是 New Castle，实际上是新卡斯尔，但因约定俗成，无法再改回去了。

持该地生活艰苦。这座镇就像一个脏兮兮的婴儿，只有流犯盖起来的一排排平行木板棚屋，还有一座营地，里面有据说很危险的 250 个犯人。在那儿，他们睡在"儿童床"上，只有四英尺宽一点，却要睡三个人。（乐观看来，三人同床，而非两人共枕，这应能降低无可言喻的那种犯罪可能性。）夏天，这座棚屋镇热得让人透不过气来，就是在阴凉处，也会上升到华氏 105 度。有时候，燃烧的北风会把温度推到华氏 115 度。有一位青年警卫官名叫威廉·科克中尉，是霍尔汉姆府邸大家族的后裔，他觉得该地气候很要命：

> 经常的情况是，到了晚上七点半，我们就热得穿不住外套，只有躺下来喘气的份。一刻钟后，我们离开吃饭的地方，又冷得直打哆嗦，很想烤火。天气的这种陡然变化要了很多人的命。在这儿，士兵和居民很快就死掉了，不是喝酒喝死掉，就是受不了天气的突然变化而死掉。[23]

纽卡斯尔的一切都好像让人精疲力竭，或者无聊至极，但当局认为这正是其优点所在。该地的野生动物缺乏魅力。科克写信回英格兰时，无疑想把他的姐姐妹妹吓得浑身起鸡皮疙瘩："如果在这个国家被毒蛇咬一下，就会马上死亡。只要被最常见、最致命的毒蛇咬一口，就会浑身抽搐，立刻死掉。"[24]除此而外，还有砂蝇、蚊虫、霍乱、痢疾、春季结膜炎，以及一个额外令人恼火的东西，即经常会游走的大沙丘——上面的灌木丛被很不明智地除掉了，这样，流犯就无法在其中躲藏——大沙丘不断爬回城里，又不得不用铲子铲回去。

流犯挖煤工中，有些在英格兰就当过煤矿工人，他们每天工作十到十二小时。1817 年后，诺比海角表面旧的露天煤层弃置不用了，因为担心上面受到破坏的砂石会坍塌，垮进海里。现在，矿工通过卷扬机下到一百多英尺深的一个井道，黑暗中只有他们的脚镣在叮当作响。井下情况十分恐怖，头上有海水渗透，岩石会砸下，空气也很污浊。矿工都患有"黑肺"、哮喘和风湿等疾病。一天工作完了之后，他们没有衣服更换，有时连毛毯都没有。他们一天得挖二十吨煤。[25]

最招人恨的工作比挖煤还糟，那就是烧石灰窑。悉尼没有制造灰浆用的石灰矿，但在纽卡斯尔以北几英里的地方，有巨大无边的牡蛎滩地。比较不服管教的流犯，就会被送到那儿采集牡蛎壳并将其进行烧制。也就是说，他们成天要在泥泞里跋涉，里面是厚厚一层刀子一样锋利的牡蛎壳，抬着一筐筐生石灰，走过潮水滩地，来到等待的小船边。水溅到未沸化的石灰里时，就会烧坏他们没有受到保护的眼睛和结痂的脊背。比格注意到，烧石灰工人的眼睛因烟气而受伤，"但程度并不比英格兰深"。他觉得，流犯可能是有意把眼弄瞎，以便装病不干活。但病人在医院也没有多少慰藉，那不过是一座棚子，没有合适的医疗物品，连肥皂都没有（因犯不得不用锅底的油垢和灰烬来熬制肥皂）。1816 年，只有八分之一的病人有毯子盖。[26]

1818 年，拉合兰·麦夸里为了激励烧石灰工人做出更大的努力，还专门视察了纽卡斯尔的牡蛎滩地。他抵达时，身着全套地方长官服装，随行人员共有五十人，外带一支四人乐队。乐师们又是嘟嘟地吹喇叭，又是咿咿呀呀地拉着琴。总督到地视察，但流犯心里是怎么想的，却没有记录。他和乐队接着就到防浪堤垒了一块基石，起名叫麦夸里码头。为了建造这座令人憎恨的便利设施，流犯"帮"花了好几个月，连拽带拖，把岩石运到水下，结果还是没有完成。

纽卡斯尔的囚犯一心一意只想逃跑。司令官为了防止他们逃跑，就让军官善待土著，用小礼物、烟叶和糖等物哄骗他们，如果事情做得格外好，还赏毛毯给他们。比格注意到，这一来，土著就很"积极"地抓囚犯了：

> 派遣士兵追击，他们就陪着士兵。他们具有非比寻常的视力……可凭着妙不可言的精确性，在很远的距离内跟踪人的脚印。在没有士兵的情况下，派他们去追击，他们也不怕在丛林里跟流犯遭遇……他们会把流犯打伤，让他们失去反抗能力，把他们衣服剥光，当作犯人抓回来……尽管有受到被抓回流犯报复之虞，他们还

是继续住在纽卡斯尔和邻近地区，但据观察，他们似更喜欢结交士兵，而非流犯。[27]

就这样，黑人警察寻踪员第一次出现在澳大利亚。白人流犯对黑人部落与日俱增的旧恨，又添上了一宗新仇。

囚犯有单独逃跑的，也有成群结队逃跑的。有的抵达了霍克斯伯里河地区，希望能在该地配给羊倌那儿找到栖身之所。他们抵达时瘦骨嶙峋，一丝不挂，五脏六腑因腹泻而绞扭一空，三周内只吃虫子、树根和生蛇肉，几乎连路都走不动。有些人被重新抓获之后，再度试图逃跑。1810年，在纽卡斯尔，一个流犯有五次逃跑的记录。比格想：对重新抓获的逃犯，惩罚"要比其他拓居地更为严厉"。其他惩罚方式是，令其加入"铁链帮"，而对女犯（有些女犯因第二次定罪，流落到纽卡斯尔，尽管一般政策规定，不许派女犯人到监禁站去），则是在脖颈周围戴一圈侮辱人的刺铁项圈。[28]

凡是带有象征意义的地位头衔，人们都小心翼翼地加以维护。作为一种盲目的崇拜仪式，囚犯跟人见面时，被要求把帽子斜一下，或者触碰一下额发。有时候，就像在诺福克岛一样，犯人不仅被要求向任何过往士兵敬礼（否则会因"不敬"而遭鞭笞），还被要求向某些与士兵相关的物体敬礼，如空无一人的岗台。下达这些命令的人是詹姆斯·莫里塞特少校。他继瓦利斯上尉之后，成为纽卡斯尔的司令官。一位来自悉尼、名叫约翰·宾格尔的自由民手艺人，就因莫里塞特治理纽卡斯尔监禁站毫不留情的方式而吃过苦头。他"从来没有见过谁滥用权力、肆意妄为到这种田地……好像很不英国人"[29]。

如果年轻的科克中尉写信回家时没有夸大其词，那纽卡斯尔军事法庭因逃跑而判死刑的做法，似乎就过于轻率随便了：

各位上尉和掌旗官在此无所事事，除了坐在刑事法庭，眼睁睁地看着犯人引颈就刑——这儿的陪审团由七位官员组成，每坐庭一天，因为不胜其烦，就要付给我们十五先令。——法庭一般只有一

名法官、一名指控囚犯的律师，以及证人，很少有人来此旁听，囚
犯也很少雇人为他们辩护。我们有时一天判五人绞刑：表面上看，
这更像宗教裁判，因为囚犯很少叫证人出庭，犯人很不体面地就被
判死刑。[30]

特别值得注意的不仅是科克说话干巴巴的语调，还有他关于流犯无
权的那种假定。为什么囚犯不为自己辩护？因为他们相信，军方这种特
别专横暴虐的刑事法庭“定夺”之后，他们就没有机会了。看起来，并
没有悉数执行绞刑。到了 19 世纪 20 年代后期，通常的程序是把死罪减
刑。在某些情况下，则是把第三次犯事者直接送到诺福克岛，这种惩罚
从某种意义上讲，比受绞刑还要糟糕。但是，一旦小官都觉得拉尔夫·
达令这样的总督也不关心“流犯权利”，这种向诺福克岛的过渡就表明，
流放制度已经堕落到了何种地步。

不过，到了 19 世纪 20 年代，作为二次惩罚之地，纽卡斯尔的用处
已在衰减。该地已不再与世隔绝，因为越来越多的自由拓居者都渴望在
亨特河谷肥沃的平原上开荒种地。雪松森林正在消失，而且，尽管在 19
世纪 30 年代，流犯——包括一些宪章分子的政治犯[31]——仍在煤矿挖
煤，但还是无法吸纳太多劳动力。除此之外，据比格向政府报告，亨特
河沿岸的好地会让流犯日子太好过。在拓居地一般只往内地延伸一两英
里的早年，所有农作物都不得不在贫瘠多沙的海滨土壤中种植，所以，
大自然与当局联手，“把苦工作为不可或缺的生存条件”。土壤肥沃，就
等于与拓居的目的相抵触。因此，1823 年后，纽卡斯尔干脆打开大门，
向自由贸易和拓居开放。流犯继续留下不走——到 1827 年时，已超过
一千六百人——但这儿已不再是一座简单的二次流犯监狱了。该职能由
1821 年成立的一个新拓居地来行使，即悉尼以北二百七十英里的麦夸
里港。

麦夸里港（不能与麦夸里海港混为一谈）旨在关押在新南威尔士二
次犯罪、屡教不改的终身监禁犯。在第一任司令官弗朗西斯·阿尔曼的
治下，管教十分严酷。犯人试图偷寄一封信，就会挨一百鞭。就是拥有

一张写字的纸，也会被关禁闭一个月。（不难明白，为什么流犯日记根本不存在，而流犯回忆录也少之又少。）麦夸里港"镣铐帮"有一个老犯人回忆说：

> （我们）穿越的山谷非常陡峭，哪怕腿上没有脚镣，都无法从容地攀登上去，更不要说戴着脚镣爬了——但是，腰酸背痛的犯人，却要征服高山。如果有人碰巧跟最近吃过鞭子的人相撞一下，他就会说："哎呀，操！小心，我的腰背痛。"当时日子过得很艰辛，工作很苦，饿得半死。[32]

麦夸里港的犯人常含讥带讽地说，脚镣常在腿上摩擦，因此"血液中含铁量很高"。

麦夸里港的特别犯人所占比例很大。达令派人把他们押送到那儿，免得他们再在悉尼生事。他不想让通文识字的流犯为温沃斯和悉尼《箴言报》搬弄口舌。他们里面有些人对人不坏，如爱尔兰人詹姆斯·布歇尔，他曾伙同"一个穷困潦倒的法国赌徒"，伪装成波兰王子，把伦敦各家珠宝店跑了个遍，指头尖上粘着口香糖，用假珠宝偷换真珠宝，结果被判终身流放新南威尔士。后因二次犯罪发配到麦夸里港，他找到了一个"利基市场"，给一些自由拓居者当老师。这些人已开始汇成一股涓涓细流，于1830年之后来到该地。正如他所说：

> （他）传授的对象是已婚妇女和单身妇女，（他教她们）音乐、跳舞、法语和意大利语……她们在这个最近才从森林浮现出来的地方，偶尔聚会欣赏快乐的德国华尔兹或西班牙瓜德利尔舞。此前，在这个地方从未听到过音乐的声音或欢笑声，只有黑人"库伊"①的叫声和嚎叫声，流犯痛苦不堪地挨着鞭子的呻吟声，或野白鹦鹉的聒噪声一刻不停地刺穿天空，扰动着周围的空气。[33]

---

① 英文是 cooee，是土著打招呼的声音。

这就是在麦夸里港听到的缪斯的第一声不确定的笛声。

但在其他特别犯人中间，"放松休息，搞小动作，虐待他人"的思想则占主导地位。凡是能够弄到手的特权，他们就抓住不放。他们巴结上司（有人提到一个特别犯人时这样说，"工头跟他说话时，样子看上去就像一只鹅往下看着一只瓶子"），自己当工头时，却又专横霸道地对待别人。一起逃跑的犯人或有过配给制度经历的人也许会团结一致，但在监禁站极为罕见。在这种地方——以及在"铁链帮"中——流犯工头都出了名地冷酷无情。"犯人为之干活的最坏的家伙，就是那些自己也被流放到这个国家来的人。他们比自由民坏得多。"[34]

就像在纽卡斯尔一样，试图逃跑的举动司空见惯，但很少有人成功，特别是当土著热心帮助活捉逃跑者时，就更是如此了。该地在 19 世纪 20 年代末对自由拓居者开放，安全保卫措施也随之放松。1930 年后，这个地方成了一个监狱和医院的古怪混合体，"一座半监禁拓居地"[35]。残疾者、疯子和瞎子等，都与特别犯人一起，垃圾一样倾倒在这儿。19 世纪 30 年代后期，麦夸里港有一支独臂砸石工人"帮"和一支瞎子"帮"。1835 年，就可以看见这个瞎子"帮""拴在一根铁链上，在司令官住地窗户对面，被人押着在公路上走来走去，连续两三天供他消遣"。这些"瞎子暴民"都是贼，名声很坏，他们手很巧，能趁某人睡着之机，把手伸到该人枕在脑袋下面卷起的裤子里，将硬币从裤兜里掏出来，或趁月夜到官员的菜园里摸索着偷瓜。你要是惹恼了他，他会把虎蛇的头毒牙朝上，放在你的靴子里。

这里面最引人注目的是"木腿人"，这些都是截肢后装了木腿的人，他们在殖民地别的地方不适合干"劳动帮"的活计，只能发货送货，扛着包裹去内地给自由拓居者送货。无人雇佣时，他们就躺着晒太阳，眼睛看着大海，大口大口地喝朗姆酒——麦夸里港这种酒很多，都是流犯违法利用他们的酿酒厂，用当地茂盛的甘蔗制作的。

截肢者的主要消遣之一，就是打架斗殴。由于他们无法足尖对足尖，像格斗士那样站立，朋友就会让他们在小艇的横座位上面对面地坐下来。每人后面都坐一人为之撑腰。"他们以这种方式大打出手"，直到其中一人再也坐不起来为止。他们还经常恶作剧。一支独臂"割石帮"的工头是个犹太人，两条腿都是木头做的。一天，他喝得醉醺醺的，躺在太阳下。

> （这时，另一个犹太囚犯）集拢一堆玉米秆和其他燃料，生了一把火，就去烧他的木腿……还没烧多久，他就醒了过来，发现一条腿比另一条腿短了。看着他往下面破旧营地走的样子，觉得真好玩。他逢人就大声说："那个长得像犹太人的混蛋，差点把我的腿都烧掉了！"[36]

另外一些恶作剧还涉及动物，比如流犯把两只雄猫尾巴用铁丝缠起来，夜里挂在门把手上，同时把猫身子盖住；还把活鲨鱼塞到醉鬼的床上。只要能摆脱麦夸里港的无聊，他们几乎什么事情都干得出来。在这种地方，勃鲁盖尔决不会缺乏绘画素材。

19世纪30年代的管教惩戒不很均衡，但很严厉。1835年夏天，托马斯·库克作为特别犯人，从"镣铐帮"被送到那儿。他发现，当地的司令官（据他指称）根本不在乎鞭笞老人和残疾人，还夸口说，只要采用殖民地包治百病的鞭子，"他就能把聋子打得听见说话，把哑巴打得说出话来，把跛子打得能够走路，把瞎子打得睁开眼睛，还把蠢人打得明白事理"。库克抵达不久，就身患痢疾而病倒，但他未向外科医生报告，"因为他在我的囚友中有个屠夫的恶名"。他被铐上重镣，司令官"用雷鸣般的声音"，命令他在鞭子手罗奇的眼皮底下，去干额外的苦活，但罗奇倒是起了恻隐之心。这些人并不都是流犯传说中嗜血成性的虐待狂：

> 这时，鞭子手（一般都以为，干这种职业的人，胸中几乎早就不存任何亲情了）却恳求我，要我别把拿工具的动作停下来，等司令官骑马出去后再说。还答应帮我干活。大约一小时后，司令官离开了拓居地，鞭子手就把他的武器放下来，非常起劲地干活，免得我受惩罚，如果不是这样，我早就受到惩罚了。[37]

不过，库克肯定他在麦夸里港再待下去就会死掉，于是决定逃跑，他"以为还有希望，能够最后逃回英格兰"。这种希望根本就不存在。他从拓居地走了出去，虽然周围没有高墙，但有丛林遮挡，他往南走了八十英里，才意识到他完全迷路了。他身体不适，老拉肚子，靠吃树根和野荨麻过了一个星期，直到土著把他活捉，交回给警员组成的武装搜索队。就这样他还是没有停止逃跑。库克总共从麦夸里港逃跑了三次，但一次也没成功。

iii

布里斯班总督决定，在澳大利亚本土再建一座监禁站，但必须地处偏远，让流犯放弃所有的逃跑希望。这地方应该在"深南"①，也就是澳大利亚人称为昆士兰的地方，在那儿，酷热的阳光会把他们的罪恶烧干烤焦。1823 年，布里斯班派出一支探险队，在总测量师约翰·奥克斯利的带领下，考察了一下莫尔顿湾。五十年前，这是库克注意到的一座很大的海湾，在悉尼以北四百五十英里处，距离够远，足以让任何想逃跑的人都不敢起心。如果当地有河，这地方早就被拓居了。

奥克斯利和手下人从海上安抵莫尔顿湾，做了一次粗略的测量。他们发现了一条河，土壤肥沃，淡水很多，土著也很友好。浅浅的海湾满满当当都是鲜鱼。他们只要从中涉水，就可用手抓到鲻鱼和鲷鱼；红树林上结了一层壳，上面都是小小的奶色牡蛎，牡蛎壳翻着花；树根之间的淤泥上，滋生着成批巨大鲜美的泥蟹。沿河而上，正如后来岁月中某一前流犯所回忆的那样，"看上去，好像某一种族的人在我们之前就已来过这儿，种植了这座货真价实的伊甸园"。河水两岸是热带雨林，花边一般饰着蓝白两色的开花藤蔓，潮水泥滩上，生长着大簇大簇富丽堂皇的白色百合花。一地都是全身黑色的丧葬白鹦鹉，它们从棕榈树上盯

---

① 英文是 Deep South，相当于南方腹地，一般词典不收该词，故直译之。

着人看，铁丝般的鸟冠上下点着，偶尔振翅笨拙地飞向空中，很像呱呱叫着的雨伞。翠鸟从浓荫中一闪而过。[38]

这地方在流犯眼中简直好过了头，生存下来肯定不成问题：令奥克斯利和手下人大吃一惊的是，他们最先碰到的人是两个光着身子、浑身疮疤、晒得黧黑的白人男子，他们的船一年半前在海岸遇难，但由于当地黑人照顾、接纳他们，他们现处"羽翼丰满的健康状态"。事实上，奥克斯利在关于莫尔顿湾的报告中赞不绝口，以至报告抵达伦敦后，巴瑟斯特勋爵决定直接对自由拓居者开放该地。但他关于该地的意见花了数月才抵达悉尼，与此同时，布里斯班已经下令，要在该地建立一座监禁拓居地。他要该地"接受并维持一大批囚犯"。流犯的奴隶劳动是"最佳方式，能够为引进自由人口铺平道路，正如麦夸里港这个先例所充分证明的那样"[39]。他任命40团的亨利·米勒中尉负责该地。1824年9月，米勒带着五十名拓居者起航，其中三十名是流犯中的志愿人员，都希望早日拿到假释证。他们开始的地方是莫尔顿湾的边上，也就是今日红崖所在地。

布里斯班总督期望通过在这座新拓居地种植玉米，在两年内做到自给自足，但由于监禁劳动力不足，没有达到预想的结果。如果工作的目的就是惩罚搞经济建设的人，经济建设就无法很快地搞起来。能很快干完的工作，当作惩罚就不算很重。要惩罚，劳动就得"艰苦卓绝"。米勒逼着流犯一天工作十二小时，从黎明干到天黑。不许用马、役畜和犁铧。就像在悉尼的"饥馑岁月"，每一寸土地都得用锄头刨出来，但这样不仅没法刨深，锄头还老是折断，而且也没有动物肥料。流犯得了败血症。生活环境极为肮脏，他们还患上了其他肮脏的疾病，如痢疾和沙眼。

开垦拓荒本来就很艰苦，但在如此人为障碍下还要拓荒，就完全是荒诞无稽了。莫尔顿湾的伊甸园景象很快就土崩瓦解，这种幻象在澳大利亚一向如此。红崖一带土壤贫瘠，第一批撒下的种子都死在地里。周围也没有足够的建筑材料，就连苫盖上的野草也得到几英里外的地方去扯。药物都用完了，这地方到处都是苍蝇、扁虱、蝎子和毒蛇。米勒中尉被这一切弄得几乎发狂，但他还是硬着头皮撑了下去：

> 凡是我没计划的事，我都不会去做，但凡是做过的事情，我都
> 会一一检查，具体来说，就是头顶骄阳，凭着我额头上的汗水，来
> 挣我的这块面包。成天劳作不息，痛苦不堪，晚上又忧心忡忡，难
> 以入眠，而且缺吃少穿……此种情况远甚于我在（陆军）当兵时受
> 命的情况。[40]

但是，接近 1824 年底时，布里斯班总督视察了布里斯班河，那条
河是为了讨好他而以他的姓命名的。他决定，应该把这座拓居地移至该
河两岸。悬而未决了几个月后，他命令米勒于 1825 年 2 月采取行动。
他们煞费苦心地把一座座棚屋拆除——拔出每一根铁钉，敲直后保存起
来——司令官本人的官邸是以套件形式从悉尼运来的一座预制别墅，这
时也被拆卸收藏起来。7 月，他们带上所有东西，沿河上溯二十七英里，
来到如今昆士兰首府布里斯班的地址。米勒叹口气说："这项任务难度
之大，我原来带的少数（流犯）病得形容枯槁，委顿无力。难度太大，
难点太多，除了现场目击者外，谁都不知道是怎么回事。"跟着，总督
解除了他的职务。米勒抗议说："我被撤职，代人受过。"事实也是如
此：布里斯班自己没能把这个拓居地好好装备起来，所以就找了一个替
罪羊。[41]

他的继任者是 40 团的彼得·毕肖普上尉，按殖民地的标准，此人
较有人情味。他发现，在管教严苛、天气酷热的情况下，流犯不可能工
作得很好，除非"给以小小奖励"，如一两盎司茶叶或糖。（就是通过这
种小恩小惠，他与布里斯班镇周遭的土著结成了良好关系，土著就像在
纽卡斯尔和麦夸里港一样，很快学会了如何捉拿逃跑流犯并把他们送回
监狱。[42]）但他只有二百名流犯，其中手艺人不多。尽管种了一些作物，
但仅垦殖了十二英亩，因为没人拥有足够的农耕经验来负责监管农事。
毕肖普 1826 年 3 月离开布里斯班镇时，该镇依然到处是歪歪倒倒、漏
水透风的木板棚屋，没有医院，没有谷仓，甚至连监狱都没有。但新来

的司令官就要改变这一切了。他就是 57 团的帕特里克·洛甘上尉。任命他的新总督拉尔夫·达令决计对澳大利亚的囚犯实行铁一般的严刑，该团就反映出这一点。

从抵达莫尔顿湾到他四年后暴死的这段时间，洛甘成了流犯口中的一个传奇人物——到了这样一种地步：他是澳大利亚监禁站中，有人把整首民谣献给他的唯一的人，其标题是《流犯哀悼帕特里克·洛甘不幸死亡》，简称《莫尔顿湾》：

> 星期天早上，我出去散步，不小心来到布里斯班水边，
> 听见一个囚犯哀叹命运不好，他躺在阳光明媚的河岸：
> "我是阿伦岛人，却被放逐到这座致命的海滩，
> 他们把我从年衰父母身边夺走，再也看不见我亲爱姑娘的脸。

> "我坐牢的地方有麦夸里港、诺福克岛和鸸鹋平原，
> 还有卡斯尔山和该死的通嘎比，我干活永远戴着铁链；
> 所有这些死罪之地，新南威尔士的每座监禁站，
> 都没法跟莫尔顿湾比：那儿残暴无比，天天没完。

> "整整三年，我像野兽被人虐待，腿上拖着沉重的铁链，
> 脊梁被鞭子打得皮开肉绽，经常鲜血四溅。
> 许多小伙子活活饿死，在地下卑贱地腐烂，
> 洛甘上尉把我们在三叉刑具上抽打，就在莫尔顿湾。

> "我们就像埃及人和古希伯来人，受着洛甘
> 牛轭的压迫，直到黑人伏击，把这暴君玩完。
> 囚友们，开心吧，这些妖魔鬼怪最终都会这么完蛋！
> 一旦获得自由，从前的痛苦就会从记忆中消散。"

这首民谣最好以无器乐伴奏的形式唱诵，带着很浓的鼻音，它以多

种变体留存下来，可能是澳大利亚殖民时期最受欢迎的反权威民谣。最后一个，也是最伟大的民间英雄，丛林土匪奈德·凯利——其父母是穷苦的爱尔兰"通货"——就曾把里面的一段话写进他的《杰里尔德里信》中，该信是一封致全澳人民的公开信，写于1879年：

> 麦夸里港通嗄比诺福克岛和鸸鹋平原在所有这些暴政和定罪之地许多风华正茂的爱尔兰人不肯屈服于撒克逊人的牛轭而被活活鞭笞而死终于勇敢地死在奴役的铁链下①

在澳大利亚的所有营地司令官中，洛甘极为残酷，名声最坏。流犯视他为食人魔王，视他手下人为妖魔鬼怪。有些故事——几乎绝对不真实——是关于他的主要鞭子手的，一个腿有残疾的诨名叫"老野蜂"的人（因为他走路一瘸一拐，像只野蜂），此人用九尾鞭抽过人后，就把皮鞭在水罐里洗干净，然后把水喝掉。据说，洛甘仅为取乐，就能用鞭子把犯人打死，还逼犯人拖着铁链干活，直到犯人倒地死去为止。他就这样把"几百个"犯人早早地送进了坟墓。一个名叫威廉·罗斯的前莫尔顿湾囚犯，在洛甘死掉之后，在一本小册子中写道：

> （流犯中的抵抗者）都会受到鞭笞折磨，干奴隶的苦活，直到生命的火星熄灭，然后像狗一样被埋掉……这种行为令人发指，本来是不允许发生的。但是，很不幸的是，对洛甘最感兴趣的人就是让人永远不能忘记的D（达令）总督，他为这个暴君的每一项工作撑腰。[43]

这就是大人用来吓唬孩子的洛甘，布里斯班臭名昭著的暴虐之人。②在后来的岁月中，曾有人努力为他"平反"，把他美化成一个专与恶劣条件做斗争的很有能力的探险家。哪怕画得再像洛甘的画，也看不出多

---

① 全信无一个标点符号，照译。
② 英文 Beast，与 Brisbane 形成头韵。

少关于他本人性格的线索。洛甘板着脸，面色苍白，颧骨很高，目光平视，盯着人看，嘴巴有点歪斜。这张脸放置在正式的乔治时代风格的白色亚麻布基座上，从上面能看出什么来呢？只能看出一点，那就是他跟他那个时代的人一样，无论是当兵还是当官，都是一副专横霸道的样子。士兵都喜欢被人描画成这样——而洛甘首先是个士兵，其次才是别的什么。

他1792年生于苏格兰，十八岁参军，进入57团。其后十五年中，他在全世界为国王服军役：在西班牙和法国打拿破仑，参加英美战争，在爱尔兰执勤，最后于1825年来到澳大利亚。因为他的一生都在接受军队的陶冶，洛甘——就像所有其他的职业军官一样——也理所当然地接受了军队关于人性的看法。在19世纪早期，一个主要的看法就是，只有通过严明的纪律，辅以就地解决的鞭笞，并以行刑队相要挟，才能把一伙人员混杂的乌合之众变成士兵。打败拿破仑的军事机器靠的不是团结精神，而是训练和皮鞭。洛甘本人所在团出了名地严苛。已经证明行之有效的制度，干吗要为流犯这种更糟糕的垃圾而放松呢？洛甘在莫尔顿湾上任一年之后写道："绝对有必要采取稍微严厉的措施，把这座拓居地改造成为一个惩治犯人的地方。"44

从纸面上看，司令官的职权严加控制，十分有限。洛甘可以就地进行鞭笞惩罚，但最多只能打五十鞭，然而常务命令警告，最好进行额外劳动和单独监禁，也不要给以鞭笞。不过，他1829年从达令总督那儿得到的更为详细的指令是，"所有的人，无论自由人还是受奴役者……都必须接受他的命令"，对一个无可逃避的事实给予了官方的许可：在像莫尔顿湾这种遥远的地方，是无法监督司令官的。因此，他可以像一个绝对的独裁者，统治他小小的痛苦王国。他是独一无二的地方法官，所有的司法——除了审判新来的重犯之外，因为这些人的审判必须在悉尼的合议庭进行——都必须通过他来阐释。任何时候，只要有人查问，他手下的军官都会站在他身后为他撑腰，一般来说，自由拓居者也会如此（由于洛甘对自由拓居者的行动具有绝对的即决权力，可以任意驱逐任何人，情况就更其如此了）。当然，流犯是没有声音的。没有任何流犯胆敢希望说服悉尼法院相信，司令官有种种暴君行为。大多数流犯不识一字，再说，即便写了宣誓书，也得当着洛甘的面宣誓。[45]

洛甘抵达时，他拥有的劳动力约为 100 名流犯。到了 1826 年底，人数翻了一番。1828 年，他有 415 人。到了 1829 年 2 月，他有 772 人。1831 年达到顶峰，为 1020 人。[46]这样，尽管在洛甘治下，劳动力供应量陡增，但从来都不足以开展雄心勃勃大兴土木的计划——达令总督举棋不定，不太清楚该拓居地的性质，也不太确定是否应该有自由拓居者，致使这个问题更为复杂。在这种情况下，洛甘发现很难制订长期计划。然而，到了 1827 年中期，他已有一百二十英亩土地种上了小麦，另有三百英亩准备栽种玉米。与此同时，在布里斯班河畔，一座城镇开始形成，密如蛛网的大街小巷用土夯实，经士兵皮靴踩踏，又经囚犯铁链拖曳，街道变得更结实了。这儿有医院、营房、仓库，甚至还有几幢石制别墅矗立在木板翘曲的小板房之间。

这一切都是有某种代价的，付出这个代价的就是流犯。他们之中许多人都像土著一样，在太阳下光着身子干活，身上除了铁链之外一丝不挂，不得不吃"蛇、病猪肉、菜叶子……以及人们扔到大街上不要的烂东西"[47]。有一个年纪更大的老手独自在莫尔顿湾待了七年，他因小偷小摸被判七年徒刑，但因频繁逃跑，总共服刑二十六年。他说：

> 我瞎了一个眼睛，一只手不能用。我吃了很多苦，因为我做不了分派给我的活，而惩罚又非常严厉……拓居地的大多数犯人腿上都绑着铁链……我腿上铁链绑了四年……由于工头虐待，我一只手不能用——他们当时顺手操起一件东西打我。[48]

尽管洛甘统治期间莫尔顿湾的惩治记录现已散失，但好像一目了然的是，洛甘习惯性地让囚犯拖着铁链干活，无论他们判的是什么刑。[49]他还是一个残酷无情的鞭子手。他提交的一份鞭笞记录样本留存至今。这是某个流犯文员在日记里为流犯总监彼得·斯派塞记下的。它表明，从 1828 年 2 月到 10 月，洛甘下令鞭打二百次，总数为一万一千鞭。

1828 年 10 月之后，鞭笞情况也不可能得到缓解，因为洛甘面对的是拓居地的爆炸局面。自 1828 年到 1829 年夏天，农作物没有收成。沙眼和痢疾肆虐横行。莫尔顿湾的粗死亡率高达平均每月 3.5％。洛甘偏偏选中这个时候，把拓居地的口粮减半。在这一社会灾变中，流犯住院人数大增，他们得了莫尔顿湾的一种特殊的疾病，记录中羞答答地用拉丁文称之为 flagellatio（鞭笞）。[50]

洛甘的部下肯定帮不了什么忙。彼得·斯派塞是一个滑稽可笑的无能之辈。而拓居地的外科大夫亨利·考珀似乎是他的新助手，于 1830 年抵达：

> 极为粗野，抽烟喝酒样样都来，是我见过的脾气最坏、最爱吵架的人……我真的觉得，他已经半疯癫了。不过，他也意识到他的脾气太可怕，因为他也谈到这一点，还说他不太清楚以后是不是会被关进疯人院。[51]

难怪囚犯要试图逃跑了。无论成功机会多小，只要有机会逃跑，也比在乔治时代的这个蛇蝎之地赖活着好，在这儿，连犯人的粪便都要检查，看是否含有未消化、偷来的玉米种子。从 1828 年到 1829 年，126 名囚犯（约占十分之一）都做好准备，冒着被土著杀死（和大多数人相信的那样被生吞活剥）的风险，逃进丛林，往南而去，手里紧紧攥住平时好容易偷来与存下来的一点可怜的面粉、脂肪和玉米。其中 69 名累得半死，走回拓居地或被拽回拓居地，面对九尾鞭的鞭笞，不是一百鞭，就是二百鞭，甚至是三百鞭，还要在剩余的刑期内拴上二十磅重的铁链，而洛甘（作为地方法官）还要在原判刑期上再加三年。（这属于违法行为，他身为地方法官也无权做出这种决定，但并未遭到达令的拒斥。）其他人的命运不得而知。大多数人死掉了。根据官方记载，从莫尔顿湾逃跑的人无一获得自由。有些人可能暂时获得自由，因为有几个人顺着海岸一直跑到麦夸里港，结果还是被抓获。

与此同时，他们跟土著的关系每况愈下。到了 19 世纪 20 年代后期，土著对殖民者已经不再好奇，而是充满敌意。流犯只要有可能，就随时杀戮在丛林中遇到的黑人。暴力愈演愈烈。到了 1828 年早期，洛甘不得不报告说，土著手持武器，成群结队，有时多达五十人，对玉米地发起攻击。[52]不过，流犯的说法也没有根据，他们说洛甘对袭击农作物的人施以报复，用枪打死了一名土著，把他制作成人体标本，悬挂在玉米地上，以示警告——但类似的事情倒曾在新南威尔士发生过。[53]

达令总督对洛甘在莫尔顿湾干的事表示支持，但还是有人走漏口风，传到社会上去了。几乎可以肯定这是有意传出去的，因为拓居地需要在流犯中建立可怕的口碑，才能起到威慑作用。问题是，与其说洛甘采取高压政策，不如说他像谣传的那样变化无常。到了 1830 年，悉尼一片声地质疑，追问莫尔顿湾究竟是怎么回事，其中带头提问的人，就是爱德华·史密斯·霍尔（1786—1860）。

霍尔是英国一个小银行家的儿子，他于 1811 年移民来到新南威尔士。早在英格兰时，他就参加了宗教和社会工作，他还是废奴主义者威廉·威尔伯福斯的一个朋友。这使拉合兰·麦夸里觉得他很可取，便在接下去的数年里，赠送了他两千多英亩牧场土地。霍尔从事农业遭到惨败，他作为羽翼未丰的新南威尔士银行官员，记录也好不到哪儿去。但是，对于一个良心滚烫、有慈善心的人，监禁地澳大利亚——特别是在麦夸里离开之后——地大"人"博，一耙子下去，能捞到很多赃货。霍尔改换门庭，当了报纸编辑。1826 年，他与合作伙伴在悉尼成立了《箴言报》，其政治目的宽泛，很像温沃斯的《澳大利亚人报》：提倡由陪审团进行审判，政府要有代表大会，要保障公民自由，反对达令这样的酷吏。《澳大利亚人报》的选民是"盈满释痞者"，《箴言报》关心的（或如一些官员认为的那样颠覆性地着迷的）却是服刑中的流犯的困境，无论他们是被私人虐待的配给仆人，还是官方在"铁链帮"和监禁站极力打压的人。

达令是霍尔的矛头所指。霍尔在编者按中指出，达令铅一般沉重的独裁统治，已经把新南威尔士变成了这样一种地方："很容易招致间谍活动，引起怀疑，而且像奴隶一样害怕得罪上级。"他通过《箴言报》，以及一系列致英格兰殖民地大臣的公开信，谴责达令玩忽职守，违反宪法，无视"古代温和的英格兰法律"，贪污腐化，偏袒富有的殖民者，贿赂陪审员，对"已经证实的"官方折磨案麻木不仁，而且"滥用总督的权威和影响，以泄私愤"。[54]

霍尔与达令的第一次重大交锋不是关于政策，而是关于事件，在1826年因萨兹和汤普逊案而发生。约瑟夫·萨兹和帕特里克·汤普逊是57团的二等兵，他们都认为（就像他们在新南威尔士的很多同志所认为的那样），服刑流犯的生活尽管很糟，却比普通士兵要好。士兵在澳大利亚犯罪，就要流放到某个监禁拓居地。为了摆脱军队，萨兹和汤普逊抢了悉尼一家商店，甚至都不做任何努力躲避逮捕。审判之后，他们被判流放到一个监禁拓居地七年。

这个事件把达令气坏了。他觉得，堂堂的皇家军队士兵，居然宁可选择过判刑流犯的生活，这要不是表明军队生活太野蛮（结果就让想参军者提不起精神），就是说明流放生活太闲适了（结果鼓励大家犯罪）。于是，他相当非法地自作主张，取消了他们的监狱刑期，改判他们到"铁链帮"服苦刑七年。在此之前，还举行了一场丢脸的仪式：让他们身穿流犯的"加那利装"（即重犯穿的灰黄两色制服），颈上戴着巨大的刺铁项圈，用十三磅重的铁链与他们的脚镣相连。在击鼓声中，萨兹和汤普逊被赶出军团，撵进监狱，在那儿拖着铁镣奄奄一息。但是，让达令大为困窘的是，萨兹——他本来就患有"水肿病"——因虐待而病倒，几天后便死去。达令并不知道萨兹的病史，哪怕这仅仅是因为他没有问过。他当然不是有意让那人去死。但是，他的"样板"惩戒方式使这种措施显得过于严酷，在所有"盈满释痞者"中掀起了一股反感的热潮。从《澳大利亚人报》到《箴言报》，温沃斯和霍尔都谴责总督谋杀、折磨，像尼禄一样败坏司法程序。

达令负隅顽抗，尽其所能予以还击，大骂温沃斯（"是个出身低贱的粗汉"）和霍尔（"是个不讲原则的家伙，放弃信仰的传教士"）。从这一刻起，所有的批评都带有了煽动性。他对巴瑟斯特抱怨说："人民一般应对政府有信心，反对报纸却必欲摧之，如果不在如此构成的殖民地加以制止，必将造成无政府主义和暴乱。"[55]他跟别人一样，也能看到，萨兹和汤普逊案简直就是老天送来的一根杠杆，供"民主人士"敦促由公开陪审团进行审判并组成代表大会。所以，他无比笨拙地对媒体进行了还击。他试图通过颁发报纸执照，捂住《澳大利亚人报》和《箴言报》的嘴巴，规定如果两报发表"渎神或煽动性的侮辱文字内容"，就没收报纸执照。约翰·麦克阿瑟还敦促他赶快强征每份报纸四便士的印花税，扼杀两报的发行量。这两种措施早就由范迪门斯地的独裁者乔治·亚瑟提出来了。但是，所有立法议案都必须由殖民地总法官弗朗西斯·福布斯爵士进行审查。

福布斯认为，总督是个心胸狭隘的狂热分子，他在"我有幸见到的人中，对这个国家法律之了解比所有居高位者都少"。他削掉了达令所有议案中的大部分锐气，使之不再能让媒体噤声——尽管还能对之进行骚扰。反过来，霍尔继续大骂达令和"美利奴羊主"，最后因刑事诽谤罪被七次提起公诉。1829年，达令终于想法把他投入了监狱，但霍尔继续在狱中主编《箴言报》，并把诽谤总督的长篇大论寄给英格兰的官员。1830年3月，有人在悉尼监狱交给霍尔一份文件，使他相信，这份文件准能让洛甘上尉下台，使达令丢尽脸面，并逼迫莫尔顿湾采取改革措施。

这是一个名叫托马斯·马修的流犯在悉尼监狱死囚室里留下的一份手稿。他被带出去接受绞刑前，把手稿藏了起来。之前，马修一直是个"爱惹麻烦"的流犯。他在从悉尼去莫尔顿湾的路上，在"爱丁堡号"上计划哗变，但计划失败，因为一个名叫约翰·卡罗尔的囚犯告发了闹事头领。马修于是在莫尔顿湾抢起镐头，砸碎了卡罗尔的脑袋，结果他被送回悉尼，审判之后被处死。

他在死囚室的信中解释说，他本人的生活对他毫无价值。信中谈到莫尔顿湾的生活，说"从来没有在一个地方碰到那么多的暴君"，但囚犯无法对他们提出指控，因为所有指控都得经过洛甘。监狱帮工头是特勒南德，他当着十个流犯证人的面，用铁锹打死了一个囚犯，"但他们如此害怕，根本不敢提及此事，因为害怕被鞭打致死"。工头偷走囚犯的面包，犯人死在地头和囚室，"因为无人照管，缺少食物"；又因"偷窃一只玉米棒子"，就被鞭打致死。一些流犯身体极其虚弱，不得不爬到地里劳动。而且，洛甘"有一次发疯"，让人把所有残疾者从医院里拖出来，让他们"拄着拐杖"挨人鞭打。据马修称，他亲眼看见有些犯人被鞭子打到一半的时候，就支撑不住，不得不等第二天用手推车推到三叉刑具前，把剩下的一半鞭子抽完。

霍尔于 1830 年 3 月 27 日把这封信发表在《箴言报》上。他还从监狱宣布，他要就谋杀一位名叫威廉·斯万的流犯的案子，对洛甘上尉提起公诉。斯万（据霍尔指称）于 1827 年在莫尔顿湾因虐待致死。但他把这件事搞错了，因为斯万是在医院死于痢疾——至少外科大夫考珀在宣誓书上是这么写的。[56]这时，洛甘上尉写了一张生硬的便条给殖民地大臣，要求对霍尔提起公诉，告他犯有刑事诽谤罪。6 月，行政会议对莫尔顿湾前牧师文森特和外科大夫考珀进行了问话。考珀拒不承认莫尔顿湾动用了任何酷刑，更不用说谋杀了。他还说，那儿从来都没有一个名叫特勒南德的工头。牧师倒还记得特勒南德，"据说此人性情残暴，习惯殴打虐待囚犯"，但否认他听到过该人用铁锹杀死一名囚犯的事。被问到那儿是否有卫兵非正式地杀死犯人时，他闪烁其词起来。他的回答很奇怪："肯定不是为了证明报纸所述是正当的。"[57]两人都不记得亲眼看见有人鞭打残疾人，也不肯确认马修绞刑架文件中，关于任意折磨的更为耸人听闻的指责。行政会议经达令提示，通知首席检察官再次下达逮捕令，就刑事诽谤罪起诉那个大搞"颠覆活动和平均主义的"爱德华·霍尔。

该案到最后也没进行审判。洛甘就要前去印度了——他在莫尔顿湾的统治在"盈满释痦者"的媒体那儿留下了一个恶名，因此现在很需要就任这个新职。到了 1830 年 10 月，他的继任者，即 17 团的詹姆斯·克鲁尼上尉，已经开始在莫尔顿湾学习掌权的基本技巧了。但是，洛甘要在对霍尔及其《箴言报》的审判中宣誓做证后，才能离开澳大利亚。在等待召回悉尼期间，他利用这段时间，从莫尔顿湾溯河而上，到布里斯班河谷一带探险。10 月 17 日，在这样的一次骑马之旅中，他的队伍在迷宫般的灌木丛中把他弄丢了。

四天后，搜查队找到了他的马鞍，但马镫皮带被人用石斧割掉了。在考珀及其他人的带领下，一队队流犯篦头发一样在丛林里又搜查了一周。在一片林中空地，他们发现有很多土著留下的脚印，好像那儿曾经举行过一次狂欢舞会，他们发现在干燥的草丛中，有被人践踏的他的几页笔记本纸，还有从他背心上撕下的一块沾血的破布，以及他指南针上的一个部件——指南针已经破损，被石器时代的人的指头掰开，然后扔掉了。第二天早上，大约在一英里开外的地方，搜查人员找到了洛甘的死马，身体肿胀地躺在小溪的河床上，身上莫名其妙地盖着树枝。顺着小溪陡峭的河岸往上走，有一个浅浅的坟堆。洛甘的光脚已经部分被吃掉，从土里面伸出来，皮靴被放在一边。原来，黑人用长矛把他刺死，脸朝下埋了起来，当作食物储备，但野狗已经开始把他刨了出来。现在，他浑身黑黑的，全是苍蝇，已经不能吃了。他的尸体被带回莫尔顿湾时，流犯"听说他被人谋杀之后，都欣喜若狂，通宵达旦又是唱歌，又是大声叫好，根本不理会狱卒的阻拦"[58]。

他们急于把他的死亡看作他们自己报复的结果，就杜撰出另一个版本的故事：他自己的流犯仆人在丛林把这个招人痛恨的司令官抓了起来，用鞭子几乎把他打死，然后用石头结果了他，脸朝下埋了起来，"脸朝下看着地狱，因为这就是他要去的地方"。一个个鬼故事接踵而至。据说，洛甘死的那天，他在布里斯班河那边的岸上，骑着一头惨白的马，一言不发，一动不动，但当摆渡的人划船过去接他时，那儿却空无一人。就这样，帕特里克·洛甘一死掉，就开始进入民间传说。民谣很快就跟着来了。这一次，没有对爱德华·霍尔进行诽谤审判。事实上，达令总督深深吸了一口气，做出了他在任期间唯一一次息事宁人的姿态：在洛甘被杀的新闻传到悉尼之后不久，他便于1830年11月释放了霍尔，也许他希望把殖民地媒体在他脑袋周围卷起的含沙射影和恶语谩骂的风暴加以平息。

霍尔根本不感激他。悉尼的民主人士也认为，即便他采取这种姿态，也不能减轻他对流犯残酷而对殖民地托利党人徇私的罪恶记录。达令也许还待在位上没有下来，尽管他在殖民地的敌人累累——因为不是澳大利亚人把他选上去的，他们没法把他拉下马来——但是，英格兰此时已在摆脱托利党人的极端主义，达令这个为极反动的惠灵顿政府供职的军人，就是这种极端主义的具体化身。

到了1830年，要求议会改革的运动已经从工人阶级渗透到中产阶级之中，这些中产阶级人士在1819年时，对彼德鲁大屠杀的态度不是漠不关心就是胆小害怕，而且不信任"改革"的思想。随着英国中产阶级更加意识到权力结构中所隐含的让人惊心动魄的不平等现象——其象征就是战后农村的苦难和有名无实的"腐败选区"之丑闻——改革运动的社会基础一下子扩大开来，辉格党在查尔斯·格雷勋爵的领导下，可以针对托利党人的垄断权力采取行动了。而且，人们还有1830年的法国大革命作为榜样，它使得一些有开明思想的辉格党人相信，资产阶级利益驱使的民粹主义行动——不像托利党人自1789年以来一直警告的那样——并没有导致雅各宾主义和死刑犯押送车的产生。拉法耶特和路易-菲利普显然不是马拉和罗伯斯庇尔。1830年11月，惠灵顿政府垮台，新国王威廉四世指示格雷勋爵组成新政府。在格雷的领导下，议会通过了改革议案，但仅以一票的多数通过。

格雷不是开明人士。他对议院说："我比任何人都更有决心，反对年度议会会议、普选权和投票表决权。我的目标不是支持，而是结束这种希望和项目。"[59]但他儿子亨利·乔治·格雷，又叫霍维克子爵，并不完全同意父亲的意见。威尔伯福斯反对奴隶的战役特别让他激动，而且，他也并非没有意识到人们在奴隶制和流犯流放制度之间进行的比较。霍维克通过裙带关系，于1830年进入父亲的部门，当上了殖民地次长，他的上司是戈德里奇子爵。来自澳大利亚对达令总督的投诉川流不息，到了霍维克那儿，他都能带有同情心地加以倾听。世界已经前进了一点，即便在大英帝国的终极处，给只相信鞭子而不相信投票箱的镶着金黄色穗带的昏庸酷吏留下的空间也不多了。霍维克特别不喜欢达令企图扼杀新南威尔士公众言论的做法。这位总督六年任期于1831年到期时，没人提议让他续任。因此，达令离开了澳大利亚。

生活在悉尼边缘的土著的潦倒状态，身上穿的是英国人的破衣烂衫，地上放着朗姆酒瓶，奥古斯塔斯·厄尔于 1830 年前后在石版画中记录下来，该画标题是《新南威尔士的土著》。(悉尼米切尔图书馆及迪克逊藏品)

在拉尔夫·达令治下，1830 年前后，奥古斯塔斯·厄尔很不同情的眼中的悉尼营地外政府劳工"铁链帮"。（堪培拉澳大利亚国立图书馆）

1838 年前后，悉尼附近丛林中的一支"公路帮"。面黄肌瘦、拖着铁镣的囚犯模样，可能要比厄尔石版画中强壮凶猛的爱尔兰滞定型更真实。（堪培拉澳大利亚国立图书馆）

跨越蓝山的大西路上的"公路帮"劳工。奥古斯塔斯·厄尔,《约克山顶的风景:目光朝向巴瑟斯特平原》,约 1826 年。(堪培拉澳大利亚国立图书馆)

道路即将完工,"无限的地区在我们的视线中展开"。查尔斯·罗迪乌斯,《流犯修建通向巴瑟斯特的路》,1833 年。(堪培拉澳大利亚国立图书馆)

上图："暴政之地"——麦夸里港。萨拉岛上的石头监狱废墟。J. W. 比蒂摄于19世纪60年代。（堪培拉澳大利亚国立图书馆）

中图：萨拉岛南部，约1830年由罪犯画家 C. H. T. 科斯坦蒂尼画。主码头和船坞位于中央，注意那高高的锯木厂的安全栅栏。（霍巴特奥尔波特图书馆及美术馆）

下图：成群的流犯拉着装满松树原木的木排，拉向位于萨拉岛、麦夸里港的锯木厂。格鲁梅特岛在右边，简陋的刑罚棚屋下面是用作单独囚室的岩石的黑暗洞口。约1830年，T. J. 勒姆普里耶尔素描画。（霍巴特奥尔波特图书馆及美术馆）

上图:《范迪门斯地的霍巴特小镇》,乔治·W. 埃文斯绘于约 1823 年。在前景中的地上,流犯们在建筑师的监督下正在干活,无精打采的——注意看中间两个边抽烟边聊天的男人。这松散的纪律正是副总督亚瑟想要彻底改变的。画家埃文斯被指控犯了受贿罪,在亚瑟的强迫下,离开范迪门斯地测量员的职位。(堪培拉澳大利亚国立图书馆)

下图:范迪门斯地顽强不屈的殖民地副总督乔治·亚瑟爵士 (1784—1854)。匿名作者微型肖像画。(悉尼米切尔图书馆及迪克逊藏品)

上图：19世纪60年代的亚瑟港。右边带阁楼和石制外墙角的四层楼建筑物是巨大无比的面粉厂的一个组成部分，该厂于1857年改造成一座监狱。左边半山上的圆形城堡形塔楼是卫兵室。（堪培拉澳大利亚国立图书馆）

左图："不偏不倚，极为公正，像命运一样无动于衷"——查尔斯·奥哈拉·布斯上尉（1800—1851），从1833年至1840年任亚瑟港司令官。肖像画家为 T. J. 勒姆普里耶尔。（霍巴特塔斯马尼亚博物馆和艺术画廊）

上图：约翰爵士和富兰克林女士视察鹰颈地峡的一排警犬。（悉尼米切尔图书馆及迪克逊藏品）

左下图："极地骑士"约翰·富兰克林副总督（1766—1847）。袖珍画，佚名。（悉尼米切尔图书馆及迪克逊藏品）

右下图：亚瑟港用于管教和官僚的器械，环绕着当地的野花。J. W. 比蒂的旅游明信片，约 1870 年。（悉尼米切尔图书馆及迪克逊藏品）

上图：鹰颈地峡，通往塔斯曼半岛的唯一大陆桥，J. W. 比蒂摄于 19 世纪 70 年代。前景中是卫兵室。(塔斯马尼亚朗塞斯顿博物馆和艺术画廊)

下图："坚硬无比的地狱之门本身"——亚瑟港入口处的劳尔岬，以及其高耸的黑色细长玄武岩。(塔斯马尼亚朗塞斯顿博物馆和艺术画廊)

THE

MUSTER MASTER.

A CHAPTER OF COLONIAL HISTORY

BY

AN OLD VAN DEMONIAN.

1874.

上图：澳大利亚的第一条铁路，驱动力由流犯提供，设计和安装者是布斯司令官，车上坐着的游客正穿过塔斯曼半岛的原始森林。（堪培拉澳大利亚国立图书馆）

下图：反对该制度记忆的宣传材料。《点名官》在塔斯马尼亚停止流放的三十年后发行，在其标题页上，一个流犯正在接受鞭笞，同时，一个下级军官告诫他要"挺住"。右边，一位地方法官说："我要把这混蛋抽一百鞭子，然后把他绞死。"山上绞刑架边的刽子手叫道："这完全是屠杀行为，但我还是得执行，我想。"事实上，当时是禁止这种体罚和杀头惩罚的。（悉尼米切尔图书馆及迪克逊藏品）

上图：本杰明·杜特罗的"国家图画"，《握手言和》，约 1835 年。图中可见乔治·奥古斯塔斯把范迪门斯地幸存下来的主岛土著"带来"。特拉卡妮妮坐在他左边，用手指着调解员，把一个犹豫不决的部落人拉过来。请注意，"握手言和"的意象通过沙袋鼠和几只袋鼠猎犬的共存而天真地表现出来。(霍巴特塔斯马尼亚博物馆和艺术画廊)

下图：塔斯马尼亚主岛最后的纯种土著，面对绝境，身穿欧洲人的华服。从左到右分别为：特拉卡妮妮、威廉·朗尼和贝西·克拉克。J. W. 比蒂 1866 年拍摄。(堪培拉澳大利亚国立图书馆)

亚瑟关于种族关系的政策，约 1828 年。告示牌向土著保证，无论黑人白人，都能享受公平待遇。(霍巴特塔斯马尼亚博物馆和艺术画廊)

左页上图：九尾鞭的仪式——莫尔顿湾的一次鞭笞行为。选自威廉·罗斯猛烈抨击洛甘上尉统治的小册子，《不是暴君倒下，就是流犯受苦》，1836 年。（悉尼米切尔图书馆及迪克逊藏品）

左页左下图：大陆的酷吏拉尔夫·达令爵士（1775—1858），新南威尔士总督，1824 年至1831 年。在他的监管下，"二次"监禁殖民地从纽卡斯尔扩展到莫尔顿湾，诺福克岛重新启用，成为"流犯潦倒堕落的顶点"。肖像画家为约翰·林奈尔。（悉尼米切尔图书馆及迪克逊藏品）

左页右下图："囚友们，开心吧，这些妖魔鬼怪最终都会这么完蛋！" 57 团的帕特里克·洛甘上尉，莫尔顿湾司令官。佚名肖像。（悉尼米切尔图书馆及迪克逊藏品）

右页上图：诺福克岛金斯顿主要监狱中的"哑巴囚室"。请注意其墙壁之厚，声音无法穿透。自该照片（1870 年前后）拍摄以来，该处已夷为平地，这些建筑的痕迹鲜有留存。（塔斯马尼亚朗塞斯顿博物馆和艺术画廊）

右页下图：1834 年流犯起义反对诺福克岛莫里塞特司令官之后，一名受绞刑而死的哗变者的墓碑。（作者藏品）

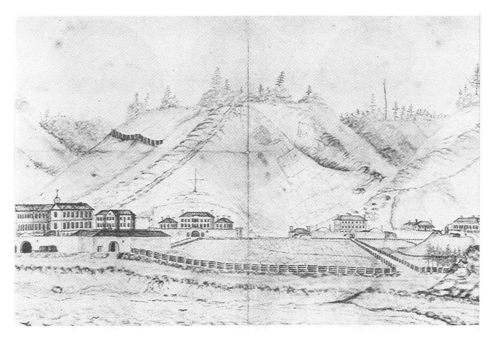

左页上图："谋杀犯之冢"，即诺福克岛墓地圣地之外的万人坑，1846 年的流犯哗变者全都埋在那儿。（塔斯马尼亚朗塞斯顿博物馆和艺术画廊）

左页左下图：福斯特·菲昂斯上尉（1790—1870）是莫里塞特在诺福克岛上的二把手，他镇压了 1834 年的哗变。（悉尼米切尔图书馆及迪克逊藏品）

左页右下图："澳大利亚想象中持久不衰的食人妖魔之一"——约翰·吉尔斯·普赖斯（1808—1857）。（塔斯马尼亚皇家学会）

右页上图：佚名画家于 1838 年所绘的诺福克岛金斯顿的主要拓居地。囚犯营地和食堂在左。后面的山脚下是军营。右边是总督府。（悉尼米切尔图书馆及迪克逊藏品）

右页下图：马柯诺奇让死者拥有尊严——流犯雕刻的塞缪尔·琼斯的石碑，他因 1842 年企图劫持诺福克岛的"菲利普总督号"而被枪毙。（作者藏品）

制度的产物：亚瑟港劫后余生的几个"老爬虫"或老流犯，于1874年拍摄。（塔斯马尼亚档案馆）

　　"盈满释痞者"欣喜若狂地庆祝他的离去。霍尔的《箴言报》宣布说，达令起航的当晚，报社编辑办公室的上空，就会有一道"亮光"升起，上面十分耀眼地写着一句话："他滚蛋了！""感谢上苍——我们终于摆脱了这个沉重的负担！"温沃斯在《澳大利亚人报》上大发感叹，还在他沃克鲁斯的庄园大开门户，邀请了殖民地的所有"盈满释痞者"——这个地方俯瞰着悉尼海港，其周边挖了一道浅浅的壕沟，填满了爱尔兰的土，为的是把澳大利亚的毒蛇赶出去。约有四千人坐着轻便双轮马车，骑马的骑马，骑驴的骑驴，还有骑着自己双腿的，在沃克鲁斯庄园会合，大吃大嚼起来。与其说这场宴会满是佳肴珍馐，不如说它奇大无比，有一整头烤牛、十二头羊、成千上万只面包，以及难以计量的淡啤酒和烈酒。支持达令的报纸《悉尼公报》请读者想象一下：

　　　　咆哮声、哭闹声、尖叫声、亵渎神明的声音、重重的击打声、撞个满怀的声音、踢脚声、舔东西的声音、哄骗声、欺骗声、打人声、偷东西的声音和走路跌跌撞撞的声音，打破头的样子、鼻子流血的样子、把眼睛打青的样子，以及扒口袋的样子……真是植物湾最贱最贱的人在狂欢无度，他们在露天聚集，被夜幕遮掩，躲开了警察的眼睛，被库柏姜啤酒的酒气弄得"海拉瓦塌"① 的……这些让人鄙视的做法，在正直的人们心目中激起了普遍的厌恶和憎恨。[60]

　　但是，那天晚上，"盈满释痞者"和"通货一代人"大声喧哗地用他们的肚子投了一票。达令坐船走的时候，很少有人流泪。他抵达英格兰后，也没有新的任命。

　　达令的离去，以及比较开明的理查德·伯克的取而代之，使得莫尔顿湾的流犯生活稍有改善——但并无太大好转。由于洛甘曾把流犯当奴隶一样驱使，如今这座拓居地的房屋建得很好，而且经常有淡水供应

---

① 原文是 helewate，查遍所有词典都没有，只能暂时存疑，音译之。

（每根管道都是煞费苦心，把铁皮桉挖空后做成的）。发病率相应降低，尽管在流犯和布里斯班河两岸拓居的穷白人中，沙眼问题依然残存，并持续了半个世纪。洛甘的继任者克鲁尼是鞭子手出身，但不像一般的鞭子手那样反复无常，流犯并不觉得他是那么坏的暴君。逃跑的人少了，但这是因为他们放弃了希望：莫尔顿湾的白人和黑人之间的关系恶化到这样一种地步——流犯都知道，只要逃进丛林，就会被土著杀死。艾伦·坎宁安于1828年至1829年到那儿去过，据他后来报告说，逃跑的流犯一直都在"很随意地对待"——即强奸——土著妇女。[61]当时，这肯定是压死骆驼的最后一根稻草。不过，这些遭到侵扰的部落领土都在莫尔顿湾以南的地方。

其他流犯则往北逃去，期望抵达中国。他们之中至少有一人幸存下来，一举逃跑天下知（尽管他并没有抵达中国）。此人就是约翰·格雷厄姆，是个很有办法的爱尔兰人，他于1824年曾因从亚麻商那儿盗窃了几磅大麻而被判流放。起先，他被配给给帕拉玛塔的一个主人，认识了当地的土著，从他们那里学会了在陌生丛林生存的一些技巧。第二次犯事之后，他于1827年被流放到莫尔顿湾，忍受了洛甘几个月的暴行之后，拔腿就往北跑，想方设法躲避土著，在无人帮助的情况下，靠着土地过活。最后，他犯了一个大错，接触了一个部落，却运气好得让人难以置信，因为其中一个女的迎接了他，以为他是她死去的勇士丈夫的白人鬼魂。于是，他进入该部落，从1827年到1833年，一直跟该部落一起生活，后徒步回到莫尔顿湾，向大吃一惊的克鲁尼投降。除了维多利亚的巴克利之外，没有一个流犯对土著的生活和仪式拥有如此熟悉且详细的知识，但是，格雷厄姆回到白人社区后，也没对黑人表示更多的同情。他谴责他们是"让人恐惧的宗族，成群结队的食人部落和野人部落"，以为这样就能说服当局相信，他在黑人中间吃够了苦头，因此不应延长他的刑期。[62]

在克鲁尼的治下，莫尔顿湾初具规模，有了市镇的样子，仿佛是布里斯班市的胚胎形式，其简陋的强制性劳动力经济已经呈多元化，经

"一级"流犯——即罪行较轻者，他们在那儿囚禁的头几年中，记录完美无缺——中的手艺人而得到拓展。裁缝用摸起来像"喜鹊布"或"金丝雀布料"的粗糙材料，缝制灰黄两色的制服。有做鞋的，有制皮革的，有做蜡烛的，有铁匠，有箍桶匠，有细木匠，还有车轮匠——一个已经包含剩余价值和贸易种子的繁荣兴旺的小经济体，其劳动力被工头和官员以各种方式进行剥削。现在，流犯吃的食物更多了，对茶叶和糖这种小奢侈品也十分重视。茶叶是一种粗糙的绿色物质，里面满是茶梗，俗称"柱子和栏杆"。黏糊糊的棕糖诨名叫"煤焦油"，但是，有了它，甜甜的土豆布丁就更好吃，囚犯用烤煳的玉米粒做的淡而无味的假冒咖啡也更给力。

1835 年底，4 团（国王私人团）的福斯特·菲昂斯上尉接替克鲁尼成为司令官，这时，洛甘治下的饥馑岁月已经成了记忆——不过，还是在流犯的传说中痛苦地保存下来。监狱其他方面的生活基本还像以前一样，仍在三戟刑具的阴影下进行。乔治·沃克和詹姆斯·巴克豪斯这两个贵格会传教士在周游澳大利亚监禁殖民地期间，菲昂斯含讥带刺，颇为得意地把九尾鞭的种种仪式向他们描绘了一番：

> "朋友，"巴克豪斯教友说，"我希望你能仔细解释一下各种惩罚是怎么回事。先讲一下鞭笞的数目好吗？"
>
> 我的回答是，从二十鞭到一百鞭或二百鞭不等，这就是我们的限额——跟着听到两声长长的、空洞的呻吟。"打第一鞭时，教友，皮肤凸起，有点像起了白霜，教友。打第二鞭时，教友，常常让我想起暴风雪……打第三鞭时，教友，脊梁就会皮开肉绽。"要呻吟五六次。"接着，疼痛的感觉就会减小，鲜血就会大量涌出。"呻吟逐渐拖长，变得沉重了。两位教友祈祷了几句，把笔记本掏出来……跟着，我建议找一个人出来鞭笞一顿，好让他们目睹一下整个过程，这样就能更好地加以评判。
>
> "不用了，朋友，谢谢你！"[63]

但是，到了这时，莫尔顿湾的主要惩罚形式不是鞭笞，而是踏车。1827 年，洛甘在那儿竖起了一架风车（这架风车还矗立在那儿，但已经改成了观测站，是布里斯班流犯时期保留下来的少数建筑物之一）。两年后，风车上又添加了一个踏车，供流犯在无风的时候碾磨玉米用——这是一台很有实用价值的机器，还可用作对集体用刑的器械。踏车形如水车，但长达四十英尺，木踏板宽九英寸。每次惩罚的流犯可以多达五十人。流犯给它起的名字很有表现力：走不完的楼梯，又叫它痛鸡巴，因为在上面站几个小时之后，硬邦邦的囚服就会把生殖器擦得生疼。囚犯走上一排梯级，做好准备，站在踏车的水平叶片上，有一根固定扶手杆扶着。工头把一根铁栓抽出来，轮子就开始转动了："他们的步速与轮子转动的速度一致，就能听见他们的镣铐叮当作响，镣铐最重的人要想保持速度，似乎就得花很大气力。一些很可怜的人好不容易才磨磨蹭蹭，踏完全程，直到下来为止。"[64] 踏车代表着进步——即对刑罚的合理化。它比九尾鞭更具哲理性。

从 1835 年起，布里斯班镇及其外围拓居地独一无二的监禁性质开始减弱。大街小巷仍能听到鞭子打人的声音，用铁链串在一起的犯人像蜈蚣一样，拖曳着因赤道露水而锈蚀的铁链，拖着脚从营地走到干活的地方，一个个垂头丧气，但他们人数已在减少。菲昂斯接任时，那儿只有大约四百名男流犯。到了 1840 年，囚犯营地和女工工厂已经空无一人。所有正在服刑的流犯都被召回悉尼，配给制度已经停止。此时，布里斯班的自由拓居者得不到政府赞助的奴隶劳动力，不得不自食其力，因为该地不再与外界隔绝，甚至还有一个邮局。土著一败涂地，处于边缘，甘蔗酒喝得糊里糊涂，在树荫下像一片片阴影，打着瞌睡，活生生地证明白种文明大获全胜。到了 1840 年，占地农发现了一条牲畜通道，可通向布里斯班内地富饶的达令草地平原。就这样，现代昆士兰的畜牧经济以布里斯班的解放作为开始。《澳大利亚人报》1842 年发表编者按说："大自然把那个地方指了出来，作为澳大利亚北方首都的所在地。"一周后，吉普斯总督正式宣布，莫尔顿湾不再是监禁拓居地。拓居者和参观者可以自由来去。军人治理已告结束。澳大利亚大陆最后一座监禁站就这样寿终正寝。几年后，昆士兰第一届议会召开时，地点设在布里斯班最大的建筑物楼上——即从前的流犯营地，其建筑规模可容纳一千犯人——洛甘若泉下有知，或许会很欣赏这个颇具讽刺意味的事实。但这个不讨人喜欢的纪念品，像讲述着澳大利亚黑暗时代的许多建筑物一样，很快就被夷为平地。

iv

现在代表着惩罚之精髓的地方，就是诺福克岛。布里斯班总督在1824 年，即拓居莫尔顿湾的那一年，就把注意力转向了这个地方。巴瑟斯特勋爵看过比格的报告之后，就命令他为这个制度屡教不改者准备一个终极恐怖之地。因为只要流犯还在澳洲大陆，他们就能逃走。因此，巴瑟斯特要布里斯班重新占领诺福克岛，因该岛十年前在麦夸里总督的仁慈指示下被弃置不用。这个斑点一样的小岛距悉尼东面一千英里，新西兰北面四百英里，在浩瀚无垠的太平洋面上浮动着，不久就要再次充当"一艘巨大的囚船或监狱"，成为英格兰监禁制度的顶点。该监狱旧有的形式本来就糟糕得不行。正如亨特总督 1812 年所宣称，该地的囚犯"觉得（送到这儿来）惩罚太重了。他们宁可丧生，也不愿在那儿待下去"。现在，情况可能变得更糟。尽管囚犯逃不走，但谣言和恶名还是能够传出去的。这样，囚犯黑话所称的这座"老地狱"仅凭恐怖，就能降低大陆的犯罪率。[65]

布里斯班写信给英格兰，概述了他的这座新"坎坷邦"。这位和蔼可亲的空想家向人们保证，到了诺福克岛上，就不要侈谈罪犯教养改良的问题。诺福克岛的唯一目的，就是把"流犯贬黜到无以复加的地步"。该岛养不活很多囚犯，岛上已有的囚犯绝对是被制度两次判罚的人中最糟糕的，其中大多数都在殖民地重新犯了能判绞刑的罪，但减刑为终身监禁。"重犯一旦送到那儿，就永远也没有回返的希望。"尽管在澳洲大陆为政府服务或享受配给制的流犯有一些法律权利，但诺福克岛上的流犯"已失去所有权利，不能享受法律保护"。为了保证把他们化整为零，布里斯班敦促说：

> 如果这样做对英格兰的法律来说不为过，我认为，对诺福克岛完全实行军事管制再合适不过，这不仅本身就是惩罚，而且能够节约，不用经过民事法庭的复杂机制，不用把犯人（送到悉尼）进行审判……我根据自己的经验深信不疑，对待流犯，没有什么比简易诉讼更为有效。[66]

巴瑟斯特不给他这个权利。但实际上，诺福克岛未来的几位司令官除了判处绞刑之外，都拥有这种横扫一切的权力，他们的统治几乎达到了绝对的地步。

绝对不能应承囚犯有何前途，即便告诉他们要向什么目标努力，也只能极为含糊其词。"决不能让他们……产生任何减刑的希望"，他们至少要在岛上服刑十年，才能离开该岛，而最后五年的表现必须达到完美无缺的地步。[67]当然，某个军官心血来潮，某个告密者只说一句带气的话，就能把良好记录一抹而光。即便因犯在诺福克岛服完刑，回到大陆，他还得把原来剩下的刑期服满。Lasciate ogni speranza, voi ch'intrate①——但丁的这句话写在坚硬无比的地狱之门上，在接下去的十五年中，成了必不可少的文本，凡是到诺福克岛受教育的人（这种人倒也不是很多），都要引用这句话。该岛后来成了一台把希望碾得粉碎的机器。

为了达到这个目的，该岛十分理想，它集中体现了美丽幻景之感，内核空空如也的美景，裂变成邪恶、无用和冷漠。从第一舰队抵达开

---

① 意大利语，意即"入此门者，当放弃一切希望"。

始，这就是英国人对澳大利亚风景的反应。从接近的船上看，诺福克岛像一个幽灵，一顶波动起伏的帽子，草坪青翠，树呈塔状，立在玄武岩的管道和石柱上，从太平洋中拔"水"而起，仿佛是浩瀚无垠的蔚蓝色献给另一片无边无际的蔚蓝色的礼物。这儿没有海港。海岸大多是悬崖峭壁，黑黝黝的岩面上，拉着一道道红色的氧化铁痕迹。只有两个地方可以着陆。一个是东北面的瀑布湾，这儿得用人字起重机把船和船员从水里拖出来。另一个主要在流犯时期使用，位于悉尼湾。金斯顿监禁拓居地的废墟就在那儿。一道礁石挡住了通向海滨的通道。轮船停在外面，把船上装载的拖着脚镣的流犯装进捕鲸船，然后划船越过暗礁，穿过如沸水一般的排空巨澜——除了最坚强的水手之外，所有人都觉得这种磨难惊心动魄。

他们费力地走上海滩，来到这座天堂。海边有座小小的新月形的白沙沙滩，在礁石的环抱下安安静静、如蓝宝石一样清澈的海水舔着海滩。青山环绕着这片宝石切片般平坦而多沼泽的地面，四十年前，第一座拓居地就在这儿搭起了帐篷。青山的皱褶向下一直延伸到大海，明亮的水波在芙蓉花和棕榈树的掩映下，从其中瀑布般流下。茉莉花树形成粗大的绳索，茎秆足有人的手腕粗，成片成片地从诺福克岛的松树枝上垂下来。这儿生长着甘蔗林、无花果树、番石榴树和柠檬树，都是第一舰队1788年从里约热内卢和好望角带来标本的后代。诺福克岛上的鸟早已忘掉曾经有人来过这儿，甚至会从林中飞出来啄食他们，就像啄食水果一样。在今天，顺着悬崖峭壁走一遭——在这儿，绿草坪一直延伸到崖壁的边上，太平洋的永不停息的风把丛林扭曲变形，吹得弓腰驼背，形如兽爪，颇似某个修剪灌木的人，按照葛饰北斋的《神奈川冲浪里》修剪出来的景象——这是一剂诊疗人类雁过留声、人过留名的心理的良方。这儿看不见别的东西，只看得见自然力：空气、水、岩石及它们通过巨大的摩擦力而产生的图案。晨光如透纳所绘，暮色似卡斯帕·大卫·弗里德里希笔下景物，静谧而又慈爱，天使般的光线筛下来，照在庄严肃穆的地平线上。达令总督1827年写道："我的目的就是要把这座拓居地当作极度惩罚之地，除了死亡之外。"[68]

第一队流犯——共有五十七人，因有手艺而被挑选出来——1825 年 6 月一到达，就开始在弃置不用的金斯顿拓居地捡拾石块和木块，用来搭盖新的生活区。接下去五年中，该地人口增长，一连串不值一提的军官分别在岛上掌管了一段时间。[①] 当局直到 1829 年，才任命了一个长期的司令官。他们选中的人是 80 团的中校，即詹姆斯·托马斯·莫里塞特（1780—1852）。

莫里塞特对工作很感兴趣，也很有能力，这是久经考验并得到证明的。他四十九岁时，就已经是一个老兵了。事实上，他从十八岁参加 80 团，在印度和埃及服役开始，便顺着军阶往上爬，军队就是他的全部生活。他是职业军官，家里没钱，没法给他买一个军衔。在拿破仑战争中，他是上尉，在西班牙打仗，在拉阿尔武埃拉战役中受了重伤。1817 年，他随团受命驻扎在新南威尔士，接替詹姆斯·瓦利斯上尉，担任了纽卡斯尔监禁拓居地的司令官一职。凭着霍尔后来所称"生性胆小多疑，爱用酷刑"的特点，莫里塞特很快成了让流犯一看就心惊肉跳的人，臭名远扬，对流犯极为严苛。他不仅身为司令官，还是地方法官。住在亨特河一带的拓居者要告配给仆人，就得到纽卡斯尔来。为了省去他们这个麻烦，他会专门带着两个鞭子手和一套便携式三戟刑具，乘着小船溯河而上，在农场进行鞭笞，就地解决问题。

莫里塞特的肖像今已无存。要画好他的形象，缺乏资源的任何殖民地画家都可能会心有余而力不足。他身材颀长，衣着雅致（给他制装的裁缝是巴克马斯特，伦敦一个比较时髦的军服裁缝），喜欢金线绣花——就连他的军便帽上也有金线绣花。但是，这位军人花花公子的形象，与他的脸形成了突兀的对比。在阿尔布埃拉，他身边有只三十二英寸的雷弹爆炸，留下了一张食人妖魔的面具。他的嘴巴斜着拉了上去，

---

① 这些人按顺序是特顿上尉，1825—1826 年；57 团的万斯·扬·唐纳森上尉，1826—1827 年；39 团的托马斯·赖特上尉，1827—1828 年；57 团的罗伯特·亨特上尉，1828—1829 年；39 团的威克菲尔德上尉，1829 年。其中只有赖特待的时间超过一年。——原注

一说话就发出奇特的哨响；一只眼睛是正常的，另一只眼睛却突了出来，像一颗瞪着眼的鹅卵石，好像从来都不会动；一边的颧骨和下巴被炸得粉碎，因为当时没有整形外科，所以重新缝合了一下，形成一个大肿块，就像"一只又大又黄、熟透了的甜瓜"。他跟人谈话时，老爱不管不顾地把这半张脸伸出去，好像是在向人挑战，看他们敢不敢正眼看他。[69]莫里塞特挺会虚张声势，打定主意要把他受的伤，变成一枚痛苦的荣誉勋章亮出来，让同级的人和上司看一看。

对他的"下级"，也就是流犯来说，他这副衣冠楚楚的骨架子，以及和丝瓜一样扭曲、尽是闪闪发亮的肌肉组织的面部下面，隐藏着更加危险的"升华"动机。他"认识"他们。在澳大利亚八年——最后两年在蓝山那边的巴瑟斯特当司令官——后，他回伦敦度假，脑中的流犯却挥之不去，因为如何管理他们，已经成了他日思夜想的问题。他天天都去鲍街（Bow Street）。他出没于各家警署。他学会了底层社会的黑话。他后来夸口说："我可以向你保证，先生，就算惠灵顿公爵找遍大不列颠的军队，也找不到能跟我相比的人，只有我才能把那些混蛋管教得服服帖帖。我清楚他们搞的所有鬼名堂。"[70]在伦敦期间，他去拜访了巴瑟斯特勋爵，恳求让他管理诺福克岛。

巴瑟斯特是有眼识才的。暴民对流放制度的态度已经发生变化，这令他担忧。太多的信来自"盈满释痭者"和配给仆人，他们都找到了容易打交道的主人，都赞扬新南威尔士和范迪门斯地的生活条件，因为两地工资高，人们靠着自己的双手，就能为自己创造新的生活。巴瑟斯特不想让澳大利亚丢弃自己的名声。莫里塞特好像十分合适，能够帮助达令重新往流犯灵魂中注射一剂铁盐。要加大恐怖力度（巴瑟斯特在给达令的急电中经常使用这个词），就必须从制度的基层开始，也就是说，从诺福克岛开始。因此，莫里塞特作为中校，于1827年回到澳大利亚，但他耽搁了一段时间，没有马上去诺福克岛。他于1826年娶了一个年轻妇人，名叫埃米莉·福沃，可达令不许女人上诺福克岛，因为如果她们在场，就会把那座英国苦难的阿陀斯山上的纯粹严谨的纪律打乱。达令解释说："我已做出规定，不能把女人送到该拓居地，因此也得撤回属于军队和那儿的人的……少数女人。"[71] 他也不肯让司令官的妻子这个唯一的女人在那儿居住。然而，把莫里塞特与这个驯顺的女人分开，似乎很不公平，再说——考虑到他那副尊容，他能把她搞到手，想必有一定难度——他向她求婚，赢得了她的芳心，然后把她不远万里地带到澳大利亚。1829 年 2 月，莫里塞特夫妇带着两个孩子，启程奔赴诺福克岛。这两个婴儿很快就要看到一幅奇怪的景象了。

第十三章　诺福克岛

i

　　莫里塞特中校离开英国接任新职时，悉尼的《箴言报》发表了一篇社论，谈到了他在"诺福克岛，那座罪恶的蛾摩拉岛"上的未来，劝诫他要以宽容和克制来治岛。对那些无力、消极的流犯来说，"他将成为上帝一样的人"，因此：

> 让他把自己放在神的位置上，让他的思想宽宏大量，因为把权力交给他，不是为了供他自己享受、为他自己得利，而是为了有益于他至高无上控制之权下的那些可怜虫（因为司令官在监禁拓居地就有这样的意志力）。
>
> 愿他尽量不要动用鞭笞，即便动用，也要在数字上仁慈以待。除了后背之外，请不要在英国人肉体的任何部分动用这一古老但依然野蛮的刑罚。[1]

　　这一逆耳忠言莫里塞特也许看过，也许没有，但其实看没看过都无所谓，因为他知道，他的头头达令总督对《箴言报》及其总编有何看法。人们一般都以为，监禁制度专门招收有虐待狂的人，但是，残酷是一种胃口，填充的材料越多，胃口也就越大。很少有人可以通过抽象的方式，对自己的虐待狂特征产生顿悟。他们首先必须看到自己的受害者才行。不大可能的是，莫里塞特的种种习惯事先都已为人所知，因此保证了他统领诺福克岛的地位。总之，当局根据他在纽卡斯尔的表现得出结论：他办事认真，人很严厉，但并非不讲公正。"盈满释痼者"的朋友拉合兰·麦夸里曾经褒奖过他在那儿的工作（甚至在 1821 年，以他的姓为当地一座潟湖命名。一百五十年后，一座疯人院也以他的名字命名，这倒更为贴切）。《悉尼公报》赞美他，说他是个反对绞刑的人。[2] 而伦敦的巴瑟斯特和悉尼的达令都认为，他们找到的莫里塞特是个强硬可靠的指挥军官。他会高压治岛，但不会违反规则。这个特征也适合我们这个时代管理古拉格群岛的人。

监狱的坏蛋总监和囚犯之间虐待狂关系的精髓在于，囚犯应该（用经常描述澳大利亚流犯的一个词来说）是"客体"。流放制度在"客体"（囚犯）和"主体"（自由民）之间标定的差异不仅仅是语法上的遁词：它暗示，流犯已从权利的领域被逐出。布里斯班总督 1825 年写道，"诺福克岛上的重犯丧失了所有权利，不能享受法律的保护。麦夸里港用来关首次重犯者；莫尔顿湾用来关麦夸里港的逃犯；诺福克岛则是终极之地"[3]，其中的每一个字他都要照办。在这座岛屿之外，没有任何流放之点。该地的流犯远离理性的法律和公开的交易，到达了终极之地。他们犯罪的唯一避难之所，就在他们的体内，其中心无法抵达，流放制度渴望在那儿达到沉默，但犯人的王牌就是以无言来反抗。这就是"鹅卵石""石头人"的沉默，当时就是这么称呼那些具有非凡忍耐力的囚犯的——形如逃进洞里的狐狸那种气喘吁吁、怒目瞪视的沉默。一到诺福克岛，这种沉默就要被打破。1829 年 5 月 26 日，莫里塞特登上诺福克岛。一年半后，留下了关于莫里塞特治下生活第一手描述的唯一流犯也抵达该岛。他的名字是劳伦斯·弗雷恩。[4]

弗雷恩在流放的第六年被送到诺福克岛。他是爱尔兰人，于 1825 年 10 月在都柏林因盗窃而被定罪。他在 1826 年底同一百二十九名其他爱尔兰流犯乘坐"王权号"流犯船抵达悉尼。在前去里约热内卢的路上，他可能参加了一次流产的哗变，该计划失败是因为——船上一位年轻军官如此描述——"我们比较优待的一个老人走上前来，讲出了整个计划……否则，（士兵们）肯定会大怒，把船上所有的流犯杀光"[5]。1828 年，弗雷恩因"不断逃跑"而被重新定罪，遭送到莫尔顿湾。他在那儿还是不断企图逃跑。因实在难以制服，他于 1830 年 1 月被送到悉尼，交由高等法院重新定罪，判处死刑，后又减刑，送到"凤凰号"囚船，等待流放到诺福克岛。

该囚船泊在薰衣草湾，是一艘无法上路航行的船，自 1824 年以来，一直用作遥远拓居地的接待室。这是一艘停滞不动的地狱之船，"接纳污垢之容器，残酷及饥饿之地"[6]。船上的囚犯被卫兵饿得半死，因为他们把面粉和"腌马肉"① 的口粮扣下来，拿到岸上去卖。典狱长是个酒鬼，后来谵妄症发作死了。弗雷恩试图从"凤凰号"上逃跑，但从船舷上溜走时被人发现，吃了五十鞭。跟着，他把工头骂了一顿，又吃了一百五十鞭。囚船上的其他流犯命运同样悲惨。托马斯·库克在前去诺福克岛的路上，于 1836 年 5 月被扣在那儿。他因与其他九名室友分享一烟斗烟叶，而被总管理员抓住。十个犯人的衣服被全部扒光：

> 他把我们的手铐在身后，然后把上着重镣的腿绑在囚室上面的铁柱上……整整一个晚上，全身一丝不挂，铁链和身体的全部重量都压在我们的肩胛上。到了第二天早上，之后还持续了两天，我的双臂几乎动弹不得。[7]

还用"嘎嘎"堵住囚犯的嘴，不许他们说话。再不就是往喉咙里灌海水。在冬天，这能引起肺炎。在去诺福克岛的路上，管理员继续虐待他们。詹姆斯·劳伦斯是伦敦一个钻石经纪人的流犯儿子，因诈骗案于

---

① 英文是 salt horse，实际上是腌牛肉。

1836 年被流放，一抵达悉尼，就送到诺福克岛。据他回忆说，在乘坐"菲利普总督号""布里格"这段一千英里的航程中，"我们之中有七十五人戴着横铁链，除了衬衣之外，衣服都被收缴，在一座小小的监狱中拖着脚镣走动，几乎透不过气来，这趟航程可怕至极"[8]。弗雷恩身上被鞭子抽得一棱棱的，还不得不于 1830 年 10 月乘坐"露西·安号"前往诺福克岛，尽管背上已经生蛆，却没有机会洗濯或上绷带：

> 我的肩膀实际上已经处于腐烂状态，臭得连我自己都无法忍受。我那些受苦受难的同胞一定会觉得我的样子和气味都很讨厌。在这种情况下，我一登陆，就被派去扛腌牛肉——盐水和重量刺激着我腐臭发烂的肌肤——一直扛到长岭。我真巴不得一死了之。[9]

流犯一到金斯顿，就开始干活。诺福克岛没有自由拓居者，也未实行配给制。因此，流犯只为政府干活，修造建筑物或种植粮食。岛上的所有建筑物，从岗亭到金斯顿主要场地周围的安全石墙，均系流犯所建。在那儿流放的二次定罪的"屡教不改者"中，有技术的石匠很少，但还是用"铁链帮"的形式把他们身上最后一滴天然的劳动血液榨了出来。他们制作砖头，把珊瑚烧成的石灰用作灰浆，把诺福克岛上的松树制成木板。"监狱帮"由三十五名屡次犯罪者组成，他们被塞进码头边一个臭烘烘的监狱棚子里，拖着双镣，甚至三副镣铐，在采石场砍石劈石。作为特别惩罚，有些犯人被派到"湿采石场"，到水下割石，这是墓地边上的一座礁石，部分被淹没在海水之下。

每天日出而作，日落而息，中午休息一个小时吃午饭。每天早晚检查一次脚镣，看是否有动过的痕迹——看是否有划痕，腿环处是否有凹陷，铆钉是否松动。还经常趁人不备，把流犯集合起来，清点人数，搜查全身，包括检查口腔和肛门。流犯的每日定量是一磅半玉米面、一磅腌牛肉、一盎司糖、半盎司盐，以及一小块肥皂。晚饭时，监管人给每个六人"伙食组"发放一个伙食包（刀叉、汤匙和小盘子），他们轮流使用之后，就交回去。但从来都没有足够分配使用的器具，因此，吃饭的方式"让任何稍微有点体面意识的人都觉得恶心……饭食用木盘子或大锡盘子盛着，端到各个'帮'前，然后像在猪狗面前一样放下来，（他们）也像猪狗一样大吃大嚼起来"。如果犯人敢于制造自己的食具，尤其是刀具，那管理员就会立刻把他鞭打一顿，并关进监狱。[10]

监狱管教的基础就是告密。在诺福克岛上，实行了走极端的政策，把作为一个阶级的流犯分散打垮，以互相怀疑的方式瓦解团结精神。当局感到，哪怕让囚犯有一点点机会，也可能发生流血起义，甚至是大屠杀，这种感觉当然也是相当正确的。因此，就是不告密，这本身也值得怀疑，几乎每个星期都有人揭露计划周密的图谋，还附有完整的名单，因为流犯互相谴责，在莫里塞特及其官员那儿争相邀宠。弗雷恩注意到："只有在用人血做交易后，才能享受到特别优惠。"告密的质量无所谓好坏，重要的是告密的次数。告密者谴责的次数和人数是有定量的，必须完成定量，而且，这些告密者"无所不为，什么欺诈或流血行为都做得出来，无论这些行为有多么黑心、多么恐怖"。诺福克岛上的任何人只要被控告，都可能因有嫌疑而被鞭答。由于囚犯接受的是仲裁庭而非陪审团进行的即决审判，他们不能进行有效的辩护。这样，罪与罚之间的"正常"关系就蜕变成了一种持续不断的虐待式的虚构关系，其唯一的目的就是维持恐怖状态。

弗雷恩把种种惩罚的意义描述了一番。他因在采石场砸碎了一块石板，而被告到莫里塞特那儿。"跟通常一样，我发现就是辩护也没用"，因此被判罚一百鞭子：

> 判刑之后，我直言不讳地告诉法庭的司令官说，他是一个暴君。他回答说，从来没有人这样说过他。我说，他们知道说了会有什么后果，所以不敢说。——但我要用赤裸裸的鲁钝的英语告诉你，你和尼禄一样是个大暴君。
>
> 我话刚说完，就又多罚了一百鞭，余生还要在囚室拖着脚镣，

永远不得见到日光。[11]

鞭笞按日分段进行。弗雷恩背上着了五十鞭。四天后，伤口部分结痂，于是又打了五十鞭。第八天，他屁股上挨了五十鞭。第十二天，他挨了最后五十鞭。莫里塞特对所有这些鞭笞都进行了监督，"特别要亲眼看着……鞭子手尽可能重地抽打他"。

> （这样）就可以为了进行我的惩罚，有目的地取得更新更重的九尾鞭。如果鞭子手不重重地打我，他自己也可能挨鞭子。他回答说，他已经尽了最大力量，真的不可能打得更重了……目睹刑罚的监管发誓说，我下来的时候，简直就是个砌砖的，那意思是说，我就像个铁人，超越了该次惩罚造成的所有感觉。这想法很带欺骗性——每抽一鞭，鞭子的全部重量，我都能够切身地体会到，但我有足够的决心，而且不屈不挠，非常执拗，决不让他们得意……我知道我其实是清白无辜的，因此才顶得住。[12]

莫里塞特被人当面羞辱了一番，就想找新的借口，把这个犟颈子的爱尔兰年轻人整垮。九到十周后，弗雷恩又被人告到他面前来了，告他打了一个名叫哈珀的流犯告密者。司令官问："你有何话为你自己辩护?"于是，弗雷恩开始长篇大论地讲了起来：

> 我回答说，清白还是有罪，这要由你来评判。你知道告密者的品行。你也知道我的品行。我怎么否认都没用……就算你本人实际上知道我是清白无辜的，我也非常清楚你会惩罚我……如果你因打人事件把我无罪开释，你就会为了我刚才对你说的这番话把我鞭笞一顿，但是，我蔑视你，我蔑视你对我做出的一切惩罚。
> 他紧接着说了一句话："我要在三次不同的鞭笞中，打你三百鞭子，你这该死的混蛋!"

  我说："我不是混蛋，就跟你不是混蛋一样，但是我认为我不能承受这种惩罚。"我说这话时带有嘲弄的口吻，并对中校冷笑了一声。

  我和另一个人被带了出去，慢慢地挨了一百鞭子，而且用的是很重的九尾鞭。鞭子手几乎跟我们一样身上溅满了血迹……我从上面下来时，一个协助松绑的工头给了我一撮烟叶子说："你真是铁人，完全不是血肉做成的。这样把你剥皮抽筋了一番，再用锯刀把你锯断，你还能顶住。"[13]

弗雷恩和他的流犯难友被投入监狱，待了一个星期，直到背上结痂为止。接着，莫里塞特派驻岛外科大夫伽马克前去探望，看他们是否能接受下一个一百鞭。弗雷恩恳求医生让他们继续打下去——"我已做好准备，再次活活地牺牲生命"，只要另一个人（他的肉较嫩）也扛得住鞭笞就行。

  伽马克说："你想死在鞭子底下吗？"我说："我只想赶快把这件事了结。关在这儿比用鞭子抽我还要伤害我。"[14]

他又挨了一百鞭后，重新被单独监禁，而且没有任何医疗救治。为了减轻血肉模糊的脊梁上的疼痛，弗雷恩不得不把他的定量淡水泼在囚室的石头地板上，往里面撒尿，把那摊水扩大，然后在上面躺下来：

  把我疼痛的双肩搁在有水的地方……我的身上爬满了蛆虫和害虫，我也没法把它们赶走。我此时陷入的就是这样一种真正可怜而痛苦的境地，甚至憎恨我自己的模样……本来还发一小块肥皂，用来洗身子和衬衣，现在也停发了，因为我想激励自己，与监狱当局对抗，于是招来了更多的酷刑……他们都知道我是个急脾气。[15]

弗雷恩还没有挨第三次鞭笞时，就得到缓刑，因为悉尼的殖民大臣发布了一项行政命令，限制鞭笞最多为一百鞭。于是，莫里塞特把他关进"哑巴囚室"，一座暗无天日、听不见任何声音的石制隔绝室，一关就是两个月。他一出来，连方向都搞不清楚，在突然而至的耀眼的太平洋阳光下踉踉跄跄，就又犯事了。

总督府有两个配给女流犯当仆人。她们因小案而短时间坐过牢，其中一个不仅是爱尔兰人，而且是弗雷恩的同乡。"说来也怪（同样也很真实），我好像是有意坐牢，为了有可能接近她们。她们在院子里散步，呼吸新鲜空气时，我就在铁窗边露了一下脸……告诉她们说，我可能会不顾一切危险，去探望她们一下。就算后果是再打我三百鞭，我也愿意承担。"那天晚上，他想方设法，溜进了女犯囚室，躲在她们的床褥下面。"她们很清楚，中校对我有何看法……她们也和我一样担忧，怕触怒中校。"这样，弗雷恩和另外两个女犯人性交，舒服了一夜，这也许是他们之中任何一人多年来享受或赠予的唯一一次柔情似水的举动。当然，这事被人发现，他再次被提审，来到莫里塞特面前：

> 我直截了当地告诉司令官，我在两个女人的陪伴下过了一夜，这是我一向以来的唯一一次机会，以后可能再也没有这种机会了。这是很自然的一次双重犯罪。司令官问："双重犯罪，你什么意思？"我说："第一重罪一目了然，不用解释。第二重罪是她们都是你的仆人——现在，你想咋办就咋办。我就只说这么多了。"
>
> "那好，"司令官说，"我要在标准时间内抽你一百鞭子，罚你不该溜进女牢。"
>
> 我说："希望你抽完鞭子后，立刻把我送回监狱。明天你还可以为这个罪再抽我一百鞭，如果这么做能让你感到满足或得到乐趣的话。"[16]

弗雷恩在标准时间内挨了一百鞭。事情就这样周而复始地进行下去。"我是受压迫的流犯,"他狂骂莫里塞特,"受你暴虐的压迫,成了你下贱的告密者和嗜血猎手的牺牲品。你看我忍饥挨饿,你对我残酷折磨,就能得到最大的痛快和满足。"但一切都没有改变。他越反抗,挨的鞭子就越多;越折磨他,他的抵触情绪也越大。敌对双方寸土不让,极力捍卫自己的领域。1834 年,在莫里塞特的统治下,诺福克岛上的七百名囚犯中,还有多少像弗雷恩这样的犯人呢?面对铁律的机器,人们怒气难消,希望全无,又能鼓起多大勇气呢?整整三年,弗雷恩被"法式脚镣或极为沉重的脚镣"跟"监狱帮"的人铐在一起,天天晚上都拴在链索上。肯定很少有人能像他那样——否则,这座岛屿就会失去控制。

约翰·霍伊亚德的经历则比较正常。他于 1830 年跟弗雷恩乘坐同一条船来到诺福克岛。他也得到减刑,免除了死刑,但他很早就得知,要想生存,只能谄媚讨好。所以他成了告密者。在"凤凰号"囚船的痛苦生活中,他"得到了一次永远难以忘怀的教训,也就是要屈从于当局"。在诺福克岛,关于"岛上痛苦生活夸张的描述……在我下船的时候听得我掉泪",但他发现:

> 让我感到巨大宽慰的是,哪怕就在诺福克岛上,只要囚犯表现好,也会有人好心待他。当然,痛苦的生活紧盯着大多数犯人的脸不放,但他们自己的表现才是真正的原因……我发现,尽管这是一个生活艰苦、缺吃少穿的拓居地,但也不像我想象的那样无法忍受。[17]

霍伊亚德当时写信给一个教士,该教士拥有配给仆人,还曾为他给诺福克岛的官员写了一封"品行"推荐信,因此,他信中说话的这种口气是不难预料的。但是,任何人若不想消极应付、卑躬屈膝,立刻就会有人朝他扑过来。规章制度,以及对他们实行这些规章制度的人,目的就是"以与英国法律不相适应、互相矛盾的方式,来骚扰、折磨我",

这其实并非弗雷恩一个人的感觉。权威的运用至高无上，随心所欲，在禁止的行为和实施的惩罚之间，缺乏任何适当的比例。弗雷恩知道，他被单挑出来受到惩罚，因为他是"丛林律师"——"在我的囚友，特别是官司缠身、情绪不满的人中，（我是）首领之人"。尽管他有惊人的内力，他还是逐渐陷入绝望，相信上帝本人在跟他作对：

> 我开始在想，可能全能的上帝已经下令，要把我的生活变成一种声名狼藉、混乱不堪、下贱堕落的生活，一种永远忍受如此惨无人道、如此残忍凶暴、如此阿尔及利亚式的野蛮生活。我认为这个地方比地狱最黑暗的洞窟还要糟糕……我的心灵这时已经扭曲，我开始自问：神灵本身是否具有无限的仁慈，不，是否具有无限的正义？[18]

一想到这儿，他就不敢再往下想了。他提醒自己，上帝"正尽可能有力地让我看《圣经》"。于是，他求助于《圣经》，特别是诗篇88，这段诗他已经能倒背如流。他被铁链拴在监狱的地板上，太平洋的海浪一刻不停地在金斯顿礁石上轰鸣，每一次震动都会引起石板颤抖一下，他一遍又一遍地背诵着这段诗文：

> 我算和下坑的人同列：
> 如同无力的人一样。
> 我被丢在死人中，
> 好像被杀的人躺在坟墓里。
> 他们是你不再纪念的，
> 与你隔绝了。
> 你把我放在极深的坑里，

在黑暗之地，在深处。①

只有毅然决然地自杀，才能逃脱这种苦难。"我哪怕有一次想到，可以通过自杀获救，那我遭的罪就连十分之一都不会到。"但是，宗教教义是许多流犯，特别是爱尔兰人的根基，因此自杀不可想象。他们以为，如果自杀，就等于用一个真实而永恒的地狱，去换取该岛的痛苦，一旦进入那座地狱，就永远也无法脱身了。因此，大多数囚犯都像弗雷恩那样，"对自己的生存（感到）由衷地厌恶"，但又下不了狠心，"走到人类堕落的顶端，动手结果自己的生命"。生存的意志力迫使他们卡在了上帝和司令官之间。

然而，在莫里塞特的时代，出现了一种令人瞠目的做法，把自杀行为变成了团结行动，而不是绝望无助、唯我独死的行为。一组流犯用草抽签的办法，选出两个人来：一个人死，另一个人杀死他，别的人则旁观做证。由于诺福克岛上没有法官审判死罪，就得把杀人犯和证人送到悉尼受审——这对当局来说很不方便，但对囚犯来说是好事。他们渴望稍微得到解脱，离开这座"海上地狱"，哪怕到澳洲本土上绞刑架也在所不惜。而且到了悉尼，还有一线逃跑的机会。受害者本人是别无选择的。小组所有的人都同样做好了死的准备。他的死亡带来的益处，也要在所有幸存者中均分。就这样，抽签自杀的方式带上了一点罗马式公正无私的意味。

19世纪30年代，有几处文件曾提到这类自杀事件。澳大利亚天主教代理主教威廉·乌拉索恩于1834年到访该岛时说：

生命意识变得如此麻木不仁，人们竟会冷血地谋杀。谋杀者事后宣称说，他对受害人并无恶意，但他唯一的目的，就是让自己被

---

① 该诗译文直接取自网上，见 http://zh.biblestudy.wikia.com/wiki/Bible:%E8%A9%A9%E7%AF%8788。

释放。他们甚至抽签。抽到签的就去杀人。他的同志做证，唯一的
目的就是被递解……到悉尼去。[19]

关于这种仪式，目前尚存一份充分的描述，作者是莫里塞特的二把
手福斯特·菲昂斯，他对该次事件的幸存者进行了问话。[20]

1832 年或 1833 年的某一天，由十六个流犯组成的一队人被押着从
金斯顿营地出来，去路上干活劳动。一到工地，他们就把工头抓起来，
与这帮人中的唯一一个"外人"，一个知名不具的犹太囚犯绑在一起，
然后说"犹太人是不可信任的"。[21]该帮领头人是菲茨杰拉德，他拿出一
把临时充数的刀子，慷慨激昂地对他的伙伴说：

> "绅士们，现在要开始干活了。你们都知道那个计划。有人反
> 对吗？没有。我拳头里有十六根稻草——拿到长的，就是得奖。拿
> 到短的，就是他的同伴。这儿还有一个铁圈，跟岛上任何铁圈一样
> 好，锋利得能给主教刮胡子——公平合理才是正道。谁来为拉撒路
> 抽签？"
>
> "我全能的上帝呀，饶我一命吧，绅士们。"可怜的犹太人
> 叫道。
>
> "公平合理才是正道，来呀，犹太先生，你会得首奖。"
>
> "帮帮我吧，上帝！"——犹太人昏过去了，这时，大家都喊着
> 要工头来为犹太人抽签。他们又是踢，又是威胁，他才费力地抽了
> 签。他这么做了之后，别的人也跟着来了，这时，菲茨杰拉德抽了
> 一根最长的草，另一个人抽的是最短的草。两人当场都要遭受
> 厄运。

长草现在要跟短草对抽，看谁"遭受厄运"。结果，菲茨杰拉德本
人输了。于是，他对同志们发表了一个简短的演讲：

伙计们，我很抱歉，要离开你们了，但我不会出卖别人，也不会讲谎话——你们去悉尼之前，好好玩一下吧，还有机会逃跑呢。想想我吧，伙计们，你们就要独自逃掉了。跟法官老道林讲一下，我这么做是我自由做主的，干掉我的人是帕特·拉金斯。我现在已经准备好了。来呀，我的心上人……快点，帮帮忙，尽量别让我感到痛苦。[22]

说到这儿，帕特·拉金斯把用铁圈做的小刀扎进菲茨杰拉德的肚子，"一直扎到拳头处"，就在大路上的灰土中，把他开膛破肚。这伙人跟着逃之夭夭。犹太人和工头在奄奄一息的犯人的兜里，找到打开他们手铐的钥匙，把他们一个个解放。痛苦地过了两天之后，菲茨杰拉德死在了岛上的医院。后来，该帮的大多数人，连同"其他几个想上绞刑架的青年"，都被用船运回悉尼，进行审判。显而易见，菲茨杰拉德不怕死的那种斯多葛派的勇气，给菲昂斯留下了深刻印象。他是士兵，对这类男子汉坚忍不拔的宗族精神，是很有敬意的。

我们现在已经不知道，当年在诺福克岛上，还上演了多少起这种死亡事件。菲昂斯让菲茨杰拉德发表演讲时开门见山就说"你们都知道那个计划"，这种写法表明，这已形成了一种模式。这种仪式通过习俗演化而来，而不仅仅是凭空捏造。为了让自杀行为不带上任何污点，他们把自杀的痕迹抹得一干二净。从官方来讲，必须把受害者归类为被其他流犯谋杀之人。有时候，当一组囚犯突然杀掉某个明显不是告发人的流犯时，这事实上可能就是这种形式的共谋自杀。

到了1833年底，诺福克岛上的流犯杀人行为已经司空见惯，以至理查德·伯克总督都意识到，他不得不把这个漏洞堵上。他写信给英格兰说，"现有足够理由怀疑"：

（在诺福克岛上）之所以犯杀头罪，是因为有人不顾一切，下定决心，把逃跑的机会拿来，跟在悉尼受惩罚、判处死刑的机会赌一把，因为在航行途中，被告和传唤到庭的证人都有可能逃跑。由于流犯为了能够被传唤到庭而做出此种邪恶之举，证人人数大大增加。[23]

他提议，只要岛上有需要，有权判处绞刑的高等法院就要开庭一次，指定有三年经历的大律师当法官，并由五名军官充当陪审团——如果还有什么是袋鼠法庭，这就是袋鼠法庭。[①] 虽然没有这么做，但不时会有一位法官，在皇家公诉员、被告律师和刽子手的陪同下，代表高等法院到访该岛。这类庭审第一次在 1833 年 9 月举行。法官是新南威尔士的二号大法官詹姆斯·道林。他就谋杀案审判了几个流犯并判他们绞刑。从那时起，就再也没有诺福克岛的流犯被送往悉尼接受审判了。

ii

流犯此时要想摆脱莫里塞特的统治，唯一的机会就是公开叛乱。有时梦想像劳伦斯·弗雷恩那样复仇的人并不在少数：

> 我肯定会杀了他……我多次祈祷——如果我知道什么叫祈祷的话——但愿全能的上帝把降临在该死者身上最沉重的诅咒，也降临在这个人的身上。血债要用血来还。大地再深，海洋再深，也埋不尽这血债。我的几个囚友的血常常在向天堂发出呼唤，祈求天堂降旨复仇，惩罚这个彻头彻尾的谋杀犯，这个可鄙可憎的白种野人。[24]

从 1833 年到 1834 年夏，因犯营地谣言鼎沸，都说马上就要闹事了。据弗雷恩说，莫里塞特将要把他和其他流犯鞭笞一顿，逼迫他们供

---

① 英文是 Kangaroo Court，澳洲说法，指私设公堂或非正规法庭。

出实情，正如塞缪尔·马斯登牧师三十年前在帕拉玛塔对爱尔兰人所做的那样。但要塞司令官查尔斯·斯德特上尉（他作为澳大利亚内地的探险家，业绩包括发现了澳洲大陆最大的河流墨累河，他对流犯行为正直，也是人所共知的）劝他别这么做。

到这时，莫里塞特几乎已经无法处理他的日常事务性工作了。他头部旧伤复发，一阵阵疼痛袭来，动辄倒在地上，疼痛如此之烈，他只能躺在床上，说不出话来，眼睛凸出，像只鸡蛋。他瞪着眼睛，看到的只有失败——他已经五十一岁了，没有任何值得炫耀的东西，只有这个地处边远的职位、一窝嫁不出去的女儿、一张说话发出哨响且满是疤痕组织的面具，连流犯见了也要冷笑不止。他决定把军衔卖掉。他给悉尼写信宣布说，他必须让他的几个女儿离开"这个根本不适合她们的地方"，也许殖民大臣可以给他一个更好的文职工作。[25]跟着，他又卧床不起，怒目瞪视着天花板，倾听海风在诺福克岛松林间铺天盖地的轰响。

该岛的治理权现在落到了二把手福斯特·菲昂斯的手中。他在流犯中主要有两个告密者：一个名叫布洛克的囚犯和一个叫康斯特布尔·普赖斯的工头。菲昂斯有点担忧，因为好像有什么事情正在酝酿之中。士兵军营中有人丢了一张条子，警告他们说，要"小心有人投毒"。菲昂斯记忆犹新，两年前，在一艘前往诺福克岛的船上，曾有一个流犯密谋策划投毒。那人名叫约翰·纳奇布尔。[26]纳奇布尔化名费奇（1792？—1844），是肯特郡一个结过三次婚的男爵的二十个孩子之一。纳奇布尔看到没有继承财产的可能，就去参加了海军，在拿破仑战争中被擢升为上尉。和平时期他运气不佳，因在沃克斯豪尔花园从一个寻欢作乐者那儿偷了装有两个一英镑硬币的钱夹子，而被人逮捕，送去审判，最后在1824年被判罚十四年流放。到了1826年，纳奇布尔在巴瑟斯特的大西路上，已经当上了流犯警员。到1829年，他已经拿到了假释证——因为他根据遭人痛恨的《丛林土匪法》，抓获了八个逃犯——可两年后，他因伪造支票而被抓，判处绞刑，但获得减刑，于1832年被船运到了莫尔顿湾。一上船，他就伙同其他十五名流犯，密谋策划，拟在船员和卫兵食物中投下白色的砒霜，夺下该船，一逃了之。告密者把这个计划透露后，在他们住的地方找到了整整一磅藏起来的致命之物。但由于没人中毒，就没有审判纳奇布尔，再说，要把所有密谋策划者都送回悉尼又太麻烦。所以他们就待在诺福克岛，个个流犯都钦佩他们，而且集体得了一个美誉，叫"糖茶先生"。

菲昂斯怀疑纳奇布尔是有道理的。确实就是他，在帮助大家密谋策划。逃离该岛的唯一方式，就是走水路，也只有纳奇布尔才知道如何走水路。1833 年 8 月 1 日，因犯营地还没到熄灯的时候，纳奇布尔正伸展四肢，躺在垫子上，这时，一个名叫乔治·法热尔的流犯"在我旁边的垫子上躺下来，跟我说，等会儿有人会跟我讲什么事"。另一个终身流放者是十八岁的爱尔兰小伙子，名叫多米尼克·麦克伊，也加入了他们。

> "你什么意思？"纳奇布尔问。
>
> "跟他说呀。"麦克伊说。
>
> "外面的犯人，"法热尔开始说，"想自由都快想疯了。那是多么好的礼物呀，特别是最后一条船走了的时候。"[27]

他把计划解释了一番。在囚犯营地黎明集合的院子里，他们朝菲昂斯和士兵那儿冲过去，把他们全部降服。如果卫兵在警卫室负隅顽抗，囚犯就放火把警卫室烧掉，把他们都熏到外面来。与此同时，监狱帮（该帮由接受特别惩罚、住在一百五十码开外那座摇摇晃晃的旧监狱里的囚犯组成）也会以同样的方式向他们自己的卫兵冲去，因为他们也在集合，准备到采石场去干活。他们也"做好准备，为了自由，随时做任何事情"。接着，流犯向总督府发起进攻，活捉莫里塞特，缴获那儿的十八磅大炮，把炮筒转过来，把军营炸掉。如果士兵投降，就饶了他们。如果不投降，就把他们绞死，同时绞死所有让人痛恨的流犯警员、工头和告密者。流犯要逼着莫里塞特交出他的信号密码本，这样就可以趁下一条船拖着走过礁石的时候，发出错误的信号，趁船长还没有意识到，就穿着工头的蓝夹克衫上船，夺下该船。他们可以随心所欲地为自己报仇，把莫里塞特和菲昂斯"慢慢地折磨致死"。用他自己的九尾鞭，把他的皮活活地扒下来，然后把中校吊三天，再大卸八块，挂在四棵树上，任由他的尸体碎片晃晃荡荡，直到海鸟把上面的肉吃个精光。岛上的女人要"全部抓起来，分配给"起事的头领，纳奇布尔可以独享中校胆小如鼠、神经衰弱的老婆埃米莉·福沃。狂欢一通之后，流犯打算造一条有甲板的游艇，上面能坐四五十人，然后航行到新喀里多尼亚。纳奇布尔要亲自领航，把一条拦截的船开到美国，因为"一旦到了那儿，美国人是不会允许再把他们交出来的"[28]。

这个计划其实是个并不周详而且很不可行的梦，却在窃窃私语和复仇的幻想中滋润膨胀，越做越大。它把木料场、锯木坑、石灰窑和采石场的一个个流犯串联起来，在这些地方，流犯勒德蒙·莫斯在各个工作帮之间传递信息，祈求纳奇布尔"教他学会使用指南针"，这样他们就能光荣地驶入蓝天碧海中。无论逃跑的想法多么牵强，一想到有这种可能，诺福克岛上的长期囚犯就充满了希望。（最后指控犯有哗变罪的一百三十七名起义者中，半数是终身流放者，还有三分之一被判了十四年。）他们发明了一个口令和连署："你承载重物。""是的，但即将得到缓解。"

关于谋反的谣言走漏了风声，通过告密者传到了菲昂斯的耳中。他们含糊其词，说不清具体的时间和策略，因此，莫里塞特不屑一顾，悉数斥为一派谎言。然而，菲昂斯相信这些话，睡得很不安稳。他拿着告密者给他的一张冗长得毫无用处的名单，仔细读着上面的两百个名字。这些告密者曾亲眼看见他们在交头接耳，对他们有意见，要不就仅仅因为他们都是爱尔兰人。但1月15日之前，流犯那儿一直没有动静。

这天是星期三，黎明时有雾，光线惨白发灰。清晨五点起床铃敲响之后，一场倾盆大雨横扫金斯顿。在军营里，菲昂斯和手下人穿过大雨，听见从监狱靠海的一边，遥远地传来铁镣铐叮当作响的声音。他们什么也看不见。突然，有喊叫声，还有毛瑟枪清脆的"砰"声，紧接着是一连串的枪声。哗变开始了。

时间差不多很到位。囚犯营地黎明集合时，犯人——总共三十八人——多到非同寻常的地步，都说有病，被狱卒约翰·希金斯押着上医院去了。他们一到医院禁闭处的外面，就朝希金斯扑过去，把他制服，锁在病房里。囚犯冲进其他病室。一个名叫威廉·格娄夫斯的流犯发现，来自长岭的营地警员卧病在床。格娄夫斯叫道："老狗豪利在这儿。我们现在跟他算账吧。"但医院暴动的头头多米尼克·麦克伊、劳伦斯·杜甘和亨利·德拉蒙都劝格娄夫斯别去碰那个病人。

很快，他们互相解掉镣铐，用临时拼凑的武器武装起来，从椅腿、手术刀到拨火棍，应有尽有。有的还找到了斧头。他们在医院门口集合，做好准备，一旦监狱警卫走过，就朝他扑过去。大家静静地等着。

一百码之外，这个警卫正在集合监狱帮的人——约有三十个流犯，处于一名下士和4团的十二名列兵的看守之下。士兵把囚犯排成一行，站在监狱的大门边，就在绞刑架下。这时，监狱卫兵往海滩方向看了一眼，只见劳伦斯·弗雷恩正帮着一个卫兵把一桶尿倒进海里。弗雷恩往锯木坑方向看了一眼，便大喊道："你们准备好了吗？"就在这时，卫兵下士命令囚犯齐步走。囚犯一动不动，就站在那儿，把链子摇得哐当哐当作响：这是在发信号。几秒钟后，来自锯木坑的一帮流犯——有四五十人——跑过来，在监狱拐角的卫兵后面大声吼着；与此同时，医院帮的人从躲藏的地方冲出来，朝他们的前面发起了攻击。突然，十二个卫兵陷入了和一百二十名流犯的混战中。他们被突然袭击，无法举枪至肩。其中一名士兵回忆说，流犯"近在卫兵刺刀可触的范围，他们才意识到他们来了"[29]。他们的毛瑟枪从枪托到刺刀尖几乎有六英尺长，这种设计不是用来短兵相接打近战的。有那么一刻，流犯和卫兵抱成一团，互相夺枪。两个流犯把列兵威廉·兰姆塞打倒在地，想从他手中把毛瑟枪夺走。迷糊中，他听见他们之中有个人，也就是帕特里克·格伦尼大声喊起来："杀死这个混蛋！"与此同时，另一个名叫斯内尔的人大叫着说，他平常"像狗一样对待帮里的人"。兰姆塞求他们饶命。斯内尔用腿跪压着这个士兵的膀子，对他说，只要他缴枪，就饶他一命。他缴了枪，于是活下来成了证人。斯内尔刚站起身来，就立刻被列兵詹姆斯·奥彭肖用子弹打死，还用刺刀给捅了一下。列兵皮尔逊的毛瑟枪被罗伯特·道格拉斯抢去。其他囚犯大喊道："射死那混蛋，射死他！"但枪走了火。道格拉斯身子一转，面朝一个名叫菲普斯的招人痛恨的自由民工头，用锤子照他劈了六七次，但没有结果。道格拉斯紧攥住毛瑟枪，奔进甘蔗地里，菲普斯在后面紧追不舍。另一个闹事头头亨利·德拉蒙抓住列兵威廉·帕汉姆的毛瑟枪，边抓抢，边拿刀刺他脖子。毛瑟枪在搏斗中断成两段，但帕汉姆挣脱出来，用手一挥枪筒，把另一个名叫威尔逊的流犯打得脑浆迸流。[30]

卫兵开始射击。枪声惊动了远在沼泽那边的军营。士兵们退守到监狱的门道里，一些人拼命地装子弹射击，他们的另一些同志则用军刀逼住向前涌动的流犯。反抗分子亨利·德拉蒙倒下了，就在监狱大门边的绞刑架下。还有其他几个人也倒下了。混战的阵势突然崩溃，就像开始时一样突然。他们被射击声和子弹打到实处时突然喷出的红烟弄得晕头转向，争相退回监狱院子里逃难。狱卒詹姆斯·希尔兹估计，其中有十到十五个人"不想跟士兵发生任何关系"，从他身边跑过，找到一个暂时安全的地方。后来，反叛分子乔治·法热尔怨恨地说，就是他们胆小怕事，才导致这次哗变失败。其他流犯被卫兵逼了回去，只好背离大海，朝着长岭方向退却。

这场冲突仅仅持续了几分钟。半英里开外，在"优良列阵"，也就是军营和军官住宅处，福斯特·菲昂斯和他的士兵手忙脚乱地跑出来，边跑边戴帽子，披衬衣，扣弹匣带，连系靴带的时间都没有。他们以双倍速度顺路跑去，以堵截哗变的因犯，并气喘吁吁地在一个小山坡上，大约就是今日诺福克岛战争纪念馆所在地形成了队列。流犯冲上前来，一看见一排长长的枪筒平端着对准他们，就乱了阵脚。菲昂斯下令开火。黑烟消尽之后，可以看见十五个反叛分子躺在地上，而其他的大多

数人都一头扎进路边的甘蔗地里。只有监狱帮剩下的人受了镣铐的拖
累，哑默无声地投降了。任何想往山上跑向长岭的反叛者都被子弹打
死。士兵跟着逃犯进入蔬菜园和甘蔗地。菲昂斯兴致勃勃地回忆说：
"士兵很想抓住这些流氓。他们真的觉得很好玩……'来呀，我的小
蜜'——同时还用刺刀挑他的双腿或稍靠上面的地方。"菲昂斯让他们
处理这个工作，自己则带着一队人上山，去对付长岭农业站的流犯。

在山上，清晨已经漫不经心地开始。流犯设置了瞭望哨，从那儿可
以查看金斯顿监狱建筑物的情况，发出开始哗变的信号。长岭反叛者首
领瓦尔特·伯克正在工具房磨锄头，突然，这些"白鹦鹉"破门而入，
大叫："快出来，伙计们——时候到了，要自由了。"流犯欣喜若狂地蜂
拥而出，伯克锄头一挥，砸碎了主要工具箱上的锁，就开始把斧头和干
草叉发给犯人。他大叫道："来呀，孩子们，跟我来！我不看重生命，
我的生命连那块土都不如——如果你们觉得还有点用的话，那就跟我来
吧。"[31]大约八十多名流犯跟着他，一边大叫"不光荣，毋宁死！""不自
由，毋宁死！""自由万岁！"，一边沿路冲下去，来到旗杆山，不时还停
下来用斧头砸碎彼此的脚镣。

福斯特·菲昂斯和他手下的人听见他们冲来的声音，因为有一阵隐
隐的欢呼声随风从山顶飘了过来。长岭的犯人期望着看见一群大获全胜
的叛乱友人蜂拥而至，迎接他们，却只看见两个人跟跟跄跄地走上山
来，其中一人受了伤，后面跟着红衣军。他们山呼万岁的声音立刻消失
殆尽，奔涌的肾上腺素转瞬化作了恐慌。士兵发射了几轮子弹，但距离
太远。很快，他们就包围上来，把叛乱分子赶回长岭，路上俘虏了二十
八名囚犯。菲昂斯好不容易才挡住士兵，不让他们当场把囚犯用刺刀捅
死。后来他觉得，"也许不该这么仁慈的"[32]。不过，士兵对叛乱分子又
是拳打脚踢，又是刺刀捅扎，下手太重，菲昂斯用剑侧敲打他们，把他
的剑都敲断了。

不到两小时，长岭的所有叛军都被制服，用一条绳子拴了起来，被
士兵押下山，来到金斯顿。在旗杆山的山脚，他们找到了最年轻的叛军

头领多米尼克·麦克伊，他挨了毛瑟枪弹，躺在地上奄奄一息，肺部、肝部和膈被刺刀反复不断地捅了多次。这时，菲昂斯下令用链子把他拖到警察局。伽马克医生提出抗议，并要求把麦克伊送到医院时，菲昂斯才叫手下人朝右转，把他拖到那儿去，他的头在石头地和泥地上一磕一碰，又走了两百码。其他的士兵眼睛充血，走上前来，威胁说要一枪结果医生。[33]

　　到了中午，菲昂斯已经在主要监狱营地的大墙后把哗变者全部关了起来——他后来写道："几乎有一千个流氓。"尽管其实只有两百人。[34]还有几个人没有找到，其中就有罗伯特·道格拉斯，他是后来在该岛另一边的安森湾找到的，他当时正在摸索而行，仍然扛着一杆毛瑟枪，用棕榈叶子包了九十发子弹。刺刀的一捅，毁掉了他的左眼。几天后，另一只眼睛因受感染也瞎掉了。菲昂斯每天在医院审问他，但道格拉斯对叛乱一事只字不提。最后的伤亡人数不多：叛乱分子死了五个，约有五十个残废。卫兵无一伤亡，直到哗变后的第二夜，当时军方的两支搜查队伍搜查在逃犯人之时，在一片玉米地相遇，因错以为对方是流犯便开火了。一发子弹不幸打死了一个平民警员和4团一个年轻的列兵托马斯·约克。

　　1834年诺福克岛的哗变就这样结束了。自1804年卡斯尔山以来，这是澳大利亚流放史上的唯一一次大规模流犯起义。这次起义计划不周，协调糟糕，以失败告终，为时不过七个小时，但监狱当局的报复行为持续了好几个月。当菲昂斯上尉满头大汗，衣衫不整，一只肩膀扛着双筒枪，一只手提着锈迹斑斑的龙骑兵军刀，向莫里塞特（他因偏头痛发作仍然卧床不起）报告时，莫里塞特给他大开绿灯说——如菲昂斯回忆的那样——"很高兴我不负责这事。你想怎么办就怎么办吧。"

　　菲昂斯和4团的士兵一发起怒来，就没完没了，暴虐无比，他们着手惩罚哗变分子，要让他们后悔爹娘不该生了他们。铁匠花了整整九天时间，才给所有囚犯打好新的镣铐：其重量是以前的两三倍，还把"罗勒叶"的内面做成锯齿状，能刺破皮肉。[35]锁在监狱候审的叛乱分子全部赤条条地关在一个院子里，拥挤到所有人都无法坐下来的地步。在接下去的五个月中，尽管悉尼已接到报告，并正安排派遣一名法官到诺福克岛来，但叛乱分子一直被拴在一根铁链上，"每天在一丝不挂的情况下，连续惩戒四个小时，双手要举起来，手指要伸出去，谁要是表现出一丝痛苦，就会被军人指指戳戳，或就地鞭笞"[36]。在菲昂斯的怂恿下，士兵有很多取乐的方式，其中之一就是随便挑出一个囚犯，再花一撮烟叶，找一个鞭子手，往捆住囚犯的绳子里插一根棍子，然后不断转动棍子，直到鲜血从他指尖迸流。

最终不可避免的折磨就是鞭笞。哗变事件之后的几个星期里，菲昂斯在流犯中"赚"了一个永久的诨名——"鞭子手菲昂斯"。用鞭实在太过频繁，以至于政府发下来的九尾鞭已经不能胜任这个工作，老是变得松松垮垮。菲昂斯郁闷地抱怨说，这种九尾鞭"太荒唐了，鞭子手也同样不中用"。除此之外，囚犯还像通常那样，以"石头人"为骄傲，带着让人佩服的沉默，应对三叉刑具。菲昂斯想要人制作更新、更特殊的九尾鞭，"为的是让这些狠心的家伙心生畏惧：不能像对待悉尼绅士的仆人那样对待这种囚犯"。大规模的鞭笞行为一直持续到黄昏，然后点上大烛台，继续鞭笞，直到把"这帮无法无天、无精打采的暴民"打得服气为止。有些流犯厌倦了这种"无法忍受的巨大痛苦"，计划集体自杀：他们故意朝卫兵身上扔石头，想通过这种办法"招来致命的子弹"，但也不起作用。[37]

菲昂斯和手下人花了五个月时间，才把所有证人审讯了一遍并录下了用作审判的口供。当然，也有来自告密者的对他们自己有利的大量证据。接着正式控告一百三十七个犯人犯了哗变罪，但只有五十五人受审，因为只有透露姓名的告发人才愿意出示对他们不利的证据。皇家律师认为，他们都是"那种糟糕至极……的家伙。他们的证据无法对证，因此不可据此定罪"[38]。高级法院法官是一个极为信教的圣公会教徒，名叫威廉·韦斯特布鲁克·伯顿。他于1834年6月，随同检控方律师钱伯斯，乘船前去诺福克岛开庭审理此案。伯顿抵达后，对该地的表面情况和实际内容之差感到大惑不解，他纳闷：为什么该地"柔和的美景……对那些尚未完全被罪恶变得冷酷的心没有产生任何效力呢"？为什么流犯好像"对造物主在他们周围创造出的美景无动于衷，提不起精神，却把本来可以成为天堂的地方变成了地狱呢"？[39] 在这儿，不得不把浪漫主义对自然风景所具有的治疗力量的信念（这在 19 世纪 30 年代已经成为全世界受教育者的习见）搁置一边，这对法官来说是一个很令人难受的反常现象。

1834 年 7 月，审判进行了一个月。越审判，伯顿对检控方证据的主要来源，即告发人或"批准者"的证据就越不喜欢。反叛者明显的诚实让他很受感动，对照之下，证人却闪烁其词——特别是纳奇布尔，他为了救自己一命，竟企图栽赃给所有的人。检控方律师本来想控告纳奇布尔，但"陪审团拒绝接受批准者的证据，再说又没有对（他）不利的其他证据，所以就没有把他送上审判庭"[40]。伯顿在庭上把菲昂斯狠狠地训斥了一顿，斥责他不该接受纳奇布尔的任何供认："他是哗变首领，是你首先应该指名道姓提出来的人……你救了他一命，或者说延长了他的寿命。他不可能干什么好事。"[①]

对比之下，一些受审的叛乱分子只求一死。他们之中年龄最大的仅三十五岁，但在 4 团士兵报复了半年之后，他们出现在伯顿面前时，"已经头发灰白，干瘪瘦削，目光暗淡，视而不见，面颊上的皮肤绷得紧紧的。他们说话像耳语一样，很可怕的一副样子"。他们之中的一个人简明扼要地宣称，他和他的朋友以前就曾被判死刑，后来得到减刑，送到这座岛上："要是当时对我们执行死刑就好了。把我们送到这儿来并不是宽恕我们。我不想活了。我不想求人饶我一命……在这样的条件下生活是没有价值的。"[41]

在被告席上，罗伯特·道格拉斯给伯顿留下了深刻印象，因他"在

---

① 他说得对。纳奇布尔在死囚室里终于让自己足够镇定，写出了回忆录，于 1844 年在悉尼的绞刑架上结束了生命。他 1839 年从诺福克岛被释放后，拿到了假释证，随波逐流，有一阵没一阵地干着水手的工作，然后为了夺取一个悉尼寡妇的积蓄而把她谋杀。他的律师在英国法院第一次试图提出"道德精神错乱"的辩护词，从而使他成了法律史上的一个小脚注，这条法律后来成了麦克诺顿规则。不过，这也没有救他的命。——原注

普通人觉得恐怖至极的情况下，表现出非凡的能力，保持了非同寻常的冷静和镇定自若"。他把满是疤痕的脸和被打瞎的眼睛转向法官，说出的一番话至今仍是对当时那个制度终极之地的最后判决词："当犯人来到此地，他的心就只能是它将成为的那种东西。他的人心从他身上被掏走，还给他的是一颗兽心。"

其他流犯都央求通过忏悔得到免罪："法官大人啊，我犯了很多罪行，罪该万死，但千万让我见到牧师之后再死。"但是，诺福克岛没有天主教牧师。后来，伯顿瞥见这个爱尔兰人在囚室里"痛苦不堪……搂住一只制作粗糙的十字架，捶胸顿足，打着自己"。

到了这时，他才开始感到，这个制度可能要比它的"客体"更坏。通过这次审判，他的良心出现危机，他陷入"悲哀的沉思"，产生了怜悯的冲动，"人心不可能无动于衷"，没有任何怜悯之情。在这种情况下，谁不会起而反抗呢？军人陪审团把三十五名哗变分子中的三十名判定有罪，但伯顿不可能把他们都判处死刑。他采取了一个前所未有的步骤，暂时把他们全部减刑，直到他能把本案直接呈递给理查德·伯克总督，并带一个天主教牧师上岛，只有这样，死囚犯才能接受他们最终的圣礼。

回到悉尼后，伯顿向伯克总督及其行政会议口若悬河地提出了请求，结果，三十个被定罪的哗变分子中，十六人得到减刑，改判终身罚做苦役。不过，剩下的十四人被判绞刑。于是，有两名教士——一名是天主教教士，另一名是圣公会教士——被派遣到那儿。这对这个制度来说，有着深远的影响，因为那位天主教牧师是澳大利亚的代理主教威廉·乌拉索恩。他后来成了一项调查的主要证人，这项调查帮助取缔了对新南威尔士的流放。

乌拉索恩9月一抵达，就径直去了狱中。他只有五天时间为叛乱分子准备赴死。监狱看守叫他往后站开，就把第一座囚室打开了。乌拉索恩后来写道，"里面散发出一股黄色的气体，那是囚禁在里面的肉体的产物"：

　　我的出现出乎他们意料之外……在他们面前就像显灵一样。我发现他们挤在三间囚室里，囚室太小，几乎无法一起躺下——他们脱光了衣服，以便凉快一点。半年来，他们一直在等待他们的命运判决。除了十三人外①，我宣布其他人为终身监禁——那些人则都要判处死刑。准备了几句话之后，接下来就是面对命运了。那些可以活下来的人痛哭流涕，那些必死无疑的人都毫无例外地扑通一下跪下来，眼睛不带一滴泪水，感谢上帝就要把他们从这个地方拯救出去。谁能描写他们的感情呢?[42]

　　乌拉索恩把其中四人作为天主教徒施洗。他们和他一起祈祷，然后独自祈祷，与此同时，代理主教陷入沉思，在墓地一旁徜徉，"墓地的三面围着密匝匝的忧郁的树林子，都是淌着泪滴的毒番石榴。第四面则朝着永不停歇的大海敞开"[43]。

　　绞刑分两次进行，一次在 9 月 22 日，另一次在 9 月 23 日。每次都把半数的监狱人口召集到绞刑架前，其他的人则从营地的二楼眺望。乌拉索恩写道，死囚犯"表现出极大的悔过热忱。他们跪下来，接受了这个判决，将其作为上帝的意志。他们从锁链中解脱出来之后，就倒在尘土之中，充满感激之情，亲吻为他们带来宁静者的脚"。在鸟叫和砸在金斯顿礁石上肃穆的海浪所打碎的沉寂中，他们登上绞刑架，一身素裳，颇似新娘。年龄最大的是亨利·诺尔斯，他二十九岁，最年轻的威廉·麦卡洛刚过二十一岁。他们凝视着地平线，凝视着环形的蓝色大海中菲利普岛的铁岩。头巾罩上了他们的脑袋。他们的牧师写道："他们的生命很短暂，就像脚下摔碎的海浪一样躁动不安，海浪即将死亡的声音，就是他们唯一的安魂曲。"

---

① 　实际上是十四人。他们是迈克尔·安德森、詹姆斯·贝尔、约翰·巴特勒、瓦尔特·伯克、罗伯特·道格拉斯、亨利·德拉蒙、帕特里克·格伦尼、威廉·格娄夫斯、托马斯·弗雷什沃特、亨利·诺尔斯、威廉·麦卡洛、罗伯特·莱恩、约瑟夫·斯内尔和约翰·汤姆斯。他们之中八人的石碑（安德森、伯克、巴特勒、德拉蒙、格伦尼、诺尔斯、麦卡洛和斯内尔）现在还立在诺福克岛墓地，但其他坟墓估计早已被爬动的沙丘覆盖起来了。——原注

iii

莫里塞特早已离去。几个月前，他回到澳洲本土，病体正处于恢复期，非正式地丢尽了脸面。他把军衔卖掉，把他所有的财产都投资在新成立的澳大利亚银行，接着这家银行倒闭，把他的钱全带走了。他默默无闻地生活着，在巴瑟斯特当一名警务司法官，每周赚六英镑，其中一部分钱为了让债主满意而被扣下来。他于1852年死掉，留下四个儿子、六个女儿和老婆埃米莉，没有一文的赡养费。关于诺福克岛，他没有写过一个字的回忆录。[44]

他在那儿的继任者是50团的约瑟夫·安德森少校（1780—1877），这又是一个职业老兵，曾参加半岛战争，一个喜欢抓权不放、警惕性很高又很虔诚的苏格兰人。他的脸长得像爱动怒的鱼鹰——阴冷的凹眼睛，刀削样的鼻子，一部浓密的白胡须。"土豆·乔"·安德森从1834年3月到1839年2月执掌诺福克岛。关于他，人们意见不一。乌拉索恩不喜残酷，因此人们赞扬他鼓励囚犯向善，十分"审慎关切"，对照之下，莫里塞特则"肆无忌惮，暴政严苛"。安德森在他本人的回忆录中称，他把莫里塞特每年的一千鞭刑罚，减至七十或七十五鞭。[45]而流犯要是知道这点，可能都会感到吃惊。托马斯·库克于1836年抵达诺福克岛，在安德森统治的大部分时期都在那儿生活。他认为：

> 他的措施极为严酷，具有很强的骚扰性……告密形成大潮，范围广泛，一刻不停地涌来。任何事情，除非有人表示怀疑，否则……他的制度就不需要知道……他的制度对表现好的囚犯和性情不好的囚犯是不加区别的。[46]

有一次，安德森在早饭前，把五个犯人抽了一千五百鞭。有两个游手好闲的囚犯工作疏忽，没有好好播种玉米，他就判罚他们每人各抽三百鞭，罪名听起来颇带《圣经》意味，是"剥夺了大地的种子"，好像他们犯了植物避孕罪。囚犯的受惩记录累积起来就很重了。例如，威廉·赖利在哗变事件之后，整整两年都戴着重镣：

一百鞭	罪名是因哗变事件戴镣铐时说"上帝啊"。
一百鞭	罪名是戴镣铐时微笑。
五十鞭	罪名是借火点烟。
两百鞭	罪名是对士兵无礼。
一百鞭	罪名是工头推他时，他打了工头。
八个月戴镣铐单独监禁	罪名是拒绝干活。
三个月同上	罪名是不听命令。
三个月坐牢	罪名是走得离拓居地很近。
一百鞭，当着监狱所有人的面	罪名是对哨兵无礼。
一百鞭	罪名是唱歌。
五十鞭	罪名是找狱卒要烟草嚼一下。
一百鞭	罪名是工作疏忽。

总的算下来，两年中，他挨了一千鞭，关了十一个月的单独监禁，坐了三个月的牢。还有一个囚犯叫迈克尔·彭斯。他在不到三年中，在安德森手上总共挨了天方夜谭的两千鞭：他的罪行就像赖利的罪行，包括"唱歌"——可能是"爱尔兰叛国歌"。

安德森极为苛刻地从囚犯身上榨取劳动。比如，需要给一片田锄地，一排流犯越过田野，敲打土坷垃时，他就把其中身强力壮者挑选出来，作为领头。中间的如果掉队，就会受到惩罚，下班后还得干活，直到累倒为止。

安德森也当过建筑工。他的建筑学纪念堂就是军需仓库（之后改建成教堂），这是一座体积庞大但细节粗糙的三层楼建筑物，四周围着一圈安全高墙。这座建筑物有一种特别教条的特征——三角墙和通向入口处一段金字形神塔式台阶之间那种夸张的韵律。在三角墙的一个匾额上，以及隔壁新军营（1837）主要建筑物的旋涡花饰上，安德森让一个流犯石匠刻下他的名字：50团安德森少校，司令官。

他还计划建造一座新监狱，以便取代哗变分子挤在里面的那座臭烘烘、摇摇欲坠的建筑物。大海和军阵（行政大楼、军营和军官生活区就在这儿）之间是一片沼泽，为了在沼泽上打基础，他让人把修建军需仓库和新军营开挖的填土都搬到新监狱工地，在那儿倾倒之后全部碾平。就这样，流犯把山的一侧削去，宽三百英尺，长七百英尺，高四十英尺，又用手推车把十五万立方码的土运到近四分之一英里开外的地方。除了蓝山公路的某些路段之外，这在澳大利亚流放制度历史上，一定是最艰难的建筑工程。[47]

劳动不是为了生产，而是为了惩罚。劳动条件使努力劳动失去了意义。在诺福克岛上，不许使用犁铧，"目的是让囚犯干繁重的工作"。因此，所有流犯都以"磨洋工"作为回应，干什么事速度都像蜗牛一般，哪怕威胁要抽鞭子也没用，结果效率低到了几乎滑稽可笑的地步。工头和卫兵越是起劲地驱赶，流犯就越是消极怠工。他们不是装病，就是有意整出病来，用碱水和夜影浆果给自己下毒。他们喝毒石榴树的汁液，把自己灌成溃疡；再不就是要朋友用锄头把自己的脚趾砍掉。对这种消极怠工者，安德森总是加以鞭笞，但有时候，连病人都主动要求吃鞭子，然后就死掉了。例如，1836年10月，一个名叫巴勒特的囚犯因痢疾拉得虚脱，却被当成怠工者，结果判罚两百鞭。刚打了头五十鞭，他就倒地死了。[48]

一些犯人因酷刑和苦难而精神错乱，竟然有意把眼睛弄瞎，在监狱这个大垃圾堆的底部了此残生。他们以为这样就没人来找他们麻烦了。这就是在诺福克岛弥漫的那种无政府主义道德的消极目的，其积极目的是当权者对囚犯的"妖魔化"，因为当权者自己本来就粗暴野蛮、变化无常，根本不给囚犯提供任何脱离卑贱之境的道路。正如劳伦斯·弗雷恩所说：

> （因为）如果你努力把男人的信心从（囚犯）身上夺走——这种信心本来是每一个文明人都应珍视的东西——你就开始了瓦解士气的工作。其结果就是把人降低到最下贱的地位，让人对任何正直和正派的优点都无动于衷，把人类心中的所有正当感觉连根拔去。你要让他对自己无所谓，对别人不公有什么后果他也不在乎……你可以不断折磨一个人，达到让他害怕的地步……但超过了这个限度，他就可以不顾一切了。你一开始不把他当人，不关心他，不注意他，他就会认为，对你来说，上帝，上帝的法律，上帝的全知全能，上帝的深谋远虑，这一切好像都只是名义上的特征，而不真切真实。[49]

弗雷恩认为，诺福克岛破坏了社会契约。无论有罪者还是圣人，都认为当权者能从其所拥有的镜像式权力——其职能像镜面一样反映了上帝仁慈和正义的标记——中汲取价值。糟糕的当权者会剥夺所有犯人的希望，给他们看一面破碎的镜子，一种关于等级制度的不同真理：

> 他们立刻抛弃了对上帝和人的所有约束与尊重，认为压在他们上面的人，行为都受到虚骄之情和欺骗之心的影响，其所篡夺的权力从未经过全能上帝的授权和批准。他们说，你能把人当成人的奴隶。他们不断抵制，他们对所有的小事都挑三拣四，他们老是做各种各样的小动作，就是不肯操行端正，他们这样做是有预谋的，就是为了欺骗囚犯，迫使囚犯就范……因为他们已经处在法制之下，无法寻求矫正的方法，也不可能达到矫正的目的。[50]

传教士到了诺福克岛后，对压迫现象在流犯中造成的那种心理状态很吃惊。伯顿法官曾赞扬该地很美。乌拉索恩看着夕阳照耀下的松林，"宛似一座宏大教堂的青铜尖顶，沐浴在金色的光线中"，不禁感到心旷神怡。他像伯顿一样，感叹为何景色如此之美，却没有改造好因犯的灵魂，在这座岛上，"人在其中漫游，好像风景中一个着魔的人"：

> 虔诚的人，就像大卫一样，会沉思上帝的这些杰作，直到他像火一样燃烧起来。但是，扭曲的心灵永远也看不到美好的时光……我们发现，最丑恶的罪行总是会把最美好的土地玷污。上帝把火焰和愤怒对之发泄的五座犯罪城市都位于非常美丽的国家，而诺福克岛就是这些罪恶之城的现代代表。[51]

从性欲角度讲，诺福克岛很像索多玛，两者的相似程度还可以更深。它好像成了所有倒反现象的化身，产生了最终的无望之境，这在神学家那里，就是地狱最痛苦的折磨：在这个地方——按埃德蒙·伯克在众议院早期对是否应该进行流放的一次辩论中所援引的密尔顿的话来说——"生命死掉，死亡活了下来"。对踮点大自然的逆反神话在这儿完成，又投射到人类社会，在其无可言喻的微观世界中，语言本身发生了逆转：

> 他们的日常用语完全退化……结果，在他们的方言中，恶就叫善，善就叫恶——性格好的人就贴上邪恶的标签，带头闹事、罪大恶极的人，就被堂而皇之地叫作品德高尚。人心好像倒转，良心也在逆行。[52]

乌拉索恩在澳洲本土从未听过这种黑话。谁能帮助使用这种语言的人呢？天主教徒（乌拉索恩 1835 年第二次造访那儿时，因犯中有三分之一的人是天主教徒）对任何牧师的来访都感激不尽，只有牧师才能听取他们的忏悔，使他们得以在感化的情况下赴死。但是，新教徒不再遵守其教规。诺福克岛直到 1836 年才有牧师，因为凡是自尊自重的教士，都不会把自己的生涯虚掷在这么遥远的一座祭坛上。第一个来的是未授圣职的传教士，即托马斯·艾特金斯牧师，这是一个二十八岁、办事很不牢靠的年轻人，他对官方的酷刑怒火中烧，从一开始就站在流犯那一边，言辞激烈地跟安德森少校大吵了一架，谴责他是施虐狂、贪污腐化，因此他遭到伯克总督的污蔑，被骂"极不审慎，极为不妥"。相反，流犯托马斯·库克赞扬他是"这座堕落之岛上照耀的最明亮的一颗星"。他待的时间不到三个月。詹姆斯·巴克豪斯则对诺福克岛上囚犯关于上帝和宗教更为正常的看法进行了描述，在文中恐怖地提到一个囚犯，说他"不顾一切，孤注一掷"，"精神受到刺激"，甚至"怀疑上帝是否存在，认为上帝如果真在天堂，就要剥夺他的生命"。这些人只迷恋一样事情，那就是逃跑。"他们的热情与通常的物体发生了断裂，胶着在对自由的渴望上。为了获得自由，无论付出什么代价都行。他们的脸看上去就像魔鬼。"[53]

他们之中无一人脱逃。有些人试图夺船而逃，划船越过金斯顿礁石，来到一望无际的大海上，但不是被大浪带跑，就是被毛瑟枪打沉，再不就是被人追击之后活捉。还有些人用偷来的木料悄悄地造船逃跑，夜里在岛上的洞穴里干活，但总是被告密者出卖。安德森后面的几个继任者，如 80 团的班伯里少校和 50 团的莱恩少校，都继续对囚犯实行"妖魔化"。他们把安德森的一些比较无理取闹的惩罚规定放松了——例如，班伯里就用犁铧取代了锄头，第一年几乎把产量翻了一番——大兴土木的速度也放慢下来。尽管如此，流放制度依然吱嘎作响地前行，它过深地陷入卫兵、工头和军官的习惯与胃口中，不可能通过采取几项宽大为怀的善举，就从根本上发生改变。

无论如何，总得维持制度的名誉。诺福克岛扣押了一千名流犯，但其真正的用意在于恐吓成千上万更多的犯人。如果这个地方不"像魔鬼一样恐怖"，作为以儆效尤的手段，它就跟没有绞索的绞刑架一样毫无用处。在澳洲本土宽以待人，是需要在别的地方建立一个恐怖背景的。

这就是官方的立场。那些可能在宣讲仁德的人，对这种立场不乏支持。《爱丁堡评论》的悉尼·史密斯牧师极善交际，生性快活，就曾为他自己，也为成千上万和他持有同样想法的人，公开发表见解：监狱应该是"一个惩戒之地，让人万分恐惧，避之唯恐不及——一个真正的受难之地，回忆起来感到痛苦，想象起来感到恐怖……一个哀伤悲鸣之地，一进去就会让人感到毛骨悚然"[54]。

但在英格兰，舆论正在发生变化，特别是在辉格党人中间。从1835年起，乌拉索恩等人的声音引起共鸣，激起了义愤，又有开明人士加入反对流放制度的义愤填膺且人数与日俱增的大合唱中。一个制度如果能产生诺福克岛——无论澳洲本土实际上送到那儿的流犯所占百分比如何——这种制度就似乎极其不公，应该取缔。正当上层阶级改革者大力主张应该终止流放制时，下层阶级的舆论却不断向另一个方向而去。流犯可以在澳大利亚发财（至少可以比在英格兰生活得更好），这种信念或希望，早已在老百姓的想象中根深蒂固了。与此同时，改革者一点点地取得了进展。新南威尔士的流放在1840年停止。这一年，负责诺福克岛的是一个新的司令官。这是一个先知的改革家，是对跖点这座恐怖和惩罚剧院的一个崇高的反常之人：亚历山大·马柯诺奇。

第十四章　走向废除流放制

i

　　被派到范迪门斯地来取代亚瑟的人，是维多利亚时代早期的一位英雄人物，他就是约翰·富兰克林爵士（1786—1847）。他刚刚来自极北地区鬼哭狼嚎的荒野地带。1801年，他还是个孩子，就同舅舅马修·弗林德斯一起，乘坐"调查者号"来到澳大利亚。那是一次为期三年的发现航程，把从大澳大利亚湾到现今维多利亚州边缘这片未知南方海岸的地图绘制了一番。在这片原始水域，澳大利亚沙漠那块厚重的红色板块"啪"地折断，坠入大海，南边卧躺着的只有南极大陆。小小的约翰·富兰克林对地理学、水文地理学和探险的热爱，就是在这儿产生的。这种热爱追随他一生，一直到死。

　　到了1804年底，他已回到皇家海军，在"柏勒罗丰号"战舰上服役，在纳尔逊的领导下，参加了特拉法加海战。恢复和平后，日常工作接踵而至。但在1818年，他第一次到北极探险，这时，他自愿当上了海军探险队的二号司令官，去寻找"北西航线"，把极地海与北太平洋打通。他的船遇到冰阻，不得不原路折回，但北方已经把它的冰雪文字在富兰克林身上镌刻下来。他后来又进行了两次北极探险：第一次是1819年至1822年间，跨越加拿大，来到北美北极区，该次行程为五千英里，艰苦程度难以想象；第二次是 1824 年至 1828 年间，他重返北美北极区。两次航程他都发表了有关叙述，文字引发公众热读。因此，才四十出头，这位勇敢的英国探险家就已被授予骑士头衔，擢升为船长，成了一个被追捧的社交明星。他是 W. M. 普雷德那首讽刺伦敦上流社会种种缺点、题为《季节：晚安》的脍炙人口的诗影射的人物："他母亲从北极，身披熊皮，满身油腻，/进口了这头狮子。"

他还找到了第二任妻子（第一任妻子在他去北极时去世）。简·富兰克林（1791—1875）女士是一个躁动不安、永远充满好奇心、智性很高且稍微有点儿神经质的女人。她是一个纺织工人的女儿，醉心于劳神费力的项目——主要就是推动她丈夫作为英雄的生涯。1833 年后，帝国没有海战，但富兰克林还是得找一个与他才能相称的职务。墨尔本的战争和殖民大臣格伦内尔格勋爵被人说服，相信派去范迪门斯地的人，没有比他更合适的。约翰·富兰克林爵士在简女士和他的私人秘书亚历山大·马柯诺奇上尉的陪同下，于 1837 年 2 月，乘坐"费尔利号"抵达，在霍巴特上岸。

他人尚未到，名气已先行登陆。人们感到欣慰，好意相迎：张灯结彩，举行舞会、茶会，极尽溢美之词，一次比一次华丽。每一个从桌边站起、长着瓶状鼻子、喜欢巴结的殖民者，都好像有一篇祝酒词要讲。约翰·富兰克林爵士进入朗塞斯顿，来到越过本岛官方进程的第一个最北点时，前来接驾的竟然有三百名骑兵和七十辆四轮马车。他把亚历山大·马柯诺奇为他写的一篇篇演讲念完，每次都受到热烈的掌声欢迎之后，感到"十分压抑，同时又很高兴，因为这是平民欢乐的标志"。

尽管富兰克林不是个心术不正的人，并没有（一开始就）质疑派他来统治的这些殖民者的动机，但他也不是瞎子，不是看不出问题来。他很快就发现，范迪门斯地的中产阶级如此倾巢出动，背后是暗藏心机的。范迪门斯地的很多自由人根据自己一厢情愿的想法，而不是凭着其他的权威看法，断定这位"极地骑士"来到这儿，会代表他们进行管理。他们早已厌倦亚瑟及其手下官吏。他们期望富兰克林能取消亚瑟的一套统治规则，凭借某种方式，把本岛改造成一个民主之地，同时又保留配给劳动的乐趣。这种想法没有任何根据，富兰克林也这么跟他们讲过。就算他想在范迪门斯地进行自治，英国王室也没有授予他修宪的权力。[1]

　　除此而外，他还得跟那些遗留的官员共事，也就是"亚瑟派人士"，一支非常令人厌恶，当然也很有能力的行政队伍。这些人对范迪门斯地比他了解得多，其中包括亚瑟的总警务司法官兼流犯管理机构头头马修·福斯特，此人生性残暴，十分狡猾，历经政治变乱而地位岿然不动（富兰克林女士曾听见他亲口说，"我要是把鱼叉刺进一个人的身体，是不会再把它拔出来的"[2]）。此外还有殖民地大臣约翰·蒙塔古、殖民地财长约翰·格雷戈里和首席大法官约翰·佩德爵士。这四个人都从配给劳动和亚瑟的裙带关系中捞到了权钱，其中没有一个愿意为新副总督不切实际的开明思想花半点时间。无论此人在北极多么勇敢无畏，在对跖点却不仅对流犯过于手软，而且被他爱干涉的老婆操纵于裙裾之下。亚瑟的老婆对殖民地的管理从来不置一词，富兰克林女士在总督府却总要与来宾就当前事务谈她的看法，还对他们的看法严加盘问。她对流犯的体验，甚至对他们的福利问题，表现出一种非同寻常的兴趣。她与伟大的英国人道主义者和监禁地传教士伊丽莎白·弗莱有相当详尽的通信，定期把有关范迪门斯地的报告（而且是开诚布公的报告）寄给她。简·富兰克林特别关心女性流犯问题——她们在霍巴特女工工厂的待遇令人感到羞愧，而且经常被贬到政府资助的配给妓女的地位。1841 年，她成立了"塔斯马尼亚女囚改造淑女会"，结果遭到霍巴特各报的无情嘲弄，拖了整整两年，才在 1843 年恢复，尽管从来都没有发挥过效力。

　　她对这个制度提出了大量问题（人们觉得问得太多了点）。1837 年3 月，她偕夫首次造访亚瑟港时，要求试戴一副流犯镣铐，把那里的官员吓了一跳。粮秣员勒姆普里耶尔很帮忙地给了她一副轻型手铐，"啪"的一下就扣在了她的手腕上。富兰克林女士把手铐戴了一小段时间后，就感到一阵轻度焦虑，要求把她释放了。[3]

更有甚者，她还想干涉范迪门斯地的文化，甚至干涉其生态环境。她得知该岛到处都是毒蛇之后，就向流犯悬赏，打死一条蛇赏一个先令，希望通过这一行动把范迪门斯地的蛇一扫而光。据说这花费了政府六百英镑——使她在流犯中大受欢迎——但不久就停了下来，因为范迪门斯地的蛇比先令多。她为知识分子生活所做的努力则更为成功。她赞助演讲，鼓励霍巴特视觉艺术迈开大步（尽管该地最好的艺术家曾在皇家学院四次展出作品，不幸的流犯托马斯·格里菲斯·韦恩赖特却从来都未得到总督府的任何赞助）。她发起了一年一度的德文河赛艇会，纪念殖民地赖以为生的水手。她说服丈夫，要他赞助一个学术团体，该团体1848年成立，是殖民地第一家皇家科学研究学会。她致力于博物史研究，在霍巴特外开辟了一座植物园，其中有一座形式为陶立克神庙的自然博物馆，后因富兰克林被召回英格兰，缺乏支持，而被改造成储存苹果的仓库。作为拉格比学校伟大的阿诺德博士的好友，她致力于促进羽翼未丰的殖民地教育，开创了州立学院（尽管由于范迪门斯地难以摆脱的激烈的宗教派系之争，该校耽搁多年后才正式开学）。她是一个爱好旅游的人，不妨把她比作对跖点的沃特里·蒙塔古女士[①]：她跨越陆地，从墨尔本到悉尼；她爬上惠灵顿山；她从"已拓居地区"，极为艰难地跨越陆地，来到麦夸里海港（尽管路上主要坐流犯扛的轿子或担架）。在这些方面，她都是捷足先登。从她的信中可以看出，她是一个渴望办事、意志顽强、好管闲事、理想主义而且极为忠诚的人，正是她那有时过于天真且在行政上缺乏勇气的雄狮丈夫所需要的母狮子。因此，比较保守的殖民者注定不会喜欢富兰克林女士这个"蓝统袜"才女，而且讨厌她老是左右约翰爵士。

也许，亚瑟派人士对富兰克林还能勉强给予尊重（接下来——就像白天之后是黑夜——就是永久的敌意，这才是范迪门斯地人的做法），

[①] 沃特里·蒙塔古女士（1689—1762），英国贵族作家，曾任驻伊斯坦布尔大使。更多情况参见 http://en.wikipedia.org/wiki/Lady_Mary_Wortley_Montagu。

如果他像亚瑟清洗前任那样也把他们都给清洗掉的话。但这一点让富兰克林受不了。他迟疑不决。正如蒙塔古在一封信中，对他从前的老板、上加拿大现任副总督亚瑟所说的那样："在北极……约翰爵士那么明显地表现出来的崇高素质，却没有随他同来南方。"[4]

他认为别无他法，只能与现有官员共事。因此，亚瑟派的人就开始鄙视他，认为他是一个爱虚荣、心肠好的无能之辈。与此同时，反亚瑟的殖民者都觉得，他们被人出卖，被扔到德文河里去了。富兰克林女士写信给一个朋友时说的话是很对的：在范迪门斯地，"人应该有铁石心肠和钢铁一样的身子骨"。约翰·富兰克林爵士作为海军学校学生，曾目睹海军鞭笞惩罚，不觉浑身发抖，对他来说，这座流犯殖民地是个很磨人的地方。英国财政官员乔治·博伊斯在这儿度过了近三十年，正如他所说：

> （这儿的殖民者）在冒昧放肆、傲慢不逊、厚颜无耻和骄傲自大等方面，与美国人很相像。他们相信，他们是地球上最有权力的人；还认为，他们的这座小岛"压倒一切"。他们是最糟糕的激进分子，他们的孩子长大后都相信，政府不是好东西——他们的权利被剥夺，他们受着母国的奴役和压迫，从英格兰派来统治他们的官员看不起他们。他们的看法极为狭隘，非常自私。他们不可能有任何慷慨大度的情感，而且总是爱把最卑劣的动机归罪于殖民者同胞。[5]

总督府中，行政问题堆山叠海。尤其具有讽刺意味的是，一开口说话就导致这成堆问题崩塌的那个人，最后却成了富兰克林除老婆之外在殖民地的最佳盟友：他的私人秘书，拒腐蚀、永不沾的亚历山大·马柯诺奇上尉（1787—1860）。他后来成为整个流放史中，澳大利亚唯一有灵感的监禁改革者。

ii

亚历山大·马柯诺奇是律师之子，生于爱丁堡。其九岁时父亲过世，但他运气不错，由他的亲戚艾伦·马柯诺奇，也就是后来的梅铎班克勋爵一手带大，保证他接受了超出一般的教育。勋爵本来指望他当律师，但年轻的马柯诺奇想当海军，而不是上法院。到了 1804 年，他已经成了皇家海军的军校学生，在海军上将科克瑞恩的率领下，在加勒比海服役了几年。1810 年，他作为"草蜢号""布里格"的上尉，获得了他生涯中也许意义最为重大的经历。"草蜢号"在波罗的海执行护航任务时，于 1811 年圣诞节的前夜，在荷兰海岸不远处失事。马柯诺奇与船上的所有人都被活捉，交给了法国人。接下来，他们在押送下，穿过冬天的酷寒，从荷兰一直走到法国的凡尔登，作为战俘，过了两年多苦难的生活——这个时候，离《日内瓦公约》的签署尚有半个世纪，战俘的命运远不如现在让人羡慕。给马柯诺奇留下精神创伤的这次对监狱生活的体味，从此令他难以忘怀。事实上，他是流放制度中，唯一一个在铁窗后度过一段时间的主要军官。

拿破仑于 1814 年退位，使马柯诺奇获释，于是他重新参加英国海军，担任"卡利奥普号"战舰的舰长，与美国作战。在 1815 年签署和平条约之前，他升任司令官。接下来的十六年中，他一直住在爱丁堡，学习地理学和地缘政治学，撰写有关太平洋殖民化和蒸汽船航行的长篇文章。（他这个时期对太平洋的兴趣有点抽象，因为他从未去过太平洋。）他 1822 年结婚，1828 年搬到伦敦，1830 年成为伦敦大学学院的第一任地理学教授和新成立的皇家地理学会的第一任秘书。1837 年，约翰·富兰克林爵士让他从这两件成天不离座椅的工作中脱身，给他机会亲眼看看太平洋，以及澳大利亚这座英格兰最遥远的殖民地。由于在流放制度中没有既得利益，但又能对该制度进行第一手观察的人极为缺乏，马柯诺奇在改善监狱惩戒条件学会的熟人，就请他填写一张有关范迪门斯地囚犯待遇问题的六十七点问题表。这位苏格兰人对于流放制度没有理论知识，以前也不了解，所以好像并无什么偏见。他同意提交一份报告，无论约翰·富兰克林爵士还是殖民地次长亨利·乔治·格雷爵士，对此都无反对意见，只要他不直接把东西寄给该学会，而是通过富兰克林寄给格雷就行。

马柯诺奇几乎一到霍巴特，就遇到了麻烦。他能看出，那些狡猾的殖民地的人"一眼就把（富兰克林）看透了"，而富兰克林这个"新贩子"根本经不住他们的甜言蜜语：

> 我一直冷眼旁观，并不和他们一起鼓掌，也不……为掌声所动——我能实事求是地看问题，并试图对他说破，但毫无用处，就像试图逼着孩子把大麦糖从嘴里吐出来一样。[6]

蒙塔古、福斯特和亚瑟派的其他人把马柯诺奇掂量了一番，很快就认定他是潜在的敌人，必须迅速减少他对新来的副总督的影响。他们在富兰克林面前扇阴风，点鬼火，含沙射影地说，他的私人秘书是个空想家（除非有很不现实的支持重犯的偏见，否则，谁愿意为英国改革学会写报告呢？），一个"绝对的激进分子"，"专门鼓励心怀不满者，自己无力实施，却老在那儿许愿"。很快，富兰克林和马柯诺奇就开始分道扬镳了——部分原因是，富兰克林想要亚瑟派的人站在他那边；还有一部分原因是，马柯诺奇本人过于率直；但主要原因是，富兰克林发誓要尽义务，把一个本来就令马柯诺奇恐惧的制度治理好。马柯诺奇既不喜欢亚瑟警察政体的严酷，也不喜欢那些从中渔利者的伪善言辞。1837年10月，他通过富兰克林给殖民部发了一份报告，在报告中，他义正词严地宣布：

> （流放制度）残酷无情，变化无常，挥霍浪费。无论从改邪归

正，还是以儆效尤的角度讲，都毫无效率，只能通过极端的严酷，维持某种程度的活力：其最重要的一些法律法规有组织地遭到破坏，破坏者不是别人，而是政府本身……社会理所当然地漠视这些法律法规。[7]

马柯诺奇认为，流放制度降低了自由人和非自由人的人格，产生了"一种烦躁的脾性……是我们各监禁殖民地社会交流的一个特征"。

他报告的大部分内容，谈的都是社会印象和道德冥思，但有着一个坚固的事实核心。在这方面，他得到了其他几人的帮助。贵格会传教士詹姆斯·巴克豪斯，以及曾于 1832 年至 1834 年在整个范迪门斯地旅行并向亚瑟报告过"铁链帮"情况的乔治·华盛顿·沃克，都把档案对他公开了。他还咨询了苏格兰测绘员亚历山大·切恩（1785—1858），切恩自 1835 年以来，一直是亚瑟的道路和桥梁总管，又于 1838 年受命于富兰克林，负责管理新成立的公共工程部。从马柯诺奇对公共工程使用流犯劳动力情况的批评中，就能看到切恩插了一手，其中的浪费和贪污现象十分严重，"劳动所得为三先令，中间就会丢掉一先令九便士"。马柯诺奇认为，亚瑟的分级配给制度几乎没有任何值得褒奖之处。这个制度没有使流犯改过自新，它产生社会弊病，挫败人的道德感。"它毁灭了人（主人和仆人）的灵魂和肉体——我几乎可以这么说，也毁灭了殖民地的人格和国格。"[8]他动人地论述道：

> （流犯）对我们也是有要求的，因为他们在我们手中无助无告，这种要求就越发神圣……我们谴责他们，是因为对我们自己有利。我们无权把他们全部抛弃。就连给他们施加肉体痛苦，也应该适中。我们必须，也应该随着肉体痛苦，施以道德痛苦，但应谨慎为之，以便教化他们，而不一定让他们堕落。应将铁打进他们的灵魂和肉体，但这完全不是为了在他们身上留下烙印，把他们的心肠变狠。[9]

　　马柯诺奇把报告交给富兰克林后，富兰克林要他把其中一些较为严厉的批评文字淡化一下，他也照办了。接着，富兰克林把修改过的报告版本发给了殖民地的主要官员。切恩支持这个报告，但其他人极不赞同。富兰克林把他们的备忘录、他自己的备忘录及马柯诺奇的反驳放在一起，连同报告一起寄给了格伦内尔格勋爵。马柯诺奇担心这堆公文——现在已达几百页——可能会"因其自身固有的严重性而在殖民部销声匿迹"，就把这个案子另外写了一份综述，如他事先答应的那样，寄给了格雷勋爵，同时附了一张条子说，如果他觉得合适，可以拿给约翰·罗素勋爵看。罗素是内政大臣，负责管理大不列颠的监狱系统。富兰克林没看马柯诺奇写的这份概要，以为他知道里面写的是什么内容。他犹豫不决，拿不定是转交还是不转交，但他还是对马柯诺奇的要求做出了让步。他给格雷写了一张附条，叮嘱他在殖民部彻底检查之前，不得把任何材料转给改善监狱惩戒条件学会，否则，可能"会让这儿很多有声望的居民感到痛苦"。

　　就这样，关于范迪门斯地的两份报告——富兰克林看过的一份经过修改的长篇报告，以及他没看过的一份文字更为辛辣的摘要——于1838年2月搭乘同一条船抵达伦敦。格雷看了摘要，并于1838年3月5日把它转交给罗素勋爵。如果说有何时刻可以标志澳大利亚流放制度达到巅峰并开始衰落，那就是这一看似无害的举动。

　　马柯诺奇有所不知的是——由于英格兰和澳大利亚之间官方联系长时间的耽搁，他也无从知道——罗素这个起劲批评流放制度的人，早就被指定为议会特别委员会的成员，其主席就是比他还要教条、还要反对流放制度的威廉·莫尔斯沃斯爵士。他们要对流放制度的作用进行调查。莫尔斯沃斯委员会早在1837年4月就已开会，这时，急电还在水上走，该委员会的成员并不知道马柯诺奇的批评，正如马柯诺奇也不知道该委员会之存在一样。

　　罗素缺的就是弹药。他立刻把马柯诺奇的摘要交给政府印刷厂印刷。一份私人备忘录就这样进入了公共的、官方的记录。罗素为了加以佐证，一个月后把富兰克林批准的长篇报告文本和备忘录发表了。

这两份文件在英国媒体引起轰动。但这与六个月后，也就是 1838 年 9 月，这两份文件回到霍巴特，在范迪门斯地的英文报纸上发表后引发的喧哗相比，完全算不了什么。

范迪门斯地的良民突然发现，他们在官方议会印刷品中被诋毁，成了麻木不仁、冷酷无情的奴隶主，他们统治的小小王国，是建立在剥削流犯肉体基础之上的。这足以——在一段时间内——掩藏亚瑟派和反亚瑟派之间的所有分歧。凡是拥有配给流犯的人，现在都恨马柯诺奇了。他（霍巴特版本是这么说的）背着富兰克林，以官方邮件作为掩护，把他制造的污蔑谣言偷运到英格兰。蒙塔古及其朋友不失时机，说服富兰克林相信，马柯诺奇已经背叛了他。

富兰克林并不确信马柯诺奇真的背叛了他。毕竟报纸上的意见都是马柯诺奇本人的看法，并不代表官方，但最后他还是别无选择，解除了马柯诺奇的职务，不过，他还是允许他（以及他妻子和六个孩子）继续待在总督府，直到找到别的住处为止。富兰克林女士很抱歉。她写信给妹妹说，马柯诺奇"根本不为殖民地的疑心重重、狭隘观点和个人恩怨与敌意所动……而且，（他）明显不像他人那样自私自利，因此我不可能不看重他与我们的联合，而叹惋他与我们分手"[10]。

马柯诺奇夫妇遭到排挤。"我们很少和人见面，从来不去任何地方。"马柯诺奇太太写道：

> 亚历山大就像一头困兽犹斗的狮子，周围是震耳欲聋的野狗狂吠声，但在其他方面，他坚定而诚实的决心并未受到任何影响……哎呀呀！我一向期盼遇到考验和困境，各种各样神秘莫测的问题，但你就是有再丰富的想象力，也无法意识到，持续不断的谎言、怀疑和毫无价值的谴责是如何滚滚而来的。[11]

这一切反而更坚定了马柯诺奇的决心。他终于找到了生活的使命。

他写信给伦敦说："这个事业让我得以完整。我要干到底……我那么多的同胞遭受了道德的摧残，同时，我也被歪曲误传，对此我都不能在沉默中接受。我要尽一切努力，帮助我的同胞，也帮助我自己。"[12]

他感到，脚下的甲板好像高了起来。莫尔斯沃斯委员会对流放制度做出了有罪的判决。英格兰的舆论已在发生变化。尽管马柯诺奇在霍巴特被孤立起来，但他在一万四千英里之外，在流放制度的源头，在辉格党人中间，找到了他所需要的盟友。这些人所采取的取证角度决定，莫尔斯沃斯委员会的发现早已是必然的结论。

iii

莫尔斯沃斯委员会召开会议，"调查流放制度问题，看其作为惩戒方式是否有效，对监禁殖民地社会的道德现状是否有影响，又能在多大程度上进行改善提高"。该委员会于 1837 年开始听证，并于 1838 年 8 月向下院提交了最终报告。[13]

据莫尔斯沃斯委员会称，这是一个客观的仲裁庭。其实，这个委员会偏见很深，所搞的审判都是装门面，摆样子，目的是开列一张目录，和盘托出对跖点的种种恐怖现象，它是辉格党为了反对一种制度蓄意而为的，他们已经在计划抛弃这个制度了。其真正的始作俑者是与殖民部协商的内政大臣约翰·罗素勋爵和殖民地次长格雷勋爵。格雷当时三十六岁，后在罗素勋爵的领导下管理殖民部。他从来不掩饰对配给制度的鄙视。澳大利亚事务无论对这两个人，还是对大不列颠政府来说，都不是重大事务，一定程度上落在加拿大、马耳他、直布罗陀和好望角殖民地之后。[14]但在 1836 年，罗素已经宣布，他有意放开刑法，减少绞刑的法律法规，取消把流放作为惩罚简单罪行的一种手段——这样就会把流放人数减半。[15]他认为流放制度已经陈旧不堪，像其他"进步"议员一样，他也赞成在英国本土的模范监狱和教养院进行惩罚（至少惩罚常规罪行）。罗素和格伦内尔格两人之间一商议，就决定废除配给制，加快澳大利亚自由移民的步伐，而这时，莫尔斯沃斯委员会连一个证人的证词都未听审。

因此，成立莫尔斯沃斯委员会，是为了在一种决定已经形成之后，把对这种决定的需要戏剧化地反映出来。罗素选择的主席很适合这个职位，因为他有可以向人炫耀的理想主义，是一个十分热心的"秀马驹"：此人就是康沃尔的议员，二十六岁的威廉·莫尔斯沃斯爵士。他是一个"哲学激进分子"，是边沁和霍布斯的追随者（他于1839年编辑了后者的全集），而且是个坚定的废除流放制度者。

委员会听取了二十三个证人的证词，其中大多数证人是早已知名的反流放制人士，如苏格兰教士和政治家约翰·丹默尔·朗，他不知疲倦地鼓吹新教徒应自由地向澳大利亚移民。其他的人，如詹姆斯·穆迪，对流犯抱有极强的偏见，因此他们对殖民地道德问题的看法不值得信任。就连乌拉索恩主教在阐述无神论和爱搞鸡奸的"世界屁股底下"①的种种恐怖时，也别有用心，因为他想在澳大利亚扩大天主教传教会的势力。詹姆斯·麦克阿瑟是凶猛的老约翰的第四个儿子，曾向该委员会出示广泛的证据。他认为，尽管他家靠流犯劳动力成为卡姆登的巨富，但如果英国皇家允许殖民地从亚洲引进苦力并由皇家资助大不列颠的移民，就不再需要流犯劳动力了。

他们的一些证据对历史学家来说依然有用，因为大多数证人所讲的都是亲眼看见的真相。不过，其效果还是具有倾向性，因为所讲的并非全部真相。委员会极力把澳大利亚描绘成一座为不断上升的犯罪率所困扰，又因依赖罪犯奴隶而寸步难行的殖民地。它想搭建一座舞台，实施莫尔斯沃斯的良师益友爱德华·吉朋·威克菲尔德提出的控制移民政策，把澳大利亚的皇家土地，以"十足"价格或高价，卖给经过严格检查的移民，这样，一般的前流犯劳工就不会很容易地拿到他们也用不了

---

① 英文是 Down Under，意为世界的屁股、世界的底下，指澳大利亚和新西兰。

的土地。莫尔斯沃斯说：

> 很难想象，某人经介绍后，脑子里对自己可能的命运略知一二，仅因普通人对犯罪的厌恶，抱着常人的道德感情，就会在有特殊收获的前景的诱惑下，带着家人和妻子，前去其中某个殖民地。在悉尼生活……差不多与在圣贾尔斯最低贱的地区生活无异，那儿的醉酒和无耻放纵的现象不比澳大利亚首都更明显……人性本来慷慨友善，却时刻受到惊扰——所见皆是无穷无尽的惩罚和苦难，频繁的鞭笞现象，一队队戴着脚镣手铐的奴隶，监禁拓居地的无数恐怖细节——直到移民的心灵逐渐麻木，不再理会他人的痛苦，最后也变得跟这些巨大无边的监狱的狱卒一样残酷……整个流放制度侵犯了成人的感情，把人的习惯野蛮化，使新的一代人不讲原则、道德沦丧。按一家公共报纸的话来说，结果形成了所谓的"索多玛和蛾摩拉"。[16]

东西写得很刺激，用意也是如此，但它忽视了如下事实：成千上万"盈满释疮者"一往直前，为他们自己打造了幸福快乐、卓有成效而又遵纪守法的生活；并非所有"有头有脸的人"都是机会主义的奴隶主；而且，那个地方也并不完全是一个无神论和能遗传犯罪倾向的渊薮。乌拉索恩主教描述他到伦敦一位年轻主席家中进行私人拜访时，总结了委员会的偏见——同时也许并没有意识到他的故事可能产生的影响。"我去他家时，发现他身穿一件花哨的丝绸晨衣，上面满是鲜花，仿佛一座花园，用一根缀有流苏的丝绳系了起来，觉得很好玩。他把我的小册子放在面前，然后试图教我，怎样才能最好地出庭做证。"[17]（楷体后加。）

委员会反对配给制度的基本理由是，该制度过于随意，像是一次"奇怪的抽奖活动"，在"舒适（原文如此）和磨难的两个极端"之间摆动。于是，一大堆无法预测的变量——主人的性格、脾气和安全感，工作类型，场地情况等——都像伯克总督所说的那样，"对（流犯的）精神和肉体情况产生了一种不可估量的影响，是任何规章制度都无法预料的"[18]。委员会辩论说，阻止犯罪的因素不是流犯在澳大利亚的命运，而是他对自己在英国罪犯中命运的看法：

> 本国的大多数人……对流放重犯吃了多少苦是一无所知的，而且对其严重性也轻描淡写……到达对跖点后才发现，他们受了传播内容的极大欺骗，因为流放重犯的境地远比他们期望的痛苦。那些能给朋友写信的流犯……在惩罚的抽奖活动中，一般来说都比较幸运，因此能以讨人喜欢的言辞来真实地描述他们的境遇。那些……真正体会到流放制度种种罪恶的人，"经常有一种贬值掉价之感"萦绕心头，挥之不去，他们不大愿意讲述痛苦，除非他们的朋友有权有势，能指望从那儿得到帮助。[19]

委员会言辞尖刻地说，流放制度的主要特征，就是"一方面没有威慑力，不能阻止犯罪现象发生，另一方面却又极为有效……能让那些已经受到惩罚的人继续堕落"。"这个制度本身"作恶有效，行善无力。它对殖民地有何经济利益呢？委员会对此也持消极看法。它注意到，由于有了自由流犯劳动力，"在较短时间内积累的财富，可能比世界上任何其他同样大的社会所积累的财富还要多"。但这是人为的繁荣景象，是难以为继的。"新南威尔士目前极为缺乏劳动力。羊群比应有的多了一倍。一大群羊都因缺乏照管而死亡。殖民者关于这个话题怨声载道，普遍不满。"新南威尔士需要一万劳动力，但1838年只有三千流犯可能到达那儿，几乎不够补充因死亡、疾病或拿到假释证而损失的劳动力。因此，不得不再辟一个劳动力源。委员会拒绝接受麦克阿瑟引进亚洲苦力的想法，因为这颇有美国蓄奴的味道。

因此，唯一的办法就是自由移民，通过威克菲尔德提议在澳大利亚销售皇家土地的办法来加以保证。这个情况也要求结束流放制度，因为"流放制度有一种抵消移民道德利益的倾向，而……移民则倾向于使流放制度失去其种种恐怖"。但是，由于新南威尔士劳动力短缺，土地廉价，工资很高，自由劳工很容易成为独立的小农场主——他们都不是出于一般的理由才想这么做，因为"把流犯作为奴隶雇用……可能会使人对劳动力提出质疑"。因此，流放制度结束之时，本来廉价到每英亩五先令的皇家土地，不得不至少上升到一英镑，只有这样劳工才肯继续劳动下去。[20]

不过，使殖民者狂怒的不是上述这些考虑，而是该报告对他们道德素质的非难。全文尚未抵达澳大利亚，有些证人，特别是乌拉索恩说的话就已不胫而走，使得人们十分不安。1838 年 5 月，五百多个位尊权重的公民，向新南威尔士立法会提出请愿，要求政府采取措施，抵制关于索多玛和蛾摩拉及犯罪率日渐高涨的侈谈。7 月，立法会发布了一项冗长的议案指出，由于莫尔斯沃斯、罗素及其议会同事"带有欺诈性的失实陈述……本殖民地的名声很不公正地受到了损害"。该议案还指出，自由移民及其新一代土生土长的澳大利亚人"构成了这样一批殖民者，他们在处理社交和道德关系的过程中……给广大的殖民地打下了受人敬重的印记"。该议案继续指出，许多流犯在内地"孤独和缺吃少穿的"情况下，事实上已经通过配给制而得到改造，而且，配给制所创造的财富让拓居者得以购买皇家土地，为政府带来收入，能够支持移民，因此，"移民是否能够继续下去……肯定要看流犯的配给制度是否能够继续下去"[21]。

殖民者很害怕，他们害怕也是有道理的——等到辉格党人完成了对他们的道德诽谤，就没人想到澳大利亚来了，那时，殖民地就会既无流犯也无自由劳动力。对他们来说，这份报告令人震惊，就像孩子被父母给抛弃了。他们对自己社会自尊的定位，是基于他们和流犯之间僵化的阶级障碍的。就连"通货一代人"都这么做了——他们在不到一两代人的时间里，就把流犯出身埋葬了。现在，这份报告却称，犯罪率上涨超过了人口增长，还说"自由和非自由居民道德品质渐次蜕变"。显而易见，在英国人眼里，这两种人之间没有什么区别。难怪"排外分子"

（他们一向坚持说，流犯后代背上了遗传的黑锅，但这口黑锅没有触及他们自己的出身）莫名其妙地拒不认账，囿于恋母情结而大发脾气，责怪母亲英格兰抹去新南威尔士的流犯和"有头有脸人士"之间的阶级界限。与此同时，悉尼媒体突然变了调子，而直到1838年，它都在连篇累牍地发表恐怖故事，大谈新南威尔士犯罪率上升云云。在当地托利党人眼中，犯罪浪潮这种想法，本身就是辉格党人勾勒的一幅"凶恶的漫画"[22]。

这份报告把殖民者置于双重约束中，这与划定殖民地心态的那种双重约束一模一样。他们之中很多人都想表现得比英国人还英国人。他们需要决不宽恕的父母给以赞许。而事实恰恰相反，莫尔斯沃斯给他们的却是满纸辉格党式的纡尊降贵和自命不凡，只谈他们无法摆脱的那口黑锅。

然而，由莫尔斯沃斯报告引起的大惊小怪刚结束，新南威尔士的流放制度和配给制度就平稳地寿终正寝了，并未经受太大的政治和经济压力。甚至在报告尚未击中殖民地的时候，唐宁街就已发出指示，要结束配给制，"迫使"流犯参加政府"劳动帮"。1838年10月，伯克的接班人乔治·吉普斯总督——已于数月前接任——禁止配给流犯：不得"用于家政服务，不得出于在城市养尊处优之目的"，不过，他们还在畜牧场做必不可少的工作。[23]

吉普斯是半岛战争骁勇的老兵，这位总督的深思熟虑和人情味给人留下深刻印象，他尽所能使从流犯到移民的劳动力供应转换过程轻松易行。"奖励金制度"于1837年得到殖民部批准，发挥了很大作用：三十岁以下的移民夫妇，只要体格健全，就能获得三十英镑，每个子女则享受五英镑；单身男性如有拓居者担保，每人可获得十英镑；十五岁到三十五岁之间，受人尊重的未婚女性（如果移民时受已婚夫妇的保护）则可享受十五英镑。不久，一万八千位自由移民就在奖励金制度下，抵达了新南威尔士，另有四万多则主动移民而来。这对填补劳动力供应缺口来说绰绰有余。"伊甸园1号"是旧制度下抵达新南威尔士的最后一艘流犯流犯船，它于 1840 年 11 月 18 日在悉尼湾将二百六十九名男性乘客卸了下来。

但是，英格兰怎么对付国内的罪犯呢？莫尔斯沃斯和罗素对美国的教养院印象深刻，但在 1838 年，英格兰并无一座教养院。因此，怎么也得建一座才行——得花几百万英镑。如果分若干年来建造，费用可能要比流放制度低，因流放制度当时每年要花去皇家四五十万英镑。委员会鼓励政府不要被费用吓倒。刑期短的人可在英格兰的教养院服刑，刑期长的则可在合适的岛屿上建造的教养院服刑——如马耳他、科夫和福克兰群岛这些很不一样的地方——但不能在遥远的对跖点。

与此同时，流犯必须出国，但不是去新南威尔士或范迪门斯地等已经拓居的地区，如果抛弃配给制度——"应该立刻弃置不用"。委员会认为，短刑期流犯暂时应在百慕大服刑，但接收刑期较长的流犯之地——直到教养院修起来——仍应是澳大利亚外缘那些声名狼藉的地方——诺福克岛和塔斯曼半岛，二岛都是与自由拓居地隔绝的天然监狱。

委员会还鼓励说，在那儿，亚历山大·马柯诺奇根据物质刺激和未来的明确目的而制订的新监狱管教大纲"至少在某种程度上有好处"。马柯诺奇并未无所事事，他从来都不是这种人。他在澳大利亚另谋职位期间，用论点密集、长篇大论的备忘录方式，写成了有关如何进行感化惩戒的理论，对罗素狂轰滥炸了一番。委员会为之动容。该份报告注意到，"这样做是明智的"：

> 通过实验，不仅仅根据是否能够马上获利或立刻得到满足，而且是（根据）……是否有望得到或害怕失去未来和遥远的有利条件，来确定建立奖惩制度之效果……治理流犯的良好制度的大目标，就是教导他们放眼未来，着眼于他们自己行为产生的长远影响，并由理智指导他们的行动，而不是仅凭动物的直觉和欲望行事。[24]

话说到此，委员会不过是在应和马柯诺奇的话。他的思想（在他们那个时代——1840 年至 1844 年间——在诺福克岛进行试验时，已经十分超前，其中包含了现代刑罚学的许多原则）我们现在可以加以考虑了。

iv

亚历山大·马柯诺奇想把刑罚学的焦点从惩罚转移到感化上来。当然，国家能惩罚犯罪，也必须惩罚犯罪，但他的论点是，仅仅为了惩罚而惩罚，是不含制约机制、缺乏社会意义的一种行为："我们的刑罚学……没有精确的规则，不过是在互相冲突的欲望冲动之间保持平衡，一方面对假设的社会之善过于严厉，另一方面对假设的罪犯之善又过于仁慈，因此两方面都经常出错。"为过去而惩罚犯人，却不对其进行训练，为其将来提供物质刺激，他认为这是没有意义的。

旧制度执迷不悟，只相信惩罚，因此产生的主要是精神崩溃、心怀怨恨和苦难深重的男男女女，他们身上的创业精神和希望火花早已熄灭。马柯诺奇如此论说，靠惩罚来以儆效尤，那只是为了报复，一发不可收拾，有辱流犯人格，也降低了狱卒身份。因此，应该放弃使用"慈悲为怀"和"免除惩罚"这样的词。"我们不要给囚犯优惠，而要根据固定的、不可更改的条件，给予他们权利。"[25]

但怎样才能做到这一点呢？怎样才能阻止绝望的侵蚀？怎样才能阻止人类的可能性出现漏洞呢？马柯诺奇从不自称具有独创性的刑罚学思想家，但他具有更"具独创性"的人（如边沁）所缺乏的东西——对监狱的第一手经验和对囚徒富有人道的理解。他所倡导的制度的基本思想，由剑桥神学家威廉·佩利在其《道德及政治哲学》（1785）一书中首次提出。在这个实用主义的早期文本中，佩利建议说，对罪犯的惩罚不应根据时间，而应根据工作来衡量，"这既可以促使他们勤劳肯干，也可以提高他们的自愿程度"。

不到几年，这个按工作而不按时间惩罚的思想就在美国引起讨论，又找到了一个拥护者，即理查德·威特利，他很快就被任命为都柏林大主教。在 1829 年的《伦敦评论》中，瓦特利极力主张，流犯判刑后，其为赎罪而付出的劳动应是国家可以量度的。他们工作速度越快，质量越高，就能越早获得自由："他们每在囚犯踏车上踏一步，都等于在走出监狱的路上迈了一步；他们每挥动铁锹挖一下，都等于在重回社会之路上多走了一些。"

这类思想传到了贵格会传教士詹姆斯·巴克豪斯和乔治·沃克那儿，又从他们传到了马柯诺奇那儿。他们也赞成进行任务惩罚，而不是时间惩罚。他们主张，大多数流犯的道德水平只达到儿童程度，提倡监狱改革者也许能从"启蒙"学校的纪律中受到启发，因为这种学校注重奖励优者而非惩罚劣者。每月集合时，勤快的流犯就能拿到一张"券"，懒惰的流犯就会丢掉一到多张"券"。而三张券即可缩短一个月的刑期。

这种采取胡萝卜而非大棒的奖惩思想，就是亚历山大·马柯诺奇"评分制"的雏形。马柯诺奇论证说，刑期不应固定——不能再搞七年、十年、十四年或终身流放制。相反，流犯必须表现好，工作努力，赚取一定的"分数"或积分，才能获得自由。六千分相当于七年徒刑，七千分相当于十年徒刑，一万分相当于终身徒刑。他们可以利用这些分数赚足路费，走出监狱。要买东西，就得事先积攒。

因此，刑期多长，在一定限度内，是取决于流犯本人的。分数可以用来交换货物或时间。囚犯可用分数从监狱管理部门购买"奢侈品"——额外的食品、烟草、衣服，以及诸如此类的东西。分数"不过是工资，同样会激励囚犯懂得关心、努力上进、勤俭节约、忠心耿耿"。马柯诺奇希望取消定量供应，因为"这种做法把人的生活费管理权从他手中夺走，其道德效果永远糟糕"。最理想的情况是，除了基本生存所需的面包和水等饮食之外，流犯得用赚取的分数购买其他一切。[26]

马柯诺奇认为，他的分数制比较客观。实际情况是，囚犯任由工头摆布，要看他们愿不愿意"施惠"，这就"败坏了囚犯心灵，使之虚弱不堪"。官方可以任意减刑，导致流犯溜须拍马，撒谎成风，不是低三下四，就是躲躲闪闪，通常两者兼而有之。只有把行为量化，才能把劳改量化：

> "减刑"一词应该取消……事实上根本就不应该有减刑其事。刑期长短应通过服刑期间的行为进行量化，但根本不能使用时间来量度……下级权力机构不能有任何权力进行任何减刑。另一方面，表现好的结果不应更不明确。每个犯人的命运都应毫无保留地掌握在自己手中……不能有任何偏袒。[27]

流犯一旦进入这个制度，就开始了朝圣者之旅，有一小段时间要遭受监禁、进行苦役和接受宗教教育。这是道德的轻泻剂，是对过去的惩罚。

下一阶段是未来的康复阶段，这时他开始走过分数制的诸阶段，通过劳动和服从换取分数，记在司令官无腐败可能的功劳簿上，从而购得他所拥有的一切。随着流犯行为逐渐改善，犯人渐渐明白了分数制的道德寓意——表现不好就一无所得。其环境也逐步发生变化：最先是单独监禁或分开监禁；接着是白天"社会劳动"，晚上分开监禁；跟着是"日夜接受社会处理"；等等。他自动地从一个级别上升到另一个级别，视其总积分而定，司令官或地方法官不得进行任何干涉。当然，某些流犯可能下滑，丢掉分数或浪费分数，那只能强化现实生活这个隐喻的意义。不过，因为根据马柯诺奇的制度不能给予任何偏袒，所以唯一的惩罚就是失去分数——一种温和、必然、无所不见的会计学，在时间和金钱之间、劳动单位和道德价值之间画上了一道警惕的平行线。

囚犯训练到能够看清道德和自我利益之间的关系时，就做好了准备，可以进入分数制的第三阶段，即小组心理治疗。马柯诺奇想把"发达的"囚犯编成六人一组，让他们同劳动、同饮食，该组每人负责他人及自己的分数。如果一人下滑丢分，他人也会下滑丢分。这样，囚犯就会学会互相依赖并承担社会责任。

无论英美，更遑论监禁地的澳大利亚，都无人在流犯身上尝试过这种疗法。把监狱作为道德医院的这种思想，一直没有完全为人所接受，直到 20 世纪。马柯诺奇分数制的细节（例如，囚犯能够通过监察专员，直接接触司令官；又如，官员可对个别流犯产生个人兴趣）超前了一个世纪。

如果不是因为莫尔斯沃斯委员会，分数制肯定会一直待在云海杜鹃国①。除了小组心理疗法之外，该委员会支持马柯诺奇的大部分计划。推荐方案通过之后，情况进展缓慢，但确有进展。1840 年 5 月，殖民部建议任命马柯诺奇执掌诺福克岛大权。吉普斯把该事务转交范迪门斯地的富兰克林。

副总督觉得，派他去那儿好像是一个双重解决方案。一来可让范迪门斯地摆脱这个难以对付的理想主义的牛虻，同时又能安抚亚瑟派的人，富兰克林此时已越来越消极地依赖他们了。与此同时，马柯诺奇具有远见卓识的监禁计划也可以得到公平的实验。如果不成功，他就会完蛋；就算没有失败，也几乎不会改变范迪门斯地的现状——至少在富兰克林的治下是不会改变的。因此，他把这个职位送给了马柯诺奇。

事实上，这个苏格兰人根本就不认为那是开展实验的理想之地，他详细地跟吉普斯总督谈了他的看法。他指出，那儿已有一千二百名二次定罪的流犯，这些都是心肠冷酷、备受打击的犯人。他们极为憎恶对新流犯采取另一种较温和的流犯管教制度。在如此之小的一座岛上，为两组迥然不同的囚犯实行两种制度，其实际困难无法解决。而且，把诺福克岛的老囚犯"跟新来者混在一起，（这是）极为残酷的"。老犯人会通过"接触传染"败坏新犯人。除此之外，诺福克岛对于他的目的来说也

①　英文是 Cloud-Cuckoo Land，指脱离实际的幻境，出处为古希腊剧作家阿里斯托芬的《鸟》，故直译之。

太遥远，而且——这个想法很喀里多尼亚——该岛的土壤也太肥沃，"不必过度劳累，就能得到回报"。马柯诺奇恳求吉普斯让他在塔斯曼半岛或玛丽娅岛，甚至在巴斯海峡的国王岛，而不是诺福克岛，建立一座实验性质的流犯站。但吉普斯根本不听。

他倒不是对马柯诺奇抱有敌意，也不是对他的计划持怀疑态度。他知道旧制度的种种缺陷，其恐怖之处令他苦恼，但他得讲求现实。没有别的地方可以收留一千二百名诺福克岛的二次定罪流犯。他们不可能回新南威尔士，因为那儿的流放制度正在结束。把这么多旧制度的二次挨罚垃圾扔回澳洲本土，就会被人看作一种有意蔑视自由公民志向的姿态，会立刻引发公众的强烈抗议。与此同时，该岛的老犯人也不可能去范迪门斯地，因为富兰克林不会接受他们，吉普斯也不愿强迫他接受。

因此，吉普斯对马柯诺奇下了一个相当不现实的命令，要他把诺福克岛的老犯人与他实验的新受体尽可能分开。等到马柯诺奇携妻带子，随同家人和三百名新流犯（全都刚刚来自英格兰，甚至未在悉尼下船）乘船前去诺福克岛之时，他燃烧着热情的火焰，仿佛看见所有的困难像蜡一样在眼前熔化。他敢肯定，他的实验会成功。他早已等不及了。

登陆几天后，他在金斯顿的监狱院子里把所有老手召集拢来，大踏步走进院子，迎头面对一千二百名犯人的集体盯视。这些人他一个也叫不上名字，一张张脸都是犯罪和躲闪的面具，晒得黝黑，布满痛苦的皱纹，都是二次定罪，都是二次判罚，有苏格兰的银行职员和强奸土著的犯人，有西班牙外籍军团士兵和马来采珠人，还有英国杀人犯和爱尔兰土匪。他后来写道："不可能想象相貌比这更凶恶的乌合之众了。我所看到的最可怕的景象就是那片仰起来看我的海洋般的人脸。"他们看着这位新来的司令官时，带着绝对的怀疑。他一想到就要为这些人的伤口抹上止痛的药膏，就感到无比兴奋，当即宣布旧制度已经终结，并把他的分数制描绘了一番。[28]

他到这儿来不是为了折磨他们，据一个囚犯报告，这是他亲口说的。但是，他无权扩大分数制范围，把他们这些老手也囊括进来。他只能在新来者身上进行试验。

（但）他毫不迟疑地说，获得这样的授权应该没有什么困难，因此，他愿意冒险把我们和英国囚犯也一起安置在这个制度之下……囚犯中间发出的欢呼声震耳欲聋。从那一瞬间起，所有的罪行都消失不见。从那一刻起，老手就成了另一种人。多年来，严厉而残酷的待遇压得他们呻吟不止，他们因此产生的那种想法，那种错误的想法，这时消失殆尽，因为他们发现，他们的这位仁慈的统治者把他们当人看待。

立时，从前的爱国主义情绪在流犯心中升腾而起：

他们正确地理解了他从我们最宽厚仁慈的女王——他们早已忘记这位君主仍然统治着俘虏他们的这片土地，在这片土地上曾经流过那么多鲜血——那儿带来的信息的意义后，女王陛下主宰了他们的心灵，大家在改造的广阔田野上似乎都很开心地劳动起来。[29]

马柯诺奇是个狂热分子，但他又很敏锐。他能看到，在这个可怕的地方，人们感到与英格兰及其君王衔接的那条权力链条已经断裂。犯人放弃了希望，因为他们相信自己早已被祖国遗忘。监狱之外没有他们可以求告的人。马柯诺奇深刻地洞察犯人的困境，恢复了女王的偶像地位，让人们看到她青春、女性和母爱的形象。

看那些老手第一眼，似乎就驱散了马柯诺奇的最后一丝犹疑。从现在起，只有采取最迅速也最激进的疗法，才能帮助他们。他很尽职地起草了一份报告，发给吉普斯，宣布说他不会遵守把新老囚犯进行分治的命令。吉普斯很痛苦。这使他深深地担忧马柯诺奇的"先知"特质。莫非他任命的是一心想打破旧制度却又拿不出切实可行的新制度的我行我素者？总督板起面孔，给马柯诺奇发了一份呵斥的回文。

1840 年，年轻的维多利亚女王生日——5 月 24 日——前五天，这份回文抵达该岛。新司令官早已将 5 月 25 日这天留出来，给所有人，即自由人和非自由人放了一个公假。天刚亮，由英国国旗领头的一面面信号旗就在旗杆上猎猎飘扬，与此同时，"优良列阵"后面小山上的密集排炮，就隆隆地越过金斯顿，发射了二十一响礼炮。长岭的老手和新流犯爬下床来，目瞪口呆地发现，四面高墙的监狱的大门居然大开。他们随心所欲地在岛上漫游，在海里游泳，在沙滩上嬉戏，伸展腰肢——马柯诺奇事先就警告过他们，只要他们"听到军号声回到住地……就可以放心"。就这样，库克回忆道："这些人多年来遭铁棒统治，哪怕离开营地很短一段距离，也会挨上几百鞭，在这次效忠的节日里，却被允许离开拓居地四处漫游……一点也不用害怕犯下任何劫掠罪行。"[30]

他们领到了特别食品，其中包括很慷慨的新鲜猪肉定量；他们生起了节日烤肉的小火，自己把这猪肉烤着吃了。整个上午，马柯诺奇在囚犯中闲逛，很友善地跟他们聊天。流犯坐下来吃午饭时——坐在露天的桌边，像人一样，而不像泔水槽边的猪——又吃了一惊，因为发下来一杯杯插着柠檬片的朗姆酒，朗姆酒是马柯诺奇自己掏腰包付的钱，为了让他们举酒祝福年轻的君主。他们连续三次大声欢呼："好哇，好哇，好哇！"然后声音更加响亮地祝福司令官身体健康。

饭后举行了娱乐活动，手写的节目单留存至今。詹姆斯·劳伦斯（1795—?）是一个受过教育的流犯——伦敦珠宝商之子，因诈骗罪于 1836 年再度流放到诺福克岛。他在《安达卢西亚的城堡》这出人们欣赏的喜剧中主演唐·恺撒，配角是其他十个有名有姓的演员，还有"通常的土匪"当群众演员。看起来，劳伦斯颇喜欢业余的舞台表演艺术。从前，安德森少校曾因他在营地唱了一支歌，而判罚他挨五十鞭，因为少校"不苟言笑，不爱戏剧"[31]。但现在，他可以在演出中高视阔步、烦躁焦虑，把囚犯们逗得爆发出一阵阵大笑。歌剧后接踵而至的是"音乐大杂烩"，有合唱和独唱——《求求你，兄弟们，赶快上船吧》《来自科克的帕迪》和《看，多么欢快！》等。詹姆斯·劳伦斯唱了一首《老司令

官》——可能是在影射让人讨厌的安德森——而詹姆斯·波特
（1807—?）则唱起了《淡色的爱尔兰人》。他是来自麦夸里海港的一个
老流犯，曾勇敢地劫持了"弗里德里克号""布里格"，横跨太平洋，一
路开到智利，结果被抓，送到了诺福克岛，在"尼禄二世"班伯里上尉
的统治下受苦受难。迈克尔·彭斯的脊梁上遍布伤痕，总共有两千多
鞭，这时也跳起了角笛舞。还有一个流犯把《理查三世》中的帐篷一场
戏表演了一番。马柯诺奇单挑该场戏，定是想谴责老手们顽固不化的玩
世不恭和绝望情绪：

> 我的良心有好几千根舌头，
>
> 每根舌头都能讲好几个故事，
>
> 每个故事都骂我是恶棍。
>
> 伪证罪，伪证罪到了最高级别，
>
> 谋杀罪，冷酷的谋杀罪，到了最肮脏的级别——
>
> 各种各样的罪行，各种各样的级别，
>
> 众人发声喊，一齐冲上前："有罪！有罪！"
>
> 我很绝望。没人爱我，
>
> 如果我死了，没人怜悯我：
>
> 他们干吗不这样呢？因为我自己
>
> 都不怜悯我自己！

　　下午，演戏的场地搬到了山上的长岭，为新手们重复表演了一次
（由于恪守命令，他们与老手分地而居）。在山下的金斯顿，娱乐和体育
活动仍在进行，一直持续到夜晚。夜幕降临时，监狱场地上空"噼里啪
啦"炫目耀眼地炸响了鞭炮——这个费用像朗姆酒一样，也是由马柯诺
奇支付的。最后一颗火星在黑暗中消失之时，马柯诺奇注意到："没有
发生一次不测事件，甚至与不测事件沾边的事也没发生……每个犯人都
悄无声息地回到住处，有些人甚至还期望这一时刻再度到来。"

当悉尼良善的殖民者听到有关这一特别日子的消息时，一阵咒骂的巨浪砸到了马柯诺奇的头上，因为在殖民地历史上过去的五十年中，从来没有出现过任何类似的事情。在诅咒岛上，流放制度的垃圾居然自由自在地游行庆祝，喝朗姆酒，跳舞唱歌，还放鞭炮。这是不是进一步革命的前兆？澳洲本土流犯如果听说了重犯野餐的故事，他们会怎么办？还要等多久，才能把这个浑身散发玫瑰香水味的苏格兰开明人士召回去？回答是：短期内不会。吉普斯对马柯诺奇无视命令的做法感到很困窘，但他是个讲原则的人，已经向这位改革者许诺了。他于 1840 年 6 月写信给罗素勋爵说："我过去的愿望是想看到马柯诺奇上尉的制度能以公平和妥当的方式进行实验，这个愿望保持不变。"信中附有他那位被保护人"内容相当多"的报告副本，但吉普斯还是表示"吃惊"，因为：

> 他抵达诺福克岛不到一周，就把两个阶级之间的所有界限都取消了。他还把极为优惠的制度赐予所有人，并几乎不分青红皂白地希望，能够迅速地让他们恢复自由……尽管马柯诺奇上尉于 5 月 20 日收到我对他行为不赞许的意见……但他完全无视我与他的通信内容……恰恰相反，他收信后不到几天，就让全岛所有流犯豪饮潘趣酒，欣赏戏剧表演。[32]

与此同时，罗素也给吉普斯写了回信，对马柯诺奇另有想法，并授权总督在合适的时候召回这位改革者：

> 尽管我……反对马柯诺奇上尉的理论——流放制度的唯一目的就是进行劳动改造——但我还是希望看到，这项实验能在他的直接监督下进行，但必须清楚地明白这一点，即如果你觉得在他管理下……有胡闹现象发生，你就可以把他革职。[33]

但当吉普斯关于诺福克岛上庆祝女王生日的信抵达罗素时，罗素的下一封信就带上了更尖锐的恐慌调子：

> 我看不出有任何替代手段，只能下令……拿到假释证之前，服刑不超过三年的流犯，不得让马柯诺奇上尉进行管理。诺福克岛的其他流犯应逐渐从他的控制下撤走……请与约翰·富兰克林爵士做出必要安排，以便在塔斯曼半岛接收这批流犯。
>
> 我已经授权你免除马柯诺奇上尉在诺福克岛的职务……（我现已坚信）有必要让你全权决定，是否让人取代该名官员。[34]

然而，马柯诺奇毫不在乎殖民者的偏见。他加紧推行他的文化和道德改革计划。他在给吉普斯寄去的一张购物单中，总结了他的第一批计划。[35]若按过去的监禁标准衡量，这批计划过于怪异。例如，他要求得到书——一部百科全书，有关工程、手艺和农耕等方面的杂志，供酿酒师和面包师用的烹调书，因为这些书有助于教授犯人从来没有学习过或者已经忘掉的手艺。他要求得到一本《鲁滨孙漂流记》，以便"在困境中充满精力和希望，在野蛮的生活中对兄弟同胞怀有尊重和感情"。他要流犯阅读游记和探险图书，首先要读库克旅程方面的书，因为"南半球的所有白种人都要温和地对待该地的土著居民"。他希望"给国家和家园投入悦目的形象和记忆，（这）在我们下层阶级和犯罪阶级的个人体验中极为缺乏"，所以，他要求寄来有关英国历史和受人欢迎的民族诗歌：罗伯特·彭斯、乔治·克拉布、玛丽·米特福关于英国乡间生活多愁善感的素描；一套沃尔特·司各特的威弗里系列小说，以便促生苏格兰流犯对本国的骄傲感；以及带有卢梭色彩的女作家玛丽亚·埃吉沃斯的作品，如讽刺小说《拉克伦特堡》（1800），这也是为了激发爱尔兰流犯对本国的自豪感。他还用道德和宗教类的书充实这座囚犯图书馆，其中有些书的"神性"他自认为"富有争议"，因为他要囚犯勤于思考，互相论争，而不要他们在囚室中腐烂下去：

> 争吵辩论有时候是不方便，但我并不害怕，因为我认为，这些
> 争吵辩论几乎总是有待提高改善。无论在任何地方，如在苏格兰、
> 瑞士和其他地方，只要还对此有兴趣，就总会发现它伴随着其他一
> 些良好的素质。恰恰相反，一旦遭到鄙视，如在法国那样，或遭到
> 打击，如在西班牙那样，国民性好像也会受损……我不害怕（任何
> 争议），哪怕在监狱也是如此。

他的那座岛屿图书馆还囊括了莎士比亚的著作，因其品质崇高。他
对戏剧让人改过自新的力量表示怀疑（"英国戏剧经常十分淫荡，但用
意大都还是道德的"）；他还认为，戏剧训练有助于流犯克服他们的情
欲。这一切就是他在女王生日那天的意图。

音乐可以成为主要的治疗手段。一旦俄尔甫斯的竖琴在诺福克岛上
发声，就会让旧制度的野兽们着迷，从而令其感到慰藉。音乐是一种
"极富社交意义的消遣活动"。它教人如何协作、如何训练有素地服从，
其基础是严格的秩序和顺从。如果音乐的特性是"哀怨而带国民情调"，
就会让听众友善和爱国。这位热心的苏格兰人估计上级会反对，便这样
写道："有时人们以为音乐会导致酗酒，但就算这是事实，也仅适用于
粗野的音乐，而非科学的音乐……最富乐感的民族，如意大利人和德国
人，因此而头脑清醒，都不是醉醺醺的。"（而马柯诺奇从未到访过上述
两个国家。）他要求得到喇叭、横笛、圆号、鼓、钹和两个"色拉芬"
（带键盘和风箱的簧片手风琴，于19世纪30年代发明出来，在买不起
全套风琴的小教区很受欢迎）。他花了政府四十六英镑买了一大批乐谱
纸：年老体弱、身有残疾的囚犯就能在上面抄写曲谱。

吉普斯虽然担心，但已无能为力，除非完全召回马柯诺奇，才能阻
止他随心所欲地治理诺福克岛。该岛离本土太远。但是，他请他的殖民
大臣E. 迪斯·汤姆逊写了一封言辞激烈的申斥信：

> （你的）错误……似乎是你自己过于乐观的秉性造成的。你对

你自己原则的真理津津乐道、扬扬自得，因此你并非毫无理由地以为，以你写的东西在英格兰引起的注意，你会让总督阁下觉得，你一工作起来，一切就好像都得为你让道。[36]

一周后，他还向罗素报告说：

> （尽管他还不能）以正当的理由宣布，马柯诺奇上尉的管理制度已经失败，但我怀疑，他本人是否能让这个制度发挥作用，因为他鼓励囚犯不按要求行事……从而削弱了他对他们的影响。[37]

马柯诺奇令人恼火且十分轻率地回信说，他之所以无视吉普斯的命令，没有在实行分数制之前，就对所有新流犯进行一段时间的惩罚，是因为"几乎不用怀疑，这个法案（2 & 3 William IV，c. 62）是肯定会废除的……我从来都不认为这些规章制度是一种指南。我认为它们都是'死抠文字'①"[38]。

但吉普斯通过汤姆逊回信，相当直截了当地阐明了这个问题的政治意义。问题不是马柯诺奇的措施是否在诺福克岛起作用，而是这些措施对本土产生了何种影响：

> （旧制度）是好是坏不是问题所在。正是这个制度，导致新南威尔士的流犯对流放到该拓居地一事十分恐惧，而这种恐惧对他们是有益的。若在诺福克岛找到任何流放替代手段之前，就把这种恐惧摧毁，会让本殖民地有风险，（吉普斯）本人是无法为此承担风险的。因此，我要告诉你，现在需要重申……指令。[39]

吉普斯此时被夹在中间，既希望马柯诺奇的制度能够成功，又害怕

---

① 英文是 dead letter，意即形同虚设的规定，故直译加变通。

大多数有权有势的殖民者——这些人脾气暴躁，心胸狭隘，"奴隶起义"的威胁在他们心头萦绕不去，他们认为，对流犯只能寸步不让，以铁器制服。他迫于压力而公开表态，在对新南威尔士立法会的一次发言中，很不情愿地批评了马柯诺奇。这就一石激起千层浪，令保守媒体大张挞伐。不久，吉普斯本人对此事做了详细描述：

> 人人都反对他，人人都嘲讽他那个制度……事实上，这种反对他的情绪，跟十二年前西印度群岛试图改善奴隶条件而表现出来的情绪十分相像，尽管没有那么强烈，而且相比之下也更正当合理。[40]

但是，一千英里开外的马柯诺奇不屈不挠，勇往直前。他对通过吉普斯传达给他的罗素的愿望坚决表示反对，因罗素希望，"我的人"在赢得假释证后，应该送往范迪门斯地，在那儿服完他们的刑：

> 我认为，没有什么比这更不公平，无疑也更能够造成他们第二次堕落，就好像从九霄掉下地来，举目无亲无友，没有经验，也没有养成逃避和怀疑的习惯，这一定就是那个地方大多数流犯的特点——级别较低的当权机构很可能不喜欢他们，因为他们接受训练的准则与他们自己的不一样——一旦他们遇到困难，上级又漠不关心地用那一点作为佐证，同时还遭到他们同辈的嘲讽和诱惑，哪怕仅仅是为了好玩。依我看，他们只能有一种命运，这种命运太惨了，让人不忍细想。[41]

马柯诺奇继续游说吉普斯，想为他的制度争取更多的钱和更多的权力，甚至争取一个绝对的权限。他长篇大论的急件很快就令悉尼生厌。吉普斯已经耐不住性子了。1842年7月，汤姆逊厉声喝道：

> 总督大人不可能把公家钱包敞开，让你动手乱拿……他不可能

像你在一封信中所言，让你做你想当的——独裁者……经过两年多的通信，总督大人对你的制度已经有了足够了解，认为对其首要原则进行讨论毫无必要。他不得不说，尽管他很不情愿这么说，你在急件中频频运用理论进行推理，导致公文通信十分乏味，令人不满。[42]

显而易见，马柯诺奇遇到了严重问题。他可以根据他的制度答应给流犯自由，但无法确信政府能让他信守诺言。他的权限很不明确，而且金钱短缺。在一座小岛上，为两组不同的囚犯实行两种不同的制度，这简直是一场行政噩梦。但他锲而不舍。关于他与囚犯的一般关系，他的描述很乐观。1842 年 6 月，他在给吉普斯发送的一份长篇急件中，喜不自胜地说："我（的制度）几乎大获全胜，特此请功。我几乎成功地转黑为白。"[①] 他详述了他与流犯的日常关系：

> 我对所有人都表现出极大的信任。我很亲热地在他们中间行走。我在无人保护的情况下，带着妻子和家人，走遍岛上所有角落。我把家里窗户上的铁栏杆都拿掉了……
>
> 无论他们跟谁说话，我都让他们像人一样站起来……从前，如果囚犯顶嘴，不同意自由证人对他不利的证词，他会因轻慢而受到惩罚……
>
> 我甚至还在露天的营地院子里公开审讯犯事者，并请（囚犯）当陪审团成员、抗辩人、原告等，或视具体情况而定。这样做对我十分有利，因为可以立刻防止伪证现象……并让所有犯人都对司法工作产生兴趣。从前，他们时时刻刻只有一个想法，就是如何打败司法，而现在，他们开始对之表示支持了……

---

① 英文原文如此，即 I have almost made black white，意思是在他的治下，发生了天翻地覆的变化。为保持原文风味，直译之。

> 我反复告诉他们，我不可能在他们那儿创造奇迹，我到这儿来
> 不是当他们的典狱长，但如有可能，我要当他们的改造者。如果他
> 们能给我以协助，我在这方面可以做很多工作，但没有他们的协
> 助，我将一事无成……因此，凡是我认为能够打动他们心灵和感情
> 的事情，我没有一样遗漏，从而给他们指出了一个崇高的方向。[43]

马柯诺奇拆除了绞刑架，那东西一直竖在囚犯营地的大门外，是一
个永久性的恐惧标志。他把鞭子手使用的特别双重九尾鞭扔掉了。岛上
从来没有教堂，但现在，马柯诺奇一建就是两座，一座供天主教徒用，
另一座供新教徒用。每座教堂可容纳四百五十人。岛上还有十二三个犹
太囚犯，他们很受其他流犯的反犹歧视，而且又缺乏任何手段举行他们
自己的宗教仪式。于是马柯诺奇在营地为他们专门辟了一个房间，作为
临时的犹太教堂。他给每个犯人一小片肥沃的土地，开办果蔬种植
班——"对勤劳肯干者是一个福音，但对好吃懒做者则完全不是"——
并鼓励他们把多余的产品卖给军官。"这样，我力求把财产在他们中间
分配，并通过拥有财产，灌输一种财产观和价值观。"这在很大程度上
减少了小偷小摸现象。他让他们种植并使用自己的烟叶，"以便使一种
阻止不了的消遣行为合法化，而且，除非禁止这种消遣行为，否则，它
是不含道德邪恶因素的"[44]。

他甚至对死亡和纪念实行了一项新政策。很少有流犯死后享受墓碑
待遇，例外通常是起义者，如 1834 年起义中受难的犯人。诺福克岛墓
地上，至今还能看到其中的一些碑，上面的碑文尖锐地提醒着其他流
犯，不服管教将会有何种下场。但是，死后得到纪念，无论仪式多么简
单，对普通人来说都是非常重要的。因此，马柯诺奇授权在流犯坟墓上
"置放墓碑或油漆木板"。

> 从前，这种特权仅为自由民专有。我们的墓地是一个有点儿浪
> 漫的地方……靠近大海，最终总有一到多个游客，来此阅读并沉思

严肃而动人的教训和回忆。

这些木制标记现已荡然无存，但马柯诺奇岁月的一些流犯墓碑至今犹在，以其繁复的内容和形式证明，马柯诺奇一丝不苟，坚决要把尊严还给死者——哪怕他们死于哗变。1842 年，对"菲利普总督号""布里格"的抢劫流产，因此被射杀的犯人的墓碑，是出自无名流犯之巧手的作品，现已成为该墓地之上品。詹姆斯·萨耶的墓碑严厉地提醒人们：

> 基督徒，停下来，停下来沉思，
> 这个人悲惨而可怕的命运。

> 大地上他已不再呼吸，
> 他 lied (lived?)[①] 在希望中，却死于痛苦。

巴塞洛缪·凯利（一个来自科克郡基尔莫雷的爱尔兰流犯，他 1831 年还是个十二岁的孩子时就被流放，从 1834 年 3 月以来，一直在岛上受罪，直到 1842 年二十六岁时成为海盗）的墓碑却装饰着仁慈的象征物：两只斑鸠衔着橄榄枝，上面是小天使的脑袋，下面是骷髅。而塞缪尔·琼斯因盗窃兔子，还是个孩子时就从瓦维克被流放，十一年后，他在"菲利普总督号"上被枪毙，他的墓碑有着清峻朴素之美：一个天使吹着复活的号角，石雕的生叶的植物卷须——允诺生命在坟墓之外延续的根须——从地面攀缘而上。自 1788 年以来，当地从来没有给任何流犯以如此厚葬。即使是一块简单的墓碑，也意味无穷。例如，在莫里塞特的统治下受够了罪的劳伦斯·弗雷恩，就曾得到允许，竖起一块纪念碑，纪念他的都柏林同胞威廉·斯托里，该人被官方列为"爱惹祸生

---

① 第一个词是"撒谎"，第二个词是"生活"，兼有"他撒谎在希望中"和"他生活在希望中"的意思，可能是铭文不清所致。

事、性喜哗变的人"，其于 1838 年，也就是马柯诺奇抵达的一年前，在逃进丛林后被枪毙。平易的铭文已经剥蚀，上书"本墓碑为劳（伦）斯·弗雷恩所立，以纪念他"，这是爱尔兰流犯和他伙伴之间团结一心的明证，也只有马柯诺奇允许公开表现这种团结精神。[45]

流犯终于得到信任，从九尾鞭无休无止的折磨中解脱出来，受到了像人而不是笼中之兽一样的待遇，于是有一些人把他看作大救星，向他倾泻他们的感恩之情。库克《流放者的怨诉》一书的最后一百页，全都用来描述和赞美马柯诺奇的分数制。别的囚犯话虽简短，但感情的强烈程度也不下于他。詹姆斯·劳伦斯写道："我们得到一个天使和他家人的拯救，他就是远近闻名、受人尊重的马柯诺奇上尉，他很有人情味，心地善良，笃信宗教，现在，我们才终于面对公正。全能的上帝终于来拯救我们了——没有监狱，不再鞭笞……"[46]

马柯诺奇的人性也通过他对待某些犯人的态度反映出来，这些人因受残酷虐待和神经官能症折磨而身心交瘁，被认为不可救药。也许最突出的一例是查尔斯·安德森，一个脑部患有残疾的流犯，他曾在悉尼经历了多年的痛苦，殖民地的所有虐待狂都把他当成取笑的对象。[47]安德森是孤儿，九岁时从贫民习艺所参加海军，服现役时头部受伤，无法痊愈。只要喝一两杯酒，特别是有压力时，他就会变得凶暴，充满敌意。他上岸度假期间，有一次就这样发作，砸了商店窗户，以翻墙入室罪而被捕；审判之后被定罪，判罚流放澳大利亚七年，时年十八岁。安德森抵达悉尼时气得发疯，被监禁当局在山羊岛，也就是悉尼海港的一块岩石上隔离起来。接下去的几年中，他曾三次试图逃跑，游向岸边，结果因诸如"干活时东张西望，或遥望河中汽船等""罪行"，总共挨了一千五百鞭。他整整两年一丝不挂，晒得黝黑，被拴在岩石的一根铁链子上，唯一的遮风挡雨之处，是砂石中挖出来的一个棺材样的洞穴。晚上他躺在里面，狱卒在他头上盖上木头盖子，插上插销，木盖上钻了气孔。他吃的东西被放在岩石上，用一根竿子朝他推过去，好像是给野兽的定量。因犯不许跟他说话，否则就要鞭笞一顿。九尾鞭在他脊背上留下的鞭痕和伤口，永远都没有愈合，上面爬满了蛆虫。他全身散发出腐臭的气味，而悉尼的殖民者却觉得这很好玩，把船划到他的岩石边，朝他身上扔残渣碎屑，看着他吃下去。这被公众当奇观，有损悉尼人的形象，最后让伯克总督也羞愧难当，叫人把安德森押解到麦夸里港的石灰窑。结果他又逃跑，加入了一个黑人部落，但重新被抓并被野蛮地鞭笞了一顿。他杀死了一个工头，希望被判绞刑。当局却没这么做，而是把他递解到诺福克岛。马柯诺奇执掌大权时，他还在那儿——已经二十四岁了，但看上去要老二十岁——遭到各位老手的残酷迫害。

他对安德森的疗法简单至极：让这名可怜的疯狂的犯人承担某种责任，负责照管几头野性未驯的牛，每天带着牛走到营地范围之外，免得受那些老手奚落。他突发奇想，希望"牛的特性"影响安德森，让他变得更加温驯。不过，这个人倒的确驯服了那几头牛，而且发现——自从离开英格兰以来头一次——有人祝贺他并和颜悦色地对他讲话。接着，马柯诺奇又让他接手一个新的工作，管理皮特山顶的一座信号站，他的这个工作做得"一丝不苟，极为小心"。安德森不可能完全康复——他早期脑伤太严重，难以恢复——但吉普斯总督1843年到访诺福克岛时，惊奇地看到从前山羊岛上那头野兽，现在却穿着水手制服忙个不停，样子开放而又坦诚，恢复了人的常态，于是他把这个情况记录下来。这是马柯诺奇职业疗法最惊人的一次成功，但并非唯一的成功，而直到那时为止，这个思想还是英国监禁制度闻所未闻的。

一个人如果持有如此激进的观点，那他走到哪儿都会树敌，而他的制度也会遭到攻击。① 第一个投诉的人竟然是诺福克岛上的一个小军官，

① 批评马柯诺奇的人特别欣赏他长女玛丽·安（又叫明妮）的命运，觉得是一种轻松的调剂。这只能证明，这位喀里多尼亚的行善者，这位重犯之友，可能会搬起石头砸自己的脚：明妮的教育交由一个受过教育的流犯来进行，这是一个年轻英俊的特殊流犯，因伪造信件罪而遭流放。这位十九岁的少女（估计诺福克岛上的社交眼界让她感到百无聊赖）对她的老师表示出温柔而深的感情。现在已无从知道他当时是否诱奸了她，但当故事传出来时，殖民地的保守分子窃笑不止，得意至极，悉尼和霍巴特的报纸通栏都是含沙射影的文字。明妮凄苦失落，被急忙送回英格兰，由婶婶照料。她于三十二岁去世——差不多是个老姑娘了。Gipps to Stanley, July 8, 1839, HRA, Series 1, vol. 20, pp. 217-218, and October 13, 1841, HRA, Series 1, vol. 22, pp. 541-542. ——原注

说马柯诺奇成了一个暴君，他悍然不顾规章制度，运用他自己的制度。1842 年 8 月，吉普斯总督把马柯诺奇的粮秣官 J. W. 史密斯——一个"小官"——的信转到伦敦。该信称：

> 马柯诺奇上尉总以为他自己至高无上……他想争夺绝对权力……这儿需要发生彻底的变化。这个地方不像监禁拓居地，就跟剧院不像教堂一样。公共设施疏于建造，因为缺乏劳动力。从前费尽气力修建的道路，现在却陷入毁坏状态……庄稼完全不够供应本地人。懒惰现象和不服从管理的现象成风，到了让人羞愧的地步。[48]

造成食品短缺和劳动力人口下降的事件，其实已经超出了马柯诺奇的控制。1841 年，枯萎病袭击了诺福克岛上的主要农作物，导致歉收，囚犯饥饿，因而对疾病的抵抗力降低。全岛痢疾肆虐，使一批来自英格兰的"新手"送命。这一切，史密斯只字未提。

岛上还有难以粉碎的谣传，说新制度过于宽大，因此有人逃跑，有人几乎反叛。这一切都是不实之词，但都成了反对马柯诺奇的论据。1842 年，一组十二人的流犯（都是二次定罪的老手）有一次在诺福克岛附近海面劫持了"菲利普总督号""布里格"，占领该船仅半小时，军队卫兵就集合反击，杀死其中五人并将余部擒拿。但因这次海盗抢劫发生在离岸几英里之地，要怪——吉普斯很快就意识到这一点——也只能怪船长和卫兵失职，而不能怪马柯诺奇的分数制。

吉普斯总督很难为诺福克岛制定一项政策并让这项政策发挥作用。罗素勋爵告诉他，不要再把二次定罪的罪犯从新南威尔士送到那儿，而要把该岛仅作为来自英格兰的新罪犯的监禁之地，受马柯诺奇的新制度管理。这都不成问题，但每年都有二百五十名左右的惯犯被二次判刑，以前一般都要送到诺福克岛，可现在你要他把这些人放到哪儿去呢？罗素轻松地建议说，可以把他们投放到悉尼海港的山羊岛。吉普斯不得不指出，山羊岛距悉尼湾不到一英里，而且岛上现有军火仓库，把这批二次判刑的流犯放进这个（名副其实的）火药箱里，"会让殖民者大为恐惧"。吉普斯为他们设计了一个新的"候宰栏"，就在巴尔门以北悉尼海港的白鹦鹉岛上，"四面深水环绕，就在权力机构的眼皮底下"。这地方岩石坚固，可为悉尼供应建筑用石，就像辛辛采石场为纽约供应建筑用石一样。吉普斯要"棘手的犯案者"在那儿造了建筑物，其中有二十座瓶状麦仓，是从"活生生的"砂岩中切割出来的。[49]

但是，白鹦鹉岛无法容纳五分之四的惯犯。其余的人放到哪儿去呢？罗素已经告诉吉普斯，不要再把二次犯罪者送往诺福克岛，但法律（3 William IV，c. 3）禁止把他们送往别处。只有新南威尔士立法会的法案才能改变这一切，但吉普斯很清楚，立法会绝对不会允许老手们回来污染新南威尔士，只愿意把他们送到范迪门斯地——但在那儿，富兰克林副总督也不要他们，而且不会允许他们上岸。除非一千二百名老手可以从诺福克岛移除，置于某地，否则，马柯诺奇要想对新制度进行公平实验，前景就很渺茫。但这个制度起作用了吗？还是干脆应该抛弃？在这一点上，吉普斯举棋不定，一方面感到来自殖民者的压力很大，另一方面心里又很同情马柯诺奇。[50]

吉普斯恪尽职守，把对马柯诺奇及其制度的所有主要批评观点都向殖民部做了汇报。1840 年，罗素曾授权给他，"一旦公众利益……需要行使这种权力"，就免除马柯诺奇的任职。到了 1842 年中，他感到胸有成竹，可以这么做了。他承认，批评者对马柯诺奇积怨甚深，司令官本人又态度傲慢，长篇大论，言辞凿凿，很难在这两者之间摸清事实真相。吉普斯也同意，新制度不无好处，因犯中的谋杀和暴力现象较少，马柯诺奇的宽大为怀的确唤醒了"他们本性中根深蒂固的善良情感"。惩罚不重，工作很轻，新手们"懒洋洋的，无精打采"，老手们则"心神不宁，一心谋反"。马柯诺奇的假释证发得过多，为政府做的工作因此减少——因犯老是溜走，侍候自己的菜园子。这些假释证的有效性仅限于诺福克岛，从而引发了另一个问题：假释证持有者一旦转到范迪门斯地，就不能继续留用这种证件。吉普斯怀疑，惩罚的货币可能无法在范迪门斯地和诺福克岛之间交换。因此，他通知殖民大臣斯坦利勋爵说，除非他在 1843 年 3 月之前接到相反的命令，否则，他将把诺福克岛的所有新手押解到范迪门斯地，并宣布取消马柯诺奇的实验。吉普斯将鹅毛笔尖阴郁地一甩，结束了分数制度，下结论道："解决诺福克岛的最佳办法，就是让该岛恢复 1840 年之前的状态。"[51]

不过，吉普斯为人公平，一想到仅因马柯诺奇的敌人颇有微词，就让他的那个项目毁于一旦，良心上就过不去。因此，1843 年 3 月的截止期就要到来之时，他决定到访诺福克岛——事先也没有给驻地司令官打招呼。他在那年的太平洋秋季，搭乘"偶然号"抵达诺福克岛。登岸时，他惊喜交加。批评者们曾说，该地是游手好闲的罪犯度假营地，一片无政府主义状态，但事实远非如此，该地似乎秩序井然，流犯"毕恭毕敬，从容安闲"。他要更深入地了解情况，就趁马柯诺奇不在时，私下探查了"所有的负责人，无论其职位有多小"，同时记笔记，不让司令官知道他们的回答。他在六天的查访中，"仔细视察"了岛上所有意义重大的建筑物并找很多流犯谈了话。[52]

他凭借全部调查结果得出了一个结论：批评马柯诺奇的人大多数都错了，而且，尽管新制度并不完善，但在某些方面比旧制度行之有效。疾病是行政管理方面的麻烦的一个主要源泉，要将疾病铲除，这是任何司令官都鞭长莫及的。在长岭拓居地，1840 年从英格兰直接流放到诺福克岛、成为马柯诺奇实验的天竺鼠的新手中，九分之一（约占百分之十一）的人在过去三年中死于痢疾。幸存下来的大多数人都无精打采，身体比老手差，而且（可以理解的是），都渴望被重新流放到范迪门斯地——什么都比因泻肚而死强。吉普斯报告说：

> 我跟他们解释，由于范迪门斯地工作机会稀少，离开此地之后，他们的情况不大可能好转。他们回答说："也许是吧。"但是……他们还是希望离开这个地方，因为他们亲眼看到那么多的同志死去。有的说他们更想去新南威尔士，而不是范迪门斯地；还有

的说他们任何地方都可以去，只要不在诺福克岛就行。[53]

　　这好像可以摆脱人们对其养尊处优的指责。不过，吉普斯对这个重大的问题无法"拿出任何决定性的意见"，即新手经过马柯诺奇三年的处理，在离开诺福克岛后，表现是否会比"从新南威尔士随便找来的同样数目的犯人"更好。流犯对分数制似乎也持一种相当机会主义的看法。他们认为，积累分数"对他们没什么用"，只是可能会帮助他们提前离岛。大多数新手，593 名中有 509 名，都积攒了拿到假释证所需的六千至八千分，很多人还多拿了数千分。从理论上讲，这些分数在释放时可兑换现金，一分一个便士，但吉普斯很怀疑政府是否拿得出这笔钱来。这笔款子有的甚至（在名叫伊利奥特的技工，一个品行特别端正的流犯的案例中）高达三十七英镑十先令。

　　他们的士气不错，但仅此而已。他们没有遭受"严刑拷打的可能"：

　　　　而正是这种可能性，使新南威尔士的犯人遭到野蛮虐待，在那儿，流犯的生命就是一种极端的偶然。然而，他们在诺福克岛上熟悉了一种令人厌恶的犯罪，这是他们以前所不知道的，（特别是最近）都迷上了一个非常败坏道德的恶习，这个恶习就是赌博，也就是犯罪，是最令人性反感的一种犯罪行为。[54]

　　吉普斯认为，这些新手比老手还要喜欢赌博（尽管这好像不大可能，但"岛上的所有人都承认"是这么回事）。他发现，鸡奸现象十分普遍：新手中有百分之五到百分之十二的人有此行为（但马柯诺奇不承认）。据说"这种现象几乎无一例外地仅限于出生于英格兰的囚犯……爱尔兰人（应向他们致意）一般都表示没有受到这种现象的污染"。

　　吉普斯的反对意见是，其实并没有尝试"社交制度"。总督很让人受不了地说，马柯诺奇热衷于因犯的改造问题，但"过于乐观，过于匆忙"，因此分散了他的注意力，没有"注意他自己那个制度较为严厉的一面，而这正是整个制度之基础"：

> 没有什么比马柯诺奇上尉制定的这个规定更清楚的了，即应在缓刑之前进行惩戒——在他的制度下，囚犯根据共同责任的原则，分配参加社交派对之前，应该走过一个严厉但不带报复性的惩罚时期。但是……他立刻就进入了他自己那个制度的第二部分，完全忽视了第一阶段，这就更加值得注意了，因为这与他自己的制度相矛盾，就同与女王陛下政府的明确指示相抵牾一样。[55]

　　吉普斯认为，马柯诺奇因乐善好施，使其"分数"成了过度膨胀的货币。他把分数送人时，太大手大脚了。有些囚犯为了积攒分数，获得自由，工作起来"犹如猛虎"——"但当他们攒足了分数，发现还是不能离开该岛，就没有了干劲，分数也就逐渐……被人认为一钱不值了"。悲观失望和愤世嫉俗的感觉接踵而至。[56]

　　因此，"实验性囚犯"在新制度下干得并不那么好。但吉普斯提到该制度对老手的影响时，带着"几乎绝对的赞许"："这些人都吃过苦，而且吃过很大的苦……因此，他们的思想已经到了这样一种状态，只要统治者表现出好心好意，就很可能在他们心中留下最佳印象。"所起的变化"很好，也很宽容"，只可能产生好的结果。老手干活努力的程度比新手高出一倍。他们更干净、更健康，士气也更高，对马柯诺奇提供的宗教训练也都做出了反应："对于他们，我只有赞扬话说，我还能证明，（教堂）似乎产生了一种人性化的效果。"吉普斯觉得，他们士气高，与其说是因为较少地使用镣铐和进行鞭笞，不如说是因为多次给予小恩小惠，"没到过该岛，是很难判断这种小恩小惠的重要性的"。囚犯可以四处闲逛，到海里游泳、钓鱼，不时在营地外睡觉，在自己的菜园子里栽种食粮，甚至还能随身带刀。

　　吉普斯感到，这种"温和待遇"很合理，因为在这座遥远的岛上生活本来就苦难深重：

（他们）完全与社会割断了联系，甚至看一眼、瞥一眼社会都不可能，特别是女性社会。他们心中对社会的渴求之强烈是无法描述的。这构成了对他们的折磨。这是比鞭笞还要大的惩罚，比其他任何能加之于他们的惩罚都大……在配给制度下，犯人是奴隶，但总还是生活在社会中的奴隶。[57]

吉普斯可能没有意识到，他在这儿回答了他为何反对马柯诺奇治岛方式的问题，即没有先让囚犯品尝一下惩罚的滋味。几年后，马柯诺奇澄清了这一点：

可以这么说，我……忽视，甚至牺牲了那个伟大的目标，即惩罚的伟大目标……（但）我完全按照法律的文字精神使之生效，而且做得并不过分。每个囚犯都被判监禁和苦役，岛屿就是他的监狱。人人每天要做完全部的政府工作，才有时间侍弄菜园或接受教育。我真正避免的，是让他们毫无必要地被人侮辱。[58]

吉普斯反对在老手中"不分青红皂白"地使用分数制，因为即便他们赢得足够的分数，可以减掉诺福克岛上的二次定罪或"殖民地"定罪回到澳洲本土，他们还是得在新南威尔士，以通常方式把第一次刑期服满。他害怕876名重犯集体从诺福克岛出来，可能会对新南威尔士产生社会影响。"我一想到他们有可能回返就不寒而栗。我敢肯定，殖民者们会普遍以恐惧心理看待他们。"

但监狱人口下降得如此之快，以至吉普斯很怀疑诺福克岛是否还能支撑下去。自1840年以来，新南威尔士就再也没有把二次定罪的犯人送往那儿。由于老手们都被转往范迪门斯地，其在诺福克岛上的人数三年里已从1278人降至876人。而且，"实验囚犯"也要去范迪门斯地了。这样一来，如果没有一大批新囚犯马上去诺福克岛，马柯诺奇就没有劳动力"维持对该岛的垦殖，并经常维护岛上的无数建筑"[59]。

那么，女王陛下政府准备如何处理诺福克岛呢？"这个决定……具有迫切的重要性。"很明显，如果继续把该岛作为监禁岛，岛上就只能有一种管理制度，而不是命令马柯诺奇实行两种制度。马柯诺奇仍然认为，诺福克岛"不太适应"他的制度。因此，吉普斯补充道："我必须像我一直以来所做的那样承认，这个制度……应该在得到他批准的地方试行。"而且，"我觉得这样说也是对的，即如果全面放弃这个制度，我会感到很遗憾……他完全承认，迄今为止，他在分数（推动他制度的伟大引擎）的分配上过于慷慨"[60]。

这样，马柯诺奇至少从吉普斯那儿得到了某种开脱，尽管后者还存有戒心。依吉普斯看，治理该岛的花费并不是——像反对马柯诺奇最激烈的一些人所说的那样——本来就铺张浪费的结果，而很简单，是农作物歉收或丰收的问题。这种变数超出了任何司令官的控制。[61]

吉普斯把这份冗长的报告写完之后，就于1843年愚人节这天，发给了斯坦利勋爵。马柯诺奇有充分的理由相信，政府现在终于可以无视批评他的人，全力做他制度的后盾了。可接下来发生的事情正好相反。亚瑟派在1842年整整一年的强大游说，使唐宁街相信，富兰克林是一个灾难，而马柯诺奇比之更糟。反正殖民部相信了吉普斯早先对马柯诺奇的批评。他的报告再想改变斯坦利关于召回马柯诺奇的决定也为时已晚。财政部一再给殖民部施压，令其削减流放制度费用。殖民部次长詹姆斯·斯蒂芬爵士根本不理会马柯诺奇有关监禁改革的理论。因为这些东西都不重要，发生在世界"遥远而又反常的"黑暗的一边。马柯诺奇在殖民部没有为他辩护的人，自从他的报告帮助了莫尔斯沃斯委员会之后，罗素勋爵对他思想的好奇心早已减退。为了平息财政部的怒气，已经可以把他一脚踢开，于是他就被一脚踢开了。1843年4月29日，装着吉普斯报告的轮船还没有越过赤道线，斯坦利就拍发了一份急电，命令终结分数制，召回马柯诺奇。电文措辞小心翼翼，以免在他的职业之上投下过于黑暗的阴影，对他的种种努力和清正廉洁表示"高度赞扬"。斯坦利甜言蜜语，但语调冰冷地写道："我很高兴地确认，他的努力似乎得到了酬报，暴力和冒犯的罪行已减少，他管理的犯人的心中，也有人性和善意在产生。"这真是慈悲的一击。[62]

这份急电为新老囚犯带来了佳音。凡是马柯诺奇答应服完刑就能走的人，现在都可以走了。凡持有"诺福克岛假释证"的人，都可以去范迪门斯地，以观后效。如果在那儿一两年间表现很好，就可以拿到充分有效的假释证。

同船而来的急电中，还有斯坦利选择的新司令官，这就是海军陆战队的约瑟夫·恰尔兹少校（1787—1870），一只动辄犯错、凶悍的雄火鸡，他遵命要把该岛再度变成一个以儆效尤的恐怖之地。然而，已有迹象表明，马柯诺奇的温和治理方式在改造诺福克岛犯人方面，成效远远超出了任何恐怖手段。在他管理期间，马柯诺奇把 920 名二次定罪犯人释放，让他们在悉尼过上了新生活。尽管曾有人歇斯底里地鼓动反对前流犯，特别是反对背上了诺福克岛黑锅的犯人，但到 1845 年为止，其中仅有 20 人——仅占百分之二——旧病复发，被再度定罪。

但是，改革的契机"砰"地关上了大门。亚历山大·马柯诺奇和家人踏上了返回英格兰的漫长路程。他此时已经五十六岁，把同胞从堕落潦倒的境地中拯救出来的伟大机会已从他手中被夺走。殖民部没有给他别的任职。在英格兰，他继续为监狱改革奔走相告，但英国人对流放制度的热情与日俱减，当局对他的观点也不感兴趣。[①] 詹姆斯·斯蒂芬写道："马柯诺奇上尉力主之见已无甚重要之处。"惩罚而无恐怖，这是没有意义的。

英国当局又一次开始担忧，恐有犯罪恶浪再度卷起。大审和小审中因重罪而候审的男性犯人数目，在不到二十年的时间里几乎翻了一番，从 1824 年的 10 万人中的 170 人，到 1842 年 10 万人中的 326 人。同期，无论在英国，还是在澳大利亚，监狱的管教程度都持续收紧，其目的是

---

① 此句英文有误，是这样说的：but, although the English ardor for transportation was rapidly ebbing, the authorities were not interested in his views，即 "但尽管英国人对流放制度的热情与日俱减，当局对他的观点不感兴趣"。显然，这句话有语病，故改译。

粉碎犯罪亚文化，剥夺个别流犯从"家庭重犯"那儿得到的支持。美国教养院的岁月已经来到英格兰。它有两种替代形式，每种形式的美国模式都有一个命名：奥本（或沉默）制和费城（或分管）制。奥本制的囚犯分帮干活，但规定绝对保持沉默，稍有违规，就要处以即决鞭笞。对照之下，费城制基于修道院式的单独监禁，夺去囚犯的姓名和过去，把囚犯降至一个号码，就连给囚犯送饭的狱卒也不知道他的姓名或他犯了什么罪。囚犯憔悴枯槁，隐姓埋名，从囚室带出来放风时也永远用黑面罩罩住，数着沙子服完刑。他没人探访，也收不到任何来信，除了狱卒的脸，看不到任何别人的脸。他不能跟囚友谈话。连他的鞋子都是毡鞋，为的是使他的在场更像幽灵。从前在纽盖特，犯人都是挤在一起，形成社会上的大混乱，喊叫的喊叫，说话的说话，哭泣的哭泣，不是欺瞒哄骗，就是密谋策划，活像巨大的石制袋子中的猫。但在新的教养院，犯罪社会的感觉全部虚化了：其他所有的囚犯都一言不发，对单独监禁的人来说，完全是肉眼不可见的抽象人物。犯罪共和国从人间蒸发，随之消失的还有所有的社会感觉，只剩下分不清方向、消极怠惰的一味服从。年轻的查尔斯·狄更斯于1842年参观费城那座巨大的东部教养院，想取得第一手资料，亲自看看边沁恩威并重的惩罚机器时，感到毛骨悚然：

> 多年来，这种恐怖的惩罚予人以痛苦和折磨，我相信，很少有人能够量度它所能达到的巨大程度……其中恐怖的忍耐之深，只有受苦受难者才能窥测。我想，每天都如此缓慢地玩弄心灵的神秘，可能要比对肉体的折磨更加残酷，几乎到了无可估量的地步。这种折磨留下的可怕标志和印记，不像肌肤上的疮疤那样，能一目了然、一触即知，其所造成的伤痕不在表面……为此，我更加要谴责它，它是一种秘密的惩罚，无法唤起昏昏欲睡的人来加以阻止。[63]

这就是实用主义根据理想主义生产出来的新的改造机器，英国当局转而用它，以期摆脱充满不确定因素的流放制度。整个 19 世纪 30 年代都在推行单独监禁、哑巴囚室、不正常劳动和囚犯踏车，把监狱从一般监禁，变成惩罚性洗脑。1834 年，伦敦很大的冷水澡田野教养院①就采取了恒定沉默和检查制度，把卫兵和犯人的比例翻了一番。其他监狱纷纷效仿。到了 1842 年，英格兰有了第一座圆形监狱。终于，边沁的思想走完了一个大回环，越过大西洋，来到费城，又从费城回来，在伦敦城北的喀里多尼亚路创造了一座拥有四百五十个囚室的"模范监狱"，名为彭顿维尔教养院，其正统做法充斥着监禁思想的视野，没有为马柯诺奇更加人性化的想法留下任何空间。[64]

马柯诺奇无法得到公正的评判，只有静心写书：《罪与罚，分数制，目的旨在结合劝诫与惩罚，令效果提高，操作严厉》(1846)。尽管该书后来成为现代刑罚学的一部经典改革文本，但在马柯诺奇生前很大程度上被人忽略——除了狄更斯。1849 年，马柯诺奇通过他一位名叫马修·希尔的开明大律师朋友——《伯明翰记录者》一书的作者——在伯明翰谋得了一座新监狱的监狱长职位，但他没法控制该监狱有虐待狂的副监狱长，一个名叫威廉·奥斯丁的海军军官。经过两年的反复无常、受尽屈辱后，马柯诺奇被解职。这时，他已经六十四岁了，健康每况愈下：他身体挺得笔直，虽然过早地衰老，头发雪白，但仍然气度不凡；他痛苦而失望，但心高气傲，表面决不露出半丝自哀自怜的迹象。他 1860 年于七十三岁时去世，因名气太小，《泰晤士报》只登载了一条很短的死讯。

Ⅴ

流放制度对马柯诺奇是非颠倒、反复无常，可谓糟糕至极，但他以

---

① 英文是 Coldbath Fields House of Correction，直译之。

前的顶头上司约翰·富兰克林爵士所遭之罪则更令人伤心。富兰克林决定，还是沿用亚瑟政权的上届官员——主要是很有能力但阴险狡诈的约翰·蒙塔古，可这些人都觉得他软弱可欺。由于他无法信任他们（他发现这一点时为时已晚，心太好的人总是如此），马柯诺奇也已走掉，他自然越来越依赖殖民地唯一信得过的人的意见，即他的妻子。简·富兰克林女士智力很高，但堂堂一个勋爵，在处理国家大事方面却要私下求教一个女人，这对亚瑟派来说实在是骇人听闻——对大多数其他殖民者来说也是如此，他们仿佛裹着男人超优的教条主义思想铠甲。富兰克林倾向于怜悯与温和——不仅对流犯这样，对奄奄一息的土著亦如此——而这正是他软弱无能的明证。他遭到游说者围攻，无论何时，他不论帮了谁的忙，人们十中有九都不满意，最后一个还忘恩负义。

最糟糕的是，人们把他几乎难以控制或完全无法控制的事情也怪罪在他的头上。1840 年，范迪门斯地经济开始下滑，进入长达五年的萧条期。银行倒闭，生意关门。在霍巴特、朗塞斯顿及两城之间的诸市镇，失业工人如淤泥一般壅塞起来。与此同时，由于新南威尔士已经结束了流放制度，每年流犯的目的地全都指向了范迪门斯地。

1839 年，到那儿的流犯不足 1500 人。到 1842 年，流犯超过了5300 人。流放制度这座大机器无法处理他们，该岛也无法吸收他们。糟糕至极的是，在一片混乱之中，富兰克林却面临西西弗斯周而复始的滚石任务，即全面改变流犯管理机构。在斯坦利勋爵的新任管理之下，殖民部宣布，从 1842 年起，范迪门斯地必须停止向私人拓居者配给流犯，由斯坦利勋爵在白厅办公室想出来的一个办法取代，即所谓的试用制，让流犯在分布于全岛各处外围站的政府帮工作（参见第十五章）。这时，拓居者不仅要怪约翰·富兰克林造成经济萧条，导致他们破产，还要骂他夺走全岛经济赖以为生的自由劳动力。

约翰·蒙塔古及其同伙不知往白厅耳朵里灌了多少含沙射影的话攻击富兰克林，要一桩桩一件件列举出来也至为乏味。1842 年初，蒙塔古写了一封言辞无礼的信，寄给富兰克林，几乎毫不掩饰地暗示，富兰克林的大脑进水了。看到这封信，富兰克林再也按捺不住。他停了蒙塔古的职，不许其继续担任殖民大臣。德文河的这位伊阿古①自己回到英格兰，向斯坦利勋爵求助，以富兰克林"依赖"老婆为例，说这就是生出无数纷扰并把范迪门斯地行政管理搞得一塌糊涂的原因，结果他取得了胜利。富兰克林受到苛责，并于 1843 年接到召回信。他回到英格兰时才发现，人们都在耳语，说他在那儿是裙带主宰一切的传闻早已先他抵达——这种屈辱令他焦灼不安：他热爱妻子，但他也曾是个勇敢的水手和不屈不挠的探险家。

为了洗清罪名，约翰·富兰克林爵士重返他的旧爱，那是他的国家把他扔进罪恶的对跖点之前，他所熟知的一个干净而又寒冷的地方。1847 年，海军部又要组织一次北极之旅，寻找西北之路。富兰克林已经五十九岁，年龄太大，无法探索世界的高纬度地区，但他的心魔难以安抚。海军部虽然不太情愿，但本着负责任的精神，还是让他率领该次征程。这一次，富兰克林没有找到西北之路，就在胜利在望之时，连同船上的其他船员，全部饿死在陷于冰雪之中的"黑暗神号"上。这一来，他不仅把在范迪门斯地的失败一笔勾销，也作为北极探险传奇英雄之一，进入维多利亚时代探险家的先贤祠（尽管有证据表明，在该次探险的最后几周，曾发生食人现象）。总的来说，这个功劳是地球另一端他那位倒霉的继任者想要也得不到的。

---

① 莎士比亚《奥赛罗》一剧中的人物。

第十五章　特别鞭笞

i

斯坦利勋爵从未去过对跖点，也从未见过重犯，但他对改造提高两者道德水准的新计划自信十足，对改造他们的意识形态充满信心。该计划之目的首先是让英格兰得利，其次是让流犯得利，最后是让范迪门斯地什么利都得不到。

斯坦利认为，流犯管教问题关乎"帝国的利害关系"，但如何对之进行管教，与地方自由拓居者的利益基本无关。他们尽可以抱怨失去了廉价劳动力，可这不是殖民部的问题。他只想廉价地把犯人送出不列颠，同时又让反对合唱声越来越大且越来越密集的英国议员、教士和编辑们满意，而其中大多数人都想永远埋葬配给制。

斯坦利于 1842 年 11 月发送了他的计划，计划于 1843 年初抵达霍巴特，取消了流犯能够配给的最后一个地区，即可提供服务的农场。重犯要完成劳教走向自由，就得经过五个阶段。[1]

第一阶段是在诺福克岛拘禁，一般为期一年，以便对其实行管教。这座监禁的前厅每年只能直接从英格兰接收 750 名新流犯。因此，诺福克岛只能留下判刑时间较长者，主要是无期徒刑者。斯坦利的理由是，这些人更可能铤而走险，因此更加需要隔绝开来，严加管教，从而把他们制服。其他人可以直接去霍巴特，跟在诺福克岛服完刑后出来的一批人一起，进入第二阶段，即参加试用劳动帮。

每个劳动帮有250人到300人，在"未拓居区"劳动，做的都是漫长而费力的政府项目——修桥筑路，廓清皇家土地以提高其销售价值，或在塔斯曼半岛伐木。劳动帮的人需要接受特别的宗教教育（为此目的，斯坦利要求富兰克林搜求更多的监禁地教士），但如果在做长期项目过程中得到合理的监督，他们就可以种植自己的粮食。斯坦利估计，如果英格兰每年送出4000人（实际数目与此相近：1842年4819人；1843年3048人；1844年3959人），试用劳动帮的平均时间为一年半，那么，300人一帮的二十个劳动帮就能把他们全部吸收。每用船运一人去范迪门斯地，费用约为十八英镑，吃食费用每年约为二十七英镑。若按诺福克岛总费用为三万五千英镑，日常管理费用为一万英镑计算，斯坦利认为，根据试用制度，可让35000名流犯为政府服务并继续接受惩戒，每年费用不足三十万英镑，预计只需要花为他们所有人建立教养院的一半成本。[2]

这是英格兰所要花的唯一费用。囚犯经过试用期劳动之后，就可拿到"试用通行证"，也就是说，他们可以为某个获批的拓居者或范迪门斯地的地方政府工作了。而工资方面，皇家是一个子儿也不给的。流犯要么干活，要么饿死——随他们的便，也随他们未来雇主的便。拿到通行证，就可走向最后两个阶段：正式假释证（允许犯人选择自己的主人，而不必征得霍巴特同意）和有条件赦免或绝对赦免。

犯人的情况暂时谈到这儿。斯坦利跟着就不大情愿地转到了妇女和儿童的话题。童犯一般要在帕克赫斯特监狱服刑两三年。斯坦利用一种回响着铁镣和冰冷走廊声音的语言，对监狱当局宣称：

> 进入帕克赫斯特监狱的孩子都注定被流放。要他服刑的这一决定是不可更改的。他必须长久地告别，不再希望重返家园，不再见到父母亲，也不再与同伴相聚。这些都是他因犯罪而失去的希望和

快乐……他生活的前景全取决于他在帕克赫斯特的表现。[3]

如果童犯在帕克赫斯特表现很好，他就可在范迪门斯地登陆时拿到假释证，"并在实际上获得赦免"，尽管白厅并没有解释，他以后如何生存下去。如果表现一般，他就只能先拿试用通行证，"这离自由还很遥远"。坏孩子就得去亚瑟港的普尔岬，在那儿，"等待他的是艰难险阻和落魄潦倒，在那儿，他会苦难深重"[4]。

至于惩罚女犯，斯坦利勋爵于1842年11月，把他对这一"较难问题"的想法，托付给了富兰克林。尽管她们和男犯一样堕落，但不能让她们到试用劳动帮干活。政府可以把她们关押在范迪门斯地，或"允许她们以某种方式进入民间"。政府几乎无法为她们恢复配给制，因为"有头有脸的"拓居者不要她们。如果把她们"配给给社会上不择手段、不道德的那部分人"——"盈满释瘢者"——"她们肯定会面临犯罪诱惑，受到严重压迫，而且经常会遭受个人暴力袭击"。总而言之，她们让当局面对的是她们自己版本的克里特悖论，因为即便她们被人诱惑，受压而且挨打，"对于她们投诉的情况，很少有人相信，也很少有人愿意相信"[5]。

富兰克林也无法让她们继续在霍巴特和朗塞斯顿现有的女工工厂工作，这些工厂（斯坦利已经得知）仿佛污水坑，混乱一片，在那儿，罪恶"无时无刻不在滋生蔓延"。他们把女性流犯分为三种，每一种都跟另外两种同样坏：一种是根本配给不出去的；一种是配给之后被送回来，交给政府惩罚的；还有一种是孤苦无助、怀了私生子后，被扔回政府手中抚养的。一位非常了解她们情况的教士，即罗伯特·克鲁克牧师（1818—1888）曾写道，这种地方，以及接收私生子的霍巴特女王孤儿学校的条件，"足以让人见后血都变凉了"。1843年，克鲁克曾在流犯部当过传道员，他把女王孤儿学校的700名囚犯的生活描述了一番。这些年纪轻轻的囚犯面色苍白，病恹恹的，被互相隔离开来，食物粗糙，定量很低，并经常挨整：

哪怕犯一点小错——无论犯错者是男孩还是女孩——都要用无情的鞭笞进行处罚，有些官员，特别是女官，好像很喜欢进行体罚……女总管有一个习惯，爱把女孩子——其中有些几乎已是年轻女性——带进她自己的卧室，为了一点点小错，就把她们衣服剥光，用马鞭或很重的皮鞭抽击她们，直到把她们打得遍体鳞伤。[6]

这种机构被塞得爆满，因此，副总督想把新抵达的女囚安置下来，只能在霍巴特租用安全建筑物，或者把承载她们而来的船只扣留，让她们暂时住在船上，"直到能做出比较永久性的安排为止"。富兰克林很快就要实施长期计划，在霍巴特的二十英里范围内，建造一座妇女教养院，至少能容纳四百名囚犯，建筑费用由英国政府支付。每个女性囚犯抵达后，都可在这儿至少度过半年，然后拿到试用通行证——但最后这座教养院还是没有建造。

斯坦利的试用制看起来很像机器，从纸面上看也很理性化，给人留下深刻印象，但结果证明，这个制度残酷可恨，是个失败品，因为它忽视了范迪门斯地的经济事实及其行政管理人员的素质。该制度要想成功，至少需要繁荣的经济，并在总督府和拓居者之间建立强大的合作关系。在富兰克林最后十年的治下，这两种情况都未发生。但是，斯坦利焦虑不安，不想让任何人破坏他的计划，就选择了一个人来接替富兰克林，但此人毫无主见，几乎没有产生任何影响。

约翰·厄德利·厄德利-威尔默特爵士（1783—1847）是沃里克郡的一个从男爵，六十岁，除了斯坦利外，公共生活中无人说过他。他的赞助人斯坦利曾很轻率地骂他（尽管不是当众）是个"糊涂蛋"。直到厄德利-威尔默特于 1843 年 8 月受命之前，他没有一刻把心思花在一般殖民地，特别是范迪门斯地上。他具备三项资质：首先，他当过郡法院地方法官，对监狱改革和少年犯有着业余的、家长式的兴趣[7]；其次，他是斯坦利的同学，一起上过牛津大学，脱离辉格党后，参加了斯坦利正处胚胎期的第三党，因此在老校友关系网中占有一席之地；最后，他枯燥乏味，不会对人不忠。斯坦利为了给他撑腰，指定了亚瑟时代遗留下来的一个人，成为流犯的总审计长，即为人苛刻、脾气暴躁的马修·福斯特上尉。斯坦利依靠的就是这种团队，来管理监禁制度，牵制范迪门斯地的殖民者——他们因得不到配给劳动力，也不能进行自治，从而大为光火。

在这种情况下，就算天使加百列来做总督，也很可能不受欢迎。当"样子憔悴的老花花公子"（霍巴特一个女士第一眼瞥见厄德利-威尔默特时形容他的话）带着他的三个儿子——奥古斯塔斯、查尔斯和罗伯特，这三人很快就在范迪门斯地任公职——出现时，没人喜欢这个新来的总督。

他无法说服拓居者相信，白厅知道或在意他们自己对本地经济干了什么。贸易萧条始于 1841 年的范迪门斯地，而且情况越来越糟。1843 年最黑暗的一天，厄德利-威尔默特得知，他的国库只剩下八百英镑，他不得不从银行和军队金库中借出两万英镑，以便支付给政府服务的通行证持有者的工资。范迪门斯地的政府收入每年下降两万英镑，以致厄德利-威尔默特必须不停借债，"不断开支票，直到银行经理找他算账"[8]。越过巴斯海峡，新南威尔士和菲利普地区的巨大无边、廉价而又肥沃的田野正向拓居者召唤。但在范迪门斯地，牧地昂贵，最好的牧地都已被人占有。因此，政府在皇家土地销售中的收入几乎降为零。

公共部门是这样，私营部门也是如此。截至 1844 年，从澳洲本土进口牛，要比在当地养牛便宜。悉尼需要从智利瓦尔帕莱索进口小麦，从范迪门斯地这座离得极近但"有污点的小岛"进口谷物，却要收税。人们没法卖掉农场，因为没有买主；他们也没法雇劳动力，因为没钱雇。农场主的情况比政府还要糟糕，根本无法吸收斯坦利的试用制度造成的大批剩余劳动力。在厄德利-威尔默特统治期的最低点，该岛失业囚犯和前流犯达 16000 人，这些人都在崩溃的经济中搁浅——其中有 7000 人持有试用通行证，5000 人持有假释证，另有 4000 人获得有条件赦免。

与此同时，移民的水流已经干涸。1842年，有2446个移民抵达范迪门斯地。次年有26人。1844年，只有一人到达。（1843—1844年，3618人从英格兰移民到新南威尔士。）仅在朗塞斯顿一个地方，就有264座房子空无一人，其主人抛弃所有，然后都逃到澳洲本土，重新开始生活。在1845年的头半年，1628名拓居者离开了范迪门斯地，其自由人口丢掉了大约百分之五。[9]

试用劳动帮逃犯频生，引起了极大恐慌。据说这些逃犯在范迪门斯地的大道小路、山谷沟壑中无人阻止地游来荡去，随心所欲地劫掠，把苦难和邪恶像传染病一样到处散播。他们之中有些人文了身，颇像南太平洋诸岛的酋长，如果在"有头有脸的"人的陪伴下，定会显得与众不同。有一个逃犯名叫查尔斯·斯塔格，是来自诺里奇的一个二十三岁的劳工，他于1843年3月从十七英里溪试用站逃跑。"通缉"他的布告细述了他的文身情况，其中包括他全家大多数人，以及他从前多个情人的姓和名的首字母：

> 玛丽·斯泰格，托马斯·斯泰格，十字架，五点，鞋，十字架，WS，带棍者，HK，狗，格文森，X. 玛丽·罗宾逊，自由，右臂戴镯，伊莱沙·史密斯，右手到处都有O Sun[①]字样和蓝色的痕迹。男人和女人，两个男人打架，TS WS LS LHHS，1842。左臂上有锚，MSCS。左手指头上有蓝色斑点和环环。H. 斯泰格，威廉。胸部有十字架、太阳和月亮。左腿上有ABCDEFGH。右上臂有很大的疤痕。[10]

不过，关于到处都有一帮帮犯人打劫的传闻似乎有些夸大其词，因为布告上，自1831年起，列举的在逃流犯是465人。其中很多人可能早就死掉了，或者偷船逃跑，或者越过巴斯海峡逃到澳洲本土去了。

---

① 即"啊，太阳"。

　　还有一件事令人恼火：厄德利-威尔默特接到命令，要追查自由拓居者，找他们索要拖欠的免役税。这些款项虽小，但自亚瑟时代以来或更早，赠地就多年未付，因而积少成多。斯坦利觉得，如果把这些税款搜集起来，就可以弥补皇家土地销售率的下降。拓居者一听这个就发毛。更糟糕的是，政府还要求他们支付司法和警务两方面的税款。范迪门斯地警察与自由民相较，数量十分庞大。警察、司法部门和赤贫者每年所需费用高达 52437 英镑，按人头算，范迪门斯地的男人、女人和孩子，以及自由民和非自由民几乎是一人一英镑。[11]

　　殖民地正滑入破产的境地。人们把这一切都怪在厄德利-威尔默特的头上，于是他遭到了比亚瑟更甚的恶骂。然而，一个可悲的事实是，他很同情拓居者的遭遇，在给白厅拍发的急电中，甚至一直站在他们那一边，让斯坦利勋爵大为恼火。他敦促斯坦利把皇家土地最低价格降到每英亩一英镑以下，以吸引新的拓居者。他还试图邀功请赏，把本来没人雇的试用通行证持有者投入公共工程，允诺大规模支付工资，钱由不列颠担保，但到一定时候，从征税和服务费用中支出。他还向国库施压，要他们支付监狱和警察系统的费用。最后，到了 1846 年，他们同意支付三分之一的费用。

　　这个姿态做得太晚，拓居者们怒气难平。1845 年 10 月和 11 月间，厄德利-威尔默特的立法会面临了一场政治危机。范迪门斯地的立法会并非选举产生的机构。自亚瑟时代以来，该会通常满足于作为橡皮图章行事，其中有副总督、六名政府官员和八名非官方成员，后者来自自由公民——通常是富有公民——的行列。这后者有六位——所谓"爱国六君子"，如支持者所称——因警察资金问题而集体辞职，导致立法会法定人数不足。据他们称，他们想得到有关警察预算和流犯管理情况的资料，但遭到拒绝，当他们坚持要求得到资料时，厄德利-威尔默特及其官方成员却骂他们大搞"派系斗争"且"没有效忠精神"。厄德利-威尔默特好不容易才把六人取代，但还是捂不住盖子，因为人们要求有代议制政府，并要求结束流放制度。到这时，这二者已经融为一体，成为范迪门斯地政治生活中人们心头萦绕不去的唯一问题。

　　但是，白厅根本不听。厄德利-威尔默特祈求两年之后，唯一拿得出手让人看的东西，就是来自斯坦利的一封申斥的长信，抱怨他对试用制是否可行并未拿出像样的报告。到这时，范迪门斯地已有十六座试用站：塔斯曼半岛有四座（主要用来伐木和采煤）；当特尔卡斯托海峡的海岸上有五座，主要从事农业生产；牡蛎湾有一座，拟建一座女囚教养院；玛丽娅岛两座；东海岸一座；该岛内地三座，那儿的劳动帮主要修桥筑路。还有八座雇佣点，自由拓居者可从那儿雇通行证持有者，但要通过这些地方十分缓慢。所有这些都为报告提供了大量的内容。厄德利-威尔默特懒得费神费力，不肯到塔斯曼半岛下煤矿、穿森林去亲自查看试用劳动帮干得如何，是不是通过劈木块、砍伐一百五十英尺高的尤加利树而改邪归正。他经常只满足于把总审计长福斯特数据详尽的报告拿来，在上面潦草地写下附言。但斯坦利的怨言很典型，反映了他对对跖点抱有帝国主义和唯我独尊的看法。对他来说，范迪门斯地不是一个复杂的小社会，有着严重的经济问题也无所谓。它比这更抽象——它是一个容器、一个社会虚空，其唯一的目的就是吞没罪犯。"他的"流犯在"他的"殖民地无法充分得到雇用，这种话他不想听。斯坦利勋爵意识到，试用制可能就要失败，他可能会受责罚，因此，他准备把厄德利-威尔默特爵士扔去喂塔斯马尼亚恶魔①。他要保证一点，即不能把范迪门斯地的混乱局面看成是他制度的缺陷造成的，而应看成总督的问题。[12]

　　斯坦利把这份措辞激烈的批评急电草稿交给政府印刷厂，于 1846 年 2 月在下院发表。因此，厄德利-威尔默特看到的第一份材料是已经印成铅字的。他为斯坦利的这一举动大惊失色，因为这剥夺了他的机会，使他无法把他自己反驳的信件印刷出来与殖民部的批评放在一起，这等于当着政府和媒体的面把他钉在了耻辱柱上，让他成了一个懒惰无

---

① Tasmanian Devils，"塔斯马尼亚恶魔"，学名袋獾，现已绝迹。

能、茫然若失的人。于是，厄德利-威尔默特认真起来。

殖民部已经准备把他撤职查办，但 1845 年，斯坦利离开了殖民部，另择更好的政治高枝而栖。取而代之的是三十六岁、地位较低的威廉·厄瓦特·格拉德斯通部长。格拉德斯通想了解澳大利亚事务，需要仰仗殖民部常务次长，也是 19 世纪一位杰出的公仆（而且是作家弗吉尼亚·伍尔夫的祖父），即詹姆斯·斯蒂芬爵士。斯蒂芬觉得，不列颠犯了错误，不该往范迪门斯地输送流犯加重其负担，而且，他非常怀疑斯坦利的试用制。但他也敢肯定，厄德利-威尔默特办事不力。他接手此事时心中十分清楚，这会导致道德意识很强、一本正经的格拉德斯通跟摇摇欲坠的副总督亲自交手。

自从推行试用制以来，游说者们就一直在大谈与维多利亚公众的道德观特别格格不入的一个话题：由于有那些辛苦劳作的堕落犯人所组成的与世隔绝的丛林帮，范迪门斯地现已成为鸡奸的温床。信件和证人纷纷漂洋过海来到白厅，举证说明，在那座污染的小岛上所有道德价值观早已崩溃。他们谈到厄德利-威尔默特治下的范迪门斯地时，听起来好像比罗马皇帝泰比里厄斯治下的卡普里还要糟糕。

这些人中，范迪门斯地主教弗朗西斯·罗素·尼克松说话最有分量。他向格雷勋爵保证，这种违反天性的犯罪现象，"除非严加防范，不许其滋生扩展，否则，它不仅会造成殖民地道德败坏，而且会受到上天惩罚"。尼克松认为，所有流犯毫无例外，离开试用劳动帮后，比进入试用劳动帮时还糟。他还引用了陷入绝望的劳动帮教士的来信。"我无法描述苦难深重的人们每天在这儿犯下的暴行。他们知道不该这么干，但无法摆脱他们可怜的境地。"流犯成群结队溜进丛林，以便满足肉欲。在霍巴特镇的"院"，即教养院（事实上是普通囚犯的营地），关押了一千二百人，"发生了玷污人类品格的最恶心的罪行……而且没有任何方式防止其发生"。在亚瑟港附近的煤矿，两个男犯强奸了一个童犯，"我相信，这是基督教国家闻所未闻的犯罪行为"。他们因此被判绞刑，但煤矿的医疗官马瑟韦尔医生发现，共有二十名男犯"因违反天性的罪行，而在疾病中煎熬"。尼克松警告说，肛门淋病是"天谴"，"是上帝对这种更为可憎的行为越来越愤怒的一个标志"。[13]

这个恶习也不仅限于男犯。霍巴特卡斯凯德瀑布的女工工厂遍地是同性恋者。1841 年 8 月，富兰克林曾成立了一个调查委员会，专门对这个潮湿、悲惨和过于拥挤的建筑物，以及在朗塞斯顿为管教女囚而建立的另一家女工工厂进行审查。这份半公开的报告于 1843 年 2 月出现，根据其描述，女流犯竟然"就在主日这天，在上帝的居所里，就在做神圣的礼拜之时，沉浸在激情中"[14]。到了这时，当地媒体已在大印特印有关新闻，说两家工厂的女囚都"像魔鬼一样，喜欢"像萨福那样沉浸其中。1843 年 11 月，厄德利-威尔默特把他自己有关这个话题的一份秘密急电发往伦敦。他告诉斯坦利，两家工厂的女犯"有她们自己的梦幻女人或情妇，她们对这些人的感情之强烈，一如她们对男性的感情。她们的自慰行为已经达到了很高程度"[15]。

至少有一个流犯，即遭流放的宪章派人士约翰·弗洛斯特（他不可能是唯一持有这种意见的人）相信，英国政府纵容试用劳动帮的人卑鄙无耻的行为，目的是击溃他们的阶级抵抗精神。他被释放的几年后，对大吃一惊的英国观众说："范迪门斯地当局根本不在乎他们是否犯了这种大罪。抽烟的罪行程度反而被认为超过了淋病，因此受到更严厉的惩罚①。"[16]

厄德利-威尔默特从遥远的霍巴特镇发来抗议说，尽管议会文件上打星号的恶习的确在范迪门斯地存在，但陆军和海军中，以及"男性大批聚集的"所有地方，都有这个现象。他把总审计长从试用站和雇佣站的医疗官那儿不辞劳苦搜集拢来的意见，向斯坦利转达了一遍，但徒劳无益。这些意见表明，有一万犯人的试用劳动帮中，只有七十个患性病。他同意 0.7％这个比例太大，但即使如此，那些恐怖故事也是批评

---

① 原文是 published with greater severity（受到更严厉的发表），显系错误，英文应为 punished，故改之。

他的人所杜撰出来的，为的是让试用制名誉扫地。[17]

所有这些都难平众怒，无法让地方媒体、教士阶层、拓居者和殖民部满意。1846 年 7 月，范迪门斯地的二十五个教士（大多是英国圣公会的）联名写了一封请愿信，递交格雷，求他结束试用制，因为这是同性恋的孵化器。[18]在伦敦，媒体报道令人发窘的新闻已有一段时间了。1845年 10 月，伦敦《海军军事公报》的一个匿名写手写道："范迪门斯地目前情况一塌糊涂。极为恐怖的犯罪现象天天都有发生。所有的女犯都离开了丛林，躲进市镇避难，而且……受到各种各样的侮辱。厄德利-威尔默特爵士本人就树立了一个坏榜样。除非办理公事，否则，任何地位的人现在都不愿进入总督府。任何女士也无法入内。"讽刺诗和道德韵文也纷纷出现：

> 看见自己可爱的儿子，
>
> 被不列颠的垃圾和渣滓，
>
> 败坏道德，扭曲形象，
>
> 哪个父亲不痛哭流涕？

> 看见自己美丽的女儿，
>
> 因进口到这儿的人，
>
> 而变得淫荡无比，丢尽脸面，
>
> 哪个母亲不唉声叹气？

> 塔斯曼的岛屿是那么著名，
>
> 那么可爱，那么美丽，
>
> 莫非就要背一个索多玛的恶名？
>
> 从此与其他国家分离？——

> 大自然的上帝终于被激怒，

举起了万能的手臂，

毫不留情地一泻怒气，

对下界做出公正的判决。[19]

这倒不是说——那些匿名的舌头开始窃窃私语起来——总督府的那个男人原谅了这种恐怖的局面。更不是说，他本人在没有老婆陪伴的情况下，在对跖点不时地感到寂寞，因此被平原上的城市的灼热气息感动。[①] 而只是说，由于他的行为表现，谣言四起，说此人怪癖多多，尽管这些怪癖本身并无大碍，但这已经使他办公的地方乌云密布。他在四旬斋请客吃饭，颇令尼克松主教反感。此前，尼克松已就副总督是否有权向试用劳动帮指定宗教教员问题，与厄德利-威尔默特吵了一架。他曾在总督府把胳膊围上了少女的香肩。他曾在一次晚宴上，与朱丽娅·索热尔调情，而她是一个拓居者领袖的孙女（还是阿尔多斯·赫胥黎未来的祖母）。很显然，总督府这种放肆现象和试用劳动帮偷偷摸摸、说不出口的"大干快上"之间，一定有着某种成正比的关系。鱼烂从头始嘛。

格拉德斯通对这一切的反应是可以想见的。他在道德上无法忍受，大发雷霆，于 1846 年 4 月末连写两封免职信寄给厄德利-威尔默特。第一封信是公开的，宣布说，考虑到在副总督的试用制下，流犯道德状况完全得不到保障，现解除他的职务。格拉德斯通不讲逻辑，令人崩溃，他写道，根据厄德利-威尔默特的报告，索多玛的外部迹象并不存在，这正好说明，这种现象根深蒂固、隐藏至深、不见天日。解除厄德利-威尔默特的职务，不是因为从配给制到试用制的过渡阶段管理不善（格拉德斯通似乎在暗示，任何人在这一点上都可能失败），而是因为他在道德改革问题上，没有表现出足够的"勤勉""焦虑""审慎"。因此，格拉德斯通把菲利普港的总监查尔斯·拉·特罗布调往霍巴特，暂时接

---

① 所谓"平原上的城市"，英文是 the Cities of the Plain，指索多玛、蛾摩拉等堕落之城。

管工作，直到新任副总督被提名为止。

第二封是私信，很短，却更恶毒。格拉德斯通告诉厄德利-威尔默特，关于他的非官方行为的各个方面，此处"也许没有必要"讨论，但考虑到知名不具人士散布的并不具体的有关谣言，他不必期望再有其他任命了。[20]

就这样，这位喜欢在吃过正餐后跟人眉来眼去、调笑无度、"样子憔悴的老花花公子"，终于被格拉德斯通伪善的铁轮碾碎。他极力为自己辩护，他抗议，说这是"彻头彻尾的谎言，无情地压迫了一个英国绅士"，说这是"一场无比奇特的密谋策划，终于成功地玷污了一个公务员的人格"。他请格拉德斯通指名道姓，举出谴责他的人，并陈述他们的指控。他把为他人格担保的请愿书转给格拉德斯通，上面有许多位尊权重者的签名，但毫无用处。在 1847 年 2 月，离他六十四岁的生日还差几周，约翰·厄德利·厄德利-威尔默特爵士滑了一下，超出了殖民部折磨他的人的掌控之外，死在了霍巴特，据说是心碎所致。《殖民时报》立刻宣布，他是被"谋杀"的。本来厌他、咒他的那些拓居者，现在却灵活地来了一个一百八十度大转弯，为他举行了国葬，庄严肃穆的送葬行列徐徐穿过挂起了黑绉纱的市镇，在此期间，英国圣公会教士和天主教牧师争相引领灵柩。随后，他们定制了一块新哥特式的细长墓碑，其墓地是澳大利亚国土上有史以来为纪念总督而建的最大墓地。待墓碑在厄德利-威尔默特爵士的遗骨之上竖立起来时，临时总督查尔斯·拉·特罗布已经来到范迪门斯地，做了汇报之后——几乎让人能够感觉出地松了一大口气——便越过海峡，回到菲利普港处理他的公务去了。他把殖民地所有的人现在都知道的事情，告诉了格雷，即试用制彻底失败，"无论其理论含有什么劳改原则"，实际上的唯一结果就是降低人格，导致堕落，"这场实验是致命的……恶毒的"，只有尽快结束，才能为国为民争光。[21]1846 年，女王陛下政府暂停向范迪门斯地流放犯人，为期两年。到了这时，最后一位主持该岛流放制度的副总督，即威廉·邓尼森爵士，已经抵达霍巴特。他要面对的是已经把厄德利-威尔默特置于死地且到时候也会让他莫名其妙的种种问题。所有这些棘手的问题之一，就是如何管理诺福克岛。

ii

　　诺福克岛的行政管理从 1844 年起，就由新南威尔士转到了范迪门斯地。到了这时，一股恶风吹过了金斯顿和长岭的营地。亚历山大·马柯诺奇上尉已于 1843 年从该岛被召回，取代他来管理这座运气不佳的岩岛的，是最后一位军事司令官，即由新南威尔士指定的约瑟夫·恰尔兹少校，一位五十六岁的海军陆战队军官。他在各方面都是马柯诺奇的反面——性格枯燥，犹豫不决，如一匹军队的驽马，唯一突出的特点是异常严厉。

　　斯坦利勋爵要的就是严厉——他特别想看到把这种严厉态度指向"无人注意的情况下的暴力犯罪"：鸡奸。根据吉普斯尚未亲眼看到马柯诺奇的制度时写出的那些二手报告，斯坦利得出结论，认为诺福克岛实行的新的"宽大政策"孵化了所有的罪行，特别是这种难以启齿的罪行。吉普斯 1843 年 2 月去过那儿之后，改变了看法——但为时太晚，已经无法改变斯坦利的看法了。要让他们干活，直到累得倒下为止；如有任何人干出格的事，就把他的皮给剥下来；不得有任何例外——这实质上就是他传达给吉普斯的公式，即诺福克岛犯人试用制的第一阶段。"只有时刻保持警惕，坚定不移地严格执行相应惩罚措施，才能遏制我所提到的那些道德败坏现象。"[22]

　　两千名男犯大多是二三十岁，被监禁在一座遥远的岛上。人们不许他与女性接触，对他们态度极为严苛，以致他们只能互相寻求唯一的情感慰藉，于是就用持续的鞭笞来"遏制"他们，使之不犯鸡奸罪。这种想法很奇特，也很抽象，但白厅觉得很真实。他们的所有作恶倾向，包括性倾向，用斯坦利的话来说，在"激发人向上的希望和有益于健康的恐惧"之间的张力中，都会烟消云散。

诺福克岛没有什么希望。1844 年 2 月，当恰尔兹从"麦特兰号"上下来，乘坐小船穿过泡沫飞溅的金斯顿礁石的那一刻，马柯诺奇费尽千辛万苦才在流犯和权力机构之间建立的信任感，就分崩离析、不再存在了。能够迅速做出反应的那根领导链条，或与司令官相通的感觉，早已不复存在。恰尔兹的权威观念——在大不列颠海军陆战队严酷的模式下早已形成——把前面那种感觉部分摧毁，剩余的部分则被他的懒惰习惯消灭：他把即决处罚的工作，都交给监狱看守、工头和他手下的支薪治安法官塞缪尔·巴罗等去处理。巴罗 1845 年 8 月从范迪门斯地抵达时，年纪为二十八岁，此前他在伦敦一直是个级别较低的大律师。不过，他真正的才干不在法律辩论方面，而是特别会随心所欲地进行虐待。因此，他在合适的时候、合适的地方成了一个很合适的人选。如果斯坦利急电的华丽辞藻，为马柯诺奇之后治理诺福克岛提供了理论基础，那么，恰尔兹和巴罗就为这些急电提供了实践，因此，岛上囚犯的待遇又恢复如前，跟莫里塞特的"谋杀时代"一样糟糕。用恰尔兹愤怒得都要中风的语言来说，诺福克岛上的所有犯人都"坏透了，刑法学编年史可以把他们向世界出示，作为集中了全部罪恶的最坏榜样"[23]。

对这种"恶魔"不能手软！但说句公道话，应该注意到，恰尔兹处理他们时，并非同样严厉。有一个流犯曾经历过恰尔兹在诺福克岛上的统治时期，即前军官约翰·莫特洛克，据他形容，恰尔兹是个"勇敢的海军陆战队军官"，他的"管理方式谨慎周全"，受到流犯的"完全尊重"。也许，这种评判只能表明一点，即部队军官对管教问题持有同样的看法，再说，莫特洛克从来没有挨过鞭子。他回忆说，还是要感谢诺福克岛的"美景和天堂一样的气候"，因此，"我回首在那儿住过的一段时间，就没有纯粹的恐惧之心了"。[24]

莫特洛克还回忆说，"我的许多船友天天都吃鞭子"，"在营地院子里，就在我窗户底下，起因是工头恶意投诉。尽管我闭上眼睛，但令人毛骨悚然的'九尾鞭'打在赤裸的皮肤上的声音（就像马车鞭子一样），折磨着我的耳朵……一些'当权的小狗'为了吓唬别人，一般都会威胁说要'看到脊梁骨'"。[25]托马斯·罗杰斯是来自都柏林的副牧师，他于1845年9月从范迪门斯地调到诺福克岛，成为该岛唯一的宗教教员（斯坦利的试用制规定，要用流犯部来的这种安慰者）。据他称，恰尔兹在其统率的十六个月中，总共打了26024鞭。

> （在有些早上）站在三叉刑具旁边的人，脚下都浸透了血液，好像刚刚泼了一桶血在上面一样。这块地方的直径有三英尺，血像小河一样流向四面八方，每条河流都有两三英尺长。我亲眼看到了这个景象。[26]

但正是通过即决处罚——巴罗及其手下人在恰尔兹少校放手不管的情况下，实行了这种处罚——这个新政权显示了它粗俗的聪明才智。九尾鞭老一套了，流犯中的精英分子，如"鹅卵石"和"铁人"等，早就形成了自己一套牢不可破的规矩，对之不屑一顾。恰尔兹统治时期，一个囚犯把送给"剥皮人"的口信文身在自己背上："行使你的职责，好好抽吧。"[27]要造成"有益于健康的恐惧"，则需要做更多工作。恰尔兹在1845年10月写给厄德利-威尔默特的一份报告中哀叹说，《殖民季审法庭法案》的处罚条例有限，"对我们现在不得不对付的这个层次的人来说，实在过于有限，因为铁链拴不住他们，鞭子也打不怕他们"[28]。所以，当巴罗及其手下人发明即决管教的新方法时，他睁一只眼闭一只眼，只装没看见。巴罗的主要方法有这几种，即"管子嘎嘎""飞鹰式""食腐者之女"和水坑法。

所谓"管子嘎嘎"法，是采用古代英国折磨妇女的那种刑具，即"毒蛇钩"，看上去很像一个很小的皮马头套，不过，它没有马嚼子，只有硬木做的一个圆锥形的东西，长四英寸，直径半英寸，拴在很宽的皮带上，围住人脸扣起来。当把这个"嘎嘎"塞进受害者嘴里，再把皮带扣紧时，犯人就只能通过木头塞子的一个小洞呼吸，但极为困难，发出的声音被罗杰斯牧师描绘成"低低的、很不清晰的哨响"。如果犯人同时抵抗，挤掉一两颗牙齿，就会有鲜红的泡沫伴随着喷出来。罗杰斯亲眼看见被使用这个"管子嘎嘎"法的犯人是个盲人。他由于说梦话，就被人从囚室里面拖出来，嘴里塞上"嘎嘎"，手臂架在身后一根木柱上，一站就是三小时，泪水从他看不见光明的眼窝泉水一样喷涌出来。

"飞鹰式"比较简单，但经常配合"管子嘎嘎"法一起使用。囚犯被铁链拴在三个带环螺栓上，手臂全部拉直，双脚并拢后，面对墙壁，双脚踮起，以这种耶稣受难的姿势，一站就是六到八个小时。受刑之后，有些人会瘫痪好几天。类似的折磨，还有一种比较优雅的方式，那就是竖起一座高六英尺、宽两英尺的铁架，用皮带把受害者绑在上面，在没有依托的情况下，让他的头颈从一端伸出来。如果想把头抬起来，肌肉就会抽筋，导致他很痛苦。如果任由头低下去，他就会窒息。所谓"食腐者之女"法，是把流犯的头与膝盖绑在一起，任他处在那种状态，一直到他因痉挛而晕过去为止。水坑法则是掘一个地下囚室，往里面灌盐水，灌到犯人腰际，然后让他待在黑暗里数日，犯人根本无法入睡，因为担心被淹死。

从前与当权者似有某种契约的感觉于是消失殆尽，整座岛屿步履蹒跚，迈向了无政府状态。1846年，托马斯·罗杰斯牧师的前任，即英国圣公会教士托马斯·贝格利·内勒——他从1841年到1845年9月，一直担任诺福克岛的牧师——曾写了一份有关恰尔兹政权的详细报告，寄给了格雷勋爵。"在一声不响中，其干下了令人恶心的事情，而且不可收拾"，"让本岛与世隔绝，才导致这种"事情。徇私不公、暗中监视、有意逃避等现象大行其道，在恰尔兹的治下，天下大乱，他却还妄言，马柯诺奇把同情放错了地方，"丧失了"秩序，而他恢复了这个秩序。他启用恶棍，让他们做办公室的软性工作①，与此同时，对人无害、清

---

① 这就违反了常规命令的第38条规定："任何流犯都不得在司令官办公室或任何其他办公室工作，也不得动用办公室保管的文件。"——原注

白无辜的囚犯——如不幸的律师威廉·亨利·巴伯，他因牵涉进英格兰银行的一宗诈骗案而被错判流放，后被议会免罪——却给予他们最肮脏、最下贱的工作。恰尔兹管教制度的"实行既不尽心尽力，也极不明智"。他只是让这些魔鬼有饭吃、有衣穿，然后让他们装装门面，忙个不停。[29]

据内勒报告，诺福克岛上由于住处过于拥挤，缺乏隔离措施，不仅没有压制同性恋现象，反而助其滋生。"为装样子好像实行了隔离，但交流沟通全无障碍，而且从来不受限制。"坏蛋永远污染"好蛋"，"道德污染混杂一片，思之令人痛苦"。初犯者和清白无辜的人"一上岸，就被推进彻头彻尾的罪犯魔鬼群中——从三次定罪的冷血杀手到罪大恶极者，布莱克斯通就曾形容这种罪是 'inter Christianos non nominandum'[①] ——而没有任何脱逃的机会"。最后，内勒以来世论先知的口气，警告格雷勋爵说："一个国家如能容忍如此穷凶极恶、如此违反常情的状况持续下去，全能的上帝或迟或早会以灼热似火的愤怒诅咒这个国家。"他的预言很快就成为讨论试用制的谈话中一个常用的比喻。[30]

这份报告令格雷勋爵毛骨悚然。内勒曾想把这份报告作为小册子出版（而收到该报告的马柯诺奇却劝他不要这么做），其对唐宁街的私人影响立竿见影。他注意到，读到这一连祷文般的"罪孽、悲惨和管理不善等现象"时，不可能不感到强烈的不安，因为一个教士已经把名声赌在了上面。内勒揭露的情况实在"太有可能"，因而不容忽视。新来的副总督威廉·邓尼森爵士此时正要起航，离开朴次茅斯，前往霍巴特。1846 年 9 月底，格雷的指示抵达邓尼森手上。女王陛下的政府绝对不能再助长性质如此可怕的罪恶了。邓尼森必须"事不宜迟"，把诺福克岛撤空，把岛上所有囚犯撤到塔斯曼半岛。但到了 11 月，他又有了别的想法，便警告邓尼森说，"距离如此遥远，可能有些实际困难难以预料"，而这些困难可能导致难以成行。实际情况也的确如此，因此，诺

---

① 拉丁语，指无法在基督教徒中言传的罪行。

福克岛的局面又维持了十年而未"土崩瓦解"。[31]

与此同时，趁格拉德斯通的斧头还没有落到厄德利-威尔默特的头上，厄德利-威尔默特就要求得到一份他自己的报告。他对内勒极为不利的那封信一无所知，但很担心充满敌意的殖民地媒体所散布的谣言。他本人的道德品行正遭受抨击，再拖延下去，他也担不起这个后果。1846 年 4 月，在厄德利-威尔默特的流犯总审计长威廉·契安普的指示下，一名调查员被派坐船去那儿，如他用微妙的言辞所说，是要报告一下"许多要点……这些要点可能很自然地逃过了……恰尔兹少校的注意"。调查员是罗伯特·普林格尔·斯图亚特，范迪门斯地流犯部门的一个地方法官。他于 1846 年 5 月抵达诺福克岛，两周内写完了报告，这份洋洋洒洒的报告于 6 月底来到厄德利-威尔默特的手中。

关于斯图亚特的品行，现已知之甚少，除了一个事实——根据报告一目了然——他很贪婪，注意细节，相当熟悉如何筛选和整理证据，对一般的监禁环境也十分了解。一位历史学家最近抱怨说，他的报告"读起来好像他是一个没有幽默感的人"[32]，但是，若要从这种材料中拧出笑声，恐怕最有决心的喜剧演员也会感到为难。

他的调查发现与内勒的发现平行。该制度在诺福克岛上实行的实际状况凄惨可怜——食品定量不足，谷物腐臭，肉类质量极差，玉米面包（诨名叫"丛林刷子"，因为摩擦力很强的麸皮会在囚犯肚子里引起炎症）几乎难以下咽。提供服务的建筑物，从厨房到臭烘烘的厕所，都让斯图亚特大倒胃口，也令囚犯怒火中烧、怨恨不已、哗变情绪甚烈。结膜炎、淋病和痢疾肆虐横行。监狱就像一座不通风的猪圈，金斯顿的主要营地建筑物简直就是一座妓院：八百多名男犯每天晚上下班后都关押在营地，熄灯之后，里面发生什么事情就跟卫兵无关了。一个炎热的晚上，斯图亚特突然袭击，造访营地，亲眼看见一伙"男人匆忙从他人床上跑回自己床上，样子慌慌张张，很明显，他们的目的是掩饰自己的行为"。卖淫活动十分普遍。小伙子为了得到烟叶、新靴子或一块用肥油捏合的面包，就把自己出卖了。强奸不仅极为常见，而且不可避免。[33]

特别让斯图亚特感到震惊的是（可以从这样一个事实来量度这份报告对读到其内容的官员的影响，即 1847 年，这份报告最终为下院印制出来时，几乎所有提及同性恋的地方都被删去），性生活的贞洁形式在诺福克岛被拙劣模仿并逆转过来——不仅强奸和卖淫，还有婚姻。"男人与男人结成的关系，在流犯眼中并非不正常，而是和两性关系一样，受到他们一些人的尊重，也是……他人嫉妒、较量、密谋和冲突的源泉。"这些魔鬼之中，有些互相都很忠诚，"感情的自然进程相当错乱……（他们）对相处的渴望，也跟不同性别之间的成员一样"。总的来说，转向鸡奸的是英国人，而放弃这么做的则是信仰爱尔兰天主教的囚徒。[34]

尽管官方暴力达到了歇斯底里的程度，但一般管教还是很差。早晨的集合"不得体，无秩序……事实上，仅仅是把一群乌合之众的名字清点一下而已"，把"英国囚犯和殖民地囚犯混在一起，有些人抱着膀子，懒洋洋地走来走去，还有些人手插在口袋里，大家不是一刻不停地谈话，就是做自己喜欢做的事"。新犯人从英格兰抵达时，二三十个老手就会拉帮结伙，把他们住处的锁撬开，冲进去把他们打一顿，然后抢走他们的随身之物。无人制止这种打劫行为，刚从"梅达号"流犯船上下来的一群茫然若失的新手在护卫下到海边洗濯时，在海滩上遭劫，也无人阻止，"尽管警察做出了努力"。流犯大骂看守卫兵，居然还能混过去。光天化日之下，有人在房里抢东西。一个心狠手毒的老手（据内勒报告说）就曾把司令官本人撞倒，把他撞得青一块紫一块。最特别的是，流犯——有一个骨干集团，可能有一百人——还常常罢工，公开拒绝干活，"只有在条件安排得让他们满意时"才肯罢休。这些人中没有一个受到处罚或审判。他们通常抱怨的问题是：食物难以下咽。1846 年 2 月 25 日，他们因另一个问题而罢工：这天是圣灰星期三，一个天主教的节日，他们拒绝干活，直到一队军人把毛瑟枪端平，准备向他们开枪才让步。不过，恰尔兹的文官没有军队的帮助，就无法落实各项规定，又不能天天去找军队。斯图亚特阴沉地写道："因此，这反倒加强了那些桀骜不驯者拒不服从的精神——因为不受责罚——在很多人身上反映出来，而且有人效仿。"这些骨干分子公开地携带刀具，用刀威胁工头，凡有其他囚犯"告密"（peaching）的，就毫不留情地进行报复。谁若把囚友告发给当局，就被谴责为叛徒或"走狗"，惩罚也来得很快：犯人会把他杀掉，或至少咬掉他的鼻子和耳朵，这叫"削去狗嘴"。

营地四壁内发生什么，卫兵和工头几乎管不了，因此，囚犯可以划定自己统治的地方，其中心是四周围起来的木材场，该建筑物就在有厨房的营地隔壁。它成了一座"圣地"，很少有卫兵或官员敢到那儿去。主宰木材场的是一个"团伙"，这是监狱中的一个黑手党，他们对囚犯的生命实行控制，让囚犯难以脱逃，而且落实到细处。警员一旦出示对其不利的证据，黑手党成员就会毫不畏惧地杀掉警员。有一个告密者在长岭附近的丛林里被人发现时，肚子里的内脏已经被掏空，换上了绵羊的内脏。后来又有一些关于这个制度的故事，马库斯·克拉克和普赖斯·瓦伦的虚构，使那个"团伙"带上了秘密结社的恐怖魅力，仿佛是恶人结成的共济会，有着一套错综复杂的入会仪式、与众不同的文身（在新皈依者的皮上用针和火药打下印记）、集体吟诵的歌或誓言：

> 手拉手，手拉手，
> 在人间，在地狱，
> 生病还是不生病，
> 在海上还是在陆地，
> 永远正大光明。

> 无论身体僵直，还是有口活气，
> 无论步履蹒跚，还是自由自在，
> 你和我，我和你，
> 无论活着还是死，
> 决不苟且偷生！[35]

这都是虚构小说的添枝加叶，但毫无疑问，这个团伙自 19 世纪 30 年代后期以来，就在诺福克岛上存在，大家都很怕它。斯图亚特写道：

> （该团伙赋予那些心狠手毒、堕落成性的人）一种绝对的权威，他们以极为暴虐的方式，来对付大多数人。我坚决相信，他们之中很多人都想表现得比较合度，但又没有足够的勇气向威胁挑战。更惊人的是，几乎每小时都能看到这种威胁转化成行动。他们也斗不过压迫他们的那帮坚定不移、心怀歹毒的人。某人可能因为表现好，或……出示了对所谓"团伙"不利的证据，就招人讨厌，却没有任何方法得到保护。不可能想象还有比这种人更可怜的了。[36]

还有更多类似的情况。

斯图亚特写完报告，交给契安普，契安普"极为遗憾地"将之转交厄德利-威尔默特。1846 年 7 月 1 日，厄德利-威尔默特召开立法会特别会议，考虑如何采取措施解决这个问题时，恰尔兹少校就完蛋了。立法会一致投票表决，立刻把他撤职。尽管厄德利-威尔默特抗议，但他们都同意，不另行通知，就免去了恰尔兹少校的职务，以免"出现危机，让该岛受到公开哗变的恐怖影响"[37]。

事实上，他们 7 月 1 日开会时，诺福克岛上就发生了一次哗变。这是一次食物骚乱。囚犯总是吃不饱，吃了给他们的东西后又得痢疾。诺福克岛上极差的食品给养，永远是一个令人恼火的明证，说明不列颠对他们不屑一顾。1846 年 7 月，针尖大的一点小事就引爆了仇恨的炸药。[38]

7 月 1 日这一天，要对所有储备物品和设备进行半年一度的盘查。总监威廉·福斯特负责盘存工作。6 月 30 日，他来到木材场和厨房，想查看一下厨房用具和炊具。他并不想看得太仔细，免得引起麻烦，但他觉得，许多餐盘和成套炊事用具都不见了（囚犯把大炊具切割之后，敲敲打打，锤成小炊具，卖给卫兵或其他囚犯）。他决定，等八百名流犯锁进营地之后，再回来检查。当晚，他在木材场周围，发现藏起来的"一大批"盘盘罐罐和刀具，以及囤积起来的玉米面，都是该团伙从日常定量中为自己扣下来的。福斯特夜里叫人把这些东西都搬回流犯营地仓库，锁了起来，准备进行盘存。

第二天早上，囚犯出来吃早饭，发现"他们的"水壶和盘子及私下囤积的面粉都不见了。丢了这么多东西，团伙的精英人物大为愤怒。他们把集合点名官帕特里克·亨尼包围起来，又是喊叫，又是威胁，乱成一片。这时，有一伙人注意到木材场院门大开，就冲到外面，朝营地仓库而去，把锁砸坏，扬扬得意地带着玉米面和炊具回来了。他们安定下来之后，就烧水煮粥，其间没有一个卫兵阻拦。但半小时后，随着警员和工头在大门外聚拢，押送囚犯去干这天的苦役，木材场里传来一声大喊："来呀，我们要杀死——"①五六十人组成的一帮人，在该团伙最难弄的一个人的带领下，怒气冲冲地从大门边走来，这已经是当天早上第二次了。此人就是威廉·"杰基-杰基"·韦斯伍德，二十六岁，二次定罪的丛林土匪，来自范迪门斯地。他们把手边的东西都当成武器（斧头、铁锹、当作棍棒用的木板），一边朝警员的房舍冲过去，一边冲卫兵凶猛地挥舞着这些东西，跟着就向他们最恨的支薪治安法官塞缪尔·巴罗的房子冲过去，在身后留下了四具尸体——那些人还没有反应过来，脑袋就被哗变分子打瘪了。但他们没有计划。他们正气喘吁吁、破口大骂地朝巴罗的房舍冲过去，就见一排士兵朝他们压过来，刺刀上好，毛瑟枪端平。哗变分子乱了阵脚，转身就朝他们唯一的避风港，他们的"阿尔赛夏"②（斯图亚特的报告就是这么说的），也就是木材场跑去。这段血腥的剧情仅仅持续了几分钟，但随之而来的报复行为绝对彻底。巴罗逮捕了五十多个囚犯，把脏兮兮的监狱挤得爆满（这个地方自莫里塞特时代以来，从来没有扩建，也没有改善），其中大多数人被即

---

① 议会文件把这个脏词删去了。——原注
② 英文是 Alsatia，伦敦一地区，旧时负债人和罪犯麇集避难之所。

决判刑，判罚戴脚镣做一年苦役，凡估计是团伙首领的，就加上重镣并用铁链穿过，与一根长长的索链衔接起来，等着法官到来，以便进行必要的审判。哗变发生之前，已有九个犯人因其他杀头罪而被关押，因此，恰尔兹已经去请刑事法庭的法官了。几周后，法官乘坐"富兰克林女士号"抵达，他并不知道已经发生哗变一事，因此看到几十个犯有杀头罪的被告时，完全没有心理准备。他名叫弗朗西斯·伯吉斯，随船而来的是诺福克岛新任司令官约翰·普赖斯。

刚听审几天，伯吉斯就病倒了。他不得不乘坐"富兰克林女士号"回霍巴特。9月下旬，新法官菲尔丁·布朗到达后又重新开庭。与此同时，巴罗和普赖斯两人经商量，想出了提起公诉的办法，觉得这是一个绝妙的时机，可以把该团伙整垮。他们尽量对所有已知团伙成员起诉，对二十六个犯人进行审判，最后以谋杀和煽动等五项罪名审判了其中十四人。尽管托马斯·罗杰斯牧师抗议，但巴罗等人不允许辩护律师为任何人辩护。罗杰斯帮助囚犯起草一份请愿书，向法官请求法律咨询，这个要求也被置之不理。有几个被告不识一字，看不懂控告他们的证词。所谓"陪审团"，不过是由五名军官组成的一个仲裁庭。皇家检控方取证的证人是十二名，但被告没有一个证人。证人出庭做证时，被告席上的犯人冲着他们发出嘘声和骂声，对这种袋鼠法庭的审理程序，极尽嘲讽之能事。10月5日，十四人中有十二人被判死刑，无一人减刑，尽管"杰基-杰基"·韦斯伍德为罗杰斯牧师写了一份最后的宣言，要为四名被告开脱罪名：

> 我，威廉·韦斯伍德，愿在基督教堂领圣餐时死去，通过我主耶稣基督，得到上帝的宽恕，阿门。我特此认可，对我的判决十分公正，但我在死前想说，四名即将赴死者清白无辜，并未犯所控之罪。他们是劳伦斯·卡维纳、亨利·怀丁、威廉·皮克松和威廉·斯克利姆肖。我认为，在闹事那天早上，我没有跟卡维纳讲过话。其他三人没有参与谋杀……我行善之后，愿与所有犯人共死，请你

为我的灵魂祈祷。

罗杰斯说服韦斯伍德和其他死刑犯，要他们写出最后证词，而不是像习俗那样，在绞刑架前慷慨陈词。普赖斯、巴罗和其他卫兵都害怕他们的发言激发另一场暴动。

10月13日，这些犯人分两批，每批六人，在绞刑架上被处绞刑。绞刑架俯瞰着金斯顿海滩和远处的太平洋，绞刑架前是集合的囚犯，军人四立，荷枪实弹，随时准备粉碎任何骚乱。[1] 没人提高嗓门说话，但被判死刑者齐声唱起了一支赞歌。罗杰斯跟他们整夜坐在一起祈祷。他和罗马天主教教士邦德神父陪着犯人走到断头台前，在那儿卸下了他们的脚镣，尽管手臂依然维持"五花大绑"的状态。活门垮了，尸体掉了下去，绳子在顶梁上一气乱弹。接着尸体上的绳子被割断，尸体被装进棺材，毫不客气地塞进牛车，扔进了海边墓地神圣场地外面那个老锯木坑里。罗杰斯的黑色长袍飞扬起来，他一阵小跑来到跟前，但已经太迟，赶不上葬礼了。等他来到万人坑边时，司令官早已站在那儿冷冷地盯着看团伙的遗骸，掘墓人已经干完活，棺材已经埋在土下。作为臭名昭著的象征，锯木坑没有任何标记，但是，几十年后，尸体上面那堆土冢依然清晰可辨。有人给它取了一个名字，叫"谋杀犯之冢"。

iii

诺福克岛所有司令官中最臭名远扬的人，在这次大规模行刑之后，就开始了他的生涯。

约翰·吉尔斯·普赖斯（1808—1857）在家里是老四，父亲是康沃

---

[1] 总共有十七人在接下去的一周内以不同罪名被判绞刑，有些与7月的哗变没有联系。这是诺福克岛举行的最大的绞刑诉讼，也是澳大利亚监禁史上最大的一次。——原注

尔一个从男爵——特伦韦因顿的罗斯·普赖斯爵士。普赖斯家在加勒比海有蔗糖生意和蓄奴，发了大财。但到约翰·普赖斯的时候，这笔财产烟消云散，他不过是这位家大口阔、子女众多的小贵族十四个孩子中的一个。1836 年，他前去殖民地，这时他二十六七岁，身上没什么钱，却武装了一堆为他说好话的介绍信，但在霍巴特镇这个鼻子朝天、自命不凡到病态的社会里，介绍信和贵族血统很管用。副总督亚瑟慷慨地送了一块地给普赖斯，就在胡恩河边，送给他的配给仆人也比大多数新到者指望的多。1838 年，普赖斯娶了亚瑟继任者的侄女玛丽·富兰克林为妻。他的农场办得很成功，管理配给流犯的能力也很引人注目。他被任命为流犯部的点名官，随后成为助理警务司法官。他老婆一口气为他生了五个孩子。普赖斯在殖民地的前途有了保障，尽管他搬回霍巴特镇就任行政职务时害了一场病。他既是古典学者，又是运动员和划船手，他的这些能力为人所称道。他还是身手不凡的木匠、车工、铁匠、锁匠和修补匠。他甚至还会做饭缝衣。他还像一百年后欧洲的某些军营司令官一样很喜欢孩子。但是，可怜的厄德利-威尔默特到处找人，以救诺福克岛于恰尔兹办事不力而造成的苦难之中，之所以看中他，是因为他决不手软，办事有条不紊，也因此名声在外。这一来，厄德利-威尔默特可划算了。

约翰·普赖斯成为澳大利亚想象中持久不衰的食人妖魔之一，到现在已经有一百多年历史了。这主要是因为，他是 19 世纪伟大的澳大利亚小说——马库斯·克拉克的《无期徒刑》——中，野蛮岛屿司令官莫里斯·福热尔的原型。克拉克创造的恶棍中，几乎不可能有比福热尔更有意思的了，但他几乎不需要这么做。澳大利亚从那时以来，最喜欢痛恨的这个人，其特征可在诺福克岛的官方通信、普赖斯在那儿的主要对手托马斯·罗杰斯牧师怒不可遏的来信，以及提到他或含有他对流犯管理问题意见的各种议会文件中寻到踪迹。克拉克大量地提取了所有这些素材，特别是罗杰斯的那本书，《有关诺福克岛 T. 罗杰斯被解除牧师职务的通信》（1849）。至今，对普赖斯持续不断的贬损的信息来源仍是此书。（在《无期徒刑》中，诺福克岛上那位身体羸弱、道德感受到折磨、终日酗酒的牧师，即詹姆斯·诺斯牧师——他反对魔鬼般精力充沛的福热尔，却没有成功——就是以罗杰斯为蓝本，他的很多想法都是从罗杰斯的信件中照搬过来的。）小说人物福热尔的习惯基本上都是原型人物罗杰斯的习惯，连外貌也是如此：高六英尺（对 19 世纪中叶的英国人来说，这非比寻常地高大），肩膀宽大得就像大力士赫拉克勒斯，脖子粗得像头公牛，有点儿罗圈腿，像比特犬，"圆头像颗子弹，是地道的残酷工头莱格里那种类型"，面部强悍泛红，沙红色的头发用油抹成一浪浪的，戴着一个单眼镜片，灰眼睛朝外冷冷地盯着人看。普赖斯的单眼镜片看起来很不协调，使不止一个囚犯觉得，他这是一种"炫耀"的标志，是粗俗的下层阶级对权力世界令人不解的入侵。这一点也从他穿的衣服上得到了确认。诺福克岛从前有个犯人叫亨利·贝雷斯福德·加勒特，据他回忆说："他穿得有点像个时髦的绅士。"此人后来一直热衷于普赖斯，到了 19 世纪 70 年代，两人早就离开该岛后，他还写了一部关于他的长长的书稿，题为《魔鬼》：

> 在他圆圆的子弹脑壳上，扬扬自得地戴着一顶小草帽，上面缀着一根宽宽的蓝绶带，从双肩之间垂挂下来。一只眼睛上戴着一个玻璃镜，黑色的丝织方头巾以水手的方式系在他的牛脖子上。没穿马甲，但肩上好像炸开一样，披着一根截短的马尾或一件牛津装，一件很像这种东西和马夫夹克衫杂交的玩意儿。下面一条相当紧的裤子，就算完成了他的全套行头，外加一根皮带，宽六英寸，绕着髋部扣了起来。皮带上很显眼地插着两把"胡椒盒"左轮手枪。
>
> ……看到士兵和卫兵都在场，他才放心大胆，双手叉腰，摆出一副架势，又说起话来。
>
> "你们都知道我，对不对？我到这儿来是统治你们的。看在上帝的分上，我就是要这么做，不把你们驯服，就把你们干掉。我知道，你们都是胆小狗。我要让你们互相担忧，把对方吃掉。"[39]

　　这就是普赖斯 1846 年第一次探访金斯顿营地时，对他的"羊羔"所说的第一句话。

　　克拉克在小说中，把普赖斯的名字改成福热尔时，并不是一个简单随便的姿态。福热尔是法语 Frère，意即"兄弟"。普赖斯与流犯形成的那种特殊关系令克拉克着迷。普赖斯与所有前任司令官的不同之处在于，他跟流犯打交道时，竭力成为一个知情人。他学会了他们的黑话，并总是用黑话跟他们讲话，决不会说漏嘴，也不会用错字，不会显得自己好像在说外国话一样。那他是怎么学会说这种黑话的呢？谁也不知道。诺福克岛上的很多因犯好像都相信，他本人也"坐过牢"。据谣传，他曾在霍巴特镇的下等客栈和贼窝过了一段白天是人、夜里是鬼的生活，跟一些很难打交道的人随便混在一起，被他们当成了自己人。从 1827 年（他当时被牛津大学的布拉斯诺斯学院录取，却没有拿到学位）到他乘船前去范迪门斯地的 1836 年间，他在英格兰多年不知去向。很有可能——我们将会看到，这方面的证据模棱两可，不很直接——普赖斯也是同性恋，很可能在同性恋中"巡航"漫游、找乐子的过程中，学会了一口流利的罪犯俚语。

　　普赖斯名气很大，据说对"罪犯心理"洞察幽微，他相信这让他在处理相关事务时特别如鱼得水。为此，他感到极为骄傲。为了证实这一点，他爱对自己负责管理的因犯的一以贯之、不可救药的罪恶，发表颇为扭曲的奇谈怪论。例如，1846 年 7 月 1 日的短暂哗变，无疑是对半饥饿状态的抗议。普赖斯对此十分清楚。哗变分子被绞死之后，他采取的第一个行动，就是增加金斯顿营地的口粮定量。1846 年底，普赖斯却对范迪门斯地的总审计长威廉·契安普冷嘲热讽地解释说，这次事件的起因是鸡奸。水壶被没收之后，因犯就没法做好吃的东西，"送给他们热望的对象……因此，这激起了他们野蛮而凶猛的情欲，达到了疯狂的程度"[40]。

　　看到流犯的罪恶景象，普赖斯一会儿觉得神奇，一会儿又觉得恶心，便把自己当作一面权威的镜子树立起来。正如他的传记作者约翰·

巴里所说，他与诺福克岛的囚犯之间，形成了"一种既爱又恨的精神病理学关系"。他不得不用他们的标准来主宰他们，来证明就算没有制度撑腰，他也是他们的主人。因此，他迷醉于了解他的流犯：了解他们的俚语，了解他们的思维方式，了解他们的欲望。能够说他们的语言，就能瓦解他们的斗志，向他们表明，他们的世界对他是敞开的，而他的世界则对他们关上了。为此目的，他采取了爱开玩笑、专横霸道、假平等主义的残酷方式，这种方式至今仍是澳大利亚生活中的噩梦之一。普赖斯肯定很坏，可能还很疯，但谁都不会说他很傻。难怪澳大利亚人直到现在还记得他，尽管他们早已忘记了老犯错误、管人严厉的莫里塞特和富有人性的改革者马柯诺奇。

普赖斯没有时间理会马柯诺奇的"安抚制"，他认为这个制度是他在诺福克岛上继承的无组织无纪律状态的祸根。他的统治靠的是恐怖、告密者、鞭子，加上他自己百折不挠的性格的公共力量。据知，他喜欢在无人护送的情况下，走进木材场，来到五百名充满敌意的犯人面前，跟某个表现出反叛迹象的流犯对峙。有一次，他愣是靠目光压倒了一个流犯，该人从他皮带里把他的手枪抢过去，他则大骂该人是懦夫、狗，直到囚犯把武器交回给他，在他面前跪下。

早在普赖斯抵达诺福克岛之前，那儿的告密制度就司空见惯。当然，鞭笞也是如此。评价普赖斯的制度时，应该问的问题是，他在政府要求诺福克岛司令官实行的野蛮"负责"程度之外，在独断专行、独裁暴虐、施用酷刑和虐待方面，究竟走得有多远。

主要的证据来自两名教士。第一个是托马斯·罗杰斯，他目睹了直到 1847 年初之前，普赖斯统治集团头几个月的情况，这时，他被新任流犯总审计长 J. S. 汉普敦医生召回范迪门斯地——其青睐普赖斯并想保护他的位置。罗杰斯被殖民部解雇，无法说服当局反对普赖斯，而且，从邓尼森一直到下面的所有官员，一致骂他是个恶语伤人的疯子，但他得到教会几个身居高位者的支持。1849 年，他出版了他的《有关诺福克岛 T. 罗杰斯被解除牧师职务的通信》一书，以冗长啰唆、怒不可遏却令人信服的细节，描述了他在诺福克岛上的所见所闻。意义重大的是，无论普赖斯还是邓尼森，都没有做出任何努力反驳他，不过，罗杰斯因未经允许使用官方文件而遭到了训斥。

普赖斯统治集团的第二个教会证人是罗伯特·威尔逊（1794—1866），这是诺丁汉郡的一个牧师，他在1844年成为范迪门斯地第一任罗马天主教的主教。威尔逊到访诺福克岛共三次：1846年（当时恰尔兹任司令官）、1849年和1852年。1849年，他对普赖斯成功地清理了恰尔兹统治集团的混乱局面印象深刻。直到1852年，他才对管理方法真正产生了怀疑，并以一份让人惊心动魄的冗长报告向副总督邓尼森做了交代。看起来，普赖斯好像求他别把报告交上去。"我很遗憾，你居然被这些人的故事感动得忘乎所以。你知道这些人多么可怜。你不能让他们的故事给你留下什么印象。"威尔逊愤怒异常。"我上次在英格兰时，曾要政府把三分之一的流犯从诺福克岛运走。现在，我要建议政府把所有流犯都运走。"听到这儿，普赖斯痛哭流涕，央求威尔逊千万"不要把他毁了"[41]。

罗杰斯的第一项指控是，普赖斯与诺福克岛上流犯所做的交易不怀好意。普赖斯并不相信有可能进行劳动改造。他假定，所谓表现好都是假的，囚犯提到自己心理状况或道德进步时，所说的一切都是谎言。普赖斯宣称："任何时候，只要宗教教员或外科大夫总监向我推荐某人，我总是把那人看作所有人中最大的伪君子。"1846年，"约翰·加尔文号"流犯船抵达诺福克岛，一百九十九个囚犯登陆，开始步履维艰地通过试用制。外科大夫总监推荐了一个流犯，说他"感情十分细腻，从不惹人讨厌"。普赖斯听后却说："噢，那我很快就要让他不这样了！"[42]

另一方面，他把最坏的人招聘而来，作为警员和工头。罗杰斯说：

> 一天，在选人做警察时……普赖斯先生问一个人，他从前在家干吗，那人回答说，他在农场当过仆人。"那好，"他回答说，"你做贼还不够格。"另一个人说，他曾经"在英格兰当过一个诚实的

行者"，也就是说，他是个职业盗贼。于是就让他当了警察。

普赖斯为自己的这些任命辩护，用的不过是老生常谈的理由，即必须用贼，才能抓贼。但他老是启用"狠心"人当小官，却把"软弱"者踩在脚下，这种做法的一致性是颇为乖戾的。他对诺福克岛上的文官实行清洗，做法也同样乖戾。凡是有迹象反对他独裁专制的人，不是暂时停职，就是被召回霍巴特，结果，谁也不敢在他和囚犯之间插足了。罗杰斯不得不在1847年离开，但在此之前，他记录了普赖斯一手造成的无所不在的恐怖现象，以及任意处罚囚犯的问题。一个囚犯因放错鞋带，竟遭鞭笞。一个名叫帕特的犯人因说"早上好"，但说错了对象，结果被罚戴铁链七天。还有一个人被看见走路时挥舞着一根树枝。一个警员看见了，就问他干吗，要去哪儿。囚犯说："怎么了？我也许去捉鹦鹉呢。"就这样，他被鞭笞了一顿。有人指控一个赶马车的"有一只驯服的鸟"，告到普赖斯面前后，他被抽打了三十六鞭。一个名叫希格森的饲养员正从花园边经过，这时，园丁要他"把这棵树推一下，我要把它滚下山，在你养的牛进来的地方，把栅栏修一下"。饲养员很帮忙，就这么做了，被一个警员看见，就告他"用脚推树"。普赖斯赏了他三十六鞭，既抽脊梁，又抽屁股。这之后不到两周，他又吃了两次鞭子，其中有一次是因把偷来的烟叶藏在丛林里而挨了一百鞭。流犯有一个风俗，给刚挨过鞭笞的犯人洗脊梁，把皮开肉绽的地方捺平，并敷上凉凉的香蕉叶子。普赖斯只要看见任何人手里拿着香蕉叶，马上就派人处罚他。

对较轻罪行的惩罚一般都按比例进行。普赖斯的命令均由他的警察总长一丝不苟地执行。此人名叫阿尔弗雷德·埃塞克斯·巴尔多克（1821—1848），是持有假释证的犯人，罗杰斯称他"最不讲原则……对囚犯同胞背信弃义，毫无感情……在一切方面都是司令官卑躬屈膝的奴才"。有些犯人被鞭笞之后，要穿紧身拘束衣，绑在床头铁栏杆上，一绑就是一两个星期，结果脊梁生了坏疽，臭气难闻。其他人虽没有遭到鞭笞，却给"绑起来"，每次最长可达六周，这之后，受害者"看上去更像一具苍白肿胀的尸体，而不像活人，几乎听不见……他说话的声音"。一个名叫勒蒙的流犯，因打了巴尔多克，就被警员乱棍打得人事不省，有一只手臂已经打断，嘴里插上管子嘎嘎，双手倒背，用铁链拴在一根电线杆上。囚室经常清洗，以便掩盖血迹。据罗杰斯称，鲜血泼溅起来，达到了墙上七英尺的高度。在一个诨名叫"尼姑庵"的臭气冲天的处罚囚室，空间只有六英尺宽、十二英尺长，外面温度高达华氏100度，普赖斯却把十二个犯人跟一只粪桶关在里面。罗杰斯承认："我不得不首先走到外面院子里，救自己一命，否则我就要晕过去了。"犯人被判"在礁石上"做苦工，戴着重达三十六磅的脚镣，在齐腰深的水里割珊瑚。他们常因"拆散旧裤子"或"铃响时还蹲在厕所里"，而被判罚十四天单独监禁。

普赖斯为他的"严刑"辩护，他（当然）不肯细讲"严刑"的内容，理由是囚犯都是野兽，只要他们拿到哪怕一英寸绳头，就会起而反抗，占领全岛。罗杰斯不同意：除了二三十名"恶棍"之外，其他两千名囚犯"只要利用公正、坚定和理性的政府常用的方法，就跟肯特郡或德文郡的农民一样容易管理"。

司令官的老婆和孩子都在岛上，但据罗杰斯说，跟他"时刻都在一起的伙伴"是巴尔多克，此人"跟他骑着马，到丛林的分站和牧羊棚去查看，不离左右，时刻给他咨询"。罗杰斯认为，这两个男人好像是情侣，由此说明巴尔多克为何从不受到非难。在范迪门斯地，监管巴尔多克的试用帮的官员向罗杰斯保证说："非常怀疑他对惨无人道的恶行已经上瘾，因此命令他在睡眠囚室里过夜。"现在并没有普赖斯和巴尔多克之间发生关系的结论性证据，但当警察总长的划艇在金斯顿礁岩处船翻人亡之后（使囚犯们欢喜不尽），普赖斯却为他竖起一块精致巨大、非同寻常的墓碑，与"谋杀犯之冢"的万人坑形成鲜明对照，上面还有一首悲悼的四行诗：

主有超级特权，

统治国王臣民。

谁主世界沉浮，

谁即世界之主。

罗杰斯牧师对诺福克岛上那些"国王臣民"的责难，在他《有关诺福克岛 T. 罗杰斯被解除牧师职务的通信》一书于 1849 年出版时，并未得到威廉·邓尼森爵士的认可。普赖斯还受到另一个朋友，即阴森可怕、不可一世的机会主义者 J. S. 汉普敦医生（后来成为西澳总督）的包庇，他写了一份美化囚犯情况的报告，拒不承认曾有任何怪事发生。

然而，很难完全消除人们的一种怀疑，即司令官可能管理失控，由于该岛距离霍巴特太远，他灵魂的癌症可能发生了失控的癌细胞转移。随着普赖斯的偏执狂加重，他的统治更加糟糕。1852 年，他接到来自邓尼森桌边的一份急电，后者质疑他本人报告的严重鞭笞现象。普赖斯得知，总督大人"对你居然认为这种处罚很有必要，并且到了如此大张挞伐的程度一事，感到非常遗憾"，他"相信，你也许会……接受……某种方式，采取合适的惩戒手段，而不要频繁动用这种惩罚形式"。[43]

普赖斯在复信中，破口大骂流犯品格不好——都是些"选出来不要的烂货""屡教不改者"和"亡命之徒"，对这些人"劝解毫无用处，忠告等于白说"。他辩称，鞭笞"很有益处"。他写道："规章制度很严格，也必须严格，但并不比对士兵更严格，甚至也不比对英格兰公立学校的男孩子更严格。"[44]

但是，在 1852 年 3 月，威尔逊主教因听到谣传、看到报告而采取行动，第三次造访诺福克岛。他在那儿看到的景象触目惊心，他给副总督邓尼森写了一份长达三十页的报告。据报告描述，鞭笞大规模发生，大地浸透了血液，气氛"阴沉，人们郁郁寡欢，灰心失望，对离开该岛丧失信心"。他看到的是拥挤不堪的囚室，犯人脚镣上拴着重达三十六磅的铁球，这些人面色苍白，形容枯槁，盯着他看，"肉体框定在铁器之中"。他发现，唯一的一名医疗官与普赖斯沆瀣一气，竟然宣称，之所以把一个生了重病的囚犯关在空气不流通的囚室里，是因为空气流通对他"有害"。反过来，汉普敦则企图利用障眼法和诡辩，让威尔逊主教的报告不可信。普赖斯号啕大哭，央求主教把报告压住不发，但威尔逊还是发了，把全部罪责怪在了普赖斯及"整个制度（的头上），正是这个制度，在这么遥远的地方，授予一个人以绝对权力，我甚至可以说是绝对不负责任的权力，来对付如此庞大的一个群体"。

1850 年底，普赖斯曾提出过辞职，理由是在"这座麻风病院一样的犯罪之地"，很难抚养他的几个孩子。结果当局不但没让他辞职，反而给他加了工资。但现在，邓尼森害怕他会让皇家极为难堪。他感到，普赖斯的"疾病"——官方通信对此并未明言——和他病态的凶恶统治之间，可能有着某种联系。1847 年，邓尼森已将诺福克岛的流犯人口减至一半，这是为了尊重格雷想完全抛弃该岛的愿望。截至此时，大多数试用囚犯都已去了范迪门斯地，剩下的只有骨干分子，即约四百五十名"殖民"犯罪分子或二次定罪的犯罪分子。但是，诺福克岛上的军事力量并未削减，其开支也很庞大，与此同时，就是花再多钱，也找不到文官，因为巴拉纳特和本迪戈两地发现金矿，出现了淘金热。① 反正邓尼森能看出，更大的政治迹象都指向一点，即必须废除澳大利亚的流放制度。最好摆脱这个遥远的监禁先驱，把对流犯的管理全部集中在范迪门斯地。因此，邓尼森命令流犯部制订计划，根据彭顿维尔分离监禁制的模式，在亚瑟港建立一座最大安全教养院，以接纳诺福克岛难于管理的犯人。[45]

约翰·普赖斯很高兴一走了之。他在那儿已经待了六年多。他早已厌倦了囚犯的注视，再说，他在范迪门斯地还有一座花园要垦殖。上面没有怪罪下来。新任殖民大臣纽卡斯尔公爵把威尔逊主教的报告，以及随报告附上的普赖斯和汉普敦写的辩词草稿扫了一眼，就下结论道，既

---

① 关于淘金热及其对流放制度造成的后果，参见下章。——原注

然要抛弃诺福克岛，那就不需要再调查了。已经死了的人，就让他们继续死下去。已经留下的伤疤，就不要再去揭开。约翰·普赖斯已经按照他的处事标准，不知疲倦地恪尽职守。他是皇家的好仆人，只是热情得有点过头。但是，殖民大臣想了想，过分热情，捍卫处罚制，这也不算犯罪，于是就把关于诺福克岛的书合上了。

普赖斯种了一段时间的地，但他没法远离监狱管理问题。不到一年，在1854年1月，他接受了澳洲本土的一项工作，在维多利亚当监禁机构的检察长。他的一项任务，就是管理墨尔本港停泊的五艘囚船，就在威廉斯镇近海的霍伯森湾。这几条船的管理体制成了苛政暴虐的新的代名词。诺福克岛上的最糟现象已经转到澳洲本土："管子嘎嘎"和"飞鹰式"，搜查烟草时就把棍子手柄塞进嘴里，让人吃腐烂发臭的食品，往腿上挂重镣，严刑拷打，使用带环螺栓，往人身上成桶地泼海水，等等。不久，当局不得不派遣一艘战舰，停泊在几艘囚船旁边，连环炮上膛，一旦囚犯哗变，卫兵逃跑，就把囚船打沉，把镣铐锁住的犯人沉到海底。

1857年3月26日，普赖斯正式到访威廉斯镇的一座采石场，囚船流犯组成的劳动帮都在那儿干活。他因公务需要去那儿，是为了听取他们的冤情。他像通常那样虚张声势，只由一小队卫兵护卫，直接走进犯人中间。一百名囚犯看着他大踏步沿车道走去，这条车道把切割来的石头运到码头。他们一声不响地包围了普赖斯，包围圈越缩越小。传来一阵嘶哑的喧哗声、铁链的哐当哐当声，以及鞋底平头钉在石头上擦响的声音。石头飞了起来。卫兵逃跑了，普赖斯转过身来，也顺着车道跑起来。这时，从采石面飞来一块石头，正好击中他的两个肩胛之间，他面朝下倒了下去。这时，别的什么都看不见了，只见一大堆犯人挣扎着，在黑白花斑的布衣下，手臂和身体疯也似的争着抢着，不时有人举起敲石头的榔头和铁撬棍。

iv

普赖斯在诺福克岛上的统治，是残酷的流放制度最后一次总爆发，即将灭亡的有机体所做的一场汗淋淋的噩梦。在别的地方，流放到澳大利亚的流犯正在逐渐减少，但这个过程十分缓慢，因为不列颠并不想就此罢休。1846年后，白厅和唐宁街仍然企望，这个制度能活下来。女王陛下的政府不能因为试用制失败，就向要求废除流放制的殖民地人屈膝投降。英格兰还得肃清自己的流犯，边沁在一代人之前所说的"那堆粪便"，每年都需要成千人的空间。鉴于监禁定罪人数的飙升，大多数法官、主教和政治家都同意，流放制度依然是除掉他们的方式。1847年，刑法、少年犯和流放特别委员会所做的报告对这一点相当直言不讳："放弃以流放作为惩罚的制度是很不稳妥的。"[46]因此，他们提出了各种不同的方案以供讨论，目的在于缓解范迪门斯地的压力，通过走后门的方式，把流犯悄悄运到澳洲本土。第一个方案由殖民大臣格拉德斯通在其半年的任期中于1846年提出。

格拉德斯通提议，在南纬26度处，即稍稍高出布里斯班的地方，在新南威尔士地图上画一道线。该界线以北属一个分离的新殖民地，叫北澳大利亚。这个所谓的"格拉德斯通殖民地"是一座无比巨大的低安全性监狱，获得有条件赦免和拿到假释证的流犯，可以从范迪门斯地到这儿拓居。英格兰的囚犯一上岸，就可以得到有条件赦免。这样，范迪门斯地就能腾出更多空间，接收从英格兰新运来的重犯。

很自然，范迪门斯地的自由拓居者觉得，这个解决方案不好。范迪门斯地的流犯早已达到饱和。到了1846年，其人口几乎有一半是正在服刑的罪犯。66000人中，30300人是契约民。如果把自由民（约15000人）中的前流犯算进来，属于少数派的"排外分子"前景就很不乐观。他们自己认为，在不断上涨的道德污染的大海中，他们是一小片正派体面的群岛。凡是提议让流犯新血进入的计划，都必须加以反对。

格拉德斯通殖民地在悉尼更不受欢迎，因为这个计划未在 26 度平衡线含进一道防流犯栅栏。采用什么方法，才能阻止新的被放逐者渗透进新南威尔士呢？不过，还是试用了这个方法。1847 年初，拓居者在南回归线以南的克蒂斯港，即该地计划中的首府登陆，却没有在那儿扎根：这些殖民者除了食品匮乏和受到土著的骚扰之外，还遇上了赤道大雨、毒日头、质量不好的水，以及嗡嗡乱叫的成群结队的害虫，结果他们意气消沉，悲观失望。

与此同时，格拉德斯通得到升迁，离开了殖民部，由格雷勋爵接任其位——该地拓居者 1847 年 4 月听到这个消息后，大大地松了一口气——他下令所有人撤离克蒂斯港。格雷对议会解释说，如果格拉德斯通的计划意在把流犯作为开拓者，置于荒野之中，那不如把他们都放在范迪门斯地的荒凉地区，但他前任的"真正目的……是送他们穿越北澳大利亚，把他们筛到新南威尔士去"。让解放的流犯在邻近殖民地开始新生活，这是一回事，"无法合理加以阻止"。但把他们像垃圾一样扔在新南威尔士旁边，然后让他们南行，渗透进一个并不想要他们的社会，这就是另一回事了，而且很不公平。[47]

但是，格雷肚子里还藏着诡计。当他意识到，不能再把流犯像沙丁鱼一样运到范迪门斯地时，就于 1846 年宣布，暂时停止流放两年。1845 年，已有 2870 个男女流犯在该地登陆。1846 年的数字是 1126 人，1847 年是 1269 人，而 1848 年是 1434 人。在 1847 年至 1848 年间抵达范迪门斯地的 1000 多名男性流犯，都是从诺福克岛迁来，因此，英格兰流犯人数削减得相当多。

不过，格雷在 1847 年告诉副总督邓尼森，不列颠"并无意"在两年期满之后，重新开始流放犯人。几天后，他的次长詹姆斯·斯蒂芬勋爵告诉财政部："女王陛下政府已经决定，完全放弃向范迪门斯地流放犯人。"[48]邓尼森看了格雷的急电后，断定它说的就是流放制度即将废除这个意思。范迪门斯地的自由拓居者十分高兴，也觉得是这么回事。但他们都错了。格雷代表着背信弃义的阿尔比恩①，脑子里早已想好了一个新的制度，名字起得很好听，就叫"协助流放"。

他的想法是，把国内教养院与国外流放结合起来。先让罪人在彭顿维尔服刑，经严格可怕的精神管教之后，让他们得到有条件赦免，然后送到澳大利亚，服满全部刑期。如果范迪门斯地（该地经济到 1847 年时，已经明白无误地显示了复苏迹象）不能把他们全部吸收，那新南威尔士和菲利普港急需劳动力的畜牧业拓居者肯定能够吸收。整个过程是这样：首先，在英格兰"隔离监禁"，然后"协助流放"到对跖点；到了对跖点后，不让犯人接触罪恶的试用制，而把他们分散到乡间地区和内地的拓居者那儿。如果他们的道德素质好像还不错，他们就可以带着老婆和家人一起去。这样，殖民者就没法抱怨说，他们又被流放制度的潮水淹没了。格雷 1848 年告诉邓尼森："目前所知的流放监禁制不会重新启动。不再把犯人置于监禁帮和试用劳动帮中，其分散分配的性质已完全改变。"[49]由于格雷具有政治家的头脑，知道起什么名字比较合适、便于接受，在目前情况下，就不再称监狱实验的受体为"流犯"，而称他们为"流放者"了。[50]

格雷脑子里转动这个念头，差不多已有十年了。他在莫尔斯沃斯委员会关于流放制度的会议上，就曾首次提出这个想法。1837 年，当他还是霍维克子爵时，就对新南威尔士的畜牧业大王詹姆斯·麦克阿瑟建议过。他问："假如囚犯在英格兰判刑数年，然后放逐到新南威尔士，（在那儿，把他们）置于警察的监控之下，就像对持有假释证的犯人一样，你觉得这会有什么效果？"麦克阿瑟回答说："那跟……流放制度一样，只是形式稍有改变而已。"[51]格雷接到殖民部的大印之前，这场实验已经开始。1844 年，"皇家乔治号"流犯船在菲利普港湾停靠，放下了 21 名流犯，这是自 1803 年尝试在未来的维多利亚州建立流犯拓居地一事流产以来，在该地抵达的第一批重犯。这些人早已在英格兰的新教养院，

① 英文是 Albion，英格兰或不列颠的雅称。

也就是彭顿维尔服过刑了。

这些人很快就得了"彭顿维尔人"的绰号，他们立刻就被渴望得到劳动力的拓居者们一抢而光，而且拓居者想得到更多的人。爱德华·克尔是个死硬的保守分子。二十年前，他是运气不佳的范迪门斯地土地公司的经理。公司倒闭后，他在菲利普港地区占有大片土地，专门为拓居者主持公道。自由劳动力缺乏，工资高，这从范迪门斯地和新南威尔士的"中部地区"吸引来了"整群整群"的前流犯。最好不要那些经常很可疑的人，最好接受彭顿维尔人，因为他们可能已经被教养院这台机器部分改邪归正了。克尔据理力争说，最大的问题是对廉价劳动力有需求，无论他还是他的拓居者同胞，都不准备"为了美德而被毁掉"[52]。

其他的人并不同意。按墨尔本编辑兼市政议员威廉·柯尔的观点看，"流放者"不仅有可能导致工资降低，而且会对殖民地的道德风气产生威胁。把他们"没有任何约束地"引进，是对所有自由公民的极大不公。[53]

就这样，流放者一到达，城市针对乡村、工人针对占地农的阶级冲突战线就已定下。又要开始向澳大利亚本土流放犯人了，这种前景绕过了新南威尔士广大疆域中，"排外分子"和"盈满释痂者"之间那从前就有，但现在从人口统计学角度来讲已经很脆弱的界限。有些"盈满释痂者"的家庭现在已经非常富有，都想得到廉价劳动力；而许多自由移民一听到流放者涌入，将导致他们丢掉工作、减少工资，就怒不可遏。"从前的""排外分子"家庭引以为傲的是，他们已在殖民地待了五十多年，但就是在他们的子女中，流犯也不再随处可见、影响治安了。1846年，新南威尔士的 187000 总人口中，仍然服刑的流犯不足 11000 人。与范迪门斯地身上背的那口"黑锅"相比，流犯现象（在那些还想要更多流犯的人眼中）不过是一小块污斑，正在迅速消退。现在又到了考虑其优点的时候了。

因此，在流放者问题上，占地农获胜了——当然是在开始的时候获胜。1845 年到 1846 年间，517 名"彭顿维尔人"在墨尔本下船之后，立刻就被人雇用。1846 年下半年，新南威尔士立法会设立的一个委员会向格拉德斯通报告说，新南威尔士内地"寂寞的广袤地区"似乎"是上天赐予英国的，最适合其罪犯在那儿接受劳动改造"。[54]立法会本身起初并不同意，但当格雷提出，每流放一名流犯，就免费送一个移民，而且流放者可以带老婆孩子一起来时，立法会改变了主意。这时，以格雷的流放者计划，向澳大利亚本土，甚至向悉尼大规模恢复流放的舞台已经搭好。1847 年，536 名流犯抵达菲利普港，1848 年则有 455 人。

但这时，开始出现了意外的障碍。"寂寞的广袤地区"好像也不是那么空空荡荡，因为英格兰 1847 年的全面经济萧条导致自由移民蜂拥而入。从 1847 年到 1849 年，约有 30000 名移民从英格兰乘船，到新南威尔士来碰运气。于 1847 年到 1848 年间来到菲利普港的人，再也不容易找到工作了。对流犯劳动力的需求量已经降低。而且，格雷觉得，鉴于不列颠的经济状况不好，他没法要求财政部为每个流放者配备一个自由拓居者的计划付钱。因此，他放弃了与新南威尔士立法会取得协议的那个部分，而在 1848 年 8 月取得一项枢密令，宣布根据女王陛下政府的意愿和意向，可以再次把流犯发配到新南威尔士。接着，他派遣"哈希米号"流犯船直接去悉尼，船上满载 239 名男性因犯。这是十年来第一艘进入悉尼海港大门的流犯船。1849 年 6 月 11 日，该船锚链在环形码头（在这儿，这条船就像带污点的杜鹃，窝在另外五条船中，上面所载的"新贩子"移民超过了 1400 人）入水，溅起水花，这立刻就被人当成一种迹象——破坏了格雷勋爵和维多利亚女王在澳大利亚的忠实臣民之间的信任。

这个事件在殖民地短暂的历史中引起了一次最大规模的公愤。瓢泼大雨中，人群在环形码头集合——根据废止流放制度人士的计算，达 5000 人，但据警察统计，只有七八百人。总督查尔斯·菲茨罗伊爵士眼睁睁地看着人群顺乔治大街和麦夸里大街倾泻而过。环形码头一带的店主很谨慎地锁上百叶窗，而士兵步枪上了刺刀，占据了总督府外面的阵地，环形码头的边缘此时已经成了一片呱唧作响的沼泽，早已围了一圈警察。但没有发生暴力。一个接一个的发言者爬到临时拼凑的讲台（公共汽车）顶端，对着群众热烈地讲话，引来雷鸣般的欢呼声。罗伯特·坎贝尔是一个伟大的殖民地商人的侄儿，该商人的砖头仓库和码头就在近旁。整整二十年，他一直为反对流放制度而战，此时宣布："他们可以在不引进英国犯罪和随之而来的不列颠苦难的情况下，征服土地，再让土地恢复活力。"约翰·兰姆是退役海军司令官，此时是一流实业家，在新南威尔士立法会还占有一席之位。他提出了第一项反流放制度的动议，该动议起草人是声名鹊起的澳大利亚政治家，名叫亨利·帕克斯。这是一次反流放制度的"深思熟虑的庄严抗议"：

第一——因为这个制度违反了大多数殖民者的意志，这一点通过他们所有时候对此问题表示的意见，已经清楚反映出来。

第二——因为我们之中已经有很多人根据英国政府的诺言移民，这个诺言就是，永远不再对殖民地流放犯人。

第三——因为这个制度与我们作为自由殖民地的存在不相符合，我们渴望自治，他们却想要我们成为接受另一个国家重犯的容器。

第四——因为这个制度极不公平，它为了一小撮居民的特殊利益，牺牲了广大殖民地伟大的社会利益和政治利益。

第五——因为……我们十分害怕，如果这样一种声势浩大的不公行为继续下去……它只会进一步让本殖民地人民与母国疏远。

英国移民大律师罗伯特·娄，也是后来的谢布鲁克子爵，是一个半瞎的老头子，他声音洪亮，对老百姓的感情脉搏把握得很准。他爬上巴士顶部宣称："他们雄伟庄严的城市，他们水色优美的海港，这一天却又被那座浮在水面的地狱——流犯船——所污染。"他谴责说，"这种努力是想把最糟糕也最降低人格的奴隶制强加给殖民地"，因为"那个压迫人的暴政没收了殖民地的土地——为了一个阶级的利益"，即占地农阶级的利益。在人群欢呼声平息的短暂时间里，他大声疾呼说，这次会议是建立澳大利亚共和国的先声，正如波士顿倾茶事件之于美国人一样。"在所有时代，在所有国家，非正义和暴政只会导致反抗，而反抗才能走向独立。"[55]

这次会议终于结束，但到了这时（一些来听演讲的比较眼尖的人注意到），没有一个"盈满释痡者"或流犯的子女讲话。反对流放制度的演说家们一起来到总督府，要求把请愿书交给菲茨罗伊总督。他同意第二天接见他们。菲茨罗伊告诉娄说，他会把他们的抗议书转交女王，但"哈希米号"的流犯还是要留下来，对此没有任何谈判余地。因此，6月18日，人们又在环形码头举行了一次大型集会，要求解除格雷勋爵的职务。娄提议解除其职务，亨利·帕克斯则起来反对格雷：这是一个"贵族，他一生都没有考虑过新南威尔士的问题，直到出现某次政治机会或偶发事件，他才获得了这个部长位置"。但因为人们叽叽喳喳，都在猜测澳大利亚可能发生美国佬式的起义，他补充道，他并不认为进行这种比较有何益处。自由的澳大利亚人"目前还不够发达，如与母国分离，哪怕有理由分离，也得不到任何好处……美国的老殖民者精神强悍，稳健扎实，我们却很少具备这种特质"。因此，帕克斯的观点是，所谓澳大利亚人的传奇式的独立精神，就不要多谈了。连他自己可能都没有想到，他说得很对，即使是一百二十五年之后，澳大利亚依然紧抱住英联邦不放。

菲茨罗伊写信给格雷勋爵，向他保证说，悉尼反对流放制度的只是一个小集团，其听众都是暴民。菲茨罗伊认为，他们关于殖民大臣违背了向殖民者许下的诺言的看法是很不公平的。[56]实际情况是，因"哈希米号"而发生的政治危机很快就烟消云散了。当又有一条流犯船，名叫"兰道夫号"，载着295名流犯抵达菲利普港时，墨尔本的市民说服拉·特罗布，禁止该船锚泊——但船长向北航行，把一船凌乱不堪的货物在悉尼卸下了，没有招来哪怕一次集会或演讲。这之后，又有两条船，即"哈夫林号"和"阿德莱德号"，在悉尼港卸载了总数达593名的流放者。他们是最后一批，也没有引发任何事件。

船上这批人也没有明显地败坏殖民地的风气。他们跟普通人差不多。有一个人在乡下主人那儿定居下来之后，写信说：

> 亲爱的妻子，你只要喜欢，就可以尽快过来了……我会让你过得很舒适，还会尽我之力，让你住在好人家里……你来后，要打听我时就说是移民，在路上千万别用流犯这个词或提"哈希米号"的事。在你们中间千万一次也别提这事，除了你自己之外，别让任何人了解你的事……亲爱的妻子，这个国家很好，气候很棒，永远都像是在夏天，我觉得，这对你的健康会很合适。这儿没有野兽之类的东西。美丽的鸟和一切都好像带着喜悦的微笑……这正是我们见到之后，可以在安宁和满足中结束我们时日的国家。[57]

这段出自一个心满意足的英国人的溢美之词，登在了当时最受欢迎的英国杂志《家喻户晓》上，其主编不是别人，正是查尔斯·狄更斯。如果说，狄更斯把这篇文字"编辑"过，那是轻描淡写，因为他的观点在很大程度上渗透了这篇发表的东西。尽管从未到访过澳大利亚，但他毫不隐瞒对该国的信念。给他这个信念的人，是一个也从未去过澳大利亚却假装去过的记者：塞缪尔·所罗门（1813—1883），他以塞缪尔·西德尼的笔名，发表了大量有关铁路和农业的文章。西德尼相当了解澳大利亚（他兄弟在那儿定居，又于1847年回来），但他的许多读者对此了解甚少，以至十年来，他们一直把他当成了——实实在在地当成了澳大利亚问题专家——大众权威。他出版了一本杂志——《西德尼移民杂志》（1849—1850）及一系列书，第一本是《来自澳大利亚遥远内地的声音》（1847），最后一本是《澳大利亚的三个殖民地》（1852），其副标题是"如何在澳大利亚定居并取得成功"，该书——适逢发现金矿——很受欢迎，获得了巨大成功。西德尼就像许多其他很有影响的记者一样，也很有吸引力，是个集社会理想主义和文学骗子于一身的大杂烩。

他内心渴望的是工业革命从英格兰驱逐出去的那个愿景，即家有四十英亩地、身体强健的自耕农所生活的田园般的阿卡狄亚。他相信，通过移民，可以在澳大利亚恢复这座普通人的天堂。"我国有成千上万的人生活贫困，营养不良，如果让他们到比较合适的殖民地去，就可过上像样的独立生活。"[58]

为了塑造澳大利亚的这种形象，西德尼相当借重亚历山大·哈里斯的《拓居者和流犯》（1847）一书，这是关于那儿自由工人生活的第一本书——反对流放制度，反对占地农，完全站在自力更生的角度，赞美丛林农场主和雪松伐木工人艰苦劳动的同志情谊。英格兰的自耕农已经陷入科贝特预见的衰落状态，成为宣传鼓动分子、宪章派人士及各种各样的意识形态追随者的烦躁不安的猎物。在有福的澳大利亚广袤的民主草原上，他们会找到自然的落脚点。

这些论点得到了一些改革者的赞同，这些人今天比西德尼更知名：哈利耶特·马丁诺，以及勇敢的罗马天主教慈善家卡罗琳·奇泽姆——"移民的朋友"，她于 1840 年至 1846 年，曾在新南威尔士做了很多工作，每来一艘移民船她都去接船，为船上不知所措的女乘客找工作，在整个内地为新到来的移民设立居所和职业介绍所，骑着她那匹名叫"船长"的白马，不辞辛劳地陪着一队队"新贩子"进入丛林。[59]奇泽姆女士回到伦敦后，赢得了格雷勋爵和殖民部永久次长詹姆斯·斯蒂芬爵士的"耳朵"，说话有人听了。1849 年，她成立了家庭殖民借贷会，在慈善家伯德特-库兹男爵的指示下，由库兹银行承担费用并由伦敦商人组成的一个董事会负责，给移民提供路费贷款，为他们在澳大利亚求职，以分期付款的方式回收贷款，并且不收取利息。她采访了成百名澳大利亚移民，关于这些移民的文字成了她所写的小册子的第一手资料。奇泽姆热诚地投身于自耕农移民和小型农场作业。她有一个天然的盟友，就是塞缪尔·西德尼。两人都在狄更斯那儿找到了共同的盟友，后者在每期出版的《家喻户晓》杂志上，传播他们两人的意见，并热情洋溢地把这些意见融入了他的长篇小说里。正是按奇泽姆和西德尼提出的移民路子，欠了一屁股债又很不中用的威尔金斯·密考伯——在《大卫·科波菲尔》（1849—1850）一书幸福的结尾——跟皮科蒂①、埃米莉和高米芝一起，到澳大利亚碰运气去了，在米德尔贝港，也就是狄更斯为墨尔本起的一个别名，找到了一个幸福的避难所。密考伯凭着自己的一双手，终于得到了救赎。皮科蒂这个雅茅斯的渔人知道干活是怎么回事，他说："戴维主人，我看见他光着脑瓜，在太阳底下流着汗，我差点以为，他的头要晒化了。现在好了，他当上了地方法官。"[60]

狄更斯、西德尼和奇泽姆这几个很会说服人的人，组成了一个厉害的团队，还有哈利耶特·马丁诺和爱德华·布尔沃-利顿这样的同情者撑腰——后者本人于1858年成了一个办事极为不力的殖民大臣。他们都知道谁值得他们同情，以及谁不值得他们同情：他们创作的有关殖民地机会的戏剧中，恶棍是澳大利亚那些怀念廉价奴隶劳动力、心怀不满、决意维护流放制度的牧场主和自私自利的占地农。"放开土地！"——这种呼声当时就是代表英格兰和新南威尔士的"四十英亩自耕农"发出的。那么，大牧场主是不是蓄意瓦解自由移民呢？回过头来看，他们好像并没有这样做。他们大多数时候都极度渴望得到劳动力，能够得到时，也很愿意花钱支付——但是，几乎毫无疑问的是，他们之中最反动的人，肯定宁愿有流犯。不过经验表明，尽管英国人可以通过《皮克威克外传》里塑造的滞定型那种玫瑰色的轻雾来看澳大利亚的景象（澳大利亚人在狄更斯文字的魅惑下，有时也会这么看），但1850年的小农场主还很脆弱，就像布莱总督时期霍克斯伯里沿河一带的人那样，很容易受到干旱、林火和洪水的侵袭。这片土地绝不是阿卡狄亚。丛林一着火，就可以把"四十英亩人"十年干的活毁于一旦。哪怕年成好，也要三英亩地，才能养活一头羊。但是，经主要住在都市的能言善辩者一处理，这样的现实就遁入背景之中。他们现在之所以敦促废除流放制，不仅仅是因为这本身有益于道德，也是因为这是对土地垄断的打

① 英文是 Peggotty，译法至少有五种。

击；既是成功移民的条件，也是解决英格兰不满情绪的良方。

在澳大利亚，焦点稍有不同。当然，满腔热忱的自耕农被贪婪的占地农弄得灰心失望，这种形象具有强大的政治意义，但罪恶流犯的滞定型固定下来，是任何个人经历都无力改变的。把流犯搞掉，与帝国保持关系——这就是地方改革者的论调。斑异蹼贵族中，凡是大谈废除流放制度的德摩斯梯尼①，一张开嘴巴反对英国犯罪分子污染澳大利亚，就要先发表一通红蓝白三色的冗长的开场白，向仁慈的女王陛下保证，对英国王室矢志不渝，全心全意，五体投地，忠心耿耿。一方面，殖民者义愤填膺，扬言威胁，却又不履行诺言。另一方面，帝国主义者早已厌倦了过时作废的监禁制度，却又不敢一次性将其取消，害怕因迫于澳大利亚人的压力而显得过于顺从。通过对这两方面的矛盾进行麻烦的调和，这个制度才终于结束。到了 19 世纪 40 年代后期，反流放制的言论已经司空见惯，在讲道台的每一场布道和大多数政治集会上，都能听到这种言论。正如新南威尔士的一名英国军官所说：废除流放制度，在"通常昏昏欲睡、酒足饭饱、对政治麻木不仁的悉尼"，成了"唯一一场近似大众起义的运动"。[61]墨尔本和范迪门斯地的情况也是如此。1849年，在范迪门斯地，在大出版商小亨利·道林（1810—1885）、大地主理查德·德莱（1815—1869）和约翰·韦斯特（1809—1873）等人领导下，该岛成立了反流放制联盟。约翰·韦斯特是个激情、雄辩的公理会牧师，他在全岛各地演讲厅和布道台强烈抨击流放制度之余，写出了第一部范迪门斯地的史书——该书多年来都是该地最好的史书。

但无论是举行抗议集会，还是发表不满意见，反对强加于自身的那口黑锅，脱离英国都是不可能的。该联盟内外的人都不想这样。与此同时，格雷对范迪门斯地停止流放的禁令已于 1848 年到期。于是，这台流放机器驯服地遵从格雷勋爵暴躁而又执拗的性格，重又开始向霍巴特和朗塞斯顿的方向滚动起来。副总督威廉·邓尼森爵士除了对反流放制

---

① 古希腊雄辩家、政治家。

联盟的"伪善""呸呸"地啐上几口，也没有别的办法，只有看看还能为格雷勋爵的"流放者"做点什么工作。他还试图向拓居者保证，新来者——他们已经在彭顿维尔服过刑——质量要比以前好，而且每年来八到十条船，也不能说明殖民部违背了诺言，但他的保证不太成功。随着范迪门斯地经济很不稳定地挣扎着，逐渐摆脱了灾难性的萧条局面，邓尼森乐观起来，觉得私营就业可以吸收大量流犯：第一年1500人，然后是2000人。1848年实际抵达的是1434人，1849年是1847人，1850年跃升到3406人。他夸下海口说："我已成功力挽狂澜，以折中方式挽救了配给制。"然而，格雷并不想听配给制方面的事。鼓吹废除流放制度的人也不想要这种制度，是否修改也无所谓。反流放制联盟在终止向范迪门斯地流放犯人的工作方面，发挥了巨大作用——比通常承认的要大，但流放制度的结束，主要还是因为格雷勋爵从殖民部辞职后，人们在澳大利亚发现了金矿。

第十六章　我们即贵族

　　1848 年底，加利福尼亚淘金热的消息抵达新南威尔士，在一批从悉尼扬帆启程越过太平洋前去旧金山寻找发财机会的乐观主义者中，有一个身体肥胖、长得像头小公牛的人，名叫爱德华·哈蒙德·哈格雷夫斯。他抵达加利福尼亚时三十一岁，他跟一个"悉尼鸭"① 伙伴，整整两年长途跋涉，争先恐后，端着盘子淘金，却连一盎司黄金都没找到。他出生于英国，在澳大利亚住过，知道巴瑟斯特附近蓝山西部的地形。他逐渐被一种信念攫住，相信新南威尔士的惠灵顿地区——悉尼以西一百七十英里、巴瑟斯特以外五十英里的地方，山峦呈茶褐色，有石英露出，沟壑遍布——颇像加利福尼亚的金矿地带。1850 年底，哈格雷夫斯和成千上万"49 年人"② 一样，到了最落魄的时候，把最后几块钱拿来当路费，回到悉尼，但他随身带着淘金盘和淘金摇篮。1851 年 2 月 12 日，他跟向导约翰·李斯特一起，骑马沿卢斯塘溪而下，这是巴瑟斯特以外古永附近麦夸里河的一条支流。

　　随着马儿择路而行，哈格雷夫斯觉得——正如他后来所说——"周围到处都是黄金"。他拿着鹤嘴锄和泥铲，来到河床上，在横过溪谷的一道页岩上，刮下一些砂砾和土。五分之四的淘金盘中都有金子。哈格

---

① 英文是 Sydney Duck，专指 19 世纪 40 年代从澳大利亚到加利福尼亚州淘金者，其中很多人名声不佳。
② 英文是 Forty-Niners，指 1849 年去加利福尼亚州淘金者。

雷夫斯不胜惊喜之至。他对李斯特惊呼："这是新南威尔士历史上一个值得记取的日子。我将成为从男爵，你会被授予骑士，我这匹老马将被做成标本，放进玻璃匣子，送到大英博物馆！"[1]

这一切都没有发生，但一件意义无比重大的事发生了。澳大利亚出现了淘金热。1851 年 4 月，哈格雷夫斯给他那个地区送了一个取自《圣经》的名字，即俄斐。5 月，各报纷纷宣布，该地"是一座巨大的金矿"。到了 5 月 24 日，已有一千多名淘金人在夏山溪两岸掘地三尺，或骂骂咧咧，或欢呼雀跃。蓝山上的那条路塞得水泄不通，人们把脚都走痛了，一队队人慢吞吞地蜿蜒行进：办公职员和马夫、杂货店营业员和海员、律师和逃兵、卖牡蛎的小贩和地方法官、政府官员和前流犯牧羊人，人人顶着澳大利亚秋季的暴雨，靴子上积了一团团泥巴，负荷着帐篷、毯子、撬杆、鹤嘴锄、铁锹、淘金盘，以及匆忙买来的比利罐等，艰难跋涉，踉踉跄跄地朝闻所未闻的财富走去。那情景就好像有人把塞子拔掉，让新南威尔士的全部男性人口像从水池里漏掉一样，一齐冲往淘金地。据巴瑟斯特和悉尼报纸报道，生意"完全瘫痪……几乎所有的社会成员都好像发神经病一样疯狂起来"[2]。

到了 6 月，俄斐地区备受冲击，黑压压一片，都是浑身土色的人，他们摩肩接踵，兴奋异常，在变化无常的地上挖着掘着。那个月，勘探者都向西北方向移动，来到都隆河两岸，在那儿发现了金矿，以及更多的金矿。一个土著饲养员并没勘探，只是没事干，拿着他的石斧，在离巴瑟斯特五十英里的地方，削着一块露头的岩石，结果发现一块石英，其产金量为 1272 盎司。这是历史上记录在案的最大的金块，比"49 年人"在加利福尼亚找到的任何金块都大。"人们……傻乎乎地面面相觑，含混不清地说着胡话，心里诧异，不知道接下去还会发生什么……一英担食糖或土豆，这是天天都能看见的事实，但一英担黄金，这……已经超出了我们记录下来、能够想到的范围——在物质上是不可理解的。"后来那个土著没能把金子留下来，但他的雇主柯尔医生因为金子是在其土地上找到的，就送给他和他的兄弟几头羊、几匹马、一些给养，以及几英亩土地，权当安慰奖。[3]

　　随着淘金热蔓延开来，探矿者意识到，从地质学角度讲，新成立的维多利亚州，其实不过是新南威尔士的延伸。7月，距墨尔本一百英里的克鲁尼斯发现了金矿。1851年9月，一个七十多岁名叫约翰·邓洛普的淘金工，在墨尔本邮政局以西不过七十五英里的巴拉纳特发现了最富的金矿。到处都有金子！这话立刻传回了墨尔本。岩缝间，草丛中，处处散布着金子，几千年来就在那儿闪耀，从来没人瞅过一眼。现在，边疆社会深不可测的欲望，钳子一样夹住了金子，而金子从此把这个社会改变得认不出原样来了。

　　金子属于政府，因此，政府要求，维多利亚州的矿工每月要交三十先令的执照费，这个索价实在太高。不过，到了1851年11月，已经颁发了六千五百份执照，金子如瀑布一般，从巴拉纳特和都隆矿区，泻入结实的帆布袋里，转而泻入正在等待的船只的舱底。第一批运往伦敦的黄金，只有253盎司，装黄金的船是"托马斯·阿布诺特号"。到了1852年中期，淘金地可能有五万人，而从巴拉纳特和本迪戈起航的黄金护送船平均每周的装船量超过了两万盎司——每周半吨黄金。《泰晤士报》于1852年11月宣称，澳大利亚的黄金狂潮已经"绝对让人惊讶不已"。到了此时，一艘船（"蒂都号"）就能指望携带二十八万盎司，也就是十吨半。所有这些都来自维多利亚州的淘金地。该地仅在1852年8月这一个月，就生产了二十四万盎司"黄澄澄的东西"，尽管冬雨几乎持续不断，淘金工的工作条件极为艰苦。[4]

　　到了这时，墨尔本已成"鬼港"，不停地举行着农神狂欢节。菲利普港成了一座马尾藻海，上面泊着死船，摇摇晃晃，空空荡荡，潮水成百次打来，又成百次退去，无人排去船底污水，海面桅杆耸立，仿佛一片光秃秃的森林。当一艘船载着渴望淘金的乘客抵达，舱底塞满开矿工具和廉价家具，船一卸载，船员（经常连船长都）会弃船逃跑，加入那股稠密的人流，朝巴拉纳特和本迪戈涌去。雇主没有了劳动力，于是锁上办公室就上路了。1851年10月，据维多利亚州的查尔斯·拉·特罗布副总督报告说：

> 家家房舍空无一人……房屋待租，生意停摆，连学校都关门闭户。在有些郊区，连一个人都不剩。据知，妇女为了自我保护，不计邻居前嫌，组织起来，守护家园……幸运的是，无论家庭处于何种情况，他们都不惜任何代价，把仆人留下来，还能从几家没走的商人那儿，为家里购置日用品……所有建筑物和合同工作，无论是公家还是私人的，几乎无一例外地停摆。在这种情况下，再怎么坚持履行合同也没用。[5]

棚屋镇和树皮棚子迅速增多，住进了成千上万的移民，他们因希望而发狂，从来自英格兰和爱尔兰的船上一拥而下。

在这座年轻的城市，泥巴深及膝盖，人们随地大小便，大街小巷交通堵塞、肮脏不堪，街道两旁是旅馆和酒馆，"人眼所能见到的最丑陋的人"——淘金工、赖着不走的人，以及他们的伙伴和他们的娼妓——仿佛在这儿举行一场昼夜不停的狂欢会，把淘来的金子又喝光了。有一个人以前从未尝过香槟酒的滋味，却把一家旅馆的全部存货买光，把一瓶瓶酒倒在马槽里，邀请所有的人把酒舔干。矿工东倒西歪，在奢侈品店里走来走去，把华而不实的巨大戒指套在女友的指头上，索要最昂贵的衣裙，用五英镑的钞票点燃自己的烟斗，把金粉倒进出租马车司机捧起来的手里。一个名叫约翰·谢热的英国淘金工说："他们陶醉于暴富之财，欣喜若狂。"他们"就像许多未被驯服的野马，突然在沙漠中被捉住，从前在沙漠中除了饥饿，什么都不知道，此时却猛然被赶进一片丰饶肥沃的田野，这儿什么都有，什么都不缺"[6]。他们像粗俗的帕夏一样对待他们的女人，哪怕对那些前景很差的人也是如此，就像刚从爱尔兰来的"比蒂·卡罗尔"："极为愚蠢、懒惰、肮脏，可怜的比蒂一个朋友都交不上"，很像"刚从土里面掘出来的还没成熟的土豆，土豆皮四面飞扬"。但很快，她就找到了她的淘金工，之后，她的一个熟人在一艘蒸汽船的沙龙里注意到：

> 比蒂·卡罗尔那张单纯愚蠢的土豆脸……一个十分幸运、很没头脑的淘金工完美无缺的新娘。她的帽子是白缎子的，上面繁花似锦，花朵精致，罩着带波纹的富丽的白面纱。她身穿一件超好的薰衣草色缎子花连衣裙，围了一条华美动人的巴勒吉纱罗的围巾……好大一只金胸针……好大一条金项链，腕上戴着漂亮的银手镯。[7]

比蒂女不仅是令人纡尊降贵、觉得好笑的对象。她们穿一身从店里买来的东西，打扮得花里胡哨、花枝招展，成了阶级分裂的标志。黄金扰乱了盎格鲁-澳大利亚的社会秩序——从畜牧业的"贵族"，到下面的流犯——让人感到了民主的震颤。黄金财富并不"民主"，但它扩展了现有的寡头政治，使澳大利亚市场和生产多元化，帮助建立了澳大利亚资产阶级。浑身沾满黏土的淘金工，之前不过是屠夫，头发里还带着动物脂肪的骚臭，满嘴说着淘金地的黑话，却很快住进了图拉克①，会客厅里铺着阿克斯明斯特地毯。他的黄金能让现金流通起来，从而建立郊区。他花钱的习惯能让更多商人提升地位，过起舒适的生活。发财的人都是淘金工——钱财也是取自他们。黄金的确尊重阶级，它稍微偏向地位较低者：满手老茧的无技术工人、矿工或海员，因为多年体力劳动而肌肉结实强健，只要把井打到二十英尺的地下，就可在本迪戈找到产金岩层；而这段时间，一个举止优雅的"新贩子"再怎么干活，也只能刨去三英尺地皮，还要刨得手心出泡、皮破肉烂。谢热写道："一切都带上了革命的性质。"他同时补充道：

> 从前那个国家的贵族感情和联系立刻泯灭殆尽。最可恶……也最低级的平民主义目前就在澳大利亚。随着财富成为衡量一个人地

---

① 英文是 Toorak，一直是墨尔本的富人区。

位的准绳，除非你有强大的财富作为辅助，否则，你就是再自命不凡也是枉然。衡量人的标准不是看你过去是谁，而是看你现在做得怎么样。[8]

矿工在墨尔本的酒馆里欢闹无度，有人听见他们说："我们现在都是贵族了。都是贵族了我们。"[9]

ii

这场大肆进行的平均主义盛宴上，却有一个幽灵在徘徊：这就是老手，也就是前流犯。维多利亚州的人有一种想法，以为他们的殖民地从来都不是——或者至少主要不是——流犯拓居地，并因这种想法感到过分自豪。1835 年，具有开拓精神、很会巧取豪夺土地的约翰·巴特曼，在菲利普港湾地区，从三个酋长（名字都叫贾嘎贾嘎，让人费解）手里，用毛毯、小刀、衬衣和镜子等，"买了"大约六十万英亩土地，其中包括目前的墨尔本所在地。开拓先锋们早已带着一队队配给流犯南行，离开了新南威士尔的"中部地区"。在 19 世纪 40 年代，几乎有两千名流放者在菲利普港登陆。但直到那个时候，维多利亚还没有剥削流犯劳动力的机构。因此，该州自由民觉得，他们要比声名狼藉的悉尼人和范迪门斯地人更有德行。有些拓居者——不是找金子的人，而是一些比较清醒，也比较认真的人——去那儿，部分是因为那儿没有"流犯污点"，期望那儿比较安全，犯罪率较低。

当淘金热从范迪门斯地招来一大批"盈满释疵者"的流犯时，他们不仅大为沮丧，而且十分恼火。成千上万的罪犯——因为在"有头有脸的"人眼中，前流犯仍然是重犯——洪水般涌入墨尔本，扇面般推向维多利亚全境。无人知道究竟来了多少人，因为他们都是自由人，从澳大利亚的一座殖民地搬到另一座殖民地，是不用出示通行证的。一个比较悲观的猜测是，十分之一的淘金者从前都是为政府干活的犯人。很快，维多利亚凡是没有解决的犯罪案件（新南威尔士也有不少案件），全都怪在了"范迪门斯地人"——甚至干脆就是"迪门"①——的头上，因为人们就是这么称呼这些来自范迪门斯地的不良分子的。事实上，在1851年至1853年之间，维多利亚定罪的极大一批犯罪者，还真是越过巴斯海峡而来的前流犯。

对大多数范迪门斯地人来说，淘金热是他们孤注一掷的赌注。范迪门斯地人的经济与澳洲大陆相比，极为原始落后，而获得足够的土地，与地位稳固的畜牧家族一争雌雄，这种机会又微乎其微。所以，凡是体内流动着血液的人，都想到海峡那边一试身手，淘到黄金。尽管萧条期已过去，但前流犯的劳动力市场一直处于十分萎缩的状态。在金矿地，服刑期限已到者可能会发财，即使他们贫穷，但在容易受人影响的"新贩子"眼中，也还颇具某种魅力：

> 新贩子坐在火边的木堆上，听着某个"老手"或流犯讲犯罪故事和冒险故事。这些人中，有些已经淘到大量黄金，现在独立了，便大吹特吹他们从前的劣迹。犯的罪越大，就越受人尊重。[9]

维多利亚当局站在范迪门斯地反流放制联盟的一边。1851年2月，墨尔本市长向该联盟的两位主要发起人，即历史学家兼公理会牧师约翰·韦斯特和大畜牧业主威廉·韦斯顿表示祝贺——他们到那儿，是为了建立一个"庄严的战斗联盟"，团结澳大利亚所有的殖民地，再也不接受流犯劳动力——因为他们做出了"爱国的努力"。市长宣称，维多利亚州也在做出"努力，不让英国犯罪分子倾泻进我们这个美丽的州来"。

---

① 即英文的 Demons，指魔鬼。

（而且）由于我们殖民地与你们十分靠近，协助你们扭转局面，不让流犯大潮涌入范迪门斯地，对我们来说也关系重大。请放心，维多利亚州的殖民者将与你们手携手，心连心。[10]

很自然，几个月后，当维多利亚州成为独立的殖民地时，反流犯的情绪就更加高涨了。1852年2月，墨尔本市的市长、市府参事和市民等，向维多利亚女王写了一份请愿书，抗议把"彻头彻尾的罪犯"流放到范迪门斯地，因为他们"度过短暂的试用期"后，就渡海进入这座名字跟她一样的殖民地，将它污染，使它贬值：

范迪门斯地的解放流犯，如果毫无限制地涌入，就会让人难以忍受，引起民怨沸腾，必然很快令女王陛下的忠顺臣民人心背离……如果我们隐瞒事实，不告诉女王陛下，说我们中间越来越多的人已在这儿成熟起来，对母国完全没有（效忠的）感情，并对他们所属的殖民地被其他国家看成不列颠排泄犯罪之地这一事实深感耻辱，那我们就等于犯了欺君之罪。[11]

巴尔莫罗尔表示沉默，唐宁街的回答马马虎虎，但市长演讲的语调不是假装出来的。民众的怨情非常之深，很快就产生了一项令人不快的法律，于1852年9月，在新成立的维多利亚立法会上——在民众的一片赞扬的吼声中——通过，这就是《防止流犯入境法》。正如拉·特罗布把该法转寄给伦敦时所说，该法是带着"一片热心，十分匆忙地"制定的，它也忽视了"宪法自由的许多重要原则"，但这项法案极受欢迎，且犯罪率过高，警察经费高到政府难以为继的地步，所以他还是在上面签了字。

现在，任何人想从范迪门斯地到维多利亚来，都得证明，他获得了无条件自由。如果不这么做，处罚是戴脚镣手铐，服三年苦刑。这项法案特别不公正的地方在于，它歧视了获得有条件赦免者，根据法律，这些流犯是可以在澳大利亚各殖民地之间自由来去的，只要不回英格兰就行。这项法案等于把他限死在经济落后的范迪门斯地。它还给予维多利亚警察宽泛的逮捕和搜查权限，在这一点上很像三十年前遭人痛恨的《丛林漫游法》。但是，在1852年墨尔本的那种气氛下，谁若为前流犯的"权利"说话，谁就是在进行政治自杀。由于害怕殖民者和皇家真的会分裂，拉·特罗布认为："根据目前的非常情况，尽量有意与殖民者精诚合作……是十分可取的。"

在澳大利亚，并非所有的利益集团都同意——牧场主尤其不同意，因为劳动力流向金矿这件事对他们打击最厉害。淘金热，哪怕是在冬天，也使畜牧业的劳动力枯竭。到了春天，劳动力就短缺到了灾难性的地步。劳动力离开东北部畜牧场，流入新南威尔士的"中部地区"，从而造成劳动力枯竭。要解决这个问题，只有一个办法，那就是立刻输入重犯，因为他们没法离开配给职位去寻找黄金。"在本殖民地历史上，从前发生危机，都没有像现在这样，对这个阶级有如此大、如此持久的需求，这个阶级的人也从来不像现在这样可能迸发出生产力。"[12]

淘金热尚未开始，昆士兰的牧羊场和牧牛场就明显缺乏廉价劳动力。1850年1月，畜牧业的一个宗族——莱斯利宗族的一个儿子，就向其父亲报告说，他们曾举行公共集会，要求殖民大臣提供流犯，因为"我们需要更多的劳动力，而这是移民无法提供的……我们接收的这些移民都是教区济贫院扫地出门的家伙，道德素质根本不比流放者高，比他们懒得多，也不受约束得多。我们要求流放者和移民各占一半，如果不答应这个条件，我们就去请中国人来"[13]。

这个问题使昆士兰人分成两派，也使澳大利亚其他地区的白人分成两派：一派是占地农和牧场主，他们需要流犯；另一派是自由乡下劳工、教士阶层、店主和来自布里斯班镇的几乎所有的人，他们骚动不安，反对承袭"污点和污斑"。但从全国这个层次讲，牧场主属小众。尽管他们可以不把他们自己的羊毛捆装场举起来的"没有洗干净的"手算在内，但他们没法假装——在真正的政治生活中——这些手是根本看不见的。

在澳大利亚的其他地方，情况也是如此。维多利亚坚决反对"污点"，南澳也一样，因为南澳在1851年12月已向格雷勋爵寄去该州自己的请愿书，提醒他说，范迪门斯地的前流犯出现在南澳疆域内，就会破坏该地人民的道德水准。只有一个例外。

这个例外当然就是范迪门斯地本身。该地没有淘金热，该地也不曾从移民中受益。很少有人愿意在"污点"的殖民源头开始新生活。太多的年轻人、双手骨节粗大的人、精力充沛的人、雄心勃勃的人，都被淘金热从范迪门斯地吸引走了。范迪门斯地陷入经济瘫痪。在那儿，不用流犯，就得讨饭！畜牧业主不停地申述这个观点。反流放制联盟可以随心所欲地布道，沉醉在义愤填膺这种奢侈之中——但事实依旧不变，即流犯甫抵范迪门斯地，立刻就被牧场主急吼吼地抢走了。在1851年中期之前，霍巴特的流犯仆人没有等候名单，但1852年中期，当292名囚犯乘坐"菲尔利号"抵达时，申请得到他们服务的共有1259人。[14]

拥有土地的豪绅对流犯和"盈满释痞者"始终抱有社会偏见，用霍巴特一家报纸在1851年的话来说，他们的"憎恶反感，犹如军队方阵般密集"。要是能自己选择，大多数雇主宁要自由工人，也不要流犯工人，但他们没有选择，因为自由工人都到淘金地去了。因此，土地寡头——如奥康纳和洛德家族、比斯蒂和塔尔伯特家族，以及赫德兰姆和贝利家族，他们在这座绿色阴郁的小岛上，拥有二十五万多英亩的土地——麻木地把请愿书一次次发往伦敦。其中一份为种植园学会辩护、充满敬意的请愿书，就有459名牧场主和商家签字。

澳大拉西亚反流放制联盟并不怀疑其使命的公正性，他们的信笺上有一面南十字星旗和一句过于正经的座右铭：In hoc signo vinces。这是一句梦中说给君士坦丁大帝的话："你将以此象征物征服。"在十字架的庇护下，他乘胜进军，于公元312年在米尔费恩桥击败了马克森提乌斯的异教徒军队。反流放制联盟的成员也想像他一样，击败澳大利亚的假罗马，即殖民部。反流放制联盟慷慨陈词，群情激昂，大谈流放制度会造成污染、留下污点，这些话在其他殖民地就像奶油一样大受欢迎——除了"盈满释痞者"的后人，当废除流放制的政党纲领把骂人话朝他们父辈和祖父辈头上雨点一样砸去时，他们听天由命，闭口不言。但范迪门斯地的人一听这话，就气得说不出话来。他们之中有太多的人——截至1850年，可能有五分之四的人——不是父亲就是母亲这一边，或者父母两边都与流犯有亲戚关系。这让人在社会上很不好意思，如有可能，可以默不作声，只当没这回事，尽管如此，他们还是不想听那些人长篇大论，指责他们被污染到了何种程度。结果，反流放制联盟面对霍巴特和朗塞斯顿晚餐会的一张张空椅子，不得不大发免费票券——范迪门斯地的人可不想把好好的钱拿出来，去听人们侮辱他们的父母。[15]

反流放制联盟和范迪门斯地政府之间，关于联盟维多利亚州分部赞同的不公平的《防止流犯入境法》展开了战斗，从而在霍巴特点燃了一场真正的阶级斗争。这场斗争的战区，就在即将于1853年1月举行的范迪门斯地立法选举上，其主要议题是把责任转向地方市政府（这点邓尼森支持）和结束流放制度（这点他反对）。1851年选举的赢家是那些主要同情废除流放制的人，也就是反流放制联盟的朋友。反流放制联盟的成员能在范迪门斯地再度打胜仗吗？[16]

人们对这一点并不确信。维多利亚州制定了《防止流犯入境法》，结果使他们自己陷入尴尬的两难境地。他们之中很多人都不想触怒皇家，因为这个法律实际上不承认皇家赦免流犯的有效性。该法似乎是一个暴政的法律，对其他塔斯马尼亚人都很不公平，事实也是如此。威廉·邓尼森爵士的政府一看，扭转反流放制宣传的绝妙机会来了，就通过与政府结盟的媒体，形容反流放制联盟的成员都是反动分子，企图永远奴役有条件赦免的流犯，因此虽然打扮得像开明人士，实则全是寡头（"从前是残忍无情的奴隶主，现在是追求新奇的联盟会员"）。[17]随着1852年的春天让位于塔斯马尼亚的初夏，霍巴特早就受到压抑的政治情绪沸沸扬扬起来，使人回想起四十年前在麦夸里时代，悉尼的"盈满释痞者"和"排外分子"之间发生的那场异常怨毒的争议。当地政治话语曾用委婉语为流放制度及其阶级差异罩上一重轻纱，现在却把这一切都掀掉了。与此同时，邓尼森的支持者与前流犯利益集团联手，一致反对反流放制联盟。双方开动宣传机器，互相破口大骂。在这次选举战中，《卫报》等同情政府的报纸的读者看到的文章全是支持"盈满释疮者"的，他们甚至读到流犯作为唯一的英雄出现的澳大利亚历史调查。在集会上，反流放制联盟的演讲者被对方的大喊大叫声压倒，支持联盟的《泰晤士报》称这些人是"贫民窟阶级"，因"威廉·邓尼森爵士政府的资助，而鸡犬升天……焕发活力"。反流放制联盟成员谴责副总督制造了"一场阶级战争"，骂他管理的政府是——其用语很奇怪，让人事先品尝到了后来惯用的政治修辞手法——"范迪门斯地的红色共和政府"。[18]但是，1853年1月计算票数时发现，邓尼森和下层阶级前流犯的票数占绝大多数，因为他很灵活地操纵了他们的感情。

不过，英国政府还是听取了反流放制联盟、国内批评者和较为富有的澳洲本土各殖民地的意见；而当邓尼森报告说，选举证明他很受欢迎时，英国政府斥责他"偏袒不公"。在英格兰，迫使流犯流放的压力松弛下来。自人们有记忆以来，英国国内的政府监狱中，第一次实际上出现了囚室腾空现象。例如，1851年，政府建造了更多监狱，开放了严酷却宽敞的达特穆尔监狱，还在朴次茅斯建造了一座新监狱，以取代人满为患的囚船。截至1852年，英格兰的监狱空间可容纳一万六千名流犯。

此时，监狱比流放便宜，至少对刑期较短者如此。一个犯人在范迪门斯地服刑完，要花一百英镑，但英格兰监狱每年每人仅耗费政府十五英镑。由于英国监狱只有少数犯人刑期超过一年（在1842年至1850年间，总数仅为五千人，比较之下，同期流放到范迪门斯地七到十年的男女囚犯达到了三万人），目前可行的做法是，减少流放犯人人数，加长在英国监狱服刑的期限。很明显，边沁五十多年前令人厌倦地进行了那么久的哲学鼓吹的教养院，注定要取代植物湾了。[19]

1850年4月，格雷勋爵在议院起立发言，最后一次为流放制度辩护。他仍然计划在需要流放的时候，把流放者送出去。事实上，为了平息东北部牧场主的怒气，他已于 1849 年 5 月和 1850 年 1 月，分别派遣两船径直去莫尔顿湾，即"斯图亚特·埃尔芬斯通山号"和"班加罗尔号"。只要新南威尔士的立法会控制在畜牧业利益集团手里，他就始终拥有把重犯送到那儿去的选择权。流犯创造了经济基础，使自由移民能够去澳大利亚——去年就有三万一千个这样的移民去了那儿。格雷承认："主要应该在国内实行监禁和监禁劳动……"他还承认："自由殖民地有权期望，不经他们允许，就不应把流犯送到那儿。"但原则上，他不肯放弃流放制度——特别是不想放弃向范迪门斯地流放犯人。该岛本来就是作为监禁殖民地而建立的，从来就没有其他目的。英格兰已经花了"成百万"英镑，把该岛作为监狱打理。

> （而且）该岛的自由人口——因为这笔费用所提供的特殊优越条件而在那儿立足——根本没有任何权利指望改变该国政策，而他们觉得自己理应提出要求。他们也没有任何权利指望迫使我们再度耗费巨资，建立某座新拓居地……我认为，应坚决维护并巩固权威，继续将范迪门斯地用作接受流犯之地。[20]

无论格雷的立场有多公正——尽管缺乏对殖民地人感情的吸引力，他的这个立场还是公正的——他的希望（以及牧场主的希望）都因 1851 年的发现金矿而落空了。黄金是导致流放制度结束的矿物质，因为发现了黄金，就等于把粘在澳大利亚身上的最后几块恐怖的破布片扯下来了。不列颠从无技术的工人到子爵，有四分之一的人抢着买票，要到南方的金矿淘金，这时谁还会认为，领着政府的钱到黄金国去一趟，是一种可怕的惩罚呢？——特别是像谣传的那样，流犯在霍巴特一上岸，可立刻得到有条件赦免，人们就更不会觉得这是可怕的惩罚了。正如菲茨罗伊总督所说："很少有英国罪犯……会认为通过霍巴特镇免费去金矿地不是一种很大的恩赐。"[21]

这时还有人认为，流犯劳动力是解决经济问题的灵丹妙药，但这些人大多是狂热分子。[22]英国报界在《泰晤士报》的带领下，现在已坚决反对流放制度了。格雷在上议院和下议院都没有什么盟友，除了几个执掌最高司法职务、比较反动的议员之外。再说，他反正已在1852年下台。接任殖民大臣的托利党人是约翰·帕金顿爵士，他刻不容缓地采取了行动。1852年12月中旬，帕金顿给范迪门斯地的邓尼森副总督写了一封信。他自称"并非没有意识到"那种一直在持续支持流放制度的论点。之所以很想废除该制，部分"可能……是因为流犯暂时人满为患而有某种可悲可叹的罪行……盛行"——说白了，就是鸡奸问题。但是，更好的安排遏制了这个问题。当然，每到一条船，拓居者就把流犯劳动力一抢而光，"极为乐意，几乎带着贪婪"，这证明，对他们的需求是实实在在的。然而，支持流放制度的人没有形成有效的游说集团。"尽管有些人没有对这个问题发表意见，但无论他们有何私人意见，不计其数的公共集会和这些殖民地的所有立法当局都表示强烈反对流放制度。"他不愿激怒澳大利亚人，使之"愤怒地反对"，从而招致王室的憎恶。最后，澳大利亚又发现了黄金，而因有黄金存在，"再花公费载运流犯，又不打算很快释放他们，让他们到成千上万诚实劳动者正徒劳无益地试图抵达的金矿地附近去，这是一种很失礼的行为"。[23]

范迪门斯地的流放制度就此结束。最后一条流犯流犯船，即六百三十吨的"圣文森特号"，于1852年11月27日驶往霍巴特。十三个月后，范迪门斯地就正式不再是监禁殖民地了。该地市民集体松了一口气，接着就（如他们所希望的那样）一劳永逸地摆脱了他们这座岛屿的"魔鬼"形象，且按照该岛荷兰发现者艾贝尔·塔斯曼这位航海家的名字，把它更名为塔斯马尼亚。

随着范迪门斯地正式结束流放，人们迎来了该殖民地五十周年大庆，即1853年8月10日，纪念五十年前在里司登海湾建立第一座拓居地的那一天。媒体呼啦啦发表了一连串打油诗。《霍巴特镇每日信使报》在《崇高的反流放制联盟会员，乌拉！》这首诗里欢呼道：

乌拉，我们的英国女王！

乌拉，从前奴隶的地方，

如今有自由人来往。

传令官，快把钟声不断敲响！

令人兴奋的音乐，

昭示塔斯马尼亚幸福的未来。

啊，英国的铃铛，继续震响！

从市内大厅到村庄，

在本岛所有的家园，

把祝福的铃声敲响，

迎接纯洁无瑕的未来！

　　朗塞斯顿的一个编辑不甘示弱，按照《天佑吾主》的调子，也写了一首仿作。印刷机装在一辆扯着小三角旗的二轮马车上穿过城市，把该诗印了成千上万份：

唱啊，那个时辰已经来到！

唱啊，为了我们幸福的家园！

我们的土地自由了！

打碎了塔斯马尼亚的锁链，

洗清了令人憎恨的污点，

结束了斗争和苦难，

欢声笑语五十年！

　　这辆马车象征着殖民地报界为争取废除流放制度、反对拖后腿的官僚而显示的力量，它前面是一支支队伍，每队之间都有旗手：立法会成员；市长和自治机关；本地出生的殖民者四人列队行进时，所组成的一块方阵；举着王权标志的公共学会；以及殖民地的子女，该地的"希望和支柱"。游行队伍在军乐队轻快的喇叭声和嘹亮的号角声伴奏下行进，其上方是一道纸板做的凯旋门，装饰了土生土长的金合欢花的花束。人们在罗斯和奥特兰兹镇举行了饮宴，还烤了全羊，与此同时，殖民地的小伙子玩起板球，爬上木杆，欢快地追逐起一头浑身涂油的肥猪。肥猪疯也似的在旁观者中左冲右突，把他们的鼹鼠皮裤弄得油迹斑斑，最后，有一个人把猪的颈子揪住了。一个"爱开玩笑的看热闹的人"高度赞扬这头动物，认为它象征着反对流放制度者争取权利的斗争："这头猪啊，尽管它浑身流油，喋喋不休，还很狡猾，但最后还是被有耐性和恒心的人给抓住了。"[24]

只有一些刺耳音调。第二天，据《霍巴特镇每日信使报》报道："在马希和恰普曼先生的木材院子的后面，有人很没来由、十分轻率地竖起了一个雕像。"这个雕像还没烧掉，就已经被人拿掉了。该报没有明言，那是谁的雕像，但人人都知道，那是邓尼森的雕像。殖民者告诉他，他们对新政策很满意，请他把这话转告给英格兰的人，可他却伤害了他们的感情，回答说："英格兰的人压根儿不关心你们。你们在上议院和下议院的眼中，就像轮子上的苍蝇。"此话一出口，报界就往他身上烙了一个印记，说他"思想粗野，报复心强，很不大度"，但邓尼森读到的还有比这更糟糕的文字。教堂的钟楼上，废除流放制度的钟声响起，但巴特里角并未以礼炮庆祝。也许，人们并非一致欢迎是恰如其分的，因为在澳大利亚的另一端，流放制度重新开始了。[25]

iii

最后一个接受英国流犯的地方是西澳，它地处西部，约占整个澳洲大陆的三分之一，去那儿的人很少，看起来想去的人就更少了：这个殖民地身体有欧洲那么大，脑袋却不如一个婴儿。除了几片海滩地带，全是沙漠、鹅卵石、滨藜属植物和三齿稃——用澳大利亚的方言来说，是"供人去死"的地方。

西澳第一座拓居地差不多就是如此。1826年，达令总督派遣了一队士兵和五十个流犯，去占领乔治国王海湾，也就是澳大利亚大陆最西南端奥巴尼的现址。他希望通过在那儿建立一个军事基地，阻止白人亡命之徒——逃跑的流犯和带着黑人奴隶妻妾的美国捕鲸船上的乌合之众——因为这些人从巴斯海峡到袋鼠岛，一直向西到乔治国王海湾的南部海岸线上，建立了他们半野蛮的部落社区。

这座拓居地仅仅维持了五年，天天都是磨难。军官因寂寞无聊而几欲发狂。至于流犯，顶多只能这么说，他们后面是充满敌意的黑人和长满滨藜属植物的沙漠，前面是到处都是张着大嘴的鲨鱼的深蓝色大海，因此没有一个人想逃跑。最后，达令只好承认，没有自由移民愿意到乔治国王海湾去，而且这个军事基地也太薄弱，几乎抵挡不住猎捕海豹者的侵袭。1831年，他把要塞的士兵和幸存的流犯都撤了回来。

到这时，又形成了另一座西澳拓居地的计划，其中心在天鹅河。力主实行该计划的人是一位年轻勇敢的海军上校舰长，名叫詹姆斯·斯特灵（1791—1865）。他的妻子来自在威斯敏斯特和东印度公司都很有权势的一个家庭。1826年，斯特灵得到一艘船，接到命令，去当今达尔文市所在地附近的梅尔维尔岛和帝汶海，把一座实验性质的要塞中垂头丧气的幸存者接走。建造这座北方前哨阵地的本来目的，是阻止法国人登陆，但法国人从来都没有试图登陆过，也许是因为那儿离航线实在太远。这座前哨阵地只维持了两年，现在已朝不保夕，因炎热、痢疾和恐怖的黑人而近乎腐烂。斯特灵为了避免季风季节，远道而行，绕着长达四千三百公里的西澳海岸，边走边想象，这座为了防御法国人，作为英国船舰中途靠港的拓居地，是个什么样子。天鹅河口的景象看起来很有希望。1827年3月，他在那儿很开心地度过了两周。然后，他把梅尔

维尔岛要塞的人接上船，就前去悉尼，一路上，他从头开始，写了一连
串给达令总督和英格兰当局的备忘录。他敦促在天鹅河建立一座拓居地
（他想把该地改称为"赫斯佩里亚"①，因为它面对西行的太阳）。他本人
愿意担任该地的副总督。[26]

　　直到1828年伦敦政府换届，斯特灵才取得了很大进展。家庭影响
发挥了重大作用。殖民部的新头头乔治·默里爵士及其助手霍拉斯·特
维斯，都是斯特灵岳父的朋友。斯特灵向他们提议说，应由私营企业资
本家组成辛迪加（企业联合组织）来集资，让人们在天鹅河拓居。政府
喜欢这项提议——利用私营资金，建立一座皇家殖民地，就像威廉·宾
建立宾夕法尼亚州和奥格尔索普上校建立佐治亚州一样。

　　就在这时，一个年轻的英国土地拥有者登场了。他是一个棉花制造
商的二儿子，有点儿浪子习气，但很有风度，一心想在殖民地的舞台上
大出风头。他就是托马斯·皮尔（1793—1865）。只与斯特灵船长交谈
了一个小时，他就深信不疑，他的前途就在天鹅河。于是，他匆忙召集
了一个由投资商人组成的辛迪加，出现在政府面前。这些人提出条件
说，只要皇家赠地四百万英亩，他们就带一万拓居者，随身携带牲畜和
器械，一起到西澳来。政府还价，答应给一百万英亩。一看政府这么小
气，辛迪加灰心丧气，立刻就人间蒸发了。皮尔身上的钱远不如斯特灵
想象的那么多，不得不再找一个人撑腰。他倒是找到了这么一个人，却
不愿意公开承认：这是一个前流犯，名叫所罗门·莱维（1794—1833），
该人1814年因偷了一盒茶叶而被流放，但后来地位上升，在悉尼当了
商人、银行家、大地主，最后成了一个慈善家。1826年成立的库珀和莱
维公司，是南太平洋最大的贸易商之一。莱维貌似很精明，也很慷慨，
但——后来发现——他并不是那么精明。他一向渴望受到人们尊重，渴
望有机会进入上流社会，却因他是前流犯，又因他是犹太人，而两次遭
人拒绝。有机会承保，支持一位非犹太贵族，即伟大的罗伯特·皮尔这

---

① 英文是 Hesperia，即西方之国。

位亲戚野心勃勃、堂而皇之的计划，这真叫他心花怒放。托马斯·皮尔则坚持要莱维把这项合伙计划保密，这样，天鹅河方案就不致沾上犹太人和犯人的污点。他们成立的公司是托马斯·皮尔公司。[27]

殖民部同意，把天鹅河畔的二十五万英亩土地赠送给这家公司，如果能让四百名拓居者登陆，就再送二十五万英亩土地。这样，这些拓居者就可每人得到两百英亩或一百英亩赠地，但他们必须于 1829 年 11 月 1 日之前抵达。二十一年之后——到 19 世纪中叶——托马斯·皮尔公司还可拿到五十万英亩土地。詹姆斯·斯特灵船长既是许多船的船长，又是殖民部的红人，将成为这座新殖民地的副总督，可以亲手挑选十万英亩土地。到时候，皮尔将跟他一起管理公司事务。

1829 年 5 月，"挑战者号"护航舰驶入天鹅河口，船长查尔斯·弗里曼特尔正式拥有了该地区一百万平方英里的土地[①]，他命名该地为西澳大利亚——这是第一次正式使用"澳大利亚"一词。（很奇怪的是，他被要求询问土著，看他们是否同意，但无论弗里曼特尔，还是船上的任何船员，都不会说土著语言。再说，谁也没法比比画画、指指点点就把这么英雄的一个领土概念给野人说清。）与此同时，在英格兰，第一批天鹅河的殖民者已经报名，这些男女的脑子里，尽是阿卡狄亚的召唤，他们集合起来，登上了"帕米利亚号"。在此之前，没人尝试勘测该地，也没人为该地沿岸绘制地图。漫长的航程结束之时，这一事实才变得十分清楚，让人很难为情，因为斯特灵船长一看见天鹅河口和停泊的"挑战者号"，就急着靠岸，在小岛和海岸之间，选择了一条捷径，结果带着满船的殖民者，把船撞到了岩石上。幸而无人淹死。几天后，年轻的副总督以抛小锚移船的方式，把"帕米利亚号"驶离原地。天鹅河的开拓者第一次尝到了澳大利亚生活。他们在帆布篷下郁郁寡欢，缩成一团，天上下着瓢泼大雨，周围环绕着文明的象征物，那都是他们准

[①]　其东部地界为东经 129 度——倒不是说这代表着任何"自然"的地界，而只是因为，这是"教皇线"的常规化石，根据《托尔德西里亚斯条约》，而在 15 世纪限定。该条约把世界分成西班牙半球和葡萄牙半球。——原注

备在荒野安置的东西：一箱箱面粉、一衣箱一衣箱本色棉布和天鹅绒、乔治时代的家具、生锈的铁锹，以及一台在沙土中倾斜着的竖式钢琴。他们拍打蚊虫，搔着沙蚤咬过的地方，同时盯着荒凉的海岸：蔓生植物匍匐在地，岩石上冒着蒸汽。他们的心一下子就凉了。这些女士不是流犯，所以想骂也骂不出口。

但斯特灵不屈不挠。他把天鹅河口的一个港镇取名叫弗里曼特尔，然后带着一支队伍，在树木环绕的两岸之间溯河而上，在这儿，对跖点一切倒反的最大象征物，也就是令该河得名的黑天鹅，正把红色的喙子伸进水里。在离大海九英里的地方，他为主要城市选择了一个地点，即珀斯。到了 1829 年 12 月，托马斯·皮尔又带领九十个殖民者而来，这时有两座棚屋镇标志着白人已在海岸立足。斯特灵有个很典型的做法，那就是在帆船发展成蒸汽船的时代，用一段只通划艇的河道，把都城与港市分开。

结果证明，所谓肥沃的土地，其实只是海市蜃楼，就像以前的澳大利亚开拓者们发现的那样。土地不是过于贫瘠，就是林木实在茂密，以至于清理树木、挖起树桩的工作让所有人的努力归于失败，除了意志比钢铁还坚强的拓居者之外。直到 1835 年，天鹅河殖民地种植的小麦才够自给自足。斯特灵老是向好望角要紧急物资，但英国政府不想给钱支持这一被认为是合法的商业投机的项目。因此，拓居者大多数时候，都生活在饥饿的边缘。斯特灵于 1832 年航行到英格兰去乞求援助，从而赢得了他们的感激，但仅此而已。殖民部怪斯特灵擅离职守，把他训了一顿，又赶回西澳。

作为副总督，斯特灵不得不拿出所有的魅力和权威，尽量不让他的那些"贵族殖民者"感到焦虑不安，以免他们士气低落、精神崩溃。他要他们永远记住自己是英国人。他们身穿正式服装，坐在总督帐篷里用餐，装饰则可有可无。他主持召开舞会，举行野餐和游猎。他费了好大的劲，才邀请到英国圣公会牧师，他们经过漫长的航程来到西澳，以他们的仪式和布道，为这个小小的殖民地提供必要的社交黏合剂和精神慰藉。

不过，这类努力主要还是装饰性的。无论什么都无法移除这片土地带给人们的痛苦，也无法消解这个备受磨难的小小社会中的种种摩擦——答应他们的是阿卡狄亚，手里拿到的却是沙。一个拓居者注意到，医生忙于处理"喝酒之人与到这儿来后才习惯使用枪支弹药者造成的伤情和事故"。他们的财经赞助人托马斯·皮尔几乎一到这地方，人就崩溃了。他在弗里曼特尔以南选择的土地，从一开始就很贫瘠，又遭受了一场丛林大火。1830年5月，"罗金汉姆号"载着为他开垦土地的拓居者，在差一点把"帕米利亚号"摧毁的同一堆岩石上失事。他大发脾气，向该船船长挑战，要跟他决斗，结果右手挨了一枪。他这人似乎过于暴躁和疯癫，所以没人愿意给他干活。他答应提供的物品一样都没到。根据库珀和莱维公司的票据，许多工人都得到了报酬，但悉尼的丹尼尔·库珀拒不承兑这些票据（应该提到的是，在伦敦的所罗门·莱维却不知其事）。拓居者纷纷状告皮尔不发薪水，他就反告他们，找他们要路费。他不向莱维报账，也不把十二万五千英亩土地留下来，补偿他没有得到正式认可的生意伙伴，却把它拿来充抵他砸进天鹅河计划中的两万英镑。1832年，莱维不得不询问殖民部，天鹅河那边究竟出什么事了——殖民部不愿意告诉他，因为他们没有莱维在财经上卷入的任何记录。皮尔没有向人透露，给他大力撑腰的是一个"盈满释疚"的犹太人。

第二年，1833年，莱维死了，这种彻底溃败的惨状令他心力交瘁。皮尔继续在西澳生活，又住了三十年，结果滑入贫困，玩杂耍般摆弄着他得到的赠地，这儿那儿卖几英亩地过活——这倒也不是说有很多人要买。他老的时候，有时人们会瞥见他独自一人骑着马，穿过大片毫无价值的丛林，身穿一件磨破的红色外套，颇像他曾经努力却没有当成的游猎乡绅。

1832年，天鹅河殖民地的白种殖民者不到1500人。五年后，也只稍微多了500来人。到了1839年，斯特灵离开的时候，该地勉强能够自足，但所有小麦和面粉还得从霍巴特进口。每年，该地都要象征性地向英格兰出口几百捆羊毛，除此而外别无他物。1850 年 12 月，西澳经过二十年的拓居，仅有 5886 名殖民者——根据总督查尔斯·菲茨杰拉德对格雷勋爵的报告，其中三分之二的人"明天就要离开这座殖民地"。花四五英镑买下来的一头羊，卖半个克朗①都没人要。他们生产的羊毛价格暴跌，每磅降到九先令，甚至六先令，让牧场主一点薄利都得不到。一切都是"萧条、停滞，而且可说是绝望"[28]。剩下来可能挽救他们于危难的最后一泓人力源泉就是流犯。

1846 年，一些西澳人向白厅请愿，"要求宣布将其殖民地在广泛的范围内用作监禁拓居地"[29]。格雷大喜过望：这儿总算有一座殖民地意识到，不列颠长期以来的社会排泄功能事业还是很有好处的，它肥沃了对跖点的土壤。格雷估摸着，如果西澳吵着要重犯，反流放制联盟就硬不起来。至少，该联盟在澳大利亚的白人拓居者中，就别想称王称霸垄断道德地位。

这么一来，流放制度在澳大利亚东部即将结束之际，却又在西部"西"山再起了。第一艘开往西澳的流犯船是"辛迪安号"，载着 75 名重犯、54 名卫兵和普通军官，于 1850 年 6 月出现在弗里曼特尔近海。1868 年 1 月，第三十七艘，也是最后一艘流犯船，即"霍高蒙特号"，在那儿吐下了 279 名因犯，其中包括数十名爱尔兰芬尼社成员，其中最著名的莫过于作家兼编辑约翰·博伊尔·奥赖利。他很快就乘坐美国爱尔兰同胞包租的一条船，惊心动魄地逃掉了。在这十八年里，尽管澳大利亚其他各殖民地不断抗议，却仍有 9668 名流犯被送往西澳，他们均系男性，大多数身体结实。他们没有改善原始西澳的道德风气，却挽救了该地经济。正如在过去，奴隶劳动力促使历史的车轮转动一样。

西澳流放制度的纪念碑，是在弗里曼特尔市俯瞰着大海的一座长而低的白色建筑物——流犯营地，名字叫"流犯管理机构"。在弗里曼特

---

① 旧制五先令硬币。

尔和周围一带"铁链帮"工作的囚犯就监禁在那儿。其他没戴脚镣手铐、正在服刑的流犯，就分组拘禁在珀斯和乡间地区的监禁站。他们在那儿筑路，盖公共楼房，从总体上使西澳的公共面貌焕然一新。每个囚犯按规定服刑一段时间后，就够格申请有条件赦免——判刑七年者需服刑四年，判刑十年者则需服刑五年零三个月，凡此种种，不一而足。[30]接着，他可以为自由拓居者干活拿钱，直到刑满为止，但在拿到假释证之前，他只能为政府工作。

到了这时，鞭笞在老澳大利亚殖民地已成让人憎恶的回忆，虽然也是这儿管教的一个部分，但并不是其基础。1858年，流犯总监承认，他只想把鞭笞留给"特别野蛮的打人案子"，甚至对逃跑未遂者也不动用鞭子，因为"只要考虑一下，在丛林中逃跑是多么不可能——这座殖民地实际上就像人们通常描述的那样，是一座巨大的天然监狱——我们在进行处罚时，就要能够反映出，不幸的犯人已经受到了给人印象最深刻的惩罚，即遭受了实际上可能饿死的磨难"。[31]

这座殖民地无比贪婪，想尽可能多地得到"政府人"并从他们的劳动中尽量榨取利润。1858年2月，弗里曼特尔总审计长办公室向殖民部提出要求，想要他们保证每年提供1000名囚犯，因为"殖民地是否繁荣，必然主要取决于送到那儿的流犯人数"。该办公室还要求英国政府支付筑路、修码头和建桥等方面"材料、火药、货车、设备及其他"的费用，以及囚犯流放、食品、衣物和工具等费用，但不如前次成功。该办公室还可怜巴巴地补充说，西澳太穷，支付这些东西的费用是"完全不可能的"。尽管政府劳动力在西澳很受欢迎（珀斯的英国圣公会主教和天主教会主教曾提出要求，要流犯修建互相较劲的主教宫殿，最终未果），但流犯居然源源不断地输入，一想到这儿，东部的人就会毛骨悚然，大为沮丧。"污点"威力强大。这种"道德污水"流动起来，就会流过沙漠，污染海水，一路放毒，东行几千英里，在澳大利亚刚刚清洁过的海岸边露头。西澳的流犯刑期一满，就会到哪儿去呢？他们会去新南威尔士、维多利亚和南澳——至少义愤填膺的市民都是这么认为的。

1863 年，墨尔本举行了首次澳大利亚殖民地间会议，所有与会者在一个问题上取得了一致意见，即必须结束西澳的流放制度。英国监禁管教皇家委员会选择这一热烈时刻，主张所有判刑的男性流犯，无论刑期多久，都应送到西澳。[32]

一听到这个消息，因缺乏可为之斗争的事业而已经萎靡不振的维多利亚州反流放制联盟浑身一颤，坐了起来，对大不列颠的人民提出了庄严的请求。该联盟以吟诵的声音说，"成千上万幸福之家，他们曾是你们的近邻"，眼看就要"遭到流犯的诅咒，从而遭殃……他们产生的恐怖景象不可名状"。如果西澳没有流犯就不能生存下来，那就让西澳的自由拓居民到别的地方去。但是，南澳、维多利亚、新南威尔士、昆士兰、塔斯马尼亚和新西兰都不同意被间接作为"英国弃民的避难所，（以及）英国罪恶和羞辱的藏匿之地"。流犯离开西澳之前必须已经服过刑，因此是自由民，而不再是流犯，这一事实其实无关紧要。[33]谁都无法知道，到底有多少魔鬼和恶棍到东部来了——有一个很受欢迎，但肯定夸大的数字，即十分之六——但毫无疑问的是，他们能很容易地坐船过来。当然，从来没人听说有前囚犯步行而来的。如果（正如一个名叫麦克阿瑟的人写信给伦敦《每日新闻》时暗示的那样）每年有 600 名重犯来到东部各州，那十年就有 6000 人，其中每人都有能力败坏至少一打天真无邪的老百姓。[34]这个简单的算术结果足以把任何一个人吓得血都凝固起来。

事实却不是这样。西澳只有大约三分之一持有假释证的犯人因再犯而定罪，其中"严重"犯罪者不足二十分之一，而五分之二的罪行是酗酒或逃跑未遂。1862 年至 1867 年间，逃跑更为频繁，因为当时的总督是令人可憎、贪污腐化的 J. S. 汉普敦，他从前就是诺福克岛约翰·普赖斯的盟友。[35]

但是，这一次，要求废除流放制度的人取得了胜利。女王陛下的政府不再准备每年为了自己方便而把 600 名重犯排泄到西澳，这会导致东部其他各州与之疏远的严重风险，因为它们人口众多、财力雄厚、资源丰富而且贸易量大——事实上，它们拥有值得把殖民地保存下去的一切。1865 年初，帕默斯顿勋爵的内阁宣布，流放制度将于三年内结束，后来果真在三年内结束了：1868 年 1 月 10 日，最后一条驶往澳大利亚的流犯船，在弗里曼特尔卸下 60 名芬尼社政治囚犯和各种各样普通的坏人，如果不按日而按月算的话，这离亚瑟·菲利普船长带领第一舰队在悉尼湾锚泊，应该是整整八十年了。

失去了流犯，对西澳来说是一场经济灾难。整整二十年，西澳的自由劳动力只有大约 1500 人，每年却耗费英格兰十万英镑。正如弗里曼特尔的一位编辑所说，"我们现在从麻木不仁、漠不关心的常态中醒来，却发现已经来到毁灭的边缘"。实际上，这二十年来，西澳唯一拿得出手向人炫耀的只有自由劳动力不愿意下矿后再也没人开挖的几座矿藏，珀斯周围一进入丛林就路断人稀的公路网络，维多利亚时期大方堂皇的几座公共建筑物、几座桥和几道疏浚的渠道，以及弗里曼特尔的一座半空半满的监狱营地。1871 年，西澳有 25447 人，其中约有 9000 人是流犯或流犯后裔。

据 1871 年人口普查显示，在人口增长方面，首先摆脱流放制度的殖民地（或如从来没有经过流放制度的南澳）大大超前于西澳和塔斯马尼亚。自 1851 年以来的二十年中，新南威尔士的白人（以整数计算）从 197000 人上升到 50 万人。维多利亚从 77000 人上升到 73 万人，等于由淘金热引发，又在土地发展的依托下，人口翻了十倍。南澳从 66500 人增长到 189000 人。昆士兰自 1861 年以来上升了四倍，达到 122000 人，但最后两个流犯殖民地，即塔斯马尼亚和西澳，则因恶性地沉溺于享用半奴隶劳动力，而一连几十年陷入宿醉般的状态。

第十七章　流放制度的终结

流放制度漫长的痛苦终于结束。流放制度有何成果？说流放制度完全失败，说古拉格的这位不太小也不太原始的祖先没有挡住不列颠的任何人，也没有帮澳大利亚的任何人改邪归正，并说流放制度作为一种监禁制度，相当没有成果，完全是一种拙劣的升华行为，这也许能让人心满意足。

当然，有些事情是流放制度没有做到的。如果人们接受"战略外放"的论点——流犯殖民有一个藏而不露的动机，那就是在新南威尔士的海岸建立一座整修港口，保护英格兰的远东贸易——那这个制度就是失败的。没有任何大战舰采用松木和亚麻，尽管松木和亚麻当年曾使诺福克岛上的库克船长产生了那么浓厚的兴趣，而 1788 年至 1820 年间，澳大利亚对印度海域军事和贸易平衡所做的贡献完全等于零。东部海岸的英国殖民地也许阻挡了法国人，使之无法对这座大陆提出领土主张——或许法国人并不像害怕拿破仑的英国人假定的那样对澳大利亚感兴趣？西部和北部海岸面对印度洋和帝汶海，倒是有着战略前景，但法国人并未对之提出领土主张，尽管英格兰直到 1826 年，才在西澳建立一座要塞。

有些法国人——不过，这一般都是没来过澳大利亚的人——的确钦佩澳大利亚的英国监禁实验。1830 年，从监禁地获得灵感的吟游诗人迪利尔，在一首题为《论怜悯》的诗中唱道：

啊，谁也不知道这令人快慰的壮美景象

通过这巨大无边的土匪接受地而展现，

在这座植物湾，阿尔比翁的污水沟

盗贼、抢犯和叛国者

成群结队地出现。一边清洗英格兰

一边在遥远的流放中肥田？

在那儿，心慈手软的法律把危险分子

变成心灵手巧的殖民者和生活幸福的市民

让他们改过自新，让他们勤劳节俭，

给他们自由、风俗和家园。

无论在哪儿，我都能看见排干水的沼泽

鲜花盛开的沙漠和清空地面的森林。

就以此为光辉榜样吧！让这些土匪

从不结果实的监狱走出，让他们的处罚变得有用。[1]

　　在外国人眼中，致命的海滩上所进行的这个漫长的实验大体上似乎取得了成功，仿佛已将哲学付诸行动："仿效这一光辉榜样吧！让这些匪帮/从不结果实的监狱走出，让他们的处罚变得有用。"① 如果不是因为 19 世纪初那么缺乏尚未被人发现的大陆，这个制度也许会在更大范围内被人模仿。法国不久后就真心实意地向英格兰表示敬意，模仿英格兰，在新赫布里底群岛建立了它自己的太平洋流犯殖民地，那地方简直就像地狱。

　　拥护英国流放制度的人曾经希望，这个制度从广义上讲，可以做四件事：升华排毒、杀鸡儆猴、劳动改造和殖民开拓。首先，要从英格兰搞掉——一大批——"犯罪阶级"，把这些人放在一个再也不能危害英国政体和财产利益的地方。这不啻是社会截肢行为。犯罪原因何在？就

---

① 　此处文字与前面引文稍有不同，主要是 imitate（仿效）和 brigand（匪帮）二字。

在犯罪分子！是他们制造了犯罪，或者不如说，是他们的本性中分泌出犯罪，就像毒蛇分泌出毒汁，鳝鱼分泌出黏液。把犯罪分子搞掉，你就可以搞掉大不列颠的犯罪现象，或至少大大减少犯罪问题。而流放制度在这一点上非失败不可，因为犯罪原因更深地植根于社会制度之中：存在于贫穷、不平等、失业和匮乏，以及残酷无情地创造了"可流放"罪行等新类别的法律中。流放制度的确搞掉了英格兰的许多真正的反社会分子，这些人的侵犯和暴力存在于他们迷宫般的基因中，但他们只是少数人——其中不少人都被流放制度有用地吸收，成为工头和鞭子手。

到了19世纪30年代，英国当局把希望集中在第二个目的，也就是杀鸡儆猴上。流放制度不仅要搞掉有罪的人，还要吓唬清白无辜者，要他们不要犯罪。有人力主杀鸡儆猴，但问题是，未犯罪行缺乏数据。处罚的震慑力是否会让某个小偷到窗边却不敢进入，这是谁也说不准的。[①]19世纪初，英格兰的犯罪率并未因流放制度而降低，其原因还是根子太深，无论采取什么杀鸡儆猴的手段都无法摸到根子。但是，使这个问题变得非常复杂的是，很难说服大不列颠的下层阶级相信，要去的澳大利亚是个恐怖的地方。

从一开始，这就是个问题。有一首诗标题是《流犯走了》，它语调诙谐，但不带讽刺，写作时期早于1790年。从中看出有一种可能，即与母亲英格兰凋萎的乳头相比，植物湾可能是一个鱼米之乡——在这个地方：

> 大自然
>
> 天天都慷慨地赐予，
>
> 收获甚多，付出极少，

[①] 在那些认为国家有权为了维护社会秩序而开杀戒的人中，死刑唯一合理的理由不是这种虚构之词，即它能"震慑"罪犯，令其不敢谋杀——尽管真有可能使之三思而不敢动手——而是死刑可搞掉疯狗般的反社会分子，因为哪怕给他们一点点最终获得自由的希望，他们的生命对清白无辜和不受保护的人也能构成致命威胁。显而易见，很少有谋杀犯属于这个类别。——原注

　　这才是人住的地方。[2]

　　早期来的舰队上，不可能有人相信情况会是这样，即便有殖民地的体验，也不是那么容易驱除殖民地是伊甸园的想法，因为整个太平洋地区都带上了些微鹅莓的甜香（如果不在学术话语中，那就是在大众想象中）。在那儿生活可能比在英格兰好——用民谣的话来说，也就是"最好漫游到异乡／也不要在监狱里消殒"——这种想法直到麦夸里总督之后仍在持续，因为他通情达理，认识到这样一个事实，即尽管"排外分子"装腔作势，但澳大利亚生活的中坚，在可见的未来，依然是"盈满释痞者"和"通货一代人"。麦夸里走后，人们还能通过普通英国人苦难深重的生活——贫民窟滋生、失业率猛涨、小佃农破产——确认这种鲜明对比的存在。因此，无产者认为植物湾可能并不坏，这种看法历经意欲摧毁植物湾的各项政策之后依然幸存下来：布里斯班、达令和亚瑟等政权层层加码，愈加严苛；"铁链帮"野蛮残酷；麦夸里海港、诺福克岛和莫尔顿湾等明目张胆，残忍暴虐。

　　把澳大利亚这边说得很好，可能部分是因为囚犯写信回家夸口。他们有意淡化痛苦经历，免得妻子儿女焦虑不安，也可能是想让人觉得自己不害怕这个制度。还有一部分原因无疑是英国国内一些人一厢情愿。但是，到了19世纪30年代，即使承认配给制度很严酷，这种说法仍有一定的真实性。有手艺的流犯如果能幸运地被配给给内地某个正派的主人，就有机会过上比英格兰农村萧条情况下那些赤贫的人更好的生活。19世纪30年代早期的一本移民手册坚持说："流犯管理中，有一个很大的秘密，那就是对他们要恩威并重。"大多数主人凭经验都知道这一点，不过，他们所谓的"恩"，里面没加什么糖，而他们所谓的"威"，则是像埃及法老那样要点小威风罢了。范迪门斯地公司的总监爱德华·克尔曾于1831年写道：

　　　　把流犯送到这儿来，为的就是惩罚他们，这话不假。但同样不假的是，主人如果把流犯的服务也作为一种惩罚，那就对他自己不利；而只有根据经济规律，尽可能让流犯生活舒适，才对自己有利。从根本上来说，主人的利益是与流放制度的目的相左的。[3]

已被救赎的流犯拿到假释证后，对他工作的需求量就更大了，他的工资比英格兰和爱尔兰的都高。正如我们所看到的那样，新南威尔士和范迪门斯地的野蛮主人并不少，一个犯人在监禁制度下，就像一只蟾蜍，会被钉耙击得粉碎——但他也能重获新生。那些倒在耙下的人不会写信回家，而那些兴旺发达的人有时则会写写家信。

英国政府使尽浑身解数，也无法阻挡这种种印象的流动。它下令加强各监禁站点的刑法严厉程度。于是，在达令总督的治下，新南威尔士的所有男性流犯中，约有百分之二十到百分之二十五的人生活条件极为恐怖，不是在"铁链帮"干活，就是被发配到边远的监禁站。内务部和殖民部不断敦促澳大利亚的总督，要他们更严厉地推行流放制度，惩罚要更明确，运作要更像机器——直到流放制度在范迪门斯地废除的那一刻。

历届政府，无论是辉格党还是托利党，都毫不隐瞒自己的观点，即流放制度旨在制造残酷无情的痛苦，而不是改造教养流犯。但是，不列颠又不敢站出来告诉广大公众，诺福克岛或蓝山"铁链帮"上的真实情况有多糟糕，因为他们害怕显得过于暴虐。他们也不敢公开说，他们可以通过配给制而变得宽宏大度，因为害怕这会使整个制度显得没有力量。这一来，前面的事交由改革者去做，而后面的事则成了一种民间耳语，在修剪篱笆的工人或马车夫的耳中听上去比白厅的声音还要响。

英格兰的老百姓犹豫不决，不愿听信高高在上者，这也不是第一次了，但在流放制度的可信度问题上存在着巨大差距，有个事实也许能说明这一点，即查尔斯·狄更斯居然曾想代表政府一头扎进这个问题之中。1840 年 7 月 2 日，他写信给喜欢文学的辉格党内务部长诺曼比勋爵，指出大多数英国罪犯现在都认为，流放制度能为他们提供一本护照，通向机会，甚至通向财富。他还主动提出写"一本生动描述诺福克岛和此类地方种种恐怖现象的书，以家常叙事风格、读起来颇似事实的内容，以十分廉价和方便的形式加以发行"[4]。人们倒是很想知道，狄更斯怎么看马柯诺奇，因为这位苏格兰改革家——很有勇气，富于同情，一板一眼，自命不凡——是个非常狄更斯式的人物，但狄更斯从没去过澳洲。狄更斯对监狱颇具煽动性的报道，两年后才在他关于访美的日记中出现。当然，1851年发现金矿之后，即便澳大利亚东部对英国劳动者仍心有余悸，也无法拒绝发财的机会。

狄更斯笔下，以监禁地澳大利亚为素材的唯一一个有血有肉的人物，就是《远大前程》（1860）中回到英格兰的流犯阿贝尔·马格维奇。一些英国中产阶级（包括狄更斯在内）对在流放中"干得不错"的犯人抱着一种近乎恐惧的唾弃态度，而马格维奇就是这种态度的总括。主人翁皮普小时候，曾从绞刑架上把马格维奇救下来，帮助他在沼泽中逃脱追捕，但马格维奇遭到一个冒牌"绅士"的背叛，从此消失在澳大利亚，被一艘黑色囚船吞没，"一条罪恶的挪亚方舟"。随着情节发展，皮普得到一笔神秘的捐赠，年纪轻轻就成了一个"绅士"。结果发现，这笔钱来自马格维奇，他又回到澳大利亚，发财后感激不尽地拿出一笔钱，捐赠给曾对他表示同情的那个人。马格维奇这个人物有棱有角，令人恐惧：他粗俗野蛮，很可能是个食人生番。[①] 他具有魔鬼般的精力，复仇的欲望不可餍足。他隐姓埋名，鬼迷心窍，对皮普慷慨有加——其实这也是一种报复，对英国和殖民地的阶级关系开了一个黑色的玩笑。皮普就是他对"排外分子"的复仇，这些人把他一脚蹬开，认为他虽地位上升，却是重犯。绅士能够成为流犯吗？如果能的话，流犯也能"成为"绅士并"拥有"真正的绅士风度，而不仅仅是绅士在殖民地的翻版。他会讲真话，指出绅士的真正意义：绅士头衔是可以用钱买来的。

---

① 狄更斯很可能看过麦夸里海港的爱尔兰食人犯皮尔斯的供认，该文曾于1838年印在莫尔斯沃斯报告附件中。——原注

他的余生都将拥抱这个观点。表面慷慨，骨子里却是奴役，尽管是倒转过来的奴役。"然后，亲爱的孩子，心里悄悄地知道，我已经成了绅士，听着，这对我来说是一种补偿。"马格维奇对大惊失色的皮普说：

> 我在路边走时，那些殖民者骑着纯种马，可能把灰尘踢得我满头满脸，我说什么呢？我对自己说："我是绅士，比你们强！"当他们一个人对另一个人说："他再走运，几年前也还是流犯，一个愚昧无知的家伙。"我怎么说？我对自己说："就算我不是绅士，也没有上过学，但我拥有这种东西。你们只有牲畜和地，你们之中谁在伦敦买了绅士头衔？"我就这样在路上走。

他把自己出身的真相告诉了皮普，完成了他的复仇。马格维奇因吃尽苦头，根本无法从另一人的感激涕零中得到乐趣：

> 我告诉你，是想要你对我感恩不成？绝对不是。我告诉你，是想要你知道，一个人从前日子可能过得像条狗，人人喊打，在粪坑里刨食，现在却昂起头来，成了绅士——皮普，这人就是你呀！

皮普这时才恍然大悟，原来他也是流犯。马格维奇"多年来"一直"在用金银锁链把我套住，我真可怜呀"。难怪，"我厌恶地躲开他，就算他是头恐怖的野兽，我也不会比这更厌恶"。

这样，狄更斯在马格维奇一人身上就缠绕了几根线索，表现了英国人在流放制度结束时期对澳大利亚流犯的看法。他们可以成功，但他们几乎无法在真正的意义上重返家园。他们可以在技术和法律的层面赎罪，但他们在澳大利亚所吃的苦头，使他们一劳永逸地成为外乡人。然而，他们还是能够赎罪的——只要他们待在澳大利亚就行。

在流放制度的目的榜上，罪人赎罪的目的遥居第三。然而，在澳大利亚得到改造的人——也就是说，他们摆脱了束缚，愿意工作谋生，愿意遵纪守法，而且没再犯罪——要比英格兰被"杀鸡吓猴"得不敢犯罪的人多。这要归功于配给制度。配给制度的确让其"客体"有了一个机会，尽管不均匀、不一致，也不可靠，但很经常。比较之下，19世纪40年代斯坦利的试用制度更简单，也更具"意识形态"的性质，却令人丧失信心，招致惨败，而且因为女王陛下政府试图节约开支而捉襟见肘，更显陋相。[1]

尽管澳大利亚的配给制有种种弊病（没有问题的监狱制度是不可想象的），但它仍是英国、美国及欧洲史上所尝试的最成功的监禁改造形式。必须记住，对此进行评估时，许多批评这个制度的人——考虑到制度内部所发生的种种酷刑和非正义现象——不是作为客观报道者，而是作为竞争的惩罚意识形态的支持者来批评的。从宣扬圆形监狱的边沁，到推行试用制的斯坦利，无人不以监禁乌托邦的名义反对配给制；但一旦采用这种监禁乌托邦，效果就更加糟糕。配给流犯的工作艰苦（除非他运气好，能当家仆或职员，就像许多人所做的那样），但并不一定就比拓居者本人不得不做的工作更难。根据以前当过农村工人的配给犯人留存下来的信件，可以看到其工作并不比不列颠的农场帮工差，尽管有苍蝇、毒蛇和炎热的天气。仇恨流放制度的人称这种工作，以及做这种工作者的工作条件为奴役状态，但这不是奴役。配给犯人的工作处于一个警惕防范的法律和权利框架之中。有些主人待人狠心，还有些主人不负责任，有些主人爱剥削人，还有少数主人暴虐成性，但大多数主人不是这样。这些人心肠冷酷，做人并不完美，他们苦苦挣扎，努力在贫乏的澳大利亚大地上生存下来，从中更多地得到收获，他们中不少人自己从前也是流放过来的。他们之中很少有人像封建领主对待农奴一样对待

---

[1] 其吝啬在试用制的每一阶段都达到了极端的地步。在范迪门斯地，凡是逃跑的囚犯，被抓住后都要把悬赏抓获他们的钱赔给流犯部（TSA, CON 67/1# 2/1377）。1848年5月，有人在盐水河试用帮找到一个堕落的商人，他要六张纸写一份乞怨的请愿书。总监拒绝了他的要求，很不客气地在天头地角潦草地写道："此人……是个懒人，只知道阴谋策划。任何人的案由都可以写在一张纸上，所以，我没有给他更多的纸。"官僚主义的心态达到何种程度，又是如何从中作梗，此处一清二楚。——原注

他们的配给仆人。而哪怕想这么对待他们的人，也会为法律所挫败。

配给制是今日开放监狱的早期形式，它不是把犯人羊群般集中在工作帮里——在这种帮里，坏蛋自动成为主宰——而是让他们遍布丛林，让他们在工作上与自由民发生接触。它培养了自力更生的精神，教会犯人如何工作，并奖励他们把工作做对。它让犯人来到边疆，而且不让他们在那儿一天天烂下去。当然，人们难免夸大配给制的种种优点，但它作为一种简便易行的方法，能让流犯重返社会，成为自我维持的工人。这比在彭顿维尔——递解到澳大利亚之前——"改造"斯坦利的试用犯人和格雷勋爵的流放者而运用的费城监狱制度那台粉碎人的灵魂的极权主义机器要好。

这个制度的结果不很均衡。新南威尔士的流放制度结束十几年后，殖民地社会想要相信，这个社会的大部分犯罪都是残余的流犯罪恶造成的。1835 年，新南威尔士的流放制度达到顶峰，该殖民地侵犯财产或人的所有公诉罪行中，法院定罪总数达 771 宗——几乎是每十万居民中就有一千一百人被定罪。从这时起，年定罪率缓慢下降，但因移民而膨胀的人口迅速增长，到了 1851 年，定罪率刚刚超过每十万人 290 宗。到了 1861 年，则是 122 宗——约为 1835 年的十分之一。新南威尔士 1835 年的定罪率约为英格兰的十倍。到了 1861 年，却仅为其两倍。[5]

毫无疑问，移民和原来那些重犯逐渐死光，冲淡了过去的"污点"，犯罪率也有所下降，但这能证明劳动改造发挥作用了吗？1841 年，新南威尔士约有五分之三的犯人是最先流放而来。1851 年，仍有十分之三的人属于此列——人数依然很多。"通货一代人"中很少有人因犯罪而被定罪（约为百分之六）——部分原因是，这些人中很多都是儿童，但主要原因是，尽管有人胡说什么遗传污点，但"通货一代人"中的成年人都很勤劳顾家，与社会有利害关系。对比之下，在 1841 年，流犯或"盈满释痞者"（根据定义，所有这些人都是成年人）在新南威尔士最后定罪的百分之七十的刑事案中都是被告。

正如历史学家迈克尔·斯特马所显示的那样，应该根据其他因素，来看待这种犯罪倾向好像持续不衰的现象。新南威尔士在 1840 年不再接受流犯，但之后很久一直是一个警察国家。"其社会控制机制主要针对流犯进行恐吓胁迫。流犯受制于更严格的规章制度管理，被警察置于更严密的监视之下，受到的法庭处理也很不一样。"[6]警察也比较偏向打击"盈满释痞者"，尽管他们在法律上都是自由人。犯事者想在内地某所小镇消失，甚至想在悉尼消失，也比在人口众多、地域广大、很容易隐姓埋名的伦敦要难得多。因此，拿到假释证的犯人和"盈满释痞者"就更可能被指控、被定罪。他们做的工作最差，资金最少，受教育程度也最低，因此也最可能偷盗、打斗和酗酒。总的来说，澳大利亚给他们制造的社会"残障"，与不列颠把他们推进犯罪境地的社会"残障"同样多，同时还有一个不利因素，即自由的澳大利亚殖民者所具有的那种无情无义、手段强硬、争抢土地、迷恋黄金的物质主义精神，它虽在广袤的地理空间展开，但其展开的社会空间很小。维多利亚时代在财富和德行之间画上了等号，但世界上没有一个地方像 19 世纪的澳大利亚那样，把这一点野蛮无情地做到了家。在这样一种社会道德观下，定罪率却不更高，这也许有点儿奇怪。的确，在新南威尔士 265503 的总人口中，高等法院定罪总数仅为 666 宗。这只能证明，当地杞人忧天的悲观主义者对殖民地道德这个在他们心头萦绕不去的话题所发出的豪言壮语和哀号怨诉，其实是没有理由的。

流放制度的第四个目的，即最后一个目的，就是进行殖民开拓。在这儿，si monumentum requiris, circumspice[①]。如果澳大利亚不是作为监狱拓居，不由流犯劳动力打造，那也会通过其他途径来做到这一点，这从库克 1770 年在植物湾登陆的那一刻起就已经注定要发生了，但那就要再花半个世纪，因为乔治时代的不列颠要想找到疯狂至极、贫困至极且自愿去那儿拓居的人，将会极为困难。正如第一舰队起航之前，詹姆斯·马特拉所指出，"从浪漫的观点看"，任何人都不愿走这么远到这

---

① 拉丁文：你在寻找他的纪念馆吗？请看你的周围。

种地方去。没有流犯，澳大利亚将会怎么样？问这种问题从存在主义的观点看是没有意义的。流犯建设了它——所谓"它"，是指那儿的欧洲物质文化——处处都留下了他们无声的印记：铁凿在悉尼的砂石上切割出凹槽，那都是工作帮费尽气力凿出来的；在新南威尔士的贝里马竖起的一座美丽的大桥；在塔斯马尼亚的罗斯的另一座桥面上刻下的有点怪异但很严肃的形象；车轮如今在上面滚动，下面则永久地掩埋着死者的生锈铁链的弯弯曲曲的蓝山公路；还有的印记不那么明显——从前是原始桉树林现在却果实累累的良田沃野。

> 我们今日高高在上，
> 当年有人胼手胝足，
> 谁若对此矢口否认，
> 赶快闭嘴，太不知羞！[7]

这些人馈赠给澳大利亚的特性，馈赠给我们的民族意识的东西，远比他们劳动带来的经济成果更值得讨论。也许澳大利亚人不喜欢这么看问题——这种争强好斗的独立精神，是我们喜欢引以为豪的，尽管理由并不充分。

若想了解流放制度对经历过该制度者的负面影响，可以考虑一下塔斯马尼亚，该岛后来一潭死水，停滞不前，人口从 1851 年的 69000，爬升到 1871 年的 102000，二十年来人口都没有翻一番。19 世纪 60 年代末，游人来访，到处都能看到萧条的景象：大街小巷悄无人声，建筑工程中途停工，农场主形单影只、茕茕孑立，码头空荡荡的，人口处于静态——只有老人和孩子，年轻人和精力旺盛者无不抛弃家园，越过巴斯海峡而去。移民如潮，涌入维多利亚、昆士兰和新南威尔士，独独把塔斯马尼亚撂在一边。这座小岛已呈颓势，颇似美国废除奴隶制度之后南方各蓄奴州的情况。流犯始终是一个难以回避的现象，仿佛一幢摇摇欲坠的房子中一个灰黄色的幽灵。尽管女王陛下政府早就不再往塔斯马尼亚派送囚犯，但刑期较长的犯人依然留在那儿，不得不按惩罚规定服满刑期。帝国流放制度直到 1886 年才彻底终止。

由于经济停滞不前，这座小岛只能生活在过去。澳洲本土各殖民地热火朝天，大干快上，早就把"流犯污点"抛在了脑后，但塔斯马尼亚的杰基尔博士还在跟范迪门斯地凶恶的海德先生做搭档。① 流放制度以成百种方式，依然延续，渗透一切，好像深深地扎根在这片土地上，腐蚀着它如画的秀丽景色。正如爱尔兰政治犯约翰·米切尔 1850 年在日记中所写：

> 高大的树在我们脚下波浪般地摇动着树冠，一座海角伸进海湾，形成了这座幽谷的远端。海角岩壁陡峭，岩石累累，风化而成悬崖峭壁，岩洞的地上铺着一层银色的沙子，这要在从前欧洲的海洋，会被奉献给水中女神温蒂妮的爱情……头上的山峦斜坡柔软隆起，覆盖着郁郁葱葱的林木。在这儿能矗立什么样的建筑物呢？那是一座寺庙吗？它坐落在海角的山顶，仿佛屹立在希腊苏尼翁的柱廊。也许是座别墅？让你回到了古罗马的巴亚。该死！那是流犯的"营地"。[8]

这不是佩斯敦，而是亚瑟港。这不是一排古典神话中的半羊人萨提尔，而是公路帮，"马一样拉着砾石车……一个个留着平头，戴着皮帽子，表情卑微……邪恶、可悲、可恶……茫然若失，但放肆无礼"[9]。这片风景中没有诗人克劳狄安或画家透纳笔下的宁芙，只有一个由流犯警员监管、手持假释证的女仆，她"是个样子可憎、相貌淫荡的家伙，因喝白兰地而浮肿的脸，戴着一项白缎子女帽，上面饰着假花"[10]。塔斯马尼亚是一个社会赝品之地，别处在此地发出的回音都有点儿跑调。在这

---

① 杰基尔博士和海德先生是英国作家斯蒂文森长篇小说《化身博士》中的人物，前者是人，后者是魔，二者集于一身。

儿，"人们对流犯阶级的看法，肯定跟美国南卡罗来纳州对黑人的看法一样"，而流犯牧羊人"在温暖芳香的空气中，却吹着黑鬼的小调"[11]，不过，表面上还要装出一副英国人的样子来。在塔斯马尼亚，人人都渴望享有英国特权和英国贵族地位，但人人都大失所望，仅有的像样的盾形纹章，就是"羊毛和袋鼠——袋鼠兜里的东西已经被人扒掉了——以及传奇中的 Sic Fortis Hobartia crevit①，也就是说，剪羊毛②、掏口袋"[12]。在米切尔带有偏见却洞穿一切的眼中，这地方是一个可怜的仿制品，做得很精确，但材料都用错了：

> 一点钟时，霍巴特镇和朗塞斯顿的日间马车就来了，就跟……铁路把一切吞没之前英国的公共马车一模一样。道路条件极佳，马也很棒。马车夫和卫兵（无疑都是囚犯）样子潇洒，无论穿衣打扮，还是行为表现，都想象不出有多像英国的马车夫和卫兵。我们经过的路边客栈是地道的英国风格。我很遗憾地说，就连他们卖的白兰地也无不如此。车上的乘客都是英国口音……我的所见所闻……都提醒我③，我置身于一个扭曲变形、流放异乡的小杂种英格兰。我对婚生的英格兰本身都不感到亲切，就更说不上喜欢这个流犯杂种英格兰了。[13]

就算米切尔有理由乱发脾气——塔斯马尼亚是他的监牢，而他是个爱尔兰民族主义者——截至 1850 年，造访澳洲本土各殖民地的人，都没有用这样的话来形容它们。

1853 年后，流放制度的余毒在塔斯马尼亚又持续了整整一代人。从前那个污点没有突然被清洗，就连该地的老名字也像沥青一样粘在身上。在自由的澳大利亚工人阶级眼中，"范迪门斯地人"不是不务正业、

---

① 拉丁文，意即霍巴特越来越强。
② 英文是 fleecing，一语双关，还有敲诈的意思。
③ 此处原文有误，为 remains，应该是 reminds。

靠他人过活的罪犯雄蜂，就是暴君。迟至 1882 年，还有一个记者写道：

> 过去二十年中，我被抛入成百上千个移民之中，我可以很保险地说，一百个人中，没有一个人知道这座岛屿名叫塔斯马尼亚，但人们都知道该地叫范迪门斯地，白人奴隶之地。

虽然没有新的重犯到来，但老犯犹存。1857 年的人口普查显示，该岛男女两性的成年人（和 60％ 的成年男性）中，半数不是流犯就是“盈满释痞者”。[14] 从前那些老手花了三十年的时间才死光。与此同时，塔斯马尼亚大部分的罪都是他们犯下的。在 1848 年至 1849 年间，流犯和“盈满释痞者”占总人口的 68％，却犯下了 93％ 的严重罪行。在 1866 年至 1867 年间，尽管该地只有大约 35％ 的成人经过了流放制度，但流犯和“盈满释痞者”所犯罪行占 70％。同期，塔斯马尼亚的犯罪率为全澳最高：每千人高等法院定罪率为 1.72，相比之下，新南威尔士为 1.3，维多利亚为 1.18，南澳为 0.61。

与此同时，流放制度的垃圾——精神崩溃者、精神失常者、孤苦无助者、疯疯癫癫者和遭人遗弃者——充斥于塔斯马尼亚的各项机构组织。流放制度造就的不是所谓维多利亚时代的“男子气概”，而是神经兮兮的惨状。试用制产生的持假释证者遍布内地——打零工的人操劳过度，嘴里骂骂咧咧，人称“老爬虫”，澳大利亚的这种俚语通常都很巧妙。1867 年，有位教士回忆说，他曾碰到一个“老爬虫”，由一个前海军军官雇用。这位退休海员夸口说，他让人把这个人“鞭打了无数次……我把绳子套在他脖子上，骑在马背上拖着他穿过那座池塘，来来回回地奔跑……但还是没用。这人就是不肯离开我”。听到这儿，约翰·莫里森牧师反思道，这个疲惫不堪的屡教不改者“一定早就习惯了挨整，对他来说，挨整已经成了某种需要，如果没有挨整，有时可能就会感到不太舒服。鞭子肯定早就把他天性中人性的一面抽掉了，除了……长毛垂耳狗的性格之外，什么也没剩下”[15]。

有少数"老爬虫"想爬都爬不动了。安东尼·特罗洛普曾造访塔斯马尼亚，他于 1872 年 1 月去了亚瑟港，这趟旅行颇令人激动战栗。他在那儿采访了该处最后十五六名囚犯中的一个。此人是个爱尔兰人，名叫邓尼斯·道尔蒂，是"当地一个英雄……他告诉我们说，四十二年来，他连一个小时都没有自由过"。道尔蒂个子高大，满身文身，有凹缝的下巴很大，一只灰色的独眼。他还是个孩子时就参加了兰射枪骑兵团 16 团。1833 年 5 月，他才十八岁，就因开小差而在根西岛被军事法庭判了十四年流放。从那一刻起，他走过了整个流放制度。1837年，悉尼高等法院以丛林土匪罪判他到诺福克岛终身监禁。四年后，他成功地装疯卖傻，被遣返悉尼。1841 年，他又因丛林土匪罪，在新南威尔士贝里马的季审法庭上被再度定罪，重返诺福克岛，接受第二次终身徒刑。一年后，他根据试用制前去亚瑟港，但 1844 年又跟惯犯一起被遣送到诺福克岛。路上，他企图抢夺"菲利普总督号""布里格"，因此第三次被判处终身徒刑。1853 年，道尔蒂回到范迪门斯地——这时该地已改名塔斯马尼亚——他在这儿服完他试用期的刑。两年后，他用一把偷来的枪，殴打一名犯人，因此第四次被判处终身徒刑。事情就这样周而复始下去。道尔蒂告诉震惊的特罗洛普，他多年来挨了超过三千鞭。作家写道："从外表看，他个子很大，很有劲，除了眼睛之外，长得还很好看。他告诉我们，监狱生活的磨难已让他感到失落。但他说，他终于挺不住了。"三周前，他最后一次逃跑未遂，被人抓回来时"快饿死了"：

> 他一直在逃跑，一直在反抗，一直在跟当权者斗，也一直在吃鞭子，整整一生都在受这种折磨，总共有四十二年。他就站在那儿，轻言细语，谈起他的情况来有理有据，边说眼泪边流下脸颊，他恳求在他老年时对他宽容一些、仁慈一些。他说："我曾试图逃跑，总是想逃走，就像鸟想从笼中逃走一样。难道这不合人性？难道这也犯了大罪？"此人犯的第一次罪，也就是哗变（原文如此），

并不是思想反抗罪。我的确很同情他，当他自比笼中鸟时，我真想带他来到外面的世界，让他过上一个月的舒适生活。不过，也许机会一来，他就会把我打得脑浆迸流。他们向我保证，此人坏到极点，不可救药，再怎么好相待，也无法将之感化，完全是头畜生。他对所有诚实的人都是伸手就打，因此，所有诚实的人也必须伸手打他。然而，他说话声音那么轻柔，说得又是那么好，为他自己辩护时，话又那么具有说服力！我们走进他囚室时，他正在写书……"只是涂涂写写，先生，"他说，"好混时间罢了。"[16]

邓尼斯·道尔蒂当时五十七岁，尽管特罗洛普没能看到他的表现记录，但这个记录证明了他关于自己一生所说的情况，像连祷文一般叙述了几乎难以想象的苦难和不屈，足有数页之长——挨鞭子、戴铁链、在劳动帮干活、单独监禁等，罪行从"逃跑"和"哗变"，到"擅自拥有一只小龙虾"。

到了 19 世纪 70 年代，塔斯马尼亚的赤贫者、疯子、孤儿和残废者比南澳与昆士兰合在一起都多，集中在比后两地总人口少一半的人口之中。尽管劳动力缺乏，但大多数前流犯都受到生而为自由民的人歧视。自由民条件反射似的对他们抱有敌意，一见他们就满脸怒容。人们认为他们懒惰成性、没有远见、不配拥有土地。在 1850 年后的澳大利亚，随着维多利亚时期人们反对同性恋的基本态度越来越坚决，认为流犯受性污染的看法也越来越强烈。1860 年，一个议会委员会注意到："众所周知，他们之中很多人对那种可怕的做法上瘾，而人们对此的恐惧与日俱增，这种情况导致他们寻找工作时经常疲劳，而且也很困难。"与新南威尔士的前流犯相比较，塔斯马尼亚的重犯面对社会偏见的束缚时永远也抬不起头来。而且，制约其工作及其与雇主关系的法律虽然已被削弱，但仍然十分清楚地维持着旧制度的铁腥气和苦胆味。例如，根据 1856 年的《主仆法》，主人有权逮捕仆人，雇主（或雇主家庭的任何成员）只要怀疑雇工犯罪，都可将其拘押起来，扣押一周而不用审判。出奇的是，该法在塔斯马尼亚的法典上居然持续了比一代人还要久的时间。1882 年，立法会拒绝了试图废除雇主逮捕权的做法。若在新南威尔士就不会拖到那个时候，因为那儿的工人阶级憎恶权力机构，崇信伙伴情谊的道德观，对"摆臭架子的老板"极不信任。

总的来说，塔斯马尼亚的"盈满释痞者"自己作为一个政治集团，很少表现出这种意识来。因此，"由前流犯构成的很大一部分人口，可能阻碍了激进政治和工人阶级政治的发展"[17]。这也许是因为送到那儿的爱尔兰流犯极少。所有流放重犯中，百分之四十的人被送到范迪门斯地，但在 1812 年至 1853 年间，只有五十一条船从爱尔兰前去霍巴特，平均每年一条船都不到。[18]结果，爱尔兰流犯相对于英国流犯的比率，在范迪门斯地就比在新南威尔士小得多，而天主教徒的百分比约为澳洲本土的一半——占塔斯马尼亚白人自由和非自由人口的百分之十七。爱尔兰人在塔斯马尼亚不是很有力的小众，也从来都没形成有力的小众。他们带到新南威尔士的那种残剩的宗族集体主义精神，在塔斯马尼亚几乎荡然无存，在澳洲却形成了澳洲本土工人反权威、抱成团的价值观的强大根基。监禁制度结束之后，塔斯马尼亚"英国味道"特浓，就是其结果之一，因为瘦瘠的殖民地精英阶层把他们的价值观镌刻在下面的阶级身上。

因此，对那些愿意相信大多数的澳大利亚丛林美德（不服管教，忠于"伙伴"；不信任法官、警察和有钱人；不假修饰，依靠自己；讲求民主；脾气粗暴，喜欢发表不同意见）均创生于流放制度的人来说，塔斯马尼亚是一个问题。如果情况如此，人们自然期望所有这些特征都能通过塔斯马尼亚的社会结构鲜明地反映出来，因为这个殖民地的流犯及其后裔人口密度是最高的，但情况并非如此。那儿的工人作为一个阶级，没有新南威尔士的工人自信，因为他们要在买方市场出卖自己的劳动力：塔斯马尼亚的帮工人手几乎永远过量，新南威尔士则几乎永远不足。而且，塔斯马尼亚没有什么边疆的感觉，因此也没有那种"丛林道德观"得以繁荣的背景，无论这种道德观有多么感情化。它无法扩展，也就限制了该地人民的发展，始终就是一个封闭的、叶绿藤青的小宇宙，在这个地方，不受任何占地农约束、走到哪儿就在哪儿拿支票挣钱且四处漫游的丛林工人，根本就是一种反常现象。受人尊重的塔斯马尼亚人一听游牧工人，就会倒抽一口冷气，立刻想起从试用帮中逃走的人。

那么，流放制度在这个岛上留下的，估计正好就是它在新南威尔士的遗产的反面：一个任人宰割的消极的工人阶级，家长式作风的政府机构，以及服服帖帖的媒体和殖民化的盎格鲁价值观。所谓哪里有压迫，哪里就有反抗，这种思想其实是一种自我安慰的虚构。在任何监禁社会，反抗从来都不是惯例，而永远都是例外。塔斯马尼亚是一座大工厂，一座"能把流氓磨炼得老实巴交的磨坊"，产生了一大批未经感化的人，男男女女组成的流氓无产阶级通过反复不停的工作任务和无孔不入的体罚威胁，捶打出一种谦卑的品格。他们都学会了对权力俯首帖耳，因为权力能把他们的肚子填饱。他们活生生地印证了沃夫纳格那句名言中的悲哀真理："奴役把人格降低到这样一种地步，最后他们都喜欢奴役了。"而且，由于他们在比例上超过了自由民人口，而移民人口又极少，权力机构对他们就比对监禁制度结束后的新南威尔士更严酷。直到19世纪90年代，塔斯马尼亚还是那么痴迷于流犯污点，流毒至深，颇令到访澳洲本土的游客震惊——哪怕这时几乎已无任何老手幸存。

然而，关于流放制度的痛苦记忆，有时——在澳洲本土——无疑会成为澳大利亚独立的一种深刻的原动力。约翰·福克纳（1792—1869）是"维多利亚的伟大长者"，他和约翰·巴特曼开拓了菲利普港，并于1835年在雅拉河畔建立了墨尔本。这位流放者之子于1803年乘船，与父亲一起来到霍巴特镇这第一座拓居地。他和流犯一起长大，总是站在他们一边。他二十二岁的时候，他的同情心通过血与痛苦而得到了确认：他帮助七名囚犯打造了一条小帆船，逃到南美，但被抓获。福克纳因涉及其事，吃了五百鞭。他的皮肤——那是他痛恨的必不可少的权力文本——余生都打上了九尾鞭的烙印。但他既工作，也骗人，赚了钱后就摇身一变，成了一个"丛林律师"，相继在范迪门斯地和维多利亚创办了带有开明激进色彩的报纸，不惜侮辱谩骂，也要为流犯和小拓居者的权利而抗争。福克纳在维多利亚立法会度过了十五年，一直是民粹主义的"牛虻"和"人民的先驱"。他打击的对象是牧羊大家族，他们为自己"封锁了土地"，靠流犯劳动力养得肥头大耳，还贪得无厌地渴望更多。他认为，澳大利亚的耻辱是流放制度，而不是被流放的人。他想扶持一个自耕农农场主的社会。福克纳的利他主义不随和，很固执，其根子就在流犯时代塔斯马尼亚他的个人经历中，但在澳洲本土更广阔的天地中，才发挥政治效力。

到了 19 世纪 30 年代中期，"盈满释痊者"争取权利的斗争已经取得胜利。再也没有澳大利亚政治家愿为前流犯这个集体摇旗呐喊——从前温沃斯这么做而从中渔利，终于走完漫长的过程，实现了殖民地贵族阶级的幻想——因为太不划算。成立一个流犯党，这种想法太荒唐了，再说，炫耀自己的流犯出身——或父母亲的流犯出身——没有任何政治优势。恰恰相反：障碍反倒极大。澳大利亚人，特别是家道殷实、有权有势的澳大利亚人，对流犯的过去没有兴趣，也不表同情。他们只想把它忘得一干二净。例外大都属于工人阶级的爱尔兰人，主要在新南威尔士，关于流犯的回忆主要集中在他们那儿，在某种程度上达到了恋物癖的地步。流犯的回忆能够幸存下来，是因为它与记忆中一个更久远的缔结组织联系起来，即英国人压迫爱尔兰人的普遍模式。这很容易造成一种根深蒂固的宗派主义，那种"精神贫民窟的（态度）……一种激烈冲突的思维宇宙"，如历史学家米冉姆·迪克逊所说。[19]

如果这种回忆的确为澳大利亚平均主义做出了贡献，那它的贡献方式也是非常不厚道的。在 19 世纪 30 年代，类似马柯诺奇及其伙伴亚历山大·切恩这样敏锐的观察者都觉得，澳大利亚社会主要分成自由民和非自由民这两个阶级，有一种把自由民的敌意集中在位居他们之下的流犯身上，从而取消自由民之间阶级界限的倾向。切恩对莫尔斯沃斯委员会说：

> 大多数自由契约工关于流犯的看法、说法和做法都充满不屑，
> 这种习惯通过一种极为自然的过程延伸到全体人民，因此普遍反映
> 出对他人缺乏尊敬和尊重的现象。[20]

同理，身为自由民而不是流犯的重要性在于，"有可能消解在母国
被认定的差别，从而把整个自由民人口放在几乎平等的地位上"。谁要
是瞧不起别人，谁就会遭到憎恨。无论流犯还是前流犯，"对从前不是
流犯者，或现在不是因犯者，都抱有成见，十分反感，几乎到了仇恨的
程度，如果不是为了自我利益而把这种情绪强压下去的话，就会明显地
表现出来"。

澳大利亚的平均主义根源并非都能理想化。丛林中的同志情谊是真
情实感，但流放制度产生的两个阶级采取守势，处于静态，扯平一切，
他们互相仇恨的情绪，也是真实的，由此产生一股徒劳无益、梦想复仇
的逆流，正如19世纪后期澳大利亚拥护共和主义的丛林诗人亨利·劳
森所希望的那样，通过教育提高穷人地位，同样通过教育降低富人地
位。到了18世纪和19世纪之交，澳大利亚早期的社会主义趋势和对流
犯之往昔的憎恶之间的大部分联系，都成了举行召唤仪式时惯常要做的
事——否则，这些联系就会被工人所埋葬，因为他们珍视被人尊重的权
利，不想让人看出他们跟罪犯祖先有任何关系，就像英格兰早期的宪章
派人士不想跟盗贼和拦路抢劫犯有任何关系一样。这类联系浮现出来
时，就带上了一种受百姓欢迎的理想化形式，把流犯看作闪闪发光、清
白无辜的偷猎者、宪章派人士和偷摘苹果的儿童，而把丛林土匪都看成
罗宾汉。

今天，"流犯往昔"已经成了一个晦暗朦胧、关于行为的包罗万象
的名词。例如，正是由于有了这样的过去，澳大利亚人才对权威不以为
然。另一方面，又是因为有了这种过去，澳大利亚人才循规蹈矩，墨守

成规。由于太多的澳大利亚人都循规蹈矩，墨守成规，同时又怀疑一切，"流犯遗产"才被认为更具渗透力。现在的社交行为也许有些根子，以晦暗不明的方式，蜿蜒曲折地回伸到流犯时代。澳大利亚人有个人所熟知的习惯：背后咒骂当权者，当面却谄媚奉承。这很可能就是其中的一种表现。澳大利亚的性别歧视从监禁生活的心理遗产中，可能也接受了某些动力。但绝大多数欧裔澳大利亚人不是 1850 年后来的盎格鲁-爱尔兰-苏格兰的后裔，就是 1945 年后来的希腊人、意大利人、匈牙利人、巴尔干半岛人、波兰人和德国人等的后裔，因此根据这条线进行探索好像不会有什么结果。

如果当年不把澳大利亚当作一座空间无限的监狱开拓，澳大利亚人的表现会很不一样吗？当然会。他们会更多地记住他们自己的历史。一百年前，澳大利亚人一心迷恋的文化事业，就是把这个历史彻底忘掉，把它贬低丑化，也不协商一下就把它驱逐到隐秘的角落中去。这一点——从政治修辞，到对空间和风景本身的看法等——影响了整个澳大利亚文化。在美国，空间一向充满乐观情绪，你面对的空间越多，你就越感到自由："去西部，年轻人！"以澳大利亚的观点看，去西边等于上西天，而且，空间本身就是监狱。无论在诗歌还是绘画中，澳大利亚的大自然作为一种文化象征物，只有在去除了从流犯关于大自然就是监狱的看法中诞生的"忧郁丛林"这个滞定型之后，才能鲜花盛开。1888年，澳大利亚纪念一百周年诞辰，新闻报道和诗歌中都有大家爱用的一个比喻，那就是把这个国家作为一个充满活力的青年，凝视着初升的太阳，背对着过去黑暗而匍匐的阴影。墨尔本的《阿尔戈斯百眼巨人报》曾发表了一首题为《百年之歌》的诗，表达的意思很到位，既防范，又乐观，同时提出诉求，请人们审查澳大利亚早期的历史——最好根本别去写它：

用我们早期的罪孽玷污我们崇高的名字，
玷污我们力求达到并征服的目标，这公平诚实吗？是男子汉做的事吗？

　　那些恶意揭丑、翻老底的刀笔吏，

　　让他们沉浸于大脑塑造的可恶模式，

　　向前看，别再往后瞧了！面朝阳光灿烂的地方——

　　面向辉煌的未来，不要看后面阴影重重的黑夜。

　　每宣布一次复兴，其中心内容就透出一种想要患上健忘症的渴望，而澳大利亚人踏上征途，寻求遗忘，竟然带着一种不达目的决不罢休的劲头。他们甚至不想记住，他们的前辈曾经是为政府干活的犯人，或曾与那些犯人有过交往。不久，他们就成功了。

　　谁也不能否认，流犯曾经到过澳大利亚。事实上，1888 年，有些"老爬虫"依然活着，只不过差不多都奄奄一息，但没有人邀请他们跟着游行队伍"爬行"，百年大庆也没有进行沉重的历史回顾。人们把画笔在"污点"上蘸一蘸，为的是在象征着澳大利亚当前和未来繁荣景象的金合欢花、小麦、英国国旗与金羊毛的后面，再加上一点点黑暗。纪念相册的封面上有着笑翠鸟的旋涡花饰和印着明轮船的金箔，其文本向人们暗示，在遥远的澳大利亚殖民时代，曾经发生过恐怖的事情，但新的一页必须一尘不染，而且，时候已经到来，终于可以拉下窗帘遮住如此之多的屈辱和痛苦，终于可以凝视黎明的到来了。一位百年大庆支持者写道："流犯阶段像一段噩梦，已经被人遗忘。今天，新南威尔士每年进出口贸易几乎达到五千万英镑……铁路长达 1727 英里……电报线路有 19000 英里。"在塔斯马尼亚，"大自然虽然缓慢却很有把握地在收复失地，已经在抹去恶名昭彰的纪念物，那是谁都不愿回头看一眼的。人们可以一章章地撰写亚瑟港的编年史，但那与这新的一页的基调很不协调"[21]。

　　澳大利亚的平民百姓固执地依恋他们的丛林土匪英雄，不肯忘记很久以前那个大胆的杰克·多诺霍和不久之前的奈德·凯利，但官方文化的工具只要有可能，就试图淡化这一点。人们记忆中的英国军官及其惩

罚记录本、令人憎恶的强制劳动和鞭笞的机制及实行，这一切都移到了
背景之中，因为继续"端详"是很不健康的。

澳大利亚政治家把百年庆典的构思和运作，都当作沙文主义的一次
盛宴，盛赞心地善良、包容一切的大英帝国：没有不列颠的市场，澳大
利亚商业就不可能幸存下去。没有不列颠的制度，特别是其君主立宪
制，澳大利亚的道德就会沉沦；没有不列颠的无畏战舰，中国式平底帆
船就会蜂拥而来，就会把澳大利亚人鲜红的血液变黄。小三角旗、旗
帜、游行、演讲，以及更多的小三角旗，都被强塞进老百姓的喉咙里，
只有支持共和政体的人才被这些东西噎得透不过气来。

他们的抗议喉舌就是《公报》，一份反帝国主义的报纸，它猛烈抨
击把百年庆典当成澳大利亚奴颜媚骨、依附英国的一场盛宴的整个思
路。该报认为，澳大利亚头一百年是监禁殖民地，一百年结束之时，却
成了经济和政治的殖民地，虽然摆脱了锁链，但其他一切都没变。该报
一位漫画家用两幅素描表现了这一点：第一幅标为1788年，描绘了一
个爱尔兰流犯戴着脚镣手铐，跳着吉格舞，供一个英国军官欣赏；第二
幅描绘的是一个现代丛林拓居人，头戴甘蓝树帽，1888年还在为约翰
牛①跳同样的舞蹈。在题为《我们被押往监狱的那一天》的头条编者按
中，《公报》称这次庆典"是虚弱的、醉醺醺的五流行为——结合了头
皮舞和杜松子酒的学术谈话会——庆祝的是（我们）简短历史中最恶心
的事件"[22]。澳大利亚百年大庆不过是1876年美国百年大庆的"脆弱翻
版"："完全缺乏宏大的要素。伟大的共和国欢天喜地，不是因为时光飞
逝、空无一物（无论对人还是对兽来说，都是如此）……而是为了纪念
自由的胜利——打败了贪得无厌的暴政。另一方面，澳大利亚所庆祝
的，是一个始于乌有，也终于乌有的世纪。一百年离她而去，她还是一
百年前被发现时的老样子——有其名而无其国，一座辽阔无边的大陆，
却甘愿做一个蕞尔小岛的附庸。"[23]无论这些议论多么不受欢迎，其中的

① 英文是 John Bull，指英国人。

786

确含有大量实情。《公报》把从前的帝国主义与现在挂钩时，就讲出了更多的真话：

> 那一天，开始了令人憎恶、道德沦丧的奴役统治——现在却成了一个节日，号召我们尽情欢乐。但是，如果澳大利亚能够证明，她已经摆脱了旧的锁链和那个黑暗时代旧的迷信思想，那也许还有救……但是，她的服装上依然沾染着旧的、奴隶的污点。她用铁链换来的不过是金链而已。[24]

该编者按继续说，英国的资本每天都有进口，以发展澳大利亚资源——"因此，很自然，英国资本家就为自己夺走这资源，以抵偿他们的花费"。《公报》以智利、墨西哥、瑞士特别是布尔共和国为例敦促说，最好保持贫穷和独立，因为有了后者，"农场主组成的一支小小军队，就几乎铲平了英格兰俗气花哨的部队，在马图塔山一举干掉了他们的贵族司令官……就连女人气十足的埃及士兵也是在进行了英勇的抗争之后，国土才落入英格兰之手，成了英格兰的一个封建采邑，但澳大利亚通过有'代表性的政治家'之口，如吉利斯和帕克斯，宣布自己比埃及更贱，比布尔共和国更低。他们的这一宣言很适合这个场合，也为这一天的纪念而增光添彩，但就在这一天，我们的第一批家人——被'出口'了"[25]。

澳大利亚人对帝国主义保护伞感激涕零，这是他们的应有之情，决不允许他人淡化。殖民化的精髓所在，就是他们不能宣称自己拥有历史。百年庆典的三十多年前，英国淘金人约翰·谢热曾抱怨说，在对跖点的风景中，历史是一片空白，几千年来，能够识别的东西一样也没有：

> 没有什么比在丛林散步或行走更单调无聊了……丛林里联想不起任何跟过去有关的东西。你的眼中看不到某座雅致古堡的"灰色

废墟"……想象力停滞不前——基本上陷入泥沼，就像你的肉体也
陷入泥沼一样。没有神圣的树丛……没有历史悠久的寺庙，因好客
的善行而让人感到更加圣洁……没有能让人回想起暴政垮台的战
场……没有任何能唤起回忆、提升心灵的东西值得参观。没有值得
记忆的天才出没之地。没有伟人诞生之地……这一切都没有。一切
无不死气沉沉，了无生趣，全是泥巴活计。[26]

　　但是，如果风景唤不起任何此类联想，那就让澳大利亚的儿童来唤
起吧。大人要他们阅读沃尔特·司各特的小说，了解弗朗西斯·德雷克
爵士的懿行，像鹦鹉一样背诵历代英国国王的名字，背诵无法解释的重
大事件的日期，如尾闾议会和火药阴谋，背诵他们从来都没见过的欧洲
河流的长度——与此同时，正如诗人亨利·劳森 1888 年在《共和政体
报》上抱怨的那样，孩子们看到的历史从来都不早于 1850 年。教育家
们在这一点上也发挥了作用。结果，直到 20 世纪 60 年代中期，在澳大
利亚学校使用的任何历史教材中，完全找不到令人满意的关于监禁地澳
大利亚的叙述，甚至连条理清楚的叙述都没有。这段"历史"如此贫
乏，它能算啥？记载的都是外省的痛苦生活，不过是英帝国政策中一段
次要的插曲，还是忘掉为佳。在时间和空间上隔得遥远的东西反而真
实，离自己近的一切却被丑化贬低，成了社会噩梦中的材料。

　　健忘症和羞辱啃啮着历史记录的边缘，但并没有把它改变多少。某
个市民也许可以把船上装订好的契约拿来，用墨水把姓氏涂改掉。新南
威尔士中级法院关于审判和定罪的记录册有时会被烧掉，以便清白无辜
的后代在社会上免受其苦。但是，流放制度结束后，留下的文件成山叠
海，多得难以清除。

　　纸张的寿命比砖石还要长久。澳大利亚与流放制度直接有关的大多
数建筑物早就荡然无存。1835 年之前在新南威尔士或 1850 年之前在塔
斯马尼亚的大部分具有历史意义的建筑——教堂、仓库、市政厅、法
院、别墅、牧场庄园及桥梁——不是全部，就是部分地由流犯劳动力建

造起来的，其中很多至今犹在，特别是在塔斯马尼亚，因该地没有足够财力拆毁重建。但是，让过时作废的监狱和营地依然矗立，作为鬼影憧憧、萦绕不去的往昔的纪念品，似乎没有太大意义，而今天留存的少数建筑物差一点没逃脱全面的摧枯拉朽工作。在诺福克岛上，五角星样的新监狱和金斯顿的巨大的囚犯营地，以及不少较不重要的建筑物，早就被新来的居民拆毁，为的是取用其建筑石料，他们在最后一批流犯离开之后搬到了岛上，即弗莱彻·克里斯庭领导的那批哗变者与1856年从皮特凯恩岛搬迁过来的塔希提女人结合的后裔。绿色地毯般的草皮中，依稀可辨地露出已经风化剥蚀的囚室基石，除此之外，原来的驻地几乎一物不存。就连汗如雨下的工作帮垒起的高墙和大门，也在1959年因建造一座野餐公园，而差一点没逃脱被推土机夷平的厄运。悉尼湾现在改名为环形码头，在它的头部，已经看不出任何流犯往昔的痕迹了。倒是有一件平庸乏味的雕塑，有两个连成一体的椭圆形青铜件，看上去代表的是脚镣，结果却是一件寓言作品，歌颂悉尼和朴次茅斯之间的友谊纽带。时至今日，从没有人为第一舰队的男男女女树碑立传，1988年的两百周年大庆好像也没有这个计划。

尽管人们不去理会，试图遗忘，并无意识地做出成千上万种行为对流放制度进行审查，但这个制度依然活跃在老百姓的记忆中——就像大基诺剧院的表演。19世纪80年代，霍巴特的旅游景点很少，但有一艘"成功号"，这是一艘在菲利普港停泊多年的囚船，因该船囚犯参加了刺杀"魔鬼"约翰·普赖斯的行动，得了一个很好听的血腥名字。富有创业精神的人把船买下来后进行了翻修，装上假流犯和一整套给人留下深刻印象的脚镣手铐、门窗铁栅、处罚绑带、处罚铁球、长铁链和九尾鞭（全都货真价实——当时，这种东西还没有成为昂贵的殖民古董），外带丛林土匪奈德·凯利在葛林罗旺镇最后抵抗时用的黑色铁甲胄。当塔斯马尼亚的大多数人从该囚船鱼贯而过之后，船主把"成功号"开往悉尼，希望能有更多人前来参观，但很快就遭到查禁：夜深人静之时，义愤填膺的市民把船砸沉，因为他们不想回忆那个"污点"。结果，"成功号"在停泊的地点沉没，船上所有蜡像丢失尽净。

那段 Locus classicus① 却始终无法被湮没。亚瑟港于 1877 年关闭。这时，该地花名册上的在狱犯已经减少到还在那儿为他们累积的刑期服刑的 64 名流犯、126 名赤贫者和 79 个疯子。后来，他们被转到霍巴特。在一群目瞪口呆、嘻嘻哈哈的人围观下，流犯走上岸来，戴着脚镣手铐，尽管大多数人都已年老体衰。

在流放制度的最后岁月中，前来探访的人不仅有安东尼·特罗洛普，还有年轻的澳大利亚小说家兼卖文为生的记者马库斯·克拉克。他在墨尔本公立图书馆看了大量有关流放制度的文献资料，在维克多·雨果的《悲惨世界》和大仲马的《基督山伯爵》的激励下，决定自己写一部罪与罚的史诗。克拉克的《无期徒刑》从 1870 年 3 月起在《澳大利亚杂志》上连载，持续了两年，到最后丢掉了大多数读者，但 1874 年作为图书出版，又重振雄风收复了读者——而且，随着该书的出版，大众又恢复了对流放制度及其恐怖的缩影亚瑟港的兴趣。

克拉克及其追随者给这个地方赋予了大基诺剧院的全部特征，因为他们知道观众是谁。不久之前，为什么有人从"口头传统"（也就是游客讲的"高故事"②）中听说，有儿童为了逃脱鞭笞和强奸的苦难生活，像小旅鼠一样，从普尔岬的悬崖峭壁上集体跳海自杀？为什么有人听说像奴隶一样干活的流犯，在布斯司令官黑暗的矿井下面嚼食人的尸体呢？这是因为，克拉克的小说出版之后的七十多年来缺乏有关流放制度的严肃历史作品，以至这些故事弄假成"真"。

很久以前，亚瑟港的惨无人道就一直被说成流放制度的核心神话——这是范迪门斯地的报界中乔治·亚瑟的敌人所干的事。19 世纪 70 年代，克拉克和普赖斯·瓦伦（后面跟着一大堆滥竽充数的文人）开始写作他们那个版本的流放制度时，这个神话已经成了"现实"，可以

---

① 拉丁语，最有权威性的章节。
② 英文是 tall stories，即荒诞不经的故事。

幻想对其进行重新投资。因此，克拉克最为鲜血淋漓的情节，如嘎贝特在亚瑟港吃人一段（这是几乎未加掩饰的皮尔斯逃跑的版本），就从 19 世纪 20 年代的麦夸里海港转到了 19 世纪 30 年代的塔斯曼半岛，被用来"典型化"地表现流放制度。同样，克拉克写的从普尔岬悬崖跳下的男孩汤米和比利的自杀，也是维多利亚时代虚构小说作品中至为揪心的一段描写——那是监禁地对狄更斯《老古玩店》中小耐尔之死的回答：

> "我现在能够做了，"汤米说，"我感到有力了。"
>
> "会很痛吗，汤米？"比利说。他胆子不那么大。
>
> "没有挨鞭子痛。"
>
> "我好害怕呀！哦，汤姆，水太深了！别离开我，汤姆！"
>
> 较大的那个孩子从脖子上取下手帕，把他的左手和同伴的右手绑在了一起。
>
> "现在，我不会离开你了。"
>
> "吻你的那位女士说什么了，汤米？"
>
> "愿上帝怜悯这两个没有父亲的孩子！"汤米重复了一句。
>
> "我们一起说吧，汤姆。"
>
> 说着，这两个孩子在岩壁的边缘跪下来，把绑在一起的手举起来，举头望天说："愿上帝可怜我们两个没有父亲的孩子！"他们互相吻了一吻，就跳了下去。[27]

普尔岬从未发生过这种事，但游客太喜欢这种故事了。从 19 世纪 70 年代后期一直到整个 19 世纪 80 年代，只要周末晴好，就有成百上千的观光客乘坐蒸汽动力的明轮船从霍巴特到该地，在沥青一样黑暗、石头一样无声的哑巴囚室关上几分钟，然后激动地发出尖声叫唤，用靴子咯吱咯吱地踩着发出回声的教养院宿舍，快乐地叽叽喳喳地讲着话。有时候，游客还可以从一个"当地人"那儿，买一只生锈的脚镣或一只烂掉的钉有平头钉的半筒靴。当亚瑟港正式改名为卡纳冯，重新合并成一个市镇后，这些"当地人"汇成一股涓涓细流，又回到塔斯曼半岛。霍巴特当时有一个名叫约翰·瓦特·比蒂的摄影师，倒是对监禁纪念品很有胃口，他记录了建筑物和亚瑟港的几个幸存的老手，甚至还造访过诺福克岛。他还印制了有监狱标记的明信片——十分精致的静物写生，上有脚镣、手铐、钥匙、卫兵的卡宾枪和来自模范监狱的随身用具，周围环绕着袋装的树叶和野花。

他做得不错，把这段招人厌恶的历史记录了下来，因为不久之后，早就迫在眉睫的索多玛的厄运就降临在塔斯曼半岛上。先是发生了一场地震，接着在 1897 年，一场森林大火把这座监禁拓居地吞没了。这场林火在四层楼高的教养院疯狂肆虐了两天两夜。这座模范监狱曾是南方大陆一个不祥的彭顿维尔复制品，一度像沉默不响的蜂房，聚集着戴着兜帽、标着号码的犯人的雄蜂，现在却被烧得只剩一副空架子。许多塔斯马尼亚人都很难掩藏喜悦，只希望把那片废墟摧枯拉朽地处理掉。今日的游客与其他游客一起，在教养院的断垣残壁中漫游之时，几乎难以感受当年它所代表的那种隔膜。也许，根据大自然本身，根据英格兰选作罪犯寓所、几乎难以穿透的这座空间迷宫，可能比较容易推断出这种隔膜感。若想看清这一点，只需回到仿佛框住塔斯曼半岛的黑色玄武岩绝壁上，爬着穿过丛林，来到无遮无拦的边缘，凝视下面那片波光粼粼的囚牢般的大海。

附　录

附录一

新南威尔士历任总督与行政长官（1788—1855）

亚瑟·菲利普（1738—1814）　　　　　1788 年 1 月—1792 年 12 月

弗朗西斯·格罗斯（1758? —1814）　　　1792 年 12 月—1794 年 12 月

威廉·帕特森（1755—1810）　　　　　1794 年 12 月—1795 年 9 月

约翰·亨特（1737—1821）　　　　　　1795 年 9 月—1800 年 9 月

菲利普·吉德利·金（1758—1808）　　　1800 年 9 月—1806 年 8 月

威廉·布莱（1754—1817）　　　　　　1806 年 8 月—1810 年 1 月

拉合兰·麦夸里（1762—1824）　　　　1810 年 1 月—1821 年 12 月

托马斯·布里斯班（1773—1860）　　　1821 年 12 月—1825 年 11 月

拉尔夫·达令（1775—1858）　　　　　1825 年 11 月—1831 年 12 月

理查德·伯克（1777—1855）　　　　　1831 年 12 月—1837 年 10 月

乔治·吉普斯（1791—1847）　　　　　1837 年 10 月—1846 年 7 月

查尔斯·菲茨罗伊（1796—1858）　　　1846 年 8 月—1855 年 1 月

附录二

范迪门斯地历任行政长官（1803—1853）

约翰·鲍温　　　　　　　　　　　　　1803 年 9 月—1804 年 2 月

戴维·柯林斯　　　　　　　　　　　　1804 年 2 月—1810 年 3 月

爱德华·洛德　　　　　　　　　　　　1810 年 3 月—1810 年 7 月

约翰·默里　　　　　　　　　　　　　1810 年 7 月—1812 年 2 月

安德鲁·盖尔斯	1812 年 2 月—1813 年 2 月
托马斯·戴维	1813 年 2 月—1817 年 4 月
威廉·索热尔	1817 年 4 月—1824 年 5 月
乔治·亚瑟	1824 年 5 月—1836 年 10 月
K. 斯诺德格拉斯	1836 年 10 月—1837 年 1 月
约翰·富兰克林	1837 年 1 月—1843 年 8 月
约翰·厄德利·厄德利-威尔默特	1843 年 8 月—1846 年 10 月
查尔斯·拉·特罗布	1846 年 10 月—1847 年 1 月
威廉·邓尼森	1847 年 1 月—1855 年 1 月

附录三
历任殖民大臣（1794—1855）

　　埃文·内皮恩是悉尼勋爵的内政部次长，1794 年之前，他主要负责第一舰队的事务和殖民地管理。此后，其职责转到历任负责（战争和）殖民地事务的殖民大臣手中。

亨利·丹达斯	1794 年 7 月
霍巴特勋爵	1791 年 3 月
卡姆登伯爵	1804 年 5 月
卡塞尔利子爵	1805 年 7 月
W. 温德姆	1806 年 2 月
卡塞尔利子爵	1807 年 3 月
利物浦伯爵	1809 年 11 月
巴瑟斯特伯爵	1812 年 6 月
戈德里奇子爵	1827 年 4 月
W. 赫斯基森	1827 年 9 月
乔治·默里	1828 年 5 月
戈德里奇子爵	1830 年 11 月
史密斯·斯坦利	1833 年 4 月
T. 斯普林·赖斯	1834 年 6 月
惠灵顿公爵	1834 年 11 月
阿伯丁伯爵	1834 年 12 月
C. 格兰特	1835 年 4 月
诺曼比侯爵	1839 年 2 月
约翰·罗素	1839 年 9 月

斯坦利勋爵	1841 年 9 月
威廉·厄瓦特·格拉德斯通	1845 年 12 月
格雷伯爵	1846 年 7 月
约翰·帕金顿	1852 年 2 月
纽卡斯尔公爵	1852 年 12 月
亨利·乔治·格雷	1854 年 6 月
S. 赫伯特	1855 年 2 月
约翰·罗素	1855 年 5 月
威廉·莫尔斯沃斯	1855 年 7 月
H. 拉布谢尔	1855 年 11 月

缩略语

ADB	*Australian Dictionary of Biography.*
AJPH	*Australian Journal of Politics and History.*
ANZJM	*Australian and New Zealand Journal of Medicine*
Bigge NSW	John Bigge, "Report of the Commissioner of Inquiry into the State of the Colony of New South Wales," *Great Britain, Parliamentary Papers* 1822, vol. 20, paper #448.
BL	British Library
BT	Bonwick Transcripts, Mitchell Library, Sydney
Clark *HA* 1–4	C. M. H. Clark, *A History of Australia*, vols. 1–4.
CO	Colonial Office Records, Public Record Office, London.
Col. Sec.	Colonial Secretary.
CON	Convict Department Records, Van Diemen's Land.
Con. Disc. 1, 1846	*Correspondence re Convict Discipline*, ordered to be printed February 9, 1846, containing (1) Secondary Punishment, pp. 1–139; (2) Convict Discipline and (3) Convict Discipline and Convict Estimates, pp. 141–259.
Con. Disc 2, 1846	*Correspondence re Convict Discipline*, ordered to be printed February 9, 1846, pp. 1–69, PP (HL) 1846, vol 7.
Con Disc 3, 1846	*Correspondence re Convict Discipline*, ordered to be printed June 12, 1846, pp. 1–77, PP (HL) 1846, vol. 7.
Con Disc. 4, 1846	*Correspondence between the Secretary of State . . . and the Governor of New South Wales, respecting the Convict System Administered in Norfolk Island, Under the Superintendence of Captain Maconochie R N.*, ordered to be printed February 23, 1846, pp. 1–169, PP (HL) 1846, vol 7.
Con Disc 1847	*Correspondence Relative to Convict Discipline*, PP (HL) 1847, vol. 8, pp. 1–250.
Con Disc 1850	*Correspondence Relative to Convict Discipline*, PP (HL) 1850, vol. 11, pp. 1–282.
Con. Disc. 1853	*Further Correspondence on Convict Discipline and Transportation*, PP (HL) 1852–3, vol 18.
Cook *EL*	Thomas Cook, *The Exile's Lamentations*
Corr. Military Operations 1831	*Copies of all Correspondence between Lieutenant-Governor Arthur and His Majesty's Secretary of State for the Colonies, on the Subject of the Military Operations lately carried out against the Aboriginal Inhabitants of Van Diemen's Land*, PP (HC) #259, pp. 1–86, September 23, 1831

Crowley, *Doc. Hist.*	Frank Crowley, *A Documentary History of Australia.*
CSO	Colonial Secretary's Office Records, Van Diemen's Land.
DRO	Derbyshire Record Office.
FLB	Joseph Foveaux, "Letter Book, 1800–1804"
GO	Governor's Office, Tasmania
HO	Home Office Records, Public Records Office, London
HRA	Historical Records of Australia (Series 1).
HRNSW	Historical Records of New South Wales.
HS	*Historical Studies of Australia and New Zealand*
JAS	*Journal of Australian Studies*
JRAHS	*Journal of Royal Australian Historical Society.*
LF	Laurence Frayne, *Memoirs of Norfolk Island.*
LH	*Labour History.*
LRO	Lancashire Record Office, Preston, Lancashire.
MJA	*Medical Journal of Australia*
ML	Mitchell Library, Sydney.
NLA	National Library of Australia, Canberra.
NSW	New South Wales.
NSWA	Archives Office of New South Wales, Sydney.
NSW V & P	Votes and Proceedings of the Legislative Council of New South Wales.
PC	Privy Council Papers.
PHR	*Pacific Historical Review.*
PP	Parliamentary Papers, Great Britain (Lords and/or Commons).
PRO	Public Records Office, London.
RAHJ	*Royal Australian Historical Journal.*
Robson, *Hist. Tas.*	Lloyd L. Robson, *A History of Tasmania*
SC 1798	*Report of the Select Committee on Transportation,* PP 1798.
SC1812	*Report of the Select Committee on Transportation,* PP 1812.
SC 1832	*Report of the Select Committee on Secondary Punishments,* PP 1832.
SC 1837–38 (I)	*Report of the Select Committee on Transportation* ("Molesworth Report," part I), PP 1837.
SC 1837–38 (II)	*Report of the Select Committee on Transportation* ("Molesworth Report," part II), PP 1838.
Shaw *CC*	A. G. L. Shaw, *Convicts and the Colonies.*
SMH	*Sydney Morning Herald.*
SPO	State Paper Office, Dublin.
THRA, PP	Tasmanian Historical Research Association, Papers and Proceedings.
TSA	Tasmanian State Archives, Hobart.
UTL	University of Tasmania Library, Hobart.
VDL	Van Diemen's Land.

尾　注

第一章　海港和流放者

1. Jeremy Bentham, *Panopticon Versus New South Wales*, p. 7.

2. 流犯的数字差别很大。Shaw *CC* 认为总数为 156000 人，罗伯森（Robson, *The Convict Settlers of Australia*）所给数字一样，但其他人给的数字高达 162000 人。

3. John Hunter, *An Historical Journal of the Transactions at Port Jackson and Norfolk Island*, p. 77.

4. 有关殖民地画家观看澳大利亚大自然时，如何盛行采用进口的风景滞定型，以及在莱西特（Lycett）、厄尔（Earle）和其他人作品中逐渐出现向自然主义过渡的解决办法等，可参见 Bernard Smith, *European Vision and the South Pacific, 1768 - 1850*，特别是 Chapter 9, "Colonial Interpretations of the Australian Landscape, 1821 - 35"。

5. Arthur Bowes Smyth, "Journal," ML Sydney. 该日记已出版，题为 *The Journal of Arthur Bowes Smyth, Surgeon, Lady Penrhyn, 1787 -1789*, ed. P. G. Fidlon and R. J. Ryan, Sydney, 1979。

6. 根据其他标准来看，澳大利亚的动物世系十分年轻。在其他大陆，人们曾经找到两亿年前的脊椎动物化石遗迹，但在澳大利亚，哺乳动物的这类证据最早也不过在两千两百万年之前，即中新世。在澳大利亚与世隔绝的状态下进化而来的有三种主要的、独特的脊椎动物，即平胸类鸟（个子庞大、不能飞翔的鸟，如鸸鹋）、单孔目动物（卵生哺乳动物）和有袋动物（有袋类哺乳动物）。

在其他大陆，哺乳动物提高了基因效率，发展成为有胎盘哺乳动物，母兽子宫中有胚胎生长，通过脐带或胎盘喂养。胚胎可享受几个月的保护，出生后发育相对正常。而有袋动物还是胚胎时就出生了，不比蚂蚁大多少。受精后，胚胎在母体内逗留时间不过几个星期，把卵囊中的营养物消耗完就爬出来了，像幼虫一样盲目摸索，穿过无树平原般的皮毛，直奔母体上的袋囊而去，母亲的奶头就在囊内。小家伙在那儿一直待到能够独立行动为止。

7. J. C. Beaglehole, ed., *The Journals of Captain James Cook on His Voyages of Discovery*, vol. 1, p. 359.

8. C. Lockhart, replying to Circular Letter from Select Committee on the Aborigines, New South Wales V &. P (1849): 20.

9. Geoffrey Blarney, *The Triumph of the Nomads*, p. 17.

10. 澳大利亚土著的起源问题尚未解决，关于这个问题，意见分成两种，一种认为是"杂种人"，另一种认为是"同种人"。索恩（A. G. Thorne）对其地位做了综述，见"The Racial Affinities and Origins of the Australian Aborigines" in Mulvaney and Golson, eds., *Aboriginal Man and Environment in Australia*, pp. 316 - 325。

在整个 19 世纪，直到 20 世纪，人们广泛假定，澳大利亚土著都来自同一种族，"实际上是均质同种的"。（A. A. Abbie, "Physical Characteristics of Australian Aborigines" in *Australian Aboriginal Studies*, pp. 89 - 107.）根据这个理论，唯一的例外是与外界隔绝的塔斯马尼亚人，据信，他们是美拉尼西亚人的后裔，在太平洋水面上升，塔斯马尼亚与大陆分开之后抵达，而且从来都没有造访过大陆。

1967 年，美国人类学家博瑟尔（Joseph B. Birdsell）提出了一个"杂种人"的相反论点（"Preliminary Data on the Trihybrid Origin of the Australian Aborigines" in *Archaeology and Physical Anthropology m Oceania*, vol. 2, pp. 100 - 155）。他提出，在第四纪，来自北方的移民浪潮共有明显的三波。第一波人皮肤白皙，头发卷曲，体形与孟加拉湾安达曼群岛的山地部落人很相近。博瑟尔称他们为大洋洲尼格罗人。他们又反过来被第二波人吸收或往南驱赶。第二波人叫墨累人（之所以这么叫，是因为他们的种族类别在墨累河的土著中特别显著），他们的头发较直，他们的祖先是古高加索人。根据这个理论，流离失所的大洋洲尼格罗人在昆士兰热带雨林的少数地区幸存下来，在往南撤退的过程中占领了塔斯马尼亚——该岛之后很快就因海平面上升而与澳大利亚大陆分开。

根据这个理论，墨累人随后主宰了澳大利亚大陆的大部分地区，除极北地区外。这个地区是这座大陆的门户，接着就被第三波人侵略了，他们是卡奔塔利亚人，在种族上与马来亚的山民相似，这些人从未走出澳大利亚的热带地区。

这一理论受到其他人类学家的质疑，他们至今只赞同澳大利亚的人口呈双族性。但总的来说，证据实在太少。用 D. J. 马尔瓦尼的话说就是："就算 T. H. 赫胥黎之后过了一个世纪，宣布种族的不纯一性或纯一性，都为时尚早。"（Mulvaney, *The Prehistory of Australia*, p. 64.）

11. 从海岸向内地的运动：Mulvaney, *Prehistory*, p. 136。

12. Ibid., pp. 147 - 152.

13. 在与欧洲人发生接触的时期，悉尼地区周围部落和领土的分布情况，可参见 Norman Tinsdale, *Aboriginal Tribes of Australia*, 2 vols, 关于艾奥纳部落，见 vol. 1, p. 193。还可参见 Blarney, *Triumph*, p. 31。

14. Phillip to Banks, Dec. 3, 1791, cit. in John Cobley, *Sydney Cove, 1789 - 1790*, p. 117.

15. Watkin Tench, *A Complete Account of the Settlement at Port Jackson, in New South Wales...*, p. 230.

16. 关于土著的独木舟：William Bradley, *A Voyage to New South Wales*, Ms. Facsimile ed. (Sydney, 1969), pp. 68 - 69。

17. 飞去来器在第一舰队的叙述中很少出现，1804 年前，纸媒中也未见其用法的描述。亨特没有提及。尽管飞去来器（或至少形状像飞去来器的物体，呈弧形，两端对称，逐渐变细，约有十八英寸长）出现在约翰·怀特的《日记》第 292 页对面的插图上，却被描述成"一种很谦卑的弯刀"，这说明，怀特不可能亲眼见过飞去来器的使用。

18. George Barrington (pseud.)，*The History of New South Wales*，p. 17.

19. Hunter，*Historical Journal*，p. 60.

20. Barrington，*History*，p. 20.

21. Ibid.，p. 10.

22. Phillip to Sydney，HRNSW ii，129，May 15，1788. 澳大利亚土著作为"坚硬"原始主义的典范，与懒散怠惰、爱好和平的塔希提岛民适成对照，可参见 Smith，*European Vision*，pp. 126 - 127。

23. John White，cit. in John Cobley，*Sydney Cove*，1788，p. 30.

24. 关于土著在求爱中的掠夺行为：Barrington，*History*，p. 35。

25. A. P. Elkin，*The Australian Aborigines*，rev. ed. (Sydney，1974)，pp. 159 - 161.

26. Hunter，*Historical Journal*，p. 64.

第二章 一粒橡树子，产下一匹马

1. John Gloag，*Georgian Grace*，p. 54. 很大程度上，我们现在仍持这种态度。最近一次具有纪念碑意义的事件（1985—1986），就是向华盛顿哥伦比亚特区出借的富有戏剧性的大型展览，名为"英格兰的宝藏屋"（Treasure Houses of England）。展览中，英国的乡间宅邸被介绍成主要的"文明载体"，并被认为体现了其盛行的那个"时代"。现代美国人特别喜欢幻想自己是乔治时代的绅士。

2. Henry Mayhew，*London Labour and the London Poor*，vol. 1，pp. 342 - 243.

3. Robert Blincoe to Central Board on Employment of Children in Manufactories，in PP 1833，xxi. D3：17 - 18.

4. Josiah Wedgwood to Peel Committee，in PP 1816，iii：64.

5. Joseph Badder to the Factory Commission of 1833，in PP 1833，xx. Cl：191.

6. Theodore Price to the Peel Committee，in PP 1816，iii：125.

7. Francis Place，cit. in Graham Wallas，*Life of Francis Place*，p. 163.

8. L. Lacombe，*Observations sur Londres…*，p. 180.

9. Edward P. Thompson，*The Making of the English Working Class*，pp. 59 - 60. 把未婚同居的女性草率地算作"妓女"，对澳大利亚的女性流犯的实际道德问题，会引起重大的混淆。第八章讨论了这种论断造成的结果。

10. Henry Fielding，*An Enquiry into the Causes of the Late Increase of Robbers…*，p. 176.

11. Ibid.，p. 92.

12. Jonas Hanway，*The Defects of the Police*，p. 224.

13. 关于乔纳森·怀尔德，参见 Christopher Hibbert，*The Roots of Evil*，pp. 47 - 50。

　　乔纳森·怀尔德的职业早在犯人流放澳大利亚之前就已开始，但由于其职业对英国人关于犯罪率增长的看法有影响，需要在此概述一下。怀尔德就像伦敦的成千上万恶棍一样，是通过拉皮条起家的。不过几年，他就买下了两家妓院，并建立了一个地下联络人的圈子——这是告密者行业的人力资本。怀尔德并不满足于管理妓女和告密工作，而是把他的财富建立在这样一种洞见上，这种洞见惊人地简单，也让所有的地方法官把他看作国宝：尽管窝藏赃物（"收赃"）属于非法，但法律并不禁止你告诉失主，其被窃财物现在何处，也不禁止你分享告密所得的奖赏。因此，怀尔德干起了经营被盗财物的生意，获利颇丰，连一件被盗财物都不用触摸。他并不购买烛台或手表，而是从贼那儿获取一份赃物清单，接着就去告诉失主，某些物品已落入"一位诚实的捎客"手中，但此人拒绝把东西买下来。贼已逃掉，赃物留在了捎客手中，怀尔德被指定寻找失主，安排归还赃物。条件是，这位子虚乌有的捎客须为自己的诚实和公民守法精神而得到丰厚奖赏。这也很适合贼，因为怀尔德比一般收赃者付钱更多，后者只付被盗财物价值的十分之一。这也满足了法律规定，因为他只分享法律赏金，而且，18世纪的粗略记录使人很难证明捎客其实并不存在。这样做也让失主感到高兴，因为这是取回财产的唯一机会。最重要的是，这让怀尔德心满意足。十五年内，他挣了一万英镑，相当于一大笔土地收入。

　　对他和他人利用这个法律漏洞所牟取的暴利，议会感到震惊，因此于1718年通过一项法案来堵这个漏洞，法案规定，不起诉窃贼，并窝藏赃物以获得奖赏，都属偷盗犯罪行为（4 Geo. Ⅰ, c. ⅱ, s, 4）。作为回应，怀尔德不过稍微改变了一下手法而已。造访他位于科克小巷的办公室的失主每天都络绎不绝。他告诉他们，可以把现金放在指定的地方，这样财物就可以在同一天归还他们。于是，怀尔德处理钱财的记录都没有，更不要说赃物了。不久，怀尔德就跟成千上万的罪犯做了生意，知道他们叫什么名字。他掌握了他们的档案，把他们的特征一一列举出来。他夸口说，有了这些，他可以在伦敦把任何小偷吊死。他接下来的一步，是利用他作为伦敦最高级收赃者的杠杆效力，来塑造英国犯罪的原材料，调动散布在全国的小偷、扒手和伪币制造者，把他们的努力成果集合成一个公司模式。怀尔德从伦敦开始，在英格兰的每一个地区都组织黑帮。他手下的专家接受了各种偷盗训练，他还雇用了自己的珠宝商，以便熔化金银餐具，砸碎珠宝首饰。他设立了一个租用服务处，专门出借翻墙入室者所用的工具。他开着自己的风船，把偷来的物品运到荷兰。伦敦是他的孵化场，他在这个孵化场像养鳟鱼一样饲养小偷。让一个年纪轻轻的贼学会小偷小摸，这盈利很小。怀尔德把他招来的人又哄又骗，唆使他们深深地卷入犯罪活动，诉诸他们的胆大妄为，直到他们成为所谓的"四十英镑人"，也就是值得交给当局的犯罪分子。如果有任何人跟他作对，怀尔德就发挥他的捉贼作用，把那人送交法庭。罪名是真是假都无所谓，因为怀尔德要多少证人，就可以出示多少证人，随便什么伪证他都可以拿出来。他也以同样的方式保护了他的朋友，请来证人宣誓说，他们都是清白无辜的，还聘请辩护律师（当时没有公共辩护律师）。如有必要，他还会贿赂比较腐化堕落的地方法官。他以残酷的热情运用他的权力，因为他十分清楚，法律站在他那边。情况的确如此。当局对他抓到的贼比对他养的贼更感兴趣。作为抓贼者，他极为成功。据他吹嘘，他送上断头台的共有七十二人。他还让成千上万小鱼秧子遭刑。他给自己加官晋爵，自称"大不列颠及爱尔兰的捉贼老总"，尽管这个叫法很不正式，但也不算夸张：对伦敦的暴民、资产阶级、地方法官和廉价报纸而言，怀尔德就是法律的臂膀。

　　终于，在1725年，他垮台了，根据一项法案被判刑。在过去七年中，该法案一直以他的名字命名。在泰伯恩，咆哮的人们集聚在一起，围观他被判死刑，朝他身上扔掷石头和泥巴，而他最后还玩了一招，把刽子手的腰包给掏了。

14. De La Coste, *Voyage Philosophique d'Angleterre Fait en 1783 et 1784*, vol. 1, p. 12, cit. in Radzinowicz, *A History of the English Criminal Law and Its Administration Since 1752*, vol. 1, p. 724.

15. Cit. in Shaw *CC*, p. 39.

16. Radzinowicz, *History*, vol. 1, p. 27, note 87.

17. Ibid., vol. 1, p. 77.

18. 关于法制仪式的讨论，参见 Douglas Hay, "Property, Authority and the Criminal Law," in *Albion's Fatal Tree: Crime and Society in Eighteenth-Century England*, ed. Douglas Hay, Peter Linebaugh and Edward P. Thompson, p. 17ff。

19. 节选自 *Dorset County Chronicle* (date unknown), 1831, incl. in Withers document file in TSA, Hobart。

20. 从纽盖特到泰伯恩的列队仪式一直持续到 1783 年，好像受到伦敦和米德尔塞克斯行政司法长官的遏制，因为他们害怕"暴民"会完全控制局面——这种恐惧可能因 1780 年的戈登暴乱而加强。在此之后，公开绞刑还保留了一段时间，但地点在纽盖特的入口。叶礼庭（Michael Ignatieff, *A Just Measure of Pain*, pp. 88 - 90）把这与监狱改革者的努力相比较，因为他们想从囚犯手中夺回监狱亚文化。他还把这与科尔洪关于建立都市警察力量的提议做了比较："这是企图对穷人集体实行国家霸权，这些穷人对公共权威的无视长期以来一直被容忍，再不就是被看作理所当然。"

21. J. P. Grosley, *A Tour in London* (London, 1772), vol. 1, pp. 172 - 173, cit. in Radzinowicz, *History*, vol. 1, p. 176, n. 50.

22. Radzinowicz, *History*, vol. 1, p. 175, note 45.

23. 教堂司事祷文：Howard, *The State of the Prisons in England and Wales*, p. 175。

24. 18 世纪最全的犯罪俚语和切口词典：Francis Grose, *A Classical Dictionary of the Vulgar Tongue* (London, 1785); Anon., *A New Canting Dictionary* (London, 1725). 不可或缺的现代指南是里程碑似的 *A Dictionary of the Underworld* (Eric Partridge, 3rd ed., London, 1971)。

25. James Boswell, *The Life of Samuel Johnson* (Everyman ed., London, 1920), vol. 2, p. 447.

26. Jonathan Swift, "Clever Tom Clinch Going to Be Hanged," in Harold Williams, ed., *The Poems of Jonathan Swift* (Oxford, 1937), vol. 2, p. 399.

27. Anon., *Hanging Not Punishment Enough* (London, 1701), cit. in Radzinowicz, *History*, vol. 1, p. 235.

28. F. Gemelli, *Viaggi per Europa* (1701), vol. 1, p. 328, cit. in Radzinowicz, ibid., vol. 1, p. 182.

29. Peter Linebaugh, "The Tyburn not Against the Surgeons," in Hay et al., eds., *Albion's Fatal Tree*, p. 83.

30. 来源于 Radzinowicz, *History*, vol. 1, p. 190。

31. 关于宽恕和庇护，参见 Hay, "Property," in Hay et al., eds., *Albion's Fatal Tree*, p. 23。

32. 这些请愿书，特别是有关流放的请愿书的资料来源，现在都在伦敦国家档案馆枢密院文件中，其中有致内政部的信件，I/67—92，所涉及的年代为 1819—1844 年。我在第五章引用了其中几封，但这些信件中关于社会背景、流犯的个人经历和境况，以及其家人的丰富材料尚待历史学家关注。

33. John Howard, *The State of the Prisons in England and Wales*, p. 12.

34. Ibid., p. 9.

35. Fielding, *Enquiry*, p. 214.

36. Howard, *State of the Prisons*, p. 21.

37. Brisbane to Bathurst, Nov. 29, 1823, HRA xi：181.

38. Samuel Johnson, Jan. 6, 1759, in *The Idler*, vol. 1, p. 38.

39. 尽管塞缪尔·罗米利勋爵敦促政府贯彻国家教养院的思想，但情况始终没有起色，直到 1812 年。这时，泰晤士河边的米尔班克破土，准备修建欧洲最大的监狱——七座五角形大楼，总共容纳一千两百名囚犯，环绕一座小教堂而筑。理论上讲，这是以杰瑞米·边沁的中心化圆形监狱为模型的，但实际上成了一个几乎难以驾驭的迷宫。米尔班克监狱从未有效地取代流放。后来它被拆毁，以便为泰特美术馆让路。

40. Smith, *Colonists in Bondage*, p. 92.

41. Ibid.

42. *The Correspondence of King George III*, ed. J. Fortescue, vol. 6, p. 415ff, cit. in Clark *HA*, vol. 1, p. 64.

第三章　地理无意识

1. 关于 18 世纪信息传播的情况，参见 Eric J. Hobsbawm, *The Age of Revolution*, pp. 21‑23.

2. Luis de Camoens, *Os Lusiadas*, vol. 10, p. 139.

3. 托尔德西里亚斯条约分界线原意是仅以大西洋为界，但很快就扩展成为一条环绕世界的子午线，在当时未知的海域，划分了葡西势力范围，可参见 O. H. K. Spate, *The Pacific Since Magellan*, vol. 1：*The Spanish Lake*, pp. 25‑29。关于迪耶普海图，以及人们对葡萄牙遭遇澳大利亚东海岸的臆测，参见 Russel Ward, *Australia Since the Coming of Man*, pp. 21‑26, and K. G. Mclntyre, *The Secret Discovery of Australia*。

4. 现有某种证据——尽管还不是结论性的——证明中国人在 15 世纪曾接触过澳大利亚。参见 D. G. Mulvaney, *The Prehistory of Australia*, pp. 41‑44。

5. William Dampier, *Dampier's Voyages*, ed. John Masefield, vol. 1, pp. 350‑351.

6. 库克从海军部得到的关于南方大陆的指令：James Cook, *The Journals of Captain James Cook on His Voyage of Discovery*, ed. J. C. Beaglehole, vol. 1, pp. 279‑284；J. C. Beaglehole, *The*

Life of Captain James Cook，pp. 147 - 149。

7. 有关两百年前"奋进号"上的人在塔希提马塔瓦伊湾——这个现在堕落得毫无希望的天堂——所做的事，文献记录浩如烟海。相关综述参见 Beaglehole，*Life of Cook*，pp. 172 - 195。

8. Joseph Banks，*The* Endeavour *Journal of Joseph Banks, 1768 - 1771*，ed. J. C. Beaglehole.

9. Banks，*Journal*，April 25，1770. 就这样，澳大利亚不毛之地的形象——"老母牛"般的一座大陆——在发生接触的那一刻就出现了。

10. Cook，*Journals*，vol. 1，p. 399.

11. Alan Frost，*Convicts and Empire: A Naval Question, 1776 - 1811*，p. 135.

12. John Ehrman，*The Younger Pitt*，vol. 1，p. 405. 1781—1785 年间，英国对东印度群岛的出口不足一百万英镑，进口稍稍多于两百万英镑。大西洋诸地区的相应数据（加勒比海地区、北美、纽芬兰、非洲）则分别为四百万和三百五十万英镑。

13. Harris to Carmarthen，Aug. 19，1785，cit. in Frost，*Convicts and Empire*，p. 99.

14. Harris to Carmarthen，Mar. 7，1786，cit. in Frost，*Convicts and Empire*，p. 104.

15. 海军将领休斯谈印度缺乏的圆木，cit. ibid.，p. 66。

16. 新西兰麻属植物（Phormium tenax，），生长在诺福克岛，在强度和纤维方面，优于第一舰队给菲利普下达的皇家指令中描述的大陆海岸一带的野麻植物（Gymnostatus anceps）。该指令提到其"质颇优，能用于各种海事目的"，且预测其"最终可能成为出口物品"。当时菲利普得到的命令是，"特别小心栽培该物，并……把这种物品的样本……送回国来"。Phillip's Instructions，Apr. 25，1787，HRNSW ii：89.

17. James Mario Matra's proposal，Aug. 23，1783，HRNSW ii：1 - 6.

18. Ibid.

19. Addition to Matra's proposal，Aug. 23，1783，HRNSW ii：7.

20. Howe to Sydney，Dec. 26，1784，HRNSW ii：10. 海军部部长豪尔很不鼓励地说："这段航程如此长，会受印度航程中所有阻滞因素的影响。因此我必须承认，这段航程并不令人鼓舞。我不指望有任何回报，不指望从商业或战争中获取马特拉先生所考虑的种种好处。"

21. Young to Pitt，enclosed in Pepper Arden to Sydney，Jan. 13，1785，HRNSW ii：11. 扬强调，以澳大利亚产品做贸易，可能会有收益，这主要是香料、"优质东方棉花"、甘蔗、咖啡和烟叶。不过，他最热衷的话题是 Phormium tenax，"这种引人注目的植物，据知名叫新西兰麻属植物"。扬认为，这种植物的种植量可以是无限的。"其使用范围比迄今为止所知道的任何植物都更广泛，因为在粗生状态，其质量也大大超过制作缆索和帆布的任何材料，且价格比从俄国来的……低得多。"

22. John Call to Pitt（?），ca. August 1784，HO 42/7：49 - 57，cit. in Frost，*Convicts and Empire*，p. 203.

23. Alexander Dalrymple，"A Serious Admonition…，" cit. in David Mackay，*A Place of Exile: The European Settlement of New South Wales*，p. 33.

24. Shaw *CC*，pp. 46 - 47.

25. 关于罗尔就德文郡囚船上重犯累积的问题对皮特施压一事，参见 Mackay，*Place of Exile*，p. 21。

尾 注

26. Clark *HA*，vol. 1，p. 67.

27. 金对诺福克岛的亚麻一直保持着兴趣，尽管政府并不鼓励，而且漠不关心。关于这一点，参见 Mackay，*Place of Exile*，p. 95。

28. 艾伦·弗洛斯特为悉尼这座尚处婴儿期的殖民地在拿破仑战争中争得了一席之地（*Convicts and Empire*）。据他称："这是历史的妙处之一，因为它既赞颂了这些妙处的感知力，也赞颂了其在政治上的长寿，即在 18 世纪 80 年代中期创生了（这座殖民地，把它作为外围战略要地）的人，曾号召它走上舞台，与拿破仑皇帝交战。"然而，澳大利亚反对拿破仑的"功能"只是皮特 1804 年一晃而过的一个念头。他觉得，可以从悉尼派遣一支横跨太平洋的远征队，对智利的瓦尔帕莱索发起进攻。这个"功能"也是格伦维尔并未开展的计划中的一个部分。该计划拟调用一支力量，对智利、秘鲁和墨西哥发起进攻，这支力量中的人来自新南威尔士军团和"一百名……老练、成熟、能在太阳下干活的流犯开拓者"。无论这个想法，还是这个计划，都没有产生任何结果。澳大利亚反对波拿巴的"功能"完全等于零。

29. Nepean，CO 201/2：15 and HO 42/7：24.

30. 内含恩拟写该文件，准备让悉尼勋爵宣布时，他过于借重马特拉 1783 年关于把植物湾作为拓居地的提议中的论点和说法。1786 年，该文件关于亚麻如是说："这种新西兰植物的丝或索系自然生成，极为精致细腻，丝丝如缕，分得极细，可制成最优质的亚麻织物。"马特拉 1783 年的说法是："这种植物的丝或索系自然生成，极为精致细腻。它们丝丝如缕，分得极细，可做最优质的细棉布。"

31. "Phillip's Views on the Conduct of the Expedition and the Treatment of Convicts," 1787，HRNSW ii：53.

32. Charles Bateson，*The Convict Ships, 1787 – 1868*，pp. 96 – 98.

33. Phillip to Nepean，Mar. 18，1787，HRNSW ii：58.

34. Phillip to Nepean，Jan. 11，1787，HRNSW ii：46.

35. Philip Gidley King，*The Journal of Philip Gidley King, Lieutenant, R. N., 1787 – 1790*，p. 6.

36. Phillip to Sydney，Feb. 28，1787，HRNSW ii：50.

37. Phillip to Sydney，Mar. 12，1787，HRNSW ii：56 – 57.

38. Phillip to Nepean，Mar. 18，1787，HRNSW ii：59.

39. 第一舰队犯人身份的基本资料来源于一次仔细的汇编，见科布里（Dr. John Cobley）的会议论文和大审档案（*The Crimes of the First Fleet Convicts*，1970）。档案中存在误差和不详之处，使人无法确定第一舰队究竟载运了多少囚犯。科布里的数据是 778 人，男女都有。克劳利的数据是 736 人（*A Documentary History of Australia*，vol. 1）。金中尉在启航前计算的是 752 人。凡此种种，不一而足。

40. "Botany Bay：A New Song" is in Ballads collection，ML，Sydney.

41. （Alexander Dalrymple），*A Serious Admonition to the Publick on the Intended Thief-Colony at Botany Bay*.

42. *Whitehall Evening Post*，Dec. 19，1786，cit. in C. M. H. Clark，*Sources of Australian Histo-*

805

ry, pp. 75 - 77.

43. "Memorial from the Marines," written on *Scarborough*, May 7, 1787, HRNSW ii: 100 - 101.

44. Phillip to Sydney, June 5, 1787, HRNSW i: 107.

45. Watkin Tench, *A Narrative of the Expedition to Botany Bay*, p. 3.

46. Ralph Clark Journal, May 13 - 14, 1787, *Journal and Letters, 1787 - 1792* (Sydney, 1981).

47. Samuel Eliot Monson, *The European Discovery of America*, vol. 1: *The Southern Voyages* (New York, 1974), p. 222.

48. Tench, *Narrative*, p. 19.

49. John White, *Journal*, July 1787, p. 39.

50. Ibid., pp. 30 - 31.

51. Clark, *Journal*, July 3, 1787.

52. Phillip to Nepean, Sept. 2, 1787, HRNSW ii: 112.

53. White, *Journal*, p. 45.

54. Arthur Bowes Smyth, *Journal*, Nov. 12, 1787.

55. Ibid., Dec. 10, 1787.

56. Ibid., Jan. 10, 1788.

57. White, *Journal*, Jan. 1788, p. 113.

58. Ibid., p. 114.

第四章　饥饿的年代

1. 詹姆斯·库克船长在他1770年3月1日的日记中，对植物湾有一段给人留下好感的描述。约瑟夫·班克斯对新南威尔士的海岸做了综述，于1770年8月在"奋进号"上写下来（Banks, *Journal*, ed. Beaglehole, vol. 2, p. iiiff: "Some Account of that part of New Holland now called New South Wales"）。他持有怀疑得多的态度："平心而论，这可以说是不毛之地，极为荒凉……总的来说，肥沃的土地与不毛之地不成比例，不毛之地从本质上讲，似乎注定要永久不毛下去。这儿的淡水不大常见……在两个地方，我们给船加水，供船上使用，汲水的地方是水塘而不是溪水。就算垦殖，估计也不会有多大产量，来供养人的生活。"

几页纸后，他的责难稍有和缓。他说："在整个新荷兰，尽管在所有方面，大部分都是我所见过的最荒芜的土地，但情况也不那么糟糕，因为大海和陆地出产丰富，如果有一行人不幸轮船失事，是可以在此生存的。"

2. Lieut. Philip Gidley King, *Journal*, Jan. 20, 1788, pp. 34 - 35.

3. Ibid.

4. Ibid.

5. Arthur Bowes Smyth, *Journal*, Jan. 21，1788，pp. 57－58.

6. Watkin Tench, *A Narrative of the Expedition to Botany Bay*, pp. 57－58；John White, *Journal*，p. 117. 看起来，那乐曲（即《他是个很好的人》）在土著中保存下来，因为据汤普逊（George Thompson, *Slavery and Famine: An Account of the Miseries and Starvation at Botany Bay*，p. 16）描述，他们一边划着独木舟，一边唱着这支小曲："他们唱的法国马尔布鲁克小调臻于完美：我曾听见十二个人或二十个人一起歌唱来着。"

7. Phillip to Sydney，May 15，1788，HRNSW ii：121－122.

8. David Collins, *An Account of the English Colony at New South Wales*，vol. 1，p. 5.

9. Tench，Narrative，p. 60.

10. Jean-François de la Pérouse, *A Voyage Around the World... Under the Command of J. F. G. de la Pérouse*，vol. 2，p. 180.

11. Phillip to Sydney，May 15，1788，HRNSW ii：123.

12. Ralph Clark, Journal, Feb. 1，1788，*Journal and Letters, 1787-1792*. （原稿在悉尼米切尔图书馆。）关于流犯的懒惰情况，参见 Phillip to Sydney，HRNSW ii：123。

13. Bowes Smyth, *Journal*，Feb. 6，1788.

14. Ibid.，Feb. 7，1788，pp. 67－69. 鲍斯·史迈斯认为，菲利普的委任令"与英国王室之前赋予任何总督的权力相比，都更加没有限制"。其他军官也都认同这一观点，其中包括拉尔夫·克拉克："把如此之大的权力赋予个人，这是我闻所未闻的。"乔治·沃甘——通过"天狼星号"把第一架钢琴带入澳大利亚的海军外科医生——觉得，菲利普在对他人的任命中，表现出"情感和关切"，对他这个人来说是很荣耀的事，"但很遗憾的是，他治下的都是一些恶棍，这些人决不会让他宽大为怀并沉溺其中，尽管他真心希望以宽大为怀的方式对他们进行治理"。G. B. Worgan，Journal，Feb. 9，1788.

15. Phillip in HRNSW ii：155－156，July 9，1788.

16. 关于首个拓居地的棚屋建造，参见 J. M. Freeland, *Architecture in Australia*，pp. 12－17。

17. Thomas Watling, *Letters from an Exile at Botany-Bay...*，p. 17. 灰浆中使用羊毛（不是毛织物），这是不可避免的。第一批澳大利亚羊是来自好望角的毛茸茸的动物，当时养羊不是为了剪毛，而是为了吃肉。

18. Ross to Col. Sec. Stephens，July 10，1788，HRNSW ii：173.

19. Bowes Smyth, *Journal*，Feb. 25－26，1788，pp. 74－75.

20. HRNSW i/ii：89. 巴特林（N. G. Butlin）提出，第一舰队的官员在菲利普的纵容下，有意让土著感染霍乱，作为某种形式的细菌战（*Our Original Aggression*）。目前尚无直接的或令人信服的证据佐证这一点。而且，在部落人中观察到这些流行病时，第一舰队中写日记的人所表现的痛苦情绪，就已经强烈地反证了这一点。

21. George B. Worgan, *Journal*，May 24，1788.

22. Ibid.

23. Daniel Southwell，HRNSW ii：666.

24 Worgan, letter to Richard Worgan，June 12，1788，Ms. in ML，Sydney.

25. Watling，*Letters from an Exile*，pp. 7 - 8.

26. Ibid.

27. Ibid.

28. Collins，*Account*，vol. 1，p. 17.

29. Extract of Journal of Richard Williams（seaman on Borrowdale）in broadsheet Q991/W，ML，Sydney.

30. HRNSW ii：746 - 777.

31. Bowes Smyth，*Journal*，Feb. 23，1788，p. 74.

32. Ross to Nepean，HRNSW ii：212.

33. Campbell to Lord Ducie，cit. in Cobley，*Sydney Cove, 1788*，p. 191.

34. Phillip to Sydney，July 9，1788，HRNSW ii：150.

35. Clark，*Journal*，Feb. 28，1790.

36. King，*Journal*，May 10，1788.

37. Tench，*Account*，p. 37.

38. Southwell to Rev. W. Butler，Apr. 14，1790，cit. in Cobley，*Sydney Cove, 1789 - 1790*，p. 183.

39. Collins，*Account*，p. 81.

40. Tench，*Account*，pp. 39 - 40.

41. King，HRNSW ii：431.

42. Clark，letter to Capt. Campbell，Feb. 11，1791，in Clark，*Journal and Letters, 1787 - 1792*.

43. Clark，*Journal*，May 21，1790.

44. Phillip to Sydney，HRNSWii：211.

45. 被绑架的毛利人：King，*Journal*，Nov. 1793，pp. 177 - 178.金向两位年轻的毛利人"严肃地许诺，保证送他们回家"（*Journal*，May 1793，p. 135），而且他说话算话，办到了这一点，尽管对他们两人来说都不够快。"巫座就像一个真正的爱国者，觉得没有一个国家的人或风俗比得上他自己的国家，因此与图克相比，他对所见所闻就不那么好奇了"（*Journal*，Nov. 1793，pp. 178 - 179）。

46. Tench，*Account*，p. 43.

47. 无名女犯人的信，Port Jackson，Nov. 14，1788，in HRA ii：746 -747。Rev. Richard Johnson to Henry Fricker，Apr. 9，1790，at C232 in ML，Sydney.

48. Southwell to Rev. Butler，Apr. 14，1790.

49. 无名男犯人，cit. in Cobley，*Sydney Cove, 1789 -1790*，pp. 165 -166。

50. Tench，*Account*，p. 42.

51. Collins，*Account*，p. 88.

52. Watling，*Letters from an Exile*，p. 18.

53. Phillip to Nepean，Apr. 15，1790，HRNSW ii：330.

54. "茱丽安娜女士号"的抵达：Tench，*Account*，p. 46。

55. Phillip to W. W. Grenville, HRA i：194 - 197，Jul. 17，1790.

56. Collins，*Account*，cit. in Cobley，*Sydney Cove, 1791 - 1792*，p. 129.

57. 关于新南威尔士军团，参见 George Mackaness，*Life of Vice-Admiral Bligh*，vol. 2，pp. 117 -118；Herbert V. Evatt，*Rum Rebellion*，随处可见；Clark *HA*，vol. 1，pp. 150，166。

58. Collins，*Account*，vol. 1，p. 187.

59. Phillip to Grenville, July 17，1790，HRAi：194 - 197.

60. Phillip to Dundas，Mar. 19，1792，HRNSW ii：597.

61. "Reminiscences of Henry Hale to Mrs. Caroline Chisholm," in Samuel Sidney，*The Three Colonies of Australia*，p. 43.

62. George Thompson，*Slavery and Famine*，pp. 35 - 36. Phillip to Dundas，Oct. 2，1792，HRNSW ii：645.

63. HRNSW ii：664. 我的假定是，现代和 18 世纪的英国货币之间——非常粗略地算——兑换率为 50∶1。See Roy Porter，*English Society in the Eighteenth Century*，p. 13.

64. *Parliamentary History*，vol. 28，pp. 1222 - 1224.

65. 关于各总督执政的时间，参见 Appendix 1，"Governors and Chief Executives of New South Wales During Convict Period, 1788 - 1855"。

66. Grose to Dundas，Feb. 16，1793，HRA ii：14 - 15.

67. Crowley，*Doc. Hist.*，vol. 1，p. 63. Shaw *CC*，p. 66.

68. Roe，"Colonial Society in Embryo,"*HS*，vol. 7，no. 26（May 1956），p. 157.

69. S. Macarthur-Onslow，ed.，*Some Early Records of the Macarthurs of Camden*，pp. 45 - 46.

70. John Easty，"A Memorandum of the Transactions of a Voyage from England to Botany Bay in the Scarborough Transport…，" Dixson Library，Sydney；entry for Sept. 30，1792. 伊斯蒂关于金在诺福克岛上管教严厉的意见，从金本人的日记中并得不到佐证，其日记（总的来说）只是适度地记录了鞭笞的情况。伊斯蒂是海军陆战队的一个二等兵，他本人也会受严刑处置。当他注意到对其他人的惩罚时，他对非正义表现出一种活跃的敏感。因此在开普敦（1787 年 11 月 7 日），他发现，荷兰当局"都是非常严厉的人……他们几乎为了一点小事就对人施以绞刑而这是很糟糕的他们把人放在拉肢刑架上一个接一个地把他们的骨头打断然后把他们放在绞笼架上像狗一样绞死"。（此段引文的原文没有标点符号。——译注）

71. King to Dundas，Mar. 10，1794，HRNSW ii：137.

72. King's report，in HRNSW ii：145.

73. Grose to King，Feb. 25，1794，HRNSW ii：130 - 131.

74. 关于约瑟夫·福沃少校，参见 ADB entry and Mss. catalogued under Foveaux in ML，Sydney，特别是 Foveaux's "Letter Book, 1800 - 1804"（ML A1444），以下简称 FLB。

75. Foveaux to King，Nov. 16，1800，FLB.

76. Robert Jones，"Recollections of 13 Years Residence at Norfolk Island," ca. 1823.

77. Ibid.

78. Ibid.

79. Ibid.

80. Ibid.

81. Foveaux to King, Jan. 13, 1801, FLB.

82. Foveaux to Duke of Portland, Sept. 17, 1801, letter at Af 48/4, ML, Sydney.

83. Jones, "Recollections."

84. 关于理查德·艾特金斯，参见 ADB entry, John Grant, letter 15, July 13, 1804, Ms. 737, NLA, Canberra。

85. Alan Frost, *Convicts and Empire*, pp. 168 - 169.

86. Ibid., p. 172.

87. Liverpool to Macquarie, HRNSW vii：562 - 563.

88. 关于范迪门斯地土著的人数、分布状况和组织情况，参见 Robson, *Hist. Tas*, pp. 13 - 25，特别是 pp. 17 - 18。莱恩（Lyndall Ryan, *The Aboriginal Tasmanians*, p. 14）和琼斯（Rhys Jones）一样，假定在欧洲人拓居之时，土著有三四千人。这受到当代土著后裔的质疑——尽管证据并不清楚——其猜测的数字高达八千至一万人。

89. "油布"一词是 18 世纪的一个常用俚语，指"职业海军军官"。

90. 关于边沁如何追逐柯林斯，参见 Bentham Papers, Add. Ms. 33544, fols. 20 - 21, 41 - 42, 57 -58, BL。

91. George Prideaux Harris at Port Phillip, to Henry Harris：Harris Family Papers, Add. Ms. 45156, fols. 14 - 15, BL. James Grove, undated letter 2, in "Select Letters of James Grove," ed. Earnshaw, THRA, PP.

92. George Harris, Add. Ms. 45156, fol. 16, BL.

93. King to Collins, Nov. 26, 1803, HRA iii：39, and Dec. 30, 1803, HRA iii：50. Collins to King, Dec. 30, 1803, HRA iii：50, and Jan. 27, 1804, HRA iii：53.

94. Collins to King, Feb. 28, 1804, HRA iii：217 - 218.

95. Memo by Lieut. Edward Lord in "Select Letters of James Grove," ed. Earnshaw, pp. 38 - 39.

96. James Backhouse, *A Narrative of a Visit to the Australian Colonies*, p. 21.

97. William Maum to Robert Nash, Jan. 28, 1808, Calder Papers, ML, Sydney.

98. Robson, *Hist. Tas.*, p. 71.

99. Jones, "Recollections."

100. James Grove, undated letter 4, in "Select Letters of James Grove," p. 38.

101. Memo by Lieut. Edward Lord, ibid., p. 39.

102. George Harris, Add. Ms. 45156, fol. 16, BL.

103. Mary Gilmore, "Old Botany Bay," 1918.

第五章　远航

1. Thomas Holden to Molly Holden, DDX 140/7：4, LRO.

2. Peter Withers to Mary Ann Withers, April 1831, TSA, Hobart.

3. Richard Dillingham to Betsey Faine, Dec. 28, 1831, letter 2, Bedfordshire County Archive.

4. John Ward, "Diary of a Convict," transcript pp. 39 – 40, in Ward Papers, NLA.

5. Thomas Holden to Molly Holden, DDX 140/7: 8 and 10a, LRO.

6. Peter Withers to Mary Ann Withers, TSA, Hobart.

7. Ibid.

8. Deborah Taylor to Sir Robert Peel, Apr. 8, 1830, PC 1: 78, PRO.

9. Jane Eastwood to Sir Robert Peel, Apr. 12, 1830, PC 1: 78, PRO.

10. Ibid.

11. Isherwood et al. to Viscount Sidmouth, May 12, 1819, PC 1: 67, PRO. R. Downie to Peel, Apr. 15, 1830, PC 1: 78, PRO.

12. Richard Boothman to his father, Feb. 10, 1841, DDX 537: 5, LRO.

13. Richard Taylor to his father, Apr. 14 and Apr. 22, 1840, DDX 505: 2 and 3, LRO.

14. R. Taylor to parents, May 1840, 505: 4, LRO.

15. R. Boothman to father, May 18 and June 16, 1841, DDX 537: 11 and 13, LRO. R. Brown to father, May 2, 1841, DDX 505: 15, LRO. T. Holden to mother, June 1812, DDX 140/7: 7, LRO.

16. "The Borough," letter 18, in *George Crabbe, Poems*, ed. A. W. Ward, vol. 1, p. 458, cit. in Coral Lansbury, *Arcady in Australia*, p. 10.

17. Wentworth Papers, pp. 31 – 32, ML, Sydney.

18. T. Holden, DDX 140/7: 8, LRO. R. Boothman, DDX 537: 11, LRO.

19. Petition of Mrs. Silas Harris, May 2, 1819, PC 1: 67, PRO.

20. William Tidman to Sidmouth, Feb. 8, 1819, PC 1: 67, PRO. Mrs. Lycot to Sir George Paul, encl. in Paul to Sidmouth, May 12, 1819, PC 1: 67, PRO.

21. Helen Guild, petition dated April 1830, PC 1: 78, PRO.

22. T. Holden to mother, DDX 140/7: 6, LRO.

23. T. Holden to Molly Holden, DDX 140/7: 9, LRO. Henry Bennett, *A Letter to Viscount Sidmouth, on Transportation*, p. 24. Ward, "Diary of a Convict," p. 42.

24. Ward, ibid., p. 44.

25. Mansfield Silverthorpe, Ms. no. 9, Norfolk Island Convict Papers.

26. Woomera (pseud.), *The Life of an Ex-Convict*, printed extract in ML, Sydney, p. 2. Ward, "Diary of a Convict," p. 78.

27. George Lee to Sir Henry St. J. Mildmay, Jan. 24, 1803, Bentham Papers, BL, Add. Ms. 33544, ff. 14 – 15.

28. 小男孩: Bennett, *Letter to Viscount Sidmouth*, p. 25。James Grove, letter 1 in "Select Letters of James Grove." Silverthorpe, Ms. no. 9, Norfolk Island Convict Papers.

29. John Mortlock, *Experiences of a Convict*, p. 55.

30. Bennett, *Letter to Viscount Sidmouth*, p. 30.

31. Mortlock, *Experiences*, p. 53. Ward, "Diary of a Convict," p. 83.

32. Silverthorpe, Ms. no. 9, p. 66.

33. Silverthorpe., ibid. Ward, "Diary of a Convict," p. 90. Mortlock, *Experiences*, p. 53.

34. Ward, ibid., p. 40.

35. John Nicol, *The Life and Adventures of John Nicol, Mariner*, pp. 114 - 115.

36. Bennett, *Letter to Viscount Sidmouth*, p. 29.

37. Simon Taylor to his father, May 1841, DDX 505：17, LRO.

38. 关于合同制度，参见 Charles Bateson, *The Convict Ships 1787 - 1868*, pp. 12ff。

39. 关于横跨大西洋的死亡率和海军的死亡率，参见 Shaw *CC*, p. 117。

40. 19 世纪 30 年代早期，死亡率由于三次严重的轮船失事而上升。1833 年，"安菲特里忒号"在布洛涅附近搁浅，这时该船甚至都还没有驶出英吉利海峡，结果造成 106 名女性流犯全部丧生。1835 年，"乔治三世号"在一次败血症缠绕的海外航行中，在霍巴特附近的当特尔卡斯托海峡沉没，由于船长和船员动作缓慢，没有打开关闭舱口的铁栅，结果 127 名男性犯人全部淹死。同年，"涅瓦号"在巴斯海峡失事，138 名女性丧生。如果把这些遇难的生命算进去，就可以看到，根据海军标准，流犯在途因病和疏忽的一般死亡率，到 19 世纪 30 年代就已经十分低了。

41. Capt. William Hill to Wathen, July 26, 1790, HRNSWii：367.

42. Thomas Milburn, "Copy of a Letter from Thomas Milburn in Botany Bay to his Father and Mother in Liverpool," broadsheet，Aug. 26, 1790, ML, Sydney.

43. Hill to Wathen, July 26, 1790, HRNSW ii：367.

44. Rev. Richard Johnson to Thornton, HRNSW ii：387 - 388.

45. 大玺的设计：HRNSW ii：389。在英格兰，伊拉斯谟斯·达尔文（Erasmus Darwin，打油诗人，伟大的博物学家达尔文的曾祖父）在感动之余，写下了一首《希望造访植物湾》，配上乔舒亚·威基伍德用悉尼黏土制作的一枚大奖章。该诗的特别之处，倒不在于表现了社会现实主义，而在于预测了悉尼海港大桥的出现："悉尼湾祖露出清澈的胸脯，/向年轻的舰队献媚，把风暴驱逐。/希望屹立在动荡的空中，高踞于悬崖/崇高而伟大，飘飞着金色的头发。/她玫瑰色的微笑，把奔腾的海水平息，/她甜美的音调，让八面来风睡去。/她伸出冰雪手指，遥指荒野平原，/高高晃动的树枝和海水环抱的海滩。/'听着,'她叫道，'你这崛起的王国！/记下开创的场面，记下真理之语，它永远不错——/在那儿，宽阔的大街把堂皇的大墙延展，/圆形广场加宽，新月形街道弯弯。/在那儿，明亮的水渠和坚实的道路伸向四方，/就像照耀着文明国土的城市之光——/在那儿，骄傲的拱桥，巨大无比，/跨越闪闪发光的河流，把怒气冲冲的潮水拴住……'"诸如此类。当时，在英格兰要比在悉尼更容易看到希望。

46. "女王号"上定量短斤少两的现象：Bateson, *Convict Ships*, p. 137。

47. Capt. William Hill, cit. in Shaw *CC*, p. 112.

48. 关于"希尔斯伯勒号"离开澳大利亚之前的情况，参见 Jerome Fitzpatrick to Baldwin, Aug. 25, 1801, Pelham Papers, BL, Add. Ms. 33107, pp. 407ff。身为银匠的流犯诺亚（William Noah）对该次航程有一个生动的记叙（*Voyage to Sydney in the Ship Hillsborough 1798 - 99, and a Description of the Colony*, Ms. in Dixson, 1978，为澳大利亚历史图书馆出版）。他是什罗普郡人，

四十三岁，因从威斯敏斯特一个管道工那儿偷窃了价值二十三英镑的两千磅铅，而于 1797 年 4 月在中央刑事法庭"老贝利"被判处死刑。"希尔斯伯勒号"开航之前，在 1798 年 12 月 4 日，他的妻子想去看被判死刑的丈夫。从他关于此事的描述中，可以看到亨斯顿船长对流犯的态度："我从舷窗望出去，看见我妻子乘坐一只舢板来到船边时，不觉大吃一惊。我马上写条子给亨斯顿船长，求他让我到甲板上跟她说话，但没有得到答复。我发现她还在船旁边，就又写了一张条子，向他陈述说，她从伦敦来，路上一定很冷，这可能是最后一次告别，因为我就要去一个遥远的国度，最后这句话让他心软下来。她在我船边等了两小时后，我奉命令让她上甲板。这时，她被人很粗野地接待上船，给我带了一只箱子上来……（亨斯顿）大发雷霆，问我究竟想带多少箱子上来，嘴里骂道，里面要是有工具，他就要全部丢到海里去，很不幸的是，我订购了几把雕刻刀和其他小工具……他把大部分东西都找到了，便命令她立刻带着工具下船，然后用最难听的话把我赶到下面那个悲惨的囚禁之地。谁都无法体会我当时有多不开心，我很难过，觉得这样残酷的不幸，真是太恐怖了。"

49. 关于"皇家海军上将号"上的情况和医疗官的情况，参见 Bateson, *Convict Ships*, p. 43。

50. Ibid., pp. 45 - 46.

51. Ibid., pp. 160 - 165. *Massey's Journal Book*, 1796, 打字稿节选, Ab. 93, ML, Sydney. 拜耶当时已经是第三次航向悉尼。他在第二舰队时，在"斯卡伯勒号"上，曾是安斯蒂斯船长的外科大夫。

52. "大力神号"和"顶天巨神号"的情况：Fitzpatrick to Rev. Charles Lindsey, Pelham Papers, Add. Ms. 33107, pp. 200 - 203, BL。

53. Fitzpatrick to Pelham, ibid., p. 341ff.

54. Shaw *CC*, p. 114. Macquarie to Bathurst, Dec. 12, 1817, HRA ix: 510.

55. Fitzpatrick to Baldwin, Pelham Papers, Add. Ms. 33105, BL, p. 242ff.

56. Redfern to Macquarie, HRA viii: 275ff.

57. 数据来自 Bateson, *Convict Ships*, Appendix 7b。

58. 作为商船，大多数运输船的设计都旨在尽可能多地挤入货物空间，其所根据的吨位法律管辖着入港税的支付，一直实行到 1835 年。吨位的计算有一个拇指规则，即船体吃水深度是船身最大宽度的一半。因此，轮船拥有者就想欺骗税务局，尽可能把船身造得狭窄，船体吃水尽可能深。这对货物来说没什么，但对流犯来说极不舒服，因为与宽敞的船体相比，狭窄的船体稳定性较差，颠簸得厉害。随着自由移民于 19 世纪 30 年代开始确立地位，流犯船的质量也逐渐下降——船主直接载运缴费乘客，比接受政府包船获利多得多。

59. John Boyle O'Reilly, *Moondyne*, pp. 186 - 189.

60. George Prideaux Harris to family, n. d. (Jan. 1804), BL, Add. Ms. 45156, p. 9v.

61. Alfred Tetens, *Among the Savages of the South Seas*, p. xxii.

62. John Gorman, Log-book, untitled Ms. 1524, NLA, Canberra.

63. Mellish, "A Convict's Recollections of New South Wales," p. 49.

64. Charles Cozens, *The Adventures of a Guardsman*, p. 98.

65. Ibid., pp. 95 - 96.

66. Ibid., pp. 103 - 104.

67. John Gregg, Journal on convict ship *York*, 1862, Ms. 2749, NLA.

68. William Coke to his father, Apr. 20, 1826, Coke letters, D. 1881, DRO.

69. Ibid.

70. Tetens, *Among the Savages*, p. xxiii.

71. Ibid., p. xxiv.

72. T. Holden to parents, DDX/140: 12, LRO.

73. John Smith, Surgeon's log on transport *Clyde*, Ms. 6169, NLA, Canberra.

74. Murray to Smith, Sept. 13, 1838, encl. in Ms. 6169, NLA, Canberra.

第六章 流犯是谁?

1. William Blake, "Vala, Night the Ninth," in *The Complete Writings of William Blake*, ed. Geoffrey Keynes, London, 1966, pp. 359 -360.

2. J. L. Hammond and B. Hammond, *The Village Laborer, 1760 - 1832*, p. 239; G. Arnold Wood, "Convicts," *JRAHS*, vol. 8, no. 4 (1922), p. 187.

3. See C. M. H. Clark, "The Origins of the Convicts Transported to Eastern Australia, 1787 - 1852," HS, vol. 7, no. 26 (May 1956), pp. 121 - 135, and vol. 7, no. 27 (June 1956), pp. 314 - 327; and see also Lloyd L. Robson, *The Convict Settlers of Australia*.

4. C. M. H. Clark, *Select Documents in Australian History, 1788 -1850*, pp. 406 - 408.

5. Robson, *Convict Settlers of Australia*, Appendix 4, table 4 (e). 所有百分比均按整数计算。

6. Ibid., Appendix 4, table 4 (d).

7. Ibid., Appendix 4, tables 4 (b) and (1).

8. Gertrude Himmelfarb, *The Idea of Poverty*, p. 291. 关于她对阶级语言的讨论，参见 pp. 281 - 304。

9. Ibid., p. 295.

10. Henry Mayhew, *London Labour and the London Poor*, vol. 3, p. 381.

11. Patrick Colquhoun, *A Treatise on the Police of the Metropolis*, pp. vii - xi.

12. Edward P. Thompson, *The Making of the English Working Class*, pp. 59 - 66.

13. *Fraser's Magazine*, June 1832, pp. 521 -522, cit. in J. J. Tobias, *Crime and Industrial Society in the 19th Century*.

14. *Eclectic Review*, vol. 2 (April 1854), p. 387, cit. in Tobias, ibid.

15. Himmelfarb, *Poverty*, p. 397.

16. Ibid., p. 399. "破烂学校"指专为贫民子女开办的慈善学校。

17. Petition from S. Nelson to Home Secretary, Ms. in NLA, Canberra. 艾萨克·纳尔逊旅途之后幸存下来，而且这个温厚的人在理查德·约翰逊牧师的指导下，成了澳大利亚第一批学校教师之一。

18. 关于破坏船只者拥有传统"权利"之说，参见 John G. Rule，"Wrecking and Coastal Plunder," in Hay et al., eds., *Albion's Fatal Tree*, pp. 181 - 184。

19. Peter Cunningham, *Two Years in New South Wales*, vol. 2, p. 234.

20. Henry Mayhew, *London Labour and the London Poor*, vol. 4, pp. 25 - 26.

21. G. Parker, *Life's Painter of Variegated Characters*, 1789, cit. in Eric Partridge, *Dictionary of the Underworld*.

22. Partridge，ibid.

23. On Barrington, see HRA i: 1 - 4 and ADB entry.

24. Dickens, *Oliver Twist* (London: Penguin Books, Penguin Classics, 1966), pp. 390 - 391.

25. Mayhew, *London Labour*, vol. 1, pp. 411 and 467.

26. Peter Gaskell, *The Manufacturing Population of England*, 1833, chapter 4.

27. Thomas Holden, letter to parents, 1812, DDX 140/7: 13, LRO.

28. 关于缪尔的审判，以及其他"苏格兰烈士"，参见 Anon., *The Political Martyrs of Scotland Persecuted During the Years 1793 and 1794* (Edinburgh, 1795)。

29. Ibid.

30. 劳德戴尔的反对意见是，给缪尔和帕默定罪的 1703 年法案将其惩罚限定在放逐（banishment），而不是流放（transportation）。放逐是指"逐出某一社区"，而流放则"暗指采取强迫的、通常很不名誉的方式加以排斥，严重者要进行囚禁……并有必要做奴役性劳动"。

31. Gerrald to Margarot, 1794, Ms. at Ag. 14, ML, Sydney.

32. Muir to Moffatt, Dec. 13, 1794, Ms. in ML, Sydney.

33. Thomas Fyshe Palmer, *A Narrative of the Sufferings of T. F. Palmer*, p. 35.

34. Palmer, letters dated Apr. 23 and May 5, 1796, ML, Sydney.

35. Thomas Muir, "The Telegraph: A Consolatory Epistle" unpublished Ms. at Am. 9, ML, Sydney. 电报（telegraph）此处的意思是信号灯（semaphore）。

36. Hill and Newton to Cooke, Mar. 12, 1797, Rebellion Papers 620/29: 58 and 196, SPO, cit. in Shaw *CC*, p. 170.

37. Hugh Reid, 关于"康瓦利斯侯爵号"哗变证据的综述, HRA i: 657 - 658。

38. Hunter to Portland, Nov. 12, 1796, HRA i: 674 - 675.

39. 澳大利亚的爱尔兰流犯：HRA x: 203 - 204。Hunter to Portland, Mar. 3, 1796, HRA i: 555 - 556.

40. David Collins, *An Account of the English Colony in New South Wales*, vol. 1, pp. 380 - 381, and vol. 2, p. 57.

41. Hunter to Portland, Feb. 15, 1798, HRA i: 131.

42. 1798 年新南威尔士的爱尔兰流犯人数：T. J. Kiernan, "Transportation from Ireland to Sydney 1791 - 1816"（硕士论文）, p. 59。

43. James Carty, ed., *Ireland from Grattan's Parliament to the Great Famine, 1783 - 1850, A*

Documentary Record，p. 69.

44. Cornwallis to Major-General Ross, cit. in Carty, *Ireland*, pp. 95 - 96.

45. Shaw *CC*，p. 170.

46. Kiernan, "Transportation," Appendix Ⅱ，p. 29. 不过，关于这些爱尔兰船上"政治犯"的人数，意见并不一致。George Rude 采取了严格的还原论看法，认为只有 241 个爱尔兰人是"政治犯"（*Protest and Punishment*，1978）。

47. Hunter to Portland, Jan. 10, 1798, HRAii：118.

48. Elizabeth Paterson to Capt. Johnson, Feb. 10, 1800, in Ms. Ap. 36：5, ML, Sydney.

49. King to Cooke, July 20, 1805, HRA v：534.

50. Hunter to Portland, Mar. 20, 1800, HRAii：223.

51. Irish Conspiracy Papers, HRA iii：575 et seq. and 582 - 583.

52. Samuel Marsden, "A Few Observations on the Toleration of the Catholic Religion in New South Wales," Ms. 18, Marsden Papers, ML, Sydney.

53. Hester Stroud, deposition to Marsden, Irish Conspiracy Papers, HRA iii：641.

54. Joseph Holt, "Life and Adventures of Joseph Holt…," Ms. in ML, Sydney, pp. 293 - 295. 我改正了本段中容易分散注意力的错误拼写，以及若干奇怪的标点。

55. 金有关爱尔兰叛乱分子的调查：Oct. 1, 1800, HRA iii：650 - 651。

56. Elizabeth Patterson to "Mrs. B.," Oct. 7, 1800. Bentham Papers, Add. Ms.，BL, pp. 423 - 424.

57. King to Portland, HRAiii：8 - 9.

58. 对奥尼尔神父的惩罚：HRA iii：759。爱尔兰人争取派牧师去殖民地，以及金最后允许迪克逊神父做弥撒和行圣礼：King to Hobart, May 9, 1803, HRA iv：82 - 83。

59. King to Transport Commissioners，HRAii：532.

60. 关于哈塞尔对爱尔兰人在卡斯尔山举事的描述，参见 Castle Hill Rebellion Papers, Bonwick Transcripts, vol. 1, box 49，pp. 234 - 235, ML, Sydney。

61. 乔治·约翰斯顿少校拒绝与帕特森谈判：HRA iv：570。

62. Johnston to King, encl. 4 in King to Hobart, Mar. 12, 1804, HRA iv：568.

63. John Grant, Journal, pp. 47 - 48, Ms. 737, Grant Papers, NLA, Canberra.

64. King to Hobart, Apr. 16, 1804, HRA iv：611.

65. "偶尔把他们从一个拓居点调到另一个拓居点"：King to Hobart, Apr. 30, 1805, HRA v：305. 酿造炮厂威士忌：HRA v：571。

66. George Rude，*Protest and Punishment*，p 249.

67. Leslie C. Duly, "Hottentots to Hobart and Sydney：The Cape Supreme Court's Use of Transportation, 1828 - 1838."

68. 关于加拿大抗议者的情况，参见 Rude, *Protest and Punishment*，pp. 42 - 51 and 82 - 88。

69. Eric Hobsbawm, *Industry and Empire*，p. 76.

70. Thompson, *English Working Class*, pp. 347 - 348.

71. Cook to Churton, Jan. 20, 1831, copy in "The Exile's Lamentations" MS at A1711, ML, Sydney, and cit. in Clune, *The Norfolk Island Story*, p. 157.

72. Thompson, *English Working Class*, p. 250.

73. Eric Hobsbawm and George Rude, *Captain Swing*, p. 262.

74. Ibid., pp. 245 - 246.

75. Richard Dillingham, letter to parents, Sept. 29, 1836, Dillingham Papers, Ms - CRT. 150: 24, Bedfordshire County Record Office.

76. Peter Withers, letter to brother, Ms. letters in TSA, Hobart.

77. James Backhouse and G. W. Walker, *A Narrative of a Visit to the Australian Colonies*, Appendix J, letter 3.

第七章　拔腿就跑者和丛林漫游人

1. Watkin Tench, *A Complete Account of the Settlement at Port Jackson, in New South Wales*, p. 141. 他发现（p. 138），有些"旅行去中国的人"相信，中国离帕拉玛塔只有一百英里远，与澳大利亚仅一河之隔。另一些人则不那么肯定，但他们"因工作过度劳累、待遇很差……"还是去了，"他们宁可在林中过孤独而朝不保夕的生活，也不愿回去过迫不得已的悲惨生活"（Phillip to Nepean, Nov. 18, 1791, HRA i: 309）。关于柯林斯对这一问题的看法和持有关看法的爱尔兰人的情况，参见 Collins, *An Account of the English Colony at New South Wales*, vol. 1, pp. 154, 162 - 163, vol. 2, pp. 54 - 55, 57。1791 年，据约翰·亨特说，他们之中不少于四十人在丛林中迷失（*An Historical Journal of the Transactions at Port Jackson and Norfolk Island*, pp. 563 - 564）。

2. Hunter to Portland, Feb. 15, 1798, HRNSW iii: 359. 柯林斯补充说，根据爱尔兰人的想象，这个白人殖民地在悉尼西南方向三四百公里处（*Account*, vol. 2, p. 57）。

3. King to Hobart, May 9, 1803, HRA iv: 85. King to Hobart, enclosure of Govt. & General Order dated March 1803, in Aug. 7, 1803, HRA iv: 337.

4. 关于玛丽·布莱恩，参见 ADB, vol. 1, pp. 173 - 174；C. H. Currey, *The Transportation, Escape and Pardoning of Mary Bryant*；F. A. Pottle, *Boswell and the Girl from Botany Bay*。关于这次航程，参见 James Martin, *Memorandoms*。这是马丁本人《备忘录》的一个版本，由边沁获得并保存在伦敦图书馆他的档案中。马丁曾因"在埃克塞特附近的鲍德汉姆城堡（科尔尼勋爵的地产）"盗窃了"十六磅半老铅和四磅半老铁"，而在埃克塞特的巡回审判中被判七年流放。他在囚船和"夏洛特号"上，与布莱恩夫妇结下友谊，后与他们一起从悉尼港逃跑。冒险经历之后，他回到伦敦，把他们在小船的史诗性航程中的种种苦难记述下来，结果稿子到了边沁手中，因他当时正在搜集流放制度不公正和失败的证据，准备拟写他的《致佩尔汉姆勋爵的信》（*Letter to Lord Pelham*, 1802）和《为宪法一辩》（*A Plea for the Constitution*, 1803），后来再版时书名改为《圆形监狱 vs 新南威尔士》（*Panopticon Versus New South Wales*, 1812）。不过，边沁出版的作品中并未提到詹姆斯·马丁或他的那本《备忘录》。

5. Collins, *Account*, pp. 129 - 130.

6. John Easty, "A Memorandum of the Transactions of a Voyage from England to Botany Bay in Scarborough Transport," entry for Mar. 28, 1791.（此处原文有五个拼写错误，译文未显示。——译注）

7. 所有引文均来自马丁《备忘录》关于该次航程的描述。

8. Tench, *Account*, note to p. 108.

9. 关于博斯威尔和玛丽·布莱恩在英格兰的情况，参见 Pottle, *Boswell and the Girl from Botany Bay*。

10. 帕森斯想象博斯威尔和玛丽·布莱恩之间的风流韵事，并写了讽刺诗文，参见 Pottle, ibid.; Brady, *James Boswell: The Later Years*, pp. 464 - 465。

11. Hunter to Portland, Jan. 10, 1798, HRNSW iii: 346.

12. Baudin to King, May 9, 1803, HRA iv: 151.

13. Macquarie to Bathurst, May 16, 1818, HRA ix: 793.

14. Memo to Lt. -Gov. 巴斯海峡捕海豹: Arthur, May 29, 1826, at reel 600, NSWA, Sydney。

15. Hobart Port Regulations, Apr. 13, 1830, CSO 1/445: 1922, TSA, Hobart.

16. 关于檀香木贸易和太平洋逃跑流犯的情况，参见 Greg Dening, *Islands and Beaches*, pp. 119ff., 129ff.

17. Cook *EL*, pp. 177 - 178.

18. Hunter to Portland, Jan. 10, 1798, HRNSW iii: 345. 柯林斯（*Account*, vol. 2, p. 35）叙述了"坎伯兰号"被劫掠的情况。

19. 关于"哈林顿号"的截获情况，参见 *Sydney Gazette*, May 22, 1808。

20. *The Australian*, Feb. 23, 1827, cit. in Crowley, *Doc. Hist.*, vol. 1, pp. 349 - 350.

21. 关于"塞浦路斯号"的海盗活动，参见 Arthur to Murray, Sept. 11, 1829. TSA, CON 280: 31; John West, *The History of Tasmania*, p. 425ff.; Lloyd L. Robson, *A History of Tasmania*, p. 150.《"塞浦路斯号""布里格"》这首谣曲的版本来自 Gary Shearston's recording *Bolters, Bushrangers and Duffers*, CBS ♯ BP 233288. "塞浦路斯号"这段插曲构成了马库斯·克拉克《无期徒刑》叙事的一个重要部分。

22. 关于詹姆斯·波特，以及"弗雷德里克号"的航行情况，参见波特的"Memoirs"，未发表的打字稿，MSQ 168, Dixson Library, Sydney。波特的所有引文均来自这一资料。该次航程的一般概要见于罕见的佚名著作，*Narrative of the Sufferings... of the Convicts Who Piratically Seized the Frederick*, ca. 1838（copy in ML at 910. 453/29A1）, and in West, *History of Tasmania*, p. 429ff。

23. SC1837 - 38 (ii), "Papers Delivered in by John Barnes, Esq." (B, "List of Prisoners Who Absconded from Macquarie Harbour...").

24. 由于皮尔斯后来的历史，他的出身、相貌和行为，成了许多记者幻想的话题。只有一项可靠的研究：Dan Sprod, *Alexander Pearce of Macquarie Harbour*。主要资料来源是：(1) "Narrative of Escape from Macquarie Harbour"（"Knopwood Narrative"，根据的是皮尔斯被罗伯特·诺普伍德

抓获后接受的审讯），Ms. 3，Dixson Library，Sydney；（2）澳大利亚国立图书馆手稿，Ms. 3323，ff. 1 - 5；（3）在麦夸里海港当着卡斯伯森所做的口供，并录于 SC 1837 - 38 (ii)。若无特别说明，皮尔斯的话我均直接引自 (3)。

25. 关于皮尔斯逃跑的经过和路线，参见 Sprod, *Alexander Pearce*，pp. 64 - 81。

26. "Knopwood Narrative."

27. W. S. Sharland, "Rough Notes of a Journal of Expedition to the Westward…," in Tasmanian Parliament Legislative Council Papers, 16，1861，as *Survey Office Reports*，1861，1，p. 6.

28. "Knopwood Narrative."

29. Ibid.

30. Ibid.

31. 关于皮尔斯第二次从麦夸里与柯克斯出逃的情况，参见 Sprod, *Alexander Pearce*，pp. 99 - 106，其所依据的证据是 John Barnes to SC 1837 - 38 (ii)，Appendix 1，56 (d)。

32. Barnes to SC 1837 - 38 (ii)，Appendix 1，56 (d)，p. 316.

33. Pearce's "Bisdee" confession, Jun. 20，1824，in Sprod, *Alexander Pearce*，p. 105.

34. 关于范迪门斯地丛林土匪如何崛起，以及他们相对来说不大容易抓获和被提起公诉的情况，参见 Robson, *Hist. Tas.*，Chapter 6，特别是 pp. 79 - 83。

35. West, *Tasmania*，p. 364.

36. 关于布朗、勒蒙和斯坎伦，参见 Paterson to Castlereagh, May 7，1818，HRA iii：685 - 686；Robson, *Hist. Tas.*，p. 80；Charles White, *History of Australian Bushranging*，vol. 1，pp. 3 - 4。

37. 麦夸里宣布大赦：May 14，1814，HRA viii：262 and 264 - 265。戴维宣布实行军事管制：West, *Tasmania*，p. 360；Robson, *Hist. Tas.*，p. 81。

38. Petition to Davey by Humphrey, Sept. 30，1815，CON 201：79. Robson, *Hist. Tas.*，p. 88.

39. Howe to Davey, CSO 1/223：5399，这是豪尔已经失落的原件的当代副本。为了清楚易读，我对该文拼写和标点符号稍微进行了修改。戴维在急件中说，原件是"用血写的"，估计是用羊血或袋鼠血写的。当然，塔斯马尼亚的丛林中的墨水瓶不多，但豪尔的戏剧性姿态还是值得钦佩的。

40. Wylde to Macquarie, encl. 2 in Macquarie to Bathurst, Jul. 17，1821，HRA x：512 - 515.

41. Ibid.

42. Macquarie to Bathurst, Jul. 17，1821，HRA x：509.

43. 关于布拉迪，参见 ADB entry and bibliography；Robson, *Hist Tas.*，pp. 141 - 144；George Boxall, *The Story of the Australian Bushrangers*，p. 41ff；White, *Australian Bushranging*，vol. 1，pp. 40 - 53。

44. John Barnes, testimony in SC 1837 - 38 (ii)，Minutes，p. 41.

45. *The Australian*，Nov. 11，1834.

46. T. L. Mitchell, *Three Expeditions into the Interior of Eastern Australia*，vol. 1，p. 9.

47. Bourke to Goderich, Mar. 19，1832，HRA.

48 Alexander Harris, *Settlers and Convicts*，p. 35.

49. White, *Australian Bushranging*，vol. 1，pp. 102 - 103.

致命的海滩：澳大利亚流犯流放史（1787—1868）

50. 参见 Russel Ward, "Felons and Folksongs"，随处可见。

第八章　捡垃圾的女人、脂粉气的男人、阴森可怖的兄弟

1. Lloyd L. Robson, *The Convict Settlers of Australia*, pp. 77 - 78.

2. Ibid., Appendix 4, table 4 (0), p. 187.

3. Shaw *CC*, p. 164.

4. Anne Summers, *Damned Whores and God's Police*, p. 286. 萨默斯把"该死的婊子"这句富有象征意义的话归咎于第一舰队的拉尔夫·克拉克中尉。据说 1790 年 6 月，看到第二舰队的女流犯船"茱丽安娜女士号"驶入悉尼海港的时候，他就说了这句话。"别来了，别来了——绝对不要再来了！上帝啊——别让这些该死的婊子再来了！我从没见过比她们更糟糕的女人了。"此人眼睛可真尖，其实"茱丽安娜女士号"抵达的时候，他正陷在一千英里开外的诺福克岛。

5. Sydney to the Treasury Commissioners, "Heads of a Plan," Aug. 18, 1786, HRNSW i: 18. 可以注意到，悉尼勋爵以为，新喀里多尼亚和塔希提"邻近"新南威尔士，他对太平洋地理的感觉如何，就不用多说了。

6. 菲利普驶往澳大利亚之前，曾简短地考虑过一个计划——在新南威尔士正式颁证，开办妓业。"男女分开的问题，应该慎重考虑。我认为最佳的方式可能是，让最堕落的女性在某个时段，在一定的限制下，接受流犯的探访。这种情况曾在米尔班克出现过。其他女性则应分开。"（"Phillip's Views on the Conduct of the Expedition and Treatment of the Convicts," HRNSW ii: 52.）也许早期的拓居地滥交现象普遍，没有必要实施这个想法。关于菲利普鼓励流犯结婚的政策——大多数人的婚姻都未解散——参见 HRNSW ii: 52，以及 Watkin Tench, *A Narrative of the Expedition to Botany Bay*, p. 63. "不可能阻止他们发生关系。唯一的办法就是减少犯罪现象。推荐人们结婚。对那些愿意改邪归正的人来说，结婚很有利，因为有助于拓居地生活的安定。"

7. Thomas Watling, *Letters from an Exile at Botany-Bay...*, pp. 18 - 19. 他所说的"把婊子和流氓结合在一起"是否暗示了迪恩·斯威夫特（Dean Swift）的诗？"在一株橡树下，在风暴突起的天气，/我把婊子和流氓，双双放在一起。/除了驾驭雷电者之外，没有谁人，/能把婊子和流氓劈开分身。"

8. Patrick Colquhoun, *A Treatise on the Police of the Metropolis*, pp. vii - xi. 关于梅休把滥交等同于卖淫，参见 Mayhew and Hemyng, "The Prostitution Class Generally," in Mayhew, *London Labour and the London Poor*, vol. 4, cit. in Sturma, "The Eye of the Beholder," p. 6。

9. Sturma, ibid., pp. 8 - 10.

10. 关于马斯登的"注册表"及该表对殖民地"不道德"问题看法的影响之讨论，参见 Portia Robinson, *The Hatch and Brood of Time*, vol. 1, pp. 75 - 77.

11. Ralph Clark, *Journal*, June 23, 1787.

12. Ibid., June 28, 1787.

820

13. Ibid., July 16, 1787.

14. "坏一万倍": ibid., May 16, 1787。"那我就要把那四个婊子也鞭打一顿": ibid., June 19, and July 3, 1787。

15. Ibid., July 18, 1787.

16. "肯定是天使": ibid., Dec. 9, 1787。"如果她们把我给她们洗的任何东西弄丢": ibid., Oct. 11, 1787。"我去……特勒嘎多克": ibid., Nov. 20, 1787。"她比半死不活的情况要好": ibid., May 24, 1790。"愿全能的上帝": June 21, 1790。

17. 关于尼科尔对"茉丽安娜女士号"上女流犯的情况的描述,参见 John Nicol, *The Life and Adventures of John Nicol, Mariner*, pp. 111 - 123。

18. Ibid.

19. Lord Auckland, draft of letter, Aug. 25, 1812, in Auckland Papers, BL, Add. Ms. 34458, pp. 382 - 384.

20. John Capper to SC 1812, Appendix 1, p. 77.

21. S. Hutchinson to J. Foyle, Sept. 5, 1798, letter at Ab. 67/15, ML.

22. Thomas Robson to SC 1812, Appendix 1, p. 52.

23. William Bligh to SC 1812, Appendix 1, p. 32.

24. T. W. Plummer to Macquarie, May 4, 1809, HRA vii: 120.

25. Castlereagh to Macquarie, May 14, 1809, HRA vii: 84.

26. G. H. Hammersley, "A Few Observations on the Situation of the Female Convicts in NSW," ca. 1807, in Hammersley Papers, A 657, ML.

27. "阿特勒维达号"中尉的意见引自 Crowley, *Doc. Hist*, vol. 1, p. 57。

28. Michael Hayes to his sister Mary, Nov. 2, 1802, ML, Sydney.

29. Ibid.

30. Bigge NSW, p. 20.

31. Ibid.

32. 1815 年——格林威改建女工厂之前——关于该厂的一般描述,参见 Samuel Marsden, "An Answer to the Calumnies of the Late Governor Macquarie's Pamphlet" (1826), p. 18ff (Marsden Papers, ML, Sydney),(关于该厂在 1820 年的情况)参见 Bigge NSW, pp. 68 - 74。关于女工厂的规定及其女工的分类,参见 "Rules and Regulations for the Management of Female Convicts at the New Factory at Parramatta," Sydney 1821, ML, Sydney。

33. Anon., in HRA ix: 198 - 199. Macquarie to Bathurst, Dec. 4, 1817.

34. Rev. Samuel Marsden, "An Answer," pp. 23 - 24.

35. R. Dune to J. T. Campbell, Mar. 3, 1811, NSW Col. Sec. in-letters bundle 5, Nos. 1 - 64, pp. 99 - 100, ML, Sydney.

36. Thomas Reid, *Two Voyages to New South Wales and Van Diemen's Land*, cit. in Margaret Weidenhofer, *The Convict Years*, p. 77.

37. J. F. O'Connell, *A Residence of Eleven Years in New Holland*, p. 54, cit. in Crowley,

Doc. Hist.，vol. 1，p. 310.

38. Mellish, *A Convict's Recollections*, p. 54.

39. Summers，*Damned Whores*，p. 281.

40. J. E. Drabble to J. Lakeland, Hobart, May 1, 1827, CSO 1/324：1704，TSA, Hobart.

41. *Sydney Gazette*，Oct. 31，1827，cit. in Summers，*Damned Whores*，p. 285.

42. Peter Murdoch to SC 1837‐38 (ii)，Minutes，p. 118.

43. Robert Jones，"Recollections of 13 Years Residence on Norfolk Island," Ms. in ML, Sydney.

44. James Mitchell, memorandum ca. 1815, typescript Ms. 27/c. in Stenhouse Papers Ⅱ，ML，Sydney.

45. Joseph Holt，"Life and Adventures of Joseph Holt," Ms. A2024, ML, Sydney.

46. Ibid.

47. Ibid.

48. Ibid.

49. James Mitchell, Ms. memorandum in Stenhouse Papers Ⅱ，Ms. 27/c，ML，Sydney.

50. Jones, "Recollections."

51. 勒佩耶的日记跨度为 1839—1844 年，现存于魁北克国家档案馆。Murray Greenwood 的译本预计由不列颠哥伦比亚大学出版社出版。关于勒佩耶及其同志在澳大利亚的情况，参见 Beverley D. Boissery, "French‐Canadian Political Prisoners in Australia, 1838‐39" (Ph. D. diss.)；Beverley D. Boissery and Murray Greenwood, "New Sources for Convict History"。

52. Lepailleur，"Journal."

53. Bishop William Ullathorne, *Autobiography*, p. 152.

54. Caroline Anley, *The Prisoners of Australia*, cit. in Crowley, *Doc. Hist.*, vol. 1, p. 461.

55. *The Australian*，Apr. 7，1825.

56. 对一位记录了澳大利亚同性恋问题的人来说，答应要进行严厉惩罚，就等于"证明"菲利普本人也是同性恋。该人称，这是为了转移视线，不让人们注意关于他本人"对青年海员有兴趣"的谣传。(Martin Smith, "Arthur Phillip and the Young Lads," p. 15.) 这完全是想当然。目前尚无任何证据表明，这位 pater patriae（拉丁文"国父"）是同性恋，也没有任何证据表明，曾有这类谣传存在。澳大利亚各殖民地的所有军事总督都极为讨厌同性恋犯人。例如，亚瑟就骂一对流犯情侣为"可怕的野兽"（Jan. 27，1832，CSO 1/572. 12924）。

57. George Lee, letter to Sir H. St. J. Mildmay, Jan. 24，1803, Bentham Papers, Add. Ms. 33544，BL, pp. 14‐15. Jeremy Bentham, 有关囚船的信件草稿，ibid.，p. 105ff。

58. 例如，参见 Backhouse and Walker, Ms. "Reports" in ML, at B706‐7，i/27：231ff。

59. 乌拉索恩关于不道德的澳大利亚的想法：William Ullathorne, *The Catholic Mission in Australasia*，p. iv。

60. John Stephen, Jr. to SC 1832. Minutes, p. 30. Allan Cunningham, ibid., p. 36.

61. Report of SC 1837‐38 (ii)，Appendix 1/57，"Return of the Number of Persons Charged with Criminal Offences," p. 317.

62. John Russell to SC 1837 - 38 (ii)，Minutes, p. 60.

63. Ullathorne，*Catholic Mission*，p. 17.

64. Cook *EL*，pp. 19 - 20.

65. Ibid.

66. Ibid.，p. 46.

67. Ibid.，p. 41.

68. Ibid.，pp. 174 - 175.

69. Ibid.，p. 173.

70. Thomas Arnold to SC 1837 - 38 (ii)，Sept. 27，1837，Appendix E/45. Robert Pringle Stuart，1846 Report to the VDL Comptroller-General，reprinted in Eustace Fitzsymonds，ed.，*Norfolk Island 1846: The Accounts of Robert Pringle Stewart and Thomas Beagley Naylor*，p. 46. Ullathorne to SC 1837 - 38 (ii)，Minutes, p. 25.

71. Thomas Beagley Naylor，"Norfolk Island, the Botany Bay of Botany Bay. A Letter …to the Rt. Hon. Lord Stanley, Secretary of State for the Colonies"(1846). Original in TSA，GO 1/63，reprinted in Fitzsymonds，ed.，*Norfolk Island*，pp. 17 - 18. 内勒和斯图亚特两人的报告都由英国政府印制，收入 *Correspondence Relative to Convict Discipline and Transportation*，presented to both Houses of Parliament，Feb. 16，1847。但是这两份报告都遭到大删特删，所有专有名词都被拿掉，而且所有涉及同性恋行为的地方都被查禁——不是为了保护议员，避免伤害其脆弱的感情，就是为了尽量减小影响，以免破坏流放制度已经元气大伤的名声。

72. Stuart，Report，in Fitzsymonds，ed.，*Norfolk Island*，pp. 45 - 46.

73. Ibid.，p. 47.

74. George III's instructions to Phillip：HRNSW ii：52.

75. C. D. Rowley，*Aboriginal Policy and Practice*，vol. 1：*The Destruction of Aboriginal Society*，p. 19.

76. J. Arnold，letter to his brother，Mar. 18，1810，at A1849，ML，Sydney. P. G. King，"Observations on the New Zealand Natives,"HRA vi：7.

77. Macquarie to Bathurst，Oct. 8，1814，HRA viii：369 - 370，and Mar. 24，1815，HRA viii：467.

78. F. Debenham，ed.，*The Voyage of Captain Bellingshausen to the Antarctic Seas 1819 - 1821*，cit. in Crowley，*Doc. Hist.*，vol. 1，p. 264.

79. Geoffrey Blainey，*The Triumph of the Nomads*，pp. 108 - 109.

80. Decision by J. Burton in *Rex* v. *Jack Congo Murrell* (1836)，cit. in Rowley，pp. 15 - 16.

81. Proclamation by King，June 1802，HRA iii：592 - 593. Atkins to King，July 8，1805，HRA iv：653.

82. William Walker to Rev. W. Watson，1821，cit. in Jean Woolmington，ed.，*Aborigines in Colonial Society, 1788 - 1850*，p. 86. 卫斯廉传教士在写给伦敦同事的信中说："总督说过的这句话在我脑海中留下了不可磨灭的印象。"

83. 土著的经济战争：Reynolds, *Other Side*, p. 121。

84. 土著对白人拓居地和土地拥有权的看法：Reynolds, *Other Side*, p. 64ff。

85. Benjamin Hurst to Latrobe, July 22, 1841, BT Box 54 in ML, Sydney, cit. in Woolmington, ed., *Aborigines*, p. 38.

86. Edward M. Curr, cit. in ibid., pp. 63 - 64.

87. Reynolds, *Other Side*, pp. 121 - 124.

88. E. Deas Thomson to James Dowling, Jan. 4, 1842, HRA xxi: 655 - 656. *SMH*, Dec. 26, 1836, cit. in Woolmington, ed., *Aborigines*, p. 54.

89. *The Colonist*, June 20, 1838, cit. in Woolmington, ed., *Aborigines*, pp. 55 - 56.

90. Thomas Holden, letter to his wife, ca. 1815, DDX 140/7: 18, LRO.

91. James Gunther, Journal, Dec. 30, 1837, cit. in Woolmington, ed., *Aborigines*, p. 69.

92. 其中最著名的是威廉·巴克利（1780—1856）。他是来自切西尔郡的英国民兵，净身高六英尺六英寸，因收受盗窃布匹，于1802年被判终身流放。1803年，他从维多利亚州菲利普港的小拓居地逃走，很幸运地逃进一个名叫瓦图荣的土著部落。该部落错把他当成已故酋长灵魂的转世。（无论来自哪个部落，土著几乎都相信，死人的灵魂会转世，其形态是"剥皮"人，皮肤灰粉般发白或发灰。一般都把白色与死亡和转世联系在一起。）因此，巴克利在大灵魂的掩饰下，与瓦图荣部落一起生活了三十二年，才投案自首。这个故事完全让人难以置信，因此产生了澳大利亚的一个专门说法，至今还在使用——"巴克利的机会"，意即毫无机会。

93. 关于内地生活的情况，以及下层阶级拓居者对罪犯流放时期新南威尔士拓居地边疆的土著部落的态度，参见 David Denholm, *The Colonial Australians*, p. 37ff。

94. Wentworth, in the *SMH*, June 21, 1844.

第九章 "政府活"

1. 对把罪犯流放地澳大利亚看作"奴隶社会"的思想所进行的批评，参见 John B. Hirst, *Convict Society and Its Enemies*, 特别是pp. 21 - 25, 31, 82。

2. Robert Gouger (pseud. of E. G. Wakefield), *A Letter from Sydney*, pp. 12 - 13. 威克菲尔德并没有到访过悉尼。他认为在赠送土地的经济中，无人领路的拓居者会面临种种困难。他之所以持这个观点，是因为要为他"价格足够"的移民计划做宣传，通过这个计划，可将澳大利亚王室所属土地的价格提升到资金雄厚的殖民者才买得起的地步。不过，他关于这个虚构的仆人的素描，倒传达出一定的实情。

3. Eugene D. Genovese, *The Political Economy of Slavery*, p. 43. 关于南方奴隶劳动力的效率和适应性的相反意见——认为南方奴隶农业的效率比北方家庭农耕高百分之三十五——参见 William Fogel and Stanley Enderman, *Time on the Cross* (New York, 1974)。

4. Hirst, *Convict Society*, p. 65.

5. Gouger（Wakefield），*Letter*，p. 37.

6. E. G. Wakefield，*The Art of Colonization*，pp. 176 - 177.

7. King to Castlereagh，HRA v：748 - 749.

8. Meredith to Burnett，Dec. 30，1828，in Meredith，*Correspondence*，p. 8，cit. in Shaw *CC*，p. 218. 关于亚瑟统治下，范迪门斯地配给"修理工"的比例，参见 Shaw *CC*，p. 217。

9. Murray to Darling，Jan. 30，1830，HRA xv：351ff.

10. "In what can Britain show"：anon，article in Virginia Gazette，May 24，1751，cit. in Abbot Emerson Smith，*Colonists m Bondage*，p. 130. John Pory，cit. in ibid.，p. 13.

11. Smith，*Colonists*，p. 13. 关于美国旧的契约制和澳大利亚新的配给制之间有何法律差别的讨论，参见 Murray to Darling，Jan. 30，1830，HRA xv：351ff。

12. King，General Order of Oct. 31，1800，in NSW General Orders and Proclamations，Safe 1/87，ML，Sydney，cit. in Crowley，*Doc. Hist.*，pp. 97 - 98.

13. King，General Order published in *Sydney Gazette*，Jan. 14，1804.

14. David Collins，*An Account of the English Colony in New South Wales*，p. 11.

15. Margarot to SC 1812，Appendix 1，Minutes，p. 54.

16. SC 1812，Report，p. 4.

17. Bligh to SC 1812，Appendix 1，Minutes，p. 43.

18. Richardson to SC 1812，Appendix 1，Minutes，p. 57. King to Portland，Dec. 31，1801，HRA iv：655 - 656.

19. Thomas Holden，letter in LRO，DDX 140/17：18.

20. Bigge NSW，p. 77.

21. Bligh to SC 1812，Appendix. 1，p. 46.

22. John Palmer to SC 1812，Appendix 1，p. 61. George Johnston，ibid.，p. 73.

23. Campbell to SC 1812，Appendix 1，p. 68ff.

24. Brisbane to Undersecretary Horton，Nov. 6，1824，HRA ix：414 - 415.

25. John Broxup，*Life of John Broxup, Late Convict at Van Diemen's Land*，p. 11. Addition（by scribe）to letter from Richard Dillingham，Sept. 29，1836，in Harley W. Forster，ed.，*The Dillingham Convict Letters*.

26. Brisbane to Bathurst，Nov. 6，1824，HRA ix：413 - 414.

27 John Rule，*The Experience of Labour in Eighteenth-Century English Industry*，p. 201.

28. Macquarie to Castlereagh，Apr. 30，1810.

29. Mellish，*A Convict's Recollections of New South Wales*，p. 51.

30. Macquarie，General Order，Dec. 15，1810，in NSW General Orders and Proclamations，safe 1/87，ML，Sydney. 这里讨论的市镇为温莎、里奇蒙、威尔伯福斯、卡塞尔利和皮特镇。麦夸里决定以废奴领袖威廉·威尔伯福斯命名一座市镇，反映出这两人之间互相都很尊敬。

31. 参见 M. H. Ellis，*Francis Greenway*；J. M. Freeland，*Architecture in Australia*，pp. 30 - 41；Morton Herman，*Early Australian Architects and Their Work*，随处可见。

32. Macquarie to Bathurst, Sept. 1, 1820.

33. Appendix to Bigge NSW, cit. in Shaw *CC*, p. 92.

34. Macquarie to Bathurst, Dec. 4, 1817, HRA ix: 507–509.

35. M. M. Robinson, "Ode for the Queen's Birthday, 1816," in Brian Elliott and Adrian Mitchell, eds., *Bards in the Wilderness*, p. 12.

36. J. D. Lang, "Colonial Nomenclature," in ibid., p. 29.

37. Figures from Shaw *CC*, pp. 98–99.

38. R. B. Madgwick, *Immigration into Eastern Australia, 1788–1851*, pp. 30–32.

39. Macquarie to Bathurst, Mar. 24, 1819, HRA x: 88.

40. Mar. 18, 1825, HRA xi: 549.

41. Bathurst to Bigge, HRA x: 4ff.

42. Margarot to SC 1812, Appendix 1, p. 54.

43. Petition of Robert Townson, NSWA, Mechanics' Bond Accounts 4/4525, 4/1775, p. 173.

44. Gipps to Glenelg, HRA xix: 604–605.

45. Bourke to Goderich, HRA xvi: 625, cit. in Bigge NSW, p. 75.

46. Bigge NSW, p. 75ff.

47. Goderich to Bourke, Aug. 22, 1831, HRA xvi: 330. Bourke to Goderich, May 4, 1832, HRA xvi: 640.

48. Darling to Goderich, July 14, 1831, HRA xvi: 299.

49. W. C. Wentworth to Committee on Police, 1839, pp. 88–96, cit. in Hirst, *Convict Society*, p. 185.

50. Bourke to Goderich, Apr. 30, 1832, HRA xvi: 624–626.

51. 衣服问题的解决方案是每年三件衬衣、两套夹克和裤子（冬天是羊毛，夏天是轻羊毛或粗棉布），以及一双结实的皮鞋。每周粮食定量为十二磅小麦（由流犯本人用小型铁制手推磨磨成面粉）、七磅新鲜牛肉或羊肉、两盎司盐和两盎司肥皂。缺乏谷物或新鲜肉类时，主人可以用玉米面和咸猪肉取代。马上就可看到，尽管食物一成不变，缺少蔬菜，但饮食还是很扎实的。一人一天一磅肉，没有人会饿死。"他们做的饭"：Broxup, *Life*, p. 7.

52. Port Macquarie Bench Book, June 13, 1836, NSWA 4/5639, cit. in Alan Atkinson, "Four Patterns of Convict Protest."

53. Atkinson, ibid.

54. George Taylor, letter, CSO 1/624/14148, TSA, Hobart.

55. Deposition of James Davis, Dec. 10, 1829, HRA xv: 306–307. Thomas Argent: HRA xv: 305.

56. CSO 1/568/12796, TSA, Hobart.

57. *Sydney Gazette*, Aug. 18, 1825.

58. Darling to Murray, Feb. 16, 1829, HRA xiv: 646.

59. Gipps to Glenelg, Oct. 8, 1838, HRA xix: 604.

60. Cook *EL*, pp. 33 – 34.

61. *Sydney Gazette*, Feb. 1, 1826.

62. George Loveless et al., *A Narrative of the Sufferings of … Four of the Dorchester Labourers*, p. 16.

63. Hirst, *Convict Society*, p. 109.

64. Goodwin to Lang, Sept. 21, 1850, A2226, Lang Papers, vol. 6, pp. 492 – 495, ML, Sydney.

65. James Brine, in G. Loveless et al., *A Narrative*, pp. 11 – 12.

66. Edward J. Eyre, "Autobiography," Ms., p. 45.

67. Alexander Berry, *Reminiscences*, cit. in ADB, vol. 1, p. 95.

68. Berry to Wollstonecraft, June 7, 1823, and Oct. 13, 1825, cit. in Shaw *CC*, p. 222 from Berry Papers, xi/xii, ML, Sydney.

69. James Macarthur to SC 1837 – 38 (ii), Minutes, p. 164. James Atkinson, *An Account of the State of Agriculture and Grazing in New South Wales*, pp. 112 – 116. T. P. Besnard, *A Voice from the Bush in Australia: Shewing its Present State, Advantages, and Capabilities* (1839), pp. 20 – 21, cit. in Crowley, *Doc Hist.*, pp. 478 – 479.

70. Eyre, "Autobiography," Ms., p. 46.

71. Parents to Holden, DDX 140/17: 14, LRO, wife to Holden, DDX 140/17: 16, LRO.

72. Bigge NSW, p. 76.

73. Bourke to Goderich, Apr. 30, 1832, HRA xvi: 625.

74. Bigge NSW, pp. 76 – 77.

75. William Vincent, letter to his mother, Aug. 17, 1829, in SC 1837 – 38 (ii), Appendix, p. 354.

76. Peter Withers, letter to his brother, TSA, Hobart.

77. Withers, ibid.; Richard Dillingham, *The Dillingham Convict Letters*, ed. H. W. Foster (Melbourne, 1970), pp. 21 – 23 (Sept. -Nov. 1838).

78. Petition of Thomas Jones, Apr. 8, 1830, PC 1/78, PRO.

79. Bigge NSW, p. 103.

80. Richard Whately, "Transportation," in *Miscellaneous Lectures and Reviews*, pp. 258 – 259, cit. Clark, ed., *Select Documents in Australian History, 1788 – 1850*, p. 151.

81. (O. P. Q.) in *New South Wales Magazine*, vol. 1 (August 1833), pp. 16 – 17.

82. Eyre, "Autobio graphy," Ms., pp. 46 – 47.

83. John Standfield, in G. Loveless et al., *A Narrative*, pp. 5 – 6.

84. Shaw *CC*, p. 226, quoting Anne McKay, p. 355. Eyre, "Autobiography," Ms., p. 47.

第十章　新南威尔士州的正人君子

1. Peter Cunningham, *Two Years in New South Wales*, vol. 1, pp. 44 - 45.

2. "A Settler," *SMH*, Jan 16, 1839, cit. in John B. Hirst, *Convict Society and Its Enemies*, p. 207.

3. Louisa Anne Meredith, *Notes and Sketches of New South Wales*, pp. 52 - 53.

4. Arthur Bowes Smyth and Ralph Clark, Journals, Feb. 7, 1788.

5. 关于约翰·麦克阿瑟, 参见 ADB entry (vol. 2, pp. 153 - 159); Macarthur Papers, ML, Sydney; M. H. Ellis, *John Macarthur*; S. Macarthur-Onslow, ed., *Some Early Records of the Macarthurs of Camden*。

6. 麦克阿瑟曾试图扩大产业利益, 超越畜牧业, 但几乎均不成功。结果到 1812 年, 他在太平洋贸易中很不明智的投资几乎冲抵了他从羊毛中的获利。他是那种最糟糕的生意人。凡是跟他一起工作的人, 都不可能指望获得平等伙伴的地位。他吹嘘说: "凡是令他讨厌者,（他）永远都能成功地将其搞垮。"他的重大灾难是设立了一家注册公司, 以垄断澳大利亚羊毛生产。至少从 1804 年以来, 麦克阿瑟就梦想取得这种垄断地位, 但直到二十年后, 在不列颠政府极为重要的支持下, 这种垄断才得以产生: 澳大利亚农业公司在悉尼北部斯蒂芬斯港附近获得赠地一百万英亩, 私人认捐提供资本为一百万英镑。太平洋地区从未设立过如此之大的公司。尽管公司早期成功, 但麦克阿瑟不到四年就把它败掉了。到 1828 年, 因为他老是干涉, 公司股票从原来每股一百英镑跌至八英镑。

7. 麦克阿瑟的狗屎运: S. Cottrell to E. Cooke, July 14, 1804。卡姆登勋爵给麦克阿瑟的赠地: David Collins, *An Account of the English Colony m New South Wales*, vol. 1, pp. 437 - 438。

8. 关于澳大利亚殖民时代早期的绵羊饲养情况, 参见 Eric Rolls, *A Million Wild Acres*, pp. 23 -27。

9. James Mudie, *The Felonry of New South Wales*, pp. 12 - 13.

10. James Macarthur to John Macarthur, Sr., June 24, and July 11, 1820, cit. m John M. Ward, *James Macarthur*, *Colonial Conservative*, p. 45.

11. 关于南方的捕鲸和捕海豹的"渔业", 参见 Alan Moorehead, *The Fatal Impact*, pp. 195 - 204。

12. 关于巴斯海峡捕海豹, unsigned memo to Lieut-Gov. Arthur, May 29, 1826, on microfilm reel 600, NSWA, Sydney。

13. 目前无法精确评估以此方式拐走的土著女性的数量, 但这种交易产生了两个主要结果。首先, 这使土著部落对白人产生了根深蒂固的仇恨, 同时又降低了他们的生育率。其次, 而且悖谬得很, 这保证了塔斯马尼亚土著的幸存。土著在塔斯马尼亚主岛灭绝后, 一小部分后裔继续生活在巴斯海峡的巴伦角岛（参见第十一章）。关于捕海豹者的入侵情况, 参见 Anne McMahon, "Tasmanian Aboriginal Women as Slaves"; 关于巴伦角岛人, 参见 Lyndall Ryan, *The Aboriginal Tasmanians*。

14. 关于坎贝尔无视东印度公司禁运澳大利亚鲸鱼油和海豹皮的情况，参见 Alan Frost，*Convicts and Empire*，p. 193ff。

15. J. Arnold, letter to his brother, Feb. 25, 1810, A1849, ML, Sydney, cit. in Crowley, *Doc. Hist.*, vol. 1, p. 171.

16. *London Times*，July 14, 1838. 关于特里，参见 ADB entry (vol. 2, pp. 508-509)；P. E. Leroy, "Samuel Terry" in *JRAHS*, vol. 47 (1961)。关于针对特里的谣言，参见 Bigge NSW, p. 141。据称，特里的酒馆备有写好的授权信，前流犯喝醉后，就会糊里糊涂地在上面签字。"通过这些方式，并通过积极地使用通常的骗术，塞缪尔·特里积累了雄厚的资本和大量地产……仅次于达西·温沃斯。"关于他敲诈其他前流犯的指控始于塞缪尔·马斯登牧师。死后，这位"植物湾的罗斯柴尔德"（他实际上不是犹太人）留给他的遗孀每年一万英镑、价值二十五万英镑的地产，以及大片土地，其中包括现代悉尼中心的整个马丁广场。

17. 关于克罗斯里，参见 ADB entry (vol. 1, p. 262)。克罗斯里受到指控——在一位牧师死后，也就是在其死去的床上修改其遗嘱，为了有利于他自己的一个朋友。据说他辩护道，实际上修改遗嘱的那一刻，牧师还有"气"。他的验证方法是把一只活苍蝇放进当事人嘴里，把嘴闭上，然后把钢笔放在死人手里签字。法院令人吃惊地宣布对他无罪开释，但不久以后，他又因在另一案件中犯有伪证罪而被判七年徒刑，前往植物湾。

18. 尽管本特的唯一动机就是顽固偏执，但他还是把决定做得冠冕堂皇，说他拒绝听审流犯律师的案子，依据的是 statute 12, Geo. I, c. 29。

19. 关于勒德芬，参见 HRA 1: 6-10, E. Ford, *The Life and Work of William Redfern*；E. Ford, "Medical Practice in Early Sydney," MJA, July 9, 1955。

20. Barron Field, "On Reading the Controversy between Mr. Byron and Mr. Bowles," in Brian Elliott and Adrian Mitchell, eds., *Bards in the Wilderness: Australian Colonial Poetry to 1920*, p. 18.

21. 关于勒文，参见 Bernard Smith, *European Vision and the South Pacific*, pp. 158-162。相当多的流犯艺术家都因最接近其专业的罪行——伪造文件——被判流放。殖民地也有自己的自由业余爱好者：有海军描图员，如身份不明、随第一舰队而来的"杰克逊港的画家"，以及乔治·瑞珀；还有涉猎绘画的陆军军官，如 46 团的詹姆斯·瓦利斯上尉。

22. John Grant, "Verses Written to Lewin, the Entomologist," 1805, in Grant Papers, Ms. 737, NLA, Canberra.

23. 关于利塞特及其《风景》对澳大利亚风景的迷人改造，参见 Smith, *European Vision*, pp. 179-181。

24. 关于托马斯·格里菲斯·韦恩赖特，参见 J. Curling, *Janus Weathercock* (London, 1838)；R. Crossland, *Wainewright in Tasmania* (Melbourne, 1954)。韦恩赖特是个有点病态但很热心的唯美主义者，算得上乔治时代的花花公子。韦恩赖特既是画家，也是艺术评论家，19 世纪 20 年代，以埃格梅特·邦莫（Egomet Bonmot）和贾那斯·韦泽科克（Janus Weathercock）为笔名，为《伦敦杂志》写作。他从 1826 年起，就在皇家学院展出颇受亨利·福塞利影响的画作。韦恩赖特手头并不宽裕，生活却大手大脚。他祖父留给他本金五千两百五十英镑，后以托管形式转给他妻子，为了把这笔钱弄到手，他伪造授权书，结果失宠，来到对跖点。十三年后，他被逮捕，因夺取自己的钱而被审判（他是这么看的）。纽盖特监狱长劝他认罪，这样可以换取从轻发落，但令韦恩赖特惊恐不已的是，他被判终身流放。

这位不幸的艺术家于 1837 年底来到霍巴特后，就到"铁链帮"干活修路。他身体崩溃了，转到霍巴特医院做病房的工作。为了报答霍巴特地位显赫者赏给他的小恩小惠，他画了一些水彩画，其中有四十幅留存至今。他 1844 年 4 月给约翰·厄德利·厄德利-威尔默特副总督写了一封让人心碎的信，求他发假释证，这封信现在保存下来了（Aw. 15，ML，Sydney）。韦恩赖特称范迪门斯地是"一座道德的坟墓"。"大人阁下，请你屈尊俯就，想象我这七年中实际情况是怎么样的，没有朋友，没有好名声（即生命的呼吸），也没有艺术（对我来说那就是生命的燃油）。我同时受着记忆和思想的折磨，努力想形成外在的形式并加以实现，我遇到障碍，没法增长知识，我被剥夺了机会，无法进行有利可图的演讲，哪怕装装门面的演讲也不成。大人阁下，请可怜可怜我吧！"他提醒厄德利-威尔默特（后者可能从未听说过下面那些名字），他——韦恩赖特——曾受到"斐拉克曼（Flaxman）、柯勒律治、查尔斯·兰姆等人，以及他崇拜的上帝福塞利的"赞扬，但还是没用。直到 1846 年底，他才拿到假释证，不到一年后就死了。

25. 关于这些"筒子文"的例子，参见 Anon.，"Alas；poor Botany Bay,"in Elliott and Mitchell，eds.，*Bards in the Wilderness*，p. 8。

26. J. M. Freeland，*Architecture in Australia*，p. 39. 关于格林威，参见 ADB entry（vol. 1，pp. 470‐472）；M. H. Ellis，*Francis Greenway*；Morton Herman，*Early Australian Architects and their Work*。

27. Meredith，*Notes and Sketches*，pp. 50‐51。

28. Ibid.，p. 39。

29. Letters of G. T. W. B. Boyes，May 6，1824，Royal Society of Tasmania，UTL，Hobart。

30. Meredith，*Notes and Sketches*，pp. 49‐50。

31. Ibid.，pp. 58‐59，75。

32. Hirst，*Convict Society*，pp. 118‐119。

33. Gipps to Glenelg，Mar. 29，1839. HRA xx：74。

34. Mellish，*A Convict's Recollections*，p. 52。

35. Ullathorne to SC 1837‐38（ii），Minutes，p. 22. 家庭恐怖故事：Meredith，*Notes and Sketches*，p. 128. 据她报告，圣诞节特别难熬："下人中间酗酒恶习普遍，在这个季节也许要比其他任何季节都更大行其道，酗酒之人的态度也更坚决。我曾听说一次圣诞节的日间派对，人都集合好了，耐着性子等着宣布开饭，然后摇铃，却没有回应。女主人来到厨房，却发现所有仆人不是醉得不省人事，就是动弹不得，本来打算做的宴餐早就烧成了灰烬。这种事情也并不罕见。"

36. John Russell to SC 1837‐38（ii），Minutes，p. 56。

37. Gipps to Glenelg，Mar. 29，1839，HRA xx：74。

38. Russell to SC 1837‐38（ii），Minutes，pp. 58‐59。

39. John Goodwin to J. D. Lang，1850，Lang Papers，vol. 6，A2226，ML，Sydney。

40. Maconochie to SC 1837‐38（ii），Report，p. xxxiii；Ullathorne to SC 1837‐38（ii），Minutes，p. 23。

41. Russell to SC 1837 - 38（ii），Minutes，p. 56.

42. Darling to Goderich，Oct. 2，1837，HRA xiii：673.

43. J. F. Mortlock，*Experiences of a Convict Transported for Twenty-one Years*，p. 92.

44. 关于格兰特，参见 ADB entry（vol. 1，pp. 469 - 470）；W. S. Hill-Reid，*John Grant's Journey*；Grant Papers（journal and letters），NLA，Canberra. 格兰特在给母亲和姐妹的一封信中，描述了他努力从金总督那儿获得假释证的情况，Jan. 1，1805，Ms. 737/22，NLA，Canberra。

45. Mortlock，*Experiences of a Convict*，pp. 84 - 85. 这位前议员是威廉·史密斯·奥布莱恩（William Smith O'Brien，1803—1864），曾任恩尼斯（1828—1831）和利默里克（1835—1849）二选区议员，是青年爱尔兰运动的领袖成员之一。他与同胞约翰·米切尔和其他几人一起，于 1848年被判重大叛国罪，终身流放范迪门斯地。

46. Woomera（pseud.），*The Life of an Ex-Convict*，p. 13. 关于官方骚扰自称无神论者的"特殊人士"的情况，参见 James Bushelle，"Memoir"。布歇尔是利默里克一个爱尔兰商人之子，因偷窃钻石而被流放。他在麦夸里充军站服刑一段时间后，回到悉尼，成了圣玛丽大教堂合唱团领唱及军乐团教官。他向伯克总督介绍这些体面的标志，希望早点拿到假释证。哎呀，"伯克总督不肯给（我）这种特惠，因为他在书上找到了关于（我）品格的东西，发现（我）被指控犯有'无神论'罪"。结果，他又回麦夸里港过了一年，痛苦地后悔当年听信那名法国犯罪同伙的话，该人"用彬彬有礼而又令人神往的法语和意大利语……往我毫无戒备的心灵灌输法国哲学，这在英格兰更广为人知地被称作法国原则，也就是伏尔泰及其流派传播的毒草，其基础就是对宗教和政府进行讽刺与嘲弄"。

47. 罗素·瓦德提出了第一种观点："我们所知关于流犯的一切表明，平均主义的阶级团结精神——除了受到最野蛮对待的人之外——通常是所有人的人性特点。"（*The Australian Legend*）这一观点受到麦昆（Humphrey McQueen）抨击，理由是流犯不可能有阶级忠诚感，因为他们并未形成阶级，"澳大利亚至少在头五十年中没有形成一个阶级结构，只形成了一个扭曲变形的阶层……尽管这不是流犯本身的错误，但他们缺乏任何阶级觉悟"（*A New Britannia*，pp. 126 - 127）。这个后期马克思主义的样板忽视了殖民社会的主要社会事实，即流犯的待遇和受到的压迫都让他们看到，他们是一个与其他所有自由拓居者分离开来，而且比他们优劣的阶级。在官方信息中，他们通常被称为"一个阶级"。他们的行为并不符合乌托邦关于阶级团结的滞定型——他们像社会地位比他们优越的人一样，也在竞争财产和地位——但这在任何方面都不会改变他们作为一个群体的分离感，也不会改变他们抱成一团的能力。麦昆对历史的图表式看法中，就连流犯对卫兵、侦探、告密者、法官等人的讨厌，"在起源和内容上也主要是资产阶级的"，仅仅反映了错误的个人主义的霸权而已。毫无疑问，如果他们热爱他们的古拉格，这些作家一定会赞美他们，认为他们都是斯大林主义的先锋。

48. Rev. John Morison，*Australia As It Is*，London，1864，p. 223.

49. Hunter to SC 1812，Appendix 1，Minutes，p. 23.

50. Samuel Marsden，"A Few Observations on the Toleration of the Catholic Religion in N. South Wales."

51. Ward，*Australian Legend*，pp. 29 - 30.

52. Mellish, *Recollections*, pp. 63 – 65.

53. Alexander Harris, *Settlers and Convicts*, p. 326.

54. Ibid., p. 126.

55. Bligh to SC 1812, Appendix 1, Minutes, p. 46. Bigge NSW, p. 102. Bourke to Goderich, Apr. 30，1832，HRA xvi：625.

56. Sydney Smith, *Edinburgh Review*, July 1819.

57. 关于 19 世纪 20 年代殖民社会起源的复杂性，以及"流犯子女"滞定型的缺陷的讨论，参见 Portia Robinson, *The Hatch and Brood of Time*。

58. "犯罪必定是往下传的"：Judge Alfred Stephen to James Macarthur, ca. 1857, cit. in Michael Sturma, *Vice in a Vicious Society*, p. 2。关于地位受人尊重者对流犯现象的歧视，参见 Sturma, p. 8："说到底，结果证明，社会对流犯起源的反应，要比流犯现象本身具有更持久、更深远的意义。"

59. Sir William W. Burton, "State of Society and State of Crime in New South Wales...," *Colonial Magazine*, vol. 1，p. 425.

60. Burton, ibid., vol. 2，pp. 51 – 53. 伯顿所给的一般犯罪数据也取自其他法官所审案件，显示的是同一模式。在三个取样年中把这些数字换算成被告的百分比，情况如下：

总起诉百分比

社会群体	1833	1835	1836
自由拓居者	1	11	9
"通货一代"	2	3	5
"盈满释瘵者"	43	37	41
服刑期的流犯	51	46	42
其他（包括军人和黑人）	3	3	3

61. Bigge NSW，p. 105.

62. Robinson, *Hatch and Brood of Time*，p. 12.

63. "别人都不干活，只有奴隶才干活"：Cunningham, *New South Wales*, vol. 2，pp. 48 – 49。对大海和海事工作的厌恶：Robinson, *Hatch and Brood of Time*, p. 237ff。比格似乎错了，他报告说（Bigge NSW, pp. 81 – 82）："许多土生土长的青年人都表现出对海上生活的偏爱，而且都是很棒的水手……人口中的这一阶级提供了丰富而又极佳的材料，任何部门都可用来服务于商业或海军。"

64. "头发金黄、眼睛碧蓝"：Cunningham, *New South Wales*, vol. 2，p. 53。其他提及"通货一代人"特点的地方也来自坎宁安，随处可见。

65. G. T. W. B. Boyes to Mary Boyes, Oct. 23 and 27，1831，in Boyes Letters, UTL, Hobart.

66. "无法忍受"：Harris, *Settlers and Convicts*, pp. 295 – 296。"老'斯特灵'女人"：Cunningham, *New South Wales*, vol. 2，p. 53。

67. Harris, *Settlers and Convicts*, pp. 149 – 153.

68. Bigge NSW, Appendix. CO 201：142, p. 336ff, cit. in Clark *HA*, vol. 2, p. 43. 关于温沃斯，参见 Clark *HA*, vol. 2, p. 41ff。

69. William Charles Wentworth, "Where'er the sickening Muse," in Wentworth Papers, Miscellanea, ML, Sydney.

70. "我决不允许": W. C. Wentworth, May 1, 1820, in Wentworth Letters, ML, Sydney。"斑异蹼贵族"这个说法（时至今日澳大利亚还偶尔使用，以嘲弄那些装腔作势者）是年轻的爱尔兰政治活动家丹尼尔·邓尼耶（Daniel Deniehy）于 1853 年在一次演讲——反对温沃斯为达自己的目的，提倡殖民地世袭贵族——中杜撰出来的。相关段落于 1853 年 8 月 16 日在《悉尼晨锋报》报道如下："就连都柏林大街上的穷苦爱尔兰人，都会奚落植物湾的贵族。事实上，他（邓尼耶）都茫然不解，不知如何把他们分类……也许这是对跖点现存的一种引人注目的自相矛盾的标本。在这儿，大家都知道，普普通通的水鼹鼠能够脱胎而成鸭嘴兽。他扯得很远，也想学这种下作之法，以为应该赐他们一种'斑异蹼贵族'身份。（大笑。）"

71. W. C. Wentworth, A Statistical, Historical and Political Description of the Colony of New South Wales..., pp. 349 - 350.

72. Sydney Smith, Edinburgh Review, July 1819.

73. "盈满释瘠者"致英国王室的请愿书文本见于 HRA x：549 -552。

74. 获奖者是威廉·麦克沃斯·普雷伊德（William Mackworth Praed），他对澳大拉西亚几乎一无所知，但很快就成为英格兰诗歌协会最俏皮的作家。温沃斯跟他对阵，节拍磕磕绊绊，几乎没有得胜的机会。不过，二等奖倒是海外澳大利亚人得到的第一次文化殊荣。

75. Brisbane to Bathurst, Oct. 28, 1824, in "Transcripts of Missing Despatches," A1267, ML, Sydney.

第十一章 在范迪门斯地拖犁

1. 关于托马斯·戴维，参见 ADB entry, Robson, Hist. Tas., pp. 64 - 67 and 78 - 94；J. W. Beattie, Glimpses of the Lives and Times of the Early Tasmanian Governors, pp. 23 - 25。

2. William Sorell, Memorandum in HRA iii：4.

3. 1817 年 7 月，索热尔在范迪门斯地到任后不久就接到命令，要支付三千英镑赔偿金——一笔巨款——给中尉肯特，因为他破坏了他们的夫妻感情。肯特太太抵达霍巴特，在总督府安顿下来后，脾气暴躁、臭名远扬的安东尼·芬恩·肯普（商人，土地拥有者，前新南威尔士军团陆军上尉，密谋反对布莱总督的"朗姆酒起义"策划人）就把这个"正在崛起的一代人的邪恶榜样"当作他的主要武器，发起了一场运动，试图搞垮索热尔，但未能成功，部分原因是麦夸里总督比较审慎，本来就因芬恩·肯普参加了"朗姆酒起义"而不信任他。

4. Sorell to Cuthbertson, in standing orders, Dec. 8, 1821, CSO 1/133/3229, TSA, Hobart.

5. John Barnes to SC 1837 - 38 (ii), Minutes, pp. 45 - 46.

6. James Backhouse, A Narrative of a Visit to the Australian Colonies, pp. 44 - 45.

7. 1827 年伐树的统计资料：T. J. Lemprière, The Penal Settlements of Van Diemen's Land,

p. 39。

8. Barnes to SC 1837 - 38（ii），Minutes，p. 37.

9. 以打猎解忧的做法：J. Butler to Arthur，Aug. 28，1828，CSO 1/290/6944，TSA，Hobart。品尝针鼹鼠：Lemprière，*Penal Settlements*，pp. 43 - 44。

10. 吃蔬菜防止败血症：Sorell to Cuthbertson，Dec. 10，1823，CSO 1/134/3229。败血症的迅速增长：J. Spence（麦夸里海港的助理外科大夫）to James Scott（殖民地外科大夫），Feb. 8，1823，CSO 1/134/3230。

11. Lemprière，*Penal Settlements*，pp. 37 - 38.

12. Barnes to SC 1837 - 38（ii），Minutes，p. 37.

13. Davies，"Memoir of Macquarie Harbour," Ms. 8 in MSQ 168，Dixson Library，Sydney.

14. 关于麦夸里海港流犯和卫兵的职业病，参见 Spence to Scott，CSO 1/134/3230。

15. Davies，"Memoir," pp. 2 - 3.

16. Barnes to SC 1837 - 38（ii），Minutes，p. 45.

17. Ibid.，p. 46.

18. Ibid.，p. 43.

19. J. Butler（麦夸里海港司令官）to Arthur，June 9，1825，CSO 1/220/5313。

20. Butler to Col. Sec. Burnett，Nov. 25，1827，CSO 1/216/5236，p. 189.

21. CSO 1/216/5188，Minute 312，Dec. 17，1827，pp. 239，243，247.

22. Lemprière，*Penal Settlements*，p. 31.

23. Ibid.，p. 32.

24. Barnes to SC 1837 - 38（ii），Minutes，p. 43.

25. Robson，*Hist. Tas.*，p. 137. 关于亚瑟，参见 ADB entry，Anne McKay，"The Assignment System of Convict Labour in Van Diemen's Land，1824 - 1842"（硕士论文）；W. D. Forsyth，*Governor Arthur's Convict System*。

26. Arthur to Huskisson，cit. in P. R. Eldershaw，"The Colonial Secretary's Office," in "Guide to the Public Records of Tasmania," Thrapp，vol. 15，no. 3，Jan. 1968，p. 57.

27. Arthur to Bathurst，July 3，1825.

28. Backhouse，*Narrative*，p. 19

29. Arthur，*Observations Upon Secondary Punishment*，pp. 27 - 28.

30. George Washington Walker to Margaret Bragg，May 24，1834，Walker Papers，UTL，Hobart.

31. McKay，"Assignment System," p. 78.

32. George Taylor to John Thompson，CSO 1/624/14148，collected as No. CXXVIII in Eustace Fitzsymonds，ed.，*A Looking-Glass for Tasmania*.

33. 范迪门斯地第一个主要的土地拥有者及资本家是爱德华·洛德，参见 E. R. Henry，"Edward Lord：the John Macarthur of Van Diemen's Land"。关于流犯之子戴维·洛德（1785—1847），参见 ADB entry（vol. 2，p. 126）。

34. 关于卡佛索牧师在绞刑架边的情况，参见 Robson，*Hist. Tas.*，p. 276。

35. Arthur to Montagu, January 1831，CSO 1/224/5434，CSO 1/141/2493，cit. in McKay，"Assignment System，"pp. 124‐125.

36. Petition of Isaac Solomon to Arthur，CSO 1/430/9642. 关于"艾基"·所罗门，参见 ADB entry。

37. John West，*The History of Tasmania*，part 3, sect. ⅩⅧ，p. 138。

38. Arthur，memo，Oct. 20，1827，CSO 1/172/4150.

39. West，*Tasmania*，part 3, sect，xvii，pp. 139‐140.

40. 亚瑟对巴克斯特的看法：ADB，vol. 1，p. 75。

41. 关于约翰·伯纳特，参见 ADB entry and corr. file under Burnett, J.，in TSA。

42. 关于罗德里克·奥康纳及其与亚瑟的关系，参见 ADB，vol. 2，p. 296。

43. 关于古德温、本特、梅尔维尔、默里，以及范迪门斯地新闻界其他开拓者的情况——无论有多少瑕疵——参见 ADB entries and E. M. Miller，*Pressmen and Governors*。

44. Melville to Arthur，Nov. 17，1835，CSO 1/836/17722. 狱卒托马斯·卡彭（Thomas Capon）在梅尔维尔信上附了一张条子，很有意思地旁敲侧击了一下关于澳大利亚记者的舆论。他在监狱一边给梅尔维尔留了一个专门为欠债人预留的号子，但是"欠债人表示极为讨厌与报社有关的任何人住在监狱里他们的那一边"。

45. 关于戈利布兰德，参见 ADB entry（vol. 1，p. 437）；Robson，*Hist. Tas.*，pp. 289‐292。

46. Margaret Weidenhofer，*Maria Island: A Tasmanian Eden*，pp. 18‐22.

47. 关于亚瑟港越来越"妖魔化"的名声，参见 Decie Denholm，"Port Arthur：the Men and the Myth"。

48. 亚瑟对亚瑟港的常年指令见于 CSO 1/639/14383。

49. Lemprière，*Penal Settlements*，p. 61.

50. John Russell to SC 1837‐38（ii），Minutes，p. 50.

51. 关于亚瑟港早年的情况，参见 Margaret Weidenhofer，*Port Arthur: A Place of Misery*，pp. 7‐12。

52. Russell to SC 1837‐38（ii），Minutes，pp. 51‐52.

53. Logan to Col. Sec.，Dec. 31，1832，CSO 1/633. 1/14299.

54. 关于在亚瑟港服刑的人数，参见 Decie Denholm，"Port Arthur，"p. 408。

55. Charles O'Hara Booth，*Journal*，ed. Dora Heard，May 18，1833。

56. C. P. T. Laplace，"Considerations，"p. 152，cit. and trans, in Booth，*Journal*，p. 28，Booth，*Journal*，Feb. 20，and Dec. 7，1833.

57. Lemprière，*Penal Settlements*，p. 94.

58. John Frost，*The Horrors of Convict Life*，pp. 30‐31.

59. Backhouse and Walker to Arthur，CSO 1/807/17244，cit. in Weidenhofer，*Port Arthur*，p. 24.

60. Frost，*Horrors*，p. 59.

61. 罗伯特·威廉森的惩罚记录在 TSA，Hobart。

62. 扮成袋鼠的逃犯：Lemprière, *Penal Settlements*, p. 69。

63. Ibid., p. 95.

64. 关于信号灯系统的细节，参见 Dora Heard's Introduction to Booth, *Journal*, pp. 24 - 25，W. E. Masters, T*he Semaphore Telegraph System of Van Diemen's Land*（Hobart，1973）；Weidenhofer, *Port Arthur*, p. 25。

65. 亚瑟港煤矿的特点：Lemprière, *Penal Settlements*, pp. 78 - 80。

66 关于流犯作为动力的铁道情况，参见 Godfrey Mundy, *Our Antipodes*, and William Denison, *Varieties of Vice-Regal Life*, both cit. in Weidenhofer, *Port Arthur*, pp. 37，39。

67. Ross, "Excursion to Port Arthur," in *Elliston's Hobart Town Almanack*（1837），p. 91.

68. 关于普尔岬的情况，我依据的是 F. C. Hooper 的教育硕士论文，"Point Puer"，University of Melbourne，1954（修改后出版，*Prison Boys of Port Arthur*, Melbourne，1967）。若无特别说明，所有引文均来自该论文，这是关于这种奇怪的教育学实验的标准研究，也是其唯一完整的研究。

69. Arthur to Turnbull, Feb. 8，1834, cit. in Hooper, "Point Puer," p. 21.

70. Champ to the Comptroller-General of Convicts, June 3，1844, cit. in ibid., p. 3.

71. 关于普尔岬囚犯的宗教传授问题，参见 Hooper, pp. 72 - 79。

72. Benjamin Home, "The Report of B. J. Home to the Lieutenant-Governor of Van Diemen's Land," cit. in ibid., pp. 43 - 44.

73. Hooper, pp. 36 - 39.

74. 托马斯·威勒茨的惩罚记录在 TSA，Hobart。

75. Corr. Military Operations 1831, Minutes of Evidence for Committee for Aboriginal Affairs, testimony of Edward White, pp. 53 - 54.

76. James Carrott, Report of Committee for Aboriginal Affairs, Corr. Military Operations 1831, p. 36.

77. Corr. Military Operations 1831, Minutes of Evidence, testimony of James Hobbs, pp. 49 - 50. 关于欧洲拓居者和捕海豹者侵犯塔斯马尼亚土著的行为的完整叙述，参见 Lyndall Ryan, *The Aboriginal Tasmanians*, Chapters 3 - 7。

78. 数据来自 Robson, *Hist. Tas.*, p. 260。

79. Richard Stickney to his sister Sarah, June 21，1834, Stickney Papers, UTL. 斯蒂克尼认为，范迪门斯地的人"从精神到肉体都和美国人一模一样，个子高高，瘦骨嶙峋，肌肉健强，自我感觉极为良好……大部分人都非常愚昧无知"。

80. Corr. Military Operations 1831, Report of Aborigines Committee（Mar. 19，1830），p. 41.

81. Ibid., Minutes, testimony of Gilbert Robertson, p. 48.

82. Ibid., encl. 7，Arthur to Murray, Apr. 15，1830, p. 16.

83. Ibid., p. 48. 关于亚瑟如何看待自由拓居者对待土著的方式，参见 ibid., p. 16。

84. Ibid., p. 47（Sherwin, Espie），pp. 54 - 55（O'Connor）.

85. Ibid., p. 4. Arthur to Goderich, Jan. 10，1828. 所指之狗并非丁狗，而是袋鼠狗和"原来从

拓居者那儿偷来的"牧羊狗的后裔，这些狗当时形成了巨大的半野生族群。

86. Ibid.

87. Proclamation by Arthur, encl. 2 in Arthur to Huskisson, Apr. 17, 1828, Corr. Military Operations 1831, pp. 5 – 7.

88. 亚瑟关于实行军法管制的公告，以及他在范迪门斯地关于限制土著地区的定义，发布于 Nov. 1, 1828, ibid., pp. 11 – 12。亚瑟小心翼翼，"严格命令，绝对不能实际使用武器……要尽可能避免流血事件，凡有部落投降，就要高度人性化地对待之，而且，必须无一例外地放过手无寸铁的妇女和儿童"。

89. Robson, *Hist. Tas.*, pp. 214 – 215.

90. John Burnett, Government Order 2, Feb. 25, 1830, Corr. Military Operations 1831, p. 35.

91. Arthur to Murray, Nov. 20, 1830, ibid., p. 58.

92. Murray to Arthur, Nov. 5, 1830, ibid., p. 56.

93. Robson, *Hist. Tas.*, p. 230.

94. 害怕流血事件：Anstey to Arthur, Aug. 22, 1830, CSO 1/316。"最为怨毒的敌对行动"：Report of Aborigines Committee, in Corr. Military Operations 1831。

95. Arthur, Memorandum, encl. 7, Corr. Military Operations 1831, p. 72.

96. 关于"黑色战线"及其对大河部落和牡蛎湾部落影响的描述，参见 Ryan, Aboriginal Tasmanians, pp. 110 – 112。

97. 关于乔治·奥古斯塔斯·罗宾逊，参见 ADB entry（vol. 2, pp. 385 – 387）and Ryan, *Aboriginal Tasmanians*, Chapters 8 – 9。

98. 关于特拉卡妮妮的故事，以及对围绕她形成的故事（包括她是土著"女王"这种虚构说法）的一个有用的批评，参见 Vivienne Ellis, "Trucanini"。

不过，最歹毒，好像也最经久不衰的一个神话——特拉卡妮妮是"最后一个土著"，她死后，塔斯马尼亚的土著就绝种了——被莱恩戳穿（Lyndall Ryan, *The Aboriginal Tasmanians*）。一个多世纪以来，这一看法在历史学家、人类学家和新闻记者那儿，以不同程度的愤怒情绪和哀婉之情不断重复。结果，幸存下来的塔斯马尼亚土著——现在约有两千五百人——被保守的塔斯马尼亚白人当成了无足轻重或似有若无的人，同时又被开明人士看作令人窘迫之人，因为他们对土著"绝种"的故事都有感情上的既得利益。其后果是，塔斯马尼亚州政府既不承认幸存塔斯马尼亚土著的少数民族身份，也不承认他们对祖先领土或神圣场地的权利，而澳大利亚其他各州政府对澳大利亚大陆土著却是承认的，尽管很不情愿，只是在不同程度上予以承认。正如莱恩详细展示的那样，所发生的情况是，有相当大一批土著幸存下来，他们在巴斯海峡诸岛，特别是巴伦角岛与白人猎捕海豹者的后裔混血生育。1847 年，巴伦角岛人共有十三家，约有五十多人。他们的后裔尽管像大多数美国黑人或澳大利亚大陆土著那样，血统已经不纯，但他们还是形成了塔斯马尼亚当前的黑人人口。还应注意的是，特拉卡妮妮甚至都不是最后一个死去的纯种土著。那是一位名叫苏克的老妇。她被猎捕海豹者从塔斯马尼亚的波特兰岬带走，带到南澳的袋鼠岛，在那儿一直生活到 1888 年。

第十二章　新陈代谢

1. Shaw *CC*, p. 142.

2. Peel to Smith, Mar. 24, 1826, cit. in Shaw *CC*, pp. 144 - 145.

3. James Dowling, "Norfolk Island Journal," Feb. 25, 1828, ML, Sydney.

4. Alexander Harris, *Settlers and Convicts*, p. 11.

5. 数据基于 Gipps to Glenelg, Nov. 8, 1838, HRA xix：654。

6. Harris, *Settlers and Convicts*, p. 12.

7. John Barnes in SC 1837 - 38 (ii), Minutes, p. 37.

8. Report of Ernest Augustus Slade, Appendix to SC 1837 - 38 (ii), paper 518, pp. 89 - 90.

9. Bourke to Rice, Dec. 14, 1834, HRA xvii：604 and n., Col. Sec. circular 33/38, NSWA, Sydney.

10. Replies to Col. Sec. circular 33/38, Oct. 1 - 8, 1833, at NSWA 4/2189：1.

11. Darling to Bathurst, Mar. 1, 1827, cit. in Shaw *CC*, p. 195.

12. Darling to Huskisson, Mar. 28, 1828, HRA xiv：70.

13. Darling to Huskisson, Mar. 28, 1828, ibid. 麦夸里海港、莫尔顿湾和诺福克岛共有"殖民地定罪"的流犯1045人。根据达令的计算，"公路帮"多达500人，由22名"值得信任"的流犯工头进行监督，沿着从帕拉玛塔往外长达150英里的大西路，分成几十个工作站的"帮"。从温莎出去的大北路上，有400多"帮"民。大南路则有249人，这条路把悉尼与之外的斯通夸里和斯洛斯比溪连接起来。通往纽卡斯尔的那条路上，还有119人。

14. 伯克总督六年后才发现情况如此，当时，他试图使用私人承包商进行路建工作，但发现"收费极高，尽管已经给承包商物质刺激，每英里配给三个流犯"。Bourke to Stanley, Jan. 15, 1834, HRA xvii：317.

15. Cook *EL*, p. 18.

16. "这一简单的事实"：Bourke to Stanley, Jan. 15, 1834, HRA xvii：315。两头肥牛：Cook *EL*, p. 28。

17. "他们没有时间"：Bourke to Stanley, Jan 15, 1834, HRA xvii：321。"镣铐帮"民加速奔向工地：Cook *EL*, p. 58。

18. Cook *EL*, pp. 58 - 60.

19. Bigge NSW, p. 99.

20. Ibid., p. 155.

21. 拉合兰·麦夸里早在比格之前，继内皮恩河1816—1817年的洪水灾害——当时拓居者因农场受灾，无法养活配给流犯，把他们还给政府——之后，就曾提议通过流犯，向外进行殖民。1818年5月，麦夸里在一个月内，就迎接了五艘总共载有1046名犯人的船，于是就把新抵达者中的450

人派到范迪门斯地，并作为长期的缓冲手段提议说，为政府干活的流犯应该到悉尼南部的杰维斯湾和伊拉瓦拉开荒。(Macquarie to Bathurst, May 1818, HRA ix：795.)

22. James Jervis, "The Rise of Newcastle."

23. William Sacheverell Coke, letter, 1827, in DRO, D1881.

24. W. S. Coke, letter in DRO, D1881.

25. 关于纽卡斯尔煤矿的情况，参见 Bigge NSW, p. 115 - 116。1840 年，一位名叫"吉阿科莫·迪·罗森伯格"(Giacomo di Rosenberg) 的人，写了一部早期澳大利亚小说，即《拉尔夫·拉什利》(Ralph Rashleigh)，其中对纽卡斯尔煤矿和石灰窑的苦工情况的描述读来让人心酸。这估计是流犯詹姆斯·罗森伯格·塔克 (James Rosenberg Tucker, 1808—1888?) 的假名。他是埃塞克斯的一个职员，曾因写了一封威胁他人的信，而在 1826 年被判终身流放。

26. Jervis, "Newcastle," p. 149.

27. Bigge NSW, p. 117.

28. Ibid., p. 116.

29. Jervis, pp. 149 - 150.

30. W. S. Coke, letter, Apr.-Aug. 1827, DRO D1881.

31. James Backhouse, *A Narrative of a Visit to the Australian Colonies*, p. 405.

32. Woomera (pseud.), *The Life of an Ex-Convict*, p. 6.

33. James Bushelle, "Memoir," Ms.

34. Woomera, *Life*, p. 15.

35. Bushelle, "Memoir."

36. Woomera, *Life*, p. 6.

37. Cook *EL*, pp. 79 - 80.

38. "The Brisbane River 100 Years Ago, by an Old Brisbaneite," *Brisbane Courier*, Mar. 22, 1930, cit. in J. G. Steele, *Brisbane Town in Convict Days, 1824 - 1842*, p. 28.

39. Brisbane to Bathurst, HRA xi：604.

40. Miller to Balfour, CSO 1/371/8476.

41. Ibid.

42. Charles Bateson, *Patrick Logan, Tyrant of Brisbane Town*, p. 52.

43. William Ross, *The Fell Tyrant; or the Suffering Convict*. 这是一本诽谤之书，有些地方带有倾向性和偏见，不过，因为他是前流犯，有偏见也可以理解。某些日常工作和流犯管教的问题的精确性尚待考证，但一涉及姓名和个案，书中就开始杜撰起来。在书中某处，罗斯断言，有一个名叫吉尔利的囚犯"在囚室中饿死"，但实际上，他在医院死于水肿病。罗斯是个特别犯人，因挪用公款而服刑，他在莫尔顿湾给洛甘当文员。他不必干苦活，看样子也没挨过鞭子。

44. Logan to Col. Sec. Macleay, Apr. 6, 1827, cit. in Steele, *Brisbane Town*, p. 72.

45. 达令致洛甘的命令：HRA xv：104 - 116。对自由拓居者所具有的即决权力：ibid., clause 35。

46. Bateson, *Patrick Logan*, p. 96. Douglas Gordon, "Sickness and Death at the Moreton Bay

Convict Settlement," p. 473.

47. Ross, *Fell Tyrant*, p. 20.

48. J. J. Knight, *In the Early Days*（1895），cit. in Steele, *Brisbane Town*, p. 181.

49. Bateson, *Patrick Logan*, pp. 81 - 82. 1827 年，麦克利（Macleay）给洛甘写信时，附了一份代理首席检察官威廉·摩尔（William Moore）关于莫尔顿湾管教问题的报告，并指示他"说明，囚犯是否像摩尔先生推测的那样，实际上经常戴着脚镣工作，是否不采用他所注意到的严重体罚，就不能有利地让他们做艰苦的劳动"。

50. Gordon, "Sickness and Death," p. 474.

51. Asst. Surgeon J. F. Murray to Anna Bunn, NSWA 4/1966. 根据斯派塞的记录，他曾有一次告诉厨房的工头，要他把拓居地的铜锅底换成木头。"先生，"工头大感不解地说，"换上木头就会烧着，锅底马上就会烧穿。囚犯的食物就会掉进火里。"据说，斯派塞这么对他说："那就让木工每天都换新锅底，反正拓居地木头很多。"（Ross, *Fell Tyrant*, pp. 24 - 25.）

52. Bateson, *Patrick Logan*, p. 100.

53. 例如，在亨特河谷的格伦敦，有一名土著被骑警拘留期间遭射杀，"这人体格独一无二"，名叫黑卡托，"得四个男的才能控制住他"。他的尸体"被农场的人悬挂起来，为了恐吓其他黑人"，就像把了狗的尸体钉在树上一样。Enclosure 3 in Darling to Bathurst, Oct. 6, 1826, HRA xii：625 - 626.

54. "很容易招致间谍活动"：E. S. Hall, *Monitor*, Oct. 17, 1829。"滥用总督的权威"：E. S. Hall to Murray, May 1830, Enclosure 1 in Darling to Murray, HRA xv：628ff。

55. Darling to Bathurst, Apr. 18, 1827, HRA xiii：262 - 263.

56. Affidavit of Surgeon Henry Cowper, NSWA 4/2081.

57. Affidavit of Rev Vincent, Executive Council Minutes, NSWA 4/1516.

58. Steele, *Brisbane Town*, p. 150.

59. Lord Charles Grey, November 1830, cit. in E. P. Thompson, *The Making of the English Working Class*, p. 202.

60. Sydney Gazette, Oct. 22, 1831.

61. Allan Cunningham to SC 1832, Minutes, p. 40.

62. John Graham, petition in NSWA 4/2325：4. 格雷厄姆从莫尔顿湾以北、库萨拉巴湖附近的一个土著部落那儿，帮助搭救了澳大利亚殖民史上一个小有名气的人物，即伊莱扎·弗雷泽太太（Mrs. Eliza Frazer）。1836 年 5 月，在格拉德斯通东北一百五十英里处，"斯特灵城堡号"在伊莱扎暗礁上触礁失事，她是生还者之一。该船的漂流者（包括弗雷泽船长）乘坐长艇和中型艇，抵达麦克利岛（自那以来改名为弗雷泽岛），接着就被当地的部落人活捉。弗雷泽船长和其他人都被杀。8 月，莫尔顿湾派出一支搜索队，在奥特中尉（Lieutenant Otter）的领导下和格雷厄姆的导引下，找到了一丝不挂的寡妇，她此时已经半疯癫了，因为她在土著的手上"吃尽了苦头，虚弱不堪，寸步难行"。弗雷泽太太的磨难成了一些书和叙述的主题（John Curtis, *Shipwreck of the Stirling Castle*, 1838；Patrick White's novel *A Fringe of Leaves*），还成了澳大利亚画家两个著名绘画系列（Sidney Nolan, 1947, 1957）的基础。关于"斯特灵城堡号"遇难一事及其后果，最佳的叙述是 Michael

Alexander，*Mrs. Fraser on the Fatal Shore*（London，1971）。

63. Foster Fyans，"Memoirs，" Ms.，pp. 314 - 315（最近的版本中为 p. 146，*Memoirs，1790 - 1870*，ed. P. L. Brown）。参见 Chapter 13，note 20，below，有一段关于菲昂斯的简要描述。

64. Constance Petrie，*Tom Petrie's Reminiscences*（1904），cit. in Steele，*Brisbane Town*，p. 247. 自 1818 年以来，踏车一直在英国监狱使用。这个想法是工程师及建筑师塞缪尔·卡比特（Samuel Cubitt）送给穷人的。他送给富人的（除了别的东西之外）则是贝尔格莱维亚区时髦而坚固的建筑物。踏车是对劳动的拙劣模仿：毫无用处的工作，什么也不生产，就像囚犯所说，只不过在"碾磨空气"。生产者与产品之间的异化从来都没有如此彻底——当局也不需要马克思或恩格斯来告诉他们，这样一种反常行为会怎样折磨"工人"。悉尼·史密斯大声欢呼，称踏车是一种妙不可言、有益健康的发明。一位法官说，这是"心灵手巧的人类所能发明的最令人疲倦、最让人难受、最堪称楷模的刑具"。参见 Michael Ignatieff，*A Just Measure of Pain: The Penitentiary m the Industrial Revolution，1750 - 1850*，pp. 177 - 178。

65. Bathurst to Brisbane，HRA xi：322. "惩罚太重了"：Hunter to SC 1812，Appendix 1，Minutes，p. 21。

66. Brisbane to Horton，HRA xi：552 - 554；to Bathurst，HRA xi：604；to Bathurst，HRA xi：553。

67. Bathurst to Darling，HRA xiii：36。

68. Darling to Undersecretary Hay，Feb. 11，1827，HRA xii：105。

69. Fyans，"Memoirs，" pp. 213 - 214（published edition，p. 92）。

70. Ibid.

71. Darling to Hay，HRA xii：105。

第十三章　诺福克岛

1. Monitor，Feb. 10，1829。

2. Morisset praised by Macquarie：Lachlan Macquarie，*Journal*，Nov. 17，1821，p. 50，A785，ML. Morisset as opponent of hanging：*Sydney Gazette*，Nov. 20，1827。

3. Brisbane Papers，Box 4，Ms. 4036，NLA，Canberra。

4. "Memoir of Norfolk Island"，弗雷恩未标日期的手稿，在米切尔图书馆的目录中标题为 "Anonymous Convict Narrative"，属 NSW Col. Sec. Papers，vol. 1，Ms. 681 后面一扎混杂档案的 p. 427。显而易见，该文是在事件发生之后的一段时间写的，是一本回忆录（不是日记），可能是在马柯诺奇上尉（1840—1844）管理诺福克岛期间写的。据知，他曾鼓励其他流犯——包括弗雷恩的朋友托马斯·库克——把他们关于旧制度的回忆写下来，于是便从流犯的角度，提供了有关诺福克岛统治唯一的第一手叙述。录写均为我所有。

5. W. S. Coke，Apr. 1826 from Rio，letter 20，D1881，DRO。

6. LF，p. 1.

7. Cook *EL*，p. 100.

8. James Lawrence，"Memoir，" Ms.

9. LF，p. 3.

10. Ibid.，pp. 20 - 21.

11. Ibid.，p. 15.

12. Ibid.，p. 16.

13. Ibid.，pp. 35 - 37.

14. Ibid.，pp. 38 - 39.

15. Ibid.，p. 40.

16. Ibid.，p. 51.

17. John Holyard to Rev. J. Reddell，Feb. 4，1834，in Reddell Papers，A423，p. 91，ML.

18. LF，p. 19.

19. William Ullathorne，*Catholic Mission*，p. 41.

20. 福斯特·菲昂斯（1790—1870）是来自都柏林的一位爱尔兰英国圣公会教徒，他来到诺福克岛时，已经是个很老练的职业军官。1810 年，他参军加入了 67 团，在加的斯和半岛战争中服役七年。他一回到英格兰，就又随同第一营向印度进发。该营一千士兵中，仅有一百三十人经历霍乱和战争的毁灭而幸存下来。他花钱买了上尉军衔，1827 年又来到英格兰，但是，就像许多"帝国老手"一样，他拿不出在那儿生活的意志力来。他转到 20 团，并于 1833 年从毛里求斯来到悉尼，在那儿参加了 4 团（皇家嫡系团），被派到诺福克岛，成了莫里塞特手下的卫兵队长。他在那儿镇压囚犯起义之后，就被（作为司令官）派往莫尔顿湾。

1837 年，皇家嫡系团 4 团前去印度时，菲昂斯卖掉军衔，继续留在澳大利亚，在菲利普港地区定居下来，成了吉朗的警务司法官。1840 年，他被任命为波特兰湾皇家土地长官，每年骑马巡视颁证地区，要走六千英里的路。他建起了自己的畜牧场，并于 1843 年结婚。菲昂斯十年后退休，不再供职于政府。截至这个时候，他的个人爱好是木工和用车床制造木器。据说，他有一个怪癖，喜欢把在印度购买或劫掠来的珠宝，藏在自己打制家具的秘密隔间里。在 20 世纪 40 年代的乡间拍卖中，菲昂斯做的一张桌子卖了七英镑，事实上却献出了价值四千英镑的珠宝。他退休后，却转而写作回忆录，这部五页的手稿现在在墨尔本拉·特罗布图书馆里休憩。该书漫无头绪，没有一点自我意识，却充满生动的幽默，是关于监禁地澳大利亚的一本重要资料。所有引文均对照这些经过编辑的回忆录进行了核实（1986，ed. P. L. Brown），但慷慨提供打字稿副本的是 Army Museums Ogilby Trust，Connaught Barracks，Aldershot。关于菲昂斯，还可参见 ADB（vol. 1，pp. 422 - 424），S. Sayers，"Captain Foster Fyans of Portland Bay District，" *Victorian Historical Magazine*，vol. 40，nos. 1 - 2，pp. 45 - 66。

21. 诺福克岛上的犹太囚犯很少。1841 年，流犯人数为一千四百人，根据计算，只有十二个犹太人。可以做出试探性的猜测，上述这人可能是以色列·莱维（Israel Levey），于 1829 年判罚到诺福克岛流放七年，1832 年 9 月被任命为流犯工头。根据这个情况，那次共谋自杀事件就应该是该年早些时候。1834 年，流犯哗变之后，利维作为告密者和目击者，起了重要作用，因此，菲昂斯向殖民大臣力荐了他，赞扬他"热情"很高。这就是其他流犯说的"不值得信任"的那种人。

22. Fyans, "Reminiscences," pp. 233 - 235.

23. Bourke to Stanley, Nov. 30, 1833, HRA xvii：276 - 277.

24. LF，p. 65.

25. Morisset to Undersecretary R. W. Hay, Morisset Letters, Ms. AM34, ML, Sydney.

26. 关于纳奇布尔，参见 ADB entry（vol. 2, p. 66），the colonial secretary's correspondence on Norfolk Island for 1833 - 35, NSWA 4/2244：2；Executive Council Minutes for 1834, NSWA 4/1441 and 1443；Colin Roderick, *John Knatchbull, from Quarterdeck to Gallows*；Anon., *A Memoir of Knatchbull, the Murderer of Mrs. Jamieson, Comprising an Account of his English and Colonial History*（Sydney, 1844）。

27. Knatchbull, deposition in NI Mutiny Papers, 1834, NSWA 2/8291.

28. John Jackson, deposition in NI Mutiny Papers, NSWA 2/8291.

29. James Pearson in NI Mutiny Papers, NSWA 2/8291, p. 223.

30. 该叙述是根据这些人的证词重写的：James Pearson, Elijah Sallis, William Phipps, James Oppenshaw, Charles Russell and William Parham in NI Mutiny Papers。

31. Deposition of James Fitzgerald, ibid.

32. Fyans to Col. Sec. McLeay, Feb. 16, 1834, NI Mutiny Papers, NSWA 4/1441.

33. Cook *EL*, pp. 128 - 129.

34. 菲昂斯《回忆录》中所有的哗变人数都是夸大其词。他说有五百人（而不是一百二十人）参加了对监狱帮警卫的第一次攻击；又说长岭的哗变兵力有三百人，但哗变不到一个月，他写给麦克利的报告中说，人数在六十和八十之间。他的回忆录是多年以后退休时写的：人年纪越大，越爱夸大当年之勇。

35. Cook *EL*, pp. 134 - 135.

36. Cook *EL*, pp. 130 - 131. 夏普牧师（Rev. T. Sharpe）也提到了这种形式的折磨，从 1837 年到 1841 年，他一直是诺福克岛上的牧师，因此并不是该次哗变事件的目击者：Sharpe Papers, 27 ff., A1502, ML, Sydney。

37. Fyans to Col. Sec. McLeay, Feb. 20, 1834, NI Mutiny Papers, NSWA 4/1441. "Fatal Ball"：Cook *EL*, p. 133.

38. Chambers to Col. Sec. McLeay, Aug. 20, 1834, NSWA 4/2245.

39. Sir William W. Burton, *The State of Religion and Education in New South Wales*, pp. 152 - 154.

40. Chambers to McLeay, Aug. 30, 1834, CSO 34/6236, NSWA 4/2245.

41. Burton, *Religion and Education*, p. 154.

42. Ullathorne, *Catholic Mission*，随处可见，特别是 pp. 40 - 45。

43. Ibid., p. 37.

44. 关于莫里塞特的晚年，参见 Petition of Emily Morisset to Sir Charles Fitzroy, Governor of NSW, Sept. 13, 1852, Ms. at Am. 34, Morisset Papers, ML。

45. Joseph Anderson, *Recollections of a Peninsula Veteran* (London, 1913).

46. Cook *EL*, p. 137.

47. T. Sharpe, "Letter Book," Ms. A1502 in ML, also cit. in Phillip Cox and Wesley Stacey, *Building Norfolk Island*, p. 24.

48. James Backhouse, *A Visit to the Australian Colonies*, p. 257. 诺福克岛当局对什么都怀疑，因此很难说服他们相信犯人真的病了。1834 年 1 月（NSWA），约翰·博伊德（John Boyd）提出请愿，要求解除他的锁链并免除他的终身刑期："我已经双目失明……因此十分卑贱地恳求您，请仁慈地看待我的情况……我的余生将在愁苦中度过，因为我违反了国家的法律……"这个让人心碎的乞求并未打动菲昂斯，他在请愿书的后面记了一笔："关于此人，从我了解的情况看，他利用眼睛消极怠工——品行根本不好。"

49. LF, pp. 25 - 26.

50. Ibid., p. 26.

51. Ullathorne, *Catholic Mission*, p. 40.

52. Ibid.

53. "不顾一切，孤注一掷"的囚犯：Backhouse, *Australian Colonies*, p. 266。"他们的热情"：Ullathorne, *Catholic Mission*, p. 41。

54. Sydney Smith, cit. in Sheldon Glueck, Foreword to Sir John Vincent Barry, *Alexander Maconochie of Norfolk Island*, p. viii.

第十四章　走向废除流放制

1. John West, *The History of Tasmania*, part 4, sect. 1, pp. 146 - 147.

2. Lady Franklin to Mrs. Simpkinson, Dec. 10, 1841, in George Mackaness, *Some Private Correspondence of Sir John and Lady Jane Franklin*, vol. 2, p. 36.

3. T. J. Lemprière, Diary at Port Arthur, Mar. 26, 1837, p. 24.

4. Montagu to Arthur, Dec. 9, 1837, cit. in Shaw *CC*, p. 269.

5. Diary of G. W. T. B. Boyes, June 11, 1846, cit. in Sir John V. Barry, *Alexander Maconochie of Norfolk Island*, p. 30.

6. Maconochie to Admiral Sir George Back, cit. in Barry, *Maconochie*, p. 28.

7. Alexander Maconochie, *Report on the State of Prison Discipline in Van Diemen's Land*.

8. Maconochie to Back, Mar. 14, 1839 (?), cit. in Barry, *Maconochie*, p. 52.

9. Maconochie, *Report*.

10. Jane Franklin to Mrs. Simpkinson, Dec. 26, 1839, cit. in Barry, *Maconochie*, p. 58.

11. Mrs. Maconochie to Back, Mar. 11, 1839, cit. in Barry, ibid.

12. Maconochie to Washington, May 29, 1839.

13. 1837 年 4 月 8 日，素有"哲学激进分子"之称的东康沃尔议员威廉·莫尔斯沃斯在下院起立发言，提议成立一个特别委员会，对流放制度进行调查。为此指定了十五名议员，代表了从托利党到激进分子较为广泛的政治观点，并以莫尔斯沃斯为主席。在 1837 年 4 月 10 日的第一次会议和 1838 年 8 月 3 日的最后一次会议之间，该委员会共举行了三十八次会议，调查了二十三位证人。给予了最详尽证据的人是弗朗西斯·福布斯爵士、詹姆斯·穆迪、詹姆斯·麦克阿瑟、J. D. 朗、乔治·亚瑟上校和威廉·乌拉索恩牧师。莫尔斯沃斯委员会的报告洋洋洒洒，证词和附录分两部分出版：PP vol. xix, no. 518, 1837, pp. 5 - 317, cited as SC 1837 - 38 (i)；PP vol. 22, 1837 - 38, pp. 1 - 139, cited as SC 1837 - 38 (ii)。

14. Correspondence between Russell and the Commissioners for the Reform of the Criminal Law, *The Times* (London), Apr. 1, 1837, cit. in John Ritchie, "Towards Ending an Unclean Thing," p. 158.

15. Ritchie, "Towards Ending," pp. 159 - 160.

16. Extract from Molesworth's notes on Report of SC 1837 - 38 (ii), cit. in Sir William W. Burton, "State of Society and State of Crime in New South Wales," *Colonial Magazine*, vol. 1.

17. William Ullathorne, *Autobiography*, pp. 138 - 39.

18. See SC 1837 - 38 (ii), Report, p. viii, and Appendix, p. 77.

19. Ibid., p. xxi.

20. Ibid., pp. xxiv - vi.

21. NSW V & P, July 17, 1838.

22. 关于莫尔斯沃斯报告之后对殖民地犯罪的看法的改变，以及"有头有脸人士"的态度，参见 Michael Sturma, *Vice in a Vicious Society*, pp. 27 - 30。

23. Gipps to Glenelg, Mar. 29, 1839, HRA xx: 75.

24. SC 1837 - 38 (ii), Report, p. xliv.

25. Maconochie, encl. 7 in Gipps to Russell, Feb. 25, 1840, HRA xx: 544.

26. Maconochie, encl. 2 in Gipps to Russell, HRA xx: 532 - 533.

27. Maconochie, encl. 3 in Gipps to Russell, HRA xx: 533 - 534.

28. Alexander Maconochie, *Norfolk Island*, p. 8. West, *Tasmania*, vol. 2, p. 283.

29. Cook *EL*, pp. 192 - 193.

30. Ibid.

31. James Lawrence, "Memoir," Ms.

32. Gipps to Russell, June 27, 1840, HRA xx: 689.

33. Russell to Gipps, Sept. 10, 1840, *Con. Disc.* 4, 1846, p. 29.

34. Russell to Gipps, Nov. 12, 1840 (in response to Gipps-Russell, June 27, 1840), *Con. Disc.* 4, 1846, pp. 29 - 30.

35. Maconochie to Gipps, encl. 4 in Gipps to Russell, Feb. 25, 1840, HRA xx: 535.

36. E. Deas Thomson (Col. Sec. Off., Sydney) to Maconochie, Aug. 20, 1841, *Con. Disc.* 4, 1846, p. 29.

37. Gipps to Russell, Aug. 27, 1841, *Con. Disc.* 4, 1846, p. 27.

38. Maconochie to Gipps, re Mark & Ticket System, June 2, 1842.

39. Encl. 1 in Gipps to Stanley, Aug. 15, 1842, *Con. Disc.* 4, 1846, p. 59.

40. Gipps to Stanley, Aug. 15, 1842. HRA xxii: 209.

41. Maconochie to Gipps, Dec. 31, 1841, encl. 1 in Gipps to Stanley, *Con. Disc.* 4, 1846, p. 38.

42. Thomson to Maconochie, Jul. 29, 1842, *Con. Disc.* 4, 1846, p. 55.

43. Maconochie to Gipps, June 2, 1842, encl. 1 in Gipps to Stanley, Aug. 15, 1843, *Con. Disc.* 4, 1846, p. 54 and passim.

44. Alexander Maconochie, *The Mark System of Prison Discipline.*

45. 关于诺福克岛墓地的流犯坟墓，参见 R. Nixon Dalkin, *Colonial Era Cemetery of Norfolk Island*。

46. James Lawrence, "Memoir," Ms. 马柯诺奇好像有个政策，鼓励有文化的流犯把他们的经历写下来，一来可以驱邪，赶走他们的恐怖，二来可以就旧制度的黑暗面提供一份非官方的记录。历史学家只有对他感激不尽，因为如果马柯诺奇没有给托马斯·库克、詹姆斯·劳伦斯、詹姆斯·波特和劳伦斯·弗雷恩这样的犯人工具和时间，来描写他们经历的地狱生活，他们的现实就会被官方行政的委婉语和谎言一笔勾销。

一般来说，人们认为不值得把时间浪费在流犯的经历上，因此引人注目的是，不仅偶尔有像库克这样的手稿完整保存至今，其他手稿也以各种形式保留下来，无论是否在外形上受到损坏或经过编辑。只能假定，大多数手稿被档案保管者或感到难为情的后人扔掉了。例如，利物浦一个名叫琼斯的流犯（生于 1813 年），可能是在马柯诺奇的赞助下写出的一部回忆录，只写了几页就结束了，在他的流犯船还没有离开多佛的白色悬崖时。最后一页有后人的注释："琼斯，盗贼——直至就要流放到殖民地——没什么意思。摘录，1867 年。"要是能够看到缺失的页面就好了。参见琼斯的回忆录，item 10 at MSQ 168, Dixson Library, Sydney。

47. "骨瘦"·安德森的故事首发于英国杂志 *Meliora*, vol. 4, no. 13（April 1861），pp. 12-14，这位流犯曾被人用铁链拴在悉尼海港山羊岛的岩石上。巴里（*Maconochie*, p. 121）认为，该故事很可能取自马柯诺奇本人所写的一部尚未发表、已失落的手稿。关于安德森和马柯诺奇的全面叙述，参见 Barry, *Maconochie*, pp. 121-124。

48. J. W. Smith to Gipps, encl. 1 in Gipps to Stanley, Aug. 15, 1842, *Con. Disc.* 4, 1846, p. 58ff.

49. Gipps to Stanley, Oct. 13, 1841, HRA xxi: 542.

50. Gipps to Stanley, Aug. 15, 1842, *Con. Disc.* 4, 1846, p. 66.

51. Gipps to Stanley, Apr. 1, 1843, HRA xxii: 617. Barry, *Maconochie*, p. 140.

52. Gipps to Stanley, Apr. 1, 1843, *Con. Disc.* 4, 1846, p. 138.

53. Ibid., p. 142.

54. Ibid., p. 143.

55. Ibid., pp. 143-144.

56. Ibid., pp. 146 – 147.

57. Ibid., p. 147.

58. Alexander Maconochie, *On Reformatory Prison Discipline*, p. 26.

59. Gipps to Stanley, Apr. 1, 1843, *Con. Disc.* 4, 1846, p. 148.

60. Ibid., p. 149.

61. 1840 年，诺福克岛管理一个流犯的费用是十英镑十八先令四便士，1843 年是十三英镑三先令十一便士，上涨了百分之二十一。但在 1838 年，由于获得了大丰收，该年度一个流犯的费用为四英镑十四先令二便士，而在 1839 年，马柯诺奇抵达的前一年，作物情况很糟，由于不得不进口所有食品，这个数字上涨到十七英镑十九先令十便士，上涨了百分之三百八十。

62. Stanley to Gipps, Apr. 29, 1843, HRA xx：691.

63. 关于费城的东部教养院，参见 Charles Dickens, *American Notes for General Circulation*, pp. 68 – 77。

64. 彭顿维尔教养院从 1842 年开始作业的那一刻起，似乎就"不仅是英格兰，也是欧洲大部分建筑和管教的一个典范……是三代人思维的总和"（Ignatieff, *A Just Measure of Pain*, p. 3）。其目的是通过绝对不变的日程、完全的隔绝和一成不变的任务，把四百五十名囚犯的精神彻底打垮，每个囚犯每天工作十二小时，做的工作一模一样，都是修鞋或纺织。囚犯只要出囚室集合点名或放风，就要戴上羊毛面罩，只露眼睛两个洞，这样，他认不出囚友，囚友也认不出他来。彭顿维尔小教堂设计成每个囚犯都有一个单间，囚犯每天在那儿集合。木制单间只有一扇门，保证囚犯看不见左右两边的人，只看得见"废话篓子"或布道坛上的讲道人。1853 年后，彭顿维尔的所有主要特征——不许出声的囚室、监视孔、隔绝状态、面罩和小教堂——都被塔斯马尼亚亚瑟港的"模范监狱"忠实地复制。（参见第十五章第 45 条注释。）

第十五章 特别鞭笞

1. 斯坦利给富兰克林所发急电概述了试用制：Nov. 25, 1842, *Correspondence re Convict Discipline*, in PP 159, 1843, nos. 175（p. 3）and 176（p. 10）。

2. Shaw *CC*, pp. 295 – 296.

3 Sir James Graham to the Committee of Visitors of Parkhurst Prison, Dec. 20, 1842, *Correspondence re Convict Discipline*, Appendix to Part Ⅰ, pp. 1 – 2, PP 1843.

4. Ibid.

5. Stanley to Franklin, Nov. 25, 1842, dispatch no. 176.

6. Robert Crooke, *The Convict*, pp. 39 – 40.

7. 19 世纪 40 年代，亚瑟港普尔点的手艺训练课程仍然采取了训练年轻手艺人的学徒制，该制度得到厄德利-威尔默特的坚决支持，但在 19 世纪 20 年代后期，曾被自由劳动力市场逼至绝境。他认为，少年犯罪现象增长，是主人对年轻人家长式监督的崩溃所致。1827 年，他宣称："从前，学徒被领进主人家中，被看作家庭中的一员……现在，主人有十到十二个学徒，也许从来都不见面……他们想去哪儿就去哪儿……结果这些人成了贼。"

8. Robson, *Hist. Tas.*, p. 418. For a general description of the depression of the Van Diemen's Land economy, see pp. 413 - 419.

9. Robert Pitcairn to Lord Stanley, Feb. 4, 1846, *Correspondence re Convict Discipline*, PP 1843, p. 38.

10. "Half-Yearly Return of Runaway Convicts, Authorised by J. S. Hampton, Comptroller General at Hobart." Poster, dated Jul. 1, 1850, cumulative since 1831, D356 - 18, ML, Sydney.

11. F. R. Nixon to Lord Grey, Feb. 15, 1847; printed in PP 1847, Memorials on Transportation, "A Communication upon the Subject of Transportation," vol. 38, no. 741, p. 2.

12. Stanley to Eardley-Wilmot, draft dispatch dated Sept. 1845, encl. 1 in J. Stephen to S. W. Phillips, Sept. 8, 1845, Con. Disc. 3, 1846.

13. Nixon to Grey, Feb. 15, 1847, in PP 1847, vol. 38, no. 741, p. 3ff.

14. 关于朗塞斯顿和卡斯凯德瀑布两地女工厂同性恋发生频率的情况，参见 G. R. Lennox, "A Private and Confidential Despatch of Eardley-Wilmot"。1841 年的委员会报告提及小教堂发生同性恋事件，p. 342, CSO 22/50, TSA。厄德利-威尔默特作为副总督倒台的一个原因是，格拉德斯通认为，他对遏制范迪门斯地同性恋现象几乎没做任何工作。尽管斯坦利曾要求为女犯教养院制订一项计划——作为他试用制的一个部分——而且该计划也已制订 [由乔舒亚·杰伯少校（Major Joshua Jebb）按照怀特岛上帕克赫斯特的方案制订]，并从英格兰寄来，尽管三万五千英镑的建造预算也已批准，但正如前面所指出，该教养院实际上并未建立。恰恰相反，新来的女囚被尽可能多地从卡斯凯德瀑布工厂转走，塞进停泊在德文河上改装的英国皇家海军"安森号"因船，（期望）她们在那儿不会受到工厂败坏天性的影响。总的来说，1844 年至 1849 年间，在爱德蒙德和菲利帕·鲍登（Edmund and Philippa Bowden）——总监和女总监——的威权下，在"安森号"上接受试用教育的约有三千五百名女流犯。但是，为了节约开支，厄德利-威尔默特计划逆转"安森号"和卡斯凯德瀑布工厂的功能，把工厂改造成教养学校，而把该船改成惩罚性因船。结果，这使女总监鲍登成了他的敌人。她帮助说服格拉德斯通（后者这时已经退迹闻名，因为他对"堕落女性"很感兴趣），使他相信，她帮助犯人改过迁善的工作，遭到了副总督的破坏。勒诺克斯（Lennox）指出（p. 87），这很可能加速了 1846 年 4 月对厄德利-威尔默特的解职。

15. Wilmot's confidential report to Stanley, Nov. 2, 1843, cit. in Lennox, "Eardley Wilmot," p. 80.

16. John Frost, *The Horrors of Convict Life*, p. 40.

17. Eardley-Wilmot to Stanley, Mar. 17, 1846, Con. Disc, 1847, p. 46.

18. 范迪门斯地二十五名教士致格雷的请愿书语重心长，因为他们"深感生活在这样一个地方责任重大，在这里，人们犯下了如此糟糕的罪行，而不幸的流犯受制于一种人际关系，导致他们堕入如此骇人听闻的腐化之中"。Enclosure 1 (dated July 9, 1846) in Bishop Nixon to Lord Grey, May 3, 1847, *Con. Disc.* 1847, p. 44.

19. J. Syme, *Nine Years in Van Diemen's Land…*, Dundee, 1848, pp. 200 - 201, cit. in Crowley,

Doc. Hist.，vol. 2，p. 122。

20. Gladstone to Eardley-Wilmot，Apr. 30，1846，私人和公开的信件都在 CO 408/25。

21. C. J. La Trobe to Lord Grey，May 31，1847，paper 941，in *Con Disc.* 1847.

22. Stanley to Gipps，HRA xxii：695 – 696.

23. Childs to Champ，July 11，1846，encl. 2 in Wilmot to Gladstone，Sept. 3，1846，*Con Disc.* 1847，p. 176.

24. John Mortlock，*Experiences of a Convict*，pp. 73，71.

25. Ibid.，p. 70.

26. Rev. Thomas Rogers，*Correspondence*，p. 144. 托马斯·罗杰斯（1806—1903）是都柏林三一学院毕业生，他从福音传道会接受了一个职位，来到诺福克岛，成为流犯的宗教教员。1845 年 7 月，他来到霍巴特，9 月，他已经抵达诺福克岛。他得到这个位置算是破例。塔斯马尼亚的尼克松主教没有给他任命，他得不到教会授权。他地位不高，无权与岛上的司令官恰尔兹和普赖斯争辩，但他还是代表备受折磨的囚犯，热情而又痛苦地据理力争。他（徒劳地）试图向霍巴特的厄德利-威尔默特反映恰尔兹的不端行为和玩忽职守，并（再度徒劳无益地）试图争取邓尼森听取有关约翰·普赖斯的意见。很自然，流犯的这个持不同政见的朋友在诺福克岛上没待多久。他于 1847 年 2 月被召回霍巴特。1849 年，他出版了一本书（*Correspondence Relating to the Dismissal of the Rev. T. Roger*），为自己反对该制度的立场辩护。罗杰斯关于诺福克岛之旅的通信书手稿，目前在悉尼的米切尔图书馆。

他对自己家人倒没有这么慷慨。罗杰斯在澳大利亚的四年中，只给留在身后的妻子和六个孩子寄了七十五英镑，很可怜的一笔小数目。萨拉·罗杰斯身无分文地去世，没有再见到她漂流不定的丈夫。1850 年初，朋友凑足了路费，把他的几个孩子送到澳大利亚。罗杰斯对此一无所知，却早已做好准备，回爱尔兰去接他们。两条船在途中擦肩而过。罗杰斯直到 1860 年回到澳大利亚时，才与自己的子女重逢。

他的一个儿子是威廉·福斯特·罗杰斯（William Foster Rogers），他把父亲的回忆录和信件编成一部手稿，但一直没有出版："Man's Inhumanity—Being a Chaplain's Chronicle of Norfolk Island in the Forties"（打字稿，有插图，C214，ML，Sydney）。罗杰斯本人在克拉克的《无期徒刑》一书中，是备受折磨、经常酗酒的詹姆斯·诺斯牧师（Rev. James North）的原型。

27. Diary of Elizabeth Robertson，Ms. 163 in Dixson Library，Sydney，cit. in Margaret Hazzard，*Punishment Short of Death*，p. 189.

28. Childs to Eardley-Wilmot，Oct. 1，1845，encl. in Wilmot to Stanley，Dec. 19，1845，*Con. Disc.* 2，1846，p. 48.

29. Naylor to Grey，in GO 1/63，TSA，cit. in Eustace Fitzsymonds，ed.，*Norfolk Island 1846...*，pp. 15 – 16.（Naylor's report to Stanley，edited for parliamentary publication，is printed as encl. 2 in Grey to Denison，Sept. 30，1846，*Con. Disc.* 1847，pp. 67 – 76.）

30. Ibid.

31. 马柯诺奇劝内勒不要发表该报告：Maconochie to B. Hawes，Sept. 22，1846，encl. 1 in paper 11，*Con. Disc.* 1847，p. 67. "太有可能"，而不容忽视：Grey to Denison，Sept. 30，1846，paper 11 in

Con. Disc. 1847，p. 66. 格雷别的想法：Grey to Denison, Nov. 7, 1846, paper 12 in Con. Disc. 1847, p. 76。

32. Hazzard, *Punishment Short of Death*, p. 196.

33. Robert Pringle Stuart 的报告手稿现存于 CON 1/5183 and GO 33/55, TSA。其审查版出现于 *Con. Disc.* 1847，pp. 84-101，其中大段文字遗失，到处都打上了星号。全文连同内勒的文字后来出版：Fitzsymonds, ed., *Norfolk Island 1846*。

34. Ibid.

35. 克拉克《无期徒刑》中关于"团伙"的描写，所根据的是斯图亚特的报告，相对来说并没有刻意追求轰动，不过有些地方富于幻想。普赖斯·瓦伦在《流犯时代》（*Convict Days*）一书的《团伙的秘密结社》（"Secret Society of the Ring"）中使尽浑身解数，读起来就像把对跖点与其他的书（*Maria Monk*、*Juliette*、*The Castle of Otranto* 和 *Melmoth the Wandere*）混杂在一起，外面再涂上一层爱伦·坡的色彩。团伙在夜晚举行秘密会议时，在骷髅眼窝里点着明晃晃的灯，产生了"一种魔鬼的效果，使人神经衰弱"，也使读者神经衰弱。至于语言，就是这种风格："就算你用文学形式来装点赫伯特领导的那些人所说的话，当你们在革命巴黎被亵渎的教堂圣坛，绕着作为智慧女神被崇拜的莱斯和普林跳舞时，你在亵渎神灵的恐怖这一点上，也几乎难以与之相比拟"（pp. 159-160）。关于押韵的《流犯誓言》（可能是瓦伦写的），参见 "The Liberation of the First Three" in *Convict Days*, pp. 68-69。

36. Stuart, in Fitzsymonds, ed., *Norfolk Island 1846*, p. 67.

37. Minutes of Executive Council Meeting, Hobart, July 1-2, 1846.

38. 关于 1846 年 7 月 1 日诺福克岛哗变情况，参见 Judge Fielding Browne's Report in *Con. Disc.* 1847，pp. 35-40。普赖斯的报告，其中含有的宣誓和证词来自 Alfred Baldock、George Bott、William Forster 等人，encl. in Latrobe to Grey, Jan. 8, 1847, ibid., pp. 25-35。

39. 关于亨利·贝雷斯福德·加勒特和《魔鬼》，参见 Sir John Vincent Barry, *The Life and Death of John Price*, Appendix A. 加勒特生活的事实目前不甚清楚。根据一种说法，他是士兵，因抢劫部队的给养部门而遭流放。他于 1845 年前后抵达诺福克岛。在普赖斯即将结束司令官职务之际，他被转到范迪门斯地，于 1853 年逃跑，逃到维多利亚，在大批淘金人中隐姓埋名。1854 年，加勒特伙同三名共犯，"抢了"巴拉瑞特的维多利亚银行，抢走一万四千三百英镑现金和二百五十盎司黄金。加勒特拿着他抢的份额，回到伦敦，但立刻被人认出，于是重新被流放到墨尔本候审。他被定为抢劫银行罪之后，就上了菲利普港湾的囚船，1857 年，亲眼在那儿看到（可能也参与了）约翰·普赖斯的谋杀。1861 年获释后，他去新西兰当了丛林土匪，1868 年，因抢劫商店而被判二十年徒刑。在服刑的后一阶段，1885 年死去之前，加勒特写了几部手稿，其中包括《魔鬼》，长达两万五千字，描述了约翰·普赖斯——这是一份使人着迷的文件。1848 年后，这份文件才以抄本的形式保存下来。加勒特把原来的笔记本交给一个名叫霍尔的卫理公会非神职牧师保管，结果弄丢了。该抄本的影印本在悉尼米切尔图书馆。

40. Price to Champ, Dec. 7, 1846, encl. 1 in Latrobe to Grey, Jan. 8, 1847, letter 8 in *Con. Disc.* 1847, p. 26.

41. Barry, *The Life and Death of John Price*, p. 37. 威尔逊写给邓尼森的有关诺福克岛的那份

摧枯拉朽的报告（May 22，1852）已印出，见于 *Con. Disc.* 1853，pp. 88 - 95。1849 年，威尔逊在先前一次（第二次）造访中，曾赞扬口粮定量得到改善，说文官和武官中有着"完美无缺的一致性"，而且"司令官普赖斯的行为表现十分明智"（Con. Disc. 1850，pp. 111 - 114）。

42. 若无特别说明，罗杰斯的原话均引自 Barry，*The Life and Death of John Price*，pp. 45 - 50，以及 W. F. Rogers，"Man's Inhumanity..."，打字稿，C214，ML，Sydney。

43. W. Nairn to Price，Feb. 2，1852，in *Con. Disc.* 1853，pp. 88 - 89。

44. Price to Nairn，Mar. 15，1852，ibid.，pp. 89 - 90。

45. 亚瑟港的"模范监狱"于 1848 年开始，1852 年结束，但一直持续不断地在使用中，直到亚瑟港于 1877 年关闭为止。从各方面讲，这都是彭顿维尔的比例模型，容纳能力只是其很小一个部分——四十八座分离囚室，分三个侧翼布置，这座十字架建筑物的第四个侧翼是小教堂，里面有隔板，其设计旨在不让流犯做礼拜时互相看见或互相交流。囚室、装置、中心视察厅，以及工作、放风和打扫卫生等安排，都是从彭顿维尔照搬过来的。囚犯的布面罩、卫兵穿的保证不出声响的毡拖鞋，能向囚犯示意应按什么次序离开教堂、没有声响的数字敲打机，以及很多其他的东西，也都是照搬过来的。监狱还有四座哑巴囚室，这是暗无天日的隔离室，墙壁有三英尺厚，内门不下三道。这些门和入口的门关掉后，里面的黑暗和无声到了排除所有感官刺激的地步，凡是参观修复后的模范监狱的人，都可以自己试着体验一下。记录表明，模范监狱导致关押在里面的人出现了严重的神经疾病和精神崩溃，正如彭顿维尔那样。

46. Report of SC on Criminal Laws，Juvenile Offenders and Transportation，PP 1847（449），pp. 3 - 7。

47. Lord Grey in *GB Parl. Debates*，3rd series，vol. 110，cols. 211 - 212，cit. in Crowley，*Doc. Hist.*，vol. 2，p. 114。

48. Grey to Denison，Feb. 5，1847. Stephen to the Treasury，Feb. 15，1847，CO 280/196。

49. Grey to Denison，Apr. 27，1848。

50. Grey to Fitzroy，Sept. 3，1847，HRA xxv：735. 1847 年 9 月，格雷主动提出，每向澳大利亚流放一个"流放者"，就送一个自由移民，其路费由政府支付。不过第二年，他就把这个条件收回去了。

51. James Macarthur to SC 1837，p. 218。

52. *Port Phillip Patriot and Melbourne Advertiser*，Dec. 19，1844。

53. Ibid.，Dec. 26，1844. 关于《阿尔戈斯百眼巨人报》（*Argus*，激烈反对畜牧业主的刊物）的主编兼早期维多利亚工人权利支持者威廉·柯尔（1812—1859），参见 entry in ADB and Garryowen（pseud. of E. Finn），*The Chronicles of Early Melbourne*（Melbourne，1888），pp. 1 - 2。

54. V a P，NSW Legislative Council，Oct. 30，1846。

55. *Sydney Morning Herald*，June 12 - 18，1849。

56. Fitzroy to Grey，June 30，1849，CO 201/414，cit. in Clark *HA*，vol. 3，p. 420。

57. Anon，letter in *Household Words*（London），Mar. 30，1850，p. 24。

58. Samuel Sidney，*Emigrant's Journal and Travel Magazine*，cit. in Coral Lansbury，*Arcadia in Australia: The Evocation of Australia in Nineteenth-Century English Literature*（Melbourne，

1970). 兰斯伯里教授讨论的西德尼——大多数澳大利亚历史学家忽视的一个人物——与了解世纪中叶英国改革者中的澳大利亚形象紧密相关，是我在此处依赖的材料。

59. 关于卡罗琳·奇泽姆，参见 ADB entry；M. L. Kiddle, *Caroline Chisholm*（Melbourne，1957）；Caroline Chisholm, *The Emigrants' Guide to Australia*（London，1853）。

60. Charles Dickens, *David Copperfield*, Chapter 63.

61. Godfrey Charles Mundy, *Our Antipodes*, vol. 3, p. 125.

第十六章　我们即贵族

1. Edward Hammond Hargraves, *Australia and Its Gold Fields...*, p. 116. 关于"悉尼鸭"，参见 Sherman Ricards and George Blackman, "The Sydney Ducks：A Demographic Analysis"，以及 Jay Monaghan, *Australians and the Gold Rush*。1848 年 12 月，悉尼第一次听说加利福尼亚淘金热。1849 年 4 月，第一批澳大利亚淘金者抵达旧金山。截至 1851 年 5 月，不少于一万一千名澳大利亚人乘船去了加利福尼亚，其中七千五百人来自悉尼。1852 年，旧金山县的人口约为三万六千，因此，澳大利亚淘金者的人数比例——前流犯的比例——相当大。"悉尼鸭"（另有"德文鸭"之说，指塔斯马尼亚来的淘金者）一词的起源目前并不清楚。美国人对他们极度怀疑，其中少数人犯的罪行，导致了对所有人的偏见。据报道，有些"悉尼鸭"根据土著猎兽方法改造了他们的抢劫方式，因为土著猎兽时，先放火把中空的大树烧着，然后趁野兽跑出来时将之杀掉。旧金山的做法是晚上放火烧掉建筑物，然后等着里面的人跑出来，手里——当然——紧紧抓着他们最宝贵的财物。加利福尼亚警戒委员会对澳大利亚移民特别严厉。他们口音奇怪，而且人们假定他们都有前科，因此"是明显的迫害对象"，尽管八分之一来自新南威尔士的人和五分之一来自范迪门斯地的人是"盈满释疴者"。他们大多数人（约占百分之六十五）都以家庭团体移民，既无前科，也无犯罪野心。该委员会记录在案的逮捕人数为九十一只"悉尼鸭"。这些人中，四人当众实行即决绞刑，围观的多达一万五千人。十四人被遣送回澳大利亚。还有十四人被即决驱逐出加利福尼亚。十五人被交给其他当局。其他的人都放掉了。

2. *Bathurst Free Press*, May 17, 1851.

3. Ibid., July 19, and Aug. 13, 1851. Clark *HA*, vol. 4, p. 9.

4. *The Times*（London），Nov. 24, 1852.

5. La Trobe to Lord Grey, Dec. 10, 1851, PP 1852, 34/1508, pp. 45 - 46.

6. John Sherer, *The Gold-Finder of Australia: How he Went, How he Fared, and How he Made His Fortune*, pp. 195 - 196.

7. Ibid., p. 198.

8. Ibid., p. 10.

9. William Rayment, Diary, Oct. 19, 1852, Ms. in Public Library of Victoria, cit. in John M. Ward, *The Australian Legend*, pp. 116 - 117.

10. 墨尔本市长威廉·尼科尔森（William Nicholson）致范迪门斯地反流放制联盟代表的发言，February 1851，Ms. Aa 25/5，ML。

11. 墨尔本市长史密斯（J. T. Smith）、市府参事和市民等致维多利亚女王的发言：Dispatches from Victoria ♯26，Feb. 16，1852，A2341，ML。

12. A. G. Dumas to Lord Grey, July 17, 1851, in Dumas Family Papers, vol. 1, pp. 19 - 34, A4453 - 1，ML.

13. Leslie family letters, Jan. 20, 1850, pp. 37 - 40, A4O94, ML.

14. Robson，*Hist. Tas.*，p. 502.

15. Clark *HA*，vol. 4, pp. 28 - 29.

16. 关于 1851 年的范迪门斯地选举，以及邓尼森与前流犯下层阶级奇怪地结成联盟，反对反流放制联盟，参见 Michael Roe，"The Establishment of Local Self-Government in Hobart and Launceston"。

17. Ibid.，pp. 31 - 32.

18. Ibid.，p. 34.

19. Shaw *CC*，pp. 348 - 349.

20. Lord Grey, in G. B. Parliamentary Debates, 3rd series, vol. 110, cols. 206 - 218.

21. Fitzroy to Grey, June 19, 1851.

22. 在这些相信流犯劳动力十分神奇、普遍适用的人中，有一个勒文森先生（Mr. Levinson）。他出现在霍巴特，拿着一份初步募股书，想在澳大利亚开挖一道水渠，从一端海岸挖到另一端，其"工程浩大的性质……对 19 世纪英国人的科学技术、聪明才智和不屈不挠的精神来说，完全不是障碍"。流犯在工兵和矿工的警戒下，可签三年合同，干铁锹开挖的活计，合同期到了之后，就获赠一块土地，以及分享沿途发现的各种矿产。勒文森含糊地确认说，水渠的水可以来自"许多河流，（这些河流）可能会被发现……成千上万淘金失败又不太愿意干农活的人，就可以来干这个活，因为有金子一样的机会"。他没有吸引任何投资者。*Hobart Town Daily Courier*，Aug. 10，1853.

23. Pakington to Denison, Dec. 14, 1852, PP 1852 - 53, 82/1601, pp. 105 - 106.

24. *Colonial Times and Tasmanian* (Hobart)，Aug. 13, 1853.

25. "英格兰的人"：*Colonial Times and Tasmanian*，Aug. 6，1853。教堂钟声而非礼炮：*Hobart Town Daily Courier*，Aug. 11，1853。

26. Stirling to Darling, Dec. 14, 1826, encl. 2 in Darling to Bathurst, Dec. 18, 1826, HRA xii: 777 - 780. 关于斯特灵和天鹅河殖民地，参见 ADB entry and Clark *HA*，vol. 3, pp. 11，17 - 37。

27. 关于皮尔和利维，参见 Hasluck, *Thomas Peel of Swan River*；ADB entries；Clark *HA*，vol. 3, p. i8ff。

28. Fitzgerald to Grey, Mar. 3, 1849, in *Further Correspondence re Convict Discipline and Transportation*, PP 1849, 43/1121, pp. 246 - 247.

29. *Perth Gazette*，Jan. 2，1847.

30. Kennedy to Stanley, June 12, 1858，CO 18/104.

31. Superintendent (Fremantle) to Comptroller-General (Henderson)，Jan. 10, 1858, CO 18/104.

32."殖民地是否繁荣"：Henderson to Stanley, Feb. 9，1858。"完全不可能的"：Stanley to Gov. Kennedy, Apr. 16，1858，CO 18/104。利用流犯劳动力，修建互相较劲的主教宫殿：Kennedy to Labouchère, Mar. 13，1858，CO 18/104。

33. *Statement and Appeals of the Anti-Transportation League of Victoria for the People of Great Britain*，Melbourne, Oct. 23，and Dec. 22，1853，Q041/Pa 10，ML，Sydney.

34. A. Macarthur, letter in *The Daily News*（London），Mar. 7，1864，Macarthur Papers, vol. 29，pp. 567‑577，A2927，ML，Sydney.

35. Shaw *CC*，p. 356.

第十七章 流放制度的终结

1. Cit. in Ernest de Blosseville, *Histoire des Colonies Penales de L'Angleterre dans Australie.*（这首诗歌原文为法语。——译注）

2. John Freeth, ed.，*The Political Songster*（Birmingham，1790）.

3. Edward Curr to Directors of VDL Co.，letter 162，Jan. 12，1831，VDL Co. Foreign Letter Book No. 3，cit. in Shaw *CC*，p. 220.

4. Dickens to Normanby（unpublished），July 2，1840，cit. in Sarah Bradford, "Forthcoming Sale of English Books and MSS," *Times Literary Supplement*，Dec. 10，1981.

5. See Appendixes Ⅲ，Ⅳ and Ⅴ in Michael Sturma, *Vice in a Vicious Society.*

6. Sturma, ibid.，p. 77. 关于一般性讨论，参见其 Chapter 4, "Measuring Morality," pp. 64‑85。

7. Mary Gilmore, "Old Botany Bay."

8. John Mitchel, *Jail Journal*，p. 231.

9. Ibid.，p. 227.

10. Ibid.，p. 213.

11. Ibid.，p. 244.

12. Ibid.，p. 210.

13. Ibid.，p. 238.

14. Henry Reynolds, " 'That Hated Stain': The Aftermath of Transportation in Tasmania." 根据雷诺兹的文章，下面叙述了流放制度之后，塔斯马尼亚的退化。

15. Rev. John Morison, *Australia As It Is*，p. 214ff.

16. Anthony Trollope, *Australia and New Zealand*，vol. 2，Chapter 2，pp. 28‑29.

17. Reynolds, "Hated Stain," p. 31.

18. 我的叙述所依据的数据来自 Bateson, *The Convict Ships*，Appendix Ⅱ, "Convict Ships to Van Diemen's Land, 1812‑1853"。

19. See Miriam Dixson, *"Greater Than Lenin"? Lang and Labour, 1916‑1932.*

20. Alexander Cheyne to SC 1837 – 38，Report，pp. xxii – xxiii.

21. Edward Willoughby，*Australian Pictures Drawn with Pen and Pencil*，pp. 78 – 79，151.

22. Anon.，"The Day We Were Lagged，" *The Bulletin*，Jan. 20，1888.

23. Ibid.

24. Ibid.

25. Ibid.

26. John Sherer，*The Gold-Finder of Australia*，p. 246.

27. Marcus Clarke，*His Natural Life*，Chapter 22.

参考文献

MANUSCRIPT SOURCES

JOURNALS, DIARIES, ACCOUNTS

Bowes Smyth, Arthur. Journal of a Voyage to NSW in the *Lady Penrhyn*, 1786–89. Safe 1/15, ML, Sydney.

Boyes, G.T.W.B. Diary, 1823–43. Royal Society of Tasmania Library, Hobart.

Bradley, William. Journal, 1786–1792. Safe 1/14, ML, Sydney.

Bushelle, James. Memoir. Ms. 4 at MSQ 168, Dixson Library, Sydney.

Clark, Ralph. Journal, 1787–92, Typescript and *Letter Book*. C219, ML, Sydney.

Coke, William Spencer. Diary (Feb.–Sept. 1828). Brookhill Hall Collection, Derbyshire Record Office, Wardwick, Derby.

Cook, Thomas. "The Exile's Lamentations: Memoir of Transportation." Ms. A1711, ML, Sydney.

Davies,——. Memoir of Macquarie Harbor. Ms 8 in Norfolk Island Convict Papers, MSQ 168, Dixson Library, Sydney.

Downing, J. Norfolk Island Journal. Ms. B804, ML, Sydney.

Easty, John. "A Memorandum of the Transactions of a Voyage from England to Botany Bay in the Scarborough Transport . . . ," Dixson Library, Sydney.

Eyre, Edward J. Autobiography. ML, Sydney.

Frayne, Laurence. Memoir on Norfolk Island. NSW Colonial Secretary Papers, vol. 1 (re NSW 1799–1830). Ms. 681/1, ML, Sydney.

Fyans, Foster. "Memoirs." Ms., Latrobe Library, Melbourne. Typescript copy in Army Museums Ogilby Trust, Connaught Barracks, Aldershot.

Gorman, John. Log-book. Ms. 1524, NLA, Canberra.

Grant, John. Notes and manuscripts. Ms. 737, Grant Papers, NLA, Canberra.

Gregg, John. Journal on Convict Ship *York* (1862). Ms. 2749, NLA, Canberra.

Holt, Joseph. "Life and Adventures of Joseph Holt, Written by Himself." Ms. A2024, ML, Sydney.

Jones,——. Memoir. Ms. 10 in Norfolk Island Convict Papers, MSQ 168, Dixson Library, Sydney.

Jones, Robert. "Recollections of 13 Years Residence on Norfolk Island." Ms. C/y/1/2, ML, Sydney.

King, Philip Gidley. Journal, Norfolk Island (1791–94). Ms. A1687, ML, Sydney.

Knopwood. Rev. Robert. Diaries, 1803–25. ML, Sydney.

——. "Narrative of Escape from Macquarie Harbour by Alexander Pearce." Ms. 3, Dixson Library, Sydney.

Lawrence, James. Memoir. Ms. 1 in Norfolk Island Convict Papers, MSQ 168, Dixson Library, Sydney.

Lemprière, T. J. Diary. ML, Sydney.

Lepailleur, François-Maurice. Journal, 1839–44. Archives Nationales de Québec.

856

Marsden, Samuel. "A Few Observations on the Toleration of the Catholic Religion in New South Wales." Ms. 18, ML, Sydney.

Muir, Thomas. "The Telegraph, A Consolatory Epistle . . . to the Honble. Henry Erskine." Ms. Am. 9, ML, Sydney.

Palmer, Thomas Fyshe. Letters. Ms. B1666, ML, Sydney.

[Pearce, Alexander.] "Narrative of Escape from Macquarie Harbour," Ms. 3, Dixson Library, Sydney.

Porter, James. Memoirs. Typescript 6 in Norfolk Island Convict Papers, MSQ 168, Dixson Library, Sydney.

Rogers, W. F. "Man's Inhumanity." Typescript C214, ML, Sydney.

Sharpe, Rev. T. Journal, Ms. B217–8, ML, Sydney.

Silverthorpe, Mansfield. Ms. 9 in Norfolk Island Convict Papers, MSQ 168, Dixson Library, Sydney.

Smith, John. Surgeon's Log on Transport *Clyde* (1838). Ms. 6169, NLA, Canberra.

Sorell, William Jnr. Diaries, 1800–1860. UTL, Hobart.

Walker, James Backhouse. Papers, 1853–98. UTL, Hobart.

Ward, John. "Diary of a Convict." Ms. 3275, NLA, Canberra.

Worgan, G. B. Journal, Jan.–July 1788. Typescript B1463, ML, Sydney.

CORRESPONDENCE AND GENERAL PAPERS

Arthur Papers. Mss. A1962, A2161–95, A2214, D292. ML, Sydney.

Auckland Papers. Add. Ms. 34458, BL.

Bentham Papers. Add. Mss. 33543, 33544, BL.

Bonwick Transcripts, Bigge NSW, Appendix, ML, Sydney.

Boothman, Richard. Letters. Ms. DDX 537, LRO, Preston, Lancashire, Eng.

Boyes, G.T.W.B. Letters. UTL, Hobart.

Bradley, William. Journal . . . 1786–1792. Ms. A3631, ML, Sydney.

Brisbane Letter Book. Ms. A1559, ML, Sydney.

Brown, Simon. Letters, 1840–58. Ms. DDX 140, LRO, Preston, Lancashire, Eng.

Calder Papers. Ms. A594, ML, Sydney.

Catton Papers. Derby Central Library, Wardwick, Derby, Eng.

Coke, William Spencer. Letters (1824–28). Ms. D1881, Brookhill Hall Collection, Derbyshire Record Office, Wardwick, Derby, Eng.

Dillingham, Richard. Letters. Ms. CRT 150/24, Bedford County Record Office, Bedford, Eng.

Dumas Family Papers. Vol. 1. Ms. A4453–1, ML, Sydney.

Foveaux, Joseph. Letter Book, 1800–1804. Ms. A1444, ML, Sydney.

Gordon, Hugh. Letter to his brother Robert, Dec. 31, 1839. Doc. 1308, ML, Sydney.

Grant, John. Letters in Grant papers. Ms. 737, NLA, Canberra.

Grieg, James. Letters, 1824–29. Doc. 2316, ML, Sydney.

Hammersley papers, A657, ML.

Harris family letters. Add. Ms. 45156, BL.

Hassall Correspondence. Ms. A1677, ML, Sydney.

Hayes, Michael. Letters. Ms. A3586, ML, Sydney.

Holden, Thomas. Letters, 1812–16. Ms. DDX 140, LRO, Preston, Lancashire, Eng.

Irish Political Prisoners' Letters. NLA, Canberra.

Jewell, W. H. Letter, May 1820. Doc. 1042, ML, Sydney.

King, Philip Gidley. Letter Books, 1788–96, 1797–1806, and papers. Mss. A1687, C187, ML, Sydney.

Lang Papers. Mss. A2221, A2226, A2229, ML, Sydney.

Leslie Papers, A4094, ML, Sydney.

Macarthur Papers. Mss. A2897, A2900, A2911, A2927, A2955, ML, Sydney.

Marsden Papers. Mss. A1992, A1998, ML, Sydney.

Morisset, J. T. Papers, Ms. Am.34, ML, Sydney.

NI Mutiny Papers. NSWA.
Peel Papers. Add. Ms. 40380, BL.
Pelham Papers. Add. Mss. 33105, 33106, 33107, BL.
Privy Council Office Papers. 1/67–92 (1819–1844). Letters and petitions from convicts and families. PRO, London.
Reddell Papers, ML, Sydney.
Sharpe, Rev. T. Papers. Ms. A1502, ML, Sydney.
Stenhouse Papers II, ML, Sydney.
Stickney Papers. UTL, Hobart.
Taylor, Richard. Letters, 1840–58. Ms. DDX 505, LRO, Preston, Lancs.
Ward Papers, Ms. 3275, NLA, Canberra.
Wentworth Papers. Ms. A751, ML, Sydney.
Whitbread Papers, Bedford.
Withers, Peter. Letters. TSA, Hobart.

PRIMARY SOURCES

[Contemporary books, pamphlets and articles, published during the transportation period or drawn from their authors' direct experience of the penal system in convict Australia.]

Anderson, Joseph. *Recollections of a Peninsular Veteran.* London, 1913.
Anon. "Anti-transportation Movement in Sydney." *Colonial Magazine and East India Review,* vol. 18 (July–December 1849), pp. 179–84.
———. *Biographical Memoir* [of John Price]. Melbourne, 1857.
———. *Great and New News from Botany Bay.* London, 1797.
———. *A Narrative of the Sufferings . . . of the Convicts Who Piratically Seized the 'Frederick' in Van Diemen's Land.* c. 1838. (Copy in ML Sydney at 910–453/29A1.)
———. *Sinks of London Laid Open.* [On slang and cant.] 1844.
———. *The Political Martyrs of Scotland Persecuted During the Years 1793 and 1794.* Edinburgh, 1795.
———. "Transportation and Convict Colonies." *Colonial Magazine and East India Review,* vol. 18 (July–December 1849), pp. 27–37.
Anon. [Edward Eagar]. *Letters to Sir Robert Peel on the Advantages of New South Wales and Van Diemen's Land as Penal Settlements.* 1824.
Arthur, George. *Observations upon Secondary Punishment.* Hobart, 1833.
———, ed. *Defence of Transportation in Reply to the Remarks of the Bishop of Dublin.* Hobart and London, 1835.
Atkins, Rev. T. *Reminiscences of Twelve Years Residence on Tasmania and New South Wales, Norfolk Island and Moreton Bay, Calcutta, Madras and Cape Town, the United States of America and the Canadas.* London, 1869.
Atkinson, James, *An Account of the State of Agriculture and Grazing in New South Wales . . .,* London, 1826.
Backhouse, James, and Walker, George Washington, *A Narrative of a Visit to the Australian Colonies.* London, 1843.
Banks, Joseph. *The Endeavour Journal of Joseph Banks, 1768–1771* (ed. J. C. Beaglehole). 2 vols. Sydney, 1962.
Barrington, George [pseud.]. *The History of New South Wales.* London, 1802.
Beccaria, Cesare. *Degli Delitti e delle Pene,* trans. as *Essay on Crimes and Punishments.* London, 1767.
Bennett, H. G. *A Letter to Viscount Sidmouth on Transportation.* London, 1819.
———. *A Letter to Earl Bathurst, Secretary of State for the Colonial Department, on the Condition of the Colonies in New South Wales and Van Diemen's Land.* London, 1820.
Benoiston de Chateauneuf, Jean-François. *De la Colonization des Condamnés.* Paris, 1827.
Bentham, Jeremy. *Panopticon; or, The Inspection-House.* London, 1791.
———. *Panopticon Versus New South Wales: Two Letters to Lord Pelham.* London, 1812.

Betts, T. *An Account of the Colony of Van Diemen's Land*. Calcutta, 1830.

Bischoff, James. *Sketch of the History of Van Diemen's Land*. London, 1832.

de Blosseville, Ernest. *Histoire des Colonies Penales de L'Angleterre dans Australie*. Paris, 1831.

Booth, Charles O'Hara. *The Journal of Charles O'Hara Booth, Commandant of the Port Arthur Penal Settlement* (ed. Dora Heard). Hobart, 1981

Boswell, James. *The Life of Samuel Johnson*, vol. 2. London, 1920 (Everyman ed).

de Bougainville, Louis Antoine. *A Voyage Around the World* (trans. John Reinhold Foster). London, 1772.

Bowes Smyth, Arthur. *The Journal of Arthur Bowes Smyth, Surgeon, Lady Penrhyn, 1787–1789*. Ed. by P. G. Fidlon and R. J. Ryan. Sydney, 1979.

Bradley, William. *A Voyage to New South Wales, 1786–1792* Facs. ed. of Bradley Ms. in Safe P.H. 8, ML, Sydney, 2 vols., Sydney, 1967.

Breton, William H. *Excursions in New South Wales, Western Australia and Van Diemen's Land, 1830–33*. London, 1833.

Browning. C. A. *The Convict Ship and England's Exiles*. 2nd ed., London, 1847.

Broxup, John. *Life of John Broxup, Late Convict at Van Diemen's Land*. London, 1850.

Burton, Sir William Westbrooke. *The State of Religion and Education in New South Wales*. London, 1840.

——. "State of Society and State of Crime in New South Wales, During Six Years' Residence in that Colony." *Colonial Magazine and Commercial-Maritime Journal*, vol. 1 (January–April 1840), pp. 421–40; vol. 2 (May–August 1840), pp. 34–54.

Byrne, J. C. *Twelve Years' Wanderings in the British Colonies, From 1835 to 1847* 2 vols. London, 1848.

Chisholm, Caroline. *Emancipation and Transportation Relatively Considered; in a Letter, Dedicated, By Permission, to Earl Grey* London, 1847.

——. *The Emigrants' Guide to Australia* London, 1853.

Clark, Ralph. *Journal and Letters 1787–1792*. Sydney, 1981.

Collins, David. *An Account of the English Colony in New South Wales*. 2 vols. London, 1798, 1802; reprinted Sydney, 1975.

Colquhoun, Patrick. *A Treatise on the Police of the Metropolis*. London, 1797.

——. *The State of Indigence and the Situation of the Casual Poor in the Metropolis Explained*. London, 1799.

——. *A Treatise on the Commerce and Police of the River Thames*. London, 1800.

Cook, James. *The Journals of Captain James Cook on His Voyage of Discovery* (ed. J. C. Beaglehole). Vols. 1 and 2. Cambridge, 1955 and 1961.

——. *A Voyage to the Pacific Ocean*. 3 vols. (vol. 3 by Capt. James King). London, 1784.

Cook, Thomas. *The Exile's Lamentations* (ed. A. G. L. Shaw). Sydney, 1978.

Cozens, Charles. *The Adventures of a Guardsman*. London, 1848.

Cunningham, Peter. *Two Years in New South Wales*. 2 vols. 2nd ed., London, 1827.

Curr, Edward M. *Recollections of Squatting in Victoria Then Called the Port Phillip District, from 1841 to 1851*. Melbourne, 1883.

[Dalrymple, Alexander]. *A Serious Admonition to the Publick on the Intended Thief-Colony at Botany Bay*. London, 1786.

Dampier, William. *Dampier's Voyages* (ed. John Masefield). 2 vols. London, 1906.

Darwin, Charles. *The Voyage of the Beagle* New York: Bantam paperback edition, 1972.

Denison, Sir William. *Varieties of Vice-Regal Life*. 2 vols. London, 1870.

Dickens, Charles. *American Notes for General Circulation*. London, 1850.

Fielding, Henry. *An Enquiry into the Causes of the Late Increase of Robbers . . .* London, 1751.

——. *A Proposal for Making Effectual Provision for the Poor* London, 1753.

Fielding, John. *An Account of the Origin and Effects of a Plan of Police*. London, 1753.

——. *Penal Laws Relating to the Metropolis*. London, 1768.

Forster, Harley W. (ed). *The Dillingham Convict Letters*. Melbourne, 1970.

Frost, John. *The Horrors of Convict Life*. Preston, 1856; Hobart, 1973.

Fyans, Capt. Foster. *Memoirs, 1790–1870* (ed. P. L. Brown). Geelong, 1986.

Gaskell, Peter. *The Manufacturing Population of England: Its Moral, Social and Physical Conditions*. London, 1833.

Gouger, Robert [pseud. of E. G. Wakefield]. *A Letter from Sydney, the Principal Town of Australia*. London, 1829.

Grove, James. "Select Letters of James Grove, Convict . . . , 1803–4" [ed. John Earnshaw]. Part II, the letters. THRA, PP, vol. 8, no. 2, October 1959.

Hanway, Jonas. *The Defects of the Police*. London, 1775; reprinted as *The Citizen's Monitor*, London, 1780.

Hargraves, E. H. *Australia and its Gold Fields: A Historical Sketch of the Progress of the Australian Colonies, from the Earliest Times, to the Present Day*. London, 1855.

Harris, Alexander. *The Emigrant Family: or, The Story of an Australian Settler*. London, 1849; reprint [ed. W. S. Ramson], Canberra, 1967.

———[An Emigrant Mechanic]. *Settlers and Convicts, or Recollections of Sixteen Years' Labour in the Australian Backwoods*. London, 1847; reprint [ed. C. M. H. Clark], Melbourne, 1964.

Haygarth, Henry W. *Recollections of Bush Life in Australia, During a Residence of Eight Years in the Interior*. London, 1848.

Henderson, John. *Observations on the Colonies of New South Wales and Van Diemen's Land*. Calcutta, 1832.

———. *Excursions and Adventures in New South Wales; with Pictures of Squatting and Life in the Bush*. 2 vols. London, 1851.

Holt, Joseph. *Memoirs of Joseph Holt* [ed. T. C. Croker]. 2 vols. London, 1838.

Howard, John. *The State of the Prisons in England and Wales*. Warrington, 1777.

Hunter, John. *An Historical Journal of the Transactions at Port Jackson and Norfolk Island* London, 1793, reprint [ed. J. Bach], Sydney, 1968.

Jeffrey, Mark. *A Burglar's Life*. Hobart, 1893.

King, Philip Gidley. *The Journal of Philip Gidley King, Lieutenant, R.N., 1787–1790* [ed. P. G. Fidlon and R. J. Ryan]. Sydney, 1980.

Lacombe, L. *Observations sur Londres par un Athéronome de Berne*, Paris, 1777.

Lang, John Dunmore. *An Historical and Statistical Account of New South Wales, Both as a Penal Settlement and as a British Colony*. 2 vols. London, 1837.

———. *Transportation and Colonization: or, The Causes of the Comparative Failure of the Transportation System in the Australian Colonies*. London, 1837.

La Pérouse, Jean-François de Galaup, Comte de. *A Voyage Around the World, Performed in the Years 1785, 1786, 1787 and 1788, by the Boussole and the Astrolabe, under the Command of J. F. G. de la Pérouse*. 2 vols. London, 1799.

Laplace, C. P. T. "Considérations sur la Système de Colonization suivi par les Anglais," in *Voyage Autour du Monde, 1830–32*, vol. 3. 1835.

Lilburn, Edward. *A Complete Exposure of the Convict System . . .* Lincoln, n.d.

Loveless, George et al. *A Narrative of the Sufferings of Jas. Loveless, Jas Brine, and Thomas & John Standfield, Four of the Dorchester Labourers; Displaying the Horrors of Transportation* 1838.

Macarthur, James. *New South Wales, Its Present State and Future Prospects . . . Submitted in Support of Petitions to Her Majesty and Parliament*. London, 1837.

Maconochie, Alexander. *Report on the State of Prison Discipline in Van Diemen's Land, . . .* Hobart, 1838.

———. *Thoughts on Convict Management and other subjects connected with the Australian Penal Colonies*. Hobart, 1838.

———. *Australiana, Thoughts on Convict Management, etc.* London, 1839.

———. *General Views Regarding the Social System of Convict Management*. Hobart, 1839.

———. *Principles of the Mark System, now sought to be introduced into Transportation, Imprisonment and other Forms of Secondary Punishment*, London, n.d. [ca. 1845].

———. *Crime and Punishment, The Mark System, framed to mix persuasion with punishment, and make their effect improving, yet their operation severe*. London, 1846.

———. *Norfolk Island*. London, 1847.

———. *On Reformatory Prison Discipline*. Birmingham, 1851.

————. *The Mark System of Prison Discipline.* London, 1857.

Macquarie, Lachlan. *A Letter to the Rt. Hon. Viscount Sidmouth in Refutation of Statements Made by the Hon. Henry Grey Bennett.* London, 1821.

Macqueen, T. Potter. *Australia as She Is and As She Might Be.* London, 1840.

Marjoribanks, Alexander. *Travels in New South Wales* London, 1847.

Martin, James. *Memorandoms.* From 1791 Ms. in Bentham Papers, BL, London (ed. C. Blount), Cambridge, 1937.

Mayhew, Henry. *London Labour and the London Poor.* 3 vols. London, 1862.

————. *Those that Will Not Work* (extra vol. to *London Labour*).

Mellish,————. "A Convict's Recollections of New South Wales, Written by Himself." *London Magazine,* vol. 2, 1825.

Melville, Henry. *The Present State of Australia, including New South Wales, Western Australia, South Australia, Victoria and New Zealand, with Practical Hints on Emigration.* London, 1851.

Meredith, Louisa Anne. *Notes and Sketches of New South Wales During a Residence in that Colony from 1839 to 1844* London, 1844, facs. ed., Melbourne, 1973.

Mitchel, John. *Jail Journal; or, Five Years in British Prisons.* Glasgow, 1876.

Mortlock, John F. *Experiences of a Convict Transported for Twenty-One Years.* London, 1864–65, reprint (ed. by G. A. Wilkes and A. G. Mitchell), Sydney, 1965.

Mudie, James. *The Felonry of New South Wales: Being a Faithful Picture of the Real Romance of Life in Botany Bay.* London, 1837; reprint (ed. Walter Stone), Melbourne, 1964.

Mundy, Godfrey Charles. *Our Antipodes· or, Residence and Rambles in the Australian Colonies with a glimpse of the Gold Fields.* London, 1855.

Nicol, John. *The Life and Adventures of John Nicol, Mariner.* London, 1822.

Noah, William. *Voyage to Sydney in the Ship 'Hillsborough' 1798–99, and A Description of the Colony,* Sydney, 1978.

O'Connell, J. F. *A Residence of Eleven Years in New Holland and the Caroline Islands Being the Adventures of James F. O'Connell, Edited from his Verbal Narration.* Boston, 1836.

O'Reilly, John Boyle. *Moondyne Joe.* Philadelphia, [188—?], p. 230.

Palmer, Thomas Fyshe. *A Narrative of the Sufferings of T. F Palmer* London, 1797.

Parkinson, Sydney. *A Journal of a Voyage to the South Seas.* London, 1784

Peron, François, and de Freycinet, Louis. *Voyages de Découvertes aux Terres Australes.* 2 vols. Paris, 1807–16.

Phillip, Arthur. *The Voyage of Governor Phillip to Botany Bay* London, 1789; reprint (ed. J. J. Auchmuty), Sydney, 1970.

————. *Extracts of Letters from Arthur Phillip, Esq.* Facs. ed., Adelaide, 1963.

Phillips, Sir Richard. *A Letter to the Livery of London* London, 1808.

Prieur, F. X. *Notes of a Convict of 1838.* N.p., n.d.

Reid, Thomas. *Two Voyages to New South Wales and Van Diemen's Land* London, 1822.

Ritchie, D. *Voice of Our Exiles; or, Stray Leaves from a Convict Ship.* London, 1854.

Rogers, Rev. Thomas. *Correspondence relating to the Dismissal of the Rev. T. Rogers from his Chaplaincy at Norfolk Island.* Launceston, 1849.

R[oss], W[illiam]. *The Fell Tyrant; or, the Suffering Convict.* London, 1836.

Sadleir, John. *Recollections of a Victorian Police Officer.* Melbourne, 1913.

Savery, Henry. *The Hermit in Van Diemen's Land.* Hobart, 1829, reprint (ed. Cecil Hadgraft and Margaret Roe), Brisbane, 1964.

Sherer, John. *The Gold Finder of Australia: How He Went, How He Fared, and How He Made His Fortune.* London, 1853.

Sidney, Samuel. *The Three Colonies of Australia: New South Wales, Victoria, South Australia: Their Pastures, Copper Mines and Gold Fields.* London, 1852.

Syme, J. *Nine Years in Van Diemen's Land.* Perth, 1848.

Tench, Watkin. *A Narrative of the Expedition to Botany Bay; with an Account of New South Wales, Its Productions, Inhabitants &c . . .* London, 1789.

———. *A Complete Account of the Settlement at Port Jackson, in New South Wales* . London, 1793.

Tetens, Alfred (trans. F. M. Spoehr). *Among the Savages of the South Seas: Memoirs of Micronesia, 1862–68* Los Angeles, 1958.

Therry, Roger *Reminiscences of Thirty Years' Residence in New South Wales and Victoria.* London, 1863, facs. ed., Sydney, 1974.

Thompson, George. *Slavery and Famine: An Account of the Miseries and Starvation at Botany Bay.* London, 1794.

Trollope, Anthony. *Australia and New Zealand.* Vol. 2. London, 1968.

Ullathorne, William. *The Catholic Mission in Australasia.* Liverpool, 1837.

———. *The Horrors of Transportation Briefly Unfolded to the People,* Dublin, 1838.

Wakefield, E. G. *The Art of Colonization.* London, 1849.

Wakefield, E. G. [Robert Gouger]. (See Gouger, Robert.)

Watling, Thomas. *Letters from an Exile at Botany-Bay to his Aunt in Dumfries; Giving a Particular Account of the Settlement of New South Wales, with the Customs and Manners of the Inhabitants.* Penrith, n.d.

Wentworth, William C. *A Statistical, Historical and Political Description of the Colony of New South Wales.* London, 1819.

West, John *The History of Tasmania* Launceston, 1852, reprint (ed. A. G. L. Shaw), Sydney, 1971.

——— [Lackland, Jacob]. *Common Sense: an Inquiry into the Influence of Transportation on the Colony of Van Diemen's Land.* Launceston, 1847.

Westgarth, William. *Australia Felix: or, a Historical and Descriptive Account of the Settlement of Port Phillip, New South Wales.* Edinburgh, 1848.

Whateley, Richard. *Thoughts on Secondary Punishment, in a Letter to Earl Grey . . .* London, 1832.

White, John. *Journal of a Voyage to NSW.* London, 1790.

Woomera [pseud.]. *The Life of an Ex-Convict.* Printed extract in ML, Sydney.

SECONDARY SOURCES

PUBLISHED BOOKS AND ARTICLES

Abbie, A. A. "Physical Characteristics of Australian Aborigines." In H. Shields, ed., *Australian Aboriginal Studies,* pp. 89–107. Melbourne, 1967.

Asbury, Herbert. *The Barbary Coast* London, 1937.

Atkins, Barbara. "Australia's Place in the Swing to the East—an Addendum." HS, vol. 8 (1958).

Atkinson, Alan. "Four Patterns of Convict Protest." *LH,* vol. 37 (November 1979), pp. 28–51.

Australian Council of National Trusts. *The Historic Buildings of Norfolk Island. Their Restoration, Preservation and Maintenance* Canberra, 1971.

Baker, Sidney J. *The Australian Language.* Sydney, 1966.

Barker, Sydney K. "The Governorship of Sir George Gipps." *JRAHS,* vol. 16, parts 3 and 4, 1930, pp. 169–260.

Barnard, Marjorie. *Macquarie's World* Melbourne, 1949.

Barry, Sir John Vincent. *Alexander Maconochie of Norfolk Island: A Study of a Pioneer in Penal Reform* Melbourne, 1958.

———. *The Life and Death of John Price A Study in the Exercise of Naked Power.* Melbourne, 1964.

Bateson, Charles. *Patrick Logan, Tyrant of Brisbane Town* Sydney, 1966.

———. *The Convict Ships, 1787–1868.* Sydney, 1974.

Beaglehole, J. C. *The Exploration of the Pacific* London, 1934; rev. ed., 1947.

———, ed. *The Journals of Captain James Cook on His Voyages of Discovery.* Vols. 1 and 2. Cambridge, 1955 and 1961.

————, ed. *The Endeavour Journal of Joseph Banks, 1768–1771*. 2 vols. Sydney, 1962.

————. *The Life of Captain James Cook*. London, 1974.

Beattie, J. W. *Glimpses of the Lives and Times of the Early Tasmanian Governors*. Hobart, n.d. [1905].

Birdsell, Joseph B. "Preliminary Data on the Trihybrid Origin of the Australian Aborigines." In *Archaeology and Physical Anthropology in Oceania*, vol. 2, pp. 100–155. London, 1967.

Blainey, Geoffrey. *The Rush That Never Ended· A History of Australian Mining*. Melbourne, 1963.

————. *The Tyranny of Distance: How Distance Shaped Australia's History*. Melbourne, 1966.

————. *The Triumph of the Nomads: A History of Ancient Australia*. Melbourne, 1975.

Boissery, Beverley D., and Greenwood, F. Murray. "New Sources for Convict History: The Canadien Patriotes in Exile." *JRAHS*, vol. 71 (October 1978), pp. 277–82.

Bolger, Peter. *Hobart Town* Canberra, 1973.

Boxall, George. *The Story of the Australian Bushrangers*. London, 1899.

Boyer, P. W. "Leaders and Helpers: Jane Franklin's Plan for Van Diemen's Land." THRA, PP, vol 21, no. 2 (June 1974).

Brady, Frank. *James Boswell: The Later Years*. New York, 1984.

Brand, Ian, *The 'Separate' or 'Model' Prison, Port Arthur*. Hobart, 1975.

Butlin, N. G. *Our Original Aggression*. Sydney, 1984.

Cadogan, Edward. *The Roots of Evil*. London, 1937.

Calder, J. E. et al. *Some Account of the Wars, Extirpation, Habits etc. of the Native Tribes of Tasmania*. Hobart, 1875.

Campbell, J. F. "The Valley of the Tank Stream." *JRAHS*, vol. 10 (1924).

Campbell, Walter S. "The Use and Abuse of Stimulants in the Early Days of Settlement in New South Wales." *JRAHS*, vol. 18, part 2 (1932), pp. 74–99.

Cannon, Michael. "Violence: The Australian Heritage." *National Times Magazine*, March 5, 1973, pp. 16–21; March 12, 1973, pp. 28–30.

Carty, James, ed. *Ireland from Grattan's Parliament to the Great Famine, 1783–1850 A Documentary Record* Dublin, 5th ed. 1966.

Chapman, Don. *1788, The People of the First Fleet*. Sydney, 1981.

Chapman, Peter. "G.T.W B Boyes and Australia. The Pursuit of a Vision?" THRA, PP, vol. 23, no. 3 (September 1976), pp. 58–76.

Chesney, Kellow. *The Anti-Society An Account of the Victorian Underworld*. Boston, 1970.

Clark, C M H. *A History of Australia*. Vol. 1: *From the Earliest Times to the Age of Macquarie*. Melbourne, 1962.

————. *A History of Australia*. Vol. 2: *New South Wales and Van Diemen's Land, 1822–1838*. Melbourne, 1968.

————. *A History of Australia*. Vol. 3· *The Beginning of an Australian Civilization, 1824–1851* Melbourne, 1973.

————. *A History of Australia*. Vol. 4: *The Earth Abideth For Ever, 1851–1888*. Melbourne, 1978.

————, ed. *Sources of Australian History*, London 1957.

————, ed. *Select Documents in Australian History, 1788–1850*. Sydney, 1977

————. "The Origins of the Convicts Transported to Eastern Australia, 1787–1852," HS vol. 7, nos. 26–27, May–June 1956.

Clarke, Marcus. *His Natural Life* (ed. Stephen Murray-Smith). London, Penguin Books, 1970.

Clune, Frank. *The Norfolk Island Story* Sydney, 1967.

Cobley, John. *Sydney Cove, 1788*. London, 1962.

————. *Sydney Cove, 1789–1790*. Sydney, 1963.

————. *Sydney Cove, 1791–1792*. Sydney, 1965

————. *The Crimes of the First Fleet Convicts*. Sydney, 1970.

Conlon, Anne. " 'Mine Is a Sad Yet True Story': Convict Narratives 1818–50." *JRAHS*, vol. 55, part 1 (March 1969), pp. 43–82

Cor, Henri. *Contribution à l'étude des questions coloniales de la Transportation* . . . Paris, 1895.

Cox, Philip, and Stacey, Wesley. *Building Norfolk Island.* Melbourne, n.d.

Cribb, A. B., and Cribb, J. W. *Wild Food in Australia.* Sydney, 1974.

Cronin, Sean. *Irish Nationalism: A History of its Roots and Ideology.* New York, 1980.

Crooke, R. *The Convict* Reprint. Hobart, 1958.

Crowley, Frank, ed. *A Documentary History of Australia.* Vol. 1. *Colonial Australia, 1788–1840.* Melbourne, 1980.

———. *A Documentary History of Australia.* Vol. 2: *Colonial Australia, 1841–1874.* Melbourne, 1981.

Currey, C. H. *The Transportation, Escape and Pardoning of Mary Bryant.* Sydney, 1963.

Dalkin, R. Nixon. *The Colonial Era Cemetery of Norfolk Island.* Sydney, 1974.

Denholm, David. *The Colonial Australians.* Sydney, 1979.

Denholm, Decie. "Port Arthur: The Men and the Myth." *HS*, vol. 15, no. 55, Sept. 1966.

Dening, Greg. *Islands and Beaches: Discourse on a Silent Land, Marquesas 1774–1880.* Honolulu, 1980.

Department of Home Affairs and Environment. *Norfolk Island: Kingston and Arthur's Vale Historic Area Management Plan, April 1980.* Australian Government Publishing Service, Canberra, 1981.

Dingle, A. E. " 'The Truly Magnificent Thirst': An Historical Study of Australian Drinking Habits." *HS*, vol. 19, no. 75 (October 1980), pp. 227–49.

Dixson, Miriam. *The Real Matilda· Woman and Identity in Australia, 1788–1975.* Melbourne, 1976.

———. *"Greater Than Lenin"? Lang and Labour, 1916–1932.* Melbourne, n.d.

Duly, Leslie C. " 'Hottentots to Hobart and Sydney': The Cape Supreme Court's Use of Transportation 1828–1838." *AJPH*, vol. 25, no. 1 (April 1979).

Eddy, J. J. *Britain and the Australian Colonies, 1818–1831—The Technique of Government.* Oxford, 1969.

Ehrman, John. *The Younger Pitt* 2 vols. London, 1969.

Eldershaw, M. Barnard. *Phillip of Australia.* London, 1938.

———. *The Life and Times of John Piper.* Sydney, 1973.

Eldershaw, P. R. "Guide to the Public Records of Tasmania." THRA, PP, vol. 15, no. 3, Jan. 1968.

Elkin, A. P. *The Australian Aborigines.* Rev. ed. Sydney, 1974.

Elliott, Brian, and Mitchell, Adrian, eds. *Bards in the Wilderness: Australian Colonial Poetry to 1920.* Melbourne, 1970.

Ellis, M. H. "Macquarie and the Rum Hospital." *JRAHS*, vol. 32 (1946–47).

———. *Lachlan Macquarie.* Sydney, 1947.

———. *Francis Greenway.* 2nd ed. Sydney, 1953.

———. *John Macarthur* Sydney, 1955.

Ellis, Vivienne R. "Trucanini." THRA, PP, vol. 23, no. 2 (June 1976).

Evans, Lloyd. *Convicts and Colonial Society, 1788–1853.* Sydney, 1977.

Evatt, Herbert Vere. *Rum Rebellion.* Sydney, 1938.

Fels, Marie. "Culture Contact in the County of Buckinghamshire, Van Diemen's Land, 1803–11." THRA, PP, vol. 26, no. 2 (June 1982).

Firth, Marjorie M. *The Tolpuddle Martyrs.* London, 1971.

Fitzpatrick, Kathleen. *Sir John Franklin in Tasmania, 1837–1843.* Melbourne, 1949.

Fitzsymonds, Eustace, ed. *Norfolk Island 1846. The Accounts of Robert Pringle Stuart and Thomas Beagley Naylor.* Adelaide, 1979.

———. *A Looking-Glass for Tasmania* Adelaide, 1980.

Fletcher, Brian H. *Ralph Darling A Governor Maligned.* Melbourne, 1984.

Ford, E. *The Life and Work of William Redfern.* Sydney, 1953.

Forsyth, W. D. *Governor Arthur's Convict System.* London, 1935.

Fortescue, J., ed. *The Correspondence of King George III.* 7 vols. London, 1928.

Foster, John. *Class Struggle and the Industrial Revolution: Early Industrial Capitalism in Three English Towns.* London, 1974.

Freeland, J. M. *Architecture in Australia, A History.* Melbourne, 1974.

Frost, Alan. *Convicts and Empire: A Naval Question, 1776–1811.* Melbourne, 1980.

Gandevia, Brian. "Socio-Medical Factors in the Evolution of the First Settlement at Sydney Cove, 1788–1803." *RAHJ* (March 1975).

———, and Cobley, J. "Mortality at Sydney Cove, 1788–1792." *ANZJM*, vol. 4 (1974).

———, and Gandevia, Simon. "Childhood Mortality and its Social Background in the First Settlement at Sydney Cove, 1788–1792." *Australian Paediatric Journal*, vol. 11 (1975).

Gaskell, Peter. *The Manufacturing Population of England.* London, 1933.

Genovese, Eugene D. *The Political Economy of Slavery: Studies in the Economy and Society of the Slave South.* New York, 1965.

George, M. Dorothy. *London Life in the Eighteenth Century.* London, 1925; reprint, London, 1966.

Gibbings, Robert. *John Graham, Convict 1824; an historical narrative.* London, 1956.

Gibson, Rev. C. B. *Life Among Convicts.* London, 1863.

Gloag, John. *Georgian Grace.* London, 1954.

Gordon, Douglas. "Sickness and Death at the Moreton Bay Convict Settlement." *MJA*, September 1963.

Grabosky, Peter. *Sydney in Ferment: Crime, Dissent and Official Reaction, 1788 to 1973.* Canberra, 1977.

Greener, Leslie. "The Bridge At Ross." THRA, PP, vol. 14, no. 3 (February 1967).

Grocott, Allan. *Convicts, Clergymen and Churches: Attitudes of Convicts and Ex-Convicts Towards the Churches and Clergy in New South Wales, 1788–1851.* Sydney, 1980.

Hamer, Clive. "Novels of the Convict System." *Southerly*, vol. 18, no. 4 (1957).

Hammond, J. L., and Hammond, B. *The Village Laborer, 1760–1832.* London, 1913.

Harrison, J. F. C. *Early Victorian Britain.* London, 1979.

Hasluck, Alexandra. *Unwilling Immigrants.* Melbourne, 1959.

Hay, Douglas. "Property, Authority and the Criminal Law." In *Albion's Fatal Tree: Crime and Society in Eighteenth-Century England* (ed. Douglas Hay, Peter Linebaugh and Edward P. Thompson). London, 1975.

Hazzard, Margaret. *Punishment Short of Death: A History of the Penal Settlement at Norfolk Island.* Melbourne, 1984.

Heard, Dora, ed. *The Journal of Charles O'Hara Booth.* Hobart, 1981.

Henry, E. R. "Edward Lord: The John Macarthur of Van Diemen's Land," THRA, PP, vol. 22, no. 2 (June 1973).

Herman, Morton. *Early Australian Architects and their Work.* Sydney, 1954.

Hibbert, Christopher. *The Roots of Evil.* London, 1963.

Hill, Christopher. *Reformation to Industrial Revolution.* London, 1967.

Hill-Reid, William Scott. *John Grant's Journey: A Convict's Story, 1803–11.* London, 1957.

Himmelfarb, Gertrude. *The Idea of Poverty: England in the Early Industrial Age.* New York, 1984.

Hirst, John B. *Convict Society and its Enemies.* Sydney, 1983.

Hoare, M. H. *Norfolk Island, An Outline of its History 1774–1968.* Brisbane, 1969.

Hobsbawm, Eric J. *Primitive Rebels: Studies in Archaic Forms of Social Movement in the 19th and 20th Centuries.* Manchester, 1959.

———. *The Age of Revolution.* London, 1962.

———. *Industry and Empire.* Vol. 3 of Pelican Economic History of Britain. London, 1969.

———, and Rude, George. *Captain Swing.* London, 1969.

Hooper, F. C. *Prison Boys of Port Arthur.* Melbourne, 1967.

Howard, Derek L. *The English Prisons.* London, 1962.

Ignatieff, Michael. *A Just Measure of Pain: The Penitentiary in the Industrial Revolution, 1750–1850.* New York, 1978.

Ingleton, Geoffrey. *True Patriots All.* Sydney, 1952.

Inglis, Brian. *Poverty and the Industrial Revolution.* London, 1971.

Inglis, K. S. *The Australian Colonists: An Exploration of Social History 1788–1870.* Melbourne, 1974.

Jervis, James. "The Rise of Newcastle." *JRAHS,* vol. 21, no. 3 (1935).

Johnson, W. B. *English Prison Hulks.* London, 1957.

Johnston, Edith M. *Great Britain and Ireland 1760–1800: A Study in Political Administration.* London, 1963.

Keesing, Nancy. *John Lang and "The Forger's Wife": A True Tale of Early Australia.* Sydney, 1979.

Kerr, James S. *Design for Convicts: An Account of Design for Convict Establishments in the Australian Colonies.* Sydney, 1984.

Kiddle, M. L. *Caroline Chisholm.* Melbourne, 1957.

Kiernan, T. J. *Irish Exiles in Australia.* Dublin, 1954.

King, Jonathan, and King, John. *Philip Gidley King: A Biography of the Third Governor of New South Wales.* Sydney, 1981.

Knight, Ruth. *Illiberal Liberal: Robert Lowe in New South Wales, 1842–1850.* Melbourne, 1966.

Lansbury, Coral. *Arcady in Australia: The Evocation of Australia in Nineteenth-Century English Literature.* Sydney, 1970.

Lemprière, T. J. *The Penal Settlements of Van Diemen's Land.* Launceston, 1954.

Lennox, G. R. "A Private and Confidential Despatch of Eardley-Wilmot: Implications . . . Concerning the Probation System for Convict Women." THRA, PP, vol. 29, no. 2 (June 1982).

Levi, J. S., and Bergman, J. F. *Australian Genesis: Jewish Convicts and Settlers, 1788–1850.* Sydney, 1974.

Levy, M. C. *Governor George Arthur, a Colonial Benevolent Despot.* Melbourne, 1953.

Linebaugh, Peter. "The Tyburn Riot Against the Surgeons." In *Albion's Fatal Tree: Crime and Society in Eighteenth Century England* (ed. Douglas Hay, Peter Linebaugh and Edward Thompson). London, 1975.

Macarthur-Onslow, S., ed. *Some Early Records of the Macarthurs of Camden.* Sydney, 1914.

Mackaness, George. *Some Private Correspondence of Sir John and Lady Jane Franklin.* Sydney, 1947.

———. *The Life of Vice-Admiral Bligh.* 2 vols. Sydney, 1951.

Mackay, David. *A Place of Exile: The European Settlement of New South Wales.* Melbourne, 1985.

———. *In the Wake of Cook. Exploration, Science and Empire, 1780–1801.* Wellington, 1985.

McIntyre, K. G. *The Secret Discovery of Australia: Portuguese Ventures 200 Years Before Captain Cook.* Menindie, New South Wales, 1977.

McMahon, Anne. "Tasmanian Aboriginal Women as Slaves." THRA, PP, vol. 23, no. 2 (June 1976).

McNab, Robert. "Phillip's Views on . . . Treatment of Convicts." HRNZ, vol. 1, pp. 67–70.

McQueen, Humphrey. "Convicts and Rebels." LH, vol. 15 (November 1968).

———. *A New Britannia: An Argument Concerning the Social Origins of Australian Radicalism and Nationalism.* Melbourne, 1970; rev. ed., 1975.

McRae, Mary M. "Yankees from King Arthur's Court: A Brief History of North American Prisoners Transported to Canada from Van Diemen's Land, 1839–40." THRA, PP, vol. 19, no. 4 (December 1972).

Madgwick, R. B. *Immigration into Eastern Australia, 1788–1851.* London, 1937; reprint, Sydney, 1969.

Manifold, J. S., ed. *The Penguin Australian Song Book.* Sydney, 1964.

Marlow, Joyce. *The Tolpuddle Martyrs.* 1971.

Meredith, John. *The Wild Colonial Boy: Life and Times of Jack Donahoe (1808?–1830).* Sydney, 1960.

Miller, E. M. *Pressmen and Governors.* Sydney, 1952.

Mitchell, T. L. *Three Expeditions into the Interior of Eastern Australia.* 2 vols. London, 1839.

Monaghan, Jay. *Australians and the Gold Rush: California and Down Under, 1849–54.* San Francisco, 1966.

Moore, James. *The Convicts of Van Diemen's Land, 1840–1853.* Hobart, 1976.

Moorehead, Alan. *The Fatal Impact: An Account of the Invasion of the South Pacific, 1767–1840.* London, 1966.

Morison, Samuel Eliot. *The European Discovery of America.* Vol. 1: *The Southern Voyages.* New York, 1974.

Morrell, W. P. *British Colonial Policy in the Age of Peel and Russell.* London, 1930.

Mulvaney, D. G. *The Prehistory of Australia.* Rev. ed. Melbourne, 1975.

———, and Golson, eds. *Aboriginal Man and Environment in Australia.* Canberra, 1971.

Murray-Smith, Stephen. "Beyond the Pale: The Islander Community of Bass Strait in the Nineteenth Century." THRA, PP, vol. 20, no 4 (December 1973).

O'Farrell, Patrick. *The Catholic Church and Community in Australia, A History.* Melbourne, 1977.

———. *Letters from Irish Australia, 1825–1929.* Ed. Brian Trainor. Sydney and Belfast, 1984.

Park, Ruth. *The Companion Guide to Sydney.* London, 1973.

Partridge, Eric. *A Dictionary of the Underworld.* London, 1971.

Peyser, Dora. "A Study of the History of Welfare Work in Sydney from 1788 to about 1900: Part One." *JRAHS,* vol. 25, part 2 (1939).

Pike, E. Royston, ed. *Human Documents of the Industrial Revolution in Britain.* London, 1966.

Porter, Roy. *English Society in the Eighteenth Century.* London, 1982.

Pottle, F. A. *Boswell and the Girl from Botany Bay.* New York, 1938.

Pritchard, W. T. *Polynesian Reminiscences.* London, 1866.

Radzinowicz, Leon. *A History of English Criminal Law and Its Administration from 1750.* 3 vols. London, 1948–56.

———. *Ideology and Crime: A Study of Crime in Its Social and Historical Context.* London, 1966.

———, with Wolfgang, Marvin, eds. *Crime and Justice.* Vol. 1: *The Criminal in Society.* New York, 1971.

Reece, R. H. *Aborigines and Colonists: Aborigines and Colonial Society in New South Wales in the 1830s and 1840s* Sydney, 1974.

Reed, Michael. *The Georgian Triumph, 1700–1830.* London, 1983.

Reynolds, Henry. " 'That Hated Stain': The Aftermath of Transportation in Tasmania." *HS,* vol. 14, no. 53 (October 1969), pp. 19–33.

———. "Violence, the Aboriginals, and the Australian Historian." *Meanjin Quarterly,* vol. 31, no. 4 (December 1972).

———. *The Other Side of the Frontier: Aboriginal Resistance to the European Invasion of Australia.* Melbourne, 1982.

Ricards, Sherman, and Blackburn, George. "The Sydney Ducks: A Demographic Analysis." *PHR,* vol. 42, no. 1 (February 1973).

Richmond, Barbara. "John West and the Anti-Transportation Movement." THRA, PP, vol. 2 (1952).

Ritchie, John. *Punishment and Profit: The Reports of Commissioner John Bigge on the Colonies of New South Wales and Van Diemen's Land, 1822–23.* Melbourne, 1970.

———. "Towards Ending an Unclean Thing: The Molesworth Committee and the Abolition of Transportation to New South Wales, 1837–40 " *HS,* vol. 17, no. 67 (October 1976), pp. 144–64.

Robinson, Portia. *The Hatch and Brood of Time: A Study of the First Generation of Native-Born White Australians, 1788–1828.* Vol. 1. Melbourne, 1985.

Robson, Lloyd L. "The Historical Basis of *For the Term of His Natural Life.*" *Australian Literary Studies,* vol. 1 (1963).

————. *The Convict Settlers of Australia: An Enquiry into the Origin and Character of the Convicts Transported to New South Wales and Van Diemen's Land, 1787–1852*. Melbourne, 1965.

————. *A History of Tasmania*. Oxford, 1983.

Roderick, Colin. *John Knatchbull from Quarterdeck to Gallows (Including the Narrative Written by Himself in Darlinghurst Gaol . . .)*. Sydney, 1963.

Roe, Michael. "Colonial Society in Embryo." HS, vol. 7, no. 56 (May 1956).

————. *Quest for Authority in Eastern Australia, 1835–51*. Melbourne, 1965.

————. "The Establishment of Local Self-Government in Hobart and Launceston." THRA, PP, vol. 14, no. 1 (December 1966).

————. "1830–1850." Chap. 3 of Frank Crowley, ed., *A New History of Australia*. Melbourne, 1980.

Rolls, Eric. *A Million Wild Acres*. Melbourne, 1982.

Rowley, C. D. *Aboriginal Policy and Practice*. Vol. 1. *The Destruction of Aboriginal Society*. Canberra, 1970.

Rude, George, *Paris and London in the 18th Century: Studies in Popular Protest*. London, 1952.

————. *The Crowd in History: A Study of Popular Disturbances in France and England, 1730–1848*. New York, 1964.

————. "Captain Swing and Van Diemen's Land." THRA, PP, vol. 12 (1964).

————. *Protest and Punishment: The Story of the Social and Political Protesters Transported to Australia, 1788–1868*. London, 1978.

Rule, John. *The Experience of Labor in Eighteenth-Century English Industry*. New York, 1981.

Ryan, Lyndall. *The Aboriginal Tasmanians*. Brisbane, 1981.

Serle, Geoffrey. *The Golden Age: A History of the Colony of Victoria, 1851–1861*. Reprint, Melbourne, 1968.

Serventy, Vincent. *A Continent in Danger*. London, 1966.

Shaw, A. G. L. "Origins of the Probation System." HS, vol. 6 (1953).

————. "Sir John Eardley-Wilmot and the Probation System in Tasmania." THRA, PP, vol. 11 (1963).

————. *Convicts and the Colonies: A Study of Penal Transportation from Great Britain and Ireland to Australia and Other Parts of the British Empire*. London, 1966.

————. *Heroes and Villains in History: Governors Darling and Bourke in New South Wales*. Sydney, 1966.

————. "Some Officials in Early Van Diemen's Land." THRA, PP, vol. 14 (1967).

————. "A Colonial Ruler in Two Hemispheres: Sir George Arthur in Van Diemen's Land and Canada." THRA, PP, vol. 17 (1970).

————. "Violent Protest in Australian History." HS, vol. 15 (April 1973).

————. *Sir George Arthur, Bart. 1784–1854*. Melbourne, 1980.

Smith, Abbot Emerson. *Colonists in Bondage: White Servitude and Convict Labor in America, 1607–1776*. New York, 1971.

Smith, Bernard. *European Vision and the South Pacific, 1768–1850: A Study in the History of Art and Ideas*. Oxford, 1960.

———— (ed). *Documents on Art and Taste in Australia. The Colonial Period, 1770–1914*. Melbourne, 1975.

Smith, Martin. "Arthur Phillip and the Young Lads." *Campaign*, no. 19, Sydney (1977).

———— "The Emergence of a Gay Society." *Campaign*, no 20, Sydney (1977).

Smith, Sydney. *Works*. London, 1878.

Smith, Warren B. *White Servitude in Colonial South Carolina*. Columbia, S.C., 1961.

Spate, O. H. K. *The Pacific Since Magellan*. Vol. 1: *The Spanish Lake*. Minneapolis, 1979.

————. *The Pacific Since Magellan*. Vol. 2: *Monopolists and Freebooters*. Minneapolis, 1983.

Sprod, Dan. *Alexander Pearce of Macquarie Harbour: Convict—Bushranger—Cannibal*. Hobart, 1977.

Steele, J. G. *Brisbane Town in Convict Days, 1824–1842*. St. Lucia, Queensland, 1975.

Sturma, Michael. "Eye of the Beholder. The Stereotype of Women Convicts, 1788–1852 " *LH*, no. 34 (May 1978).

———. *Vice in a Vicious Society: Crime and Convicts in Mid-Nineteenth-Century New South Wales* Brisbane, 1983.

Summers, Anne. *Damned Whores and God's Police: The Colonization of Women in Australia* London: Penguin Books, Pelican edition, 1975.

Sweeney, Christopher. *Transported. In Place of Death. Convicts in Australia.* Melbourne, 1981.

Thomas, J. E., and Stewart, A. *Imprisonment in Western Australia.* Nedlands, Western Australia, 1978

Thompson, Edward P. *The Making of the English Working Class.* London: Penguin Books, Pelican edition, 1968.

———. *Whigs and Hunters: The Origin of the Black Act.* London, 1975

———, Douglas Hay, and Peter Linebaugh, eds. *Albion's Fatal Tree. Crime and Society in Eighteenth-Century England* London, 1975.

Tinsdale, Norman. *Aboriginal Tribes of Australia* 2 vols. Los Angeles, 1974.

Tobias, J. J. *Crime and Industrial Society in the 19th Century.* London, 1967, 1972.

Townsend, Norma. "The Molesworth Enquiry: Does the Report Fit the Evidence?" *JAS*, no. 1 (June 1977).

Tucker, Maya. "Centennial Celebrations, 1888 " In *Australia 1888*, A Bicentennial History Bulletin, ed. Graeme Davidson and Ailsa McLeary, Bulletin no. 7 (April 1981).

Turnbull, Clive. *Black War The Extermination of the Tasmanian Aborigines.* Melbourne, 1948.

Ullathorne, William. *The Autobiography of Archbishop Ullathorne, with Selections from his Letters.* London, 1891.

Walker, Robin. "Bushranging in Fact and Legend." *HS*, vol. 11, no 42 (April 1964).

Wallas, Graham. *The Life of Francis Place, 1771–1854* London, 1898.

Ward, John M. *Earl Grey and the Australian Colonies, 1846–57: A Study of Self-Government and Self-Interest.* Melbourne, 1958.

———. *James Macarthur, Colonial Conservative, 1798–1867.* Sydney, 1981.

Ward, Russel. "Felons and Folksongs." October 1954. Typescript in ML, Sydney.

———. *The Australian Legend* Sydney, 1958; rev. ed., 1970

———. *Australia Since the Coming of Man.* Rev. ed. Sydney, 1982.

Warung, Price [Astley, William]. *Tales of the Convict System.* Sydney, 1892.

——— *Tales of the Early Days* Melbourne, 1894

———. *Tales of the Old Regime.* Melbourne, 1897.

———. *Tales of the Isle of Death* Melbourne, 1898

———. *Convict Days* Sydney, 1960.

Weidenhofer, Margaret. *The Convict Years: Transportation and the Penal System 1788–1868.* Melbourne, 1973.

———. *Maria Island A Tasmanian Eden.* Melbourne, 1977.

———. *Port Arthur· A Place of Misery* Melbourne, 1981.

Wells, T E. *Michael Howe, the Last and Worst of the Bushrangers of Van Diemen's Land: Narrative of his Chief Atrocities . . .* Introd. by George Mackaness. Dubbo, 1979.

White, Charles. *History of Australian Bushranging.* 2 vols. Reprint, Sydney, 1976.

Whitley, G. "The Doom of the Bird of Providence." *Australian Zoology,* vol. 8 (1934).

Wilding, Michael. *Marcus Clarke* Melbourne, 1977.

Willoughby, Edward. *Australian Pictures Drawn with Pen and Pencil.* London, 1886.

Wilson, Barbara Vance. *Convict Australia, 1788–1868· A Social History* Melbourne, 1981.

Wood, F. L. W. "Jeremy Bentham versus New South Wales." *JRAHS,* vol. 19, part 6 (1933), pp. 329–51.

Wood, G. Arnold. "Convicts," *JRAHS,* vol. 8, no. 4 (1922), p. 187.

Woolmington, Jean, ed. *Aborigines in Colonial Society, 1788–1850. From 'Noble Savage' to 'Rural Pest.'* Sydney, 1973

Wright, Gordon. *Between the Guillotine and Liberty Two Centuries of the Crime Problem in France.* New York, 1983

UNPUBLISHED THESES

Boissery, Beverley D. "French-Canadian Political Prisoners in Australia, 1838–39." Ph.D. diss., Australian National University, 1977.

Crowley, K. "Master and Servant in Early Australia." M.A. thesis, University of Melbourne, 1949

Dalkin, R. N. "Norfolk Island: A History of its Government and Administration." M.A. thesis, Australian National University, 1977.

Driscoll, Francis. "How the Convict System Worked under Governor Macquarie." M.A. thesis, Sydney University, 1940.

Hooper, F. C. "Point Puer." M.Ed. thesis, University of Melbourne, 1954.

Kiernan, T. J. "Transportation from Ireland to Sydney, 1791–1816." M.A. thesis, Australian National University, 1954.

Korbell, M. J. "Bushranging in Van Diemen's Land, 1824–1834." 4th year thesis, University of Tasmania, 1974.

Leroy, Paul Edwin. "The Emancipists from Prison to Freedom: The Story of the Australian Convicts and their Descendants." Ph.D. diss., Ohio State University, 1960.

McKay, Anne. "The Assignment System of Convict Labour in Van Diemen's Land, 1824–1842." M.A. thesis, University of Tasmania, 1959.

Rosenberg, Sidney. "Black Sheep and Golden Fleece: A Study of Nineteenth-Century English Attitudes towards Australian Colonies." Ph.D. diss., Columbia University, 1954.

Watson, M. S. "Transportation and Civil Liberties in New South Wales, 1810–1840." M.A. thesis, Sydney University, 1960.

Williams, John Vernon. "Irish Convicts and Van Diemen's Land." M.A. thesis, University of Tasmania, 1972

中英文人名对照表

A

阿德里安	Adrian
阿登，佩珀	Arden，Pepper
阿尔曼，弗朗西斯	Allman，Francis
阿金特，托马斯	Argent，Thomas
阿拉姆，尤金	Aram，Eugene
阿诺德，托马斯	Arnold，Thomas
爱德华兹，爱德华	Edwards，Edward
埃尔，爱德华·J.	Eyre，Edward J.
埃吉沃斯，玛丽亚	Edgeworth，Maria
埃利奥特，查尔斯	Elliott，Charles
艾伦，玛丽	Allen，Mary
艾伦，威廉	Allen，Williams
埃斯皮，乔治	Espie，George
艾特金斯，理查德	Atkins，Richard
艾特金斯，托马斯	Atkins，Thomas
埃文斯，乔治·W.	Evans，George W.
安，玛丽	Ann，Mary
安德森，查尔斯	Anderson，Charles
安德森，迈克尔	Anderson，Michael
安德森，约瑟夫	Anderson，Joseph
安德伍德，杰基	Underwood，Jacky
安德伍德，詹姆斯	Underwood，James

安利，卡罗琳	Anley，Caroline
安斯蒂斯，尼古拉斯	Anstis，Nicholas
安提尔，亨利	Antill，Henry
奥尔，威廉	Orr，William
奥法勒尔，罗拉	O'Farrell，Rolla
奥格尔索普，詹姆斯·爱德华	Oglethorp，James Edward
奥康纳，布莱恩	O'Connor，Bryan
奥康纳，罗德里克	O'Connor，Roderic
奥康奈尔	O'Connell
奥克兰	Auckland
奥克斯利，约翰	Oxley，John
奥赖利，约翰·博伊尔	O'Reilly，John Boyle
奥洛夫	Orlov
奥尼尔，彼得	O'Neil，Peter
奥彭肖，詹姆斯	Oppenshaw，James
奥斯丁，威廉	Austin，William

B

巴伯，威廉·亨利	Barber，William Henry
巴伯，伊丽莎白	Barber，Elizabeth
巴德，约瑟夫	Badder，Joseph
巴恩斯，约翰	Barnes，John
巴尔多克，阿尔弗雷德	Baldock，Alfred Essex

德·埃塞克斯		本特，埃利斯	Bent，Ellis
巴克，托马斯	Barker，Thomas	本特，安德鲁	Bent，Andrew
巴克豪斯，詹姆斯	Backhouse，James	本特，杰弗里	Bent，Jeffrey
巴克利，威廉	Buckley，William	比蒂，约翰·瓦特	Beattie，John Watt
巴克斯特，亚历山大·	Baxter，Alexander	比格，约翰·托马斯	Bigge，John Thomas
"花花公子"	"Dandy"	比斯蒂	Bisdee
巴勒特，托马斯	Barrett，Thomas	毕肖普，彼得	Bishop，Peter
巴里，约翰	Barry，John	边沁，杰里米	Bentham，Jeremy
巴林顿，乔治	Barrington，George	别林斯高晋	Bellingshausen
巴罗，彼得	Barrow，Peter	宾，威廉	Penn，William
巴罗，塞缪尔	Barrow，Samuel	宾格尔，约翰	Bingle，John
巴瑟斯特	Bathurst	伯德特-库兹	Burdett-Coutts
巴特勒，约翰	Butler，John	伯登汉姆，托马斯	Bodenham，Thomas
巴特勒，詹姆斯	Butler，James	伯顿，威廉·韦斯	Burton，William
巴特曼，约翰	Batman，John	特布鲁克	Westbroke
拜伦	Byron	博尔顿，马修	Boulton，Matthew
拜耶，奥古斯塔斯	Beyer，Augustus	伯吉斯，弗朗西斯	Burgess，Francis
班伯里	Bunbury	伯克，埃德蒙	Burke，Edmund
班克斯，约瑟夫	Banks，Joseph	伯克，理查德	Bourke，Richard
邦德	Bond	博克，托马斯	Bock，Thomas
鲍丁，尼古拉斯	Baudin，Nicolas	伯克，瓦尔特	Bourke，Walter
鲍尔，约翰	Power，John	伯克，约翰	Burke，John
保罗，乔治	Paul，George	波利，伊丽莎白	Powley，Elizabeth
鲍温，约翰	Bowen，John	波利，约翰	Pory，John
贝茨，查理	Bates，Charley	波罗，马可	Polo，Marco
贝尔，詹姆斯	Bell，James	博蒙特，约翰	Beaumont，John
贝克，约翰	Baker，John	伯纳特，约翰	Burnett，John
贝克，詹姆斯	Baker，James	波普乔伊	Popjoy
贝克福德，伊丽莎白	Beckford，Elizabeth	博尚	Beauchamp
贝拉米，萨拉	Bellamy，Sarah	波士顿，约翰	Boston，John
贝利	Bayley	博斯威尔，詹姆斯	Boswell，James
贝里，亚历山大	Berry，Alexander	波特，詹姆斯	Porter，James
贝尼尼，乔凡尼·	Bernini，Giovanni	波特兰	Portland
洛伦佐	Lorenzo	博伊斯，乔治·托马斯	Boyes，George Thomas
本奈朗	Bennelong	布尔沃-利顿，	Bulwer-Lytton，
本奈特，亨利	Bennett，Henry	爱德华	Edward

布拉德利，威廉	Bradley，William
布拉德沃斯，詹姆斯	Bloodworth，James
布拉迪，马修	Brady，Matthew
布拉克斯菲尔德，罗伯特·麦昆	Braxfield，Robert Macqueen
布拉克斯兰，格雷戈里	Blaxland，Gregory
布莱，威廉	Bligh，William
布莱恩，玛丽	Bryant，Mary
布莱恩，威廉	Bryant，William
布莱恩，伊曼纽尔	Bryant，Emanuel
布赖恩，詹姆斯	Brine，James
布莱克，威廉	Blake，William
布莱克，詹妮	Blake，Jenny
布莱尼，杰弗里	Blainey，Geoffrey
布兰顿，格雷戈里	Brandon，Gregory
布兰汉姆，玛丽	Branham，Mary
布兰农，约翰	Brannon，John
布兰农，詹姆斯	Brannon，James
布朗，菲尔丁	Browne，Fielding
布朗，约翰	Brown，John
布朗，詹姆斯	Brown，James
布劳顿	Broughton
布雷斯，伊曼纽尔	Brace，Emanuel
布里奇，伊丽莎白	Breach，Elizabeth
布里斯班，托马斯	Brisbane，Thomas
布林科，罗伯特	Blincoe，Robert
布鲁克斯	Brooks
布鲁因，安	Bruin，Ann
布罗德，夏洛特	Broad，Charlotte
布罗德里布	Brodribb
布罗克萨普，约翰	Broxup，John
布斯，查尔斯·奥哈拉	Booth，Charles O'Hara
布斯曼，理查德	Boothman，Richard
布歇尔，詹姆斯	Bushelle，James

C

查迪克，托马斯	Chaddick，Thomas
彻顿，威廉	Churton，William

D

达尔顿，威廉	Dalton，William
达尔文，查尔斯	Darwin，Charles
达吉恩，伊丽莎白	Dudgeon，Elizabeth
达令，拉尔夫	Darling，Ralph
戴尔，托马斯	Dale，Thomas
戴维，托马斯	Davey，Thomas
戴维斯，汉弗雷	Davies，Humphrey
戴维斯，詹姆斯	Davis，James
丹达斯，亨利	Dundas，Henry
丹噶尔，亨利	Dangar，Henry
丹皮尔，威廉	Dampier，William
当尼，罗伯特	Downie，Robert
当斯，乔治	Dance，George
道尔，亚瑟·柯南	Doyle，Arthur Conan
道尔蒂，邓尼斯	Doherty，Dennis
道尔林普，亚历山大	Dalrymple，Alexander
道格拉斯，罗伯特	Douglas，Robert
道林，小亨利	Dowling，Henry，Jr.
道林，詹姆斯	Dowling，James
德·布干维尔，路易·安托恩	de Bougainville, Louis Antoine
德·豪特曼，弗雷德里克	de Houtman, Frederick
德·卡莫艾斯，路易	de Camoens, Luis
德·奎罗斯，佩德罗·费尔南德斯	de Quiros, Pedro Fernandez
德昆西	De Quincey
德拉蒙，亨利	Drummond，Henry
德拉姆	Durham
德·拉·佩鲁斯，	de la Pérouse, Jean-

G

福塞利，亨利	Fuseli，Henry	格伦尼，帕特里克	Glenny，Patrick
福斯特，马修	Forster，Matthew	格罗斯，弗朗西斯	Grose，Francis
福斯特，威廉	Forster，William	戈斯林	Gosling
福沃，埃米莉	Vaux，Emily	古德温，威廉	Goodwin，William
福沃，约瑟夫	Foveaux，Joseph	古尔德，威廉·布娄	Gould，William Buelow
富歇	Fouché		

H

伽马克	Gamack	哈德逊，约翰	Hudson，John
盖尔斯，安德鲁	Geils，Andrew	哈格雷夫斯，爱德华·	Hargraves，Edward
高尔文，帕迪	Galvin，Paddy	哈蒙德	Hammond
戈德里奇	Goderich	哈里森，约翰	Harrison，John
戈尔，威廉	Gore，William	哈里斯，乔治·普里多	Harris，George Prideaux
戈尔曼，约翰	Gorman，John	哈里斯，塞拉斯	Harris，Silas
戈尔斯密，奥利弗	Goldsmith，Oliver	哈里斯，亚历山大	Harris，Alexander
格拉德斯通，威廉·	Gladstone，William	哈里斯，詹姆斯	Harris，James
厄瓦特	Ewart	哈林顿，乔治	Harrington，George
格拉迪，亨利	Grady，Henry	哈罗比	Harrowby
格兰特，约翰	Grant，John	哈罗德，詹姆斯	Harold，James
格雷，查尔斯	Grey，Charles	哈洛伦，劳伦斯	Halloran，Laurence
格雷，亨利·乔治	Grey，Henry George	哈蒙德，B.	Hammond，B.
格雷，托马斯	Gray，Thomas	哈蒙德，J. L.	Hammond，J. L.
格雷厄姆，约翰	Graham，John	哈蒙德，托马斯	Hammond，Thomas
格雷戈里，约翰	Gregory，John	哈索尔	Hassall
格雷斯，詹姆斯	Grace，James	哈托格，德克	Hartog，Dirck
戈利布兰德，亚瑟	Gellibrand，Arthur	哈维尔，托马斯	Hawell，Thomas
戈利布兰德，约瑟夫·	Gellibrand，Joseph Tice	哈兹利特	Hazlitt
泰斯		汉德兰，多萝西	Handland，Dorothy
格林，查尔斯	Green，Charles	汉弗雷，阿多拉里	Humphrey，Adolarius
格林威，弗朗西斯·	Greenway，Francis	尤斯·威廉	William
霍华德	Howard	汉普敦，J. S.	Hampton，J. S.
格林希尔，罗伯特	Greenhill，Robert	汉威，乔纳斯	Hanway，Jonas
格娄夫，詹姆斯	Grove，James	豪尔，理查德	Howe，Richard
格娄夫斯，威廉	Groves，William	豪尔，迈克尔	Howe，Michael
格伦内尔格	Glenelg	豪尔，乔治	Howe，George
		赫伯特，S.	Herbert，S.

卡什，马丁	Cash，Martin
卡斯伯森，约翰	Cuthbertson，John
卡斯特罗，菲德尔	Castro，Fidel
卡斯滕斯，简	Carstens，Jan
卡特，亨利	Carter，Henry
卡特，约翰	Carter，John
卡特里特	Carteret
卡维纳，劳伦斯	Cavenagh，Lawrence
凯利，巴塞洛缪	Kelly，Batholomew
凯利，米克	Kelly，Mick
凯利，奈德	Kelly，Ned
坎贝尔，邓肯	Campbell，Duncan
坎贝尔，罗伯特	Campbell，Robert
坎贝尔，乔治	Campbell，George
坎贝尔，威廉	Campbell，William
坎贝尔，詹姆斯	Campbell，James
坎宁，乔治	Canning，George
坎宁安，艾伦	Cunningham，Allan
坎宁安，彼得	Cunningham，Peter
坎宁安，菲利普	Cunningham，Philip
康瓦利斯，查尔斯	Cornwallis，Charles
考珀，亨利	Cowper，Henry
科贝特，威廉	Cobbett，William
克尔，爱德华	Curr，Edward
柯尔，威廉	Kerr，William
科尔，约翰	Call，John
科尔洪，帕特里克	Colquhoun，Patrick
科凯恩，乔治	Cokayne，George
科克，威廉	Coke，William
科克瑞恩	Cochrane
柯克斯，托马斯	Cox，Thomas
柯克斯，詹姆斯	Cox，James
克拉布，乔治	Crabbe，George
克拉德，乔安娜	Collard，Joanna
克拉克，贝西	Clarke，Bessie
克拉克，曼宁	Clark，Manning

克拉克，拉尔夫	Clark，Ralph
克拉克，拉尔夫·斯图亚特	Clark，Ralph Stuart
克拉克，马库斯	Clarke，Marcus
克劳利，凯瑟琳	Crowley，Catherine
克劳瑟，威廉	Crowther，William
克雷顿，詹姆斯	Clayton，James
克里斯廷，弗莱彻	Christian，Fletcher
克林奇，汤姆	Clinch，Tom
柯林斯，戴维	Collins，David
克隆普顿，艾萨克	Crompton，Isaac
克鲁克，罗伯特	Crooke，Robert
克鲁尼，詹姆斯	Clunie，James
克伦威尔，奥利弗	Cromwell，Oliver
克罗克特	Crockett
克罗斯里，乔治	Crossley，George
科奇，杰克	Ketch，Jack
科斯坦蒂，C. H. T.	Costantini，C. H. T.
柯赞斯，查尔斯	Cozens，Charles
肯纳尔利，威廉	Kennelly，William
肯普，安东尼·芬恩	Kemp，Anthony Fenn
肯特	Kent
肯沃希，詹姆斯	Kenworthy，James
库克，爱德华	Cook，Edward
库克，G.	Cooke，G.
库克，托马斯	Cook，Thomas
库克，詹姆斯	Cook，James
库姆，安娜	Coombe，Anna
库珀，丹尼尔	Cooper，Daniel

L

拉布谢尔，H.	Labouchere，H.
拉德兹诺维奇，列昂	Radzinowicz，Leon
拉法耶特	Lafayette
拉夫勒斯，乔治	Loveless，George

罗萨，萨尔瓦多	Rosa，Salvator	麦克阿瑟，詹姆斯	Macarthur，James
罗斯，芭芭拉	Rose，Barbara	麦克金，休	McGine，Hugh
罗斯，罗伯特	Ross，Robert	麦克里兰，托马斯	McCleland，Thomas
罗斯，威廉	Ross，William	麦克林	Maclaine
罗素，约翰	Russell，John	麦克林，彼得	McClean，Peter
罗兹，伊丽莎白	Rhodes，Elizabeth	麦克马克，布莱恩	McCormack，Bryan
		麦克伊，多米尼克	McCoy，Dominick

M

		麦夸里，拉合兰	Macquarie，Lachlan
		麦夸里，伊丽莎白	Macquarie，Elizabeth
马丁，约翰	Martin，John	麦奎尔	McGuire
马丁，詹姆斯	Martin，James	麦昆，托马斯·波特	Macqueen，Thomas
马丁诺，哈利耶特	Martineau，Harriet		Potter
马厄，查尔斯	Maher，Charles	麦哲伦，斐迪南	Magellan，Ferdinand
马尔萨斯，托马斯	Malthus，Thomas	曼尼斯科，卢西奥	Manisco，Lucio
玛噶罗特，莫里斯	Margarot，Maurice	曼斯伯里，约瑟夫	Mansbury，Joseph
马格斯顿	Muggleston	芒特嘎热特，雅各布	Mountgarrett，Jacob
马格维奇，阿贝尔	Magwitch，Abel	梅尔维尔，亨利	Melville，Henry
马可波	Macoboy	梅尔维尔，罗伯特	Melville，Robert
马可霍斯，克里斯托弗	Maclehose，Christopher	梅里特，威廉	Merrit，William
马柯诺奇，艾伦	Maconochie，Allan	梅利希	Mellish
马柯诺奇，亚历山大	Maconochie，Alexander	梅瑞迪斯，路易莎·安妮	Meredith，Louisa Anne
马瑟韦尔，罗伯特	Motherwell，Robert	梅瑞迪斯，乔治	Meredith，George
马斯登，塞缪尔	Marsden，Samuel	梅瑞迪斯，詹姆斯	Meredith，James
马斯克林，内维尔	Maskelyne，Nevil	梅瑟，安	Mather，Ann
马特拉，詹姆斯·马里奥	Matra，James Mario	梅瑟，约翰	Mather，John
马希	Marsh	梅森	Mason
马歇尔，玛丽	Marshall，Mary	梅休，亨利	Mayhew，Henry
马修，托马斯	Matthew，Thomas	蒙迪，戈德弗里	Mundy，Godfrey
麦吉尔，约翰	McGill，John	蒙塔古，阿尔杰农·	Montagu，Algernon
麦卡伯	McCabe	西德尼	Sidney
麦卡洛，威廉	McCullough，William	蒙塔古，沃特里	Montagu，Wortley
麦凯，戴维	Mackay，David	蒙塔古，约翰	Montagu，John
麦坎，丽扎	McCann，Liza	米尔伯恩，托马斯	Miburn，Thomas
麦考利，詹姆斯	McAuley，James	米勒，亨利	Miller，Henry
麦克阿瑟，伊丽莎白	Macarthur，Elizabeth	米切尔，托马斯	Mitchell，Thomas
麦克阿瑟，约翰	Macarthur，John	米切尔，约翰	Mitchell，John

皮尔斯，威廉	Pearse，William	琼斯，塞缪尔	Jones，Samuel
皮尔斯，亚历山大	Pearce，Alexander	琼斯，托马斯	Jones，Thomas
皮尔斯，约瑟夫	Pearce，Joseph		

R

皮尔逊	Pearson	瑞比，托马斯	Reibey，Thomas
皮克松，威廉	Pickthorne，William	瑞珀，乔治	Raper，George
皮拉内西	Piranesi		

S

皮特，威廉	Pitt，William	萨弗里，亨利	Savery，Henry
品克斯，托马斯	Pinks，Thomas	萨默斯，安妮	Summers，Anne
蒲柏，亚历山大	Pope，Alexander	萨耶，詹姆斯	Saye，James
普尔，约翰	Poole，John	萨兹，约瑟夫	Sudds，Joseph
普格	Pugh	塞维，威廉	Sever，William
普赖斯，康斯特布尔	Price，Constable	桑塔玛丽亚，凯瑟琳	Santamaria，Catherine
普赖斯，罗斯	Price，Rose	骚塞，罗伯特	Southey，Robert
普赖斯，玛丽·富兰克林	Price，Mary Franklin	骚斯威尔，丹尼尔	Southwell，Daniel
普赖斯，约翰·吉尔斯	Price，John Giles	舍温，安	Sherwin，Ann
普劳特，S.	Prout，S.	舍温，约翰	Sherwin，John
普雷德，W. M.	Praed，W. M.	史迈斯，亚瑟·鲍斯	Smyth，Arthur Bowes
普雷斯，弗朗西斯	Place，Francis	史密斯，艾萨克	Smith，Isaac
普雷斯，约翰	Place，John	史密斯，J. W.	Smith，J. W.
普罗菲特，斯图亚特	Proffitt，Stuart	史密斯，悉尼	Smith，Sydney
普洛克托	Proctor	史密斯，约翰	Smith，John

Q

		史密特，德特默	Smit，Detmer
契安普，威廉	Champ，William	斯德特，查尔斯	Sturt，Charles
齐默曼，莎伦	Zimmerman，Sharon	斯蒂芬，约翰	Stephen，John
奇泽姆，卡罗琳	Chisholm，Caroline	斯蒂芬，詹姆斯	Stephen，James
恰尔兹，约瑟夫	Childs，Joseph	斯蒂克尼，理查德	Stickney，Richard
恰普曼	Chapman	斯蒂维尔，杰弗里	Stillwell，Geoffrey
钱伯斯	Chambers	司各特，沃尔特	Scott，Walter
钱德勒，布丽吉特	Chandler，Bridget	斯坎伦	Scanlan
钱德勒，托尼	Chandler，Tony	斯克利姆肖，威廉	Scrimshaw，William
切恩，亚历山大	Cheyne，Alexander	斯科特，罗伯特	Scott，Robert
切希尔，威廉	Cheshire，William	斯克文，威廉	Skirving，William
琼斯，吉姆	Jones，Jim		
琼斯，罗伯特	Jones，Robert		

W

瓦德，罗素	Ward，Russel
瓦德，约翰	Ward，John
瓦德尔，罗伯特	Wardell，Robert
瓦尔德隆，查尔斯	Waldron，Charles
瓦拉达雷斯，阿曼多	Valladares，Armando
瓦勒，C. M.	Waller，C. M.
瓦利斯，詹姆斯	Wallis，James
瓦伦，普赖斯	Warung，Price
瓦特林，托马斯	Watling，Thomas
王尔德，奥斯卡	Wilde，Oscar
韦恩赖特，托马斯·格里菲斯	Wainewright，Thomas Griffiths
维尔，伊丽莎白	Veale，Elizabeth
威尔伯福斯，威廉	Wilberforce，William
威尔金森，弗朗西斯	Wilkinson，Francis
威尔逊，罗伯特	Willson，Robert
维吉，约翰	Verge，John
威基伍德，乔舒亚	Wedgwood，Josiah
威克菲尔德，爱德华·吉朋	Wakefield，Edward Gibbon
威勒茨，托马斯	Willetts，Thomas
威利，乔治	Willey，George
威廉森，罗伯特	Williamson，Robert
韦斯顿，威廉	Weston，William
威斯汉默，约翰	Wisehammer，John
韦斯特，本杰明	West，Benjamin
韦斯特，梅杰	West，Major
韦斯特，约翰	West，John
韦斯伍德，威廉	Westwood，William
威特利，理查德	Whately，Richard
威泽斯，彼得	Withers，Peter
威泽斯，玛丽·安	Withers，Mary Ann
温德姆，W.	Windham，W.
温克沃斯，威廉	Winkworth，William
文森特，威廉	Vincent，William
温沃斯，达西	Wentworth，D'Arcy
温沃斯，威廉·查尔斯	Wentworth，William Charles
沃尔斯通克拉夫特，爱德华	Wollstonecraft，Edward
沃甘，乔治·B.	Worgan，George B.
沃克，乔治·华盛顿	Walker，George Washington
沃拉尔	Worrall
沃洛翰，约翰	Wolloghan，John
沃姆斯利	Walmsley
沃特金	Watkin
伍德，阿诺德	Wood，Arnold
伍拉迪	Woorrady
乌拉索恩，威廉	Ullathorne，William
武利，约翰	Woolley，John

X

希宾斯，托马斯	Hibbins，Thomas
西达维，罗伯特	Sidaway，Robert
西德茅斯	Sidmouth
希尔，查尔斯	Hill，Charles
希尔，马修	Hill，Mathew
希尔，威廉	Hill，William
西尔维索普，曼斯菲尔德	Silverthorpe，Mansfield
希尔兹，詹姆斯	Shields，James
希格森	Higson
希金斯，约翰	Higgins，John
希梅尔法布，格特鲁德	Himmelfarb，Gertrude
悉尼，托马斯·汤生德	Sydney，Thomas Townshend
夏尔斯，威廉	Shires，William